유대교의 패러다임 변화

항구적인 신앙 내용:

중심 내용: "야웨는 이스라엘의 하나님이며 이스라엘은 그의 백성이다."
결정적인 계시 사건: 이집트에서의 해방과 시나이 산 계시
유대적 독특성: 하나님의 '**백성**'과 '**땅**'으로서 '**이스라엘**'

전환되는 패러다임(=P)
(사회, 종교, 신학의 거시 모델):

"특정한 공동체의 구성원들이 공유하는 확신, 가치, 행동 방식 따위의 총체적 모형"(토마스 쿤)

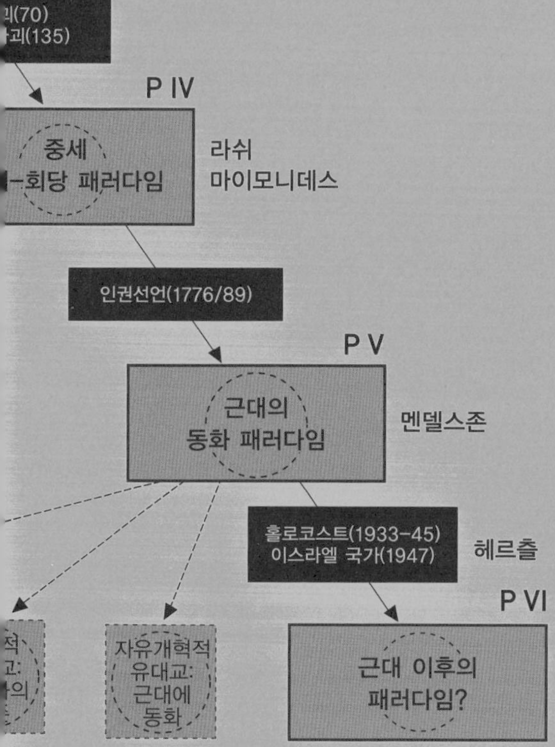

한스 큉의 유대교

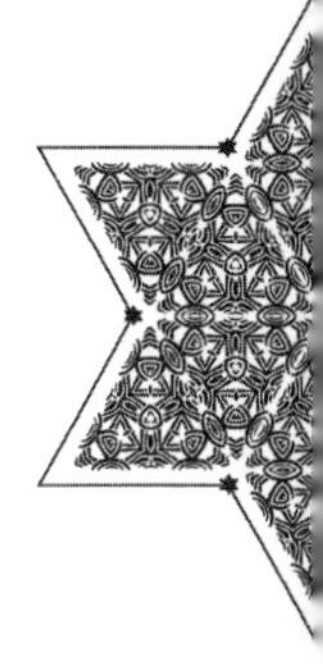

한스 큉의

유대교

현 시대의 종교적 상황

이신건 · 이응봉 · 박영식
함께 옮김

시와 진실

지구 곳곳에서 살아가는

나의 유대인 친구들을 위해

이 책은 무엇을 원하는가?

살아 있는 유대교를 분석하지 않고서는 현 시대의 종교적 상황을 분석할 수 없다! 새 천년이 손에 잡힐 듯 다가왔고 온 세계가 새 천년에 대해 온갖 추측을 늘어놓는 이 시점에 유대교의 미래는 과연 어떻게 될까? 새 천년이 다가오는 이 시점에 3대 예언자 종교 가운데서 가장 오래된 유대교는 참으로 우리 시대의 모든 종교 문제를 하나의 집광 렌즈처럼 반영하고 있다. 비록 유대교를 믿는 사람들의 숫자는 적지만, 유대교는 정신적으로 강력한 힘을 지닌 세계종교 중 하나다. 그러므로 근동에서 생겨난 세 예언자 종교에 먼저 초점을 맞추려는 우리의 **전체 구상**("현 시대의 종교적 상황")을 유대교로 시작하는 것은 바람직한 일이다.

나는 다음과 같은 전제에서 출발한다. 기독교든 유대교든 이슬람교든, 모든 세계종교는 개인과 민족과 문명을 뛰어넘는 살아 있는 체계다. 이 체계는 1천 년 이상의 역사를 거치며 다양하고 획기적인 패러다임을 형성해왔다. 만약 우리의 연구가 다음과 같은 두 가지 요소를 동시에 추구하지 않는다면 이러한 사실에 부합할 수 없을 것이다.

— 지금도 여전히 영향력을 떨치고 있는 1천 년 역사의 정신적 능력을 **분석**해야 한다. 그렇기 때문에 역사적 · 체계적 **진단**이 필요하다.

— 분석된 현재로부터 미래에 주어질 다양한 선택을 **전망**해야 한다. 그렇기 때문에 실천적 · 공동적 **해결책**이 필요하다.

왜냐하면 우리가 지금까지 어떤 길을 걸어왔는지(**제1부: 여전히 현존하는 과거**)를 알아야만, 지금 어느 지점에 서 있는지(**제2부: 현재의 도전**)를 이해할 수 있고, 앞으로 어떤 길을 걸어야 할지(**제3부: 미래의 가능성**)을 생각할 수 있기 때문이다.

더욱이 정치와 경제와 교통과 환경과 문명과 같은 인류의 생활 영역들이 세계적 연결망을 통해 점점 더 커져가는 시대에 **그 어떤 종교도 이제는 '찬란한 고독**splendid isolation' **속에서** 살아갈 수 없다. 다양한 종교를 믿는 사람들이 도처에서 같은 주거지에 살고 같은 사무실에서 일하며 같은 대학에서 공부하고 있는 세계에서, 유대교나 이슬람교에서 무슨 일이 일어나는지 기독교인들은 무관심할 수 없다. 거꾸로 기독교인들은 유대교인들과 무슬림들이 기독교의 과거와 현재와 미래를 그들의 비판적 견해로 표명해주기를 나름대로 기대할 것이다. 지구 마을에서 함께 협력하며 살아야 한다는 깨달음이 일어난 시대에—특히 걸프 만과 팔레스타인의 위기 속에서 드라마처럼 다시 촉발된 종교적·인종적 분쟁을 목격할 때—**모든 사람이 모든 사람을 위해 공동적이고 총체적인 책임감**을 느끼도록 노력해야 한다.

여기서 **전통과 혁신의 근본적 갈등**이 유대교에서 어떻게 다뤄지고 해결되었는지를 관찰하는 것은 기독교인 독자들이나 무슬림 독자들에게 흥미로운 일이다. 그렇지만 이 문제를 여기서는 우리 자신의 문제들과 함께 보충적으로 다룰 것이다. 또한 다음과 같은 사실을 아는 것도 기독교인 관찰자나 무슬림 관찰자에게 매우 중요하다. 차이와 갈등, 다양한 노선과 학파, 정통주의자와 보수주의자와 개혁주의자 간의 투쟁에도 불구하고 유대교는 위대한 중심, 곧 유대교의 종교적 본질을 계속 유지할 수 있으며, 새로운 세대에게 이를 이해시킬 수 있을까? 근대의 정점頂點에서는 동화同化로, 그리고 근대의 종점終點에서는 대학살(홀로코스트)로 유례가 없는 생존 위기로 내몰렸던 이 민족의 정신적 능력이, 유대교로서는 이스라엘 국가의 건설과 결부된 새로운 시대의 도전을 받아들일 수 있으며, 근대 이후의 새로운 비전을 세우기 위해 이를 창조적으로 전환할 수 있을까?

이 모든 질문은 이미 다음과 같은 사실을 가리키고 있다. 냉철한 객관성 속에서 오직 '바깥으로부터만' 다른 종교들을 향해 '그들의' 문제를 추궁하는 기독교 신학자는 여기서 안전지대에 있지 않다. 기독교 신학자는 정신적인 변화 과정 한가운데 서 있으며, 다음과 같은 사실을 알게 되었다. 사람들이 새로운 시대를 무엇이라고 부르든, '근대 후기(포스트모던) 시대'로 넘어가는 과정에 있는 모든 위대한 종교는 **비슷한 구조적 문제에** 직면해 있다. 그리고 이 책이 수행할 기독교와 이슬람교 연구는 다음과 같은 사실을 분명히 깨달아야 할 것이다. 인격적인 진실성 없이는 종교적인 진리도 없다! 왜냐하면 유대교적 전통의 모든 표상과는 정반대로 고정되고 통일된 실체란 결코 존재하지 않으며, 항상 변화하는 복합적이고 역동적인 단일체가 존재하기 때문이다. 유대교가 그러하듯이 기독교와 이슬람교도 마찬가지다. 따라서 공동적·전체적 책임감을 느낀다는 것은 다른 사람들을 거울로 삼아 자신의 문제를 더 잘 깨닫는다는 것을 의미하며, 자신의 종교 안에서 일어난 갈등을 해결하면서 얻은 경험을 다른 사람들에게 건네준다는 것을 뜻한다.

그렇지만 분명한 사실이 있다. **유대교를 다룬 이 책**은 하나의 모험이다. 먼저 저자에게 모험이지만 그 다음에는 독자에게도 모험이다. 왜냐하면 한편으로 이 책은 유대인 독자의 심기를 건드리기 때문이다. 한 사람의 기독교 신학자가 어찌 유대교 내부의 사안에 감히 끼어들 수 있는가? 그가 유대교의 기원과 중심과 역사를 어찌 말할 수 있고, 율법과 홀로코스트, 이스라엘 국가와 팔레스타인 문제와 같이 뜨겁게 논쟁되는 명제에 관한 토론에 어찌 참여할 수 있으며, 더욱이 유대교의 '본질'과 정신적인 '미래의 기회'에 관한 질문을 어찌 던질 수 있는가? 한 사람의 기독교인이 '유대교'라는 주제로 무엇을 할 수 있단 말인가? 유대인에게 유대교는 그 자신의 문제다. 유대교로부터 모든 미래를 빼앗아가려고 2천 년 동안 온갖 짓을 다 해온 기독교가 그렇게 해야 할 이유가 무엇인가?

하지만 다른 한편으로 이 책은 **기독교인**도(아마도 많은 무슬림도) 불안하게 만들 것이다. 예컨대 기독교가 유대교에서 기원했다는 사실을 고려할 때 한 사람의 기독교 신학자가 어찌 그리도 당당히 유대교에 맞설 수 있는가? 유대교의 빛 안에서 어찌 그리도 많은 자기비판을 수행할 수 있고, 1천 년 동안 교회가 품어온 반유대주의를 어찌 그리도 솔직히 말할 수 있으며, 국가사회주의자들의 대량 학살과 관련하여—피우스 12세와 독일 주교들이 범하기 시작한—기독교의 수많은 과오를 어찌 그리도 단호하게 발언할 수 있는가? 한 명의 기독교인이 유대교의 미래에 관심을 가지는 이유는 무엇인가? 그렇지만 기독교인에게 미래는 기독교에 달려 있다. 영원히 그렇다. 유대교는 원칙적으로 '지양된' 종교가 아닌가?

나는 이 책에서 대립적인 두 요소를 설정하려고 한다. 여기서 **유대교**를 과거의 '구약성서'로 관찰할 것이 아니라, **놀라운 연속성과 활력과 역동성을 지닌 독립적인 실체**로 관찰할 것이다. 그 어떤 기독교 신학자도 이제는 유대교를 '구원사적으로 능가된' 종교로 생각하거나, 자신의 모습을 부각하기 위해 유대교를 단순한 '유산'으로 활용할 수 없다. 그 어떤 교회도 이제는 단순히 '낡은 이스라엘'을 대신하는 '새로운 이스라엘'로 자처할 수 없다. 그 어떤 기독교인도 이제는 살아 있는 유대교를, 그리고 그 민족의 끈질긴 생존만이 아니라 역동적인 혁신과 국가적인 자기 조직화의 도전을 무시할 수 없다.

교파를 초월하는 공동체적인 책임을 중요하게 여기는 사람은 인류의 위대한 종교에 **공감하지** 않고는 이런 책을 쓸 수 없다. 따라서 이 책은 **유대교**에 깊이 공감하며 집필되었다. 모든 방면을 향해 당당히 진리를 말하는 학문적인 솔직담백함, 증오와 몰이해에 맞서 평화와 이해를 위해 줄기차게 활동하는 열정적인 헌신, 이 둘은 상호배타적인 것이 아니다. 여하튼 3천 년을 넘는 유대교 역사의 획기적인 전환과 그로부터 기인하는, 지금까지 타당한 **문명적·종교적 위상 또는 패러다임**을 최근의 연구 결과를 토대로 분석하고 설명하려고, 그리고 **변해가는 것**과 **영속적인 것**을 살펴보고 상수常數와 변수變數를 가려내려고 나는 혼신의 노력을 기울였다. 이 책을 쓰게 된 것은 다름 아니라 새로운 시대로 넘어가고 있는 유대교의 토대와 발전과 미래의 기회를 더 잘 이해해보려는 열정 때문이었다. 그와 동시에 **증대하는 상호 소통**의 가능성을 높이려는 열정도 생겨났다. 단지 유대교인과 유대교인 사이의 소통만이 아니다. 이와 연결되어 있지만, 유대교인과 기독교인 사이에도 소통의 다리를 놓고 싶었고, 아마도 유대교인과 기독교인과 무슬림 사이에도 소통의 다리를 놓고 싶었다.

따라서 나는 이 책이 유대교인과 기독교인 간의 대화에 관한 한 권의 책 이상이기를 원한다. 비록 이 책이 기독교인과 유대교인 간에 항상 논쟁되어 왔던 문제(안식일과 음식 계명의 문제에서 시작하여 정치와 국가의 문제를 거쳐 기독론과 삼위일체론에 이르는 문제)를 제외할 수 없었지만 말이다. 나는 이 책에서 유대교를 **포괄적이고 살아 있는 실체**로 묘사하기를 바라며, 그래서 유대교의 정신적 에너지를 기독교와 이슬람교와의 논의 속으로 끌어들이기를 희망한다. 유대교는 기독교과 이슬람교에게도 던져진 **도전**이다.

이 책에서 사용된 **방법론**에 대해 나는 예전에 나온 저서《세계윤리구상 *Projekt Weltethos*》(1990)에서 자세히 설명했다. (패러다임 이론을 종교의 역사에 적용할 수 있는지에 대해 나는 이미 1987년에《전환기의 신학: 교회일치를 위한 토대 설정》에서 해석학적 원칙에 따라서 설명했고, 여기서 구체적으로 입증할 것이다. 그렇지만 소수의 순진한 비평가들은 이를 의심했다.) 거의 모든 장마다 **문헌들**을 엄청나게 많이 소개하고 있다는 사실을 나는 알고 있다. 그리고 전문가들은 꼭 필요한 이런저런 책을 마땅히 참조했어야 한다고 쉽게 말할 것이다. 이에 대해 내가 줄 수 있는 대답은 오직 이렇다.

개인적으로 가능하다면 다양한 영역에서 나온 학문적 연구 결과물을 찾아보고, 국제적으로 논의되고 있는 최근의 이론도 함께 숙고해보려고 모든 노력을 기울였다. **여러 학문 분야와 두루 대화하는 입장**에서 나는 가능한 한,

— 유대교의 위대한 역사를 말하되, 동시에 과거를 체계적으로 설명하고 싶었고,

— 종교와 정치와 사회의 인과관계를 설명하되, 신학 고유의 내용도 계속 숙고하기를 원했고,

— 역사의 보편적인 동력을 설명하되, 인간적인 요소와 중요한 인물의 역할도 배제하고 싶지 않았고,

— 필요할 경우에는 원자료를 참조하되, 인용문 속에서 길을 잃지 않기를 바랐고,

— 관련된 역사적 상황에 공감하되, 꼭 필요한 예리한 판단도 내리기를 추구했다.

기술적技術的**인 요소**: 이 책은 상당히 복잡한 역사와 그에 못지않게 복합적인 문제를 다루기 때문에 나는 부피가 큰 나의 책에서 처음으로 추가적인 **교육적인 도움**을 주려고 애썼다. (학문성을 난해함과 그럴 듯한 깊이와 결부시키는 듯이 보이는 이 땅의 많은 '학자'들이 의심하는 것처럼) 단지 신학을 교육학적으로 활용하려는 목적이 아니라, 독자를 위해 명료성과 투명성을 최대한 높이려는 의도였다. 이를 위해 나는 문장 속에 두꺼운 글씨(이 책에서는 고딕으로 표시했다 - 옮긴이)를 넣었고, 기호와 질문 상자와 그림과 도표를 첨가했다. 따라서 방대하고 다층적이지만 처음부터 끝까지 철저히 기획된 이 책이 좀 더 쉽게 읽힐 수 있기를 바란다.

개인적인 것을 짧게 말하면: 만약 도움을 받지 않았더라면, 이 책도 이렇게 빨리 완성할 수 없었을 것이다. 먼저 튀빙엔 대학교의 에큐메니컬 연구

소가 도움을 주었다. 신학박사 후보생 마티아스 슈넬이 (신학생 미헬 호프만과 함께) 도서관과의 교류와 마지막 교정을 위해 수고해주었다. 엘레오노레 헨 부인과 마가리타 크라우제 부인이 수없이 교정된 원고를 출판하도록 매우 꼼꼼히 배려해주었다. 마리안네 자우르 부인의 구체적이고 내용적인 비판은 내게 큰 도움이 되었다. 신학박사 후보생 슈테판 슐렌조그가 숙련된 솜씨로 참고문헌의 검토, 편집 디자인, 도해의 제작과 디자인을 완성해주었다. 편집부장(울리히 반크)과의 협력과 피퍼 출판사의 제작(한스 폴라네츠)은 여전히 큰 기쁨을 주었다. 출판사 대표 클라우스 피퍼 박사와 에른스트-라인하르트 피퍼 박사가 보여준 활기찬 관심과 진심어린 인격적인 관계는 내게 항상 용기를 주었다. 내용과 문체에 의문이 생길 때마다 나는 연구소에서 나의 동료였다가 지금은 튀빙엔 대학교 가톨릭 신학부의 강사로 활동하고 있는 칼-요제프 쿠셸 박사의 도움을 받을 수 있었다. 그는 원고를 작성하는 과정에 처음부터 끝까지 동참했다. 완성된 원고를 살펴보고 자세한 교정을 위해 내게 많은 격려를 보내준 루체른의 유대교 연구자 클레멘스 토마 교수에게도 특별히 감사의 말을 전한다. 그리고 신약성서와 구약성서를 가르치는 나의 동료 교수 헤르베르트 하그(튀빙엔/루체른)와 미하엘 테오발트(튀빙엔)의 도움에도 감사한다. 그들은 구약성서와 신약성서와 관련된 원고 내용을 비판적으로 읽어주었다. 몇몇 다른 동료들은 관련된 내용이 나올 때마다 언급하였다. 끝으로 내게 연구 지원비를 보내주고 기능이 뛰어난 컴퓨터를 쓰게 해준, 그래서 "종교 평화 없이는 세계 평화도 없다"는 전체 기획을 위해 물질적인 도움을 준 로베르트 보쉬 기념재단에도 다시금 감사의 뜻을 전한다.

그러나 이런 책은 단지 책상에서만 쓸 수 있는 것이 아니라, 특히 사람들과의 대화 가운데 만들어진다. 유대인 친구들과 친지들이 나의 유대교 이해를 위해 특별히 큰 도움을 준 것은 자연스러운 일이다. 1930년과 1940년 무렵에 내가 독일에서 어려운 일을 겪고 있을 때, 나의 스위스 고향 마을 주르제의 이웃 유대인 가족들과 루체른 김나지움의 유대교 친구들과 함께 보냈던 즐거운 생활은 내게 큰 버팀목이 되었다. 유대교 문제와 관련하여, 그리고 교회와 유대교의 관계에 대한 철저한 연구와 관련하여 내가 갖게 된 예리한 비판 의식은 1962~1965년에 개최된 제2차 바티칸 공의회에 참여하는 동안, 그리고 1963년에 처음으로 미국에서 몇 주간 강연 여행을 하는 동안 유대인들을 만난 결과로 생겨난 것이다. 1967년에 내가 처음으로 이스라엘 여행을 갔을 때, 베른에서 온 한 젊은 여자 유대교인이 던진 질문은 신학적으로 결정적인 체험이었다. 그녀는 우리 기독교인이 예루살렘 곳곳에서 언급되고 있는 그리스도에게서 그 어떤 특별한 점을 발견했는지를 대뜸 질문했다. 나는 역사의 예수로부터 대답하려고 시도했고, 이런 구체적인 만남을 통해 '아래로부터의' 기독론이 유대교인과 기독교인의 대화에서 얼마나 중요한지를 파악했다. 이런 기독론을 나는 *Christ sein*(1974)에서 처음으로 제시했고, 지금 이 책에서도 제시한다. 스위스인-유대인 협회(야콥 바흐 박사/텔 아비브)의 초청에 따라서 여러 차례 이스라엘을 여행하는 동안 수많은 대화와 만남이 이루어졌다. 여기서 (이스라엘 외무부의 한 대변인과 그리고 이스라엘의 공식적인 정치의 다른 대변자들과의 만남도 그렇지만) 특히 벤-코린 교수, 에밀 파켄하임 교수, 다비드 플루서 교수, 랍비 다비드 하르트만, 테디 콜렉 시장, 예샤야후 리보비츠 교수, 게르숌 숄렘과 츠비 베르블로프스키 교수와의 만남도 중요했다. 예루살렘의 반 레르 연구소Van Leer Institut에서, 그리고 하이파Haifa 대학교에서 행한 강연과 연결되어 대화가 계속 진행되었다.

튀빙엔 대학교의 우리 에큐메니컬 연구소는 에벨리네 고드만-타우 부인(예루살렘)과, 루체른에서는 시몬 라우에르 박사와(토마 교수와 함께), 그리고 보름스Worms에서는 핀카스 라피데 박사(프랑크푸르트)와 함께 학문적인 대화를 진행했다. 독일에서 기독교인과 유대교인의 대화를 위한 라피데의 활동은 아무리 높이 평가해도 지나치지 않다. 이미 1975년에 나는 그와 함께 '예수 논쟁'에 관해 라디오 토론을 진행했다. 나중에 우리는 튀빙엔 대학교(1989년 여름학기)에서 진행된 큰 연구 모임에서 기독교인과 유대교인에 관해 공동 강연을 진행했다. "기독교인과 유대교인, 무슬림 간의 삼중 대화"의 틀 안에서 최근에 진행된 여러 랍비들과의 대화는 중요한 것이었다.

그러나 살아 있는 유대교를 이해하는 데 중요하게 기여한 것은 특히 내가 미국에서 행했던 정기적인 강연이다. 기독교 신학자로서 회당 안에서나 유대인 청중 앞에서도 말할 수 있었던 것은 내게 항상 큰 명예와 도전이었다. 이런 맥락에서 텍사스의 라이스 대학교(유대교 율법학자 사무엘 카르프와의 대화)에서, 안 아보르의 미시간 대학교(랍비 마이클 부룩스)에서, 그리고 토론토 대학교(랍비 군터 플라우느, 랍비 도우 마르무어)에서 객원교수로서 진행한 세미나는 매우 유익했다. 유대교 신학교의 새로운 총장 이스마르 쇼르쉬의 취임에 즈음하여 뉴욕에서 공식적인 연설을 행한 것과 그 후에 유대교 대학교(로스앤젤레스와 남캘리포니아)에서 연속 강의를 행할 수 있었던 것은 나에게 특별한 기쁨이었다. 이 모든 일을 계기로 나의 유대교 이해는 더 깊어질 수 있었다. 그리고 나는 단지 기독교인만이 아니라 유대교인을 위해서도 비판적인 말을 해야 했던 때보다 더 많은 공감을 그 당시에 얻었다는 사실에 늘 기뻐했다.

내게 배움의 기회가 되었던 개인적인 만남 가운데서 언급하고 싶은 것은 아르투어 번스 대사大使(본), 한스 요나스 교수(뉴욕), 펠리시아 랑어 변호사(예루살렘/튀빙엔), 프란츠 루카스 영사領事(런던), 랍비 요나단 마고네트(런던), 아담 미크니크 편집장(바르샤바), 제이콥 뉴스너 교수(탐파/플로리다), 로이 라파포르트 교수(안 아르보르), 피터 리젠버그 교수(성 루이스/미조리), 알란 세갈 교수(뉴욕), 이스라엘 샤하크 교수(예루살렘), 프리츠 슈테른 교수(뉴욕), 파벨 빌트슈타인 박사(바르샤바)와 미하엘 볼프존 교수(뮌헨)와의 대화다. 저자를 개인적으로 아는 사람은 그의 의도가 순수하다는 것을 안다. 그는 비밀리에 유대인 선교를 추진하지 않고 모든 사람, 특히 기독교인의 대화를 옹호한다. 다시 말하면 그는 기독교인과 유대교인, 무슬림이 똑같이 믿고 있는 한 분 참 하나님을 믿는 모든 사람의 대화를 옹호한다. 이 책의 관심사는 단지 이론적인 질문이 아니라 매우 실천적인 질문이며, 미래를 위한 실제적인 평화의 비전을 바라보는 새로운 사회의 공동적인 세계 윤리다. 나는 이 책을 통해 이를 위해 용기를 주기를 원한다. 이런 평화는 가능하다! 이런 평화는 우리 가운데서, 유대교나 이슬람교를 믿는 사람들과의 가까운 만남 속에서 이미 시작되고 있다.

마지막으로 소원 하나를 표현하고 싶다. 독일에서 제2차 세계대전이 끝난 지 40주년이 되는 해를 기념하는 행사는 독일인과 유대인의 관계가 여전히 해명되지 못한 정신적인 분위기 속에서 진행되었다. 1995년에 개최될 50주년 기념행사는 진실성과 화해 정신, 미래적인 협력 속에서 진행될 수 있기를, 그리고 이스라엘 국가 건설 50주년 기념행사는 진정한 희년이 되기를 바라며 이 책이 그렇게 기여하기를 기대한다. 레위기(25:8-31)에 따르면 50년이 될 때마다 "땅에서 사는 모든 사람의 해방"을 위해 희년이 선포되었다.

그렇다면 이렇게 함께 걷는 길에서 저자는 자기모순에 빠지지 않는가? 결코 그렇지 않다. 나는 다음과 같이 확신한다. 자신의 종교적 신앙에 대한 충실성(내부적 관점)과 다른 종교적 전통들을 향한 개방성은 유대교인이나 기독교인이나 무슬림에게 상호배타적인 것이 아니다. 정반대다. 오직 이렇게 함으로써만 상호 간에 소통과 토론이 이루어질 수 있고, 마침내는 모든 분야에서 혁신이 일어날 수 있다. 우리 모두의 노력의 마지막 목표는 하나의 종교일 수가 없다. 그것은 종교들 간의 진정한 평화다. 왜냐하면 다음과 같은 점은 아무리 강조해도 지나치지 않기 때문이다.

종교 간에 평화가 없다면
국가 간에 평화도 없다.
종교 간에 대화가 없다면
종교 간에 평화도 없다.
종교의 근본에 대한 연구가 없다면
종교 간에 대화도 없다.

튀빙엔에서
한스 큉

차 례

제II부 현재의 도전

2장 유대교인과 기독교인의 논쟁 • 448

제III부 미래의 가능성

에필로그
새로운 세계 윤리가 없다면, 새로운 세계 질서도 없다

|일러두기|

* 이 책은 독일어 원서의 체계를 한국 독자들에 맞추어 바꿨다. 독일어 원서에는 이 책에서 1장 I, 2장 I 등으로 표시한 체계가 A I, B I 등으로 표시돼 있다. 미주에 참고문헌으로 나오는 저자의 다른 저서의 표시는 원서의 표시를 그대로 두었다.
* 성서의 표시와 번역은 《개역개정》판을 기준으로 삼았다. 이에 따라 영어의 God 번역도 하나님으로 옮겼다. 하지만 문맥상 원서 직역이 필요한 부분은 직접 옮겼다. 또한 외국어의 표기는 국립국어연구원의 '외국어표기법'을 따랐지만 인명과 지명은 기존의 관용이나 성서의 표기를 고려했다(예: David → 다윗, 다마스쿠스 → 다메섹, 아시리아 → 앗수르, 마카바이오스 → 마카비, 튀루스/티레 → 두로, 셀레우코스 → 셀류쿠스 등이다). 하지만 다윗의 표기는 역사적한 인물에 한정했고, 그 외의 사람들은 다비드/데이비드로 옮겼다. 유대인의 이름은 가급적 성서식 표기를 유지했다(예: 루이스 제이콥스 → 루이스 야콥스).
* 본문의 번역은 독일어 원서를 기준으로 삼았지만 영문 알파벳 표기는 영어에 익숙한 독자들을 위해 영어 번역본을 바탕으로 표시했다. 또한 참고문헌의 표기법과 약어표기는 독일어 원서를 따랐으나 책 제목을 이탤릭으로 표시한 것은 영어 번역본을 차용했다.
* 유대인과 유대교인은 그 역사성의 일치와 불일치로 인하여 등가의 번역이기도 하고 때로는 등가의 번역이 아닐 수도 있다. 이 책에서는 역사적인 개념의 유대인을 다루는 문장에서는 유대인이라고 옮겼고, 특별히 기독교인이나 무슬림과 대비되는 종교적인 관점이 드러나는 문장에서는 유대교인으로 옮겼다.
* 이슬람 전문용어는 현지 발음에 맞게 표기하는 한국이슬람학회의 공식표기법을 따랐다(예: 코란 → 꾸란, 모슬렘 → 무슬림, 모하메드 → 무함마드, 아바스 왕조 → 압바스 왕조 등).
* 태양문자 Ḥ의 경우 영어 전사 시에 kh로 표시되는 것은 한글 음가로는 ㅋ로 표기했다(예: 할리프 → 칼리프, 바르 코흐바 → 바르 코크바).
* 학계의 관용에 따라서, 저자가 사용하는 인용부호 중에 직접 인용일 경우에는 큰따옴표(" ")를 사용했고, 간접 인용일 경우에는 작은따옴표(' ')로 바꿨다. 또한 단행본은 이중꺾쇠괄호(《 》)를, 선언문이나 각별히 강조하는 성서의 경우에는 꺾쇠괄호(〈 〉)를 사용했다.
* 역자 주는 긴 경우에는 본문 하단에 짧은 경우에는 본문 괄호(-옮긴이)로 실었고, 저자 주는 원서의 편집을 유지하기 위해 미주로 실었다.

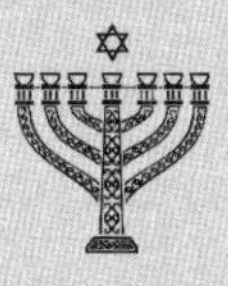

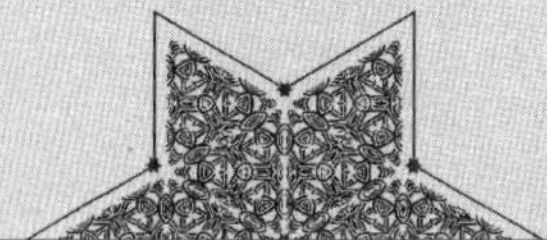

제1부

여전히 현존하는 과거

1장
기원

I. 아브라함 - 3대 세계종교의 조상

잠시 발길을 멈추고 생각해보자. 인류는 온갖 분쟁과 갈등과 전쟁 중에서도 자기 자신을 너무 중요하게 생각할 위험에 항상 빠지지 않았는가? 만약 억만 개 은하수의 변두리에 있는 보잘것없는 지구별 위에 살고 있는 인류가 자신을 멸망시킨다면, 우주에 참으로 어떤 변화가 생길까? 인류가 출현했듯이, 바로 그렇게 인류는 다시 소멸할 수도 있다.

1. 간략한 세계사 고찰

먼저 다음과 같은 점을 분명히 해두자. 많은 연구자들에 따르면 세계는 적어도 130억 년 전부터 존재해왔다. 인간은 아마 150만 년 전부터 우리 지구에 존재했을 것이다. 변이와 도태를 통해 동물계로부터 도약한 **최초의 인간**은 직립 인간Homo erectus이었다. 따라서 인류 역사의 99.9%는 원시적인 역사, 곧 문자가 없고 민족이나 종교의 이름도 없으며 정치와 종교의 지도자 이름도 없는 역사였다.

두 번째로 다음과 같은 점을 분명히 해두자. 20만 년 전 구석기 시대부터 아마도 **호모 사피엔스**Homo sapiens가 존재했을 것이다. 현대인은 자신을 매우 자랑스럽게 그리 부른다. 자기-의식을 통해 자신을 동물과 구분하는 호모 사피엔스는 석기 시대에 도구와 무기를 발명했고, 불을 다스리는 법을 배웠으며, 맹수들이 차지하고 있던 동굴을 획득했다. 호모 사피엔스는 이미 그 당시에 죽은 자들을 매장했고, 희생 제사를 드렸으며, 마술적·종교적 동기를 지닌 동굴 벽화와 조각품을 만들 줄 알았다.

세 번째로 다음과 같은 점을 분명히 해두자. 1만 년 전 신석기 시대의 거대한 변화 이후로 사냥꾼들과 어부들, 수렵인들 외에도 한곳에 정착하여 경작하는 자들과 짐승을 기르는 자들도 점점 더 늘어났다. 그들은 확고한 거주지에서 마을 문명을 만들었고, 결과적으로 다음과 같은 중요한 사회 현상들이 발생했다. 토지와 개인 소유를 위한 노력이 생겨났고, '정당한 전쟁'이 수행될 수 있었으며, 소수의 사람들이 다수의 사람들을 지배하기 시작했다. 자연스러운 풍경이 이제는 문명적인 풍경으로 변했고 촌락이 도시로 바뀌었다. 지금까지 알려진 가장 오래된 도시는 (소아시아의 카탈 휘위크Catal Hüyük와 더불어) 성서에 나오는 고대 도시, 곧 요르단 계곡에 위치한 여리고에서 발견된다. 방사성 탄소 측정 방법에 따르면 여리고 성벽이 건설된 연대는 기원전 6,800년으로 계산되었다.[1]

네 번째로 다음과 같은 점을 분명히 해두자. 대략 기원전 5천 년 이래, 곧 기원전 4/3천 년의 전환기 이래 **역사 초기의 고등 문명과 고등 종교**가 존재했다. **첫 번째** 형태는 이미 기원전 3,500년부터 남부 **메소포타미아**에서, 유프라테스와 티그리스의 충적지에서, 수메르의 성전 도시에서 발전되었다. 여기서 인류는 바퀴와 물레, 수레와 (성전 살림을 위한, 그리고 우주적인 체계 안에서 신들의 질서를 세우기 위한) 가장 오래된 계산 체계를 발명했을 뿐만 아니라 특히 문자를 발명했다. 처음에는 토판에 새겨진 도형문자였다가 그 다음에는 설형문자였고 마침내는 음절문자였다.[2]

우리가 말 없는 돌멩이와 깨어진 그릇 조각, 도구, 벽과 무덤을 근거로 오직 간접적으로만 이해할 수 있는 문자가 없던 '선사 시대'는 이와 함께 비로소 끝난다. 그리고 문서 자료들을 통해 우리에게 생생하게 말할 수 있는 기록된 '역사'가 시작된다. 참으로 **인류의 '역사' 시대**가 시작된 것이다. 이 시대에는 이제 점점 더 많은 특별한 민족들과 종교들, 역사적 인물들이 태초의 역사와 역사 이전의 어두움으로부터 밝은 역사의 빛 속으로 걸어 나온다. 이 시대에는 행정 자료와 경제 자료만이 아니라 나중에는 신화와 전설도 기록되었다.

그리고 **두 번째** 고등 문명은 기원전 3천 년 이후부터 메소포타미아의 영향을 받아 **나일 강 계곡**에서 전개되었다. 여기서 거의 동시에 문자가 발명되었다. 여기서는 농사도 오직 인위적인 수로水路의 도움을 받아, 다시 말하면 협동과 계획과 조직을 통해, 구체적으로 말하면 (공직자들과 사제들과 함께) 집중화된 행정을 통해, 그리고 국가 형성을 통해 가능했다. 유프라테스 강과 티그리스 강과 나일 강에 생겨난 고등 문명 다음에는 기원전 2,500년경에 **인더스 강 계곡**에 마침내 **세 번째** 고등 문명(인더스 문명)이 형성되었고, 1,500년경에는 중국 **황하 계곡**에 **네 번째** 고등 문명(상-문명)이 형성되었다.[3]

그러나 이 네 가지 고등 문명과 그 종교는 서로 다른 운명을 맞이했다. 인더스 문명은 이주해오는 아리아인들의 문명과 종교로 대체되었고, 중국 문명과 종교는 많은 시대적 전환과 변형을 거치며 20세기까지 유지될 수 있었다. 그렇지만 첫 번째 두 문명은 완전히 소멸했다. 그 위대한 유물들은 가장 유명한 세계적인 박물관 안에 남아 있다. 비록 유프라테스와 티그리스 저지대에 세워진 여러 단계의 높은 성전은 매우 큰 감동을 일으키지만(후기의 바빌론 피라미드 신전은 히브리 성서에도 언급된다), 이 메소포타미아(바빌론-아수르-갈대아) 문명은 이미 기원전 7세기에 소멸하고 말았다. '홍수', 곧 온 땅을 덮친 (분명히 여러 차례 일어난) 재앙에 관한 첫 번째 보도는 바로 거기서 나온 것이다. 이 재앙은 낙원('에덴Eden'은 수메르 언어다)에 관한 이야기와 마찬가지로 후기의 성서 기록에도 나온다. 기원전 4세기 말엽에 독립적이었던 이집트 문명과 종교도 헬레니즘 속에서, 그리고 끝내는 로마 제국 속에서 역시 소멸하고 말았다.[4]

완전히 다른 하나의 종교는 여기서 지속성과 미래를 가질 수 있었다. 이 종교는 이집트와 메소포타미아 사이에 있는, 종종 전쟁이 일어난 시리아-팔레스타인의 좁은 땅에서 발전되었다. 거기서 살아온 셈족 사람들은 이미 두 번째 천년의 후반에 음절 문자에서 자모字母 문자로 옮아갈 수 있게 되었다. 이것은 그리스인들이 받아들인 가나안-페니키아의 22개 자모 문자로 옮아가는 과정이었다. 가장 오래된 증거는 시나이 산맥의 바위에 새겨진 짧은 단어들이다. 이 단어들은 그곳의 구리 광산과 공작석孔雀石 광산에 고용된 바로의 셈족 노동자들에게서 유래한다.

나는 **이스라엘의** 종교를 다룬다. 이스라엘은 강대국들이 서로 교차하는 지점에 위치한 관문關門의 나라이고, 비교적 놀랍게 젊은 민족이다. 이스라엘은 이집트와 메소포타미아의 민족들처럼 자신의 존재를 항상 주어진 것으로 여기지 않는다. 따라서 이스라엘은 자신의 역사를 다른 민족의 역사처럼 신들의 신화적인 역사와 직접 연결하지 않으며, 민족이 후기에 형성되었다는 사실을 철저히 의식하고 있다.[5] 이스라엘의 역사는 세계의 창조로부터 바벨탑[6] 건설에 이르는 기나긴 태고의 역사를 전제하며, 전설 속에 묘사된

족장들이나 조상들[7]의 역사를 전제한다.[8]

이 책에서 나는 이스라엘의 종교, 그리고 여러 차례 변형된 **유대교**를 다루고 있다. 이렇게 함으로써 유대교의 발전 과정은 더 잘 보이게 된다! 잘 알다시피 **기독교**는 새로운 (지금은 기독교적인!) 시간 계산의 시작과 함께 유대교에서 나왔다. 기독교는 로마 제국과 모든 서방 세계의 종교가 되려고 했다. 먼저 유럽의 종교가 되려 했고, 그 다음에는 두 아메리카의 종교가 되려 했다. 마지막으로 하나의 다른 종교, 가장 젊은 마지막 세계종교가 유대교와 기독교를 이어가고 있는데 바로 아라비아에서 생겨난 이슬람교다. 이슬람교는—서방에서는 로마 제국이 멸망한 후에, 그리고 동방에서는 로마 제국이 약해진 뒤에—모로코와 스페인에 이르기까지, 그리고 동방에서는 메소포타미아와 인더스 계곡과 중국의 국경에 이르기까지 지칠 줄 모르고 계속 확장되어가고 있다.

이 세 종교를 올바로 이해하려고 우리는 다음과 같이 질문한다. 모두 근동에서 생겨난 이 종교들의 공통점은 무엇인가? 대답은 오직 다음과 같을 수밖에 없다. 그것들은 먼저 하나의 이름을 공유하고 있다는 것이다. 아브라함.

2. 우리가 알고 있는 아브라함은 누구인가?

"아브람이 99세가 되었을 때 야웨가 아브람에게 나타나셔서 그에게 말씀하셨다. 나는 전능한 **하나님**(엘 샤다이El Shaddai)이다. 내 앞에서 살아가고 완전하여라. 내가 나와 너 사이에서 나의 **언약**을 맺을 것이다. 그리고 나는 너로 큰 민족을 이루게 할 것이다. 그러자 아브람은 땅에 엎드렸다. 하나님은 그와 함께 말씀하셨고 그에게 말씀하셨다. 이것은 너와 함께 맺는 나의 언약이다. 너는 많은 민족들의 아버지가 될 것이다. 너는 앞으로는 아브람이라고 불려서는 안 된다. 아브라함이 너의 이름이 되어야 한다. 왜냐하면 내가 너를 많은 민족들의 아버지가 되게 할 것이기 때문이다. … 나는 나와 너 그리고 너의 세대 후에 태어날 자손들 사이에서 나의 영원한 언약을 세워 내가 너와 **너의 자손들의 하나님**이 될 것이다. 그리고 나는 나와 너의 자손들에게 낯선 땅, 곧 **가나안 땅** 전체를 영원한 소유물로 준다. 그리고 나는 그들의 하나님이 될 것이다. … 너희는 할례를 행하여라. 그것은 나와 너희 사이에서 맺은 언약의 표지가 될 것이다."[9]

하나님과 거의 100세가 된 아브라함 사이에서 이루어진 이러한 대화에—이에 상응하는 아브라함의 아내 사라와 이루어진 대화도 거의 같은 비중을 지닌다![10]—바빌론 포로기에 활동한 사제 신학자는 조상들의 모든 약속을 정교하게 전체 속에 포함시켰고, 이를 조상 이야기의 중심으로 만들었다. 오늘날까지 이르는 이스라엘과 유대교의 역사, 신앙과 신학을 위한 **아브라함의 근본적 의미**는 히브리 성서의 첫 책에서 이미 인상 깊게 설명되었다. 이스라엘 신앙의 근본 요소로 여겨지는 것들은 다음과 같다.

- 주도권은 **하나님**에게 있다. 인간은 하나님과 하나가 아닐 뿐만 아니라 하나가 될 수도 없다. 인간은 하나님 '앞에서' 행동하며, 하나님에게 '완전히' 복종해야 한다. 아브라함 종교를 처음부터 결정짓는 것은 하나님과 인간의 합일의 신비가 아니라 하나님과 인간의 대면 관계다.
- 그러나 전능한 하나님과 선택된 인간 사이에 영원한 **언약**이 하나님에 의해 체결되었다. 이것은 하나님과 인간의 상호 관계를 의미한다. 이것은 할례라는 언약의 표지를 통해 확증되었다.
- 언약과 더불어 아브라함의 자손들에게 두 가지 약속이 주어졌다. 그들은 큰 민족을 이룰 것이고 **하나님의 백성**이 될 것이다. 그리고 그들은

약속된 땅, 가나안 땅을 물려받게 될 것이다.

'아브라함', 곧 '모든 민족의 아버지'라는 이름으로 계획적으로 개명된(후대의 해석) 아브람은 성서 본문에 따르면 분명히 이스라엘 백성의 시조始祖다. 그러나 이 위대한 성서의 인물 배후에는 무엇이 숨겨져 있는가? 오늘날 우리가 아브라함을 역사적 인물로서 알고 있는 것이 무엇인가?[11] 오늘날 우리가 그에 관해 인간적으로 알고 있는 확실한 사실은 전혀 없다. 아브라함 전기傳記는 불가능하다. 창세기 11~35장의 족장 이야기[12]가 유일한 자료다. 그런데 그것은 우리가 생각하는 바로 그런 전기와 역사 서술이 아니다. 세 명의 모든 족장에 관련해서는, 그것은 중복과 모순을 지니고 있는 일련의 느슨하게 연결된 짧은 이야기들이다. 더 정확히 본다면 그것은 우선 문서로 확정되기 전에 입을 통해 전달된 **전설**이다.[13] 물론 전설은 결코 동화가 아니다.[14] 그것은 대개 소수의 인물, 곧 하나의 역사적 핵심을 매우 짧게 단순화하고 집중화한 것이다. 왜냐하면 아브라함과 이삭과 야곱이 일종의 무력해진 신들, 순전히 신화적인 인물들, 특정한 인간 집단의 허구적인 조상이었다고 오늘날 그 어떤 비판적인 주석가도 주장하지 않기 때문이다. 그 어떤 부족과 씨족도 참으로 그런 주장을 내세우지 않는다. 비록 그들의 연대를 확정하려는 모든 시도가 실패했지만, 지금도 사용되고 있는 서쪽 셈족 사람들의 이름을 생각한다면 그들은 아마 역사적 인물일지도 모른다.

그러나 족장 이야기를 통해 우리는 기원전 1900년과 1400년 사이에 대략 500년 동안 팔레스타인을 지배했던 사회문화적 상황('삶의 자리Sitz im Leben')을 희미하게나마 살펴볼 수 있다. 이를 우리는 다음과 같은 자료로 어느 정도 교육을 받았다. 반半유목민들 아래 (기원전 2000년에) 살았던 이집트 사람 시누헤Sinuhe 이야기, 반역한 제후들을 저주한 이집트의 추방 이야기(기원전 19/18세기), 유프라테스 강 중부에서 발견된(18세기), 그리고 키르쿠크 근처 누치Nuzi에서 출토된 메소포타미아의 마리 문서(15/14세기), 끝으로 나일 강 중부 아마르나Amarna에서 발견된 편지, 곧 파라오 아메노피스Amenophis 3세와 아메노피스 4세 아케나톤Akhenaton(그의 새로운 유일신 신앙 때문에 이집트 제국은 깊은 위기에 빠졌다)의 국가기록 보관소에서 나온 편지들(14세기)이다.[15]

물론 다음과 같은 것도 사실이다. 자주 주장되듯이 아브라함과 그의 아들, 그의 손자에 관한 이야기는 단지 삼 세대를 이어가는 사적인 가족 이야기만은 아니다. 앞에서 지적한 이 이야기에 걸려 있는 약속의 종교적·정치적 의미는 여기서 매우 중요하다. 여기에는 세계 정치의 지평도 고스란히 포함되어 있다. 왜냐하면 아브라함 이야기는 창세기에서 인류 전체의 전前-역사와 보편 역사와 연결되어 있기 때문이다. 이 역사는 무엇보다도 바벨의 '탑 건설'[16]의 이야기와 함께 종결되는 듯이 보인다. 두 전승을 함께 묶으려고 시도하는 성서 전승에 따르면[17] 아브라함의 가족은 부유한 남부 메소포타미아 도시 우르를 떠났으며(달의 신 '신Sin'에게 바쳐진 우르의 피라미드와 높은 성전은 1922~1934년에 발굴되었다), 기원전 20세기에 많은 사람들이 메소포타미아와 시리아-아랍 사막을 떠났듯이, 거대한 유프라테스 만곡彎曲에 있는 북메소포타미아 도시 하란을 떠나서 가나안 땅으로 들어갔다.[18]

그러나 바로 이러한 기원은—약속되고 주어진 땅의 중요성에도 불구하고—자주 변동하는 유대인의 역사에서 항상 상징적 중요성이 크다. 아브라함은 처음부터 토착민이 아니라 이주민, 곧 "나그네요 거류하는 자"였다.[19] 그가 획득한 유일한 재산은 헤브론 앞의 한 묘지였다고 한다.[20] 그래서 오늘까지 유대교인과 기독교인, 무슬림 순례자들은 그곳이 '아브라함의 묘지'라고 소개받고 있다. 물론 아브라함은 도시와 시골 사이에 있는 문명 땅의 유목민으로 살아가면서 토착민들과 분명히 접촉했을 것이다. 그러나 그는 생활 방식과 생활 형태에서 분명히 그들과 여전히 큰 차이를 유지하고 있었다. 바로 그래서 다른 족장들도 토착민들과 정직한 관계를 맺지 못했다. 확실한 사실은 다음과 같다. 아브라함은 '히브리인'(이브리'ibri)[21]이라고 불렸다. 그러나 최근의 연구에 따르면 히브리인은 '이스라엘인'과 단순히 동일한 의미를 지니지 않는다. 왜냐하면 메소포타미아 설형문자의 '하비루habiru' 또는 '하피루hapiru'와 그리고 '히브리인'과 동일한 뜻을 지니는 이집트 문서의 ''prw'는 특정한 민족을 지칭하기보다는 사회적 계층과 생활 방식을 지칭하고, 때로는 나그네와 유랑자, 용병이나 노동자, '추방된 자'를 가리키기 때문이다. 그러나 그들은 간혹 더 높은 위치에 오를 수 있었다.[22]

3. 신앙의 아버지

그렇지만 또 다른 점이 오늘의 종교 상황을 위해 적지 않은 의미를 지닌다. 세대의 계승, 곧 **족보**[23]를 통해 아브라함은 **셈족 사람들의 '가계**家系'**와 결합되어 있는 것으로** 나타난다. 아브라함과 함께 그의 아들 이삭과 그의 손자 야곱은—아마도 나중에야 비로소 이렇게 서로 연결되었을 것이다—이스라엘의 원原조상으로 간주된다. 특히 이슬람교를 비판하는 오늘날의 기독교인들은 다음과 같은 점에 주목해야 한다. 성서가 말하는 초기의 부족 문명에서도 일부다처一夫多妻는 자명한 사실이었다. 잘 알다시피 아브라함은 여러 명의 후처를 거느렸다.[24] 창세기에 따르면 아브라함은 사라와 함께 에서와 야곱의 아버지 **이삭**을 낳았다.[25] 야곱은 나중에 이스라엘이라고 불렸으며 열두 부족의 아버지로 여겨졌다. 그러나 아브라함은 이집트인 후처 하녀 하갈과 함께 이스마엘 연맹에 속하는 열두 지파의 조상 **이스마엘**을 낳았다.[26] 마지막으로 그두라와 함께 아브라함은 16개의 원原아랍 유목민 집단의 조상이 되었다.[27] 이 모든 사실은 오늘날의 질문을 위해 의미가 없지 않다. 이스라엘은 기원전 2세기 후기의 셈족 아람 사람과, 그리고 북아랍과 북서아랍에 살았던 1세기 전반의 셈족 원原아랍 사람과도 친척 관계에 있다고 처음부터 느꼈다. 족보는 최소한 이것을 (개별적으로는 전혀 역사적이지 않지만) 말하려고 한다.[28]

그러나 족장 이야기에서 언급되고 있는 하나님은 어떤 **하나님**인가? 특이하게도 이 전설들은 특정한 성소, 특히 세겜과 벧엘, 헤브론과 벳세다와 결합되어 있다. 그렇기 때문에 많은 주석가들은 이 전설들이 원인론적 전설일 것이라고 추측한다. 다시 말하면 이 전설들은 이스라엘인의 제의를 위해 이스라엘 이전의 가나안 성소를 정당화하는 기초 전설일 수도 있다는 말이다. 왜냐하면 하나님이 이 장소에서 조상에게 자신을 계시했기 때문이다. 여하튼 다음과 같은 점은 분명하다. 처음부터 족장의 하나님은 하늘이나 한 성소에 매여 있는 하나님이 아니라, '조상의 하나님', 아브라함의 하나님, 이삭의 하나님, 야곱의 하나님이다. 그들에게 하나님은 자신의 계시를 전달했다. 그러나 정착 후에 그 하나님은 가나안 사람의 하나님 엘(엘 샤다이El Shaddai 처럼 다양한 이름을 지니는 하나님)을 수용했다. 그리하여 창세기의 하나님은 조상의 하나님이라고 불릴 수도 있었고 엘이라고 불릴 수도 있었다. 그리고 그는 인격적인 하나님으로 묘사되었지만 동시에 우주적인 하나님으로도 묘사되었다.[29] 그렇기 때문에 비판적인 주석가들은 오늘날 다음과 같은 점에 동의한다. 성서의 높은 윤리와 마찬가지로 엄격한 유일신론도 족장의 시대에는 지배적이지 않았다. 역사적으로 볼 때 아브라함은 분명히 여러 신을 전제했지만, 오직 한 분 하나님, 곧 그의 하나님만을 가장 높고 가장 예배해야 할 권위로서 받아들인 일종의 단일신론자였다.

그리고 **할례**란 무엇인가?[30] 할례는 그 당시에 완전히 새롭게 도입된 의식이 아니다. 할례는 원래는 단지 가나안에서만, 단지 이스라엘의 셈족의 이웃 사람들과 이집트 사람들 가운데서만 퍼져 있었던 관습이 아니라, 아프리카와 아메리카와 호주에도 퍼져 있었던 (돌칼로 실시된) 매우 오랜 관습이다. 그렇지만 할례는 블레셋 사람과 바빌론 사람과 아시리아 사람 가운데서는 실시되지 않았다. 할례는 위생적·의학적 이유로나 사회적 이유(입회의식)로, 또는 종교적 이유로 실시되었다. 이스라엘인 가운데서 할례가 가나안 정착 이래 실시되었다는 것은 자명하다. 그렇기 때문에 할례는 이스라엘인의 가장 오래된 율법 조항에는 전혀 나오지 않으며, 오직 레위기에만[31] 특별한 강조 없이 오직 한 번만 나온다. 그러나 이스라엘과 유다 왕국의 멸망 후에, 그리고 할례를 실시하지 않았던 바빌론 사람의 포로가 된 후에 (예전에는 당연히 실시되었던) 할례는 이스라엘 민족에 속해 있다는 사실을 나타내는 특별한 종교적인 표지로 변했다. 이제부터 비로소 할례는 더는 제거할 수 없는 하나님의 특별한 표지로서, 그리고 결국엔 창세기 17장에 바로 율법의 규례로 설명되어 있는 언약의 표지로서 특별한 의미를 지니게 되었다.

그러나 창세기에 따르면 아브라함에게 근본적인 것은 하나님을 신뢰하는 것이다. 근본적인 것은 무조건 **신뢰하는 신앙**이다. 이 신앙 때문에 아브라함은 "의롭다고 여겨졌다."[32] 여기서 신앙(히브리어로 '아멘aman' = 견고하다. 사역형 '헤에민he'emin' = 믿다, 신뢰하다)은 전체 히브리 성서에서 주어진 진리를 수용하는 것으로, 증명할 수 없는 것을 '옳다고 여기는 것'으로 이해되는 것이 아니라 인간적으로 실현할 수 없는 약속에 대한 흔들림 없는 신뢰로, 신실함으로, 확신으로, '아멘'이라고 말하는 것으로 이해된다. 따라서 아브라함은 이런 의미에서 믿는 사람의 원형과 모범이고, 이런 신앙에 근거하여 가장 어려운 시험도 이길 수 있는 사람이다. 비록 하나님은 그의 아들을 희생하기를 원하지 않았지만, 그런 희생을 아브라함에게 요구했다.[33]

첫 번째 즐거운 **결론**은 다음과 같다. 인도의 신비적인 합일 종교나 중국의 지혜 종교와는 정반대로 아브라함에 근거해 있는 세 종교를 우리가 **신앙의 종교**라고 부르는 것은 정당하다. 여기서 인간은 하나님 '앞에'(*coram*

Deo) 서고, 하나님에게 자신을 온전히 맡기며, 그래서 하나님을 인격적으로 (*in Deum*) 믿는다. 따라서 아브라함은 셈족 사람들에게서 기원한 **3대 종교 모두의 공통적인 원조**로 여겨진다. 그렇기 때문에 우리는 이 세 종교를 **아브라함 종교**라고 부른다. 내가 이 책을 위해 나의 해석학적-방법론적 토대에서 설명했듯이,[34] 이 세 종교를 근동에서 기원한 위대한 종교 체계로 이해할 수 있다. 이 체계는 인도나 극동에서 기원한 체계와는 본질적으로 다르다.

그렇지만 다음과 같은 점을 여기서 간과해서는 안 된다. 공통점에도 불구하고 세 아브라함 종교는 한 사람의 원조 아브라함을 둘러싸고 이미 갈등을 보이기 시작한다. 무엇 때문일까?

4. 아브라함의 유산 논쟁

1) **유대교**에서는 아브라함을 어떤 사람으로 생각하는가? 유대교 전통은 역사가 흘러가는 동안 아브라함의 의미를 점점 더 높여왔고, 하나님의 "종"[35]인 그를 하나님의 "친구"[36]로 만들었다. "그 누구도 그의 명성을 따라잡을 수 없다."[37] 후기 유대교에서 아브라함의 생애는 갈수록 강하게 기적과 신화와 미덕으로 장식되었고, 그가 묻혔다는 헤브론의 동굴 묘지는—오늘날에는 아랍-팔레스타인-무슬림 영토 안에 있다!—경배의 대상이 되었다. 그에 관하여 쓴 외경이 두 개 있는데, 하나는 그의 선택과 그의 계시(〈아브라함의 묵시록〉[38])를 기술하고, 다른 하나는 그의 낙원 여행과 그의 죽음을 기술한다. 후자는 손님 환대를 칭송하는 내용과 연결된다(〈아브라함의 증언〉[39]). 이 문서를 소유한 자들은 아마도 에세네파 무리였을 것이다. 히브리 성서에서 아브라함은 인간적인 약점을 지닌 존재로서 매우 동정적으로 묘사된다. 그는 생애 동안 참으로 교활하게 그의 아내를 여러 번 그의 누이라고 소

개했다.[40] 그는 그의 아내 사라의 재촉 때문에 그의 후처, 이집트 사람 하갈을 그녀의 아들 이스마엘(무슬림의 조상!)과 함께 문자 그대로 사막으로 쫓아버렸다.[41] 그는 후처의 아들들에게도 재산을 주어 집을 떠나게 만들었다.[42] 이런 아브라함이 역사의 과정에서—예외가 규칙을 증명한다—점점 더 강하게 단지 겸손과 자비와 손님 환대의 미덕만이 아니라 그의 이웃들이 닮아야 할 모든 덕목을 두루 지닌 자로 만들어졌다. 예수 시락서에서 아브라함은 이미 "여러 민족들의 아버지"[43]라고 불리고 있다.

그런 다음에 랍비의 유대교에서 아브라함은 모든 시대를 뛰어넘는 구원자가 되었다. 탈무드에 따르면 시나이 산에서 계시가 주어지기 오래전에 살았던 그는 자신의 생애 동안 문서로 작성된 율법만이 아니라 입으로 전달된 율법의 모든 계명[44]도 지켰다.[45] 심지어는 세계와 모든 인간이 아브라함과 그의 공로를 고려하여 창조되었다는 대담한 주장도 있었다. 오직 한때 아브라함이 존재했기 때문에 그 이전의 세대들도 존재할 수 있었다. 그 이후의 세대들도 그에 의해 떠받쳐지고 있다.[46]

'아브라함의 자녀'라는 것, 이것은 이제부터 실제로 이스라엘인들의 배타적 특권으로 여겨진다. 이스라엘은 아브라함의 자손 또는 세대[47]이고, "아브라함의 하나님의 백성"[48]이다. 아브라함이 "땅의 모든 족속"[49]에 대한 축복의 총체가 될 것이라는 사실, 곧 아브라함 이야기의 이러한 보편적 지평은 종종 한 백성의 선택 뒷전으로 거의 완전히 밀려난다. 오늘날에 이르기까지 특히 신년 첫날의 예배에서, 그리고 유대교인의 중심 기도서인 18개 기도서의 첫 번째 찬양에서 사람들은 아브라함의 이름을 떠올린다. 그렇지만 랍비들도 영적이고 신앙적이고 내적인 아브라함의 자녀 신분을 받아들였다는 사실을 간과해서 안 된다. 기독교에서도 매우 비슷한 생각이 있지만 말이다.

2) **기독교에서는** 아브라함을 어떤 사람으로 이해하는가? 신약성서에서는

구약성서의 그 어떤 인물도 (모세를 제외한다면) 아브라함보다 더 자주 언급되는 인물이 없다. 그는 70회 이상 언급된다. 아브라함의 구원사적 의미는 이스라엘의 자녀 신분과 마찬가지로 중요하게 인정된다.[50] 누가복음에 나오는 부자와 가난한 나사로의 비유에서 아브라함에 속해 있음은 죽음을 넘어서는 것으로 전제된다(아브라함의 품에서 안식하는 것은 축복이다[51]). 유대교적 환경에서 생겨난 야고보서에서도 아브라함은 "하나님의 친구"[52]로 불린다.

그렇지만 이미 세례 요한의 설교[53]에서 아브라함의 육신적 혈통은 구원의 보증으로 간주되기보다는 오히려 회개('메타노이아*Metanoia*')의 요구를 받는다. 이제 모든 것은 회개에 달려 있다. 이제는 아브라함의 생물학적인 자녀가 아니라 아브라함의 영적인 자녀가 결정적이다! 여하튼 마태복음에 따르면 이미 세례 요한은 유대인의 모든 우월감을 날카롭게 조소하면서 등장한다. 필요하다면 하나님은 친히 돌을 아브라함의 자손으로 만드실 수 있다.[54] 마지막 만찬 때에 처음 부름을 받은 이스라엘인들은 식탁에 참여하지 못하지만, 많은 이방 백성들은 아브라함과 이삭과 야곱과 함께 식탁에 참여할 수 있을 것이라고 같은 복음서는 논쟁적으로 말한다.[55]

아브라함을 높이 평가함에도 불구하고 아브라함의 육신적 혈통이 구원의 절대적인 조건이 된다는 점을 분명히 거부하고 **아브라함의 영적·내적인 자녀 신분**의 가능성을 강조한 사람은 누구보다 **사도 바울**이었다.[56] 물론 그는 참으로 영적·내적인 유대교도 철저히 받아들였다.[57] 아브라함이 하나님 앞에서 의롭다고 인정을 받은 것은 율법의 행위 때문이 아니라—창세기 15장 6절이 그렇게 말하듯이—그의 신뢰하는 신앙 때문이다.[58] 옛 언약과 새 언약을 위해, 지상의 예루살렘과 미래의 예루살렘을 위해, 유대교인과 기독교인 공동체를 위해 바울은 두 여자 하갈과 사라의 이야기만이 아니라 그녀의 아들 이스마엘과 이삭의 이야기도 대담하게 우의적寓意的으로 해석한다.[59]

여기서도 결정적인 것은 다음과 같은 점이다. 중요한 것은 외형적·신분적으로 세대를 계승하거나 계명을 준수하는 것이 아니라(아브라함은 율법 이전에 살았다!), 영적·내적으로 아브라함의 흔들리지 않는 신앙을 따르는 것이다. 따라서 기독교인들이 아브라함처럼 믿는 한 아브라함은 기독교인들에게 모든 사람의 조상이며, 할례를 받았든 받지 않았든 아브라함은 **모든** 믿는 사람의 아버지다.

그리고 교부들도 그들의 설교와 논문에서 항상 새롭게, 압도적으로 도덕적이거나 우의적인 형태로 아브라함이라는 인물을 다루었다. 어떤 교부는 자신의 논문을 아브라함에게 헌정하기도 했다. 교부들의 문헌과 중세의 문헌만이 아니라 종교개혁자들의 문헌도 상당히 자주, 그리고 매우 의심스럽게 이삭의 희생과 그리스도의 십자가 희생 사이에 유사성이 있다고 말했다. 지난 세기에 쇠렌 키르케고르Sören Kierkegaard는 중세 신학과 루터를 훨씬 넘어서 자신의 아들을 제물로 바치려고 한 아브라함을 기독교인의 맹목적인 신앙의 원형으로까지 높일 수 있다고 생각했다.

3) 그리고 **이슬람교**에서는 아브라함을 어떻게 보는가? 꾸란에서도 아브라함(아랍어로 '이브라힘Ibrahim')은 모세 다음으로 가장 자주 언급되는 성서 인물이다. 단지 성서의 아브라함 설명만이 아니라 성서 밖의 아브라함 설명과 랍비들의 아브라함 설명도 주목할 만한 유사성을 지니고 있다. 꾸란 25장에서 아브라함은 하나의 역할을 수행하며, 14장은 심지어 그의 이름을 붙이고 있다. **메카**에서 발견된 초기의 문헌에는 아브라함이 특히 그의 아버지와 고향 사람들의 우상숭배에 저항하는 투쟁가로 나오며, 그래서 아브라함은 자신을 진리의 대변자로, 위대한 예언자로 입증한다. 그리고 **메디나**에서 발견된 후기의 문헌에는 예전에는 아브라함과의 친족 관계가 설명되지 않고 언급되었던 아랍 사람들의 조상 이스마엘도 등장한다. 그는 메카 안의

아브라함

근동에서 유래한 모든 세 셈족 종교의 조상
유일신론의 최초의 대변자
예언자 종교의 원형:
하나님 앞에서 믿는 인간: 하나님의 친구

이삭의 육신적인 아버지, 그의 아들 야곱은 이스라엘이라 칭해졌고, 하나님과 함께 영원한 언약을 맺음. 따라서 그는 **유대 민족**의 조상임	모든 믿는 자들의 영적인 아버지, 그의 약속은 그리스도 안에서 성취됨. 따라서 그는 **유대인과 기독교인**의 조상임	이스마엘의 육신적인 아버지, 그와 함께 메카에는 한 분 하나님의 중심적 성소로서 카바가 세워짐. 따라서 그는 **아랍인**의 조상임
신실한 율법 순종의 모범: 이상적인 유대인; 자신의 믿음의 신실함을 증명하는 행위를 통해 의롭다고 인정을 받음	흔들리지 않는 믿음의 신실함의 모범: 그리스도를 미리 알린 자; 행위보다 앞서는 믿음을 통해 의롭다고 인정을 받음	무조건적인 순종의 모범(=이슬람): 첫 번째 무슬림; 믿음과 예배와 하나님이 기뻐하시는 생활을 통해 의롭다고 인정을 받음
가장 큰 믿음의 시험을 통과한 원형으로서 이삭-희생	아버지를 통한 하나님 아들의 희생의 원형으로서 이삭-희생	예언자들이 메카를 떠난 사건의 원형으로서 우르를 떠난 사건('히즈라')
이스라엘의 약속을 받은 자: **민족과 나라**	모든 민족을 위한 약속을 받은 자: 아브라함의 후손으로서 **예수 그리스도**	순수하게 오직 **꾸란**에만 기록되어 있는 원초적인 계시를 받은 자

카바Kaaba를 순수한 유일신론적인 하나님 예배 장소로 만들고 이를 순례의 중심으로 건설하려고 노력하는 자신의 아버지 아브라함을 지원한다.[60] 꾸란도 아브라함을 "하나님의 친구"[61]라고 부른다. 그렇지만 아브라함에게 특히 중요한 점은 그가 "유대교인도 아니고 기독교인도 아니라 오히려 … (하나님에게) 헌신한 하니프Hanif(꾸란에서 무슬림이나 유일신론자와 동일함)였고, 이방인이 아니었다"[62]는 것이다. 하나님에게 선택된 아브라함은 최초로 한 참된 하나님에게로 전향했고, 모든 우상숭배에 맞서 싸웠다.[63] 특히 자신의 아들을 제물로 바치려고 했을 때 그는 최초로 '이슬람', 곧 하나님의 의지에 대한 무조건적인 순종을 실천했다(여기서 이삭의 이름은 언급되지 않는다.[64] 전통적인 이슬람교 주석가는 이스마엘을 떠올린다).

이처럼 아브라함은 무슬림에게 이미 초기부터 한 분 하나님의 위대한 예언자였다. 따라서 오직 자신들만이 참된 종교라고 주장하는 유대교와 기독교의 견해는 꾸란에 의해 무력하게 된다는 사실은 이해할 만하다. 왜냐하면 이러한 이해에 따르면 아브라함은 참으로 유대교인도 기독교인도 아니고 최초의 무슬림이었기 때문이다. 그는 하나님의 선택을 받은 자로서 율법서(아랍어로 '타우라트Tawrat')와 복음서(아랍어로 '인질Injil')가 존재하기 오래전부터 유일한 하나님을 믿은 자였다. 다른 두 책도 물론 거룩하지만, 유감스럽게도 유대교인과 기독교인에 의해 날조된 책이다. 따라서 이슬람교는 아브라함에 관한 가장 오래되면서도 동시에 가장 진정한 종교라고 자신을 정당화할 수 있다. 이슬람교는 모든 예언자(그들 모두에게 참으로 동일한 것이 계시되었다)의 가르침을 받은, 그리고 마지막에는 예언자들을 인증하는 '표지'인 무함마드에 의해 새롭게, 그리고 결정적으로 선포된 종교다. 따라서 그는 유대교인과 기독교인의 오류와 왜곡이 없이 한 천사를 통해 한 참된 하나님에게 직접 종교를 받았다. 따라서 꾸란에 따르면 다음과 같은 것은 분명하다. 무슬림은 아브라함에게 가장 가까이 서 있다. 아브라함을 따르는 무슬림은 날조되지 않은 하나님을 예배하는 유일한 존재다. 무슬림은 아브라함에게 많은 은혜를 입었다. 그것은 바로 그들의 '이름'(무슬림Muslim), 신앙, 메카 예배 그리고 하나님 중심주의와 보편주의다.

두 번째의 덜 즐거운 **결론**은 다음과 같다. 아브라함처럼 별로 위험하지 않은 예를 통해서도 매우 어렵고, 종교들 간에 격렬하게 논쟁된, 그리고 정치적으로도 예민한 질문을 다루게 된다는 사실이 분명히 드러난다. 그렇다. 여기에 **모든 세 종교의 원초적인 정체성이 걸려 있다.**

그러나 이 모든 것은 무엇을 의미하는가? 세 종교에게 아브라함은 처음 볼 때에는 "하나의 공통적인 관점"을 나타내지만, 두 번째 다시 볼 때에는 "각각의 종교적 전통의 관점으로 인해 서로를 구분하고 분리하는 것의 총체이기" 때문에 아브라함을 "오늘날의 대화를 위한 이상적인 출발점"으로 결코 생각할 수 없는가?[65] 다시 더 정확하게 본다면, 아브라함은 물론 무조건 이상적인 출발점은 아니지만 그래도 매우 현실적인 출발점으로 나타난다. 오늘날 우리는 이것을 유대교인과 기독교인과 무슬림 간의 '삼중대화Trialog'(언어학적인 조어다)라고 부를 수 있다.

5. 유대교인과 기독교인, 무슬림 간의 '삼중대화'의 필요성

세 번째로 볼 때, 세 종교 간에는 아브라함과 관련하여 완전한 합의도 볼 수 없고 완전한 불일치도 볼 수 없지만, 그래도 의미 있게 대화할 있는 **수렴점**이 존재한다는 점을 지적해야 할 것이다. 세 종교 중의 한 종교가 아브라함을 배타적으로 주장해도 무방한가? 아브라함은 세 종교 모두에게 속해 있고, 참으로 오늘날에도 세 종교 모두에게 하나의 도전이 될 수 있지 않을까?

중세기나 최근에 유대인을 증오하던 최악의 시대에도 **기독교**는 아브라함을 조상으로 여긴 유대교에서 유래했다는 사실을 완전히 망각한 적은 결코 없었으며, 적어도 히브리 성서와 시편과 ('호산나'에서 '아멘'에 이르기까지) 예배의 많은 히브리적 요소를 유대교와 함께 공유해왔다. (유대교에서 유래한) 두 위대한 복음서, 누가복음과 마태복음은 이미 예수의 족보를 통해 그리스도 예수가 아브라함의 후손이었다는 사실을 강력하게 회상시켜준다.[66] 그리고 "자신의 종 예수를 영화롭게 하신" 하나님은 "아브라함과 이삭과 야곱의 하나님"[67]과 다른 하나님이 결코 아니었다. 그렇다. 비록 기독교가 바울을 따라서 신앙으로 의롭게 된다는 점을 주장했지만 그렇다고 선한 행위까지 포기하려고 한 것은 아니었다. 바울에 따르면 신앙은 사랑을 통해 활동한다.[68] 마지막으로 특히 야고보서는 요한복음과 함께[69] 행동하지 않고 고백만을 주장하는 신앙을 매우 날카롭게 비판하면서 행위의 필연성을 역설한다.[70]

그러나 거꾸로 **유대교**에서는 랍비들도 아브라함의 신앙적 순종의 의미를 강조한다.[71] 그리고 그들도 아브라함의 약속의 유산을 육신적인 혈통에 배타적으로 묶지 않는다. 분명히 다음과 같은 꾸란의 주장은 여기서 완전히 올바른 관점을 지적하고 있다. 아브라함 자신은 최초의 유일신론적인 '선교사'가 되기 전에 한때는 참된 신앙으로 **전향한 사람**이었다. 그것도 수십 년이 지난 뒤에 말이다. 그렇다. 랍비들의 설명에 따르면 아브라함은 바로 아주 때늦은(99세에 시행한!) 할례를 통해 모든 미래 세대를 위해 유대인이 아닌 사람에게도 유대교로 넘어올 수 있는 가능성을 열어주었고, 그래서 그는 단지 유대인만이 아니라 유대교로 개종한 모든 이방인(개종자)에게도 모범적인 인물이었으며, 이로써 **모든** 민족의 조상이 되었다. 이런 점에서 최소한 유대교를 위해서도 아브라함의 영적인 계승은 당분간 가능하다. 왜냐하면 오늘날에 이르기까지 토라를 읽도록 요청 받은 개종자는 "이름은 알 수 없지만 우리 조상 아브라함의 아들"이라는 소리를 듣게 되기 때문이다![72] 더욱이 오늘날의 유대인 신학자에 따르면 기독교인으로 남아 있기를 원하는 기독교인도 무슬림과 함께 '아브라함의 자녀'로 간주될 수 있다. 예컨대 예루살렘의 학자 다비드 플루서David Flusser는 다음과 같이 주장한다. "유대 종교에서 기독교(그리고 이슬람교)의 존재는 아브라함을 모든 민족의 아버지로 삼겠다는 하나님 약속의 성취로 이해할 수 있다."[73]

꾸란의 특별한 가르침에도 불구하고 **이슬람교**와 유대교의 가까운 관계도 무시해서는 안 된다. 무슬림은 자신의 신앙을 위해 동일한 아브라함 기원을 주장하며, 거꾸로 이스라엘인은 나름대로 처음부터 초기 아랍인과 친척 관계였다고 느낀다. 역사적으로 볼 때 늦어도 솔로몬 왕국 시대 이후로 가나안 땅과 아랍 땅 사이에는 증명할 수 있는 수많은 경제적 연대가 있었다. 수많은 유대인 공동체가 아랍에서 살았을 때 이런 연대는 예언자 무함마드의 시대에 이르기까지 계속되었다. 이슬람의 꾸란 해석과 역사 설명은 히브리 성서나 유대교의 하가다Haggadah에서 꾸란의 아브라함 관련 주장을 거리낌 없이 보충하며, 거꾸로 유대교적 전통과 해석에도 영향을 주고 있다. 히브리 성서는 유대인과 아랍인 사이에 가까운 관계가 있다는 것을 곳곳마다 직접 암시한다. 〈욥기〉와 〈잠언〉에는 수많은 아랍어 단어들이 들어 있다. 더욱이 후기의 미쉬나Mishnah에도 유대인과 아랍인의 관계를 언급하는 부분이 들어 있다. 따라서 유대인이 자신의 모든 역사 속에서 아랍 문화와 분명한 친근성을 지니고 있다고 느꼈기 때문에 중세 유대교가 바로 무슬림 땅에서 가장 찬란한 꽃을 피울 수 있었다는 것은 놀랄 일이 아니다. 이라크의 압바스 왕조 아래, 스페인의 무어인 통치자들 아래, 그리고 스페인에서 추방된 후에는 이스탄불과 살로니카 등에서 말이다.

여기서 벌써 제기했어야 할 질문은 다음과 같다. 많든 적든 모든 우연한 역사적 관계를 넘어서 근동의 사유 체계를 지니는 세 종교를 하나로 묶어주는 것은 무엇인가? 유대교인과 기독교인과 무슬림을 원칙적으로 하나로 묶어주는 것은 무엇인가? 세 종교의 독자성에도 불구하고 환기해야 하고 실제로 새롭게 실현해야 할 아브라함 종교의 일치의 **진정한 토대**로 간주할 수 있는 것은 무엇인가? 이미 지금 세 아브라함 종교를 하나로 묶어주는 것은 무엇인가?

유대교인과 무슬림과 함께 일치를 위한 대화를 나눌 때, 유대교인과 기독교인과 무슬림의 갈등에도 불구하고 여전히 얼마나 많은 공통점을 소유하고 있는지를 알기 위해 우리는 인도와 중국의 사유 체계의 대변자들과 대조해볼 필요가 있다. 세 종교는 하나님과 인간, 세계와 세계사 전반을 근본적으로 매우 유사하게 이해한다. **아브라함 종교의 일치**는 기나긴 역사 속에 뿌리를 내리고 있으며, 모든 적대감과 전쟁을 통해 제거될 수 없었다. 종교학자 쿠르트 루돌프Kurt Rudolph도 정당하게 주장했듯이, "여기 우리 문화권의 종교사 안에는 가장 풍성한 역사적 유산이 들어 있다. 비록 신자들이 (의식적이든 무의식적이든) 종종 인정하지는 않지만, 이 유산은 근동에서 유래한 3대 종교의 관계를 오늘날까지 결정한다."[74]

근본적이면서 동시에 미리 내리는 **세 번째 결론**은 다음과 같다. 세 아브라함 종교인 유대교와 기독교와 이슬람교는 아브라함이라는 이름과 함께 이미 주어진 큰 공통성을 통해 묶여 있다. 서로를 분리시키는 차이점에도 불구하고 세 종교는 다음과 같은 공통점을 지닌다.

- **셈족 기원과 언어**: 구조와 어휘를 볼 때 아랍어는 이스라엘의 히브리어와 매우 가깝고, 예수와 초기 기독교 공동체의 아람어와도 상당히 유사하다. 세 아브라함 종교는 모두 셈족 언어군에서 나왔다.
- 그들의 조상 아브라함의 **유일하고 동일한 하나님 신앙**: 모든 세 전통에 따르면 아브라함은 참되고 살아 있는 이 유일한 하나님의 위대한 증인이었다.

- 우주적인 순환 속에서 생각하지 않고 **목표를 지향하는 역사관**: 역사는 하나님의 창조로부터 시작하고, 시대를 통해 전진하며, 하나님의 완성을 통한 종말을 지향한다.
- **예언자적 선포**와 성서 안에 단 한 번 영원히 일어난, 그리고 항상 규범적인 계시.
- 유일한 하나님의 뜻에 근거해 있는 본질적인 인간성의 **근본 윤리**: 열 가지 (또는 그와 상응하는) 계명('십계명').

한 문장으로 요약하기로 하자. 유대교와 기독교와 이슬람교, 이 세 아브라함 종교는 다 같이 근동 셈족 기원과 예언자적 특징을 지닌, 윤리를 지향하는 **유일신론적 세계운동**을 형성한다. 기원과 구조에서 볼 때, 이 세 종교는 인도나 중국의 종교와는—여기서 이 종교들을 깎아내리려는 의도는 없다—근본적으로 차이가 있다. 이 세 종교는 공동으로 종교 전반의 일치를 위해 매우 중요한 기여를 할 수 있을 것이다.[75]

제2차 바티칸 공의회(1962~1965)가 결의한 문서들은 바로 기독교 안에서도 명백한 차이점에도 불구하고 아브라함이라는 공동 유산을 되돌아보려는 시도가 이미 이루어졌다는 점을 강조한다. 여기서 가톨릭교회는 아브라함과 그의 백성이 없이는 자신도 생각할 수 없다는 점을 분명히 고백한다. 비록 그 다음에 오는 문장은 너무 강하게 기독교인의 자기이해에서 기초되고 표현되었지만, 유대교인과 기독교인 간의 공통 요소가 분명히 드러난다. "교회의 신비를 생각할 때, 거룩한 공의회는 새 언약의 백성이 무엇을 통해 아브라함의 혈통과 영적으로 연결되었는지를 회상한다. 따라서 하나님의 구원의 신비에 따르면 그리스도의 교회는 자신의 신앙과 선택의 시작이 이미 족장들에게서, 모세와 예언자들에게서 발견된다는 사실을 인정한다. 그리스도를 믿는 모든 사람은 아브라함의 자녀로서 신앙에 따라서 이 족장들의 부르심에 포함되었고, 선택된 백성이 종살이하던 땅을 떠난 사건은 교회의 구원에 관한 신비한 모형이었다는 것을 교회는 고백한다."[76]

그러나 공의회는 무슬림의 자기이해를 더 분명하게 표현하는, 그리고 이런 형태 안에서 무슬림과 유대교인에 의해서도 인정될 수 있는 주장을 발표했다. "교회는 유일하신 하나님, 살아 계시고 스스로 존재하시며 자비로우시며 전능하신 하나님, 하늘과 땅의 창조주로서 인간에게 말씀하신 하나님을 예배하는 무슬림도 높이 존중한다. 교회는 아브라함이 하나님에게 순종했던 것처럼 하나님의 숨겨진 결정에 온전히 순종하려고 애쓴다. 무슬림은 아브라함을 신앙의 조상으로 기꺼이 받아들인다."[77]

이로써 우리는 이제 역사 속에서 늘 존재해온 **유대교**로 시선을 완전히 돌리기 위한 해석학적·공동적인 준비를 충분히 한 셈이다. 유대교는 하나의 윤리적인 세계종교이지만, 자신의 특징을 지닌 세계종교다. 만약 유대교가 없었다면 기독교와 이슬람교도 생각할 수 없을 것이다.

II. 시작의 문제

우리는 유대교의 두 가지 측면을 동시에 보아야 한다. 유대교는 윤리적 종교이고 **민족 종교**다. 그러나 그와 동시에 세계 역사를 만들었고 스스로 세계 역사를 관통해온 종교, 곧 **세계종교**이기도 하다. 다른 보편 종교들처럼 유대교는 정적인 실체가 아니며, 이음새 없는 덩어리가 아니다. 유대교의 역사는 긴장으로 가득하고 깊은 변혁으로 가득하다. 여하튼 이 변화는 연속적으로 본 유대교적 또는 기독교적 정통주의가 인정하고 싶은 변화보다 더 깊다. 우리가 보게 될 것이지만 유대교의 역사는 굳이 체계화하려고 애쓰지 않더라도 지금도 여전히 존재하는 강력한 모델, 거대한 위상位相, 곧 패러다임을 쉽게 보여준다. 유대교를 다른 종교와 비교하기 전에 먼저 우리는 유대교를 모든 종교처럼 그 자신의 기원과 잣대에 재어보아야 한다. 그렇기에 우리는 시작을 되물어보아야 한다.

1. 유대교라는 수수께끼

다음과 같은 사실은 질문할 여지가 없다. 설명하기 어려운 온갖 박해에도 불구하고 오늘날까지 생존을 유지할 수 있었던, 우리 지구의 가장 오래된 종교 중 하나인 유대교는 자신의 힘과 따뜻함과 웃음과 인간다움을 지니고 있는 종교다. 그렇다. 이 유대교는 다른 사람들과 자신에게 얼마나 신비스럽고 **독특한 종교사와 세계사의 현상**인가! 유대교의 본질은 정의하기 어렵다. 이슬람교와 기독교와는 달리 유대교는 수백만의 신도를 거느리고 있는 다민족적 세력은 아니다. 유대 국가는 먼저 페르시아 만에서 시작해 나일 강 계곡까지 이르는 시리아-팔레스타인의 '비옥한 반달fertile crescent'(J. H.

Breasted) 지역의 중심부에 위치한 아주 작은 땅에서 살아가는 아주 작은 문명국이다. 너비는 기껏해야 150Km가 되고, 넓은 언덕이 드리워져 있으며, 서쪽으로는 지중해와 맞닿아 있고, 동쪽으로는 시리아-아랍 사막이 완만히 펼쳐져 있다.[1] 그리고 한복판에는 '시리아 열곡Syrian cleft'을 통해 지리적으로 깊이 나뉘어 있다. 시리아 열곡은 요르단 강 계곡과 사해(지중해 수면 아래 거의 40m에는 지구의 가장 깊은 지역이 있다)를 거쳐 이집트까지, 실제로는 중앙아프리카 호수까지 이른다. 이 호수에서는 지금까지 가장 오래된 인간의 흔적들이 발견되었다.

그렇다면 유대인도 스스로 가장 큰 수수께끼로 여기는, 그리고 긴 역사 속에서 아시리아인과 바빌론인, 페르시아인, 그리스인, 로마인의 세계였고 결국에는 기독교인의 세계의 일부였다가 지금은 온 세계로 흩어져 있는 이 유대교란 무엇인가?

— **국가**이지만 결코 국가가 아니다! 이유는 무엇인가? 바빌론 포로 생활(기원전 58년) 이후로 큰 무리를 이루었지만, 기원후 2세기 이후로는 오늘까지 '거룩한 땅' 밖에서 상당히 큰 무리를 이루며 살았기 때문이다. 유대인 570만 명이 미국 시민(미국 인구의 대략 3%)이고, 얼마 전까지 소련에 유대인 17만 명이 살았다. 오직 유대인 33만 명만이 이스라엘 시민이다.

— **민족**이지만 결코 민족이 아니다! 이유는 무엇인가? 이 민족은 다른 민족과는 달리 국제적인 집단이기 때문이다. 셀 수 없는 유대인이 정치적·문화적으로 자신을 미국인이나 영국인, 프랑스인이나 독일인으로 느끼며, 결코 '외국에 사는 이스라엘인'으로 느끼지 않는다.

— **인종**이지만 결코 인종이 아니다! 이유는 무엇인가? 이미 후기 로마 시대부터 모든 가능한 혈통과 민족이 결혼이나 개종을 통해 유대인이 되었기 때문이다. 예컨대 많은 동쪽 유대인은 카자르의 투르크 민족에서 유래했고, 다른 유대인은 에티오피아의 검은 팔라샤인Falasha에게서 유래했다. 그리고

오늘날의 이스라엘은 분명히 모든 가능한 피부와 모발과 안구 색깔을 지닌 사람들이 함께 사는 다인종 국가가 되었다.

— **언어 공동체**이지만 결코 그렇지 않다! 이유는 무엇인가? 유대교는 모든 사람이 공유하는 문화를 지니고 있지 않고, 모든 사람에게 공통적인 언어를 사용하지 않기 때문이다. 많은 유대인은 히브리어나 이디시어yiddish를 사용하지 못한다.

— **종교 공동체**이지만 결코 그렇지 않다! 이유는 무엇인가? 적잖은 유대인들이 이스라엘에서조차 하나님을 믿지 않기 때문이다. 그들은 유대교가 종교와 전혀 무관하다고 주장한다. 물론 다른 유대인들은 종교적이지만 유대교의 종교 율법인 할라카Halakhah를 엄수하기를 스스로 거부한다.

숫자로 본다면 유대인은 무시할 수 있는 존재다. 그렇지만 종교적으로 본다면 유대인은 거대한 힘이다. 사람들이 늘 해석하듯이 다음과 같은 점은 분명하다. 어디서 어떤 공동체를 이루든 유대교는 이스라엘이라고 불리는 야곱을 조상으로 여기는, 법률적으로 더 정확히 말하면, 한 유대인 어머니를 가지고 있거나 유대교로 개종한 모든 사람의 신비스러운 **운명 공동체**다. 지금 언어와 문화와 인종이 동일하거나 그렇지 않거나 그들의 운명은 동일하다. 그들은 (개인이 긍정하든 무시하든 부인하든) 수 세기 동안 평화를 맛보고 수 세기 동안 박해와 인종 학살을 당해왔지만, 지금까지 3천 년이 넘는 역사 속에서 전무후무하고 비교할 수 없는 놀라운 생존 능력을 입증한 운명 공동체다. 3천 년 동안 가장 혹심한 조건 아래서도 생존해왔다는 사실이 이 공동체의 영원한 수수께끼가 아닌가?

사람들이 이를 어떻게 설명하든 다음과 같은 사실은 논쟁할 여지가 없을 것이다. 유대인은 수수께끼와 같은 **경험 공동체**이기 때문에 운명 공동체다. 그것도 후기 시대, 곧 종종 매우 열악했던 '기독교' 시대에 비로소 그러했던 것이 아니라, 이미 초기 시대부터, 처음부터 운명 공동체였다. 우리는 다음과 같이 질문하게 된다. 언제나—처음에는 구전으로, 그리고 이미 기원전 1천 년 이후부터는 문서로—신앙 속에서 계승되었던 이런 초기의 경험은 항상 종교적인 경험이 아니었을까? 그것은 형상이 없고 파악할 수 없으며 측량할 수 없는 유일한 하나님과 함께한 경험이 아니었을까? 아브라함과 이삭과 야곱 이래 이스라엘은 그 하나님의 빛과 그늘 안에서 살아가지 않았을까? 종교적이었던 모든 유대인은 조상들이 믿던 바로 이 유일한 하나님을 충실히 믿었고, 그래서 그들에게는 언제나 오직 이 순수한 유일신론적 종교만이 존재하지 않았을까? 그리고 유일한 하나님에 대한 신앙은 항상—다수가 믿든 믿지 않든—유대인 종교의 **중심**이 아니었을까? 만약 이러한 신앙의 힘이 없었다면, 온 땅에 흩어진 유대 **민족**이 2천 년 동안 자신의 나라가 없었음에도 자신의 정체성을 보존할 수 있었을까? 하나님을 믿었던 모든 시대의 유대인들이 바로 이런 신앙을 바탕으로 자신의 삶을 꾸려갈 수 있었고, 바로 그래서 이처럼 끝까지 살아남을 수 있지 않았을까? 유대인이나 그의 자녀가 오늘의 유대인을 만든 것이 무엇인지 설명해달라고 질문할 때, 유럽의 근대화로 인해 점점 더 세속적이거나 심지어는 세속주의적이고 무신론적인 존재가 되어버린 유대인도 바로 이 신앙을 가리키지 않았을까? 나라와 대륙의 경계선을 넘어서 분명한 유대인의 소속감과 연대 의식과 아마도 하나의 영적인 자세까지 형성되었던 것은 바로 이런 이유 때문이 아닐까?

유대인은 3천 년 동안 최악의 조건 아래서도 살아남았다. 수수께끼 같은 이런 증거를 볼 때, 이 민족은 아마도 그 어떤 특별한 일을 위해 존재하고 그것을 위해 결정되었으리라는 생각을 우리가 완전히 떨쳐버릴 수 있겠는가? 이 민족은 그 어떤 일을 위해 그 누구에 의해 보존되고 선택되었을 수도 있지 않겠는가? 이 민족의 오랜 종교적 전승들은 지금 놀라운 한목소리로 바로 그 사실을 주장한다. 그것은 하나의 민족이 선택되었다고 말한다!

이 말은 옳은가? 여하튼 유대교인이든 기독교인이든 무슬림이든, 우리는 오늘—아브라함의 이야기를 들었을 때처럼—역사적 질문에 관한 대답을 회피할 수 없다. 이 전승들이 종종 보고되는 '사건들'이 일어난 지 수백 년이 지난 뒤에야 비로소 기록되었다는 사실이 명백함에도 우리는 민족의 기원을 다루는 이 전승들을 믿을 수 있을까? 역사적 연구는 현재 어떤 견해를 취하는가?

2. 전설 속에 묻혀 있는 기원들

작은 비교를 해보아도 문제점이 즉각 분명히 드러나게 된다. 만약 우리가 오직 고대 스위스의 **전설**만을 의지한다면, 스위스 연방("전능한 하나님의 이름으로" 완성된 헬베티카 연방!)의 기원을 재구성하는 것이 상당히 어렵다는 사실은 의문의 여지가 없다. 이 전설은 사냥꾼이자 궁수弓手였고 나중에는 스위스 민족의 영웅이 되었던 빌헬름 텔에 관한 것이다. 그는 알트도르프Altdorf에서 용감하게 사과에 화살을 쏘고 체포된 다음에 루체른 호수의 폭풍 속에서 도피했고, 마침내는 그의 백성들이 증오하던 억압자 합스부르크의 왕 헤르만 게슬러Hermann Gessler를 사살했으며, 그래서 민중 봉기와 합스부르크 왕조 지배에서 해방되는 신호탄이 되었다고 알려져 있다. 비록 이 사건이 중부 스위스에서 일어났다는 사실은 정확히 밝힐 수 있지만, 스위스 연방의 기원을 재구성하는 것은 상당히 어려울 것이다. 그 이유는 무엇인가? 스위스 시민으로서 말하기가 매우 유감스럽지만, 텔의 이야기는 원래 하나의 **전설**, 곧 북유럽에 퍼져 있던 전설이었기 때문이다. 사과를 향해 화살을 쏘는 동기는 이미 삭소 그라마티쿠스Saxo Grammaticus가 쓴 역사서《덴마크인의 사적*Gesta Danorum*》에도 나온다. 그렇지만 잘 알다시피 **기**

원전 13세기에 일어난 스위스 연방의 설립은 예컨대 (슈비츠 연방문서보관소에서 지금도 볼 수 있는) 옛 칸톤 주州 우리Uri와 슈비츠Schwyz, 운터발덴Unterwalden의 첫 번째 편지(1291년 8월 1일)처럼 의심할 수 없는 다수의 문서들을 통해 역사적으로 입증된다. 그렇다면 '이스라엘 동맹'은 어떠한가?

이스라엘 동맹의 기원은 전설 속에 훨씬 더 깊이 묻혀 있다.[2] 그것이 기원전 13/12세기에 이미 존재했다는 것을 생각한다면 이것은 놀라운 일이 아니다! 다시 말하면 66년 동안 지속된 파라오 람세스 2세의 통치 시대는 **기원전** 1290년에 시작되었다. 출애굽기 1장 11절에 언급되고 있는 그는 (오늘날의 수에즈 운하에서 서쪽으로 60Km 떨어진 곳에서 발굴된) 나일 강 삼각주에 위치한 람세스의 새로운 도시를 설립한 자였다. 많은 학자들의 견해에 따르면 그는 예전에 이집트로 이주한 이스라엘 유목민들에게 건설 노동을 시킨—이집트에서 강제 노동은 관행이었다—바로 그 '압제의 왕'이었다. 물론 이스라엘 백성이 이렇게 '압제를 당한 사건'과 이집트를 '탈출한 사건'[3] 자료는 전혀 없다. 이집트의 문헌은 이에 관해 침묵하고 있다. 더 놀라운 점은 다음과 같다. 추측컨대 아주 작은 무리의 그러한 이주는 이집트의 궁정 서기관과 국가 서기관에게 완전히 사소한 사건이었다. 그렇다면 분명히 극적이고 놀라운 열 가지 재앙(강물이 피로 변함, 개구리, 이, 파리, 가축병, 종기, 우박, 메뚜기, 흑암, 장자의 죽음)은 무엇인가?[4] 이런 재앙들은 대개 이집트와 팔레스타인에서 드물지 않게 일어났던 자연 재앙을 요약하고 단순화한 이야기일 것이다. 다만 유월절 희생양[5]은 원래 고대의 유목민의 봄 축제 기간에 새로 태어난 가축의 생명을 보호하려고 거행했던, 악귀를 막기 위한 희생 제의였을 것이다.

그렇지만 성서 밖에서 '이스라엘'이라는 이름이 처음 언급되었다는 사실은 하나의 역사적 근거를 제공하지 않는가? 이 근거는 1224년부터 1204년 동안 통치했던 람세스 2세의 아들과 후계자 파라오 메렌프타Merenptah(=메르넵타Merneptah - 옮긴이)[6]의 유명한 (1896년에 테베인의 무덤 도시에서 발굴된, 그리고 이집트 카이로 박물관에서 볼 수 있는) 상형문자 비문에서 발견된다. 그렇지만 그것도 파라오와 그리고 바다 가운데서 밀려오는 물에 익사한 군대의 멸망에 대해 아무런 보고도 하지 않는다. 정반대로 그것은 리비아 사람을 이긴 메렌프타의 승리와 '이스라엘'에 대한 그의 영향력에 대해 말한다. 비문에 따르면 이스라엘은 황폐했고, 씨앗을 전혀 가지고 있지 않았다. 그리고 비문은 모세라는 이름을 가진 한 남자에 대해서도 전혀 언급하지 않는다. 그의 출생은 분명히 수메르와 아카드에 이미 퍼져 있던, 버려진 어린 영웅을 보호했던 신화에서 전파된 것이다. 이러한 출생[7] 이야기는 아카드 왕 사르곤Sargon 1세를 언급한 기원전 3세기 후반 문헌에 처음 나온다![8]

이 모든 것은 무엇을 말하는가? 대답은 이렇다. 아브라함과 이삭과 야곱의 선택 이야기처럼 이집트 탈출과 하나님의 산에서 언약을 맺은 사건과 약속된 땅에 들어간 사건 이야기도 우선 오직 **입으로만 전승되었다**. 다른 민족들은 이러한 사건을 분명히 전혀 알지 못한다. 그리고 이스라엘 자체에서도 빨라야 후기 왕조 시대에야 많은 문서 전승들이 발견된다. 그렇기에 이스라엘 역사의 초기에 일어난 이러한 근본 사건들은 전혀 입증될 수 없다. 이러한 불리한 조건 아래서 우리는 어쩔 수 없이 근본적인 질문을 던지게 된다.

3. 자료들을 어떻게 다루어야 하는가?

다음과 같은 질문은 실제로 회피할 수 없다. 오늘날의 독자들은 이 이야기로 무엇을 시작해야 하는가? 참으로 오늘날의 유대교인과 기독교인과 무슬림은 자기 자신의 오래된 종교적 전통과 역사, 전설과 전설을 가지고 무엇을 시작해야 하는가? 다음의 답변 가운데서 하나를 분명히 선택해야 한다.

— 유대교인과 기독교인 또는 무슬림 신앙의 '근본'을 '구하기' 위해 내용이 중복되고 모순되고 부실한 오래된 전승을 기록된 단어 하나하나에 이르기까지 모두 수용해야 하는가?

— 또는 유럽의 계몽주의가 한때 역사의식을 세상에 가져온 뒤부터는 고대의 모든 전설을 하찮은 신화와 동화로 여기고 역사의 고물더미 위로 던져야 하는가?

— 또는 근본주의적인 전통 계승과 현대주의적인 전통 제거 외에도 제3의 포스트모던적인 해석 가능성이 존재하는가?

작가 토마스 만Thomas Mann이 창세기 이야기를 2천 쪽, 7만 줄이 넘는 네 권의 허구적인 요셉-소설(《요셉과 그의 형제들》, 1926~1942)로 천재적으로 엮어낸 것을 토대로 삼아 신자信者가 역사적 확실성을 탐구하려고 들지는 않을 것이다. 지그문트 프로이트Sigmund Freud가 그의 생애 말에 《모세라는 남자와 유일신론적 종교》(프로이트가 죽은 해인 1939년에 나옴)에 대해 정신분석학적으로 사색한 것(원래는 '역사 소설'로 구상됨)을 토대로 삼아 그렇게 하지도 않을 것이다. 더욱이 토마스 만과 지그문트 프로이트는 오늘날 완전히 극복된 역사적 연구 위에 서 있다.[9] 비록 만과 프로이트를 존경하지만, 나는 역사적·비판적으로 사고하고 그리스도를 믿는 20세기의 동료로서 다음과 같이 구분하려고 노력하고 싶다. '진리와 시는 역사적 근거를 갖는 연구를 필요로 한다.'

계몽주의의 자녀들인 우리는 호머의 서사시나 버질의 서사시를, 롤랑의 노래를, 텔의 전설이나 니벨룽겐 전설을, 그리고 성서도—중세기 사람들이나 종교개혁자들처럼—전근대적·문자적으로 이해할 수 없다. 우리는 거룩한 문서도, 성서도 **역사적·비평적으로** 해석해야 한다. 학문적 해석을 중요하게 생각하는 한 우리는 모든 현대적인 방법과 연구 방식을 이용해도 좋을 것이다. 단지 본문 비평과 문헌 비평, 양식 비평과 장르 비평만이 아니라 동기의 역사, 전승의 역사, 편집과 영향의 역사도, 그리고 고고학적인 발굴(특히 단층학)과 표면 탐구가 가져온 모든 결과도, 끝으로 최근에 매우 유익한 것으로 밝혀진 사회학적·구조주의적 연구의 결과도 이용해야 할 것이다. 오직 한 가지 방법만을 고집하는 태도를 우리는 배격해야 한다.

평신도들은 대개 다음과 같은 사실을 알지 못한다. 대략 3백 년 동안 꼼꼼한 학자들이 연구해온 **근대의 성서학**은—다른 학문(고전 언어학, 이집트학, 아시리아학 등)에도 자극을 주고, 이를 이용하면서—인류의 가장 위대한 정신적 업적에 속한다.[10] 유대교적·기독교적 전통 밖에서 위대한 세계종교의 하나가 자신의 토대와 자신의 역사를 이처럼 철저하고 선입견 없이 연구한 적이 있었는가? 결코 없었다. 성서는 세계의 문헌 가운데서 가장 탁월하게 연구된 책이다. 셀 수 없이 많은 현대의 학문적 주석이 다양한 세계의 언어로 퍼트리지 않은 문장은 하나도 없다. 수많은 언어학적·역사적 사전과 소책자가 소개하지 않은 단어는 하나도 없다. 많든 적든, 끝없는 연구의 대상이 되지 않은 이름은 하나도 없다. 다양한—언어적, 역사적, 심리적, 사회적, 신학적—관점 아래서 조명되지 않은 주제는 하나도 없다. 사람들이 간단히 《성서》(그리스어 '비블리아*biblia*'는 책을 의미함)라고 부르는 이 한 권의 책에 관해 기록한 문고들은 모두 살펴볼 수 없을 만큼 많다.[11]

그리고 이제 특히 히브리어로 테나크Tenach(토라Torah=율법서, 느비임Neviim=예언서, 케투빔Kethuvim=성문서의 첫 글자로 만들어진 약어)라고 불리고 기독교인들이 구약성서라고 부르는 히브리 성서에 관해 말하면, 세계의 창조로부터 시작하여 모세의 죽음까지 말하는 오경(예전에는 '모세 오경'이라고 불림)의 **다양한 자료**를 비판적으로 구분하는 것은 오늘날 기독교인의 현대적 성서 연구의 가장 의미심장한 결과 중 하나로 보편적으로 인정되고 있다. 창세기의 모든 형성 과정은 대략 5백 년이 걸렸을 것으로 여겨진다.[12]

점점 더 세분화하는 이러한 자료 비평을 근거로 이제 우리는 다음과 같은 사실을 간과해서는 안 된다. 기원전 13~12세기에 이스라엘 국가가 건설되기 **전의** 자료 상태는 기원전 10세기에 국가가 형성된 **후의** 역사와는 반대로 매우 부실하고 보잘것없다. 이스라엘은 여전히 **형성되어가는 민족**이었고, 강한 이웃들에게 거의 주목을 받지 못했다.

그러나 다음과 같은 사실은 의심의 여지가 없다. 민족의 후기 역사에서 세 가지 '사건', 세 가지 전승은 중요한 토대가 되었다. 첫 번째는 민족의 이집트 탈출이고, 두 번째는 하나님의 산에서 이루어진 언약 체결이며, 세 번째는 땅 정착이다. 물론 이 사건들 배후에 숨어 있는 역사는 불분명하다. 특히 모든 문헌은 결코 한 가지 형태로 전승되지 않았다. 원래 독립적이었던 문헌들은 복잡한 문학적인 편집 과정을 거쳐 나중에야 비로소 다양한 자료에서 인위적으로 수집되었고, 따라서 많든 적든 통일된 형태로 정리되었다. 그러나 이것은 당연히 어느 정도의 역사성을 배제하지 않는다. 자기비판적인 주석가들은 오늘날 다음과 같은 점을 인정한다. 문헌비평적 가설들은 너무도 자주 서술된 사건들을 판단하는 역사적 척도가 되었다. 마치 후대의 전승, 곧 후대의 전승으로 추정되는 것은 이전의 사실과 무관한 듯이 생각되었다! 무엇이 그러한가? 오늘날 우리는 이스라엘의 초기 역사에 관해 아직도 역사를 쓸 수 있는가? 만약 그렇다면 어떻게 쓸 수 있는가?

4. 통합적인 역사 서술을 위해

나는 다음과 같은 전제에서 출발한다. 모든 학문은 분명히 모든 것을 세분화하는 분석을 필요로 한다. 그렇지만 모든 학문은 자신에게 요구되는 종합을 회피해서는 안 된다. 종합은 위험이 없지 않다. 왜냐하면 방법이 다양한 성서학도 유행을 타기 때문이다. 먼저 성서학자들은 **역사적 · 문헌적 분석**을 매우 광범위하게 수행했고, 그래서 그들은 종종 과도한 양식사樣式史 연구에 거의 빠져 있었다. 그런 다음에 성서학자들은 **성서 고고학**에 의해 점점 더 많은 것을 교정해야 했고, 그래서 성서 고고학은 한동안 "그래도 성서가 옳다"[13]라는 구호를 위한 증거를 제시하는 듯이 보였다. 오늘날에는 고고학적 결과를 **사회학적 방법**으로 설명하고, 구약성서를 (나중에 형성되었기 때문에) 이스라엘의 초기 역사의 해석을 위한 증거로서 방법론적으로 제거하거나 심지어는 처음부터 허용하지 않는 것이 유행이 되었다. 실제로 구약성서를 해석하는 데에 구약성서를 더는 필요로 하지 않는 구약학자들도 있는 듯이 보인다. 지금은 비교역사학과 사회인류학을 통해 해석하는 고고학이 등장했다.

나의 확신은 (물론 나만의 확신만은 아니지만) 이렇다. 오직 문헌적, 역사적, 사회학적, 신학적 방법을 결합하는 **통합적이고 다차원적인 연구방식**으로만 이스라엘-유대인의 역사를 올바르게 이해할 수 있다. 이처럼 섬세한 종합을 위한 노력 속에서 나는, 이스라엘의 역사에 관한 한, 예컨대 《히브리 성서》(1985)에 사회학적 · 문헌적 방법을 도입한 노만 갓월드Norman Gottwald가 주장하는 성서학의 새로운 종합적 경향에 깊은 감동을 받고 있다. 여기서 그는 고립되고 절대화된 방법들을 (당연히 신학적 방법들도!) 결론적으로 거부한다. "역사적 비평은 사건을 축소한다. 문헌적 비평은 본문을 축소한다. 사회학적 비평은 사회적 구조와 과정을 축소한다. 신학적 비평은 종교적 신앙 내용과 실천을 축소한다. 따라서 히브리 성서는 완전히 역사적으로, 완전히 문헌적으로, 완전히 사회적으로, 완전히 신학적으로 연구될 수 있겠지만, 결과적으로 이런 연구방식은 다른 연구방식을 전혀 배제하지 못한다."[14]

따라서 끝없는 관점 때문에 사회학적 연구가 쌓아올린 자료 더미 때문에,

그리고 다양한 방법과 학파와 노선의 도그마들 때문에 당황해 하지 말자. 부분 속에서 전체를, 전체 속에서 부분의 가치를 최대한 넓게 보기 위해 하나의 통합적인 모습을 그려보자.

구체적으로 이스라엘의 역사에 적용해서 말하면, 이것은 '이스라엘 초기 역사의 큰 사건들'이 차후에 역사적으로 분명히 증명될 수 없다는 것을—우리가 많은 것을 더 정확하게 보게 되겠지만—의미한다. 이스라엘의 기원은 전설에 감싸여 있다. 잘 알다시피, 예컨대 로마의 설립과 같은 고대의 다른 사건도 그러하다. 단지 차이점이 있다면 테베 강에 버려졌다가 암컷 늑대의 젖을 먹고 자란 쌍둥이 로물루스Romulus와 레무스Remus는 예컨대 지금까지 구원의 역사를 열어주는 모세처럼 계시의 권위를 보여주지 않는다. 그러나 이것은 이스라엘의 첫 시기의 영향사影響史가 실제로 일어난 역사를 완전히 압도했다는 것을 의미하는가? 아니, 상황은 그렇게 단순하지 않다.

5. 유일신론의 완성

여하튼 우리는 이렇게 질문해야 한다. 역사 속에서 모든 전통의 형성에 영향을 끼칠 만큼 그렇게 **강한 힘**을 불러일으킨 것은 도대체 **무엇**이었는가? 성서의 근본적인 설명은 다음과 같은 대답을 떠올리게 한다. 그것은 **역사 속에서 활동하는, 보이지 않는 유일한 하나님 야웨를 향한 신앙**이었다. '모세 오경'의 마지막 편집 과정에서 분명히 이 신앙은 매우 강했기 때문에 서로 경쟁하는 하나님 신앙의 모든 형태를 마침내 제압할 수 있었다. 그래서 십계명 가운데 첫 번째 계명과 두 번째 계명은 이렇게 말한다. "나는 너를 애굽 땅 종 되었던 집에서 인도하여 낸 네 하나님 여호와니라. 너는 나 외에는 다른 신들을 네게 두지 말라. 너를 위하여 새긴 우상을 만들지 말고 … 어떤 형상도 만들지 말라."[15]

그렇기 때문에 우리는 예루살렘 히브리 대학교 교수 **예헤츠켈 카우프만** Yehezkel Kaufmann에 동의해야 한다. 이스라엘의 종교를 인상 깊게 묘사할 때, 그는 유일신론을 "이스라엘 종교의 근본이념"이라고 불렀다. "하나님은 모든 것 위에 가장 높은 존재다."[16] "종합적으로 말하면, 심지어 '마술적인' 신화를 관통하는 가장 초기의 전승에서 발견되는 성서의 종교적 이념은 모든 우주적 법칙 위에, 모든 운명과 모든 강제 위에 있는 가장 높은 유일한 하나님의 이념이다. 이 하나님은 태어나지 않았고 창조되지 않았으며, 어떤 욕망도 알지 못하고 사물들과 그 힘들과는 독립적이다. 그는 다른 신들이나 불결한 힘들과 싸우지 않고, 희생하지 않고, 예언하지 않고, 마법을 행하지 않는다. 그는 죄를 짓지 않고 속죄도 요구하지 않는다. 그는 자신의 생명의 축제를 거행하지 않는다. 존재하는 모든 것을 초월하는 자유로운 하나님의 의지—이것은 성서 종교의 특징이고, 이것은 이 땅의 다른 모든 종교와 다른 점이다."[17]

그렇지만 역사적·비판적 연구의 결과를 무시하는 예헤츠켈 카우프만은 다음과 같은 질문에 답변을 주지 않는다. 이스라엘 종교는 처음부터 그러했는가? 역사적·비판적 방법의 도움을 받아 힘들고 세심한 연구를 통해 이스라엘 종교에 관한 고전적인 이해를 세분화하고 그 특징을 드러낸 사람들은 특히 알브레히트 알트Albrecht Alt와 마르틴 노트Martin North, 오토 아이스펠트Otto Eißfelt, 게르하르트 폰 라트Gerhard von Rad[18]와 같은 독일 연구가들이었다. 그들의 역사적 비평은 (비록 이미 문학적이고 사회학적인 관점도 고려하고 있지만)—특히 프랑스와 영국, 미국과 이스라엘의 연구가들에 의해 촉진된—단지 고고학만이 아니라 최근의 (특히 미국에서 발전된) 문학적·사회과학적 방법을 통해서도 보완될 필요가 있다. 후자는 성서를 문학 작품으로, 사회학적인 문서로 진지하게 여긴다.[19]

최근 연구의 가장 중요한 결과는 다음과 같다. 이스라엘에서 일어난 **하나님 신앙**의 발전에 대한 이해는 더 세심하게 설명되었다. 열왕기서와 역대기서의 간접적인 설명과 예언자들의 논쟁에 근거하여, 고고학적 발견(특히 곳곳마다 볼 수 있는 많은 신과 여신의 형상들)과 많은 지역 이름(예컨대 '벳-아낫Bet-Anat' = '아낫의 성전')에 근거하여 오늘날의 연구는 다음과 같이 말한다. 다신론은 이스라엘에서 바빌론 포로기 때까지 널리 퍼져 있었다. 다르게 말하면 성서의 강력한 유일신론은 오랜 논쟁 후에야 비로소 관철될 수 있었다(특히 미국의 역사학자 모르턴 스미스Morton Smith[20]는 이 점을 밝혀냈다). 따라서 우리는 "유일신론의 방향 안에서 비교적 빠르게 진행된 계속적인 혁명의 고리"(O. Keel[21])에 관한 오늘날의 이해에서 출발해야 한다. 독일의 구약성서학자 베른하르트 랑Bernhard Lang[22]은 이를 더 정확히 설명하려고 노력했다(그렇지만 이스라엘 안이나 밖에서 신앙된 다른 신들의 존재들은 더 날카롭게 구분되어야 한다).

— 기원전 9세기, 곧 이스라엘의 초기 왕조 시대에는 이스라엘 민족의 하나님 야웨를 위해 두로Tyre의 신 바알에 대항하는 투쟁이 전개되었다. 바알을 버리고 야웨를 믿으라. 북왕국에서는 예언자 엘리야와 엘리사가, 그리고 쿠데타 후에는 새로운 왕 예후가, 남왕국에서는 유다가 투쟁을 전개했고, 같은 시기에 아사 왕과 여호사밧 왕은 종교개혁을 시도했다.

— 8세기에는 우선 소수의 사람들이 오직-야웨-운동을 시작했다. 다른 민족들이 어떤 신을 예배하든 이스라엘은 오직 이 유일한 하나님만을 섬겨야 한다. 이것은 (이스라엘 밖에서 신앙되는) 다른 신들을 부정하지 않으면서 유일한 하나님을 믿는 유일신 숭배로 이해될 수 있다. 그렇기 때문에 예언자 호세아는 이스라엘 안에서 다른 신들을 숭배하는 것과 성전 뜰 안에서 매음하는 것을 격렬하게 비판했다.

— 7세기에는 오직 야웨만을 섬기는 이 유일신 숭배가 완성되었다. 이스

라엘 밖에서 신앙되는 다른 신들의 존재는 물론 여전히 부인되지는 않았지만, 배타적인 언약 백성인 이스라엘은 배타적인 예배에서 배타적으로 (바알이나 후기에는 제우스가 아니라) 야웨를 섬겨야 한다. 요시아 왕은 제의를 통일하고 제의를 집중화하고 새로운 제의 질서를 국가의 율법으로 선언하는 개혁 프로그램을 실행했다.

— 6세기에는 오직 야웨 숭배가 마침내 이제는 다른 신들의 존재를 부인하는 엄격한 유일신론으로 이어졌다. 바빌론 제국의 예루살렘 정복은 다신론적인 탈선을 징계한 것으로 해석되었고, 옛 문서들이 엄격한 유일신론적 방향으로 편집되었다.

— 이것은 다신론에서 단일신론을 거쳐 유일신론으로 넘어가는 운동이었다. 그러나 이스라엘은 이미 일찍부터 유일한 '질투하는 야웨'에 대한 절대적인 충성을 중요하게 생각했다. 이것은 모든 종류의 이방인의 제의와 우상, 성좌 숭배를 배제했다. 최근의 연구에서 바로 기독교인 주석가들이 자주 그러했듯이, 우리는 이러한 발전을 '역사에 관한 무지', '환상주의', '비非관용', '증오'라고 평가해야 하는가? 우리는 다신론과 고대 가나안의 풍산豊産 제의를 다시 갈망해야 하는가? 아니다. 엄격하게 배타적인 유일신론이 언제부터 형성되기 시작했는지는 결국 부차적인 질문이다. 초기의 덜 배타적인 표상에도 불구하고 유일한 하나님을 향한 신앙이 최종적으로 편집된 **전체** 히브리 성서를 처음부터 끝까지 지배하고 있다는 사실은 그 당시만이 아니라 오늘을 위해서도 결정적이다. 비록 역사적·비판적 방법의 도움을 받아 이스라엘의 문학과 종교의 역사를 재구성하는 것은 매우 중요하지만, 오래전부터 **형성**의 질문이 **이해**의 질문을 해결해주지는 못했다.

"야웨는 하나님이시다!" 이것은 실제로는 길지만 최종적으로는 분명한 길이었다. 신화로 싸여 있는 예언자 엘리야의 이러한 구호가 그렇게 말하기 시작하고, 위대한 문서 예언자들, 곧 8세기의 이사야와 7세기의 예레미야도 그렇게 말한다. 그들에게 강대국들(그리고 특히 새로운 앗수르 제국)의 신들('엘로힘elohim')은 '아무것도 아닌 것'('엘리힘elihim'[23]), '신들이 아닌 것'('로-엘로힘lo-elohim'[24])과 '허무한 것'('헤벨hebel'[25])이다. 마침내는 제2이사야의 분명한 찬송의 고백도 그렇게 말한다. 그는 예언자 에스겔처럼 6세기에 바빌론의 포로로 끌려온 사람들 가운데서 활동했고, 거기서 유일한 하나님 야웨를 모든 민족의 구원이라고 선포했다. "나 외에 다른 신이 없나니 나는 공의를 행하며 구원을 베푸는 하나님이라. 나 외에 다른 이가 없느니라."[26]

늦어도 바빌론 포로기 이래 유대교의 근본 신앙으로 완성된 실천적이면서도 원칙적인 이 유일신론은 오늘도 여전히 중요한 의미를 지니고 있지 않은가? 경건한 유대인은 오늘날까지 아침 기도와 저녁 기도와 죽은 자를 위한 기도인 '셰마 이스라엘Shema Israel'을 통해 유일한 하나님을 고백한다. "들으라('셰마'), 이스라엘아, 야웨는 우리 하나님이시다. 오직 야웨만!"[27] 그렇다. 이것은 이스라엘이 인류에게 건네준 위대한 유산이다. 그리고 이것은 단지 기독교만이 아니라 이슬람교를 위해서도 오늘까지 세 가지 의미를 지닌다.

- 주위에 있는 모든 종교에서 볼 수 있듯이, **여러 신들은 없다**. 그들을 예배하는 것은 공적으로든 사적으로든 허락되지 않는다.
- 페르시아 종교에서 볼 수 있듯이, **경쟁하는 악한 신은 없다**. 페르시아가 강대국으로 지배하던 시기에도 선한 원리와 나란히 '적대자'나 '고발자'(히브리어 '사탄satan', 그리스어 '디아볼로스*diábolos*' = '모략자', 독일어 '토이펠Teufel' = 악마)가 동등한 가치를 지닌 두 번째 원리로 인정될 수 없었다.[28]
- 셈족의 모든 주류 신에게서 볼 수 있듯이, **여성적인 동료 신은 없다**. 히

브리어에는 '여신'을 의미하는 단어는 하나도 없다.

어떤 이스라엘인의 집단에서는 야웨의 반려자(예컨대 여신 아세라 Asherah)가 숭배되었다는 가설은 여기서 논의할 가치가 없다. 포로기 이후에 유대교가 하나님을 '아버지'라고 불렀다면,[29] 분명히 하나님이 남성적이라는 것과 여자의 가치가 덜하다는 점을 강조하기 위한 성차별적인 의도에서 그렇게 한 것은 아니라—여자도 남자처럼 하나님의 형상대로 창조되었다[30]—국가 조직이 붕괴한 후에 가족의 우두머리의 친근한 보호 기능을 하나님의 이름으로 정당화하려고 그렇게 한 것이다.[31] 물론 전근대적 사회는 모든 세 종교 안에서 대개 가부장주의적인 특징을 띠고 있었다. 그러나 가부장주의가 유일신론과 반드시 결합된 것은 결코 아니었다. 물론 유일신론과 가부장주의가 서로 손을 맞잡았을 때에는 너무나 자주 공격적인 태도를 드러냈지만 말이다.

6. 아담과 히브리 성서의 보편주의

다음과 같은 점은 인정되어야 한다. 유일한 하나님에 대한 신앙은 매우 종종 열광주의와 비관용과 결합되었고, 지금도 마찬가지다. 유일성을 지향하는 인도의 신비주의적 종교가 다른 종교를 전단계로 상대화하거나 유일한 진리의 측면으로 끌어안기보다는 간단히 흡수하려고 시도했다면(포용주의), 유대교와 기독교와 이슬람교는 거의 자연스럽게 다른 종교를 처음부터 배척하고(배타주의) 극복하고 파괴하려는 경향으로 기울었다. 여기서는 사귐이 아니라 분리와 정복이 구호가 되었다. 인류를 하나로 묶기보다는 둘로 나누었다. 이런 위험한 파괴적 경향은 우리가 앞에서 보았듯이 이미 히브리 성서에 뿌리를 내리고 있다. 여기서 신앙을 유일한 하나님에게 **집중시키는** 것은 자주 다른 종교와의 **대결**로 나타났을 뿐만 아니라, 그와 동시에 다른 신을 믿는 사람들을 **추방하고** '거룩한 전쟁을 통해' 마침내는 그들을 **파괴하는** 결과로 나타났다.

그렇다면 유일한 하나님을 믿는 종교는 반드시 배타적이어야 하는가? 유일신론은 반드시 열광주의일 수밖에 없는가? 기원전 1세기 중엽에 이스라엘만이 아니라 그리스(소크라테스 이전의 사람들)와 페르시아(차라투스트라)와 인도(붓다)와 중국(공자)에도—사람들이 무엇이라고 부르든—유일한 세상 원리, 최초와 최후의 유일한 현실을 지향하기 위해 다신론에 저항하려는 개혁운동이 일어났다는 사실을 사람들은 올바로 보았다. 그렇기 때문에 칼 야스퍼스Karl Jaspers는 기원전 6~4세기를 "차축시대", "위대한 인물들의 시대"[32]라고 불렀다. 유일한 신앙을 하나님에게 집중시키는 것은 포용성을 반드시 배제하는 것은 아니다. 그것은 도리어 포용성의 근거가 될 수 있다.

히브리 성서에서 이스라엘 신앙의 **보편적 지평**을 매우 강조한 것은 특이하게도 바로 유일신론적인 사제 전통이었다. 이스라엘의 역사를 끌어갔던 아브라함 이야기가 처음부터—세상의 창조와 첫 인간에서 시작하여 바벨탑의 역사를 말하는—인류 전체의 전역사前歷史와 보편역사와 결합되었다는 것을 우리는 이미 보았다. 세상의 시작을 묘사하는 바로 이 자리에서부터 이러한 보편적 지평은 매우 뚜렷이 드러난다. 세상의 시작은 전혀 다르게 묘사될 수도 있었을 것이다. 다음과 같은 세 가지 질문을 생각해보자. 1. 히브리 성서에서 첫 인간은 아주 당연히 유대인이 아닌가? 아니다. 2. (우리가 이미 보았던) 아브라함과 맺은 언약은 다른 인류를 완전히 배제하는 첫 언약이 아닌가? 이것도 아니다. 3. 유일한 하나님에 대한 신앙은 여하튼 훨씬 더 관용적인 다신론에 비해 옹졸한 태도가 아닌가? 이것도 아니다. 이런 답변은 최소한 짤막한 설명을 요구한다. 먼저 첫 인간에 대한 질문을 다루기로 하자.

'아담'은 너무나 자주 첫 인간을 의미하는 고유명사로 이해되었다. 그러나 '아담'은 인간('아담adam' = '인간')을 의미하는 히브리어와 뜻이 동일하다. "창세기는 첫 인간을 온 인류의 유형으로 보기를 원했기 때문에 종속명사가 고유명사로 바뀌었다."[33] 창세기 2~4장에 나오는 이른바 '원역사'는 실제로 낙원에 살았던 한 명의 첫 인간을 다룬 동화적인 이야기가 아니다. 그것은 인간의 상황을 설명하기를 원하며, 모든 인간의 원형인 '아담'에게 관심을 기울인다. 이것은 다음과 같은 것을 의미한다.

- 첫 인간은 유대인이 아니다. (이스라엘의 역사는 원역사와 족장의 역사 이후에 비로소 시작된다.)
- 그는 또한 (유형적·우화적 기독교 주석에서 종종 볼 수 있듯이) 한 명의 기독교인도 아니다.
- 그는 또한 (최소한 무슬림을 단순히 유일신론자와 동일시하지 않는다면) 무슬림도 아니다.
- 아담은 단순히 인간('아담')이다. **모든 인간이 하나님의 형상이고 비유다.**[34]

여기서 히브리 성서의 보편적 지평은 처음부터 드러난다. 그리고 살렘 왕과 지극히 높은 하나님의 제사장인 신비스러운 멜기세덱[35]도—그는 나중에 하스몬가의 사제 왕들[36]의 모범이었고, 그리스도 예수의 원형이었다[37]—유대교인이나 기독교인이 아니다. 성서의 관심은 유일한 하나님에게 쏠려 있다. 하나님 밖에는 다른 신이 없다. 그리고 성서는 인간, 곧 모든 인간에게 관심을 기울인다. 성서의 관심은 단지 유일한 민족에만 있는 것이 아니라 인류 **전체**에 있다.

만약 내가 두 번째 질문을 던진다면, 이 점은 더 넓은 관점으로 즉시 입증된다. 아브라함과 맺은 언약은 다른 인류를 배제하는 첫 언약이 아니었던가? 아니다. 왜냐하면 아브라함 이전에 노아가 있었고, 그와 맺은 언약이 있었기 때문이다!

7. 노아와 맺은 언약: 인류와 맺은 언약과 인류 정신

(이삭과 야곱을 통해 실증된) 아브라함 언약과 (모세와 맺은) 시나이 언약의 명백한 중요성과 미래성 때문에 사람들은 야웨가 맺은 **첫 번째 언약**, 곧 **노아 언약**을 자주 무시한다. 노아 언약은 누구와 맺은 언약인가? 인류 전체, **모든 피조물**, 인간과 동물과 맺은 언약이다. 그렇지만 홍수 이후에 하나님은 살아남은 인류의 대변자들이었던 노아와 그의 아들들에게 다음과 같이 선언한다. "내가 내 언약을 너희와 너희 후손과 너희와 함께 한 모든 생물 곧 너희와 함께 한 새와 가축과 땅의 모든 생물에게 세우리니 방주에서 나온 모든 것 곧 땅의 모든 짐승에게니라. 내가 너희와 언약을 세우리니 다시는 모든 생물을 홍수로 멸하지 아니할 것이라. 땅을 멸할 홍수가 다시 있지 아니하리라."[38]

인간들과 맺은 하나님의 이 첫 번째 언약은—거의 모든 인류의 파괴 이후에 어찌 다른 언약을 맺을 수 있겠는가?—쌍무雙務 언약이 아니다. (그렇기 때문에 몇몇 주석가들은 본문과는 정반대로 엄격한 의미에서 '언약'에 관해 말할 수 없다고 주장하기까지 한다.) 그렇다. 그것은 하나님이 친히 준 약속과 보장이고, 하나님이 자신에게 부여한 의무와 자유로운 은혜다. 바로 그렇기 때문에 그것은 (유비적이지만 참된 의미에서) **언약**을 구성한다. 그것은 모든 피조물과 맺은 영원한 언약이고, 하나님이 친히 "보증하고 세우는 그의" 언약이다. 피조물은 더는 멸망하지 않을 것이고, 인류는 동물들과 함께 보존될 것이다.

믿기 어려운 이 약속은 단지 유대 민족만이 아니라 온 인류, 곧 할례를 받은 자들이나 할례를 받지 않는 자들에게 주어진 것이다. 그것은 인류와 맺은 언약으로서 인종과 계급과 카스트가 없고, 종교의 차이도 없다! 왜냐하면 이 언약의 표징은 선택된 민족에 속한 사람들이 행하는 할례가 아니기 때문이다. 하나님 자신이 세운 놀라운 이 인류 언약의 상징은 온 땅을 둥글게 덮은 무지개다. 이것은 모든 것보다 뛰어난 하나님의 통치와 하나님의 신실함, 은혜를 증언한다.

그렇지만 이미 이 언약이 **인간**에게는 분명한 **의무**를 부과하는, 바로 그렇기 때문에 쌍무적인 언약이라는 사실을 간과해서는 안 된다. 왜냐하면 언약이 세워지기 전에 새로운 인류에게 몇 가지 기본적인 요구가 주어지기 때문이다. 이 요구는 나중의 율법과는 달리 이스라엘인들과 비非이스라엘인들에게 의무를 지우기 때문이다. 물론 이 언약은 나중에 맺은 언약처럼 특정한 민족을 위한 특별한 율법을 주기보다는 온 인류의 보존을 위해 온 인류에게 주어진 근본적인 요구를 준다. 인류와 맺은 언약에는 **인류의 윤리가** 뒤따른다! 이 보존의 질서에서 우리는 최소한 **생명 경외의 근본윤리**를 읽을 수 있다. (하나님이 인간을 자신의 형상대로 만들었기 때문에[39]) 인간을 죽여서는 안 되며, 아직 살아 있는 동물의 살을 먹어서도 안 된다. 랍비 유대교는 나중에 이런 도덕적 의무에서 다양한 형태로 전승된 7개의 '노아 계명'을 만들어냈다. 살인과 동물 학대를 금지하는 계명 외에도 도둑질과 간음과 우상 숭배와 신성모독을 금지하는 계명과 (법정을 세우는) 법 보호의 계명이 만들어졌다.[40] 영국의 정치가이자 법률가요 동양학 연구자였던 존 셀던John Seldon이 1640년에 히브리인의 이해에 따라 자연법과 국민법에 관한 책을 셨을 때, 그는 히브리어로 노아 계명을 의미하는 히브리어 문양을 실었다.

다음과 같은 사실은 유대교인과 기독교인과 무슬림 간의 삼중대화를 위해 매우 중요하다. 이 노아 언약의 맥락 안에서 유대교인, 곧 권위 있는 다른 랍비들[41]은—(삼위일체론과 성화 숭배 때문에 기독교인을 우상숭배자라고 불렀던) 매우 엄격한 마이모니데스에 저항하며—기독교인과 무슬림을 '하나님을 경외하는 자'로 인정한다! 왜냐하면 그들도 참으로 이방인의 신들을 버리고 참된 하나님을 믿게 되었기 때문이다. 비록 기독교인들의 신앙에는 오류(예컨대 삼위일체 신앙)가 섞여 있지만 그들도 **구원을 받을** 수 있다. 모세의 계명이 아니라 오직 노아의 계명에만 매여 있던 이방인들도 마찬가지다. 현대 유대교에서 기독교인은 같은 이유로 이방인이 아니라 '노아의 아들'로 여겨진다.

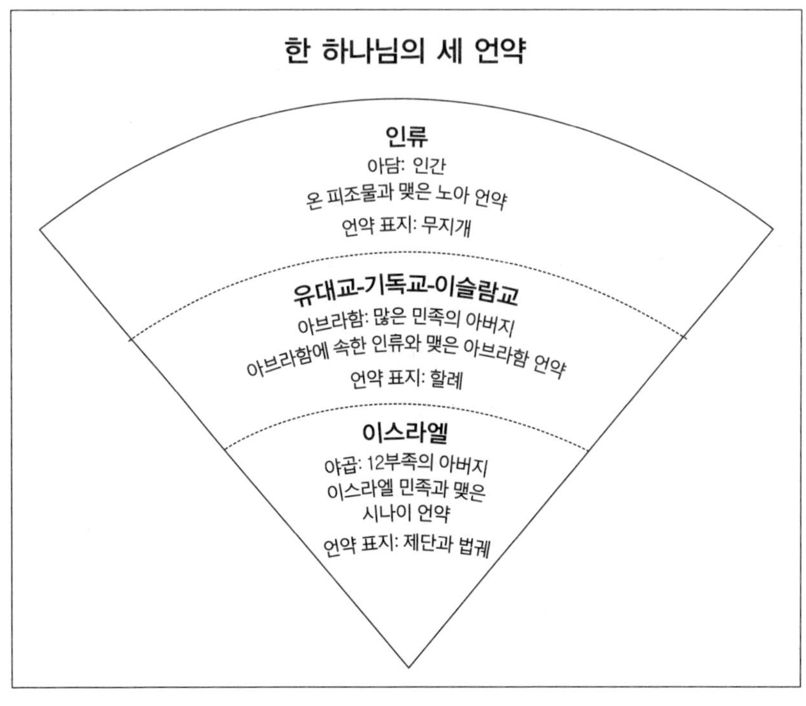

그렇지만 이제 세 번째 질문이 제기된다. 유일신론은 매우 관용적인 다신론에 비해 옹졸한 태도가 아닌가?

8. 하나님 신앙은 우상의 전복을 의미한다

먼저 다음과 같은 점을 인정해야 한다. 유일한 하나님에 대한 신앙과 많은 신들에 대한 신앙은, 깊이 생각하면, 공존할 수 없다. 한 분 하나님 외의 모든 신과 하나님을 형상으로 표현하는 것은 유대교에서 오늘까지 '낯선 예배'(아보다 자라abodah zarah), 곧 우상숭배로서 철저히 배격되었다. 고대 사회에서 유일한 하나님에 대한 신앙은 우주적 소멸과 생성을 늘 반복하는 자연의 힘을 신성화하는 것의 철저한 거부를 의미한다. 매우 다양한 신들을 믿는 우리 시대에도 그것은—기독교인과 무슬림과 유대교인에게!—현대인에게 이름이 없이 섬김을 받는 많은 신들을 철저히 거부하는 것을 의미한다. 그것은 인간이 전적으로 의지하고 희망하는, 그리고 세상에서 가장 두려워하는 신의 역할을 하는 이 땅의 모든 존재를 거부하는 것을 의미한다. 여기서—때로는 유일신론자이고 때로는 다신론자이기도 한—현대인이 맘몬, 섹스, 권력이나 경제, 민족, 교회, 회당이나 정당, 영도자나 교황을 하나님으로 섬기는지 여부는 중요하지 않다. 유일한 하나님에 대한 이스라엘의 신앙은 상대적인 것을 절대화하는 모든 유사 종교나 사이비 종교와 충돌한다. 그것은 모든 거짓된 신을 전복한다.

그러나 유일한 하나님에 대한 바로 이 신앙이 결코 영적인 옹졸함을 의미하는 것은 아니다. 그것은 인간을 매우 쉽사리 노예로 만드는 세상의 다른 모든 권세와 권력을 **상대화하기** 때문에 오히려 **위대한 자유**를 준다. 그렇기 때문에 유일하고 참된 절대자에 대한 헌신을 통해 인간은 결코 우상이 될 수 없는 상대적인 모든 것에서 참으로 자유롭게 된다. 따라서 엄격하고 살아 있고 열정적이고 타협하지 않는, 유일한 하나님에 대한 이스라엘의 신앙은 히브리 성서의 보편적인 지평 위에서 보아야 한다. 이것은 이스라엘의 특징임과 동시에—아무리 찬양해도 부족한—이스라엘이 다른 민족에게 준 선물이기도 하다. 그렇다. 근대 이후 (포스트모던) 시대로 넘어가는 오늘날 우리에게는 (신화적으로 장식된) 다신론으로의 회귀는 요구되지 않는다. 우리는 인위적으로 신화를 다시 불러들이기보다는 유일하고 참된 하나님에게 항상 새롭게 되돌아가야 한다. 이 하나님은 유대교인과 기독교인과 무슬림이 믿는 하나님이지만, 또한 모든 인간의 하나님도 되어야 할 것이다.

모든 인류가 믿는 유일한 이 하나님은 물론—성서가 증언하듯이—모든 민족 가운데서 이스라엘 민족을 특별히 선택했다. **한 분 하나님**과 **그의 민족과 땅**. 여기서 우리는 이스라엘의 신앙 중심에 도달한다. 유대교가 늘 새로운 정체성을 발견하고 합의를 이끌어내려고 할 때, 이 중심은 근본적인 의미를 지닌다.

2장
중심

'중심'을 잘못 이해할 수 있다. '중심'이란 예컨대 19세기에 헤겔의 영향 아래 오해되었듯이, '근본 개념'이나 '근본 이념'을 의미하는 것이 아니다. 여기서 이스라엘 종교의 다른 모든 개념과 이념은 단지 역사적인 현상과 발전에 불과한 것으로 간주된다. 또한 '중심'이란 정통주의 교의학이 쉽게 오해해 왔듯이, '근본 원리'를 의미하는 것도 아니다. 여기서 이스라엘의 모든 신앙은 바로 이로부터 체계적으로 구성된다. 히브리 성서에서 하나의 개념적 체계나 하나의 통일된 교의학을 전개하려는 모든 시도는 실패했으며, 최종적으로는 역사적 비평 앞에서 좌절하고 말았다. 이것은 히브리 성서에, 그리고 이미 '모세 오경'에, 그리고 그 후에도 매우 다양한 전통과 시대와 신학이 존재한다는 사실을 가리킨다.

그러나 다음과 같은 질문은 거부할 수 없을 것 같다. 그렇다면 다양성에도 불구하고 전통과 시대, 인간과 신학의 연관성은 전혀 없는가? 히브리 성서는 공통분모가 전혀 없는 다양한 문서들의 덩어리에 지나지 않는가? 적어도 믿는 자들은—유대교인과 기독교인도—이 질문에 관심을 보이고 있다. 그렇지만 그들은 역사적 토대에 대해 학문적으로 정당한 대답을 제시해야 한다.

— 무엇이 다양한 (전혀 이질적이지 않은) **전통**을 함께 자라게 했는가?

— 무엇이 (전혀 다르지 않은) 성서의 **시대**를 연결해주는가?

— 무엇이 (완전히 서로 어긋나지 않은) **신학**을 통일하는가?

따라서 유대교인의 신앙 중심을 말하는 것은 체계적인 통일된 생각에 관한 이론적 질문을 겨냥하지 않는다. 그것은 유대교에 존재하는 (적어도 하나의 특정한 세대로부터) **항상 인정되고 지속적으로 의무를 주는 것**에 대한 실천적인 질문을 겨냥한다. 다음과 같은 질문은 유대교인에게나 기독교인에게 비본질적이거나 전혀 부당한 것이 아니다. 이스라엘 종교와 다른 종교의 차이점은 어떤 것인가? 비록 역사 속에서 지속적인 재해석의 과정을 밟았지만, 히브리 성서에 드러난 이스라엘 종교의 특수성과 전형적 요소, 특수한 성격은 무엇인가? 더 정확히 질문하면, 이스라엘의 신앙의 다양한 원천은 무엇인가?

— (원칙이 아니라) 지속적인 추정인가?

— (교의가 아니라) 표준적인 근본 표상인가?

— (율법이 아니라) 추동력인가?

I. 중심 요소

"그러므로 이스라엘 자손에게 말하기를 나는 여호와라 내가 애굽 사람의 무거운 짐 밑에서 너희를 빼내며 그들의 노역에서 너희를 건지며 편 팔과 여러 큰 심판들로써 너희를 속량하여 너희를 내 백성으로 삼고 나는 너희의 하나님이 되리니 나는 애굽 사람의 무거운 짐 밑에서 너희를 빼낸 너희의 하나님 여호와인 줄 너희가 알지라."[1]

1. 출애굽: 민족과 선택

문학적으로 기교가 넘치게 구성된 출애굽 이야기[2]는 여러 면에서 완전히 모호하다.[3] 성서 전승에 따르면 야곱의 나머지 일곱 아들이 아버지와 함께 이집트에 내려갔던 요셉의 시대와 이스라엘 백성이 이집트에서 나왔던 모세의 시대 사이에는 단지 네 세대만이 존재했다.[4] 그러나 이 기간에 하나의 거대한 민족이 생겨날 수는 없었다. 또한 창세기에 따르면 족장으로부터 유래한 몇몇 부족이나 민족이 이미 족장 시대에 존재했다는 증거도 있다. 그렇기 때문에 야곱의 열두 아들은 원래 열두 부족의 이름이었는데, 나중에 사람들이 이로부터 같은 이름을 가진 열두 조상을 추론해냈다고 오늘날의 주석가들은 추정한다.[5] 따라서 열두 부족 연맹이 공통된 조상에게서 기원했다고 설명할 수 없다.

더욱이 학자들 사이에는 다음과 같은 합의가 존재한다. 가나안 땅에 정착하기 전에는 이집트에 이스라엘 후대의 모든 부족이 존재하지 않았다. 대개 출애굽 집단이나 야웨 무리 또는 **모세 무리**라고 불리는 특정한 씨족과 부족 집단만이 존재했다고 추정할 수 있다. 그들은 시나이 반도의 동쪽이나 북쪽 지역에서 가나안에서는 알려 있지 않던 야웨 하나님을 경험한 사람들이었다. 그들은 그들의 지식을 팔레스타인에 가져왔던 사람들이었다. 따라서 모든 이스라엘에 매우 중요한 역할을 했던 야웨 신앙은 원래는 상대적으로 작았던 한 무리의 오래된 경험에서 유래한다.

그러나 람세스 2세와 그의 아들과 후계자들 아래서 나일 강 삼각주에 도시가 건설되던 기간에 무슨 일이 일어났는가? 우리는 이를 알지 못한다. 더 자세한 출애굽 상황, 정확한 경로(하나인가 여럿인가?), 그리고 갈대 바다에서 일어난 사건, 이 모든 것은 역사적 진리로 밝혀지지 않는다. 이런 사건은 오경의 다른 자료에서도 매우 다르게 묘사되었다. 그리고 초기 시대에 관한 한, 성서의 설명은 아마도 포로기와 포로기 이후의 시대에 이르기까지 계속 수정되었을 것이다. 다시 말하면 그것에 관해 신학적 해석이 계속 이루어졌다. 무엇이 역사이고 무엇이 문학인지, 무엇이 후기에 비로소 해석되었거나 신학적으로 고안되었는지는 오직 구두 전승만으로는, 그리고 포로기 전에는 믿기 어려운, 상대적으로 후대에 형성된 다양한 문서 자료만으로는 밝혀내기 어렵다. 그러나 바로 여기서 문학적, 고고학적 그리고 문화사회학적 방법의 결합은 아마도 신뢰를 줄 수 있을 것이다.

만약 우리가 우선 역사적으로 힘을 발휘한 특징들에 착안하고, **후기 이스라엘 민족의 자기이해**의 중요한 토대가 되었던 사건에 착안한다면 한 가지 사실은 매우 분명하다. 조상에게 주어진 약속과 아브라함과 체결된 언약 외에도 언젠가 이집트 종살이에서 **해방되었던** 민족에 대한 계속 풍성해지고 깊어지는 **회상**은 매우 중요한 것이었다. 무엇이 역사적으로 일어난 사건이든, 이스라엘은 후기에 자신의 출생 시간을 민족의 선택과 구조와 구원의 시간으로 이해했고, 이런 사건을 '야웨'라는 이름을 지닌 한 분 하나님의 은혜로 이해했다.

하나님의 이 이름에 대해 한 마디 덧붙인다면, 히브리 성서에서 하나님의 이름은 잘 알다시피 네 자음, 네 음절로 된 이름 'JHWH'('야웨 Yahweh', 줄여서 '야Yah'라고 부름)라고 불려졌다.[6] 그렇지만 그리스도 이전의 몇 백 년 동안 유대인은 하나님을 경외하여 이 이름을 더는 부르지 않았다. 하나님은 이름 안에서 직접 현존한다. 하나님은 특히 '아도나이Adonay'('주')라는 단어로 대체되었다. 따라서 사람들은 네 자음 JHWH에 '아도나이'의 모음을 보충

했고, 그래서 나중에 중세 신학자들은 (그리고 '여호와의 증인들'도 지금까지) 잘못된 방식으로 야웨를 '여호와'라고 읽었다. 여기서 나는 유대인 독자들에게 이해를 구하고 싶다. 나는 비록 야웨 형상은 금지했지만 유대인 가운데서 여전히 숨겨져 있는 그의 이름을 부르는 것은 금지하지 않았던 원래의 가르침을 따른다. 하나님은 대개 '아도나이'나 '하셈Hashem'('그 이름')이라고 불렸다.

그런데 히브리 성서에 6,800번 이상 나오는 이 이름은 무엇을 의미하는가? 잘 알다시피 모세는 불타는 가시덤불 앞에서 부름을 받았을 때 이런 질문에 대해 수수께끼와 같은 대답을 들었다. "에흐예 아셰르 에흐예ehyeh asher ehyeh."[7] 우리는 오늘날 히브리서 성서(전설에 따르면 70명의 번역자들이 옮겼기 때문에 셉투아진트Septuagint라고 불림)의 그리스어 번역("나는 존재하는 자다")를 더는 생각 없이 따를 수 없다. 동사 'hayah'가 '존재하다'라고 불리는 경우는 드물다. 대개 그것은 '현존하다, 일어나다, 사건이 되다'를 의미한다. 그리고 히브리어에서는 현재와 미래의 형태가 동일하기 때문에 우리는 이를 "나는 현존하는 자로서 현존한다"라고 번역하거나, "나는 현존할 자로서 현존한다"라고 번역하거나, 히브리 성서의 탁월한 유대인 번역가 마르틴 부버Martin Buber가 번역하듯이 **"나는 현존할 자로서 현존할 것이다"**라고 번역할 수 있다.

여하튼 고대와 중세와 현대의 많은 기독교 신학자들이 생각한 것처럼 이런 대답으로 하나님의 존재가 정적·존재론적으로 정의되는 것은 아니다. 그들은 하나님을 '*Sum qui sum*'(나는 존재하는 자다), '*ipsum esse*'(존재 자체)라고 정의했다. 오히려 여기서는 하나님의 의지가 약속을 통해 통고된다. 그것은 하나님의 역동적인 존재, 현존, 활동을 의미한다. 따라서 '야웨'란 "나는 현존하면서, 인도하면서, 도와주면서, 힘을 주면서, 해방하면서 현존할 것이다"를 의미한다.

원칙적이고 배타적인 유일신론이 이스라엘에서 서서히 발전되고 관철되었다는 사실을 우리는 이미 들었다. 한 집단의 하나님에 대한 신앙에서 시작하여, 유일한 경배를 요구하는 한 민족의 하나님을 거쳐, 모든 민족의 유일한 하나님과 하늘과 땅의 창조주에 대한 신앙으로 발전되었다. 그렇지만 다음과 같은 한 가지 사실은 확실하다. **야웨 신앙**은 (전도서, 에스더, 잠언을 제외하고 그의 이름은 곳곳마다 언급됨) **이스라엘 민족의 영속적인 토대**를 형성한다. 분명히 그의 백성은 야웨를 독재자와 노예의 주인이 아니라 해방과 구원의 하나님으로 경험했다. 성서 원전을 들여다보면 다음과 같은 사실이 분명해진다. 이스라엘이 경험했던 것을 사람들은 단지 인간의 업적이 아니라 **하나님**의 행위로 이해했다. 야웨는 출애굽의 근거로 신앙되었다. 따라서 **야웨**는 이스라엘의 진정한 구원자고 보호자다! 하나님은 '우리와 함께' 계셨고 '우리를 위해' 행동하셨다!

따라서 이스라엘을 이집트에서 건져낸 한 분 하나님에 대한 신앙고백은 이스라엘의 원초적인 신앙고백이다. 우리가 이미 들었듯이 그것은 또한 십계명으로 인도했다. 그래서 나중에 예언자 호세아는 이를 다음과 같이 표현했다. "그러나 애굽 땅에 있을 때부터 나는 네 하나님 여호와라. 나 밖에 네가 다른 신을 알지 말 것이라. 나 외에는 구원자가 없느니라."[8] 하나님의 선택을 받은 백성의 이러한 해방을 유대인들은 아침 기도와 저녁 기도 시간에, 모든 회당의 예배에서, 달력의 모든 일정 속에서, 그리고 특히 유월절 축제 기간에 오늘날까지 매일 회상한다. 이것은 지금도 여전히 유대인 신앙의 근본 자료가 되고 있다.[9]

따라서 이스라엘은 자신을 하나님에 의해 해방된 **백성**으로 이해하고 있다. 왜냐하면 '백성'(히브리어로는 '암'am', '고이goy')이란 말은 이스라엘 부족이 쓰는 흔한 자기표현이기도 하기 때문이다. 이스라엘은 **하나님**의 백성 또는—이런 경험의 논리 안에 들어 있는 것으로—하나님의 **선택된** 백성이다.

이스라엘의 이러한 자기표현을 유대인이 아닌 사람들은 유대인의 우월성과 교만의 표현이라고 자주 오해했다. 그러나 이것은 유대인 개개인이 이를 어떻게 이해하고 경험해왔든 처음부터 전혀 타당하지 않다. 그 이유는 다음과 같다.

1. 이스라엘의 선택은 이스라엘인의 자기 선택이 아니라 오직 **하나님의 행위**다. 그리고 하나님의 이러한 주도권을 설명하려고 히브리 성서는 예컨대 '선택하다', '골라내다', '받아들이다', '붙들다', '부르다' 등과 같이 서로 비슷한 동사를 계속 사용한다. 그 누구도 선택을 요구할 수 없다. 선택은 순수한 은혜다. 따라서 종교적인 근거를 내세우는 광신적 애국주의나 배타주의가 들어설 기회가 없다!

2. 이스라엘을 선택한 것은 다른 민족 앞에서 이 백성의 특별한 자질을 인정한다는 것이 아니라 특별한 의무를 부여한다는 것을 의미한다. 쌍방적 특성은 단지 그렇게 보일 따름이다. 하나님의 (일방적) 선택은 이스라엘이 **의무**를 받아들일 것을 요구한다. 이스라엘이 하나님의 백성으로서 선택에 합당한 존재가 되는 것은 교만과 착각을 통해서가 아니라 오직 언약의 요구를 순순히 성취하는 것을 통해서만 가능하다. 그리고 이스라엘은 소명과 의무를 등지고 얼마나 자주 실패하고 죄를 범했는가! 오직 하나님의 신실함만이 이스라엘을 멸망으로부터 지켜준다. 더 큰 핵심 개념인 언약을 생각하면 이것은 더욱더 분명해진다.

2. 시나이: 언약과 율법

"세계가 다 내게 속했나니 너희가 내 말을 잘 듣고 내 언약을 지키면 너희는 모든 민족 중에서 내 소유가 되겠고 너희가 내게 대하여 제사장 나라가 되며 거룩한 백성이 되리라. 너는 이 말을 이스라엘 자손에게 전할지니라."[10]

하나님의 구원 행위에 관한 성서의 많은 요약에서 언급되고 있지는 않지만, 추측컨대 원래부터 독립적으로 전승되어왔던 '시나이 산 이야기'의 배후에는 무엇이 감춰져 있는가? 특히 야웨의 현현, 십계명,[11] 언약 체결[12] 이야기의 배후에는 무엇이 감춰져 있는가?

여기서도 우리는 역사적으로 확실한 것을 많이 알지 못한다. 하나님의 산으로 가는 길을 분명히 증명할 수 없듯이, **하나님의 산** 자체도 분명히 증명할 수 없다. 특히 후기의 기독교 전승이 매우 자명하게 받아들이듯이, 그것은 실제로 우리에게 알려져 있는 이스라엘 남부에 위치한 반도半島에 있었는가? 아니면 그것은 정반대로 이스라엘의 북서쪽에 위치한 호렙 산이었거나, 사람들이 생각해온 제3의 산이었는가? 그리고 **산의 하나님**에 관해 말하면, 하나님의 산 이야기에 따라서 야웨가 원래는 광야의 산신山神이었을 것이라고 추론할 수 있는가? 불과 지진과 함께 자신을 계시하는 야웨는 화산과 관련이 있었는가? 질문에 대해 다시 질문하니 오직 다음과 같은 사실만이 드러난다. 우리는 하나님이 자신을 계시한 원래의 장소를 확실히 알지 못한다. 엄격하게 말하면 우리는 '시나이'를 항상 인용부호 속에 넣어두어야 할 것이다.

그렇다면 남은 것은 무엇인가? 하나님의 산 전통은 원래 야웨와 이스라엘의 특별한 관계를 생생히 보여주려던 하나의 자율적인 전승이었다는 해석이 내게는 여전히 가장 설득력이 있어 보인다.[13] 왜냐하면 다음과 같은 점을 간과할 수 없기 때문이다. 하나님의 산이 어디에 자리 잡고 있든, 그 산에서 **야웨와 야웨의 무리, 고대 이스라엘의 특별한 관계**가 맺어졌다. 우리가 하나님의 산 전승의 원형이 지닌 역사적 핵심을 부인하지 않으려면 바로 다음과 같은 점을 전제해야 한다. 출애굽과 땅 정착 기간 사이에 백성이—모세의 무리 또는 출애굽 집단의 형태로서—이 하나님과 특별하고 배타적인 관계를 맺게 되었다. 그렇기 때문에 우리는 그들을 바로 야웨의 무리라고 부른다.

야웨의 무리가 스스로 이미 그 자신의 하나님 경험을 **'언약'**으로 분명히 이해한 것 같지는 않다. 그러나 한 가지 사실은 우리가 말할 수 있을 것이다. 나중에 '언약'이라고 일컬어진 것은 출애굽과 '시나이'의 경험에 근거해 있다. '언약'이라는 단어(287회 사용)가 사용되기 이미 오래전부터 언약의 현실은 존재했다. 이 백성이 야웨에게 최종적으로 헌신하고 야웨와 사귐을 나눈 사실은 개념 이전에 존재했다. 그리고 '신명기'의 시대, 곧 위기의 시대인 기원전 7세기에 예언자들의 충격, 가나안에 대한 저항, 민족 해방 운동을 통해 히브리어 '베리트berit'(세속 영역에서 동등한 권리를 지닌 사람들이든 아니든, 두 부류의 사람 사이의 법적인 관계)는 **언약신학**[14]의 중심 개념이 되었다. '언약'은 이제 포괄적으로 하나님의 선택과 하나님의 통치, 그의 백성과의 영원한 사귐을 의미한다. 한 분 하나님이 비길 데 없이, 취소할 수 없이 자신의 백성을 향해 내려왔다는 사실을 나타내는 분명한 표지인 이 언약을 통해 이스라엘은 주변 세계의 자연적이고 신비적인 다신론 종교와 뚜렷이 구분된다. 따라서 이제 우리는 이스라엘의 역사 전체를 되돌아보게 된다. 처음에 '언약'은 아브라함[15] 한 사람과 체결되었다. 이 언약은 그의 아들 이삭[16]과 이삭의 아들 야곱[17]을 바라보고 선포되었다. 하지만 이제 언약은 분명히 개인보다 우선권을 지니는 **백성 전체**와 체결되었다. 이것은 **야웨가 이스라엘의 하나님이고 이스라엘이 그의 백성임**을 의미한다.

물론 이러한 특별한 결합은—'베리트'라는 단어가 이미 이런 의미를 지닌다—특별한 동반자적 의무와도 결합되었다. 하나님의 언약 **선언**은 백성의 언약 **의무**를 동반한다! 하나님의 신실한 약속에 대해 이스라엘은 신실함으로 응답해야 한다. 바로 그렇기 때문에 언약 체결과 **율법 수여**, '베리트'와 **'토라'**는 한 몸을 이룬다! 신명기의 언약체결 의식은 규례와 율법에 대한 순종을 강하게 강조한다.[18] 왜냐하면 언약은 백성에 의해 파괴될 수 있기 때문이다. 그 중심에는 '십계명'이 있는데, 그것은 몇 가지 보충 설명과 함께 언약 사건 자체와 결합되어 있다. 그것은 보편적인 윤리적·종교적 원칙을 표현하고 있는 자명한 계명이고, 야웨의 의지 아래 놓여 있는 근본 윤리다. 70인역과 신약성서에서는 '노모스nomos'로 좁게 번역되고 독일어에서는 '게제츠Gesetz'로 번역된 '토라'는 원래 율법 체계를 의미하는 것이 아니라, 일반적으로 **명령**을 뜻한다. 그것은 하나님에 의해 가능해지고 요구되는, 참으로 인간적인 삶으로 인도하는 길을 지시한다. 기독교는 '십계명'을 문자적으로 자신의 것으로 받아들였다. 그리고 꾸란도 메카 시대 말엽에 (예언자들이 밤에 예루살렘으로 여행하는 환상의 맥락 속에서!) 가장 중요한 윤리적 의무의 요약을 제공한다. 이것은 안식 의무를 제외하고는 많은 점에서 분명히 십계명과 비슷하다. 그렇기 때문에 우리는 세 가지 예언자 종교의 **공통적인 근본 윤리**를 말할 수 있다. 이것은 기독교와 이슬람교와의 유대 속에서 좀 더 정확히 연구되어야 할 것이다.

그리고 원래의 '명령'이 광범위한 율법 체계가 된 것은 오랜 **발전 과정**을 통해서였다. 만약 언약의 윤리가 그 중심에서 원래 야웨의 무조건적인 의지 선포로, 하나님의 자명한 율법으로 이해되었다면, 이것은 출애굽기의 "언약의 책"[19]의 모든 율법 자료가, 그리고 민법이나 제의법의 특징을 지니는, 부분적으로는 결의론적인 모든 율법 규정이 하나님의 산에서 유래했음을 의미하는 것은 아니다. 알브레히트 알트[20]와 마르틴 노트[21]의 철저한 연구 이래 주석가들은 다음과 같은 점에 동의한다. 게르하르트 폰 라트의 말을 빌리면, "이스라엘은 십계명이 이스라엘을 향한 하나님의 전체 의지의 충분한 설명으로 인정될 수 있도록, 형태와 내용이 매우 일반적이고 아주 간단하게 되기까지 그것을 오랫동안 개작해(왔다)."[22] 물론 여기서도 연구사의 과정에서 견해는 늘 세분화되어왔다. 자명한 것으로 설명된 규정은—알트가

공통적인 근본 윤리

유대교인과 기독교인의 십계명 (출 20:1–21)	**이슬람교의 의무 조항** (꾸란 17:22–38)
나는 주, 너의 하나님이다.	자비롭고 은혜로운 하나님의 이름으로
너는 나 외에는 다른 신들을 네게 두지 말라.	(한 분) 하나님 곁에 다른 신을 두지 말라.
너를 위하여 새긴 우상을 만들지 말라. 네 하나님 여호와의 이름을 망령되게 부르지 말라.	너의 하나님은 오직 자신만을 섬길 것을 명하셨다.
안식일을 기억하여 거룩하게 지키라.	
네 부모를 공경하라.	(너는) 부모를 공경하라. 그리고 친척과 가난한 자와 나그네에게 그의 몫을 주어라.
살인하지 말라.	가난이 두려워 너의 자녀를 죽이지 말라. … 그리고 아무도 죽이지 말라. 하나님은 (살인을) 금하신다.
간음하지 말라.	간음하지 말라.
도둑질하지 말라.	고아의 재산을 건드리지 말라.
네 이웃에 대하여 거짓 증거하지 말라.	그리고 (네가 받은) 의무를 지켜라.
네 이웃의 집을 탐내지 말라.	그리고 자를 잴 때에는 끝까지 재라. 그리고 올바른 저울로 재라! 그리고 네가 알지 못하는 일에 끼어들지 말라!
네 이웃의 아내나 남종이나 여종이나 소나 나귀 할 것 없이 네 이웃의 소유는 무엇이든지 탐내지 말라.	땅을 우쭐대며 걷지 말라!

생각했듯이—순전히 이스라엘이나 야웨(J) 기자에게서만 유래했다고 말할 수 없다. (다시 말하면 그것은 다른 문화 속에서도 발견된다.) 그리고 다양한 본문 전승에서 원래의 십계명을 만들어낼 수도 없다. 그렇지만 "십계명이 비교적 초기의 이스라엘 시기에, 아마도 왕조王朝 이전의 시대에 형성되었을 가능성은 매우 높다."[23] 또한 십계명의 첫 번째 세 계명과 같은 개별적인 금령이나 어린이 희생제사와 마법, 수간獸姦 금령은 종교적 제의의 한 부분으로 모세에게서 유래했을 가능성도 있다.

여하튼 비판적인 성서학에서 사람들은 오늘날—게오르크 포러Georg Fohrer의 한 문장을 인용하면—다음과 같은 점에서 일치한다. "대부분의 자명한 생활 규범과 행동 규범은 모세의 무리가 팔레스타인으로 가져온 것이 아니라, 레위기 18장 7절 이하의 본문처럼 야웨(J) 기자가 활동하지 않았던 유목 시대의 주변 세계로부터 야웨 종교 안으로 통합되었거나, 팔레스타인에 정착한 후에 비로소 오래된 양식을 모방한 결과로 생겨났다." 따라서 우리는 포러처럼 다음과 같은 결론에 이르게 된다. "여하튼 이러한 규범을 통해 모세가 생각할 수 없었던 한 가지 목표로 인도하는 분명한 길이 형성되었다. 그것은 바로 백성과 개개인의 삶 전체를 규정하는 계명과 금령의 포괄적인 체계다. 유대인의 율법 신앙은 바로 이런 목표를 추구한다."[24]

3. 가나안: 땅과 약속

"여호와의 종 모세가 죽은 후에 여호와께서 모세의 수종자 눈의 아들 여호수아에게 말씀하여 이르시되 내 종 모세가 죽었으니 이제 너는 이 모든 백성과 더불어 일어나 이 요단을 건너 내가 그들 곧 이스라엘 자손에게 주는 그 땅으로 가라. 내가 모세에게 말한 바와 같이 너희 발바닥으로 밟는 곳은 모두 내가 너희에게 주었노니 곧 광야와 이 레바논에서부터 큰 강 곧 유브라데 강까지 헷 족속의 온 **땅**과 또 해 지는 쪽 대해까지 너희의 영토가 되리라."[25]

'땅 정착' 이야기 배후에 (중립적으로 표현한다면) 무엇이 감춰져 있는지, 비록 이에 관해 문헌적·고고학적·사회학적 연구가 특히 강도 높게 이루어졌지만, 역사적으로 분명히 확인할 수 없다. 그러나 학자들에게는 다음과 같은 두 가지 주장이 폭넓게 동의를 얻고 있는 듯하다.

1. 이스라엘이 땅에 정착하기 시작했을 때, 성서 이야기의 무대였던 **팔레스타인** 땅은 이미 **1천 년의 역사**를 가지고 있었다. 팔레스타인 땅은 기원전 1500~1250년 후기 청동기 시대에—이집트가 명목상 지배하고 있을 때—'왕'의 통치를 받는 농경적인 도시 국가들이 촘촘히 자리 잡고 있었다. 그곳은 문화가 덜 발전한 곳이 아니었다. 비록 인구는 섞여 있었지만 그곳에는 대개 셈족 가나안 사람들이 살고 있었고, 남쪽 팔레스타인 해변의 평지에는 에게(크레타)에서 건너온 '바다 백성' 블레셋 사람들이 살고 있었다. 이 백성은 나중에 이 땅을 '팔레스틴'이라고 불렀다. 이 이름은 '필리스티네스Philistines'에서, 아람어로는 '펠리스타임Pelista'im'[26]에서 파생된 그리스-로마의 지역 이름으로 생겨났다.

2. 그 당시에 **이스라엘은 아직 행동할 수 있는 정치적 집단이 아니었다.** 여호수아 1~12장의 이야기에도 불구하고 이스라엘 백성이 땅을 소유하게 된 것은 비교적 빠르게 진행된 열두 부족 연맹의 전쟁 행위로서 일어난 것이 아니었다(그 당시에는 이런 폐쇄적인 열두 부족 연맹이 아직 존재하지 않았을 것이다). 땅 정착은 기나긴 복잡한 과정으로서 분명히 기원전 12/11세기에, 또는 이미 13세기에 (고고학적으로 본다면 후기 청동기 시대나 초기 철기 시대에) 이루어졌다. 그러나—역사적 질문으로서—이 '땅 정착'은 어떻게 이루어졌는가? 학자들 사이에서 이 문제보다 더 격렬하게 논쟁된 이스라

엘 역사 문제는 없다. 우리는 다양한 모델을 역사적 관점에서 더 자세히 연구해야 할 것이다.

그러나 역사적 질문이 어떻게 결정되어야 하든, 그리고 이주하던 이스라엘 백성이 자신을 종교적으로 어떻게 이해했든, 나중에 이스라엘 백성에게는 다음과 같은 것이 점점 더 중요하게 되었다. 하나님의 백성에게는 **하나님이 약속한 땅**도 속해 있다! 히브리 성서는 이 점에 관해 전혀 의심하지 않는다. 그렇기 때문에 다음과 같은 점은 신학적·정치적으로 오늘날까지 중요하다. 자신을 하나님의 보편적인 백성으로 이해하는, 인종적 또는 지리적 경계에 매여 있지 않은 기독교에게도, 그리고 자신의 아랍적 기원과 특징에도 불구하고 국가 사이에 원칙적인 차이를 전혀 만들지 않는 이슬람교에게도 땅은, 더 정확히 말하면 하나의 특별한 '거룩한' 땅은 특별한 구원적 의미가 없다. 그렇지만 '흩어짐'(그리스어로 '디아스포라*Diaspora*')의 시대에도 '이스라엘 땅'(히브리어로 '에레츠 이스라엘Erez Israel')과 원초적인 결속을 유지하고 있었던 유대교에게 바로 이것, '찬양된' 것, 곧 약속된 땅과의 관계는 완전히 본질적인 것이다. 이 점을 단지 추가적인 정당화의 시도로만 얕보는 것은 처음부터 끝까지 성서 안에서 증언된 이스라엘의 하나님 경험의 측면을 무시하는 태도다. 땅의 약속은 선택과 구원과 언약과 나란히 이스라엘 백성의 신앙의 근본 요소에 속한다. 다른 사람들에게 편하든 불편하든, 야웨의 선택된 백성과 약속된 땅은 이제 함께 속해 있는 것이었다. 그리고 성서에 증언되어 있는 땅의 약속[27]은 지금까지도 팔레스타인에서 유대인이 주장하는 땅에 대한 권리의 종교적 근거가 되고 있다.[28]

물론 이런 권리를 어떻게 일일이 이해해야 하는지, 그리고 이를 가능한 한 다른 권리와 어떻게 화해시켜야 하는지는 결코 간단한 문제가 아니다. 우리는 다음과 같은 점을 결코 망각해서는 안 된다. 땅 정착을 다루는 여호수아 1~12절은 신명기 기자의 역사서의 한 부분이고, '사건'이 일어난 지

500년 이상이 지나서 기록되었다. 수백 년 동안 바뀌는 백성의 운명과 함께 땅의 **경계선**도 실제로 늘 **바뀌었다**. 그렇다면 여기서 무엇이 하나님이 보증한 땅으로 간주될 수 있는가? 이미 여기서 미래의 삼중대화를 위한 질문이 절실하게 요구된다.

미래를 위한 질문

유대교인의 믿음의 본질적 요소와 핵심 개념을 볼 때, 먼저 다음과 같은 질문이 유대교에 대해 제기된다.

성서에 증언되어 있는 **땅의 약속**으로부터 지금의 이스라엘 국가를 위한 매우 분명한 **경계선**을 유추할 수 있는지는 유대인 사이에서도 논쟁거리가 아닌가? 이스라엘인은 레바논에서 유프라테스 강[29]에 이르기까지 지배영토가 약속되었다고 말하지만, 이것은 원래의 편집 과정에서 이상적인 영토 주장이 과거를 향해 투사된 것은 아니며, 심지어 소원을 꿈꾸고 있는 것은 아닌가?

기독교인 고유의 관점에서 다음과 같은 질문을 제기해야 할 것이다. 선택된 백성과 체결한 아브라함 언약과 시나이 언약 때문에 홍수 이후에 하나님이 노아와 그의 후손과 함께 체결한, 그리고 동물을 비롯한 '모든 생명체들'을 포함하는 저 첫 번째 언약이 유대인 안에서 무시되고 있지 않는가? 그것은 모든 피조물과 함께 체결된 하나의 **보편적인 언약**이 아닌가? 이 언약의 표징은 무지개이고,[30] 모든 피조물은 더는 혼돈에 빠지지 않을 것이다. 따라서 히브리 성서에는 모든 백성 공동체의 근거가 되는 인류 공동체가 전제되어 있으며, 하나님의 보편적인 구원 의지는 인류 공동체를 위한 것이 아닌가?

☾ 무슬림의 고유의 관점에서 다음과 같은 질문을 제기해야 할 것이다. 히브리 성서에 따르면 아랍인의 조상 **이스마엘에게도 약속**이 주어졌다. 그렇기 때문에 아브라함과 이집트 사람 하갈의 아들인 그는 이집트인과 아시리아인 사이에 있는[31] 아랍 백성의 열두 두령[32]과 함께 큰 백성의 조상이 되지 않았는가? 이 약속의 타당성은 무엇인가?

II. 중심인물

1. 모세는 누구였는가?

지금까지 모세의 무리를 줄곧 말해왔기 때문에 다음과 같은 질문은 이제 피할 수 없게 되었다. 이스라엘의 구원 역사에서 유일한 위치를 차지하고 있는 모세에 관해 우리가 말할 수 있는 참으로 **역사적인** 사실은 무엇인가? 많은 사람들은 바로 그를 유대교의 창설자로 여긴다. 비록 다른 종교의 창설자들, 곧 예수와 무함마드와 공자와 붓다가 그들의 종교 상황에서 매우 다른 역할을 수행했지만, 많은 사람들은 모세를 그들과 같은 위치에 올려놓는다. 여하튼 앞서 이미 설명했듯이 야웨 종교의 시작은 상당히 복잡하며 단 한 명의 인물로 그 시작을 결코 설명할 수 없다. 그리고 모세는 실제로 진행된 역사에서 그렇게 중심적인 위치에 있었는가? 아마도 다양한 자료에서 나온 수많은 전설과 역사, 계명과 규정은 단순히 이 한 인물을 중심으로 수집되고 가공되지 않았을까?

성서밖에는 모세를 증언하는 것이 없다. 모세 자신은 문헌 자료를 남겨놓지 않았다. 물론 모세는 **역사적 인물**이었고, 20세기 초에 설익은 가설을 통해 주장된 것처럼 모세가 힘을 잃은 달의 신이었다는 논리는 오늘날 더는 논쟁되지 않는다. 모세라는 이름은 이집트에서 유래한 것이고, 모세는 이집트에서 태어났다. 그렇지만 모세가 이집트인이 아니라 셈족 사람이었다는 것은 거의 확실하다. 많은 학자들이 모세가 이스라엘 백성과 하나가 되어[1] 탈출을 주도했다는 사실을 의심하지 않듯이, 모세가 (이스라엘 백성에게 매우 적대적인) 미디안 사람과 함께 살았다는 것, 미디안 여자와 결혼했다는 것, 그리고 야웨 하나님과의 결정적인 만남이 이루어졌던[2] 미디안[3]에서 그의 장인과 좋은 관계를 유지했다는 것도 의심하지 않는다. 그렇지만 다음과 같은 큰 질문이 일어난다. 모세의 **역할**과 **지위**는 정확히 무엇이었는가?

학자들이 모세에게 아직 적용해보지 않았던 종교적 "지도력"[4]의 범주는 없다.[5] 그렇지만 자료를 근거로 그를 단순히 광야에서 기적을 일으키는 자로, 심지어는 마술사로 깎아내리는 것은 불가능해 보인다. 그러나 거꾸로 모세가 바로 민족의 창설자였을 것이라고 여기는 주장도 후기의 상황을 과거로 투사한 것이다. 모세가 이미 그 당시에 배타적 유일신론의 신학자이자 대변자였다는 주장도 마찬가지다. 모세가 단지 동요르단의 베두인 부족장에 불과했고, 느보 산 가까이 있는 그의 무덤이 경배의 대상이 되었다는 주장도 공상적 추측이다(마르틴 노트Martin Noth[6]는 대단히 힘든 전승사적 연구를 통해 이를 증명했다고 생각했다. 그러나 신명기 34장 6절은 모세의 무덤을 "오늘까지" 아는 자가 없다고 말한다). 모세가 후대 전통이 그에게 부여한 모든 특징을 철저히 갖추고 있었고, 그가 특별히 "모세만이 수행할 수 있는" 직무 안에서 예언자와 재판관과 언약 중재자 역할을 동시에 수행했다는 반대되는 주장도 역시 공상적인 추측이다.

모세 이미지[7]가 오경의 다양한 단계에서 심대한 발전을 겪었다는 사실은 의문의 여지가 없다. 그것은 야웨의 사자(J)와 백성의 지도자(E), 기적을 행하는 자(JE)에서 율법 수여자(D)와 하나님의 광채를 발하는 하나님의 대리자(P)로까지 발전되었다.[8] 그렇지만 역사적으로 모세가 늘 어떻게 논쟁되어왔든, 전체적으로 모세는 상당히 복합적이고 **카리스마적인 인물**로 나타난다. 그는 영감을 받은 지도자였지만 스스로 싸우지는 않았다. 그는 계시를 받은 자였지만 매우 연약한 인간이었다. 그는 제의를 만든 자였지만 개인적으로는 제물을 전혀 바치지 않았다. 물론 모세는 남왕국과 포로기의 위대한 후기 문서 예언자들과 같은 예언자가 아니었다(그는 스스로 아무것도 기록하지 않았다). 그는 북왕국 초기의 카리스마적 예언자들(엘리야, 엘리사, 호세아)과 같은 예언자였다. 간단히 말하면 모세는 철저히 예언자적인 인물이었을 가능성이 가장 크다. 여하튼 그는 **세 '예언자' 종교의 형태를 처음부터 결정했다**. 그리고 아브라함에게서 유래한 모든 3대 종교는 그를 자신들의 두 번째로 위대한 지도적인 인물로 인정한다.

2. 모세의 종교 약력

앞에서 이미 언급한 다양한 종교 체계의 구조적인 차이는 모세의 이력을 분명히 드러내준다. 왜냐하면 출애굽기[9]의 소명 이야기에 따르면 미디안에서 불타는 떨기나무 앞에서 야웨 하나님을 경험하는, 그리고 자신의 얼굴을 가린 채 하나님과 대화를 나누는 모세는 분명히 **저 먼 동쪽에서 주장되는 조화와 인도주의人道主義의 정신을 지닌 명철한 현자賢者가** 아니다. 그런 현자에게 절대자 '하늘'과 그의 뜻은 물론 확정되어 있지만, 중심으로서가 아니라 오직 지평으로서만 확정되어 있다. 하나님의 계시에 직면한 모세는 예컨대 지혜로운 공자처럼 윤리와 정치에 관해 냉정하게 성찰하기만을 원하지 않았다. 그에게 하늘의 뜻에 대한 경외감은 그다지 많지 않았을 것이다. 모세는 이상적인 조상들과 오랜 옛날을 되돌아보지 않았다. 가족과 국가 안의 조화, 인간과 동료, 인간과 자연 간의 조화는 그의 이상이 아니다. 그렇다면 그의 이상은 무엇인가?

다른 차이점을 말해보자. 광야에서 자신의 '부족'을 인도하는, 그리고 불확실한 미래를 향해 나아가는 모세는 **고독하게 내면을 바라보는 인도인의 정신을 지닌, 눈과 귀를 닫은 신비주의자도** 아니다. 신비주의자는 절대자를 발견하려고 안으로 눈을 돌리며, 예컨대 붓다처럼 깨달음을 얻기 위해 명상 방법으로 침잠 단계를 통과한다. 모세에게 절대자, 최후와 최초의 현실은 니르바나, 공空이 아니며, 인간과는 완전히 다른 불가해한 존재가 아니다. 물론 그것은 브라만도 아니고, 모든 것을 포괄하고 모든 것을 침투하는 일자一者, 순수한 존재도 아니며, 모든 말을 초월하며 생각으로 표현할 수 없고 말로 설명할 수 없는 무한자도 아니다. 그렇다면 그의 절대자는 누구인가?

대답은 오직 다음과 같은 것일 수밖에 없다. 모세는 **근동 셈족의 신앙과 희망의 종교성의 정신을 지닌, 전형적으로 예언자 같은 인간**이다. 그에게 하나님은 분명히 신비스럽고 숨어 있지만 인간과 완전히 다르지 않은, 권능과 자비가 가득한 **인격적 대상**이다. 그는 살아서 활동하는 진노와 은혜의 하나님이고, 인간의 생명과 죽음을 주관하는 주님이며, 말하고 요구하는 당신Thou이다! 예언자들의 종교에서 인간은 말하자면 이런 하나님 **앞에** 서 있다고 느낀다. 그에게 인간은 말하고 대답해야 한다. 참으로 인간은 그에게 책임적인 존재이며, 그의 뜻에 따라서 자신에게 주어진 임무를 완성해야 한다.

이를 넘어서 예언자들은 **엄격한 의미에서 매우 분명한 임무를 위한 매우 인격적인 부름**을 중요하게 생각한다. 예언자는 전적으로 하나님의 심부름꾼이 되어야 하며, 백성과 개인들에게 말이나 표징으로 하나님의 말씀과 뜻을 알려야 한다. 예언자는 가능하면 스스로 하나님이 되려는 구루(힌두교의 종교적 스승)가 아니다. 정반대다. 그는 신뢰하는 신앙을 통해 유일한 하나님과 결합되기를 원하는 하나님의 열정적인 대변자다. 이런 의미에서 모세는 탈출과 해방과 광야 유랑을 이끈 지도자다.

그렇다면 신비주의적·예언자적 유형의 유명한 분석가 프리드리히 하일러Friedrich Heiler가 예언자들의 신앙 전체에 관해 말한 내용이 야웨의 뜻을 선포한 자 모세에게도 탁월하게 들어맞는다. 예언자의 신앙은 "활동적이고 도전적이고 도발적이다. 예언자의 체험 속에서는 격정이 불타오르고, 생명을 향한 **의지**가 주장된다. 그는 외형적인 실패 속에서도 승리를 거둔다. 그는 죽음과 파괴에 저항한다. 끝내는 매우 깊은 고통과 절망 속에서 끈질긴 생명 의지로부터 탄생한 **신앙**과 불굴의 확신과 견고한 신뢰와 과감하고 모험적인 희망이 터져 나온다. … 예언자는 절망에서 확신으로, 고통스러운 불안에서 절대적인 평안으로, 체념에서 신선한 용기로, 공포에서 희망으로, 억누르는 죄책감에서 행복한 은혜와 구원의 **확신으로 돌진하는 투쟁**가다."[10]

모세는 진정 **예언자의 원형**이다. 그는 히브리 성서에서 단지 "얼굴"과 "꿈" 속에서만이 아니라 "입으로"[11] 하나님과 대화한 유일한 사람이다. 그래서 모세는 자신의 백성에게 다음과 같이 고별의 말을 할 수 있었다. "네 하나님 여호와께서 너희 가운데 네 형제 중에서 너를 위하여 나와 같은 선지자 하나를 일으키시리니 너희는 그의 말을 들을지니라."[12] 따라서 모세는 아브라함 이후에 **두 번째로 위대한 예언자적 종교의 대표자**로 나타난다. 기독교와 이슬람교도 그를 그렇게 받아들인다. 물론 아브라함을 이해하는 게 서로 다르듯이, 모세를 이해하는 것도 양자가 상당히 다르다!

3. 유대교와 기독교, 이슬람교가 보는 모세

1) 모세는 성서 이후의 **유대교**에서 어떤 위치를 차지하고 있는가? 그는 오직 아브라함과 부분적으로는 야곱과 다윗과 그리고 메시아만이 도달하는 중심인물이다. 탄생(파라오 궁전에서의 젊은 시절) 때부터 죽음에 이르기까지 그의 생애를 장식하는 전설을 우리는 간과할 수 없다. 성서 정경 안으로 수용되지 못한 외경에서 모세는 높이 추앙되고, 심지어 영웅 대접을 받는다. 〈모세의 계시록〉[13]과 〈모세의 승천〉[14]을 비교해보라. 아마도 우리가 보존하지 못한 모세 문서들이 더 있을지도 모른다. 그러나 헬라계 유대교가 이방인의 반反유대주의에 대항하여 모세를 천재로, 모든 위대한 현자를 가르쳤던 오르페우스의 스승으로 이상화한다면, 랍비들의 전승은 모세를 무엇보다 완전한 율법 교사("모세, 우리의 랍비", 히브리어 "모세 랍베누Moshe

Rabbenu")로 여긴다. 랍비들의 유대교는 모세를 가리키는 다양한 명칭 가운데서 '랍비'라는 명칭을 선택했다. 그리고 이제는 단지 오경 **속의** 율법만이 토라가 아니라—이것은 중요하다—**오경 전체**가 토라, "모세의 토라"[15]다.

결과적으로 창조로부터 족장 시대를 거쳐 미래의 사건에 이르기까지 거기서 발견할 수 있는 모든 것은 이제 하나님이 모세에게 계시한 것으로, 하나님이 모세에게 불러준 것으로 간주된다. 더욱이 이제부터는 '모세 오경'으로 간주되는 **문서로 작성된** 토라만이 아니라, 수많은 율법 규정과 적용 내용을 가진 **입으로 전달된** 토라도 모세에게서 유래한 것으로 간주된다. 이로써 탈출과 해방과 광야 유랑의 인도자였던 모세가 점점 더 **전통과 지속**의 수호자가 되었다. 세계는 지혜와 예언의 아버지인 모세를 위해 창조되었다고 말해도 지나치지 않다.

2) **기독교**는 이제 모세를 어떻게 보는가? 신약성서에서 모세는 가장 자주(80번) 언급되는 구약성서의 인물이다. 아주 당연하게 기독교에서도 그는 오경의 저자로 간주되며, 그렇기 때문에 하나님의 말씀을 선포한 예언자와 율법 수여자로 여겨진다. 모세의 계명은 하나님의 계명이다.[16] 누가복음에서 '모세와 예언자'란 '토라와 예언자'를 의미한다. 토라는 아주 당연히 새로운 공동체(교회)의 성서이기도 하다.[17]

모세의 이미지는 신약성서의 공동체에게도 매우 강력하기 때문에 예수의 생애와 활동에서 많은 것이 예언자 모세의 빛 안에서 이해되며, 어떤 경우에는 의식적으로 모세의 이미지가 모방되기도 한다. 마태복음[18]에 나오는 예수의 어린 시절 이야기, 곧 왕 앞에서 경고한 것, 무죄한 유아가 살해된 것, 왕이 죽을 때까지 피신한 것 등은 아마도 모세 이야기를 배경으로 삼아서 만들어졌을 것이다. 사십 일 동안 광야에서 금식한 것과 오천 명을 먹인 사건도 모세 유형론이다. 다시 말하면 곳곳마다 모세는 종말의 예언자이고

예수 그리스도의 모형으로 나타난다. 심지어 요한복음에서는 광야에서 만나를 먹은 사건이 분명히 언급된다.[19] 또한 오직 누가만이 (복음서의 마지막과 사도행전의 처음에) 언급하는 예수의 승천은 모세의 승천과 유사하다. 누가에 따르면 '모세와 예언자'는 모두 바로 예수 사건의 예언으로 이해된다.[20]

물론 신약성서에서 모세의 모습을 이중적으로 보이게 하는 불일치도 나타난다. **모세가 높이 평가되지만 예수는 더 높이 평가된다!** 이런 생각은 복음서 전체를 관통한다.

— 누가복음의 변모 이야기에서 모세는 엘리아와 함께 직접 예수를 증언한다.

— 마태복음에서 '산상설교'는 시나이 '산'에서 주어진 율법을 능가한다.

— 누가복음에서 예수는 분명히 두 번째 모세이자 그의 백성의 구원자로 그려진다.

— 요한에 따르면 율법은 모세를 통해 왔지만, 은혜와 진리는 예수 그리스도를 통해 왔다.

— 바울 서신과 히브리서에서 모세는 철저히 율법 종교를 대변한다. 물론 율법 종교는 단순에 폐기되지는 않았지만, 예수 그리스도 안에서 나타난 하나님의 은혜를 통해 결정적으로 상대화된다.

3) 그리고 **이슬람교**는 모세를 어떻게 보는가? 이슬람교에서도 모세는 아브라함 다음으로 성서에서 가장 자주 언급되는 인물이다. 모세는 그의 후계자인 예언자 무함마드가 올 것을 예언했다. 다시 말하면 모세는 참으로 매우 위대한 예언자들 중의 하나였다. 그 이유는 무엇인가? 그가 예언자 무함마드처럼 **하나님에게 한 권의 책**을 받았기 때문이다! 따라서 유대교인도 기독교인처럼 '책의 사람', 문서 소유자에 속한다. 그들은 영원토록 똑같이 계시된 진리에 참여하고 있다. 물론 이 진리는 한 권의 책, 곧 꾸란이라는 하늘

의 원본 안에 보관되었다. 이렇게 모세는 예언자와 율법 수여자로서 완전히 무함마드의 본보기로 이해될 수 있었다.[21]

꾸란도 모세에 관해 성서 전승이나 성서 밖의 전승 또는 민속학에 이미 나오는 많은 이야기를 전해준다. 꾸란은 성서의 다른 이야기도 모세의 이야기로 돌리고 있다.[22] 그리고 무함마드 생애의 많은 내용은 모세를 떠올리게 하지 않는가? 예컨대 (하나님이 불러주고 천사들이 전해준) 계시의 수여와 (메디나로의) 피신, 그리고 광야 길을 무사히 인도한 것, 마지막으로 그

세 아브라함 종교의 두 번째 위대한 지도자
예언자의 원형
출애굽과 해방, 광야 유랑의 카리스마적, 정치적 지도자
야웨 계시의 수여자

성서 이후 유대교의 중심인물	예수 그리스도의 원형	한 권의 책-계시의 첫 수여자
절대적인 율법 교사	모세를 통해 율법이 왔지만, 예수를 통해 복음이 왔다.	예언자요 백성의 인도자, 율법 선포자인 예언자 무함마드의 본보기
전통과 지속의 근거	옛 언약의 상징	무함마드는 예언자를 입증하는 '인장'

의 복된 죽음과 승천이 그러하다. 잘 알려져 있듯이 승천은 예루살렘에서 일어났다고 한다! 이슬람교의 몇 가지 전승이 거꾸로 유대교의 모세 전승 안으로 수용되기도 했다. 그렇지만 이 모든 유사성에도 불구하고 한 가지 사실은 명백하다. 무슬림에게 무함마드는 예언자의 '인장'이요, 모세의 율법을—유대교인과 기독교인과는 달리—순수하게 새롭게 선포한 가장 위대한 마지막 예언자다.

이제 앞에서 말한 내용을 되돌아본다면, 우리는 변하는 시대 상황에서 유대교의 불변하는 신앙의 본질이 무엇인지를—이것은 나중에 다시 새롭게 언급할 것이다—최소한 잠정적으로 결정해야 할 것이다.

4. 불변하는 신앙 내용과 변화하는 패러다임

지금까지 살펴본 내용에 따르면 유대교와 히브리 성서, 이스라엘의 신앙의 **중심과 토대**, 다른 말로 표현하면 불변하는 **신앙의 본질**은 무엇인가? 역사적, 문학적 또는 사회학적 비평이 무엇을 비평하고 해석하고 축소하든, 표준적이고 역사적 영향이 막강한 이스라엘의 신앙 구조로 볼 때, 중심 신앙 내용은 **야웨 하나님**과 **이스라엘 백성**이다. 다음과 같은 고백이 없다면 이스라엘의 신앙이 없고 히브리 성서가 없으며 유대교도 없다. "**야웨는 이스라엘의 하나님이고, 이스라엘은 그의 백성이다!**" 이 '언약 조항'은 (결코 정적으로 이해해서는 안 되는) "구약성서의 중심"이다.[23] 야웨와 이스라엘, 이 두 초점을 중심으로 히브리 성서와 테나크, 구약성서의 모든 이른바 타원형의 증언은 움직인다.[24] 이스라엘의 한 분 하나님이 구약성서의 중심을 이룬다는 것은 당연히 주장될 수 있다. 그러나 히브리 성서의 분명한 특징은 바로 이 한 분 하나님이 결코 홀로 생각되지 않고, 항상 그가 선택한 백성과 함께 생각된다는 사실이다. 성서는 가장 은밀한 '신성의 비밀'을 중심으로 돌아가지 않고, 이 백성이 그들의 하나님과 함께한 역사를 중심으로 돌아간다. 그렇기 때문에 (나중에야 비로소 사용된 '언약'의 개념 여부와 무관하게) 하나님과 백성으로 중심의 두 가지 축을 설명하는 것이 중요하다.[25]

만약 우리가 이스라엘-유대인의 신앙의 독특한 요인과 불변하는 주도적 이념을 더 정확히 설명한다면, 이것은 우리가 이미 들었던 모든 내용에 따르면 다음과 같다.

- 하나님이 선택한 **백성**. 그렇지만 이것은 아래를 포함한다.
- 하나님이 약속한 **땅**.
- 왜냐하면 이 두 가지는 한 분 하나님과 결속시키고 그의 계명을 지킬 의무를 부여하는 **언약**을 통해 확증되기 때문이다.

이스라엘이 자신의 하나님과 맺는 이 특별한 관계는 씨앗처럼 새로운 출발점이고, 본질적인 결정핵이다. 그리고 처음부터 보고된 백성의 실패와 거부에도 불구하고 이것은 항상 포기될 수 없는 유대교의 목표가 될 것이다. 모든 것을 움직이는 이 지속적인 중심을 유대교인이 어떻게 생각하든, 유대교인은 다음과 같은 토대 위에 서 있다.

- 초기 시대부터 전해 내려오는 **독창성**
- 수백 년의 긴 역사 속에서도 유지하는 **연속성**
- 언어와 인종, 문화와 종교의 차이에도 불구하고 존재하는 **정체성**

따라서 이스라엘 백성은 나중에 기독교와 이슬람교에게도 통용되었던 세계사적인 유산과 탁월한 의무의 원천이 되고 있다. 세계는 이스라엘에게 한 분 하나님에 대한 신앙을 물려받았다.

물론 이 중심, 이 토대, 이 신앙의 본질은—하나의 깨어진 원으로 패러다임의 교체를 도식적으로 설명하면!—결코 추상적이고 고립적인 모습으로 주어진 것이 아니다. 그것은 처음부터 역사적으로 증명하기 어려우며, 변해가는 시대의 요구 앞에서 항상 새롭게 해석되고 실현되어왔다. 그렇기 때문에 다음 장에서는 "역사"라는 제목 아래 체계적·신학적인 설명이 역사적·연대기적 설명과 무조건 결합될 것이다. 만약 후자가 없다면 전자의 근거도 충분히 제시될 수 없다. 한 분 하나님 야웨와 선택된 백성 이스라엘은 여전히 신앙의 '대상'이며, 이 대상은 하나님의 자명한 계시가 아니기 때문에 오직 신앙인의 눈으로만 볼 수 있다고 사람들은 말할 것이다. 분명히 그렇다. 그렇지만 그것은 성서에서 개념과 표상, 역사적으로 적합한 실체로서 역사가들에게도—그들이 신앙적인 태도를 취하든 불신앙적인 태도를 취하든—완전히 인식되고 설명되고 증명될 수 있다.

그렇지만 다음과 같은 사실은 시간이 흐를수록 점점 더 분명히 드러날 것이다. 시대와 사회 전체, 신앙 공동체, 신앙 선포, 신앙 반성의 **새롭고 획기적인 모형**은 이 동일한 중심을 갈수록 새롭게 해석하고 구체화할 것이다. 이것은 우리가 토마스 쿤Thomas Kuhn의 이론에 따라서 **패러다임**이라고 이해하는 것이다. 패러다임이란 "특정한 공동체의 구성원들이 공유하는 확신과 가치, 행동 방식 따위의 총체적 모형"[26]을 의미한다. 패러다임 이론을 ('거시적 패러다임Macro-Paradigm'의 의미에서) 자연과학의 영역으로부터 종교와 신학의 영역으로 옮겨놓는 것이 가능한지, 그리고 어느 정도까지 가능하고 얼마나 중요한지는 내가 종전에 출판한 책에서 상세히 설명한 적이 있다.[27]

이제 이스라엘의 역사는, 그리고 나중에는 유대교의 역사도 대단히 흥미진진한 것이 되어가고 있다. 이 역사 속에서 하나의 작은 백성이 세계사의 거대한 도전에 응답하며 근본적인 종교적 변화를 계속 경험할 것이며, 긴 시각으로 본다면 진정 혁명적인 패러다임 전환을 경험할 것이다.

3장
역사

I. 국가 이전 시대의 부족 패러다임

우리가 '민족'이라는 말을 처음부터 어떻게 이해하든, 이스라엘 민족은 팔레스타인 땅에 '정착한' 이래 역사적으로 정의할 수 있는 독립체다. 만약 우리가 기나긴 발전에 주목한다면, 바로 이로부터 항상 존재하는 반대적 경향에도 불구하고—비록 강하게 도식화되고, 복합적인 모든 역사적 배경은 질문되지 않지만—역사적으로 **지배적이었던 여섯 개의 큰 모형**을 발견할 수 있다. 상당한 수준의 이스라엘의 역사, 이스라엘의 종교 또는 유대 민족 가운데서 무한히 많은 자료들은 이 구조 안에서 수집되었다. 먼저 초기 이스라엘의 부족 패러다임이 있고, 그 다음에는 다윗 왕조 패러다임이 있으며, 그 후에는 포로기 이후의 신정 패러다임이 있다. 그 다음에는 중세 랍비-회당 패러다임이 있고, 마지막에는 근대적 패러다임이 있으며, 지금은—누가 아는가?—아마도 근대 이후(포스트모던) 패러다임으로 넘어가고 있다고 생각된다.

이것은 다음과 같은 사실을 가리킨다. 획기적인 변화는 항상 서서히 찾아오는 위기에서 생겨난다. 토마스 쿤이 말한 패러다임의 정의에 따르면, 이것은 마침내 새로운 "특정한 공동체의 구성원들이 공유하는 믿음과 가치, 행동 방식의 총체적 모형"[1]을 낳는다. 그렇지만 방금 설명한 구조는 유대인의 신앙과 실천에서도 역시 계속 발견된다는 것을 우리는 보게 될 것이다. 모든 **불연속에는 연속성**도 존재한다. 물론 계몽주의 시대 사람들이 생각하듯이, 지속적인 진보라는 의미에서 그렇다는 말이 아니다. 이스라엘 민족의 역사는 바로 이것을 보여줄 것이다. 역사는 바로 여기서 '영원한 진보'가 아니며, 오스발트 슈펭글러Oswald Spengler가 그의 세계사 형태론에서 전제했듯이, 역사가 '탄생 – 번영 – 멸망'의 도식에 따라서 진행하는 것도 아니다. 오히려 새로운 패러다임이 항상 생겨날 수 있다. 물론 모든 패러다임은 이득과 손실을 동반한다.[2] 그렇다면 이것은 특별히 유대교의 역사에서 어떻게 드러났을까?

1. 땅 정착 – 세 가지 재구성 시도

오늘날의 연구 상황을 따른다면, 역사 전체의 근본적인 토대가 되었던 첫번째 패러다임, 곧 이스라엘의 **원초적 모형**은 무엇이었는가? 짤막한 설명으로 충분할 것이다. 먼저 역사적으로 논쟁거리가 된 내용을 확인하기로 하자. 이것을 우리는 앞장에서 이미 살펴보았다. 만약 후기의 열두 부족 모두가 이집트에 있었다는 사실이 논쟁거리가 된다면, 그 다음에는 '방랑'과 하나님의 산에서 일어났던 모든 사건도 논쟁거리가 된다. 만약 광야 방랑이 논쟁거리가 된다면, '방랑하는 하나님의 백성'인 전체 이스라엘의 표상은—이것은 기독교적인 후기의 〈히브리서〉에 이르기까지 중요한 표상이었다—불확실한 것이 된다. 반역한 세대들이 형벌을 받아서 죽기까지 '방랑'이 40년(매우 종종 상징적인 숫자였다!) 걸렸다는 사실도 당연히 논쟁거리가 된다. 이스라엘의 '땅 정착'에 관한 대부분의 사건도 논쟁거리가 된다. 오랫동안 예루살렘 성서대학교의 학장이었던 최고의 전문가인 롤랑 드 보Roland de Vaux에 따르면 참으로 땅 정착은 "이스라엘 전체 역사의 가장 어려운 문제"다.[3]

단지 한 가지 사실에만 오늘날 학자들 간에 의견이 일치한다. 땅 정착은 여호수아서의 12장의 앞부분이 보고하듯이 '기습 전쟁Blitzkrieg'의 방식으로 일어나지 않았을 것이다. 더욱이 여호수아서는 단지 중앙 팔레스타인의 정복만을 언급하고 있다. 성서의 이 모든 서사narrative는 꾸밈없는 '역사history'가 아니라 '이야기stories'라는 사실을 늘 주목해야 한다.

본질적으로 학자들은 땅 정착의 **세 가지 역사적 재구성 모델**을 생각한다. 그러나 모든 모델은 많든 적든 가설적 성격을 띠고 있다.[4]

— **정복 모델**(물결처럼 이주): 특히 **고고학적** 근거를 갖는 이 모델은 전쟁을 수행하던 유목민들이 광야에서 마치 물결처럼 여러 차례 땅을 점령해 들어갔다고 생각한다. 이 모델은 특히 미국 고고학자 올브라이트W. F. Albright와 라이트G. E. Wright가 주장했다.[5] 그렇지만 이 모델은 이후의 발굴을 통해 반박되었기 때문에 오늘날에는 대체로 포기되었다. 땅에 정착할 당시 여리고와 아이와 같은 도시들은 추측컨대 이미 오래전에 파괴되어 있었고, 따라서 여호수아서 6~8장이 보고하듯이 결코 정복되었던 것은 아니다. 성서에 언급된 많은 장소들은 후기 청동기 시대의 유적을 보여주지 못하며, 가나안의 많은 종교들은 이스라엘이 기원전 10세기 이전에 정착했다는 증거가 되지 못한다.

— **이주 모델**(점진적 침투): 알트A. Alt와 노트M. Noth[6]가 주장하고 여러 사람들이 발전시킨 이 **전승사적** 모델은 (불규칙한 여름으로 인해) 작은 짐

승을 기르던 유목민들이 '목초지 이동'을 계기로 초원과 광야 주변에 점차로 평화롭게 정착했다고 주장하는 견해다. 이 가설은 최근에 특히 사회학적 관점에서 비판을 받고 있다. 왜냐하면 낙타를 길들이기 전에는—물론 연대는 학자들 간에 수백 년의 차이를 보인다—광야에서 살아가는 것이 불가능했을 것이고, 목자들이나 유목민들이 광야 깊숙한 곳에서 나오지 못했을 것이기 때문이다.

— **계층변화 모델**(팔레스타인 내부의 혁명이나 변화): 1962년에 멘덴홀G. E. Mendenhall[7]이 처음 제시했고 갓월드N. K. Gottwald가 "혁명 모델"로서 더욱 발전시켰고 "정치화했으며",[8] 마지막에는 "변화 모델"로서 실제로 폭넓게 수정되었던[9] 이 **사회학적** 모델은 최소한 미국에서는 가장 많은 지지를 얻었다. 특히 마르크스주의적 사회이론에 너무 지나치게 의존했던 갓월드는 오늘날의 급진적 혁명이 아니라 오랜 점진적 전복을 더 주장한다. 그에 따르면 땅 정착은 유목민들이 외부에서 침략함으로써 이루어진 것이 아니라, 1200년 무렵 후기 청동기 시대에 내부에서 인구계층이 변화됨으로써 이루어졌다고 이해되어야 한다. 이 모델은 다음과 같이 논의되었다.

- 이것은 가나안 도시 국가의 착취적인 지배에서 벗어나서 새로 건설된 산지의 마을로 물러간 자유롭지 못한 농부들과 소작인들이 전개한 평화적인 운동에 더 가까운가?(멘덴홀)
- 아니면 그 당시 매우 황폐해진 가나안 도시와 그곳을 지배하던 계층들에게 직접 저항했던 부족으로 조직된 농부들과 초원의 유목민들, 용병들과 '불법자들'('아피루apiru')까지 가담한 정치적 투쟁과 직접적인 혁명에 더 가까운가?(갓월드)

그렇지만 이 사회학적 모델은 예컨대 이스라엘의 고고학자 이스라엘 핑켈슈타인Israel Finkelstein이 광범위하게 제기한[10] 매우 심각한 반대에 부딪혔다. 왜냐하면 최근의 고고학적 발견만이 아니라 오늘날의 중요한 인구통계학적 · 인종학적 자료들은 "이스라엘인이 가나안 도시 국가를 탈출한 불평주의자였다는 이론을 반박하기" 때문이다. 최근의 연구 결과는 "초기 철기 시대에 작은 산악 지역에 새롭게 정착한 사람들은 목초 지역에서 옮겨왔다"(352쪽)는 사실을 증거한다. 이로부터 핑켈슈타인이 몇 가지 수정된 이론[11]을 이끌어낸 결론에 따르면 최종적으로 "이스라엘의 땅 정착을 인구가 적은 땅으로 평화롭게 정착한 것으로 보는 알트의 견해는 몇 십 년 후에 진행된 연구 결과에 가장 가깝다."[12]

이것은 여전히 유동적인 현재의 연구 상태의 근본적 특징을 보여주는 듯하다. 그러나 모든 논의는 성서 문헌의 증언을 더 진지하게 다루어야 하지 않을까?

2. 견해 통합의 시도

특히 고고학 자료에서 검증된—상황에 따라서는 폭력적인 충돌과 도시 파괴와 연결된—인구의 계층변화를 우리는 논박할 수 없을 것이다. 그렇지만 여기서 **성서 자료**를 무시해서는 안 된다. 그리고 **이스라엘의 조상들이 광야에서** 왔고 따라서 그들이 정착민이 아니라 유목민이었다는 성서의 확실한 증거를 부인할 수는 없다. 따라서 정복 모델과 이주 모델의 중심적 인식을 계층변화 모델과 결합해야 하며, 사회과학적 분석을 전승 자료의 역사적 · 비판적 주석 안으로 수용해야 한다. 지난 두 세기의 문학적 분석이 인상깊게 보여주었듯이, 성서 이야기는 매우 오래된 많은 전승을 포함하고 있다. 그렇지만 해독되어야 할, 말하지 못하고 대부분은 모호한 고고학 증거와는 아주 다르게 성서 이야기는 직접적으로 말한다. 그것을 통합적, 사회정치적, 종교적 모델(갓월드: '사회종교적 모델') 안으로 건설적으로 수용해야 한다.

어떻게 그렇게 할 수 있는가?

이집트에서 이주한 집단, 모세 무리 또는 출애굽 이스라엘인들은 비록 사회적 계층변화의 과정을 주도하지는 않았지만 최소한 그러한 과정을 촉발했다. **야웨 하나님**을 믿었던 집단 또는 이주자들의 집단은 이집트 탈출과 갈대 바다 통과, 광야의 하나님의 산에서 이루어진 언약 체결에 관한 다양한 전승을 가지고 왔다. 이 전승이 포로기와 포로기 후에 창작되었을 가능성은 전혀 없다. 여하튼 민족이 형성될 때부터 이미 야웨 신앙이 그 당시에 사회를 변혁하던 세력들에게 중요한 역할을 했다는 사실은 의문의 여지가 없다. "처음에는 엘El을 섬기려고 하나가 되었던 그들이 야웨를 섬기려고 동맹을 맺는 자들로 서서히 성장했다."[13] 이 모든 것은 다음과 같은 것을 의미한다. 만약 우리가 역사적 재구성을 완전히 포기하지 않는다면, 여전히 열려 있는 많은 질문에도 불구하고 통합 모델은 최근의 고고학적·사회학적 인식만이 아니라 성서 본문과도 가장 부합한다.[14] 그렇지만 이 문제는 아마도 미래에 합의가 이루어질 것이다.

여하튼 가설이 풍부한 논의는 두 가지 사실을 보여준다. 만약 야웨 기자(J) 문서와 사사기의 연대를 (물론 논쟁거리가 되었지만) 후대로 잡는다면, 문서를 분리해서 연구하는 문헌 비평이 시도하듯이, 오직 구약성서 본문만으로는 복잡한 역사적 질문을 충분히 설명할 수 없다.[15] 그렇기 때문에 **문헌학적 축소**는 불가능하다. 이스라엘의 역사에는 이스라엘의 사회사社會史도 속해 있다. 물론 우리는 거꾸로도 말할 수 있다. 만약 우리가 구약성서 본문을 무시한다면—여기서 야웨 신앙은 중심 위치를 차지한다—이스라엘 역사의 모든 재구성은 실패할 것이다. 그렇기 때문에 **사회학적 축소**는 불가능하다. 만약 왕조 시기 이전에, 아니 포로기 이전에도 구약성서가 자료 가치를 지닌다는 사실을 교리적·총체적으로 부정한다면, 특히 포로기 이후에 형성된 이스라엘 민족의 정체성이 전혀 가능하지 않은 '즉흥적인 발생'을 통해 형성되었다는 말이 된다. 사회학적인 재구성은 전승적인 해석을 통해 성서의 이야기를 자신의 말로 다시 말해주기를 요구할 뿐만 아니라, 그에 못지않게 '신앙'도 요구한다. 오랜 전승사적 연구의 관심과 결과를 버려두어서는 안 된다. 사회학자들이 자주 주장하듯이, 이스라엘의 역사는 단지 이스라엘 사회의 역사만이 아니다.

괴팅엔 대학교의 구약학자 **헤르베르트 도너**Herbert Donner는 이런 방향으로 해석한다. 그는 자기 자신의 "이스라엘의 팔레스타인 땅 정착에 관한 생각의 틀"을 구상하려고, 그리고 특별히 성서학적인 관심을 끌어들이려고 사회학적 연구의 많은 결과를 받아들였다. "이스라엘이 광야에서 왔다는 구약성서의 전통 안에 고정된 확신은 단순히 창작에서 유래한 것이 아니다. 이러한 창작을 위한 동기는 전혀 존재하지 않는다. 이스라엘의 공동체 의식의 형성 동기를 일부는 남쪽에서, 그리고 일부는 동쪽에서 온 집단에게 돌리는 것은 잘못된 생각이 아니다. 그들은 야웨를 가지고 왔다. 야웨의 고향은 확실히 팔레스타인의 문명국가가 아니었다. 그들은 또한 이집트 탈출과 갈대바다 통과, 광야의 하나님의 산에서 이루어진 언약 체결 전승도 가지고 왔다. 그들은 지배할 운명이었고 지배할 능력도 있었다. 가나안 땅에서 그들은 산지 유목민 집단을 만났고, 정착하던 과정에서 지역의 여건에 따라서 이스라엘 부족의 큰 집단이 형성되었다. 물론 부족 형성은 이차적인 결과였다. 왜냐하면 씨족 질서와 가족 질서는 부족 질서보다 더 오래되었기 때문이다. 비슷한 조건 아래서 살아가던 이 사람들은 서로를 한 핏줄처럼 느꼈다. 다시 말하면, 이스라엘인은 우리가 일반적으로 아람인이라고 부르는 이들과 매우 가깝게 지냈다. 따라서 우리는 다음과 같이 말할 수 있다. **이스라엘 민족의 땅 정착과 첫 시작은 동시적 사건이었다.** 이 둘은 동전의 양면과 같다."[16]

이 첫 번째 패러다임을 좀 더 분명히 설명하기 위해 살펴보아야 할 점이 있다. 가나안 사회가 어떻게 ('부족 복귀'를 통해서든, 아니면 다르게) 형성되었든, 그리고 그것이 어떻게 ('지배층 중심'으로, 아니면 다르게) 조직되었든, 만약 우리가 구약성서 자료를 역사비평적으로 해석한다면, 새롭게 획득된 문명국가의 토대 위에서 가나안 종교와 이스라엘 종교의 차이가 이미 일찍부터 분명히 드러난다. 광야에서 유래한 야웨 신앙은 문명국가 안에서 곧바로 수용되기 시작했다. 다양한 대가족, 마을, 씨족, 부족이 이제 점차로 **운명 공동체**로, 그리고 **이야기 공동체**로 결합되었다. "통일된 부족-이스라엘"은 "전통의 주체"[17]다. '부족 패러다임'이라는 표현도 바로 이 첫 번째 패러다임을 설명하기 위한 것이다.

3. 항구적인 중심

이스라엘의 역사가 분명히 유례가 없는 역사는 아니지만 특별한 종교적 경험과 해석 때문에 이스라엘의 역사는 독특하고 바꿀 수 없는 결과를 낳았다. 이미 민족 형성의 초기 단계부터 우리가 유대교의 **항구적 중심**과 **영속적 기초**라고 잠정적으로 규정했던 것이 입증된다. 야웨와 이스라엘(백성과 땅)이라는 두 실재를 빼놓고는 이스라엘 사회의 시작도 이해되지 않는다. 서양의 다른 셈족 종교와 마찬가지로 여기서도 단지 '한 분 하나님, 하나의 왕, 하나의 땅'이라는 보편적 구조만이 아니라 '한 분 하나님, 한 백성, 한 땅'이라는 구조도 나타난다.

이 하나님에 대한 신앙은 결코 추상적인 유일신론이 아니라 항상 백성에게 관심을 가지는 한 분 하나님에 대한 신앙이다. 그것은 결코 추상적인 사회사가 아니라 항상 이 하나님과 함께한 이스라엘의 사회종교사다. 이미 사사기[18]에 나오는 "이스라엘의 어머니"[19] 드보라의 노래에서—아마도 히브리 성서 전체에서 가장 초기의 주요 문서일 것이다—원수들을 이기게 한

"이스라엘의 하나님 야웨"[20]가 찬송된다. 따라서 히브리 성서를 비판적으로 연구한 매우 중요하고 박식한 학자로서 1914년에 작고한 **율리우스 벨하우젠**Julius Wellhausen이 이스라엘 종교를 다음과 같이 짧게 요약한 것은 언제나 옳다고 해야 할 것이다. "모세 시대의 고난을 겪는 동안 친족과 부족이 함께 성장하여 이스라엘 백성이 되었고, 이스라엘 백성은 친족과 부족보다 더 커졌다. 새로운 연합체는 야웨를 통해 거룩한 존재가 되었다. 물론 야웨는 이미 오래전부터 존재했지만, 이제야 비로소 이 백성의 머리가 되었다. 야웨는 이스라엘의 하나님이고 이스라엘은 야웨의 백성이다. 이것은 그 이후의 정치적·종교적 역사의 시작이고 영속적인 원리다."[21]

만약 우리가 야웨와 그의 백성의 이런 관계를 좀 더 자세히 묘사하기를 원한다면 **'하나님의 왕권'**이라는 개념을 사용하지 **않는** 편이 나을 것이다. 예컨대 마르틴 부버Martin Buber는 자신의 주요 논문에 이런 제목[22]을 사용했다. 왜냐하면 왕조 시대 이전에 야웨는 '왕'(히브리어로 '멜렉Melek')이라고 불린 적이 한 번도 없었고, 시나이 언약도 '왕의 언약'이라고 강조된 적이 전혀 없었기 때문이다. 그렇기에 우리는 '하나님의 통치theocracy' 개념을 기껏해야 매우 넓은 의미로 사용할 수 있다.[23] 그러므로 "만물에 대한 하나님의 통치의 실현"은 단지 "이스라엘의 마지막"일 뿐만 아니라 이미 이스라엘의 '시작', 곧 이스라엘 종교의 원초적 현상이었다는 주장을 받아들여서는 안 된다. 최근의 연구 결과를 살펴볼 때, 초기 이스라엘의 자기이해가 왕의 이념을 전제하고 있었다는 주장은 예전보다 받아들이기 더 어렵다.

야웨가 그의 백성과 맺은 관계를 설명하는 데는 왕권의 범주보다는 오히려 **하나님의 통치**와 **하나님의 공동체**를 포함하고 있는 **언약**의 범주가 더 어울린다. '언약'은 고립적이고 일방적인 '통치' 개념보다는 오히려 상호성에 근거해 있는 야웨와 그의 백성의 친교 관계를 표현하기에 더 적합하다. 〈신명기〉(기원전 7세기) 시대에 '언약'의 개념이 널리 사용된 것은 바로 이런 이유 때문일 것이다.[24] 물론 '언약'이 모든 것을 강제하는 구약성서 신학의 보편적 개념처럼 되어야 한다는 뜻은 아니다. 이런 사례는 발터 아이히로트Walther Eichrodt의 유명한 세 권의 저서에서 볼 수 있다. 이 책들에서 아이히로트는 단지 하나님과 백성의 관계만이 아니라 하나님과 세상, 하나님과 인간의 관계도 이 개념으로 온통 다루고 있다.[25]

따라서 국가 이전 시대에 이스라엘의 대가족과 씨족, 마을과 부족은 점점 더 분명히 서로 결합했을 것이며, 자신을 **민족적이고 종교적인** 통일체로 이해하는 법을 배웠을 것이다. 물론 이것은 결코 확고히 조직된 통일체는 아니었지만, 그래도 **느슨한 연맹**이었다. 그리고 동일한 한 분 하나님에 대한 점점 더 확고해지는 공통 신앙은 그들의 정치적 결집을 촉진했을 뿐만 아니라, 반대로 정치적 결속은 신앙을 강화했을 것이다. 이러한 과정에서 중요한 것은 이념과 교리가 아니라, 자신의 백성을 위한 한 분 하나님의 활동에 대한 점점 새롭고 다양한 경험과 기억이었다. 그것은 하나님의 은혜로운 선택의 역사였고, 하나님의 통치와 이 백성과의 지속적인 친교의 역사였다. 간단히 말하면 그것은 사람들이 나중에 '언약'이라고 불렀던 그 모든 것이었다.

4. 국가 이전 패러다임의 구조

땅 정착 이후에 이 공동체가 구체적으로 어떻게 형성되었는지는 다시금 **더 정확히 설명할** 수 없다. 학자들은 오랫동안 마르틴 노트와 함께 이스라엘의 열두 부족이 거룩한 지파동맹, 다시 말하면 (중앙 성소를 중심으로) '살아가는 사람들의 공동체'였다고 여겼다. 이런 공동체는 예컨대 그리스와 이탈리아 지역에도 존재했다. 처음에는 이동 성소였던 야웨의 법궤는 부족들의 중앙 성소, 그들의 제의적 중심이었을 것이다. 그렇지만 유목민 문화는 분명히 그러한 중앙 성소를 알지 못했고, 야웨의 법궤가 이스라엘의 이동 성소, 곧 중앙 성소였을 것이라는 사실을 증명할 수도 없다. 물론 열두 부족 연합체가 거룩한 연합체가 아니라 순전히 정치적인 연맹이었다는 반대 명제도 증명되지 않았다.

정치와 종교가 전혀 구분되지 않았던 시기에는 그와는 정반대로 **지역-정치적이고 종교적인 요건들이 동시에** 역할을 했을 가능성이 매우 크다. 그리고 종교적 요건 아래서 부족들이 점점 더 강하게 고백했던 야웨 신앙은 가장 중요한 역할을 했다. 처음에는 모세를 섬겼다가 나중에는 모세의 후계자가 되었고 마침내는 모세의 사명을 완수했던 에브라임족 출신의 전쟁 영웅 **여호수아**가 이 모든 일에서 구체적으로 어떤 역할을 했는지는 역사적으로 설명하기 어렵다. 개별 부족이나 개별 영웅의 구체적인 행동이 무엇이었는지도 역시 설명하기 힘들다. 많은 학자들에 따르면 중앙 팔레스타인에 정착한 세 라헬 부족, 곧 베냐민과 에브라임과 므낫세(=요셉의 집) 부족은 후기 '이스라엘'의 핵심을 형성했다.[26] 여하튼 중요한 것은 다음과 같은 사실이다. 이스라엘의 부족 연맹은 앞에서 말한 드보라의 노래에서 이미 "**야웨의 백성**"[27]으로 등장한다. 그리고 정치적·종교적 발전은 새로운 상황으로 이어졌다. "대가족, 가족의 연대 … 그리고 부족으로 이어졌고, '이스라엘', '이스라엘인'이나 '이스라엘(또는 야웨)의 부족(또는 백성)'이라고 일컬어진 부족들 간의 공동체로 결속되었다."[28]

만약 우리가 이런 상황 아래서 기원전 12/11세기 **부족 패러다임**(P I)의 종교적·사회적 **구조**를 설명하고 싶다면, 다음과 같은 특징에서 출발해야 할 것이다.

- 첫 시기의 이스라엘 부족들은 민족적으로, 그리고 종교적으로 점점 더 결집되어가는 **느슨한 연맹** 속에서 살았다. 이와 비슷한 아람과 초기 아

랍 부족의 경우처럼 심판의 기능을 수행한 장로들이 있었고, 대가족과 씨족 가운데 지도자들이 있었으며, **가부장적 질서**도 있었다. 그러나 모든 부족에는 다스리는 왕이 없었고, 따라서 행정 수단을 지닌 중앙 정부도 없었다.

- **야웨 성소**가 있었고, 따라서 **야웨 사제**도 있었다. 그러나 우리가 후기 패러다임에서 알게 될 종교적 제도나 관행은 이 첫 번째 패러다임에서는 아직 없었다. 그렇지만 성서의 후기 역사에서 이런 것들은 종종 이 시대의 것으로 거꾸로 투사되기도 한다.
- 이 시대에는 매우 다양한 종류의 **카리스마적인 구원자**, 이른바 사사('소페팀Sofetim')가 있었다. 그리고 함께 위협을 받던 시대에는 부족에서 구성된 공동 군대가 있었다. 그러나 아직까지는 직업 군인과 용병과 기사 신분은 없었고, 사람들이 나중에 이슬람교에서 '거룩한 전쟁'(아랍어 '지하드Jihad')이라고 부른 것도 없었다.
- 부족들은 이스라엘의 하나님 **야웨 신앙**을 통해 종교적으로 결속되었다. 그러나 야웨는 가족과 씨족과 부족의 주로서 아직까지는 백성의 왕으로 간주되지 않았다. 하나님의 통치는 있었지만, 하나님의 왕권은 없었다.
- 야웨 신앙은 **야웨의 백성인 이스라엘의 자기이해**의 토대가 되었다. 그러나 백성의 일치는 군주와 공직자와 직업 군인이 없는 느슨하고 역동적인 부족 연맹이었고, 백성의 일사불란한 일치가 아니었다.

따라서 이 초기 시대에는 부족 사회는 존재했지만 국가 사회는 존재하지 않았다. 이스라엘인의 대가족, 씨족, 마을, 부족은 기원전 12/11세기에 아직 왕조 이전과 국가 이전의 상황에서 살았다. 그 당시에 땅은 존재했지만 확고한 경계선과 국가적 일치도 없었고, 따라서 최고의 군주도 없었다. 이 시대에 조직체로서 기능하는, 완결된 이스라엘 부족 연합이 존재했을 거라는 생각은 국가 정체성을 국가 이전의 사회로 거꾸로 투사한 것이다.

II. 왕조 시대의 왕국 패러다임

"그 때에 이스라엘인들이 기드온에게 이르되 당신이 우리를 미디안의 손에서 구원하셨으니 당신과 당신의 아들과 당신의 손자가 우리를 다스리소서 하는지라. 기드온이 그들에게 이르되 내가 너희를 다스리지 아니하겠고 나의 아들도 너희를 다스리지 아니할 것이요 여호와께서 너희를 다스리시리라 하니라."[1] 따라서 기원전 두 번째 천년 말엽(11세기경), 이른바 이스라엘의 '사사' 시대에는 군주君主가 없었고 군주제도도 없었다. 그렇지만 역사는 그렇게 진행되지 않았다.

1. 위기와 패러다임 전환

새로운 시대는 자연스럽게 이어지는 것이 아니라 갈등을 통해 온다. 새로운 시대의 법칙은 추가적인 직선형이 아니라 변증법辨證法, 곧 불연속성 속의 연속성이다. 한 종교가 어떤 다양한 이유에서든 근본 위기에 봉착할 때, 새로운 종교 운동의 주창자가 사적 영역에서 공적 영역으로 나올 때, 반대자가 대변자가 될 때, 새것이 터져 나올 뿐만 아니라 옛것을 돌파할 때, 바로 그때 우리는 시대의 전환을, 거시적 패러다임의 교체를, 획기적인 **패러다임 전환**을 말할 수 있게 된다.

사회적·종교적 **위기**는 대개 패러다임 전환의 출발점이다. 물론 패러다임 전환은 그 이전의 패러다임 안에서 이미 준비되어 있었다. 여기서 주목해야 할 것은 외부에서 야기된 위기다. 그것은 새로운 경제적·정치적·군사적인 강대국에게서 오는 도전이다. 또한 위기는 먼저 자신에게서 야기될 수도 있다. 그것은 내부에서 일어난 경제적·정치적·사회적 발전이다. 이스라엘이 이른바 사사 시대로부터 새로운 시대로 전환하던 시기에는 이 두 가지가 한꺼번에 일어났다.

먼저 초기 철기 시대에 **이스라엘 사회 안에서 오랫동안 일어난 발전**(인구 증가, 정착, 경제와 수공업과 군사 기술의 발전, 그리고 사회구조의 모든 변화)은 중대한 영향을 미쳤다. 이런 요인들은 사회적이고 종교적인 삶을 결정하는 근본 조건들이다. 이스라엘 안에서 일어난 이러한 발전 과정은 곧바로 군주제도를 촉진했을 것이다.[2]

그렇지만 동시에 다음과 같은 사실도 간과해서는 안 된다. 다른 영토에서 흩어져 살던 대가족, 씨족, 부족이 점점 더 **정착하고** 결속하고 자신의 공동 운명을 깨달을수록 사회적 · 정치적 상황 때문에 내부를 향한 지속적인 역할 조정과 외부를 향한 영속적인 공동 방어자세도 나날이 절박해졌다. 성서의 증언에 따르면 특히 두 번째 이유에서 생겨난 위기는 통일적이고 지속적인 지도력에 대한 소원을 불러 일으켰다. 위기는 나름대로 전통으로 굳어지게 될 민족적 · 국가적 혁신을 촉발했다. **부족사회는 민족국가로 변해야** 했고, 그 결과로 견고한 중앙집권적 국가를 만들어야 했다. 다시 말하면 국가 이전의 조직형태는 국가적인 조직형태로 바뀌어야 했다. 이것은 당연히 이스라엘 사회의 연속성에도 불구하고 정치적 · 경제적 · 사회적으로, 그리고 종교적으로도 상당한 영향력을 끼친 변화였다!

그렇다면 그 당시 부족의 영토에 대한 엄청난 **외부 위협**이 존재했는가? 의심할 나위가 없다. 외부 위협은 해안 서쪽 지역에 정착한 (아마도 셈족이었을) 블레셋 사람들(팔레스타인인들)로부터 왔다. 잘 조직된 군사 세력이었던 그들은 산악지역을 포함하여 팔레스타인 전체에 그들의 지배력을 확장하려고 시도했다. 압도적인 무기 기술(철제 무기, 마차)을 갖춘 그들은 단합된 힘으로 방어해야 할 대상이었다. 그리고 이것은 오직 고난의 시기에만 소집되었던 이스라엘의 느슨한 군대가 지속적인 명령을 받아야 했다는 사실을 의미했다. 카리스마적인 지도자(옷니엘과 드보라, 삼손, 엘리, 사무엘과 같은 '사사들')가 수시로 요구되었을 뿐만 아니라, 선출된 지도자가 지속적으로 요구되었다. 다른 말로 표현하면 주변의 작은 국가에서 이미 오래전부터 현실이었던 것, 곧 **군주제도**를 이스라엘도 받아들여야 했다.

국가를 향한 이러한 과정이 외교적으로 방해를 받지 않고, 그리고 국내적으로 마침내 성공리에 끝날 수 있었다는 사실은—최소한 북쪽 부족에게는 그렇다. 왜냐하면 유다의 참여는 불확실하기 때문이다—기원전 두 번째 천년에서 첫 번째 천년으로 접어들던 전환기에 나일 강과 유프라테스 강과 티그리스 강에 위치한 강대국의 허약성과 관련이 있을 것으로 보인다. 다시 말하면 시리아-팔레스타인을 가로지르는 땅에—서쪽과 동쪽의 바다와 광야와 북쪽과 남쪽의 강대국 사이에 위치한, 군사전략적으로나 상업적으로 매우 중요한 이 지역에—**권력 공백**이 생겼다. 이로 인해 이스라엘에 독자적인 군주제도가 아무런 방해를 받지 않고 시행될 수 있었고, 마침내 토착 왕국이 처음으로 설립될 수 있었다.

그런데 부족을 뛰어넘는 군주제도가 어떻게 탄생할 수 있었는가? 물론 저항도 없지 않았다! 서두에 사사기에서 인용한 내용을 통해 이미 설명했듯이, 왕의 통치, 곧 한 개인에 의한 통치로 야웨의 유일 통치가 해체되는 현상에 맞선 저항을 감지할 수 있다. 왕권에 저항하는 신명기와[3] 사사기,[4] 사무엘상[5]의 본문도 이러한 반향을 가리킨다. 분명히 이런 본문의 일부분은 아마도 이 초기 시대에서 유래한 것이 아니라, 왕을 반대한 후기의 관점으로 예언자와 사제의 집단에서 비로소 생겨났을 것이다. 그렇지만 우리는 왕에 대한 반대가 초기 이스라엘에서 일어났다고 생각해야 한다. 단지 부족의 자율성을 요구하며 저항이 일어났을 뿐만 아니라(후기에도 이런 이유로 저항이 일어났다) 야웨의 '신정' 통치를 주장하면서도 저항이 일어났다. 정치적·종교적 이유로 군주제도를 설립하는 것에 반대하는 저항도 일어났다!

그렇지만 **왕을 지지하는** 다른 본문[6]에서 알 수 있듯이, 군주제도는 실현되기 시작했다. 종교 언어로 말하면, 군주제도는—백성의 간청 때문에—야웨에 의해 보증되는 것으로 이해되었다. 그것은 이제 야웨 종교를 섬기게 되었다. **첫 번째 왕**은 베냐민 지파에 속한 사울(기원전 1012~1004)이었다. '사사'이자 선견자, 예언자이자 제사장이었던(전승은 여기서 매우 불분명하다) 사무엘이 임명한 것으로 보이는 사울에게 백성은 갈채를 보냈다. 첫 번째 왕으로 선택된 그는 그의 고향 기브아Gibeah(예루살렘에서 북쪽으로 6Km 가량 떨어진 곳)에 거주했다. 최근에 그곳에서 원시적인 건축술로 지어진 그의 작은 요새가 발굴되었다. 그것은 우리에게 알려진 이스라엘의 의미 있는 첫 번째 건물이다.

그렇다면 그것은 어떤 유형의 군주제도였는가? 그것은 '왕국kingdom'이라기보다는 남태평양 인류학이 만들어낸 개념이 말하는 일종의 '추장국가chiefdom'에 가깝지 않은가? 이것은 분명히 너무 미약한 설명이다. 왜냐하면 비록 사울은 부분적으로는 초기 부족장 제도를 계승했지만, 게오르크 포러Georg Fohrer[7]가 정당하게 지적했듯이, 이를 여러 부족에게 확장했기 때문이다. 그렇기 때문에 사울은 부족의 우두머리가 아니라 이미 민족을 다스리는 군주였다. 물론 사울의 왕권은 영토적인 특징이 아니라 단지 민족적인 특징만을 띤 것이었다. 사울은 이스라엘 땅의 왕이라기보다는 이스라엘 사람들의 왕이었다. 특히 그는 고난의 시기에 부족 군사를 지휘할 수 있는 권한을 지닌, 부름을 받은 군사의 왕이었다. 그는 (그의 아들 요나단과 함께) 군인의 지도자로서 전투에서 최초로 승리를 거두었다. 그렇지만 왕의 다른 역할, 도성都城 생활과 내부 조직, 그리고 국가 건설에 관한 충분한 기록을 우리는 가지고 있지 않다. 더욱이 사울의 통치는 단지 8년 동안만 지속되었다. 그리고 그에 관한 기록은 다윗을 지지하는 후기의 역사 서술의 영향을 받은 듯이 보인다. 특히 사울의 비극적인 종말 기록은 그런 영향을 받았을 것으로 추측된다. 그것은 다윗의 통치 계승을 더욱더 정당화한다. 왜냐하면 육체적 질병을 지닌 사울이 많은 실수와 실패 때문에 블레셋과의 전투에서 비극적으로 패배한 후에 자신의 칼에 엎어져 죽었다고 기록하고 있기 때문이다.[8]

자살을 통한 이런 비극적인 종말 이후에 군주제도는 하나의 에피소드(간주곡)로 머물러 있었는가? 그렇지 않다. 왜냐하면 국가 이전의 패러다임이 **국가 패러다임**으로 옮아가는 획기적인 **패러다임 전환**을 위한 시기가 무르익었기 때문이다. 바로 그렇기 때문에 사울의 군사 왕권은 과도기적 단계였다.

2. 다윗 왕의 획기적인 업적

사울은 패러다임 전환을 가져왔다. 그러나 완전한 패러다임 전환은 기원전 1천 년 무렵에 다른 사람, 곧 **다윗**(1004~965)에 의해 성취되었다. 그는 부족의 주요 마을 베들레헴에서 태어난 유대인이었다. 그는 처음에는 사울의 추종자였고, 더욱이 사울의 사위였다. 그러나 그는 사울의 질투를 받아 쫓겨 다녔다. 다윗은 새로운 종합적인 모델의 기회를 인식하고 이용했다. 그리고 **다윗 왕국**은 많은 유대인에게 오늘날까지 위대한 이상으로 남아 있다!

그렇다면 다윗은 참으로 역사를 만들었고, 더욱이 새로운 시대를 열었는가?[9] 오늘날 우리는 남자(와 여자)가 역사를 만드는지, 아니면 거꾸로 역사가 인간을 만드는지 관해 많은 토론을 벌였다. 그리고 우리는 다음과 같은 말을 들었다. 오늘날의 역사 서술은 예전보다 더 많이 일차적으로 '세계사적 인물'(헤겔)에 관심을 기울이기보다는 구조적 조건과 사회적 변동에 관심을 기울이는 사회사社會史다. 물론 다윗과 그의 급격한 권력 상승의 경우에도—외치外治와 내치內治에서—획기적 변화를 위해 구조적인 조건이 채워져 있었다. 그렇기 때문에 모든 포괄적인 역사 이해를 위해 사회학과 사회인류학, 역사학적 지리학의 문제 제기도 항상 고려해야 한다. 그러나 바로 여기서 다음과 같은 점도 드러난다. 오랫동안 기능하는 사회적 세력에 관한 설명은 그것에 의해 설정된 틀 안에서 행동하는 인간을 무시해서는 안 된다. 구체적인 역사는 항상 **구조와 인간의 변증법**이다! 우연한 개별 사건이나 행동하는 인간의 '사실사事實史'는 결코 '사회사社會史'의 역사적 과정의 표면에서 일어나는 것이 아니라, 그 중심에서 일어난다.

그렇기 때문에 이스라엘의 진정한 역사 서술이 다윗의 시대와 함께 비로소 시작되었다는 것은 우연한 사실이 아니다.[10] 왜냐하면 우리는 자료에 근거하여 이스라엘에서 다른 어떤 인물보다 '다윗'(대개 하나님의 '사랑을 받는 자'라고 해석된다)에 관해 더 잘 알 수 있기 때문이다.[11] 이것은 선행하는 패러다임과 다른 중요한 차이점이다. 구약성서에 나타나는 다윗의 묘사는 후기의 그리스의 역사 서술과 실제로 견줄 만하다. 여기서 성서 자료에 관한 원칙적인 역사적 회의懷疑는 이전 시대의 자료를 의심하는 것보다는 적절하지 않다. 그리고 잘 알다시피, 역사학자에게 자료는 단지 역사학자에 의해서만 편찬된 것이 아니다.

실제로 우리는 다윗의 사례에서 역사가 무르익었을 때에 참으로 역사를 만든 한 남자의 실례를 볼 수 있을 것이다. 아놀드 토인비Arnold Toynbee의 용어로 말하면, 하나의 '도전challenge', 곧 위대한 역사적 '도전'이 주어졌고 다윗이라는 인물 속에서 '응전response', 적절한 역사적 '응답'이 일어났다. 왜냐하면 만약 다윗이 없었더라면 이스라엘에서 무슨 일이 일어날 수 있겠는가? 그는 분명히 종교적인 동기로만 행동한 사람이 아니라, 예술적인 은사도 지녔던 카리스마와 비전과 용기의 사람이었다(비판적인 주석가조차도 사울과 요나단에 관한 탄식 노래[12]와 여러 시편을 다윗의 작품으로 생각한다). 아무도 모른다. 그렇지만 우리는 다음과 같이 물어야 한다.

1. 만약 비범하고 정치적인 지능과 활동력을 지닌 이런 인물이 없었더라

면, 지역적으로 매우 이질적인 북쪽과 남쪽, 이스라엘과 유다 지방이 지속적으로 통일될 수 있었겠으며, 비교적 광대하고 국내적으로 복잡한 **이스라엘의 '거대 왕국'**이 팔레스타인 땅에서 최초로 생겨날 수 있었겠는가? 유다 왕으로 선출된 지 7년 만에 다윗은—그의 탁월한 인격을 근거로, 그리고 전문 인력과 참모와 그에게 인간적으로 충성을 맹세한, 언제나 투신할 자세를 갖춘 용병 무리의 도움을 받아—"온 이스라엘과 유다"[13]를 다스렸다.

2. 만약 다윗이라는 인물이 없었더라면, 깊은 세 계곡으로 둘러싸여 있고 견고하게 지어진 가나안 여부스 사람의 도시 **예루살렘**이 오직 개인의 연합을 통해서만 통일된 이 왕국(단일 왕국이 아니다!)의 수도가 될 수 있었겠는가? 다윗은 그의 용병들과 함께 전략적으로 유리한, 유다와 이스라엘 경계선에 위치한 이 도시를 최초로 정복했고, 요새가 있는 **시온** 언덕을 그의 거주 도시로 만들었다.[14] 이곳은 그 자신과 그의 왕조의 재산, 곧 "다윗 성"[15]이 되었다.

3. 만약 다윗이 그의 통치를 현명하게 방어하기 위해 음악과 무용이 있는 장엄한 행진 속에서 부족 연맹과 야웨 현존의 상징인 거룩한 "하나님의 법궤"를 그의 도시 안으로 가져오지 않았더라면,[16] 그리고 다윗이 거기에 천막 성막을 짓고, 군사적이고 시민적인 행정 외에도 가나안의 문화적이고 제사적인 행정을 조직하며, 이를 "야웨의 것으로 만들지 않았더라면", 새로운 수도 예루살렘이 오늘날까지도 영향력 있는 독특하고 **성스러운 특징**을 지닐 수 있었겠는가? 다윗을 통해 야웨는 예루살렘에서 비로소 일종의 도시의 하나님이 되었고, 예루살렘은 온 이스라엘과 유다에게 제의적 중심이 되었으며, 유일한 '거룩한 도시'가 되었다. 그렇다. 비판적인 역사가들도 다윗의 정치가 그 이후의 유대교에서 이미 결정적인 전환점으로 해석되었다는 주장을 부인하지 못한다. "신명기적 역사 서술에서 다윗의 행동(법궤를 예루살렘으로 가져온 것)은 한편으로는 통일된 왕국과 과거를 잇는 연속성을 의미

했고, 다른 한편으로는 완전히 새로운 시작, 곧 기원전 587/86년에 첫 성전이 파괴됨으로써 비로소 끝나게 될 새로운 시대를 의미했다."[17]

물론 제의가 고대 가나안 도시 안으로 들어감으로써 가나안 사상이 새로운 도시 종교로 들어오는 문도 열리게 되었다. 초기 가나안의 마을 왕들(제사장 왕 멜기세덱도 그 가운데 하나일까?)처럼 다윗도 법궤 앞에서 제의적인 춤을 추면서 사제의 기능을 받아들였다. 그의 행동은 결국 그를 향한 비판을 곧장 불러왔다. 이미 다윗의 시대에 야웨 종교와 가나안 제의의 혼합이 어느 정도까지 진행되었는지는 설명하기 쉽지 않다.[18] 아마도 이미 그 당시에 왕을 하나님의 '입양된 아들'로 여기는 '국가 혼합주의', 국왕royal 이념이 존재했던 것 같다. 그렇지만 이것은 미래의 발전에 결정적인 역할을 하지는 않았다.

3. 다윗 왕조 – 지금까지 패러다임의 이상으로 여겨지는 것

그 당시의 종교가 구체적으로 어떤 모습을 띠고 있었든, **다윗 왕국 패러다임**(P II)으로의 패러다임 전환이 이스라엘에게 무엇을 가져왔는지, 그리고 다비드 벤-구리온David Ben-Gurion 시대에 이르기까지 수많은 유대인에게 꿈으로 남아 있었던 것은 무엇인지 분명해졌다.

- 다윗의 지도 아래 통일된 강력한 국가 조직 이스라엘
- 왕국의 종교적·정치적 중심으로서 예루살렘('시온Zion'은 온 도시를 일컫는 후기의 표현이다.)
- 강한 군사, 효율적인 행정, 국가에 통합된 성직
- 거대 왕국의 안정된 경계선 속의 국가 정체성

마지막 사항에 관해 말하면, 다윗은 지혜로운 외교 능력과 놀라운 군사 지도력을 지닌 자로서 그 당시에 매우 **팽창주의적인 외교정책**을 펼쳤다. 방어 전쟁으로 시작되었던 것이 정복 전쟁으로 이어졌다. 여호수아와 사사기에서는 이스라엘 부족의 점령 전쟁이 야웨 자신에 의해 주도된 전쟁으로 묘사되었다면, 다윗의 정복 전쟁은 더는 야웨 전쟁이나 '거룩한 전쟁'으로 나타나지 않는다. 이스라엘의 경계선이 그처럼 넓게 확장된 적은 예전에도 없었지만, 나중에도 없었다. 사울 왕과 다툴 때에는 한동안 블레셋의 신하였고 그 다음에는 블레셋 사람이 되었으며, 비非이스라엘인을 왕의 근위병으로 받아들였던 다윗은 국수주의자의 방해를 전혀 받지 않고 **이스라엘에 속하지 않은 영토**를 이스라엘 안으로 끌어들였다. 이것은 이스라엘 왕국의 경계선을 묻는 이들에게는 오늘날까지 의미가 있는 사건이지만, 이미 다윗의 시대에 상당한 내적인 긴장과 갈등을 일으켰다.

아주 오랜 시간이 지난 뒤에—다시 이런 비교를 하는 것을 허락해주기를 바란다—작은 스위스 연방이 (그 강점도 국내의 큰 북-남 상업도로의 관리에 있었다) 강대국이 군사적·정치적으로 약해진 시기에 남쪽 벨틀린Veltlin과 밀라노에 이르기까지 영토를 확장했지만, 나중에는 전쟁에서 심한 타격을 받은 후에 다시금 후퇴할 수밖에 없었듯이, 다윗도 몇 십 년 동안 메소포타미아와 이집트 강대국의 저항을 받지 않은 채 다양한 독립적 상황에 처해 있던 넓은 시리아 영토를 자신의 왕국 안으로 병합할 수 있었다. 해안 지역의 블레셋 신하 국가만이 아니라 동요르단의 모압과 에돔과 아람 국가(수도 아람-다마스쿠스와 함께!)를 병합했고, 마침내는 암몬 왕국도 (수도 라밧-암몬, 오늘날의 암만과 함께!) 병합했다.

이 모든 영토는 우리가 알고 있듯이 나중에 다시 빼앗긴다. 열두 부족의 영토를 포함하는 이스라엘 민족국가조차도 단지 "단에서 브엘세바까지"[19] 확장되었을 따름이다. 그리고 경계선에도 전장에 끌려온 일부 비非이스라엘인들도 있었다.[20] 그러나 이러한 영토 점령은 신명기 신학의 관점으로 여호수아서를 개작한 후기의 저자가 야웨의 땅 약속을 왜 그렇게 넓게 이해했는지를 설명해준다. "광야와 이 레바논에서부터 큰 강 곧 유브라데 강까지 헷 족속의 온 땅과 또 해 지는 쪽 대해까지 너희의 영토가 되리라."[21] 바로 이렇게 다윗 제국에 대한 기억은 이상적 표상으로 남게 되었다. 이 표상은 장려되었고 강화되었다. 단지 유대교 안에서만 그런 것이 아니다.

참으로 이스라엘 역사에서 가장 의미심장한 통치자이자 위대한 정치가, 최고 사령관이자 조직가였던 다윗은 그 후의 모든 세대에게 이상적인 인물이 되었다. 독립을 생각한 부족(특히 사울의 베냐민 부족)의 모든 저항에 맞서, 모든 반란과 음모에 맞서 다윗은 자신의 뜻을 관철했고, 유다 부족과 그의 가족의 패권을 지속적으로 세워 나갔다. 역사가 흘러갈수록—사무엘서와 열왕기와는 달리 이미 역대기에서—그의 모습이 점점 더 이상적으로 묘사되었다는 점은 이해할 만하다. 심지어 후기의 신명기 저자의 문서에서는 그에게 **영원한 통치**가 약속되고 있다.[22] 그러나 이것은 전혀 실현되지 않았다. 현실적인 왕이 점점 더 이상적인 왕으로 변했고, 왕 개념이 국왕 이념으로 변했다. 오랫동안 이스라엘 왕이 "온 이스라엘과 유다에" 더는 통치하지 않게 되었을 때, 후기에 이 국왕 이념에서 메시아 이론이 형성되었다. 그것은 종말 때의 이상적인 다윗과 같은 왕으로서, 되돌아온*redivivus* 다윗이나 '다윗의 아들'로서 다윗 왕국을 다시 세우고 영원한 통치의 약속을 실현할 **메시아**에 관한 표상이다.

이렇게 다윗은 온 이스라엘에게 **예언자적인 전망과 희망을 보여주는 인물**로 남게 되었다. 역대기상이 묘사하듯이,[23] 나중에 포로기 이후의 두 번째 성전 시기에 다윗은 심지어 (솔로몬!) 성전과 모든 사제 계급의 진정한 창설자로 높여졌다. 시편은—다윗 자신이 썼든 그렇지 않든—실제로 예언자적인 경건의 가장 아름답고 가장 깊은 표현이 되었다. 이 두 번째 성전이 유대-로마 전쟁(기원후 70년) 중에 불타 무너지고, 예루살렘이 로마인에 저항한 유대인의 마지막 봉기(기원후 135년) 후에 완전히 파괴되었을 때에도 다윗은 여전히 예언자적인 전망과 희망을 보여주는 인물로 남아 있었다. 그 당시에 다윗 성(아마도 실로암 영역)에 있던 다윗의 무덤도—느헤미야[24]와 사도행전[25]의 시기에도 잘 알려져 있었다—파괴되었고 망각되었다(오늘날 십자군 전쟁 시기에 생긴 의심스러운 전승에 근거하여 시온 산의 한 장소가 다윗의 무덤으로 여겨지고 있다). 그렇지만 다음과 같은 점은 의심할 수 없다. "성서에 나오는 다윗은 광채를 발하는 왕이자 카리스마적인 경건의 인물로서 모든 시대와 모든 종류의 유대교에 감동을 주었다. 기원전 2세기부터 다윗은 통치자들(하스몬 가문, 헤롯 가문)과 성직자들(족장들, 바빌론 포로기의 지도자들)에게는 **왕조의 원형**이 되었고, 종말론적인 성향을 띠는 열광주의자들과 혁명가들에게는 **동기를 부여하는 인물**이 되었으며, 전승을 공유하는 공동체 생활의 설립과 공고화에 관심을 갖는 집단의 **종교적 전형**이 되었다"(C. Thoma).[26]

4. 유대교와 기독교, 이슬람교에 비친 다윗

이런 설명은 다음과 같은 점을 충분히 깨닫게 한다. 다윗도—아브라함과 모세와 비슷하게—유대교의 다양한 집단에 의해 항상 매우 선택적으로 인식되었고, 새로운 시대가 열릴 때마다 매우 다양하게 **이상적인 예언자적 지도자**의 전형으로 되살아났다. 이 점은 특히 다른 두 예언자 종교, 곧 기독교와 이슬람교에도 해당한다. 이 두 종교는 모두 다윗을 높이 존경하지만, 세부적으로는 다르게 해석한다. 세 종교 안에서 다르게 이해되는 다윗의 이력을 간단히 설명해보기로 하자.

1) 중세 **유대교**[27]의 랍비 문서에서 다윗의 화려하고 활기 넘치는 모습은—그는 장단점을 지닌 위험스러운 숭배 대상이다—(메시아적인 미래의 환상은 제외하더라도) 다음과 같은 세 가지 관점에서 목자와 같은 형상으로 그려진다.

— 우선 다윗은 (원래는 저자의 이름이 없고 일부만이 그의 작품으로 간주되는) 시편 전체를 스스로 짓거나 적어도 편집한 모범적인 **기도자**와 **예언자**로 간주된다. 다윗은 '시편 저자'로서 이제 하나님의 말씀을 전달한 진정한 예언자로 여겨진다. 따라서 그는 이미 그 당시에 이스라엘인(랍비)의 기도 모음을 바라보며 행동하는 사람으로 나타난다. 다시 말하면 그는 시편 속에서 단지 자기 자신만을 위해서가 아니라 온 이스라엘을 위해 말하는 이스라엘의 전형이다. 그 결과는 다음과 같다.

— 랍비에게 다윗은—많은 시편이 밤낮을 가리지 않는 율법 공부를 칭찬하기 때문에[28]—모범적인 **율법 신봉자**와 **율법 교사**로도 나타난다. 그는 율법을 쉼 없이 공부했고, 율법을 매우 자세히 관찰했으며, 다른 사람에게 율법을 엄격하게 강조했고, 마침내는 어느 오순절 안식일에 (어디서 사랑스러운 음악이 그의 귀에 들려오는지를 알아보려고 즉시 토라 강독을 중단하고) 조용히 숨을 거두었다고 한다.

— 마지막으로 다윗은 모범적인 **죄인**과 **회개자**로도 나타난다. 그는 아름다운 밧세바와 간음하고 그의 남편 우리아를 죽인 뒤에 뼈아프게 뉘우치고 회개했으며, 그래서 용서를 받았다. 비록 다윗은 랍비들에게 (지나친 자기 확신, 아동 시절의 교육 결핍, 흥미에 좌우되는 민중 이야기 때문에) 널리 비판도 받았지만, 그렇기 때문에 그의 간음죄는 도리어 면제를 받았다.

다윗의 **증조모 룻**이 **유대인이 아니라** 모압인이었다는 사실[29]은 부족의 다윗 반대자들에게 논쟁거리로 이용되었고 탈무드에서도 여전히 논쟁되었지만, 랍비의 해석을 통해 삭제되었다. 특히 다윗이 유대인 어머니에게서 태어났다는 것은—이것은 랍비의 이해에 따르면 참 유대인의 표시다—이로써 분명해진 것이 아니었고 날조되어야 했다. 따라서 다윗의 출생은 종종 신학적으로 매우 강하게 미화되었고, 다윗은 심지어 일종의 하나님의 원형처럼 되었다. 세상이 창조된 것도 다윗 때문이었다는 것이다.

다윗이 잘못 이해되지 않도록, 그리고 다윗이 메시아적 광신자들의 위험한 정치적 모험에 오용되지 않도록 랍비들은 이렇게 신경을 썼다. 블레셋의 신하였다가 나중에 왕이 되기 전에 사울 왕에게 쫓겨 다니던 다윗은 한동안 유다 사막의 '무법자' 무리의 우두머리였다. 이런 다윗이 유럽의 근대기에 특히 시온주의에 의해 마침내 **정치적 인물**로 재발견되었다는 것은 놀랄 일이 아니다. 3천 년 전에 세워진 다윗 왕국은 지금까지 (매우 변화무상한 역사에도 불구하고) 많은 유대인에게 이상적 왕국이 되고 있으며, 특히 예루살렘을 요구하는 시온주의의 당연한 근거가 되고 있다. 시온주의의 상징은 1897년 바젤에서 열린 시온주의자들의 최초 모임 이래 6각형의 '다윗의 별'(히브리어 '마겐magen' = 다윗의 '방패')이다. 이것은 유대교에서 중세 초기 이후에 비로소 발견되며, 특히 15세기에 카발라 종파에 속했던 이삭을 통해 확산되었다. 1948년에 다윗의 별은 이스라엘의 국기國旗에 들어갔다(그렇기 때문에 우리의 패러다임 전환 도표[면지에 실려 있다]에서 점點으로 된 직선이 20세기까지 그어졌다).

2) **기독교**에서는 다윗을 어떻게 이해하는가? 원시 기독교의 문헌에서도 다윗은 자주, 그리고 매우 존경스럽게 언급된다. 여기서도 그는 시편의 저자로, 경건의 모범으로, 하나님의 계시의 예언자로 인정된다. 마가복음[30]의 보고에 따르면 예수도 다윗을 주장의 근거로 삼았고, 사무엘하 21장 2~7절을 언급하며 안식일에 밀의 싹을 따먹은 행위를 옹호한다. 여기서 제사장 아비멜렉은 원래는 제사장만이 먹을 수 있는 떡을 다윗과 그의 사람들에게 제공

했다.

그렇지만 신약성서에서 다윗의 의미는 이를 넘어선다. 특히 유대인-기독교인의 배경에서 유래한 마태복음은 **나사렛 예수**를 **다윗의 직계 후손**으로 설명하려고 애쓴 것처럼 보인다.[31] 여기서도 몇 가지 사항은 **논쟁거리**다. 이상하게도 예수의 출생지를 가장 최초의 복음서 저자(마가)도, 최후의 복음서 저자(요한)도 언급하지 않은 반면, 두 복음서 저자(마태와 누가)는 (많은 점에서 다른, 그리고 전설로 장식된) 유아 시절의 이야기를 말하며, 예수의 출생지로 베들레헴을 주장한다. 베들레헴은 분명히 "다윗의 동네"로 불리고 있다.[32] 많은 기독교인 주석가들은 이것이 신학적인 이유에서 나중에 비로소 일어난 것으로 추측한다. 그렇지만 마태와 누가는 분명히 베들레헴을 언급하는 예언자 미가의 메시아 기대를 받아들인다. 나사렛 예수는 명백하게 이스라엘의 메시아로서 다윗을 통해 정당화되었다. 그 밖에도—역시 마태복음[33]과 누가복음[34]에만 나오는—예수의 족보도 바로 다윗에게서 서로 만나지만, 다른 경우에는 매우 멀어지고 서로 조화되지 못한다. 이것도 신약성서 저자의 신학적 관심을 보여준다. 거꾸로 말하면 예수가 참으로 다윗의 후손이었는지, 아니면 단지 호칭으로만 다윗의 후손이었는지는 역사적으로 열려 있다.

그와는 반대로 다음과 같은 사항은 **논쟁거리**가 되고 있다. **첫째**, "나사렛 사람"의 진정한 고향은 북쪽 갈릴리에 위치한, 중요하지 않은 나사렛이다. **둘째**, "다윗의 자손"은 메시아적 호칭으로서 일찍부터 나사렛 예수에게 적용되었다.[35] 그는 어떻게 이해되었는가? 그는 유대교적으로 신학적·종말론적 의미에서 이해되었다. 다시 말하면 후기 유대교 해석에서 하나님이 이미 다윗 왕에게 "한 아버지"이기를 원했듯이, 그리고 다윗이 이를 통해 하나님의 "아들"이 되었듯이,[36] 예수도 "하나님의 아들"[37]로 이해될 수 있어야 했다. 물론 (나중에 그리스인들이 해석하듯이) 육체적·형이상학적인 기원에서 하나님의 아들인 것이 아니라, 유대교의 원래 전통처럼 한 인간이 이 땅에서 왕적인 권한 속에서 하나님의 대변자와 대리자로 임명된다는 의미에서 하나님의 아들인 것이다. 다윗의 경우도 바로 마찬가지다. 물론 '하나님의 아들'(또는 75번 나오는 '아들')이나 '인자'(80번)와 같은 호칭과는 반대로, 그리고 이방인-기독교인이 사용하던 그리스적 호칭인 '그리스도'(대략 500번)와도 반대로 (신약성서에서 대략 20번 나오는) '다윗의 자손'이라는 호칭은 점진적인 '기독교의 헬라화'와 함께 대체로 퇴조한다. 그렇기 때문에 '다윗의 자손'이란 말이 그리스어를 쓰는 헬라인 공동체의 신앙고백에서도 수용되지 않았다는 사실은 놀랍지 않다. 이 호칭은 새로운 환경에서 이해될 수 없었고, 오해될 수도 있었을 것이다. 그러나 다윗 이야기는—양떼를 돌보던 이야기에서 골리앗(사탄)과의 싸움을 포함하여 시편의 탄식에 이르기까지—그리스도의 원형으로서 교부들과 중세 신학자들에게 진정한 보고寶庫였다.

여하튼 다윗은 벽화와 시편에서 그리고 교회당 입구의 수많은 그림 속에서 국왕의 예복을 입고 비파를 연주하는 자로, 대중적인 인물로 남게 되었다. 다윗은 중세 기독교인 통치자에게는 본보기('새로운 다윗' 칼 대제)였고, 교회의 성직자에게는 (선견자 사무엘을 통해 왕으로 기름부음을 받았기 때문에) 교회와 교황이 기독교인 황제와 왕에게 기름을 붓는 것을 정당화하는 근거였으며, 마이스터징거Meistersinger(14~16세기 독일 여러 도시에서 활약한 시인 겸 음악가 - 옮긴이)와 음악학교에게는 적절한 교회 후원자였다. 그리고 르네상스와 바로크 시대에는 젊고 건장한 영웅의 모습이 (플로렌츠의 도나텔로와 미켈란젤로의 탁월한 다윗 조각상을 통해!) 강조되었다.

3) **꾸란**에서는 다윗을 어떻게 이해하는가? 이미 아브라함과 모세도 그랬듯이, 다윗(아랍어 '다우드Da'ud/Dawud')은 **이슬람교**의 성서에서도 탁월한

인물이다. 이미 이슬람교 이전에 아랍어를 쓰던 시인들은 다윗이나 그의 아들 솔로몬(아랍어 '술레이만Suleiman')을 철갑옷의 발명자로 칭송한다! 그들은 다윗의 시편도 알고 있었는데, 시편은 꾸란에서 당연히 특별한 비중을 지닌다. 여기서 다윗은 공의로 심판하는 알라의 대변자('칼리파Khalifa')로 나타난다. 한번은 다윗이 예수('이사Isa')와 함께 언급되는데, 둘은 신앙이 없는 이스라엘의 어린이를 저주했다고 한다.[38]

그럼에도 다윗의 생애에서 나온 다양한 일화는 그다지 중요한 의미를 지니지 않는다(여기에도 블레셋 사람 골리앗을 이겼다고 하는, 아마도 전설

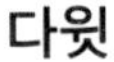

세 아브라함 종교의 예언자적 인물
이스라엘 역사에서 가장 의미심장한 왕
선한 통치자의 원형
시편의 저자
모범적으로 기도하고 회개한 자

장차 올 메시아, '다윗의 아들'의 전형	장자 올 메시아 예수, '다윗의 아들'의 전형	예언자 무함마드의 전형
율법 신봉자와 율법 교사	경건의 모범	모범적인 예언자와 전사, 정치가
전통을 공유하는 공동체 생활의 전형적 인물	기독교인 왕과 황제를 위한 전형적 인물	칼리프를 위한 전형적 인물
이스라엘 국가의 상징적 인물		

적인 이야기가 나온다).[39] 때때로 다윗은 심지어 성서의 다른 인물로 혼동된다. 이것은 유대교인과 기독교인이 자신의 계시 문서를 변조했다는 무슬림의 비난에 영향을 미친다. 다른 모든 것보다 더 중요한 것은 꾸란에 있는 근본적 사실이다. 다윗은 자기 이전의 모세와 자기 이후의 예수처럼 참 **예언자**로, 하나님의 계시를 직접 받은 자로 표현된다. 그 이유는 무엇인가? 그도 하나님에게 한 권의 책, 곧 **시편**의 책을 받았기 때문이다. 그렇기 때문에 꾸란(17:55)은 다음과 같이 말한다. "우리는 다른 누구보다 더 뛰어난 몇몇 예언자들을 골라냈다. 그리고 우리는 다윗에게 하나의 문서를 주었다."[40] 꾸란 이후의 문서에서 다윗이 많은 주목을 받았다는 사실은 놀랍지 않다. 왜냐하면 다윗의 생애는—예컨대 사울을 피해 다닌 일과 압살롬의 반역을 생각해면—예언자의 삶의 많은 특징들을 미리 보여주는 듯이 보였기 때문이다.

5. 솔로몬의 두 얼굴과 왕국의 분열

왕조 시대는 단지 대략 4백 년 동안 지속되었다. 사울과 다윗 이야기는 두 사무엘서에 기록되어 있지만, 그 다음의 후계자들의 이야기는 두 열왕기서에 간단히 기록되어 있다. 왕들의 연대는 상당히 정확히 계산할 수 있지만 그들에 관한 기록은 유감스럽게도 매우 단편적이고, 신학적으로 여과되어 있다. 우리는 질문하게 된다. 위대한 다윗 이후에 무슨 일이 일어났는가?

다윗이 완전히 실패한 유일한 문제는 그의 **후계자**를 결정하는 것이었다. 물론 그는 자신의 권력을 유지하려고 능란한 혼인 정책을 폈다. 그는 8명의 아내를 취했고, 혈통이 다른 19명의 아들을 두었다! 바로 이런 정책이 마침내는 부정적인 결과를 빚고 말았다.[41] 그리고 다윗의 종말은 여러 가지 비극의 특징들도 보여준다. 첫 왕자 암논과 그의 이복자매 다말(유일하게 알려진 다윗의 딸) 간의 근친상간, 형 압살롬의 명령에 따른 암논 살해, 왕자들의 피신, 압살롬의 반역, 다윗의 피신, 압살롬 추적과 살해, 다른 왕자 아도니야의 음모와 실패, 궁중 예언자 나단과 그 당시에 다윗의 유혹을 받았던 밧세바의 개입에 따른 아들 **솔로몬**의 통치자 지명,[42] 솔로몬의 왕좌 등극과 모든 반대 세력, 특히 아도니야의 축출.[43]

권좌에 오르자마자 솔로몬은 **모순적인 모습**을 보이기 시작했다. 그의 잔인한 행동이—많은 사람들이 그의 모략과 백성의 동의가 없는 일종의 반역에 관해 말한다—많은 칭송을 받은 그의 "지혜"와, "3,000개의 잠언과 1,005개의 시가"[44]와 실제로 어떻게 조화될 수 있는지는 역사적으로 전혀 설명할 수 없다. 분명히 이미 그 당시에 이집트에서 잠언과 시가 속에 들어 있는 삶의 지혜가 수용되었고, 점차로 야웨 종교 안으로 통합되었다. 이집트를 배경으로 지어진 왕의 이야기에 따르면[45] 솔로몬은 (왕의 언약을 통해) **정치적 인정**을 받기보다는 (하나님과의 만남을 통해) **하나님의 인정**을 받았다.[46]

열왕기상에 나오는 솔로몬 통치의 기록은 연대기적 순서가 아니라 논리적 순서(그의 지혜,[47] 건축[48] 교역,[49] 그리고 우상 숭배와 종말[50])를 따르고 있다. 유명한 "솔로몬의 재판"[51]은 아마도 떠도는 전설이었을 것이며, 솔로몬이 썼다고 생각되는 문헌(잠언, 아가서, 전도서, 솔로몬의 지혜서)은 후기의 위서僞書다. 역사적인 솔로몬과 이상적인 인물로 묘사되는 후기의 솔로몬을 구분하는 것은 불가피하다.[52]

이에 관해서 오늘날 학자들은 일치된 견해를 보이고 있다. 후기의 표어와 같은 **'솔로몬의 모든 영광'**은 단지 역사적 현실의 **한 측면**만을 말하고 있다. 이 말은 특히 솔로몬의 궁전과 비교하면 오히려 간소한 영광스러운 **성전** 건축을 통해 표현된 것이다.[53] 이 성전은 다윗 왕의 재산으로서 동시에 이스라엘의 국가 성전과 중앙 성전이 되었으며, 공직으로 임명되고 지위를 물려줄 권리를 지닌 왕의 사제단을 소유하고 있었다. 국가의 성전과는 정반대로

"하나님의 궤"는 급속하게 중요성을 상실했다. 한 "집"을 다스리는 "왕"이 된 야웨는 이제부터 성전 안에 "머물러 있다."[54] 왕은 이제 단지 즉흥적으로만 사제의 역할을 수행하는 것이 아니라 이제 '영원한 사제'다. 더욱이 솔로몬의 절대주의적인 통치는 요새 건설과 호위 부대의 강화를 통해, 화려한 궁전 생활과 예술과 학문의 촉진을 통해, 그리고 외교 관계의 장려와 확장된 교역, 바로Pharaoh의 딸과의 결혼을 통해, 많은 이방인 부인들이 머무는 거대한 공간(하렘)을 통해 두드러지게 나타났다. 이방인 부인의 신들은 거룩한 예루살렘에서 특별한 의식을 요구했고, 이로 인해 다른 신하들도 여러 신들을 혼합하며 섬기게 되었다.

그러나 이 모든 것은—이것은 역사적 현실의 다른 **비극적 측면**이다—비싼 대가를 치렀다. 도시 문화 속에서 왕권은 이제 백성과 그들의 풍속과 관습과는 점점 더 멀어지게 되었다. 궁전에 필요한 것을 공급하기 위해 엄격한 중앙 정부와 (유다를 제외한!) 열두 행정 구역이 만들어졌다. 농촌 경제가 도시 경제로 바뀌었고 세금이 강요되었다. 심지어 관리의 감독 아래 백성이 강제 노역에 동원되었다. 솔로몬의 사망 이후에 관리들은 백성이 던진 돌에 맞아 죽었다. 끝으로 다윗의 시대처럼 전쟁 포로를 노예로 삼았을 뿐만 아니라, 이제는 빚진 자들을 노예로 삼았다. 그들에게는 (이스라엘의 오래된 전통에 따르면 양도할 수 없는 하나님의 선물이었던!) 토지의 판매가 강요되었다.

그 결과로 대규모 농장이 생기고 대중은 빈곤하게 되었다. 자신의 엄청난 건축 활동 때문에—고고학자들이 발굴한 도시 하솔과 므깃도, 게셀의 거대한 성벽과 입구가 이를 입증한다—솔로몬은 심지어 열두 도시가 있는 갈릴리 지역 전부를 두로의 왕에게 팔았다. 북쪽 부족들이 솔로몬의 후계자이자 아들인 르호보암에게 불만을 품게 된 이유는 혹독한 강제 노역이 가장 컸다. 이런 갈등의 비극적인 결과는 무엇이었는가?

처음부터 북-남 긴장 아래 있었고 이미 솔로몬 시절부터 무너지기 시작한 다윗 왕국이 솔로몬 사망 후에 완전히 분열되고 말았다는 사실은 놀랍지 않다.[55] 다윗이 왕좌에 오른 지 겨우 70여 년이 지난 뒤, 곧 기원전 927년 무렵에 다윗 왕국의 핵심 지역에서 (정복한 지역을 계속 잃어가면서) 비극적인 **왕국 분열**이 일어났다. 왕국은 북왕국과 남왕국으로 분열되었고, 두 왕국은 각기 다른 역사를 밟았다. 여기서 우리의 관점에서 가장 중요한 내용을 짤막하게 요약해보기로 하자.

북쪽에는 더 크고 더 강한 **이스라엘 왕국**이 탄생했다. 중심 도시는 오므리 왕이 다시 건설한 전통적인 **사마리아**였다.

— 오늘날의 많은 역사가들에 따르면 그곳의 사람들은 왕위를 물려주는 왕보다는 카리스마적인 왕의 이념(백성과 야웨가 임명한 사람 간의 자유로운 언약 형태의 군주제도)을 선호했다.

— 그곳에서 왕들은 종종 충격적인 학살을 통해 몰락했다.

— 그곳의 인구 대부분은 가나안 사람들로 이루어졌기 때문에 특히 오므리 왕조는 이방 신들과 성전들을 용인함으로써 균형을 이루는 종교 정책을 펴려고 시도했다.

— 그러나 그곳에는 예언자들의 강력한 반대도 발생했다. 그들은 페니키아의 바알 성전을 파괴하기를 원했고, 예후의 혁명을 통해 가나안 제의를 뿌리 뽑으려고 시도했다.

이와는 반대로 더 동떨어져 있고 폐쇄적인 **남쪽**에는 **예루살렘**을 중심 도시로 삼은 아주 작은 **유다 왕국**이 생겨났다.

— 그곳 사람들은 모든 수단을 사용하여 다윗 전통을 고수했다.

— 그곳 사람들은 강력해진 이집트가 팔레스타인에 다시 개입할 때까지 오랫동안 큰 세계의 정치와는 거리를 유지할 수 있었다.

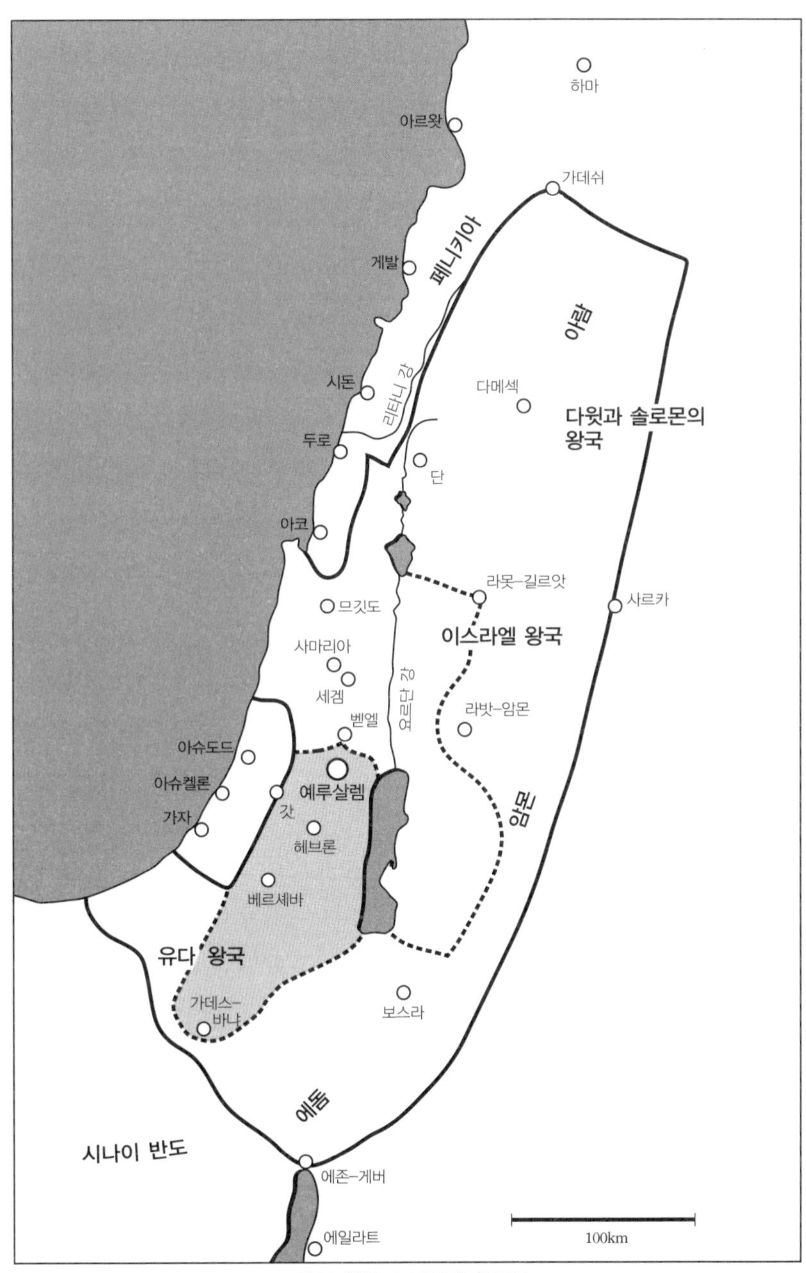

대(大) 왕국과 분열된 왕국들

— 그러나 그곳에서는 가나안의 제의도 널리 용인되었고, (아사 왕, 여호사밧 왕 치하, 그리고 나중에는 특히 히스기야 왕 치하에서 일어난 야웨 신앙인들의 반동에도 불구하고) 예루살렘에서 시골에 이르기까지 혼합주의가 퍼져 나갔다.

따라서 왕국 분열의 이 시대는 점점 더 늘어나는 혼합주의의 시대다. 그러나 이 시대는 고전적인 예언운동이 일어난 위대한 시대이기도 하다. 이로 인해 이스라엘 종교는 전형적인 예언자 종교로 독특한 모습을 띠게 되었다.

6. 예언 활동의 독특성

헤럴드 로울리Herold Rowley[56]는 그의 유명한 책 《고대 중국과 이스라엘의 예언과 종교》에서 이스라엘이 알고 있었던 예언자들이 고대 중국에도 존재했다는 사실을 증명하려고 시도한다. 고대 중국에도 다양한 종류의 샤먼과 점쟁이, 신들린 자가 분명히 존재했다는 사실을 아무도 부인하지 않는다. 그러나 예언자도 존재했는가? 사실을 더 정확히 살펴본다면,[57] 여기서 '예언자'의 개념이 너무 확대되었기 때문에 '개혁자'와 심지어 '정치가'도 이 개념에 속하게 된다는 사실을 알게 된다. 공자와 이스라엘의 대大예언자들인 아모스와 이사야, 예레미아는 이렇게 '예언자'라는 공통 개념 아래 놓이게 되고, 모든 차이점은 평준화된다. 그렇지만 공자에게는 이스라엘의 대예언자에게서 볼 수 있는 독특한 특징이 없지 않은가? 그와 동시에 이스라엘의 대예언자들은 인도의 신비주의자만이 아니라 중국 현자의 종교성의 근본 유형과도 다르지 않은가?[58]

분명히 고대 이스라엘의 주변 지역에도 점쟁이와 신들린 자, 선견자가 존재했고, 넓은 의미에서 '예언자'와 같은 사람도 존재했다. 중부 유프라테스 강변 마을 마리Mari에서 발견된 설형문자 문서는 신의 위임을 받아 메시지를 전달했던 사람들에 관해 보고한다. 물론 그들은 항상 왕에게만 그렇게 했다. 이스라엘 안에도—이미 국가 이전 시대에—산발적으로 등장하는, 춤추고 악기를 치면서 신들린 듯이 날뛰던 자들이 있었다. 그 당시에는 사울 왕도 그런 사람이었다. 특별한 거룩한 장소에는 조직화된 '예언자들'의 무리가 있었고, '선견자들'과 기적을 일으키는 '신령한 자들'이 있었다. 추측하건대 (오직 예외적으로 언급되지만) 여성 예언자도 많았다는 사실을 잊어서는 안 된다. 예컨대 손뼉치고 춤추면서 다른 여인을 이끌었던 아론의 여동생 미리암[59]이 있었고, 앞에서 이미 언급한 드보라[60]가 있었으며, 예언자 훌다[61]도 있었고, 이사야의 아내[62]와 같은 익명의 예언자도 있었다.

그렇지만 참으로 엄밀한 의미에서 예언자란 어떤 사람인가? 사람들이 통속적으로 이해하듯이, 무엇을 '미리 말할' 수 있는 자는 여하튼 아니다. 이런 사람은 점쟁이(또는 더 분명한 영어로 말하면 'fortuneteller')일 것이다. 예언자는—그리스어 '프로페테스*prophetes*'의 원래적인 이해에 따르면—무엇을 '알리는' 자이다. 다시 말하면 예언자는 하나님 자신의 '고지자'이고 '선포자', '전령'(부버M. Buber)이다. 그는 '점을 치는' 자가 아니라 '진리를 말하는' 자다. 히브리어 '나비Nabi'는 결정적인 요소를 가리킨다. 나비는 원래 '부르는 자' 또는 '부름을 받은 자'를 의미한다. 다시 말하면 엄밀한 의미에서 예언자는 하나님에게 특별히 '부름을 받은' 자다. 그리고 이런 예언 활동은 이스라엘의 역사에서 군주제도의 설립과 함께 시작하며, 근본적으로 유배의 재앙 속에서 군주제도와 함께 끝난다(그렇지만 유배 이후의 예언 활동은 단지 초기의 큰 예언 활동의 결과와 여운일 따름이다).[63] 왕조 시대에는 정치적·사회적 조건 때문에 **대예언자들**은 비교적 적게 나타난다. 그들은 관리로 임명된 성소의 많은 제의 예언자들과도 다르지만, 왕의 궁전 예언자(종종 '거짓 예언자')와도 다르다. 그렇다. 이 위대한 외톨이들은 한 신분이나 한 길드

(조합), 한 성소나 한 왕을 직업적으로 대변하는 사람들이 아니다. 일상적인 직업(건축가나 사제)을 박차고 나온 그들은 **특별히 부름을 받은 하나님 자신의 전령**으로 등장한다. 바로 여기에 그들의 독특성이 있다.

이렇게 그들은 종교사적으로 예언자의 구조적 유형을 특징적으로 드러내는 모범적인 인물이다. 성서 전승에 따르면 이스라엘의 대예언자들은—이것은 특히 그들의 소명 속에서 표현된다—자신들을 완전히 인격적으로 **하나님 앞에** 서 있는 사람들로 이해한다.

이미 아브라함이 부름을 받고, 새로운 땅으로 가서 하나님의 약속을 받았듯이,

이미 모세도 불이 붙었지만 타지 않는 떨기나무, 곧 야웨의 임재의 표징 앞에서 무릎을 꿇었듯이,

끝으로 다윗도 하나님의 강력한 임재의 표징인 하나님의 궤 앞에서 춤추고 기도했듯이,

나중에 위대한 예언자들을 통해 이스라엘의 종교가 오랫동안 **탁월한***par excellence* **예언자 종교**가 되었던 때를 되돌아보면서, 우리는 이 위대한 인물들도 곧바로 '예언자들'이라고 불러야 할 것이다.

그렇다면 예언자의 근본 태도를 정확히 특징짓는 것은 무엇인가? 예언자의 실존의 토대는 신학적 교리나 정치적 전략이 아니라 **신뢰하는 신앙**이다. 그렇기 때문에 예언자 종교는—우리가 아브라함을 말할 때에 이미 보았듯이—**신앙의 종교**라고도 할 수 있다. 하나님 앞에 서서 고개를 숙이고 무릎을 꿇는 예언자는 인간으로서 자신의 부족함을 깨닫는 가운데서 자신의 소명을 경험한다. 이사야,[64] 예레미야,[65] 에스겔[66]의 매우 다른 소명의 환상이 보여주듯이, 예언자는 살아 있는 하나님을 신비스럽게 경험한다. 이런 경험을 국외자局外者가 판단할 수 없다. 그는 환상이나 음성, 영감의 형태로 계시를 경험한다. 하나님의 위대함 앞에서 예언자는 물론 자신을 작고 가치가

없는 자로 느낀다. 그러나 그는 굴종을 강요받는 것이 아니라 결단 앞에 세워진다. 하나님의 부르심에 "예"가 아니면 "아니요!"라고 대답해야 한다.

만약 예언자가 그에게 요구된 "예"를 한 번 말했다면, 그는 완전히 인격적으로 선택되었다고 확신하며, 모든 안정과 만족과 확실성을 포기한 가운데서 임무를 수행하도록 감동되었다고, 아니 그렇게 하도록 강요되었다고 확신한다. 마땅하든 못마땅하든, 그는 재앙을 알리는 하나님의 위협적인 말씀을 전달해야 한다. 만약 백성이 말씀을 받아들인다면 예언자는 구원의 말씀을 그 시대에 전달해야 한다. 여기서 모든 것은 현재에 달려 있다. 예언자는 먼 미래가 아니라 현재를 중요하게 생각한다. 오직 (직업적인 예언자처럼) 제도에 얽매인 상태에서 벗어나서 야웨의 뜻을 정직하게 선포하는 사람만이 히브리 성서의 이해에 따르면 참 예언자다. 예언자는 영으로 충만한 하나님의 대변자로서 불편한 **파수꾼**, **경고자**, **시험자**, **권고자**다. 예언자는 의지가 없는 도구가 아니라, 매우 강한 의지로써 하나님의 뜻을 해석하는 사람이다. 예언자는 또한 초인적인 능력을 과시하거나 기적을 행하는 사람이 아니라, 외부로부터 사로잡히고 내면적으로는 시련을 겪는 사람이다. 그는 비록 불안하지만 하나님의 은혜를 확신한다. 비록 파악할 수 없는 강력한 외부의 세력이나 국내의 위기 상황에 마주칠지라도 예언자는 상징적(마술적이 아닌) 행동과 예언적(점치는 것이 아닌) 교훈과 보고와 발언으로 하나님의 말씀을 항상 전달하기를 거부해서는 안 된다. 비록 종종 용기가 꺾이고 거의 절망적일지라도 예언자는 깨어 있고 용감하고 집요해야 한다. "야웨가 말씀하셨다!", "야웨가 말씀하신다!" 이것이야말로 공개적으로 선포해야 할 예언자의 변함없는 표어와 구호다.

그러나 분명한 이해를 위해 중국과 인도의 종교를 다시 살펴보기로 하자. 기원전 800~500년에 단지 소크라테스 이전의 그리스 철학자들만이 세계의 근본 원리를 연구한 것이 아니라, **인도**의 경건한 사상가들도 세상 현상의 피상적인 다양성과 많은 신들의 배후에 존재하는 통일성을 탐구했고, 우파니샤드 이론을 발전시켰다. 이 이론은 그 후에 불교와 자이나교를 포함하여 인도의 거의 모든 종교적 사고에 영향을 미쳤다.[67] 그리고 같은 시기에 **중국**의 위대한 사상가들은 정치적 · 정신적으로 불안하던 시대에 우주 안에서 인간이 차지하는 위치에 대해, 그리고 사회 질서 조화에 대해 질문을 던졌다. 이것은 공자의 가르침에서 최고에 이른 휴머니즘이었다.[68]

그러나 비록 세 종교의 주요 체계를 권위 있게 세운 인물의 질문과 대답이 여러 가지 매우 유사할지라도, 인격적으로 요구하는 하나님 **앞에서**(코람데오*coram Deo*) 신뢰하는 신앙 속에서 하나님의 말씀을 듣고 선포하는 예언자적 경건의 위대한 대변자는 근본적으로 다르다는 사실을 간과해서는 안 된다.

— 예언자는 이미 지금 하나님 안에서(인 데오*in Deo*) 자신들을 보고 있는 **인도의 신비주의자**와는 다르다. 그들은 방법론적으로 오직 정신적 수련과 명상, 요가를 통해서만 숨어 있는 절대자와 합일할 수 있다고 확신한다.

— 예언자는 또한 **중국의 현자**와도 다르다. 현자들에게 질서와 힘과 법을 의미하는 것은 바로 그들 **위에**(서브 디보*sub divo*) **있는** 먼 하늘이다. 그들은 하늘의 뜻을 이해하고 실행해야 한다.

이스라엘의 신앙 역사에서 위대한 예언자들은 유례가 없는 독특한 정점頂点에 서 있다. 처음에는 말보다는 행동을 통해 백성의 역사 속으로 곧바로 뛰어든 예언 운동의 선구자는 기원전 9세기에 전설적인 인물이 된, 그리고 황홀경에 강력히 사로잡힌 **구두**口頭 **예언자** 엘리야와 엘리사였다. 그들의 말은 (종종 마술적 · 기적적 특징을 띠고 있고, 심지어 죽은 자를 살렸다는) 오래된 이야기 안에 들어 있다.

— **엘리야**는, 우리가 이미 알고 있듯이[69] 전설에 둘러 싸여 있는 '오직 야웨 당파黨派'의 지도자로서 가나안 사람들의 바알 신앙과 사회적 불의에 맞

서 야웨의 유일성을 위해 열렬히 투쟁했다. "내가 만군의 하나님 여호와께 열심이 유별하오니…."[70]

— **엘리사**는 한 예언자 무리의 우두머리이며, 특히 위대한 기적 행위를 일으킨 자로 유명해졌다. 후기 예언자들은 이러한 기적 행위에 관해 더는 말하지 않는다.

— 기원전 8/7세기에 이러한 구두 예언자들의 노선을 따르는 진정한 **문서 예언자들**이 나타났다. 그들은 정치적·사회적 행동을 포기한 가운데서 오직 말과 상징적(마술적·기계적으로 나타나지 않는) 표징 활동만을 의지했고, 온 백성을 향해 선포된 그들의 말은 모두 제자들에 의해 수집되었으며, 그들 자신의 책 속에 보존되었다. 북왕국의 **아모스**와 **호세아**로부터 시작하여 남왕국의 **이사야**와 **예레미야**, **에스겔**을 거쳐 마지막 익명의 **말라기**에 이르기까지—그렇지만 200년의 짧지 않은 시간대 속에서 그들의 수는 얼마나 적었던가!—그들은 권고했고 경고했다. 그들은 두 왕국 이스라엘과 유다의 멸망을 경고했고, 회개를 요구했다. 그들은 세속화된 문화를 혹독하게 비판했고, 모든 낯선 문화에 맞서 매우 강한 유일신론적 신앙을 선포했다. 그들은 점점 더 부유해지는 상류층과 대토지를 소유한 계급에 맞서 강한 사회비판적 노선을 대변했다. 이미 포로기 이전의 예언자들에게서도 재앙의 선포가 회개 요청과 결합되었는지는 학자들 사이에서 논쟁되고 있다(아마도 구원 선포는 종종 후기의 편집자들에 의해 본문 안에 삽입되었을 것이다). 여하튼 심판 선포가 결정적으로 우위를 차지한다.

7. 사제와 왕과 대립한 예언자

기원전 8/7세기의 문서 예언자들은 다가오는 하나님의 심판 앞에서 고독한, 그리고 오직 하나님의 뜻만을 따르는 급진적이고 위대한 **그 시대의 비판가들**로 나타난다. 그들은 대개는 시적인 언어로, 종종 힘찬 산문적 언어로도 과거의 기억과 현재의 분석과 미래의 예고를 결합한다.

— 예언자들은 **백성의 역사 이해**를 비판한다. 역사는 더는 '구원의 역사'로 드러나는 것이 아니라, 국가의 힘과 정치적 동맹을 잘못 신뢰하는 역사로, 다시 말하면 실패와 잘못과 범죄의 역사로 드러난다. 다른 백성을 통해서도 행동할 수 있는 하나님의 예고된 심판 앞에서 온 이스라엘 백성은 하나님에게서 완전히 멀어지고 멸망하느냐, 아니면 하나님과 새로운 삶으로 되돌아가느냐를 결단해야 한다.

— 예언자들은 **사제의 예배**를 비판한다. 그들이 마음을 바꾸고 공의를 행하고 기도 속에서 하나님과 씨름하기보다는, 규정된 제의와 공허한 제사를 기계적으로 수행함으로써 하나님의 축복을 보장받을 수 있다고 생각하는 한, 그들의 제단과 제물과 노래와 맹세와 축제는 '구원의 수단'으로 드러나는 것이 아니라 하나님 자신에 대한 기만으로 드러난다.

— 예언자들은 **통치자의 법 실행**, 상류층의 법 악용, 관리와 재판관의 태만과 범죄를 비판한다. 그들은 법의 의미와 정신을 질문하고 법을 진심으로 적용하기보다는 죄인을 방면하고, 무고한 자에게 죄를 씌우며, 고아와 과부를 버린다. 또한 예언자들은 상인들과 대토지 소유자들의 범죄도 비판한다. 그들은 재물을 사 모으고 농부들을 가난하게 만들고 노예로 삼음으로써 국가 이전 시대의 자유와 평등을 폐기해버렸다.

그렇기 때문에 시간이 흐를수록 사회적 긴장이 점점 더 커지고, 말씀의 위대한 선포자들이 이제 권력자들, **왕권**과 **사제 집단**과도 점점 더 대립하게 된 것은 놀랍지 않는가? 물론 예언자들이 원칙적으로 왕과 사제를 거부한 것은 아니다. 그들은 혁명을 부추기지 않았으며, 이사야와 예레미야는 이따금 왕과 조화를 이루었다. 그러나 예언자들은 자신의 소명 때문에 통치자들과 오직 그들만을 너무 따르는 백성과 대립하고, 그들을 교정하는 유일한 존재였다.

예언자들은 혼합주의적인 종교 정책을 혐오했고, 왕과 사제 간의 결탁과 오락가락하는 기회주의적인 외교 정책을 역겨워했다. 그들은 야웨 전쟁, 곧 '거룩한 전쟁'을 요구한 것이 아니라, 야웨의 이름으로 **전쟁을 비판했다**! 그들은 야웨가 실현할 **민족들 간의 평화**에 대한 기대를 선포했다. "… 무리가 그들의 칼을 쳐서 보습을 만들고 그들의 창을 쳐서 낫을 만들 것이며 이 나라와 저 나라가 다시는 칼을 들고 서로 치지 아니하며 다시는 전쟁을 연습하지 아니하리라."[71] 예언자들은 점점 더 무시를 당하고 공격을 받고 '바보'라는 욕을 들었을 뿐만 아니라,[72] 박해도 받고 예레미야처럼 체포되었고, 아마도 살해되기도 했을 것이다. 예언자들의 역사를 말한다는 것은 항상 고난의 역사도 언급하는 것을 의미한다.

예언자들의 모든 발언이 옳았던 것은 아니다. 그렇지만 백성을 진정시키는 모든 직업적 예언자들과는 반대로 그들이 큰 심판을 고지한 것은 정말 옳았다. 왜냐하면 사제들과 함께 모든 권력을 행사했던 왕들은 심판을 받았지만, 힘없이 오직 말만을 던졌던 예언자들은 살아남았기 때문이다. 왕국 패러다임의 틀 안에서 예언자들은 비타협주의자로서 대개 그 당시에는 자신의 뜻을 펼 수 없었던 적대 세력을 대변한다. 그러나 예언자는 이스라엘의 신앙의 중심으로부터—이스라엘 백성의 하나님 야웨로부터—살고 논쟁했기 때문에 다가오는 새로운 상황에서도 살아남았다. 백성에 대한 하나님의 심판을 선포한 그들의 예언이 이스라엘과 유다 왕국에게 실현된 후에 그들의 신앙은 매우 다양한 이후의 시대에, 그리고 곧 시작될 히브리 성서의 수집과 편집에도 영감을 주었다. 다른 민족에게 야웨 신앙이 널리 확장될 수 있었던 것도 바로 이 사실에 근거해 있다. 왜냐하면 다른 민족에게도 자주 발언했던 예언자들의 메시지는 개개인을 향해 주어졌고, 그래서 민족 공동체와 신앙 공동체는 단순히 똑같은 것이 아니었기 때문이다. 예언자들은 야웨에게 무조건 순종하는 것을 민족의 한 구성원이 된다는 사실보다 더 중요하게 여겼다.

8. 유대교와 기독교, 이슬람교에서 길들여진 예언 활동

왕조가 멸망한 후에 몇 세기 동안 이 보편적인 충격은 영향을 떨쳤고, 예언자의 메시지는 다른 종교에도 유산이 되었다. **예언자의 유산**은 오늘날에도 비록 다른 방식으로나마 세 아브라함 종교에 계속 살아 있다. 유대교와 기독교, 이슬람교는 다음과 같은 것을 **공통으로** 지니고 있다.

- 자신 외에는 다른 신과 권세, 통치자와 인물을 허용하지 않는 한 분 하나님에 대한 강력한 예언자적 신앙. 그러나 이 하나님은 단지 한 민족만이 아니라 모든 민족의 하나님이며, 민족적인 하나님이 아니라 세계의 주님이다.
- 예언자적인 근본 윤리: 하나님의 요구에 근거해 있는 공의와 진실, 충성과 평화, 사랑을 향한 인간적 요구.
- 인간을 억압하고 노예로 부리고 착취하는 불의하고 비인간적인 상황에 대한 예언자적 비판. 인간에게 봉사하지 않고는 하나님에게 봉사(예배)할 수 없다.

이러한 예언자적 유산을 계승하고 실천하는 한 유대교와 기독교와 이슬람교는 **탁월하게 예언자적인 종교**다. 물론 이와 동시에 간과해서는 안 될 점은 그 이후 시대에 모든 세 예언자 종교 안에서 일어난 발전으로 예언자에 대한 해석과 평가가 매우 달라졌다는 사실이다. 사람들은 과거를 회고할 때마다 예언자들을 칭송했지만 그들을 그다지 따르지는 않았다. 오히려 정반대였다. 제도화된 질서에 결코 순응하지 않으려고 했던 이 위대한 '국외자들'과 반대자들을 사람들은 자신들의 필요에 따라 **해석하며 길들이려고** 시도했다. 신랄하게 말해보기로 하자.

- 오늘날에 많은 유대교인이 비판하듯이, **유대교**에서 예언자는 점점 더 율법 교사보다 못한 자로 간주되었다. 율법 교사는 점점 더 자신들을 슈퍼 예언자로 간주했다. '모세 오경', 곧 토라에 비해 예언서는 단지 해석으로만 이해되었다. 그렇지만 자신의 해석을 대담하게 모세의 토라와 동일시했던 후기의 랍비 '현자'들은 예언서의 가치를 매우 깎아내렸다.[73] 그렇기 때문에 탈무드의 한 소책자가 "장로의 말은 예언자의 말보다 더 중요하다"고 말한 것은 우연이 아니다.[74]
- 오늘날에 많은 기독교인도 비판하듯이, **기독교**에서 이스라엘의 예언자는 오랫동안 단지 나사렛 예수의 선구자와 예고자로만 여겨졌다. 마치 예언자가 사회와 교회에 대해서는 스스로 비판적인 발언을 전혀 하지 않은 것처럼 여겨졌다. 사람들은 유대인에 대해서는 예언자들의 유대교 비판을 즐거이 인용했고, 예언서에 비해 토라의 가치를 분명히 깎아내렸다.
- 마지막으로 **이슬람교**에서 아담, 아브라함, 모세, 다윗, 예수는 예언자로 항상 높이 평가되었다. 그들은 단지 '나비Nabi'일 뿐만 아니라 (알라의) '라술Rasul', 곧 특별한 메시지와 문서를 남긴, 하나님의 보냄을 받아 율법을 준 자들이다. 그러나 예언자를 다룬 다양한 이야기를 제외한다면 (그들에게는 단지 교육적·문학적 보조 역할만이 인정된다) 꾸란에서는 이스라엘의 그 어떤 크고 작은 예언자도 언급할 가치가 있는 사람으

예언자

하나님의 특별한 부름을 받은 전령
예언자적 종교들의 최고 인물
사회적·정치적·신학적 사회 비판자,
감시자, 경고자, 시험자, 권고자

모세 외에도 대(大)예언자들은 이스라엘 역사의 중심인물이다.	이스라엘의 예언자들은 예수 그리스도를 미리 지시하는 중요한 인물들이다.	노아, 아브라함, 모세, 다윗, 예수는 무함마드 이전의 가장 위대한 예언자들로 인정된다. 그들은 나중에 등장한 무함마드가 받았던 것과 동일한 메시지를 받았다.
이스라엘은 종말의 예언자의 도래를 기대한다(신 18:15).	예수는 약속된 종말론적 예언자다. 그 안에서 히브리 성서의 약속은 성취되었다. 그의 영은 지금도 예언자처럼 활동한다.	무함마드는 예전의 모든 예언자들을 인정하고 종결하는 '봉인'이다.
후기에 등장하는 토라 교사들은 예언자들의 중요성을 대신한다. 예언자들의 중요성은 억제된다.	원시 기독교 시대에 예언의 카리스마는 약해졌고, 감독직에 의해 (사제 – 왕 – 예언자인 한 인간 안에서 점점 더) 흡수되었다. 예언은 길들여진다.	무함마드 사후에 율법 교사들은 예언자의 적법한 후계자들이다. 예언은 제도화된다.

로 생각되지 않는다. 그들은 하나님의 대변자요 경고자로, 진지하고 기쁜 소식을 전해준 자로 인식되지 않는다. 무함마드가 최종적인 "예언자들의 봉인封印"으로 그들의 자리를 차지한다.[75]

다음과 같은 예언자적인 비판을 당연히 간과해서는 안 된다. 예언자는 악용될 수 있다(거짓 예언자). 비록 **군주제도**는 '영원히' 존속할 수 없었지만 **역사적 유익**도 있었다. 물론 이러한 발전이 매우 문제가 있지만 만약 군주제도가 없었더라면 야훼를 믿는 국가종교도 없었을 것이고 중앙 성소도 없었을 것이며, 민족적·종교적 이념도 없었을 것이고 오래된 전승과 이야기, 법조문과 시의 수집과 편찬도 없었을 것이다.

그렇지만 군주제도의 황금시기는 이미 완전히 지나가버렸고, 왕국은 분열되었다. 이제 분열된 두 왕국은—때로는 형제 전쟁을 치르고, 때로는 서로 동맹을 맺으면서—다른 길을 걷게 되었다.

9. 왕국 분열에서 왕국 멸망에 이르기까지

두 왕국의 운명은 명예스럽지 못한 것이었다. 두 왕국의 멸망은 예언자들이 늘 거듭 새롭게 예고했듯이 시시각각 다가왔다. **왕국 패러다임**은 점점 더 근본적인 **위기**를 드러냈다. 남왕국 역사와 마찬가지로 북왕국 역사도 바로 이를 보여준다.

메소포타미아 평야에서 막강한 군사력을 지닌 위협적인 한 강대국이 이미 두각을 나타내고 있었을 때, 북왕국은 시리아와 암몬, 모압과 자주 전쟁을 벌일 수밖에 없게 되었다. 이 강대국은 직접적인 통치를 받던 작은 영토 안까지 빈틈없이 조직되었고, 전차戰車의 도움을 받는, 그리고 최초로 매우 날쌘 (화살과 창으로 무장한) 기병騎兵까지 거느리는 전대미문의 잔인한 군사체계를 갖추었다. 이스라엘을 포함한 시리아의 아람 국가들은 이 강대국에 굴복할 수밖에 없었다. 이 강대국은 바로 **신新-앗수르 제국**이었다. 이 제국은 9세기 이래 서쪽을 향한 강력한 확장 정책을 펴고 있었고, 티글라트-필레세르Tiglath-Pileser 3세(745~727) 치하에서 최고의 힘을 갖게 되었다. 북왕국 내부에서 일어난 권력투쟁은 상황을 더욱 어렵게 만들었다. 왜냐하면 다윗 가문에 속한 유다 왕이 이스라엘과 아람-다메섹(이 둘은 이미 앗수르의 신하 국가였다)으로부터 앗수르에 맞서 동맹을 맺기를 강력하게 요구받자, 그는 이사야 예언자의 충고와는 반대로 바로 앗수르 대왕에게 도움을 요청했다. 티글라트-필레세르는 신속하게 개입했다. 그는 733년에 갈릴리와 길르앗(그리고 일 년 후에는 아람-다메섹까지)을 합병했고, 앗수르의 정책에 따라서 도시의 상층부 사람들을 메소포타미아로 추방했으며, 그곳을 곧바로 다른 사람들로 채웠다. 몸통 국가(에브라임)는 남겨졌지만, 에브라임은 이제 친親-앗수르 왕 아래 완전히 종속적인 신하 국가가 되었다.

그러나 에브라임에서 10년 후에—그 사이에 티글라트-필레세르의 아들 살만에세르Shalmaneser 5세가 앗수르의 왕이 되었다—다시 반란이 일어나자, 이제는 사마리아 지역도 포위되었고, 3년간의 저항 끝에 722년에 정복되었다. 므깃도와 세겜, 하솔은 파괴되었다. 상층부 사람들은 다시금 메소포타미아와 미디안으로 끌려갔고(앗수르 문헌에 따르면 27,280명이 추방되었다), 여러 나라에서 이주해온 온갖 이방인들로 대체되었다. 끌려간 사람들은 다시는 되돌아가지 못했다고 한다.

이것은 **북왕국 이스라엘의 종말**이 이제 확고한 사실이 되었음을 의미한다.[76] 북왕국은 새로 태어난 후손을 볼 수 없었다. 북쪽의 '열 부족'은 멸망했고, 오직 앗수르 영토 '사마리아'만이 남게 되었다. 그 이후부터 한 도시만이 아니라 온 지역이 '**사마리아**'라고 일컬어졌고, '**사마리아인**', 곧 **혼혈 백성**이 그곳에 거주하게 되었다. 그들은 (바빌론과 중앙아시아에서) 새로 이주해온 상층부 사람들과 지도자가 없는 토착민들로 구성되었다. 이 백성은 이제 야웨와 함께 새로운 이방신도 동시에 섬겼고,[77] 그들의 혼합주의 때문에 남쪽 지역의 유대인에게 심한 경멸을 받았다.

'이스라엘'이라는 이름은 어떻게 되었는가? 그 이후로 여전히 버티고 있던 **남왕국 유다**만이 이 이름을 주장했다. 비록 유다는 경제적·정치적으로 매우 허약한 국가였지만, 사람들은 이제 유다를 다윗 국가와 그의 이데올로기만이 아니라 이스라엘 국가의 종교적 전통과 예배의 유일한 계승자로 이해했다. 왜냐하면 처음부터 예루살렘 사람들은 왕국 분열을 못마땅하게 생각했고, 그래서 북왕국 사마리아의 합병에 늘 관심을 기울이고 있었기 때문이다. 그렇지만 유다가 이집트와 메소포타미아 사이에서 세 번째 강대국이 될 처지에 있었는가?

예루살렘의 왕 아하스Ahaz가 앗수르에게 도움을 요청한 사실도 유다 왕국으로서는 대가를 치러야 했다. 비록 다급했지만, 유다는 자발적으로 앗수르에게 의존하게 되었다. 따라서 비록 여기서도 반란이 시도되었지만 결국 유다는 앗수르 제국의 신하가 되고 말았다. 앗수르의 신들과 제의들은 이제 유다에서도 곳곳마다 존재하게 되었고, 심지어 예루살렘 성전 안에도 존재하게 되었다. 물론 7세기에 앗수르가 패배하고 결국에는 멸망함으로써 유다 왕국은 다시금 잠시 안도의 숨을 쉴 수 있게 되었다. 많은 사람들이 다윗을 닮은 유일한 왕이라고 여겼던 유다의 **왕 요시아**Josiah(639~609)는 이 기회를 이용하려고 시도했다. 그는 여덟 살에 이미 왕위에 올랐고, 나중에 제의 개혁의 근본적인 개혁의 때가 무르익었다고 생각했다.[78] 그는 어떻게 제의를 개혁했는가?

이집트에서 메소포타미아에 이르기까지 기원전 7세기에는 전반적으로 복고적 경향이 지배했다. 그래서 성전, 오래된 문서, 문헌의 복구가 시도되었다. 다시 말하면 그 시대에는 종교와 정치에서도 옛 시대로 되돌아가려는 움직임이 일어난 것이다.[79] 예루살렘에서는—히스기야Hezekiah 왕이 기원전 7세기 초에 이미 종교 개혁을 시도한 후에—기원전 7세기 말에 한 가지 사건이 특별한 주목을 받게 되었다. 621년에 솔로몬 성전을 개조하던 중에 설명할 수 없는 상황에서 그곳에 보관된, 기원을 알 수 없는 책 한 권이 발견되었다. 그것은 나중에 사람들이 지칭한 대로 〈**신명기**Deuteronomy〉, 곧 '두 번째 율법'의 초기 형태였다.[80] 그것은 확실히 그다지 길지 않은 기간 이전에 사제들과 예언자들의 영향 아래 생겨난 (아마 북왕국에서 생겨한 뒤에 예루살렘으로 옮겨지고 거기서 편집된) 율법책이었지만, **땅을 점령하기 전에 모세가 행한 고별 연설**이라고 알려졌고, 지금도 일반적으로 그렇게 인정되고 있다.[81] 원래의 책(그 당시에 발견된 〈원原-신명기〉와 또한 거기서 계획된 개혁)은 지금 성서에 들어 있는 〈신명기〉보다는 당연히 더 적었을 것이다. 여하튼 요시아 왕 시대의 사람들은 절대적 순종을 요구한 야웨의 말씀을 여기서 직접 들었다고 믿었다. 특히 왕 자신은 여성 예언자 훌다의 조언과 질문을 받은 뒤에 모세의 메시지를 진지하게 받아들였다. 그는 이를 성전 안의 한 모임에서 낭독했고, 야웨와 그의 백성 사이에서 **새로운 언약 체결**을 매우 장엄하게 거행했다. 이것은 왕 자신에게 율법에 대한 지속적인 의무를 부여하는 것을 의미했다.

그래서 히브리 성서에서 요시아는 탁월하게 개혁적인 왕으로 나타난다. 그런데 이 '신명기적 개혁'의 결과는 어떻게 나타났는가? 이미 오래전부터 **성전**은, 그리고 점차로 성전의 산山과 도시 예루살렘 전체가—문학적으로 '시온Zion'이라고 불렸다—하나님의 거처로 여겨졌고, 그래서 거룩하다고 생각됐다. 신명기적 이해에 따르면 이제 세계 위에 있는 하나님은 성전의 지성소 안에 "자신의 이름을 머물게"[82] 한다. '**세키나**shekinah', '머무심'이란 하나님의 광채가 여기에 힘차게 현존해 있고, 자격이 없는 사람들에게 그것은 위험하다는 것을 의미한다. 그것은 두렵고 매혹적인 신비(*Mysterium tremendum et fascinosum*)이다.

이제부터 **희생 제사**는 예루살렘과 그 성전에 완전히 집중되었고, 지방의 모든 야웨 사제는 예루살렘으로 소환되었다(물론 그들은 여기서 희생 제사를 드릴 수 없는 일종의 2등급 성직자가 되었다). 그와 동시에 거룩한 도시에서, 온 유다 땅에서, 심지어는 북왕국 지역에서도 이교적이고 혼합주의적인 제의, 그 제단과 기구, 그림과 휘장은 '정화되었다.' 이스라엘의 모든 제의가 새롭게 정리되었다. 특히 유월절 축제는 새롭게 제정되었다. 이것은 결코 옛것의 종교적인 '복구'만은 아니었다. 왜냐하면 여기서 실행된 **제의 통일과 제의 정화 프로그램**은 실제로 새롭고 진보적인 것이었기 때문이다. 이것은—아마도 항상 희망하던 북왕국과 남왕국의 새로운 '다윗의' 통일을 바라보았을 것이다—'선택'과 '언약'('베리트berit')의 표지 아래 이루어진 종교적 · 정치적 개혁이었다. 이제야 비로소 '언약'이라는 단어는, 우리가 이미 보았듯이 이스라엘/유다에서 종교적 사고의 중심적 핵심 개념이 되었다. 여기서 간과해서는 안 될 점은 '선택'이 종교적 · 민족적으로 강하게 이해되었고, 다른 민족을 거부하는 배타적 의미로 이해되었다는 사실이다. 그러나 언약의 의무는 이제는 율법적으로 규격화된 책으로 이해되었다. 물론 여기에 인간적인 경향이 존재했다는 것을 부인해서는 안 된다.

그렇지만 이처럼 희망에 부풀었고 재능을 갖췄던 열정적인 개혁자 왕의 개혁은 비극적으로 끝난다. 다시 말하면, (예언자 나훔이 이를 예고했듯이) 그 사이에 격렬한 전투를 치른 뒤에 기원전 614년에는 앗수르가, 그리고 기원전 612년에는 니느웨가 메데-바빌론의 연합군에 의해 정복되었고, 완전히 파괴되고 말았다. 3년 후에 이집트 왕 네코Necho 2세가—하란에 있던 나머지 앗수르 군대를 지원하기 위해 메소포타미아에 개입하려고—북쪽으로 쳐들어왔다. 요시아 왕은 므깃도에서 이집트 왕의 진입을 막으려고 시도했다. 그는 설명할 수 없는 상황에서 이상하게도 전투를 치르기 전에 이미 이집트 군사에게 사로잡혔고, 40세에 즉각 처형되었다. 유다의 개혁은 이제 끝장이 났다. 그렇지만 요시아의 개혁과 관련된 여러 사건은 백성의 기억에 깊은 인상을 심겨놓았다. '율법책'은—이스라엘의 종교사에서 '거룩한' 계시의 책이 처음으로 결정적인 역할을 수행했다!—여전히 미래를 이어갈 수 있었다. 물론 미래는 파국이 지나간 다음에 비로소 찾아왔다.

이스라엘은 또다시 이집트의 통치 아래 들어갔다. 이집트 통치는 곧바로 다른 통치, 곧 **신-바빌론 제국**에 의해 대체되었다. 그것은 아람 출신으로 왕국을 건설한 느부갓네살 때문에 갈대아Chaldaean 왕국이라고도 불렸다. 요시아 이후에 일어난 정치적 결과는 단지 왕국을 위한 이별의 노래였을 따름이다. 북쪽과 남쪽의 두 강대국 사이에 끼여서 정치적으로 방황하던 나라에게 선택의 여지는 전혀 없었다. **남왕국의 멸망**도 북왕국이 멸망한 지 겨우 150년 만에 다가왔다. 요시아 왕이 바빌론의 통치에서 벗어나려고 애쓰자, 기원전 598/597년에 바빌론 군대가 남왕국을 점령했고, 예루살렘을 포위했다. 포위를 당하던 기간에 아버지 요아김을 이어 왕위에 올랐던 요아긴 왕이 성문을 열어주었기 때문에 파괴는 막을 수 있었다. 물론 도시와 성전은 약탈을 당했고, 성전의 보물은 바빌론으로 옮겨졌다. 젊은 왕, 그의 여인들과 상층 계급에 속한 사람들(귀족, 사제, 수공업자)은 모두 바빌론으로 끌려갔다. 그들은 자주 인용되는 말처럼 "상층부에 속한 만 명의 사람들"[83]이었고, 그 가운데는 나중에 예언자로 활동한 에스겔도 있었다.

그러나 십 년 후에 바빌론 사람들이 다시 임명한 **시드기야**Zedekiah **왕**이 이집트에 우호적인 궁중 무리의 영향 아래—요시아 왕이 통치한 지 13년이 되던 해에 이미 예언자로 부름을 받았던 예루살렘의 예언자 예레미야가 줄기차게 경고했음에도—또다시 새로운 강대국 바빌론에 맞서 반역을 꾀할 수 있다고 믿자, 바빌론 군대가 두 번째로 예루살렘 앞에 나타났다. 이번에는 나보폴라살의 아들, **느부갓네살**Nebuchadnezzar **2세**가 침공을 명령했다. 기원전 587/586년에 도시는 이집트의 도움을 받지 못한 채 다시 포위를 당했고, 마침내 공격을 받고 약탈을 당했다. 솔로몬 성전은 화염 속에서 무너져 내렸고, 바빌론 사람들이 관심을 보이던 오래된 언약궤도 화염 속에서 함께 사라졌던 것 같다.

이번에는 정복자들이 모든 일을 도맡았다. 도시는 평평해졌고, 남아 있던 나머지 상층부 사람들도 **바빌론으로** 끌려갔다. 바빌론의 지휘부에서 아들과 궁전 관리들이 처형을 당하는 모습을 지켜보아야 했던 시드기야 왕은 두 눈을 잃었다. 그는 결국 사슬에 묶인 채 바빌론으로 끌려갔고,[84] 나중에 거기서 죽었다.[85] 그러나 반역의 혐의를 받고 시드기야 왕에게 사로잡힌 예언자 예레미야는 바빌론 사람들에 의해 풀려났다. 그 당시에 북왕국을 점령한 앗수르 사람들과는 달리 유다를 점령한 바빌론 사람들은 이방인을 그곳에 정착시키지 않았다. 예레미야의 친구, 유대인 그달랴Gedaliah는 바빌론의 고위 관리가 되었다. 그는 신중하게 다스렸지만, 3년 후에 미스바Mizpah에 있던 그의 집에서 궁전에서 나온 한 광신도에게 살해를 당했다. 예레미야는 보복에 대한 두려움 때문에 미스바의 주민들과 함께 이집트로 이주하도록 강요되었다. 거기서 그는—날짜와 장소는 아무도 모른다—죽었다.

이제 **다윗 왕조**와 지금까지의 국가적·정치적 조직들도 **종말**을 맞이했다. 이것은 (마카비 왕조의 간주곡을 제외한다면) 20세기 중엽까지 대략 2,500년 동안 유대 민족 전체의 정치적·국가적 독립성의 종말이었다. 따라서 아빕월(7~8월) 9일은 민족적인 슬픔의 날로 남아 있지만, 새로운 국가 이스라엘 안에서 과거 이스라엘 황금기의 다윗-솔로몬 왕국이 다비드 벤-구리온David Ben-Gurion 아래 다시 일어서는 것을 많은 사람들이 보았던 것은 이해가 되지 않는가?

미래를 위한 질문

다윗은 미래에, 젊은이 교육에서, 교과서와 수업에서, 문화와 정치에서 세 예언자 종교를 위해 어떤 기능을 수행할 수 있는가?

'약속된 땅', '성서 속 이스라엘'의 경계선은 어떤 것인가? 새로운 국가는 다윗의 별 아래 어떤 경계선을 가져야 하는가? 다윗 왕국의 경계선인가, 원래의 부족 국가의 경계선인가, 남은 유다 왕국의 경계선인가? 이스라엘은 레바논에서 유프라테스까지, 단에서 브엘세바까지, 갈멜에서 길르앗까지, 또는 텔 아비브에서 요르단까지 미쳐야 하는가?

III. 포로기 이후 유대교의 신정(神政) 패러다임

유대 민족이 모든 국가적 기구를 빼앗겼을 때에도 스스로 살아남았다는 사실은 놀랍다. 이것은 단순히 하나의 생물학적 사건인가, 아니면 오히려 심리학적으로 확실한 연속성인가, 아니면 전적으로 역사적 기적인가? 아니다. 유대 **민족**의 생존은 유대인의 종교의 생존, 곧 **하나님**에 대한 이 민족의 신앙과 관계가 있다.

1. 포로기와 새로운 희망

다윗 왕조 패러다임의 붕괴가 가져온 위기는 매우 심각했다. 성전은 불타 버렸고 성벽은 파괴되었으며, 영원할 것으로 생각한 다윗 왕조는 소멸되었다. 유다도 이방인 군대에게 점령을 당했고, 지도층 유대인들은 처형되거나 끌려갔다. 민족의 선택과 땅의 약속은 이제 이스라엘이 언약의 의무를 수행하느냐에 달렸다.[1] 심판을 경고했던 불편하고 진정한 대大예언자들은 옳았다는 인정을 받았고, 이제는 그들의 정당성에 더는 관심을 가질 필요가 없게 되었다. (체제순응적인 궁전 예언자들에 관해서는 아무도 더는 말하지 않았고, 그들의 발언을 모으는 것은 아무런 소용이 없어 보였다.) 열 부족 왕국은 멸망했고 수많은 유대인이 바빌론으로 끌려갔다! 그리고 "바빌론의 강변에서, 이방 땅에서 주님의 노래를 부르는 것"[2]은 얼마나 가혹했는가? 그렇기 때문에 많은 사람들이 야웨의 능력에 대해 의심을 품었고, 팔레스타인과 바빌론에서 오래된 가나안 신이나 새로운 바빌론 신에게 전향했다. 이방 제의와 혼합 제의, 미신, 마술이 야웨 제의와 함께 널리 퍼져갔다.

바빌론 포로생활(히브리어 '골라Golah'[3])은 거의 50년(586~538) 동안 지속되었다. 그리고 많은 이스라엘인들은—특히 이집트에서 살던 이스라엘인들은—이미 이스라엘로 되돌아갈 것이라고는 전혀 생각하지 않았다. 이스라엘의 흩어짐, **디아스포라**Diaspora가 시작되었고, 오늘날까지 여전히 역사적 현실로 남아 있다. 이 시기부터 이스라엘은 **고국과 분산 사이의 긴장** 속에서 살고 있다. 그렇지만 바로 이러한 흩어짐은 항상 새롭게 매우 중요한 자극을 제공했다. 이미 여기서 분명해지는 것이 있다. 그것은 고국과 타국, 이 둘이 이스라엘의 오랜 전통을 순수하게 보존하고 있다는 사실이다.

한 가지는 분명하다. 다윗 왕국의 종말이 이스라엘 민족의 종말은 아니었다. 정반대였다. 바로 바빌론 포로 기간에 이 민족은 놀라운 **내면적 독립성**을 유지할 수 있었고, 이스라엘의 지도력은 놀라운 정신적 창조성을 드러낼 수 있었다. **바빌론**에서는—과거에 앗수르가 통치할 때에 민족의 지도층을 윤리적·정치적으로 제거하려고 끌고 간 사람들을 왕국 전체로 골고루 분산시키던 관행과는 달리—포로들이 폐쇄된 작은 지역에 함께 머물 수 있었다. 그들은 자신들을 이스라엘의 더 나은 부분, 곧 예언자들이 예고한 '거룩한 남은 자들'로 여겼다. 바빌론의 토착민들과는 전혀 섞이지 않았다. 우리는 강제로 끌려간 사람들의 생활을 오해해서는 안 된다. 예전의 여호야긴 왕과 그의 신하들은 그 당시의 수도 바벨에서 비교적 안락한 생활을 이어갈 수 있었다. 그 지역에 강제로 이주된 사람들도 강제 노역을 전혀 하지 않았고, 그들의 집을 소유한 채 농업과 상업에 종사하면서 비교적 자유롭게 살았으며, 자주 상당한 수입도 거두었다. 그들은 자치 생활을 했으며, '노인들'의 지도 아래 가족끼리 모여 살았다.

이러한 결속력 때문에 대부분의 포로들은 옛 고향에 되돌아갈 수 있다는 희망을 여전히 품을 수 있었다. 많은 시편이 슬픔에도 불구하고 노래하듯이,[4] 이것은 **예루살렘을 향한 그리움**이었다. 다시 말하면 다음과 같은 표상은 결정적이었다. 이 불결한 이방인의 땅에서가 아니라 오직 예루살렘에서만 야웨는 올바로 예배를 받을 수 있다. 바빌론에서 예루살렘으로 가져간, 해마다 납부한 성전세는 지속적인 연대의 끈이었다. 신명기의 새로운 제의 규정과 요시아 왕의 제의 개혁은 이제 다시 영향력을 발휘했다. 그렇다. 바빌론에서 종교적 율법 학교와 함께 (그리고 벌써 회당과 단순한 말씀 예배도 존재했을 것이다) **율법 신앙의 시작**이 전개되었다. 할례(바빌론에서는 행해지지 않았다), 안식일 계명, 정결 규정과 식사 규정 그리고 기념축제가 바로 이제 야웨의 백성에 속해 있다는 표지로—유대인을 다른 민족과 구분하는 요소로—특히 중요해졌다. 일상생활의 모든 사례를 위해 토라를 해석한 서기관과 율법 교사의 신분이 부상하기 시작했다.

국가의 멸망을 바라보며 사람들은 의지할 수 있는 것을 찾았는데, 그것은—성전과 성전 제의가 더는 존재하지 않게 된 뒤에—입으로 전달된, 그리고 부분적으로는 이미 문자로도 전달된 **전승**이었다. 짐작하기 어려운 시기부터 한편으로는 백성의 정체성("우리는 누구인가?")을 실증하는 **이야기**(히브리어 '하가다Haggadah')가 있었고, 다른 한편으로는 백성의 행동을 규정하는("우리는 어떻게 사는가?") **율법**(히브리어 '할라카Halakhah', 문자적으로는 '걸음걸이', 길 안내)이 있었다. 모든 시대에 그 어떤 다른 민족에게도, 이스라엘 민족에게 그랬듯이, 국가가 존재하지 않음에도 기록된 전승이 자신의 정체성을 보존하는 일에 그렇게 애를 썼던 적은 없을 것이다. 교육을 받은 바빌론 포로의 집단 안에서 이미 사람들은 남은 전승을 수집하고 기록하고 편집했다는 사실은 의심할 여지가 없다.

포로로 잡혀온 그들을 정신적으로 단결시킨 것은 아마도 ('이방인들'과 거리를 두게 하는) 율법 준수와 이제는 배타적으로 이해된, 그리고 예루살렘에 집중되었다고 이해된 야웨 제의였을 것이다. 여기서 새로운 **패러다임 전환**을 위한 전제가 만들어졌다. 이것은 포로기 동안 준비되었고 귀환 후에 완성되었다. 여기서 바빌론의 영향, 곧 메소포타미아 달력, 바빌론식 이름,

바빌론 세계관은 간과될 수 없다. 그리고 특히 이제는 **아람어**가 모든 영역에서 소통하는 상용어가 되었다. 여기에서 이스라엘은 페니키아 철자 대신에 정방형의 철자를 받아들였다. 이것은 지금까지 사용되고 있다.

엄청난 파국 속에서 포로들은 두 명의 포로기 대예언자 에스겔과 '제2이사야'를 통해 신앙적으로 강해졌고, 새로운 희망을 위한 용기를 얻었다.

— '재앙의 예언자'였던 **에스겔**은 기원전 593년에 바빌론에서 부름을 받았다. 그는 유배를 전적으로 백성의 야웨 배반에 대한 형벌로 해석했다. 그러나 기원전 587/586년 이래 그는 인간의 갱신과 통일된 이스라엘 왕국의 회복, 성전 재건에 대한 희망도 점점 더 분명히 표현하기 시작했다. 특히 죽은 자들의 유골의 부활을 다룬 그의 멋진 환상을 읽어보라.[5] 이것은 오늘날에도 많은 유대인을 눈물짓게 할 수 있다. 에스겔은 새로운 방식으로 개인과 그의 인격적인 책임에 눈을 돌렸다. 그는 죄의 용서와 마음의 갱신, 하나님의 영의 오심을 통해 그들이 변화되기를 기대했다.

— **'제2이사야'**는 바빌론 왕국의 멸망 이전 유배의 마지막 기간에 활동한 이름을 알 수 없는 예언자다. 그의 메시지는 이사야 40~55장에 전해온다. 그는 탁월한 확신의 능력으로 추방된 자들의 해방과 귀환을 이집트에서의 새로운 탈출로 해석했다. 그것은 성전 재건을 위해 예루살렘으로 들어가는 하나의 새로운 과정, 광야를 통과하는 과정이다. 제2이사야는 마지막 시대의 ('종말론적') 소식, 곧 완전히 다르고 새롭고 영원한 시대를 선포한 최초의 예언자다. 새 시대는 형벌의 심판이 지나간 뒤에 지금의 시대를 대체할 것이다. 또한 이 예언자는 이스라엘에게 다른 신들을 무시하고 오직 야웨만을 섬기도록 요구하는 실천적 유일신론을 대변할 뿐만 아니라, 어떤 형태의 다른 신의 존재도 부인하는, 원칙적이고 이론적인 유일신론을 대변하는 최초의 예언자이기도 하다.[6]

그렇다면 **팔레스타인**은 어떻게 되었는가? 땅의 사람들 대부분이 재산을 지키고 포도원을 경작하기 위해 남았던 여기서도 새로운 정신적 활기가 나타났다. 바빌론 사람들은 추방된 사람들의 땅을 분배했고, 매우 많은 신하를 확보했다. 전쟁의 폐허, 강제 노역, 상승된 세금은 당연히 불평의 소지를 많이 만들었다. 그래도 나중에 예언자 예레미야의 작품으로 여겨진, 정교한 운율로 지어진 5개의 **'비탄의 노래'**(단지 다섯 번째 노래만이 백성들의 비탄의 노래다)를 단순히 '바빌론 유배' 시기에 팔레스타인의 상황을 묘사하는 노래로 간주해서는 안 될 것이다. 예루살렘에서 저술되었든 유배지에서 저술되었든, 여하튼 극적인 사건의 직접적인 영향 아래 지어진 비탄의 노래는 일차적으로 거룩한 도시의 포기와 파괴를 노래한다. 그것은 개별 시편처럼 재앙을 죄 지은 백성에게 내려진 야웨의 정당한 형벌로 이해한다. 그렇지만 팔레스타인에서도 상황은 서서히 정상을 되찾고 있었던 것으로 보인다. 오늘날의 많은 학자들에 따르면 여기서 그 다음의 시기에 매우 중요하다고 여겨졌던 '신명기적' 역사서의 첫 번째 형태가 생겨났다. 그것은 신명기의 영향 아래 한 사람이나 더 많은 편집자들에 의해 편찬되었다. 마지막 형태에서 그것은 새로 저술되었거나 개작된 여호수아, 사사기, 사무엘상과 사무엘하, 열왕기상과 열왕기하를 포함하고 있다. 신명기도 (도입부 1~4장의 도움을 받아) 그곳에 삽입되었다. 이렇게 저자들은 이스라엘의 역사 서술의 연대기를 활용했다.[7]

그 결과는 어떠했는가? 대예언자 예레미야와 에스겔, 사제(P) 문서의 저자와 신명기 사가로 인해 팔레스타인에서 치밀하고 철저한 유일신론적 경향이 이제야 비로소 관철될 수 있었다. 이스라엘의 한 분 하나님이 이 땅의 모든 곳에서 예배되어야 한다는 것을 사람들은 배웠다. **근본 메시지**는 이제 매우 배타적인 것이었다. 야웨는 유일한 하나님이고 만물의 창조자이며 주님이다. 야웨에 비해 다른 모든 신은 아무것도 아니며 존재하지 않는다. 그리고 이스라엘은 야웨에게 선택된 백성이다. 이렇게 추방의 시기 한가운데서, 수치와 절망의 시기 한가운데서 새로운 희망의 초석이 마련되었다. 바빌론 유배의 위기에서 마침내 완전히 새로운, 매우 다른 패러다임이 생겨난 것이다. 이제 먼저 페르시아 통치의 상황하에서 이 새로운 패러다임을 알아보기로 하자.[8]

2. 포로기 이후의 공고화: 성전과 율법

고레스Cyrus **2세**는 공의로운 사람으로,[9] 목자로,[10] 메시아로[11] 환영을 받았다. 아케메니아의 페르시아 종족 출신인 그는 위대한 왕이라고 불렸고, 고대 세계 전체에게—그리스 사람에게도(크세노폰의 〈고레스의 훈육〉 참조)—이상적인 통치자의 표본이 되었다. 메디아Media(=메데)의 주도권을 무너뜨리고 메디아와 리디아Lydia(문자적으로 부유한 크로이소스 왕국)를 정복한 후에 그는 기원전 539년에 승리의 깃발 아래 바빌론으로 들어갔고, 그리하여 **200년 동안 지속된 페르시아 제국**을 건설했다. 고레스는 지금까지도 많은 이란 사람들에게 조국의 아버지로 여겨지고 있다! 시리아-팔레스타인 영토(그리고 나중에는 이집트)는 이제 페르시아의 수중에 들어갔다. 제국 건설자의 아들 캄비세스Cambyses(530~522) 지휘 아래 그때까지 역사상 가장 넓은 땅을 점령한 페르시아 제국은 인도에서 소아시아의 이오니아 해안까지, 그리고 첫 번째 나일 폭포에 이르기까지 뻗어나갔다. 고레스의 두 번째 계승자이자 천재적인 조직가였던 다리우스Darius 대제(522~486) 지휘 아래 왕국은 통일된 징세 조직과 화폐를 가진 20개 지방으로 분할되었다(도로망과 파발 업무도 확장되었다). 서쪽 소아시아에는 페르세폴리스와 수사 같은 도시가 건설되었고, 수사에서 사데에 이르기까지 유명한 왕의 도로가 건설되었다. 트라키아와 마케도니아도 왕국에 편입되었다. 그러면 페르시아 사람에게 군사적인 의미가 결코 작지 않았던 이스라엘은 어떻게 되었는가?

고레스 군대의 진입은 작은 이스라엘에게 새로운 기회였다! 앗수르와 바빌론의 통치 체계가 점령한 영토에 대한 군사적 폭력(약탈, 파괴, 점령, 추방, 세금 부과)과 행정적 통합에 의존했다면, 고레스와 나중의 아케메니아 사람의 통치 체계는 완전히 놀라운 관용에 의존했다. 그들은 적을 보살폈고, 다양한 지역의 문화적·종교적 특징을 장려했다. 민족주의 대신에 이제는 보편주의가 추진되었다. 국가의 언어로서 페르시아어 대신에 이미 신바빌론-갈대아 왕국에서 고대 동방 전체로 퍼져나갔던 아람어('왕국-아람어')가 사용되었다. 성서의 아람어는 여기서 갈라져 나온 언어였다. 이러한—앗수르와 바빌론 강대국의 정책 실패를 고려한 매우 현실주의적인—정치적 관용 전략은 이상주의나 현대적인 상대주의가 아니라, 다른 곳에서는 엄격하고 무자비하게 다스리던 페르시아 통치자의 분명한 정치적·경제적 계산에서 도출된 결과였을 것이다. 그것은 관용을 통해 다양한 하부 집단을 정치적으로 안정시키고, 노동의 동기를 부여하려는 계산이었을 것이다. 그래도 그것은 그 당시나 오늘날의 관점에서도 최고의 역사적 업적이었다.

그러한 정책의 맥락 안에서 이제—에스라서가 확실히 보고하듯이—고레스는 분명히 이미 자신의 통치 첫 해(538)에 마음의 감동을 받아 하나의 **조서**[12]를 반포한다. 그는 예루살렘에 성전을 건축하는 것과 느부갓네살이 몰수한 성전의 거룩한 기물들을 가져가는 것을 허락했다. 히브리어로 작성된 이 조서에 나와 있듯이,[13] 포로의 귀환도 동시에 허락되었는지는 학자들 간에 논쟁이 되고 있다.[14] 그렇지만 만약 고레스가 귀향을 허락하지 않았다면, 그는 메시아로 칭송되지 않았을 것이다.[15]

물론 귀환은 매우 느리게 진행되었다.[16] 고레스의 조서가 반포된 지 12년이 되어서 비로소 중심 도시 사마리아와 그곳 관리의 저항을 무릅쓰고 기원전 520년에 '**두 번째 성전**'의 건축이 시작되었다. 이것은 유다-페르시아의 총독 스룹바벨Zerubbabel의 지휘 아래, 물론 예언자 학개[17]와 스가랴[18]의 열렬한 권면을 받아 이루어졌다. 그들은 고맙게도 다윗의 후손 스룹바벨도 메시아로 선포했다. 이것은 유대교의 메시아주의의 역사에서 처음으로 시대의 한 인물을 메시아로 선포한 사건이었다![19] 예언자 스가랴는 이 첫 번째 메시아적 인물에 두 번째 인물을 덧붙였는데, 그는 대제사장 여호수아였다.[20] 이처럼 초기 포로기 이후 시대에는 분명히 완전히 새로운 시대, 곧 메시아의 통치나 하나님의 직접적인 통치를 희망하는 매우 팽팽한 종말론적 기대가 지배적이었다.

그러나 종말론적 분위기는 금방 사그라졌다. 왜냐하면 기원전 515년에—소아시아 국가 그리스의 멸망(499년에 이오니아가 반란을 일으킴) 때문에 그리스 도시국가에 맞서 비극적인 전쟁에 돌입해야 했던 페르시아 대왕 다리우스(490년에 마라톤 근처 아테네에서 패배함)의 통치 아래—'**두 번째 성전**'이 **장엄하게** 봉헌되었기 때문이다.[21] 사람들이 생각하듯, 솔로몬 성전에 비해 이 건물의 규모는 오히려 소박했다.[22] 이 성전 안에는 언약궤는 없었지만 일곱 개의 팔을 가진 '촛대'가 있었다. 히브리어로 '**메노라**Menorah'라고 불리는 이 촛대는 이제 유대인 종교 예술의 가장 중요한 이미지의 하나가 되었고, 나중에는 다시 세워진 이스라엘 국가의 상징이 되었다.

두 번째 성전과 함께 이제는 복구된 제도들이 빠르게 비중을 획득할 수 있는 조건이 마련되었다. 특히 사제 신정국가의 노선이 관철되었고, 오래된 전통이 많이 되살아났다. 왕국이 무너진 이후에 이제 성전은 왕의 소유와 국가의 성전이 아니라, 백성의 재정 지원으로 건설된 백성의 성전이 되었다. 그렇지만 그와 동시에 분명해진 점은 바로 그로 인해 **사제 직분**이 새로운 비중을 얻게 되었다는 사실이다. 백성의 꼭대기에 서 있는 사람은 이제는 제사장보다 더 높은 왕이 아니라 스스로 야웨의 대변자를 자처하는 '**대제**

사장'이다. 대제사장의 중요성은 그 이후에 점점 더 높아졌다.

그렇지만 예루살렘과 유다의 정치적·종교적 상황은 오랫동안 긴장 관계에 놓여 있었다. 고향으로 돌아온 지 겨우 70년 만에, 곧 기원전 465년에 이름을 알 수 없는 어떤 예언자는 "**말라기**Malachi"("나의 심부름꾼")[23]라는 이름으로 외형적 예배와 탐욕스러운 사제들, 불충실한 백성, 이방인과의 결혼을 다시 비판했다. 유대교 전통은 이 말라기를 마지막 예언자(봉인)로도 여긴다. 그와는 반대로 페르시아 대왕들은 시리아-팔레스타인 땅에 안정과 질서를 유지하고, 특히 이집트의 반란(460) 때문에 통로를 확보하는 것을 중요하게 생각했다. 여하튼 페르시아 대왕은 아마도 바빌론 유대인 집단의 영향을 받으며 페르시아를 섬기던 두 명의 관리를 (수행원과 함께) 왕의 특사로 예루살렘에 보내기로 결정했다. 국가의 지원 아래 포로기 이후의 유대인 공동체를 긴급하게 다시 조직할 필요가 분명히 있었기 때문이다. 그들은 바로 종교개혁자 느헤미야와—그 이전에, 그와 나란히, 아니면 그 이후에?—에스라였다.

비록 유대인 포로 가족 안에서 태어났지만, **느헤미야**Nehemiah는 수사에서 대왕의 술 관원이 되었다. 기원전 445년에 아닥사스다Artaxerxes 1세에 의해 임명된 "유다 땅 총독"[24]으로서 여전히 황폐한 예루살렘에 갔을 때, 그가 무엇을 하려고 했는가? 대답은 이렇다. 아무런 사심도 없이 (재산을 획득하지 않고, 음식 외에는 아무런 월급도 받지 않은 채) 그는 무엇보다도 도시의 **외적인 안정과 내적인 재조직**을 위해 애썼다.

— 먼저 지역의 중심 도시 사마리아의 격렬한 반대를 무릅쓰고 52일 만에 성벽을 재건했다.

— 그리고 유대인 귀족의 고리대금 장사 때문에 가난하게 된 서민을 위해 부채를 면제해주었다.

— 그와 동시에 소유 관계를 다시 정리했고, 인구가 적은 도시에 주민을

이주시켰다.

— 끝으로 인구가 적은 유대인 공동체의 존립을 위협하는 안식일을 범하는 것과 이방인과의 결혼을 막는 조치를 내렸다.

물론 이런 조치들과 더불어 이제 실천적으로 **유대인 공동체의 분리**가 시도되었는데, 이런 조치들은 세계사적인 영향을 미쳤다. 느헤미야는 12년 후, 곧 433년에 스스로 페르시아 궁전으로 되돌아갔다. 아마도 유다는 이미 그의 지도 아래서 독립적인 지역이 되었던 것 같다. 이로 인해 북과 남, 유다와 사마리아가 서로 멀어지는 과정이 급진전될 수밖에 없었고, 이런 과정은 이미 오랫동안 계속되었고 특히 정치적 조건에 의해 좌우되었지만, 이제부터는 점점 더 종교적인 특징도 띠게 되었다.

그런데 **에스라**Ezra는 무엇을 하기를 원했는가? 바빌론으로 끌려간 사독 가문의 사제였던 그는 오래된 견해에 따르면 바로 아닥사스다 1세가 통치할 때에 이미 기원전 458년에, 또는 (많은 학자들이 받아들인 후네커A. van Hoonacker의 가설에 따르면[25]) 기원전 398년에 비로소 귀향하는 사람들의 새로운 행렬과 함께 예루살렘으로 갔다. "하늘의 하나님의 율법에 완전한 학자"[26]로서 그도 **종교적 · 제의적 개혁**에 관심을 기울이려고 했는데, 질서를 유지하려던 페르시아 사람들에게 이것은 정치적으로 관심을 끄는 일이었다. 그는 미친 듯이, 그리고 무자비하게 이방인과의 결혼을 막는 조치를 취했고, 엄숙한 모임에서 백성이 언약의 갱신을 통해 엄수해야 할 '율법'을 선포했다.[27] 이 '율법'이 오경 전체를 의미하는지, 단지 사제(P) 문서나 신명기만을 의미하는지, 또는 개연성이 적지만 페르시아 왕이 제정한 법률을 의미하는지에 관한 논쟁은 오늘날까지 해결되지 않았다.[28] 영향사로 볼 때, 분명히 그것은 이제는 의무적인 규범으로 높여진 오경 전승의 주요 부분을 의미할 것이다. 사마리아 사람들이 4세기에 오경을—아마도 이것은 바빌론에서 흩어져 살던 사람들(디아스포라)의 작품이었을 것이다—그들 종교의 공식적인 기초로 받아들였다는 사실이 이를 입증한다.

이 모든 것은 이미 역사가 어디를 향해 돌진했는지를 보여준다. 역사는 이미 포로기에 신명기 정신의 기초가 되었던 **율법 집중**을 향해 흘러갔다. 그것은 율법 준수를 통해 은총을 획득하려는 것이었다! 레위기에 포함되었던 율법서, 곧 "성결법전"[29]은 이미 그 당시에 결정적인 형태를 취하게 되었다. 여기에는 종교적·윤리적 교훈 외에도 특히 제의적 조항이 들어 있다. 그것은 동물 살해, 동물의 살을 먹는 것, 성적인 교제와 범죄, 성전과 사제와 제물과 세금과 축제의 거룩함, 안식일과 희년 등을 말한다. 그 모든 것은 한 마디로 이스라엘 백성의 생활을 갱신하기 위한 대헌장(마그나 카르타Magna Carta)이었다. 물론 그것은 유대인 주석가 게오르크 포러Georg Fohrer가 올바로 말했듯이,[30] "예언자들이 말한 대로 영적으로 새롭게 세우려는 것이 아니라, 조직과 율법을 통해" 이스라엘 백성의 생활을 갱신하려는 것이었다.

그 모든 것은 또한 우리가 이 발전의 **양면성**도 보아야 한다는 것을 의미한다.

— 한편으로 신명기적 개혁운동이 시작된 후부터 이제는 "율법적 생활과 율법적 신앙"이 나타났지만, 사람들은—포러가 말했듯이—"하나님의 뜻을 진지하게 생각하고 이에 순종하려고" 하지 않았다. 심지어 "율법에 대한 내면적 동의"마저 찾아보기 어려웠다.[31]

— 다른 한편으로 생활은 "율법의 한계선 안으로 좁아지고, 규정되고, 제한되고, 도식화되었다." "법칙에 맞춰진 생활 방식이 바로 그러하듯이, 올바른 외형적 행동이 중요하게 되었다. 의롭고 경건한 사람은 율법에 기록된 하나님의 요구를 실천하는 사람이었다."[32] 나중에 사람들이 '유대교 정통주의'라고 불렀던 것이 이미 여기서 준비되고 있었다.

— 여하튼 성서의 '자료'에서는 이런 발전이 완전히 긍정적으로 여겨지고 있다. 예컨대 **'역대기 저자'**에게서 그러한데, 그는 아마도 예루살렘의 레위족

사제였던 것 같다. 그는 다윗을 높였던 역대기 저자다. 그리고 원래는 느헤미야서와 에스라서도 두 역대기의 확장으로 그에 포함되었다. 아마도 300년경에 기록되었을 한 문서에서 그는 (페르시아의 통치자 또는 바빌론의 유대인을 위해 기록된)[33] 에스라의 해명 자료와 느헤미야의 비망록[34]을 우리를 위해 보존해주었다. 이 문서에는 이스라엘의 종교적 역사가 매우 단순하게 서술되었다. 느헤미야서와 에스라서가 거룩한 정경正經으로 받아들여졌다는 사실을 볼 때, 유대인 공동체가 (특히 바리새인들이) 나중에 두 명의 위대한 개혁자의 기록을 얼마나 존중했는가를 우리는 알게 된다. 특히 자주 모세와 비교가 되는 에스라는—예언자들의 메시지와는 동떨어진—**제의적·율법적 특징을 띠는 초기 유대교**의 설립자로 여겨진다. 포로기 이후에는 (게오르크 포러[35]와 같이 이해심이 많은 해석가도 동의하듯이) '새로운 종교'가 도입되지 않았다. 나는 이스라엘 종교의 **새롭고 획기적인 패러다임**이 출현했다고 말하고 싶다. 곧바로 나는 이를 더 정확히 분석할 것이다.

그러나 종교적 분열('사마리아 분파')을 의미심장하게 항상 율법 숭배자 에스라의 이름과 연결했던 **사마리아** 공동체는 그 이후에 오직 오경만을 고수해왔다. 어차피 사마리아 사람들은 다윗과 예루살렘과 성전을 정치적·종교적으로 전혀 찬양하지 않았고, 북쪽 사마리아 지역의 자율성을 고집해왔다. 4세기 이래 남쪽 유다와의 분열이 완전히 이루어진 것으로 보아야 한다. 물론 언제 사마리아가 세겜(히브리어 '세켐Shechem')의 그리심 산에 자신의 성전을 지었는지는 더는 확정할 수 없다.[36] 여하튼 그 이후 이스라엘의 역사는 우리에게 오직 유다의 역사가 된다. 다시 말하면 그것은 유대인의 역사며, 바로 그렇기 때문에 유대인의 독특한 역사다.

3. 새로운 유대교적 패러다임: 신정 공동체

고레스의 조서가 발표된 지 이미 90년 후인 450년 무렵에 **새로운 패러다임의 결정적인 완성**이 이루어졌다. 그리고 여기서도 우리는 패러다임 전환의 기준들을 잘 인식하게 된다.

— 이전의 패러다임, 곧 다윗 왕국 패러다임의 근본적인 위기가 먼저 생겨났다. 이스라엘과 유다가 멸망했고, 바빌론 포로기가 시작되었다.

— 요시아 왕의 제의 개혁을 통해 이미 옛 패러다임의 틀 안에서 새로운 패러다임이 준비되었다.

— 그것은 한편으로는 포로기-포로기 이후의 예언자들과 신명기 사가를 통해, 다른 한편으로는 성전 건축을 통해 시작되었다.

— 그것은 이제 최고의 권력으로 부상한 사제들을 통해 실현되었다.

그렇다면 이 새로운 패러다임의 **결정적인 특징**은 무엇인가? 팔레스타인은 이제 페르시아 총독이 관할하는 '유프라테스 강 너머의' 다섯 번째 영토가 되었다. 나중에 그곳은 아마도 사마리아에서 독립한 독자적인 영토가 되었을 것이다. 그곳에서 사제들은 '대제사장' 아래 페르시아 중앙 정부로부터 비교적 자유로운 가운데서 정신적 · 정치적 주도권을 넘겨받았다.

- 근본적인 틀을 형성한 것은 **군주제도**와 왕국, 정치적인 힘이 아니다. 이것은 몇 세기 동안 페르시아 사람들에게 있었고, 그 다음에는 알렉산더 대제와 그의 후계자들에게, 그리고 마지막에는 로마 사람들에게 넘어갔다.
- 근본적인 틀을 형성한 것은 한편으로는 배타적인 종교 중심지가 된 거룩한 도시 예루살렘의 **성전과 성직 계급**이고, 다른 한편으로는 반드시 지켜야 할 율법이 된 **거룩한 문서**의 수집이다.

- 따라서 통치 형태는 **하나님의 통치**다. 물론 여기서 하나님은 친히 국가를 다스리는 것이 아니라, 사제(성직자 통치)와 하나님의 율법(율법 통치)을 통해 야웨를 믿는 자들의 **공동체**를 다스린다. 한 마디로 이것은 왕이 통치하는 국가의 패러다임이 아니라 **하나님이 통치하는 공동체**의 패러다임이다.

분명히 성전과 율법은 이 시대의 시편에서 전승된 많은 기도와 노래로 둘러싸여 있다. 그렇지만 우리는 여기서도 단지 종교적 관점 아래서만 현실을 바라보아서는 안 된다. 왜냐하면 바로 성전은 시간이 흐를수록 **경제적 권력의 요소**가 되었기 때문이다. 그 정치적 영향력을 과소평가해서는 안 된다. 물론 장차 유다는 정치적으로 다양한 점령 세력의 다양한 총독이 통치하는 나라가 될 것이다. 그러나 다른 한편으로 성전은—소긴J. A. Soggin이 올바로 말했듯이—"비록 매우 제한되어 있었지만, 유다가 여전히 일정한 형태의 자치自治를 행사할 수 있었던 유일한 장소였다. 이런 관점에서도 페르시아의 종교적 관용은 큰 도움이 되었다. 더욱이 성전은 디아스포라로부터 정기적으로 자신의 화폐('오볼Obol')로 세금을 거둬들였고, 은행의 기능으로 여겨질 수 있었던 역할을 수행했다. 그래서 성전은 경제적으로 현저한 의미를 지니게 되었다. 그렇기 때문에 종교 지도자들이 단지 제의와 신앙과 관련된 일에서만이 아니라 일상적인 생활에서도 정부와 나란히 점점 더 큰 의미를 얻게 되었다는 사실은 의아한 일이 아니다."[37] 예루살렘 성전의 보물도 종종 다른 나라 권력자의 욕망을 자극했다고 한다.

따라서 두 번째 성전과 거룩한 문서의 시기는, 사람들이 자주 주장하듯이 단지 **회복**만을 가져온 것이 아니라, 새로운 구조적 요소와 새로운 집중을 통해 **혁신**도 일으켰다. 이것은 **참으로 새로운 포로기 이후의 패러다임** 그 이상도 그 이하도 아니다. 이것은 국가 이전의 부족 패러다임과 다윗 왕조 패러다임 이후에 나타난 유대인의 독특한 신정神政 패러다임(P III)이다.

여기서도 의심해서는 안 될 것이 있다. 여전히 중요한 것은 동일한 원래의 메시지, 곧 **동일한 야웨 하나님과 그가 선택한 백성(과 땅)**이다. 이것은 이 세 번째 이스라엘 패러다임의 항구적 중심과 기초, 신앙의 본질이다. 그러나 모든 사회정치적 틀, '확신, 가치, 행동 방식의 전체적 상황', 거시적 패러다임은 이제 다양하다. 야웨는 이제 왕조 이전의 시대처럼 더는 직접 다스리지 않는다. 야웨는 이제 왕조 이후의 시대에 성전과 거룩한 문서들을 기반으로 삼아 **간접적으로**, 그리고 **제도적으로** 다스린다. 그리고 '**이스라엘**'은—패러다임과 함께 이름의 정확한 의미는 바뀐다!—이제 더는 왕의 나라가 아니라 무엇보다 **종교 공동체**가 된다. 하나님은 성전 제의와 율법 준수를 통해 자신을 섬길 공동체를 친히 선택했다. 왕 대신에 이제는 대제사장이 하나님의 대변자로 활동하고, 성전의 사제가 하나님의 중재자로 활동한다. 그리고 율법은 이제 문자로 나타난 하나님의 뜻이다. 이런 의미에서 중요한 것은 왕정이 아니라 **신정**이고, 사제 통치가 아니라 율법 통치다.

이로써 다음과 같은 사실도 분명해졌다. 이스라엘 역사의 종말에 관한 기독교인 주석가들의 진기한 논쟁은 부질없는 일이다. 이스라엘 백성의 역사는 계속 진행되고 있다! 모든 변화에도 불구하고 꺾이지 않은, 특별한 관점에서 볼 때에 더욱 강력해진 정신적·종교적 정체성을 우리는 간과해서는 안 된다. 이스라엘 신앙의 본질을 파괴할 만큼 철저한 단절이 일어난 것이 아니라, 패러다임이 교체되었다. 변하는 것은 이 본질을 보존하면서 동시에 이 본질을 형성해나가는 이스라엘 공동체의 공통적 확신과 가치, 행동 방식의 총체적 상황이다. '이스라엘'은 이제 '**유대교**'와 동일한 것이 되었다. 단지 인구학적·정치적으로만 동일한 것이 아니라, 정신적·종교적으로도 동일하다. 결과는 근본적인 변화를 가져왔다. 이를 더 정확히 살펴보기로 하자.

4. 유대인의 책 종교 형성

페르시아 통치의 후반기인 느헤미야와 알렉산더 대제 사이의 100년을 사람들은 "어두운 세기"[38]라고 칭했다. 기원전 5세기 중반과 4세기 사이의 이 시기에 중요한 사건이 전혀 일어나지 않았거나 단지 놀라운 사건만이 일어났기 때문이 아니라, 이 시기를 기록한 직접적인 문헌이 없기 때문이다. 그래도 이 시기에는 아가서와 같이 탁월한 문서가 생겨났다. 신명기와 함께 토대가 마련되고 포로기와 포로기 이후에 시작된 **히브리 성서의 정경화 과정**이 이제 점차로 **종결**을 맞게 되었다. 이것은 어떻게 일어났는가?

물리학과 형이상학에 특별히 관심을 기울였던 그리스 사람과는 달리 이스라엘인은 무엇보다 살아 있는 인간과 함께하는 살아 계신 하나님에 의해 시작되고 인도되는 그들의 역사에 관심을 기울였다. 이야기('하가다 Haggadah')와 율법('할라카Halakhah')은 이에 관해 다룬다. 우리가 첫 장에서 이미 살펴보았던 다양한 연대의 매우 다양한 이 전승은 늦어도 포로기 이후에 엄격한 유일신론적 신앙을 지닌 다양한 편집자에 의해 결정적으로 문서로 고정되었다. 모든 것은 처음부터 끝까지 전진하는, 전체를 향해 응집되어 가는, 인간적이고 긴장감이 넘치며 그 자체 안에서 의미심장한 역사, 곧 **이스라엘 백성이 그의 하나님 야웨와 함께 만들어가는 역사**로 나타났다.

— 세상의 창조와 인간의 타락, 홍수와 노아를 통해 인류와 체결한 하나님의 언약, 아브라함과 이삭, 야곱과 그들의 열두 아들의 역사, 이집트 탈출, 하나님의 산에서 이루어진 언약 체결, 약속된 땅 입주에 관해 말하는 모든 고대 전승과 전설.

— 그리고 수 세기 동안 축적된 율법 자료의 모음.

— 그리고 예언자들의 문서(이 문서의 정경화는 모든 예언이 종결되었다는 인상을 강하게 일으킨다).

— 열왕기와 신명기, (기원전 4/3세기경에 만들어진) 역대기.[39]

'율법서'는 포로기 중에 형성된 것이 아니라, 늦어도 5세기에서 4세기로 넘어가는 전환기에 형성되었고, '예언서'는 늦어도 3세기 말에 형성되었다. 후기에 랍비들이 '문서들'이라고 불렀던 세 번째 모음은 아마도 비교적 늦게 완성되었던 것 같다. 잘 알려져 있듯이, 유대인은 전체를 세 가지 책(토라·느비임·케투빔)의 첫 철자를 따서 '테나크Tenach'라고 부르고, 기독교인은 '구약'(오래된—'낡아빠진'이 아니다!—약속)이라고 부른다. 유대인의 생각에 따르면 이것은 세 부분으로 구성되어 있다.[40]

- **율법서**('**토라**Torah'): 오경 또는 '모세의 5가지 책'. 창세기, 출애굽기, 레위기, 민수기, 신명기.
- **예언서**('**느비임**Nebi'im'): 여호수아, 사사기, 사무엘, 열왕기, 큰 문서 예언자 이사야, 예레미야, 에스겔과 이른바 12명의 '작은' 예언자들의 책.
- **성문서**('**케투빔**Ketubim'): 시편, 잠언, 욥기, 아가, 룻기, 예레미야애가, 전도서, 에스더, 다니엘, 에스라, 느헤미야, 역대기.

이 세 가지 책을 묶은 것이 '성서'(Biblia, 원래는 복수형: 책들)다. 이 탁월한 책은 하나님의 계시를 포함하고 있는 '정경적인'(='표준적인') 문서를 포함하고 있다. 이 책은 '거룩한 문서'(성서)다. 왜냐하면 하나님 자신이 이 책의 저자로 간주되기 때문이다. 신앙인의 이해에 따르면 이 책에는 하나님의 말씀과 뜻이 직접적이든 간접적이든 표현되어 있다. 토라에는 완전히 직접적으로 표현되어 있고, 예언자를 통해서는 인간의 협력 아래, 다른 문서에는 더 많은 인간의 참여를 통해 더 간접적으로 표현되어 있다. 이 모든 문서는 연구되어야 하며, 가장 중요한 문서는 예배에서도 낭독되어야 한다.

따라서 희생 제의 예배와 나란히 이제는 **말씀 예배**가 점점 더 중요한 자리를 차지한다. 말씀 예배는 제사에 의존하지 않으며, 성전 사제에게 공감을 얻는다. 그리고 성전과 나란히 **회당**도 점점 더 중요한 자리를 차지한다. 우리가 알고 있듯이, 회당의 시작은 성전이 존재하지 않던 바빌론 포로기로 거슬러 올라갈 수 있다. 그러나 유대교에서도 처음에는 책이 존재하지 않았다. 이제부터 우리는—집중된 **성전 종교**와 나란히—유대인의 책 종교에 관해 말할 수 있게 되었다.

그럼에도 책 종교는 예배에 영향을 끼치면서 그 자신의 형태를 만들어간다. 이미 다윗 시대 이후부터 유대교에는 매우 인격적인 기도가 존재해왔다. 시편은 인간의 깊은 감정으로 가득 차 있다. 그것은 절망과 신뢰, 불안, 후회, 희망의 표현이다. 그러나 이제 유대교에는 인격적인 기도와 나란히 **문서로 고정된 백성의 공통 기도**도 존재하게 되었다. 그것은 찬양(시편)과 죄의 고백, 간구기도다. 그것은 말씀 예배를 구성하며, 희생 제의도 동반한다. 유대교의 지도적인 예배사학자 이스마르 엘보겐Ismar Elbogen도 말했듯이, 우리는 고정된 공동체 기도의 제도를 "두 번째 성전 기간의 급진적 혁신"[41]이라고 불러도 지나치지 않을 것이다. 유대교의 다른 지도적인 예배사학자 요셉 하이네만Joseph Heinemann도 다음과 같이 설명한다. "고정된 기도는 그 자체 안에서 그리고 그 자체로부터 예배의 전체를 구성하며, 고대 세계에서 놀라운 혁신이었다. 기독교와 이슬람교는 이를 유대교에게서 물려받았다."[42]

기도는 유대인의 모든 개인적인 경건 생활에 근본적인 변화를 가져왔다. 미국의 유대인 학자 제이콥 뉴스너Jacob Neusner는 여기서 결정적인 요소를 다음과 같이 간단하게 요약했다. "율법 아래서 살아간다는 것은 기도한다는 것을 의미한다. 아침과 저녁과 밤에 그리고 식사 시간에 정기적으로 기도할 뿐만 아니라, 특별한 일이 일어날 때에도 기도한다. 그리고 유대교인이 되기 위해 … 우리는 항상 하나님의 임재 의식 속에서 살아가며, 항상 하나님을 찬양할 준비가 되어 있다. 율법의 길은 하나님에 대한 지속적인 헌신의 길이다."[43]

요약하기로 하자. 문서의 표준화와 함께 **제의의 표준화**도 이루어졌다. 개신교 주석가 제임스 찰스워드James Charlesworth가 강조했듯이, "문서의 표준화와 제의의 '표준화canonization'라는 두 가지 과정이 존재한다."[44] 그 결과 개인의 예언적인 발언을 의심스럽게 생각하는 훨씬 더 획일적이고 순응주의적인 종교가 된다. 여기서 자문해보자. 그렇게 된 이유는 무엇인가?

5. 예언의 소멸 – 지금까지 나타난 결과들

이 모든 과정이—성서, 제의, 권력 구조와 관련되어 있는—종교의 **고착화**와 **협소화**의 위험성을 의미한다는 사실을 우리는 간과해도 좋은가? 포러를 언급하면서 나는 이 점을 이미 지적한 적이 있다.

— 신앙과 행동의 통일성을 보장하기 위해 유대교를 율법에 집중시키는 것은 **율법주의**의 위험을 낳는다.

— 성전, 곧 하나님 임재의 공간을 지나치게 강조하는 것은 **제의주의**의 위험을 낳는다.

— 인간과 하나님 사이를 중재한다고 주장하는 사제들의 권력 확장은 **성직주의**의 위험을 낳는다.

모든 종교에서 볼 수 있듯이, 종교의 역사에서 고착화와 협소화는 늘 존재해왔다. 이제 포로기 이후에는 어떤 차이점이 드러났을까? 제도를 견제하는 **예언 활동**이 이제 완전히 사라졌을까? 하나님의 절대적인 자유의 이름으로 모든 종류의 화석화化石化를 거부하는 카리스마적인 저항이 사라졌을까? 아니다. 예언 활동 역시 포로기 이후의 패러다임 전환을 겪은 것이다.

궁전과 성전의 예언자들이 사라진 뒤에도 소수의 예언자들은 틀림없이 여전히 남아 있었다. 그러나 고전 시대에는 예언자가 하나님의 카리스마적 인 사자使者로 등장했지만, 포로기 이후에 예언자는 점점 더 권위 있는 전통의 해석자로, 곧 서기관과 같은 예언자나 예언자와 같은 서기관으로 바뀌었다('제3이사야'[45]와 '제2스가랴'[46]를 생각해보라). 이것은 이해할 만하다. 왜냐하면 율법과 문서 위에 세워진 질서가 모든 것을 결정하는 곳에서 예언자의 발언은 예전의 예언에 대한 평가를 넘어설 수 없었기 때문이다. 이제 '예언'의 개념은 현저히 확장되었을 뿐만 아니라, 그와 더불어 희미해져버렸다. 왜냐하면 모세와 다윗을 포함하여 성서의 **모든** 저자가 이제는 거룩한 **문서 저자**로 간주되었고, 이런 의미에서 곧바로 '예언자'로 불릴 수 있게 되었기 때문이다. 그리고 유대교 전체가 이제는 보편적이고 아무런 위험도 없는 '예언자적' 종교로 불릴 수 있게 되었다. 그래서 어느 시편의 저자도 "선지자가 더 이상 없다…"[47]라고 탄식한다. 그리고 나중에 랍비들은 예언자 학개와 스가랴, 말라기의 죽음 이후에 성령이 이스라엘을 떠나버렸다고 말한다.[48] 예언자의 영향이 점점 더 퇴조할수록 율법 신앙이 점점 더 강해진다는 사실을 우리는 간과해서는 안 된다.

여기서 잠깐 발길을 멈추고 다른 두 예언자 종교에도 유사한 점이 있는 중대한 사건을 살펴보기로 하자. **기독교**에서도 예언 활동이 전성기 후에 퇴조하고 소멸한 것이 문제라는 사실을 누가 간과할 수 있겠는가? 기독교에서 예수 그리스도는 선구자 요한 이후에 온 종말론적 예언자로 여겨졌다.[49] 성령이 모든 사람에게 임했다. 그렇지만 초기 기독교 공동체에서 강력하게 활동하던 남녀 예언자들은 2세기 말에 멸종했다. 여하튼 바울에게서 예언자는 사도 다음으로 두 번째 은사의 서열에 속하는 이였다.[50] 예언자와 예언자적 발언, 이 중요한 은사[51]는 어디에 남아 있는가? 물론 바울에 따르면 예배 중에 **모든 사람**이 그리스도에 대한 신앙의 분량에 맞춰[52] 예언을 해야 한다.[53] 에베소서에 따르면 교회는 (새 언약의) 사도와 예언자 위에 세워졌다.[54] 그러나 역사적 발전은 어떻게 흘러갔는가? 포로기 이후의 유대교에서 서기관이 그랬듯이, 1세기 이후의 교회에서도 감독들은—분명히 많은 거짓 예언자와 특히 몬타누스 교회 때문에—예언자적 기능을 그들의 사도적 '직무' 안으로 통합했다. 시간이 흐를수록 그들은 점점 더 단지 사도의 후계자만이 아니라 예언자와 교사의 후계자로도 느끼게 되었다. 이제 성직계급적인 교회법이 자유로운 예언 활동을 갈수록 대신하게 되었다. 그렇다면 기독교에서 예언자적 충격은 어디에 남아 있는가?

계속 질문해보자. **이슬람교**에서도 예언의 소멸은 문제가 아닌가? 물론 여기서도 무함마드 이전의 예언자들은 그의 선구자로 존경을 받았다. 책 계시를 받은 사람들 외에도 많은 다른 '나비Nabi'(=통상적인 예언자. 전승에 따르면 313명이었고, 신비적인 전승에 따르면 124,900명이었다!)가 있었다.[55] 그러나 이전의 예언자들의 메시지를 원래 그대로 다시 선포할 뿐만 아니라 그것을 종결시킨 무함마드 이후에 다음 시대를 위한 예언자적 충격은 차단되어버린 듯하다. 무함마드는 바로 모든 예언의 '봉인'이다! 더욱이 이러한 '배타성' 때문에—많은 무슬림도 그렇게 생각하듯이—오늘날 이슬람교에서도 율법, 곧 샤리아Shariah는 원래 예언자적이었던 꾸란의 메시지를 광범위하게 압도해버렸다. 그렇기 때문에 오늘날에는 예언자들의 메시지보다 몇 세기 이후에 만들어진 종교적 율법이 실제로 더 높은 권위를 소유하게 되었다. 그렇다면 이슬람교에서 예언자적 충격은 어디에 남아 있는가?

예언의 소멸이 오늘날 모든 세 '예언자적' 종교에서 문제가 되고 있다는 사실은 분명하다. **기독교**는 아시시의 프란치스코, 마르틴 루터, 웨슬리 형제 또는 아프리카 흑인 헨드릭 위트부이Hendrik Witbooi(나미비아)*와 시몬 킴방

---

* 헨드릭 위트부이(1825~1905). 나마족의 추장. 남부 나미비아에서 태어나 독일계 루터교 학교를 다녔다. 1904년 독일 지배에 저항하는 독립 투쟁을 벌였다. 나미비아의 모든 지폐에는 그의 초상이 그려져 있다.

구Simon Kimbangu(콩고)*와 같은 예언자적 인물을 얼마나 부담스럽게 여겨왔는가! **유대교**는 중세 카발라 신학자 아브라함 아불라피아Abraham Abulafia, 프란츠 로젠츠바이크Franz Rosenweig 또는 마르틴 부버Martin Buber를 얼마나 부담스럽게 생각해왔는가! **이슬람교**는 알 아프가니al-Afghani, 아흐마드 칸Ahmad Khan, 마흐무드 따하Mahmud Taha(수단)를 얼마나 부담스럽게 생각해왔는가! 그리고 예언자적 요소는 단지 개개인의 은사일 따름이고, 예언자들의 영감 아래 있는 하나님의 모든 백성의 한 가지 차원이 아닌가? 예언자적 종교는 오늘날 **예언자적** 종교라는 자신의 주장에 걸맞게 행동하는가? '예언자적' 종교는 단지 종교의 구체적인 현실을 전혀 설명하지 않는 학자들을 위한 종교사적 범주에 지나지 않는가? 여기서 우리는 미래를 지시하는 비판적 질문을 마땅히 제기해야 한다!

미래를 위한 질문

세 아브라함 종교 모두는 사회의 양심이 되어야 할 자신의 임무를 충분히 실천하고 있는가? 세 종교는 이 세상에 존재하는 사회적 폐단과 대립을 폐기하고, 가난한 자들과 부유한 자들, 재산가들과 착취를 당하는 자들, 특권을 누리는 자들과 권리를 박탈당한 자들 사이의 균열을 제거하는 일에 충분히 기여하고 있는가? **사회적 비판**은 어떻게 실천되고 있는가?

* 시몬 킴방구(1898~1951). 메시아적 종교운동 지도자. 콩고족의 토착신앙과 그리스도교를 융합시킨 킴방주의를 부흥하고, 예언자 및 흑인 구세주로서 다수의 신자를 모았다. 그의 반(反)백인주의를 바탕으로 납세 거부나 강제재배 반대운동이 고양되었다.

예언자적 종교는 모든 인류의 복리를 위한 **윤리적 책임**을 국가에게 권고하고, 전쟁을 정책의 수단으로 사용하는 것을 거부하고, 국제정치와 국내정치의 실패를 비판하며, 통치자들에게도 비판을 마다하지 않아야 할 자신의 예언자적 임무를 제대로 감당하고 있는가? **정치적 비판**은 어떻게 실천되고 있는가?

예언자적 종교는 하나님의 말씀의 권능을 신뢰하고, 한 분의 유일하신 하나님의 이름으로 항상 이데올로기 비판을 수행해야 할 자신의 예언자적 임무를 제대로 감당하고 있는가? 비록 대다수의 백성과 통치하는 지배층을 아무리 불편하게 만들지라도, 예언자적 종교는 (회당과 교회와 모스크 안에 들어 있는) 거짓된 신들, 자신을 높이는 이 세상의 권세들과 권력자들을 비판하는 임무를 수행하고 있는가? **신학적 비판**은 어떻게 실천되고 있는가?

다음과 같은 점은 의심할 여지가 없다. 예언자적 종교를 믿는 무수한 사람들은 예언자적 종교가 자신의 예언자적 메시지를 더욱 신뢰하기 위해 더욱더 예언자적인 종교가 되기를 갈망한다! 이제 사람들은 다음과 같이 질문한다. 고전적 형태의 예언 활동이 소멸한 후에 이스라엘은 어떤 길을 걸어갔는가? 팔레스타인에서 예언자 대신에 등장한 사람들은 누구인가?

6. 헬레니즘 문화: 현자들의 시대

예언자의 자리에 먼저 들어선 사람들은 실천적인 것에 전적으로 관심을 기울이는 지혜의 교사들이었다. 물론 이런 현자들은 카리스마적인 개별적

인물이 아니라 한 학파의 대변자들이었다. 그들은 야웨의 계시와 해방을 더는 선포하지 않았다. 그들은 삶의 질서를 관찰하고 세상의 일상적인 삶 속에서 이를 교육학적으로 적용하는 것에 가치를 두었다. 그들의 관심의 초점은 하나님과 그의 역사적 행동이 아니라, 삶의 다양한 영역 속에 있는 인간과 그의 올바른 태도였다. 지혜 신학은 하나님의 위대한 '구원사적' 행동을 인정하는 것을 전제하지 않았다(출애굽과 땅 정착은 여기서 신학적으로 본질적인 역할을 하지 않는다). 중요한 것은 온 피조물이 지혜로운 질서에 근거해 있고, 인간은 하나님이 만든 이러한 질서에 대해 올바른 태도를 취할 수 있으며, 그래서 하나님의 세계 질서에 순응할 수 있다는 신뢰다. 예언자와는 완전히 달리 이스라엘의 현자는 일차적으로 경험주의자, 거리를 두고 관찰하는 자, 극단 사이에서 현명하게 생각하는 자였다. 그의 일은 물론 삶의 경험을 알려주는 것에 초점이 맞춰져 있었다.

그렇다면 그 당시에 동양에서도 두루 발견되는 이스라엘의 지혜로운 가르침의 시작은 어디에 있는가? 몇몇 잠언은 이미 솔로몬 왕의 시대에 형성되었을 것이다. 왜냐하면 사람들이 '**고대의 지혜**'에 관해 말하기 때문이다. 왕조 시대 동안 몇몇 지혜의 교사가 존재했다. 그리고 이미 예언자 예레미야도 왕과 그의 궁전, 사제와 예언자와 함께 현자의 집단을 분명히 언급한다.[56] 그러나 포로기 동안 메소포타미아와 이집트에 끌려간 사람들은 세계적인 지혜 문화를 접하게 되었다. 포로기 이후에 이스라엘에서도 지혜 문학이 매우 번성했다는 사실은 그다지 놀랄 일이 아니다. 사람들은 오늘날 이를 '**후대의 지혜**'라고 부른다. 잠언과 권면, 교훈은 이제 수집되었거나 새로이 만들어졌고, 책으로 묶였다. 창조와 계시의 결합을 통해 폭넓은 신학적 체계와 지혜의 신학이 창조되었다. 이로써 하나님의 지혜는 인간의 교사가 되었다.

그렇지만 모든 회복 노력에도 불구하고, 모든 제도화와 표준화에도 불구하고 유대인의 신앙이 실제로 얼마나 약해졌는지 '**욥기**'와 '**전도서**' 같은 책에서 드러난 **지혜의 위기**가 보여준다. 포로 생활로부터 되돌아온 지 거의 100년 만에 특히 유대인의 하나님 신앙의 근본 이론, 곧 지혜 신학과 율법 신앙이 대변해온 하나님의 보응·보상하고 심판하는 공의 이론은 깨어졌다. 그것은 인간이 인식할 수 있는 인간의 행위와 그 결과의 관계 이론이었다. 모든 사람이 그가 뿌린 대로 실제로 거두는가? 바로 이런 이론은 욥기에서 격렬하게 부정되었고, '전도서'와 같은 책에서는 더욱 그러했다. 전도서가 정경 안으로 받아들여진 것은 오직 그것이 솔로몬의 작품이라고 생각되었기 때문이다. 신학자라기보다는 회의적인 철학자였던 전도서의 저자에게서 보응에 대한 조상들 신앙과의 단절은 이미 근본 문제가 되었다. 전도서는 "하나의 갈림길, 두 가지 시간의 경계선" 사고를 받아들였다. 그는 "헬레니즘의 정신적 위기의 충격 아래 … 전통적인 지혜와 … 전승된 신앙과 제의로부터 큰 의미를 얻을 수" 없었다. 그러나 소크라테스적·보수적 사고가 강한 전도서의 저자는 "조상의 종교와 단절하고, 하나님을 알 수 없는 숙명과 동일시하기를"[57] 거부했다. 이러한 지혜의 위기 때문에 〈예수 시락서〉와 같은 **'격언의 책'**은 하나님의 질서, 조상들의 하나님의 지혜, 하나님의 계획의 보편성과 신빙성에 대한 새로운 신뢰를 회복하려고 애썼다. 그러므로 그것은 전통적인 야웨 신앙을 회복하는 책이다.[58]

물론 지혜의 위기는 단지 더 깊이 놓여 있는 **시대의 구조적 위기**일 따름이다. 그 정치적 발전을 이해하려면 우리는 이제 페르시아 제국을 가장 크게 위협하기 시작한 북쪽 그리스를 살펴보아야 한다. 왜냐하면 마케도니아의 왕 **필립**Philipp **2세**(359~336)가 놀라운 일을 성취했기 때문이다. 그는 마라톤의 전투 이후에 늘 서로 경쟁하던 그리스의 도시국가들을 '고린도 동맹'을 통해 한데 묶어서 페르시아에 대항했고, 매우 촘촘한 밀집방진密集方陣의 독특한 군대 조직을 그리스의 막강한 전투 형태로 만들어냈다. 세계사의 중심은 동쪽에서 서쪽으로 옮겨가기 시작했다![59]

그러나 페르시아에 대항하여 전쟁을 마지막까지 수행한 자는 필립의 아들 **알렉산더**였다. 그는 부친이 살해된 이후, 곧 기원전 336년 20세에 전쟁을 승리로 이끌었다. 천재적인 철학자 아리스토텔레스의 교육을 받은 그는 '대제'라는 호칭 아래 정확히 13년 만에 지구의 얼굴을 정치적·문화적으로 바꾸어놓았다. 아시아의 첫 번째 유럽 침략은 알렉산더의 작품이었다. 그는 야망이 큰 전략가였다. 소아시아를 정복한 후에 그는 기원전 334년에 남쪽으로 방향을 돌려 페니키아 해변 도시를 점령했고(7개월의 포위 끝에 카르타고의 모국인 두로도 점령했다), 팔레스타인을 점령했으며, 마지막에는 이집트를 점령했다. 이집트에서 바로의 이중 왕관을 썼던 그는 오늘날까지 그의 이름을 붙인 도시 알렉산드리아를 건설하게 했다. 예루살렘은 어떻게 되었는가? 예루살렘은 나중에 반란을 시도했던 사마리아와는 정반대로 알렉산더가 이집트로 진군할 당시에 자발적으로 항복했던 것 같다.

이집트에서 돌아온 알렉산더는 북쪽을 향해 발길을 돌렸다. 그는 기원전 331년에 가우가멜라 전투에서 페르시아의 마지막 왕 다리우스 3세를 제패했고, 전투를 치르지 않은 채 바빌론에 들어갔다. 수사와 페르세폴리스, 엑바타나도 정복하고, 지방 총독의 손을 빌려 다리우스를 살해한 알렉산더는 목적지에 도달했다. 그는 '지구의 경계선', 곧 히말라야 산맥의 강까지 공격하기 위해 아케메니아 사람들의 땅을 밟았다. 그렇지만 알렉산더가 노린 것은 단순한 군사적 정복 이상이었다. 그는 **그리스와 동방의 피와 의식과 문화**를 융합하려고 애썼다. 수사에서 그는 그리스 장교와 군인 1만 명을 일종의 합동결혼을 통해 페르시아 여자들과 결혼시켰다. 비록 그는 기원전 323년에 바빌론에서—전혀 예기치 않게 33세에 후계 통치자를 세우지도 못한 채 열병에 걸려—죽었지만, 새로운 시대를 강력하게 열었다. 페르시아 시대는 지나갔고 이제는 헬레니즘 시대가 열렸다.

알렉산더가 의식적으로 장려한 그리스적·범세계적인 '헬레니즘', 곧 알렉산더 제국과 그 종교적 보편주의와 혼합주의를 계승한 국가 안에서 일어난 그리스 문화와 동방 문화의 상호침투는 **유대교에게 엄청난 도전**을 주었다. 아마도 여기서 새로운 패러다임 전환이 예고되어 있었던 것은 아닐까? 유대교의 윤리적 유일신론은 많은 비유대인에게 곳곳마다 이미 강력한 매력을 발산했고, 그래서 유대교의 선교도 점점 더 성공을 거둘 수 있었다. 바로 이런 상황에서 유대교는 헬레니즘의 보편주의적인 세계 문화와의 만남을 통해 이제는 보편주의적인 성향을 띤 세계종교로 변하게 되었는가?[60]

우리는 오히려 정반대로 흘러간 발전을 확인하게 된다. 물론 의미 있는 유대-헬레니즘 문서가 존재한다. 기원전 2세기의 역사가 구레네의 야손Jason of Cyrene과 철학자 아리스토불Aristobul 외에도 철학자 알렉산드리아의 필로Philo of Alexandria(기원전 15/10~기원후 40/50)가 매우 두드러진다. 필로는 나사렛 예수와 동시대의 사람으로 유대교를 그리스 철학과 조화시키려고 노력했다. 그는 자신의 주석서에서 스토아 학파로부터 받아들인 우의적 해석 방법의 도움을 받아 오경을 해석했고, 창조 이야기와 모세가 율법을 전달한 이야기와 족장의 이야기를 헬레니즘 정신 안에서 체계적으로 다루려고 시도했다. 그러나 이 모든 노력은 결국에는 에피소드가 되고 말았다. 길게 보면, 헬레니즘과의 만남은 유대교의 전통적인 성전 신앙과 율법 신앙을 도리어 강화하는 결과를 낳고 말았다!

"이 모든 것은 이제 이스라엘 역사의 주제가 되지 못하는가?"[61] 아니다. 백성의 역사는 여기서 끝나지 않았다! 백성의 역사는 오래 지속되는 근본적인 위기에 마주치게 되며, 위기는 마침내 더 큰 획기적인 패러다임 전환을 초래할 것이다.

7. 신정 체제의 위기: 개혁에서 '교회국가'로

의심할 나위도 없이 헬레니즘 세계 문화는 특히 기원전 2세기 이래 팔레스타인에도 강력한 영향을 떨쳤다. 특히 인구가 점점 늘어나는 모든 도시에서, 그리고 교육을 받은 사람과 재산이 많은 사람 가운데서 영향이 커졌고, 부유하고 귀족적인 사제 가족이 살았던 예루살렘에서는 훨씬 위용을 발휘했다. 건축과 예술 활동의 급격한 성장, 경제적 효율성의 증대, 행정 조직과 군대 조직은 헬라 문화를 보여주는 증거였고, 이런 것은 생활수준의 보편적인 상승을 가져왔다. 사람들은 개화된 자들로 자처했다. 대제사장조차도 이제는 점점 더 자주 헬라인의 이름을 가지게 되었다. 그러나 다른 한편으로는 디아스포라에서만이 아니라 유다에서도 율법에 충실한 강력한 집단들은 최소한 자신의 종교적 영역 안에서는 헬레니즘의 영향을 차단하고 있었다. 알렉산더의 장군들 사이에서 최초로 '후계자' 투쟁이 번갈아 일어난 뒤에, 이미 이집트의 프톨레미 왕조(31대와 마지막 이집트 왕조)가 팔레스타인을 통치하던 대략 100년(기원전 300~200/98) 동안 이러한 차단이 이루어졌다.

이제 중심이 된 곳은 신속하게 성장하는 새로운 도시 알렉산드리아였다. 이 도시에서 유대교의 헬라화는 분명한 모습을 드러냈다. 왜냐하면 알렉산드리아의 큰 유대인 공동체에서 히브리어와 아람어를 쓸 줄 아는 사람이 점점 줄어들자, 먼저 오경을 그리스어로 번역하고 그 다음에는 히브리 성서 전부를 그리스어로 번역하는 작업이 시작되었기 때문이다. 우리가 알고 있듯이, 전설에 따르면 '70명'의 번역자가 가담했다고 한다. 그래서 오늘날까지 사람들은 이를 '**셉투아진트**Septuagint'(70인역)라고 부른다.

그렇지만 메소포타미아-시리아 지역에서 침공해온 셀류쿠스 왕조 군대가 프톨레미 군대를 팔레스타인 밖으로 밀어냈을 때, 조화와 문화적 교류의 시대는 곧바로 끝나고 말았다. 시리아-팔레스타인 지역을 차지하기 위한 다섯 차례의 '시리아 전쟁' 후에 셀류쿠스 군대가 팔레스타인을 장악했다. 그리고 처음에는 관용을 베풀던 그들은 **예루살렘의 헬라화**(그리스 언어, 헌법, 극장, 무대, 체육관…)를 점점 더 강력히 추진했다. 새로운 시대에 적응한 개혁적인 유대교가 하나의 의미 있는 가능성이 될 수 있지는 않았는지를 사람들은 질문한다. 그 당시에 많은 유대인 개혁자들도 그렇게 생각했다.

그렇지만 율법에 충실한 사람들에게 모든 개혁은 배교였다. 여하튼 헬라화를 반대하는 백성도 늘어났다. 셀류쿠스 왕 안티오코스Antiochos 4세 에피파네스Epiphanes가 기원전 169년에 이집트 국가 재정의 개선을 위해 사회운동을 전개하던 중에 예루살렘 성전의 보물을 탈취하자, 일종의 폭발이 일어났다. 그는 예루살렘을 두 번이나 정복했다. 그런 다음에 그는 도시를 헬라적인 군대 주둔지로 만들었다. 이것은 실제로 **이스라엘의 강압적인 헬라화**로 이어졌다. 기원전 167년에는 율법에 충실한 제의와 할례와 안식일 준수가 금지되었고, 율법에 충실한 사람들은 박해를 받았으며, 백성에게는 이방 제의가 강요되었다. 다니엘서가 "멸망하게 하는 가증한 것"[62]이라고 말한 것이 실현되었다. 성전의 번제단燔祭壇 위에 제우스 제단이 세워진 것이다!

유대인의 전통 문화와 헬라 문화 간의 갈등은 이제 최대로 커졌다. 그리고 **옛 신앙을 고수하던 그 땅의 백성이 혁명**을 일으킬 시간이 다가왔다. 혁명은 **하스몬 가문** 출신 사제 맛디아와 그의 다섯 아들에 의해 촉발되었다.[63] **마카비**(아람어 '마까베이maqqabay' = '망치 인간')라고 불렸던 셋째 아들 유다는 세 번의 전투에서 시리아-셀류쿠스 군대에게 승리를 거두었다. 기원전 164년에 그는 예루살렘으로 들어갔고—물론 시리아 통치의 상징으로 예루살렘의 성(아크라Akra)에 주둔해 있던 셀류쿠스 왕조 주둔 부대는 공격하지 않고—이방인의 가증한 물건을 제거했다. 같은 해 12월 14일에 더러워진 성전은 장엄하게 다시 봉헌되었고, 오늘날까지 온 세계의 유대인은 '하누카Hanukkah'(='성전 정화') 축제를 통해 이날을 기념한다. 이 축제는 (여덟 개

팔이 달린 하누카 촛대로 벌이는) '빛의 축제'로서 일종의 유대인의 성탄절 축제로 발전했다.

그런데 이 축제가 이제 정치적으로는 어떤 결과를 초래했을까? 백성 사이에서 반응이 나뉘었다. 나중에 '바리새인pharisee' 당파의 기원이 된 '경건한 사람들'('하시딤Hasidim') 집단은 시리아-셀류쿠스 왕조 통치 아래 **정신적·종교적 독립**에 만족하려고 했다. 철저히 경건한 유대인의 한 집단이었던 '에세네파 사람들Essenes'도 마찬가지였다. 그들은 이미 이 시기에 저항하는 의미에서 멀리 떨어져 살았고, 일부는 광야로 들어가 살기도 했다. 마카비 운동은 완전히 정반대의 노선을 걸었다. 그들은—특히 기원전 161년에 새롭게 부상하던 강대국 로마와 위험한 상호원조 협정을 맺어!—이제 유다의 정치적 독립까지 시도했다. 그 결과 힘들고 지루한 전투가 이어졌다.

부유한 사제와 귀족 가족으로 이루어진 세 번째 당파로서 헬라 문화를 받아들인 '사두개인Sadducee'은 양쪽의 압력을 받아 결국 셀류쿠스 왕조 사람의 도움을 요청했다. 그들은 먼저 마카비 사람들을 물리쳤다. 유다는 목숨을 잃었다. 그렇지만 그의 형제 **요나단**Jonathan은 전투를 계속 이끌어갔다. 처음에 그는 게릴라 지도자였고, 그 다음에는 대제사장이 되었으며, 2년 후(기원전 150년)에는 '유다의 장군*strategos*'이 되었다. 이로써 유다에서는 400년 이상의 세월이 지난 뒤에 처음으로 정신적·세속적 권력이 다시금 한 사람의 손에서 통일되었다. 요나단의 형이자 후계자였던 **시몬**Simon은—기원전 142년에 셀류쿠스 왕조 통치자에게 대제사장과 독립적인 통치자로 인정을 받았다—기원전 141년에 예루살렘의 요새(아크라)도 점령했고, 시리아 부대의 철수를 강요했다. 1년 후에 백성은 그에게 계승될 수 있는 장군, 제후, 대제사장의 직위를 부여했다. 그가 살해된 후에 그의 아들 **요하네스**Johannes가 **히르카누스**Hyrkanos **1세**(135/4~104)라는 이름으로 직위를 물려받았다. 이로써 그는 실제로 하스몬 왕조의 첫 번째 왕(과 대제사장)이 되었다. 그의 통치 아래 유다는 정치적으로 독립을 유지하게 되었고, 단지 명목상으로만 셀류쿠스 왕조의 통치 아래 있었다. 따라서 시몬과 요한과 함께 마카비 사람들은 그들의 위대한 목적, 곧 종교적 독립만이 아니라 정치적 독립도 달성했다! 그러면 종교적 개혁은 어떻게 되었는가?

이러한 사제-왕과 더불어 이제 **신정국가의 가장 강력한 형태**가 실현된 것처럼 보였다. 그렇지만 이스라엘 땅의 사람들은 하스몬 사람들을 전혀 흡족하게 생각하지 않았다. '경건한 자들', 일반적인 '바리새인들'(아람어 '페리샤야perishayya'는 히브리어 '페루심perushim' = 경건을 통해 '분리된 자들'에서 나왔다)이라는 단어를 반대하는 사람들이 점점 더 늘어났다. 그들이 민족주의보다 더 중요하게 생각했던 것은 율법 준수였다. 율법은 구두 전승을 통해 구속력을 지닌 것으로 해석되었다. 이 집단에게 새로운 사제-왕 국가는 이미 오래전부터 매우 세속화된 것이었고, 전혀 종교적인 국가가 아니었다.

경건한 반대 세력에 맞서 요한 히르카누스는 어쩔 수 없이 헬라화한 사두개인의 당파에 의지해야 했다. 사두개인은 가능한 한 모든 전승이 아니라 오직 오경만을 지켜야 한다고 생각했다. 그는 권력을 유지할 수 있었다. 그러나 정통 신앙에 따르면 오로지 다윗의 후손만이 취할 수 있는 왕의 호칭을 형식적으로 취한 그의 아들이자 후계자 **알렉산더 얀네우스**Alexander Jannaeus(103~76)는 유혈 테러를 통해 권력을 유지해야 했다. 알렉산더는 반란자 800명을 십자가 형틀에 매달아 죽인 뒤에 몇 년 동안 지속된 바리새인의 반란을 종식시켰다.[64] 신앙 전쟁은 오랫동안 정복 전쟁으로 변했다. 해변 도시와 갈릴리만이 아니라 동쪽 요르단의 대부분도 정복되었다.

두 마카비서는—유대교 경전으로 채택되지 못했다—기원전 175년부터 135년까지 이어지는 마카비 사람들의 반란과 통치를 다룬다. 이 사건은 오늘날 다시금 자신을 주장하는 유대인의 의지의 상징이 되었다. 물론 우리는 이 사건을 미화하거나 대수롭지 않게 여겨서는 안 될 것이다.[65] 갓월드N. K.

Gottwald가 올바로 지적했듯이 다음과 같은 사건은 역사의 역설이다. "첫 번째 마카비 사람 유다는 한때 작지만 강력한 유대인 헬라주의자들과 그들을 돕는 셀류쿠스 왕조 사람들에 맞서 다수의 유대인을 통솔했다. 그러나 이제는 거꾸로 마카비 사람들의 후계자 알렉산더 얀네우스는 그를 헬레니즘의 타락과 공격의 화신으로 보았던 다수의 주민들에 맞서 작지만 강력한 왕권주의자들의 집단을 통솔하게 되었다."[66] 따라서 마카비 사람들이 현실적인 정치 목적을 이루려고 모든 수단을 사용한 것은 의문의 여지를 남긴다.

하스몬 가문의 통치 아래 거의 80년(142~63) 동안 유대인이 독립을 유지한 것은—오직 팔레스타인 땅에 권력 공백이 존재했기 때문에 가능했던 것으로—하나의 간주곡이 되고 말았다. 이미 오래전에 **로마 제국**은 그리스와 소아시아에 이르기까지 동쪽의 경계선을 확장했다. 그리고 시저의 적수였다가 이제는 아시아의 최고 통치자가 된 폼페이우스는 새로운 질서를 추구했다.[67] 그렇지만 하스몬 가문의 후계자로 자처한 히르카누스와 아리스토불스에 의해 중재 심판관으로 요청을 받았던 폼페이우스는 다메섹(다마스쿠스)에서 유다의 사신의 간청을 들어주었다. 유다의 사신은 오래전부터 하스몬 가문의 통치에 염증을 느낀 나머지 종교적 통치와 정치적 통치의 분리를 다시 요구했다. 분명히 이것은 **종교적·제의적 영역에 제한되었지만, 사제 통치를 회복하는 것**, 정치적 통치를 새로운 강대국 로마에게 양도하는 것을 의미했다. "히르카누스의 추종자들은 이에 동의했고, 예루살렘을 폼페이우스에게 넘겨주었다. 아리스토불스는 성전의 산에 보루를 쌓았고, 성전의 산은 세 달 동안 포위를 당한 뒤에 점령되었다. 이로써 거의 한 세기 동안 전쟁을 치르고 잠정적인 정치적 자유를 누리며 유대인 국가를 이끌었던 마카비 운동은 실패하고 말았다. 그들의 혈통에서 갈라져 나간 하스몬 가문 통치자들의 전횡 때문이었다."[68]

이러한 정책의 결과는 다음과 같았다. **유다는** 이제 **로마의 신하 국가**가 되었다. 유다는 이제 해변 도시를 잃어버렸고, 지중해로 나갈 수도 없는 매우 작은 국가로 쪼그라들었다! 대제사장은 권력을 잃었다. 그는 왕의 호칭을 잃었고 세금을 징수할 권리도 잃었다. 그는 이제 단지 예루살렘의 신앙 공동체만을 다스릴 수 있게 되었고, 때로는 로마의 분부 아래 지방 통치자의 역할을 수행할 수 있을 뿐이었다. 그런데 하스몬 가문은 어떻게 되었는가? 소아시아의 로마의 큰 적대국이었던 페르시아와 정치적으로 위험한 관계를 맺었기 때문에 나중에 로마는 모든 가족이 완전히 제거되도록 허락했다. 이 잔인한 사업 때문에 유대인이 된 한 이두매 사람이 공로를 얻게 되었는데, 그가 바로 **헤롯**Herod이었다. 그는 로마로 도피한 갈릴리 지방 총독이었고, 안티파테르 히르카누스 2세와 아랍 제후의 딸 사이에서 태어난 아들이었다. 그는 얼마 전에 로마 원로원에 의해 '동맹국의 왕'('렉스 소키우스*rex socius*')으로 임명되었지만, 실제로는 로마의 지배를 받는 유다의 분봉왕으로 임명되었다. 그는 나중에는 **대왕**이라고 불리게 되었다.[69] 그는 기원전 37년에 로마의 도움을 받아 예루살렘을 정복했고, 그의 성격대로 교활하고 잔인하고 야심차게 국가를 건설했다. 물론 이 국가는 로마에 예속되어 (원로원의 직접적인 관할 아래) 있었지만 그래도 비교적 독립적인 국가였고, 하스몬 왕국보다 작지 않았다.

헤롯은 예루살렘에서 애써 유대인처럼 행동했고, 유대교의 제의를 침해하지 않았으며, 디아스포라 유대교를 후원했다. 그는 예루살렘과 성전을 호화롭게 확장했고, 로마의 평화*Pax Romana*를 통해 온 땅에 평화와 평안을 보장했다. 그럼에도 그는 백성에게, 그리고 특히 신앙이 강한 사람들에게 대단히 미움을 받았다. 그는 왕으로서 바로 **위대한 다윗과 대립되는 인물**이었다. 그 이유는 무엇인가? 단지 혼혈인이자 로마인이었던 그가 곳곳마다 헬라적인 궁전과 성전, 도시를 새로 건설하거나 확장했기 때문만은 아니다('사마리아'는 아우구스투스의 명예를 높이기 위해 '세바스테Sebaste' = '아우구스타

Augusta' = '황제 도시'가 되었다). 단지 그가 황제 숭배를 장려하고 수많은 요새(예루살렘의 요새, 사해의 마케루스Machaerus와 마사다Masada)를 그의 공포 통치의 표시로 건설하거나 개조했기 때문만도 아니다. 그가 심한 미움을 받았던 것은 대제사장을 마음대로 조종하고, 국가와 종교의 분리를 촉진하고, 모든 저항의 싹을 잔인하게 짓밟았을 뿐만 아니라, 하스몬 가문과 자기 자신의 가문에서 (모두 8번의 결혼을 통해 인연을 맺은 사람들 가운데) 후계자가 될 만하다고 의심되는 이들을 살해했기 때문이다. 그는 자신의 두 번째 아내 마리안느, 80세의 대제사장 히르카누스의 조카딸과 그 자신의 세 아들을 살해했는데, 세 번째 아들은 그가 죽기 며칠 전에 살해되었다. 이 모든 사건은 마태복음에서 (헤롯의 명령에 따라 일어난) 베들레헴 유아 살해의 배경이 되었고, 한스 작스Hans Sachs와 칼데론Calderon에서 볼테르Voltaire와 프리드리히 헤벨Friedrich Hebbel 등에 이르기까지 위대한 극작가들의 세계적인 작품의 소재가 되었다.

하스몬 가문의 시대 이래 유다의 국내정치적 갈등은 주로 부자와 로마 점령 세력과 결탁한 헬라화한 상층부 **사두개인**과 그리스에 반대하고 율법 실천과 '공의'와 심판에 관심을 기울였던, 그리고 이제는 백성의 지지를 점점 더 받게 된 경건한 **바리새인**과의 투쟁으로 유발되었다. 종교적으로 관용적이었던 로마의 통치 아래 신정 패러다임은 더욱더 견고해졌고, 다시 경제적 · 정치적 · 종교적 중심이었던 **성전**을 가진 **일종의 교회국가**가 되었다.[70]

헤롯조차도, 그리고 그의 후계자들(황제 아우구스투스는 기원전 4년에 헤롯이 죽은 뒤에 헤롯 왕국을 그의 세 젊은 아들에게 분할해주었다)과 가이사랴 해변에 거주하고 있던 로마 총독(그 가운데서 잘 알려진 본디오 빌라도는 기원후 26~36년 동안 통치했다)은 신정적인 권력 구조와 통치 구조인 **사제의 계급 조직**을 대체로 존중했고, 유대인은 이 조직이 하나님 자신, 곧 가장 높은 주님에 의해 정당화되었다고 여겼다. 여기서는 종교, 재판, 행정과 좁은 의미에서 정치도 분리될 수 없이 긴밀하게 얽혀 있었다. 모든 종교적 · 법률적 사안을 관할하는, 통치와 행정과 재판을 위한 중심 기구는 유대인의 왕이 아니라 대제사장을 우두머리로 삼은 예루살렘의 **최고 의회**였는데, 사람들은 이를 그리스어로 신헤드리온Synhedrion(='총회', 아람어 '산헤드린Sanhedrin'이라는 말은 여기서 유래한다)이라고 불렀다. 산헤드린에는 나라의 통치 계급들이 참여하고 있었다. 사두개파 사제와 귀족 외에도 특히 사두개파 사제의 노선과 바리새파 민중의 노선을 따르는 '서기관'(신학자 · 법률가)도 있었다. 산헤드린은 의장 역할을 맡은 대제사장 아래 정확히 70명의 남자로 구성되었다. 그들은 왕과 점령 세력에 철저히 의존해 있었지만, 항상 유대 백성의 최고 대표자로 간주되었다. 그렇지만 백성은 귀족들이 품고 있던 희망과는 완전히 다른 희망을—공개적이거나 비밀리에—퍼뜨리고 있었다.

8. 시대를 경고하고 해석한 묵시가들

신정 패러다임의 변두리에서 '하시딤Hasidim' 집단은 사건들의 압력 아래 역사를 독특하게 해석하기 시작했다. 그리고 초기의 종말론적 희망을 다시 받아들인 '묵시'(='덮개 벗김', '계시')문학이 싹터 올랐다. 이제는 특히 예언과 유언, 꿈과 환상의 형태로, 풍부한 비유 언어와 숫자 사변을 통해 묵시문학이 하나님의 신비와 특히 미래를 '계시할' 수 있다고 주장했다. 그렇다면 무엇이 계시되었는가?[71]

묵시가들이 시대를 경고하고 해석하는 자들로서, 환상을 보는 자들과 선견자들과 꿈을 꾸는 자들로서 예언자와 현자의 자리를 차지한 것은 이미 마카비 시대의 위기 속에서였다. 그리고 묵시적 선포가—예언자의 문헌에서 더 많은 예비 단계를 거친 뒤에—완전한 형태를 갖게 된 책은 **다니엘서**였다. 이것은 예언자 다니엘의 책인가? 오늘날 입증되었듯이, 다니엘서는 언어와 신학(후기의 천사신학)과 불일치하는 구성 때문에 기원전 6세에 바빌론 궁전에서 살던 선견자가 쓴 책이라고 볼 수 없다. 저자는 오히려 2세기에 활동하던 사람으로 헬라화를 추구하던 잔인한 안티디오쿠스 4세 에피파네스 시대에 다니엘의 가면 뒤에 숨어서 이 책을 썼다. 그렇기 때문에 유대교의 경전에서도 다니엘서는 '예언서'가 아니라 '성문서'로 분류된다.

다니엘서는 정치적 억압과 유대교와 헬레니즘 간의 문화 투쟁에 대해 하나의 다른 반응, 곧 **정치적이라기보다는 신학적인 형태의 반응**을 보여준다. 그렇지만 이 책은 특히 역사의 의미에 대한 새로운 대답을 요구했다. "셀류쿠스 왕조는 지나치게 공격적으로 동방을 향해 확장하려는 욕망을 드러냈고, 그와 동시에 헬라 문화를 통해 사람들을 유혹했다. 비록 종종 은폐된 형태로 나타났지만, 이로 인해 예루살렘의 수많은 자본가와 성직자와 귀족이—토라를 폐기하기까지—유대교에서 이탈했다. 따라서 유대교의 경건한 집단은 외적·내적으로 근본적인 위기에 빠지게 되었고, 그 결과로 우리가 묵시문학이라고 부르는 완전히 달라진 역사신학이 생겨나게 되었다."[72] 종종 우주적인 종말의 파국과 하나님 나라의 도래와 결합된 완전히 달라진 이 역사신학은 후기의 영향사影響史를 고려할 때 두 가지 중대한 결과를 낳았다.

한편으로는 유대 민족의 역사에서 처음으로 **개인의 부활**에 대한 신앙이 생겨났다. 이 점은 이해가 된다. 왜냐하면 박해 시대를 앞두고—다니엘서 저자에게 이 시대는 바로 남자, 여자, 어린아이가 율법을 준수한다는 이유로 잔인하게 고문을 당하던 고난의 시대였다—공의로운 보응에 관한 오래된 문제가 과거 세대가 생각했던 것보다 훨씬 더 날카롭게 대두되었기 때문이다. 프톨레미 시대와는 달리, 그리고 우울하지만 현실을 긍정(시간이 있는 한 인생을 즐겨라!)하던 전도서의 시대와는 달리 새로운 문제가 등장했다. 전도서는 단지 지혜문학의 전통적인 보응신학만이 아니라 피안에 대한 즐거운 희망과도 매우 동떨어져 있었다. 이제는 배교가 아니면 죽음을 선택하라는 터무니없는 강요를 받았던 많은 순교자들이 신앙을 지키며 죽어간 사실을 목도하면서, 지나칠 수 없는 새로운 질문이 터져 나왔다. 만약 신실하게 믿는 사람들이 더는 보상을 받을 수 없다면, 순교자들의 죽음은 무슨 의미가 있겠는가? 그들은 이 세상에서 보상을 받지 못한다. 그들은 이미 죽었다! 그들은 저 세상에서도 보상을 받지 못할 것이다. 그들은 오직 그늘 속에 존재할 따름이다. 특히 가장 의로운 자들에게 공의로운 하나님은 어디에 있는가?

묵시문학의 저자 다니엘의 대답은 이러하다. 이 시대 다음에는 종말의 시대가 온다. 지금이 그때다! 이스라엘은 구원을 받을 것이다. 새로운 사건이 일어날 것이다. 죽은 자들이 부활할 것이다. 신앙의 증인들만이 아니라 그들을 따랐던 자들도 부활할 것이다. '먼지의 땅'에서 잠들어 있는 죽은 자들은 깨어날 것이다. 그들은 (플라톤이 말한 대로 '영혼'으로만 존재하는 자들이 아니라) 전인全人으로서 생명으로, 이 세상의 존재로 되돌아올 것이다. 그러나 이 생명은 영원히, 끝없이 지속될 것이다. 지혜로운 자들은 영원한 빛의 형태로 살아갈 것이고, 다른 자들은—이것도 자세히 설명되지 않았다—영원한 수치의 형태로 살아갈 것이다. "지혜 있는 자는 궁창의 빛과 같이 빛날 것이요 많은 사람을 옳은 데로 돌아오게 한 자는 별과 같이 영원토록 빛나리라."[73] 이 본문을 우리는 다음과 같이 설명할 수 있을 것이다. 다니엘서의 이 본문은 히브리 성서 전체에서 **죽은 자의 부활을 말하는 가장 오래된, 그리고 논쟁의 여지가 없는 유일한 본문**이다! 물론 히브리어 정경 밖에도, 곧 그리스어 70인역과 특히 마카비후서에도—가장 오래된 유대인 순교자 이야기를 담고 있는 마카비후서는 기독교인의 순교 행위의 전형이 되었다—매우 늦게 나타난 이러한 부활 희망이 발견된다. 따라서 부활신앙은 기원전 150년에 유대교의 주요 관심사가 되었다.

두 번째 발전도 역시 중요하다. 총체적인 절망 속으로 빠져든 역사 때문에 유대 민족의 전통적인 메시아 기대, 곧 '다윗의 아들'의 도래에 대한 기대는 설득력을 잃어버렸다. 물론 이것은 역사 자체에서 생겨난 결과였다. 그렇지만 팔레스타인의 묵시적 집단들은 다음과 같이 확신하게 되었다. 오직 하늘에서 직접 내려온 하나님의 사자使者만이 구원할 수 있다. 그는 하나님과 함께 숨어 있던 자로서 선재하는 다른 구원자다. 그런데 특이하게도 많은 묵시적 문서에서 다윗의 혈통에 속한 메시아는 전혀 등장하지 않는다. 다윗 혈통에서 태어난 이 땅의 메시아 대신에 이미 존재해 있던 초월적인 심판자와 구원자인 **인자**가 등장한다. 그리고 팔레스타인에서 인자와 전통적인 메시아적 인물의 융합은 후기에 이르러 비로소 일어났다.[74]

묵시문학의 영향을 광범위하게 받은 이 시대에 유대교와 기독교에게 숙명적인 존재가 된 한 유대인, 곧 '인자'라고 불린 **나사렛 예수**가 태어났다. 강대국들은 그의 탄생을 전혀 알아채지 못했고, 그래서 그들의 연대기에 기록하지 않았다. 그는 이미 생존 시에 격렬한 논쟁의 대상이 되었으며, 작지만 매우 빨리 성장한 한 유대인 집단은 그가 폭력적인 죽음을 당한 뒤에 새로운 생명으로 부활했다고 굳건히 확신했다.

나중에 이 책에서 우리는 이에 관해 더 많은 이야기를 나눌 것이다. 여기서는 유대 민족의 역사를 좀 더 말하려고 한다. 새로운 시대의 전환을 맞이하는 우리에게 그것은 매우 흥미진진하다.

9. 예루살렘의 멸망과 신정 체제의 종말

기원전 30년 무렵에 나사렛 예수를 처형한 사건과는 완전히 무관하게 —로마인은 예수를 많은 유대인 선동가 중의 하나로 여겨 제거했다—유대교의 정치적 위기는 그 다음 10년 동안 극도로 커졌다. 특히 해방을 위해 투쟁한 갈릴리 유대인과 예루살렘의 도시 게릴라, 곧 젤롯당 사람들Zealots('열심당원들')과 시카리들Sicarii('단검을 찬 남자들')은 이미 오랫동안 로마 점령군에게 타격을 주어왔다. 로마 점령군은 착취적이고 무감각하고 정치적으로 무능한 총독에 의해 통솔되고 있었고, 총독은 참으로 어리석게도 종교를 침해하곤 했다.[75]

그러나 로마 제국에 대한 대대적인 봉기는 예수 사후 40년 무렵에, 곧 우리의 시간 계산에 따르면 66~70년에 비로소 일어났다. 우리는 사건이 전개된 과정을 잘 알고 있다. 왜냐하면 갈릴리 봉기에 직접 참가했지만 그 후에는 플라비우스 가문 황제들의 보호를 받았던 한 유대인 저술가 플라비우스 요세푸스Flavius Josephus가 그의 책 《유대전쟁사》에서 숨 가쁘게 전개된 사건을 자세히 묘사했기 때문이다. 물론 그는 대체로 젤롯당 사람을 싫어하고 로마인을 좋아하는 성향을 보였다. 요세푸스가 유대 민족을 변명하기 위해 암시했듯이, 그 당시에는 점점 더 커져간 혁명적 집단이나 당파의 결탁만이 존재했던 것은 아니다. 50년대와 60년대에는 곳곳에서 정치적·사회적·종교적 대결 현상이 나타나기 시작했다.[76] 그 결과 로마 통치에 대항한 **민족적인 민중전쟁**이 벌어졌다. 그러나 이 전쟁은 동시에 로마에 우호적이고 부유한 귀족에 대항한 **사회적 계급투쟁**이었고, 바로 그래서 깊은 의미에서는 **종교적 투쟁**이기도 했다. 유대인은 선택된 민족으로서 정치적 자유를 누릴 권리를 지니고 있다고 믿었다. 그리고 민족적·종교적 제도에 대한 끊임없는 충성(성전과 율법을 위한 열심)은 그들에게 하나님의 도움과 함께 승리를 보장한다고 여겼졌다. 여기에 역사학자들이 일치를 보이는 가장 중요한 자료가 있다.

- 기원후 66년: 총독 게시우스 플로루스Gessius Florus의 도발에 따라 가이사랴와 예루살렘에서 폭동이 일어났고, 대제사장의 아들 엘르아살이 성전과 안디옥 산을 정복했다. 그는 나중에 자신의 뜻에 따라 살해되었다. 그의 궁전은 하스몬 왕조의 궁전처럼 불타 무너졌다. 시리아의 로마 총독이 예루살렘에 개입했지만 실패했고, 양쪽에서 전쟁을 준비하기에 이르렀다.
- 67년: 네로 황제의 명령에 따라 총사령관 플라비우스 베스파시아누스Flavius Vespasianus와 그의 아들 티투스Titus가—아들은 나중에 황제이자 '플라비우스' 요세푸스의 후견인이 되었다—조금씩 땅을 되찾았다. 예루살렘에서 시민전쟁과 유사한 충돌이 일어났고, (어떤 전승에 따르면) 초기 기독교 공동체는 예루살렘을 떠나 동쪽 요르단 펠라로 피난했다.
- 68년: 네로가 죽었고, 베스파니아누스가 예루살렘을 포위했다. 이듬해에 예루살렘을 포위하기 시작했을 때, 그는 동방의 군단에 의해 황제로 선포되었고, 그의 아들 티투스에게 지휘권을 넘긴 뒤에 로마로 급히 떠났다.
- 70년: 새해가 시작되자 예루살렘 도시에서 폭동이 일어나기 시작했다. 유대인들은 집집마다 한 달 동안 격렬하게 저항했다. 8월에 성전이 불에 탔고, 9월에는 마침내 요새와 도시가 정복되었다. 도시는 온통 피로 물들었고, 곳곳마다 약탈과 파괴가 자행되었다.
- 71년: 티투스가 승리의 행진 속에 로마에 갔고, 일곱 개의 팔을 가진 성전 촛대 메노라Menorah를 승리의 노획물로 함께 가져갔다. 로마 광장에 이 촛대 모습을 묘사한 티투스의 승리 아치가 세워졌다. (원래의 촛대

는 455년에 반달족이 로마에 침입한 이래 분실되었다.)

• 74년: 젤롯당 전사 960명이 (여자 2명과 어린이 5명을 제외하고) 스스로 목숨을 끊은 뒤에 오랫동안 포위되고 전혀 음식이 공급되지 못했던 요새 마사다가 마침내 정복되었다. 마사다는 오랫동안 망각되었다가 오늘날에 이르러 발견되고 발굴되었다. 마사다에서 우리는 로마의 거대한 포위 성곽을 여전히 볼 수 있다.[77] 마사다는 오늘날 유대인 국가의 기념물이 되어 있고, 최근에는 죽기까지 싸웠던 유대인의 용기를 보여주는 상징이 되었다. 그 당시의 유대인에게 그것은 유례가 없는 무의미한 재앙이었다. 다음과 같은 사실을 망각해서는 안 된다. 모두 합하면, 아마도 팔레스타인의 유대인 중에 대략 4분의 1이—요세푸스와 타키투스에 따르면 대략 60만 명이—유대-로마 전쟁에서 목숨을 잃었을 것이다.

몇 년 후에, 곧 132~135년에 모든 경고 신호를 무시한 두 번째 봉기가 일어났다. 이것은 메시아적 성향을 띤, 승산이 없었던, 그리고 로마에 대한 유대인의 최후 봉기였다. 그렇지만 이를 우리는 별로 알지 못한다.[78] 이 봉기는 시므온 벤 코세바Simeon ben Koseba가 주도했다. 그는 당대에 가장 영향력이 있던 랍비 아키바Akiba에 의해 바르 코케바Bar Kokeba(='코크바Kokhba'= '별의 아들')라고 불리며 메시아로 환영을 받았지만, 다른 사람들에게는 (탈무드의 증언에 따르면) 바르 코지바Bar Koziba('거짓의 아들')라고 불리며 백성을 미혹하는 자로 조롱을 받았다.[79] 로마에 의해 완전히 계획적으로 다시금 진압되었던 이 봉기는 요새 50개와 요새화된 마을 1천 개가량이 정복된 후에 재앙으로 끝났다. 바르 코크바는 전투 중에 죽었고, 랍비 아키바는 '셰마'를 낭독하면서 순교했다. 이 두 번째 전쟁에서 대략 85만 명이 목숨을 잃었다고 전해진다. 바르 코크바의 추종자 가운데서 살육을 당하지 않았던 사람들은 노예로 팔려갔다. 오래된 예루살렘은 완전히 파괴되었다. 더 고약한 점은 전쟁이 끝난 뒤에 헬라 문화를 철저히 모방한, 완전히 새로운 도시가 건설되었다는 사실이다. 이름도 새롭게 콜로니아 아일리아 카피톨리누스라고 붙여졌다. 이제 예루살렘에는 주피터 카피톨리누스, 주노, 미네르바의 성전이 세워졌고, 로마의 식민지가 되었다. 할례를 받은 모든 사람이 도시에 들어오는 것은 사형을 당할 수 있는 행위로서 금지되었다.

이것은 획기적인 단절이었다. 예루살렘과 두 번째 성전의 상실만큼 유대교의 역사와 자기이해에 그렇게 지속적인 영향을 끼친 사건은 없었다. 그것은 이스라엘의 거룩한 도시의 궁극적인 종말이 아니었는가? 바르 코크바 전쟁은 거의 2천 년이 지나 6일 전쟁과 예루살렘의 탈환 후에 영웅적인 행위로 칭송을 받기 전까지는 지난 모든 시대에 값비싼 대가를 치른, 그리고 무의미한 재앙으로 간주되었다. 이스라엘인이 바르 코크바 증후군이라고 불렀던 그 사건은 평화를 가져다주기보다는 유대 민족과 국가를 다시 위험에 빠뜨릴 수 있었던 사건이 아니었는가?

로마 군대가 도시와 성전의 높이를 지면의 높이와 똑같게 만든 지 어언 19세기가 지나갔다. 아브라함이 제사장 멜기세덱을 만났고, 그의 아들 이삭을 하나님의 명령에 따라 죽이려고 했다는 아브라함의 도시, 다윗과 솔로몬의 도시, 하스몬 왕조와 헤롯 왕조의 도시는 그동안 다시 기나긴, 그리고 영욕이 교차한 역사 속에서 **세 가지 세계종교**의 거룩한 도시가 되었다. 그러나 유대 민족의 어원에 따르면 **'평화의 도시'**였다는 예루살렘은 **불화의 도시**가 되었다.

다음과 같은 사실을 간과해서는 안 된다. 세 아브라함 종교는 모두 예루살렘을 차지할 권리가 있다고 주장한다. 그러나 그와 동시에 각 종교는 다른 종교의 권리를 인정하려 들지 않는다. 그래서 오늘날 겨우 15헥타르밖에 되지 않는 성전 장소가 이 땅에서 가장 치열한 싸움이 일어나는 장소가 되고 있다. 그곳을 조금만 침범해도, 오늘날 우리가 보고 있듯이 피나는 싸움이 일어난다. 그렇지만 많은 질문이 제기된다. 성전은 본질적으로 유대교에 속해 있는가, 아니면 단지 (군주제도처럼) 특정한 시기에 한정되어 있는 상황의 산물일 따름인가? 성전은 유대교 신앙의 본질에 속해 있는가, 아니면 단지 특정한 패러다임에 속해 있을 따름인가? 이에 관해 세 아브라함 종교 모두 정치적 입장과 전략이 매우 다르고, 일치를 보이지 않는다.

— 적지 않은 **유대교인**이 성전이 다시 세워지는 것을 보기 원한다. 그들은 매일 세 번 이를 위해 기도하며, 이미 모델을 만들고, 돈을 모으며, 벌써 사제를 양육하고 있다. 물론 오늘날 대부분의 유대교인은 성전의 재건을 바라지 않으며, 그 결과로서 피를 흘리는 동물 제사를 다시 수용하기는 원하지 않는다.

— 몇몇 **기독교인**도 성전의 재건을 원한다. 그러나 이유는 단지 성전이 그리스도 재림의 전조라고 믿기 때문이다. 물론 대부분의 기독교인은 자신의 예배 장소에 만족하고 있으며, 성전의 재건을 바라지 않는다. 왜냐하면 성전의 재건은 아마도 쉽사리 유대교인과의 충돌로 이어지기 때문이다.

— 적지 않은 **무슬림**이 성전의 재건을 막기 위해 피를 흘려서라도 성전 장소에 있는 거대한 돔과 이슬람 사원을 끝까지 보호하기를 원한다. 물론 대부분의 무슬림은 '거룩한 바위holy rock' 때문에 다시 전쟁을 수행하기를 바라지 않는다.

이것은 다의적이고 매우 위험한 상황이다. 그리고 오직 하나만은 확실하다. 만약 예루살렘과 그 성전 산을 놓고 평화로운 공존 방법을 추구하지 않는다면, 유대교인과 기독교인과 무슬림 사이에 참된 평화는 분명히 존재할 수 없을 것이다. 이에 관해 나는 제3부에서 몇 가지 구체적이고 실천적인 제안을 할 것이다. 여기서는 문제를 해결할 수 있는 몇 가지 질문을 제기해보기로 하자.

미래를 위한 질문

유대교인에게 예루살렘은 다윗의 도시로서 종교적 중심이고, 그들이 갈망하는 도시이며, 첫 번째와 두 번째 (아마도 세 번째도) 성전이 세워진 산이다.

그러나 예루살렘은 1,500년 동안 기독교인과 무슬림의 통치 아래 있었고, 기독교인과 무슬림의 거룩한 도시임을 유대교인들은 잊어서는 안 된다.

기독교인에게 예루살렘은 예수 그리스도와 초기 기독교 공동체의 도시로서 언제나 이 땅의 모든 교회의 어머니이고, 성전의 산은 예수가 기도하고 활동하고 설교했던 장소다.

그러나 이 도시는 1,000년 이상 이스라엘인-유대인의 도시였고, 무슬림에게도 많은 의미가 있으며, 기독교인으로서 '땅'이 아니라 '하늘'에 있는 예루살렘을 희망해야 한다는 사실을 기독교인은 잊어서는 안 된다.

무슬림에게 예루살렘은 무함마드의 도시로서 메카와 메디나 다음으로 가장 거룩한 도시이고, 성전 산은 예언자가 환상을 보았던 장소다.

그러나 예루살렘은 무슬림의 도시가 되기 이전에 먼저 1,700년 동안 유대인의 도시와 기독교인의 도시였다는 사실을 무슬림은 잊어서는 안 된다.

Ⅳ. 중세 랍비-회당 패러다임

로마 제국 어디서나 교양 있는 사람들이 대변했던, 그리고 (나중에는 기독교가 받아들인) 윤리적 유일신론이라는 위대한 주도 이념을 가졌던 유대교가 혹시 헬라 세계에서 위대한 미래를 열 수 있지는 않았을까? 그렇지만 이제 그럴 모든 기회는 사라졌다. 유대-로마 전쟁은 얼마나—헬레니즘의 위기에서 유래한—위기를 초래했는가! 여하튼 이것은 바빌론 포로 시기보다 더 심원한 단절을 가져왔다. 단지 백성이 가난해지고 땅의 소유권이 남에게 넘어가고, 나무들이 제거되어 오랫동안 기후가 바뀐 것만이 문제가 아니었다. 백성의 모든 집단이 이제 완전히 사라진 것과 다름이 없었다.

— (혁명적-젤롯파 사람과 같은) 정치적 집단과 (에세네파 사람과 수도사와 같은) 비정치적 집단에 속한 급진적인 사람들은 사라졌다. 그들은 전쟁을 통해 제거되었다.

— 왕이 사라졌고, 곧 오게 될 메시아와 같은 해방자도 사라졌다. 거룩한 도시 예루살렘도 사라졌다. 거의 2천 년 동안 유대인의 정치적 중심이 되었던 예루살렘은 이제 그 역할이 끝났다.

— 성전과 사제, 성전 제의, 동물 희생 제사가 사라졌고, 성전과 결부된 모든 제의 체계와 율법 체계가 사라졌다. 성전이 언젠가 다시 세워지리라는 기대와 제의가 다시 수용될 수 있을 거라는 최소한의 희망도 사라졌다.

— 요약하면, 매우 잘 수립되었다고 여겨진 신정 패러다임은 결국 붕괴했다. 근본적인 패러다임 전환이 시작되었다.

1. 새로운 바리새인적-랍비적 생활 형태

할례를 받은 모든 사람이 (예루살렘의 기독교인을 포함하여) 도시에 들어오는 것은 사형을 당할 수 있는 행위로서 금지되었다. 참으로 실제적인 종교 억압이 실행되기에 이르렀다. 할례와 안식일 축제, 율법교사의 임명, 공식적인 토라 공부, 개종 활동이 금지되었다. 팔레스타인에서 유대인의 혁명 의지가 분명하게 무너졌을 때, 비로소 유대인을 적대시하던 법령이 수정되거나 더는 강요되지 않았다. 유대인의 종교가 자신의 땅에서 디아스포라 종교가 되었다는 것은 분명하다. 그러나 그것은—여전히 놀라는 사람이 있을까?—결코 유대인 종교의 마지막이 아니었다!

신정국가 이스라엘과 성전이 없는 이스라엘 간의, 성서적 유대교와 성서 이후의 유대교 간의 **연속성**을 누가 만들어냈는가? **바리새인**이었다! 유대교 내의 큰 당파 가운데서—여기서 나중에 다루게 될 유대인-기독교인의 운동을 제외한다면—초기에 도덕적 갱신 운동을 대변했던 이 당파만이 유일하게, 마지막까지 생존했다. 대부분이 평신도였고 백성 가운데서 흩어져 살았던 그들은 자신을 '분리된 자'('경건한 자'), 곧 '바리새인Pharisee'이라고 불렀다. 그렇게 된 이유는 무엇인가?

강대국 로마와의 전쟁을 처음부터 냉담하게 바라보았던 온건한 바리새인의 대변자이자 산헤드린 의원이었던 요하난 벤 자카이Johanan ben Zakkai는 이미 첫 번째 유대-로마 전쟁 중에 관 속에 누워 포위된 예루살렘을 조용히 빠져나가 로마인과 협상을 벌렸다. 로마인은 그에게 **야브네**Jabneh(그리스어로는 얌니아Jamnia로 야파 호수에 있는 마을)에 학교('베트 미드라쉬Bet Midrash')를 세우는 것을 허락했다. 이 학교는 예루살렘 파괴 후에 학자들의 소모임 중심지가 되어 랍비를 양성했고, 해마다 유대인의 달력을 계산했으며, 로마인의 동의 아래 점차로 예루살렘 산헤드린의 몇 가지 재판 기능도 넘겨받았다. 이스라엘 국가를 다시 세울 때까지 수 세기 동안 유대인의 생존과 새로운 탄생의 상징이 되었던 곳은 전사들의 장소이자 끔찍한 자살 장소, 곧바로 망각된 **마사다가 아니라** 야브네에 세워진 학교였다. 이 학교는 바르 코크바 전쟁 후에 갈릴리로 옮겨졌다. 랍비들은 비록 전쟁이 '의로울'지라도 전쟁을 정당화하기보다는 이제 비폭력의 원칙을 옹호했다.

성전의 사제처럼—단지 성전만이 아니라 온 백성과 온 땅이 거룩해야 한다!—지금까지 일상생활에서, 가족 안에서, 그리고 마을에서 제의적 정결을 실천했던 자는 바리새인이었다. 그들은 성전이 파괴된 후에 사제의 유산을 이어받고 유대교의 정신적 생존을 가능하게 하는 최상의 조건을 만들었다. 물론 곧바로 가난한 바리새인 랍비 70명으로 다시 구성된 새로운 '대大산헤드린'의 권한과 의미는 옛 산헤드린의 그림자에 불과했다. 요하난이 퇴임한 후에 야브네 학교의 지도력은 가말리엘 2세에게 넘어갔다. 그는 로마에 맞선 봉기에 매우 열렬히 참여했던 야심만만한 힐렐Hillel 가문의 우두머리였다. 그는 율법을 독자적으로 해석한 삼마이Shammai 가문의 경쟁 학교를 제거할 수 있었고(랍비 엘리에제르 벤 히르카누스Eliezer ben Hyrcanus를 파문), 지역을 넘어서는 권위를 얻었다. 두 번째 봉기 후에 힐렐 가문의 우두머리는 '생활 방식*modus vivendi*'에 관심을 보인 로마에게 유대교를 대변했다. 그렇기 때문에 힐렐 가문의 우두머리는 로마 제국 내의 모든 유대인에게 부과하던 예전의 성전세(지금은 해마다 내는 세금)도 마침내 관리할 수 있게 되었다. 왜냐하면 그는 나시Nasi(='군주'=족장)로서 나라를 통치하지는 않았지만, 백성의 우두머리(에트나르크ethnarch)로서 백성('에트노스ethnos')을 통치했기 때문이다. 겸손해진 유대인의 대외적 입장은 이로 인해 견고해졌고, 그와 동시에 온건한 **바리새인 집단**은 (힐렐의 정신 속에서) 표준적이고 **규범적인 유대교** 집단이 되었다. 율법 해석을 통일하고 견해의 다양성을 줄이는 과정이 시작되었다.

민족적 재앙을 겪은 뒤에 팔레스타인에서 주로 농업과 수공업과 비단 거래를 통해 생계를 이어가던 유대인에게 여전히 남아 있던 정신적 유산은 무엇이었을까? 여하튼 새로운 역사 서술도, 새로운 시편과 문학도, 묵시적 환상도, 지혜문학도 없었고, 예수와 동시대 사람인 알렉산드리아 출신 필로가 이미 제시했던 그런 종교철학도 없었다. 그래도 율법과 율법에 대한 해석만은 여전히 남아 있었다! **성서**(특히 모세 오경, 토라)와 **율법 교사**와 **회당**이 남아 있었다. 그러나 그것들은 이제—예루살렘과 성전의 파괴 후에—완전히 **새로운 가치**를 지니게 될 것이다.

- 성서? 토라의 역할은 이제 제단의 자리를 차지했고, 토라 공부는 기도와 선행과 함께 성전 제의의 자리를 차지했다.
- 율법 학자? 랍비는 이제 사제 계급을 계승했다. 교육을 통해 획득한 랍비의 권위는 계승될 수 있는 사제와 레위인의 권위를 대신했다.
- 회당? 집회와 기도와 교제를 위한 지역 처소는 예루살렘의 성전을 대신했다.

이 모든 요소는 이제 새로운 네 번째 패러다임, 곧 **랍비-회당 패러다임**(P IV)을 말할 수 있게 해준다. 물론 여기서도 인정해야 할 점은 사람들이 종교적 중심, 핵심적 진술, **이스라엘-유다의 신앙의 본질**을 여전히 굳건히 붙들고 있었다는 사실이다. 야웨는 아직도 이스라엘의 하나님이고, 이스라엘은 그의 백성이다. 지금 온 땅에 **흩어져 있는** 유대인이 약속된 땅과 관계를 맺는 습관도—비록 지금도 매우 적은 유대인이 그곳에 살기를 원하지만—수세기 동안 전혀 사라지지 않았다. 그렇다면 랍비-회당 패러다임이란 구체적으로 무엇을 의미하는가?

1) **랍비**: '랍비', '율법 교사'는 기나긴 발전 속에서 이제 사제 대신에 지배 세력이 되었다. 물론 지배 세력이 된 자는 오직 바리새인이었다. 종전의 패러다임에서 율법 교사는 기껏해야 종속적인 역할만을 수행했을 따름이다. 예수의 시대에 '랍비'란 분명히 토라를 알고 가르치는 사람을 일컫는 존칭이었지만, 특별한 집단이나 계급, 곧 교육과 임명을 받은 교사를 지칭하는 배타적 호칭은 아니었다.[1]

그러나 이제 2/3세기에 랍비는 누구였는가? 그는 언제나 '율법의 교사'였다. 그는 처음부터 사제나 공동체 지도자, 영혼을 돌보는 자, 구원을 중재하는 자가 아니라, 특별히 교육을 받은 (그리고 팔레스타인에서 오랫동안 임명된), 방대한 종교 율법을 알고 해석하는 자였다. 족장이나 교육을 받은 군주, 곧 '나시Nasi'에게 급여를 받지 못할 때 랍비는 분명히 농사꾼이나 수공업자, 상인으로 다방면에서 활동하기도 했다. 그렇지만 그들은 서서히 (특히 유대인을 재판하는 과정에서) 공동체에 대한 그들의 권위를 제도화하려고 노력했던 새로운 사회 계층이 되었다. 그들은 점점 더 종종 완전한 교사 체계를 갖춘 교사 계급이 되어갔다. 그들은 자신들이 율법, 곧 수많은 정결 규정, 식사 규정, 금식 규정을 매일 지킬 수 없거나 지키려고 하지 않았던 일반 백성('암 하아레츠am ha-arez' = '민중')과는 매우 동떨어져 있다고 확신했다. 비록 랍비는 사제 대신에 이제 사회 계급의 상층부에 속하게 되었지만, 기독교에서 볼 수 있듯이 독신으로 대중과 격리되어 살아가는 수도사처럼 교육을 받은 엘리트는 아니었다. 오히려 그들은 가족 속에서, 그리고 직업에 종사하면서 살아가던 율법 전문가였다. 그들은 모든 유대인을 다 같이 율법에 정통한 사람으로 만들기 위해 힘썼다. 이제 **랍비는 규범이자 모범이 되었다**! 그리고 성서 이후 시대에 기독교의 주교와 사제가 자신의 공동체에 '두 번째 그리스도'로 나타나기를 원했듯이, 랍비도 이제 일종의 육신이 된 토라가 되기를 원했다.

2) **회당**: 성전 대신에 이제는 유대교 어디서나 볼 수 있는 '회당synagogue'이 결정적인 의미를 얻게 되었다. 회당은 그리스어로 모임만이 아니라 공동체와 집회 건물도 의미한다. 회당은 유대인의 지역 공동체 중심으로서 일반 종교사의 혁명적인 발전을 보여준다. 이러한 발전은 기독교의 교회와 이슬람교의 사원에도 모범이 되었다. 그 기원은—고대의 유대교 전승은 모세에게서 유래한다고 말하지만—아마도 포로 생활에서 찾을 수 있을 것이다. 여하튼 이스라엘 자체를 위한 가장 오래되고 확실한 고고학적·언어학적 증거는 그리스도 이후 1세기에 비로소 발견된다.

분명히 회당의 의미는 중앙 성전, 곧 두 번째 성전의 파괴로 인해 상당히 높아졌다. 그 이래 단지 갈릴리에서 가자까지만이 아니라[2] 로마 제국의 전 지역에 회당이 세워졌다. 회당은 예배에 사용되었지만 다른 모임에도 사용되었다. 이 회당에서 사람들은 이제 함께 기도했고, 토라를 체계적으로 낭독하고 가르쳤으며, 이야기와 율법 해석으로 토라를 해설하고 토론을 벌였다. 여기서 이제는 전형적으로 랍비적인 견해가 발전되었다. 그것은 집중적인 **성서 연구**와 규칙적인 **기도**, 선한 **행위**가 **성전 제의와 희생 제사를 대신할** 수 있다는 견해였다. "세상은 세 가지 것 위에 세워져 있는데, 그것은 토라와 제의, 사랑의 실천이다."[3] 바리새인 전통은 어린 시절부터 특히 학교의 도움으로 모든 유대인의 살과 피 속으로 들어갔다. 그렇다. 토라를 배우는 것과 그와 함께 오직 배우는 것은 평생 동안 실천해야 할 과정이 되었다. 토라 연구는 공동체 예배보다 더 높은 가치를 지닌다.

종교적·정치적으로 랍비는 현명한 **중간 노선**을 걸었다. 종교적으로 (내부를 향해) 그들은 모든 생활 영역을 율법('할라카Halakhah')에 따라 배열하고, 그와 동시에 온건한 해석을 통해 일상생활에서 율법을 잘 실천할 수 있게 하려고 애썼다. 여기서 그들은 모든 자유를 가지고 있었다. 그러나 정치적으로 (외부를 향해) 그들은 로마인과 협력했다. 분명히 그들은 메시아적 왕국에 대한 희망을 전혀 포기하지는 않았지만, **메시아에 대한 희망을 엄격한 율법 순종과 결합했다.**

그렇기에 다음과 같은 말은 옳다. "사람들이 토라 연구와 계명 준수를 통해 메시아의 도래를 위해 비판적인 역할을 할 수 있다고 믿었을 때, 우리가 거의 2천 년 동안 알고 있었던 유대교가 탄생했다. 더욱이 랍비라는 인물이 세 가지 역할(학습, 실천, 희망)을 모두 끌어안고 있다고 유대인이 확신하게 되었을 때, 유대교는 자신의 완전하고 지속적인 특징을 드러낼 수 있었다. 그렇게 유대교는 **랍비의** 종교가 되었다." 이 혁명적인 패러다임 전환을 가장 잘 알고 있는 사람인 미국의 유대인 학자 제이콥 뉴스너Jacob Neusner는 그렇게 말했다. 그는 이 획기적인 전환의 의미를 다른 사람보다 더 예리하게 설명했다. "랍비는 모범과 권위였고, 토라는 모든 생활을 조직하는 중요하고 근본적인 상징이었으며, 토라 공부는 위대한 종교적 행위였고, 종교적 훈련을 받는 삶은 이스라엘, 곧 유대인이 된다는 것이 무엇을 의미하는지를 보여주는 일차적인 표현이었다." 따라서 이 모든 것은 거의 1,200년 동안 유대인의 불변하는 본질이었다. 사람들이 이 모든 것을 포로기 이후의 신정 패러다임에서, 심지어는 마카비 시대에, 특히 예수의 시대에 찾아보려고 노력했지만 그 모든 노력은 헛수고로 끝났다. "우리가 알고 있는 유대교는 기원후 70년에 일어난 성전 파괴 이전과 이후에 형태를 취하기 시작했고, 600년 무렵에 완전한 형태를 갖추게 되었다."[4]

회당과 교사의 도움으로 바리새인 집단은 이제 일반 백성의 모든 저항에 맞서 **삶의 전반적인 질서**를 널리 실현하기 시작했다. 이런 목적을 위해 이미 오래전부터 시작된 개혁은 야브네의 모임을 통해 형식적인 재가를 받았기 때문에 유대교에서 오늘날까지 법적인 효력을 지니게 되었다.

— **회당과 개인을 위한 기도 규정**: 오늘날까지 두 가지 중요한 기도가 내려오는데, 하나는 아침과 저녁에 행한 '들어라 이스라엘'('셰마 이스라엘

Shema Yisrael')이고, 다른 하나는 오후에 행한 '18개 기도'('셰모네 에스레 Shemone Esre')이다. 여기서 열두 번째의 축도는 이탈자들('미님minim')과 유대인-기독교인들('노스림nosrim')에 대한 저주를 담고 있는데, 이에 관해 우리는 곧 말하게 될 것이다. 후기에는 회당 예배를 보완하는 기도서('피유팀 piyutim')가 만들어졌다.[5]

— **성서 정경의 최종적 확정**: 히브리 성서의 24권이 확정되었다(오늘날까지 개신교의 정경도 24권이다). 한편으로는 알렉산드리아 그리스어 성서 번역에 포함된 7개의 외경外經인 바룩서와 예수 시락서, 토비트서, 유디트서, 마카비1서와 2서, 솔로몬의 지혜서가 정경에서 제외되었다(그리스 정교회와 로마 가톨릭교회는 오늘날까지 이를 정경에 포함시키고 있다). 다른 한편으로는 (아무도 수용하지 않았던) 위서僞書인 에녹서와 희년서, 열두 족장의 유언서 등이 정경에서 제외되었다. 그 다음에는 지금까지 수용되고 있는 히브리 성서의 표준문서도 확정되었다(중세에 비로소 모음 부호의 도움으로 발음까지 확정되었다).

그렇지만 새로운 패러다임과 함께 **문화적·정신적 중심도 이동했다**. 왜냐하면 예루살렘의 멸망 후에 많은 율법 교사들이 주로 경제적으로 번영을 누리던 바빌론으로 피신했기 때문이다.[6] 그곳 사람과 맺었던 과거의 관계가 여전히 존재했다. 그곳에서는 다윗 혈통에 속한다고 전해진 강력한 지도자 아래—그는 (특히 먼 동방에서 시리아와 유럽을 오가는 비단 무역을 위해) 팔레스타인의 족장과 협력했다—유대인 자치의 틀 안에서 유대교의 활발한 정신적 활동이 전개되었다. 그것은 이제 근본적으로는 여전히 팔레스타인의 특징을 띠고 있었지만, 그리스 문화의 영향을 강하게 받고 있었다. 3세기에는 팔레스타인의 모델에 따라 **랍비 고등학교**가 세워졌다. 여기서도 백성을 바리새인이 해석한 율법에 순종하도록 교육하기 위해서였다. 남바빌론의 수라에 랍비 학교가 세워진 다음에는 바그다드 부근의 네하르데아

Nehardea와 품베디타Pumbedita에도 랍비 학교가 세워졌다. 이 학교는 곧바로 팔레스타인의 학교보다 더 중요한 의미를 지니게 되었다.

바빌론 사람은 팔레스타인 사람이 잃어버렸던 것을 얻었는데, 그것은 아마도 수적·양적인 우월성일 것이며, 적어도 정치적이고 정신적·문화적인 우월성일 것이다. 바빌론 사람의 탁월성은—많은 성서 벽화가 그려져 있던 유프라테스 강변의 두라 유로포스Dura Europos 회당(기원후 256년에 파괴됨)은 유일한 건축학적 증거로 남아 있다—성서 이후의 전승 과정에서 분명히 드러난다. 이 사실은 팔레스타인에서 수정된 미쉬나보다는 바빌론 전승이 팔레스타인 전승을 압도한 후기의 탈무드에 더 분명히 드러난다.

2. 올바른 실천의 기원: 미쉬나와 탈무드

예전의 모든 패러다임처럼 이 새로운 패러다임도 자연스럽게 옛 패러다임 안에서 이미 준비되어 있었다. 그렇지만 앞서 살펴보았듯이 유대교는 포로기 이후 시대에 점점 더 책의 종교로 변해갔다. 그러나 135년의 민족적 재앙을 겪고, 군주제도와 성전과 사제를 완전히 상실해버린 후에 이제는—이스라엘을 위한 하나님의 통치에 관한 원래적 증언과 하나님의 의지의 원래적 계시였던—**토라**가 참으로 하나님과 관계의 **유일한 토대**가 되었다. 유대인의 신앙은 이제 완전히, 그리고 철저히 **토라 신앙**이 되었다. 물론 그것은 **바리새인**에 의해 형성된 신앙이었다. 그것은 광범위한 '**랍비화 과정**'이었다. 그것은 "특히 모든 것을 랍비의 체계 안에서 읽기를 반복하는 것"[7]이었다. 과거 어느 시대에도 책이 절대적으로 독자적인 권위를 지닌 적이 없었다. 책은 선택된 백성에 속하기 위한, 그리고 하나님의 은혜와 인간의 행복을 위한 규범이 되었다. 책은 세상 곳곳에 점점 더 흩어졌던 민족에게 생명의 원천이 되었다. 유대인이 어디에 살든 그들의 삶은 토라 아래 이루어졌다. 그 결과 일상생활이 광범위하게 의례화儀禮化되었다.

왜냐하면 이미 바리새인에게 (성전의 사두개인과는 완전히 반대로) 다음과 같은 사실은 중요한 것이었기 때문이다. 문서로 기록된 토라와 나란히—과거에는 전혀 알지 못했던 사실로서—**입으로 전달된 토라**도 존재한다. 이것은 (개별적 계명과 금령에 대한 랍비의 다양한 견해를 포함하여) 문서로 된 토라를 해석한다. 이 '조상의 전승'은 첫 번째 단계에서 문서로 기록된 것이 아니라 입으로 전달되었다. 물론 그것은 전문화된 '전승자'를 통해 점점 더 암기되었다. 그렇지만 나중에 그것은 처음에는 개인에 의해, 그 다음에는 공적으로 기록되었다. 이제 토라에 대한 점점 늘어나고 복잡해지는 **해석 과정**은 500년 이상 계속되었고, **둘째 단계**에서 최고의 수준에 도달하고 종결되었다. 곧 알게 되겠지만, 매우 예민한 이해관계 때문에 우리는 이를 짧게 말할 수밖에 없을 것이다.[8]

첫째 단계 - 미쉬나[9]: 이미 기원후 200년경에 족장 예후다 하-나시Jehuda ha-Nasi는 (최소한 부분적으로는 바리새인이 시작했지만) '입으로 전달된 토라'를 신중하게 골라냈다고 한다. 그것은 바로 '미쉬나Mishnah'(히브리어의 '반복', '가르침')로서 구두 전승의 모든 종교적 율법인 **할라카**를 포함하고 있었다(미쉬나의 비율법적이고 교훈적인 본문은 중요하지 않다). 족장 예후다가 집단의 모든 구성원과 함께 작업하면서 미쉬나를 통해 만들어내려고 했던 것은 할라카 전승 자료총서인가, 아니면 교육(다시 말하면, 교사)을 위한 교과서인가, 아니면 재판을 위한 진정한 법전法典인가? 여하튼 중요한 것은 "그 자체로 당연히 율법이기도 한 전승을 계속 전달하는 것"이었다. 그리고 적어도 15년부터 100년까지의 시간이 흐른 뒤에 미쉬나는 "모든 랍비를 위해 구속력을 지닌 법전"[10]이 되었다. 5~6세대에 속한 율법학자 260명가량이 여기에 참여했다. 이 (히브리어로 기록된) 미쉬나는 대부분 주제 별로 나뉜 주요 항목('질서') 안에 묶여진 논문 63개를 포함하고 있다. 그러나 (종교적인) 거룩한 율법과 (세속적인) 시민법은 전혀 구분되지 않았다. 6개의 주제는 국가, 축일, 여성, 상해 사건, 거룩한 것(제물, 서약, 식사 규정)과 제의적 정결이다(유일한 소론이었던 '아보트Aboth' 즉 '조상들'은 비율법적 · 교훈적인 내용을 포함하고 있다).

그러나 결정적인 점은 다음과 같다. 정통주의자의 이해에 따르면 이 '입으로 전달된 토라'는 원래 문서로 기록된 **성서의 토라와 동일한 가치**를 지닌다. 그 이유는 무엇인가? 그것은 이미 **시나이 산에서 함께 계시되었기** 때문이다! 이것은 두 번째 성전의 파괴 이전에는 알지 못했던 생각이다. 그렇지만 랍비의 견해에 따르면 모세는 (우리는 그에 관해 살펴보았다) 완전히 '우리의 랍비'가 되었다! 비판적인 연구에 따르면 입으로 전달된 토라는 결코 통일적인 문서가 아니며, 말하자면 하늘에서 떨어진 문서가 아니다. 정반대다. 만약 우리가 역사적 척도로 재어본다면, 여러 세대가 작업에 참여했다는 사실을 파악할 수 있고, 200년 이후의 시기에도 학자들과 해설가들이 편집했다는 흔적을 발견할 수 있다.

둘째 단계 - 탈무드[11]: 그 후의 300년 동안 유대인 학문의 두 중심지인 팔레스타인과 바빌론에서—많은 세대가 참여한 굉장한 작업으로서—미쉬나도 나름대로 다시 해석되었다. 이 작업은 자주 아람어 방언으로 저술된 '게마라Gemara'(히브리어의 '보완')를 통해 이루어졌다. 게마라와 미쉬나가 합쳐진 것이 '**탈무드**Talmud'(히브리어의 '공부', '교훈')다.[12] 비록 교훈적인 내용이 더 많아졌지만, 탈무드는 일차적으로 미쉬나를 방대하게 주석한 것이다. 왜냐하면 그에 관한 소론들은 성전 파괴 후에도 여전히 적합했기 때문이다. 두 중심지에서 탈무드는 두 가지 다른 원고로 전달되었다.

— **팔레스타인** 또는 예루살렘 탈무드(티베리아에서 편집된 '탈무드 예루살미Talmud Yerushalmi')는 단지 미쉬나의 39개 소론만을 해석한다. 덜 정리되었고 종종 모순적인 내용을 포함하고 있는 이것은 아마도 5세기 초기에, 425년에 가부장주의의 종말과 맞물려 완성되었을 것이다.

— **바빌론** 탈무드는 단지 37개의 소론만을 해석하지만, 3분의 1정도 더 길다(양면으로 거의 6천 쪽에 달한다). 7/8세기에 비로소 완성된 이것은 유대교에서 널리 수용되었다.

탈무드에도 두 장르의 내용은 서로 다르다. 여기서도 먼저 **할라카**Halakhah(히브리어의 '걸어야 할 길'), 곧 구속력 있는 종교법과 시민법의 규정을 지닌 종교법이 나온다. 가장 근본적인 것은 안식일 규정과 정결 규정과 식사 규정이다. 모든 규정이 바로 바리새인의 해석을 따르고 있다. 그리고 특히 바빌론 탈무드는 미쉬나와 다르게 종종 동일한 페이지에 **하가다**Haggadah(히브리어의 '이야기', '선언')를 담고 있다. 그것은 이야기, 신화, 비유, 천문학적 설명, 해부학적 설명, 의학적 설명, 심리학적 설명, 윤리적·신학적 교훈이다. 다시 말하면 그것은 랍비가 전해준 교훈적·비율법적인 내용이다. 따라서 탈무드는—거기에 포함된 미쉬나와 마지막 바빌론 편집자(=사보라sabora)의 몇몇 결정을 제외한다면—모든 것을 결정하는 법전이라기보다는 백과사전과 같은 토론 보고서다. 이것은 여러 세기에 걸쳐 법과 가능한 한 모든 주제에 대한 모순되는 많은 견해들을 기록하고 있다. 그것은 "구조적으로 미쉬나를 지향하는 바빌론 유대교의 국립 도서관"[13]이다.

그렇지만 혼란스럽도록 복잡하고 여러 점에서 난해한 이 문헌이 비유대인에게도 매우 중요한 까닭은 무엇인가? 바빌론 탈무드가 점점 더 많이 해석되고 편집되는 가운데,[14] 오늘날까지 랍비 유대교의 종교법 결정을 위한, 다시 말하면 **정통주의 유대교**(종종 보수주의 유대교도 그러하다)**의 종교적 가르침과 종교적 율법을 위한 규범적인 토대**를 형성하기 때문이다! 따라서 네 번째 패러다임에서 형성된 유대교 이해는 오늘까지 이어져 내려오고 있다. 분명히 그 결과는 가르침과 실천에서 드러나는 전통주의로 나타났지만, 랍비들과 그들의 후계자들에게 이것은 결코 부정적인 요소가 아니었다. 이미 '탈무드 시대'에 그 어떤 것도 더는 변경되거나 보완될 수 없었다. 오직—수많은, 종종 모순적이고 자주 대립되는 견해를 허용하는 랍비 이론의 도움을 받아—해석하는 것만이 허용되었다.

물론 비유대인의 오해는 곧바로 배제되어야 한다. '정통적' 유대교의 일차적 관심은 **'정통 교리', '올바른 이론**Ortho-doxy**'에 있는 것이 아니다.** 그것은 (기독교와는 정반대로) 교리, 교리문답, 신앙 검증, 종교재판을 전혀 알지 못한다. 예나 지금이나 마찬가지다. 예컨대 논쟁거리가 되는 부활 신앙은 이미 오래전부터 일반적으로 수용되었다. 그리고 메시아적 사변과 시간 계산과 운동은 기껏해야 주변적인 관심사일 따름이다. 정통적 유대교에서 우선하는 관심사항은 **'정통 실천', 토라 아래 '올바로 살아가는 것'**, 일상생활에서 토라에 따라 행동하는 것이다. 물론 신앙을 이탈한 자들 앞에서 올바른 삶은 교리적인 삶, 교리를 배우는 삶, 재판하고 배제하는 삶일 수 있다. 그렇지만 유대인의 정체성은 신앙의 내용이 아니라 실천적인 신앙생활에서 구체적으로 드러난다.

그러나 이제 토라와 미쉬나와 탈무드에 포함된 수많은 (이로써 원래의 모세 오경을 훨씬 넘어서는) 규정은, 직접적으로든 간접적으로든 영원히 지속되는 계시된 **하나님 말씀**으로 여겨졌다. 그렇기 때문에 안식일 규정과 식사 규정, 정결 규정, 기도와 예배 규정의 마지막에 이르기까지 **모든 것을 무조건 준수해야 한다.** 물론 랍비 가운데서 613개의 규정, 248개의 계명, 365개의 금령을 분류하려고 시도하는 사람이 없지는 않았다. 모든 것이 성인과 미성년자, 남자와 여자, 유대인과 비유대인에게 유효한 것은 아니다. 어차피 비유대인에게는 우리가 알고 있는 노아의 계명만이 유효하다. 상황에 따라서는, 그리고 특히 생명의 위험이 있을 경우에는 어떤 계명을 지킬 의무는 제거되며, 특정한 계명을 위반하는 것은 기껏해야 가벼운 처벌을 받게 된다. 그렇지만 이것은 개별적인 계명을 상대화하거나 무시할 수 있다는 것을 의미하는 게 아니다. 왜냐하면 모든 것은 궁극적으로 영원한 하나님의 계명이기 때문이다. 모든 것은 영원하다. 그것은 변하지 않고, 변할 수 없으며, 오류가 없다.

전통이 가장 우월하다는 말인가? 기독교인과 무슬림은 여기서 너무 빨리 판단하지 말기를 바란다. 기독교와 이슬람교에서도 이와 유사한 발전을 찾아볼 수 있지 않은가? 토라와 미쉬나, 성서와 전통, 꾸란과 순나sunna가 함께 인정을 받지 않는가? 매우 유사하게 나중에 기독교와 이슬람교에도 원래의 성서('신약성서', '꾸란')와 나란히 간과할 수 없는 구두 전승('전통*traditio*', '순나')이 동등한 권리를 주장하며 나타났고,[15] 때로는 후자가 전자보다 더 **높은 위치에 놓이게 되었다**. 왜냐하면 낮은 위치에 있는 것을 동등한 위치에 올려놓는 사람은 그와 동시에 높은 위치에 있는 것을 낮추어버리기 때문이다. 그리고 할라카의 율법처럼 교회의 전통적 교리도 실제로는 성서적으로 뒷받침하기 **전에** 이미 확고하기 때문이다. 학자들은 기존하는 전통적 이론을 뒷받침하려고 오직 자신의 체계에 일치하는 본문만을 나중에 끌어오는 방식으로 성서를 주석할 수 있었다. 그렇지만 기독교 전통에서도 성서나 전통의 '뒷받침'을 받을 수 있다고 여겼지만 오늘날에는 전혀 이해될 수 없는 많은 것을 지금도 마구 끌어오지 않는가? 한때 전혀 다른 상황을 위해 생각했던 많은 것이 종종 강요된 해석을 통해 오늘의 상황에 맞춰지고 있다.

그렇기 때문에 이미 여기서 다음과 같은 점을 지적해야 한다. 유대교와 그 율법 이해를 오직 율법주의적인 것으로만 이해하고, 그래서 유대교와 기독교를 율법과 자유처럼 대립적인 관계로 보는 것은 근본적으로 잘못일 것이다. 이미 고대 교회-비잔틴 기독교(황제 유스티니아누스!)와 특히 중세 로마-가톨릭 기독교(교황 이노센트 3세)도 유별나게 강한 법치주의를 강조하지 않았는가? 중세에 비로소 형성된 교회법과 점점 더 현란해지는 교회법 이론은 참으로 유대교나 이슬람교의 이론 못지않게 복잡하지 않은가? 물론 거꾸로 생각하다면 다음과 같은 점은 즐겁기도 하다. 단지 중세의 기독교만이 아니라 중세의 유대교도 바로 할라카를 통해 원래의 '성서'를 연구해야 할 필요성을 느끼게 되었다는 것이다. 왜냐하면 랍비 유대교에서 토라 연구는 바로 하나님의 말씀을 듣고 하나님의 현존('셰키나Shekinah')을 경험하는 길로 이해되었기 때문이다. 그리고 성서 연구가 토라의 원천인 거룩한 하나님에게 나아가는 길로서 의미를 지닌다는 사실을 유대교 전통만큼 강조한 다른 종교 전통은 없다. 그리고 유대인과 그의 윤리를 위해 매우 중요한 학습과 독서와 기록을 위한 열정, 책을 위한 열정, 마지막으로 지성적 토론과 논쟁을 위한 열정도 바로 토라 연구에서 나온다는 사실도 추가해야 하지 않겠는가?

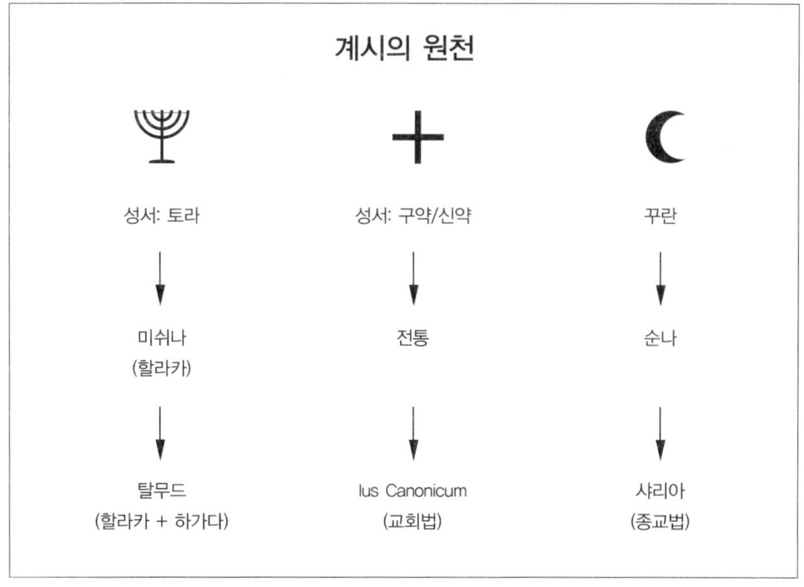

3. 토라의 종교: 디아스포라의 삶

랍비 시대는—1세기부터 7/8세기까지—교부 시대였기도 하다. 그리고 랍비가 정통적 유대교의 구조에 영향을 주었듯이, 교부도 정통적 기독교, 곧 (유대인-기독교인 패러다임 이후에) 두 번째 그리스-헬라적 기독교 패러다임의 구조에 영향을 주었다. 그러나 (기독교와는 정반대로) 유대교에서 그리스-비잔틴적 교부학과 같은 것이 형성되지 않았던 이유는 도대체 무엇인가? 랍비들이 히브리어와 아람어로 '내향적'인 유대적 탈무드를 발전시켰다면, 교부들이 그리스적 또는 라틴적 언어와 사고방식으로 완전히 '외향적'인 헬라적 신학을 발전시킨 이유는 무엇인가?

유대교에서 문화적·종교적으로 교부학이 발전될 수 없었던 것은 일반적으로 유대교 문화와 그리스 문화가 대립했기 때문만이 아니다. 다시 말하면, 그리스어 성서 번역과 특히 알렉산드리아에서 꽃피운 그리스인-유대인 문학이 유대교 내부에서 거의 호응을 얻지 못했기 때문이 아니다. 기원후 115~117년에 이집트(알렉산드리아!)와 키레나이카, 사이프러스와 시리아에서 로마에 저항했던 그리스어를 쓰는 유대인들이 몰살을 당했던 정치적 상황 때문만도 아니다. 더 깊은 진정한 이유는 새로운 랍비 패러다임 자체에 있다. 헬레니즘의 위기에서 자라난 새로운 패러다임은 자기 집중과 방어 능력과 배타성에 의해 지배되고 있었기 때문에 몇 세기 동안 헬라의 문화와 철학만이 아니라 로마의 법과 질서도 유대교 내부에 전혀 뿌리를 내릴 수 없었다. 랍비 패러다임은 유대 민족과 다른 민족의 '혼합'을 금지하고 저지했다. 이것은 유대교 자체에 긍정적인 결과만이 아니라, 우리가 앞으로 보게 되겠지만 부정적인 결과도 가져왔다.[16] 다음과 같은 사실은 역설적이다. 200년 후에 알렉산드리아의 기독교인 클레멘스Klemens와 오리게네스Origenes가 고대 교회 헬레니즘 패러다임을 신학적으로 준비하고 정치적 전환도 준비함으로써 새로운 역사를 만들었다면, 그들의 선구자였던 알렉산드리아의 **유대인** 필로Philo는 에피소드가 되고 말았다.[17] 필로의 퇴조와 함께 플라톤의 영향을 받은 그의 탁월한 우의적 성서 해석도 퇴조하고 말았다.

랍비 패러다임에 영향을 준 것은 신학('하나님에 관한 이론')이라기보다는 **법학**('율법에 관한 이론')이라는 것은 분명하다. 그리고 1세기 기독교의 문헌을 집성한 대표적인 총서(미그네Migne의 《그리스 교부 총서*Patrologia Graeca et Latina*》 또는 《라틴기독교 문학전집*Corpus Christianorum*》)는 수백 권의 신학 문서를 포함하고 있다. 그 가운데서 오직 작은 부분만이 율법적인 성격이라면, 유대인의 문서는 오히려 정반대의 성격을 띠고 있다. 그 주된 내용은 율법의 해설과 확장, 새로운 적용으로 이루어져 있다. 미쉬나 자체도 율법서의 형태를 띠고 있다. 그리고 바빌론 탈무드의 절반 이상이, 그리고 예루살렘 탈무드의 4분의 1 이상이 율법의 질문에 할애되고 있다. 이것은 자연스럽게 학자들의 계속적인 주석과 해설에도 영향을 미쳤다.[18] 1985년에 제작된 예루살렘의 《유대교 백과사전*Encyclopaedia Judaica*》을 보완하기 위해 추가한 원래의 그림 부록 안에서 압바 코브너Abba Kovner의 '유대인의 구전 율법의 지형도'가 보여주듯이, 여기서 우리는 많은 지류와 인물과 장소를 거느리고 있는 '할라카의 바다'를 보게 된다. 이런 맥락에서 중요한 점은 최초의 체계적인 유대인 신학이 10세기에 비로소 형성되었다는 사실이다(우리는 그 창시자 가온 사아디아Gaon Saadia로 거슬러갈 것이다). 기독교에서는 정반대로 교회법 이론이 《그라티아누스의 교령집*Decretum Gratiani*》의 토대 위에서 12세기에 비로소 전개되었다.

유대교가 이제 더는 **민족 종교가 아님**이 분명하다. 그렇지만 유대인의 대부분은 '열방 가운데', '**디아스포라**'로, 힌두쿠시 산맥에서 지브롤터 해협에 이르기까지 온 세계에 **흩어져** 살아간다. 그렇기 때문에 극단적 시온주의자 집단이 종종 주장하듯이, '디아스포라'를 '유배Exile'와 단순에 동일시해도 좋을까? 그들은 이스라엘 땅에 대한 그들의 주장을 위해 성서적 근거를 끌어오고, 모든 유대인이 이스라엘 국가로 '귀환하도록' 설득하기를 원한다. 유대교 중세기에는 분명히 사람들이 그렇게 느꼈을지 모른다. 그렇지만 첫 번째 성전이 파괴되기 전에도 유대인이 무역을 위해 이스라엘 땅 바깥에 이미 머물렀다는 사실은 부인할 수 없다. 이미 기원전 6세기에도 유대인이 이집트인을 섬기려고 북이집트 엘레판틴 섬에서 군인으로 살았다는 유명한 이야기가 전해온다. 유대인 역사학자 살로 바론Salo Baron의 평가에 따르면 두 번째 성전이 파괴된 해에 대략 유대인 2백만 명이 팔레스타인에 살았지만, 4백만 명은 팔레스타인 밖의 로마 제국에서 살았고, 1백만 명은 (많은 개종자가 몰려왔기 때문에!) 바빌론과 로마 제국에 속하지 않은 다른 나라에서 살았다고 한다.[19] 모든 사람이 포로였던 것은 아니다! '유배되어' 산다는 느낌은 이미 바빌론 포로기 이후에 이스라엘 땅으로 되돌아갈 수 있는데도 그렇게 하기를 거부했던 디아스포라 유대인의 뜻으로 인해 분명히 상대화되었다. 압도적으로 많은 유대인이 이스라엘 땅과의 은밀한 연결에도 불구하고 오늘날까지 디아스포라로 살아가기를 선호한다는 것은 확고한 사실이다. 첫 번째 성전의 파괴 후에 유대교는 일종의 이중적인 모습 속에, 더 낫게 말하면, **고국과 외지**外地**의 긴장** 속에, 에레츠 이스라엘Eretz Israel(이스라엘 땅)과 디아스포라의 긴장 속에 존재한다.

그렇지만 두 번째 성전의 파괴 후에 유대교의 상황은 어떻게 되었는가? 로마 제국이 기독교 국가로 전환하고 모든 비유대인이 기독교 신앙을 받아들인 뒤에 **팔레스타인**에서 유대인은 소수가 되었고, 비잔틴 제국에서는 점점 더 제한을 받았다. 그래서 유대인은 이슬람의 팔레스타인 정복(638)을 해방으로 느꼈다. 왜냐하면 유대인은 이제 처음으로 예루살렘으로 다시 이주할 수 있게 되었기 때문이다. 물론 유대인의 정신적 중심은 여전히 갈릴리 티베리아스의 학교였다. 전쟁 기간에 많은 유대인이 죽은 다음에—우리는 다시 이를 다룰 것이다—1187년에 술탄 살라딘이 아랍을 다시 정복한 것이 계기가 되어 유대인은 또다시 귀향했다. 14/15세기에 맘루크Mamluk 왕조의 통치 아래서도 유대인의 귀향은 계속되었다. 그러나 팔레스타인 밖에서는 상황이 어떻게 되었는가?

이미 일찍부터 로마 제국 안에서 유대인은 톨레도와 리용, 쾰른과 본에 이르기까지 뻗어나갔다. 이제 고대 말기와 유럽 중세 초기에 디아스포라에는 (이미 몇 세기 전에 세워진) 유대인의 생활과 활동의 의미심장한 중심지가 있었다.

— 먼저, 이미 언급했듯이 (조로아스터 사산 왕조와 그 주술사들의 박해에도 불구하고) **바빌론**에 중심지가 있었다. 그곳은 다윗이 임명했다는 지도자 아래 완전한 자치를 이루었던 곳으로 이른바 유대인의 두 번째 고향이었다. 10/11세기에는 이슬람의 칼리프 아래서도 유대인은 여전히 안전과 번영을 계속 누렸다. 물론 몽골의 침략을 받아 바그다드의 칼리프가 쇠퇴하고 마침내 멸망함으로써 바빌론의 유대인 공동체도 의미를 잃어버렸다.

— 4~6세기에는 남아라비아 **예멘**에 중심지가 있었다. 그곳은 이미 일찍부터 유대인이 정착한 곳으로, 전설로 전해오는 시바Sheba의 여왕 땅이었다. 그곳에는 심지어 유대인의 힘야르Himyar 왕국도 있었지만, 이 왕국은 525년에 (황제 유스티니아누스의 도움을 받은) 에디오피아 기독교인에 의해 파괴되었다.

— 4~7세기에는 중앙 **아라비아**에 (특히 메디나에) 중심지가 있었다.[20] 그곳에서 유대인 부족은 이미 오랫동안 아랍인의 사회구조와 생활 방식에 적응하며 살았다. 그러나 초기에는 예언자 무함마드의 호의를 얻었지만, 나중에는 뿌리가 뽑히거나 시리아 또는 메소포타미아로 떠날 것을 강요받았다.

— 8세기에는 볼가 강과 흑해, 카스피 해 사이의 러시아 영토에 중심지가 있었다. 여기서는 **카자르**khazar(투르크 민족) 왕국이 비잔틴 제국과 이슬람에 의존하지 않으려고 740년경에 유대교 신앙으로 개종했지만, 950년경에는 키예프Kiev 왕들에 의해 기독교 신앙을 받아들일 것을 강요받았다.

— 8~11세기에는 특히 **스페인**에 중심지가 있었다. 여기서 유대교는—이미 초기 로마 제국과 아리아인의 서고트 왕국에서 강한 지지를 받았다—서고트족이 로마 가톨릭교회로 개종한 후에 상당한 제한을 받았고, 많은 유대인이 강제로 세례를 받았다. 711년 이후에 무슬림 아랍인이 땅을 점령한 사건은, 이미 638년에 팔레스타인에서도 그랬듯이, 해방으로 환영과 지지를 받았다! 코르도바의 칼리프 왕조(755~1013) 아래, 그리고 광신적인 베르베르Berber 사람들에 의해 이 왕조가 무너진 뒤에 그라나다와 세빌라에서 (특히 기독교적인 카스틸레, 톨레도, 아라곤에서도) 유대교는 새로운 문화 전성기를 경험했다.

— 10/11세기에 **중앙유럽**에서 유대교는 매우 번성했다. 게르만 부족이 이주해오기 이미 오래전에 유대교는 그곳에 정착했고, 9세기에는 그곳에 식민지가 건설되었으며, 유대인 공동체는 대체로 교회와 주교와 공의회의 간섭을 거부한 (메로빙거Merovingier, 카롤링거Carolingier, 오토Otto 왕조) 왕들의 보호를 받았다.

— 11/12세기에는 이스마엘 자손 파티마Fatma 왕조의 **이집트**에서 유대교는 매우 번성했다(지난 세기가 끝날 무렵에 카이로 회당의 '게니차Genizah' 〔='은신처' 또는 '창고'〕에서 발견된 대략 20만 개 문서를 근거로 이에 관한 연구가 상당히 잘 이루어졌다).

그렇지만 놀랍게도 유대인은 세계 곳곳마다 단지 기도와 예배만이 아니라 도덕과 훈련과 생활 방식에서도 우리가 이미 설명한 **랍비-회당 패러다임**의 영향을 받았다. 세계의 모든 곳에서 모든 유대인의 (아침 일찍부터 저녁

늦게까지 이어지는) 하루 일과, 한 해 일정(평일, 안식일, 축일), 아니 (태어나서 할례를 받고 성인이 되고 결혼하고 가족을 이룬 후에 죽어 땅에 묻힐 때까지 이어지는) 생애 전체가 미쉬나와 탈무드의 가르침에 따라서 조정된다. 그들의 **삶의 방식**은 수많은 의무 규정과 생활 규범, 관습을 통해 아주 분명히 결정된다. 그것은 머리 장식과 의복, 음식과 세탁, 기도의 방법과 시간, 거주와 성생활을 포함하여 가능한 한 모든 영역을 규정한다. 도시화 과정에서 유대인은 가는 곳마다 수공업과 상업에 종사했고, 탈무드를 지참했다. 랍비의 경건은 율법과 하나님의 큰 은혜에 대한 감사, 하나님의 채우심과 하나님과의 연합에 대한 기쁨에 의해 결정되었다. 율법 연구보다 더 높은 영적인 활동은 없었지만, 이것은 하나님의 말씀에 대한 인간의 응답이었다.

다시 말하면 이스라엘-유대인의 신앙의 중심과 토대는 언제나 동일하다. 그것은 한 분 **하나님**과 그의 **백성**과 **땅**이다. 그러나 이미 다른 시대의 전환 후에도 그러했듯이, 새로운 세계 시대에서 이 신앙의 본질은 확신과 가치, 행동 방식의 다른 구조 안에서 실현되고, 다른 틀 안에서, 새로운 다른 패러다임 안에서 나타난다. 우리가 이미 보았듯이 단지 성전 대신에 회당이, 제단 대신에 성서가, 사제 대신에 랍비가 등장했을 뿐만 아니라, **민족의 종교가 이제는 완전히, 그리고 철저히 토라의 종교**로 변했다.

- 예루살렘은 디아스포라와 그 문화적 중심 뒤로 물러났다.
- 고향 땅(팔레스타인)은 유대인의 신앙과 삶에서 토라 실천을 통해 실현되는 정신적 고향 뒤로 물러났다.
- 민족적 소속감은 모든 민족을 넘어서는 의식적·도덕적 정결 뒤로 물러났다.
- 성서는 역시 유대인의 신앙과 삶을 규정하는 전통인 미쉬나와 탈무드 뒤로 물러났다.

○ 헬레니즘 시대 디아스포라의 중요한 장소
△ 중세기 지성적 중심지
◪ 중세기 학살의 장소
▲ 카발라 중심지
■ 중요한 유대인 구역이 있던 도시
● 다른 중요한 도시

헬레니즘 시대와 중세 유대교의 중요한 역사적 장소

다음과 같은 사실은 매우 놀랍다. 거센 바람 속으로 흩어진 유대 민족은 중심적인 종교적 또는 정치적 권위가 없어도 종교의 일치를 보존할 수 있었다. 무엇 때문인가?

— 탈무드 안으로 수집되고 확정된, **입으로 전달된 토라** 때문이다.

— 그와 함께 주어진 **공동의 히브리어/아람어** 때문이다.

— 모든 것을 뒷받침해준 **랍비의 권위** 때문이다.

비록 "도전자들이 없지 않았지만, 랍비의 권위는 18세기 후반에 시작되고 19세기에 발전한 유대인 자치정부가 붕괴할 때까지 원칙적으로 무너지지 않았다."[21] 유럽 계몽주의 시대에도 건재했다! 그렇기 때문에 우리는 이 랍비-회당 패러다임을 **유대-중세 패러다임**이라고 불러도 좋다. 이 패러다임은 서로 다른 공동체 안에서 매우 큰 지역적·민족적 다양성을 허용했다.

물론 이 새로운 패러다임의 형성 과정도 어두운 측면을 지니고 있다. 유대인은 자신을 점점 더 분리해나갔는데, 이것은 결코 하찮은 현상이 아니었다. 이런 현상은 이미 기독교 이전에도 관찰되었고, 이미 그 당시에도—'이교적인'—반反유대주의의 빌미를 제공했다. 이제 우리는 이를 살펴보아야 한다.

4. 유대인의 자기 고립화와 기독교 이전의 반유대주의

유대인은 외형적으로는 문자 그대로 아무런 경계선 없이 살았다. 그러나 랍비들은 내면적으로 오래된 정결 규정을 점차로 확대해나갔기 때문에 그들은 실제적으로 '정결한' 유대인과—이미 일찍부터 범세계적·초민족적인 사회였지만, 점점 더 기독교적인 사회가 된—'불결한' 사회 간의 **내면적인 경계선**이 되었다. 왜냐하면 과거처럼 단지 사제만이 아니라, 잘 알다시피 모든 백성이 이제는 분리된, '사제와 같은 백성'으로 이해되었기 때문이다.

물론 그들의 분리는 중세기 교회에서 이루어졌던 분리만큼 심하게 이루어진 것은 아니었다. 중세기의 교회는 다른 민족 가운데 있는 모든 형태의 의인을 하나님 나라에서 배제했다(1442년 플로렌츠 공의회: "만약 죽기 전에 가톨릭교회에 들어오기를 거부한다면, 이방인이든 유대인이든, 이단자든 분파주의자든, 가톨릭교회 밖에 있는 사람은 누구나 영생을 얻지 못하고, 마귀와 그의 천사를 위해 준비된 영원한 불에 들어갈 것이다"[22]). 유대교는 "이스라엘 밖에는 구원이 없다"와 같은 교리를 알지 못한다. 정반대로 랍비에 따르면 모든 의로운 비유대인도 그의 의로운 행위에 근거하여 영원한 구원을 얻을 수 있다. 그렇기 때문에 랍비 유대교는 구원의 보편주의를 주장한다.[23] 물론 우리는 이것을 선택된 유일한 **민족의 배타주의**(혹은 특정주의)와 함께 보아야 한다.

유대 민족의 배타주의가 율법(할라카)에 대한 엄격한 이해와 결합되고 일찍부터 유대 민족의 분리주의로 발전했을 때, 비로소 그것은 비극적인 결과를 낳게 되었다. 왜냐하면 '정결한' 유대 민족이라는 표상이 초래한 심각한 결과를 간과해서는 안 되기 때문이다. 우리가 앞서 보았듯이, 바빌론 포로기에 시작됐고 지금은 완전히 의식적으로 실행되는 (공공연한 '죄인'과 같은) 비유대인과의 **종교적·사회적 분리**는 실제로는 일종의 **자기 고립화**를 의미했다. 이것은 유대 민족 자신에게도 많은 긴장과 갈등을 초래했지만, 다른 민족의 관점에서도 기독교가 시작되기 이미 오래전부터 유대교에게 본능적인 혐오감과 적대감과 미움을 많이 불러왔다. 이 모든 것은 **반유대주의**anti-Judaism라는 비극적인 꼬리표를 달고 왔다. 이것은 복잡한 정치적, 사회적, 종교적·이데올로기적 상황에서 생겨났지만, 인종적 또는 경제적 이유에서 발생한 현대의 '반유대주의antisemitism'와 동일시되어서는 안 된다. 물론 후자가 전자에서 비롯되었지만 말이다.[24]

다음과 같은 사실을 인정해야 한다. 반유대주의, 곧 유대인을 원칙적으로 거부하는 주장과 태도는 **기독교보다 수백 년 더 오래된** 것이다. 이미 기독교가 시작되기 전부터 (5세기 반유대적이었던 아하수에로Ahasuerus〔크세르크세스Xerxes〕 왕이 통치하던 관용적인 페르시아 제국에서도) '이방인'은 유대인을 향해 다양하게 총체적인 적대 반응을 보였다. 물론 나중에 로마 제국에서 유대인은 매우 존중을 받았고, 우호적인 대접을 받았다.

잠깐 되돌아가 보기로 하자. 기독교 이전에 이방인이 유대인을 싫어한 **이유**는 무엇일까?[25] 기독교인과 교회의 반유대주의를 평가하려면 이 대답은 중요하다.

1. 유대인은 한 분 하나님 외에 **다른 신**을 경배하거나 예배할 수 없었고, 그렇게 하려고도 하지 않았다. 포로기 후에 관철된 유대교의 배타적 유일신론은 이방인의 전통적인 다신론과 그리스인들의 통치자 숭배에 맞서, 그리고 마침내는 특히 로마의 황제 숭배와 그와 결합한 신비적인 왕국 이념(황제와 국가의 일치)에 맞서 자신을 주장해야 했다. 디아스포라 유대교는 토착민과 긴장 관계를 맺는 윤리적·종교적 특별 집단으로서 세계의 중심도시 로마보다는 다윗과 메시아의 도시 예루살렘을 지향하고 있었다. 형상 금지도 고대의 대중에게는 생소하게 느껴졌다. 키케로와 세네카, 퀸틸리아누스와 타키투스 같은 로마의 고전적인 작가에게서도 반유대적인 설명이 발견되며, 로마의 황제는 유대인을—정치적인 기회에 따라서—토착민에게 저항하는 동지로 여기거나, 자신의 실패 때문에 벌을 받아야 할 속죄양으로 활용했다.

2. **자신의 구원의 역사에 관한 공격적인 설명**은 다른 문화의 백성에게, 특히 이집트 사람에게 모욕감을 일으켰다. 특히 출애굽 이야기는 (유대인의 거대한 디아스포라 공동체가 있는) 알렉산드리아와 같은 고대의 대도시에

서 부정적인 반응을 불러왔다. 플라비우스 요세푸스Flavius Josephus의 《아피온 반박문*Contra Apionem*》과 그 책에 인용된 반유대적인 작가들이 이를 보여준다. 요세푸스에 따르면 특히 이집트에서는 반유대적인 이념이 주장되었는데, 그곳에서는 폭력 사태가 연이어 일어났고, 기원후 38년에는 조직적인 유대인 학살이 이루어졌다. 그렇지만 이미 기원전 3세기에도 이집트의 사제 만테오Mantheo(또는 마네토Manetho)가 유대 민족의 기원에 관한 정반대의 이야기를 퍼뜨렸는데, 나중에 로마인도 이를 받아들였다.[26] 원래는 이집트인이었던 유대인이 문둥병과 다른 질병에 걸려 이집트에서 쫓겨났고, 그 후에 타락한 이집트 사제였던 모세의 주도 아래 예루살렘을 중심도시로 삼아 나라를 세웠다는 것이다. 돼지고기를 금지하는 계명은 아마도 나중에 문둥병에 대한 유대인의 정당한 두려움과 결합되었을 것이다. 이처럼 다양한 다른 우화와 (나중에는 기독교인들에 관해서도 부분적으로 회자된) 꾸며낸 이야기(당나귀 머리 숭배, 어린이 희생 제사)가 널리 퍼져나갔고, 지금도 여전히 그럴 것이다.

3. 고대 동방에서 널리 퍼졌고 이스라엘인에게는 많은 계명 중 하나인 **할례**는, 우리가 보았듯이 바빌론 포로기 이래 비로소 유대인의 특징이 되었다. 그러나 안디옥의 에피파네스와 황제 하드리아누스가 할례를 금지한 이래 할례는 신앙의 시금석과 신앙의 상징이 되었다. 그렇지만 비유대인에게 이 신앙의 상징은 오히려 수치의 상징이 되었다. 할례를 통해 유대인 남자는 피 흘리는 이런 의식을 낡고 야만적이고 멋없고 미신적인 것으로 거부한 그리스인이나 로마인과 신체적으로 철저히 구분되었다.

4. 그러나 유대인을 헬레니즘 세계의 다른 민족과 뚜렷이 구분할 뿐만 아니라 그들과 분리한 것은 무엇보다 **정결 규정과 식사 규정**이다. 이런 점에서 결과적으로 우리는 랍비의 토라 패러다임에 대한 우리의 분석을 부정적으로 설명할 수밖에 없다. "고대 세계가 유대인을 낯설게 바라본 이유가 율법

계명에 대한 그들의 순종 때문이었다는 사실에는 전혀 의심의 여지가 없다" (J. N. Sevenster).[27] 다른 민족을 의식적으로 '불결하게' 생각하고, 그렇기 때문에 서로 결혼하는 것만이 아니라 식사와 축제와 놀이에 함께 참여하는 것도 거부하는 민족을 크게 동정할 수 있겠는가? 특히 근동에서도 지성적인 엘리트들이었던 그리스인들은 식사와 결혼과 의식과 축제에 함께 참여하는 것을 거부한 유대인을 낯설게 여겼을 뿐만 아니라 원수로, 완전히 인간의 원수로 생각했다. 게다가 많은 사람이 안식일(금식일?) 계명을 이해할 수 없었다. 이미 기원전 4세기 말에 압데라의 헤카타이우스Hecataeus of Abdera는 유대인의 생활 방식이 "비인간적이고 손님에게 불친절한 생활 형태"라고 썼는데,[28] 이것은 나중에 악명 높은 안디옥의 에피파네스가 강제적인 헬라화 정책을 뒷받침하려고 제기한 비난이었고, 그 후에는 로마인도 이런 비난을 제기했다.

강대국 **로마**는 종교혼합주의를 허용했고, 종교적으로 유대인에게는 우선 매우 관용적인 태도를 보였으며, 유대인에게 심지어 안식일 휴가까지 허락했다. 이런 로마가 유대인을 직접 박해한 배경에는 이러한 종교적·문화적·정치적 비타협주의가 존재했을 것이다. 여하튼 어디서, 누구를 통해, 무슨 이유로 정치적 저항이나 봉기가 일어났든, 로마인은 앗수르와 셀류쿠스 왕조 사람들처럼 이에 잔인하게 대응했다. 우리가 잊지 말아야 할 것은 기독교인들도 황제 숭배를 거부했다는 이유로 3세기까지 아주 비슷한 비난을 받았고, 비슷한 강요를 받았다는 사실이다. 단지 다른 점이 있다면 그 당시의 기독교인은 마카비 시대와 68~70년과 132~135년에 일어난 두 봉기 시대의 유대인처럼 폭력을 사용하지 않았다는 사실이다. 이미 기원후 38년에 헬레니즘의 큰 도시 알렉산드리아에서 세계사에서 **최초로 유대인 학살**이 일어났다. 로마 황제 클라우디우스는 알렉산드리아 주민에게 보낸 한 편지에서 (토착) 그리스인의 유대인 증오와 (제국의 중심을 지향하는) 유대인의 권력 추구를 경고해야 한다고 생각했다. 유대인에 대한 적대감은 1세기에 로마와 로도스, 시리아-팔레스타인에서도 드러났다. 유대인의 원칙적인 이방인 적대주의(이방인 증오)와 테러 행위, 두 번의 거대한 유대교 혁명은 로마 제국에서 반유대적인 혐오감과 이념을 더욱 더 촉발했다.

로마가 351년에 페르시아 전쟁에서 패배한 것을 계기로 팔레스타인에서 유대인이 다시 봉기했을 때, 비잔틴 제국의 기독교인 황제 콘스탄티누스 2세, 곧 콘스탄틴 대제의 아들은 얼마나 무자비하게 반응했는가! 이방인 황제 하드리아누스의 잔인한 법이 기독교인 황제에 의해 곧바로 되살아났다. 이것은 유대인에게 파국적인 결과를 가져왔다. 유대인 학교는 다시 폐쇄되었고, 율법학자들은 피신했으며, (예컨대 한 해의 절기 확정에 관해) 여러 가지 법적인 제한이 가해졌다. 425년에는 결국—분명히 설명하기 어려운 상황 아래서[29]—종교적 수장首長 제도와 산헤드린이 폐지되었다.

그러나 새로운 패러다임에서 유대교는 이제—우리가 이미 보았듯이—산헤드린이나 대제사장, 종교적 수장에 의존하기보다는 회당과 토라, 미쉬나와 탈무드, 랍비에 의존하게 되었다. 이로 인해 백성의 각양각색의 미신적 신앙을 항상 극복할 수 있었다.

5. 중세 유대교와 기독교적 반유대주의의 시초

이미 매우 일찍부터 랍비-회당 패러다임과 함께 오래 지속될 **중세 유대교**가 시작되었다는 사실은 분명하다. 유대교 연구를 위해 설립된 쾰른의 마르틴 부버 연구소 소장 요한 마이어Johann Maier가 올바로 말했듯이, 고대 말기에 유대인은 비록 흩어져 살았지만 "깨어지지 않은 문화적·문명적, 조직적 일치와 연속성을 유지한 유일한 민족으로" 존재했고, 그래서 "도시적·문명적 식민지 건설을 수행한 자들로 특별히 주목을 받게 되었다. … 더욱이 그들은 오랫동안 흩어져 살았기 때문에 이미 상업의 전통을 적절히 이어갈 수 있었다."[30] 게르만 민족의 이동도 이슬람의 정복도 유대교 자체에 패러다임 전환을 가져다주지 못했다. 로마-비잔틴 제국에서 시작하여 이슬람 제국을 넘어서 기독교적 중세기와 종교개혁 시대에 이르기까지, 더 길게는 유럽의 근대에 이르기까지 랍비 패러다임은 놀랄 만한 지속성과 저항력을 유지할 수 있었다.[31]

물론 1세기에 시작되고 18세기까지 지속된 이 중세 유대교는 상당히 늦게 시작된 중세 기독교와는 근본적으로 다르다. 고대 후기의 로마 황제에 의해, 그리고 신학적으로는 아우구스티누스에 의해 준비된 중세 기독교는 카롤링거 왕국 안에서 민족이 이동하는 시대 이후에 비로소 형태를 갖추기 시작했고, 11세기에는 그레고리 7세의 개혁운동과 함께, 황제 절대주의와 함께, 스콜라 철학·교회법·독신제도·십자군 전쟁과 함께 무너졌다. 이미 여기서 우리는 자문하게 된다. **중세 유대교와 중세 기독교의 차이**는 무엇인가? 이 질문에 대해 짤막하게 미리 대답해보기로 하자.

- 중세 유대인에게는 보편적 교회 대신에 토라가 신앙의 고향과 요새다.
- 유대교에는 (동방의) 황제 교황주의와 (서방의) 교황주의 대신에 교권통치,[32] 곧 베드로의 자리에 의한 통치가 아니라 율법학자의 자리에 의한 통치가 이루어진다.
- 유대교에는 종교적 신앙과 (많은 교의, 신앙 논쟁, 이단을 다룬) 세 가지 '신조' 대신에 엄격한 한-하나님-신앙의 조건 아래 종교적 실천과 (많은 율법 규정, 법적 논쟁, 다양한 학파를 다룬) '법전을 묶는 법들'이 전면에 나온다.

• 유대교에는 교회법에 의해 보호되는 신학체계(신학대전) 대신에 모든 상황에서 취해야 할 행동을 위한 포괄적이고 통일적이고 보편적인 도덕체계와 법체계가 지배한다.
• 유대교에는 스스로 격리된 엘리트적인 수도승들의 이상에 대한 복종(독신, 금욕, 가난 운동) 대신에 일상생활에서 모든 신자가 영위해야 할 삶과 그 즐거움에 대한 경건한 긍정의 이상이 지배한다.

이 중세 유대교의 패러다임은 오늘날에도 전혀 '낡아빠진 것'이 아니다. 오늘날까지 그것은 유대교의 큰 집단인 **바리새인-탈무드 정통주의**로 계속 전승되고 있고, 매일 실천되고 있다. 유대인은 어디(예루살렘, 뉴욕, 런던, 파리)에 살든, 현대적인 제약 아래서도 항상 율법의 모든 규정을 문자 그대로 지키려고 애쓰고 있다. 종교적으로 현대에 적응하고 갱신하려는 모든 노력은 가차 없이 거부된다. 이러한 중세 정통적 유대교에게 이스라엘은 오늘날까지 일차적으로 국가가 아니라 정신적 고향이다. '이스라엘'은 의식적·도덕적 순결함의 중심이다. 사람들이 어디에 살든, 이것은 토라의 실천을 통해 보장된다. 우리는 이를 더 살펴보겠지만, 기독교와 이슬람교의 승리의 역사와는 전혀 달리 완전히 **고난의 역사**로 나타나는 역사를 먼저 살펴보려고 한다.

유대교인과 기독교인 간의 논쟁에 대한 책임은 한쪽에만 돌릴 수 없다(이미 49/50년에 로마에서 논쟁이 일어났기 때문에 클라우디우스 황제는 잠시 동안 두 집단을 수도에서 추방했다). 방금 생겨난 기독교라는 '이단'이 유대교에 실제적인 위협이 되었을까? 거꾸로 이미 네로 황제 때부터 시작된 박해에 직면했던 기독교 공동체가 유대교 공동체의 적대적인 태도를 당연히 씁쓸하게 받아들이지 않았을까? 팔레스타인에서 매우 일찍부터 유대인과 유대인-기독교인 간의 분리가 일어난 이유는 제2부에서 현재와 연결하여 세밀히 논의할 것이다. 그러나 그러한 설명이 없어도 이해할 수 있는 점은 (예루살렘의 파괴 후에도) 살아남은 유대교가 신학적으로 스스로 옳다고 믿었던 기독교에게 점차로 도전이 되었다는 사실이다. 더욱이 많은 기독교인이—신학 엘리트에 이르기까지—유대교의 존속을 위협으로 느꼈다.

그리하여 알게 모르게 이교적·국가적 반유대주의에서 전형적인 **기독교적·교회적 반유대주의**[33]가 형성되기 시작했다. 유감스럽지만 우리는 이교적 반유대주의와 기독교적 반유대주의 간의 불행한 구분을 인정해야 한다. "기독교 이전의 반유대주의가 간헐적이었고 장소에 제한되어 있었으며, 비공식적이었고 (이집트적인 형태와 그 갈래를 제외한다면) 이념적인 근거가 없었다면, 최소한 콘스탄티누스의 시대 이래 기독교적 반유대주의는 지속적이었고 일반적이었으며, 공식적으로 부추겨졌고 원칙적이었으며, 이념적 체계로부터 지원을 받았다. 그것은 역사적 사건이나 조건에 근거한 것이 아니라, 심지어는 유대인이 전혀 없는 곳에서도 존재한다"(랑게N. R. M. de Lange).[34] 파키스J. W. Parkes에 따르면 기독교인의 입장은 이방인의 입장과는 달리 동시대의 유대인의 행동에 근거한 것이 아니라, "유대인의 성격과 유대교의 역사에 대한, 신적인 권위로 무장된 설명이라고 사람들이 여긴 것의 해석에"[35] 근거한 것인데, 이것은 기독교 시대에 유대인이 짊어져야 할 새로운 운명이다.

그런데 몇몇 교부는 전적으로 유대인 학자에게 히브리어와 성서 주석을 배웠다. 그리고 학문적으로 연구한 최초의 기독교 신학자였던 천재적인 **오리게네스**Origenes는, 유대인이 예수를 메시아로 받아들이기를 거부했기 때문에 설교에서는 비록 그들을 격렬하게 비난했지만, 알렉산드리아 교리학교의 지도자로 유대인 가운데서 살았고 유대인과 친밀한 교제를 쌓았으며, 이방인에 맞서 유대인을 변호했다. 그렇다면 우리는 묻게 된다. 유대인과 기독교인 간의 '적대감'이 점점 더 날카로워지고, 이미 2세기에 유대인을 분명하게 비판한 〈**유대인 논박***Adversus Judaeos*〉 **문헌**(바나바Barnabas, 사데의 멜리토Melito of Sardes, 터툴리안Tertullian, 히폴리투스Hippolytus의 편지)이 쓰인 이유는 무엇인가?[36]

이를 연구한 수많은 문헌이 출판되었다. 만약 유대인과 기독교인의 완전한 결별의 기원을 다룬다면, 우리는 더 분명히 알게 될 것이다. 우선은 다음과 같은 비극적인 발전을 이해하기 위해 **전형적으로 교회적인 반유대주의**를 일으킨 몇 가지 중요한, 그리고 여러 면에서 겹치는 **요소**를 아무런 평가 없이 언급하기로 하자.

1. 교회가 기독교 메시지의 헬라화와 보편화로 구약성서와 히브리 민족의 뿌리(토대)에서 멀어지게 되었다.

2. 교회가 히브리 성서가 오직 자신을 위해서만 존재한다고 주장했다. 교회는 히브리 성서가 그 자체로는 아무런 가치가 없다고 여겼고, 유형론적·우의적 성서 해석의 도움을 받아 오직 자신의 존재를 정당화하기 위해서만 히브리 성서를 이용했다. 교회는 이를 하나님의 뜻으로 보았다.

3. 교회와 회당이 서로 멀어지는 가운데서 상호 간의 대화가 단절되었다. 여기서 대화는 대부분 호교론자들의 독백으로 대체되었다.

4. 예수의 십자가 죽음을 일반적으로 '유대인', 아니 모든 유대인의 잘못으로 돌림으로써 유대인의 추방과 분산이 멸망할 백성에게 내려진 하나님의 정당한 저주로 간주될 수 있었다.

이미 2세기 후반에 (비유대적·반유대적 기독론의 영향을 받은) 소아시아 사데의 감독 **멜리토**Melito는 역사적으로 특히 비극적인 것으로 입증된, 매우 부정적인 말을 뱉었다. "모든 민족의 사람들아, 듣고 보아라. 예루살렘에 과거에는 전혀 일어나지 않았던 살해가 일어났다. … 하나님이 죽임을 당하셨다. 이스라엘의 왕이 이스라엘의 율법을 통해 제거되셨다."[37] 유대인이 '하나님을 살해한 자'라는 비난은 이로써 세상에 퍼졌다. 이미 여기서 사람들의 관심은 유대인의 회개가 아니라 유대인의 정복에 쏠리게 되었다.

콘스탄티누스의 전환(312/313), 곧 황제 **콘스탄티누스 대제**(306~337)가 가톨릭교회에게 무제한적인 종교의 자유와 후원을 허락한 것이 유대교의 상황 악화를 직접 초래하지는 않았다. 의심할 나위도 없이 콘스탄티누스는 유대인에 관해 말할 경우에는 (특히 교회의 편에서 말할 경우에는) 매우 불친절한 언어를 선택했다(그의 자문 역할을 맡았던 기독교인의 영향 때문이었을까?). 그렇지만—유대인에게 더는 관용을 베풀 수 없다고 말하는 총체적인 판단에 맞서 스템베르거G. Stemberger가 주장했듯이—"콘스탄티누스를 유대인의 명백한 적대자라고 표현하는 것은 잘못"일 것이다. 왜냐하면 "콘스탄티누스가 반포한 법은 유대인에게 실제적인 곤경을 초래한 것이 아니라, 오히려 여러 측면에서는 유대인의 특권을 강화했기" 때문이다.[38]

제국 정치의 진정한 전환은 정확히 콘스탄티누스가 사망한 지 100년 후에 일어났다. **테오도시우스 대제**(379~395)는 종교의 자유를 폐기했고, 380년에 기독교를 국가 종교로 선언하고 이교와 이단을 국가적 범죄로 선언했다. 그리고 황제 **테오도시우스 2세**(401~450)가 통치할 때, 마침내 유대교도 〈**국가교회의 예외 법률**〉("Codex Theodosianus" 438)을 통해 오직 교회의 성례전으로만 들어갈 수 있는 거룩한 나라에서 실제로 제외되었다. **제국교회**가 형성된 후에 유대인이 기독교적 색채를 띤 제국의 이념(그리스도를 믿는 황제와 그의 통치는 하나님의 하늘 통치의 모형이다)을 철저히 거부했기 때문에 제국교회는 전형적으로 이교적인 모든 형태의 반유대주의를 받아들였고, 기독교적인 동기를 통해 이를 강력히 추진했다.

교회는 자신이 받았던 박해를 이제는 기억하지 않았다. 정반대였다. 로마제국에서 얼마 전까지만 해도 박해를 받은 불법적인 소수 집단이었던 바로 그 교회가 이제는 국가의 도움을 받아 로마 제국에서 지금까지 '허락된 종교 *religio licita*'였던 유대교를 미약한 권리를 지닌 존재로 만들었다. 물론 유대교는 이단들처럼 뿌리가 뽑히지는 않았지만, 기독교인의 생활 영역에서 배제되었고, 사회적으로 격리되었다. 이런 목적을 위해 내려진 **최초의 억압 조치**는 다음과 같은 것이다. 배교자(유대교로 개종한 자)와의 결혼이 금지되었고, 유대인에게는 공직 임명이 금지되었다. 회당의 건축이나 확장이 금지되었고, 모든 종류의 개종 노력도 금지되었다. 바로 이 개종 노력의 금지로 예전에는 공격적이고 성공적인 선교 종교였던 유대교가 비극적으로 자신에게만 몰두하고 자신을 번식하는 종교가 되고 말았다. 그래서 사람들은 나중에 유대교를 흔히 '유대 인종'이라고 부르곤 했다! 그렇기 때문에 이 시대에 (할라카에 근거한) 랍비의 분리 노력과 (정치적·신학적 근거에 의한) 기독교인의 차별 대우는 서로에게 영향을 주었고, 로마 제국의 말기에 유대교의 완전한 분리를 초래했다.

그리하여 제국의 영토에서 살던 유대인이 이제 실제적으로는 제국 밖에서 살게 되었다. 그래서 많은 유대인은 자신의 상황을 예전보다 더 강하게 일종의 '실제적인 추방'(골라gola)으로 느끼게 되었고, 그들을 구원할 메시아의 임박한 도래를 또다시 희망하게 되었다. **아우구스티누스**Augustine와 같은 신학자와 감독이 유대인을 향해 선교의 임무를 품었다면(그 당시에 유행하던 하나님 살인자 명제에 맞서 아우구스티누스는 유대인의 잘못에도 불구하고 그들을 회개시켜야 한다는 희망을 가졌다), 밀라노의 **암브로스**Ambrose와 같은 다른 감독들은 회당의 재건축을 저지했다. 콘스탄티노플의 **크리소스톰**Chrysostom과 같은 감독은 유대인에 맞서 벌써부터 후대의 반유대주의적인 사냥꾼처럼 설교했다.[39] 회당은 율법을 거역하는 자들의 장소, 악한 자들의 구역, 악마의 요새다. 유대인은 축제를 즐기고 탐욕적인 무리로서 노동에는 부적합하고 살육(!)에 더 적합하다. 그렇지만 온갖 억압 조치에도 유대교는 로마 제국 어디서나 살아 있는 종교로 존재하고 있었다. 이 시기에 콘스탄티노플에는 안식일과 축제를 위해 회당에 가고 유대교의 예식을 좋아하는 기독교인('이우다이잔테스ioudaizantes' = 유대교로 개종한 기독교인 또는 유대인-기독교인?)도 있었다.

디아스포라의 대도시 알렉산드리아에서 살아가던 유대인의 상황은 더 어려워졌다. 415년에 유대인은 선동적인 무리에 의해 알렉산드리아에서 쫓겨났다. 이런 행동의 배후에는 여느 때처럼 한 사람의 감독(장로나 수도승)이 있었는데, 이 사건에는 유명하고 악명이 높은 대주교 **키릴**Cyril이 있었다. 극히 헬라적이고 반유대적인 기독론(그리스도는 오직 신성만을 지니고 있다 = 단성론)을 주장한 그는 431년에 개최된 에베소 공의회에서—반대 그룹이 도착하기 전에—논리적으로 마리아를 '하나님의 어머니'라고 부르게 했다. 마리아는 '그리스도를 낳은 여인'(크리스토-토코스Christo-tokos)일 뿐만 아니라, '하나님을 낳은 여인'(테오-토코스Theo-tokos)이기도 하다는 것이다. 그러나 이단을 배격하는 상황에서 테오도시우스 2세의 반유대주의적 조치를 또다시 강화한 것은 매우 정통적이었던 황제 **유스티니아누스**Justinian(527~565)의 '시민법령*Corpus Iuris Civilis*'이었다(경제적 이유로 파산한 기독교인 노예를 소유하는 것이 금지되었고, 유대인 예배가 제한되었다). 유스티니아누스의 법전은 중세기에 국가와 교회가 유대인 관련 법률을 제정할 때에 표준이 되었다.

물론 이 시기에 **서방 제국**은 우선 게르만 민족의 이동 때문에 모든 힘을 빼앗겨야 했다. 서로마에서 로마 황제의 통치를 물려받은 **교황**도 마침내는 게르만 민족을 고려해야 했다. 그렇기 때문에—오늘날까지 그리스인들이 분노하고 있듯이—프랑크 왕국의 '야만적인' 왕 샤를마뉴 대제가 800년에 로마 황제에 오르게 되었다! 여기서 기독교 내의 새로운 패러다임 전환이 모습을 드러내기 시작했다. 고대의 헬레니즘 패러다임이 중세 교회의 로마-가톨릭 패러다임으로 넘어가기 시작한 것이다. 그러나 종말론적 구원을 향한 전환을 새롭게 희망하던 유대인은 바로 이 카롤링거 시대에 새로운 시간 계산을 하기 시작했다. 그들은 성서의 연대기를 계속 사용했고, 나중에 사람들이 주장했듯이, 창조의 해(기원전 3761년)로 연도를 계산했다.

이미 일찍부터 강한 힘을 갖게 된 황제들, 특히 그레고리 대제는 600년 무렵의 종말에 유대인이 약속대로 회개할 것이라고 말하면서(하나님의 권유나 물질적 특혜 제공 때문에 회개하지만, 폭력 사용과 강제 세례는 시행되지 않을 것이다), 비교적 온건한 유대인 정책을 밀고나갔지만, 초기 기독교적 중세기에 프랑스와 특히 스페인에서는, 비록 십자군 전쟁 때까지는 산발적으로 일어났지만, 유대인을 향해 최초의 **직접적인 폭력**이 발생했다. 최후의 서방 교부로 인정되는 세빌라의 이시도르Isidore of Seville(637년 사망) 감독도 수치스러운 반유대적 논쟁을 펼쳤다. 거의 70년 후에 스페인이 700년 이상 무슬림의 지배를 받게 되고, **이슬람교**가—바로 기독교의 거대한 맞수로서—유럽 대륙에서 새로운 세계 권력과 새로운 세계종교로 등장할 것이라는 사실을 그는 전혀 예감하지 못했다. 무슬림과 유대인의 선한 협력에 관한 첫 번째 소식을 서방 사람들이 매우 의심스럽게 여긴 것은 놀라운 일이 아니다.

6. 무어인의 스페인: 유대인과 무슬림을 묶어주는 것

이슬람교의 지배 아래서도 당연히 현대적인 의미의 '평등권'은 존재하지 않았다. 유대인에게 (기독교인에게도) 수많은 제한이 주어졌다.[40] 그렇지만 바빌론과 시리아, 이집트, 북아프리카, 스페인에서 유대인은 큰 성공을 거두었다. 물론 7/8세기에 제정된 '**오마르 법률**'에 근거하여 두 가지 다른 (존경은 받았지만, 그래도 낡은 것으로 간주된) '책의 종교'에 속한 사람들은 최소한 이론적으로 공직을 맡을 수 없었고, 무슬림을 노예로 부릴 수 없었으며, 무슬림의 이웃보다 더 큰 집을 지을 수 없었고, 말을 탈 수 없었으며, 새로운 하나님의 집을 지을 수 없었고, 자신의 종교를 눈에 띄게 실천할 수 없었다. 유대인은 특별한 옷을 입어야 했고, 세금(토지세와 인두세)도 내야 했다. 시아파Shi'ites 사람은 대개 수니파Sunnis보다 더 엄격했다.[41]

그렇지만 실제로 이슬람(='이스마엘', 아브라함의 다른 아들!) 아래 살던 유대인의 형편은 **기독교**와 로마 제국과 로마-게르만 제국(='에돔', 야곱의 이기적인 형제 에서의 후손) **아래 살 때보다 더 좋았다**. 오직 기독교인의 악의와 적대감 때문이었을까? 그렇지 않다. 매우 현실적인 **이유와 배경**이 있었다.[42]

— 이슬람 제국에서는 소수 민족에 속했던 유대인에게 모든 제한에도 불구하고 (개인의 재산을 위해서도) 보장된 권리가 있는, **보편적으로 구속력을 지닌 법의 토대**가 있었지만, 기독교적인 서방에서는 민족의 이동 때문에 그것이 없었고, 비잔틴 제국에서 그것은 서서히 유대인을 반대하는 법률로 대체되었다.

— 유대인에게는 지역 공동체를 넘어서는 자치 정부(바빌론의 포로 지도자와 학교의 대표자, 이집트와 스페인에서 존경을 받는 지도자)의 틀 안에서 이슬람 지도자와 나란히 인정을 받는 **중심적인 영적 지도자**가 있었지만, 기독교적인 유럽에서는 자율적인 유대인 공동체가 옛날부터 서로 공존하고 있었고, 지역을 넘어서는 대표적 지도자는 없었다.

— 시리아에 기독교인들이 사라진 뒤에 **동방과 지중해 무역**에 종사하던 유대인은 이슬람 제국에 늘 새로운 도움을 줄 수 있었지만, 기독교인의 지역에서는 매우 일찍부터 이슬람 세계와의 원거리 무역을 중세에 이슬람 지역을 이끌던 이탈리아 도시에 넘겨주어야 했다.

— 유대인은 히브리어와 가까운 **아랍어를 국제 교역과 무역의 언어로** 사용할 수 있었지만, 서방 지역에서는 성직자와 학자만이 사용하던 라틴어를 전혀 배울 수 없었고, 그래서 덜 발달한 다양한 민족 방언들을 사용해야 했다.

— 신비한 교리가 없는 **분명한 유일신론** 때문에, 그리고 **정결과 식사 관련 비슷한 계명들** 때문에 유대인은 종교적으로도 기독교인보다 무슬림에게 더 가까이 서 있었지만, 율법과 할례에 관한 원래의 논쟁보다는 이제는 완전히 발전한 삼위일체론과 성육신 이론으로 기독교인과 더 멀어졌다고 느꼈다.

— 이슬람 지역에서 유대인은 일찍부터 이슬람 **철학**과 대결했고, 오직 부분적으로만 **이슬람교의 신학 주장**과 대결했다. 그렇지만 (13세기 시칠리아의 황제 프리드리히 2세의 궁중을 제외한다면) 유대인은 12세기부터 비로소 기독교 신학과 대결했고, 여기서 곧바로 기독교의 계시 주장과 대결했다.

무슬림의 지배와 모든 제한에도 유대인과 무슬림 간의 **조화로운 공생**이 어느 정도까지 가능했는지는 **무어인이 다스리던 스페인**의 '황금시대'가 실증적으로 보여준다. 이것은 오늘날 널리 펴져 있는 '유대인과 아랍인 간의 불구대천의 적대감' 소문이 거짓말임을 입증한다. 이 유대인과 무어인의 공생은 유대인과 헬라인의 공생 이후로 **유대 문화와 이방 문화의 두 번째 세계사적인 상호작용**이었다. 다른 유럽 국가에서와는 달리 스페인에 유대인은 지방 경제를 위해 폭넓게 활동했다. 물론 유대인이 바로 여기서 근동에서 동유럽에 이르기까지 성행하던 노예무역에도 깊이 관여했다는 사실을 간과해서는 안 된다. 그러나 코르도바와 다른 중심지에서 유대인(최소한 상층부 유대인)은 아랍의 언어와 의복과 풍습을 받아들였고, 경제적·정치적·문화적 영역에 전적으로 참여했으며, 품위 있고 자신감 있는 걸음걸이를 통해 다른 나라의 유대인과 분명히 다르다는 사실을 보여주었다. 스페인에서는 유대인과 무슬림 간에 매우 풍성한 공생이 이루어졌다. 이것은 학문과 예술의 독보적인 정신적 개화를 통해 표현되었고, 이를 위해 유대인의 철학과 신학, 언어학과 세속적인 시문학(애가 이래 최초의 유대인의 애정 문학), 자연과학과 의학, 다양한 번역 활동(아랍어 · 히브리어 · 라틴어)이 학문적으로 기여했다. 9/10세기에는 바빌론이 무슬림과 유대인 간의 유익한 교류를 가능하게 했다면, 10세기에는 무어인의 스페인이 유대교의 정신적 중심지로서 광범위하게 교류 역할을 떠맡았다.

아랍 철학자들은 플라톤과 아리스토텔레스의 철학을 번역하고 해석함으로써 유대교와 기독교 스콜라 신학으로 가는 길을 결정적으로 터놓았다. 그리고 스페인 유대교를 대표하는 위대한 상징적 인물은 지금까지 가장 영향력 있는 중세의 유대교 학자 **모세 벤 마이몬**Moses ben Maimon(1135~1204)이다.[43] 그는 코르도바에서 태어났고, 특히 모로코와 이집트에서 활동했다. 서방에서 마이모니데스Maimonides라고 불리는 그는 의사이자 상인, 법률가, 철학자, 신학자로서 그의 주저서 《방황하는 이들을 위한 안내서》를 통해 (무슬림 철학자 아비센나Avicenna와 아베로스Averroes를, 또는 기독교에서 알베르투스 마그누스Albertus Magnus와 토마스 아퀴나스를 화해시키려고 노력했듯이) 종교적 신앙과 이성을 화해시키려고 노력했고, 유대인 학자들에게 지금까지 위대한 모범이 되고 있다. 미쉬나 해석[44]에 포함되어 있는 마이모니데스의 **신앙고백**(1168)은 유대교에서 모든 비판을 극복하고 역사적으로 살아남았다. 그것은 종종 문학적으로 개작되었고, 오늘날 아침기도의 마지막에 있는 기도서 안에서 신앙고백으로 존재한다. 그것은 유대교가 기독교와 이슬람교와 공통적으로 고백하는 (하나님의 존재, 단일성, 비육체성, 전지성, 보응과 부활에 대한) 신앙 요소들이 명백하게 세 종교를 갈라놓는 것처럼 표현한다. 그것은 기독교와는 반대로 하나님의 절대적 단일성과 아직 오지 않은 메시아 신앙을 표현하고, 이슬람교와 꾸란과는 반대로 모세의 토라의 영원한 효력을 표현한다.

유대인은 무엇을 믿는가?

1. "나는 창조주가 모든 피조물을 창조하셨고 인도하시며, 오직 그분만이 모든 일을 완성하셨고, 완성하시며, 완성하실 것임을 확고히 믿는다.

2. 나는 창조주가 한 분이시고, 그의 어떤 관계 속에도 절대적으로 유일하신 분이시며, 과거와 현재와 미래에 오직 그분만이 우리의 하나님이심을 확고히 믿는다.

3. 나는 창조주가 물질이 아니고, 그분에게 물질적인 것이 붙어 있지 않으며, 그분과 똑같은 존재가 없음을 확고히 믿는다.

4. 나는 창조주가 처음과 나중이심을 확고히 믿는다.

5. 나는 창조주가 모든 경배를 받기에 합당하시고, 그분 이외에 다른 존재를 경배하는 것이 마땅하지 않음을 확고히 믿는다.

6. 나는 예언자들의 모든 말이 진실함을 확고히 믿는다.

7. 나는 우리의 스승 모세의 예언이 진실하고, 그분이 그분 이전에 있었고 그분 이후에 올 모든 예언자들의 최고 스승이심을 확고히 믿는다.

8. 나는 우리가 지금 가지고 있는 토라가 우리의 스승 모세에게 주어졌음을 확고히 믿는다.

9. 나는 이 토라가 결코 바뀌지 않았고, 창조주로부터 다른 토라가 나오지 않을 것임을 확고히 믿는다.

10. 나는 창조주가 인간의 모든 행동과 그들의 모든 생각을 알고 계심을 확고히 믿는다. 왜냐하면 '그들의 마음을 조성하신 그분이 그들이 행위도 알고 계신다'고 기록되었기 때문이다.

11. 나는 창조주가 그분의 계명을 지키는 자들에게 선을 베푸시고, 그분의 계명을 어기는 자들에게는 형벌을 내리신다고 확고히 믿는다.

12. 나는 메시아가 오실 것임을 확고히 믿는다. 비록 그분이 여전히 오지 않으시더라도, 나는 그분의 오심을 매일 기다린다.

13. 나는 창조주가 기뻐하실 날에 죽은 자들이 부활할 것임을 확고히 믿는다.
항상, 그리고 영원히 그분의 이름을 높이고, 그분의 기억하심을 찬양하여라."

–모세 마이모니데스의 신앙고백

기원으로 본다면 유대교는 기독교와 이슬람교처럼 본질적으로 역사적 종교이고, 모든 자연 종교와는 완전히 다르다. 그렇지만 단지 이슬람교의 관점에서만이 아니라 기독교의 관점에서도 본다면, 이제 다음과 같은 질문을 제기해야 한다. 길고 흥미진진한 유대 민족의 역사, 특히 기독교인과 함께한 유대인의 역사는 완전히 수난의 역사로만 축소될 수 있는가?

7. 잊어서는 안 될 것: 유대인의 성공 역사

중세기에 교회가 유대인을 박해했던 슬픈 역사의 밑바탕을 살펴보기 전에—유대인에 대한 적대감을 없애고, 미래에 유대인과 기독교인이 함께 더 잘 지낼 수 있기 위해—살로 바론Salo Baron,[45] 베른하르트 블루멘크란츠Bernhart Blumenkranz, 피터 리젠버그Peter Riesenberg, 데이비드 바이알레David Biale와 같은 유대인 역사가의 주장에 따라서 여러모로 망각되었거나 침묵되었던 사실을 말해보려고 한다. 왜냐하면 기독교인의 유대인 박해는 결코 지속적인 사건이 아니라 특정한 사회적·경제적 요소들로 야기되었기 때문이다. 다른 말로 표현하면, 유대인의 끔직한 수난의 역사와 나란히—이스라엘 국가를 건설하기 이미 오래전부터 여러 세기에 걸쳐 성취한—유대인의 놀라운 성공의 역사도 간과해서는 안 된다. 그리고 이것은 단지 무슬림의 영토만이 아니라 기독교인의 영토에도 해당한다.

중세 유대교에서 토라를 문서로 기록하고 입으로 전달하려는 노력에 비해 (특히 왕조 시대에 꽃을 피운) 역사 서술은 현저히 퇴조했고, 더욱이 유대 민족의 분산으로 매우 지체되었다. 그 후에 **유대인의 역사 서술**은 계몽기 이후가 되어서야 비로소 다시 강력하게 발전하게 되었다. 예컨대 항상 역사 서술의 토대가 되었던 하인리히 그레츠Heinrich Graetz의 《고대로부터 현재까지의 유대인 역사》(전 11권, 1853~1875)와 시몬 두브노프Simon Dubnow의 고전적인 《유대 민족의 세계사》(전 10권, 1925~1929)를 들 수 있다. 최근의 가장 우수한 저술은 예루살렘 히브리 대학교 교수 벤-사손H. H. Ben-Sasson이 집필한 것이다. 그는 이 책에서 종종 인용한 1,200쪽에 달하는 《유대 백성의 역사》[46]의 발행인이자 공동저자다. "유대인에 대한 박해와 비하"는 항상 유대인을 거부한 "신중한 정치 행위"였고, 압도적으로 다수의 유대인은 "자신의 신앙과 민족과 유산을 끝까지 지킬 것을 선호했기 때문에 지속적인 박해의 운명을 선택했다"는 많은 유대인의 기본 감정을 벤-사손은 분명히 표현했다.[47]

그렇지만 박해를 일반화하면서 동시에 영웅화하는[48] 이런 주장은 다른 지도적인 유대인 전문가에게 의심을 받았다. 디아스포라 중심의 역사가 두브노프와는 달리, 그리고 최근의 이스라엘 중심의 역사가와도 달리 디아스포라와 에레츠 이스라엘Eretz Israel을 유대인의 창조성의 두 가지 중심으로 설명하려고 애쓰는 살로 바론(컬럼비아 대학교/뉴욕)은 4권으로 된 그의 모든 저서를 통해 유대인의 역사를 **순전히 수동적인 수난의 역사**로 보는 해석을 **수정하려고** 애쓰며, 그와 함께 "디아스포라 유대인의 운명을 온전히 불행과 박해의 결과로 보는 유대인의 역사에 대한 비극적 관점"도 **수정하려고** 노력한다. 그 대신에 바론은 유대인과 주변 세계가 서로에게 두려움을 일으킨 영역과 요소를 폭넓게 규명하려고 힘쓴다.[49]

베른하르트 블루멘크란츠(파리)[50]는 《서방 세계의 유대인과 기독교인》이라는 자료가 풍부한 그의 저서에서 430년(한창 민족이 이동하던 시기에 아우구스티누스가 죽은 해)과 1096년(십자군 전쟁이 시작된 해)에 일어난 사건을 다루는 첫 번째 항목에 "**좋은 이웃 관계**"라는 제목을 붙였다. 유대교와 기독교 간의 신앙의 근본적인 차이나, 양쪽의 신학 논쟁과 선교 노력에도 불구하고 차이점이 수 세기 동안 단순히 반대와 갈등을 일으킨 것은 아니었다. 물론 더 강한 쪽(대개는 기독교인이 더 강했지만, 스페인에서는 예외적으로 유대인이 더 강했다)에서 권력 남용이 늘 반복되었다. 그리고 (어느 쪽이든) 다수의 사람들은 소수의 사람들을 오늘날까지 주로 권리가 부족한 자들로 취급했다. 그렇지만 유대인에 대한 로마 가톨릭교회의 태도가 11세기에 비로소 근본적으로 변화되었다는 사실을 간과해서는 안 될 것이다. 이러한 입장 변화는 (무슬림과 유대인에 대항한) 십자군 전쟁으로 강화되어 유럽 전체에 퍼졌다.

그러나 이처럼 넓은 역사적 지평 앞에서 피터 리젠버그(워싱턴 대학교/세인트루이스)[51]는 다음과 같은 사실을 강조한다. 만약 우리가 헬레니즘 시대에서 이탈리아 르네상스 시대까지의 유대교 역사를 처음부터 최근에 일어난 경악스러운 사건으로 인해 흐려진 안경만을 쓰고 바라보지 않고, 많은 민족적·종교적 소수자들의 운명인 이방인 증오와 종교적 관용의 **총체적 맥락** 안에서 유대인에 대한 폭력을 바라본다면, 리젠버그 교수처럼 다음과 같이 말해야 한다. 그 당시에 유대인에게 가해졌던 억압과 폭력, 추방과 대량학살은—우리는 아직 홀로코스트를 말하지 않는다!—유감스럽게도 많은 **다른 소수 민족과 소수자에게도 가해진** 것이다. 그리스인과 마니키아인, 네스토리안을 비롯하여 무슬림과 비잔틴 기독교인, 서방 교회의 이단(알비파와 카타리파)에 맞선 십자군 전쟁, 종교개혁과 30년 전쟁 시기의 헤아릴 수 없는 폭력, 그리고 마지막으로 금세기에 투르크에서 150만 명의 아르메니아인이 살해된 사건을 들 수 있다. 이를 말하는 것은 당연히 역사적으로 변명하거나, 모든 것을 평준화하고 중립화하는 '역사화historicizing'를 하려는 것이 아니다. 오히려 이를 언급하는 이유는 역사적 보완이 필요하기 때문이다.

우리는 유대인의 역사에서 긍정적인 요소들을 간과해서는 안 된다. 오늘날 많은 이스라엘인이 자신의 존재를 정당화하기 위해 질문한 유대인 디아스포라는 이제 경제적인 업적만이 아니라 문화적·정신적 업적을 통해 선명히 드러난다. 그들은 다른 소수자들과 비교할 때 독자적인 업적을 추구한다. 유대인의 문학작품(히브리어로 된 수많은 문학)과 종교철학, 신학과 신비주의, 학문은 대부분 유대인 디아스포라에서 형성되었다. 메소포타미아에서 유대인의 학문이 침체된 후에 마인츠의 랍비 학자 게르숌 벤 유다Gershom ben Judah가 차지한 중요성을 생각해보라. 그의 중요성은 의미심장한 마지막 가온Gaon(차이Chai, 1038년 사망)의 권위와 완전히 겨룰 만한 것이다. 그의 학문은 오랫동안 성서와 탈무드에 관한 권위 있는 주석가로 여겨진, **라쉬** Rashi(1040~1105)라고 불리는 더 위대한 랍비 슐로모 이츠하키Shlomo Yizhaki에 의해 계승되었다.[52]

우리가 이 디아스포라의 존재를 고난의 길로, 조상의 죄를 뉘우치는 참회로, 열방족 가운데서 하나님의 이름을 선포하는 길로, 또는 단순히 더 나은 경제적 가능성의 자리로 이해하지는 않았는가? 부정할 수 없는 점은 유대인 공동체가 활발하게 활동하고 있었다는 사실이다. 우리는 메소포타미아에서 스페인에 이르기까지 분명히 그 당시에 알려졌던 세상 곳곳에서 그들에 관한 이야기를 들었다. 그리고 우리는 북아프리카(카라이완!)에서, 독일에서도 카롤링거 왕조 아래, 또는 14/15세기에 이탈리아에서도 번성했던 유대인 공동체에 관해 많은 것을 말할 수 있다. 소수 민족으로서 강한 제한을 받았고 적어도 십자군 전쟁이 일어나기까지는 자주 혼란에 빠졌음에도 이 모든 일에서 유대인은 매우 감동적인 업적을 쌓았다. 그렇기 때문에 우리는 다음과 같은 리젠버그의 판단을 따를 수밖에 없다. 전체적으로 볼 때, 그리고 다른 더 강한 민족이나 집단과 비교할 때, 유대인은 기독교의 세계에서 오랫동안 놀라운 **성공을 거둔 유일한 디아스포라 소수자**였다. 무역을 위해 정착할 때에는 종종 특권을 누렸던 많은 유대인은 독일 제국 전역에서 '황실의 노예'로 어디서나 세금과 시장의 자유를 누렸고, 오랫동안 지중해 무역을 지배했다. 그리고 이탈리아 도시가 지중해 무역을 넘겨받았을 때 그들은 유럽 내부와 동유럽의 무역을 지배했다. 그래서 십자군 전쟁이 일어날 때까지는 비교적 많은 유대인이 잘 살았고, 부유하기까지 했다(예컨대 요크의 아론Aaron of York은 1166년과 1185년 사이에 영국에서 가장 부유한 사람이었다). 경제적 · 재정적 영역만이 아니라 정치와 학문과 문화에서도 그들이 놀라운 업적을 쌓았기 때문에 가능한 일이었다.

그런데 유대인에게 악명 높은 **게토**Ghetto란 무엇인가? 제한된 거주 지역, 유대인의 게토(또는 동유럽의 슈테틀shtetl)에 관한 한, 여기서 우리는 베른하르트 블루멘크란츠와 함께 10/11세기 이래 우선은 자발적이고 자유롭게 선택된 '유대인 지역'을 말하는 것이 더 나을 것이다. 그것은 고대 이래, 그리고 큰 이슬람 도시에도 존재했다. 그것은 이미 설명한 유대인의 자기 분리, 그들이 스스로 선택한 생활 방식, 정통적 유대인의 삶에서 요구되는 예식과 식사와 교육의 결과였다. 유대인을 보호하려고 고안되었던 장벽(최초의 장벽은 1084년에 슈파이어Speyer에 세워졌다)이 나중에는 유대인 차별의 표현으로서 유대인을 배제하는 역할을 하게 되었다. 16세기에는 평균을 넘는 유대인 인구의 급성장 때문에 특정한 도시 지역에서는 유대인 정착이 법적으로 제한되었다. 사람들은 베네치아의 선례에 따라 이를 '게토'라고 불렀다. 다시 말하면, 1515~1516년에 유대인 피난민 5천 명이 베네치아에 들어오자 모든 유대인은 '게토 누오보Ghetto nuovo'라고 불리는 큰 섬 끝의 한 지역에만 모여 살아야 한다는 결정이 내려졌다. 그리하여 유대인은—유대인은 당연히 격렬하게 저항했다—완전히 격리되었다. 그렇지만 유대인은 게토 속에서는 적어도 안전하다고 느낄 수 있었고, 문화생활을 심도 있게 전개할 수 있었다(오늘날까지 북아메리카에서는 정통적 유대인만이 아니라 중국인과 다른 집단도 '인종적인 이웃 관계'를 여전히 소원하고 있다).[53] 이르든 빠르든, 이런 강압적인 '게토화'는 매우 협소한 주거 환경과 위생적인 폐해를 낳으며, 마침내는 공식적인 결혼 제한과 자녀 제한을 초래하고 만다.

여하튼 오늘날의 역사관 때문에 유대인과 기독교인이 서로 관용을 베풀고 평화적으로 공존해온 세월을 간단히 무시해서는 안 된다. 그렇지만 유대인의 수난 역사도 결코 망각해서는 안 된다. 그러나 오늘날의 근동 문제를 해결하려면 피터 리젠버그의 주장을 깨닫는 것은 매우 중요하다. "비록 비극과 박해, 특별한 고난을 지나치게 강조하지 않아도 유대인의 역사는 언제나 여전히 유대인의 역사일 수 있다. 내 의도는 유대인의 고난을 부인하려거나, 지난 200년간의 유대인 역사에서 이 고난에 대한 기억과 과장된 설명의 건설적인 역할까지 부인하려는 것이 아니다. 오히려 내 의도는 현시대의 유대인에게 온 세계에서 무난히 적응하고 살아남고 창조성을 발휘한 자신들의 기나긴 역사를 더 많이 알게 하고 더 큰 자부심을 갖게 하는 것이다. 온갖 사회 속에서도 그들은 어디서나 자신의 정체성과 정신을 지켜왔다. 그리고 그들은 자신의 문명을 발전시키는 가운데서도 무수한 비유대인의 문명을 위해서도 기여해왔다."[54]

미국의 유대인 역사학자 데이비드 바이알레(버클리/캘리포니아)가 특히 고대 유대인의 반란과 랍비의 정치 이론, 중세 유대인의 단합된 힘을 근거로 강조했듯이,[55] 예루살렘의 멸망과 유럽의 근대 사이의 유대인 역사는 힘없는 역사임과 **동시에** 힘의 역사이기도 하다. 이스라엘의 역사가들도 특히 반유대주의 역사와 반유대주의 해석의 초超역사적 유혹과 정치적·이념적 도구화를 경계한다. 이해하기 어려운 홀로코스트 때문에 유대인과 비유대인이 서로 맺어온 관계의 모든 역사를 일방적으로, 퇴행적으로 "반유대주의적으로 해석해서는" 안 된다. 이런 해석은 역사적 사건에 대한 합리적인 분석을 은폐할 것이다. 유대인의 역사를 편협하게 해석하는 것을 이처럼 경계하면서, 이제 교회의 반유대주의로 되돌아가기로 하자. 많은 사람이 높이 칭찬하던 기독교의 중세기에 교회의 반유대주의는 끔찍하도록 절망적인 상황까지 치달았다.

8. 기독교인의 유대인 박해와 그 '이유'

11세기에 **유대교를 향한 교회의 태도**가 완전히 변하고 마침내는 무섭게 **뒤바뀐** 이유는 무엇인가?[56] 여기서 세 예언자 종교의 상호 의존성이 현저히 드러나게 된다. 그것은 이슬람에 맞선 기독교의 세계사적인 투쟁이었다! 이미 한 세기가 시작될 무렵부터 한 가지 소문이 유럽을 떠돌아다녔다. 만약 이집트의 술탄 알-하킴al-Hakim이 예루살렘에 있는 거룩한 무덤 교회를 파괴하지 않는다면, 기독교인이 예루살렘을 포함해 그의 왕국을 정복할 것이라고 유대인이 경고했다는 소문이다. 1009년에 술탄은—이슬람에서는 예외였지만—기독교인과 유대인을 박해하기 시작함으로써 바로 그런 일을 했다. 이미 한 세기가 시작될 때에 조용히 일던 바람이 한 세기가 끝나갈 때가 되어 갑자기 거센 광풍으로 바뀌고 말았다.

유럽의 많은 유대인에게 파국적인 영향을 미친 것은 남프랑스에서 일어난 교회 안의 '이단'(알비파)에 대한 격렬한 투쟁만이 아니라 무엇보다도 **십자군 전쟁**(1095~1270)이었다. 유대인은 이제 무슬림과 같은 등급에 놓이게 되었다. 최근의 학자들은 반反이슬람주의가 중세에 반유대주의를 일으킨 한 가지 주요 원인이었을 것으로 생각한다.[57] 첫 번째 십자군 전쟁 동안(1096)—종종 단순한 탐욕 때문에, 그리고 정부와 시민의 뜻과는 완전히 반대로—최초로 유대인에 대한 폭력이 일어났다. 특히 '거룩한 땅'에서는 설교자에게 매혹된, 그리고 약탈을 좋아하는 '기독교인' 기사들이 '그리스도의 원수'를 폭력으로 제거해야 한다고 생각했다. 1099년에는 팔레스타인에서 무슬림과 연대한 유대인이 설명하기 어려운 이유로 학살을 당했다. 단지 소수의 유대인만이 (아코Acco와 두로Tyre에서) 살아남았다. 지금까지 원거리 무역을 지배하던 유럽 유대인의 압도적인 지위는 이제 사라졌다. 단지 소규모 무역과 금융업만이 남게 되었다. 그러나 두 번째 십자군 전쟁 이래 많은 십자군 군인들은 유대인 채권자에게 지불 연기나 심지어 부채 면제까지 보장받았다.

그렇지만 잘 알려진 대로 절대적으로 군림한 황제로서 위로부터의 혁명을 통해 (그리고 평신도 성직 임명과 사제의 결혼을 금지하는 법령을 통해!) 중세의 새로운 로마-가톨릭 패러다임으로 가는 길을 터놓았던 교황 **그레고리**Gregory **7세**(1073~1085)도 유대인의 공직 임명을 금지하는 최초의 법령을 반포했다. 반유대적 신학은 여기서 재판에 영향을 미쳤고, 재판은 다시 신학에 영향을 주었다. 그러나 **교회의 반유대주의 절정**은 (동시대인이었던 아시시의 프란치스코와 본질적으로 다른) 교황 **이노센트**Innocent **3세**와 그가 1215년에 소집한 중세기의 종교대회, 곧 **제4차 라테란 공의회**에서 이루어졌다.[58] 법률적·신학적으로 유대인의 상황을 근본적으로 바꿔놓았던 것은 첫 번째 십자군 전쟁 기간(1096)에 일어난 폭력이 아니라 이 공의회였다.[59] 유대인은 불신자로서 '죄의 노예'이기 때문에 이제 그들은 기독교인 황제의 노예가 되어야 한다고 사람들은 추론했다. 공의회의 68번째 조항은 이때 처음으로 유대인에게 다른 사람과 구별되는 특별한 의복을 입어야 한다고 직접 명령했고, 유대인이 공직을 맡는 것과 거룩한 주간에 집 밖에 나가는 것을 금지했으며, 지방의 기독교인 성직자들에게 지급될 강제 세금을 부과했다. 새로운 걸식 수도사들, 곧 도미니코의 제자들과 유감스럽게도 프란치스코의 제자들도 로마의 새로운 반유대인 정책을 수행했다는 평판이 자자했다.[60]

비록 중세 신학에서는 유대인을 비난하는 새로운 주장이 등장하지 않았지만, 이러한 반유대주의도 경제적·심리적·신학적 뿌리를 동시에 지니고 있다. 고딕식 성당의 정문에 새겨진 그림은 중세 교회의 자의식을 다시금 선명히 보여준다. 여기서 눈에 붕대를 감고 있고 찢긴 깃발이나 율법 목록을 늘어뜨리고 있는 한 여인의 모습은 회당, 곧 완고하고 눈멀고 패배당하고 버림받은 유대교를 상징한다. 반대편에는 그리스도의 승리하는 교회가 있다! 더 고약한 것을 말하면, 13세기 이래 '유대인 돼지새끼'(유덴자우 Judensau)도 교회가 유대인을 이교도로 정죄할 때에 즐겨 사용하던 일반적인 말투였다.

엄청난 고난의 결과로 수백 년 이어진 **유대인의 이동**이 시작되었다. 처음에는 점점 더 많은 유대인이 **동쪽으로** 이동했다. 그들은 그곳의 발전된 나라에서 정착하여 활동할 수 있는 지역을 찾았다. 수많은 독일의 유대인은 처음에는 라인 강과 도나우 강의 도시를 떠나 중부 독일로 옮겼지만, 나중에는 폴란드로, 그리고 마지막에는 우크라이나와 러시아로 떠났다. 동유럽에서 유대인이 사용했던 언어인 **이디어**(본래는 유대인 독일어)는 라인 지역의 흔적을 여전히 보여주고 있다. 그것은 히브리어와 아람어, 슬라브어의 요소와 혼합된 중부 독일어의 기본 요소를 지니고 있다.

그런데 독일의 **상황**은 비교적 견딜 만한 것이었다. 왜냐하면 '신성 로마제국'에서 유대인은 (유대-로마 전쟁에서 패배한 이래 이른바 로마 황제와 그 법적인 후계자의 노예로) 1237년에 반유대주의자들에게 많은 폭력을 당한 뒤에는 '황실의 노예 *Servi camerae*'로서 황제와 지방 영주의 특별한 보호를 받았기 때문이다(물론 이로 인해 유대인은 세금을 착취당했다). 그러나 중앙집권적인 유럽의 기독교 국가에서 상황은 훨씬 더 열악했다. 경제적으로 더는 필요하지 않다고 생각된 유대인은 그곳에서 추방되었다. **프랑스**에서 유대인은 먼저 특별 세금을 내야 했고, 재산을 몰수당했으며, 탈무드가 불에 태워졌고, 강제로 세례를 받아야 했다. **영국**에서도 상황은 다르지 않았다. 13세기에 영국에서 개종을 거부한 유대인 수백 명이 교수형에 처해졌고 수천 명이 감금되었으며, 마침내 1290년에는 모든 유대인의 토지가 몰수되었다. '유대인 문제'의 '최종 해결책final solutions'이 이미 여기서 제시되었다! 이제 유럽 전역에서 종교적·사회적·경제적 증오심은 치명적인 형태의 반유대주의로 연결되었는데, 이것은 수많은 희생자를 생산하기 위해 나중에 생겨난 인종적 '반유대주의antisemitism'를 근거로 삼을 필요가 전혀 없었다.

스페인에서도 정복의 종결과 함께, 즉 15세기 말에 일어난 무슬림 통치의 종말과 두 왕국 카스티야와 아라곤 연합의 종말과 함께 상황은 매우 심각해졌다. **종교재판국** 설치를 위임받은 도미니코 수도회는 "오직 교회만이 구원을 전달한다"는 구호 아래—필요할 경우에는 폭력을 사용해—유대인을 '개종시키는 것'을 목표로 삼았다. 곧이어 끔찍한 비극이 일어났다. 1481년에 세빌라에서 대략 유대인 4백 명이 화형을 당했고, 대주교의 교구인 카디스Cádiz에서는 2천 명이 화형을 당했다. 스페인에서는 유대인 12,000명 이상이 화형을 당했다. 1492년에 그라나다(스페인의 마지막 무슬림 왕국)를 정복할 때, 그리고 기독교인의 정복이 끝날 때, 이사벨라 여왕의 고해신부였고 악명 높은 대심문관이었던 토르케마다Torquemada의 독촉에 따라 스페인의 모든 유대인은 세례를 받거나 스페인을 떠나야 한다는 선택 앞에 놓이게 되었다. 대략 유대인 10만 명이 스페인을 떠났지만, 더 많은 유대인은 이주의 비용과 고통을 두려워한 나머지 세례를 받았다. 그러나 그들은 은밀하게 유대인의 정체성을 유지했다(그들은 스페인어로 '마라노스marranos' = '돼지'라고 불렸다. 왜냐하면 기독교인인 척하는 자들은 신앙을 지키기 위해 떠나간 유대인들보다 더 나쁘기 때문이다!). 마지막으로 1497년에는 모든 약속과는 정반대로 포르투갈에서도 유대인이 추방되었다(1501년에는 프로방스에서도 추방되었다). 아라곤의 페르디난드와 카스티야의 이사벨라는 교황 알렉산더 6세로부터 '가톨릭의 왕'이라는 호칭을 얻었다. 그러나 **스페인-동방**('세파르디Sephardi'['세파라드Sepharad' = 스페인]) 유대인의 이주 때문에 경제적·문화적으로 이익을 누린 것은 특히 투르크 제국이었다. 종교재판을 도입할 때까지는 스페인과 북쪽의 홀란드가 이익을 누렸다. 그러나 유대인에게 '기독교적인' 스페인은 무어인의 스페인과는 정반대로 어둡고 음울한 모습으로 기억되고 있다.

이렇게 유대인과 기독교인 간의 논쟁과 저주의 역사는 극단을 치달았다. 그리고 우리는 다음과 같이 자문하게 된다. 이 모든 시대에 **종교 간의 대화**[61]는 전혀 일어나지 않았는가? 대답은 다음과 같다.

1. 중세기의 논쟁은 **기독교인의 편**에서 시작되었다. 그러나 유대인에게 논쟁은 **강요된** 것이었고, 종종 유대인 개종자가 시작하고 교회와 왕실이 수행한 것이었다.[62] 1240년에는 파리에서 논쟁이 일어났다(그 결과로 탈무드가 공개적으로 불태워졌다). 1263년에는 바르셀로나에서 (나중에 추방된 유명한 랍비 모세스 나흐마니데스Moses Nachmanides와) 논쟁이 벌어졌고, 특히 1413/14년에는 토르토사에서 유대인 개종자 요슈아 로르키Joshua Lorki(기독교인들은 게로니모 드 산타 페Geronimo de Santa Fé라고 부른다)와 그 당시에 지도적인 유대인 철학자였던 요셉 알보Joseph Albo 사이에 논쟁이 불붙었다. 그러한 논쟁은 현대인이 생각하는 대화와는 전혀 무관한 것이었다. 기독교인은 다른 사람을 진정으로 이해하려고 노력하지 않았고, 최종적으로 의견 일치를 보지 않을 경우에는 그를 존중하지도 않았다. 오히려 기독교인은 유대인을 개종시키려는 목적 아래 처음부터 유대인을 신학적으로 비판했다. 토르토사에서 일어난 유대인과 기독교인 간의 마지막 논쟁은 진정한 논쟁이 아니라, 일종의 "공개적인 쇼, 아니 공개적인 모의재판"[63]이었다. 그럼에도 기독교인의 편에서 유대교 문헌에 관한 정확한 지식이 전제되었던 그러한 논쟁도 교회가 종교재판을 도입한 후에는 종결되고 말았다.

2. 거꾸로 **유대인의 편**에서도 거의 모든 교부에게서 발견되는 〈반유대교

Adversus Judaeos〉 논문과 유사한 **반기독교 논쟁**이 일어났는데, 특히 이른바 《톨레도트 예수*Toledot Jeshu*》를 들 수 있다. 그것은 복음서에 묘사된 예수의 생애를 패러디한 것인데, 율법을 어기고 하나님의 이름을 내세운 예수를 일종의 마술사로 묘사했다. 물론 현대 기독교 신학자들도 "1~2세기에 행해진 '예수의 발언'은 존재하지 않으며, 3~5세기에 언급된 예수에 관한 설명도 탈무드 시대의 것이라기보다는 탈무드 이후의 시대의 것"이라고 확신한다. "5, 6세기와 7세기에 (아랍의 정복 이전에) 비잔틴 제국이 종교억압 정책을 실행하는 과정에서—로마-비잔틴 제국과 동일시된—기독교가 다니엘서의 네 번째 묵시적 형상과 우상 숭배의 특징을 띠게 되었다고 유대인은 생각한다. 이런 상황에서 우상 숭배로 유혹한다는 비난을 받았던 랍비와 같은 인물 벤 슈타타Ben Stada/벤 판데라Ben Pandera를 기독교의 창설자로 보는 것도 충분히 가능했다."[64] 그리고 중세기에도 진지하게 생각해야 할 반기독교적인 논쟁 문서들이 있었다. 예컨대 스페인에서 이삭 벤 모세스 에포디Isaac ben Moses Ephodi가 쓴 《성자들의 수치》(1397)와 역시 스페인에서 하스다이 벤 유다 크레스카스Hasdai ben Judah Crescas가 쓴 《기독교 교리의 제거》(1397/98)와 같은 책들이 있고, 《반박의 책》(13, 14세기 라인란드)과 이삭 벤 모세스 할레비 트로키Isaac ben Moses Halevi Troki가 쓴 《신앙의 강화》(1593년에 리투아니아에서 출판)와 같은 책도 있다.[65] 그렇지만 우리는 세 번째 요소에도 주목해야 한다.

3. 비록 양편이 논쟁에 뛰어들었지만 두 논쟁이 균형을 이룬 것은 아니다. 유대인은 기독교인처럼 정치적 권력을 전혀 가지고 있지 않았다. 교회가 유대인 예수의 이름으로 국가 권력을 이용하여 유대인을 얼마나 억압하고 박해했으며, 최종적으로 버림받은 이스라엘의 후계자, 대리자, 상속자로서 얼마나 거만하게 행동했는가! 오늘날의 시각에서 볼 때, 이것은 기독교인에게도 부끄러운 일이다! 다음과 같은 주장은 이론과 실천에서 얼마나 **비극적인**

역할 분담인가? '유대인'은 히브리 성서의 모든 심판과 저주의 발언을 받아야 할 버림받은 백성이고, 이와는 정반대로 교회는 히브리 성서의 모든 축복을 누려도 좋은 참된 이스라엘이다. 교회는 영적인 이스라엘이고, 절대적으로 하나님의 백성이다! 예수의 십자가 처형 이후에 유대 백성은 실제로 하나님의 백성이 되기를 중지했기 때문에 그렇단 말인가? 예수의 죽음에 대한 형벌은 이제 마침내 인류의 역사에서 유례를 찾을 수 없는 수난의 역사가 되었다. 그렇다면 기독교인의 사랑은 어디로 갔단 말인가? 그것은 기껏해야 유대인 개개인에게 베풀어야 할 것으로 생각되었다. 더욱이 이렇게 심각한 신학적 · 역사적 편견 때문에 십자군 전쟁 이후의 유대교 역사는 강압적인 종교 대화와 강요된 세례, 탈무드 불태움, '유덴자우Judensau'라는 풍자(돼지고기 금지!), 정죄, 추방, 재입국, 약탈, 고문, 살인으로 가득하다. 기독교인이 늘 바라던 더 편안한 부수 효과는 바로 유대인 채무자의 제거를 통해 자신의 부채를 없앨 수 있었다는 사실이다. 피와 눈물로 얼룩진 이 무서운 역사 앞에서 기독교인은 오늘도 여전히 부끄러워해야 하지 않겠는가?

4. 그리고 이 모든 것은 이제 과거가 되었는가? 아니다. 몇 가지 **중세의 편견**은 기독교에서 계속 살아남았다. 비유대인을 유대인에게 크게 빚진 자로 만들었던, 기독교인에 의해 강요되고 종종 이용되기도 했던 유대인의 특별한 경제적 지위는 그 당시에 자주 유대인을 박해하기 위한 하나의 핑계거리였다. 그렇지만 최근까지도 반복된, 그리고 두려움 때문에 생겨난 고대의, 그리고 부분적으로는 중세의 역사적 편견은 (특히 지방에서 사용된) 애매한 고리대금 관례에 대한 매우 정당한 불평과는 조금 다른 것이다(그러나 유감스럽게도 많은 기독교인들은 오늘도 여전히 그런 편견이 옳지 않다는 사실을 잘 알지 못한다).[66] 유대인을 향한 편견을 분명하고 간단히 살펴보기로 하자.

1) **유대인은 '돈만 밝히는 사람'인가?** '돈 밝히는 유대인'이나 '기독교를 믿는 유대인'이라는 말이, 그리고 '회당'의 특징이 돈-사업이라는 말이 지금도 얼마나 퍼져 있는가![67] 유대인은 원래 팔레스타인과 바빌론에서도 주로 농업과 목축, 원예와 수공업, 상업에서 뛰어난 능력을 발휘하지 않았는가! 유대인은—그들은 교통 연결과 언어 지식 때문에 헬라 시대에 그리스인과 나란히 동양 무역을 담당하는 주역이었다—유럽의 디아스포라에서 무역과 선박 운항 외에 농업에도 종사했고, 중세 유럽에서는 일차적으로 농업에 종사하지 않았는가! 기독교인조차 먼저 국가의 고위공직과 재판직, 군대에서, 그 다음에는 십자군 전쟁 이래 농업과—대부분의 유대인은 농업에 종사했다—수공업에서 유대인을 배제하지 않았는가! 교황 베네딕트 13세는 1415년에 유대인이 기독교의 성물을 제작하는 것을 단호하게 금지했다. 기독교인의 동업자 조합 규정은 유대인이 수공업에 참여하는 길을 막았다. 봉건제도는 부동산과 땅을 구입하는 것을 저지했다. 원거리 무역은 다른 사람의 손에 넘어갔다. 유대인이 살아남기 위해 실제로 무엇을 할 수 있었단 말인가? 그들에게 남아 있었던 것은 고작 소매업과 보따리 장사뿐이었다.

위선적이게도 중세의 교회조차 오직 그렇게만 목숨을 이어갈 수 있었던 유대인에게 자신의 동료에게는 금지했던 고리대금업usury과 전당포 사업에 (골동품 사업에도) 종사하도록 강요했다. 이제 그런 사업은 불가피하고 고위 관리도 바라던 사업이었지만, 백성 가운데서는 법의 보호를 받지 못하고 미움을 받던 사업이었다. 유대인은 (오래전부터 늘 실천해오던) 성서의 이자 금지[68]를 랍비의 엄격한 율법 해석에 따라서 오직 율법에 충실한 유대인에게만 적용해야 했다. 따라서 금융 사업은 교회의 계명으로 인해 실제로 유대인의 독점 사업이 되었다. 지나치게 높은 세금을 내야 했던 유대인은 그에 맞춰 높은 이자(대개 43~100%)를 요구했고, 이로 인해 1290년에는 영국에서 처음으로 추방되었다. 따라서 '유대인'은 중세 후기에 원수의 형상으로 변했고, 이런 형상은 14세기 이래 유행한 수난극에서 전형적으로 고리대금업자('유다의 아들')로 등장했다.[69] 유대인은 거의 모든 것(왕래, 상업, 공동 기도, 결혼, 자녀 출산의 권리)을 돈으로 사야 했다.

2) 유대인은 **'흩어지도록' 저주를 받았는가?** 고난의 길을 가는 예수를 저주했다가 그리스도의 재림 때까지 쉼 없이 방랑하도록 심판을 받았다고 전해지는 유대인 구두 수선공 아하스베르Ahasver 전설(실제로는 중세에 처음 등장한)을 모르는 사람이 누구인가! 그는 그 당시에 많은 사람들이 보기를 원했던 유대인을 상징하는 인물인 아닌가? 모든 유대인이 오직 구원을 얻기 위해 그들의 죄를 회개하려고 디아스포라에 살았던 것은 아니다! 유대인의 생각에 따르면 백성이 행했던 범죄(우상 숭배와 상호 간의 미움)는 기독교인이 유대인에게 비난했던 범죄(그리스도를 거부한 죄)와 같은 것이 아니었다. 유대인 디아스포라는—거꾸로—예수가 죽기 수백 년 **전에** 이미 시작되었다! 우리가 보았듯이, 예수가 태어난 시대에는 단지 소수의 유대인만이 팔레스타인에서 살았다. 티투스의 예루살렘 점령과 바르 코크바 전쟁 이후에는 다수의 유대인이 팔레스타인에서 살았다. 십자군 전쟁은 염색업자로 목숨을 근근이 이어가던 유대인을 거의 남김없이 제거했다. 그래서 유대인은 흩어질 운명을 지녔단 말인가? 이처럼 터무니없는 전설은 이스라엘 국가의 설립으로 심각한 타격을 입게 되었다.

3) **유대인은 '반역적인 범죄자'인가?** 중세 패러다임에 집착하는 가톨릭 신자들이 부분적으로는 오늘도 믿고 있는 악의에 찬 이야기를 모르는 사람이 있을까? 예컨대 기독교인 아기('거룩한' 아기 노르위치의 윌리엄)를 의식을 통해 살해했다는 이야기, 우물에 독극물을 탔다는 이야기, 성체聖體 기적과 성체 훼손, 유대인 의사의 위험성에 관한 이야기, 예컨대 1953년에 유대인 의사들이 스탈린을 죽이려고 '음모'를 꾸몄다는 이야기가 있다. 그리고 얼마나 많은 황제와 성자가 유대인을 비난하는 말을 퍼뜨렸는가? 이 모든 비난

은 심리적인 투사投射다. 히브리 성서와 미쉬나, 탈무드는 피를 흘리는 행위를 금지한다. 이미 중세기에 프리드리히 2세와 같은 황제와 이노센트 4세와 같은 교황은 그러한 비난에 맞서 유대인을 보호했다. 그렇지만 이처럼 악의적이고 매우 위험한 편견과 전설 때문에 수많은 유대인이 지속적인 박해와 추방을 통해 목숨을 잃었다는 사실을 부정할 수 없다. 1965년이 되어서야 비로소—제2차 바티칸 공의회의 영향 아래—예컨대 공의회 도시 트리엔트에서 교황 식스투스 5세가 인정한 예배가 폐지되었는데, 그것은 이른바 1475년에 유대인이 의식을 통해 살해했다는 18개월 된 아기 시몬Simon을 위한 예배였다.

여기서 십자군 전쟁은 모든 차별과 박해의 절대적인 정점까지 아직 도달한 것은 아니었다. 1348~50년에 **중세기의 가장 혹독한 유대인 박해**가 일어났다. 엘자스와 라인란드, 튀링엔, 바이에른, 오스트리아에서 유대인 공동체가 300개가량 파괴되었고, 종교적 광신도들에 의해 유대인 수십만 명이 살해당했다. 대다수의 유대인이 개종을 강요당했고, 단지 소수의 남은 자만이 허용되었다. 이 모든 일이 일어난 이유는 무엇인가? 처음에는 꾸며낸 이야기가 돌아다녔다! 남프랑스에서 갑자기 유대인에 대한 비난이 유럽으로 퍼져나갔던 것이다. 대략 유럽인 3분의 1의 목숨을 앗아간 흑사병이 발생한 것이 유대인 때문이라는 비난이었다. 유대인이 우물에 독극물을 탔다는 비난이었다! 결과는 참혹했다. 1394년에 유대인은 몇 백 년 전의 영국의 실례에 따라—물론 항상 재산을 몰수당한 후에—프랑스에서도 추방되었다. 추방은 프랑스 혁명이 일어나기 전까지 계속되었다.

마지막으로 독일 제국도 이 모든 일에 뒷짐을 지고 있었던 것은 아니다. 15/16세기에 유대인은 잇따라 추방되었다. 유대인의 주요 공동체는 겨우 프랑크푸르트와 보름스, 비엔나와 프라하에서만 존재할 수 있었다. 이로써 북유럽의 유대교는 필연적으로 문화적인 몰락을 겪었고, 지금은 흔적을 찾기도 어렵다. **독일에서 태어난 유대인**('아슈케나지Ashkenazi')은—우리가 이미 들었듯이—동쪽으로 이동했다. 마지막으로 **16/17세기에는 유대교의 경제적·정신적 중심**도 폴란드로 넘어갔다. 그 당시에 폴란드는 발전된 나라였다. 거기서 유대인은 도시 상업과 원거리 무역의 개척자로 환영을 받았고, 무역과 기업을 운영하는 중산층으로 안정과 특권을 누렸으며, 오랫동안 자율적으로 활동할 수도 있었다.

그렇지만 앞으로 더 많은 이야기를 하기 전에 여기서 유럽의 중세에서 근대로 넘어가는 과정에 아직 논의되지 않았지만 현재로서는 매우 중요한 질문을 제기하고 싶다. 18세기에 비로소 중세에서 근대로 넘어간 유대교에서 기독교에서처럼 진정한 종교개혁이 일어나지 않은 이유는 무엇인가?

9. 유대교에서 종교개혁이 일어나지 않은 이유는 무엇인가?

이것은 어쩌면 무의미하거나 적어도 쓸데없는 질문이 아닌가? 많은 유대인조차도 다음과 같은 사실을 잘 알지 못한다. 랍비 유대교에서 결코 간과될 수 없는 해석과 법전 편찬 과정에서—아주 급속히 퍼져나가는 이슬람에게 동요되어, 그리고 랍비적인 제도에 저항하는 가운데서—이미 중세 초기에 유대인 가운데서 **성서로 되돌아가려는 운동**이 널리 전개되었다. 다시 말하면, 8세기에 페르시아-바빌론 지역에 유대교의 한 분파가 생겨났다. 아난 벤 다비드Anan ben David라고 불리는 사람이 설립자로 여겨진다. 그 분파는 탈무드를 배척했고, 하나님의 계시의 원천으로 오직 히브리 성서, 곧 테나크만을 인정했다. 하나님의 계명을 실현하기 위해 꼭 알아야 할 모든 것은 성서 자체 안에서 발견할 수 있다는 것이다. 그와는 정반대로 성서 이후의 전통, 곧 미쉬나와 탈무드 안에 수집된, 여전히 간과하기 어려운 '입으로 전해진 토라'의 전승 자료는 유익하지 않다는 것이다. 유대교에서도 지배적인 탈무드와 랍비의 전통을 거부하는 일종의 '오직 성서만으로*sola Scriptura*' 운동이 일어났다는 사실에 우리는 놀라게 된다. 후기의 전승을 **'오직 성서'**에 비추어 비판적으로 해석해야 한다는 것이다. 종교개혁 운동은 개신교의 종교개혁 운동과 비슷하게 오직 성서를 기준으로 삼고 시편에 강조점을 두어 예전禮典도 새롭게 만들었다. 이로 인해 '성직계급적인', 여기서는 랍비적인 제도가 격렬한 저항을 받게 되었다.

사람들은 랍비-유대교의 신봉자들(학자들은 이들을 랍비파Rabbanites로 부른다)과 구분하려고 이 운동을 주도하는 사람을 이미 그 당시부터 **카라이파**Karaites(히브리어 '카라임Kara'im' = '읽다' 또는 '부르다, 모으다'에서 파생), 곧 **'성서의 사람들'**이라고 불렀다.[70] 페르시아 나하반트Nahavand 출신 베냐민 벤 모세스Benjamin ben Moses(830~886)는 이 운동의 확장에 매우 크게 기여했다. 그는 최초의 체계적인 카라이파 학자로서 개인의 자유롭고 독립적인 성서 연구를 근본 원칙으로 높였다. 그와 동시에 그는 플로티누스가 주창한 철학적 전통 비판을 통해 하가다와 유대교 신비주의 안에 들어 있는 하나님에 대한 모든 신인동형동성론적神人同形同性論的 이해의 흔적들을 제거하려고 시도했다. 랍비를 반대하는 이 '성서주의자들'은 혹시 무시해도 좋을 사람들인가? 그렇지 않다. 그들은 동방에서 9세기와 12세기 사이에 가장 중요한 유대교의 분파였다. 그들은 때때로 특정한 공동체에서 다수를 차지했고, 팔레스타인과 이집트와 북아프리카에서도 공식적인 랍비-유대교에게 어려움을 안겨주었다. 그렇지만 1099년에 첫 번째 십자군 전쟁의 결과로 그들은 팔레스타인에서 거의 제거되고 말았다. '십자군 기사들'이 예루살렘의 카라이파를 그들의 랍비적인 적대자들과 함께 한 회당 안으로 몰아넣고 산 채로 불태워 죽였던 것이다.

카라이파가 쌓은 정신적·문화적 업적을 말한다면, 그들은 9/10세기에 중요한 학문적 문헌을 남겼다. 철학, 신학, 성서 해석, 히브리어 언어학, 사전 편찬학에서 저명한 학자들이 등장했고, 그들은 공식적인 탈무드 유대교에게도 성서를 다시 열심히 연구하도록 강한 자극을 주었다. 랍비파가 카라이파와의 결혼을 금지했음에도 나중에 비잔틴 제국과 투르크 제국에는 다수의 카라이 공동체가 존재했다. 12세기에는 비잔틴 한 곳에서만 유대인 2,500명 가운데 카라이 500명이 존재했다고 한다. 정통주의 랍비파에게 미움을 받았던 그들은 다른 유대인과도 떨어져 살아야 했다. 17/19세기에 카라이 운동의 중심은 크림 반도와 리투아니아로 옮겨갔다. 그래서 그들은 (사마리아인들을 제외한다면) 1,200년 이상 살아남았고 오늘날까지 존재하는 유일한 유대인 분파다. 1932년까지 대략 카라이파 1만 명이 소련에 살고 있었다고 사람들은 추정한다. 그리고 1948년에 이스라엘 국가가 건설된 후에는 많은 카라이들이 이슬람 국가에서 이스라엘로 돌아왔다. 이슬람 국가에서 그들은 정부에게 인정은 받았지만 영향력이 그다지 크지 않은—1970년에 신자가 7천 명가량이었다고 추정된다—공동체를 이루었다.

그러나 성서 본문을 보호하고 해석해야 한다는 충격에도 불구하고 이 종교개혁 운동이 **랍비 기득권층에 맞서 성공할 수 없었던** 이유는 무엇인가? 랍비 기득권층이 너무 강했다는 사실은—강한 중세 로마교회와 비교할 때—결코 올바른 대답이 아니다. 오히려 우리는 다음과 같은 점을 생각해 보아야 한다.

1. 개신교 종교개혁자들과는 달리 카라이 운동의 창시자 아난 벤 다비드는 성서로의 부름을 일종의 **금욕적인 엄격주의**와 결합했다. 그것은 물론 (사두개인의 견해와 비슷한) 순수한 성서 말씀으로 되돌아가려는 정신과 바빌론의 유대교 지도자의 세속화에 대한 반작용에 근거한 것이었다. 왜냐하면

(바리새인의 노선을 추종한) 랍비의 완화된 해석과는 대조적으로 카라이파는 안식일 휴식, 할례, 제의적 정결과 특히 친척 간의 결혼을 엄격하게 규정했기 때문이다(창세기 2장 24절에 따라서 배우자의 형제나 자매도 친척으로 여겨졌을 것이다). 따라서 다른 신앙을 가진 자들과 함께 살아가는 것은 거의 불가능했다. 팔레스타인으로의 이주는 많은 사람들에게 불가피한 선택이었기 때문에 20세기에 카라이파는 대체로 매우 감소했다. 그렇기에 유대인 학자 헬러J. E. Heller와 네모이L. Nemoy가 주장하듯이, 카라이파의 창시자 아난을 "유대교의 진정한 '종교개혁자'라고 … 부를 수 없다. 왜냐하면 그가 전통적인 율법의 '멍에'를 더 가볍게 만들기는커녕 오히려 더 무겁게 만들었기 때문이다."[71]

2. 창시자의 개인주의적인 원칙("토라를 스스로 열심히 공부하고, 내 의견에 의지하지 마라") 때문에 그가 죽은 뒤에 제자들은 곧바로 여러 집단(묵시문학 집단, 토라를 신앙하는 집단 또는 철학적 성향을 띤 집단)과 당파로 **분열하고** 말았다. 종교적 혼란이 일어났고, 서로 다른 달력의 사용 때문에 또 다른 문제가 생겨났다. 수많은 집단과 당파 속에서 살아남는 것은 폐쇄적인 종교적·사회적 체제 안에서 살아남는 것보다 훨씬 더 어려웠다.

3. 백과사전처럼 교육을 받고 매우 이성적으로 논증한 랍비-유대교의 옹호자들은 앞에서 이미 언급한 바빌론의 수라 학교의 가온Gaon('학교장')이었던 이집트인 **사아디아 벤 요셉**Sa'adia ben Joseph(882~942)이라는 인물을 통해 10세기의 카라이파를 필적할 수 있게 되었다. 그는 그 시대의 유대인에게 최고의 학문적 권위였다. 그는 히브리서 성서를 아랍어로 번역했을 뿐만 아니라 사려 깊게 해석했다. 그는 자신의 《신앙 교리와 인식 근거의 책》[72]에서 유대인의 신앙 전체를 체계적·신학적으로 해설했다(그는 10개의 신앙조항을 처음으로 해설했고, 앞에서 이미 인용한 모세스 마이모니데스는 이를 13개의 모범적인 신앙조항으로 확장했다). 여기서 그는 주변 세계에서

철학적·신학적 논증을 받아들였다. 왜냐하면 9세기 이래 카라이파와 랍비파의 유대교에서 전형적인 헬라 철학의 영향이 여전히 나타나기 때문이다. 그리고 사아디아의 책은 유대교에서 완전히 망각되었던 알렉산드리아의 필로 이래 철학적·신학적 특징을 띠는 최초의 저서였다. 명성이 높았던 그는 이제 카라이파에 맞서 더 많은 소책자(최초의 책은 이미 23세에 나왔다)를 썼다. 그에게 카라이파는 이단자들이었고, 어머니-회당에서 떨어져나간 자들이었다. 예후다 할레비(1141년 사망)와 모세 벤 마이몬(마이모니데스)과 같은 후기의 위대한 유대인 신학자들이 추종했던 그는 유대교 안에서 확장되어가던 저항 운동을 저지할 수 있었고, 그래서 근본적인 개혁의 위험을 피할 수 있었다.

4. 따라서 카라이파는 작고 점점 더 보수적으로 변하는 소수파로 남게 되었다. 그들은—랍비의 세계든, 기독교인의 세계든, 무슬림의 세계든—세계로부터 가급적 멀리 물러났고, 주변 세계와 정신적으로 계속 논쟁하기를 포기했다. 이렇게 그들은 역사적 기회를 놓쳐버리고 말았다! 왜냐하면 나중에—17/18세기에 런던이나 암스테르담에서 공개적으로 유대교로 되돌아가기를 원했던, 강제로 세례를 받았던 스페인과 포르투갈 유대인의 후손 가운데서, 또는 19세기의 개혁적인 유대교에서—사람들이 성서를 연구하고자 했을 때, 또는 카라이파의 주장과 유사한 주장이 등장했을 때, 그들은 이교도 '카라이주의'라는 비난에서 재빨리 벗어날 수도 있었기 때문이다.

미래를 위한 질문

✝ 로마 가톨릭교회가 종교개혁자들의 모든 개혁 제안(예배에서 민중의 언어 사용, 평신도들을 위한 성찬, 사제 결혼)을 처음부터 거부하고, 그 대신에 중세의 교회 제도를 종교개혁과 근대주의에 저항하는 요새로 확장한 것은 지혜로운 행동이었는가? 로마 가톨릭교회는 450년 후에, 너무 늦게, 제2차 바티칸 공의회를 통해 종교개혁자들이 이룩한 패러다임 전환의 본질적 요소를 따라잡아야 하지 않았는가?

랍비적인 유대교가 성서와 그 원래 메시지로 되돌아가야 한다는 철저하고 비판적인 문제 제기를 거부하고, 그 대신에 중세 탈무드 패러다임을 고집하기로 선택한 것은 결국 올바른 행동이었는가? 변화된 시대는 그들에게 개혁의 필요성을 늘 거듭 환기해주지 않는가?

☾ 전통적인 이슬람이 샤리아, 곧 꾸란과 순나 위에 세워진 중세 종교법의 개혁을 항상 거부하고, 이성적이고 독자적인 법해석을 위험한 것으로 배척하려고 했던 것은 결국 현명한 행동이었는가? 예전에 사람들이 존재하지 않거나 해결되었다고 여겼던 적지 않은 문제(예컨대 여자와 비무슬림의 지위 문제)가 오늘날 매우 긴급하게 다시 제기되고 있지 않은가?

V. 근대의 동화(同化) 패러다임

휴머니즘과 함께 먼저 유대인에 대한 태도가 분명히 바뀐 것 같다. 이탈리아에서는 유대인의 인쇄술과 문화가 번성했고, 독일에서는—히브리 성서와 성서 이후의 전통을 더 잘 이해하기 위해—히브리 언어학이 발전했다. 특히 유대교의 **카발라**Kabbala 신비주의가 이제 큰 주목을 받게 되었다. 나중에 그 하나님 이해를 살펴볼 것이지만, 이미 여기서 질문하게 된다. '카발라'란 무엇을 의미하는가? 그것은 중세에서 근대로 넘어가는 과정에서 새로운 유대교 패러다임인가?

1. 카발라 – 새로운 패러다임이 아니다

'카발라'도 원래는 '전승'과 동일한 의미를 지니고 있었다. 그러나 이제 이 단어는 토라의 진정한 이론으로 여겨지는 유대교 전통의 고유한 **비밀 이론**과 동의어가 되었다. 지도적인 유대교 카발라 학자 게르숌 숄렘Gershom Scholem은 카발라가 **하나님의 비밀**에 대한 통찰이나 **그것에 관한 지식**을 목표하는 **영지주의**Gnosticism의 유대교적 형태라고 명백히 설명했다(고령의 마르틴 부버도 최소한 이에는 동의했다).[1] 이 비밀 이론은 오랜 전역사前歷史와 전성기와 후역사後歷史를 가지고 있다. 이를 더 정확히 살펴보기로 하자.

전前역사: 초기의 흔적은 헬라-유대교적 문헌의 여러 신비스럽고 비밀스러운 표현 속에서, 그리고 랍비의 우주적 사변 속에서 발견된다. 모세 이델Moshe Idel의 최근 카발라 연구에 따르면 기원전 2세기에 유대교 신비주의가 시작된 이래 처음에는 분명히 구분할 수 없는 두 종류의 신비 경험이 있었다. 기원전 1세기에 랍비 아키바Akiba는 두 가지 경험을 대변했다. 하나는 온건한 형태, 곧 토라를 열심히 연구하는 신비주의자를 영원하고 선재하는 토라의 비밀로 인도하는, 아니 하나님 자신의 영향으로 인도하는 신지학적神智學的 사변이다. 다른 하나는 특별한 기술(마술적 언어, 하나님의 이름에 관한 노래와 시)을 통해 신비주의자를 황홀경으로 인도하는 강렬한 형태이다.[2] 하나님과 창조에 대한 이해는 1세기 후반에 비로소 처음으로 체계화되었다. 창세기의 창조 보도가 신비적으로 해석되었고, 사변적 천사론, 특히 '보좌' 신비주의(메르카바merkava 신비주의)가 발전되었으며, 예언자 에스겔의 소명의 환상에서 거대한 형상이 묘사되었듯이,[3] 토라 연구나 특별한 기술을 통해 하늘 보좌에 앉아 있는 하나님의 현현을 바라보았다. 이 비밀 이론은 팔레스타인에서 유럽으로 전해졌고, 특히 프랑스와 독일의 하시딤hasidim('경건한 자들')에게 전해졌다. 그리고 그것은 금욕적·참회적 결과와 함께 《경건한 자들의 책》(세퍼 하시딤*sefer hasidim*)에서 최초로 요약되었다.

12세기에서 14세기까지 특히 남프랑스(나르본, 아를, 마르세유)와 스페인(헤로나, 바르셀로나)에서—동시대에 같은 지역에서 금욕적인 기독교인 집단과 카타리파 사람들과 알비파 사람들이 등장했다—**진정한 의미의 카발라 운동**이 전개되었다. 그들의 집단 가운데서[4] 스스로 전개하는 신적인 능력이나 시대의 유기체에 관한 신지학적 이론이 크게 발전되었다. 《**바히르***Bahir*》, 《깨달음의 책》이라는 제목을 가진, 영향력 있는 책이 그 증거다. 그리고 끝으로 여기서 《오래된 카발라》의 주요 저작, 유대교 신비주의의 성서, 정경과 유사한 책 《**조하르***Zohar*》(1240~1280), 《광채의 책》이 나왔다. 이 책은 하나님('엔-소프En-Soph' = '무한자')의 은폐된 측면과 계시된 측면을 구분하며, 영혼의 여행에 관한 이론과 함께 하나님의 열 가지 속성과 능력과 하나님의 계시 단계를 설명한다. 이와 동시에 사라고사 출신 스페인 사람 **아브라함 아불라피아**Abraham Abulafia(1291년 이후 사망)는 신지학적 형태와 분명히 구분되는, 황홀경으로 인도하는 강렬한 신비적 경험의 유형을 대변한다. 그는 호흡 기법도 이용했고, 후기에 크게 영향을 끼치게 될 예언자적·메시아적 특징을 카발라 운동으로 가져왔다.

여하튼 철학과 세속 학문은 이제 곳곳에서 배척되었고, 마이모니데스의 합리적 스콜라주의는 점점 더 퇴조했다. 그 대신에 내향적이고 은둔적이며 금욕적인 색채를 띤 신新플라톤주의적·사변적 종교성이 등장했는데, 그것은 신비적으로 해석된 엄격한 토라 신앙 안에서 절정에 도달했다. 여기서 토라는 세상의 율법이고, 세상의 모든 인식은 그 속에 비밀스럽게 숨겨져 있으며, 그 언어는 이미 창조의 원原언어였던 히브리어였다.

14세기부터 17세기까지 카발라 운동은 **절정**에 달했다. 왜냐하면 하나님의 비밀에 관한 예전의 엘리트 운동은 이제 무수한 원고, 명작, 인쇄물을 통해 민주화되었기 때문이다. 1942년에 일어난 유대인의 스페인 추방 사건과 끔찍한 고난으로 카발라는 이제 점점 더 메시아적 특징과 종말론적 사변을 받아들였고, 스페인에서부터 모든 유대인 디아스포아의 게토 안으로 펴져 나갔다. 개신교가 종교개혁을 하던 바로 그 시절에 메시아를 기대하는 민중회개 운동이 일어났고, 원래 신비주의적이던 카발라는 중유럽과 동유럽에서 이제 그와 나란히 생겨난 대중적 하시디즘과 융합되었으며, 백성 안으로 퍼져나간 많은 미신(악마, 문자 마술, 모형인간 골렘…*)과도 융합되었다.

그렇지만 우리는 다음과 같은 점에 주목해야 한다. 모든 체계화에도 불구하고 유대교에서 통일된 신비주의적 체계는 전혀 생겨나지 않았다. 인도에서 발생한 종교에서 신과의 합일을 추구하는 신비주의가 철저히, 그리고 완

* 골렘(Golem). 특별한 능력을 지닌 유대 법률학자가 만들어낸 움직이는 흙인형. 혼은 없지만 인간의 언어를 이해하고 움직일 수 있었다.

전히 종교의 중심에 서 있다면, 예언자적 특징을 띠는 종교에서—기독교와 이슬람교만이 아니라 유대교에서도—그것은 당연히 강한 부수 경향이나 하부 경향에 지나지 않는다. 그것은 정통주의에 의해 혐오와 비난을 받고 배제되거나, 끝내는 전통적인 랍비 체계 안으로 통합되고 길들여졌다. 다르게 말하면, 카발라도 패러다임의 변화, 곧 **새로운 패러다임**을 가져올 수는 없었다. 정반대다. 카발라 운동의 운명은 곧바로 결정되고 말았다. 그 이유는 무엇인가?

점점 더 많은 유대인이 정착한 팔레스타인에서, 더 정확히 말하면, 카발라에 따르면 메시아가 출현할 북부 갈릴리 제파트Safed에서 그동안 모세스 코르도베로Moses Cordovero(1522~1570)와 함께 지낸 포로 유대인 가운데서 새로운 카발라 중심지가 생겨났고, 그곳은 유대교 신학의 중심지가 되었다.[5] 왜냐하면 전설적인 '거룩한 사자' **이삭 루리아**Isaac Luria(1534~1572)가 토라 단어 하나하나에 집중하는 새로운 명상법을 발전시켰기 때문이다. 그에게 토라는 하나님과의 합일로 인도하는 거룩한 자연의 책이기도 하다. 그와 동시에 그는 하나님, 세계의 생성, 악과 메시아의 기원에 매우 영향력을 끼친 사변적 이론을 내어놓았다. 게르숌 숄렘이 지적했듯이 그것은 정통 유대교 내에서 일종의 영지주의적 사상체계를 보여주는 전형적인 사례였다. 유배와 구원에 관한 위대한 신화에 따르면 신적인 빛과 생명의 '불꽃'이 온 세계 위에 퍼져나갔다. 그리고 추방된 세상은 인간의 활동을 통해 모든 존재의 거룩한 조화 속에서 자신의 원래 자리로 다시 높여지기를 갈망한다.

그러나 1백 년 후에도 오랫동안 뜨거워진 메시아 기대의 열기 속에 팔레스타인의 카발라주의에서 불행하게 사이비 메시아가 탄생했는데, 이것은 카발라주의적-메시아적 운동의 후역사後歷史를 이끌었다. 다시 말하면 팔레스타인에서 루리아의 카발라를 따른다고 주장한 **샤베타이 츠비**Shabbetai

Zevi(1626~1676)라는 사람이 '예언자' 가자의 나탄Nathan of Gaza의 입을 통해 메시아라는 칭호를 받았다. 그가 1666년을 구원의 해로 선포했을 때, 팔레스타인과 모로코에서 폴란드에 이르기까지 수많은 랍비에 의해 분열되었던 강력한 메시아 기대가 그에게 집중되었다. 1648년에 러시아 농민들과 카자크 사람들이 폴란드와 유대인 관리에 저항하며 봉기했을 때, 바로 그곳 폴란드에서 참혹한 유대인 학살과 피난 운동이 일어났다. 그렇지만 '메시아' 샤베타이는 술탄의 자리에 오르려고 콘스탄티노플로 가던 도중에 투르크의 호숫가에서 체포되어 감금되었다. 죽음과 회개의 선택 앞에 놓인 그는 구원의 해인 1666년에 목숨을 건지기 위해 이슬람교로 개종했다. 술탄은 샤베타이 츠비를 결국 알바니아로 추방했고, 거기서 그는 10년 후에 죽었다.

샤베타이의 운명이 온 세계에 흩어진 유대인에게 굉장한 실망을 안겨주었다는 사실은 이해할 만하다. 그렇지만 특히 동유럽에 사는 많은 유대인은 자신의 메시아가 죽은 뒤에도 여전히 그를 믿고 그의 재림을 믿기를 중지하지 않았다(나중에 그들은 샤베타이 추종자라고 불렸다). 카발라 운동이 현실감을 잃어버렸고, 신비주의자처럼 지나치게 피안彼岸만을 바라보고 있다는 사실이 이제 분명해졌다. 그러나 카발라는 1백 년 후에 다시 완전히 위기에 빠졌다. 동유럽의 샤베타이 추종자들의 지도자 **야콥 프랑크**Jakob Frank(1726~1791)가 샤베타이 츠비가 자신을 통해 육신으로 다시 태어났다고 주장했고, 할라카보다 더 '숭고한' (또는 '영적인') '유출emanation의 토라'를 선포했기 때문이었다. 랍비의 심판을 받아 파문당한 프랑크는 투르크로 도피했고, 그도 역시 무슬림이 되었다. 폴란드로 되돌아온 뒤에 그는 추종자들과 함께 로마 가톨릭교회로 두 번째 개종을 했다. 그러나 그것이 전부는 아니었다. 파란 많은 이야기에 따르면 프랑크는 새로운 삼위일체론('한 분 하나님' - '위대한 형제' - '그녀' = 처녀 마리아로서 현존)을 세운 뒤에 러시아 정교회의 신자로 인생을 마감했다.

많은 유대인은 이제 카발라 사상이 완전히 위기에 빠졌다고 생각했다. 카발라 이론은 신뢰를 잃었고, 영적인 능력이었던 그 운명은 끝났다. 카발라주의자의 경건은 마침내 **동유럽의 하시디즘**[6] 안으로 수렴되었다. 그것은 강한 일치감을 지닌 동유럽의 '경건한 자'('하시딤')의 운동이었다. 메마른 랍비 사상에 실망하고 박해를 경험한 하시디즘은 먼저 포돌리아와 갈리치아에서 발전했다. 그것은 기적을 행한 카리스마적인 인물 엘리에제르 바알 셈 토브Eliezer Baal Shem Tov(간단히 '베슈트Besht'라고 불림, 1700~1760)에게서 유래했고,[7] '위대한 마기드Maggid'(메제리츠 출신 도브 바에르Dov Baer, 1703~1772)와 특히 브라티슬라바 출신으로서 하시딤 운동을 조직한 랍비 나흐만Nachman(1772~1811)에 의해 계승되었다. 지도적인 인물은 위대한 '레베스Rebbes' 또는 '차디킴Zaddikim'이었다. 그렇지만 하시딤의 핵심은 하나님과 일치(교제)에 도달하는 것이었다. 그러나 인간과 하나님에게 이르는 그의 길에 관한 설명에서 하나님의 비밀을 다루는 영지주의적 사변은 도덕적으로 재해석되었다. 세상의 일상 속에서, 심지어는 시장에서 이루어지는 대화 속에서도 인간은 어디서나 하나님에게 이르는 길을 발견할 수 있다. 기도와 하나님의 이름을 관찰하는 것은 토라 공부보다 더 중요하다. 그러나 카발라 하시디즘은 바로 범신론적 이념 때문에 랍비-유대교(빌라의 가온 엘리아 벤 솔로몬Elijah ben Solomon의 지도를 받던 '미트나게딤Mitnaggedim')에게 곳곳마다 혹독한 공격을 받았고, 엄격하거나 종종 더 강력했던 형식주의적인 율법 실천으로 대체되었다.

우리 시대에는 유대인의 역사를 일차적으로 철학적·신학적 이념의 역사로 보지 않고, 살아 있는 민족의 역사로 보게 되었다. 그 이후로 비로소 사람들은 동유럽 유대인 집단의 삶 속에서 강하게 움직이고 있는 능력에 관심을 보이기 시작했다. 하시디즘의 역사를 다룬 시몬 두브노프의 선구적인 연구에 따르면, 자신의 책 《하시디즘의 역사》(1906년에 나온 《랍비 나흐만의 역사》와 1907년에 나온 《바알 셈의 신화》)를 통해 놀라운 종교적 직관과 시적인 표현력으로 유럽과 미국의 독자들에게 이른바 이 낯선 반계몽주의 세계를 소개한 사람은 특히 마르틴 부버였다.[8] 그러나 게르숌 숄렘이 지적했듯이,[9] 부버는 방대한 분량의 이론적 문서(논문, 성서 해석, 설교, 강연)와 카발라적인 특징을 띠는 사변에는 관심을 보이지 않았다. 오히려 그는 주관적인 선택과 결합을 통해, 그리고 언어의 힘을 지닌 종교적·실존주의적 해석을 통해 하시딤의 신화와 일화와 발언을 다시 설명해주었다. 여기서 마술적 요소는 거의 제외되었고, 하시딤의 사회적 특성, 토라와 계명에 대한 강한 의무는 등한시되었다.

기독교인은 카발라 운동을 어떻게 보았는가? 기독교인은 카발라를 알아보았는가? 유럽의 신학자와 철학자 지식인들은 휴머니즘 시대에야 비로소 카발라에 관심을 보이게 되었다. 그들은 1480년 이후부터 비로소 카발라 자료를 손에 넣을 수 있었다. 예컨대 피코 델라 미란돌라G. Pico della Mirandola와 그를 존경했던 **요하네스 로이힐린**Johannes Reuchlin도 카발라를 연구하기 시작했다. 유대인에게 교육을 받았던 포츠하임 출신 로이힐린은 나중에 히브리 언어학의 창시사가 되었다.[10] 그는 카발라를 (피타고라스가 그리스인들에게 전해준) 유대인의 태고적 지혜의 하나로 여겼다. 그리고 미란돌라가 카발라를 단지 알려주기만 했다면, 로이힐린은 두 개의 저서에서[11] 카발라를 유대교와 그리스 철학과 기독교를 휴머니즘 안으로 종합한 고리로 이해했다. 그는 자신의 저서를 통해 이 세 가지를 종합하려고 노력했다. 하지만 그의 모험은 결코 순탄하지 않았다.

기독교로 개종한 한 유대인 요하네스 페퍼코른Johannes Pfefferkorn이 여러 소책자에서 기독교를 비방한다고 생각되는 성서 이외 유대교의 모든 책을 몰수하고 불태우기를 요구했을 때, 식견을 갖춘 휴머니스트이자 법률학자였던 로이힐린은 공개적으로 단호히 그에게 맞섰다. 황제에 대한 한 평가서(1510)에서 그는 로마의 (그리고 변조되지 않은 표준적인) 법률에 호소하면서, 중세에 생겨난 유대인 법률과는 정반대로 유대인의 탈무드 소유권을 옹호하고 나섰다. 그리고 그는 《검안경 *Augenspiegel*》(1511)이라는 문서에서 페퍼코른에게 단호히 저항했다.

그 결과는 로이힐린에게 매우 심각했지만, 그는—유대인에 대한 교회의 입장에 관해 지금까지 우리가 들었던 견해에 따라서—전혀 놀라지 않았다. 이제 격렬한 저항에 부딪친 로이힐린은 도미니코 수도사들과 쾰른 대학과 심하게 다투게 되었고 소송에 휘말렸다. 이로 인해 교육을 받은 그 당시의 대중은 크게 동요했다.[12] 물론 그는 1514년에 슈파이어에서 풀려났지만, 그의 대표 저서 《카발라 예술에 관해》를 선물로 받았던 교황 레오 10세는 그에게 유죄를 선고했다. 그가 더 큰 불행을 피할 수 있었던 것은 오직 교황에게 굴복하고 평신도 사제단에 들어갔기 때문이다. 잉골슈타트와 튀빙엔에서 잠깐 학문 활동을 한 후에 그는 유죄 선고를 받은 지 2년 만에 죽었다. 나중에 그는 무죄 선고를 받았다. 왜냐하면 "유대교가 유럽의 법률과 문화의 공동체에 속해 있다는 사실을 기독교인 카발라주의자였던 로이힐린이 대변했고, 이로써 18세기 말 이래 유대인에 대한 입장이 분명히 뒤집어지는 길을 그가 미리 준비하고 있었기 때문이다"(W. Maurer).[13]

그동안 기독교적인 독일에서는 종교 혁명이 일어나고 있었기 때문에 로이힐린 사건은 그림자 속에 묻히고 말았다. 그것은 마르틴 루터의 종교개혁으로서 놀라운 패러다임 전환이었다. 로이힐린은 루터의 신실한 신학적 동지 멜란히톤의 종조부였다. 루터 자신도 로이힐린에 대한 재판에서 감정인으로 복무했고, 그의 방면을 위해 기여했다. 왜냐하면 루터는 그 당시에는 유대인에 대해 상당히 온건한 태도를 보이고 있었기 때문이다.

2. 루터도 유대인을 적대했다

마르틴 루터Martin Luther는 철저한 위기에 빠진 중세 후기 교회의 로마-가톨릭 패러다임을 목격하고, **기독교**의 새로운 패러다임, 곧 **종교개혁 패러다임**을 예언자처럼 힘차게 선포한 사람이었다. 원래의 복음으로 되돌아가자! 그래서 젊은 개혁자는 결단의 해 1517년 후에 이 새로운 패러다임 속에서, 이제 그가 새롭게 발견한, 로마의 모든 첨가물을 깨끗이 씻어낸 복음과 함께 유대인에게도 새롭고 최종적인 시대가 시작되었다고 확신했다.[14]

그래서 루터는 **유대인의 변호인**이 되겠다고 결심했다. 1523년에 그는 연속 설교에서 모세의 다섯 책(오경)을 해석했고, 그와 동시에 "예수 그리스도는 타고난 유대인이다"라는 제목으로 글을 썼다.[15] 여기서 루터는 자신이 예수를 '아브라함의 자손'이라고 가르쳤고, (예수의 탄생 전과 후에) 마리아가 항상 동정녀였음을 부인했으며, 그래서 유대인의 생각을 대변했다는 기독교인들의 비난에 맞서 자신을 변호했다. 여기서 이제 루터는 종교개혁이 시작된 뒤에는 유대인이 진정한 (그리고 원래부터 유대적이었던) 기독교로 개종할 이유가 전혀 없다는 아주 자명한 사실에서 출발했다. 결정적으로 새로운 이 상황에서 루터는 유대인이—그들의 성서적 전통에 근거하여—새롭게 알게 된 예수 그리스도, 곧 타고난 유대인이고 동정녀에게서 태어난 그를 긍정적으로 생각하기를 기대했다. 왜냐하면 유대인은 근본적으로 단지 그들의 조상과 족장과 예언자의 신앙으로 되돌아가기만 하면 되기 때문이다. 그들의 신앙 안에서 예수가 메시아임이 분명히 예언되었다. "비록 우리가 우리를 매우 자랑스럽게 생각할지라도, 그래도 우리는 이방인이다. 유대인은 그리스도와 한 혈통에 속해 있지만 우리는 혈통이 다른 사람들이다. 유대인은 우리 주님의 혈통에서 태어난 친척이고 형제다."[16]

따라서 루터는 유대인에 대한 비방과 모든 폭력 사용을 단호히 반대했다.

그 대신에 그는 성서를 바탕으로 유대인을 가르치고 그들에게 사회적으로 더 나은 자리를 줄 것을 요구했다. "그들을 돕기를 원한다면 교황의 법이 아니라 기독교인의 사랑의 법을 그들에게 행해야 하고, 그들을 친절하게 받아들이고, 그들과 함께 경쟁하고 일해야 한다. 그래야 그들은 우리와 함께, 그리고 우리 주위에서 살아갈 수 있고, 우리 기독교인들의 가르침과 생활을 듣고 볼 수 있는 기회와 자리를 얻게 될 것이다."[17] 1530년에도 루터는 아우크스부르크 제국의회에서 유대인을 한시적으로 받아들일 것을 여전히 주장했다. **교회**에서 이미 종교개혁이 일어나고 있다면, **유대교에서도 종교개혁**이 곧바로 일어나지 않을 이유가 어디 있는가?

그렇지만 이러한 희망의 위험한 배후 근거는 무엇이었는가? 그것은 중세 후기의 위기 속에서 기독교 안에서 다시 번져가고 있던 **묵시적 종말에 대한 기대였다.**[18] 그것은 가까운 미래에 일어날 세계의 종말과, 이를 위한 전제로서 유대인의 집단적 개종에 대한 기대였다. 그렇지만 이러한 기대는 실현되지 않았다. 정반대로 모라비아에서는 '몇몇 기독교인'이 심지어 유대교로 넘어가서 할례까지 받았고, 안식일을 지키기 시작했다. 1538년에 루터는 〈안식일주의자들에 대항하여〉[19]라는 편지에서 여전히 비교적 온건한 태도를 보였다. 루터는 바울의 견해에 따라서 할례가 구원을 받는 데 필수적이라고 확신하지 않는 한, 기독교인이 할례를 받는 것은 원칙적으로 완전히 가능하다고 주장했다. 그러나 다른 한편으로 루터에 따르면 1,500년 전에 유대인이 성전과 제사 제도와 예배와 주권과 땅을 잃어버렸고, 따라서 모세의 율법도 효력을 상실했다는 것은 물어볼 필요도 없는 사실이다. 그럼에도 만약 유대인이 모세의 율법 실천을 원한다면 그들은 이스라엘 국가를 다시 세워야 한다! 그렇지만 이를 위한 하나님의 약속은 이제 존재하지 않는다. 왜냐하면 유대인은 분명히 하나님에게 버림을 받았고, 더는 하나님의 백성이 아니기 때문이다.

루터의 이러한 견해도 아무런 열매를 맺지 못했다. 오히려 그의 주장은 랍비들에게 반대의 글을 쓰도록 자극했고, 그래서 루터를 화나게 만들었다. 그리하여 **늙은 종교개혁자**는 유대인을 비난하는 **폭력의 변호인**이 되었다. 사망하기 3년 전에—그의 종교개혁의 매우 모호한 결과, 유대교로 개종하는 사람의 증가, 그리고 마지막 심판에 대한 기대 때문에 침울해졌던—루터는 〈유대인들과 그들의 거짓말〉[20]이라는 유명하고 악명 높은 반유대교적인 글을 열정적으로 썼다. 그것은 그 당시보다는 히틀러와 히믈러 시대에 더 충격적인 영향을 미쳤던 (선교 문서가 아니라) 투쟁 문서였다.

루터는 유대인을 개종시키고 그들에게 배우거나 그들과 함께 논쟁하기보다는 이제부터는 오직 유대인에 **관해** 말하고만 싶었다. 긴 **첫 번째** 단락에서 그는 유대인의 '교만'을 책망했다. 왜냐하면 유대인은 혈통과 할례와 율법과 약속된 땅을 믿고 여전히 하나님의 선택된 민족이라고 주장했기 때문이다. 긴 **두 번째** 단락에서 그는 중세 주석 방법론의 도움을 받아 히브리 성서에서 예수의 메시아적 신분을 증명하려고 시도했다. 루터는 유대인도 결국 설득할 수 있을 것이라고 믿었다. 여기서 그는 중세에 떠돌던 비방(우물에 독극물을 넣고, 아기를 살해했다는 비방)을 반복하고, 유대인이 돈과 피와 복수를 좋아하고 눈멀고 완고하다고 비난하기를 전혀 주저하지 않았다. 더욱이 마리아('창녀'), 예수('창녀의 자식'), 기독교인('뒤바뀐 못난이들')을 비방하는 유대인에 관한 **세 번째** 단락 다음의 **마지막 단락**에서 루터는 이제 유대인을 처벌하기 위한 실제적인 **소송 제안서**를 국가의 권력자들에게 보냈다.

여기서 독자들은 자신의 눈을 의심하게 될 것이다. 25년 전에 자신의 영주가 개입해준 덕분에 겨우 로마 교회의 종교재판과 화형을 피할 수 있었던 루터가 이제는 유대인에 반대하며 회당을 불태우고 집을 파괴하고 거룩한 문서를 몰수할 것을 요구했다니. 더욱이 루터는 교육과 예배를 사형의 형벌로써 금지했고, 자유로운 여행의 권리를 폐지했으며, 현금과 장식품을 몰수했고, 육체적인 강제 노역을 시켰으며, 이 모든 것이 전혀 효과를 낼 수 없을 경우에는 마침내 기독교 국가에서 추방할 것과 팔레스타인으로 되돌려 보낼 것을 요구했다. "따라서 프랑스와 스페인, 보헤미아 등과 같은 다른 나라의 공통적인 지혜를 본받기로 합시다. 그리고 그들이 고리대금을 통해 얼마나 많은 우리의 재산을 가로채서 의좋게 나눠가졌는지를 그들과 계산해보고, 그들을 시골로 영원히 추방해버립시다."[21] 루터는 자신의 요구가 언제 어떻게 실현될지는 전혀 예상할 수 없었다. 사망하기 4일 전, 곧 1546년 2월 14일에도 그의 고향 아이스레벤 부근에 살던 많은 유대인에게 분노한 그는 설교단에서 유대인을 비난했고, 그들을 몰아내자고 공공연히 선동했다.

여기서 우리는 그 당시의 많은 영주들도 루터의 요구를 너무 극단적이라고 생각했다는 사실을 언급해야 한다. 왜냐하면 1595년에 황제가 반유대인 문서를 '파렴치한 치욕의 책'으로 여기고, 유대인의 부탁에 따라 이를 몰수했기 때문이다. 그리고 그 영향사影響史는 어떠한가? 종교개혁자 마르틴 루터는 분명히 유대인을 사회적·심리적으로, 심지어 생물학적으로도 가치가 떨어지는 존재로 선언할 만큼 민족주의적·인종차별주의적인 반유대주의자는 아니었다. 유대인을 미워하는 자들과는 전혀 다르게 루터는 분명한 신학적 확신에 따라, 특히 오해된 묵시적 종말론에 근거하여 유대인을 비판하는 설교자가 되었다. 루터는—당대의 천박한 사람의 모습을 가장 선명히 드러낸 대표적인 존재로서—투르크인과 교황, 곧 종말의 적그리스도처럼 유대인도 역시 거짓말쟁이고 악마라고 불결한 욕설을 내뱉었다. 이러한 신학은 비판적으로 논의되어야 한다.

다른 종교개혁자, **울리히 츠빙글리**Ulrich Zwingli와 **장 칼뱅**Jean Calvin은 어떠했는가? 비록 그들은 묵시적 종말론자들이 아니었지만, 그들도 당대의 반유대인 편견을 공유하고 있었고, 종교개혁 신학을 인문주의적 가르침과 연결했다. 그들은 유대인에 관해 발언하기를 점점 더 자제했고, 폭력적인 행동도 지지하지 않았다. 그렇지만 대부분의 독일 도시에서 그러했듯이, 취리히와 제네바에서도 유대인은 이미 오래전에 추방되었기 때문에 그렇게 하는 편이 쉬웠다. 특히 칼뱅은 루터와는 반대로 자신의 신학에서 두 성서의 통일성을 강조했고, 이자 문제에 관해서는 유대인 편을 들었다. 그렇지만 다른 종교개혁자들의 신학에도 반유대인 편견이 전혀 없지 않았고, 모든 종교개혁자가 자주 **중세의 편견에 사로잡혀** 있었다는 사실은 간과할 수 없다.

이 점은 그들의 **주석 방법론**에도 해당한다. 주석을 통해 루터는 유대인과는 반대로 구약성서에서 삼위일체와 성육신 교리를 증명하려고 했다. 루터 신학자 빌헬름 마우러Wilhelm Maurer의 주장에 따르면 "루터는 초기와 중세 기독교의 주석 전통에 매우 가까이 다가서 있었다. 그렇기 때문에 그는 그의 적수였던 랍비들과 제대로 싸울 수 없었다. 여기서 학문의 발전은 신학에서도 루터를 불리하게 만들었다."[22] 종교개혁자들의 **정치적 견해**는 어떠했는가? 중세의 '교회의 자유*libertas ecclesiae*'를 비판하고 개신교회의 '기독교인의 자유*libertas christiana*'를 옹호하려고 투쟁했음에도 그들이 현대의 '종교의 자유*libertas religiosa*'를 인정했거나 모든 비기독교인에게 관용적 태도를 보였다는 흔적이 전혀 나타나지 않으며, 특히 유대인을 인정했다는 흔적도 전혀 찾아볼 수 없다. 기독교인의 '자유'는 비기독교인의 '자유'를 의미하는 것이 아니었다! 종교개혁 시대에도 예전처럼 중세 후기의 히스테리, 곧 이교도 처형(제네바), 적(농민)에 대한 전쟁, 마녀(항상 여자!)의 화형과—'당연히'—유대인에 대한 강제 조치 등이 있었다.

사람들이 종종 생각하듯이, **종교개혁**이 엄격한 의미에서 근대의 시작이 아니라 독자적 패러다임, 곧 **중세와 근대 사이의 획기적 패러다임**을 의미한다는 것이 증명되었다. 그것은 여러 면에서 미래를 지시했지만, 많은 점에서는 여전히 분명히 과거에 매여 있었다. 바로 유대인을 대하는 태도가 전근대적이었다. 따라서 루터가 후기에 유대인에 대해 부정적인 견해를 드러낸 것은 "중세-가톨릭의 입장으로" 뒷걸음친 것이라고 말해야 옳다(C. B. Sucher[23]).

여기서 우리는 묻게 된다. 이 시대에 로마는 어떠했는가? 고대古代를 사랑했던 르네상스에도 불구하고, 그리고 르네상스 때문에 로마는—근대 패러다임은 두말할 것도 없고—종교개혁 패러다임에 관해서도 아무런 말도 하지 않았다. 로마에서는 모든 것이 과거를 가리켰다. 성직계급적인 교회에게 이것은 중세로 되돌아가자는 뜻이었다.

3. 반유대적인 반종교개혁의 교황들

가톨릭 신학도 오늘날 다음과 같은 사실을 인정한다. 로마-가톨릭의 반종교개혁은 신학과 예전, 교육과 교회 생활에서—평화적으로, 또는 위급할 경우에는 무기를 사용하여—**중세의 기존 상태를 회복하기를** 원했다. 가톨릭 신학은 새로운 패러다임에 관해서는 전혀 말하지 않았다! 이 점은 이해가 된다. 왜냐하면 로마 가톨릭교회는 유대인에게 종교개혁자들보다 더 관용적인 태도를 보이지 않았기 때문이다. 실용적·경제적으로 사고했던 르네상스의 교황들은 제후와 황제처럼 단지 유대인의 보호자만이 아니라 그들에게 이익을 얻는 자로서도 활동했다. 과도기의 교황 바오로 3세 파르네제 Farnese(1534~1549)는—개혁적인 추기경을 임명하고 예수회를 인정했으며, 개혁을 위해 트리엔트 공의회를 소집했던, 철저히 르네상스 사람으로서(그는 네 명의 자녀를 두었다!)—유대인 피난민들과 스페인에서 온 유대인(마라노Marrano)들이 로마에 정착하도록 격려했고, 그들을 종교재판에 회부하지 않겠다고 약속했다.

그렇지만 아우크스부르크 종교평화의 해, 1555년에 독일 제국에서 교파의 소유권('*cuius regio, eius religio*' = 통치자의 종교와 지역의 종교는 동일하다)이 수백 년 동안 굳어졌을 때, 그리고 이제는 이것도 하나의 신호로서 첫 번째 로마의 대심문관 장 피에로 카라파Gian Pietro Caraffa가 바오로 4세라는 이름으로 교황 자리에 올랐을 때, 이것은 적어도 교회국가에서는 유대인에게—침묵해서는 안 될 사실로[24]—새로운 **억압의 시대**를 의미했다. 결정적인 인물과 사건만을 살펴보기로 하자.

- **바오로 4세**(1555~1559): 그는 교황이 된 지 겨우 2개월 만에 "*Cum nimis absurdum*"이라는 제목 아래 반유대인 교서를 발표했고, 며칠 뒤에 베네치아의 선례를 따라 유대인을 로마에서 테베레 강변의 열악한 지역으로 추방했다. '게토'는 이제 곧바로 요새로 둘러싸인 특별한 지역을 의미하는 공식적인 이름이 되었다. 그러나 안코나에서 교황 바오로 4세는 포르투갈에서 피난해온 마라노 24명을 위선자와 잠재적인 반역자 혐의를 씌워 불태워 죽였다. 탈무드와 그것을 해석하는 것은 모두 금지되었다.
- **피우스 5세**(1566~1572): 그는 바오로 4세 아래서 대심문관을 지냈고, 1570년에 영국의 엘리자베스 1세를 파문하고 추방하는 어리석은 교서를 발표했다. 그도 역시 1569년에 반유대인 교서 "*Hebrorum gens sola*"를 선포했다. 그것은 실제적으로 오래된 유대인 공동체를 교회국가에서 추방하고, 오직 로마와 안코나에만 유대인의 정착을 허용한다는 것을 의미한다.
- **그레고리 13세**(1572~1585): 그는 파리의 '성 바돌로메의 날'에 일어났던 개신교인 대량 학살을 감사하기 위해 황제가 된 해에 '하나님을 찬양하는 행사'(테 데움*Te Deum*)를 개최했고, 그런 다음에는 영국을 침략해

엘리자베스 여왕 1세를 살해하려는 계획을 적극적으로 추진했다. 그는 반유대인 교서 "*Antiqua Judaeorum probitas*"와 다른 법령을 통해 유대인을 재판할 수 있는 권리를 상당히 확대했고, 또다시 탈무드 소유를 금지했으며, 로마와 모든 교회 안에 있는 유대인에게 강제로 설교할 것을 명령했다.[25] 비록 그는 유대인을 폭력으로부터 보호하려고 애썼지만, 1578년에 포르타 라티나Porta Latina 앞에서 마라노 7명을 처형했다. 그는 어른 대상 유대인 선교가 전혀 성공을 거두지 못하자 이미 기독교인이 되었거나 기독교인이 되기를 원하는 유대인(과 무슬림)의 자녀들을 위해 학교를 설립했다.

- 후기의 교황, 특히 **식스투스 5세**: 그의 재임 시절인 1588년에 스페인 함대가 패배함으로써 영국이 세계의 강대국으로 부상하기 시작했다. 곳곳마다 일어난 유대인 추방을 경제적 이유 때문에 부분적으로 다시 취소했다. 그러나 교회국가 안에서 유대인의 상황은 여전히 좋지 않았다. 유대교와의 **신학 논쟁**은 로마-가톨릭 지역에서 이제 더는 **일어나지 않았다**. 토론은 종교재판으로 대체되었고, 기독교인의 정신은 교회의 권력으로 대체되었다. 기독교인과 투르크인 사이에서 일어난 전쟁에서 유대인이 최소한 포로와 노예로서 존중을 받았다는 사실은 단지 변두리에서만 확인할 수 있다. 지중해 노예무역의 지방 중심지였고 요한수도회의 감독 아래 있었던 말타 섬에서는 유대인이 우선적으로 팔려나갔다. 왜냐하면 유대인의 몸값이 상당히 높았기 때문이다. '기독교인의' 노예무역은 유대인을 희생시킨 대가로 번성했고, 황제가 아니라 프랑스 혁명의 계승자였던 나폴레옹 황제가 종지부를 찍을 때까지 노예무역은 오랫동안 지속되었다.

트리엔트 공의회 이후에 가톨릭교회에서 유대교에 관한 공개적인 신학 논쟁이 더는 일어나지 않았지만, 개신교 지역에서는 여전히 논쟁이 벌어졌다. 여기서 1550년과 1650년 사이에 점점 더 많은 신학자와 법률학자가 유대인을 옹호하는 발언을 했다. 사람들은 그들을 '유대인(셈족)을 사랑하는 이들philosemites'이라고 불렀다.[26] 그들의 지도자는 네덜란드 사람 후고 그로티우스Hugo Grotius였는데, 그는 스페인의 예수회원 프란치스코 드 수아레스Francisco de Suarez와 함께 근대의 국제법을 창시했다. 개신교 신학자의 한 집단(그 가운데는 국가법, 자연법, 국제법 이론가 사무엘 폰 푸펜도르프Samuel von Pufendorf가 있었다)은 특히 동유럽에 있는 유대인 '개신교인'에게 관심을 기울였고, 성서 이후의 전통을 거부한 그들을 위해 출판을 독려했다. 이 '자연법학자'는—필립 야콥 스페너Philipp Jakob Spener의 지도를 받던 많은 경건주의자들처럼[27]—유대인과 기독교인이 다 함께 구약성서에서 나왔다는 것을 강조했고, 유대인을 싸잡아 비난하는 것을 비판했으며, 제의를 통해 사람을 살해했다는 비방에 맞서 유대인을 보호했고, 유대인이 하나님의 특별한 사랑을 받고 있음을 강조했다. 물론 그의 노력에는 대개 유대인을 결국 기독교로 (경건주의자들은 분명한 선교 프로그램을 통해) 개종시키려는 생각이 깔려 있었다. 그의 노력은 완전히 헛된 것이 아니었다. 근세에 이르러 처음으로—경건주의자의 겸손하고 정중하고 평화로운 유대인 선교에 감동해—확신을 품은 유대인 개종자가 생겼다. 물론 대다수의 유대인은 '유대인을 사랑하는 이들'의 생각에 전혀 관심을 보이지 않았다. 게토의 벽은 아직 무너지지 않았다. 물론 그것은 이제 서서히, 그러나 확실히 무너져 내리고 있었다.

4. 근대로 넘어가고 있는 유대교

그렇지만 더 넓은 관점에서 보면, **종교개혁**은 (결국 반종교개혁과 마찬가지로) 유대인에게 매우 큰 **유익**을 주었다. 왜냐하면 서양의 획일적인 신앙의 통일성은 이제 무너졌기 때문이다. 유대인은 이제 더는 유일한 비기독교인이 아니다. 유대인의 주요 가톨릭 적대자인 걸식 수도회와 종교재판은 개신교 지역에서 힘을 잃었다. 이와 동시에 위급할 때에 도망할 수 있는 관용의 피난처(예컨대 17세기 중반에 자본의 힘이 매우 커지고 산업 발전을 성취한 홀란드)가 생겨났다. **경제 활력의 중심**은 **남유럽에서 북유럽으로**—처음에는 홀란드로, 그 다음에는 영국으로—옮아갔다. 이런 점에서 종교개혁은 간접적으로 **근대를 준비했다**. 비록 17세기에는 교회의 의미가 감소했지만, 바로 정치적·경제적 관점에서 근대는 점점 더 분명히 다가왔다.[28] 유대인은 곳곳마다 살고 있었다. 근대적 식민경제가 건설될 때, 근대적 유럽 경제가 발전할 때, 그리고 끝으로 근대적 국가가 실현될 때, 모든 것은 혁명적으로 새로운 패러다임 안에서 일어났다.[29]

1) **근대적 식민경제**의 토대가 닦일 때, 유대인은 콜럼버스 이래 거의 모든 곳에서 (특히 카리브 해와 브라질에서) 상인과 무역상으로 활동했다. 1492년은 역사적이고도 모순적인 해다. 유대인이 스페인에서 추방되던 바로 그 시대에 아메리카가 발견되었다. 크리스토퍼 콜럼버스와 함께 (상반되는 소문에도 불구하고 그는 유대인이 아니었다![30]) 최초의 유대인이 (또는 유대인-기독교인이) 나중에 유럽의 모든 나라를 압도하게 될 새로운 세계로 건너갔다.

그리고 다음과 같은 사실도 두 번째 '역사의 모순'이다. 스페인과 포르투갈에서 추방된 유대인이 암스테르담에서 17세기에 가톨릭적인 스페인 사람과 포르투갈 사람에게 대항하여, 네덜란드가 세계 무역의 주도권을 세우도록 결정적으로 도와주었다. 1645년에는 최초의 유대인 23명이 종교재판이 실시되던 가톨릭적인 브라질에서 피신하여, 새로운 암스테르담[31]으로 왔다. 그곳은 홀란드 사람이 세웠고, 1664년에 뉴욕이라고 불리게 되었다(1729년에 그곳에 최초의 회당이 건설되었고, 포르투갈 사람들의 문서가 보관되어 있다). 우리는 대체로 다음과 같이 말할 수 있다. 유대인이 최근에 북아메리카에서보다 더 자유롭게 활동할 수 있었던 곳은 그 어디에도 없었다. 거기서 그들은 처음부터 유대인 공동체로서 폐쇄적으로 살지 않고, 이주해온 기독교인이 교회 주변에 모여 살았듯이 회당 주위에 모여 살았다. 18세기 말엽에 뉴욕, 뉴포트, 필라델피아, 사바나, 살레스톤, 리치몬드에 (2~3천 명이, 특히 상인들로 이루어진) 6개의 공동체가 있었다. 곳곳마다 (스페인과 포르투갈에서 피신해온) 유대인의 의례에 따라서 '숭고한 정통주의'가 세워졌다.[32]

2) 자본과 자본 거래 위에 세워진 **유럽의 경제 체제**의 발전 속에서 유대인은 곧장 중요한 경제적 요소임을 드러냈다. 냉정하고 합리적으로 계산하면서도 세계 전체를 생각한 유대인은 이미 일찍부터 시장을 내다보면서 그들의 자본력을 이용했고, 혁신적인 사고 속에서 자금 조달의 가능성과 같은 새로운 지불 수단을 사용했다. 유가증권(약속어음, 주식)을 만들고 증권거래를 할 때 그들은 주도적인 역할을 맡았다. 그들은 17세기에 처음에는 암스테르담에서, 그 다음에는 뉴욕에서 근대적인 증권 개념을 처음으로 도입했다. 더욱이 유대인은 효과적인 (부분적으로는 고대의 가족 관계에 기초한) 국제 정보 체계를 이용했다. 그들은 바그다드에서 콘스탄티노플까지, 보르도에서 함부르크까지, 폴란드와 리투아니아와 우크라이나에서 바다 건너까지 연결망을 구축했는데, 이것은 다른 그 어떤 폐쇄적인 민족이나 신앙

공동체도 할 수 없었던 일이다. 결과적으로 유대인은 정치적 · 군사적 · 경제적 발전을 추산하는 일에서 다른 민족을 자주 앞질러갔다.

근대 자본주의의 발전은, 막스 베버가 생각하듯이 단지 프로테스탄트-칼뱅주의 윤리만이 아니라 **유대인의 실용주의와도** 관계가 있다. 1656년에, 다시 말하면 최초로 북아메리카 이주가 이루어지던 바로 그 시기에 유대인이 올리버 크롬웰Oliver Cromwell과 친유대적인 청교도가 지배하던 영국으로 다시 이주할 수 있었던 것은 바로 이러한 경제적 · 정치적 이유(물론 신학적 · 메시아적인 이유도 있었지만) 때문이었다. 영국에서도 '숭고한 정통주의'가 세워졌고 오늘날까지 이어져온다.

그러나 유럽 대륙에서 유대인이 선호하던 피난처였던 **폴란드**에서 서방을 향한 대량 피신이 일어났다. 왜냐하면 1648년에 그 당시만 해도 폴란드 영토였던 우크라이나에서 가난한 러시아 정교회 소속 소작인들이 폴란드 가톨릭에 속한 지배층 귀족들에 대항하여 봉기를 일으켰기 때문이다. 이 봉기는 크림 반도에서 온 카자크 사람과 타타르 사람의 지지를 받았다. 그 결과로 특히 귀족과 거래하고 공직을 수행하던 유대인이 대량 학살을 당했다. 폴란드의 유대인은 폴란드의 상층과 중산층 사람과는 정반대로 서양의 의상을 받아들이지 않고, 폴란드의 오래된 의상(긴 윗옷, 털모자와 두건)을 입고 있었다. 이 사실은 유럽 밖의 나라에서 독일과 아메리카로 가서 살게 될 유대인의 외모를 결정하는 중요한 계기가 되었다. 그렇기 때문에 그 이후 시대에 그들의 모습은 '전형적으로 폴란드 사람의 외모'가 아니라 '전형적으로 유대인의 외모'라고 생각되었다. 많은 유대인은 이런 모습을 오늘날까지 그들의 인식과 고백을 보여주는 표시로 생각하지만, 많은 비유대인은 이를 오히려 문화적인 고립을 드러내는 진기한 상징으로 여긴다.

3) 유럽에서 중앙집권적인 **근대 국가**가 실현될 때, 유대인이 효율적인 재

정 공급자나 영향력 있는 군인 제공자로 제후 편에 서는 것은 드문 일이 아니었다. 유럽의 지역마다 지배 계층에게는 없어서는 안 될, 높은 권리를 지닌 '궁전 유대인'이나 '궁전 관리'의 왕국이 곧이어 생겨났다. 그리고 30년 전쟁(1618~1648)이 엄청난 재정을 소모했기 때문에 재정 확보를 위해 조언하고 재정을 조달하는 자들이 매우 필요했다. 이 시대에는 오펜하이머 가문과 베르트하이머 가문과 같이 (나중에는 로트실드 가문도 그러하지만) 매우 유명한 유대인 가문이 부상하기 시작했다. 물론 민중의 정서를 가장 분명히 대변한 것은 요셉 쥐스-오펜하이머Joseph Süß-Oppenheimer(1692년 출생) 가문의 비극이었다. 빌헬름 하우프Wilhelm Hauff는 이를 소재로 문학 작품을 썼고(1828), 리온 포이히트방거Lion Feuchtwanger는 이를 국제적인 베스트셀러로 만들었으며(1925), 파이트 하를란Veit Harlan은 괴벨스Goebbels의 명령을 받아 이를 영화로 만들었다(1940). '유대인 쥐스Jud Süß'는 여러 제후들의 궁전 중개인으로 엄청난 재산을 모았다. 뷔템베르크 공작의 은밀한 재정 조언자로서 그는 상업주의적·절대주의적 정신으로 국민의 대표자들의 동의도 없이 수많은 세금과 공과금을 거둬들였다. 부富와 여인들과의 스캔들과 사치 때문에 시기와 미움을 받았던 그는 1738년에 공작이 죽자마자 곧바로 46세에 슈투트가르트에서 반역죄로 교수형을 받았다.

이 모든 점을 고려할 때, 기독교에게 근대의 패러다임이야말로 최초의 세계사적인 패러다임이었음을 알아야 한다. 이를 위한 충격은 신학과 교회의 내부영역에서 나온 것이 아니라 '바깥에서' 왔다. 그것은 급속하게 **세속화하는 사회**였고, 교회와 신학의 지배에서 급속하게 **해방되는 사회**였다. 근대의 정신을 결정한 나라는 루터를 따르던 나라(전쟁으로 힘이 빠진 독일)가 아니었고, 로마 가톨릭을 따르던 나라(이탈리아, 스페인, 포르투갈)도 아니었다. 그것은 무엇보다 교회의 통제를 덜 받았던 나라, 곧 영국과 프랑스와 네덜란드였다. 바로 그곳에서 유대인의 입지는 비교적 좋았다. 그러나 반동적인—개신교와 유대교와 근대를 반대한—로마의 교회정치는 여전히 가톨릭을 신봉하던 나라에게 경제적·정치적으로 아무런 유익을 주지 못했고, 가톨릭교회에 엄청난 권력 상실을 초래했다.

4) 이 모든 발전으로 세계의 균형은 근본적으로 바뀌었다. 대략 300년 동안 지배하게 될 근대의 **유럽 중심적인 세계체제**가 생겨났다. 그렇지만 경제 중심의 이동과 함께 세계사 전체의 중심은 지중해에서 새로운 세계 무역의 거대한 바다가 될 대서양으로 움직였다. 종교개혁과 반종교개혁 후에, 그리고 설명하기 어려운 '종교전쟁'의 황폐화 후에 유럽 대륙의 종파주의 시대는 30년 전쟁의 종결(베스트팔렌 평화조약, 1648)과 함께 완전히 끝나버렸다. 영국에서는 '명예혁명'이 일어났고, 빌헬름 3세는 프로테스탄트 비국교도를 위해 관용 정책(1688/89)을 펴기 시작했다. 곳곳마다 사람들은 마침내 오래된 종교적 불화에 싫증을 느끼게 되었다. 사람들은 서로 다른 **종파에 대한 관용**을 추구했고, 이미 16세기부터 모든 대륙을 발견하려고 여행하기 시작한 뒤에는 곧바로 서로 다른 **종교**에 대한 관용도 추구했다.

이렇게 근대는 **인간의 이성에 대한** 새로운 **신앙**과 함께 낙관주의적 전조를 띠면서 시작되었다. 이성은 모든 종교적 권위에 맞서 진리의 최고 심판관이 되었다. 그렇기 때문에 근대는 르네상스처럼 과거를 지향한 것이 아니라 미래를 지향했다. 인간의 이성과 모든 인간이 공유하는 자연(자연법)에 대한 신앙은 더 나은 미래와 진보에 대한 신앙으로 바뀌었다. 이제 우리는 **엄격한 의미에서** 17세기 중반에 이미 형성되기 시작한 **근대**를 말할 수 있게 되었다.

— 인간의 주관에서 출발하는 **근대 철학**: 데카르트, 스피노자, 라이프니츠와 영국의 경험주의자 로크와 홉스, 흄이 세운 근대 철학은 칸트를 통해 최

초로 위대한 종합에 이르렀다.

— **경험적·수학적 자연과학**: 코페르니쿠스적 전환 이후에 자연과학은 갈릴레이와 케플러를 통해 뉴턴의 물리학과 함께 그 고전적 형태를 지니게 되었고, 전형적으로 근대적인 기술공학과 산업의 발전을 위한 전제가 되었다.

— **세속적인 국가 이해와 정치 이해**: 종파적인 입장이나 종교적 입장을 고려하지 않고, 개신교인이나 투르크인과 연합하면서, 추기경 리슐리외와 루드비히 14세가 이미 성공적으로 실천해온 세속적인 국가 이해와 정치 이해는 이제 자연법에 근거한 보댕, 그로티우스, 홉스, 로크, 푸펜도르프의 국가론을 통해 이론적인 근거를 갖게 되었다. 국가는 초자연적인 목표가 없이 국민과 정부가 맺은 계약의 자연스러운 결과로 이해되었고, 따라서 교회에 대해 자율적이라고 간주될 수 있게 되었다. 인간의 권리는 자연의 권리에 근거한다.

이 모든 것은 17세기 중엽에 시작되고 18세기에 완성된 새롭고 **획기적인 패러다임 전환**이다. 철학적·학문적 혁명과 기술적 혁명은 계몽주의('빛의 세기Siècle des Lumières')의 말엽에 **프랑스 혁명**과 함께, 그리고 그 장엄한 **미국의 인권선언**과도 함께 정치적 혁명으로 전환되었다. 19세기의 산업혁명 속에서 그것은 경제적으로 완전한 효과를 거두었다.

이 근대적 패러다임은 유럽 사회 전반을 근본적으로 바꾸어놓았고, 그와 함께 결국 유대교도 근본적으로 바꾸어놓았다. 물론 여기서 갈등은 불가피한 것으로 보였다. 유대교 전통과 근대적 혁신, 성서-탈무드의 하나님 이해와 코페르니쿠스적 세계관은 자주 정면충돌을 하게 되었다. 이 둘을 어떻게 조화시켜야 하는가?

5. 스피노자 사건과 근대적인 하나님 이해

1600년에 르네상스 후기의 철학자 지오르다노 브루노Giordano Bruno는—범신론을 주장하고 기독교 신앙을 부인했다는 이유로—로마의 피오리 광장에서 종교재판관에게 잔인하게 고문을 받고 화형을 당했다.[33] 그는 코페르니쿠스적 전환에서 근대적인 세계상을 위한 철학적 결론을 최초로 이끌어낸 사람이었다. 새로운 시대가 유대인의 성서 이해와 하나님 이해에도 완전히 새로운 도전을 의미했다는 사실은 곧이어 설명할 것이다. 이 사실은 특히 생명과 자연과 하나님에 대한 근대인의 감정을 가장 깊고 가장 철저히 사고한 사상가였지만, 그와 동시에 가장 심한 비난도 받았던 근대 초기의 철학자 **바룩**Baruch(베네딕트, '축복받은 자') **데 스피노자**De Spinoza(1632~1677)를 통해 드러났다. 그는 이단자 탄압이 횡행하던 포르투갈에서 피신해온 정통적 유대인 미카엘 에스피노자Michael Espinosa의 아들이었다.

기독교의 고위 성직자와 수도사와 신학자도 그랬듯이, 랍비도 반대자를 스스로 만들었다. 바로 암스테르담에서 그들은—종종 몇몇 살찐 부자 상인들과 유명한 사람들과 함께—부모에 대한 무조건적인 순종(넷째 계명!)을 주요 덕목으로 주장하면서, 권위적인 가부장적 과두 체제를 만들었다. 훌륭한 젊은이 한 사람이 자유롭게 생각하는 집단의 독립적인 우두머리와 회원으로 등장하자 암스테르담의 유대인 지도층은 곧장 그를 비판하고 나섰다. 그 결과는 어떠했는가? 유대인과 로마인의 철학과 문학으로 철저히 교육을 받았던, 그리고 수학과 자연과학과 동시대의 철학에도 관심을 가졌던 한 젊은이가 자기 자신의 공동체 안에서 국외자局外者가 되었다. 그는 암스테르담 유대인 구역에서 그의 이웃이었을지도 모를 다른 위대한 국외자 화가 렘브란트와도 비슷하다.[34]

1656년에 24세의 스피노자는 중대한 거짓 이론 때문에 암스테르담 회당으로부터 **큰 파문을 당해 추방되었다.** 몇 년 전에 유대인 도망자들이 새로운 암스테르담(뉴욕)에 살 수 있도록 노력했던 바로 그 유대인에게 그런 취급을 받은 것이다. 나중에 스피노자는 유대인의 독촉에 따라 암스테르담에서 추방되었다.[35] 광신자에게 피해를 당하지 않으려고 그는 그 이후에 자유로운 철학자로서 기독교인 마을 주변에서 살았다. 그는 방해를 받지 않는 생활과 정신적인 자유를 위해 하이델베르크 대학교의 교수직도 거부했다. 마지막에 그는 친구의 도움을 받아 헤이그에서 살았다. 그는 안경알을 갈고 닦으면서 생계를 이어갔지만, 그의 모든 시간을 철학적 사고를 위해 바쳤다. 그렇지만 15년 전(1640)에 암스테르담에서 파문을 당했던 다른 유대인 이교도 우리엘 데 코스타Uriel de Costa처럼 그는 자살하지 않았다. 왜냐하면 스피노자는—예루살렘의 철학자 이르미아후 요벨Yirmyahu Yovel[36]이 이스라엘에서 많은 논쟁을 불러일으킨, 스피노자를 다룬 그의 책에서 밝혔듯이—비록 랍비의 가르침과 권위는 배척했지만 기독교로 개종하지는 않았고, 자신의 유대교와 자신의 종교에 깊은 의무감을 지니고 살았던 최초의 '문제 많은 유대인'이었기 때문이다. 그는 "기독교인에게서는 유대인이라고 배척을 당하고, 유대인에게서는 이교도라고 배척을 당한 이중적 부정"[37]의 판단 아래 도망갈 곳이 없는 상황에 처해 있었다.

스피노자는 자신의 생애 동안 (데카르트 철학의 원리를 다룬 한 권 외에) 오직 책 한 권, 《신학정치론*Tractatus Theologico-Politicus*》(1670)[38]을 익명으로, 그리고 날조된 출판사에서 출간했다. 그는 즉각 비난을 당했다. 왜냐하면 스피노자가 이 책에서 지성적이고 솔직한 사고와 신앙을 단호히 변호했을 뿐만 아니라, 근대적인 성서 비평을 철저히 대변했기 때문이다. 성서는 영감을 받은 것이고, 그렇기 때문에 오류가 없는 하나님의 책인가? 아니다. 성서는 학문적 · 역사적으로 해석될 수 있고 해석되어야 하는, 참으로 인간적인 신앙의 (종종 모순되는) 문서다. 먼저 스피노자는 모세가 오경을 썼다는 주장을 부인했고, 성서의 다른 책의 형성사도 연구했다. 이로써 그는 **근대적 성서 비평의 조상**이 되었고, 8년 후에 파리 오라토리회 수도원에서 즉각 (1678년에) 추방당한 가톨릭 성서 비평의 아버지 리하르트 시몬Richard Simon과 마찬가지로 비난을 피하지 못했다.[39] 여기서 이제 성서에 관한 영원한 논쟁이 시작되었다. 이 논쟁은 100년 후에 정통주의 개신교 영역에서 레싱Lessing의 저서 《이름 없는 자의 단편들*Fragmente eines Ungenannten*》(함부르크의 동양학자 사무엘 라이마루스Samuel Reimarus)을 통해 절정에 이르렀고, 오늘날까지 신학을 긴장시키고 있다.

그러나 스피노자가 비난을 받은 것은 단지 성서 비평 때문만이 아니라 그의 **새로운 하나님 이해** 때문이기도 하다. 그의 하나님 이해는 그 우주적 차원 때문에 때때로 무신론이라고 오해받기도 했다. 그렇지만 여기서 스피노자의 의도는 단지 하나님을 지나치게 인간처럼 묘사하는 하나님 이해를 비판하려는 것이었다. 이런 하나님 이해는 예컨대 중세 후기의 명목론과 종교개혁자들의 예정론에서 분명히 드러났다. 예정론은 '절대적인 권능*potestas absoluta*' 속에서 인간과 세계의 운명을 결정하는 전능한 하나님에 관한 표상이다. 이 표상은 여기 이 땅에서 하나님을 해석하고 대리하는 자들이 자신의 독단적인 결정과 행동을 옹호하기 위해 너무나 쉽게 주장할 수 있는 것이었다.

그렇기 때문에 스피노자는 모든 비합리성과 독단에 맞서 하나님의 무한한 본질 안에서 의지와 이성이 일치한다고 강조했다. 그는 플라톤과 아리스토텔레스에서 시작하여 토마스 아퀴나스를 거쳐 데카르트에게 이르기까지 고전적 철학 신학의 노선을 철저히 추종하면서, 하나님의 본질을 모든 현실의 완전한 원초적 근거로, '필연적인 존재*ens necessarium*'로, 그리고 자기 자신 안에서, 그리고 자기 자신을 통해 현실을 기초하는 '자기원인 *causa sui*'으로 이해했다. 그렇기 때문에 스피노자는 하나님을 우주와 분리되어 있는 존재로 생각할 수 없었다. **하나님은 세계 안에** 있고, **세계는 하나님 안에** 있다. 무한한 것은 유한한 것 안에 있고, 유한한 것은 무한한 것 안에 있다. 자연은 하나님 자신이 존재하는 분명한 방식이다. 인간의 의식은 하나님이 자신을 생각하는 분명한 방식이다. 다시 말하면 개별적 자아와 무한한 만물은 단순히 독립적인 실체가 아니다. 그것들은 유일한 신적 실체가 변형된 것들이다. 따라서 하나님은 모든 것 안에서 모든 것이다.

그렇지만 이런 하나님은 순전히 내재적인 하나님이고, 성서가 말하는 초월적인 하나님이 아니지 않은가? 실제로 스피노자에 따르면 오직 인간이 하나님의 무한히 많은 속성을 파악할 수 없는 한에서만 하나님은 초월적인 듯하다. 하나님은 만물의 초월적 원인이 아니라 그 내적 원인이고, '자기원인 *causa sui*'이다. 그렇지만 스피노자의 '범신론'은 모든 현실을 신적인 것이라고 설명하는 이론, 단순히 모든 것이 하나임을 주장하는 이론이 아니다. 오히려 스피노자는 하나의 무한한 실체 또는 '존재의 근거'(능산적 자연 *natura naturans*)인 하나님과 확장하고 생각하는 다수의 유한한 '개별적 실재'(소산적 자연 *natura naturata*)를 세심하게 구분했다.

그렇지만 범신론적이거나 범신론적 경향을 띠었던 중세의 많은 카발라 학자들과는 달리 스피노자는 언제나 기하학적 방법의 도움으로 **윤리**마저 **매우 엄격한** (근본개념, 공리, 원리, 증명, 결론의) **체계**로 순전히 논리적으로 추론하려고 노력한 근대적인 데카르트적 합리주의자였다.[40] 하지만 그는 성공을 거두지 못했다. 그리고 오늘날 많은 사람이 스피노자의 윤리학을 '개념의 시詩'라고 생각한다. 세계 안에서 우연성을 허락하지 못하는 스피노자의 경직된 결정론도 20세기 초기에 새로운 물리학이 등장한 후로 극복된 것으로 여겨진다. 물론 새로운 물리학은 알베르트 아인슈타인과 같은 매우 천재적인 유대인 물리학자가 결정론을 고수하는 것을 막지 못했다. 아인슈타인은 평생 동안 완전히 통계학적인 개연성과 불확실성(하이젠베르크의 '불확정성의 원리')을 지닌 현대 양자물리학을 받아들이기를 거부했다. 자연에도 엄격한 필연성을 요구하는 스피노자의 하나님은 아인슈타인의 유명한 구호 뒤편에 서 있다. "노인(=신)은 주사위 놀이를 하지 않는다."[41]

스피노자의 합리주의와 결정론을 무시하더라도, 레싱에서 괴테에 이르는 독일의 고전주의자들과 피히테에서 셸링을 거쳐 헤겔에 이르는 독일의 철학적 관념주의들이 중세기와 종교개혁 시대의 사람들이 생각해온 방식과는 **다르게 '하나님'**(신성, 절대자, 절대정신)을 생각했다는 사실은 본질적으로 스피노자의 새로운 하나님 이해 때문이었다. 그들은 성서의 하나님 표상을 여전히 매우 전근대적·맹목적으로 받아들였던 **종교개혁자들**과는 다르게 생각했고(왜냐하면 교황만이 아니라 루터와 멜란히톤도 가톨릭 성당의 참사회원 니콜라우스 코페르니쿠스의 혁명적인 세계 모델을 배척했기 때문이다), 근대 초기의 계몽된 하나님 이해를 주장했던 영국과 프랑스의 **이신론자**와도 다르게 생각했다. 스피노자의 세계상 때문에 이미 일찍부터 다음과 같은 질문이 일어났다. 하나님은 새로운 시대에도 여전히 순진하게, 신인동형동성론적으로 무한한 권력을 지니고 세계와 인간을 오직 자신의 뜻대로만 움직이는 전능하고 절대적인 통치자로 이해될 수 있는가? 또는 계몽주의자와 이신론자가 생각하듯이, 하나님은 이제 나름대로 자연법칙과 도덕법칙에 매여 있기 때문에 세계와 인간의 구체적인 삶에 개입하지 않는, 헌법에 따라 통치하는 군주처럼 이해되어야 하는가? 스피노자는 이 두 견해를 부인한다.

하나님과 세계, 하나님과 인간의 관계는—이 점에서 스피노자는 선구적인 영향을 끼쳤다—근대 철학의 전제 아래, 그리고 자연과학적으로 설명되는 현실 이해의 전제 아래 생각되어야 한다. 여기서 새로운 세계상은 근대적으로 이해된 **하나님의 세계 관련성**을 요구한다. 그렇기 때문에 '범-신론pan-theism'(모든 것이 하나님이다)을 말하기보다는 '범-재-신론pan-en-theism'(모든 것은 하나님 안에 있다)을 말하는 것이 더 낫다. 그리고 성서의 초월적인 하나님도 고전적이고 헬라적인, 또는 중세적인 형이상학으로 이해되기보다는 근대의 전제 아래 이해되는 것이 더 낫다. 성서의 하나님은 세계와 분리되어 있지 않고 세계의 한가운데 두루 존재한다. 유대인 철학자 스피노자로 인해 시간이 갈수록 다음과 같은 하나님 이해가 **근대 패러다임을 위한 하나님 이해**로서 폭넓게 수용되었다.[42]

- 하나님은 구름 위에, 물리학적인 하늘에 존재하는 **지상 위의 존재가 아니다!** 순진하고 신인동형동성론적인 표상은 코페르니쿠스와 갈릴레이 이래 폐기되었다. 하나님은 문자적이나 공간적 의미에서 세계 '위'('초세계')에 존재하는 가장 높은 존재가 아니다.
- 하나님은 별 건너편에, 형이상학적인 하늘에 존재하는 **지상 밖의 존재가 아니다!** 계몽주의자와 이신론자의 표상은 스피노자의 관점에서는 처음부터 부적절한 것으로 여겨진다. 하나님은 영적이거나 형이상학적인 의미에서 세계 '밖의' 피안('배후세계')에 존재하는, 객관화되고 사물화되는 대상이 아니다.
- 하나님은 이 세계 **안에** 있고, 이 세계는 하나님 **안에** 있다! 통일된 현실 이해가 옳다. 하나님은 단지 현실의 한 부분으로서 유한한 존재와 나란히 존재하는 (최상의) 유한한 존재가 아니다. 오히려 하나님은 유한자 **안에** 있는 무한자, 내재성 **안에** 있는 초월성, 상대적인 것 **안에** 있는 절대자다. 하나님은 바로 절대자로서 세계와 인간과 관계를 맺는다. 여기서 관계는 약함, 의존, 악한 상대성이 아니라 강함, 무한한 자유, 절대적

주권을 의미하는 '관련성'이다. 따라서 하나님은 상대성을 포함하고 상대성을 창조하는 절대자다. 하나님은 바로 자유로운 존재로서 관계를 가능하게 하고 관계를 실현한다. 하나님은 절대적/상대적, 피안적/차안적, 초월적/내재적이고, 만물을 포괄하고 만물을 관통하는 현실이며, 만물의 가슴 안에서, 인간 안에서, 인류의 역사 안에서, 세계 안에서 가장 현실적인 실재다.

물론 이러한 주장을 통해 '철학자와 과학자의 하나님'과 '아브라함과 이삭과 야곱의 하나님' 간의 차이에 관한 모든 질문이 대답된 것은 결코 아니다. (데카르트와 동시대의 사람과 그와 대립하는 사람으로서 수학자이고 물리학자, 철학자, 신학자였던 블레즈 파스칼Blaise Pascal이 이런 질문을 제기했다.) 우리는 세 예언자 종교를 위해 이 근본 문제에 의문을 계속 제기할 기회를 충분히 갖게 될 것이다. 그러나 미리 말하면 스피노자 이전으로 되돌아갈 길은 결코 존재하지 않는다.

그리고 잊어서는 안 될 사실이 있다. 스피노자는—유대인, 가톨릭교인, 개신교인이 그를 배척했음에도 불구하고—자신의 확신을 굳건히 지켜나갔다. 그는 성서를 순진하게 믿는 사람보다 '더 큰' 하나님을 믿는다고 깊이 확신했다. 스피노자는—영원을 향한 모든 허무한 것을 뛰어넘는—갈망에서, 그가 말한 '하나님에 대한 정신적인 사랑'에서 용기를 얻었다. 그래서 그는 모든 것 안에서 하나인 하나님-자연 안으로 죽기를 희망했다. 그는 1677년에 44세라는 젊은 나이에 폐결핵으로 사망했다. 그는 외부를 향해서는 은둔적이었고, 별로 자유롭지 못했다. 그러나 그는 정신적으로 동시대인, 유대인이나 기독교인보다 더 자유로웠고 더 경건했다. 그는 그의 시대보다 매우, 너무 앞서 나갔기 때문에 한 세기가 지난 뒤에 최초의 진정한 근대적인 유대인조차도 그를 이해하지 못했다.

6. 최초의 근대적 유대인: 모세스 멘델스존

1714년에 유대인의 무제한적인 평등권을 분명히 주창했던 최초의 사상가가 신학자가 아니라 영국의 이신론자와 비교리적인 기독교의 대변자였던 존 톨란드John Toland(1670~1722)라는 사실은 매우 특기할 만하다.[43] 계몽주의 시대에 도달했기에 우리는 다음과 같이 질문한다. **유대교**에도 계몽주의가 존재했는가?[44]

이중적인 모습이 드러난다. 프랑스 계몽주의자 가운데서 오직 **몽테스키외**Montesquieu만이 유대인을 유대인으로 기꺼이 인정하려고 노력했다. 다시 말하면 그는 유대인을 단지 '시민'으로만이 아니라 '그 자체로' 정당하게 다루려고 노력했다. 그는 자신의 고전적인 책 《법의 정신*De l'espit des lois*》(1748)에서 리스본에서 방금 18세의 유대인 소녀를 화형에 처한 스페인/포르투갈의 종교재판에 맞서 한 유대인의 주장에 동조하면서 그의 말을 인용했다. "당신은 우리가 기독교인이 되기를 원한다. 그렇지만 당신 자신은 기독교인이 되기를 원하지 않는다. 만약 당신이 기독교인이 되기를 바라지 않는다면, 최소한 인간이라도 되어라."[45] (대개 반종교적이었던) 프랑스 계몽주의의 진정한 대변자는 그와는 반대로 완전히 다른 견해를 보였다. 물론 무신론자는 아니었지만 일정한 거리를 유지했던 이신론자 **볼테르**Voltaire는 위대한 혁명이 일어나기 전에 군주의 신적인 권리, 귀족의 특권, 교회의 무오류성에 대한 전통적인 신앙을 파괴하려고 다른 사람보다 더 많은 힘을 기울였다. 이를 통해 그는 유대인 해방을 간접적으로 준비했다. 그러나 다른 한편으로 볼테르는 기독교와 함께 유대교에도 설명하기 어려운 증오심을 품었고, 두 종교에 대한 그의 예리한 풍자를 통해 반유대주의가 발흥하도록 도왔다. 그는 유대교가 "불합리하고 혐오스럽다"고 말했고, 유대인의 "우화가 매우 많이 우둔하고 불합리하다. 왜냐하면 그들은(유대인은) 아시아인 가운데서 가장 거칠기 때문이다"[46]라고 비난했다. 이 점에서는 계몽주의의 선두로 나서지 않았던 디드로Diderot와 홀바흐Holbach의 주장도 비슷했다. 결론적으로 말하면 근대 유럽 지성인의 반유대주의에 동참한 사람들은 프랑스 계몽주의의 대변자들이었다!

그러나 (종교를 반대하지 않았던) 독일 계몽주의의 가장 중요한 대변자 **고트홀트 에프라임 레싱**Gotthold Ephraim Lessing(1729~1781)은 완전히 정반대의 태도를 보여주었다. 잘 알다시피 이미 20세에 희곡 《유대인들*Die Juden*》에서 반유대적인 편견을 공격했던 그는 단지 세 개의 반지 또는 세 종교에 관한 비유만을 쓴 것이 아니다. 그는 독일 연극의 역사에서 처음으로 고상한 유대인이 등장하는 《**현자 나탄***Nathan, der Weise*》(1779)[47]을 용감하게 무대 위에 올렸다. 더욱이 이 교훈극에는 기독교인보다 더 기독교인처럼 보이는 유대인이 나온다. 잘 알다시피 결정적인 장면에서 기독교인 수도사가 유대인 나탄에게 다음과 같이 말한다. "당신은 기독교인입니다! 확실히 당신은 기독교인입니다! 더 나은 기독교인은 결코 없었습니다!"[48] 그러나 나탄은 이 주장을 즉각 뒤집는다. "좋습니다! 왜냐하면 나를 기독교인으로 만드는 그것이 당신을 유대인으로 만들기 때문입니다!" 다시 말하면, 진정한 삶을 위해 결정적인 것은 형식적으로 기독교에 속해 있느냐 유대교에 속해 있느냐가 아니다. 만약 인간성을 어둡게 한다면, 그리고 그렇게 하는 한, 기독교인이 되거나 유대인이 된다는 것은 중요하지 않다. 중요한 것은 인간이 되는 것이고, 두 종교의 공통 요소인 질적인 인간성의 가치들이다. 따라서 나탄, 곧 현자는 인간성을 유지하려고 철저히 노력하는 유대인이다. 나탄은 단지 연극의 허구인가 아니면 실재의 반영인가?

연극에 나오는 이 인물 배후에 실재 인물이 숨어 있다는 것은 공공연한 사실이다. 그는 바로 레싱의 시대에 베를린에 살았던 **최초의 진정한 근대적**

유대인이다. 데사우Dessau에서 태어난 그는 베를린에서 매우 폭넓은 교육을 받았고, 40세에 레싱에 의해 문화적으로 영향력 있는 모임에 인도되었으며, 그의 동료들과 한평생 우정 관계를 이어나갔다. 그는 바로 근대 유대인의 정신사와 사회사와 종교사에서 모범적인 인물이었던 **모세스 멘델스존**Moses Mendelssohn(1729~1786)이다. 독일에 사는 많은 유대인에게 그는 1933년까지 근대의 메시아와 같았다.

라이프니츠Leibniz와 크리스티안 볼프Christian Wolff 학파(**오직** 계몽철학만을 가르치던!)에 속했고, 외모보다는 투명한 정신, 민첩한 재치, 도시적인 성격을 통해 사람들을 사로잡았던 이 철학자는 문학 비평가, 성서 번역가, 개혁자로도 이름을 날렸다. 그는 1750년에 발표된 법률에 따라서 유대인에게 우호적이지 않았던 왕 프리드리히 대제에게 '특별히 보호되어야 할 유대인'의 지위를 얻었고, 〈형이상학적 학문에서 증명에 관한 논문〉으로 프로이센 과학아카데미로부터 상을 받았다. 레싱의 도움으로 그는 자신의 철학 논문을—학자의 언어인 라틴어(또는 히브리어)가 아니라 레싱과 헤르더처럼 기획에 따라 독일어로—출판하기 시작했다. 그는 국제적인 베스트셀러 《파이돈*Phaidon*》을 통해 자신의 진면목을 드러냈다. 여기서 그는 플라톤과 라이프니츠가 제시한 영혼불멸의 증거를 수용했고, 자신의 도덕신학을 통해 이를 보완했다. 모세스 멘델스존은 작가이자 철학자, 미학자, 비판가, 심리학자이기도 했다.[49] 그러나 그는 유대교 사상가이기도 한가? 그는 그런 사람이 되어야 한다고 강하게 느꼈다.

이처럼 탁월한 정신적 인물이 독일의 우수한 기독교인 교육자들에게 도전을 주었다는 사실은 쉽게 이해될 수 있다. 왜냐하면 비록 초기의 (특히 프랑스의) 계몽주의자들이 유대교에서 기독교를 비판하는 주장을 많이 빌려왔지만, 유대교 자체는 계몽주의의 중개인으로 등장하기보다는 랍비-탈무드 패러다임에 완전히 사로잡혀 있었기 때문이다. 그러나 이제 멘델스존과 함께 역설적 인물, 곧 **계몽주의를 따르는 유대인**이 등장했다. 다음과 같은 질문을 던져본다. 그런 사람도 여전히 유대인일 수가 있었는가? 서양철학으로 교육을 받았던 그는 서양철학에서 결론을 끌어와야 했으며, 기독교로 개종해야 하지 않았는가? 계몽적인 기독교는 문화적 진보의 가장 높은 단계가 아니었는가?

취리히의 젊은 목사 요한 카스파르 라바터Johann Kaspar Lavater의 공개적인 강요에 따라 멘델스존은 이제 **영리하고 열정적으로 자신의 유대교를 변호하는 사람**이 되었다. 레싱은 《나탄》이 출판한 지 4년 후에 《예루살렘 또는 종교적 권력과 유대교에 관해》(1783)[50]라는 제목을 붙인 작은 책을 출판했다. 그의 후기 저작에서 멘델스존은 유대교가 인간에게 특별한 교훈이나 구원의 진리를 전달하기보다는 오히려 하나님 자신에 대한 이성적인 인식과 동일한 것이라고 설명한다. 유대교는 본질적으로 단순히 계시된 종교적 율법이다. 이를 통해 하나님은 신앙의 내용('정통 이론Orthidoxy')을 증명하기보다는 오히려 계명의 실천('정통 실천Orthopraxy')을 요구한다. 이런 의무는 오직 유대인에게만 주어진 것이고 다른 사람들에게 주어진 것이 아니다. 더욱이 멘델스존은 토라의 정치적·사회적 규정을 시대적으로 제약된 것으로 여겼다. 그렇기 때문에 그는 여전히 남아 있는 유대교의 제의적 율법은 오늘날의 국가나 현재의 교회에게 의미가 없다고 생각했다.

이처럼 모세스 멘델스존은 근대인에게 완전히 열려 있는, 비교리적이고 이성적인 신앙을 대변했다. 그는 이런 신앙을 유대인의 전통적 의무와 제의와 연결하려고 노력했다. 그는 **근대적이면서 동시에 유대교적**이기를 원했다. 그는 주변 세계의 문화적·정신적인 삶에 전적으로 참여했다(유대인에게는 관념주의에서 영향을 받은 독일 문화가 세속적인 프랑스 문화보다 더 매력적이었다). 그렇지만 선한 의도를 가진 많은 기독교인이 항상 기대했듯이, 그는 유대인이기를 포기하지 않았다. 그는 유대교를 포기하기보다는 그 순수한 내용을 보존하기를 원했다!

따라서 여기서 유대인의 새로운 자기이해가 싹트기 시작했다. 유대인은 인간임과 동시에 시민이기도 하다! 그리고 사회를 위해 이것은 다음과 같은 것을 의미한다. 서로 다른—기독교나 유대교—종교에 속해 있지만 공통적인 독일 문화에 참여할 수 있다. 그렇기 때문에 멘델스존은 히브리 언어와 문헌의 갱신을 요구했고, 그와 동시에 세속적인 교육 내용을 온전히 담고 있는 현재지향적인 교육도 요구했다.

물론 그는 유대교에 대한 자신의 이론보다는 자신의 모범과 그의 **실천적인 헌신**을 통해 더 큰 영향을 끼쳤다. 이를 세 가지 측면에서 살펴보자.

— 그는 정확하고 성서적인 히브리어를 사용했고, 오경과 시편을 독일어로 번역했으며, 주석을 히브리 문자로 인쇄했다. 《독일어 성서》는 (독일어 독자를 위해 출판된 것은 아니지만) 즉각 대중의 호응을 얻었다. 물론 정통주의자들은 이를 새로운 '베를린 종교'라고 공격했다.

— 그는 박해와 추방을 당한 유대인 가정을 위해 헌신했고, 유대인의 법적인 상황 개선을 위해, 그리고 유대인과 기독교인의 관계 개선을 위해 노력했다.

— 그는 확신에 찬 유대인으로서 철저히 인간적인 몸짓으로 너그러움과 인간다움과 선한 모습을 보이려고 노력했다.

모세스 멘델스존은 유대인이 중세의 게토 밖으로 나와서 근대 문화 속으로 들어가도록 실질적인 도움을 주었다. 물론 그는 타격도 많이 입었다 (1771년에 프리드리히 2세는 그가 베를린 아카데미 회원으로 선출되지 못하게 방해했다). 그렇지만 그는 자신의 말과 행동과 온 인격을 통해 베를린에서 중앙유럽과 북유럽 전체를 향해 뻗어나간 '하스칼라Haskalah', 곧 유대교 **'계몽'**의 **창시자이자 상징이고 우상**이 되었다. 물론 그와 나란히 덜 합리적인 유대교 계몽운동도 일어났다. 그 운동은 (이미 중세와 르네상스 이래 더 잘 통합되고 교육된) 북이탈리아 유대인에 의해 수행되었다. 그들은 이미 오래전부터 파두아Padua에서 의학 공부를 마치고, 거기서 나중에 유럽 최초의 학문적인 랍비 대학, Istituto Convitto Rabbinico를 설립했다. 더 온건한 이 '계몽'은 히브리어로 출판된 저서들과 함께 합스부르크 왕국을 넘어서 보헤미아와 모라비아와 갈리시아에 이르기까지 영향을 끼쳤다. 왜냐하면 여러 언어를 사용하던 오스트리아와 헝가리에서 히브리어는 (지금 매우 현대적인 문화 언어가 된) 독일어와 나란히 완전히 자리를 잡을 수 있었기 때문이다.[51]

물론 멘델스존이 계몽 이론과 전통적인 유대교의 율법 실천으로 구분한 방식이 계속 유지될 수 있을지에 대해 질문하는 사람들이 유대인과 비유대인 가운데 있었다. 유대교가 한편으로는 윤리적 유일신론으로, 그리고 다른 한편으로는 유대교의 제의적인 전통으로 그렇게 단순하게 나뉠 수 있을까? 이것은 일종의 문화적·종교적 정신분열증을 낳지 않을까? 그리고 이스라엘-유대인의 신앙의 변하지 않는 요소는 무엇인가? 합리적으로 계몽된 멘델스존은 이를 무시하지는 않았지만, 그래도 이를 완전히 영적인 것으로 만들었다. 하나님의 백성인 이스라엘과 하나님의 땅이 주는 지속적인 의미는 무엇인가? 모세스 멘델스존과 유대인 계몽주의자들('마스킬림Maskilim')은 그들 자신의 국가에 대해서는 전혀 관심을 기울이지 않았다. 하나님과 백성과 땅의 통일체인 유대교는 개별자들의 사적인 신앙으로 해체되어버리는가?

이미 1781년에, 곧 영혼의 불멸성과 하나님의 존재에 대한 합리적 증명을 산산히 부순 칸트의 《순수이성비판》이 나온 해에 레싱은 사망했다. 얼마 뒤에 모세스 멘델스존은 뜻밖에 크고 공개적인 논쟁에 다시 휘말리게 되었다. 그를 이보다 더 크게 뒤흔들어놓았던 논쟁은 과거에 없었다. 논쟁의 핵심은—한때 사람들은 놀랐지만, 더는 놀라지 않았다—'스피노자 사건'이었다. 왜냐하면 야코비Jacobi가 〈모세스 멘델스존에게 쓴 편지 속에 나타난 스피노자의 이론에 관해〉라는 논문에서 멘델스존의 친구 레싱을 스피노자 추종자라고 공개적으로 비난했기 때문이다. 그 당시에 범신론 비난은 곧장 무신론 비난으로 번져갔다. 멘델스존은 야코비와 다른 공격자들에게 논박하려고 〈레싱의 친구에게: 스피노자의 이론에 관해 야코비와 주고받았던 편지에 덧붙임〉을 썼다. 이미 질병을 앓고 있던 그는 12월 31일에 이 편지를 부쳤고, 1786년 1월 4일에 사망했다. 널리 높은 존경을 받았던 최초의 위대한 이 유대인 계몽주의자의 장엄한 장례식에서 계몽주의자들이 3년 안에—1789년 7월 14일에 파리 바스티유 성에 폭동이 일어나면서—어떤 전환을 맞이할지를 예감한 사람은 아무도 없었다.

7. 유대인에게도 인권이 허용되다

오스트리아의 계몽적인 황제 **요셉 2세**, 마리아 테레사의 아들은 (1781/82년에 보헤미아/모라비아 사람을 위해, 1783년에 헝가리 사람을 위해, 1789년에 갈리시아 사람을 위해 내린) 관용 칙령을 통해 유대인에게 원칙적으로 동일한 인권을 허용했다. 물론 그는 유대인이 '유대인'으로가 아니라 '시민'으로 인권을 누릴 수 있게 했다. 구체적으로 이것은 황제가 친히 유대인의 국가적·법률적 해방을 공포했고, 유대인의 해방이 국가질서와 법률질서에 완전히 속하게 되었다는 것을 의미한다. 물론 이것은 모든 유대인을 '국가의 유익한 시민'으로 만들려는 목적에서 이루어진 것이었다. 이와 함께 유대인은 독일어처럼 들리는 이름을 마지못해 받아들여야 했다. 재정 능력에 따라서 유대인은 '슈바르츠Schwarz'(흑색)와 '바이스Weiss'(흰색)로부터 시작하여

'릴리엔탈Lilienthal'(백합계곡)과 '로젠탈Rosenthal'(장미계곡)에 이르기까지 다양한 이름을 갖게 되었다. 그러나 바로 이와 같은 정책 때문에 계몽을 단호히 추구하던 황제는—지금까지 매우 자율적으로 랍비의 지도를 받아왔고, 이런 방식으로 비유대교적인 요소에 동화되는 것을 거부한—많은 유대인 공동체에게, 특히 그에 속한 랍비들에게 저항을 받았다. 왜냐하면 그들의 생각에 따르면 이 모든 것은 유대교 신앙에서 이탈하는 결과를 초래하기 때문이다.

그렇지만 멘델스존의 촉구에 따라 크리스티안 빌헬름 돔Christian Wilhelm Dohm이 썼던 영향력 있고 자유로운 문서 〈유대인의 시민권 개선에 관해〉(1781)를 제외한다면, 법률로 규정된 모든 해방에도 불구하고 멘델스존이 독일에서 시작한 교회와 유대교의 대화는 전혀 진척되지 못했다. 그리고 멘델스존의 친구였던 세계시민 임마누엘 칸트도 유대인에 관해서는 전혀 우호적인 판단을 하지 않았다. 독일 관념주의의 '시인과 사상가'도—피히테에서 시작하여 슐라이어마허를 거쳐 낭만주의에 이르기까지—대부분 반유대주의 태도를 취했다. 위대한 철학자 **헤겔**G. F. W. Hegel은 이미 그가 젊은 시절에 쓴 글에서 야웨 하나님을 단지 단순한 일치의 원리로만 보았고, 이스라엘 백성을 단지 분열의 상징으로만 여겼다. 그리고 헤겔은 자신의 종교철학 강의에서 유대교를 희생시킨 대가로 삼중적인 기독교와 이상화된 게르만 민족을 "절대 종교"라는 위대한 종합으로 한데 묶었다.[52] 그리고 헤겔의 맞수로 19세기 개신교 신학의 교부라고 불렸던 **프리드리히 슐라이어마허**Friedrich Schleiermacher도 유대교를 "이미 오래전에 죽은 종교"로 생각했다. 그에 따르면 유대교의 중심 개념은 하나님의 영원한 통치를 "보편적이고 직접적인 보응"('보상, 처벌, 징계')으로 생각하는 것이다.[53]

그렇지만 **독일에서** 위대한 **혁명**은 잘 알다시피 정치에서 일어난 것이 아니라, (유감스럽게도) 오직 **이념의 왕국**에서, 곧 철학과 문학과 음악에서만 일어났다. 그리고 멘델스존이라는 이름도 독일에서는 특히 철학자의 손자를 통해 계승되었는데, 그는 음악가이자 작곡가 펠릭스 멘델스존-바르톨디Felix Mendelssohn-Barthody였다. 그는 요한 세바스티안 바흐의 〈마태 수난곡St Matthew Passion〉을 다시 공연함으로써 거의 망각되었던 그의 작품을 되살렸을 뿐만 아니라, 〈바울Paulus〉(1836)이라는 제목의 오라토리오와 ("Tu es Petrum"을 포함하여) 다양한 교회 합창곡, 교향곡-칸타타(〈Lobgesang〉)를 작곡했고, 아우크스부르크 신앙고백 300주년을 축하하기 위해 1830년에 교향곡 〈종교개혁Reformation〉도 작곡했다. 펠릭스 멘델스존-바르톨디는 일곱 살에 이미 세례를 받았다. 이로써 그는 그의 조부 모세스가 늘 회피하려고 애썼지만 이미 그의 자녀들이 받아왔던 세례를 받았다. 이것은 그가 유대교를 떠났다는 것을 의미한다. 다르게 말하면, **유대교와 근대의 갈등**은 철학자와 작곡가만이 아니라 과학자와 문필가와 은행가도 배출한, 독일에서 아마도 가장 유명한 유대인 가정에서 **유대교에게 불리하게** 끝났다. 그리고 당시 점점 더 많은 유대인들이 "더 나은 종교"인 기독교로 개종하고 있는데, 멘델스존은 그 가운데 단지 하나의 사례일 따름이었다.[54] 기독교로 개종한 독일의 유명한 다른 유대인 하인리히 하이네Heinrich Heine가 신랄하게 말했듯이, 세례는 이제 "유럽 문화로 들어가는 입장권"이 되었다.

그렇지만 미국은 계몽주의에서 철저한 정치적 결과를 먼저 이끌어냈고, 12년 후에는 프랑스도 그렇게 했다. 그것은 **미국의 인권선언과 프랑스 혁명**이었는데, 유대인들도 거기에 포함되었다. 우리가 알다시피 미국의 유대인 이민자들은 처음부터 자유로운 시민들이었다. 그리고 미국이 독립한 직후에 그들은 시민적·종교적으로 동등한 위치를 보장받았다. 그러나 유럽에서는 지루한 논쟁이 계속되었다. "인간은 자유롭고 동등한 권리를 지닌 존재로 태어났고, 지금도 여전히 그러하다." 1799년 가을에 선포된 프랑스 인권선언의 이 첫 번째 문장은 비록 (특히 유대인들이 많이 살고 있던 엘자스 지역에서) 격렬한 반대를 받았지만 한 달 뒤에 프랑스 국회의 결의를 통해 다음과 같이 명료하게 설명되었다. 프랑스 시민으로 서약한 모든 유대인에게는 **제한 없는 시민권**이 허용된다.

이렇게 프랑스 혁명은 모든 사람을 위해, 그리고 그와 함께 **유대인을 위해서도** 인권선언을 공식적으로 선포했다. 물론 여기서 유대인은 종교 공동체(이른바 국가 안의 국가)를 의미하는 것이 아니라, 완전히 근대의 개인주의와 자유주의 노선에서 **개별적인 시민**을 의미한다. 그리고 혁명의 후원자이자 계승자, 파괴자였던 **나폴레옹**의 정책도 유대인을 기독교 제국 내부의 종교로 고려하지 않았다. 그에게 종교는 어차피 사적인 일이었다. 아니 그는 모든 종파와 종교에 중립과 관용을 지킬 의무를 지니는 세속적인 국가 안에서 유대인을 충직한 '모세 신앙을 지닌 프랑스 시민'으로 양성하기를 원했다. 그러므로 나폴레옹이 1806년에 제국 전체에서 선출된 1백 명 이상의 프랑스 유대인의 대표단에게 엄숙하게 던진 질문 12개는 이해할 수 있다. 랍비 45명과 평신도 26명이 소속된 '대산헤드린'을 그가 소집한 것도 이해할 수 있다. 그렇지만 이런 정책을 통해 프랑스는—17세기 말에 일어난 프랑스 장교 드레퓌스의 사건이 이에 관한 환상을 깨뜨리기까지는—유럽의 다른 모든 국가보다 유대인을 위해 더 많은 일을 했다.

독일의 상황은 어떠했는가? 독일도 이 '서구적' 이념에 대한 지배 계층의 의심에도 불구하고 두 위대한 혁명의 높은 가치를 계속 무시할 수 없었다. 그렇지 않아도 프랑스 군대는 나폴레옹이라는 암호의 도움으로 유럽 곳곳에서 유대인의 평등권을 실현해나가기 시작했다. 강요된 게토와 직업 금지, 유대인에게 부과된 특별세가 철폐되었을 뿐만 아니라, 새로운 교회의 조직이 국가의 승인을 받았다. 물론 1815년 이후 메테르니히 시절에 이루어졌던 구체제(앙시엥 레짐Ancien Régime)의 회복 시도는 계몽주의의 업적을 억압하고 유대인의 해방을 망각하려고 했다. 그것은 기독교적 국가 이론, 낭만적인 민족의 신화, 그리고 나폴레옹 전쟁 이래 점점 더 민족주의적으로 변해간 애국주의라는 깃발 아래 이루어졌다.

그렇지만 1848년에 두 번째 혁명의 파도가 밀려오자, 이제는 독일에서도 프랑크푸르트에서 열린 최초의 독일 국회가 '독일 민족의 기본권'을 선포하기에 이르렀다(같은 해에 이탈리아 피에몬테에서도 비슷한 일이 일어났다). 이 기본권은 유대인에게도 적용되었다. 1869년에는 마침내 북독일 연합이 "여전히 존재하는, 종교적 신앙의 다양성에서 비롯한 시민과 국민의 권리에 대한 모든 제한을 철폐한다"는 법률을 제정했다. 이것은 유대인에게 직업 선택과 거주권 제한의 철폐를 의미했다. 이 모든 것은 빌헬름 제국 어디서나 통용되는, (단지 군대와 고위직 영역에서만 제한되는) 완전한 시민 사회 안으로 유대인을 받아들인다는 것을 뜻했다. 이 법의 취지는 유대인을 고대의 도시 시민으로 만들거나 귀족과 결합된 경제 시민으로 만드는 것이 아니라, 관료 엘리트의 감독 아래 유대인을 **교육받은 시민**으로 만드는 것이었다. 독일에서 유대인을 시민으로 만들려는 시도는 이렇게 시작되었다. 대학교와 자유로운 직업에서 교육을 받은 유대인의 숫자가 점점 더 늘어났다는 사실은 그러한 시도가 얼마나 성공적이었는가를 보여준다. 독일인과 유대인의 이러한 공생 관계는—나중에 더 정확히 보게 될 것이다—유대 문화와 헬라 문화의 상호작용과 유대 문화와 무어 문화의 상호작용 이후에 **세 번째로 일어난 유대 문화와 이방 문화의 세계사적인 상호작용**이었다.[55]

그러나 19세기의 유럽 국가들은 오랫동안 유대인에게 시민적·문화적 평등권을 거부해왔다. 그리고 우리가 지금까지 들어왔던 교황적인 **교회국가**를 생각한다면, 이것은 전혀 놀랄 일이 아니다.[56] 프랑스 혁명이 일어나기 전날 밤에도 **피우스 6세**는 교황이 되자 곧장 유대인 칙령("*Editto sopra gli*

Ebrei")을 발표했다. 그 결과는 새로운 멸시, 폭력, 강제 세례, 유대인 아이의 감금으로 나타났다. 그리고 절대주의적이고 반동적인 교황 **피우스 9세**가 통치하던 시기(1858)에 볼로냐에서 6세의 유대인 아이 에드가로 모르타라Edgaro Mortara가 한 소녀에게 몰래 세례를 받았다는 이유로 교황이 보낸 경찰에 의해 부모의 품에서 납치되어 로마로 끌려갔다. 광범위한 저항(나폴레옹 3세와 황제 프란츠 요셉의 개입!)에도 그는 엄격하게 가톨릭적인 교육을 받았고, 몇 년 후에는 심지어 사제로 서품을 받았다. 1870년에 이탈리아 해방군이 진입함으로써 비로소 로마 게토의 장벽이 무너졌다. 교황의 수위권과 무오성이 공포된 지 3달도 지나지 않았을 때였다. 반자유주의적이고 반유대교적이었던 바로 그 교황이 제1차 바티칸 공의회에서 중세적·반종교개혁적·반근대적 입장에서 그런 결론을 이끌어냈던 것이다. 유대인이 게토에서 해방된 후에 교황이 스스로 게토 안으로 들어간 것은 역설적인 사건이다!

동유럽의 상황은 어떠했는가?[57] 유럽의 다른 끝자락에 위치한 러시아에서는 기껏해야 매우 희박한 유대인 상층부 사람, 궁전 유대인, 부유한 상인과 많은 랍비들이—사업 관계, 여행과 교육 때문에—중앙유럽 유대인의 계몽주의와 접촉할 수 있었다. 그와는 정반대로 대중은 정부의 후원을 받는 모든 유대인 계몽주의자에 대해 처음부터 유보적이거나 거부적인 태도를 취했기 때문에 계몽주의에 전혀 영향을 받지 않았다. 이 시대에 그들은 대부분 여전히 **하시딤**의 영향 아래 머물러 있었고, 모든 황홀경과 기적과 환상을 거부하던 권위적인 교권통치에 맞서 감정적인 열정과 기쁨의 신앙을 실천하고 있었다. 그들은 자신의 기도처에서 즐겁게 큰 소리로 예배를 드렸고, (종종 성서의 문자를 바라보며) 열광적으로 기도하거나 묵상기도를 올렸다. 여기서 지도자, 사도, 의인 또는 성자('차디킴Zaddikim')는 주목할 만하다. 여하튼 하시딤은 서유럽에서 우리 시대에 마르틴 부버를 통해 문학적으로 매우 아름답게 설명되었던 희귀하고 특수한 하나의 종교다.

러시아에서도 **유대인의 계몽주의 운동**은 랍비와 하시딤의 집요한 저항에 맞서 매우 천천히 전개되었다. 왜냐하면 19세기에 크림 반도와 베사라비아, 특히 폴란드가 합병된 후에 대략 유럽의 모든 유대인의 3분의 2가 살았던 러시아에서 유대인에게 대체로 평등권이 주어졌지만, 러시아인은 유대인에게 평등권을 인정하기를 매우 주저했기 때문이다. 러시아 정교회나 폴란드의 가톨릭교회와 같은 민족적인 종교가 실제로 지배하던 그곳에서 유대교 신자의 민족적 동화가 얼마나 가능했겠는가? 황제의 정책도 실제로는 폭력적이고 단순히 외형적인 동화만을 목표로 삼았다. 그것은 유대인에게도 군대 복무의 의무를 지우고, 학교 교육을 시키는 것이었다. 황제 알렉산더 3세 아래서는 심지어 다시—거룩한 공의회의 고위 지도자의 영향력 아래—혹독한 반대조치가 내려졌다. 폴란드의 상황도 마찬가지였다. 여기서도 곳곳마다 유대인은 다시 보편적인 사회적 불행을 위한 속죄양이 되어야 했다. 폴란드에서 유대교 내부의 계몽은 가장 큰 실패였다. 왜냐하면 랍비 정통주의가 국가의 엇갈린 정책으로 인해 조롱을 당하던 유대인의 계몽운동에 맞서 하시딤 운동과 동맹을 맺었고, 동유럽에서는 중앙유럽과 서유럽과는 반대로 학문적인 랍비 대학교를 전혀 설립할 수 없었기 때문이다.

이 모든 것은 바로 많은 유대인이 이주한 바로 그 나라에도 영향을 미쳤다. 특히 경제적 영역에서 그러했다. 요한 마이어Johann Maier가 "중세에 생겨난 몇몇 소수의 생업 분야에 집중된 불리한 현상"을 보면서 다음과 같이 주장한 것은 옳다. "중세의 불길한 유산이었던 건강하지 못한 사회구조의 문제는 유대인 계몽운동을 통해 해결되기보다는 오직 부분적으로만 교정되었고, 이제는 주변 세계에서 두 가지 형태로 작용했다. 가난하고 직업적으로 제한을 받았고 특히 전통에 충실했던 동유럽의 대다수 유대인은 엄청난 사회 문제를 일으켰다. '동쪽의 유대인'이 서쪽으로 진출할수록 이 문제는 점점 더 중앙유럽으로 옮아갔다."[58] 그리고 점점 더 많은 유대인에게 서쪽은 이제 아메리카였다.

미국에서 유대인의 역사는 1654년에 브라질에서 탈출한 피난민 23명과 함께 시작되었고, 그 결과로 세파르디Sephardi 유대인 회당 6개가 세워졌다는 사실을 우리는 기억한다. 19세기 초에 아슈케나지Ashkenazi 유대인 회당이 분열되기까지는 유대인 내부에는 조용한 공존의 시대가 이어졌다. 1830년 초에 **독일어를 말하는 유대인**이 대량으로 **이주해온** 이래 상황은 더 심각해졌다. 1880년 무렵에 미국 유대인 25만 명은 거의 독일어만을 사용했다. 독일인 이주자 가운데는 이제 가난한 소매상인과 보따리 장사꾼이 사라졌고, 부자와 독일 대학교에서 교육을 받은 랍비가 점점 늘어났다. 그들은 독일에서 근대적인 예배에 관한 급진적인 개혁 이념을 가져왔다. 그들은 독일의 국가교회의 체제 안에서보다는 '교회 세금'과 국가의 간섭이 없는 자유로운 미국 안에서 개혁을 더 잘 실현할 수 있었다. 그러나 이처럼 근대에 직면함으로써 유대인은—그들의 심리, 교육, 훈련, 그들의 예배와 공동체 조직에서—어떤 영향을 받게 되었을까?

8. 정체성 위기와 패러다임 전환: 개혁적 유대교

우리는 다음과 같은 사실을 간과해서는 안 된다. 계몽운동이 일어날 때까지 유대교는 중세에 형성된 생활과 율법과 신앙의 형태를 보존할 수 있었다. 그러나 18/19세기와 함께 오랜 **유대교 중세기는 끝났고**, 처음에는 소원했지만 마지막에는 강요되었던 다른 사람과의 '분리'도 결정적으로 **종결되었**

다. 유대교는 계몽운동을 나중에 경험했지만, 그래서 점점 더 강하게 경험했다. 유대인은 이제 **근대의 정신에 완전히 노출되었다.** 왜냐하면 유대인은 무슬림보다 먼저, 그리고 무슬림보다 더 철저히 유럽 전역과 미국에 흩어져 살았기 때문이다. 17세기 과학기술 혁명과 18세기 사회정치 혁명으로부터 19세기 산업혁명이 생겨났다고 우리는 들었다. 이것은 도시 사회를 위해 다음과 같은 것을 의미한다. 18세기 말부터 20세기 초까지—도시의 엄청난 성장과 점점 더 강력해진 근대적인 산업 발전의 결과로—중세의 도시 성벽이 대부분 무너졌듯이, 이제 처음에는 소원했지만 그 다음에는 강요되었던 유대인의 게토 장벽도 서서히 무너졌다.

이제 **게토 탈출**이—정신적으로도!—일어났다. 왜냐하면 국가 안의 (유대인) 국가는 이제 민족적인 단일 국가 안에서 더는 불가능해졌기 때문이다. 유대인에게 인권은 바로 정반대 의미를 가진다. 그것은 단지 프랑스와 영국에서만이 아니라 독일 국가와 도나우 군주 국가에서도, 바리새인-랍비의 오래된 자율과 자기 분리의 임무를 의미했다. 바로 독일에서 **유대교 개혁**에 관한 큰 논쟁이 벌어졌다. 유대인에게 종교개혁은 기독교에서처럼 합리적 계몽의 전제가 아니라 정반대를 뜻했다. **합리적 계몽이 종교개혁의 전제**였다!

독일의 유대교는 시민사회 안으로 들어가서 그 일부가 되기 위해 의식적으로, 그리고 온 힘을 다해 노력했다.[59] 사람들은 처음으로 유대교 신앙을 버려도 좋은지를 묻지 않았다. 오히려 사람들은 독일어의 완전한 습득, 시민의 교육 이념과 시민의 '예절'과 시민의 '윤리'를 수용해도 좋은지를 물었다. 이미 이전 세기 20년대 이후부터 독일의 유대인은 민중의 언어로 유대교 예배를 (돌아다니며 감정을 자극하지 않고) '젊잖게' 드리고, 설교와 오르간 반주를 허용하며, 어린이를 위한 입교식을 '바르 미츠바Bar Mitzvah', '견진성사Confirmation'라고 부르고, 율법 준수를 윤리적 계명에 집중시키며, 탈무드 교육보다는 세속적 교육을 강조하기 시작했다. 종교적 영역에서는 단호한 윤리화와 내면화를 추구했다. 유대인의 엄청난 증가를 목격한 많은 사람들은 학교 교육과 직업 교육과 공동생활의 새로운 가능성을 이제는 이용해야 하지 않겠는지를 질문했다. 단지 절대왕조 시대에 높은 권리를 누렸던 '궁전 유대인'만이 아니라 민주주의 시대를 살아가던 모든 '유대인 시민'에게도 이제 **양육**과 **교육**은 첫 번째 문제가 되었다!

몇몇 저항적인 단체를 제외한다면, 서유럽과 중앙유럽 전체에서 근대의 도전 때문에, 구체적으로는 근대적 학문과 문화와 민주주의의 도전 때문에 유대교도 이제 오랜 정체를 마치고 새로운 **패러다임 전환**을 겪게 되었다. 흩어진 하나님의 백성의 중세 랍비 패러다임이 계몽된 개혁적 유대교의 **근대 패러다임**(패러다임 V = PV)으로 전환되었다. 그것은 하나의 새로운 패러다임이었다.

- 중세에는 유대인이 분리와 자율 속에서 살았다면, 이제 **근대의 민족 국가 안에서는 개인과 '예배 공동체'**가 법적 · 정치적 · 사회적으로 **통합되었다**. 공동체가 새로운 질서를 지니게 되었고, 할라카의 법이 국가의 법에 의해 부분적으로 대체되었다.
- 지금까지는 유대인이 랍비에게 탈무드를 배웠다면, 이제 그들은 **근대적인 일반 교육**을 받게 되었고, 공립학교에서 세속적이고 현실적이고 직업적인 교육과 훈련도 받게 되었다.
- 지금까지는 랍비가 법률 전문가와 재판관으로 활동했다면, 이제 대학교(랍비 세미나!)에서 교육을 받은 **랍비**가 성서와 탈무드, 역사와 철학으로 유대교의 가르침을 해설했고, 그래서 그들은 **설교자**, **목양자**, **예전가**, **교육자**로 활동했다.
- 지금까지는 예배가 히브리어로, 그리고 이해하기 어렵고 형식적이고

제의적으로 드려졌다면, 이제 **개혁된 유대교 예배**는 설교와 문화적 요소(오르간이 포함된 음악)를 도입하는 가운데서 민중의 언어로 드려졌다. 모자 착용 의무가 폐지되었고, 성가대와 모임에서 남성과 여성을 분리하는 전통도 폐지되었다.

- 지금까지는 유대인이 중세의 모든 관습으로 인해 제한되고 고립된 게토 생활을 했다면, 이제 **유대인의 모든 생활 형태**는 의복에서 식사 습관에 이르기까지 **근대화되었다.**

물론 **독일**에서는 지난 세기의 중반부터 독일 유대교와 그 공동체 조직, 그리고 독일 국가와 독일 사회의 보수성 때문에 개혁이 지체되었다. 단지 레오폴트 춘츠Leopold Zunz와 다른 사람들이[60] (1819년 이래) 기초를 놓았던 '**유대교 학문**'을 통해서만 개혁은 계속되었다. 여기서 '학문'이란 구체적으로 유대인의 종교와 역사, 문학을 포괄적인 자료비판적 방법으로 체계적으로 연구하는 것을 의미한다. 두 번째 성전이 파괴된 후에 학문은 더는 수행되지 못했다. 1925년에 예루살렘 히브리 대학교가 설립됨으로써 학문은 최고도에 달했다. 그곳에서는 유대인의 서정시와 카발라, 사회학에 대한 연구도 포함되었다. 오늘날까지 이 '유대교 학문'은 국제적인 학문 공동체로 존재하고, '유대교 연구Jewish Studies'라고 불리거나 '유대학Judaistics'이라고 불린다. 특히 백과사전 분야에서 대단한 업적이 이루어졌다. 예컨대 12권의 "*Jewish Encyclopedia*"(뉴욕 1901~1906)와 "*Jüdisches Lexikon*"(5권, 베를린 1928~1906)과 매우 감동적인 "*Encyclopaedia Judaica*"(17권, 예루살렘)가 발행되었다. 그렇지만 개혁적 유대교는 19세기에도 독일과 미국에서 널리 실현되지 못했다. 특히 소시민 계층의 유대인과 동쪽 지역의 유대인은 개혁에 동참하지 않았다.

그런데 **미국**에서는 개혁이 처음에는 거꾸로 진행되었다. 독일어를 사용하는 지역에서 레오 메르츠바허Leo Merzbacher, 사무엘 아들러Samuel Adler, 막스 릴리엔탈Max Lilienthal과 같은 매우 중요한 랍비들과 기획적인 조직가 이삭 마이어 와이즈Isaac Mayer Wise와 이론적 해명에 몰두한 다비드 아인호른David Einhorn이 이주해오자, **개혁적 유대교**는 미국에서 이미 19세기 중엽에 강력하게 추진되었다. 그들은 먼저 '개혁협회'와 '성전'을 설립했다(그들은 회당보다는 성전이라는 이름을 선호했다). 특히 랍비 이삭 마이어 와이즈의 주도 아래 곧바로 매우 개혁적인 기도서(1857)가 독일어와 히브리어로 출판되었다. 이 기도서에는 약속된 땅과 유대인 국가의 회복에 대한 언급이 전혀 없다는 점은 특기할 만하다. 1873년에는 미국 히브리인 연맹Union of American Hebrew Congregation이 설립되었고, 2년 후에는 신시나이티에 최초의 유대인 대학교 히브리 유니온 대학교Hebrew Union College가 설립되었다.

1885년에 **피츠버그**에서 의결되었고 몇 년 후에는 개혁적 유대교의 결정적인 입장으로 개혁적인 랍비들도 수용했던 한 **강령**은 이 개혁 운동의 극치를 보여준다. 여기서 유대교는 어떻게 이해되었는가? 유대교는 "진보적" 종교라고 분명히 규정되었다. 유대교는 "이성의 요구와 일치하려고" 노력하고 지식의 "진보"를 위해 항상 노력하는 종교라는 것이다. 이것은 구체적으로 다음과 같은 사실을 의미한다. 현대인은 "현대 문명의 입장과 관행과 일치하지 않는" 모세의 모든 율법(특히 식사와 정결에 관한 계명)을 버릴 것을 요구한다. 현대인은 유대인의 모든 민족적 야망도 버릴 것도 요구한다. "우리는 우리 자신을 이제부터는 하나의 민족으로 보지 않고, 하나의 종교 공동체로 본다. 그렇기 때문에 우리는 다시금 팔레스타인으로 되돌아가거나 아론의 후예들 아래서 희생 제사를 드리기를 기대하지 않으며, 유대인 국가와 관련된 그 어떤 율법의 회복도 기대하지 않는다."[61]

모든 분야에서 근대화가 추진되었다. 구호는 분리와 격리가 아니라, 적응과 참여와 동화였다! 이렇게 모든 것이 **민족적이고 문화적인 동화**를 향해 달려갔기 때문에 우리는 근대의 패러다임을 당연히 **동화 패러다임**이라고 부를 수 있다. 이것은 민족적이고 문화적인 시대 환경에 동화된다는 뜻이다.

물론 모든 패러다임 전환이 그러하듯이 이 패러다임도 심오한 역사적인 과정을 밟았고, 그에 따라서 반응도 두 가지로 나타났다. 이런 합리적인 개혁적 유대교는 단지 다른 집단만이 아니라 자기 자신과도 불가피하게 **갈등**을 겪지 않겠는가?

— 이스라엘 민족의 '유배', 억압과 박해 대신에 이제 사람들은 참된 하나님 인식의 전파를 위해 이방인 '선교'를 강조했다. 그렇지만 이방인 선교가 실제로는 진지하게 추진되지 않았다.

— 성전과 그곳의 희생 제사 대신에 사람들은 사회정의에 관한 예언자적 설교의 중요성을 높이 평가했다. 그렇지만 예외를 제외한다면, 개혁을 주도함으로써 사회 안에서 특별히 두드러진 역할을 하지는 않았다.

— 유대인 고유의 관습들(예컨대 안식일이나 결혼식, 축제의 관습) 대신에 이제 사람들은 다른 사람들과 공유하는 인간적인 풍습을 강조했다. 그렇지만 오래된 할례 예식은 포기되지 않았고, 다른 인종들과의 혼인도 실제로는 허용되지 않았다.

— 유대교를 민족 공동체로 보기보다는 이제 사람들은 유대교를 종교 공동체로 강조했다. 그렇지만 이 특별한 민족과의 결속은 완전히 포기되지 않았다.

아메리카에서 널리 실현되는 듯이 보였던 개혁이 곧바로 강력한 반대 세력에 부딪쳤다는 사실은 놀랍지 않다. 유대교의 모습을 상당히 다양하게 보여주는 이런 반대 세력들에 관해서는 제1부의 마지막에서 설명할 것이다. 왜냐하면 여기서 묘사된 '과거'는 바로 이 지점에서 특히 '현존하고' 있기 때문이다. 오늘날 유대인의 큰 집단들은 다양한 신학자과 생활 형태와 세계관을 지닌 채, 짧게 말하면 다양한 패러다임 의존성을 지닌 채, 서로 나란히 살아가고 있다. 이것은 헬레니즘 시대 이후부터 더는 존재하지 않았던 현상이다.

9. 경쟁하는 패러다임들의 동시대성

개혁적 유대교에 대한 **첫 번째 반대 세력**은 **정통주의적 유대교**였다. 이미 오래전부터 많은 사람들은 19세기에 일어난 동화과정 또는 해방과정을 우려 깊게 지켜보았다. '해방'이라는 말은 영국에서 독립Emancipation을 위해 투쟁하는 아일랜드 사람들에게 물려받은 말이었다. 이 모든 것이 참으로 '해방', '독립'이었는가? 이 해방은 자주 잡혼雜婚과 배교背教로 전환되지 않았는가? 자신의 종교가 그러한 '해방'이나 동화를 통해 자기 자신을 해체해버리는 결과를 낳지 않았는가?

실제로 19세기 말에 퍼져나간 개혁적 유대교는 동화 정책의 대가를 치르기 시작했다. 왜냐하면 합리주의의 영향 아래 늦어도 19세기 후반부터 사람들은 독일어를 사용하는 미국의 유대교 안에서도 종교적 상징과 감정의 가치를 전혀 느끼지 못했기 때문이다. 사람들은 예배 중에 낭독하는 시문학에 전혀 감동하지 않았고, 성서에 나오는 은유적·신화적인 표현방식과 유대인의 민속에 무덤덤해 했다. 19세기 말에는 예배에 참석하는 사람들이 확연히 줄어들기 시작했고 예배 중에도 이제는 과거의 유대교는 거의 찾아볼 수 없었다. 현대적인 개혁적 유대교가 자유주의적인 기독교와 손잡는 것도 이제는 거부할 수 없었다.

이제는 독일에서도 유대교 정통주의가 조직되었다는 것은 놀라운 일이 아니다. 이에 관해서는 곧 말하게 될 것이다. 그리고 동유럽에서 건너간 **미국의 정통주의**도 개혁의 성공과 정통주의 회당의 내적인 어려움 때문에, 그리고 동쪽에서 건너온 많은 유대인들의 배교 때문에 서로 **연합하려고** 노력했다. 1896년에 랍비 이삭 엘카난Isaac Elchanan은 랍비 식의 교육을 위해 미국에 첫 번째 대학교를 설립했다. 이로부터 1928년에 예시바Yeshiva 대학교(유대인이 지도하는 최초의 일반 고등교육 시설)가 생겨났고, 1946년에 예시바 종합대학교가 생겨났다. 1898년에는 정통주의유대인연맹이 설립되었고, 1902년에는 지금까지도 존재하고 있는 랍비정통주의연맹이 설립되었다. 물론 이 연맹에는 동유럽 공동체와 랍비 가운데서 단지 일부분만 참여했다(나중에 영어를 사용하는 랍비 연맹도 생겨났다). 그러나 어떻게 정통주의자들은 미국에서도 이런 영향력을 얻을 수 있었는가?

미국에서 정통주의가 강해진 것은 특히 **인구학적인 이유** 때문이다. 1820년에는 단지 8천 명만이 동유럽에서 미국으로 이주해왔다. 그러나 1881/82년에는 러시아와 폴란드에서 일어난 충격적인 유대인 학살과 반유대인 법률 때문에 이민자들이 대량으로 늘어났다. 1908년에 미국에 사는 유대인의 수가 이미 180만 명으로 폭등했다. 대략 유대인 4분의 3이 동유럽에서 건너왔다. 대부분의 유대인 노동자는—온 나라에 흩어져 살던 예전의 독일계 유대인 상인과 노점상과는 반대로—공장 노동자로서 완전히 대도시에 몰려 살았다. 그들은 종종 학교 교육을 받지 못했지만, 처음부터 사회적으로 상승할 수 있는 모든 가능성을 지혜롭게 이용했다.

결정적인 것은, 중세 종교의 영향을 받은 '고루하다'고 여겨진 '동쪽의 유대인'이 어디로 피신해 갔든, 서유럽으로 갔든 팔레스타인이나 아메리카로 갔든, 대부분은 ('서방의 유대인'에게는 불쾌한 일이었지만) 전통적인 생활 질서와 구조 속에 머물러 있었다는 사실이다. 그들은 종전의 **격리된 생활 형태**를 계속 유지해나갔다. 그들은 기껏해야 예컨대 현대적인 교통수단과 통신수단과 지불수단에 외형적으로 적응할 따름이었다! 그들은 로마의 고위 성직자들과 비슷하게 중세 패러다임에 사로잡혀 있었다. 과거의 진기한 의상을 늘 입고 다녔고, 출산 규정을 단호히 반대했으며, 많은 자녀를 낳기를 원했다. 그래서 지금까지 동쪽의 정통적 유대인은 외형적으로 유혹적인 현대와 거리를 유지한 채, 18세기 폴란드 농부의 전통적인 어두운 주일 의상을 입고 런던과 파리, 안트베르펜과 예루살렘, 뉴욕의 거리를 다니고 있다.

결과적으로 유대인은 종교적 생활권, 인구계층 또는 민족의 기원에 따라서 **인식의 비동시성**을 지니게 되었다. 이것은 두 번째 성전의 파괴 이래 전혀 경험하지 못했던 현상이었다. 동유럽과 중앙유럽에서 아메리카와 팔레스타인에 이르기까지 유대인 내부 상황은 지금까지 오랫동안 이로부터 막중한 영향을 받고 있다. 왜냐하면 근대적인 발전의 결과가 이제 점점 더 뚜렷하게 나타나고 있기 때문이다. 중세의 게토 안에서는 유대인의 정체성과 품위가 온갖 불이익과 적대감에도 불구하고 견고하게 유지되었다면(격리된 삶은 하나님의 선택을 드러내는 증거였다), 이제는 유대인에게 크나큰 **정체성 위기**가 닥쳐왔다. 왜냐하면 게토의 장벽이 무너졌고, 많은 유대인이 현대의 세속 문화를 따르려고 노력했기 때문이다. 물론 정체성 위기는 모든 패러다임 전환에서 우리가 발견할 수 있었던 것이다. 그러나 이제 유대인의 중세적 일치성이 무너지고, 까마득히 오래된 유대인의 하나님 신앙이 완전히 해체될 위험성이 나타났다.

두 번째 **반대 세력**은 **세속화된 유대교**다. 정통주의와 개혁 외에도 먼저 특히 **독일**에서 두드러지게 나타난, 그리고 유대교의 개혁에 관해서는 전혀 알려고 하지 않았던 하나의 발전을 진지하게 생각해보아야 한다. 그것은 물론 정통주의와는 전혀 다른 이유 때문에 일어났다. 왜냐하면 하인리히 하이네(1797~1856)와 칼 마르크스(1818~1883)의 세대에 속한 점점 더 많은 젊은 지성적 유대인들이 계몽된 근대를 지지하기 위해 그들의 유대교 신앙을 포기했기 때문이다. 그들은 기독교 전통을 물려받았던 많은 노인 세대보다 훨씬 더 급진적이었다.[62] 혁명 이후의 회복운동(메테르니히Metternich)과 낭만주의의 정신적 흐름도 유대인에게는 전혀 매력적이지 않았다. 왜냐하면 그런 흐름은 정치적으로 반동적이었고, 대부분 반유대적이었기 때문이다. 그런 흐름은 유대인 지성인 가운데서 오히려 **모든 종류의 종교에 혐오감**을 강하게 불러일으켰다. 결과적으로 보수적인 기독교인과 교회도 유대교 내부의 이런 발전을 점점 더 의심의 눈초리로 불쾌하게 바라보았다. 그런 흐름이 분리된 전통적 유대교를 선호한다는 이유 때문이었다. 근대적이고 세속적인, 그렇지만 읽고 쓰기에 익숙한 유대인은 이제 무리를 지어 문화적 영역으로, 교육과 출판 분야로 뛰어들었다. 그들은 소수 집단에 속했기 때문에 탁월한 업적을 발휘하기를 원했다. 바로 그들은 특히 위험한 계몽주의자와 자유주의자였고, 심지어는 사회주의자와 공산주의자였는가? 점잖은 기독교인은 특히 지그문트 프로이트와 그의 정신분석학을 어떻게 생각해야 하는가?

그러나 **동유럽**에도 혁명적·사회주의적·무정부주의적인 유대인이 점점 더 늘어났다. 그들은 독일 사회처럼 인종적으로 동질적인 사회를 전혀 본 적이 없었다. 그들은 개혁을 통해 독일 사회에 적응할 수 있었을 것이다. 랍비의 율법에 뿌리를 둔 정통주의 체계는 가장 미약한 개혁마저도 처음부터 배척했다. 정통주의를 반대한 유대인에게는 견해가 일치하지 않을 경우에는 종교를 완전히 버리는 길 외에는 다른 선택이 없었다. 이것은 황제가 통치하는 러시아 정교회를 반대한 많은 러시아 기독교인들이 경험한 것과 비슷한 딜레마였다.

늦어도 동쪽의 많은 유대인이 마을을 떠나 유럽이나 아메리카의 대도시로 들어갔을 때, 전통적인 율법 체계와 제의 체계는 무너지고 말았다. 과거의 규정이 점점 더 납득이 되지 않는 현실에서 19/20세기의 유대인이 그러한 규정을 도대체 왜 지키려고 하겠는가? 많은 사람이 무의미하게 여기는 까마득히 오래된 의식과 율법을 실천해야 할 시대적·신학적 이유가 무엇인가? 할례를 왜 실천해야 하고, 의례적인 도살('더 정결한' 고기를 위한 도살)은 왜 실행해야 하는가? 끝으로 조롱을 받는 유대인의 독일어는 두말할 것도 없고, 예배 중에 히브리어를 사용해야 하는 이유는 무엇인가? 이 모든 것이 하나님에 의해 직접 계시되었고, 영원토록 지켜져야 한다고 기록되었는가? 거꾸로 말하면, 유대인이 죽은 자를 관 속에 넣어서는 안 되는 까닭은 무엇인가? 유대인은 의학적인 발전을 위해 시체를 해부해서는 안 되는 이유는 무엇이며, 유대교 율법이 금지하는 것이 그렇게도 많은 이유는 무엇인가?

결과는 다음과 같이 나타났다. 비록 외형적으로는 특정한 의례를 여전히 지켰지만, 사람들은 의례를 더는 믿지 않았다. 따라서 **총제적인 동화**同化 속에서 완전히 **비종교적인 유대교**가 생겨났다. 이런 발전에 따른 다른 결과로 많은 젊은 지성적인 유대인들이 19세기에 생겨난 온갖 종류의 새롭고 철저히 세속적인 **유사종교의 구원운동**에 가담하기 시작했다. 그것은 바로 사회주의, 무정부주의 또는—미래의 유대교를 결정할 힘이 될지도 모르는—**시온주의**다.

그러나 이런 상황에서 '유대교'는 무엇을 의미하는가? 이것은 유럽과 아메리카에서 **핵심적 질문**이 되었다. 유대교는 종교인가, 아니면 민족인가, 아니면 둘 다인가? 유대교란—기독교와 이슬람교와는 반대로—항상 공통된 정체성, 공통된 문화적 유산, 공통된 기원, 공통된 **종교**를 지닌 분명한 하나의 **민족**을 의미하지 않는가? 그렇지만 우리는 거꾸로 질문하게 된다. 유대교로 존재하면서 동시에 현대적일 수 있는 가능성도 존재하지 않을까?

세 번째 **반대 세력**은—정통주의라는 극단적 해결과 세속주의라는 극단적 해결 사이에서—자신의 모습을 드러내기 시작했는데, 곧 **보수적 유대교**다. 1886/87년에 개혁적인 랍비들의 피츠버그 선언에 대한 반작용 속에서 랍비 페라이라 멘데스Pereira Mendes의 주도 아래 유대교신학교연합회가 생겨났다. 그러나 영향력 있는 독일 출신의 뉴욕 유대인 키루스 아들러Cyrus Adler와 야콥 쉬프Jakob Schiff가 유대교 신학교를 견고한 재정적·학문적 토대 위에 세웠을 때, 그리고 1902년에 영국의 저명한 학자 솔로몬 셰히터Solomon Schechter(카이로의 게니자Genizah 문서를 발견했다)[63]가 독일과 동유럽의 유대인 학자들로 새롭게 구성된 교수단과 함께 대학교의 총장으로 부름을 받았을 때, 이 보수적 유대교는 비로소 활발한 종교적 중심지를 갖게 되었다. 나중에 더 정확하게 소개할 예정인 셰히터는 현대적인 발전을 인정하면서 모세의 토라와 랍비들의 전통도 충실히 지킬 수 있는, 그래서 참된 유대교적 정신을 보존할 수 있는 길을 보여주었다.

이렇게 대학교는—특히 1909년에 그와 연결된 교사 연구소(이 연구소는 개혁과는 정반대로 곧장 모든 과정을 히브리어로 개설했고, 현대 팔레스타인에서 이미 통용되고 있던 새로운 히브리어의 사용을 미국에도 확산시켰다)는—종종 지적인 능력이 매우 떨어졌던 정통주의로 건너가는 다리가 되어주었다. 사회적 진보를 이룩한 많은 정통 회당을 위해 여기서 랍비와 교사가 양성되었다. 왜냐하면 더 나은 가정교육(어머니는 직업에 종사하지 않았다)과 유대인의 타고난 학구열(더 높은 학교)이 사회적 상승과 그와 결부된 주거지 교체(슬럼가에서 더 나은 도시 구역으로 이동했고, 나중에는 대도시 주위의 동네로 세 번째 이동했다)를 위한 최선의 기회를 제공한다고 사람들은 바로 여기서도 확신했기 때문이다. 그렇지만 유감스럽게도 종교심이 더 강했던 (정통적) 유대인들은 더 가난한 사람들로서 뒤처지고 말았다.

1925년에는 할당량 규정 때문에 대량 이민이 멈췄다. 그렇지만 1927년에 미국에서 이미 유대인 420만 명(전체 인구의 3.6%)이 공동체 3,100개를 가지고 있었다. 그러나 1930년대에 실시된 설문조사에 따르면 매우 인상적인 회당 증축과 많은 유대인 단체와 기구에도 불구하고 이주해온 유대인 자녀의 압도적인 다수가 유대교 신앙을 버렸고, 가톨릭이나 개신교를 믿는 동창생보다 훨씬 더 많은 유대인 학생이 무신론과 불가지론과 회의론에 빠졌다고 한다.[64] 매우 강화된 학교 체제와 (병원과 고아원과 양로원을 갖춘) 사회 체제는 많은 유대인 청년 단체(YMHA, YWHA)와 유대인 자선 단체(브나이 브리스B'nai B'rith: 아메리카 유대인위원회)와 마찬가지로 유대교와 거의 상관이 없었다. 많은 사람들은 '**유대교**Judaism'(유대교 신앙이라는 의미)보다는 이제 '**유대적 특징**Jewishness'(유대 민족과 문화라는 의미)을 더 중요하게 생각했다. 이것은 사회학자들이 종종 선전했던 민족 이념이다. 물론 엄격하게 믿는 정통주의자들과 철저히 현대적인 개혁주의자들은 이 이념을 받아들이기 어려웠지만, 유대교 역사와 문학, 언어와 관습을 유지한 보수적인 유대인들은 이 이념을 받아들였다.

19세기 말과 20세기 초에 유대교 내부의 상황이 매우 예민해졌다는 사실은 의심할 나위가 없다. 왜냐하면 서로 **갈라지고 경쟁하는 패러다임의 동시성**이 이제 분명히 드러났기 때문이다. 모든 패러다임은 나름대로 자신의 문제를 지니고 있었다. 다양한 유대교적 흐름들에 대해 외부에서 제기되는 질문보다 더 긴급하고 더 진지한 질문은 다양한 학파와 방향과 '분파'와 '종파'와 '**교파**' 안에서 사람들이 자신과 서로에게 제기한 물음이다.

현대에 직면해 던지는 질문

• **정통주의자**에게: 현대 세계의 기술적·경제적 가능성을 이용하면서, 동시에 정신적·문화적·종교적으로 사회의 다른 발전에서는 벗어나고, 하나님의 특별한 선택을 주장하고 잡혼雜婚을 금지하고 어디서나 '유배 중에 있다'고 느낄 수 있겠는가? 이로 인해 공동체로서 완전히 분리되며, 그렇기 때문에 위험한 적개심과 공격을 일으킬 수 있지 않겠는가? 국가와 종교를 분리하는 시대에 유대교는 여전히 민족 종교와 종교 민족으로 머물 수 있겠는가? 사회가 완전히 보편적으로 '세속화될 때', 유대교에서 종교가 이와 같은 지배적인 역할을 수행할 수 있겠는가?

• **세속주의자**에게: 다른 모든 사람처럼 독일, 프랑스, 영국 또는 미국의 국적을 지닌 세속적 시민으로 살아가기 위해 유대교적 민족성과 종교적 소속을 포기할 수 있겠는가? 유대인은 여전히 유대인이고, 유대인과 기독교인 사이에 보이지 않는 장벽이 항상 존재하며, 많은 문들과 영토들이 닫혀 있다는 말을 비유대인 사회로부터 조만간 듣게 되지 않겠는가? 사람들이 유대교를 망각할 수 있겠으며, 유대인을 다른 민족처럼 하나의 민족으로 만들 수 있겠는가? 바로 이 민족에게서 반종교적 경향은 결국 실패로 끝나지 않겠는가?

• **개혁주의자**에게: 유대인의 예전, 교육, 훈련, 생활 방식을 개혁할 수 있고, 유대인의 율법 실천을 순전히 윤리적인 것으로 제한하면서, 동시에 유대인 고유의 특징도 잃어버리지 않고, 유대교적 신앙과 공동체를 위험에 빠뜨리지 않을 수 있겠는가? 유대교의 민족적 특징을 단숨에 무시할 수 있고, 유대교를 다른 종교처럼 하나의 종교로 만들 수 있겠는가? 바로 이 종교에서 반민족적 경향이 결국 실패로 끝나지 않겠는가?

• **보수주의자**에게: 공적-세속적 생활과 사적-유대교적 생활을 분리하면서, 동시에 외식적인 현대성과 억압된 유대적 본성 사이에서 정신분열의 위험에 빠지지 않을 수 있겠는가? 성서가 하나님의 계시인지 아닌지를 결정해야 하고, 모세의 율법과 그 모든 자세한 계명을 실제로 지켜야 하는지 아닌지를 결정해야 하지 않겠는가?

유대교는 다양한 종교, 다양한 민족, 다양한 '인종'으로 갈라졌다. 비극적이지만, 이 질문은 머잖아 삶과 죽음을 좌우하는 질문이 될 것이다. 왜냐하면 어떤 노선에 속해 있든, **모든** 유대인은 19세기 말에 또다시 완전히 다른 비극적인 발전에 직면하게 되었기 때문이다! 중세의 유대인 학살 후에 '계몽되고' 문명화된 유럽에서 그 누구도 가능하다고 생각하지 않았던 사실이 지금 일어났다. 그것은 반유대주의가 또다시 급진적으로 고조되고 있다는 사실이다. 그것은 이제 **생물학적 · 인종적 근거를 가진 반유대주의**의 형태를 띠고 있다. 그 결과는 끔직한 것이 될 것이다. 그것은 단지 새로운 유대인 차별과 유대인 추방만이 아니라 심지어는 조직적인 유대인 말살로 이어질 수도 있다.

유대인 전체에게 참혹한 운명이 될 이 비극적인 발전을 우리는 더 정확하게 바라보아야 한다. 그리고 이런 사건들이 우리 자신의 역사와 관련되어 있기 때문에 이를 제2부(현재의 도전)에서 설명할 것이다.

제II부

현재의 도전

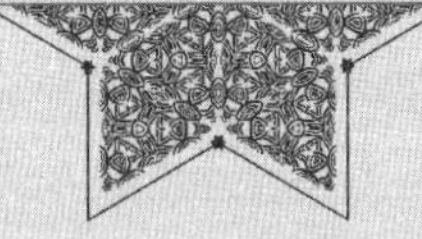

1장
홀로코스트에서 이스라엘 국가로

독일에서 시도된, 그리고 거의 성공한 유대인 말살과 같은 현 시대의 매우 감정적인 문제를 다루기 전에 우리는 몇 가지 근본적인 고찰을 해보아야 한다. 왜냐하면 암울했던 과거를 기억할 때, 모든 민족은—모든 사람은—기억의 기술보다는 망각의 기술을 더 잘 발휘하기 때문이다. 그러나 망각과 억압이 아니라 기억과 인정이 우리를 자유롭게 한다.

여기서 나는 고립되어 있고 추상적인 과거가 아니라 복잡하게 혼합된 과거를 다루려고 한다. 그것은 사라지지 않을 모든 과거를 의미한다. 이 과거는 현재를 결정하고 있고, 또한 오늘날도 여전히 대다수 민족 안에서 살아 움직이고 있다. 억압된 과거는 저주로 변하기 쉽다.

따라서 여기서 내가 의도하는 것은 과거에 대한 집착도 아니고, 과거에 대한 교만한 후세대의 도덕적 비난도 아니며, 현재의 정치적 관심으로 과거의 교회와 국가를 증오심 속에서 비판하려는 것도 아니다. 여기서 내가 의도하는 것은 그 당시에 과거를 결정했고 오늘날에도 여전히 영향을 미치고 있는 모든 세력과 구조를 비판적-자기비판적으로 분석하려는 것이다. 더 나은 미래를 바라보며, 이 모든 것을 행하려고 한다.

I. 사라지지 않을 과거

국가의 역사나 교회의 역사를 분명히 실수와 실패와 범죄의 한 묶음으로 설명할 수 없다. 그리고 사건의 즐거운 측면은 최대한 객관적으로 인식되어야 한다. 그렇지만 단지 한 민족이나 종교 공동체의 '좋았던 과거'만을 발굴해서는 안 된다. 기본 원칙은 다음과 같다.

- 한 국가의 역사나 교회의 역사는 구체적인 당파와 국가 또는 교회정치의 관심 속에서 정체성 형성의 수단으로, 획일적으로 '도구화되어서는' 안 된다. 역사는 근대화 과정에서 제거된 것들에게 보상적인 의미를 부여하고 국가나 교회에서 합의를 창조할 수 있는 **"종교의 대용물"**(하버마스)이 아니다.
- 국가의 역사나 교회의 역사를 오히려 비판적으로 검증해야 하고, **자기비판적으로 수용해야** 한다. 여기서 우리는 단지 연속과 단절의 역사적 변증법만이 아니라 인간성과 비인간성, 선과 악의 윤리적인 차이도 고려해야 한다.
- 부정적인 역사 경험에 근거하여 자기 자신의 역사와 비판적인 관계를 맺고 매우 심오한 도덕적 감정과 더 높은 인간 감성을 사용하는 사람은 과거의 실수를 반복하는 것을 피할 수 있고, **그의 국가나 그의 종교를 자신과 동일시할 수 있는 자유롭고** 새로운 길을 발견할 수 있다. 그러나 이러한 동일화는 이전의 모든 전체주의적인 결과를 자신과 무비판적으로

동일화하는 전체주의적인 행동을 배제한다.

과거와 결별하거나 과거를 대수롭지 않게 여기는 방식으로 역사를 **극복하는** 것은 불가능하다. 원하든 원하지 않든 과거는 현재의 한 부분으로 항상 남아 있다. 그러나 과거에 대한 비판적-자기비판적 **성찰**은 가능하다. 그렇다. 우리는 여전히 현재적인 과거를 미래를 위해 사용할 수 있고, 과거의 비극의 원인을 분석할 수 있으며, 거기서 교훈을 끌어올 수 있다. 그렇기 때문에 우리는 더 나은 미래를 위해 지금 유대인과 기독교인의 중심 주제가 되고 있는 문제를 다루려고 한다. 유대인 6백만 명—이 수치의 근거는 확실하다[1]—대량 학살을 지금 우리는 어떻게 판단해야 하는가?

1. 역사가들의 논쟁

이렇게 비판적-자기비판적으로 성찰해야 할 이유는 상당히 많다. 왜냐하면 40년 후에 후유증이 분명히 나타났기 때문이다. 이미 1945년에 (그리고 스탈린이 통치하던 소련과 점령되었지만 관심을 끌었던 독일에 대한 미국의 정치가 전환된 후, 곧 1946/47년에) **죄책을 무시하고 억압하는** 과정이 분명히 시작되었다. 1949년에 새롭게 구성된 독일연방공화국에서 (스탈린을 따르던 동독에서도) 매우 절실히 요구되었던 "슬픔에 대한 심리적 대처"[2]가 전혀 이루어지지 않았고, 서구에서 그것은 미국인과 공유한 (스탈린의 통치 아래서는 이해될 수 있었던) 반공사상으로 완전히 대체되었다.

"거기에는 아무도 없었고, 누구도 그것을 알지 못했다."[3] 전쟁 이후에 패전국 독일을 방문했던 많은 사람들은 특히 유대인을 강탈하고 핍박, 학살한 사실을 알지 못했다는 거짓말이 널리 퍼져 있다는 인상을 받았다. 마치 다음과 같은 사건이 공개적으로 일어나지 않았던 듯이 말이다. 이미 1933년 이전에 유대인 집단 사냥이 일어났고, 1933년에는 유대인이 국가와 경제, 문화와 학문에서 추방되기 시작했다. 1935년에는 "독일의 피와 독일의 명예를 보호하기" 위해 뉘른베르크 인종법이 공포되었고, 1938년에는—영국과 프랑스와 뮌헨 협약을 맺은 지 3개월도 지나지 않은—11월에 조직화된 폭력 행위, 폭동, 회당 파괴와 유대인 박해, 유대인 은행과 회사와 상점 파괴와 강탈이 발생했고, 마침내는 독일 유대인 수만 명이 감금되었으며, 곳곳에서 악명이 높았던 강제수용소로 이송되었다.[4]

그러나 전쟁 후 10년 동안 사람들은—물론 재건에 전념하고, '경제 기적'에 매료된 나머지—국가사회주의 시대를 이질적인 것으로 여기고, 독일의 역사에서 이를 완전히 삭제해버렸다. 사람들은 이른바 외부(히틀러와 그의 동료들)로부터 독일 민족에게 강요된 '폭력과 전제통치'에 대한 도덕적 당혹감으로 만족할 수 있다고 우선 생각했다. 사람들은 그들이 개인적으로 겪었던 고통, 곧 가족과 친구의 상실, 폭격, 추방에 관해 말했다. 사람들은 자신들이 먼저 다른 사람들에게 행했던 범죄, 곧 유럽 서쪽과 북쪽과 동쪽의 평화로운 나라를 침략하고 선제 폭탄 공격, 대량 학살, 추방, 독가스 살해 등을 벌였던 것을 망각했다. '마치 '불행'에 대해 직접적으로나 간접적으로나, 규모가 크든 작든, 책임을 공감하고 죄책을 함께 지려고 하지 않으려는 듯 말이다. 변호하고 위장하는 언어 통제가 추진되었다. 유대인을 (가급적 분명하게 거론하기 보다는) '폭력의 희생자'라는 개념 아래 밀어 넣어버렸다. 사람들은 대개 '독일 민족의 이름으로' (누구에 의해?) 시작된 범죄에 관해 말한다. 사람들은 (1944년 7월 20일에 비로소) 실제로 행동하기 시작한 작은 저항단체들에게는—그들은 저항에 성공하고 독일이 즉시 항복할 경우에 많은 도시(베를린, 드레스덴, 하일브론 등)의 파괴와 수백만 명의 전쟁 희생자, 특히 잇따른 유대인 대량 살해를 막으려고 했다—모호한 태도("배신자"?[5])를 보였다.

수십 년 후에 세계대전과 홀로코스트의 책임에 관한 끝없는 논쟁이 매우 거세게 일어났다는 사실은 놀라운 일이었는가? 이것에 대한 징조는—프리츠 피셔Fritz Fischer의 책 《강대국 이해》에서 제1차 세계대전에 대한 독일의 명백한 책임을 역사가들이 1961년에 처음으로 격렬하게 논쟁한 후에[6]—국가사회주의와 제2차 세계대전을 주제로 벌어졌던 이른바 '**역사가 논쟁**'이었다. 이 논쟁은 전쟁이 종결된 지 거의 40년이 지난 1980년대에 일어났으며, 오랫동안 꺼지지 않는 불꽃을 점화시켰다.

독일 역사가들과 정치부 기자들 사이에서 최근에 벌어졌던 나치 범죄자들을 새롭게 평가하는 근본적이고 매우 감정적인 수정주의 토론이 외국에서도 진행되었는데, 특히 프랑스와 이스라엘과 미국에서 엄청난 주목을 받았다.[7] 그리고 직접 참여한 많은 토론자들과 관객들에게 이 논쟁은 놀라울 정도로 솔직하게 진행되었으며, 상당히 쓰라린 결과를 낳았다. 그렇지만 논쟁은 오랜 상처를 다시 드러냈고, 독일 역사가들을 두 진영으로 갈라놓았다.

만약 우리가 지금 어느 정도 거리를 두고 역사가들의 논쟁으로 되돌아가서 두 진영의 주장을 가급적 편견 없이 고찰해본다면, 두 가지 점을 언급해야 한다.

— 가장 최근의 논쟁은 베를린 대학교 역사가 **에른스트 놀테**Ernst Nolte가 **변증적 사변**과 중상모략, 모호한 언어를 통해 촉발했다. 그는 볼셰비키 사상을 국가사회주의의 전형과 유령으로 묘사했고, 볼셰비키의 계급 살해를 나치의 인종 학살의 전제로 엮어냈다. 그리고 그는 "1917년(!)에서 1945년까지" 일어난 "유럽의 시민전쟁"을, 그리고 유대 정보국장 하임 바이츠만의 "제3제국"에 대한 이른바 "전쟁 선포"를 언급했다. 이런 진술은 모험적이고 매우 위험한 가설이었다. 히틀러의 러시아 공격을 예방공격으로 묘사한 것보

다 더 위험한 주장은 무장하지 않은 유대인에 대한 히틀러의 공격을 예방공격이라고 표현한 부분이었다!

— 비록 철학자 **위르겐 하버마스**Jürgen Habermas가 다수의 저자들을 거의 획일적으로 한통속으로 취급했지만, 그의 고발적인 분석은 나중에 정당한 것으로 드러났다. 나치의 과거에 대한 그러한 "역사화"는 실제로 사건을 획일적으로 상대화하고, 대수롭지 않고 진부한 결론을 낳는다. 그것은 "일종의 손배처리"이며, 정치적 동기를 지닌 "독일 역사 서술의 변증적 성향"을 보여준다.[8]

실제로 놀테가 주장했듯이, 만약 **제3제국**이 지금까지 "**철저히 부정적인 활력**"을 지녔다면, 그것은 "**절대 악에 관한 부정적 신화**"가 아니라 벌거벗은 역사적 현실과 관련된 것이다.[9] 놀테 자신도 이미 1980년에 원칙적으로 이에 대한 **근거**를 옳게 묘사하지 않았던가? 여기서 나는 놀테를 따라서 가장 중요한 **두 가지** 측면을 인용하려고 한다. 이 질문은 세계사적 의미를 지니고 있지만, 독일은 오랫동안 계획된 전쟁에 대한 무의식적인 책임 기피의 성향을 보여왔다. 전쟁이 일어날 때 그 어떤 장군도 반발하지 않았고 그 어떤 노동자도 파업하지 않았다. 홀로코스트가 일어날 때도 마찬가지였다.

— 첫째: "가장 강력하고 가장 보편적인 첫 번째 이유는 다음과 같다. 거부할 수 없는 이해에 따르면 제3제국은 인류 역사에서 가장 크고 가장 많은 희생자를 낳은 전쟁을 시작했고, 그것을 책임져야 한다. 히틀러는 상황에 맞게 협상하고 물러나고 항복하는 행위를 거부함으로써 이 전쟁을 매우 파국적인 종말로 몰고 갔다. 특히 이 기억은 독일인에게 지워질 수 없다. 더욱이 히틀러는 살아 있는 자들을 도덕적으로 비난했기 때문에 독일에서 부정적 비난은 단지 일종의 생활필수품이 되었다."[10]

— 둘째: "제3제국의 폭력은 단순하다. 물론 강제수용소와 '노동운동의 파

괴'와 같은 비슷한 많은 선례와 유형이 있지만, 유럽 유대인 수백 만 명을 학살한 것은 동기와 실행의 관점에서 볼 때 사례가 없다(수많은 슬라브인과 정신 이상자, 집시의 학살도 마찬가지다). 그리고 그것은 특히 독가스실과 같은 유사 산업적 기계장치의 차갑고 비인간적이며 기술적인 정교함을 통해 유례가 없는 공포감을 불러일으켰다."[11]

놀테가 나중에 (1982년의 독일 정부의 정치적 전환 이후에!) 나치의 범죄를 그처럼 역사적으로 상대화하고, 독일 시민과 모든 장군과 집단 살인자 아돌프 히틀러의 책임을 덜어주려고 어떤 시도를 할 수 있었는지를 사람들은 이 문장에 따라서 질문했다. 마치 국가사회주의가 특히 볼셰비키에 대한 일종의 대답이었던 것처럼, 그리고 마치 국가사회주의가—전 세계에 미친 파국적인 결과와 함께!—본질적으로 독일 민족의 인종 광란과 정복 광란이 아니었던 것처럼 말이다. 이미 세바스티안 하프너Sebastian Haffner도 그의 저서 《히틀러에 대한 평가》(1978)에서 너무 과장되게 표현했다.[12] 그렇지만 그가 히틀러의 12년 독재 통치가 세계에 미친 영향을 분명히 설명한 것은 원칙적으로 옳았다. "마음에 들든 안 들든, 오늘의 세계는 히틀러의 작품이다. 만약 히틀러가 없었다면 독일과 유럽의 그 어떤 분리도 없었을 것이다. 만약 히틀러가 없었다면 베를린에 미국인과 러시아인도 없었을 것이다. 만약 히틀러가 없었다면 이스라엘도 없었을 것이다. 만약 히틀러가 없었다면 탈식민지화도 없었을 것이고 적어도 아시아인과 아랍인, 아프리카계 흑인의 해방운동도 그렇게 급속하게 일어나지 않았을 것이며, 유럽의 어떤 계급운동도 일어나지 않았을 것이다. 더 정확히 말하면, 만약 히틀러의 실수가 없었다면 이 모든 것 중에 그 어떤 것도 일어나지 않았을 것이다. 왜냐하면 그는 이 모든 것을 전혀 원하지 않았기 때문이다."[13]

그 당시에 전쟁 군인이었지만 40년 후에는 '서방 기독교의 방어자'로 볼셰비키 혁명에 저항했던 독일의 여러 정치가들과 역사가들, 군인들은 매우 무분별하게 역사를 심지어 거꾸로 읽었다. (그들은 어디에 있었는가? 벨기에 또는 보르도에? 로테르담 또는 오라두르에? 코르지카 또는 크레타에? 토브루크 또는 스탈린그라드 앞에?) 공격자들이었던 그들은 자신을 희생자라고 에둘러 부르기를 좋아했다. 모두가 희생자들인가? 공격받은 자들과 공격자들, 무고한 자들과 범죄자들, 미국 군인들과 (1986년에 비트부르거 묘지에 묻힌!) 나치 친위대 집단들이 모두 희생자들인가? 아니다. 마침내는 아무런 범죄자도 존재하지 않는 이런 방식의 책임 회피는 역사 청산의 모조품이다. 만약 '희생자'라는 단어가 여전히 어떤 의미를 지녀야 한다면, 그들은 '희생자'가 될 수 없다. 왜냐하면 범죄자들은 결국 무고한 자들에게 대가를 지불해야 하기 때문이다. 침략 때문에 '자기 방어'가 생겨나는 것은 결코 아니다. 그리고—12년 동안의 나치 통치 극복이나 획일화, 배제를 통해—국가사회주의를 '역사화함으로써' 새로운 국가의 정체성을 획득할 수 있는 것도 아니다.

우리는 다음과 같이 묻게 된다. 역사가들의 논쟁은 참으로 불필요한 것이 아니었는가? 그렇지 않다. 그것은 장점이 있다. 왜냐하면 대량학살의 '역사화'를 위한 시도는 그것을 시도한 사람들의 의도와는 정반대로 홀로코스트를 **생생하게 보여주었기** 때문이다! 제3제국의 역사를 '정상화하기'보다는 나치의 대량학살이 지닌 독특하고 지울 수 없는 성격에 대한 자기비판적인 **성찰**을 강화해야 한다. 분명히 대량학살은 스탈린이 세운 강제수용소를 지적함으로써 역사적으로 쉽사리 상대화될 수 없으며, 그렇게 편하게 이념적으로 새롭게 정의되거나 합리적으로 순치될 수 없다.[14]

그렇다면 우리가 역사가들의 논쟁에 근거해서 홀로코스트를 오늘날 어떻게 판단해야 하는가? 우리는 잘못된 대안을 거부해야 한다.

2. 홀로코스트를 어떻게 다루어야 하는가?

1) **도덕적 평준화는 불가능하다.** '죄책감'에 전혀 '사로잡히지' 않은 채, 우리는 다음과 같이 주장해야 한다. **홀로코스트는 특수한 범죄**다(독일에서 일어난 '역사가들의 논쟁'은 바로 이 점을 지적한 적이 있다) 모든 사건과 모든 사람, 모든 시대가 독특하기 때문이 아니다. 이것은 진부한 말이다. 오히려 여기서 일어났던 **이념적·산업적인 대량 학살**의 차원이 **전례가 없고 비교할 수 없으며**, 오늘까지 **결코 상상할 수 없기** 때문이다. "총통의 명령"에 따랐던 나치 친위대장 **하인리히 히믈러**Heinrich Himmler는 1943년 10월 6일에 다음과 같이 말했다. "우리에게 다음과 같은 질문이 떠오른다. 여인들과 어린아이들은 어떠한가? 나는 여기서도 아주 분명한 해답을 찾으려고 결심했다. 다시 말하면 남자들을 제거하는 것, 곧 그들을 죽이거나 죽게 하는 것은 옳지 않다고 나는 생각했다. 그리고 우리의 자녀와 손자를 위해 복수하는 자들이 어린아이의 모습으로 성장하게 하는 것도 옳지 않다고 나는 생각한다. 이 민족을 이 땅에서 사라지게 만드는 것도 분명히 어려운 결정이었을 것이다."[15] 이미 1939년 1월 30일에 **아돌프 히틀러**Adolf Hitler는 이 전쟁을 통해 "유럽에서 유대 민족을 제거하겠다"고 협박했다. 1941년 초반에 러시아와 전투를 개시하던 상황에서 그는 이런 계획을 세웠고, 이 계획은 하이드리히Heydrich의 명령을 통해 착수되었다. 아마도 1941년 여름에, 곧 승리의 확신이 최고조에 달할 때, 히틀러는 히믈러에게 독일 점령 지역에서 유럽의 모든 유대인을 제거하라는 비밀명령을 구두로 전달했다. 히틀러는 죽을 때까지, 그리고 그의 정치적인 유언장에서도 독일과 중앙유럽에서 유대인을 제거했던 것을 자랑했다.[16]

그리고 나는 역사가 **에버하르트 예켈**Eberhard Jäckel 의견에 동의한다. 왜냐하면 그는 홀로코스트를 대수롭지 않게 생각한 동료 역사가들에게 맞서 역사적으로 전례가 없이 폭넓은 관점을 제시했기 때문이다. 국가민족주의자들의 유대인 살상은 유례가 드문 일이었다. "왜냐하면 책임적인 통치자의 권위를 가진 과거의 그 어떤 국가도 노인들과 여인들, 어린이들과 젖먹이들을 포함하여 특정한 인간 집단을 거의 한 명도 남겨놓지 않고 제거할 것을 결정하고 통지한 적이 없었고, 이러한 결정은 오직 국가 권력기관을 통해서만 실행될 수 있기 때문이다."[17]

그렇다. '아우슈비츠'를 최소화하고, 이를 세계사의 다른 고난의 수준으로 평준화하고, 잔인한 모든 사건을 인간에게 항상 존재하는 연약성과 죄악성을 통해 인간학적 · 도덕적으로 설명하려는 최종적 시도는 역사적으로 정당하지 않으며, 따라서 신학적으로도 무책임한 일이다. 덧붙여 말하면 홀로코스트에 대한 도덕적인 평준화와 타협적인 조율은 무책임하다. 가장 큰 강제수용소 아우슈비츠-비르케나우Auschwitz-Birkenau에서 (1942년 이후부터) 적어도 유대인 2백만 명이 학살을 당했다! 다른 민족의 실수와 범죄를 언급하는 것도, (그리고 아우슈비츠 수용소에서 세워진 기독교의 십자가도) 유대인에게 가해진 유례가 없는 비인간적 대량 학살로부터 우리의 시선을 떼어놓게 할 수 없으며, 그렇게 해서도 안 된다. 그러나 우리는—이 모든 점을 분명히 인정했다면—다른 측면도 살펴보아야 한다.

2) **절대화도 불가능하다.** 비록 매우 부끄럽고 슬프지만, 인간이 인간에게 행한 이와 같은 거대한 범죄는 독일과 인류의 역사의 틀 안에서 이해되어야 한다. 우리가 이미 살펴보았듯이, 그 당시에 뮌헨 역사연구소 소장 마르틴 브로스차트Martin Broszat가 이를 위해 끌어온 단어였던 '역사화'도—'문서화'와 '전시화', '상대화'와 경시화와 매우 비슷하기 때문에—부적합하다. 그렇지만 우리 세기에 일어난 다른 범죄자와의 관계를—투르크인의 아르메니아인 학살에서 캄보디아 폴-포트의 학살에 이르기까지—알려준 것은 적합하

다.[18]

특히 많은 좌파들이 오랫동안 무시하거나 상대화해온 **스탈린**의 집단 학살을 결코 침묵 속에 두면 안 된다. 지속적인 당원 추방, 농촌 파괴, 지식인과 무산계급에 대한 테러 압력, (부카린과 그의 옛 동료에 대한) 모스크바 주민의 소송도 수백만 명의 희생자를 낳았다. 1956년 모스크바에서 열린 제20차 소련공산당대회에서 니키타 후르시초프가 이를 설명한 이후(이 설명은 탈스탈린주의를 야기했다)에 특히 **알렉산더 솔제니친**Alexander Solzhenitsyn(그는 좌파에 속해 오랫동안 침묵했다)이 공산주의 국가 소련의 강제수용소('수용소 군도Archipel Gulag')를 놀랄 만큼 구체적으로 인류에게 소개한 것은 그의 역사적 공헌이다.[19] 이 모든 것을 결코 간과할 수 없는 것은 독일의 강제수용소나 소련의 강제수용소는 세상에서 제거했지만, KGB와 그 여파는 여전히 없애지 못했기 때문이다. 미하일 고르바초프의 '개방정책'(글라스노스트Glasnost)은 매우 엄청난 국내 문제에도 불구하고—1917년에 레닌의 볼셰비키가 진정한 민주주의를 좌절시킨 사건에서 1939년에 체결된 히틀러-스탈린 조약에 이르기까지—소련 역사의 자기비판적인 조명을 원칙적으로 이끌어냈다.[20]

그럼에도 여기서 그 누가 나치 테러의 두려움을 소련의 테러 공포와 일일이 비교하려고 하겠는가!?[21] 만약 우리가 모든 것을 비교하는 조화의 시도를 처음부터 거부했다면, 정반대가 되는 내용을 제시해도 무방하다. 왜냐하면 '아우슈비츠'를—어떤 관심에서 그렇게 하든—인간의 폭력과 고난의 역사에서 발생한 한 가지 요인이나 유적으로 만드는 것은 역사적으로 정당하지 못할 뿐만 아니라 신학적으로도 무책임해 보이기 때문이다. 역사적으로 불행한 운명이나 적그리스도, 악마나 사탄에게 책임을 전가하기는 매우 쉽다. 또한 과거에 박해를 받은 사람들이 지금 박해를 받고 있는 이들을 바라볼 때, 다른 상황에는 집단 학살을 생각할 수 있다는 사실도 망각하기 아주 쉽다. 그렇기 때문에 우리는 구체적으로 설명해야 하고, 원인을 분석해야 하며, 먼저 유럽의 더 넓은 맥락 안에서 이를 살펴보아야 한다.

3. 민족주의와 인종차별주의 – 충격적인 혼합

이 시기에 에버하르트 예켈, 위르겐 코카Jürgen Kocka, 크리스티안 마이어Christian Meier, 한스 몸젠Hans Mommsen, 볼프강 몸젠Wolfgang Mommsen과 같은 독일의 역사가들은[22] 다음과 같은 깨달음을 우리에게 다시 한 번 매우 분명히 제공했다. 그들은 국가사회주의자들의 독재와 그들의 범죄 결과를 단순하게 비극적이고 운명적이고 불가피하게 이끌려 들어간 잘못으로 (지정학적인 '중심 위치', 독일의 '특별 노선', 그리고 아주 직접적으로는 베르사유 평화조약과 세계 경제공황과 대량 실업의 결과로) 묘사하려고 시도했다. 또한 독일 민족의 책임을 덜어주고, 정치 · 외교 · 군사 · 경제 · 학문을 지배하던 계층의 책임을 덜어주며, 심지어 아돌프 히틀러 한 사람과 그의 '악마적인' 유혹의 기술에 책임을 떠넘기려 한다. 이런 학자들은 역사를 무책임하게 단순화할 뿐만 아니라 역사를 왜곡한다.

물론 유대인에 대한 나치의 철저한 증오는 수백 년 동안 이어진 '기독교적인', 그리고 그 직접적이고 **정치적 · 세속적인 전前역사**를 가지고 있었다는 사실을 부인할 수 없다. 나는 이를 앞서 이미 설명했다. 독일에서 유대인은 개인적이고 집단적으로 최대한 노력을 기울임으로써 법적인 의미에서 시민(국민)이 되었고—많은 수의 사람이—문화적인 의미에서도 시민(교양을 갖춘 시민)이 되었다. 이것은 같은 시기에 사회의 다른 집단들(가톨릭 신자, 노동자, 여자)이 사회적 상승과 인정을 위해 노력했던 것과 비슷하다.

그런데 텔 아비브 대학의 독일역사연구소 소장 슐라미트 볼코프Shulamit

Volkov가 최근의 역사 연구를 비판적으로 바라보면서 밝혀냈듯이, 독일에서 유대인의 역사는 매우 **이중적인 발전**을 겪어왔다. 먼저 독일에서, 그리고 독일 유대인의 이민 과정에서도 여러 차례 설명했듯이, 그것은 단순히 단계적이고 일관적이며 성공적인 동화同化 과정은 아니었다. 거꾸로 말한다면, 특히 이스라엘의 시온주의 학파가 설명했듯이, 법적·사회적·문화적인 동화 과정에서 방해 요소가 꾸준히 증대했기 때문에 진정한 해방에 대한 모든 희망이 처음부터 허구적이었던 것도 아니다.[23] 유대인을 향한 온갖 거부감과 적대감에도 유대인의 동화 역사는 여러 측면에서 성공을 거둔 공존의 역사와 사회적·문화적인 성공의 역사였다. 그들의 경제적·재정적 연대감, 읽고 가르치는 그들의 위대한 전통, 보편적으로 온전한 가정생활, 입증된 교육은 그들에게 도움을 주었다. 실제로 독일 유대인들의 경험은 매우 다양했다. 발전은 비교할 수 없을 정도로 진척되었고, 동화를 거부하는 세력들과 마찬가지로 동화하려는 세력들도 활동하고 있었다. 유대인과 독일인의 풍부한 공통 경험과 두려움, 희망에 비해 반유대인 세력들이 우세를 떨치게 된 것은 비교적 나중에, 곧 국가사회주의 속에서 비로소 생겨난 현상이었다.[24]

특히 점점 상승해가던 **민족주의**는 비극적인 결과를 가져왔다. 그리고 이미 18세기에 싹튼 '애국주의'(조국 사랑)는 곧바로 오만한 광신적 애국주의 형태로 변질되었다. 사회적인 통합에도 불구하고 유대인에게 민족의식이 존재하지 않는다는 사실은 쉽사리 비난의 대상이 되었다. 왜냐하면 유대인은 여전히 그들의 오래된 전통 안에서, 그리고 민족의 경계선을 초월하는 동질감 속에서 살았기 때문이다. 그리고 특히—독일에서 늦은 민족 통일 때문에 널리 확산된—이러한 민족주의 때문에 19세기와 20세기에는 단지 이론적·법적인 평등만이 실현되었고, 독일인과 유대인의 공생은 종종 피상적인 것에 지나지 않았다. 유대인은 문화 속으로 진실하게 통합되기보다는 문화에서 자주 이탈하는 모습을 더 많이 보여주었다. 유대인은 진정한 공동체보다는 차라리 동화를—이 단어는 지금 현대에 적응한 유대인에게도 점점 더 부정적인 단어가 되었다—선호했다.

교회도 빈번히 유대인 동료시민들을—결국에는 완전히 개종하기를 희망하지만—단지 관용의 대상으로 여길 따름이었다. 그래서 많은 독일인에게 유대인은 경제와 정치만이 아니라 문학과 언론과 예술에서도 여전히 '불안 요소'였다. 비록 유대인에 대한 인정이 한 단계 전진한 것처럼 보였지만, 이를 방해하는 반유대인 감정도 크게 요동치고 있었다. 나치와 교회에서 반대 세력도 매우 자주 출현했다. 따라서 계몽주의 시대 이후에 (계몽Enlightenment이라는 말이 이미 이중적이지만) 유대인에게 다시 거대한 어둠이 덮칠 수도 있다는 주장은 납득할 만하다.

계몽주의에도 불구하고 동유럽과 서유럽, 중앙유럽에서 일어난 발전은 얼마나 신비스럽고 대단한 발전이었는가! 우리가 이미 알고 있듯이, **러시아**(와 폴란드)에서 유대인의 계몽운동은 처음에 대체로 정부와 우호적인 관계를 맺고 있었다. 그러나 1881년에 황제 알렉산더 2세가 살해된 후에 소문을 통해 '유대인'에게 책임이 지워짐으로써 유대인을 혐오하는 폭도들이 다시 엄청난 폭행을 저질렀다. 그 이후부터 혁명의 혼란 시기인 1917~21년까지 소수민족 박해가 연이어 반복되었다.

프랑스에서는 어떠했는가? 슐라미트 볼코프는 이렇게 말했다. "자세히 연구해보니 흥미로운 사실이 드러났다. 처음에는 제국의 시기 동안, 특히 독일에서 유일하게 일어났다고 생각했던 일이 이 시기에 반유대주의적 선동의 또 다른 아성牙城이었던 프랑스 제3공화국에서도 똑같이 일어났다." 1886년에 에드아루 드뤼몽Edouard Drumont이 《프랑스 유대인》이라는 반유대적 작품을 썼는데, 이것은 "권위 있는 집단에서 같은 시기에 독일 반유대주의자들이 썼던 모든 작품보다 더 많은 인기를 얻었고, 더 진지하게 논의되었다."[25]

프랑스에서 총사령부 소속 장교 **알프레드 드레퓌스**Alfred Dreyfus를 둘러싸고 전개되었던 사건은 계몽주의적 해방 이념의 실현에 대한 신념을 파괴하려고 했다. 1894년에 독일을 위해 조국을 배반했다는 죄를 뒤집어쓰고 고발된 유대인 드레퓌스는 처음에는 종신 추방형을 받았다가 1899년에는 명백하게 법을 어겼다는 이유로 10년 금고형을 받았다. 제3공화국의 국내정치를 매우 위태롭게 만들었을 뿐만 아니라 그와 동시에 프랑스에서 지금까지 존재해왔던 반유대주의의 규모를 명료하게 드러낸 사건이 일어났던 것이다. 군인과 귀족, 군주주의자, 상층부 시민, 우파 신문, 성직자 들은 (급진적 공화주의자, 사회주의자, 가톨릭 좌파, 자유 언론이 요구한) 사건의 재수사를 몇 년 동안 완강하게 저지했다. 1906년에 (사건이 일어난 지 7년 만에!) 비로소 이 알자스 출신 유대인 드레퓌스는 완전히 명예를 회복할 수 있었다.

반유대주의는 유럽의 민족주의와 함께, 그리고 (유럽 전체에 널리 퍼진) 수많은 반유대적인 상투 언어로 촉진되면서 이미 19세기에 자라나기 시작했다. 반유대주의는 일차적으로 종교적 근거가 있기보다는, 오히려—전적으로 사회다윈주의가들이 주장한 도태원리('적자생존')의 의미에서—**인종적이고 생물학적인** 근거에 기대고 있다. 그것은 성서적·종교적이라기보다는 자연과학적인 것에 근거를 두고 있다. 이제 역사는 계급투쟁이 아니라 인종투쟁으로 이해되었다. 인종투쟁이란 인도-게르만적인 '아리안' 지배인종이 슬라브 인종과 특히 유대인의 '셈족'에 맞서 전개하는 투쟁을 의미한다. 프랑스 외교관이자 문학가 **조세프 아르튀르 고비노**Joseph Arthur Gobineau 백작은—유대인을 혐오한 리하르트 바그너의 사위로 독일계 영국인이었던 **휴스턴 스튜어트 체임벌린**Houston Stewart Chamberlain도 비슷하게—이러한 세계상을 적당히 주조해내었고, 4권으로 된 자신의 저서 《인종의 상이성에 관한 소론》에서 "학문적으로" 근거를 세우려고 시도했다.[26] 이 프랑스 귀족(그도 리하르트 바그너의 친구였다!)의 인종적 반유대주의는 원래 계몽주의에 저항했고, 1789년의 평등 이념에 맞섰으며, 인권과 민주주의와 자유와 평등에 대항했다. 이러한 목적을 위해 그는 '상이성'의 절대적 유형, 곧 유대인을 이용했다.

여기서 **'셈족'**이라는 단어는 19세기에 이르기까지 아랍인을 포함한 셈족인의 전체 언어군群에서 아직 분명히 나오지 않았다. 그러나 1879년에 빌헬름 마르Wilhelm Marr라는 전단지 제작자가 **'반**反**셈족'**이라는 단어를 만들면서 널리 확산되었다.[27] 그 이유는 무엇이었을까? 유대인 혐오감에 모양새가 나고 '학문적인' 이름을 붙이려는 의도였다. 왜냐하면 바로 **독일** 사람들은 국가를 프랑스 민족처럼 다양하고 차이가 있는 국민 의지의 통일체로 이해하지 않고—나폴레옹 전쟁의 애국적인 흐름에 따라서—낭만주의적으로 특별한 '민족정신'과 '민족 특성'을 지닌 단일한 '민족의 개체'로 이해했기 때문이다. 19세기 말에 민족주의와 인종차별주의는 이제 민족적 열광주의의 폭발적인 혼합체(종종 민족종교의 결핍을 채우는 대용)로 발전했다. 사람들은 대체로 점점 커지는 그 파괴력을 과소평가했다. 왜냐하면 그것을 단지 오래전부터 알고 있던 유대인 적대감으로만 여겼기 때문이다.

오래된 '유대인 문제'는 청산된 것이 아니라, 이제는 "사회 문제"(오토 글로가우Otto Glogau)로 천명되었다. 참으로 유대인 문제는 반민주적·반해방적인 독일 민족주의 이념(하인리히 폰 트라이취케Heinrich von Treirschke와 그의 추종자들)의 본질적인 구성요소로 대중 앞에 당당히 등장했다. 왜냐하면 그동안 유대인이 동화 과정에서 경제와 정치, 문화에 점점 더 영향을 끼쳤기 때문이다. 그로 인해 사회적 인정을 받지 못하던 많은 비유대인에게 그에 상응하는 적대감과 시기심이 일어났다. 그리고 독일 유대인 12,000명(!)이 독일을 위해 전사한 제1차 세계대전 이후에,[28] 그리고 적지 않은 유대인 지식인들이 사회주의 좌파에 참여하기 시작한 1918년에 제2 독일 제국이 멸망한 다음에 19세기 후반에 뿌려졌던 경악할 씨앗이 움트고 있었다. 이제는 전형적인 반유대주의가 부상하는 국가사회주의 '제3제국'의 대체종교로 변하고 말았다.

4. 유럽 계몽주의의 패배

그럼에도 우리는 국가사회주의의 반유대주의가 마치 반복적으로 출현하는 현상이나 마지막 파국으로 치닫는 과정인 양, 그것을 역사에서 간단히 도출할 수 없다. 슐라미트 볼코프가 널리 퍼진 이런 생각에 맞서 **국가사회주의의 반유대주의 속에 들어 있는 새로운 요소**를 강조한 것은 옳았다. 그렇지만 이제는 단지 기록된 말과 토론과 이념의 반유대주의만이 아니라 발언된 말과 선전과 포효와 행동의 반유대주의도 활동했다. 그것은 국가사회주의에서 처음으로—새로운 요소로서—**행동의 반유대주의**, 곧 노출된 폭력과 공포와 파괴의 반유대주의라는 거대한 형태를 띠게 되었다.[29] 그 당시에, 많은 부분에서 성공을 거둔 독일인과 유대인의 공존 때문에 유대인이 품었던 기대와도 어긋나게 최소한 유럽에서는 유대교의 동화 과정을 급격히 중단시킨 세계사적인 파국이 일어났다. 이러한 파국은 근대를 거부해왔던 정통적 유대인의 주장을 지지해주는 것 같았고, 동화가 아니면 최소한 근대와 공존하려고 노력한 자유적인 유대교 세력과 보수적인 유대교 세력 모두를 공개적으로 모욕하는 것 같았다. 그것이 옳았는가?

뒤돌아본다면, 인종차별주의자들의 반유대주의와 특히 나치의 반유대주의가 **유럽 계몽주의의** 전례 없는 **패배**를 의미한다는 점은 의문의 여지가 없다. 고트홀트 에프라임 레싱과 모세스 멘델스존 이후에, 미국과 프랑스 혁명 이후에, 칼 마르크스와 지그문트 프로이트, 마르틴 부버와 알베르트 아인슈타인 이후에, 구스타프 말러와 야콥 바서만과 요셉 로트 이후에, 독일에서 사는 수많은 유명한 현대 유대인 철학자와 문학가, 예술가, 음악가, 학자 이후에 이것은 중세의 야만적인 영역과 오래된 무지로 되돌아간 것이며, 유대인이 생각하기에는 불행한 미신과 엄청난 잔인한 행위로 되돌아간 것이다! 이것은 의심할 여지도 없이 1789년의 이념에 대한 거부가 아닌가! 나치의 파괴적 광신주의의 시기에 독일 정신의 대변자였던 토마스 만은 1945년에 다음과 같이 생각했다. 독일인은 "철학적 지성주의와 계몽주의적 이성주의에 대항하는 낭만적인 반혁명의 민족이었다." 그리고 독일적 형이상학과 독일적 음악을 세상에 선사한 독일인의 내면성은 전형적으로 "독일의 이중성이라는 매우 예리한 사변과 정치적 미성숙"을 통해 인간의 공존에 마침내 부정적인 영향을 주고 말았다.[30]

그렇다. 이것은—"20세기의 신화"(로젠베르크의 유명한 책제목이기도 하다)에 매수된, 다시 말하면 전설과 거짓과 기만에 매수된—완전히 계몽된 나라의 잔인한 후퇴였다. 이것은 독일 역사에 깊이 뿌리를 내리고 있었지만 결국에는 자신이 책임져야 할 미숙함이었다. 그리고 근대의 엄청난 가능성 때문에, 근대적 학문과 기술, 산업과 대중 동원 때문에 그 결과는 중세기와 종교개혁 시기의 유대인에게 가해졌던 모든 충격보다 훨씬 더 막강했다.

우리는 다음과 같은 사실을 오늘날까지 결코 이해할 수 없다. 유대인이 정신적으로 가장 진보했던 나라에서, 많은 유대인이 팔레스타인 밖에서 다른 어떤 나라보다 더 사랑했던 나라에서, 유대인이 가장 강력한 문화적 공헌을 이룩했던 나라에서,[31] 많은 시인과 사상가와 음악가를 배출한 오랜 문화의 나라에서—일반적으로 알려지고 인정된 수년간의 박해 후에—마침내 유대인 6백만 명에게 기괴한 대량 학살이 계획되고 시행되었다. 바로 그곳에서 '**최종 해결책**'이라는 얼빠진 시도가 실행되었다. 그것은 한 민족을 완전히 제거하려는 시도였다. 그것은 유대 민족의 '쇼아Shoah'였고, '파멸' 또는

'총체적 희생', '**홀로코스트**'(대학살)였다. 다음과 같은 질문은 우리 시대에 언제나 열려 있고, 독일인 가운데서 가장 선한 사람들을 고통스럽게 한다. 책임은 누구에게 있는가? 유대 민족과 독일 민족에게, 또한 유대교 신학과 기독교 신앙과 유대인-기독교인의 대화에서 그것은 어떤 의미를 지니는가? 이 모든 것을 우리는 다루게 될 것이지만, 먼저 한 가지를 짚고 넘어가야 한다.

5. 책임져야 할 자들: 지배층들과 대중

아돌프 히틀러는 독일 역사의 '사생아'가 아니었고 일종의 '운명의 섭리'도 아니었다. 그는 비참하게 죽을 때까지 은밀한 비판에도 불구하고 대다수 독일 국민의 폭넓은 지지로 권좌에 올랐고, 심지어 오늘날에도 놀라울 정도의 충성심으로 떠받들어지고 있다. 만약 그가 1941년 권력의 정점에 있을 때 불의의 사고를 당했다면, 만약 그가 자유 서방국가에 대한 전쟁에서 승리했다면, (그리고 유대인 제거를 완성했다면), 오늘날 사람들은 그에 대해 무엇을 말할 수 있을까? 히틀러 현상은 현재까지 모든 절대적 평화주의에 의문을 제기한다. **모든** 대가를 치르더라도 우리는 평화를 선택해야 하는가? 아우슈비츠의 대가를 치르더라도 우리는 평화를 선택해야 하는가?

물론 그 당시에도 나치 야만주의에 대항한 정치적인 저항들이 있었다. 그러나 그것은 예외 현상이었지 일반적인 것은 아니었다. 당연히 우리는 통솔하는 자와 유혹을 받는 자, 명령하는 자와 복종하는 자를 구분해야 한다. 그러나 오직 양쪽에게 특별한 책임이 있다고 분명히 밝혀야 할 목표를 세워야 한다. 왜냐하면 만약 이해관계에 따라 좌우되는 '평범한 남자'와 '평범한 여자'의 **실패**가 없었더라면, 아주 일상적으로 벌어진 파시즘이 없었더라면, 나치주의 독재는 결코 형성될 수 없었고 유지되지도 못했을 것이기 때문이다. 그러나 다음과 같은 내용도 옳지만, 기념연설에서는 대개 언급되지 않고 있다. 만약 제국을 떠받치고 있었고 바이마르 공화국의 민주주의에 회의적으로 대항했던 **독일 관료정치**, **공업**,[32] **법학**,[33] **의학**,[34] **언론**,[35] **군대**[36]에서 지배적이고 압도적으로 보수적인 성향을 지녔던 지배 계층들의 관용이나 후원이 없었더라면 범죄자들의 통치가 성공할 수 없었을 것이다. 더욱이 이 점은 **대학**에게도,[37] 학생과 교수에게도 적용된다. 철학자이자 프라이부르크 대학의 총장(1933/34)이었던 마르틴 하이데거Martin Heidegger(1945년까지 당원!)[38]와 총통의 선구적 사상가이며 대법원장으로 법률을 직접 만들었던 헌법학자이자 당원 칼 슈미트Carl Schmitt[39]는 가장 유명한 사례다. 나치 정권 아래서 책임이 큰 위치에서 일했던 많은 사람들처럼 이 두 사람도 전쟁이 종결된 후에 실패를 인정하지 않았고, 회개하지도 않았으며, 죄책도 고백하지 않았다.

더욱이—그 누가 부정하겠는가!—독일 전역에 확산된 공개적이거나 잠재된 **'동쪽'에 대한 두려움**도 있었다. 그것은 소련의 10월 혁명으로 승리한 전체주의적 볼셰비즘과 이미 1918년에 위협적이었던 혼란한 소비에트 공화국에 대한 두려움이었다. 그리고 전통적인 (그리고 실제로 스페인과 폴란드와 다른 지역에서 확산된) **'반유대주의'**도 있었다. 이 모든 것은 다음과 같은 질문에 적어도 해명의 실마리를 제공해줄 수 있을 것이다. 독일에서 **유대인 억압에 맞선 그 어떤 정치적인 저항**도 일어나지 않은 이유는 무엇인가? 더 정확히 말하면, 나치의 유대인 입법, 박해와 추방과 학살에 대한 동정과 봉기, 적극적인 저항이 오직 예외적인 경우에만 일어난 까닭은 무엇인가? 그렇지만 대략 독일인 1백만 명이 유대인에 대한 그런 '조치'에 매우 직접적으로 참여했다고 사람들은 보고했다. 이러한 저항의 결핍을 설명하는 열쇠는 아마도 다음과 같은 사실에 있을 것이다. 자유주의적·자본주의적 발전을 미처 따라잡지 못하던 소매업자와 수공업자, 농부와 교양 있는 시민 계층들은 그들의 경제적·사회적 추락에 대한 책임을 이른바 부유하고 점점 더 부유해지던 유대인에게 기꺼이 전가하려고 했다. 희생양 사상이 우세했다. 그리고 국가와 은행이 추방되거나 살해된 유대인 때문에 더 부유해졌다면, 엘리트들은—여전히 반공산주의의 영향을 받으며—선두에서 깃발을 들었다.

물론 유대인 문제의 '최종 해결책'에 관해 말한다면, 독일에서는 단지 비교적 소수의 사람들만이 더 정확한 정보를 듣고 있었다. **월터 래퀴어**Walter Laqueur의 세심한 개괄은 정당하다고 볼 수 있다. "1942년에 독일인 수백만 명은 유대인들이 실제로 사라지고 있다는 사실을 알고 있었다. 주로 동부전선의 휴가병과 장교, 군인을 통해 유대인들의 운명에 관한 소문이 독일로 전해졌다. 그리고 나치 총통의 전쟁 연설에서 이주보다 더 대담한 일이 발생하고 있었다는 명백한 암시도 있었다. 어떻게 유대인이 살해되었는가 하는 지식은 오직 몇몇 사람에게만 제한되었다. 그리고 비교적 소수의 독일인들이 유대인의 운명에 관심을 기울였고, 대부분의 사람들은 개인적으로 자신들에게 더 중요한 많은 문제에 몰두해 있었다. 그 주제는 불쾌한 것이었고, 추측으로는 아무것도 밝히지 못했다. 유대인의 운명에 대한 토론 앞에서 사람들은 기겁하면서 뒤로 물러났다. 이 질문에 대한 고민은 옆으로 밀려났고, 계속 억압되었다."[40]

교회의 태도도 마찬가지였는가? 교회는 종종 다음과 같은 변명을 내어놓았다. "국가사회주의의 반유대주의는 **불경건하고 반기독교적인 범죄자의 행위**였다. 히틀러, 로젠베르크, 괴링, 괴벨스, 히믈러, 하이드리히, 아이히만과 그들을 도왔던 사람들과 앞잡이들은 대부분 세례는 받았지만 이미 오래전부터 기독교인이 아니었다. 게다가 그들은 기독교인이 되기를 단호히 거부했을 것이다. 그들은 전쟁 이후에 그들의 '천년왕국'에서 단지 회당만이 아니라 교회까지도 '제거하려고' 했던 새로운 이교도들이었다. 폐쇄되고 국유화

교회와 나치의 반유대적 조치들

교회법	나치의 조치들
기독교인과 유대인 간에 성적인 관계와 결혼이 금지됨(엘비라 총회, 306)	독일인의 피와 결혼 보호법, 1935년 9월 15일(RGBl. I, 1146)
유대인과 기독교인의 공동식사가 금지됨(엘비라 총회, 306)	유대인에게 식당차 사용이 금지됨(교통부장관이 내무부 장관에게 통지함, 1939년 12월 30일, Nü.Doc.: NG-3995)
유대인에게 공무원의 직책을 주는 것이 금지됨(클레르몽 총회, 535)	직업공무원의 회복을 위한 법, 1933년 4월 7일(RGBl. I, 175)
유대인에게 기독교인 종이나 노예를 소유하는 것이 금지됨(제3차 오를레앙 총회, 538)	독일인의 피와 결혼 보호법, 1935년 9월 15일(RGBl. I, 1146)
유대인에게 부활절 기간 동안 길거리에 나타나는 것이 금지됨(제3차 오를레앙 총회, 538)	특정한 날(예컨대, 나치기념일)에 거리에서 유대인을 추방할 수 있는 지역경찰법, 1938년 12월 28일(RGBl. I, 1676)
탈무드와 다른 유대문헌이 소각됨 (제12차 톨레도 총회, 681)	나치 독일에서 서적이 소각됨
유대인 의사에게 치료를 받은 것이 기독교인에게 금지됨(트룰란 총회, 692)	제국시민법을 위한 명령, 1938년 7월 25일(RGBl. I, 969)
유대인과 함께 사는 것이 기독교인에게 금지됨(나르본 총회, 1050)	1938년 12월 28일에 괴링(Göring)의 명령. 특정한 집에 유대인을 집단 수용해야 한다고 지시함(보르만이 로젠베르크에게, 1939년 1월 17일, Nü.Doc.: PS-69)
유대인과 기독교인은 교회 십일조를 납부해야 함(게로나 총회, 1078) 주일노동이 금지됨(서볼츠 총회, 1092)	1940년 12월 24일에 발표한 '사회균등보험료', 이에 따르면 나치에 제공한 정당 후원금을 위한 보상으로 유대인은 특별 수입세를 납부해야 함(RGBl. I, 1666)
유대인은 기독교인을 고발해서는 안 되며, 기독교인에 불리한 증인이 되어서도 안 됨(제3차 라테란 공의회, 1179, Cannon 26)	총독부의 요청, 유대인에게 민사소송 제기가 금지됨, 1942년 9월 9일(보르만이 법무부장관에게, 1942년 9월 9일, Nü.Doc.: NG-151)

교회법	나치의 조치들
유대인에게 기독교로 개종한 신앙의 형제들에게 유산을 박탈하는 것이 금지됨(제3차 라테란 공의회, 1179)	'건전한 국민감정'을 모독하는 유언서를 무위로 돌릴 수 있는 법무부의 전권, 1938년 6월 31일(RGBl. I, 973)
유대인은 옷에 유대인이라는 표시를 부착해야 함. (제4차 라테란 공의회, 1215. 표본으로 칼리프 오마르 1세가 제시됨. 634~44. 여기서 기독교인은 푸른 띠를, 유대인은 노란 띠를 착용함)	1941년 9월 1일의 지령(RGBl. I, 547)
회당 건립이 금지됨(옥스퍼드 공의회, 1222)	1938년 11월 10일에 전체 제국에서 회당이 파괴됨(하이드리히가 괴링에게, 1938년 11월 11일 Nü.Doc.: PS-3058) 나치의 조치들
기독교인이 유대교 축제에 참여하는 것이 금지됨(비엔나 총회, 1267)	1941년 10월 24일에 유대인과의 우정 관계가 금지됨(비밀경찰 명령, L-15)
유대인은 평범한 사람들과 가톨릭 신앙에 대해 토의하지 말아야 함(비엔나 총회, 1267)	
유대인은 유대인 지역에서만 거주해야 함(브레슬라우 총회, 1267)	1939년 9월 21일의 하이드리히 명령(PS-3363)
건물과 땅을 유대인에게 팔거나 임대하는 것이 기독교인에게 금지됨(오펜 총회, 1279)	1938년 12월 3일의 명령. 유대인의 땅과 건물의 강제판매에 주의해야 함(RGBl. I, 1709)
기독교인이 유대교로 넘어가거나 세례를 받은 유대인이 이전 종교로 되돌아가는 것을 이단으로 판정함(마인츠 총회, 1310)	기독교인이 유대 종교로 넘어가는 것은 그를 유대인으로 취급하게 될 위험이 놓이게 됨. 쾨니히스베르크 법원 민사4부의 결정, 1942년 7월 26일(in: 유대인 문제 기밀 동봉, 1942년 11월 1일, 82, 83쪽)
교회의 부지를 유대인에게 판매하거나 임대하는 것이 금지됨(라보르 총회, 1368)	
유대인은 기독교인 사이의 계약에서 교섭자로, 특히 결혼의 중계자로 나설 수 없음(바젤 공의회, 1434)	1938년 6월 6일의 유대인의 건물과 부동산 그리고 비유대인에게 중계하는 유대인 결혼 중계소 관련 조항들(RGBl. I, 823)
유대인은 대학 증서를 취득할 수 없음(바젤 공의회, 1434)	1933년 5월 25일 독일 학교와 대학교의 과잉금지법(RGBl. I, 225)

(출처: R. Hilberg, *Die Vernichtung der europäischen Juden. Die Gesamtgeschichte des Holocaust*, Berlin 1982, 15f.)

되고 세속화된 몇몇 교회와 수도원은 이것을 예고하지 않았는가?"

이러한 시각은 물론 잘못된 것은 아니지만 단지 절반만 맞을 뿐이다. 이것에 관해 우리는 상세하게 보고해야 할 것이다. 개신교인들의 '고백교회'가 있었고, 가톨릭 성직자 가운데서 일부는 조용히 반항적인 태도를 보였지만, 공적인 교회는 넓은 전선에서 유대인 박해에 맞서 확고한 저항을 하지 않았다. 이유는 무엇이었는가? 나는 원칙적인 대답을 제1부 역사의 관점에서 이미 설명했다. 그것은 깊게 뿌리를 내린 종교적·기독교적인 반유대주의와 관련되어 있다. 반유대주의는 요셉 괴벨스와 같은 가톨릭 교인에게도—영도자 숭배와 함께—국가사회주의를 위한 헌신의 토대였다.[41] 우리는 다음과 같은 깨달음이 비록 쓰라릴지라도 결코 침묵 속에 두어서는 안 된다. 만약 **2천 년 동안 지속된 교회의 종교적 반유대주의라는 과거의 역사가 없었더라면,** 홀로코스트에서 폭력의 정점에 이른 **인종적 반유대주의는 불가능했을** 것이다.[42] 오스트리아의 가톨릭 교인이었던 아돌프 히틀러의 사례는 이를 보여주는 수수께끼와 같은 실례가 아닌가? 그렇지만 오늘도 여전히 많은 사람들이 그의 반유대주의의 종교적 뿌리를 제대로 이해하지 못하고 있다.

6. 한 가톨릭 신자의 불행한 반유대주의: 아돌프 히틀러

나치의 반유대주의에 관해 필요한 모든 역사적 구조분석을 수행할 때, 우리는 히틀러와 그의 조력자들의 결정적인 역할을 간과해서는 안 된다.[43] 역사 기술은 수학적인 정확성에 결코 도달할 수 없다. 경제-사회적 발전과 합법성이라는 설명만으로는 충분하지 않다. 오직 구조의 역사와 정치적 역사 기술, 전기적 해석의 연결을 통해서만 우리는 진실에 공정하게 접근할 수 있을 것이다.

권력과 전제 통치, 전쟁과 유대인 학살로 이어진 히틀러의 발자취에 대해서는 예컨대 슈투트가르트 대학교의 역사가 에버하르트 예켈의 개괄적인 분석을 읽어보라. 그것은 실제로 히틀러의 "세계관"[44]과 **그의** "통치"[45]을 다룬다. 1933년에서 1945까지 독일에 관해 위대한 종합적인 결론을 이끌어낸 뮌스터 대학교의 역사가 한스-울리히 타머Hans-Ulrich Thamer의 저서 《유혹과 권세》도 읽어보라.[46] 나치의 유대인 말살 정책을 예켈은 "유대인 제거가 히틀러의 오래된 목표"였다고 주장한다.[47] 그리고 타머는 "히틀러가 정치에 등장하면서 동시에 반유대주의가 그의 정치적 사고와 선동에서 중심 역할을 했고, 그것이 언제나 그의 정책이 되었다는 사실을 간과할 수 없다"고 주장한다.[48] 다음과 같은 사실을 생각해보라. 이미 1919년 9월에 (그가 군대에 소속되어 있을 때) 히틀러는 다음과 같이 기록했다. "순전히 감정적인 이유에서 생겨났던 반유대주의는 결국 유대인 말살로 나타날 것이다. 그러나 이성理性의 반유대주의는 유대인 특권의 계획적이고 합법적인 철폐와 제거로 이어져야 한다. 유대인은 우리 가운데 거주하는 다른 외국인들과는 달리 특권(외국인 법률)을 가지고 있다. 그러나 그 마지막 목표는 분명히 전체 유대인의 제거여야 한다."[49]

이것은 무엇을 의미하는가? 히틀러가 대大 독일 민족주의자가 되기 전에 철저한 **반유대주의자**였다는 것이다. 그리고 다른 사람이 역사를 단순하게 계급투쟁으로 보았듯이, 히틀러도—나는 비극적인 전통적 노선을 이미 지적했다—역사를 **인종투쟁**으로 보았다. 그것은 바로 세계 지배를 위한 게르만 남성과 인종의 투쟁이다. 그리고 히틀러에게는 이러한 투쟁에서 특별히 정복해야 할 인종이 '국제적인 세계 유대인'이었다. 유대인은 인류의 첫 번째 원수다! 국가사회주의 운동의 중심 계획이었던 **생활공간의 점령**과 **유대인 말살** 두 가지는 아돌프 히틀러에게 처음부터 짝을 이루었다. 세계대전과 홀로코스트는 바로 여기에 근거해 있다.

이미 학생 시절, 곧 6세 때부터 히틀러는 소년 성가대원과 미사를 돕는 아이로 일해야 했고, "종종 외형적으로 휘황찬란한 교회 축제의 장엄한 모습에" 심취했으며,[50] 원시적이고 권위적인 종교 수업을 받으며 반종교적인 인간으로 변해갔다. 특히 요한복음의 반유대적인 설명('빛의 자녀'=기독교인; '어두움의 자녀'=유대인)은 이 학생에게 영향을 주었다. 그리고 그 후에도 오스트리아와 비엔나, 그곳의 교회와 기독사회당의 반유대주의적 환경을 떼어놓고는 히틀러의 유대인 증오를 생각할 수 없다. 잘 알려진 대로 이미 계몽기 이래 오스트리아 가톨릭교회는 **오스트리아 국민의 전통적인 반유대주의**를 선동했고, 군주주의와 민주주의를 반대하기 위해 의도적으로 이를 정치적인 도구로 이용했다. 오스트리아 가톨릭교회는 먼저 유대인에 대한 관용 칙서 때문에 유대인이 매우 존경했던 계몽주의적인 황제 요셉 2세를 반대했고, 그 다음에는 유대인과의 개인적인 관계 때문에 황제 프란츠 요셉 1세를 거슬렀으며, 마지막으로 '유대적인 것으로 오염되고' 도나우 군주 체제의 몰락에 책임이 있다고 여긴 자유 시민계급을 적대했다. 1918년 이후에 반유대주의의 창설자이자 기독사회당의 지도자로 가장 높은 인기를 누렸던 비엔나 시장 칼 뤼거Karl Lueger가 히틀러가 손꼽는 모범으로 여겼던 위대한 카리스마적 대중 지도자였다는 사실은 결코 우연이 아니다. 오스트리아 대학교의 역사가 프리드리히 헤어Friedrich Heer는 아돌프 히틀러의 신앙을 다룬 자신의 기념비적인 연구(1968)에서—비록 가톨릭적인 환경은 너무 적게 고찰했지만—필요한 내용을 추가했다.[51]

그렇다면 그 당시의 상황은 어떠했는가? 다양한 민족과 다양한 민족적인 요소의 도가니였던 비엔나는 19세기 말에 점점 사회적인 고통에 빠졌다. 과거의 선입견이 다시 일어나고 있었던 것이다. 1857년에 황제의 도시 비엔나에는 대략 6,200명이 거주하고 있었지만 1923년에 20만 명으로 늘어난 유대인은 경제와 상업, 의료업과 법률, 언론과 대학에서 매우 지배적인 위치를 차지했다. 그러나 1866년에 쾨니히그래츠Königgrätz에서 오스트리아가 패배한 후에, 그리고 1873년에 주식 시세가 폭락한 후에 유대인은 대중의 악화된 경제적·사회적 상황에 대한 희생양으로 다시 이용되어야 했다. 근대의 도시화와 산업화, 초기 자본주의의 헤아릴 수 없는 모든 문제점의 책임이 '유대인에게' 전가되었다. '유대인은' 모든 것의 배후에, 곧 계몽주의와 자유주의, 방종주의 배후에, 그리고 사회주의와 마르크스주의 배후에 숨어 있었다. 교회와 시민의 정당들이, 그리고 사회민주주의의 일부도 대중을 위한 투쟁에서 즉각 공동의 적을 만드는 것이 얼마나 쉬운 일이었는가! '유대인'은 단지 경제 위기의 주모자일 뿐만 아니라 교회와 성직자와 종교적 질서를 거부하는 반란자로 간주되었다. 그리고 가톨릭 교인이었던 아돌프 히틀러는 어떠했는가? 그는 비엔나와 오스트리아에서 소년 시절부터 이런 반유대주의적인 공기를 깊이 들이마시고 있었다.

그러나 이와 동시에 다음과 같은 점도 분명히 지적해야 한다. **히틀러의 개인적인 반유대주의**는 본질적으로 육체적 제거가 아니라 분리나 개종을 목표로 삼았던 교회의 **종교적 반유대주의보다 더 큰 것**이었다. 그것은 또한 본질적으로 유대인 의사들이 아니라 유대인 고리대금업자들을 목표로 삼았던 **경제적 채무자들의 사회적 반유대주의보다 더 큰 것**이었다. 그렇다. 히틀러의 반유대주의는 **생물학적·인종적인** 것이었으며, 따라서 **총제적인**—오직 '유대인'만을 겨냥한—것이었다. 과거에 수도사였던 리벤펠스의 게오르크 란츠Georg Lanz의 난잡한 노트가 이미 젊은 히틀러에게 본질적인 영향을 주었다.[52] 그러나 히틀러의 "친구 베른하르트", 곧 과거에 가톨릭 수도사였던 베른하르트 스템플레Bernhard Stempfle도 영향을 주었다. 그는 1934년에 나치 친위대원의 실수로 룀-푸치에서 사살되기 전까지 《나의 투쟁》이라는 히틀러의 전기의 편집에 참여했고, 뮌헨에서 히틀러와 가까이 지냈다(그의 죽음에 히틀러는 "이 돼지들이 나의 좋은 신부 스템플레마저 죽였구나!"라고 격

분했다).[53]

비록 히틀러가 2천 년의 역사를 지닌 로마 가톨릭교회(특히 예수회의 훈련)의 조직과 교리의 견고함과 예전의 화려한 거행에 경탄했지만, 정당의 대표가 된 뒤에는 권력자로서 독일의 주교들을 약골이라고 경멸했다는 사실은 분명하다. 그리고 비록 그가 비참한 최후를 맞을 때까지 가톨릭교회에 교회세금을 정확히 냈지만, 전쟁이 끝난 뒤에는 과묵하고 고집이 센 수많은 가톨릭 신부와 사제에 대한 복수를 꿈꾸고 있었다. 그러나 히틀러는 이 세상에서 유대인을 다른 그 누구보다도 더 증오했다.

그리고 1945년 4월 30일에 완전한 패배를 앞두고 자신의 인생을 자살로 마감했을 때, 히틀러는 그의 이념적·병리학적인 파멸 의지를 통해 실제로 자기 자신을 거의 'Holo-caust', 곧 **완전한-희생**'으로 드렸을 것이다. 단지 유대인이라는 이유로 거의 6백만 명이 죽었다. 더욱이 비유대인 강제수용소 수감자들도 50만 명이 목숨을 잃었다. 유대인-미국인이었고 아우슈비츠에서 살아남았던 엘리 비젤Elie Wiesel이 도입한 '홀로코스트'라는 단어에 문제가 없지 않다. 이것은 원래 종교적 의미에서 '전체-희생 제물'이나 '번제'를 의미한다. 그러나 죽임을 당한 유대인은 '희생 제물'이 되기보다는 살기를 원했다! 그리고 살인자들은 참으로 (도대체 누구에게?) '희생제사'를 드리기보다는 완전한 제거를 원했다. 많은 유대인이 오늘날 이러한 대량 학살을 지칭하는 단어로 '**쇼아**Shoah'를 선호하는 이유가 바로 여기에 있다. 이 단어는 이사야 47장 11절에 등장하며, '심판', 곧 '**재앙**'을 의미한다. 물론 이사야서에서 쇼아는 이스라엘이 아니라 바벨론을 지칭한다는 사실을 우리는 충분히 고려해야 한다. 물론 적절한 단어를 발견하기 전까지 우리는 가장 널리 퍼진 용어인 '홀로코스트'를 고수할 것이다.

그러나 홀로코스트에 대한 **책임의 문제**는 '영도자Führer'에 집중함으로써 아직 분명히 해명되지 않았다. 전쟁 이후에—단지 1천만 명이 넘는 당원만이 아니라—많은 사람은 거짓 속으로 도피했다. 물론 기계적이고 인구 전체로 확장된, 연합된 나치 추방 캠페인은 책임 면제를 위한 설문지에 기록된 내용을 믿게 하고, 이로써 사안이 종결되도록 잘못 유도했다. 그래서 주요 책임자가 큰 부담을 진 자로, 큰 부담을 진 자가 단순 가담자로, 단순 가담자가 책임이 면제된 자로 바뀌었다. 그 밖에도 사람들은 이제 음식과 집을 위해, 파괴된 도시의 재건을 위해, 경제생활의 재조직을 위해, 그리고 민주적 국가체제의 새로운 건설을 위해 먼저 신경을 써야 했다. 지난 일은 덮어두는 것이 상책이란 말인가!?

처음부터 감추었으며 오랫동안 억압했던 책임의 질문이 수십 년이 지난 뒤에 비로소 다시 새롭게 일어났다는 것은 전혀 놀랍지 않다. 역사가들의 논쟁과 리옹에서 벌어진 비밀경찰의 앞잡이 바르비Barbie의 '사건'과 함께 비엔나에서 유엔의 전前 사무총장 **쿠르트 발트하임**Kurt Waldheim의 사건이 기묘하게 동시에 일어났다. 기독사회당의 직접 추천을 받아 오스트리아 대통령으로 선출된 발트하임은 히틀러의 전쟁무기를 함께 만들었던 자 이상의 인물로 밝혀졌고, 많은 동지들이 거의 이상적인 동일화의 대상으로 여겼던 인물이다. 그는 자신의 책임을 부정하거나 억누름으로써 과거를 극복하려고 했다.[54]

단지 유대인 단체만이 아니라 오스트리아 안에서 수많은 사람이 제기한 발트하임의 태도에 대한 비판은 자기 성찰로 이끌기보다는 오히려 **오스트리아에서 반유대주의가** 다시 분명히 **들끓게** 만들었다. 그래서 비엔나의 보좌주교 크래츨Krätzl은 1988년 3월에 이러한 경향에 반해 견해를 표명할 수밖에 없었다. "우리는 침묵과 기다림을 통해 반유대주의를 사라지게 할 수 없을 것입니다. 얼마 전까지 저는 오스트리아에서 여전히 너무 과도하게 반유대주의를 예상하는 것은 지나친 것이라고 생각했습니다. 그러나 국가 기념일에 마리아젤Mariazell 대성당에서 반유대주의가 참으로 얼마나 비기독교적인가를 설교한 후에 저는 다른 어떤 것을 알게 되었습니다. 미사가 끝난 직후에 저는 편지와 전화를 통해 개인적으로 내 주장에 대한 강력한 비난을 받게 되었습니다. '우리 기독교인들은 유대인과 아무런 관계가 없다. 반유대주의에 대한 책임은 전적으로 오직 유대인에게서 찾아야 한다. 반유대주의에 관해 말하는 것은 단지 반유대주의를 새롭게 불러일으킬 따름이다.' 어떤 이들은 항상 거듭 언급되는 아우슈비츠 잔혹 행위는 단지 역사의 거짓말에 불과하다는 주장까지 내세웠습니다. 반유대주의의 뿌리를 캐내고 질문하는 것이 다시 필요한 듯합니다. 반유대주의는 정말로 여전히 존재하고 있습니까, 아니면 다시 새롭게 불타오르고 있습니까?"[55]

탁 터놓고 교회의 상황을 서술하려면 오늘날 특히 네 가지 문제 영역에서 추가적이고 역사적인 해명이 필요하다. 그것은 바로 독일 개신교인들의 책임, 바티칸의 책임, 독일 가톨릭 주교들의 책임, 그리고 폴란드 가톨릭교회의 책임이다.

II. 죄책의 억압

"1938년 12월 10일 밤에 동프로이센 슬로스베르크 지역 의원이었던 비하르트 폰 브레도프Wichard von Bredow는 의장에게 전보를 받았다. 그 전보는 지금 독일의 모든 회당이 불타고 있다고 전했다. 경찰과 소방대원은 개입할 수 없었다. 브레도프는 군복을 입고, 다섯 아이의 어머니인 아내와 헤어지면서 이렇게 말했다. '쉬어빈트 회당에 가서, 기독교인이자 독일인으로서 이 지역에서 발생하는 가장 큰 범죄를 막을 것이오.' 그는 목숨을 잃거나 비밀경찰에 의해 강제수용소로 보내질 수 있다는 것을 알았다. '선택의 여지가 없오!' 나치 돌격대와 나치 친위대와 당원들이 불을 지르려고 나타났을 때 그는 이미 회당 앞에 서 있었다. 그는 그들 앞에서 총을 장전하고, 회당으로 가는 길은 오직 자신의 주검을 밟고 가는 길밖에 없다고 말했다. 그러자 방화자들은 방화를 포기했다. 회당은 행정 지역에서 유일하게 파괴되지 않고 남아 있게 되었다. 그 누구도 감히 지역 의원에 맞서지 못했다."[1]

의심할 여지도 없이 우리는 1933~1945년의 테러 기간에 일어난 이런 종류의 다른 영웅적 행위를 보고할 수 있을 것이다.[2] 그러나 이런 행위는 예외적이었다. 이 회당은 파괴되지 않았지만 적어도 회당과 예배당 267개가 1938년 11월 10일 밤에 폐허로 변했다. 마치 창문 유리가 쨍그랑 소리를 내며 부서지는 듯이—이미 이러한 피해는 수백만에 이르렀다—광적인 반유대주의 선전 장관 요셉 괴벨스Joseph Geobbels는, 또는 베를린의 민중의 입(방송)은 이를 조롱하는 말투로 '제국 수정水晶의 밤Reichskristallnacht'이라고 불렀다.

1. 만약… 그렇게 행했다면, 무슨 일이 일어났을까?

의심할 여지도 없이 많은 독일인은, 개신교인이든 가톨릭 신자이든, 사회주의자든 인본주의자든 이 기간에 사건이 일어날 때마다 그들의 유대인 동료시민들을 도우려고 시도했다. 그리고 중요한 점은 사람들이 그러한 행위들을 모아서 지금까지 자세하게 문서로 작성했다는 사실이다. 단지 한 가지를 사람들은 하지 않고 있다. 그와 같은 수많은 내용 때문에 우리는 본질적인 것을 무시하고, 중요한 것을 밀어놓게 된다. '제국 수정의 밤'에 대한 몇몇 사실들은 다음과 같다.[3] 그날 밤에 8천 개의 유대인 상점이 파괴되었고, 수많은 집이 폐허로 변하고 약탈되었다. 독일 유대인 수백 명이 살해되었고 많은 사람이 폭행을 당하고 상처를 입었으며, 인간적 존엄성을 박탈당했다. 적어도 수만 명의 부유한 유대인의 재산을 빼앗으려고 그들을 감금했고, 강제로 추방하거나 강제수용소로 보냈다. 독일 유대인 52만 명 가운데 13만 명이 이미 1938년에 고향을 떠났다. 이러한 이주는 이제 더욱 가속화되었다. 그러나 그 전에 미리 재산이 몰수되거나 약탈당했다(독일에서 유대인의 전체 재산은 그 당시에 85억 마르크에 달했다).

우리는 잊지 말아야 한다. 전체주의적이고 극도로 반민주적이고 반유대적인 성향을 지녔던 히틀러의 인성과 그의 고백 문서 《나의 투쟁》과 당의 강령("유대인은 결코 국민이 될 수 없다")은 처음부터—1938년에 처음 시작된 것이 아니라 이미 1933년에—보편적으로 알려진 내용들이었다. 만약 방금 소개한 지방 의원처럼 결과에 개의치 않고 "선택의 여지가 없다!"고 말한 몇몇 다른 용감한 의원과 시장, 공무원, 군인, 경제 지도자, 대학교수가 있었더라면 많은 것을 막을 수 있지 않았을까? 만약 활동적인 기독교인과 목사, 감독과 교황이 기독교인으로서 더 큰 용기를 발휘했더라면 무슨 일이 일어났을까?[4] 구체적으로 말해보자.

첫째로 다음과 같이 생각해보자. 만약 **독일 주교들**이—1933년 3월 23일에 히틀러가 통치를 선언한 후에 놀랍게도 국가사회주의에 항복하지 않고[5]—나치의 공개적인 반유대주의적 계획을 경고하고, 자유롭게 생각하는 모든 사람에게 자행된 테러와 폭력에 즉각 공개적으로 항의했더라면 무슨 일이 일어났을까?

둘째로 생각해보자. 만약 **교황청**이—외국의 권력자로서 이미 1933년 7월 20일에 화친 협약을 맺음으로써 히틀러를 오만하게 만들기 전에—독일과 세상에게 히틀러를 경고했더라면 무슨 일이 일어났을까? 히틀러는 《나의 투쟁》과 정당의 24개 강령에서 자신의 끔찍한 의도를 분명히 드러냈고, 이미 1933년 초기에 강령에 따라서 유대인 사업가과 의사와 법률가를 보이콧하고 유대인 시민을 차별하는 조치를 시행했다.

셋째로 생각해보자. 전쟁 후에 몇 안 되는 교회의 저항운동가 중 한 사람인 마르틴 니묄러Martin Niemöller 목사가 질문했듯이, 만약 독일의 개신교 목사 14,000명이 침묵하거나 협력하지 않고 처음부터 나치 정권에 맞서 적극적으로 투쟁하고 정치적으로 저항했더라면 무슨 일이 발생했을까?

그러나 나는 이미 정치와 교회를 변호하는 사람들에게 다음과 같은 야유를 듣는다. "이 모든 것은 단지 공허한 사변일 따름이다!"

2. 모든 것은 단지 공허한 사변인가?

아니다. 완전히 현실적인 가능성이 있었다. 그리고 오늘날 역사가들의 판단은 어떤 기회를 놓쳐버리고 말았는지 보여준다. "교회는 나치의 세계관적 전체주의의 주장을 벗어나거나 그에 저항할 수 있었던 유일한 기관이었다. 그렇지만 교회는 정치적인 저항을 불러일으키지 못했다. 교회의 조직화된 행동은 실패했다. 그러나 압도적으로 보수적·민족적이었던 교회의 기본 입장은 국가에 대한 충성심을 늘 거듭 초래했다."[6]

그렇지만 나는 교회를 변호하는 사람들의 야유를 늘 듣게 된다. 홀로코스트에 대해 말하고 싶은 사람은 거기에 있었어야 한다고. 하지만 1943년에 태어난 역사가가 어떻게 그 시대를 판단할 수 있겠는가! 그렇다면 모든 역사 기술의 정당성이 실제로 박탈되는가? 나폴레옹의 전쟁 시기를 객관적이고 올바르게 판단하려면 우리가 거기에 있었어야 했는가? 참으로 거꾸로 말할 수는 없는가? 그 당시에 다만 '거기에 있지는' 않았지만, 모든 의무감과 깊은 공감 속에서 적극적으로 동참했던 사람들이 그 시대에 관해 어느 정도 객관적이고 공정한 판단을 내릴 수 있는 최후의 사람들이 아닌가? 우리가 그 당시를, 그리고 교회의 실패를 40년이 지난 지금에 더 공개적으로 말할 수 있는 이유는 무엇인가? 개신교 신학자이자 고백교회의 일원이었던 헬무트 골비처Helmut Gollwitzer는 나의 이런 질문에 다음과 같이 논리적으로 대답했다. 그 당시에 책임을 졌던 사람들이 지금 무대에서 천천히 퇴장하고 있기 때문이라고.

그렇다. 나중에 태어난 역사가들의 비판은—게오르크 덴츨러Georg Denzler는 가톨릭 진영에서 탁월한 사람이었지만, 그래서 가톨릭 동료들에게 공격을 받았다—단지 외부에서 주어진, 그리고 나중에 생각해낸 비판이 결코 아니다. 독일 가톨릭 주교들은 적절한 역사가들의 도움을 받아, 그리고 가톨릭교인들 가운데서 (산발적으로!) 일어난 '저항' 사례를 수집해 자신의 실패를 은폐하여 자신을 보호하려고 여전히 시도한다. 그러므로 혐의를 받지 않는 한 사람이 나치 시대에 나온 독일 사제단의 견해에 관해 1946년에 내린 판단을 여기서 인용해보기로 하자. 나치에 의해 파면된 가톨릭 교인으로 쾰른의 시장이었고 나중에는 서독의 첫 번째 총리가 된 **콘라트 아데나워** Konrad Adenauer가 본에 거주하던 목사 베른하르트 쿠스토디스Bernhart Custois

박사에게 보낸 1946년 2월 23일자 편지를 읽어보자.

"내 견해를 말한다면, 독일 백성과 주교와 성직자는 강제수용소에서 일어난 사건에 큰 책임이 있습니다. 그 후에는 아마도 더 많은 일을 할 수 없었을 것이라는 사실은 옳습니다. 책임은 과거에 있습니다. 독일 국민과 주교들과 성직자들 대부분은 나치의 선동에 참여했습니다. 거의 무력하게, 아니 부분적으로는 감격에 빠져서 … 나치에 순응했습니다. 책임은 거기에 있습니다. 더욱이 사람들은—비록 강제수용소 안에서 일어난 사건의 규모를 모두 알지 못했지만—다음과 같은 사실도 알고 있었습니다. 개인의 자유와 모든 법의 원칙이 짓밟혔고, 강제수용소에서 매우 잔인한 행위가 자행되었으며, 비밀경찰과 친위대와 그리고 부분적으로는 우리의 군대도 폴란드와 소련에서 시민에게 전례가 없이 잔인한 행동을 했다는 것을. 1933년과 1938년에 유대인 학살이 공공연하게 일어났습니다. 프랑스에서는 인질이 살인되었다는 사실이 우리에게 공식적으로 알려졌습니다. 나치 정부와 군대 지휘관이 근본적으로 자연법과 헤이그 조약과 인류의 가장 기본적인 명령을 늘 위반했다는 사실을 대중이 알지 못했다고 실제로 주장할 수 없을 것입니다." 아데나워의 편지는 이렇게 끝을 맺는다. "만약 모든 주교가 어느 특정한 날에 강단에서 함께 공개적으로 반대 입장을 취했더라면 많은 것을 예방할 수 있었을 것이라고 나는 확신합니다. 그런 일은 일어나지 않았다고, 그에 대해 아무런 변명도 하지 않았습니다. 만약 주교들이 이로 인해 감옥이나 강제수용소에 들어갔다면, 그것은 손해가 아니라 정반대였을 것입니다. 그러나 이 모든 것은 일어나지 않았고, 그들은 침묵이 최선이라고 생각합니다."[7]

'침묵이 최선인가'? 쾰른의 다른 위대한 가톨릭교인이자 문학가, 노벨 문학상 수상자 하인리히 뵐Heinrich Böll은 이 점을 전혀 이해할 수 없었다. 유명한 서독 총리 콘라트 아데나워도 전쟁 후에 국가와 교회에서 책임을 억누른 공동책임에서 자유로울 수 없다. 그의 생각에 따르면 분명히 그도 팽창한 프로이센-독일 제국(프리드리히 2세 - 비스마르크 - 빌헬름 2세 - 히틀러)을 계승한 히틀러 제국을 편들었다. 프로이센-독일 제국은 처음에 히틀러 제국에 반대했고, 나치에 의해 영향력을 완전히 잃게 되었다. 전쟁 후에 아데나워는 이스라엘의 초대 수상 다비드 벤-구리온과 더불어 독일과 유대인의 화해를 위한 기본협정을 곧바로 체결했다. 특히 그는—깨우쳐주기 힘든 교황 피우스 12세와는 전혀 다르게—아랍의 반대에 직면하여 정치적으로 현명하게 서독 정부가 이스라엘 국가를 인정하도록 이끌었고, 독일 내의 모든 반대자들에게 경제적인 보상도 시행했다. 그러나 1945년 이후에 그의 회복 정치와 나치까지 끌어안는 광범위한 통합 정치(글로케Gloke 사건!)로 인해—'완전히 새로운 시대가 시작되는 시간'은 없었다!—교회는 참회하지 않아도 좋을 명분을 적잖게 얻게 되었다. 지금 1990년대에 동독의 비밀요원 기록을 공개했듯이, 만약 그 당시에 진실을 명예스럽게 생각했더라면, 1940년대와 50년대의 사람들이 '정신적 내란內亂'에 빠지기보다는 도리어 깨달음을 얻었을 것이다.

그 당시와 그 다음 몇 십 년 동안 우리는 수많은 일을 소홀히 했고, 그것들은 지금도 여전히 우리를 오염시키고 있다. 나치 지배와 제2차 세계대전이 종말을 맞이한 지 50년이 지난 1995년을 더 나은 양심으로 경축할 수 있으려면 단 한 가지만이 필요하다. 그것은 확실한 몇 가지 사실에 근거하여 그 당시에 **일어날 수 있었던 것**의 지평 앞에 서서, **일어났던 것**을 다시 생생하게 재현해보는 것이다. 오직 일어난 것과 소홀히 했던 것을 솔직하게 직시할 때 비로소 우리는 책임을 고백하고 자유로워질 수 있을 것이다. 그리고 다음과 같은 설명은 후세대들의 추가적인 판단으로가 아니라 미래지향적인 과거 해결을 위한 도움으로 이해될 수 있을 것이다.

3. 저항하지 않았던 개신교인들: 독일 기독교인들

독일 개신교는 가톨릭교회와는 전혀 다르게 1918년에 근대 시민 패러다임의 위기에 직면하게 되었다. 왜냐하면 1천 년 동안 지속된 독일 제국의 몰락과 함께 근대로 접어든 400년의 개신교적 국가교회 제도도 무너졌기 때문이다. 제후들의 쇠락과 함께 개신교의 교회조직은 경제적, 정치적, 정신적·종교적으로 최초로 자립하게 되었다.[8] 그렇지만 과거의 사람들은 모든 면에서 자신들을 독일 국가와 독일의 전쟁과 동일시했다. "하나님이 우리와 함께 계신다"! 그렇다면 지금은 어떠한가? 그들은 처참한 패배 후에, 그리고 베르사유 평화조약에 조인한 다음에도 그렇게 주장할 수 있었을까? 물론 교회 지도부의 사랑을 별로 받지 못했던 바이마르 공화국과의 화해를 통해, 그리고 독일 개신교 교회연합과 조직의 도움으로 지금 자치적인 개신교 지역연회Landeskirche는 새로운 민족적 일치를 찾을 수 있었고, 덕망 높은 많은 신학자와 수많은 단체와 연합체와 함께 다시 힘을 얻게 되었다.

물론 독일 개신교는 강력한 독일적·민족적 전통 때문에 처음부터 가톨릭교회보다 훨씬 더 쉽게 국가사회주의에 기울었다. 그리고 1933년 '새로운 구원'의 해에 사람들은 새로운 질서를 형성한 1918년과는 다르게 처음부터 나치에 적극적으로 참여하기를 원했다. 우리가 곧 알게 되겠지만, 가톨릭교회가 주로 '제국 협약' 때문에 히틀러에게 항복하고 광범위한 지지를 열광적으로 보여주었다면, 대부분의 개신교회는 처음부터 국가사회주의 운동에 공개적인 지지를 표현했다. 왜냐하면 바로 이러한 지지는 마르크스주의와 자유주의, 무신론에 대한 거부를 동시에 의미했기 때문이다. 가톨릭 신자들에게 '제국 협약'이 있었다면, 많은 개신교 신자들에게는 약속된 '제국 교회'가 있었다. 그리고 가톨릭 신학자들은 나치와 가톨릭교회의 관계를 대수롭지 않게 자연적 질서와 초자연적 질서의 관계(나치는 '자연적' 영역을 이끌고, 가톨릭교회는 '초자연적인' 영역을 이끈다!)로 비유했다면, 개신교인들이 본받아야 할 위대한 인물은 마르틴 루터였다. 루터 안에서 기독교 정신과 독일 정신, 개신교와 국가사회주의는 처음부터 연결되어 있었다. 사람들은 민족과 민족성, 민족운동이 이제 '하나님이 원하시는 창조질서'에 속한다고 생각했다. 1933년 2월 28일의 민주주의 기본 법률의 폐지에 맞서, 또는 1933년 3월 22일의 전권법에 맞서, 또는 강제수용소의 건설에 맞서 왜 저항해야 하는가? 새로운 정권은 첫날부터 테러 정권으로 등장했지만, 테러는 사람들이 좋아하지 않았던 사람들, 곧 공산주의자와 사회민주주의자, 유대인을 겨냥하고 있었다. '섭리'의 사람 아돌프 히틀러와 함께 마르크스주의와 유대교와 무신론자들에 반대하면 안 될 이유와, 독일의 민족적 재탄생과 독일 민족의 사회 개혁을 지지하면 안 될 까닭이 없었다.

국가사회주의자들은 상황을 노련하게 이용했다. '**독일 기독교인들**'의 신앙운동과 함께 국가사회주의 정당은 1920년대 말에 이미 개신교 교회 내에 정치 단체의 동조자 조직을 장악할 수 있었다. 처음에는 개신교 목사의 5분의 1이 이 운동에 참여했지만, 훨씬 더 많은 평신도들도 참여했다. 그리고 이 운동은 교회와 국가사회주의의 통합을 위해 곧바로 예정된 것이었다. 더 정확하게 말하면 이 운동은 국가에 완전히 복종하는 교회, 영도자Führer의 원리에 따라 획일화된 교회로 발전했다. 국가와 교회의 평화적인 공존으로 이해된 루터의 '두 왕국 교리'는 처음부터 이를 위해 가장 좋은 신학적 근거를 제공하는 것으로 생각되었고, 국가에게는 중요한 통치 영역을 허용하는 것으로 여겨졌다. 만약 국가가 교회의 자율을 존중한다면 교회도 국가에 간섭하기를 원하지 않았다. 교회는 기껏해야 유대인-기독교인에게 책임을 져야 한다고 느꼈다. 나머지 유대인에 대한 책임은 국가에 돌아갔다.[9]

이미 1932년 5월 26일(!)에 드러난 '독일 기독교인들'의 신앙운동 노선은 '긍정적인 그리스도 신앙'을 요구했는데, 그것은 독일적인 루터 정신과 영웅적인 신앙과 일치했다. "우리는 인종과 민족성과 국가를 하나님이 우리에게 선사하시고 위탁하신 삶의 질서로 여긴다. 이를 잘 보존하는 것은 우리에게 하나님의 법이다. 따라서 인종 혼합을 거부해야 한다. 독일의 이방 선교는 자신의 경험에 근거하여 오래전부터 독일 국민에게 외쳤다. '너의 인종을 깨끗하게 보존하라!'"[10] 따라서 가톨릭 교회법에서는 처음부터 배제되었던 것이 개신교회에서는 가능하게 되었다. '제국의 감독', 곧 히틀러가 지지한 예전의 군목 루드비히 뮐러Ludwig Müller 아래 '제국 교회'가 신속하게 설립되었던 것이다.

이러한 발전은 필연적으로 특히 **유대인 문제**에 비극적인 영향을 끼쳤다. 왜냐하면 국가가 이에 관해 교회의 복종을 매우 신속히 요구했기 때문이다. 이미 1933년 9월 6일에 옛 프로이센 연합총회는 집단적인 저항을 받았음에도 국가의 아리안 조항을 교회의 영역 안에서도 적용하기로 결의했다. "아리안 혈통의 사람이 아니거나 비非아리안 혈통의 사람과 결혼한 자는 교회의 목사나 직원이 될 수 없다. 비아리안 혈통의 사람과 혼인한 아리안 혈통의 목사나 직원은 해고되어야 한다."[11] 물론 이제는 교회 내부에서도 반대 운동이 매우 신속히 생겨났다.

4. 교회 내부의 반대와 죄책 고백

총회가 열린 지 며칠 뒤에 마르틴 니묄러 목사의 주도에 따라 '목사긴급동맹'이 설립되었다. 같은 해인 1933년에 이미 목사 6천 명가량이 이에 가담했고, 한 선언에서 그들은 교회가 "오직 말씀을 충실히 따르고 성서의 올바른 해석인 종교개혁자들의 신앙을 충실히 따르는 가운데서 직무를 말씀의 봉사자로" 세워야 한다고 천명했다.[12] 그렇지만 한 가지 조건이 있었다. 많은 목사들이 국가의 영역에서 아리안 혈통의 제한을 무조건 인정하려고 했기 때문에 4번 조항이 첨가되었다. "나는 그와 같은 의무 사항에서 아리안 조항을 적용함으로써 교회의 영역 안에서 신앙의 상태가 손상을 입게 되었다고 증언한다."[13] 그리고 개신교 대학 교수들은 어떠했는가? 에어랑엔 대학 교수들은 한 의견서에서 (파울 알트하우스Paul Althaus와 함께![14]) 교회가 아리안 조항을 도입하는 것을 지지했지만, 마르부르크 대학 교수들은 (루돌프 불트만Rudolf Bultmann과 함께![15]) 이를 반대했다.

그러나 '독일 기독교인들'이 나치의 이념과 특히 알프레드 로젠베르크의 민족적 종교를 점점 더 명백하게 추종하자(그들은 아리안 혈통의 영웅 예수를 위해 '유대교의' 구약성서와 '랍비' 바울을 거부했다!) 그들은 교회의 기반을 점점 더 잃고 말았다. 그래서 그들은 작은 집단으로 해체되었고, 제국의 감독은 교회를 더는 효과적으로 조종할 수 없게 되었다. '언론자유제한법'을 통해 정권은 이제 설교단에서 모든 교회정치적 견해를 표명하는 것을 금지했다. 여기서 우리는 우리의 임무와 무관한 역사 이야기를 무한히 이어갈 수도 있을 것이다. 너무 일찍 타계한 나의 튀빙엔 동료 클라우스 숄더Klaus Scholder는 두 권의 책에서 "1918~1934년의 복잡한 전前역사와 망상의 시간"과 특히 "1934년 각성의 해"에 바르멘 총회와 함께 일어났던 극적인 발전에 관해 매우 풍부한 기록을 남겼다. 그의 저서 《교회와 제3제국》은 점차로 표준 작품이 되었다.

가톨릭 영역과는 달리 개신교에서는 나치 정치에 동의한 사람들과 나란히 공개적으로 저항한 사람들도 있었다는 사실을 아는 것이 중요하다. 비록 **전체주의적 정권에 맞선 적극적인 정치적 저항**은 없었지만, **교회 내부의 조직적인 저항**은 있었다! 목사긴급동맹이 위기에 빠졌을 때, 국가의 모든 획일화와 박해 시도에 저항했던 **고백교회**가 설립되었다. 고백교회는 당시에 본에서 가르치고 있던 스위스 개혁교회 소속 신학교수 **칼 바르트**Karl Barth에게 자극을 받았다.[16] 그와 '변증법 신학'의 동료들은 국가를 포함한 모든 영역에 미치는 '그리스도의 통치 주장'을 실현하려고 했다.

이것은 1934년 5월에 열렸던 **바르멘 고백총회**에서 분명히 표현되었다. 여기서 예수 그리스도를 교회의 유일한 '주'라고 천명했는데,[17] 이것은 나치가 주장한 '영도자 원리'에 대한 분명한 거부로 이해되었다. 물론 고백교회는 유대인 문제에 아무런 견해도 표명하지 않았다. 왜냐하면 고백교회의 교리적 기독론은 유대인 예수에게서 출발하지 않았기 때문이다. 그러나 칼 바르트는 이미 그 당시에 교수 자격을 박탈당했고, 그 후에는 바젤에서 가르쳤다.[18] 1936년 5월에야 비로소 고백교회의 임시 지도부는 정권의 인종 정책과 횡포에 반대하는 문서를 작성했다.[19] **마르틴 니묄러**는 1937년에 강제수용소에 갇혔고, 유대인 박해와 처형에 반대한 선구자였던 **디트리히 본회퍼**Dietrich Bonhoeffer는 설교와 집필 금지명령을 받았다. 그는 독일 권력의 절정기였던 1940년에 한 정치적 저항단체에 가담했고, 히틀러 암살을 시도한 다음에 1944년 7월 20일에 처형되었다.[20] 그렇지만 오직 복음만을 의지한 고백교회는 교회와 정권 사이의 날카로운 갈등이 계속되었지만 전쟁이 끝날 때까지 보존될 수 있었다. 왜냐하면 가장 힘들었던 시기에 고백교회는 단지 많은 목사들만이 아니라 수많은 신자들에게도 버팀목이 되었기 때문이다. 1940년에 실시된 인구조사에 따르면 독일인의 95%가—지도자가 각성할 일로서—자신의 교회, 곧 개신교회와 가톨릭교회에 소속되어 있었던 것으로 알려졌다.

우리는 전쟁 후에 나치의 테러 아래서 겪었던 무한한 고난에 교회도 공동의 책임을 지고 있다고 표명한 것이 바로 독일 개신교회였다는 사실을 인정해야 한다. 1945년 10월 19일에 '**슈투트가르트 죄책고백**'[21]에서 개신교위원회는—물론 유대인은 언급되지 않았고, 무슨 일이 벌어졌는지 여전히 눈멀어 있던 많은 개신교인들의 분노를 자아냈지만—다음과 같이 선언했다. "우리는 많은 민족과 국가에게 무한한 고통을 안겨주었다. … 우리가 더 용기 있게 고백하지 못했고 더 진실하게 기도하지 못했으며, 더 즐겁게 신앙하지 못했고 더 뜨겁게 사랑하지 못했다는 것을 우리는 뉘우친다." 그리고 1947년 8월 8일에는 고백교회의 **'다름슈타트 선언'**이, 비록 여기서도 유대인이 언급되지 않았지만 더 분명하게 견해를 표명했다. 이 선언에는 마르틴 니묄러와 나중에 서독 대통령이 되었던 구스타프 하이네만Gustav Heinemann도 동참했다. 그러나 베를린의 유명한 감독 마르틴 디벨리우스Martin Dibelius와 같은 다른 사람들은 이것을 지나친 주장이라고 여겼다. 왜냐하면 불행의 원인을 히틀러 한 사람에게 먼저 물을 수 없기 때문이다. "마치 독일인의 존재를 통해 세계가 치유될 수 있는 것처럼 자신의 특별한 사명에 대해 꿈꾸기 시작했을 때 우리는 잘못된 길로 접어들었다. 이로 인해 우리는 정치권력을 무절제하게 사용하기 시작했고 우리 민족을 하나님의 보좌 위에 올려놓았다. 우리가 국가를 내적으로는 하나의 강력한 정부 위에 세우고, 외적으로는 오직 군사적 권력 확장 위에 세우기 시작했다는 것은 비극적인 일이었다."[22]

1945년 이후에 유대인 문제에 개입하는 것이 독일 개신교에게는 얼마나 어려웠는지, 인종 때문에 박해를 받은 기독교인들과 특히 유대인-기독교인들을 얼마나 돌보지 않았는지, 교회의 반유대적인 전통을 얼마나 정리하지 않았는지, 그리고 공개적인 책임 선언보다는 유대인 선교에 얼마나 더 많은 관심을 기울였는지는 1950년 4월에 발표된 독일 개신교의 "유대인 문제에 관한 발언"의 전前역사가 보여준다.[23]

더욱이 **탈나치화 비판** 방식을 통해 다수의 감독과 교회 지도부는 불행하게도 그들이 국가사회주의와 얼마나 가까이 지냈는지를 감추도록 도와주었다. 많은 사람들은 여전히 존재해 있는 독일 민족적 사고에 사로잡힌 채—그들의 목적을 말로 인정하면서—군사정부의 탈나치화 조치를 방해했고, (특히 주범들을 심판할 기회가 마침내 주어진 1948년에) 나치의 범행을 대수롭지 않게 여기도록 지원했으며, 그들을 옹호하는 자들에게 늘 불순한 동기를 부여했다. 그들은 이렇게 여러 조치가 실패하도록 기여하지 않았는가?[24]

그러나 개신교회가 세계적 차원에서 유대교와 관계를 맺는 것이 얼마나 어려웠는지는 **세계교회협의회**가 특히 잘 보여준다. 1948년에 암스테르담에서 개최된 첫 번째 총회(교황 피우스 12세 아래 있던 가톨릭교회는 참가를 거절했다)는 "유대인을 대하는 기독교인의 태도"에 관한 최종 보고서를 받아들였고, 이를 각 교회에 전달했다. 1954년에 에반스톤에서 개최된 두 번째 총회는 이와는 반대로 주제였던 "우리의 소망 그리스도"를 위해 이스라엘과 관련된 성서 구절을 인용하는 것을 거부했다. 그 이후로 이 주제는 진기하게도 세계교회협의회 총회에서 더는 등장하지 않았다. 신학적 문제를 다룬 선언으로서 반유대주의와 근동의 갈등 관련 선언도 분명히 있었다. 그러나 1968년에 웁살라에서 개최된 총회는 이스라엘 국가에 대해 아무런 언급도 하지 않은 채, "중동 지역의 상황에 대해"라는 제목의 선언서를 발표했다는 것은 또다시 주목할 만하다. 이것은 외교적 배려였는가, 신학적 위축이었는가, 아니면 기독교인의 솔직함의 부족이었는가?

그러나 전쟁 시기와 전쟁 이후의 시기에 유대교에 대한 개신교회의 태도는 이 정도로 충분하다. 가톨릭교회는 어떠했는가?

5. 침묵한 교황: 피우스 12세

형식적으로 '오류가 없는' 설명을 하지 못할 때—다른 독재 정권과 매우 비슷하게—사람들이 실수를 용인하기란 매우 어렵다는 사실은 아마도 '교황의 무오성' 주장과 연결되어 있을 것이다. 물론 무오성 주장은 공식적으로는 '오직' 교리와 윤리와 관련된 것이지만, 교황의 모든 진술은 간접적으로 그와 일치하는 신비한 후광으로 둘러싸일 수 있다. 그렇기 때문에 한 번의 실수를 인정하는 것도 이미 무오성 주장 전체를 뒤흔들 수 있지 않겠는가? 여기서 우리는 '천상의 목자Pastor Angelicus' **교황 피우스Pius 12세**를 총체적으로 평가할 수는 없다. 로마 유학 시절인 1948~1955년 초창기에 나는 세상의 모든 사람처럼 그를 칭송했다. 그러나 나는—여기서 우리가 다루게 될 주제로 그의 독재적인 '내부 정치'와 매우 외교적인 '유대인 정책' 때문에—그의 정책을 점점 비판하지 않을 수 없게 되었다. 그는 가톨릭 공의회 이전까지 중세적·반종교개혁적·반근대주의적 패러다임의 확실한 마지막 대리인이었고, 제2차 세계대전 이후(1950)에는 '무오한' 마리아론을 결정함으로써, 그리고 노동자 사제를 금지하고 그 시대의 가장 유명한 신학자를 해임함으로써 매우 단호한 행동을 보여주었다. 그러나 그는 국가사회주의와 반유대주의에 관한 공식적 판단에는 처음부터 매우 소극적이었다.

그 이유는 무엇이었는가? 짧게 대답해보자. 그의 인격과 경력에 비추어 볼 때, 에우제니오 파첼리Eugenio Pacelli는 1. 분명히 친독일적이었고, 독일인 동료들에게 완전히 둘러싸여 있었고('독일인의 교황'), 2. 특히 법적이고 외교적으로 생각했지, 신학적이고 복음적으로는 생각하지 않았고, 3. 목회와 인간에 관심을 갖기보다는 교황청과 제도에 매여 일했고, 4. 1918년 뮌헨에서 충격적인 경험('소비에트 공화국')을 한 이후로 폭력적인 접촉과 공산주의에 대한 두려움에 사로잡혀서 극도로 권위적·반민주적·반공산적인 성향을 보이게 되었고('영도자-가톨릭주의'), 그래서 5. 전체주의적인 나치즘과 실용적이고 반공산주의적 동맹을 맺기 쉬운 소질을 지니고 있었기 때문이다. 전문적인 외교관 파첼리에게 중요했던 것은 '교회의 자유'였다. 이 자유는 최대한 많은 국가에게 새로운 교회법과 교회제도를 승인 받는 것으로 이해되었다. 새로운 교회법은 그의 공동 노력을 통해 제정되었고, 한창 전쟁 중이던 1917년에 세계 주교들의 동의 없이 선포되었던 새로운 중앙집권적인 법(*Codex Iuris Canonici*)이었다. '인권'과 '민주주의'는 이 교황에게 근본적으로 낯선 것이었다. 그리고 유대인에 관해 말하자면, 이미 추기경이었던 그에게 예루살렘과 그의 백성은 더는 하나님의 도시와 하나님의 백성이 아니었다. 그렇다. 로마인이었던 그에게 로마는—로마인이 아니라 로마, 그리고 항상 로마는—새로운 시온이었다. 그리고 로마의 신앙으로 살아가는 모든 백성은 그에게 로마의 백성이었다. 이처럼 중세적 · 반유대적인 의미에서 파첼리는 **로마-가톨릭적인** 인물이었다.[25]

긍정적으로 진술해보자. 추기경단 총무였던 파첼리는 1939년 3월 2일에 잡자기 교황으로 선출되었고, 처음부터 마지막까지 '**교회의 사람**'이었다. 로마 유학시절에 나는 그의 개인비서였고 가장 신뢰할 수 있었던 로베르트 리베르Robert Lieber에게서 직접 그 말을 들었다. 더 분명히 말한다면, 이것은 무엇을 의미하는가? 피우스 12세는 다른 사람들의 묘사와 자신의 묘사와는 정반대로 '거룩한 사람'이 아니었다. 그렇지만 이 맥락에서 결정적인 질문은 이렇다. 에우제니오 파첼리는 이 시대를 위해 절실히 필요한 예언자와 같은 인물이었는가?

파첼리는 온 세계에 깊은 인상을 심어준 교회의 군주였다. 그는 교황으로서 먼저 교회의 제도와 바티칸에 관심을 돌렸고, 그래서 국가사회주의와 유대교 정책 때문에 **양심의 갈등**을 겪었다. 확실히 유대인 학자 핀카스 라피데Pinchas Lapide는 그의 호의적인 연구 《로마와 유대인》(1967)에서 가톨릭 교인들이(〈가톨릭 신문〉은 "교황"이라고 말했다) "수십 만" 명의 유대인을 명백한 죽음에서 건지고 싶었다고 적절히 말했다(나는 여기서 매우 불확실한 숫자놀이에는 끼어들고 싶지 않다). 그러나 살해된 유대인 6백만 명과 비교한다면, 그게 무슨 대수란 말인가?

분명한 세계사적 사실은 다음과 같은 것이다. 추기경단의 총무였던 에우제니오 파첼리는 이미 1931년(!) 8월에 가톨릭 신자였던 제국의 수장 브뤼닝Brüning에게 국가사회주자들과의 동맹을 강하게 요구했다. 브뤼닝이 이를 거절하자 그와 관계를 끊었다. 파첼리는—여기서도 그는 '오직' 교회와 로마 교황청에만 관심을 기울였다—세계의 대중 앞에서 히틀러를 정치적으로 유례가 없이 높이 평가했다. 무솔리니와 맺은 라테란 협약(1929)의 전례를 따라서 그는 1933년 6월 20일에 새로운 정권과 제일 먼저 국제 협약을 체결했다. 그것은 갈색 옷을 입은 '영도자'가 권력에 오른 지 겨우 몇 달 뒤에 체결된 불행한 '**제국 협약**Reich Concordat'이었다.[26] (그 후에 스페인의 독재자 프랑코와 포르투갈의 살라자르와도 협약을 체결했다.) 파첼리가 감수한 것은 다음과 같다. 이 협약의 결과로 히틀러의 외교정책은 승인을 받았을 뿐만 아니라, 가톨릭 신자들은 나치 체제 안으로 통합되었다. 왜냐하면 32조항("비정치화 조항")은, 이미 무솔리니 협약에서도 그러하듯이 가톨릭 성직자들에게 모든 정치 행위를 금지했기 때문이다(물론 고위 성직자 자이펠Seipel, 오스트리아 수상, 슬로바키아 대통령 티조Tiso의 사건들이 보여주었듯이 정치 행위는 불확실한 측면을 포함하고 있었다). 그러나 이보다 더 중요한 것이 있었다. 31조항에 따르면 가톨릭 단체의 중립화는, 물론 독일 주교들은 이미 1928년부터 이를 시행하고 있었지만, 평신도 단체와 가톨릭적인 중앙정당의 완전한 배제를 목표로 삼았다.[27] 이로써 전체주의적인 일당 독재가 활개를 칠 결정적인 준비가 되었다.

가톨릭교회를 통제하지는 않았지만 실제적으로 **정치적 중립화**를 선고한 것은 얼마나 비극적인 갈색 테러 정권의 잘못된 판단이었던가! 이것을 어떻게 설명해야 하는가? 첫째, 이미 언급했듯이 전통적인 로마인으로 법률가이자 외교관이었던 파첼리는 교회를 제도(가톨릭 단체, 학교, 연합체, 목양

서신, 자유로운 종교 활동의 보호)로 한정했다. 둘째, 협정 중계자였던 카아스Kass 주교가 솔직히 말했듯이, 파첼리의 **독재적인 교회 이해**와 히틀러의 **독재적인 국가 이해** 사이에는 친화성이 있었다. 그의 교회 이해는 반개신교적 · 반자유주의적 · 반사회주의적 · 반근대적이었고, 히틀러의 국가 이해는 파쇼적인 것이었다. '일치', '질서', '훈련'과 '영도자 원리Führer Principle', 이 모든 것은 자연적 · 국가적 영역에서만이 아니라 초자연적 · 교회적 영역에도 적용될 수 있지 않은가?

여하튼 뮌스터 대학교 교리사 교수 미카엘 슈마우스Michael Schmaus, 브라운스베르거 대학교 교회사 교수 요셉 로르츠Joseph Lortz, 튀빙엔 대학교 교수 칼 아담Karl Adam과 같이 그 당시에 '진보적이었던' 독일 가톨릭 신학자들도 그렇게 생각했다. 이미 1933년에 유명한 교리사가 아담은—'민족의 수상' 히틀러를 열광적으로 찬양("그는 남부 가톨릭 지역 출신이었지만 우리는 그를 알지 못했다")한 후에—다음과 같이 지적했다. "민족주의와 가톨릭 사상은 본질적으로 서로 대립하지 않고", 오히려 "자연과 초자연"처럼 서로 짝을 이루고 있다. "독일의 순수혈통 요구"는 "구약성서의 하나님의 계시 노선" 위에 있다. 그리고 그것은 "그에 상응하는 조치를 통해 그의 민족의 순수한 혈통을 보존하는 국가의 권리이자 의무다."[28] 1943년에도 여전히 아담은 예수 그리스도가 '유대인의 후손'이 아니라는 점을 보여주기 위해 마리아의 '무염수태' 교리를 입증하려고 애썼다. 왜냐하면 예수의 "어머니 마리아는 우리가 비난하는 유대인 혈통이 지닌 추악한 기질과 능력과는 육체적 · 도덕적으로 전혀 상관이 없었기 때문이다." 아담의 이런 노력은 마리아 교리가 무너졌다는 사실을 보여준다.[29]

또다시 말하지만, 핀카스 라피데가 (많은 로마-가톨릭 변증가들은 중요하게 생각하지 않지만) 피우스 12세를 전면적인 공격에서 보호했다는 것은 칭찬할 만하다. 피우스 12세가 "유대인을 위해 아무것도 하지 않았고", 그가 인종차별주의자가 아니면 반유대주의자였고, 비겁했거나 바티칸의 경제적 이익을 보호하려 침묵했다고 주장하는 것은 실제로 잘못이다. 오히려 진실은 이렇다. 파첼리는 특히 전쟁 말엽에 외교적인 조치와 박애적인 도움을 통해 특히 이탈리아와 로마에서 **몇몇 유대인**이나 유대인 단체를 구조하려고 노력했다. 그리고 두 번에 걸쳐—1942년 크리스마스 연설에서, 그리고 1943년 6월 2일에 열린 비밀 추기경단 회의에서—인종 때문에 박해를 받는 '불행한 사람들'의 운명을 짧고 포괄적으로 그리고 추상적으로 슬퍼했다. 이것은 의문의 여지가 없다. 그러나 근본적인 질문은 남아 있다. 이 역사적인 시기에 이것은 충분한 것이었고, 이 땅에서 '그리스도의 대리자'라고 주장하는 그에게 이것은 충분한 것이었는가?

명백히 아닐 것이다. 이 **교황이 행하지 않았던 것**과 비교해볼 때, 이 모든 것은 무슨 소용이 있었는가? 이것도 사실이며, 이 교황의 개인적인 배경은 여기서 몇 가지 점을 이해할 수 있게 해준다.

1. 그의 모든 견해 표명에서 교황은 놀랍게도 일반적인 어법을 사용했다. 그는 '불행한 사람들'에 관해 말했다. 그와는 정반대로 전통적·반유대적인 로마 가톨릭 신학의 영향을 받은 그는 '**유대인**'이라는 단어를 **공개적으로 결코 사용하지 않았다**. 정무차관의 직접적인 감독 아래 발행되는 로마의 예수회 문서는 같은 시기에 반유대적인 논문을 발행했다.

2. 파첼리는 백성의 모든 권리를 파괴한 **독일의 폴란드 침공을** 단 한 마디 말로도 비난할 필요성을 분명히 느끼지 않았다. 폴란드 침공은 (물론 가톨릭 국가의) 백성 전체를 불행으로 빠뜨린 것이었다. 그는 그 어떤 항의문서도 공개적이든 비밀리든 베를린에 전하지 않았다. 오히려 그는 이러한 범죄에 항상 자신의 '중립성'을 선언했고, 기껏해야 폴란드 백성의 고통에 동정심을 표현할 뿐이었다. 이 폴란드 국민의 대표자들이 그에게 한 마디 말을 해

달라거나 지원의 몸짓을 보여달라고 간청했지만, 그는 이 가톨릭 백성에게 효과적인 도움을 주지 않았다.[30]

3. 교회정치적이고 교회법적으로 사고한 교황은 자신의 '직업적인 왜곡' 때문에 **외교**와 **협정**의 영향을 극도로 **과대평가했다.** "서류에 없는 것은 세상에 존재하지 않는다*Quod non est in actis non in mundo*"라는 고대 로마의 격언은 그에게는 거의 반대 의미도 지닌 것이었다. "서류에 있는 것은 세상에 있다*Quod est in actis est in mundo*."

4. 단호한 반시온주의자였던 그에게 **두 가지 정치적 목적**은 귀찮은 유대인 질문보다 무한히 더 중요했다. 하나는 모든 것보다 두려웠던 **소련 공산주의**에 대한 전투였는데, 이 전투에서는 독일이 승리했다. 다른 하나는—여기서 역시 당연히—**교회라는 제도**를 보존하는 것이다. 교회는 전쟁 중에도 보존되어야 했다. 그에 비해 특정한 소수자들의 관심은 중요하지 않았고, 근본적으로 세계 평화도 뒷자리로 던져졌다.

5. 자신의 전임자 피우스 11세(그는 1937년에 나치에 반대하며 〈심각한 우려와 함께Mit brennender Sorge〉라는 교서를 발표했다[31])의 주관 아래 작성된 **인종차별주의와 반유대주의에 반대하는 교서**를—어쨌든 1938년은 너무 늦었고—교황 파첼리는 출판하지 않았다.[32] 그가 유대인을 위해 공적으로 헌신한 네덜란드의 주교들을 지원하지 않았기 때문에 나치의 앞잡이들이 자유롭게 행동할 수 있었다.

6. 비록 매우 늦었지만(1941), 히틀러의 미친 '열광적인 계획'에 대항한 독일의 유일한 주교(1941년, 뮌스터의 클레멘스 아우구스트 그라프 폰 갈렌Clemens August Graf von Galen)의 공적인 투쟁은 폭넓은 대중적인 영향력을 발휘했다(1940년 가을 이후에 이미 통보된 주교회의는 아무런 저항도 일으키지 못했다). 그리고 유대인을 위해 공개적으로 헌신한 덴마크의 루터교회 주교들도 성공적이었다. 그럼에도 파첼리는 정무차관과 교황으로서 **반유**

대주의에 맞선 모든 공적인 투쟁을—다른 때에는 그는 수천 건의 가능한 모든 주제의 요청에는 자신의 견해를 표명했지만—회피했거나, 심지어 나치가 처음부터 줄곧 악용한 협정의 파기(또는 파쇼적인 이탈리아와의 협정 파기)마저 회피했다.

우리는 다음과 같은 사실을 숨겨서는 안 된다. 이미 제2차 세계대전 이전에도,

— 1933년의 협정 이전과 이후 나치의 범행을 항의하지 않았다.

— 1935년의 뉘른베르크 인종차별법을 항의하지 않았다.

— 1936년의 무솔리니의 에티오피아 침공을 항의하지 않았다. 그는 무솔리니를 하나님의 섭리를 통해 세계의 수도와 종교의 중심지로 예정되었던 로마 제국을 복원한 사람이라고 공개적으로 칭찬했다.

— 1937년의 교서 〈심각한 우려와 함께〉에서 유대인 박해를 항의하지 않았다. 이 교서에 '인종'이라는 단어는 한 번 등장하지만, '유대인'이라는 단어는 전혀 언급되지 않았다. 그러나 유대인을 '그리스도 살인자'라고 거듭 비난했다.

— 1938년 11월 9/10일의 이른바 '제국 수정의 밤'에 발생한 제국의 소수 인종 박해를 항의하지 않았다.

— 1939년 5월 20일에 캔터베리의 대주교 랑 박사가 제안했지만, 보헤미아와 모라비아를 합병하려는 히틀러의 거침없는 정복 충동을 교회의 다른 지도자들과 공동으로 항의하지 않았다.

— 1939년 성금요일에 파쇼적인 이탈리아의 알바니아 침공을 항의하지 않았다.

— 1939년 9월 1일에 국가사회주의 범죄자들이 제2차 세계대전을 일으킨 것을 항의하지 않았다.

세계는 기다렸지만 헛된 일이었다. 피우스 12세에게서 평화를 위한 호소는 점점 사라졌다. 그는 항상 거듭 자신의 '중립성'을 강조했다. 그는 많은 희생자에게 자신의 동정심을 표현했지만, **전쟁 기간에도 침묵하기를** 더 좋아했다. 단지 유럽 전역에서 발생한 독일인의 악질적인 전쟁범죄에 대해서만, 그리고 1941~1945년 동안 크로아티아에서 우익 급진적-가톨릭적 우타샤Utasha 정권이 정통 세르비아인 최소 1만 명에게 행한 민족적·정치적인 대량 살상에 대해서만 그가 침묵한 것이 아니다.[33] 그는 세계의 역사에서 가장 큰 대량 살상이었던 **유대인 말살**에 대해서도 침묵했다. 1942년 이래 그는 이에 관해 (베른의 눈치오 베르나디니Nuncio Bernardini와 러시아의 이탈리아 군목을 통해서) 서방의 모든 지도자보다 더 많은 정보를 얻고 있었다. 그리고 전쟁 중에 유일하게 정치적 능력을 소유한 독일 베를린의 콘라트 폰 프레이징Konrad von Preysing 주교에게, 유대교 단체에서, 루즈벨트 대통령과 서방의 다른 국가수장들에게, 그리고 마지막으로는 팔레스타인의 고위 랍비 헤르초크Herzog에게 공식적인 견해를 요청받았을 때에도 파첼리는 (자신의 두 가지 목적에 집착한 나머지) 마음을 돌리지 않았다. 또한 독일인이 로마를 잠깐 비폭력적으로 점령하던 기간(1943년 10월에서 1944년 6월까지)과 그 후에도 그의 태도는 바뀌지 않았다. 바로 이 시기는 헝가리 유대인들이 아우슈비츠 가스실로 끌려감으로써 '최종 해결책'이 정점에 도달했던 시기였다.[34]

분명히 피우스 12세는 개인적으로는 전혀 비겁한 자가 아니었지만, 나치의 보복 조치에 근거가 없지 않은 두려움을 느끼고 있었다. 먼저 가톨릭교회에 대한 보복의 두려움을 느꼈고, 그리고—독일군이 로마를 점령한 후에는—바티칸에 대한 보복의 두려움도 느꼈다. 그렇기 때문에 1943년 10월에 로마의 유대인들이 후송되고 있었을 때, 그 당시 바티칸의 독일대사였던 **에른스트 폰 바이체커**Ernst von Weizsäcker는 베를린에 다음과 같이 보고했다.

비록 "교황"이 사방에서 "소문이 쇄도하더라도, 심지어는 교황의 창문 아래서 사건이 일어나더라도, 그는 로마에서 일어난 유대인 후송에 대해 명시적인 견해를 전혀 표명하지 않았다."[35] 게다가 교황은 "독일 정부와 로마에 있던 독일 부서와의 관계를 훼손하지 않으려고 난처한 이런 문제에 대해서도 최선을 다했다." 물론 10월 25/26일에는 교황청에서 교황의 박애 행위에 관한 공식 설명회가 개최되었다. 그러나 이런 문서에서 늘 그러하듯이, "매우 장황하고 모호했다." 교황은 "국가와 종교와 인종을 구분하지 않고 모든 사람을 아버지처럼 돌보신다"는 것이다. 대사는 다른 말도 덧붙였다. "오직 소수의 사람들만이 … 그 말투를 유대인 문제에 대한 특별한 언급으로 이해할 것이기 때문에 이 출판물에 이의를 제기하는 사람들은 매우 적을 것이다."[36]

다음과 같은 사실은 너무나 역설적이다. 비록 교황 파첼리가 전쟁이 끝난 1949년에 (교황청 선거에 대한 이탈리아인의 근시안적인 관심 때문에) 세계의 모든 공산주의 당원을 단숨에 파문하기를 조금도 주저하지 않았지만, 그는 히틀러와 히믈러, 괴벨스와 보어만(괴링과 아이히만과 나치의 다른 지도부 사람은 명목상 개신교인이었다)과 같은 매우 유명한 '가톨릭 신자들'과 집단 살인자들은 파문하지 않았을 뿐만 아니라, 공개적으로 재판하지도 않았다. 또한 그는 반유대주의적 성향의 가톨릭 고위 성직자와 점령된 슬로바키아 국가원수 티조, 반유대적인 우스타샤Ustasha의 지도자 안테 파벨리치Ante Pavelic와 프랑스의 마샬 페탱Marshal Pétain에 대해서도 완전히 침묵했다. 그러나 그는 전쟁 후에 '이탈리아기독교민주당'의 위대한 반파쇼적 지도자였고 이탈리아의 첫 번째 수상이었던 알치데 데 가스페리Alcide de Gasperi를 결코 받아들지 않았다.[37] 데 가스페리는 파시즘 통치 기간에 바티칸에서 도서관 보조 사서로 일했다. 이탈리아에 군주 체제가 유지되기를 원했고 나중에는 데 가스페리에게 신新파시스트들과의 선거동맹까지 종용했던 파첼리는 너무나 성직자답지 못했고, 너무나 비굴했다.

6. 바티칸 외교와 요한 23세

우리는 미국 가톨릭 사제 존 몰리Jonh Morley의 주장을 회피할 수 없다. 그는 그동안에 출간한 11권의 자료 총서《1939~1949년 홀로코스트 기간 동안의 바티칸 외교와 유대인》에 근거하여 다음과 같이 주장했다.[38] 바티칸은 전쟁 시기 첫 해에 주로 **세례 받은** 유대인들을 위해 애썼다. 거의 자기 목적이 된 외교에 몰두해 있었던 바티칸은 수많은 유대인의 고난을 완전히 무시했다. 소리만 거칠게 내는 교황의 외교에 관해 몰리는 문자 그대로 다음과 같이 말했다. "교회법을 보호할 경우에는 외교가 매우 적극적이었지만, 유대인 문제를 위한 개입은 기껏해야 부차적이었고, 최악일 경우에는 미미했다." 그래서 그는 다음과 같이 요약했다. "유대인에 관한 바티칸의 외교는 여기서 가능할 수도 있었던 모든 행동을 하지 않았기 때문에 홀로코스트 기간에는 실패했다는 결론이 나온다. 바티칸의 외교는 자기 자신 앞에서도 실패했다. 왜냐하면 유대인들을 무시하고, 그들이 박해를 당할 때에 인권을 위해 개입하기보다는 이처럼 자제의 목표를 따름으로써 바티칸은 자신이 스스로 설정한 이념을 배반했기 때문이다. 교황대사와 추기경단 총무, 특히 교황 자신도 이러한 비극적 상황에 책임이 있다."[39] 이것은 특히 교황 자신에게 적용된다. 그는 유대인을 향해 개인적으로 아무런 동정심도 보이지 않았고, 오히려 그들을 하나님을 살인한 민족으로 여겼기 때문이다. 그는 로마 이념의 패권주의적 대리자로서 그리스도를 로마인으로 보았고, 예루살렘이 로마로 대체되었다고 생각했다. 따라서 그는 이미 처음부터—자신의 전임자들과 로마의 모든 고위 성직자들처럼—**팔레스타인에 유대인 국가가 설립되는 것을 반대했다.**

다음과 같은 사실은 더 의심할 필요가 없다. 자신이 신뢰했던 현명한 독일인 수녀 파스콸리나 레네르트Pasqualina Lehnert[40]와 추기경 에우제니오 티스랑Eugenio Tisserant과 다른 사람들이 나치 정권에 대한 분명한 입장 표명을 요구했을 때, 교황 자신은—홀로코스트 관련 정보가 점점 더 늘어남에도—공개적으로 침묵했다. 이것은 정치적인 것 이상이었다. 그것은 오히려 도덕적인 실패였다. 그것은 **모든 형태의 탁월한 '그리스도의 대리자'임을 주장한 한 기독교인이 정치적인 기회를 무시한 채 도덕적 저항을 거부한 행위로,** 오늘날까지도 이해될 수 없는 일이다. 그러나 더 이해하기 힘든 사실은 다음과 같다. 바로 그 교황은 **전쟁 후에 자신의 실수를 억눌렀고,** 특히 프랑스에서 가톨릭 내부의 반대자들을 일방적으로 통제함으로써 실수를 보상했다. 새로운 반근대적 교서 〈모든 인류*Humani generis*〉(1950)에 따라서 그는 세 명의 프랑스 예수회 관구장과 유명한 예수회 신학자 테야르 드 샤르댕Teihard de Chardin, 앙리 드 뤼박Henri de Lubac, 앙리 불리야드Henri Bouillard(그리고 다른 세 명의 교수)를 파면했다. 또한 그는 직업사제 금지령에 따라서 매우 덕망 있는 도미니코회 신학자 크뉴M.-D. Chenu와 콩가르Y. Congar, 페레H.-M. Féret도 파면했다. 그리고 가장 이해할 수 없는 사실(또는 오직 고약한 전前역사를 볼 때에만 이해할 수 있는 사실)은 다음과 같은 것이다. 히틀러와 다른 독재자들과 조약을 맺었던 피우스 12세는 홀로코스트 이후 1958년에 그가 죽을 때까지 민주주의 국가 **이스라엘에 대한 외교적 승인을 거부했다.**[41]

왜냐하면 교황 피우스 12세는 다음과 같은 사람이었기 때문이다.

그는 분명히 최상의 목표를 품었고, 가톨릭 성서주석의 이정표가 된 교서(〈성령의 영감*Divino afflante Spiritu*〉, 1943)를 출판했다. 그러나 중요한 것들(예전 개혁, 교회 일치, 반공주의, 종교의 자유, 유대인 문제, '현대 세계') 가운데서 거의 모든 것이 후계자와 공의회에 의해 수정되어야 했다.

그는 그 이전의 어떤 교황보다 더 공개적으로 말했지만, 그 시대의 가장 큰 범죄에는 침묵했다.

그는 자신의 교회를 위해 쉬지 않고 일했지만, 그의 직무 기간에 발생한 가장 큰 재앙에는 수동적이었다.

그는 가부장적으로 가톨릭 신자들에게 어린아이처럼 순종할 것을 요구했지만, 오직 '교회'와 교회의 '법'과 그 기관과 그 제도를 보호하려는 목적으로 신자들에게 히틀러와 무솔리니, 프랑코와 살라자르에게도 그렇게 순종할 것을 강요했다.

그는 기독교의 진정한 적들과는 협정을 맺었지만, 자신의 교회의 모든 '이탈자들'과 '개혁자들'에게는 무자비한 교회투쟁을 이끌었다.

따라서 이 교황은 모든 외적인 화려함에도 불구하고 참으로 **'기독교인의 비극'**이었다.

그러나 25년 지난 1963년에 '기독교인의 비극'이란 부제목을 붙인 연극, 롤프 호크후트Rolf Hochhuth의 〈**대리자**The Representative〉에 저항했던 그는—1988년에 뮌헨에서 이루어진 새로운 공연에 즈음하여 그곳의 대주교와 독일 주교들 총무, 교육부 장관, 획일화된 교회의 언론기관이 한목소리를 냈듯이—역사를 편견 없이 배우지 못했다는 사실을 입증했을 뿐만 아니라, 그 사이에 아무것도 더 배우지 않았다는 사실도 증명했다. 그가 교황 요한 23세의 말을 자신의 것으로 삼았더라면 더 좋았을 것이다. 호크후트의 연극에 맞서 우리가 무엇을 행할 수 있겠는지를 묻는 질문에 요한 23세는 한나 아렌트Hannah Arendt의 말을 따라서 이렇게 말했다고 한다. "행한다고요? 우리가 진리에 맞서 무엇을 행할 수 있나요?"

바티칸은 어느 날 자신의 책임을 고백했고, 이스라엘 국가를 인정했으며, 그와 동시에 그에 관한 **모든** 자료를 편견 없이 역사적 연구에 사용할 수 있도록 허용했다. 그러나 이렇게 되기까지 이를 알지 못했던 주교들과 사주를 받은 가톨릭 신자들은 화가 났지만, 〈대리자〉의 근본 문제는 (저자 호크후트의 모든 주제가 아니라) 항상 토론의 대상이 되었다. 뮌헨 왕립 오페라 극장에서 이루어진 〈대리자〉의 공연에 즈음하여 요아힘 카이저Johachim Kaiser가 한 논평에 덧붙일 내용은 전혀 없다. "바뀐 것이 너무 적지 않은가? 호크후트가 논쟁 대상인 자신의 〈대리자〉에서 비난했던 가톨릭 체제의 대변자들과 교황 피우스 12세가 히틀러의 유대인 학살에 한때 너무나 **전략적으로**, 너무나 **정치적으로** 행동했고—칼 야스퍼스Karl Jaspers나 골로 만Golo Mann과 같은 사람은 이 드라마를 진지하게 받아들였지만—지금은 연극을 보고서도 역시 **전략적·정치적으로** 책임을 회피한다는 사실을 비판적이고 자유로운 사상가들이 어떤 풍자로 인식할 필요가 있지 않겠는가? … 호크후트가 강조했던 도덕적 개입의 절박함에 직면하여 신앙적인 기독교인들도 분명히 당황하는 편이 나을 것이다. 그렇지만 그들은 경제적 지원을 받고 있던 뮌헨 오페라 극장이 이 연극을 공연하지 못하도록 25년 동안이나 압력을 가했다."[42]

13세기에서 지금까지 로마 가톨릭의 반유대주의에 대해 가장 큰 책임을 지고 있는 바로 그 기관이 참으로 더 세심하게, 더 기독교적으로 대응하지 못했다는 사실은 정보를 알고 있었던 모든 가톨릭 신자에게도 공공연한 걸림돌이다. 비록 **교황 요한 바오로**John Paul **2세**가 1986년 4월 13일에 떠들썩한, 그러나 '역사적으로는' 의미가 없는 회당 방문을 시도했지만, 유감스럽게도 이 걸림돌은 세상에서 결코 제거되지 않았다. 폴란드 교황 아래서도 바티칸은 책임을 명확하게 고백하지 않았고, 이스라엘 국가를 외교적으로 승인하지 않았다.[43] 이 사실은 유대인 국가에 대한 로마 가톨릭 지도층들과 그들의 정치의 깊은 혐오감과 내적인 모순을 입증해줄 따름이다. 교권주의와 친나치주의의 결합은 이미 그 당시에도 이탈리아 사람들이 유대인을 제거하도록 허락했다고 유명한 이탈리아인-유대인 역사가였고 피사 대학교와 시카고 대학교 교수였던 아르날도 모밀리아노Arnaldo Momigliano는 죽기 전에 자신의 마지막 저서에서 말했다.[44] 그리고 그 당시에 매우 파쇼적이었고 지금도 여전히 독재적인 로마 가톨릭 지도자들은 오늘날까지도 유대인에게 (간신히 위장한) 의심을 품고 있다. 비록 이라크가 텔 아비브를 로켓으로 처음 공격한 후에 요한 바오로 2세가 전쟁 확산과 희생자들을 슬퍼했지만, 이스라엘의 이름을 부르는 것은 강하게 회피했다는 사실은 많은 가톨릭 신자들을 마음 아프게 했다. 피우스 12세의 침묵을 기억한 로마의 유대인 공동체는 이에 항의했고, 이스라엘 국가를 마침내 인정하라고 교황에게 다시 호소했다. 그동안에 전 세계의 수많은 가톨릭 신자들도 다음과 같이 질문했다. 온 세상에 끊임없이 개종을 설교하는 사람이 참으로 신뢰를 얻으려면 자기 자신부터 먼저 개심해야 하지 않겠는가?

교회는 로마 가톨릭교회에게 상황이 완전히 비참하게 보이지 않는 것을 교황 **요한 23세**의 공로로 간주한다. 그는 유대인과의 관계에서도 진로를 다르게 설정한 첫 번째 로마 가톨릭 교황이었다. 그는 터키 교황의 대리자로 제2차 세계대전 동안 이미 유대인 수천 명을, 특히 어린이들을 (무기명의 세례 증서를 통해) 루마니아와 불가리아에서 구출했다. 1958년에 교황이 되었을 때, 그는 이미 같은 해에—그의 전임자 피우스 12세가 유대인의 요청에도 불구하고 항상 거부했던—성금요일 중보기도 시간에 유대인에게 우호적인 기도를 드리기 위해 '불충성한 유대인'에 반대하는 기도("*Oremus pro perfidis Judaeis*")를 삭제하도록 지시했다. 이것은 당연히 유대 민족에 대한 새로운 태도의 신호로 이해되었다.[45]

1960년에 이 교황은 처음으로 수백 명이 넘는 미국 유대인의 한 단체를 영접했고, 그들이 놀랄 정도로 성서에 나오는 이집트의 요셉 이야기로 그들에게 인사를 건넸다. "저는 요셉, 당신들의 형제입니다!"(*Son io, Giuseppe il fratello vestro!*). 그는 직무적인 이름 대신에—새로운 시작의 표현으로—자신의 본래 이름인 주세페Giuseppe를 성서 인용 안에서 표현했다. 하루는 갑자기 (모든 관례적이고 예고된 언론의 혼잡이 없이) 교황은 우연히 몰려든 유대인을 축복하기 위해 그의 차를 로마의 회당 옆에 세웠다. 로마의 고위 랍비도 교황이 죽기 전날 밤에 가톨릭 신자들과 함께 깨어 기도하려고 베드로 광장으로 갔다는 사실은 전혀 놀라운 일이 아니다. 교황 요한 23세는 부임한 지 5년도 되지 않았지만 획기적인 임무를 수행한 후 1963년 7월 3일에, 너무 일찍 사망했다. 그가 매우 급히 소집한, 그리고 1962년 가을에 처음으로 모인 **제2차 바티칸 공의회** 후였다.

이러한 정신 안에서 소집된 1965년의 공의회는—전통적인 반유대적 로마 가톨릭 지도층과 중동의 주교들의 강력한 반대도 받았지만—'비기독교적인 종교와 교회의 관계'에 관한 획기적인 선언 〈우리의 입장*Nostra Aetate*〉을 마침내 마무리했다. 이날은 1965년 10월 28일, 곧 7년 전에 교황 요한이 선출된 날이었다. 이 선언 제4항은 공의회 문서에서는 처음으로 모든 시대의 유대인들에게 무한한 슬픔을 초래한 질문에 명료한 대답을 주었다. 그것은 예수의 죽음에 대한 그 당시 유대인이나 심지어 오늘날의 유대인의 '집단적 책임' 관련 질문이었다. 공의회는 분명하게 선언했다. "비록 유대인 지도층이 그들의 추종자들과 함께 그리스도의 죽음을 강요했지만, 그래도 우리는 어떤 구분도 없이 그의 고난 사건에 대한 책임을 그 당시에 살았던 모든 유대인에게나 오늘날의 유대인에게 떠넘길 수 없다." 이와 동시에 사람들은 이 문서에서 교회의 편에서 로마서 9~11장에 나타난 사도 바울의 설명을 마침내 숙고했다. 이 본문은 교회의 역사에서 매주 자주 외면되어왔다. 교회가 하나님의 새로운 백성이라는 사실에서 우리는 유대인이 "하나님에게 버림을 받았거나 저주를 받았다"라고 추론해서는 안 된다.[46]

물론 이미 그 당시에도 많은 유대인과 기독교인은—교황 요한은 이미 죽었다—가톨릭교회 전체가 엄청난 대량 살상과 기독교적 반유대주의의 오랜 역사 이후에 단지 '탄식'이라는 애매한 표현을 사용했던 사실을 이해하지 못했다. '유죄 판결'이라는 말은 선언문 원본에서 다시 삭제되었고, 교황 요한 바오로 2세도 자신의 미국 방문에 즈음하여 '아우슈비츠'라는 단어를 침통하게 표현했다. 그러나 그는 전형적으로 가톨릭적인 반유대주의나 심지어 로마 가톨릭적인 반유대주의에 유죄 판결이라는 분명한 단어를 사용하기를 오랫동안 회피했다. 그렇다면 독일 가톨릭 주교들은 어떠했는가? 그들은 어떤 역할을 했는가?

7. 항복한 주교들: 독일 주교들

독일 주교들은 이미 19세기에도 근대적인 국가에 저항했다. 그들은 '문화투쟁' 속에서 근대 국가와 대립했지만, 제1차 세계대전 후에 새롭게 태동한 바이마르 민주주의에 대해서도 유보적인 태도를 보였다. 그들은 딜레마에 빠졌다. 그들은 신학적으로는 자유주의와 사회주의를 거부했지만, 실천적으로는 자신들의 이익을 위해 민주주의 체제를 가급적 이용하기를 원했다. 그렇다면—이 짧은 단락의 유일한 주제인[47]—국가사회주의에 대한 그들의 견해는 어떠했는가? 그들은 인종정책 때문에 국가사회주의를 거부했지만, 반자유주의와 반볼셰비즘은 동정적으로 바라보았다("빨갱이보다는 나치가 더 좋다"). 그들은 자신의 교회적 반유대주의에 근거하여 인종적 반유대주의에 대해서도 모순된 태도를 드러냈다.

따라서 파첼리와 친분이 깊었고 가톨릭의 정치적 지도자였던 루드비히 카아스 주교가 그의 중앙당과 함께 **히틀러의 '수권법'에 찬성**하고, 그래서 미래의 '영도자'를 위해 다수의 결정적인 추종자들을 만들어낸 것은 이런 역사적 배경에서 그리 놀라운 일은 아니었다. 오늘날 가톨릭 역사가들도 인정하듯이, 이것은 "**독일 가톨릭교회의 근본적 과오**"였다.[48] 개신교 역사가 클라우스 숄더Klaus Schoder도 비슷하게 이를 "가톨릭교회의 항복"이라고 표현했다. 물론 오늘 역사적으로 더 명확하게 규정한다면, 그것은 일차적으로 히틀러가 약속한 "제국 협약" 때문에 생겨났다![49] 숄더도 주장했듯이, 그 이전의 "독일 가톨릭교회는 '로마가 더 중요한 협약 정치의 이유 때문에 이러한 전선을 제거하는 것이 반드시 필요하다고 여길 때까지'! 교회와 정치 전반에 걸쳐 놀라운 안정감과 폐쇄성을 유지하며 국가사회주의를"[50] 거부했다. 물론 위험하고 순응주의적인 이 폐쇄성 탓에 교회는 정치적으로 행동하지 못하게 되었다. 바티칸의 전환에 놀란 독일 주교들은 마침내 모두 협력하게 되었다. 그들에게 중요한 것은—'외부의 사람들', '다른 사람들'(공산주의자, 사회주의자, 슬라브인, 유대인)의 운명과 민주주의 전반에 대한 관심보다는—오직 교회를 종교적·문화적·교육적으로 보호하는 일이었다. 그들은 '제국 협약'이 교회를 보호해줄 것이라고 믿었다. "히틀러의 강요와 카아스의 정치, 로마의 소망과 망상은 독일 주교들을 실제로 항복과 다르지 않은 상황으로 이끌었다."[51]

항복? 체제에 맞선 정치적인 저항에 대해서는 이제부터 더는 언급될 수 없었다. 저항이 전혀 정당화될 수 없었던 것은 단지 레오 13세가 발전시킨 가톨릭의 공식적인 국가교리 때문만은 아니었다. 우리가 이미 보았듯이, 더욱이 가톨릭교회는 협정(탈정치화 조항과 협회보호 조항)을 통해 자발적으로 **정치적 행동 금지**를 의무화했다. 따라서 설교에서 저항과 권면은 분리되었고, 청원은 대부분 소용이 없었다. 그렇다. 비록 진리는 공식적으로 명확하고 분명하게 고백되었을는지는 몰라도, 교회는 이 모든 것을 다시 언급할 필요를 느끼지 않았다. 그러나 유감스럽게도 독일 주교들이 자신을 아무리 옳다고 변명하더라도, 공식적으로 너무 자주 침묵하거나 은폐했던 것이 무엇인지는 분명히 언급해야 한다.

1. 사악한 짓: 잘 알려진 나치-인종차별주의적 유대인 학살에도 불구하

고, 다른 사상을 지닌 사람들에게 가한 온갖 테러 행위에도 불구하고 독일 주교들은—히틀러와 카아스, 바티칸이 초래한 상황에 근거하여—1933년 3월 23일에 히틀러가 통치를 선언한 후 며칠 만에 권력을 장악한 국가사회주의자들에게 **항복했다**. 이 사건은 많은 성직자들과 평신도들을 매우 놀라게 만들었다. 그들 가운데 많은 사람들은 그 후에도 여전히 정권에 맞선 암묵적인 저항을 계속했다.

2. 더 사악한 것: 오직 교회의 '독립성'에만 신경을 쓴 독일 주교들은 국가사회주의 시기 동안에도 **유대인을 위해** (그리고 적지 않게 체포된 가톨릭 사제들과 평신도를 위해서도) **공개적인 발언을 한 번도 하지 않았다**. '제국 수정의 밤'과 폴란드 침공 이후에도 범죄를 자행하는 나치 정권에 완전히 충성했고, 1940년 이후부터는 대부분의 독일 주교들도 독일 승리를 위해 점점 더 자주 기도했다.[52]

3. 더욱더 사악한 것: 전쟁 직후인 1945년 8월에 쓴 목회서신에서 특히 자신들의 학교를 위해서는 애타게 염려했고, 그리고 그 당시에도 여전히 유대인을 나치 방식으로 '비非아리안'이라고 불렀던 독일 주교들은 **오늘까지 주교들의 잘못에 대한 명백한 고백을 회피하고 있다**.

4. 가장 사악한 것: 전쟁이 끝난 뒤 거의 50년 동안 성직자들은 교황 칭송과 자화자찬을 통해, 변호와 시복식과 설문지 조사와 역사가들을 통해 침묵과 묵인과 교회기관과의 협력을 **'저항'이라고 꾸며대기** 위해 모든 것을 했다. 저항의 진정한 영웅들은 유대인을 위해 공개적으로 기도하고 다하우로 가는 도중에 살해되었던 베를린 대성당의 수석 신부 **베른하르트 리히텐베르크**Bernhart Lichtenberg와 처형당한 예수회 신부 **알프레드 델프**Alfred Delp, 평화운동과 일치운동을 주도하다가 참수형을 당한 **막스 요셉 메츠거**Max Joseph Metzger 박사였다. 마치 이 사람들과 몇몇 다른 사람들이 교회의 성직자들을 지지했고, 그들이 (그리고 군복무를 거부한 자들도) 대부분 버림을 받지 않

았던 것처럼 변조되었다. 너무 늦었지만 만약 최소한 1941년의 두 번째 강림주일에 모든 설교단에서 낭독하려고 계획된 나치 정권을 철저히 청산하려던 목회서신이 가결되었더라면, 또는 매우 온화하게 작성된 1942년 3월의 목회서신이 가결되었더라면 얼마나 다행이었겠는가? 그러나 국가기관에 문서로 발송된 청원서들은 전무했다. 또한 교황의 뜻도 유대인을 제거한 뒤에 분명히 교회도 해산할 수 있었던 정권에 대해서는 단 한 번도 명확한 견해를 공개적으로 표명해서는 안 된다는 것이었다.

물론 독일 가톨릭 주교들은 나치주의자가 아니었다. 그리고 목회 현장의 사제들은 여러 영역에서—일반적으로 개신교 성직자들보다 훨씬 더 많은 영역에서—비순응적인 거부의 태도를 보여주었다. 그리고 일상에서 저항의 힘과 구체적인 고백의 용기를 보여준 많은 가톨릭 신자들에 관한 '명백한' 증언도 있었다.[53] 그러나 주교들과 성직자들은 처음부터 '종교적' 영역으로 뒷걸음쳤다. 그리고 그들은 많은 논쟁이 벌어졌지만 모든 공개적인 저항을 항상 포기했다. 물론 1941년에는 주교 자문위원회가 공식적인 선언의 중요성을 극적으로 표명한 적이 있었다. "만약 독일 주교들이 독일 교회를 위한 결단의 시간에 신적이고 자연적인 권리를 공개적으로 손상하는 행위를 공식적으로 비난하고, 그와 함께 수백만 명의 영혼을 위해 미리 결단을 내렸다면, 이것은 언젠가 엄청난 역사적인 의미를 지니게 될 것이다. 다른 한편으로 만약 주교들이 침묵한다면, 단지 잠시 동안만이 아니라 수십 년이 지나서도 비非가톨릭 신자들에게 결단의 기회가 차단될 것이다. … 더욱이 '성공하느냐, 실패하느냐?' 하는 질문은 중요하지 않다. 결정적인 질문은 지금 시점에서 '우리의 의무는 무엇인가?', '양심이 요구하는 것은 무엇인가?', '하나님과 신앙의 백성이 주교들에게 기대하는 것은 무엇인가?' 하는 질문이다."[54] 하지만 개신교 지도자들이 함께 저항하기 위해 주교들에 다가갔지만, 아무런 공개적 선언도 표명되지 않았다.

그리고 **유대인**에 대해서는 어떠했는가? 뮌스터의 그라프 갈렌 주교는 앞서 언급했던 바대로 마침내 정신 질환자들의 살해에 맞서 (그리고 나중에는 가톨릭 기관의 폐쇄와 재산 몰수에 맞서) 공개적으로 항의했던 유일한 주교였다.[55] 그러했던 그도 나치 사상에 동조했고, 로마 가톨릭 노선에 충실했으며, 잘 알려진 대로 유대인을 위해 한 번도 발언하지 않았다. 그렇지만 그의 사촌이자 베를린의 주교였던 콘라트 폰 프레이징Konrad von Preyssing은 1937년에도 나치 정권에 대해 명백한 대결 전술을 구사했고,[56] 저항 정신을 품었던 로텐부르크 주교 요한 밥티스타 스프롤Johann Baptista Sproll은 (특히 1938년 4월에 오스트리아 합병을 위한 투표를 공개적으로 거부함으로써) 유일하게 공개적인 대결을 감행하다 추방을 당했다.[57] '유대인'이란 단어를 독일 주교들은 교황처럼 공개적으로 전혀 거론하지 않았다. 전쟁 후에 작성한 첫 번째 목회서신에서도 마찬가지였다!

유대인 문제에서 주교들은 완전히 실패했을 뿐만 아니라, 이 실패는 독일에서 교황 요한 바오로 2세 아래 시행된 시복식을 통해서도 가려질 수 없었다(시복식은 많은 가톨릭 신자들에게도 이런 실패를 전혀 확신 있게 깨닫지 못한 교회 기관의 자기봉헌 행사로 이해되었다). 교회는 자신의 실패를 설득력 있게 알리지 않았다. 예수회 수도사 **루페르트 마이어**Rupert Mayer(그는 제1차 세계대전 중에 장교였기 때문에 손상을 입지 않았다)와 유대교 카르멜 교단의 수녀 **에디트 스타인**Edith Stein과 같은 불굴의 인물들은 존경을 받아야 한다! 그러나 많은 카르멜 교단의 수도사와 수녀가 시복식 행사에 즈음하여 다음과 같이 질문했다. 유명한 철학자이자 평신도 신학자였던 에디트 슈타인이 독가스로 죽임을 당한 것은 그녀가 유대인 출신으로 1933년에 교황에게 인종 증오와 반유대주의를 반대하는 교서를 (헛된 노력이었지만) 요청했기 때문이 아니라, 그녀가 가톨릭 수녀였기 때문인가? 여하튼 유대인이었던 그녀는 카르멜에서 완전히 고립되었고, 이해되지 못했다. 그녀가 연행될 때 교회의 성직자들과 수녀원장의 항의는 어디에 있었는가? 더욱이 쾰른에서 시복식이 거행될 때(1987), 사람들은 교황에게 아무런 말도 듣지 못했다.[58]

따라서 1989년에 카르멜 교단의 수녀원이 하필이면 그 당시에 **강제수용소였던 아우슈비츠**의 땅에—눈에 띄는 상징인 거대한 십자가와 함께—세워져야 한다고 했을 때, 우리는 기독교인으로서 많은 유대인들의 항의를 이해해야 했다. 분명히 그곳의 수녀들의 동기는 존경할 만한 것이었다. 그러나 폴란드의 수장 추기경 요셉 글렘프Joseph Glemp의 입장 표명과 폴란드 교황의 침묵은 가톨릭 성직자들의 반유대주의에 대한 (그리고 정직함에 대한) 질문을 또다시 불러일으켰다. 유대인과 기독교인의 세계적인 저항이 있은 뒤에야 비로소 행동은 중단되었다. 그렇지만 1990년 10월에 내가 아우슈비츠에 갔을 때는 십자가가 세워져 있었고 지금도 여전히 건재하다. 온 세계의 유대인에게 아우슈비츠는 기독교인이 차지해서는 안 될 **유대인의 공동묘지**라는 사실을 우리는 진정으로 이해할 수 없는가?

이 이야기를 우리는 여기서 더는 진행할 수 없다. 가톨릭의 비판적인 역사가 **게오르크 덴츨러**Georg Denzler의 작품을 다시 언급하기로 하자. 그는 모든 공식적인 책임 회피, (일반적인 '무지'와 '교회의 저항'에 관한) 신화 창조와 미화에 맞서 용감하게 싸웠다. 여기서 우리는 독일 주교들의 매우 비열한 태도에 관한 유익한 지식을 문자 그대로 읽을 수 있다.[59] 또한 우리는 강제수용소에서 고난을 받았음에도 죽을 때까지 그와 관련된 행동을 조사하기를 거부한 가톨릭 신부들의 파렴치한 행위에 관한 모든 필요한 지식도 읽을 수 있다. 그 이유는 무엇이었을까? 나치의 파시즘에 대한 특정 주교청의 그 당시의 입장이 분명히 드러날 수 있었기 때문이다. 강제수용소에서 고생했던 프라이부르크 교구 소속 신부 11명이 전쟁 후에 '나치의 콘라트Brown

Conrad'를 (그리고 나치 시대에 그들의 대주교였던 그뢰버Gröber도) 비통하게 고발했지만, 그들의 노력은 헛된 것이었다. 거의 모든 교구마다 그들과 비슷한 신부들이 있었다. 그러나 "전쟁 후에 교회가 (특히 바티칸이) 나치를 어떻게 도와주었는지"에 대한 정보가—많은 관련 출판물을 제시한 에른스트 클레Ernst Klee의 방송 프로그램 〈면책 증명서와 가짜 증명서〉를 통해—1991년에야 비로소 대중에게 널리 알려졌다.

(유감스럽게도 대법원이 '적법하다'고 선언한) '제국 협약'으로, 그리고 수억의 교회세로 무장한 독일 가톨릭교회는 세계에서 가장 관료적이고 가장 부유한 교회가 되었다. 전쟁 후에 독일 가톨릭교회는 자신의 백성과 그들의 고통에 대해서는 오만하고 신속하게 눈을 감았고—세계 주교단의 우익 노선 위에서—다른 견해를 가진 사람들, 청년과 학생 단체에 속한 사람들, 종교 교사들, 상담자들, 신학자들을 무자비하게 억압했으며, 그들을 외적·내적 망명으로 내몰았다. 1945년에 교회는 현저히 새롭게 시작했지만, 교회의 시작은 참으로 국가의 시작보다는 미약한 것이었다.

그렇다. 나치 정권이 무너진 지 35년 만에, 그리고 제2차 바티칸 공의회가 종결된 지 15년 만에 **가톨릭 주교회의**는 어쩔 수 없이 유대인 문제에 대한 견해를 표명했다. 1980년에야 비로소! 그때도 주교들은 **자신들의** 역사적인 **공동책임**을 분명히 고백하는 것처럼 보이지 않으려고 모든 노력을 기울였다. 따라서 우리는 마침내 이 단락의 결론에 이르게 되었다. 왜냐하면 〈교회와 유대교의 관계에 관한〉 독일 주교들의 선언이 1980년 4월 28일에 실망스럽게 취소되었기 때문이다.[60] 그것은 신학자들과 평신도 단체들의 영향 아래 이미 1975년에 **서독 가톨릭 주교회의 선언**에서 표현되었던 분명한 책임 고백을 다음과 같이 인용했다.

"우리는 최근에 유대 민족을 조직적으로 제거하려고 시도했던 암울한 정치적 역사를 지닌 국가다. 그리고 나치 기간에 개인과 단체의 모범적인 행위에도 불구하고 대체로 우리는 박해를 받는 유대인들의 운명을 너무나 외면하고 살았던 공동체였다. 우리는 우리의 눈을 오직 교회의 위험에만 강하게 고정시키고, 유대인과 유대교에게 범행을 저지른 범죄자들에 대해서는 침묵해왔다. 많은 사람들이 생명에 대한 생생한 공포 때문에 그 일에 동조했다. 그리고 기독교인들도 이에 협력했다는 사실은 우리를 매우 무겁게 짓누른다. 우리의 갱신 의지의 실천적 진정성은 이런 책임의 고백에 달려 있고, 우리 나라와 우리 교회가 이 범죄 역사에서 고통스럽지만 배우려는 자세에 달려 있다. 독일 교회는 인권을 파괴하고 정치적 권력을 악용하려는 모든 경향에 깨어 있어야 하고, 오늘날 인종적 동기나 다른 이념적인 동기로 박해를 받는 모든 사람에게 특별한 도움을 제공해야 한다. 또한 무엇보다도 전체 교회와 유대 민족과 유대교와의 매우 무거운 관계에 대한 특별한 책임을 떠안아야 한다."[61]

8. 억압당한 교회: 폴란드 교회

이미 1965년에 제2차 바티칸 공의회의 틀 안에서 폴란드 주교들이 독일 주교들과 '역사적인' 편지를 주고받았다. 용서를 수용하고 용서를 위해 기도하자는 내용이었다. (비록 사심이 없지는 않았지만) 이런 고귀한 화해의 제안에 독일 주교들이 얼마나 불쾌해 하고 당황한 반응을 보였는지를 나는 그 당시에 공의회에서 확인할 수 있었다. 독일 주교들은 폴란드 동부에 대한 그들의 재판권을 포기하고 싶지 않았다. 그러나 그것은 결국 1989년에 폴란드의 발전으로 완전히 짓밟히고 말았다. "삶은 늦게 오는 자를 처벌한다"(미하일 고르바쵸프!?). 그래서 1990년 11월에 독일 주교 10명과 폴란드 주교 15명 사이에 공동회담이 열렸다. 이 회담에서 책임문제와 추방(잘 알다시피 이것은 폴란드의 바람이 아니라 연합군의 명령에 따라 일어났다)과 폴란드에 거주하는 소수의 독일인들을 위한 특별한 상담을 논의했지만 아무런 합의도 도출하지 못했다.[62]

그렇지만 여기서 대조가 선명하게 드러났다. 왜냐하면 반유대주의와 홀로코스트를 생각할 때, 단지 독일 가톨릭 성직자들의 책임에 대한 질문만 아니라 다른 성직자들, 곧 **폴란드** 가톨릭 성직자들의 공동책임에 대한 질문도 간과할 수 없기 때문이다. 왜냐하면 나치 시대에 어처구니없게도 폴란드 가톨릭 성직자들에게서 **폴란드 유대인의 말살 관련 그 어떤 공식적인 진술도** 나오지 않았기 때문이다!

분명히 폴란드인들이 오늘도 여전히 자신들을 유대인 다음으로 많은 나치 통치의 희생자들(6백만 명이 사망함)이 발생한 나라로 생각하는 것은 충분히 이해가 된다. 그리고 나는 작은 나라의 국민으로—강대국 사이에 늘 끼여 있지만—매우 용감한 폴란드 국가에 대한 연민을 숨기지 않았다. 나는 12세 때인 1940년에 스위스에 구류된 폴란드인에게 처음으로 이 나라를 알게 되었다. 엄청난, 그리고 오늘까지 영향을 끼치고 있는 악행이 폴란드 민족에게 가해졌다. 이 민족은 히틀러 군대의 침략을 받았을 뿐만 아니라 테러도 당했다. 히틀러와 스탈린 간의 조약으로 폴란드는 역사에서 (18세기 후반에 셋으로 분할된 후에) 네 번째로 분할되었고, 마침내는 비극의 제3막에서 서방 강대국들의 협조를 받은 스탈린과 그의 후계자들의 통치 영역으로 편입되었다. 폴란드 성직자 2,800명이 다하우에 있었다고 하며, 아우슈비츠에서 한 가정의 아버지를 위해 분명한 죽음을 맞이한 폴란드 수도사 **막시밀리안 콜베**Maximillian Kolbe는 기독교인의 자기희생의 찬란한 모범을 보여주었다.[63] 폴란드가 오늘날 비로소 자유로운 국가가 되었다는 사실은 의문의 여지가 없다. 이것은 우리가 매우 감탄할 일이다. (로마 가톨릭 교황청에게 오랫동안 버림을 받은) 노동자 지도자의 한 이름 레흐 바웬사Lech Walensa는 여기서 다른 사람들을 대변한 것 같다. 그렇지만 노벨 평화상 수상자였고 현재의 대통령인 레흐 바웬사*는, 비록 반유대주자는 아니지만, 대통령 선거 연설에서 반유대주의적 공포감을 증명한 바로 그 인물이 아니었던가? 여기서 우리는 말문이 막힌다. 분명히 자유연대 운동 안에는 "견해를 달리하는 자들에 대한 배척을 통해, 그리고 비판의 억압과 원시적인 광신적 국수주의를 통해"(보루세비츠B. Borusewicz) 두각을 드러내고 교회의 성직자들과 가까이 지냈던 "진정한 폴란드인들"의 단체가 있다.[64]

따라서 우리는 되물어보아야 한다. 전쟁 기간과 전쟁 이후에 일어난 독일의 폭력통치 때문에 유대인에 대한 폴란드 가톨릭교회의 태도를 용서할 수 있는가? 사망한 폴란드인 6백만 명 가운데서 절반이 유대인이었고, 그것은 폴란드 인구의 5분의 1이 아니었는가? 왜 한 사람의 폴란드 주교도 자신의 땅에서 독일인이 유대인에게 자행한 인종 학살에 대해 입장을 밝히지 않았는가? 그리고 폴란드 민족에게도 나치 범죄에 대한 많은 무관심과 은밀한 즐거움이 있지 않았는가? 폴란드 역사가들도 여기서 자주 본질적인 사실을 숨겼다. (많은 유대인의 운명에 큰 공헌을 남긴) 가톨릭 역사가 브와디스와프 바르토제프스키Madislav Bartoszewski가 "'유대인 말살 계획' 시기의 유대인과 폴란드인"에 대해 쓴 책의 인상 깊은 제목은《**흘린 피는 우리를 하나 되게 한다**》였다.[65] 유대인과 폴란드인은 모두 희생자인가? 그러나 이런 일반적인 설명이 옳은가? 유대인은 '공동의 기억'에 대한 이러한 사후의 환심과 주장을 단호히 거부했다. 그것은 처음에는 놀랍겠지만, 쉽게 이해할 수 있다. 그 이유는 무엇인가?

---

* 레흐 바웬사는 1990~1995년까지 재임했다. 2015년 현재 안드레이 두다(Andrzej Duda)가 43세로 최연소 대통령에 당선되어 일하고 있다.

종교적 근거를 가진 반유대주의, 곧 인종적 **반유대주의는 전쟁 이전의 폴란드에도** 깊이 뿌리를 내리고 있었고, 넓게 퍼져 있었다. 한 가지 증거로도 충분할 것이다. "유대인이 존재하는 한 유대인 문제는 존재할 것이다. 유대인이 가톨릭교회와 싸우고, 종교적 자유를 고집하고, 불신앙과 볼셰비즘과 전복의 선발대가 되는 것은 사실이다. 유대인이 풍속에 끼치는 영향은 부패한 것이고, 그들의 출판사가 외설문학을 퍼뜨리는 것도 사실이다. 유대인이 기만하고, 폭리를 취하며, 매춘 중개업을 운영하는 것도 사실이다. 종교적·윤리적 관점에서 유대인이 폴란드 학생에게 끼치는 영향이 부정적이라는 것도 사실이다." 이것은 가톨릭 신자와 나치-선전 장관이었던 요셉 괴벨스의 원색적인 발언인가? 아니다. 이것은 1936년의 목회서신에 기록된 것으로, 폴란드 가톨릭 수장 흘론드Hlond 추기경이 작성한 것이다.[66]

살로몬 루드비히 슈타인하임Salomon Ludwig Steinheim 독일인-유대인 역사연구소 소장 율리우스 쇱스Julius Schoeps 교수는 다음이 같이 말했다. "전쟁 이전에 폴란드에서 일어난 반유대인 범죄는 1938년 11월 9일의 집단 학살 이전에 독일에서 일어난 범죄와 비슷했다. 차이가 있다면 단지 형식적인 반유대적 법률이 필요하지 않았다는 사실 뿐이다. 폴란드에서도 유대인이 직업과 경제생활에서 집단적으로 차별을 받았다. 1930년대 말에 폴란드 학교와 대학교에서 유대인 학생을 신체적으로 학대하는 것은 일상적인 일이었다. 의사와 건축가, 기술자 직업 단체는 1935년의 뉘른베르크 법률 조항을 모방한 '아리안 규정을 빙자하며' 유대인 동료들을 추방했고, 폴란드 사회가 반유대적인 병균에 감염되었음을 증명했다."[67]

1939년에 폴란드에는 유대인 350만 명이 있었다. 미국에 따르면 폴란드는 유대인 신문사 30개와 유대인 술집 400개가 있었던 세계에서 두 번째로 큰 디아스포라 국가였다. 바르샤바 시민의 거의 3분의 1, 폴란드 전체 인구의 16%가 유대인이었다. 나치는 그들 가운데서 유대인 3백만 명을 살해했다. 이것은 나치가 살해한 전체 유대인의 절반 이상이었다. 비유대인이었던 두 폴란드인(마우고르자타 니르자비토비스카Malgorzata Nierzabitowska와 토마스 토마체비스키Tomasz Tomaszewski)이 《**폴란드의 마지막 유대인**》[68]에 관해 사진으로 남긴 충격적인 책을 읽어보고 생각해보기를 바란다. 내가 폴란드 유대인 조정위원회 의장 파베우 빌드스타인Pawel Wildstein 박사에게 들은 바로 폴란드에는 아직도 8천 명에서 1만 명에 이르는 유대인이 살고 있는데, 많은 사람들이 나이가 많고 허약하며, 옷차림이 다르지 않다. 단지 오직 나치 때문에 그런 것이 아니다! 이 모든 것이—자유를 사랑하는 폴란드 국민들이 놀라고 있음에도—묵과되어야 하는가? '아니'라고 나는 생각한다. 여기서도 **역사적 사실**을 짧게 설명하려고 한다.

— 독일의 점령은 폴란드의 전통적인 반유대주의를 약하게 만들기보다는 오히려 더 강하게 만들었다. 유대인이 대량 학살을 당할 때, 독일인 가운데는 폴란드인 협력자들도 있었다.

— 반대편에도 많은 폴란드 유대인이 있었다. 왜냐하면 폴란드는 유대인에게 고향이 아니었기 때문이다. 그들은 1940년에 소련 군대의 진입을 열렬히 환영했고, 소련 점령군의 조력자들이 되었기 때문이다.

— 유대인을 돕는 폴란드 '구호단체'('제고타Zegota')가 1942년에 비로소 결성되었다. 유대인 게토에 살던 대부분 사람이 이미 강제수용소로 넘겨졌던 때였다.

— 1943년에 바르샤바 게토에서 봉기가 일어났을 때에 폴란드 저항운동단체가 유대인을 지원했지만, 매우 주저하고 내켜하지 않는 태도를 보였다.

— 전쟁 후에 폴란드에서 반유대주의가 예전처럼 여전히 매우 강했다. 많은 유대인이 (그 가운데 적지 않은 공산주의자들이 있었다) 옛 고향으로 귀향하기를 원했을 때 엄청난 반유대인 폭력이 일어났다. 1945년 8월 11일에도 크라카우Krakau에서 소수민족 박해가 일어났다. 1946년 7월 4일에는 켈

체Kielce에서 60~70명이 살해되었다. 그렇지만 교회 지도부는 이것에 어떤 공개적 견해도 표명하지 않았다.[69] 1945년 한 해만 해도 하층 유대인 353명이 폭도들에게 맞아 죽었기 때문에 폴란드 유대인 8만 명가량이 서방으로 집단 도피하는 일이 일어났다.[70]

— 1968년에 국가가 반유대주의 운동을 조직하자 또다시 집단 탈출이 일어났다. 이때도 교회는 전혀 항의하지 않았다. 1970년에는 마침내 마지막 랍비가 폴란드를 떠났다.

이런 사건들은 폴란드에 오늘날 유대인이 1만 명도 안 되게 남아 있는 이유를 설명하기에 충분하다. "흘린 피가 우리를 하나 되게 한다?" 소수민족 학대가 있었던 1946년에 사제로 서품을 받은 카롤 보이티와Karol Wojtyla(=요한 바오로 2세, 2005년 사망 - 옮긴이)는 나중에 크라카우의 대주교가 되었고, 지금은 로마 가톨릭의 교황이다. 그는 1979년에 뉴욕의 유엔 본부에서 극적으로, 그러나 그것은 일반적으로 정당하게 (크라카우에서 서쪽으로 50Km 떨어진!) 아우슈비츠를 비난했지만, 폴란드인 '순례자들'에게 이처럼 비참한 모든 질문에 대해서는 아무런 견해도 표명하지 않았다. 교황 피우스 12세와 비슷하게 현재와 과거의 모든 질문에는 대답했던 그가 침묵했던 이유는 무엇인가?

적어도 북아메리카와 영국에서 두 기관이 **유대인과 폴란드의 관계 개선**을 위해, 그리고 역사적이고 매우 현실적인 현안 질문에 대해 설명하려고 애쓰고 있다는 사실은 매우 기쁜 일이다. 여기서 단지 두 기관만을 소개하려고 한다. 하나는 뉴욕 콜롬비아 대학교의 폴란드-유대인 회의Polish-Jewish congress(1983)이고, 다른 하나는 영국 옥스퍼드 대학교의 옥스퍼드 폴란드-유대인 연구협의회Oxford Institute Polish-Jewish Studies 주최로 열린 회의(1984)이다. 1986년 이래 이 연구소에서 매년 (폴론스키A. Polonsky가 편집하는)

〈폴란드-유대인 연구〉 학술지가 출판되고 있다.

전쟁 후에 폴란드의 반유대주의에 대한 질문이 금기시되었던 폴란드에서도 프랑스 유대인 클로드 란츠만Claude Lanzmann의 영화 〈**쇼아**Shoah〉(1985)가 유대인 학살에 대한 폴란드의 공동책임 논의를 이끌어냈다. 폴란드 정부는 프랑스 외무부에 영화의 몇몇 문구를 항의했지만 상영을 금지할 수 없었다는 사실은 놀라운 일이 아니었다.[71] 또한 영화가 국민들에게 엄청난 저항을 불러일으켰다는 사실도 놀랍지 않다. 영화는 이 시대에 나라와 그 국민에 관해 매우 솔직한 모습을 보여주었다.

또한 **토론**은 폴란드에서도 성과를 거두었다. 폴란드에서도 역시 많은 사람이 진실을 알기 원했다. 왜냐하면 유명한 폴란드 문학가 **얀 블론스키**Jan Blonski가 1987년 1월 11일자 가톨릭 주간지 〈Tygodnik Powszechny〉에서 폴란드의 관례적인 자기 정당화에 대해 다음과 같이 담대하게 선언했기 때문이다. "우리는 정치적 · 사회적 · 경제적인 환경에 책임을 전가하기를 중단해야 한다. 그리고 우리는 **먼저** 이렇게 말해야 한다. 그래, 우리에게 책임이 있다." 전쟁 후에 일어난 유대인 집단 살해에 관해 블론스키는 다음과 같이 말을 이어갔다. "비록 생존자들이 우리의 기분을 씁쓸하게 하고 당황하게 하며 아마도 우리에게 괴로울 수도 있었지만, 우리는 단 한 번도 그들을 환영하고 정중히 받아들이지 않았다. 간단히 말하면, 계산하고 변명하기보다는 우리가 먼저 우리 자신을 검증하고, 우리의 죄와 약점을 생각해야 한다. 바로 이러한 도덕적 회심은 우리가 폴란드 유대인의 과거와 관계를 맺기 위해 무조건 필요하다."[72]

그러나 비록 블론스키가 "참여와 공동책임 사이를" 정확히 구분했지만, 편집부는 대부분 비판적이고 논쟁적인 수백 통의 편지를 받았다. 그래서 편집장 **예지 투로비츠**Jerzy Turowicz는 마침내 다음과 같이 자신의 주장을 표명했다. "우리는 부끄럽게도 다음과 같이 말할 수밖에 없다. 비록 많은 작가들이 부정하더라도, 바로 이 편지들은 폴란드에 반유대주의가 계속 존재할 것임을 증명한다. 비록 오늘 우리나라에 실제로 한 명의 유대인이 존재하지 않더라도 그럴 것이다."[73] 폴란드에서 이 지도적인 가톨릭 신자는 용감하고 정직하게 다음과 같이 주장했다. 폴란드인과 달리 유대인은 처음부터 죽음으로 내몰렸다. 그리고 비록 폴란드 국민이 희생자 3백만 명 때문에 유대인과 똑같이 많은 사람이 희생되었다고 슬퍼했지만, 폴란드에서 유대인의 95%가 제거되었다. 반면 폴란드 전체 인구의 단지 10%만 희생되었다. 우리 폴란드인도 희생자이기 때문에 우리는 전혀 책임이 없다는 전통적인 사고구조를 버려야 한다.

가톨릭 국가 오스트리아와 비슷하게 가톨릭 국가 폴란드에서도 놀라운 현상이 일어났다. 그것은 **유대인이 없는 반유대주의**다! 비록 폴란드에 실제로 유대인이 전혀 존재하지 않았지만, 1990년에 폴란드를 방문할 때 나는 다음과 같이 주장해야 했다. 반유대주의 감정은 전염률이 매우 높기 때문에 그 당시 마조비에츠키Masowiecki 정부도—성직자들의 변호도 받지 못한 채—온통 "유대인에게 오염되었다"는 비난을 들었다. 폴란드인에 비해 유대인이 (폴란드의 유대인도) 훨씬 더 많이 희생되었다는 사실은 아우슈비츠에서도, 그리고 바르샤바 박물관에서도 충분히 부각되지 않았다고 나는 거꾸로 주장해야 했다.[74] 따라서 아우슈비츠의 카르멘 수녀회 사건에 대한 (침묵하는 폴란드 교황이 오랫동안 보호하고 있던) 폴란드의 대주교 요셉 글렘프 추기경의 무감각과 레흐 바웬사의 반유대주의적 표현은 그다지 놀라운 일이 아니다. 그렇지만 바웬사는 1991년 5월에 예루살렘에서 유대인에게 용서를 구했다.

물론 폴란드 성직자들도 마침내 양심의 검증을 받게 되었다. 폴란드 주교들은 유대교와의 대화를 위한 소위원회를 구성했을 뿐만 아니라, 1991년 1월 20일에는 마침내 처음으로—세계 여론의 부정적 반응에 자극과 압박을

살해당한 유대인

1939년 9월 1일에서 1945년 4월 8일까지
국가사회주의가 점령한 유럽에서

숫자: M. Gilbert, *Endlösung*, Reinbeck 1982.

받고—모든 형태의 반유대주의를 심판했고, "폴란드 땅에서 언제, 그리고 누구를 통해 일어났든, 모든 반유대주의 사건에 진심어린 유감"을 표명했다. "우리는 모든 형태의 반유대주의가 복음 정신과 결코 일치하지 않는다는 깊은 확신 속에서 이를 실천한다."[75] 그러나 "언제, 그리고 누구를 통해 일어났든"과 같이 의도를 숨긴 표현이 사용되었고, 그와 동시에 '폴란드의 반유대주의'를 반유대주의의 매우 위험한 형태라고 설명한 것에 대한 항의가 벌어진 일은 폴란드 교회에서 아직 과거가 충분히 처리되지 않았다는 사실을 분명히 보여준다.

나는 이런 사건에서, 그리고 그와 비슷한 사건에서 (단지 폴란드에 대해서만 하는 말이 아니다) 다음과 같은 근본적인 결론을 이끌어낼 수밖에 없다. 유대인과 기독교인의 관계는 역사적·감정적·신학적으로 여전히 분명히 해결되지 않았다. 어느 위치에 있는 기독교인이든, 오직 그들이 아무것도 감추거나 변명하지 않고 홀로코스트에 대한 그들의 공동책임을 솔직히 고백할 때 비로소 유대인과 기독교인의 새로운 건설적인 관계가 가능하다. 이것은 죄책감 때문이 아니라 진정한 회심과 유대인 동료들과의 깊은 이해와 강력한 연대에 도달하기 위해서다. 그렇지만 유대인들이 살았던 다른 기독교 국가에서도 이와 같은 비판적인 자기성찰의 기회가 주어져야 한다.

9. 책임 없는 나라는 없다: 스위스와 미국?

어떤 국가도 유대인 문제에서 자신을 정당화할 근거를 가지고 있지 않다. 프랭클린 루스벨트 대통령의 제안에 따라 1938년 7월 6일에 제네바 호수 에비앙에서 32개 국가에서 파송된 대표자들이 망명자 문제를 해결하기 위해 회의를 열었을 때, 이 회의는 독일인이나 유대인 망명자를 받아들이려는 생각이 얼마나 미약했는지를 보여주었다. 이 사실은 거의 알려지지 않았다. 큰 국토를 가진 **북아메리카와 남아메리카 국가들과 호주**는 전쟁 기간에 국경을 개방하기보다는 오히려 유대인 망명자들의 입국을 제한했다. 1939년 5월에 독일 유대인을 가득 채운 배 '세인트 루이즈St. Louis'호는 다시 유럽으로 회항할 수밖에 없었다. 왜냐하면 어떤 국가도 그들을 받아들일 준비가 되지 않았기 때문이다. **영국**도 나치를 피하려는 망명자들에게 팔레스타인 입국을 허용하지 않았다. 사람들은 다음과 같이 자문한다. 폴란드에서 프랑스에 이르기까지 점령된 유럽의 나라들이 유대인을 위해 도대체 무엇을 할 수 있었는가? **덴마크**와 그 나라의 왕과 루터교회 주교들의 예를 들면, 유례가 없는 조처 속에서 거의 전체 유대인(대략 7천 명)이 덴마크 지하조직에 의해 덴마크에서 스웨덴으로 보내졌다. 그렇다. 유럽의 다른 나라에서도 얼마나 많은 반유대주의 정서가 팽배해 있었던가!

제2차 세계대전 동안, 기다면 길고 짧다면 짧은 기간에 약 30만 명의 피난민을 수용한 중립국 **스위스** 사람들조차도—히틀러의 노여움과 계속 위협하는 독일의 침략이 두려운 나머지—망명자 정책에 매우 제한적이었다. 사람들은 대체로 유대인을 나라 안으로 받아들일 수 없다고 생각했다. 그 당시에 대다수 스위스 사람들의 변명은 "배가 만원이다"였고, 그래서 그들은 매우 정치적으로 유대인의 고통에 눈을 감았다. 우리는 알프레드 해슬Alfred Häsler의 우울한 보고서인 《스위스와 피난민, 1933~1945년》이란 책 제목으로도 이것을 확인할 수 있다.[76] 독일의 문학과 예술과 문화의 거장들은 받아들여졌다.[77] 1945년 5월 8일에 전쟁이 끝났을 때 스위스는 피난민 11만 5천 명 이상에게 여전히 숙식을 제공했다. 그러나 1942년 8월에서 1945년까지의 기간에는 피난민 9,751명이 되돌려 보내졌고, 처음부터 수많은 사람이 겁을 먹고 물러섰다.[78]

따라서 여기서 점점 더 널리 퍼진, 스위스 연방의 자기만족과 자기 정당성을 위한 그 어떤 근거도 존재할 수 없다! 1988년 11월에 이른바 '제국 수정의 밤' 50주년에 스위스 교회단체연합이—영광은 개신교 교회연합에 돌려야 한다—마침내 처음으로 명백한 죄책 고백을 했다. 나치의 유대인 학살이 일어난 지 겨우 이틀 만에 스위스가 유대인이 독일을 합법적으로 떠나는 것을 금지하는 협정을 독일과 공식적으로 조인했다는 사실을 우리는 기억한다! 스위스 국경에서 "J-인장"(유대인 난민 인장)이 찍힌 여권을 가진 수천 명의 입국 희망자를 거부했던 것은 오늘에 이르기까지 교회의 "거대한 수치"로 여겨진다. "물론 사람들이 유대인을 확실한 죽음으로 되돌려 보냈다는 사실을 알았을 때도 그렇다."[79]

여기서 짧게 언급하고 싶은 말이 있다. 전쟁 고통의 완화, 포로 구호, 모든 종류의 인간적인 도움에 대단한 공헌을 했음에도, 1942년 10월에는 **국제적십자사**도 홀로코스트에 관해 아무런 설명을 하지 않았다. 한 인종을 제거하려던 강대국에 맞서 사람들은 아무것도 할 수 없다고 생각했고, 공평성과 중립성을 지켜야 한다고 여겼다. 그러나 사람들은 유럽 유대인을 구출하는 일에 별로 관심을 기울이지 않았다. 국제적십자사의 많은 지도급 인사들, 특히 부르크하르트C. J. Burckhardt는 늦어도 1942년 가을 이후부터 제네바에서 반제 회의Wannsee Conference의 내용을 정확히 알았음에도, 특히 스위스 연방국가라는 이유를 대며 공개적으로 항의하지 못했다. 그들은 대부분 단편적인 정보 뒤에 숨어 있었다. 만약 국제적십자사가—원래의 설립 목적에 따라서—적합한 시기에 열심히 개입했더라면, 아마도 유대인 수천 명이 구출되었을 것이다.[80]

그리고 **프랑스**는 어떠했는가? 유대인 7만 5천 명 이상이 프랑스에서 끌려나와 살해되었다. 그리고 제르게 클라스펠트Serge Klarsfelt가 입증했듯이, 수많은 프랑스인이—비시Vichy 정권의 관료와 관청 공무원에서 시작하여 단순 치안경찰에 이르기까지—"최종 해결책"에 동참했다.[81] 1940~1945년,

곧 점령과 해방 사이의 "어두운 시기"에 비시 정권과의 "협력" 배후에 은폐되어 있던 모든 것은 무엇인가? 그것은 "프랑스인의 기억 속에 존재하지 않는 것"이다. 이것을 알프레드 그로서Alfred Grosser는 상세하게 기록했다.[82] 그렇다. 프랑스도 역시 1789년의 이념에도 불구하고 유대인의 편에서 행동한 것은 전혀 아니었다(시인 폴 클로델Paul Claudel도 페탱 정부의 프랑스를—교수와 변호사, 프리메이슨 비밀결사단원과 유대인의!—반가톨릭 정당의 멍에에서 해방된 것으로 간주했다). 주교 테아스Théas와 추기경 잘리게Saliège와 겔리어Gerlier가 (비록 페탱 원수 편에서 공화국에 대한 혐오감 때문에 그랬지만) 목회서신에서 유대인을 대하는 비인간적인 행위에 항의했을 때, 비로소 비시 정권은 1943년에 1927년 이후 귀화한 모든 유대인의 시민권 박탈을 거부했다.

그리고 **북아메리카**는 어떠했는가? 바티칸처럼 스위스로부터 '최종 해결책'에 관한 첫 정보를 입수했을 때 **미국**은 무엇을 했는가? 데이비드 와이먼David Wyman은 《유대인의 포기》(1984)라는 제목 아래 '미국과 홀로코스트'에 대한 그의 연구를 소개했다. 독일어판 제목은 《달갑지 않는 민족》(1986)이었다.[83] 많은 사람이 전율할 정도로 와이먼은 풍부한 자료를 소개했다. (캐나다에서처럼) 미국에서도 1930~40년대에 1. 정치적 기회주의, 2. 일반적인 이민자 적대감정, 그리고 3. 전통적인 반유대주의가 (〈뉴욕 타임스〉도 포함하여) 언론과 교회, 정당과 기업을 광범위하게 마비시켰고, 국회와 국무성과 특히 프랭클린 루스벨트 대통령까지 무능하게 만들었다. 루스벨트는 원래부터 엄청나게 '유대인 친화적'이라는 의심을 받고 있었다('Jew Deal'은 루스벨트의 구호 'New Deal'을 조롱하듯이 변형한 것이다).

가톨릭 신학자 로널드 모드라스Ronald Modras는 얼마 전에 다음과 같은 사실을 지적했다. 1930년대에 미국의 가장 영향력 있는 라디오 설교자이자 가톨릭 신부였던 **찰스 코플린**Charles Coughlin은—그의 주일 오후 설교를 지금까지 3천만 명이 청취했다. 그리고 그는 주간지를 대략 18만 5천 부 발행한다—주교들과 바티칸의 암묵적 허용 아래 공공연한 반유대주의자로 행동했다. 그는 유대인이 소련에 끼친 영향에 관한 나치의 거짓말을 꾸며댔으며, 1938년에 심지어는 그의 청중들에게 '제국 수정의 밤'을 유대인에게 영감을 받은 공산주의에 맞선 나치 정권의 방어행위로 정당화했다. 그 당시에 코플린은 폭넓은 지지를 얻었다. 왜냐하면 새로운 연구에 따르면 1943년까지 모든 미국인의 거의 절반가량이 다소간 분명하게 반유대주의적 견해를 여전히 지지하고 있었기 때문이다.[84]

그래서 미국에서도 홀로코스트 보도가 무시되고 억압되었다는 사실은 이런 일반적인 분위기에서는 결코 놀라운 일이 아니다. 미국의 모든 도움도 너무 늦게 이루어졌다.

그러나 그 당시에 다른 대안은 전혀 없었는가? 와이먼에 따르면 "예컨대 만약 대통령이 몇 번의 기회가 있을 때 유럽에서 일어난 인종 학살을 분명히 언급했더라면, 이 주제는 공적인 관심의 제목과 중심에 적어도 한 번은 등장했을 것이고, 구출 조치 요구가 큰 공감을 얻었을 것이다."[85] 여기서 그는 대체로 연합군의 전쟁 계획과 일치될 수 있었던 구출 조치에 주목했다. 여하튼 연합군의 도움으로 유럽에서 출발한 비유대인 피난민 수십만 명은 아무 문제 없이 대피할 수 있었다. 그러나 예후다 바우어Yehuda Bauer가 미국 유대인연합 분배위원회의 실례를 지적했듯이, 같은 시기에 대다수의 유럽 유대인을 위한 후송과 수용 시설은 매우 부족했다. 정확한 정보에도 불구하고 미국의 유대인 원조단체에서 일하는 사람들도 나치의 학살 조치의 규모를 너무 늦게, 아마도 매우 늦게 인정하려고 했다.[86] 하임 게니치Chaim Genizi의 연구에 따르면 "미국의 냉담"은 단지 유대인 피난민만이 아니라—작고 경제력이 약한 몇몇 기독교 구호단체의 경탄할 만한 수고에도 불구하고—전체 피난민의 30%를 차지했던 비유대인 기독교인 피난민과도 관련되어 있었다![87]

단지 역사정치학이라고만 할 수 없는 역사학은 어디서나 다음과 같은 사실을 입증할 수 있다. **죄를 짓지 않는 종교가 없는** 것처럼 **죄를 짓지 않는 나라도 없다!** 그렇지만 역사적 분석의 목적은 죄의 고발이 아니라 죄의 해결이다. 다음과 같은 질문이 떠오른다. 그렇게 쉽사리 사라지지 않으려는 과거에 관한 별로 즐겁지 않은 역사적 자료들이 현재를 바꾸는 데 무슨 긍정적인 의미를 지닐 수 있는가? 역사적 질문은 항상 정치적으로 매우 현실적인 질문이고, 정치적·현실적 질문은 역사적으로 결정되는 질문이다. 그러나 역사적 질문과 정치적·현실적 질문은 너무 자주 종교적·신학적 배경과 토대를 갖는다는 것도 분명하다. 여기서 어떤 기본자세가 종교적이고 신학적으로 요구되는가?

10. 결말을 위한 전략?

만약 우리가 진정한 화해와 참된 평화에 이르기를 원한다면, 회개와 자성이 요구된다. 그리고 이것은—범죄자와 희생자의 근본적인 차이가 있음에도—쌍방에서 이루어져야 한다. **미하엘 볼프존**Michael Wolffsohn이 이스라엘의 유대인 시민권자이자 독일 대학교의 교수로서 홀로코스트를 날카롭게 분석했을 때, 쌍방의 관점에서 분명히 설명한 것은 옳다.

— 개인적이고 집단적인 죄는 이론적·학문적으로 명확하게 분리될 수 있지만, 정치적·실제적으로는 결코 그렇게 될 수 없다. 노인이든 젊은이든, 죄가 있든 죄가 없든, 모든 사람은 완전히 벗어날 수 없는 국가적인 죄의 그물에 얽혀 있다.

— 독일 국가사회주의자들의 과거는 "이미 오래전부터 더는 순수한 역사"

가 아니다. "그 역사는 정치적 도구가 되었고", "반反게르만주의의 도구"가 되었다. 유대인이든 아니든, 비독일인은 필요할 때마다 이를 이용했다.

— 반게르만주의의 '정치적 역학'은 반유대주의의 그것과 비슷하게 흘러갈 위험이 있다(볼프존에 따르면 이 둘은 일종의 "정치적 생물학주의의 역학"인데, 이것은 인간을 단순하게 그 출생과 관련짓는다). "대략 2천 년 동안 유대인이 그리스도의 살인자로 낙인찍혔듯이, 홀로코스트는 수십 년 동안 독일인에게 달라붙어 있다. 두 경우에 각 시대의 사람들이 집단적으로 죄를 지은 것은 아니다. 두 경우에 후세대는 결코 어떤 책임을—집단적으로든 개인적으로든—짊어지지 않는다. 그러나 두 경우에 가인의 징표는 넘겨받은 도구이고, 그들의 조상만 아니라 그들의 후손에 대한 반박이 되었다. 후세대는 정치의 영역에서 파블로프의 개처럼 반응한다. 유대인에 대한 조건반사는 '그리스도의 살인자'를 의미하고, 독일에 대한 조건반사는—그것은 오래 지속될 것이다—아우슈비츠를 의미한다."[88]

그러나 나의 질문은 이렇다. 독일인과 유대인 사이에서 그것이 정말로 오래 남아 있어야 하는가? 만약 독일인이 죄를 면제받기 위해 과거에서 점점 더 멀리 회피하려고 하고, 유대인이—아마도 그들 자신의 정체성 확립을 위해—과거, 곧 홀로코스트에 점점 더 고착된다면, 그것이 좋은 일인가?

1) 종종 독일에서 우리는 다음과 같은 표어를 듣게 된다. "**잊어버리자, 마침내 잊어버리자!**" 그렇지만 모든 역사는 최종적으로 결말을 지어야 한다. 점점 더 많은 독일의 남녀들이 개인적으로 그들의 조상이 저지른 범죄에 전혀 책임이 없음에도 기회가 있을 때마다 종종 매우 독선적인 방법으로 국제적인 낙인을 받게 된다는 사실 때문에 고통을 당하고 있다. 나는 묻는다. 많은 칭찬을 받아온 '이해심'이나 '동정심'이 이런 상황에 가끔은 더 적절하지 않겠는가? 이스라엘에서 평가도 제대로 받지 못하고 진지하게 수용되지 못

한 마르틴 부버가 1953년에 프랑크푸르트 바울교회에서 독일 출판계의 평화상을 받았을 때, 그는 이러한 이해심과 동정심을 보여주었다. "내가 아우슈비츠와 트레블링카Treblinka 시기의 독일인을 생각할 때, 소름끼치는 엄청난 일이 일어났지만 그에 저항하지 않았다는 사실을 깨달은 매우 많은 사람들을 먼저 보게 된다. 그러나 인간의 연약함을 알고 있는 내 마음은 내 이웃이 스스로 순교자가 될 수 없었다는 이유로 그를 비난하는 것을 거부한다."[89]

물론 독일인은 한 가지는 기대하지 말아야 한다. 죄의 망각! 그것은 역사적으로 무책임한 일이 될 것이다. 만약 독일연방의 한 총리가 암울했던 시대에 아직 성인이 아니었거나 전혀 직무를 수행하지 않았다는 이유로 1984년에 예루살렘에서—국가의 정치적인 대표자로서 자기 민족의 모든 책임을 보여주려고, 그리고 국가의 이름으로 공개적인 명백한 죄책 고백을 피하려고—가볍게 (그리고 사우디아라비아와 무기 사업을 앞두고) '후세대의 은총'에 관해 말했다면, 그는 정치적으로 매우 위험한 책임 억압의 정신을 조장한 셈이 된다. 이렇게 독일의 정치는 역사와 분리될 수 없고, 독일·유대인·이스라엘의 관계도 정상화될 수 없다. 죄책감은 '죄책에 사로잡혀 있는 상태'가 아니다. 그리고 만약 자발적인 죄책 고백을 거부한다면 더 날카로운 비난이 뒤따를 것이다. 왜냐하면 자기 자신을 기억하지 않는 자는 남에게 기억되기 때문이다. 그렇지만 바로 한 사람의 '기독교'민주당원은 모든 세대의 죄책 연루를 항상 기억해야 할 이유를 다른 민주당원보다 훨씬 더 많이 가지고 있을 것이다. 이것은 그 어떤 신화적인 '원죄'와 무관하고, 그 어떤 이념적인 '집단적 죄책'과도 무관하다. 그렇다. 1945년 이후 40년 만에, 역시 기독교민주당원이었던 독일 대통령 리하르트 폰 바이체커Richart von Weizsäcker가 그랬듯이, "자신의 역사의 그늘에서"(F. J. 슈트라우스) 빠져 나오려고 애쓰기보다는 자신의 민족 역사를 직시하는 것이 신학적으로, 정치적으로 바람직하다.

역사의 망각이 어떤 결과를 낳을 수 있는지는 1991년의 **걸프전쟁**이 극적으로 보여준다. 통일된 정부가 허용한 뻔뻔한 영화들과 사업가들로 인해 세계에서, 그리고 특히 이스라엘에서 독일의 체면이 심각하게 손상된 일 때문에 수많은 독일인이 괴로워한다. 자신들의 이익을 위해 그들은 무분별하게 법을 위반하거나 법을 무시한 채, 전쟁을 일으킨 사담 후세인을 도우려 폭탄을 막는 벙커를 짓고 장거리 소련 미사일로 무장하고 독가스를 생산하는 일에 가담했다. 그리고 역사에 눈을 감은 채, 야비하게 그들은 이스라엘을 공격하는 이런 무서운 무기들이 도입되는 것을 감수했다. 이것은 유대인 수백만 명을 살해한 후에 일어난 일이었다! 그렇다. 오직 무기의 생산과 수출을 감안하여 미래에는 다르게 행동할 때 우리는 진일보할 수 있다.

미래를 위한 질문

+ 홀로코스트는 독일에서 지금도 살아 있는 과거다. 그러므로 독일인 정치가, 언론인, 사업가, 학자 또는 교인에게 다음과 같은 질문은 미래에도 유효하다. 결론을 위한 전략은 전혀 없는가? **망각**과 은폐, 억압과 '정상화nomalizing'가 **아닌 다른 방식의 화해**는 없는가? 비판적인 **자기 기억**에 근거한 화해는 어떻게 (국가와 경제, 학문과 교회의) 정치적 실천으로 옮겨질 수 있는가?

2) 그러나 반문이 제기된다. 그것은 책임 거부를 의미하지 않는가? 많은 유대인이 독일인의 책임을 역사라는 성장하는 나무에 항상 새롭게 새기고 영원히 보존해야 한다고 생각한다. 그들의 표어는 이렇다. "**용서는 없다. 결**

코 없다! 너희의 책임은 영원하다…." 물론 지금 성장하고 있는 다수의 남녀 유대인들과 이스라엘인들도(이스라엘 시민의 60% 이상은 이미 전쟁 이후에 태어났다) 홀로코스트의 엄청난 아픔을 이제는 단지 추념追念을 통해서만 알고 있다. 그리고 예루살렘의 많은 젊은이들도 늘 과거에 매여 살기를 원하지 않는다. 따라서 특히 옛 세대들이 홀로코스트의 기억을 생생하게 간직하려고 온 세계에서 치열하게 노력하는 것을 우리는 이해할 수 있다. 범죄가 설명되고 잘못이 보상될 수 있는 한, 심판은 활발하게 이루어져야 한다. 그러나—1973년의 욤 키푸르Yom Kippur 전쟁과 1991년의 이라크 독재자 사담 후세인의 로켓 공격이 보여주듯이—반유대주의는 전혀 사라지지 않았고, 이스라엘 국가의 유대인들은 새로운 홀로코스트가 완전히 배제될 수 있다는 것을 전혀 확신하지 못한다. 나치 시대의 경험이 남아서 트라우마가 된 유대인들이, 저항도 하지 못한 채 또다시 양처럼 도살장으로 끌려가서는 안 된다.

물론 유대인들도 죄책을 영원히 지속시키는 것을 목표로 삼으면 안 된다! 죄책감을 키우고 장려하는 정치를 계속해서는 안 된다는 것을 이스라엘의 초대 수상 다비드 벤-구리온은 이미 일찍부터 인식하고 있었다. 그리고—스위스 사람의 용기로 노골적으로 말하고 싶다—이스라엘 수상이 1987년 4월에 과거의 베르겐-벨젠Bergen-Belsen 강제수용소에서 다음과 같은 불쾌한 메시지를 선포했다. "나는 용서하지 않았고, 망각하지도 않았다", "살아 있는 자들에게는 망각이 허용되지 않았다"라면서 그가 그 이유를 들었을 때, 사람들은 이 나라의 정치적 대변자에게 분명히 단호한 지지를 보내고 싶었다. 그러나 "오직 죽은 자들만이 용서할 권리를 가지고 있다"고 그가 주장했을 때, 사람들은 히브리 성서의 이름으로 그에게 단호히 항의하고 싶었다. 사람들은 다음과 같이 질문한다. 성서에 정말로 그렇게 기록되어 있는가? 만약 그들이 단지 망각(옳다!)만이 아니라—나는 이것이 우리가 재고해야 할 매우 민감한 문제라는 사실을 안다—용서도 배격해야 한다면, 도대체 진정한 화해를 어떻게 상상할 수 있는가? "일어난 일을 일어나지 않은 것으로 만들 수 없다"라는 말은 예부터 옳다. 바로 그렇기 때문에 용서가 없이는 참된 화해와 참된 평화도 존재하지 못한다. 그렇다. 외교적으로 국내외 정치적 목적을 고려하여 죄의 깊은 심연을 슬쩍 넘어가기보다는 정치적으로 또한 신학적으로 잘못을 용서하는 것이 시급하다.

만약 사람들이 잘못을 용서하는 문제를 진지하게 논의하지 않는다면, 이 문제가 어떤 결과를 낳을 것인지는 **걸프전쟁**이 다시 충격적으로 보여준다. 독일과 이스라엘의 관계는 단지 독일 회사들의 불법적인 활동을 통해서만이 아니라 **반反게르만주의**를 통해서도 심하게 손상되었다. 반게르만주의는 이스라엘 '국민의 분노'를 통해, 그리고 이스라엘의 미디어를 통해 거침없이 발생할 수 있었다. 만약 반게르만주의가 지금의 독일을 잘못 묘사하고 너무 지나치게 묘사했다면, 그것은—대략 반세기 동안의 독일과 이스라엘의 협력 이후에—볼프존의 이론을 유감스럽게도 완전히 입증해준 셈이다. 독일 기업들의 (특히 독가스 생산과 관련된) 사업상의 거래를 정당화하려는 고소는 이스라엘의 대중에게 '독일인'에 대한 적대감을 널리 확산시킬 위험이 있다. 이와는 반대로 다른 국가들이 이라크 독재자의 무장에 참여한 것은 전혀 비난을 받지 않았다. 프랑스는 엑조세 미사일 880기와 미라쥬 전투기 113대를 이라크에 판매했고, 소련은 스커드 미사일 2,000기와 T-72 탱크 1,000대와 미그기 64대를 판매했으며, 남아프리카공화국은 대공포 200기를 이라크에 판매했고, 러시아와 대만과 이탈리아는 수뢰와 지뢰를 판매했으며, 브라질과 영국과 프랑스는 레이더 시설을 제공했다.[90]

여기서 무기 판매의 목록에서 독일이 빠져 있다는 사실에 주목하게 된다. 그렇지만 독일에게 집단적이고 증오에 찬 항의가 자주 제기되었을 뿐만 아니라, 독일의 집단적 책임에 대한 비난도 일어났다. 그래서 독일의 정치가들은 어쩔 수 없이—자신의 인격적 존엄과 정치적 단호함 속에서 속죄를 실현한 아데나워Adenauer 수상과는 달리—무리를 지어 예루살렘을 향해 화해의 발걸음을 옮기고, 거기서 공개적인 비난과 장광설에 귀를 기울여야 했다. 심지어 이스라엘 국회에서도 그래야 했다. 이스라엘 국회의장은 독일인과 독일 국회의장에게 악수를 청하려고 하지 않았다. 나는 스위스 시민으로 나 자신에게 질문한다. 여기 이스라엘에서 양심 없이 부당한 이익을 얻은 독일인들에게 정당한 항의를 하는 것보다 더 큰 파급을 일으키지 않았는가? 이런 방식으로는 홀로코스트에 대한 정치적 논쟁이 은폐되거나—팔레스타인 문제에 주목할 때—부메랑으로 되돌아올 수 있지 않겠는가? 이 모든 것은 죄책의 문제를 화해의 정신을 바탕으로 다루는 능력이 결핍되어 있다는 증거가 아닌가? 나는 독일과 이스라엘의 이해 증진을 돕는 친구로 스스로에게 묻는다. 이처럼 홀로코스트에 집중하고 홀로코스트를 재활용함으로써 독일과 이스라엘 간에 이해 증진이 이루어질 수 있겠는가? 독일과 유대인 관계의 구체화를 위해 헌신한 변호사로 종종 독일-유대교 신앙의 동료들에게 자신을 변호해야 했던 미하엘 볼프존Michael Wolffsohn은 "아우슈비츠를 정치적인 수단으로 악용하는 사람은 영적인 도굴을 행하는 사람이다"[91]라고 주장했다. 그렇다. 어떤 범죄도 변명해서는 안 되고, 어떤 해명도 방해해서는 안 되며, 어떤 처벌도 저지해서는 안 된다. 자기비판적인 질문이 앞에 놓여 있다. 그렇지만 그것은 독일과 이스라엘 쌍방에게 제기되어야 한다. 그리고 이 질문은 화해와 용서의 문제와 관련되어 있다. 그러므로 미래를 위해 다음의 질문을 회피할 수 없다.

미래를 위한 질문

이스라엘에서 홀로코스트는 시대마다 국내외의 정치적 논쟁과 도구로 사용될 수 있다. 그러나 유대인 정치가와 언론인, 사업가, 학자 또는 신학자에게 다음의 질문은 미래에도 가치가 있다. 홀로코스트에 집중된 역사정책에 어떤 전략은 없는가? **영속화**나 위협, 매수가 아니라 **용서를 통한 화해**는 불가능한가? 그러나 미래의 새로운 가능성을 바라볼 때, 과거의 은폐나 말살이라고 이해되어서는 안 될 용서가 어떻게 과거와의 새로운 관계를 위해 열매를 맺을 수 있겠는가?

그렇지만 이 질문은 나중에야 비로소 신학적으로 심화될 수 있을 것이다. 여하튼 그것을 추상적으로는 적절히 다룰 수 없다. 왜냐하면 그것은 수많은 정치적인 전제조건과 함의를 지니고 있기 때문이다. 그리고 주요 전제조건은 **이스라엘 국가**의 문제다. 이 문제를 교회의 많은 문헌에서처럼 그저 정치적인 문제로만 간주해 배제해서는 안 된다. 복잡한 종교적·신학적 문제가 여기에 연관되어 있다. 그렇기에 지금은 우리가 유대인의 국가에 직접 관심을 기울어야 할 때가 되었다. 이 책 제2부에서 나는 먼저 이스라엘 국가 설립의 역사와 현재 그들이 하는 주장을 연관하여 설명하려고 한다. 그 다음 제3부에서는 종교적·신학적인 차원을 포함하여 이스라엘 국가의 미래 문제를 다루려고 한다.

Ⅲ. 이스라엘로의 복귀

"우리가 바벨론의 강변 곳곳에 앉아서,
시온을 기억하며 울었다."

유대인들은 이미 시편에서 그렇게 기도했다.[1] 이 시온을 위한 울음은 이미 그 당시에 예루살렘과 동의어인 시온 산을 위한 것이었는가? 실제로 첫 번째 성전 파괴 이후에, 그리고 바벨론 포로 이후에도 유대인 디아스포라가 있었다. 또한 유대인의 전승에도 '이스라엘 땅'(에레츠 이스라엘Eretz Israel)에서 추방된 경험이 나오고 그와 더불어 해방에 대한 열망, **시온**에 대한 향수도 나온다. 그것은 하나님의 도성 예루살렘에 대한 향수였다. 그러나 19세기 이후에야 비로소 유대인 민족의 귀향 갈망은 국가적 이상과 결합했다. 그것은 이스라엘 국가를 재건한 시온주의였다.

홀로코스트와 국가 건립 이후 거의 50년이 지났지만 이스라엘 국가는 오늘도 여전히 치열한 분쟁의 한복판에 있다. 그것은 이스라엘과 아랍 사이의 정치적 분쟁이고, 유대교인과 기독교인과 무슬림 사이의 종교적 분쟁이다. 걸프전쟁이 이것을 다시 보여주었지만, 이스라엘 국가를 둘러싸고 전개된 거의 50년간의 싸움은 서방 세계와 아랍 국가 사이에 발생하는 갈등의 주된 이유가 되었다. 그러므로 이스라엘 국가는 정치적으로, **그리고** 신학적으로 여전히 최상의 도전이다. 만약 우리가 평화가 없는 이 지역에서 평화에 기여하기를 원한다면 다음과 같은 점을 반드시 인식해야 한다. 왜냐하면 단지 외교적 해결만이 아니라 매우 깊은 정치적·윤리적·종교적인 합의를 이룰 때 진정한 평화가 오기 때문이다. 그렇지만 근동 지역이 계속해서 정치적 열광주의와 민족적 열정, 종교적 폐쇄의 상징으로 머물러서는 안 된다. 그러한 의미에서 모든 당파적 개입과는 거리가 먼 기독교 신학자의 다음과 같은 설명을 이해할 수 있기를 바란다. 이 설명이 의사소통과 평화에 기여할 수 있기를 소망한다.

1. 동화 대신에 시온주의: 레온 핀스커

시온은 옛날 말이지만 **시온주의**Zionism는 근대의 말이다.[2] 19세기 말엽 이래 처음으로 사용된 이 개념은 나탄 비른바움Nathan Birnbaum이 그의 논문 《자기 해방*Self-Emancipation*》에서 만들어낸 것이다. 그 논문은 나중에 "시온주의자들의 기관"이라는 부제목을 달고 출판되었다. 여기서 시온주의는 처음부터 실천적 · 박애주의적으로 이해되기보다는 분명히 당파적으로 이해되었다. 그것은 유대 민족의 국가적 자기 조직과 자기 해방을 위해 국가적 · 정치적 시온주의 정당을 제도화하는 것을 목표로 삼고 있다.

그렇기 때문에 이스라엘 국가는 비유대인들이 종종 당연하게 오해하듯이, 홀로코스트의 결과가 아니다. 비록 히틀러가 없었더라도 이스라엘 국가는 존재했을 것이다! 우리가 알다시피 수백 년 동안 유대인은 이스라엘 왕국의 재건을 기대했다. 17세기에 샤베타이 츠비Shabbetai Zevi의 이른바 사이비 메시아 운동이 실패한 후에 사람들은 근본적으로 매우 소극적인 태도를 취했다. 그들은 토라의 계명을 지나칠 정도로 정확히 지키려고 모든 것을 걸었고, 그래서 하나님의 강력한 개입으로, 어떤 의미에서는 메시아의 도래를 통해 '위로부터' 나라가 설립될 것을 기대했다. 우리는 이를 **종말론적 · 메시아적** 시온 기대라고 부를 수 있다. 그렇기 때문에 세속적인 이스라엘 국가를 거부하는 이스라엘의 특정한 유대교 정통주의 단체들은 오늘날까지 이러한 기대를 품고 있다.

이러한 순수한 종교적 시온 기대와는 정반대로 **시온주의**는 **정치적이고 사**

회적인 운동이다. 이 운동은 '아래로부터', 곧 인간의 활동과 행동을 통해 (팔레스타인에서든, 다른 곳에서든) 유대인 국가를 설립하기를 원한다. 물론 시온주의는 이념과 감정에 옛날의 메시아주의를 덧칠하려고 하지 않는다. 이 점은 특히 동유럽 출신의 두 명의 시온주의 선구자, 랍비 **예후다 알카라이**Yehudah Alkalai와 학자 **츠비 히르쉬 칼리셔**Zevi Hirsch Kalischer에게 해당하는데, 그들의 이념은 1860년대 이래 영향력을 끼치기 시작했다.

따라서 정치적 시온주의는 처음부터 인종적 반유대주의에 대한 반작용이 아니었다. 오히려 그것을 18세기 유대교 계몽주의(하스칼라Haskalah)와 연관하여, 그리고 19세기 유럽 민족들 가운데서 일어난 **국수주의**와 낭만적인 민족주의 이념과 연관하여 이해할 수 있다. 국수주의는 유대교에서 먼저 문학 언어와 민족 언어 히브리어Hebrew(='이브리트Ivrit')를 갱신하고 현대화하려는 노력을 통해 나타났다. 히브리어를 학교와 가정에서 일상적인 소통 언어로 되살린 것은 특히 **엘리에제르 벤 예후다**Elezer Ben Yehuda의 공로라고 사람들은 생각한다. 그는 1881년에 팔레스타인으로 이주해서 수많은 새로운 단어와 최초의 새로운 히브리어 사전을 만들었고, 히브리어 신문사도 창립했으며, 다른 사람들과 함께 히브리어위원회를 설립했다. 그렇기 때문에 정치적·사회적 시온주의는 **종교적 약속을 점점 더 세속화하고 정치화한, 전형적으로 근대적인 운동**이다. 여기서 특히 시온주의의 세 번째 선구자로 언급해야 할 인물은 사회주의적인 랍비 **모세스 헤스**Moses Hess다. 그는 파리에서 트리어 출신 세례 받은 유대인 칼 마르크스에게 영감을 주었다. 헤스는 스스로 19세기 최고의 유대인 역사가 하인리히 그래츠Heinrich Graetz에게서 영향을 받았다고 한다.

물론 유명한 시온주의자 세 명의 이념이 영향력을 끼치기 시작한 것은 1860년대 이후부터였다. 1870년대 이전까지는 이스라엘을 향한 유럽 유대인의 탈출이 눈에 띄게 이루어지지 않았다. 루마니아에서 유대인이 박해를 받고, 러시아에서 황제 알렉산더 2세가 살해된 후에 유대인이 학살을 당하고(1881), 독일과 오스트리아에서 반유대주의가 증가한 다음에야 비로소 1882년 이래 최초로 이스라엘을 향한 대량 이주가 일어났고, 처음에는 스스로 히바트-시온Hibbat-Zion('시온 사랑')이라고 명명했던 한 운동이 조직되었다. 그러나 이 운동은 나중에 시온주의 운동에 흡수되었다. 따라서 1882년은 대체로 정통주의적이었던 '시온의 친구들'의 이주로 **최초의** 이스라엘 **'이주'**(**'알리야**Aliyah')가 시작된 해로 기록되었다.[3]

그러나 정치적 시온 운동을 가장 열정적으로, 그리고 동시에 매우 분석적으로 표현한 인물은 러시아 유대인으로서 계몽된 의사 **레온 핀스커**Loen Pinsker(1821~1891)였다.[4] 1881년의 유대인 학살이 벌어지고 나자 그는 자신이 완전히 긍정했던 동화同化의 실현 가능성을 의심하기 시작했다. 독일어로 기록된 《**자기 해방**》이라는 한 소책자에서[5] 그는 마침내 정치적 · 사회적 시온주의의 사상적 토대를 힘차게 설명했다. 핀스커의 **진단**은 이러했다. 중심 문제는 유대인 개인의 어려움이 아니라 유대 민족의 고향 상실이다. "유대인들은 그들이 살고 있는 민족의 품속에서 실제로는 이질적인 요소를 형성한다. 그것은 그 어떤 민족에 의해서도 동화될 수 없고, 그래서 그 어떤 국가도 잘 감당할 수 없는 요소다."[6] 그러므로 반유대주의는 시간적 · 공간적으로 제한된 현상이 아니라, 그 어디서나 (완전히 이해가 되는) 유전된 사회적 · 병리학적 현상이다. 그것은 '유령 국가' 때문에 생겨나는 유대인 공포증으로 진단될 수 있다. 그 어디서나 유대 민족은 오직 소수자, 곧 국가가 없는 단순한 개체이고, 기껏해야 손님이며 결코 주인이 아니다. 유대 민족은 결코 평등하지 않으며, 영원히 무시를 당한다.

그렇다면 **치유**는 어떻게 가능한가? 핀스커에 따르면 치유는 시민적이고 정치적인 평등을 통해서가 아니라, 오직 "자기 해방"을 통해서만, 오직 **새로**

운 고향을 통해서만 가능하다. 그것은 무조건 "거룩한 곳"이 아니라 유대인들이 "가장 거룩한 것", 곧 하나님 이념과 성서를 함께 가져갈 "자신들의" 땅이다(핀스커는 팔레스타인보다는 미국을 먼저 생각했다). 여하튼 그 땅에서 유대인은 더는 이방인이 아니라 자신의 주인이 될 것이다. "올바르고 유일한 치유책은 자신의 땅과 토대 위에서 유대인 국가와 유대인 민족을 만드는 것이고, 유대인이 스스로 해방되는 것이며, 자신의 고향을 얻음으로써 다른 나라와 동등한 나라가 되는 것이다."[7]

그처럼 시온주의자들도 유대인과 비유대인의 차이점을 원래 **인종적으로** 보았다. 유대교는 그들에게 일차적으로 종교 공동체가 아니라 **민족 공동체**다. 그러나 시온주의는 이것에서 자연스럽게 반유대주의와는 정반대의 결과를 이끌어냈다. 유대 민족을 위해 세속적인 유대인 국가의 건설이 불가피하다는 것이다. 이 계획은 지금 실제로 실현되어가고 있다. 그리고 그 당시에 핀스커의 지도 아래 팔레스타인 식민지 연합의 오데사 위원회는 유대인 2만 5천 명가량을 거룩한 땅으로 데려올 수 있었다. 오스만 제국의 금지 명령에도 불구하고 일어난 일이었다. 오스만 제국은 19세기에도 소아시아에서 발칸 반도까지, 이집트에서 메소포타미아까지 전체를 지배하고 있었다. 당연히 팔레스타인도 그 통치 영역에 속했다. 물론 독일 유대인들 중에서 핀스커는 생전에 팔레스타인에 가지 못했다. 그가 죽고 몇 십 년이 지난 1934년에야 비로소 그의 유골은 예루살렘으로 옮겨졌고, 스코푸스 산에 엄숙히 매장되었다. 그 사이에 유대인 국가를 위한 결정적인 추진력이 다른 인물에게서 나왔는데, 그는 독일 유대인들과도 직접 대화할 수 있었던 인물이다.

2. 유대인 국가: 테오도르 헤르츨

시온주의가 정치 세력으로 조직될 수 있었던 것은 유대인 법률가이자 비엔나의 언론인이었던 **테오도르 헤르츨**Theodor Herzl(1860~1904) 박사의 공로가 명백하다.[8] 그는 등장할 때마다 예언자와 같은 광채를 발했고, 핀스커의 작품과 문서에 대한 지식이 없이도 이제는 자기 나름대로 유대인 국가를 요청할 수 있는 근거를 제시했다. 그가 1896년에 출판한 소책자 《**유대인 국가**》는[9] 명확하게 논증했으며 계획적이고 실용적이었다. 환상적인 이 글에서 헤르츨은 '유대교적 국가'를 강조하지 않고, '유대인의 국가'를 강조했다. 왜냐하면 이 선각자에게 결정적으로 중요했던 것은 유대인의 종교가 아니라, **유대 민족**이었기 때문이다. 그는 "우리는 한 민족이다!"[10]라는 구호를 외치며 서유럽과 동유럽의 유대인들에게 호소했다. 종교적인 이유에서 '이스라엘 땅Eretz Israel'으로 회귀하는 것은 헤르츨에게 당장 시급한 일이 아니었다. 그에게 결정적으로 중요했던 것은 그 어떤 동화同化를 통해서도 극복할 수 없는 점점 더 커지는 "유대인의 고통"[11]이었고, 유일하게 의미심장한 해결책으로 어디서든 유대 민족을 국가의 형태로 스스로 조직하는 것이었다.

이것을 실감하려면 우리는 다음과 같은 사실을 알아야 한다. 헤르츨 자신은 유대교적 전통과 문화, 종교와는 전형적인 거리를 두었던 계몽되고 동화된 유대인이었다. 그는 비엔나의 지식인이었지만 유대인을 위한 히브리어 복원에 집착하지는 않았다. 유대인 문제는 그에게 종교적이고 사회적인 문제가 아니라 **민족적인 문제**였다. 초창기에 그는 모든 반유대주의의 근거를 단번에 제거하기 위해 비엔나의 스테판 성당에서 비엔나의 모든 유대인을 대상으로 세례를 집행할 수도 있다는 상상을 해보기도 했다.

그 이후에 헤르츨의 인생에서 일어난 전환은 두 가지 요인과 관련된다. 첫 번째 요인은 파리의 드레퓌스 소송과 관련 있고, 다른 하나는 유대인 장교 드레퓌스가 공개적으로 모욕을 당할 때에 "유대인에게 사형을"이라고 외쳤던 파리의 폭도와 관련 있다. 개인적으로 매우 경악한 그는 비엔나의 한 자유로운 신문사에서 파견한 파리 통신원으로 이를 보고해야 했다. 이 소송을 지켜보며 그는 계몽주의로도 온전하게 근절되지 않은 반유대주의에 눈을 뜨게 되었다. 명확히 유대인을 위해서도 인권을 선포했던 유럽 최초의 국가 프랑스와 같은 나라에서도 유대인 증오와 같은 끔직한 범죄가 다시 일어날 수 있구나! 두 번째 요인은 비엔나에서 급증하는 반유대주의였다. 기독교 사회주의자였고 기회주의적 반유대주의자였던 민중 지도자 칼 뤼거 Karl Lueger가 1897년에, 황제 프란츠 요셉 1세에게 세 차례나 거부당한 뒤에 비엔나의 시장으로 선출되었다. 그는 나중에 젊은 아돌프 히틀러의 우상이 되었다.

핀스커와 비슷하게 헤르츨도 유대인의 완전한 동화는 이제 실현될 수 없다고 확신하게 되었다. 왜냐하면 어떤 국가도 동화를 원하지 않기 때문이었다. 단지 경제와 금융 분야뿐만이 아니라 문학과 예술과 문화 방면에서 유대인이 이룩한 위대한 업적들은 모두 헛된 일이었다! 더욱이 유대인은 강하게 해방되면 해방될수록 점점 더 위협적이고 증오스러운 존재로 여겨졌다. 그렇기에 여전히 자신을 유럽의 '주인 백성'의 일원이 아니라 이방인으로, 유대인으로 느끼는 사람은 팔레스타인이든 아르헨티나든 또는 다른 지역이든, 이제는 유대인의 새로운 땅으로 이주해야 한다. 결정적인 것은 **'땅이 없는 민족'**에게는 결국 **'민족이 없는 땅'**이 필요하다는 사실이다.

헤르츨은 '이집트'의 종살이에서 매우 조직적으로 탈출한 사건을 떠올렸다. 먼저 가난한 자들과 권리를 빼앗긴 자들과 박해를 당한 자들이, 그 다음에는 배운 노동자들이, 그 다음에는 재산을 가진 중산층들이, 그리고 마지막에는 부자들이 탈출해야 한다. 이렇게 모든 사람이 무리를 지어—그들의 랍비가 앞장서서—각자가 살고 있는 나라에서 유대인 특별권을 얻은 뒤에 새로운 나라로 이주할 수 있을 것이다. 헤르츨은 점진적이고 불법적인 침투를 거부했다. 국가를 이루는 힘은 유랑하는 민족의 합법적이고 도덕적인 법인체로서 '유대인 사회'가 될 것이다. 이것은 재산법적 공동체의 영리법인이자 담지자인 '유대인 회사'와 구별된다. 개발은행은 도움을 줄 수 있을 것이고, 이 모든 것은 감독위원회에 의해 조직되고 감독될 수 있을 것이다. 그리고 고향에 대한 종교적 감정과 동경도 도움을 줄 수 있을 것이다. 그렇지만 다음의 한 가지 사실은 개화된 헤르츨에게 매우 자명한 점이었다. 이 유대인 국가는 신권정치적인 하나님의 나라가 아니라, 근대적이고 자유롭고 사회적으로 정의로운 (그리고 하루 7시간 노동하는!) 국가여야 하며, 모든 측면에서 관용이 지배하는 국가여야 한다.

테오도르 헤르츨은 열광적인 연설가이자 재기 넘치는 문필가였고, 열정적인 극작가이자 통찰력 있는 소설가였다. 그의 시온주의적 미래소설 《오래된 새 나라》(1902)는 그의 기획 작품 《유대인의 국가》와 마찬가지로 많은 유대인의 환상을 자극했다. 그리고 그는 천부적인 조직가였고, 국제적인 거래에서 신속하게 적절한 길을 제시하는 외교관이었다. 그래서 그는 시온주의 운동을 한곳에 모아 조직적이고 강력적인 토대를 제공했고, 숱한 어려움에도 그들의 연합을 유지할 수 있었다. 1897년에—드레퓌스 소송이 끝난 지 3년째 되는 해에—스위스 바젤에서 제1회 **세계시오니스트총회**International Zionist Congress가 열렸다. 헤르츨이 이 대회를 주관했고, 시온주의 운동의 첫 번째 기본강령인 '바젤 계획'을 결정했다. 이 계획의 핵심은 '유대인을 위해 공적·법적으로 확실한 고향을 만드는 것'에 있다. 물론 고향은 (여기서 헤르츨은 방향을 변경해야 했다) '팔레스타인'이어야 한다.

이러한 토대 위에서 헤르츨은 이제 세계시오니스트기구World Zionist Organization(WZO)의 의장으로—항상 우익과 좌익을 향해 경계선을 긋는 전투 속에서—자신의 이념을 위해 투쟁하기 시작했다(그 중심 기관은 비엔나의 잡지 〈세계Die Welt〉였다). 왜냐하면 그는 문화적·정신적 중심의 이념을 대표하고 정치적 차원을 무시하는 아하드 하-암Achad ha-Am의 문화-시온주의가 시도한 시온주의의 탈정치화를 거부했을 뿐만 아니라, 국가 종교적 정통주의가 종교적인 부담을 지우는 것도 거부했으며, 마지막으로는 사회주의적 분파의 설립을 통해 드러나는 일방적인 정치화도 거부했기 때문이다. 물론 헤르츨의 운동은 처음부터 극심한 압박을 받았다. 그는 엄청난 갈등과 좌우투쟁 때문에 개인적으로 고통을 겪었다. 영국령 우간다에서 새롭게 직면한 유대인 학살의 해결책으로 유대인 특별권을 지지했다고, 그는 성난 러시아 유대인들에게 이스라엘 땅을 배반했다는 비난까지 들어야 했다. 그리고 그는 팔레스타인 문제를 해결하기 위해 황제 빌헬름 2세와 투르크의 술탄과 협상했고, (1882년에 지크론 야아코브Zikhron Ya'akov 이민촌을 설립한) 바론 에드몽 드 로쉴드Baron Edmond de Rothschild와 다른 유대인 명사들과 협상했으며, 교황과 영국 정부와도 협상했지만 구체적인 결과를 얻지 못했다.

이 모든 갈등과 비방과 실망은 헤르츨의 힘을 고갈시켰고, 그의 쇠약과 급작스런 죽음의 원인이 되었다. 지칠 줄 모르는 노력의 열매를 거두기도 전에 그는 1904년 6월 3일, 44세에 갑자기 사망했다. 그러나 항상 그렇듯이, 헤르츨이 죽고 비엔나에서 거창한 장례식이 끝난 뒤에 모든 사람은 이타적이었던 그가 유대인 국가의 진정한 아버지였음을 알게 되었다. 그래서 1949년 8월에 이스라엘 국가가 건립되자마자 곧바로 그의 유골은 그의 소원에 따라 비엔나에서 예루살렘으로 옮겨졌고, 헤르츨 산 위의 기념관에 안치되었다.

헤르츨의 사망 연도는 실제로—러시아와 폴란드에서 벌어진 유대인 학살 이후에 일어난—**두 번째 알리야**Alijah(이주)를 표시한다. 1906년에 첫 번째 히브리어 고등학교(야파Jaffa)와 예술대학(예루살렘)이 설립되었고, 1909년에는 첫 번째 키부츠kibbutz(게네사렛 호수 옆의 데가니아Degania)[12]와 첫 번째 근대적인 유대인 도시 텔 아비브가 건설되었다. 또한—물론 이것도 분명히 필요한 것이었다—첫 번째 유대인 자기방어 운동인 하-쇼머Ha-Shomer('파수꾼')도 설립되었다.

3. 국가 건립을 향한 여정: 하임 바이츠만

헤르츨은 미약한 시온주의 운동에서 출발하여 강한 국제 조직을 만들었고, 영국 정부는 이 조직을 승인하기에 이르렀다. 영국 정부는 이미 1914년에 오스만 제국을 향해 전쟁을 선포했고, 그래서 곧바로 팔레스타인 문제에 직면해야 했다. 제1차 세계대전 기간에 시온주의 운동에서 가장 중요한 인물은 핀스크에서 태어나 베를린과 스위스 프라이브루크에서 공부한 **하임 바이츠만**Chaim Weizmann **박사**(1874~1952)였다.[13] 일찍부터 헤르츨의 이념에 감격한 그는 시온주의의 정치적 목표와 유대교 문화를 결합하려던 '종합적인 시온주의'를 대변했다. 1903년부터 맨체스터 대학교에서 생화학을 가르쳤던 그는 1916~1919년에 영국 해군사령부 무기연구소의 소장으로도 일했다. 그는 영국 수상 제임스 아서 밸푸어James Arthur Balfour와의 결정적인 만남을 주선하기도 했다. 이미 1916년에 영국 정부는 성지聖地를 나누기 위해 프랑스 정부와 비밀 협정(사이크스-피코 협정Sykes-Picot agreement)을 맺었다. 이 협정은 요르단 강 서쪽 지역을 아랍 국가에서 제외했다. 그리고 1916/17년에 이집트의 영국 군대가 팔레스타인에 진입했을 때, 영국 정부가 투르크와 싸우려면 유대인의 지원이 필요하다는 사실에 높은 관심을 기울인 것은 자연스러운 일이었다.

이것은 시온주의자들이 오랫동안 기다렸던, 그리고 지금 그들이 이용할 수 있다고 생각한 역사적인 기회였다. 1917년에 바이츠만은 그 당시 영국 외상 밸푸어 경에게 (물론 로스차일드 경에게 보낸 편지에서) 다음과 같은 비공식적인 설명을 들을 수 있었다. '존경하는 영국 정부'가 유대 민족을 위해 팔레스타인에 **'민족의 고향'** 건설하는 것을 호의적으로 생각해주기를 바라고, 온 힘을 다해 이 계획이 용이하게 실현될 수 있도록 힘써주기를 바란다는 내용이었다.[14] '민족의 고향'! 이것은 확실히 세계 시온주의의 첫 번째 요구였다. 그 요구는 물론 그 당시에 강대국이었던 영국이 정치적으로 적합한 문서로 마침내 추인해주었다. 시온주의자들은 목적을 달성했는가?

이른바 이 **'밸푸어 선언**Balfour Declaration'은 명백하게 보였지만, 숨겨서는 안 될 추가적인 내용을 포함하고 있었다. 왜냐하면 이 선언은 다음과 같은 내용도 말하고 있기 때문이다. "팔레스타인에 존재하는 비유대인 공동체의 시민적·종교적 권리를, 또는 다른 나라에 사는 유대인들이 지닌 권리와 정치적 지위를 미리 결정하려는 시도는 당연히 이루어져서는 안 된다."[15] 바로 여기서 "팔레스타인에 존재하는 비유대인 공동체의 시민적·종교적 권리"라는 표현은 날카로운 갈등을 낳았다고 한다. 왜냐하면 많은 시온주의 지도자들은 처음부터 오직 자기 자신만의 권리만을 생각했고, 다른 사람의 권리, 곧 1천 년 이상 살아온 아랍 민족의 권리는 생각하지 않았기 때문이다.

밸푸어 선언이 선포된 지 얼마 뒤에, 곧 1917년의 하누카Hanukkah 축제 기간에 알렌비Allenby 장군은—요르단 강과 요르단 서안 지구West Bank 사이에 놓인 다리는 지금도 그의 이름과 함께 그를 떠오르게 한다—영군 군대를 앞장 세워 예루살렘에 입성했다. 이로써 400년간의 오스만-이슬람의 통치가 종결되었다. 영국 정부의 소원에 따라 만들어진 시오니스트위원회의 회장은 바로 하임 바이츠만이었다. 이 위원회는 예루살렘에서 영국 정부와 유대인 사이의 중개자 역할을 하게 되었다. 이미 1918년에 그는 예루살렘에 히브리 대학교를 설립했다. 1925년에 그 대학은 스코푸스 산 위에 준공되었다. 1920~1931년까지, 그리고 다시 1935~1946년에 그는 세계시오니스트기구WZO의 의장으로 일했다. 그러면 그 이야기는 어떻게 계속 전개될 수 있었을까?

이미 1919년에 세계시오니스트기구는—밸푸어 선언을 그들의 대헌장으로 사용하면서—파리 평화회의에 지도 한 장을 제출했다. 그 지도에서 유대인의 '고향'은 트랜스요르단Transjordan을 포함한 팔레스타인 전체를 포괄했는데, 그것은 1967년 이래 점령된 '대大이스라엘'의 지역보다 훨씬 더 컸다. 옛 시온주의자이자 역사가 심하 플라팬Simha Flapan(1954~1981년 마파이Mapai 당의 서기와 아랍 담당 부장)이 최근에 비로소 밝혀냈듯이,[16] 이것은 공개적이기보다는 비밀리에 선전된, 핵심 시온주의 지도자들이 추구한 생각이었다. 여기서 사람들은—더 외교적이고 점진적이든, 또는 더 폭력적이고 군사적이든—단지 방법론만 서로 논쟁했다. 예컨대 1937년에 열린 제20차 시오니스트총회는 모든 당파의 지지를 받아, 유대인은 팔레스타인의 모든 지역에—요르단 강의 양쪽에!—거주할 수 있는 확고한 권리가 있다고 확인했다.

그러한 권리를 뒷받침하기 위해, 그리고 온 세계의 다양한 국가와 언어, 문화, 경제적·사회적 계층을 이 한 나라에 정착시키기 위해 세속주의적인 다수의 시온주의자들도 종교와 성서를 다시 이용해야 했다. 그들은 모든 유대인을 결속시키는 종교적 전통을, 2천 년 전에 잃어버린 국가의 주권에 대한 기억을, 그리고 고대 이스라엘이 번성기에 소유했던 다윗-솔로몬 왕국의 경계선을 다시 이용했다. 또한 다가올 유대인 국가에서 **다양한 패러다임**이 인정되고 논쟁될 요인이 이미 여기서 분명히 드러난다. 단지 계몽주의-근대 패러다임의 요소(P V: 의회민주주의)만이 아니라 다윗 왕조 패러다임의 요소(P II: 유다 왕국과 북왕국이 통일되고, 예루살렘이 수도가 되며, 경계선은 최대한 멀리 확장되어야 한다)도 드러난다. 작은 종교 집단과 최고위 랍비들은 다음과 같은 일을 돌보아야 한다. 독립적인 종교 재판이 도입되어야 하고(P III), 유대인의 정체성을 결정하고 개인과 가족의 권리에 관한 많은 문제를 결정하기 위해 중세 랍비 패러다임이 실행되어야 한다(P IV).

물론 그들은 국가 설립의 목적에서 여전히 멀리 떨어져 있었다. 그런데도 제1차 세계대전 이후에 **세 번째 이주**가 일어났다. 특히 대부분 농촌에 정착했던 폴란드 유대인들이 이주했다. 시온주의자들의 기구 안에서 이주는 점차로 집단적인 운동으로 변했다. 그들은 이제 시온주의의 목적과 방향을, 전략과 전술을, 경제 정책을, 팔레스타인을 위한 (국제연맹이 요청한) 유대인 관리기구의 설립을, 특히 신탁국가 영국에 대한 견해를 점점 더 격렬하게 논쟁했다. 왜냐하면 1920년에 팔레스타인은 국제연맹의 결정에 따라 **공식적으로 영국의 신탁통치 지역**이 되었기 때문이다. 여기서 요단르 동쪽 땅(트랜스요르단Transjordan)은 영국의 속령으로 분리되었고, 1921년에 영국인은 암만 하삼 왕국의 압달라Abdallah 대공에게 지배권을 부여했다. 압달라는 1946년에 독립한 후에 요르단의 왕이 되었다(이와 비슷하게 1921년에 영국은 압달라의 동생 파이잘Faisal을 이라크의 왕으로 임명했다. 군주제도는 1958년에 무너졌다). 국제연맹은 1922년에 "유대인과 팔레스타인의 역사적 결합을 승인할 때", 영국에게 "유대인의 이주와 정착을 도와줄 것"을 요청했다. 그렇지만 유대인의 요구에도 영국은 요르단 강 동쪽에 정착하는 것을 금지했다!

1924년에는 **네 번째 이주**가 시작되었다. 이주민들은 다시 폴란드에서 왔고, 그들 대부분은 지중해 해안 도시에 정착했다. 물론 시온주의의 다양한 이념 단체들(종교적 정통주의 외에도 수많은 유대교적 사회주의자와 공산주의자)은 여전히 그렇게 빨리 화해할 수 없었다. 1929년에는 마침내 취리히에—시온주의자와 비非시온주의자들로 구성된—**유대인 관리청**Jewish Agency이 설립되었다. 하임 바이츠만은 이 시기에 영국에 대한 유화 정책을 대변하고 있었다. 그는 군사 충돌로 힘을 낭비하기보다는 팔레스타인에 경제 환경을 조성하는 데에 온 힘을 집중해야 한다고 주장했다. 이런 정책은 나중에 정치적 주장을 할 때 매우 좋은 카드가 되었다. 그리고 오스만 제국 통치 아래서 곳곳마다 경제적으로 침체하고 가난해지고 황폐해지고 삭막해진 팔레스타인에 유대인의 새로운 정착이 매우 주목할 만한 경제적 활력을 불어넣었다는 점은 아무도 반박하지 못한다. 여기서 널리 퍼졌던 왜곡된 이미지와는 정반대로 유대인들은 매우 오랫동안 금지되었던 농업에서도 능력을 보여주었다.

물론 오래전부터 밸푸어 선언에 근본적으로 **모순되는 견해**가 표현되었다는 사실이 드러났다. 그 선언은 팔레스타인이 지구상에서 가장 많은 전쟁을 겪는 나라들 중의 하나가 되는 데 결정적으로 기여했다. 왜냐하면 상황을 아는 사람들과 시온주의 지도자들도 유럽의 민족주의와 식민주의 정신 속에서 등장한 많은 사람들이 과소평가했던 한 가지 사실을 처음부터 인식하고 있었기 때문이다. 그것은 바로 팔레스타인이 이제 '땅이 없는 민족'이 매우 간단히 들어갈 수 있는 **'민족이 없는 땅'이 아니라**는 사실이었다. 이해하기 쉬운 헤르츨의 거대한 꿈은 팔레스타인에서 결코 이루어질 수 없을 것처럼 보였다.

4. 민족 없이는 땅도 없다: 팔레스타인 사람들의 문제

이유는 간단하다. 상대적으로 작은 땅인 팔레스타인에는 6/7세기에 아랍 사람들로 구성된 **상당히 많은 토착민**이 이미 살고 있었다.[17] 그러나 그들은 이주민들에게 간단히 무시되지는 않았지만 대수롭지 않게 취급되었고, 기껏해야 보호를 받는 사람들로 여겨졌다. 하지만 그들의 존엄성과 권리는 갈수록 무시되었다. 이주민들은 마치 자신들만이 전체 팔레스타인에 대한 권리를 지닌 것처럼 행동했다.

결과는 이렇다. 비록 처음에는 정치적으로 전혀 조직되지 않았지만, 팔레스타인의 아랍인들은 유대인 이민자들에 맞서 점점 더 저항하기 시작했다. 이미 1920년과 1929년에 유대인을 반대하는 '폭동'이 일어났다. 물론 폭동은 아랍의 '극단주의자들'이 일으킨 것이 아니라 수백 년 동안 정착했던 팔레스타인의 주민들이 일으킨 것이었다. 왜냐하면 시온주의를 신봉하는 이민자들의 숫자가—여기서 헤르츨의 비전이 실현되었다—매우 빠르게 증가했기 때문이다. 1919년에는 6만 명 정도였지만, 1940년대에는 거의 열 배인 대략 60만 명으로 늘어났다.[18] 여기서 이주의 주요 동기는 시온주의적 비전이라기보다는 반유대주의에 대한 불안이었다. 특히 폴란드와 우크라이나에는 미국을 제외한다면 가장 큰 유대인 공동체들이 있었다. 그곳에서 그들은 많은 법적인 제한 외에도 실재하는 대량 학살을 견뎌야 했다. 그리고 나치의 독일과 최종적으로는 유럽 전역에서 반유대주의가 일어났다. 그러나 팔레스타인에서 이 문제를 어떻게 다루어야 하는가?

아랍인 문제를 말한다면, 시온주의 운동 내부에서 **두 분파**가 형성되었다. 그들은 서로 격렬하게 싸웠고, 두 인물을 중심으로 구체화되었다.

— 한쪽 편에 **다비드 벤-구리온** David Ben-Gurion(1886~1973)이 있었다.[19] 그는 폴란드에서 태어났고, 이미 1906년에 헤르츨의 사상에 감화하여 팔레

스타인으로 이주했으며, 그곳에서 먼저 농부로 일했다. 얼마 되지 않아 그는 유대인 노동운동의 지도자 중의 한 사람이 되었다. 그러나 그는 투르크인에 의해 미국으로 추방되었고, 거기서 유대인 군대를 조직하는 사람이 되었다. 1918년에 팔레스타인으로 다시 돌아온 그는 1920년에 유대인 노동조합 히스타드루트Histadrut의 공동 설립자 겸 사무총장이 되었다. 그리고 1930년에 그는 마파이Mapai 노동당을 설립했다. 벤-구리온과 (자유주의자들의 지지를 받는) 시온주의 사회주의자들은 우선 팔레스타인에서 사회주의적 공동체 건설에 관심을 가졌다. 가급적 갈등이 없는 이주와 정착을 통해, 더 나아가 아랍인 노동자들과의 협력 속에서 탄탄한 유대인 경제구조를 설립해야 하고, 그렇게 점진적으로 유대인 국가를 설립해야 한다고 생각했다. 벤-구리온에 따르면 그것은 먼 미래에 트랜스요르단 지역도 완전히 포함해야 했다.

— 다른 한쪽 편에는 **블라디미르 자보틴스키**Madimir Jabotinsky(1880~1940)가 있었다.[20] 그는 오데사에서 태어난 신문기자였고, 다국어를 하며 언어 구사력이 뛰어난 연설가였다. 그는 이미 러시아 혁명 이전에 일찍부터 시온주의의 지도자로 활동했다. 제1차 세계대전 기간에 그는 유대인 군대를 설립했다. 이 군대는 연합군과 함께 팔레스타인 해방을 위해 투르크 군대에 맞서 싸웠다. 블라디미르 자보틴스키와 그의 수정주의 정당은 성서에 나오는 요단르 강 양쪽의 경계선 안에서 유대인 국가를 세우는 것을 직접적인 목표로 삼았다. 그들은 무력을 쓰지 않고는 이런 목표를 달성할 수 없다고 생각했다. 그러려면 팔레스타인과 전 세계에서 전쟁을 경험한 젊은 유대인들을 불러 모아야 했다. 그들은 군사적인 힘으로 안전을 지키는 주권국가는 유대인 집단 이주의 전제조건이라고 주장했다. 그렇기 때문에 영국인과 아랍인과의 힘겨루기는 피할 수 없을 것이라고 여겼다.

그래서 이미 1920년에 시온주의 우파적 인물 자보틴스키는 유대인의 지하군대인 하가나Haganah를 조직했다. 군인들은 유대인 군대에서, 그리고 팔레스타인에 있는 유대인 정착민들의 방어기관들에서 선발되었다. 1920년 부활절에 이 조직은 예루살렘에서 매우 흥분한 아랍인들과 최초로 공개적으로 충돌했다. 자보틴스키는 하가나의 지도자들과 함께 영국인에게 체포되었지만 다시 풀려났다. 1925년에 그는 중도주의적인 바이츠만과의 갈등 속에서도 파시즘적이고 폭력적인 성향을 지닌 공격적인 새로운 시온주의 조직을 설립했다. 이 조직은 '요르단 강 양쪽 지역을 포함한 유대인 국가'(사회주의자에 반대하는 '수정주의적 시온주의')와 '계급투쟁이 없는 사회적 정의'를 목표로 삼았다. 자보틴스키는 팔레스타인의 아랍인은 결국에는 다른 아랍 국가로 이주할 수 있지만 유대인은 이주할 수 없다고 주장했다.

그러나 자보틴스키만이 아니라 벤-구리온의 모든 정책도 처음부터 최대한 널리 확장된 유대인의 '고향'을 목표로 삼았다. 그래서 그는 이른바 **'아랍인'의 '이주'**를 그의 정책에 포함시켰다. 민족주의와 제국주의, 식민주의의 시대에 (스탈린과 히틀러의 이주 정책은 두말할 것도 없이) 이주 정책은 정치의 수단으로 폭넓게 수용되었다. 영국과 프랑스는—아랍인들에게 한 영국의 약속과는 다르게!—부분적으로 자의적인 경계선과 '세력권'을 만들어, 바로 근동과 중동 지역도 분할했다. 여기서 예컨대 이슬람교를 믿는 쿠르드인들처럼 (과거에 기독교를 믿었던 아르메니아인들처럼) 힘과 로비가 없는 민족은 아무런 기회도 얻지 못했다.

그렇지만 유대인 관리청이 설립되자마자 바로 1929년에 팔레스타인에서 다시 **아랍인들 가운데 큰 소요**가 일어났고, 헤브론에서는 유대인 대학살이 자행되었다. 이렇게 폭력과 보복의 끝없는 되풀이는 이미 오래전에 시작되었고, 1936~1939년에 처음으로 최고도에 이르렀으며, 지금까지 이스라엘과 세계를 긴장시키고 있다. 자보틴스키는 1937년부터, 1931년 이후에 하가나와 분리된 지하 테러 조직 이르군 츠바이 로이미Irgun Tzvai Leumi(Etzel)의 사령관을 맡고 있었다. 이 단체는 급진적 우파인 수정주의 정당의 군사조직이었다. 이르군은 계획된 도발과 자의적인 폭탄 테러를 통해 의도적인 증오와 적대감을 심어주고, 모든 테러 방법과 행동으로 아랍인들을 제압하려고 했다. 그 결과로 아랍인은 30년 후에 야시르 아라파트Yassir Arafat의 지도 아래 팔레스타인 테러 조직 알-파타Al-Fatah를 모범으로 삼게 되었다.[21]

경제적이고 정치적인, 그리고 나중에는 특히 군사적인 '기정 사실fait accompli'을 항상 따랐던 시온주의자들은 이미 그 당시에도 아랍의 저항을 얕잡아 보았다. 물론 팔레스타인의 아랍인은 국가적으로 또는 준-국가적으로 조직될 수 없었다. 그들은 16세기부터 오스만 제국의 지배 아래 있었고, 제1차 세계대전 후에는 영국의 지배 아래 있었다. 그리고 우리가 알고 있듯이 오늘날의 국경선은 제1차 세계대전이 끝나고 영국과 프랑스가 만든 것이다. **팔레스타인 아랍인들**은 처음에 독립적인 국가를 전혀 상상할 수 없었다. 그렇지만 그들도 철두철미하게 **자신의 정체성**을 지니고 있었다. 그러므로 그들은—팔레스타인의 유대인은 두말할 것도 없고—시리아와 이집트 또는 메소포타미아의 아랍인과도 달랐다. 그리고 1880년 이래 이주해온 수많은 시온주의자들은 팔레스타인 민족주의, 곧 오늘날의 팔레스타인 민족을 촉발했다.[22] 유대인이 단지 백성과 민족의 특성만이 아니라 이름과 존재까지 부정하려고 애썼던 팔레스타인 민족이 언제 민족의 자결권을 요구하게 될는지는 단지 시간 문제였다.[23]

이미 1936년 4월에 일어났던 총파업과 그 이후 30년 동안 일어난 (아랍인 약 3,000명과 유대인 1,200명, 영국인이 700명을 희생시킨) 폭동은 팔레스타인 사람들의 강력한 민족의식을 분명하게 보여준다. 물론 팔레스타인 사람들이 매우 많은 열정은 품고 있었지만, 현실 감각과 협력 자세가 많이 결여된 상태에서 잘못된 편에 섰다는 사실은 이미 그 당시에도 드러났다. 서방 사람들이 그들을 전혀 진지하게 여기지 않았기 때문에 팔레스타인 민족운동은 예루살렘의 무프티Muft 아래서, 그리고 아민 엘-후세이니Amin el-

Husseini 아래서 1936~1943년에는 심지어 히틀러의 독일과도 협력했고, 50년이 지난 뒤에는 야시르 아라파트의 지도력에 실망한 나머지 이라크의 독재자 사담 후세인과도 협력했다고 한다.

그리고 **영국 정부**는 어떠했는가? 제1차 세계대전 동안 팔레스타인을 아랍인과 유대인에게 약속했던 영국 정부는 이 두 전선 앞에서 **가망 없는 정책을** 능숙하게 펼쳐나갔다. 영국 정부는 새로운 유대인 정착지를 지원하면서, 오랫동안 정착했던 아랍 민족의 권리도 동시에 변호할 수 있었는가? 그런 일은 결국 제대로 이루어질 수 없었다. 그러나 30년 동안 점점 더 커져가는 유대인과 아랍인의 폭력적인 갈등에 직면하여 영국 정부는 무엇을 해야 했는가? 1933년에 나치가 집권한 이후에 **다섯 번째 이주**를 초래한, 매우 많은 유럽 유대인의 불법적인 이민에 직면하여 영국 정부는 무엇을 해야 했는가? 하가나가 이제 아랍인과 영국인에 대한 투쟁을 **동시에** 전개했다는 사실 앞에서 영국 정부는 무엇을 해야 했는가?

이미 1937년에 영국의 필Peel 위원회의 보고서는 서쪽 팔레스타인을 유대인 국가와 팔레스타인 국가로 나눌 것을 추천한다. 그러나 아랍인들은 이 보고서를 강력하게 거부했다. 그렇지만 노동당 당수로 시온주의 안에서 가장 강력한 힘을 행사한 벤-구리온은 영리한 전술을 고려하여 보고서를 (다시 말하면, 팔레스타인 전체의 점차적인 정복을 위한 지렛대로) 수용했다. 그러나 한 가지 사실은 영국에게 분명해보였다. 아랍인의 뜻을 거스르며 유대인 국가를 설립하는 것은 문제가 되지 않는다는 사실이다(1939년의 외교백서에도 그렇게 기록되어 있다). 하지만 결론은 정반대로 흘렀다. 유대인의 이민은 이제 최종적으로 매년 75,000명으로 제한되어야 하고, 5년 후에는 완전히 종결되어야 한다는 결론이었다.

그러나 **제2차 세계대전**(1939~1945)은 이 정책도 실패하게 만들었다. 왜냐하면 팔레스타인에서 영국 군대에 자발적으로 참여한 유대인의 지원 때문에 영국은 다시 매우 기뻐했기 때문이다. 그래서 영국은 유대인의 팔레스타인 토지획득 제한조치를 풀어주었고, 유대인 이민 관리를 유대인 관리청에 위임했다.

그럼에도 영국인들에 대한 테러는 계속되었다. 이 테러는 특히 1942년에 처음 팔레스타인에 이주한 폴란드 출신의 젊은 변호사 **메나헴 베긴**Menachem Begin(1913년 출생)의 지휘를 받던 이르군 츠바이 로이미가—다른 시온주의자들보다 더 논란이 되었던 자보틴스키는 1940년에 미국에서 심장마비로 갑자기 사망했다—일으킨 것이었다.[24] 베긴이 천명한 목표는 팔레스타인에서 영국인을 몰아내는 것이었다. 고향에서 다시 독립을 획득한 이후부터 점점 더 큰 고통을 겪은 폴란드 출신 유대인들은 분명히 다른 사람들보다 더 폭력적으로 행동할 것처럼 보였다. 특히 베긴의 이르군은 이스라엘 해방전사LEHI(스턴 갱Stern Gang)와 함께 예루살렘과 하이파의 아랍인 시장을 테러로 공격했고, 영국의 근동 사령관 모인Moyne 경을 살해했으며(1944), 영국 정부가 사용하고 있던 예루살렘의 킹 다비드 호텔 일부를 폭파하여 91명을 죽였을 뿐만 아니라, 유엔 중재자 폴케 베르나도테Folke Bernadotte 백작이 새로운 분할계획을 제시하자 격분하여 이를 세상에 널리 알리기 위해 (LEHI을 통해) 그를 살해했다(1946). 유대인 관리청과—그들의 거처는 1948년에 아랍인에 의해 폭파되었다—하가나는 공식적으로는 이를 늘 비난했지만 실제로는 묵인했다. 1944~1948년에 홀로코스트에서 살아남은 유대인 20만 명가량이 비밀리에 팔레스타인에 들어오고('불법적인 이주'), 하가나와 유대인의 모든 지하조직에 의해 보호를 받았을 때, 점점 커져가는 유대인과 아랍인 간의 갈등은 결단으로 내몰렸다.

베긴과 벤-구리온의 진정한 맞수는 **나훔 골드만**Nahum Goldmann(1895~1982)이었다. 그는 1933년에 독일에서 도피해온 시온주의의 지도자였고,

1935~1940년에 취리히 국제연맹에서 유대인 관리청의 대변자로 일했다. 그 후에 그는 이스라엘 국가 건립을 위해 '국가 없는 정치인'으로 미국에서 활동했다.[25] 그러나 두꺼운 《유대 백과사전*Encyclopaedia Judaica*》의 공동 발행인이었던 골드만은 벤-구리온이나 다른 시온주의 지도자들과는 달리 처음부터, 그 다음에는 특히 세계유대인대회의 의장으로서(1949~1977) 유대인과 아랍인의 협력을 단호히 지지했다. 유대인과 아랍인 간의 이해 증진을 열정적으로 지원한 사람으로 유대인 세계 안팎에서 가장 존경을 받았던 그는 이스라엘의 좌파와 우파에 속한 모든 정치가와 갈등을 겪을 수밖에 없었다. 공개적이든 비밀리든 그들은 팔레스타인 전체나 대부분을 포함하는 동질적인 유대인 국가를 목표로 삼고 있었다. 심지어 하임 바이츠만과 같은 사람도 유대인을 위해 아주 당연하게 요구했던 민족적 권리나 목표를 팔레스타인 사람들에게는 인정하려 들지 않았다. 우리는 다음의 사실을 간과할 수 없다. 이스라엘 국가의 설립은 처음부터—헤르츨과 많은 다른 시온주의자들의 의도와는 완전히 정반대로—어두운 그림자로 드리워졌다. 만약 사람들이 나훔 골드만(또는 마르틴 부버Martin Buber)의 말에 더욱 귀를 기울였더라면 많은 것이 매우 다르게 진행되었을 것이다.

5. 이스라엘 국가: 다비드 벤-구리온

한 가지 사실은 확실했다. 많은 시온주의자들이 품었던 고향의 꿈은 팔레스타인에서 오직 절반만 성취되었다. 물론 땅을 찾았고, 오직 유대인만의 **'그'** 땅도 찾았다. 그러나 유대인을 위한 안식과 평안은 지금도 여전히 오지 않았다. 정반대로 '유대인의 문제'는 유럽에서 팔레스타인으로 옮아갔다. 그리고 이미 두 번의 세계대전 사이에서 공동체의 자율성, 폭넓은 자치행정과 하나의 의회, 곧 이스라엘의 '크네세트Knesset'(에스라와 느헤미야의 '큰 집회'에서 따온 120명 의원의 숫자와 이름)를 실현했던 시온주의가 마침내—세계대전과 홀로코스트의 영향이 충분하지는 않았지만 촉진제 역할을 했다—국가 설립의 목표를 달성했을 때, 이 문제는 매우 첨예하게 되었다.

이미 1942년 4월에 자유주의자 바이츠만의 경쟁자였던 다비드 벤-구리온은 뉴욕의 시오니스트 총회에서 미국의 전투적인 시온주의자들의 도움으로 유화적인 안건에 반대하는 내용을 통과시켰다. 그의 '빌트모어 계획Biltmore Programme'(빌트모어 호텔에서 제시된 계획)은 사실상 **전체 팔레스타인을 포함하는 국가**를 목표로 삼았다. 이 계획에는 아랍인과의 협력과 일종의 경계선도 전혀 언급되지 않았다. 왜냐하면 팔레스타인에 유대인 국가를 세우는 것이 목표가 아니라, 팔레스타인을 유대인 국가로 만드는 것이 목표였기 때문이다.

그렇지만 제2차 세계대전 종료 후의 새로운 열강 구도와 이제 권한을 갖게 된 **유엔** 때문에 상황은 다르게 흘러갔다. 1948년 4월 14일 팔레스타인에 대한 영국의 위임통치 기간이 끝났다. 나훔 골드만은 이미 그전에 팔레스타인의 적합한 곳에 활력 있는 유대인 국가를 만들고 분할하는 일에 관여했다. 그리고 하임 바이츠만도 분할 계획의 초안을 작성했지만, 그것은 상당히 달라졌다. 유엔의 절대 다수를 차지하는 국가들(미국과 소련!)은 1947년 11월 29일에 마침내 **팔레스타인**을 유대인 국가와 아랍 국가로 **분할하기로** 결의했다. 경계선을 분명히 설정하고, 두 나라의 경제를 통합하며, 예루살렘을 유엔의 관리 아래 국제적인 도시로 만들 계획이었다. 이 시점에 팔레스타인 땅의 10%를 소유하고 있었던 유대인은 55%의 땅, 곧 사방으로 대략 15,000Km의 땅을 차지했지만, 유대인보다 거의 인구가 두 배였던 아랍 민족(130만 명)은 사방 11,000Km를 차지했다. 아랍인은—정확히 말하면 아랍연합의 주요 열강들은(팔레스타인 사람들은 그 당시에도 여전히 정치적 대표와 조직이 없었다)—이러한 분할을 거부했다. 곧 설명하겠지만 이것은 역사적으로 중대한 실수였다. 왜냐하면 **아랍인들**은 오늘날 그들이 매우 원하는 **자신들의 팔레스타인 국가 건립 기회를** 그렇게 **놓쳐버렸기** 때문이다!

팔레스타인 분할을 거부함으로써 아랍인들은 본의 아니게 실제로는 벤-구리온을 도와주는 결과를 초래했다. 벤-구리온은 그 당시에 단지 노동당의 당수였을 뿐만 아니라, 1935년부터 유대인 관리청과 팔레스타인 시온주의 집행부의 수장이었다. 그는 비밀리에 팔레스타인 전체를 포괄하는 유대인 국가 건설을 항상 추구했다. 정치적으로 아랍인보다 더 영리했던 벤-구리온은 우려에도 불구하고 분할 계획에 동의했고, 국가 건립에 단호히 착수했다. 1948년 4월 15일에 유대인 국회는 **이스라엘 국가를 선포했다**. 그리고 (1948~1953년, 1955~1963년) 첫 번째 수상과 이스라엘의 국방장관이 되었던 다비드 벤-구리온이 워싱턴의 유대인 관리청의 대표자와는 다르게 유엔이 확정한 국경선을 독립선언문에서 언급하지 않았기 때문에 몇몇 사람은 격앙했다.

물론 이제 우리는—벤-구리온의 전쟁일기(1982)와 이스라엘 국가자료실이 그동안 은밀하게 보관해온 국가 건립에 관한 수천 건의 문서가 출간된 이후부터—벤-구리온과 시온주의 지도자들이 품었던 동기와 의도를 최근에 정확히 알게 되었다. 미국 재단의 지원과 하버드 대학교의 거대한 연구팀을 통해 엄청난 자료들이 정확하게 연구되었는데, 이것은 이미 언급한 이스라엘 역사가이자 언론인 **심하 플라팬**Simha Flapan(1911~1987)의 수고를 통해 이루어진 일이었다. 폴란드에서 젊은 시절부터 사회주의적 시온주의를 위해 일해온 플라팬은 40년이 넘게 이스라엘 키부츠kibbutz에서 살았고, 거의 30년 동안 좌파 마팜Mapam 정당의 사무총장으로 일했다. 이 정당은 팔레스타인에서 아랍인의 자주권을 인정하고, 작은 다른 집단들과 연대하여 유대인과 아랍인의 평화적인 협력을 추진한 시온주의의 유일한 정당이었다. 플라팬은 이스라엘을 위태롭게 했다는 온갖 혐의를 뛰어넘는 매우 숭고한 인물이었다. 만약 내가 유럽의 기독교 신학자로서 여기서—이러한 연구에 근거하여—역사적 진리를 위해 '이스라엘이 탄생하던' 시절에 모순된 역할을 수행한 이스라엘의 유명한 인물들을 꼽아야 한다면, 나는 이러한 탄생의 배후에서 기독교인들과 유럽인들이 저지른 끔찍한 범죄의 역사를 한순간도 잊고 싶지 않다. 그리고 나는 이 이스라엘 국가의 생존의 정당성에, 그리고 안정적이고 승인된 국경선 안에서 살 수 있는 이스라엘의 권리에 조금도 의심을 품고 싶지 않다. 이를 나는 제3부에서 상세하게 다룰 것이다. 그렇지만 신화가 진리를 억누르거나 숨기려고 위협할 경우에는 이 모든 것이 탈신화화脫神話化의 과제와 모순되지 않는다.

심하 플라팬은 바로 이 사실에서 출발했고, 사망하기 직전에 그의 첫 번째 책에서 국가 건립과 관련된 자신의 연구 성과를 공개했다. 도입부에서 저자는 대부분의 이스라엘인처럼 "일반적으로 역사적으로 보증된 진리로 생각되었던 특정한 신화들의 영향을 항상 받았다"고 고백한다.[26] 모든 **'이스라엘 국가의 신화'** 바탕에 깔려 있었던 7개의 신화 가운데 첫 번째 신화는 다음과 같은 것이다. "1947년 11월 29일에 시온주의 운동이 유엔의 분할 결정에 합의한 것은 일종의 결정적인 타협을 의미했다. 이로 인해 팔레스타인 유대인은 자신의 국가가 팔레스타인 전체로 뻗어나가야 한다는 생각을 포기했고, 자신의 국가를 요구하는 팔레스타인 사람들의 주장을 인정했다. 이스라엘은 이렇게 희생할 자세가 되어 있었다. 왜냐하면 이스라엘의 희생은 유엔의 결정이 팔레스타인 사람과의 평화로운 협력을 통해 실현될 수 있기 위한 전제조건이었기 때문이다."[27]

그렇지만 플라팬과 그의 팀의 연구가 보여주듯이, 이것은 "참으로 변하지 않는 전체적 전략의 큰 틀 안에 들어 있는 전술적인 양보"였을 따름이다. "이

전략은 우선 팔레스타인 아랍인의 자치국가 건립을 방해하는 것을 목표로 삼았다. 이런 방향으로 나아가는 첫 번째 전술은 요단르 강 건너편 땅에 관해 압달라와 비밀협정을 맺는 것이었다. 이 협상을 통해 압달라는 팔레스타인의 국가를 위해 계획된 지역을 합병함으로써 자신이 꿈꾸었던 위대한 시리아 국가의 방향으로 첫걸음을 내딛을 수 있다고 믿었다. 더욱이 이런 전략은 유엔이 유대인 국가를 위해 제시한 영토의 확장을 목표로 삼았다."[28]

그러면 유대인과 아랍인 사이의 **전쟁**은 참으로 **불가피했는가**? 이런 질문은 자주 제기되었다. 그렇지만 이스라엘의 독립선언 이전에 팔레스타인의 많은 지도자들과 단체들은 온통 잠정협정*modus vivendi*에 매달렸다. 그리고 벤-구리온이 팔레스타인 국가에 저항했을 때, 팔레스타인 사람들은 예루살렘의 무프티 쪽으로 밀려났다. 무프티는 이스라엘 국가를 맹렬히 공격한 사람이었기에 유대인의 철천지원수였던 히틀러와 접촉하는 것도 마다하지 않았다. 이스라엘의 독립선언을 당분간 연기한다는 조건 아래 미국이 마지막 순간에 제시한 3개월 휴전 중재안을 아랍인은 수용했지만, 벤-구리온의 이스라엘 임시정부는 간발의 표차로(6:4) 거부했다. 종종 주장되었듯이, 이스라엘은 평화조약을 위해 항상 손을 내밀었는가? 그리고 아랍의 지도자들은 이스라엘의 생존권을 인정하지 않았기 때문에 이스라엘 정부와 평화협상을 체결할 수 있는 인물이 전혀 없었는가? "정반대로 제2차 세계대전 종전 결과 1952년 사이에 이스라엘은 아랍 국가와 중립적인 중재자들이 제시했던, 평화 체제로 이끌 수 있었던 몇 가지 제안을 거절했다"고 플라팬은 자세히 설명했다.[29] 따라서 벤-구리온은 아랍 세계와 계속 싸워야 한다는 사실을 분명히 받아들였다. 미국과 서방 세계가—특히 1949년에 새로 세워진 독일 연방공화국도—자신의 편을 들고 있다는 사실을 그는 알고 있었다.

국가 건립 후에 이스라엘이 **독일과 정치적으로 화해한 것**은 벤-구리온이 국가 원수로 이룩한 가장 큰 업적이었다. 아데나워의 서독과 함께 벤-구리온은 실제로 이해 증진을 추구했다. 그것도 홀로코스트가 일어난 지 얼마 지나지 않은 시점이었다! 아데나워와 벤-구리온, 이 두 정치가는 비범한 재주를 지녔고 높은 권력의식과 책임의식을 소유했으며, 매우 냉철한 실용주의를 추구했다. 보상금 지급이 이스라엘을 경제적으로, 독일을 도덕적으로 도와줄 수 있을 것이라고 벤-구리온은 확신했다. 그리고 1952년에 반대파 메나헴 베긴이 공개적으로 모든 독일인을 (아데나워 수상도) 나치이며 살인자라고 모욕하고 시민전쟁으로 위협했을 때, 벤-구리온은 보상금을 거부하는 사람들의 이데올로기를 파시즘이라고 칭했고, 군인을 투입해 그들을 위협했다. 그리하여 1952년에 그는 서독과 보상금 지급협정(룩셈부르크 협정 또는 이스라엘 협정)을 체결했다. 이 협정은 1965년까지 (특히 유대인 피난민의 이스라엘 정착과 재통합을 위해) 34억 5천 마르크를 보상한다는 내용을 담고 있다. 그리고 1965년에는 서독 수상 루드비히 에르하르트Ludwig Erhard 아래 외교 관계도 수용되었다.

영국 군대가 철수한 이후에 벤-구리온은 아랍인과 치른 최초의 두 차례 결정적인 전쟁에서 이스라엘 국가의 생존권을 마침내 확보할 수 있었다. 그리고 그는 이스라엘 국가의 기술적·경제적, 학문적·문화적 발전에, 그리고 전 세계에서 들어오는 수많은 이민자의 적응에 결정적으로 기여했다. 그러나 그는 자신의 국가에 평화를 가져오지는 못했다. 정반대였다. 이 '무장한 예언자'의 모든 정책은 처음부터 이스라엘 국가의 영토를 최대한 확장하고, 그래서 팔레스타인 국가의 형성을 실질적으로 저지하는 것을 목표로 삼았기 때문에 그는—아랍 측에서 화해를 거부하는 자들과 함께—군비경쟁과 지속적인 전쟁과 높은 국가부채와 경제적 쇠퇴의 토대를 만들었다(많은 이스라엘인은 그가 심지어 도덕적인 쇠퇴를 가져왔다고 말한다). 아랍인들의 모든 노력은 1948년부터 이스라엘 국가 건립을 취소시키고, 자신들을 위해 팔레스타인의 상황을 무력으로 결정하는 것을 목표로 삼았다. 결과적으로 국가 건립 이후부터 젊은 이스라엘 국가는 이웃 아랍인들과 실제로 전쟁해야 하는 상황에 놓이게 되었다.

6. 다섯 차례의 전쟁 – 그리고 평화는 없다

아랍인과 이스라엘은 25년 동안 다양한 성격의 피비린내 나는 전쟁을 다섯 차례나 치러야 했다.[30] 그 결과를 미리 살펴보기로 하자. 독립을 위해 투쟁하는 작은 국가 이스라엘은 넓은 아랍 영토를 소유하고 있는 군사적 강국 이스라엘이 되었다. 거기서 태어난 팔레스타인 민족 약 5백만 명은 피난민들과 억압받는 자들의 민족이 되었다(물론 서방 세계에서 그들은 자주 한꺼번에 '극단주의자들'과 '테러분자들'로 폄하된다.)

1) **독립전쟁:** 1948년 4월 15일 국가건립의 날에 일어나서 1949년 2월 24일까지 계속된 이 전쟁에는 요르단과 이집트, 이라크, 시리아, 레바논이 가담했다. 아랍연합의 분열과 그 군대의 부실 때문에 이 전쟁은 이스라엘의 승리로 끝났다. 이로써 예루살렘의 분할이 확정되었고, 이스라엘의 영토는 이제 유엔이 분할 계획안으로 제시했던 영토보다 훨씬 더 넓어졌다. 요르단 강 서안 지구의 일부('서쪽 언덕West Bank')는 요르단에 귀속되었다. 승리의 어두운 면은 다음과 같다. 전쟁과 공포와 위협 때문에 수많은 사람이 갑자기 도피하는 지역이 늘어났다. (이르군과 이스라엘 해방전사들이 평화로운 팔레스타인 마을 디르 야신Dir Yassin을 습격하여, 여인들과 아이들을 총격으로 대량 학살한 사건은 팔레스타인 전체를 불행 속으로 몰아넣었다.) 그리고 아랍인 85만 명가량이 그들이 출생했던 지역에서 아랍 국가의 국경으로

쫓겨났다(물론 계획된 것은 아니었지만, 이스라엘의 완전한 묵인 아래 일어났다). 이스라엘 국가에서 아랍인 마을 360개와 도시 14개가 지진을 당한 것과 같은 상태로 변했고, 아랍인 피난민들이 되돌아가는 것이 불가능해졌다. 이로 인해 거대한 피난민 숙소가 생겨났고, 팔레스타인 해방운동이 일어났다.

그 다음 해부터 아프리카와 아시아에서 많은 유대인 이주민이 들어왔고, (1947년에 대략 60만 명에 불과했던) 유대인의 인구가 두 배 이상 늘어났다. 경이롭고 경제적인 땅 개간이 시작되었다. 왜냐하면 아랍인과 달리 이스라엘인은 근대 패러다임이 제공한 경제적·기술적·산업적 능력을 철저히 이용하는 방법을 알고 있었기 때문이었다.

2) **시나이 전쟁**: 이 전쟁은 1956년 10월 29일에서 11월 8일까지 일어났다. 아랍인의 테러 공격과 아주 중요한 티란Tiran의 해상로에 대한 봉쇄 이후에 이스라엘은—영국과 프랑스 군대의 비극적인 개입과 정확하게 맞물려서(수에즈 위기!)—이집트의 가말 압델 나세르Gamal Abd-el Nasser에 대한 선제 공격을 감행했다. 이것은 가자 지구와 시나이 반도를 점령하기 위한 것이었다. 소련과 미국이 휴전을 강요하자 이스라엘은 1956년 12월에—아카바 만의 자유로운 해상 운행을 보장받는다는 조건 아래—시나이와 가자 지구에서 철수했다.

3) **6일 전쟁**: 이 전쟁은 1967년 6월 5일에서 11일까지 6일 동안 일어났다. 이집트와 시리아, 요르단의 거대한 군사 공격에 맞서 이스라엘은 다시 선제 공격을 감행하여 땅에 있던 이집트의 전투기를 먼저 파괴했다. 세 곳의 전쟁에서 이스라엘은 이집트에 속한 38Km 길이의 가자 지구, 시나이 반도와 시리아의 골란 고원, 이른바 서쪽 요르단 지역(대략 115Km 길이와 50Km

폭으로 이루어진 '서쪽 언덕')과 특히 예루살렘의 아랍인 지역을 점령했다!

간접적인 결과는 다음과 같다. 이제—처음에는 또 다른 홀로코스트의 두려움 때문에, 그리고는 승리에 대한 자랑스러운 기쁨 때문에—온 세계와 특히 미국에 살고 있던 비시온주의자들까지 자신을 이스라엘 국가와 동일시하는 경향이 처음으로 널리 확산되었다. 이와 연관된 사실로서 경제적·금융적 지원이 대거 이루어졌다. 이로 인해 경제 성장이 강화되었다. 더 중요한 점은 단지 국제적인 종교 공동체만이 아니라 진정으로 한 민족이 되어야 한다는 의식이 새롭게 일어났다는 사실이다.

그러나 (이스라엘의 많은 지식인들과 정치가들이 소원하듯이) 강자의 입장에서 점령 지역을 교환하여 진정한 **평화를 달성하고**, 평화롭고 독립적인 팔레스타인의 아랍 국가 건립을 위해 협력할 수 있는 **역사적 기회**를 이제 **이스라엘은 놓쳐버렸다**. 이스라엘은 **점령국**이 되었고, 이제부터 근동에 평화가 정착하지 못한 것에 가장 큰 책임을 지게 되었다.

4) **욤-키푸르 전쟁**: 이 전쟁은 1973년 10월 6일에서 25일까지 일어났다. 이것은 소련의 지원을 받은 이집트와 시리아의 기습공격으로 시작되었다. 이집트는 수에즈 운하에서, 시리아는 골란 고원에서 집단 공격을 감행했고 처음에는 성공적이었다. 그리고 그것은 이스라엘의 엄청난 손실로 끝날 수 있었다. 2주간 이상의 치열한 전투 후에 휴전이 이루어졌고, 1974년에 미국의 압박을 받아 이스라엘은 이집트와 시리아와 군사 정전협정을 체결했다. 그러나 평화는 다시 오지 않았다.

정반대였다. 점령된 지역에 정착한 유대인들은 그 이후로 특히 종교적 정당의 요구에 따라서 계속적인 분쟁을 일으켰다. 특히 점령된 지역에서 유대인 정착민 때문에 일어난 갈등의 결과로 1976/77년에 노동당 정권이 물러났고 새로운 선거가 치러졌다. 이스라엘 역사에서 처음으로 연합노동당(마파이당)이 야당이 되었다. 그리고 극우적인 자보틴스키의 정신 속에서 1948년에 설립된 헤루트Herut당, 곧 우익보수적인 리쿠드Likud 진영이 정권을 잡게 되었다. 그들은 모두 예전에 테러를 행한 악명 높은 이르군 수장 **메나헴 베긴** 아래 있었다. 베긴은 이제 수상의 직무를 맡았고, 직접적인 협상을 요구했다. 그는 결코 잊을 수 없는 홀로코스트를 직접 경험한 첫 번째 이스라엘 수상이었다.

그때 이집트 **안와르 엘-사다트**Anwar el-Sadat 대통령이 용감하게 선두에 나섰다. 1977년 12월에 아랍인과의 평화를 위해 모든 점령 지역을 되돌려 받을 희망 속에서 3일 동안 예루살렘을 방문한 것이다. 그렇지만 베긴은 그의 제안을 거부했다. 오직 미국의 개입을 통해—국가건립 후 30년 지난 1978년 9월 17일에—미국 대통령 지미 카터의 중재 아래 캠프 데이비드Camp David에서 이집트와 미국과 이스라엘 간의 **협정**이 이루어졌다(**캠프 데이비드 협정**). 1979년 3월 26일에 이스라엘은 워싱턴의 압력을 받고 마침내 이집트와 평화조약을 체결했다. 이스라엘이 시나이 반도에서 철수한다는 내용이었다.

그러나 가장 중요한 사안이던 팔레스타인 문제는 그 협상에 포함되지 않았기 때문에 나머지 모든 국가는 이스라엘과 이집트를 도와주지 않았다. 여전히 평화는 오지 않았고 중동의 군사적 상황은 아직도 불안했다. 이스라엘은 팔레스타인 자치협정에서 약속한 것 중 단 하나도 실천하지 않았다. 지금 팔레스타인 사람들은 계속 테러를 감행한다. 텔 아비브에서 45명의 희생자를 낳았던 한 팔레스타인 사람의 버스 기습 사건 이후에 이스라엘 군대는 (1978년 3월 15일에서 6월 13까지) 남부 레바논 전 지역을 점령했다.

5) **레바논 침공**: 이것은 1982년 6월 6일에 시작되었고, 은밀하게 '갈릴리를 위한 평화 작전'이라고 명명되었다. 이것은 분명히 **침략 전쟁**이었다. 이

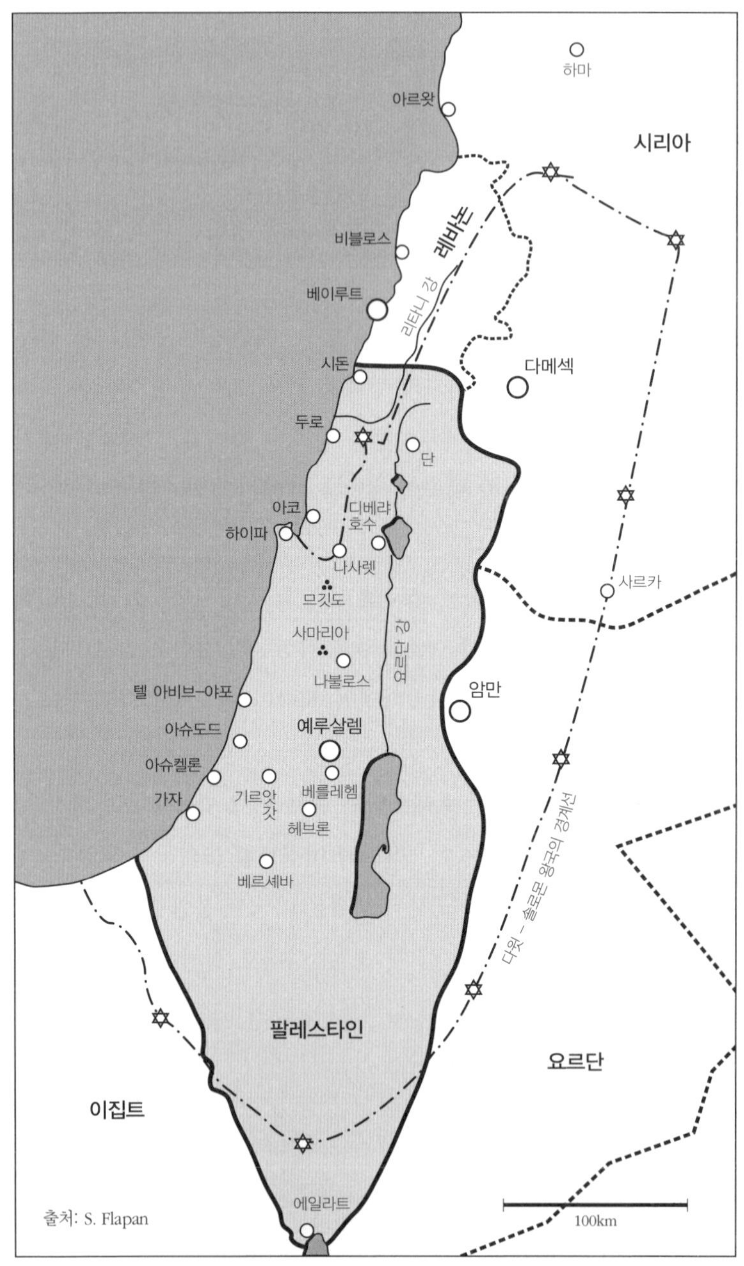

시온주의자들의 팔레스타인 계획(1919년)

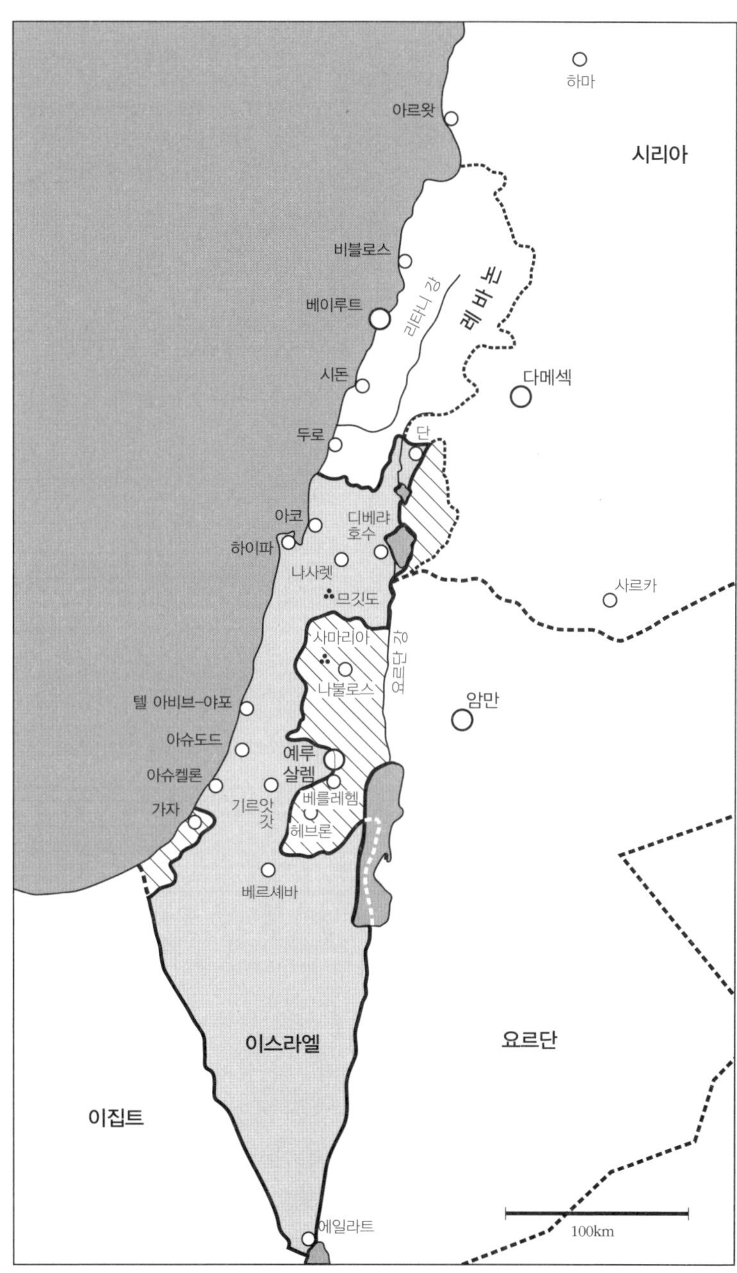

오늘날 이스라엘 국가가 점령한 영토

침략은 레바논의 수도 베이루트까지 돌진해서 특히 '테러조직' 팔레스타인 해방기구PLO를 공격하는 것을 목표로 삼았다. 여기서 '기독교' 민병대들은 이스라엘 군인의 보호 아래 팔레스타인 진영 사브라Sabra와 샤틸라Shatila에서 세상을 경악케 한 집단 살인을 자행할 수 있었다. 주요 목적은 팔레스타인 사람들의 궁극적인 제거와 기독교 국가 레바논의 건립이었다. 이스라엘의 집단적인 평화시위 때문에 공격적인 정치를 어쩔 수 없이 변명해야 했던 베긴은—그에 관한 역사적 연구가 옳았다는 사실을 입증하듯이—비밀정치를 추구했던 초대 이스라엘 수상의 실례를 다시 끌어들여, 이를 공개적인 카드로 이용했다. "그는 리타니Litani 강의 북쪽에 기독교 국가를 설립함으로써 레바논을 분할하려고 했던, 그리고 지칠 줄 모르는 노력으로 팔레스타인 국가 형성을 저지하려고 했던 벤-구리온의 계획을 언급했고, 1948년의 전쟁에서 이스라엘인이 이스라엘 국경선 안에 있던 아랍인의 모든 마을과 작은 도시를 초토화하고 그곳의 거주자들을 땅에서 몰아낸 사건을 마지막으로 언급했다. 이 모든 것은 동질적인 유대인 국가 건설에 대한 관심 속에서 이루어진 일이었다."[31]

그렇지만 이미 다양한 무슬림들과 기독교인들의 분파로 인해 갈가리 분열되었던 레바논은 이스라엘의 침공을 통해 완전한 혼돈에 빠져들게 되었다. 물론 팔레스타인 해방기구는 물러나야 했지만 패배하지는 않았다. 암담한 상황에 처한 이스라엘 군대도 다시 물러나야 했다. 이것은 패배한 전쟁이었다. 메나헴 베긴은 이제 이츠하크 샤미르Yizhack Shamir에게 자리를 물려주었다. 물론 시리아는 레바논에서 최고의 정치적인 카드를 쥐고 있었다. 그리고 미국과 프랑스와의 관계가 끊어진 열광적 기독교인 장군 미셸 아운Michel Aoun은 1990년 가을에 마침내 항복해야 했다. 그 이후로 시리아는 레바논 전체를 통제했다. 그러나 이스라엘과 팔레스타인 아랍인의 분쟁과 시리아와 요르단의 분쟁도 계속 일어났다. 그렇다. 이미 죽었다고 믿었던 팔레스타인 해방운동은 이제야 비로소 민족운동이 되었다.

국가 건립과 그 결과에 대한 내 보고는 최근의 연구 때문에 원래 생각하고 썼던 것보다 더 비판적인 내용이 되었다. 나는 이를 유감스럽게 생각한다. 그러면 미래는 어떻게 될 것인가? 이 시점에서 (1991년 6월의 걸프전쟁 이후에) 어떤 사람도 이를 알지 못한다. 해결의 가능성을 발견하려면 우리는 제3부에서 비극적인 갈등을 되돌아보아야 한다.

많은 유대인들도 실망시킨 이스라엘 국가의 발전에도 불구하고 더 폭넓은 관점에서 다음과 같은 사실을 원칙적으로 확인해야 한다. 기독교에서와는 달리 유대교에서 신앙과 민족과 땅은 이제 한덩어리다. 유대인의 존재는 종교적으로나 인종적으로 충분히 정의되지 않는다. 우리가 이미 살펴보았듯이, 유대교는 온갖 재앙을 겪었지만 강력한 공동체 생활을 통해 '학자들의 공화국'으로 성전과 국가가 없던 거의 2천 년의 세월을 놀랍게도 잘 극복해왔다. 비록 사람들이 상당히 정통적이고 좌파적 · 세속적인 이스라엘 국가를 언제나 문제로 생각해왔지만 **이스라엘 국가는 세계 유대교 상황을 근본적으로 바꾸어놓았다.** 이스라엘 정부는 실제로 세계시오니스트기구의 핵심 과제를 물려받았다. 거꾸로 시온주의 운동 차원에서는, 오직 진지한 뜻을 품거나 적어도 그러한 이상을 지닌 시온주의자들만이 새로운 국가로 이주해야 한다. 그렇다. 만약 지금 하나님의 말씀에 순종하지 않는 미국의 6백만 명에 달하는 모든 유대인이 가까운 장래에 고민 끝에 약속의 땅으로 온다면, 구원의 날이 올 것이라고 생각하는 시온주의자들이 이스라엘에 존재한다. 한편으로는 시온주의자들의 이러한 과장된 언동을 들을 때, 다른 한편으로는 많은 기독교인들의 과장된 비난을 들을 때, 몇 가지 비판적이고 근본적인 질문을 던지지 않을 수 없다. (노골적인 정치적 질문은 제3부에서 다룰 것이다.)

미래를 위한 질문

홀로코스트 이래 유대인의 국가는 **유대교**에서 불가피한 것으로 널리 인정되었다. 그렇지만 유대인의 존재는 디아스포라 안에서와 같이 이스라엘 땅에서도 여전히 의미심장하게 영위될 수는 없는가? 전 세계에 있는 대부분의 유대인은 이스라엘로 되돌아가기를 거부한다. 70년부터 1948년까지의 역사가 보여주듯이, 유대교를 위해 독립적인 국가가 무조건 필요하며, 종교적으로 본다면, 그것 자체가 실제로 목표인가? 유대 민족의 국가는 확실히 존재해야 하지만, 유대교의 국가도 존재해야 하는가?

세상에 항상 흩어져 살았던 유대인이 이스라엘 땅에서 이제 자신의 인종적인 뿌리를 갖게 되었다는 사실을 **기독교인들**은 이전보다 더 강하게 인식해야 하지 않는가? 그리고 완전히 세속화된 유대인들도 자신들이 다른 동료 시민들과는 여전히 다르다고 느끼고 있다. 따라서 부정되든 긍정되든, 유대인의 존재는 유대인의 전통으로 결정되지 않는가? 그리고 이스라엘 국가는 하나님과 그의 백성 사이에 이루어진 언약의 존속을 위한 수단이며 표지가 아닌가?

그렇지만 기독교 측에서 많은 사람이 반론을 제기하듯이, 기독교 신학의 관점에서 언약의 존속을 그렇게 가볍게 말할 수 있는가? 기독교인의 관점에서 예수 그리스도가 예전의 언약을 **낡은 언약**으로 만든 **새 언약**을 가져왔다는 사실을 침묵해도 좋은가? 옛 언약과 새 언약의 교차점에 참으로 유대인 나사렛 예수라는 인물이 서 있지 않은가? 그는 기독교인에게, 그리고 오직 기독교인에게만 그리스도다. 유대인과 기독교인이 서로 이해를 추구하는 길 위에 거대한 바윗돌이 놓여 있다는 사실은 부정할 수 없다. 그것은 유대교인에게는 걸림돌이지만, 기독교인에게는 바로 주춧돌이다!

그렇다. 정치적인 관점에서도 우리는 오늘까지 지속되고 있는 나사렛 예수에 관한 신학 논쟁을 회피할 수 없다. 유대교인의 관점에서든 기독교인의 관점에서든, 염려 때문이든 즐거움 때문이든, 종교 간의 대화에서 우리는 너무나 자주 논쟁해왔다. 그렇지만 편견이 없고 공정한 대화를 위한 전제조건이 오늘날에는 10여 년 전보다 훨씬 나아졌다고 나는 확신한다.

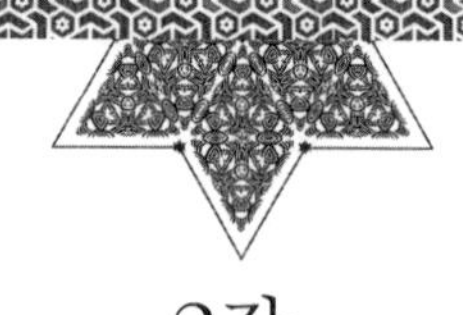

2장
유대교인과 기독교인의 논쟁

I. 오늘날 유대교인과 기독교인 대화 속의 예수

솔직하게 말한다면, 여기서 우리는 유대교인과 기독교인 사이에 존재하는 가장 어려운 질문을 다루게 된다. 왜냐하면 이 질문은 정말 극복하기 힘든 편견과 오해로 가득 채워져 있기 때문이다. 그리고 오해하지 않고 설명하는 것이 얼마나 힘든지는 1980년에 독일 가톨릭 주교단이 '교회'와 유대교의 관계에 대해 원칙적으로 긍정적인 선언을 한 사실에서 다시 분명히 드러난다.[1] "오늘날 유대인 학자도 예수의 '유대인-됨'을 드러내고 있다." 이것은 이 단락의 시작을 위해서도 적절한 내용이다. 그리고 "예수 그리스도를 만난 사람은 유대교를 만난다."[2] 여기서 우리가 거꾸로 말해도 좋지 않을까? 왜냐하면 실제로 그리스도의 교회는 "예수의 '유대인-됨'"을 발견하기 시작했기 때문이다. 그러나 교회는 오래전부터 (나치 시대보다 훨씬 오래전부터도) 이를 알지 못했고, 이를 진지하게 받아들이려고 하지 않았다. 왜냐하면 교회는 오직 한 가지 사실에만 관심을 기울였기 때문이다. 그것은 "예수 그리스도를 만나는 사람은 기독교를 만난다"는 사실이다. 본질적인 질문은 매우 복잡하다. 그래서 우리는 이 모든 것을 여기서 다룰 수는 없다.[3] 여기서 우리는 연구의 현재 상황을 간략하게 그려보려고 한다. 물론 이것은 특히 유대인 학자들과의 대화를 통해 이루어질 것이다.

1. 예수의 유대인-됨과 유대교 연구

위대한 역사가였고 자유주의 신학을 종합했던 **아돌프 폰 하르낙**Adolf von Harnack은 1900년에 《기독교의 본질》이라는 강연집을 출간했다.[4] 이듬해에 27세의 한 랍비 **레오 백**Leo Baeck(1873~1956)이 그에게 응답했는데, 그는 얼마 전에 베를린에서 철학자 빌헬름 딜타이Wilhelm Dilthey의 지도 아래 박사학위를 받았고, 두 번의 세계대전 사이에 유대교의 지도적인 인물이 된 사람이었다. 그는 다음과 같이 말했다. "예수의 생애에 관해 쓴 대부분의 저자들은 다음과 같은 사실을 언급하지 않았다. 예수의 모든 면모를 살펴볼 때, 예수는 완전히 진정한 유대인이었고, 그와 같은 남자는 오직 유대교의 토양에서만, 다른 그 어떤 곳이 아닌 오직 그곳에서만 성장할 수 있다. 예수는 참으로 유대인의 특성을 지닌 인물이었다. 그의 모든 노력과 행위, 그의 외모와 그의 감정, 그의 언어와 침묵은 유대교에 존재했고 지금도 존재하는, 오직 그 당시의 유대교에만 존재했던 유대인의 모습과 유대교적 관념론의 특징을 지니고 있었다. 그는 유대인 중의 유대인이었다. 다른 어떤 민족에게서도 그와 같은 사람이 나올 수 없었을 것이고, 다른 어떤 민족 안에서도 그와 같은 사람이 활동할 수 없었을 것이다."[5] 누가 그의 주장에 반박할 수 있는가?

그러나 《유대교의 본질》(1905)과 다른 저서를 출간한 레오 백은 1938년에도 놀랍게 《유대교 신앙의 역사 원전으로서 복음》이라는 글에서 그의 예수상象을 제시했다. 이듬해에 그는 25년 동안 강의했던 베를린 유대교 신학교에서 비밀경찰에게 체포되었고, 1943년에 테레지엔슈타트 강제수용소로 후송되어 잠깐 동안 목숨을 부지했다. 레오 백은 실제로 나사렛 예수를 연구한 첫 번째 유대인 학자는 아니었다. 패러다임이 근대로 전환됨으로써 유대교에서는 자신의 유대교적 전통에 대한 자유로운 입장이 가능해졌다. 그리고 이러한 자유로운 분위기와 함께 19세기에 근대 유대교 신학도 생겨났는데, 이 신학은 히브리 성서와 미쉬나, 탈무드만이 아니라 신약성서와도 역사비판적으로 논쟁했다.[6]

나는 모든 유대인 학자에게는 분명히 나사렛 예수가 신화가 아니라 연대와 장소를 완전히 확인할 수 있는 역사적 인물이라는 사실을 잠깐이나마 언급할 필요가 있다. 예수는 (기독교인의 시간 계산의) '서력西曆 기원'(common era)의 시초에 살았던, 전적으로, 그리고 철저히 구체적인 유대 역사의 인물로서 **근대 역사의 수단과 방법**으로 연구될 수 있다. 다른 그 어떤 곳에서보다 더 이른 시기에 해방된 프랑스의 유대교에는 이미 **요셉 살바도르**Joseph Salvador라는 역사철학자가 있었다. 그는 이미 1838년에 2권으로 된 책을 펴내며 근대 유대인의 예수 연구를 시작했다. "1세기의 교회 형성, 그 조직과 발전의 역사"[7]라는 부제목이 보여주듯이, 《예수 그리스도와 그의 가르침》이라는 책은 역사적인 연구서였다.

그렇다면 독일어권에서는 어떠했는가? 여기서 개혁주의 랍비이자 종교철학자였던 **사무엘 히르쉬**Samuel Hirsch는 먼저 자신의 책 《유대인의 종교사상 체계와 이방세계, 기독교, 순수철학과 맺는 관계》(1842)에서 예수라는 인물을 자세히 연구했다.[8] **아브라함 가이거**Abraham Geiger가 그의 뒤를 따랐다. 그는 자신의 책 《유대교와 그 역사》(1864)에서 유대교 시대사 연구가 예수 이해의 본질적인 전제가 된다고 주장했다.[9] 마지막으로 우리에게 잘 알려진 위대한 유대교 역사 편찬자 **하인리히 그래츠**Heinrich Graetz는 11권으로 된 그의 책《유대인의 역사》의 제3권에서 "시나이와 골고다"라는 표제 아래 예수와 '기독교의 기원' 연구의 잣대까지 제시했다.[10] 이러한 발전에서 새로운 것은 무엇이었는가? 그것은 모든 유대인 학자가 **역사의 예수를 철저히 긍정적인 인물**로 보려고 했다는 사실이다. 물론 예수는 이제—그리스도의 교회에 대항하여—완전하고 철저하게 유대교를 위해 이의를 제기한 사람이기도 하다. 그 이유는 무엇이었나? 예수가 자신을 메시아로 생각했든(살바도르와 가이거) 그렇게 생각하지 않았든(히르쉬와 그래츠), 역사의 예수는 당대에 한 사람의 유대인도 말할 수 없었던 것을 가르치지 않았다.

이러한 경향은 20세기에도 계속 이어졌다. 1922년 아직 나치 시대가 오기 전에 유대교 측에서 가장 유명한 예수 연구서가 등장했는데, 그것은 **요셉 클라우스너**Joseph Klausner가 쓴《나사렛 예수: 그의 시대와 생애, 가르침》이라는 책이다. 이 책은 처음에는 (예루살렘에서) 히브리어로 출판되었지만, 그 후에는 여러 다른 언어로 번역되었다.[11] 클라우스너에게 예수는 "유대인들보다 더 유대인다운" 인물이었고, 바로 그의 "**극단적인** 유대교"로 인해 "민족적인 유대교"를 위태롭게 한 인물이었다.[12] 여기서 **클로드 몬테피오리**Claude Montefiore의 중요한 작품도 언급해야 한다. 그는 영국의 개혁적 유대교를 대변한 지도자였고, 보편주의적인 견해를 지닌 자유로운 '진보적 유대교를 위한 세계연맹'의 의장이었다. 그는 이미 1909년에 자신의 책에서 예수 역사의 공관복음서 자료를 연구했다.[13] 시온주의 운동의 설립자 테오도르 헤르츨의 진실한 동료였던 **막스 노르다우**Max Nordau는 감동적인 문장을 통해 당대의 많은 유대인 연구자의 마음을 사로잡았다. "예수가 우리의 육신을 지닌 육신이었듯이, 그는 우리의 영혼을 지닌 영혼이었다. 그러므로 누가 그를 유대 민족에게서 떼어놓을 수 있겠는가?"[14]

그 후에는 홀로코스트가 일어났고, 그와 함께 유대인의 예수 연구도 멈추어버렸을까? 다행히도 놀라운 사건이 일어났다. 홀로코스트는 예수 연구를 중단시켰지만 멈추게 할 수는 없었다. 이스라엘 국가건립 이후 몇 십 년 동안 유대인의 새로운 자의식으로 인해 나사렛 예수를 다룬 수많은 저서가 출판되었다. 과거 수백 년 동안 출판된 책들보다 훨씬 더 많았다. 그렇기 때문에 "국가건립 이래 27년 동안 예수에 관해 발표되었던 히브리어 서적 187개와 연구 논문, 시, 연극, 단편, 박사논문, 소논문은 오늘날의 유대인 국가 문헌에서 '예수-홍수'에 관한 언론 보도를 정당화한다"라고 유대인 신학자 **핀카스 라피데**Pinchas Lapide는 기록했다.[15] 그리고 한 대화에서 그는 자신이 연구한 29권의 예수-저서에 관해 내게 이렇게 말했다. 그것은 모두 "공통분모로서 나사렛 예수에 대한 공감과 사랑"을 담고 있다. "1800년 동안 이런 일은 불가능했다."[16]

그렇지만 '사랑'이라는 단어는 과장된 단어일지도 모른다. 여기서 '공감'이라는 단어가 오히려 더 적합하다. 그것은 존중과 경의, 이해를 모두 포함한다. 이러한 맥락에서 독일 주교대회 선언이 이미 처음부터 위대한 유대교 신학자 **마르틴 부버**Martin Buber를 인용한 것은 올바른 일이었다. 그는 그의 글 《두 가지 신앙 방식》에서 원초적인 유대교의 메시지를 선포한 예수를 자신의 "만형"이라고 불렀다.[17] 그의 제자 **샬롬 벤-코린**Shalom Ben-Chorin은 부버의 주장을 다음과 같이 명료하게 설명했다. "예수는 나에게 영원한 형제다. 그는 단지 인간의 형제일 뿐만 아니라 나의 유대인 형제다. 나는 나를 붙잡는 그의 형제다운 손길을 느끼기 때문에 그를 따른다. … 그의 신앙, 그의 조건 없는 신앙, 아버지 하나님에 대한 철저한 신뢰, 하나님의 뜻에 철저히 복종하는 태도, 이것을 예수는 우리에게 몸으로 보여주었고, 이것은 우리 유대인과 기독교인을 하나로 묶을 수 있다."[18]

그렇지만 여기서도 주교들의 선언에서 인용된 말에 주의해야 한다! 세 가지 관점으로 표현된 내용 중에서 누락된 문장은 어떤 것인가? 그 뒷면에는 벤-코린의 결정적인 한계가 숨겨져 있다. 그리고 교회 문서를 인용할 때 이것을 빠뜨린 것은 지적인 불성실성에 가깝다. "그것은 메시아의 손, 곧 흉터를 지닌 메시아의 손이 아니다. 그것은 하나님의 손이 아니라 인간의 손을 표현한다. 그의 손자국에는 가장 깊은 고통이 새겨져 있다. … 예수의 신앙은 우리를 하나로 묶지만, 예수에 대한 신앙은 우리를 나눈다."[19] 다르게 표현한다면 벤-코린과 부버와 많은 다른 유대인 예수 연구가들에게 예수는 모범적인 유대인이다. 그는 단지 유대인, 모범적인 인간, 단지 인간일 따름이다. 여기서 기독교인들은 항상 이의를 제기하기를 원한다. 그러나 결정적인 것은, 많은 유대인이 여러 곳에서 '유대인'을 노골적으로 비판하는 것처럼 여겨지는 신약성서에 대해 항상 느끼게 되는 의구심을 유대인 예수 해석자들이 극복했다는 사실이다.

2. 예수에 관한 대화는 어떻게 시작해야 하는가?

유대교인과 기독교인의 대화에서 처음부터 밝혀야 할 사실이 있다. 단지 과거에만이 아니라 우리 시대에 **예수를 연구하는 유대교인들도 후기의 교회 교의학이 주장한 그리스도**를 확실히 거부한다는 사실이다. 목수의 아들이었던 나사렛 예수가 삼위일체 하나님의 두 번째 위격이라고? 이것을 받아들일 수 없다고 신앙적인 유대인들은 말한다. 왜냐하면 나사렛 예수는 유대인이었기 때문이다. 독일 주교대회의 선언을 보면 놀랍게도 이러한 어려움을 알 수 있다. "본질적으로 하나님과 동일한 아들"은 "많은"('모든'이라는 표현이 더 옳을 것이다) 유대인에게 "철저히 비유대교적인 것이다. 비록 이것은 신성모독은 아니지만, 경건한 유대인이 특히 '셰마 이스라엘' 속에서 매일 고백

하는 강력한 유일신론과 완전한 모순되는 것"으로 여겨진다.[20]

"너는 나를 왜 선하다고 하느냐? 한 분 하나님 이외에는 선한 자가 없다" 라고 말했다고 전해지는 유대인 예수가 모든 사람에게 무엇을 말하려고 했는가?[21] 그리스-헬레니즘을 선호한 기독교가 교리적으로 예수를 "본질적으로 하나님과 동일한 자"라고 설명한 것을 유대인 예수는 어떻게 받아들였을까? 여하튼 모든 유대교 학자는 유대인 예수가 자신을 그렇게 말할 수 없었을 것이라고 생각한다. 그리고 자신의 그리스도 신앙의 토대를 유대인 나사렛 예수 위에 세우고 있는 기독교인들에게도 이 교리는 중요한 것이 아닌가? 그러나 주교들의 선언은 분명히 이것을 더 자세히 논의하려고 하지 않았다. 아니 마치 결론을 두려워한 것처럼 그들은 양쪽에게 별로 위안이 되지 않는 설명을 통해 계속적인 논의를 중단한다. "비록 기독교인들이 예수의 하나님의 아들 신분에 관한 교리에서 유일신론과 모순되는 점을 어떤 것도 발견하지 못했더라도", 유대교인과 기독교인 사이에 존재하는 이러한 "가장 깊은 신앙적 차이점"을 "기독교인들은 이해해야 한다."[22]

다음과 같은 질문이 일어날 수밖에 없다. 대화가 시작되기도 전에 기독교인들이 그리스도로 믿고 있는 예수에 관한 대화가 이렇게 중단되는 것은 아닌가? 여하튼 가장 중요한 이 점에서 대화는 막다른 골목에 도달하고 말았다. 그러나 출구는 정말로 존재하지 않는가? 이 선언이 나오기 몇 년 전에 이미 나는 마르틴 부버의 제자로서 유대인 학자였던 핀카스 라피데와 대담을 나누던 중에 유대교인과 기독교인의 대화를 제안했다. **'위로부터'**, 말하자면 하늘로부터, 이른바 예루살렘 '공의회'와는 정반대로 유감스럽게도 유대인-기독교인들이 전혀 참석할 수 없었던 공의회의 기독론에서 시작할 것이 **아니라**, **'아래로부터'**, "땅으로부터, 당대의 인간들로부터 예수와 그의 역사를 연구하고 질문하는 방식으로 시작할 것을 제안했다. 사람들은 참으로 그에게서 무엇을 보았는가? 예수의 제자들은 그를 도대체 어떻게 이해했는가?"[23] 예수의 유대인 제자들은 이미 명백한 메시아에게서, 또는 천상의 하나님의 아들에게서 출발했고, 한 명의 유대인에게서 출발하지 않았는가? 그렇지만 '아래로부터'의 관점 때문에 우리는 "유대인들과 먼 길을 함께 걸어갈 수" 있을 것이다. "왜냐하면 유대인들도 '예수가 도대체 누구였는가?'를 질문할 수 있었기 때문이다.[24]

나의 유대인 대담 상대는 그 당시 다음 같이 예리하게 대답했다. "아래로부터 신학을 함으로써 우리는 33년 동안 먼 길을 함께 걸을 수 있었다. 예수가 이 땅에서 살았던 기간과 완전히 동일한 기간이었다. 수확은 결코 적지 않았다. 우리를 참으로 나눈 것은 첫 번째 성금요일 저녁부터 시작하여 마지막까지 이어진 48시간이었다. 거의 이틀 동안이었다. 물론 당연히 기독론 거의 전체를 다루었던 결정적인 날이었다."[25] 물론 지금은 그것을 더 정확히, 그리고 더 자세히 논의해야 할 것이다. 물론 우리가 나눴던 대담(1976)의 토대가 되었던 나의 책 《그리스도인이 되는 길*Christ sein*》(1974)에서 나는 '역사의 예수'에 관한 역사비판적 연구에서 기독교인들이 합의한 내용을 요약하고 체계적으로 분석하려고 시도했다. 그리고 나는 이러한 (교정이 반드시 필요하지만 그래도 여전히 타당한) 합의점을[26] 오늘날 유대교의 예수 해석자들의 연구 결과와 연결하기를 원한다. 왜냐하면 유감스럽게도 너무 복잡한 기독론을 이해할 수 없는 유대인 대화 상대들의 '이해'를 도와줄 뿐만 아니라, 점점 늘어나는 진정한 '이해 소통'을 바라기 때문이기도 하다.

그동안 라이프치히 개신교 신학자 **베르너 포글러**Werner Vogler가 《기독교인 관점에서 본 유대인의 예수 연구》(1988)라는 박식하고 훌륭한 책을 출간했다.[27] 이 책은 비판적으로 '아래로부터'의 방법을 사용했고, 유대인 학자들의 견해를 식별하기에 매우 유용하다. 그와 동시에 기독교 신학자들, 유대인 학자들과 함께 토론하고 있는 유대교학 연구가들의 새로운 연구물도 우리에게 도움을 줄 수 있을 것이다. 미리 앞당겨 말한다면, 예수 연구는 앞으로 두 다리 위에 더욱 굳건히 세워질 것이다! 왜냐하면 **유대인 예수 연구가들**은 옛날부터 예수와 자신의 동료 유대인들을 함께 묶어주는 것이 무엇인지를 다시 새롭게, 구체적으로 밝혀줄 수 있기 때문이다. 그러나 **기독교인 예수 연구가들**은 예수의 본래적 요소를 날카롭게 밝혀내는 일에 도움을 줄 수 있을 것이다. 이러한 방식으로 유대인이든 비유대인이든 양쪽 모두에게 이 예수는 낯선 존재일지도 모른다. 양쪽 모두에게 예수는 완전히 도전으로 다가올 것이다.

그러나 유대인 예수 해석자들이 완전히 다른 역사와 심리적 자세로 예수에게 접근한다는 사실을 기독교인 신학자들은 항상 깨닫게 될 것이다. 기독교인들은 시간이 지나면서 '예수 그리스도 이름으로' 유대인에게 가했던 모든 악행을 한순간도 잊어서는 안 된다. 이것은 유대인이 반감과 복수심을 버리고 예수를 연구해야 한다는 것을 의미한다. '호감'을 가지고 예수를 연구해야 한다는 사실은 두말할 것도 없다. 너무 일찍 세상을 떠난 개혁적인 랍비이자 신시네티 히브리 유니온 신학교 교수였고 미국에서 신약성서에 관한 가장 유명한 유대인 전문가였던 **사무엘 잔트멜**Samuel Sandmel이 이미 1968년에 피츠버그 신학대학원의 한 복음서 연구모임에서 나에게 했던 말을 나는 결코 잊을 수 없다. 예수의 이름을 들을 때마다 그의 아버지는 침을 뱉었다. 그래서 나중에 그의 아들이 공식적으로 "신약성서의 유대교적 이해"에 몰두했을 때,[28] 그것을 작은 기적이라고 불렀다.

그렇지만 유대인 학자들도 신약성서의 문서가 나사렛 예수에 관해 믿을 만한 정보를 제공할 수 있는 유일한 문서라고 주장한 상황에서 우리가 알 수 있는 나사렛 예수는 누구인가?

3. 우리가 알 수 있는 예수는 누구인가?

신약성서 문서는 실제로 무관심한 기록의 보고가 아니며, 그 어떤 중립적인 학문적 역사 기록도 아니다. 오히려 그것은 예수에 대한 신앙으로 초대하는 **신앙의 생생한 증언**이다. 그것은 예수 생애의 진정한 연대기, 풍토기, 심리학에 전혀 관심을 기울이지 않는다. 그것은 근대적인 의미에서 '예수의 생애'를 직접 제공하지 않는다. 네 개 복음서 중에 단지 두 개 복음서만이 예수 어린 시절 이야기를 담고 있고, 네 개의 모든 복음서는 예수가 30세가 될 때까지 일어난 일을 자세하게 전달해주지 않는다. 잘 알다시피, 네 복음서는 예수가 30세에 복음을 선포한 사실에서 출발한다.

그러나 이것은 신약성서가 지상적·역사적인 유대인 예수가 직접 말하고 행하고 고난을 받았던 것을 기록한 역사적 자료로 전혀 문제가 없다는 사실을 의미하는가? 칼 바르트와 루돌프 불트만과 폴 틸리히가, 그리고 20세기 전반에는 유대교 쪽에서 사무엘 잔트멜과 다른 유대교 학자들이 종종 알베르트 슈바이처의《역사적 예수 탐구》를 잘못 이용하여,[29] 그리고 교리적 선입견에 근거하여 주장했던 내용과는 정반대로 다음과 같은 사실이 드러났다. 신앙의 증언 배후에서 역사의 예수를 다시 추적하는 것은 완전히 가능하고 의미심장할 뿐만 아니라, 참으로 필요하다. 왜냐하면 비록 그것이 단순히 보고는 아니지만 그래도 보고를 포함하고 있고, **진정한 예수에 관한 보고에 근거해 있기** 때문이다. 다르게 표현하면, 예수를 다루는 이야기 자체는 그의 진정한 역사를 질문하게 한다.

여전히 너무 확산된 역사적 회의 앞에서 우리는 다음과 같이 말해야 한다. 오래된, 그리고 때로는 폭풍처럼 몰려왔던 근대 주석의 역사에서 예수 전승은 역사적으로 비교적 신뢰할 만한 것으로 입증되었다. 그리고 가급적 폭넓게 적용된 역사비판적 방법은 무비판적인 독자들의 피상적인 맹신과 혹평하는 독자들의 철저한 의심 사이에서 올바른 길을 찾게 해주었다. 그렇지만 중요한 것은 계속 발전되어가는 **전기**를 탐구하는 것이 **아니라**, 실제로 예수와 함께 일어난 사건을 탐구하는 것이다. 그것은 **예수의 선포와 행동과 운명의 기본적 특징과 윤곽**이다.

왜냐하면 기독교인의 진영에서든 유대교인의 진영에서든, 자료를 의심한 교리적인 회의주의자들도 실제로 늘 그것에서 시작했기 때문이다. 따라서 루돌프 불트만과 같은 사람도 매우 치밀하고 내용이 풍부한 예수 연구서(1926)를 쓸 수 있었다.[30] 사무엘 잔트멜도 최소한 "확실하고 순수한 사실"은 "역사적으로 의심할 수 없는 것으로" 인정하려고 했다. "분봉왕 헤롯 안티파스의 통치 아래 갈릴리에서 공개적인 주목을 받았던 예수는 실제 인물이었고, 한 운동의 지도자였다. 그는 제자들이라고 불리던 추종자들을 거느렸다. 그에 의해서든 그를 위해서든, 예수가 오랫동안 기다렸던 유대인의 메시아라는 주장이 제기되었다. 그는 갈릴리에서 예루살렘으로 이동했다. 아마도 그의 나이는 29세나 30세였을 것이다. 거기서 그는 처형되었다. 그는 정치적 반역자로서 로마 군인에 의해 십자가에 못 박혔다. 그가 죽은 뒤에 그의 제자들은 그가 죽은 자들 가운데서 살아나서 하늘로 승천했고, 인류에 대한 하나님의 마지막 심판을 위해 정해진 때에 지상으로 되돌아올 것이라고 믿었다."[31]

물론 지금 대부분의 유대교 예수 연구가들은 예수의 선포와 행동과 운명의 기본적 특징과 윤곽에 관해 상당히 더 많은 것을 말할 수 있다고 생각한다. 그리고 이런 생각은 권위 있는 기독교 주석가들의 견해와 대체로 일치한다. 더 폭넓은 **유대교인과 기독교인의 합의**가 보여주고 있는 역사적 조사 결과는 다음과 같다.[32]

— 예수는 갈릴리 나사렛에서 태어났다.

— 예수는 목수 요셉과 미리암(마리아)의 아들로 태어났다.

— 예수는 다수의 형제들과 자매들과 함께 성장했다.

— 예수는 금욕적인 회개 설교자 요한에게 (항상 이해될 수 있는) 세례를 받았다.

— 예수는 이제 비로소 공적인 활동을 위한 소명을 깨달았고, 세례자 운동에서 (많든 적든, 직접적으로) 예수 운동이 나왔다.

— 예수는 방랑 설교자로서 종말론적인 하나님 나라의 도래를 예고했고, 그의 백성에게 회개를 촉구했다.

— 예수는 특히 정신적 병자들에게 수많은 치유 기적을 행했다.

— 예수는 자신의 가족, 어머니와 형제자매들과 거리를 두고, 자신 주변의 제자들의 집단을 불러 모았다.

— 예수는 특히 모든 종류의 '가난한 자들', 천민들, 추방된 자들, 병자들, 특히 여인들에게 주목을 받았다.

— 예수는 이미 갈릴리에서 유대교 지도자들과 매우 날카로운 갈등에 빠졌다.

— 예수는 점점 더 백성에게 공감을 받지 못했다.

— 예수는 특히 예루살렘에서 선포할 때에 분명한 실패를 경험했고, 마침내 폭력적인 죽음을 경험했다.

대부분의 기독교 주석가들은 기적 현상(예컨대 세례나 자연 기적 때에 하늘에서 들려온 음성의 역사성[33])을, 그리고 예수의 메시아 의식[34]을 부정적으로 바라본다. 1980년대에 주석가 제임스 찰스워스James Charlesworth는 미국의 관점에서 "라이마루스 이래" "매우 많은 학자들이 역사적 예수에 관해 주목할 만한 책을 수도 없이 출판했다"라고 말했다.[35] 그리고 그는 30권이 넘는 학문적인 작품들 가운데서 기독교 측에서는 브루스F. F. Bruce[36]와 샌더스E. P. Sanders[37]를, 그리고 유대교 측에서 코른펠드G. Cornfelt와[38] 플루서D. Flusser,[39] 베르메스G. Vermes[40]를 특별히 강조했다.

4. 기독교는 유대교적 종교인가 고유의 종교인가?

주석에서 경향의 전환은—환영할 가치가 있지만, 과장된 부분은 비판도 받아야 한다—간과될 수 없다. 이전의 주석가들이 흑백 사진과 같이 바리새인을 희생시킴으로써 나사렛 예수를 충분히 드러내지 못했다면, 지금의 기독교 주석가들은 거꾸로 예수와 유대교를 온통 어둡게 그리려는 경향을 보이기 때문에 예수의 고유한 모습을 인식하기 어렵게 되었고, 심지어는 처음부터 바로 유대교라는 이름에서 출발한 종교가 유대교와 다른 종교로 변한 이유도 이해할 수 없게 되었다.

우리는 다음과 같은 질문을 던질 수밖에 없다. 율법에 대한 예수의 모든 논쟁을 (상상력이 매우 풍부한?) 초기 기독교 공동체의 작품으로 돌리고, 예수 자신을 악의가 없고 자유로운, (그리고 독창성이 없는) 그래서 오늘날 기독교인들과 유대교인들에게도 당연히 결정적인 말을 던질 수 없는 바리새인으로 만들 수 있는가? 이미 가장 이른 시기에 쓰인 마가복음서가 보고하는 안식일과 정결 계명과 식사 계명에 관해 서기관들과 전개한 예수의 논쟁을 단순히 툭 털어버리듯 없앨 수 있는가? 그리고 자세한 주석과 병행구의 도움으로 산상설교와 그 반명제들을 유대교의 본질적인 공통 요소라고 입증할 수 있는가? 아니다. 그러한 해석학은 주관적인 전횡에 빠지며, 그래서 완전히 모순된 결과를 낳는다. 따라서 유대교인과 기독교인의 대립은 2천 년 동안 거대한 오해로 축소되었고, 유대교인과 기독교인의 대화는 유리 전시관으로 축소되었다. 환상은 유대교인과 기독교인에게 아무런 도움이 되지 못한다. 그렇지만 많은 기독교 주석가들은—그리고 특히 독일 주석가들은—계획적인 주석적 평준화를 비판하기를 두려워하는 것처럼 보인다.[41] 왜냐하면 그들은 너무 쉽게 반유대주의자라는 비난을 들을 수 있었기 때문이다.[42] 홀로코스트는 정치적 논쟁의 도구로 변했을 뿐만 아니라, 그 사이에 신학적 논쟁의 도구로도 변했다.[43]

나는 다음 장에서 예수와 바리새인들을 이처럼 지나치게 대립 구도로 보려는 시도를 비판할 것이다. 그러나 성서 자료에 나오는 예수를 체포와 죽음으로 이끌었다는 갈등을 결코 무시하거나 과소평가하지는 않을 것이다.[44] 왜냐하면 연속성과 불연속성이라는 두 가지 요소가 해명되어야 하기 때문이다. 한편으로 기독교는 전적으로 유대교에 뿌리를 두고 있다(다비드 플루서: "기독교는 유대교적 종교"[45]). 그러나 다른 한편으로 기독교는 유대교와는 다른 종교다. 기독교는 그리스도로 인해 생겨난 고유한 종교며, 그런 의미에서 기독교인의 종교다.[46]

여기서 생각해보아야 할 사실이 있다. 예수 운동은 유대교 안에서 일어난 개혁 운동일 수도 있다. 그렇지만 그것은 고유한 세계종교가 되었다. 그 이유는 무엇인가? 우리는 곧 알게 될 것이다. 오직 사도 바울만으로는 설명되지 못한다. 만약 사울을 "파송한" 예수 그리스도가 없었더라면 바울도 없었다. 요셉 클라우스너가 우리 시대의 "놀라운 단순화"를 비판한 것은 옳다. "무에서는 무가 나오지 않는다(*Ex nihilo nihil fit*). 만약 예수의 가르침이 유대교와도 대립하지 않았더라면 바울은 예수의 이름으로 제사법을 폐지할 수 없었고, 민족적인 유대교의 한계선을 돌파하지 못했을 것이다. 바울은 분명히 예수에게서 자신의 관점을 지지하는 근거를 찾았다. 바울이 자신의 생애를 묘사하는 곳에서 이미 우리는 그의 가르침과—성서적인 유대교와 전통적인 유대교를 만든—바리새주의 사이에 존재하는 많은 대립적 요소를 보게 된다."[47]

기독교 교리에서는 상황이 주석과 다르게 나타난다. 기독교 교리는 자신의 유대교적인 뿌리와 갈수록 멀어진, 고대 교회의 헬라주의적인 공의회에서 확립된 삼위일체론과 기독론의 교리에 전적으로 지배되었다. 이 교리는 최근에 다시 **칼 바르트**Karl Barth의 《교회 교의학》 서론의 근거가 되었고, 화해론에서는 의심할 나위도 없이 탁월하게 전개되었다. 그러나 "삼위일체 하나님"과 "하나님이신 아들"로부터 출발하는 교의학의 토대 위에서[48] 유대교인과 대화하는 것은 전혀 불가능하다.[49]

그렇기 때문에 조직신학에서도 이제는 점점 더 많은 저자들이 인간이자 유대인이었던 나사렛 예수에게서 출발함으로써 유대교인과 기독교인 대화의 전제를 받아들이기 시작한 것은 매우 기쁜 일이다. 튀빙엔 대학교 개신교 신학자 **위르겐 몰트만**Jürgen Moltmann은 계획적으로 "기독교인과 유대교인의 대화에서 공동의 메시아적 희망의 토대 위에서 기독론을 전개하려고 시도했다"는 점에서 다른 사람들보다 두드러져 보인다.[50] 그는 고대 이스라엘의 메시아 희망과 인자人者 기대에서 출발했고, 이로부터 예수를 가난한 자들의 메시아적 예언자로 이해하는 '영靈-기독론'을 전개했다.[51] 물론 그는 이미 처음부터 예수의 메시아 의식에 대한 유대인들(예컨대 부버, 벤-코린, 숄렘. 몰트만은 여기서 기독교인 주석가들도 인용한다)의 비판과 대결해야 했다.[52] 그들의 비판을 수용하려고 그는 예수의 인간적인 본성과 신적인 본성을 말하는 헬라주의적인 공의회의 기독론을 날카롭게 비판한다. 그 대신에 그는 신약성서의 주장에 따라서 "예수와 그가 압바Abba, 사랑하는 아버지라고 불렀던 하나님과의 특별한 관계에서" 출발하기를 원한다.[53] 물론 몰트만은 처음부터 이미 "삼위일체론적 하나님 개념"을 전제한다.[54] 초기에 쓴 책에서 그는 유일신론에 맞서 늘 논쟁했던 칼 바르트와 칼 라너의 견해 위에서 매우 단호한 삼위일체론을 전개했다. 그리고 그의 최근 기독론은 다시 "예수가 맺었던 하나님과의 관계"에서 정점에 이른다.[55] 그러나 예수가 맺었던 하나님과의 그러한 관계가 유대인과의 대화에 유익하겠는가?

몰트만이 올바르게 비판한 완전히 "인간학적인 기독론의 주관성"(슐라이어마허, 라너)에 빠지지 않아야 하지만, 그래도 덜 사변적인 출발점을 선택하고 더 철저한 길을 걸어야 하지 않는지를 우리는 질문할 수 있다. '앞으로'(몰트만의 요구) 가려는 사람은 그가 '위로부터'(삼위일체의 '하늘'로부터) 오는지, 아니면 '아래로부터'(나사렛 예수의 '땅'으로부터) 오는지를 알아야 한다. 내 생각에 따르면 오직 삼위일체론적인 하나님을 전제하지 않고 처음부터 예수의 메시아적 자의식과 성령으로 인한 그의 출생을 전제하지 않을 때, 비로소 기독교인과 유대교인(그리고 기독교인과 무슬림)의 대화가 정당하게 이루어질 것이다. 동시대 유대인의 상황(역사적 간격)을 감안하고, 그와 동시에 현재를 위한 그의 의미(그의 역사적 관련성)를 감안할 때, **예수**는 **유대인으로** 이해되어야 한다.

다른 개신교 조직신학자 **프리드리히-빌헬름 마르크바르트**Friedrich-Wilhelm Marquardt의 기독론도 《유대인 예수에 대한 기독교인의 신앙》[56]이라는 도발적인 제목 아래 다른 출발점을 제시한다. 그는 삼위일체론적 전제를 포기한 채, 오늘날 기독교인과 유대인 예수 연구가들이 이해하고 있는 신약성서의 예수에서 출발한다. 물론 마르크바르트는 예수가 그 시대 종교 집단들과 겪은 위태로운 갈등을 자세히 다루지는 않는다.

이러한 조직신학적 기획에 대응하여 미국 쪽에서 맞장구를 친 사람은 **폴 반 부렌**Paul van Buren이다. 세 권으로 된 그의 저서 《유대교적-기독교적 현실의 신학》은 "길의 차이"에서 시작하여, "이스라엘 민족에 관한 기독교적 신학"을 넘어서 "상황 속의 기독론"으로 나아간다.[57] 홀로코스트(와 이스라엘 국가)의 현실에 근거하여 반 부렌은 신학과 교회의 특별한 의무를 이끌어낸다. 그는 신학과 교회는 유대인을 약하게 해서는 안 되고, 유대인 선교를 단념해야 하며, 대화와 협력을 실천해야 한다고 말한다. 또한 교회와 신학은 자신의 역사적 실수에서 교훈을 얻었어야 한다고 말한다. 그렇지만 모든 유대교와 기독교의 혼합적 경향성에 반대한 반 부렌은 그와 동시에 기독교인이 유대교의 풍습과 전통을 단순하게 흡수하는 것을 경고한다. 그렇지만 '이방인을 위한 유대교'를 만들어서도 안 된다. 이제는 유대교인이 걸어야 할 길이 있다면, 기독교인이 걸어야 할 길도 있을 것이다. 기독교인은 유대교인의 독자적인 길을 존경하고 인정해야 한다. 왜냐하면 그 배후에는 이스라엘의 유일한 하나님의 현실이 있기 때문이다. 하나님은 물론 교회의 하나님이기도 하다. 이 하나님은 토라에 순종하도록 이스라엘을 부르셨고, 동일한 하나님은 예수 그리스도를 따르도록 교회를 부르셨다(교회는 자신을 이스라엘이라고 불러서는 안 된다). 두 가지 길이 있다. 그렇지만 두 개의 언약, 곧 옛 언약과 새 언약이 있는 것이 아니라 하나의 동일한 언약이 있다. 우리는 예수 그리스도를 신약성서 자체에 따라서 하나님과 유대인 사이에 체결된 영원한 언약의 틀 안에서 보아야 한다.

여기서 앞서 던졌던 본질적인 질문으로 되돌아가기로 하자. 그렇지만 우선은 기본적인 질문이 중요하다. 우리는 예수를 구체적으로 어떻게 보아야 하는가? 그는 어떤 환경 안에, 어떤 세력권과 상황 안에 있었는가? 만약 우리가 예수와 그의 의도를 그 당시 유대교의 특정한 한 **종교적인 당파** 아래 포함시킨다면, 단지 유대교 학자들만이 아니라 기독교 학자들 간에도 분명히 엄청난 **불화**가 일어날 것이다. 그는 누구였는가? 그는 지도층에 속한 사람이었는가, 아니면 정치적 혁명가였는가? 그는 수도사와 같은 금욕주의자였는가, 아니면 바리새적인 경건한 신앙인이었는가? 물론 나는 유대교를 다룬 이 책에서 최대한 짧게 예수가 동시대 사람들과 맺었던 관계에만 집중할 것이고, 몇 가지 예외를 제외한다면 나의 책 《그리스도인이 되는 길*Christ sein*》에서 풍부하게 제시했던 자료와 문헌을 또다시 소개하지는 않을 것이다.[58] 신약성서를 조금이라도 알고 있는 사람은 많은 문장 속에서 기독교인이 특별하게 여기는 성서의 말씀을 다시 읽을 수 있을 것이다.

Ⅱ. 예수는 누구였는가?

"유대교와 기독교가 가장 쉽게 만날 수 있고 서로에게 도움을 주고 서로를 알아갈 수 있는 영역은, 좁은 의미에서든 넓은 의미에서든 기독론이 아니라 바로 예수의 가르침이다." 이것은 예루살렘 히브리 대학교 신약학 교수인 다비드 플루서가 대표적인 신학사전 《현대 유대인의 종교 사상》의 〈기독교〉라는 논문에서 했던 말이다. 그는 교회의 역사에서 교회의 교리보다는 공관복음서에 나오는 예수에게서 기인한 경향에 초점을 맞춘다. 콘스탄티누스 이전의 많은 평화적인 기독교인들과 순교자들, 중세기와 종교개혁 시대의 복음주의적 운동(보헤미안 형제들, 메노파 신도들, 퀘이커 교도들, 에라스무스), 예수의 윤리를 강하게 주장한 계몽주의자들, 제2차 세계대전 이후에 예수의 사회적 사랑의 복음으로 되돌아가기를 주창했던 많은 가톨릭 신학자들과 같은 사람들이다.[1] 그러나 다음과 같은 질문은 매우 논쟁적인 물음이다. 예수는 참으로 누구였는가? 역사의 예수는 누구였는가?

1. 정치적 혁명가였는가?

유대교와 기독교 학자들은 예수가 **유대인의 상류층에 속한 사람**이 아니었다는 사실에는 일치된 견해를 보인다. 그는 사두개파가 아니었고 제사장도 아니었으며 신학자도 아니었다. 그는 '평신도'였다! 그는 지배 계층과 어울리지 않았고, 자신을 기존 체제의 동조자와 변호자로, 또는 안정과 질서의 대변자로 내세우지 않았다. 우리는 유대인 예수 연구가 요셉 클라우스너가 한 말에 동의할 수밖에 없다. "부유한 지배층이 아니라 폭넓은 서민층에서 태어난 예수와 그의 제자들은 사람들에게 거의 영향을 받지 않았다. … 갈릴리의 목수였고 목수의 아들이었던 예수와 주변에서 볼 수 있는 평범한 어부들이었던 제자들은 … 귀족적인 제사장들이 일반 백성들과 그랬듯이, 사람들과 매우 동떨어져 살았다. 예수와 그의 제자들이 그들과 거리를 둘 수밖에 없었던 것은 분명히 사람들이 죽은 자의 부활을 부정하고 메시아적 사고를 계속 발전시키지 않았기 때문이다."[2]

그러나 더 중요한 질문은 다음과 같다. 그렇다면 예수는 **정치적 혁명가**였는가? 로베르트 아이슬러Robert Eisler,[3] 요엘 카마이클Joel Carmichael,[4] 브랜든S. G. F. Brandon[5]과 (적어도 예수의 마지막 생애 중에는 강한 메시아적 특징이 나타난다고 주장하는) 핀카스 라피데[6]와 같은 유대인 해석자들의 첫 번째 집단은 예수를 정치적 혁명가로 여긴다.

이제 복음서는 의심할 나위도 없이 우리에게 매우 분명하고 단호하고 당당한 예수를 보여주며, 불가피한 경우에는 투쟁적이고 호전적이며 그 어떤 경우에도 두려움을 느끼지 않는 예수를 보여준다. 그렇다. 그는 이 세상에 불을 던지려고 왔다고 한다. 단지 몸만 죽이고 더 이상의 것을 할 수 없는 사람을 두려워해서는 안 된다. 힘든 시기, 큰 고통과 위험의 시기가 임박했다. 본문에서 예수가 이와 같은 고난의 시기에 제자들에게 칼을 사라고 요구한 것은[7] 전투적인 행동으로 전환하라는 뜻인가? 특이하게도 그의 제자들은 오직 두 개의 칼만을 꺼내 보였고, 이 칼을 가지고는 혁명할 수 없다고 말했다. 그리고 예수는 마침내 대화를 중단한다. "그것으로 충분하다!"

그렇다. 예수는 **폭력 설교자가 아니다**. 폭력 사용에 대한 질문은 그 후에 산상설교와 완전히 일치하는 대답을 얻는다.[8] 체포를 당한 예수는 "너의 검을 칼집에 넣어라 이는 칼을 잡은 자는 칼로 망할 것이기 때문이다"라고 말한다.[9] 예수는 체포 중에 무기를 소지하지 않았고, 저항하지 않았으며, 폭력을 사용하지 않았다. 그래서 정치적 음모 집단으로 분명히 함께 붙잡힐 수도 있었던 제자들에게는 아무런 어려움이 없었다.

그러면 종종 성전 점령이라고 해석되는 **성전 정화**는 무엇을 의미하는가?[10] 여기서 예수는 용감하게 상징적인 도발을 감행했다. 19세기의 '예수 연구가들'이 그를 즐거이 묘사한 것처럼 나사렛 예수는 매우 부드럽고 온순하지 않았다. 그렇지만 자료는 성전 점령에 관해 아무런 말도 하지 않는다. 만약 그러한 일이 일어났다면, 안토니아 요새의 로마 병사들도 곧바로 개입했을 것이고 수난의 역사는 다르게 진행되었을 것이다. 그렇다. 자료는 상인들과 환전상들의 추방을 알려준다. 그것은 과시하면서 편드는 행위를 묘사하는 일종의 상징적인 개입이고, 일종의 개인적인 **예언적 도발**이었다. 그것은 장사 행위와 그것에서 이익을 얻는 종교 지도자들과 이익 집단을 비판하고, 거룩한 곳을 기도하는 곳으로 보호하려는 행위였다! 이와 같은 성전 행위는 아마도 성전 파괴와 마지막 때에 새로운 성전이 세워질 것이라는 위협적인 말씀과 연결되었을 것이다. 예수는 단지 종교 지도자들만이 아니라 성지 순례와 지속적인 성전 건축을 통해 재정적 이익을 얻던 도시 민중의 무리도 심하게 자극했다. 나중에 예수가 판결을 받는 과정에서 성전은, 비록 배타적인 역할을 하지는 않았지만 중요한 역할을 한 것은 분명하다.[11]

그러나 다시 말한다면, 예수가 **시온주의주자들처럼 메시아 혁명을 시도했다는 말은 전혀 나오지 않는다.**

— 예수는 세금 납부를 거부하라고 말했는가? 전혀 그런 적이 없다! 그의 대답은 "가이사의 것은 가이사에게 주라!"였다.[12] 그리고 이 말은 세금 거부를 촉구하는 선동이 아니다. 그러나 그것은 정반대를 의미하기도 한다. 하나님의 것을 가이사에게 주지 말라! 동전이 가이사에게 속해 있듯이 인간도 하나님에게 속해 있다.

— 예수는 민족 해방 전쟁을 선포했는가? 아니다. 잘 알다시피 예수는 가장 사악한 민족 배반자들에게 식사 초대를 받았고, 이방인보다 더 미움을

받았던 민족의 원수 사마리아 사람을 본보기로 제시했다.

— 예수는 계급투쟁을 선전했는가? 그렇다면 어떻게 선전했는가? 그렇지만 당시에 매우 많은 군인이 사람을 친구와 원수로 나눈 것처럼 그는 사람을 나누지 않았다.

— 예수는 혁명을 위해 율법을 폐기했는가? 아니다. 그는 도와주고 고쳐주고 구해주기를 원했고, 개인의 소원대로 마지못해 백성을 축복하지 않았다. 그는 먼저 하나님의 나라를 추구했다. 다른 모든 것은 덤으로 주어질 것이다!

따라서 하나님의 나라에 관한 예수의 선포는 결국에는 폭력을 통해 더 나은 미래를 만들 것을 강요하지 않았다. 칼을 잡은 자는 칼로 망할 것이다. 그의 메시지는 폭력 포기를 목표로 삼는다. 악한 자에게 저항하지 말라. 우리를 미워하는 자에게 선을 행하라. 우리를 저주하는 자를 축복하라. 우리를 핍박하는 자를 위해 기도하라. 이런 의미에서 예수는 '혁명가'였다. 그의 요구는 정치적 혁명가들의 요구보다 본질적으로 더 급진적이었고, 제도화된 질서와 사회정치적 혁명 가운데서 하나를 선택하라는 요구보다 더 과격했다. 올바로 이해한다면, 예수는 **혁명가들보다 더 혁명적**이었다.

- 원수를 박멸하지 말고 사랑하라!
- 원수에게 반격하지 말고 조건 없이 용서하라!
- 폭력을 사용하지 말고 고난을 기꺼이 당하라!
- 미워하고 복수하지 말고 평화를 만들기 위해 축복하라!

나중에 유대인들이 큰 폭동을 일으켰을 때, **예수를 따르던 유대인들**이 젤롯파 혁명가들과 협력하지 않고 예루살렘에서 요단르 강 반대편의 펠라로 피신했던 것은 예수의 메시지와 입장과 관련되어 있는가? 그리고 바르 코크바가 두 번째로 큰 폭동을 일으켰을 때, 기독교인들이 미친 듯이 박해를 당했던 것은 우연한 일인가? 네로가 핍박하기 전까지는 로마인들이 특이하게도 기독교인들을 괴롭히지 않았던 것은 우연한 일인가? 결코 그렇지 않다. 왜냐하면 예수 자신처럼 그의 제자들도 분명히 정치적·사회적 혁명을 추구한 것이 아니라, 비폭력 혁명, 곧 가장 내면적이고 은밀한 것, 인간의 중심, 인간의 '마음'으로부터 사회를 향해 나아가는 혁명을 추구했기 때문이다. 그것은 단지 제도와 구조 안에 있는 악惡만이 아니라 인간 자신 안에 있는 악을 극복하는 혁명이다.

그렇기 때문에 나는 베르너 포글러Werner Vogler가 그의 책 《기독교인 관점으로 본 유대교의 예수 해석》(1988)에서 보여준 매우 객관적인 결론에 동의할 수밖에 없다. 그는 에이슬러Eisler와 카마이클Carmichael의 스타일을 모방한 정치적·메시아적 해석에 맞서 매우 중요한 방법론적이고 해석학적인 이의를 제기하면서 다음과 같이 원칙적인 결론을 내린다. "물론 두 학자는 그들 자신의 방법론에 근거하여 예수의 모습을 그리는 데 성공했다. 이로써 그들이 상상이 매우 풍성한 사람들이었다는 사실이 드러났다. 그렇지만 이로 인해 예수 연구가 더 풍성해진 것은 아니다. 그들이 그렸던 예수의 모습은 아마도 과거의 (기독교인들의) 예수 연구에 대한 일종의 교정이기도 할 것이다. 과거의 예수 연구는 예수의 선포와 행동에 나타난 사회비판적 요소를 자주 무시했다. 그렇지만 그들은 예수를 사회혁명가로 해석하기 위한 학문적 증거 자료를 제시하지 않았다. 다음과 같은 질문도 중요하다. 많은 기독교 신학자들도 이미 인정하고 있듯이, 만약 '복음서에 나오는 정치적이고 투쟁적인 메시아 예수가 평화주의적인 구원자로 바뀌었다면'(바움바흐G. Baumbach), 에이슬러와 카마이클도 예수를 유대인 해방 투쟁가로 이해한 것을 입증하는 설득력 있는 증거를 철저히 제시해야 한다."[13] 이것은 예수가 세상과 동떨어진 신앙을 주창했다는 것을 의미하는가?

2. 고행하는 수도사였는가?

그 당시 사해四海의 **쿰란**Qumran **수도원**에 수도사들이 있었다는 사실을 우리는 20세기 중반에야 비로소 알게 되었다. 그렇지만 지금 '에세네파 사람들'이라고 불리는 '경건한 자들'(아람어 '하시디야hasidiyya', 히브리어 '하시딤hasidim')이 세상과 동떨어진 시골에 (도시에도 흩어져) 살고 있었다는 사실은 역사가 플라비우스 요세푸스 이래 이미 알려졌다. 그리고 예수를 에세네파에 속한 사람으로 이해하려고 했던 학자는 특히 역사가 하인리히 그래츠Heinrich Graetz였다. 다비드 플루서와 빙켈은 (그의 박사논문에서) 예수가 에세네파와 바리새인에서 나왔다고 주장한다. 쿰란 연구가 절정에 이르렀을 때, 사람들은 단지 쿰란과 세례자 요한 사이의 (가능한) 연결고리만이 아니라 쿰란과 예수 사이의 연결고리도 찾으려 했다. 그러나 이런 주장은 점점 더 개연성이 낮은 가설로 밝혀졌다. 신약성서가 쿰란 공동체와 에세네파 운동을 전혀 언급하지 않듯이, 거꾸로 쿰란 문서도 예수의 이름을 전혀 말하지 않는다. 오늘날 유대교와 기독교 주석가들은 유대교의 종교사가 한스-요아힘 쉡스Hans Joachim Schoeps의 견해에 동의한다. 그는 단호히 말한다. "예수를 에세네 공동체의 은밀한 추종자나 그 일원으로 설명하려는 시도가 종종 이루어졌다. 그러나 그러한 추측은 확실한 증거는 물론이거니와 그럴듯한 단서도 없다."[14]

중산층 시민에 속한 자유주의자들에게 다음과 같은 사실을 주시시킨 사람은 특히 알베르트 슈바이처였다.[15] "복음서는 예수를 **사회적으로 들어맞는 현상**으로 설명하지 **않는다**." 공개적으로 활동하던 기간에 그는 그의 가족들과 떨어진 채 불안한 방랑 생활을 했기 때문에 그의 가족들은 그를 '미쳤다'고 생각하여 데려오려고 했다. 그리고 예수는 분명히 결혼하지 않았다. 그래서 환상을 품은 소설가들, 영화감독들, 뮤지컬 작곡가들은 늘 다시 터무니없는 사변의 유혹을 받게 되었다. 예컨대 최근의 예수 연구서가 《주변부의 유대인*A Marginal Jew*》(John P. Maier, New York 1991)이라는 제목을 붙인 것을 들 수 있다.

그럼에도 예수는 영적 수준이 높은 수도사나 고행하는 승려가 아니었다. 그가 여타 수도사들과 다른 점은 무엇인가?

— 예수는 세상과 동떨어져 살지 않았다. 그는 시골과 도시에서, 사람들 사이에서 공개적으로 활동했다. 그는 사회적 평판이 나쁜 사람들, 율법적으로 '더러운 사람들', 쿰란 공동체가 추방한 사람들과 접촉했고, 비방을 감수했다. 그에게 모든 정결 규정보다 더 중요한 것은 마음의 정결이었다.

— 예수는 인류를 둘로 나눌 것을 설교하지 않았다. 인간을—처음부터—빛의 자녀와 어두움의 자녀로, 선과 악으로 나누는 것은 그의 일이 아니었다. 모든 사람이 회개해야 하며, 모든 사람이 회개할 수 있다. 용서는 모든 사람에게 제공되었다.

— 예수는 고행하며 살지 않았고, 에세네파와 바리새인 수도사들처럼 율법을 열광적으로 지키지도 않았다. 그는 포기를 위한 포기를 요구하지 않았고, 고행을 위한 특별한 행동을 바라지 않았다. 오히려 그는 일상적인 삶에 참여했고, 자신을 따르는 자들과 함께 먹고 마셨으며, 식탁 초청에 응했다. 세례자 요한과 비교해볼 때, 그는 분명히 먹고 마시기를 즐기는 자라는 비난을 받을 수밖에 없었다. 세례가 아니라 임박한 체포 전에 베푼 만찬을 통해 그는 그의 제자들에게 잊을 수 없는 인상을 깊이 남겼다. 그러나 예수에게 결혼은 더러운 것이 아니라 창조주의 뜻이었다. 결혼 포기는 자발적이었다. 그는 그 어떤 사람에게도 독신 계율을 부과하지 않았다. 그리고 물질 소유의 포기도 제자가 되기 위해 무조건 필요한 것은 아니었다.

— 예수는 수도회 규정을 만들지 않았다. 수도회에서도 관례적이었던 계급적 질서를 예수는 뒤집었다. 낮은 자는 높은 자가 될 것이고, 높은 자는 모

든 자를 섬기는 자가 되어야 한다. 남을 섬기는 가운데서 서로 순종해야 한다. 이를 위해 수련과 가입 절차와 서약이 필요하지 않았다. 예수는 규칙적인 경건 훈련을 요구하지 않았으며, 오래 드리는 기도, 제의적 식사와 목욕, 구분되는 옷을 요구하지 않았다. 남다른 그의 특징은 쿰란 공동체에서는 처벌을 받아야 할 무규율성, 독립성, 자발성, 자유였다. 끈기 있는 기도는 몇 시간 동안 드리는 기도나 쉬지 않고 기도하는 예배를 의미하는 것이 아니

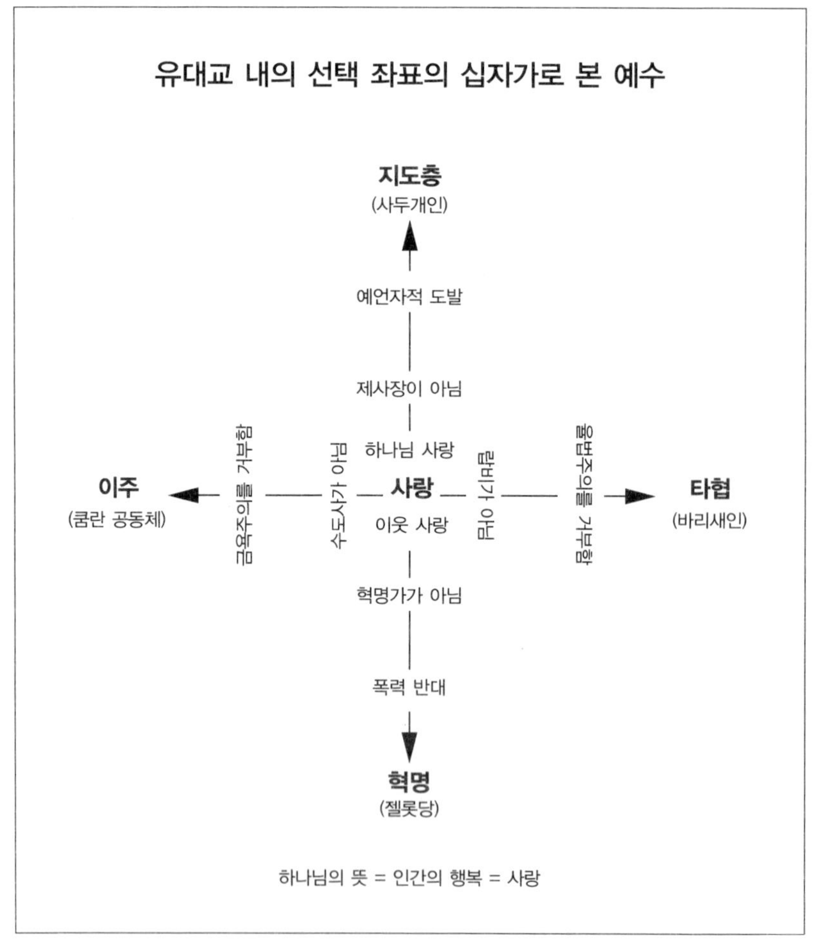

라, 항상 모든 것을 하나님에게 기대하는 인간의 지속적인 기도 자세를 의미한다.

다른 특징이 더 남아 있는가? 만약 예수가 한편으로 지도층에 관심을 두지 않았고, 다른 한편으로 폭력 혁명의 정치적 급진주의나 경건한 도피자들의 비정치적인 급진주의를 받아들이기를 거부했다면, 그 당시 유대교의 네 번째 대안이었던 도덕적인 타협, 곧 율법의 요구와 일상생활의 요구를 조화시키는 방안을 선택해야 했는가? 그것은 그 당시 바리새인들의 생활 방식이었다. 그렇다면 이렇게 질문하게 된다. 예수는 경건한 바리새인이었는가?

3. 경건한 바리새인이었는가?

나는 복음서에서 **바리새인들**이 부분적으로 풍자의 대상으로 등장한다는 사실을 이미 언급했다.[16] 그들은 성전과 예루살렘의 완전한 파괴 이후에도 유일하게 살아남은 유대교의 공식적인 대표자였다. 그들은 그 당시에 막 태어난 그리스도 공동체의 주된 적대자였다. 오늘날 우리는 교회의 많은 문서에서도 바리새인에 대한 생각을 바꾸기를 요구하는 문서를 발견하게 된다. 바리새인들은 토라를 지금 실천해야 할 하나님의 말씀으로 살아 있게 만드는 것을 중요하게 여겼다. "그들은 하나님의 일에 매우 열심이었던 사람들이었다. 바리새인에 관해 올바르게 말하는 것은 오늘날의 주석, 교리문답과 설교학의 과제가 되었다"라고 1980년의 독일 주교대회의 선언은 말한다.[17]

우리가 이미 알고 있듯이, '분리된 자'를 의미하는 바리새인이라는 명칭은 에세네파 사람들과 쿰란 공동체의 수도사들에게도 붙여진 것이었다. 그들은 이 운동에서 일종의 '좌파'로서 독자적으로 활동했다. 바리새인은 두 가지를 원했다. 그들은 **하나님의 계명**을 무조건 **진지하게 여겼고**, 지나칠 정도로 정확히 지켰다. 이스라엘은 "제사장의 나라와 거룩한 백성"[18]이라는 확신에서 출발한 그들은 율법에 따라 오직 제사장만이 지켜야 할 정결 규정을 (그리고 특히 십일조 규정도) 자발적으로 엄격하게 지키려고 했다. 그와 동시에 그들은 성전의 제사장들과는 완전히 달리 백성과 가까이 지냈던 사람들로서 **능란한 현실 적응을 통해 일상생활에서 율법을 살아 있게** 만들기를 원했다. 그들은 인간 양심의 부담을 덜어주고, 그들에게 확신을 주기를 바랐다. 그들은 인간이 죄를 짓지 않고 얼마나 멀리 갈 수 있는지를 정확히 설명하고 싶어 했다. 다르게 말하면, 그들은 율법을 준수하기가 너무 어려울 때에는 해결책을 제시하고 싶었다. 예컨대 안식일에 노동해서는 안 되며, 안식일에 금지된 39가지 일을 해서는 안 된다고 율법은 말한다. 그러나 예외는 없는가? 생명이 위험할 경우에는 안식일 규정을 지키지 않아도 된다. 안식일에는 물건을 집밖으로 옮겨서는 안 된다. 예외는 없는가? 여러 집으로 구성된 뜰을 공동 주거지역으로 간주할 때에는 예외가 가능하다. 안식일에는 힘든 노동을 하지 말아야 한다. 그러나 긴급 상황에서는 어떻게 해야 하는가? 만약 소가 구덩이에 빠졌다면—쿰란 공동체와는 달리—소를 건져내어도 좋다.

예수는 무엇이라고 말했는가? 그는 바로 바리새인과 많은 공통점을 지니고 있지 않았는가? 바리새인과 예수의 관계는 더 자세히 논의해야 한다.[19] 기독교인 예수 해석자들은 유대교를 희생시킨 대가로 **바리새인과 예수의 공통점**을 너무 간과하거나 무시하는 경향이 있다. 예수는 바리새인들처럼 백성 한가운데서 살았다. 예수는 바리새인들처럼 회당에서 활동하고 논쟁하고 가르쳤다. 예수는 바리새인들과 관계를 맺었고, 누가복음에 따르면 그는 그들과 함께 음식을 먹었다. 그렇다. 만약 우리가 유대교와 기독교의 저자들을 따른다면, 산상설교의 거의 모든 구절과 병행하거나 비슷한 구절을 랍비 문헌에서 볼 수 있을 것이다.

대부분의 유대교인 예수 해석자들이 나사렛 예수를 바리새인과 비슷한 인물로 여기고 있다는 사실은 놀라운 일이 아니다.[20] 예컨대 아브라함 가이거Abraham Geiger와 파울 빈터Paul Winter와 같은 몇몇 학자는 더 나아가서 다음과 같이 주장한다. 예수가 다름 아닌 바리새인이었고, 탈무드가 일곱 유형 중에서 유일하게 선한 바리새인이라고 말하는 일종의 '사랑의 바리새인'이었다. 이것은 설득력 있는 해결책인가? 아니다. 사실은 그렇게 단순하지 않다. 대립되는 주장이 나온다.

실제로 바리새인들처럼 예수도 모세의 권위를 문제 삼지 않았다. 이에 관해 우리는 논쟁해서는 안 된다. 예수도 토라를 폐기하거나 제거하기를 원하지 않았다. 예수는 토라를 "성취하기를" 바랐다.[21] 그러나 '성취'의 의미는 이 단어 다음에 나오는 산상설교 구절에 나온다. 오늘날 이루어진 폭넓은 합의에 따르면 예수에게 '성취'란 인간의 가장 은밀한 차원에서, 곧 하나님의 근본의도에서 **하나님의 율법을 심화하고 집중하고 철저히 지킨다는 것**을 의미한다. 예수의 확신에 따르면 하나님의 근본의도, 곧 인간의 구원을 원하는 하나님의 뜻과 배치되는 그 어떤 것도 율법에서 읽어내거나 율법 안으로 집어넣어서도 안 된다! 이것은 당연히 특히 토라의 할라카 부분에 적용된다. 왜냐하면 하나님의 말씀과 명령, 권리 조항을 포함하고 있는 그 부분이 오경의 거의 5분의 1을 이루고 있기 때문이다. '성취'는 구체적으로 다음과 같은 것을 의미한다.

- 율법 안에 드러난 하나님의 뜻을 진지하게 받아들임으로써 율법을 더 깊이 이해하는 것.
- 하나님 사랑과 이웃 사랑의 결합을 통해 율법에 집중하는 것: 사랑은 율법의 핵심과 표준이다.

• 이웃 사랑을 민족을 넘어서 원수에게까지 확대함으로써 한계가 없는 용서와 힘의 포기, 보복이 없는 권리와 윗사람과 아랫사람이 없는 섬김을 통해 율법을 철저히 실천하는 것.

예수는 참으로 이른바 '사랑의 바리새인'이었는가? 이러한 주장은 앞에서 말한 **예수와 바리새인의 대립**을 완전히 무시하게 만든다. 일차 자료에 따르면 대립은 처음부터 예수가 하나님 나라를 선포한 배경이 되고 있으며, 대다수의 유대인 해석자들도 대립을 진지하게 받아들인다. 대립은 논쟁 자료에도 나온다.

그리고 산상설교와 (그리고 예수의 선포 전체와) 병행하는 구절과 비슷한 구절을 말하자면, 다음과 같은 핀카스 라피데의 주장이 옳다고 생각한다. 유대교의 병행구문과 비교해본다면 산상설교는 다르다. 한 건물이 건설을 위해 사용된 부스러기 돌멩이와 다른 것과 꼭 마찬가지다.[22] 기독교인들을 항상 거듭 부끄럽게 만들고, 마하트마 간디처럼 완전히 다른 문화권에서 태어난 사람들에게도 영감을 줄 수 있었던 메시지의 엄청난 무게는 오직 이런 이유 때문에 설명될 수 있다. 36개 문장을 36명의 다른 랍비들이 썼는지, 아니면 오직 한 랍비가 써서 이를 강조했는지는 차이가 있다. 예수의 문장 하나하나가 독특한 것이 아니라 오히려 그의 메시지 전체가 독특하다. 그리고 하나님 사랑과 이웃 사랑이 이미 히브리 성서에 나오는지 (그 문장은 분명히 나온다) 여부가 중요한 것이 아니라, 그 문장이 나사렛에서 탄생한 랍비의 선포에서 어떤 위치와 어떤 비중을 차지하는지가 중요하다.

물론 백성의 신앙에 바리새인들이 했던 큰 공헌을 부정할 수 없다. 그와 동시에 자주 바리새인의 신앙 방식을—특정한 바리새인의 문장을 편집하고, 개신교의 비판적인 문장을 무시함으로써—경시하나 과소평가해서도 안 된다. 오늘날 과거의 비극적이었던 바리새인 적대감을 호의적으로 보상하기를 원하는 사람들에게서 그런 일이 일어난다. 이 사실을 간과할 수 있는가? 바리새인에 대한 평가는 시대마다 균형을 이루고 있다. 레겐스부르크 대학교의 주석가 프란츠 무스너Franz Mussner[23]는 "랍비의 전통도 부분적으로는 바리새인을 비판했다"[24]고 말한다. 그리고 앞서 이미 언급했듯이, 탈무드에 나오는 "일곱 종류의 바리새인은 서로 다르다."[25] (자신의 선행을 어깨 위에 붙이고 다니는) '어깨 바리새인'이 있고, '아직도 기다리는 바리새인'이 있으며, (여인을 바라보지 않으려고 벽에 이마를 박는) '파란 멍이 든 바리새인'이 있고, (단지 겉으로만 겸손하게 보이는) '절굿공이 바리새인'이 있으며, (자신의 미덕을 계산하는) '장부 바리새인'이 있고, (단지 두려움 때문에 하나님에게 순종하는) '두려움의 바리새인'이 있으며, 마지막으로 (사랑이 우러나와 하나님에게 순종하는) '사랑의 바리새인'이 있다. 오직 마지막 사람만이 진정한 바리새인으로 간주된다! 복음서에도 이와 다른 대부분의 바리새인을 빗대는 문장이 나온다. 다른 사람에게 부담을 주기 위해 "선행을 어깨에 지고 다니는 어깨 바리새인들"을 예수는 분명히 날카롭게 비판한다. "또 무거운 짐을 묶어 사람의 어깨에 지우되 자기는 이것을 한 손가락으로도 움직이려 하지 아니한다."[26]

참으로 예수가 바리새인 '그 자체'를, 그리고 그의 참된 미덕을 비판한 것은 아니다. 유명한 비유에서 예수가 실례로 든 바로 그 바리새인도 결코 위선자는 아니었다.[27] 그는 순수한 진리를 말하는 매우 정직하고 경건한 사람이다. 그의 확신에 따르면 그는 율법이 요구한 모든 것을 실천했다. 바리새인은 대체로 모범적인 도덕을 소유했고, 도덕적 실천을 그렇게 많이 실천하지 못하는 사람들에게 정당한 존경을 받았다. 그렇다면 그가 비판을 받아야 할 이유는 무엇인가?

대답은 오직 다음과 같을 수밖에 없다. 비록 일상생활의 세밀한 부분까지 그렇지는 않았지만, **예수는 그의 모든 종교적 기본 입장에서 달랐다**. 그는 자신의 행위와 자신의 의로움을 자랑하지 않았고, 율법에 무지한 '민중'(암-하-레츠am-ha-aretz)을 무시하지 않았다. 그는 부정한 자들과 죄인들을 멀리하지 않았고, 엄격한 보복을 가르치지 않았다. 그렇다면 그는 도대체 어떠했는가? 그는 오직 하나님의 은혜와 자비만을 신뢰했다. "하나님이여, 죄인인 나를 긍휼히 여기소서!"[28]

그렇다. 자료에 근거하여 우리는 다음과 같이 주장하지 않을 수 없다. 예수는 '기도를 즐기고' 결의론적으로 해석하는 전형적인 바리새인이 아니었다. 우리는 상황과 무관하게 단지 개별적인 문장만을 비교하지 말아야 한다. 우리는 본문을 상황 안에서 읽어야 한다. 그 다음에 우리는 모든 복음서가 완전히 한목소리로 증언하는 것이 무엇인지를 결정하게 된다. 바리새인이 매우 중요하게 여겼던 613개 율법의 계명과 금지 명령은 예수가 엄격하게 가르치려 했던 것들이 아니었다. 그 어디에서도 예수는 그의 제자들에게 토라 연구를 요구하지 않았다. 그 어디에서도 예수는 바리새인처럼 행동규칙을 가지고 '율법을 위한 울타리', 곧 계명 준수를 보증하기 위한 방어벽을 세우려고 하지 않았다. 그 어디에서도 예수는 바리새인처럼 성전 예배 때에 제사장들이 지켜야 할 정결과 성결의 이념을 일반 백성들과 그들의 일상생활로 확장하려고 하지 않았다.

짧게 요약한다면, 예수의 기본 태도와 전체적 성향은 다르다. 모든 바리새인과 비교한다면 예수는 놀라울 정도로 자유로웠다! 만약 우리가 부정한 자들과 죄인들과 함께 어울려 식탁에 앉았다면, 만약 탕자가 집에 얌전히 머물러 있던 아들보다 더 나은 평가를 아버지에게 듣는다면, 만약 악한 세리가—참으로 사기꾼과 간음하는 자와 같지는 않았던—경건한 바리새인보다 더 나은 대우를 하나님에게 받는다면, 도덕은 완전히 무너지지 않겠는가?

4. 일상적인 학문 논쟁이 아닌 대결과 갈등

"바리새인의 영성을 가장 깊이 꿰뚫어보고 비판한 예수"가 중요하게 생각한 것은 토라 자체를 위해 토라를 준수하는 것이 아니라 구체적인 인간이었다는 사실에 대부분의 유대교와 기독교 예수 해석자들은 일치된 의견을 보인다.[29] 율법에 대한 예수의 자유로운 태도와 율법을 모르는 자들과 율법을 범하는 자들과 어울린 예수의 행동은 매우 심각한 갈등을 낳았다. 예수의 분명한 전체 모습은 다음과 같다. 단지 성전 비판만이 아니라 다양한 율법 해석을 통해, 아니 그의 모든 근본 자세를 통해—예수 해석자들은 자기 자신들에게 허용하는 통일성과 일관성보다 적지 않은 통일성과 일관성을 예수에게 허용해야 한다—예수는 구체적인 사항에서 거부감과 분노를 일으켰다. 자료에 따르면 특히 정결 규정과 금식 규정, 안식일에 관한 사항에서 그러했다.[30]

예수가 자기 자신의 율법 해석과 자신의 태도를 통해 구체적인 사항에서 거부감을 일으켰다는 사실을 여러 유대교 학자는 다양하게 해석한다. 분노를 일으킨 이유는 다음과 같다.[31]

— 예수는 인간이 파악할 수 없는 '하나님의 원래 의도', '율법의 근원적, 무조건적인 의미' 속으로 깊이 들어가기를 원했다(마르틴 부버).

— 예수는 토라 명령의 개별적 실천 조항을 거부했다. 그는 율법의 문자에서 자유로워지기를 요구했고, 개별 조항을 하나님 사랑과 이웃 사랑이라는 이중계명과 연결하기를 요구했다. 그래서 예수는 바리새인의 사고思考의 주요원칙을 공격했다(클로드 몬테피오리).

— 예수는 율법을 결의론적으로 단순화하는 특정 바리새 학파에 맞서 율법의 원래 의도를 내세웠고, 이런 방식으로 율법을 내면화함으로써 율법을 '완전히' 성취하기를 원했다. 여기서 사랑은 행동을 불러일으키는 결정적인

요소였다(샬롬 벤-코린).

— 예수는 율법 실천의 순전히 형식적인 측면에 맞서 삶의 윤리적 측면을 강조했고, 그가 철저히 강조한 사랑의 계명을 통해—바리새인과는 달리 '죄인들'에게 다가서는 원수 사랑의 계명을 통해—한계선을 무너뜨렸다. 그래서 종교적인 근본 원리가 사회적인 관점과 결합될 수 있었다(다비드 플루서).

내가 초교파적인 기독교인으로서 예수를 유대교적인 토대와 분리하는 것을 반대한다면, 거꾸로 초교파적인 유대인은 유대교에서 오랫동안 거부되어온 예수의 메시지를 평준화하는 것도 반대할 것이다. 역사적으로 볼 때, 다른 위대한 바리새인들처럼 자신의 '특수 자료'를 가지고 있었던 예수를 한 위대한 바리새인이라고 칭하고, 죽음으로 끝난 예수의 갈등을 바리새인 학파 안에서 일어난 일상적인 해석 논쟁의 수준으로 깎아내리는 것이 참으로 적절한가? 나사렛 예수는 학파들 간의 논쟁 때문에 죽었는가?

한스-요아힘 쇱스 Hans Joachim Schoeps와 같이 바로 역사비평적인 방법을 배운 유대교 학자들은 여기서 전혀 다른 점을 강조한다. 그들은 예수가 토라를 긍정하고 제의적 율법을 지켰다는 점에서 기독교인의 해석에 동의한다. 그러나 다음과 같은 점에도 그들은 동의한다.

1. 예수는 "하나님의 뜻과 그 뜻을 표현하는, 시나이 산에서 모세가 준 토라의 율법을 구분했다. 그것은 율법의 문자적 실천이 하나님의 뜻을 행하는 것과 동일하지 않다는 것을 의미한다. 예수는 율법이 언제 하나님의 뜻을 표현하고 언제 그렇게 하지 않는지를 결정할 권리를 스스로 요구했다."

2. "이러한 구분에 따라서 … 예수는 (본질적인) 윤리적 율법과 (덜 본질적인) 의식적·제의적인 율법을 구분했다. 물론 예수가 후자를 원칙적으로 거부했던 것은 아니다."

3. "예수는 성서 언어의 권위와 랍비가 만든 규정들의 권위를 구분했다. 따라서 예수는 현재 상황에서 만들어진 새로운 제도로 생각되는 랍비의 전통 원리를 거부했다. 그리고 예수는 스스로 성서를 해석할 권리가 있다고 주장했고, 그렇기 때문에 모든 구체적 상황을 위해 행동할 권리가 있다고 주장했다."

4. 예수는 "율법을 성취하기를" 원했지만, "그로부터 자신의 새로운 할라카를 향해 나아가지는 않았다."[32]

다른 유대교 신학자들처럼 요셉 클라우스너도 예수가 종교적·윤리적인 것에 관심을 집중하고 민족적인 삶을 배제한 것은 비유대적이고 파괴적인 것이었기 때문에 유대교에게 위험한 것이었다고 주장한다. 그러나 이 점은 제쳐두기로 하자. 여하튼 치명적인 갈등 속으로 들어간 자는 이름을 알 수 없는 다른 '자유로운' 랍비가 아니라 나사렛 예수였다. 만약 우리가 자료를 따른다면, 이런 갈등은 항상 다음과 같은 질문을 낳는다. 도대체 무슨 권리로, 무슨 전권全權으로 당신은 그렇게 말하고 그렇게 행동하는가? 전권에 대한 이 질문은 회피할 것이 아니라 주제로 다루어야 한다.

5. 누구의 이름으로?

이미 부활 이전에 제기되었던 이 질문은 부활 이후의 복음서에도 계속 제기되었고 오늘날까지 수그러들지 않았다. 여러분은 그를 누구라고 생각하는가? 그는 누구인가? **예언자들 중의 한 명인가**? 또는 그 이상인가? 보수적인 기독교 신학자들도 예수가 자신의 선포의 중심에 두었던 것은 하나님 나라였고, 자기 자신의 역할과 인격과 품위가 아니었음을 인정한다.

그것은 **메시아 칭호**에도 적용된다. 공관복음서에 따르면—물론 나중에 기록된 (그리고 이미 신학적 반성 속에서 '하나님의 아들'에 관해 말하고 있는) 요한복음은 다르게 말하지만—예수는 메시아 칭호나 다른 고귀한 칭호를, 아마도 모호한 칭호 '인자'를 제외한다면 스스로 한 번도 사용하지 않았다. 바로 이 점에서 기독교 해석자들과 유대교 학자들은 오늘날 대체로 일치된 의견을 보인다. 가장 일찍 기록된 복음서 저자 마가도 예수의 메시아 신분을 사람들 앞에 감추어져 있는 비밀로 취급한다. 그것은 십자가 아래서 처음으로 알려졌고 부활 이후에 선포되었다. 그 이유는 무엇인가? 부활 경험으로 비로소 사람들은 예수 전승을 메시아의 빛 속에서 분명히 이해할 수 있었고, 그래서 메시아 신앙을 예수 역사의 설명 안에 넣을 수 있었다. 그렇다면 그 이전에는 어떠했는가? 예수의 선포와 행위는 그 당시의 모순되고 대체로 신학적·정치적이었던 메시아 기대와—대부분의 랍비들도 승리하는 메시아를 기대했다—전혀 일치하지 않는다.

그러나 예수는 그 당시에 통용되던 그 어떤 명칭으로도 적절히 '이해될' 수 없다. 중요한 것은 **특정한 품위**, 특정한 직무나 특정한 교리, 제의와 율법을 긍정하느냐 부정하느냐가 아니다. 바로 그렇기 때문에 이미 첫 제자들에게 던져졌던 질문은 더욱 첨예화된다. 그 어떤 칭호로도 이해될 수 없는 예수는 참으로 어떤 사람이었는가?

그의 인격에 대한 중요한 질문이 여전히 남아 있다. 그는 메시아였는가? 모든 칭호를 부인할수록 수수께끼는 더욱 커진다. 이 수수께끼는 특히 예수의 폭력적인 죽음 때문에 주어진 것이다. **예수의 죽음은 그의 메시지와 인격에 대한 질문과 분리될** 수 있는가? 성직 제도와 그 전문가들을 전혀 개의치 않은 채, 제의적인 금기와 금식 습관과 특히 그 당시에 "가장 중요한 계명"으로 이해되었던 안식일 계명을 말과 행위를 통해 실제적으로 무시했던 한 남자가 그 당시에 등장했다. 예수는 바리새파의 지도자들의 일반적 관행이었던 성서 인용을 통해 자신의 주장을 뒷받침하지 않고, 그 당시에 중요했던 유대인의 토라 해석의 전통("장로들의 유전")을 비판했다. 예수는 이혼 금지, 보복 금지, 원수 사랑을 명령했다. 물론 그는 "가장 작은 계명"도 스스로 폐기하지는 않았지만[33] 상황에 따라서 그것을 상대화했다. 유대교의 많은 해석자들이 이를 반박했을 때, 복음서에 따르면 예수는 지배자들의 가르침과 실천이었던 지배적인 가르침과 실천에 맞서 자유로운 전권 속에서 그 어떤 권위를 주장했다. 그런 권위에 대해 서기관들은 질문했다. "이 사람이 어떻게 그렇게 말할 수 있는가? 저가 하나님을 모독하도다."[34] 그렇다면 그는 하나님을 모독했는가?

증언 자료는 한목소리로 다음과 같이 말한다. 예수는 **비범한 하나님 경험, 하나님과의 일치, 하나님과의 직접적인 관계**를 바탕으로 행동했다. 지배자들과 대결할 때 예수는 하나님의 통치와 뜻을 알렸고, 인간의 지배 구조를 간단히 받아들이지 않았다.

— 예수는 **모든 집단**을 향해 열려 있었다.

— 예수는 결혼한 **여인들**이 남자의 횡포를 당하지 않기를 원했다.

— 예수는 어른에 맞서 **어린이들**을, 부자들에 맞서 **가난한 자들**을, 큰 자들에 맞서 **작은 자들**을 보호했다.

— 예수는 심지어 **다른 종교를 가진 자들, 정치적으로 굴욕을 당한 자들, 도덕적으로 실패한 자들**, 성적으로 착취를 당한 자들, 사회의 주변으로 밀려난 자들의 편에 섰고, 심지어는 아마도—월권의 극치로—오직 대제사장들에게만 제의적 상황에서 허용되었던 용서를 그들에게 선언했던 것 같다.

그러나 놀랍게도 예수는 자신이 요구하는 근거를 그 어디서도 제시하지 않았다. 그렇다. 그는 권위 있게 논쟁하는 가운데서 근거를 제시하기를 분명히 거부했다. 그는 이러한 권위를 주장했고 그것을 바탕으로 행동했지만, 예언자처럼 "주께서 이렇게 말씀하신다!"라고 말하면서 더 높은 권위에 호소하지 않았다. 랍비 학교의 수업에서는 한 랍비가 "그는 이렇게 말했다", "그러나 나는 이렇게 말한다"라는 반명제를 통해 다른 랍비의 견해와 맞서 자신의 견해를 제시했다면, 산상설교의 반명제에서는 예수의 말이 토라의 말과 맞서게 된다. 단지 살인하지 말아야 할 뿐만 아니라 화도 내지 말아야 한다. 단지 이혼을 하지 말아야 할 뿐만 아니라 악한 음욕도 품지 말아야 한다. 단지 거짓 맹세를 하지 말아야 할 뿐만 아니라 맹세를 절대로 하지 말아야 한다. 단지 특별한 조건 아래서는 이혼을 하지 말아야 할 뿐만 아니라 이혼을 절대로 하지 말아야 한다. 교회는 이처럼 급진적인 예수의 말에 문제점을 느꼈고, 이를 지금까지 온건하게 만들었다고 한다. 분명한 것은 교회가 이런 말을 스스로 지어낸 것은 아니라는 사실이다.

모든 자료에 따르면 예수는 직접적이고 매우 개인적인 권위를 주장했다. 우리는 이를 어떻게 설명해야 하는가? 예수는 (비록 랍비라고 불렸지만) 자신을 전형적인 '랍비'와 구분했을 뿐만 아니라, (비록 분명히 병자를 치유했지만) 카리스마적인 '방랑 설교자'와도 구분했다. 사람들은 그를 종말의 '예언자'로 불렀다. 물론 그의 특징을 직접 드러내는 바로 이 칭호는 복음서에서 (그리고 마태와 누가가 사용한 아주 오래된 어록자료 Q에서도) 가급적 회피되고 있다. 사람들이 그를 어떤 칭호로 부르든, 예수는 여기서 제사장들과 율법학자들처럼 단지 진실을 알고 있고 이해하고 있는 자로서만 말하는 것이 아니라, 그 어떤 유래와 근거도 없이 인간의 구원을 원하는 하나님의 뜻을 말과 행위로 권위 있게 선포했다. 예수는 인간의 일이기도 한 하나님의 일을 자신과 동일시했다. 예수는 이를 위해 온통 헌신했고, 그래서 칭호와 품위에 대한 아무런 요구도 없이 **하나님과 인간의 일을 맡은 가장 인격적인 관리자**가 되었다. 그래서 "요나(와 예언자들)보다 더 큰 이가 왔는가?"[35] 또는 "솔로몬(과 모든 지혜의 선생들)보다 더 큰 이가 왔는가?"[36]라는 질문이 제기될 수 있지 않았겠는가? 여기서 나는 예수에 대한 소송의 이유를 자료에 따라서 매우 분명히 설명하고 싶다.

6. 예수 죽음에 책임 있는 사람은 누구인가?

유대교의 법정에서 진행된 **예수의 소송**은 여전히 불확실한 점이 **많다**. 산헤드린의 모임 이전에는 오직 하나의 (특히 사두개파 사람들로 구성된) 조직만이 활동했던 것 같다. 소송 기록에서 바리새인들은 특이하게도 언급되지 않는다. 공식적인 사형 선고를 내리기 전에 아마도 빌라도에게 넘기는 결정만을 했을 것이다. 합법적인 소송 과정을 밟기보다는 아마도 고발의 원인을 정확히 결정하기 위한 심문만이 이루어졌을 것이다. 물론 예수는 로마 총독의 손으로 넘어갔다. 예수가 메시아인지, 또는 하나님의 아들인지에 대한 직접적이고 공식적인 질문은 아마도 충분한 고발 요건이 되지는 않았던 것 같다. 그것은 나중에 교회가 던진 질문이다. '많은' 고발 내용이 언급되었지만, (종종 간과되는 것으로) 성전 파괴 발언을 제외하고는 전혀 채택되지 않았다. 그것은 복음서 전체에서 추론되어야 한다. 여기서 복음서 저자들은 갈등에 관해 충분히 보고하고 있지만, 그것은 단지 초기 기독교 공동체와 회당 사이에 일어난 갈등을 거꾸로 투사하기보다는 역사적 예수와 유대교 지도자들 사이에서 전개된 역사적 갈등을 반영한다.

만약 우리가 복음서를 살펴본다면 매우 일관된 기본 태도를 추론하게 하는 **고발 내용**을 다음과 같이 요약할 수 있다.

- 많은 **경건한 유대인들**의 전통적인 종교성에 **대한** 유대인 예수의 **비판**은 급진적이었다.

• **성전**과 성전의 수호자들과 수혜자들에 대한 예수의 저항적 행동과 예언은 오만하게 보였다.
• 완전히 인간에게 초점이 맞춰진 예수의 **율법** 이해는 선동적이었다.
• 예수가 율법을 알지 못하는 민중들과 함께 **어울린 것**과 악명 높은 율법 파괴자들과 신분이 낮은 자들과 **교제한 것**은 도발적이었다.
• 수많은 백성이 예수를 따라다니는 것을 매우 불쾌하게 생각한 **지배 계층을 향한 예수의 비판**은 엄청난 파급력을 발휘했다.

그러나 재판 절차의 상세한 내용이 어떻게 설명되든—복음서의 저자들이 한목소리로 말하고 있듯이—**예수는 유대교 당국에 의해 로마 총독 본디오 빌라도에게 넘겨졌고, 로마 제국의 관습에 따라 십자가에 못 박혔다.** 동시대의 자료가 매우 부정적으로 평가하는 유대 총독(기원후 26~36) 빌라도에게 "유대인의 왕이라는 개념은—나중에 교회가 이 개념을 메시아적 칭호로 사용한 적은 결코 없다!—모든 기록에 따르면 중요한 역할을 했다. 그렇지만 십자가에 새겨진 글은 로마의 관습에 따라서 유죄 판결(*causa damnationis*)의 근거를 확고히 보여주었다. 로마인들은 '유대인의 왕'을 오직 정치적으로 이해할 수밖에 없었다. 왕의 칭호를 함부로 사용하는 것은 로마 제국의 존엄성을 모독하는 행위(*Crimen leasae maiestatis*)였다. 비록 비폭력을 설교한 예수가 그러한 정치적 주장을 결코 요구하지 않았지만, 외부인들이 예수를 그런 방식으로 보았을 가능성은 매우 컸다고 생각된다.

그렇다면 누가 예수를 죽였는가? 유대교 쪽에서 자주 주장하듯이, 로마법(*Lex Julia Maiestatis*)이 홀로 예수를 죽였는가? 로마인들은 예수를 죽였지만, 유대인들은 고난의 길을 걷는 예수를 애도했는가? 그러나 이러한 역할 분담은 실제로 일어난 일을 단순하게 설명한 것으로서 믿기 어렵다.

— 이미 복음서에서 지속적으로 드러나고 있듯이, **로마 권력자들**의 책임

을 덜어주는 해석은 분명히 모순에 부딪친다. 그렇지만 복음서는 로마인들이 홀로 주도하고 홀로 책임을 지고 있다고 말하지 않는다. 법적인 의미에서는 로마 총독이 골고다 사건에 책임을 지고 있다. 오직 로마 총독만이 그 당시에 사형집행의 권리(*ius gladii*)을 가지고 있었다. 그리고 십자가 처형은 로마의 처형 방식의 하나였다.[37] 그렇지만 예수가 체포될 때 로마 병사들이 어떻게 관여했는지는 초기의 마가복음에서는 언급되지 않고[38] 오직 요한복음에서만[39] 언급된다.

— 모든 보고에 따르면 예수는 먼저 그 당시 **유대교의 관리**에 의해 감금되었다. 만약 최소한 직무를 수행하던 대제사장의 고발과 동의가 없었더라면 예수에 대한 로마인의 재판은 진행되지 않았을 것이다. 모든 자료에 따르면 로마인이 재판을 진행하기 전에 유대인의 기관, 곧 대제사장을 중심으로 모인 권위 있는 산헤드린이 나사렛 사람의 '사건'을 다루었다. 유대인의 율법에 따라서 밤에는 중대한 재판이 진행되지 않았고 심문이 끝난 그 다음날에 사형 선고가 내려졌다는 유대인 주석자들의 주장은 기원후 2세기 말엽에 미쉬나에 기록된 랍비들의 법에서 비로소 처음 나온다. 사두개파 지도자들이 의지하던 토라에는 그러한 규정이 없다.

재판은 무슨 내용을 다루었는가? 자료를 추적해보면 예수의 사건은 정치적인 선동이 아니라 일차적으로 종교적인 도발이었다! 처음부터 유대인의 기관이 개입했던 근거는 아마도 여기에 있었을 것이다. 왜냐하면 정치적인 고발 이면에는 근본적으로 종교적인 고발이 숨겨져 있었기 때문이다. 그리고 복음서에 따르면 이 종교적 고발은 오직 율법과 성전과 그 대표자들에 대한 예수의 비판적 태도 때문에 이루어진 것이다. 순전히 정치적인 선동가 예수는—그의 이름을 제외한다면—다른 정치적인 선동가들처럼 아마도 망각되고 말 것이다. 그러나 **종교적인 인물** 예수는 다른 예언자적인 인물들처럼 그의 선포와 행위를 통해 사람들의 기억 속에 지속적이고 독보적인 흔적을 남겨놓았다. 지배적인 율법 해석과 성전 종교의 관점에서 유대교 지도자들은 자칭 메시아나 가짜 메시아가 아니라 거짓 선생, 거짓 예언자, 민중을 선동하고 하나님을 모독하는 자를 고발할 수밖에 없었다. 소송 자료에 대한 스트로벨A. Strobel(1980)의 최근의 분석은[40] 다음과 같은 점을 지적한다. 블린츨러J. Blinzler가 자신의 유명한 저서 《예수의 재판》에서 생각한 것처럼 예수가 사형 선고를 받은 것은 편견과 악의 때문이 아니다.[41] "가야바의 역할과 입장은 율법에 대한 그의 무조건적인 헌신과 신뢰에서 생겨난 것이다. 따라서 그는 비극적으로 예수에게 율법을 집행할 수밖에 없었을 것이다."[42]

그 당시에 예수의 잔인한 죽음은 바로 다음과 같은 사실을 의미했을 것이다. 율법이 승리했다! 그 당시의 유대교 문헌이 증언하듯이, 수치스러운 나무에 매달렸던 예수는 하나님의 저주를 받은 자였다. 실제로는 오직 로마 총독에게만 허용된 십자가 처형은 유대인의 형벌이 될 수도 있었다. 그리고 쿰란에서 발견된 성전 두루마리로 야딘Y. Yadin이 분명히 증명했듯이,[43] 십자가 처형은 신명기 21장 22절 이하에서 하나님을 모독한 행위에 대한 형벌로 이해되었고, 그와 동시에 하나님의 저주의 징표로도 이해되었다.[44] 더욱이 요세푸스도 한 사건을 다음과 같이 보고했다. 아나니아스의 아들 예언자 예수는 성전이 무너질 것이라고 예고했고, 그렇기 때문에 유대교 지도자들에 의해 로마인에게 넘겨졌고, 그들에게 채찍을 맞았다. 그리고 요세푸스는 대제사장과 귀족들이 로마 총독의 재판을 지켜보았다고 다른 사건을 위해 증언했다.[45]

다르게 말하면 예수 재판의 형태는 "종교적 범죄에 대한 유대인의 고발이 반역죄에 대한 정치적 고발로 뒤바뀌었다."[46] 이것은 다음과 같은 것을 의미한다.

• 예수가 정치적 권력을 추구했고, 점령 세력에게 세금을 납부하기를 거부했으며, 폭동을 선동했고, 자신을 유대인의 정치적 메시아-왕으로 이해했다는 정치적 고발은 잘못된 것이었다.
• 그러나 종교적 선동가 예수는 정치적 혁명가로, 곧 로마 권력의 군사적 적대자로 평가되었다. 빌라도에게 이 점은 분명한 고발 내용이었다. 왜냐하면 그 당시 상황에서 정치적 폭동과 선동자들은 이례적인 현상이 아니었기 때문이다. 예수는 정치적 혁명가가 아니었지만, 바로 그러한 자로 심판을 받았다!

그렇다면 **예수의 죽음에 대한 책임**이 누구에게 있는가? 역사적으로 정확한 대답은 오직 다음과 같을 수밖에 없다. 유대인 권력자들과 로마인 권력자들 **모두가 자신들의 방식대로** 이 사건에 연루되었다. 그러나 오늘날에는 조금 다른 점이 중요하다.

• 유대 민족은 이미 그 당시에도 예수를 배척하지 않았다. 그 당시 유대 민족의 집단적 죄책을 언급해서는 안 된다(로마 민족의 죄책을 언급하지 않는 이유는 무엇인가?).
• 유대 민족의 후손들에게 집단적 책임을 묻는 것은 불합리하다. 예수의 죽음을 오늘의 유대 국가의 책임으로 돌리는 것은 이해하기 어려웠고, 이 민족에게 많은 고통을 끝없이 안겨주었다.

'유대인들'을 그리스도를 죽인 자로, 심지어는 하나님을 죽인 자로 비난해온 기독교인들의 기괴한 책임론을 목격한 제2차 바티칸 공의회는 마침내 분명한 설명을 내놓았다. "비록 유대인 권력자들이 그들의 추종자들과 함께 그리스도를 죽음으로 내몰았지만, 그래도 우리는 예수의 고난 사건 책임을 아무런 구분도 없이 그 당시에 살았던 모든 유대인에게 돌릴 수 없으며, 현재의 유대인에게 돌릴 수도 없다."[47]

이제 우리는 다음과 같이 질문하게 된다. 유대교 저자들이 말했듯이, 예수를 유대교에게 "되돌아가게 하는 것"이 오늘날 가능한가? 가능하기도 하고 불가능하기도 하다. 아마도 할라카로 되돌아가게 하기는 어려울 것이다. 왜냐하면 할라카는 예수를 상대화하여 타격을 입었고, 나중에 예수를 그리스도로 믿었던 사람들도 이제는 할라카를 구원을 위해 무조건 필요한 것으로 여기지 않기 때문이다. 그러나 나사렛 출신 랍비를 오랫동안 거부해왔고 오랫동안 거부할 수밖에 없었던, 영원히 선택된 민족, 곧 유대 민족에게 예수를 되돌아가게 할 수는 있을 것이다. 오늘날 많은 유대인에게도 나사렛 사람은 세상에서 박해를 받고 이루 말할 수 없는 고난을 받은 유대 민족의 원형으로 여겨진다. 만약 예수가 오늘 되돌아온다면, 도스토예프스키의 '종교재판장'에서 그러하듯이, 그가 누구를 가장 두려워해야 하겠는가? 누가 그를 받아들이겠는가? 회당일까 아니면 교회일까?

그렇지만 우리는 다음과 같이 질문하게 된다. 그의 메시지와 삶의 실천, 그의 운명이 아직도 생생하게 살아 있는 이유는 무엇인가? 그가 인격으로서 아직도 생생하게 살아 있는 이유는 무엇인가?

III. 예수를 메시아로 믿다

예수의 죽음으로 모든 것이 끝났는가? 분명히 그렇지 않다. 다음과 같은 사실은 논쟁할 여지도 없이 확실하다. 예수에게서 시작한 운동은 그가 죽은 뒤에야 비로소 제대로 움직이기 시작했고, 그제야 비로소 역사를 강력히 바꾸어놓았다. 예수 운동의 근거는 어디에 있는가? 그것은 예수가 죽음에서 일어났다는 예수 추종자들의 신앙적 확신에 있다.[1]

1. 죽은 자들의 부활 – 비유대교적인가?

이것은 최초의 기독교 공동체가 가진 굳건한 확신으로 사도 바울처럼 십자가에서 죽은 예수가 허무 속으로 빠져들지 않았다는 영적인 경험에 근거해 있다. 그는 일시적이고 허무하고 덧없는 현실에서 하나님의 참되고 영원한 생명 안으로 들어갔다. 그것은 하나님의 기계적인 간섭(*Deus ex machina*)을 통해 일어난 '초자연적인' 사건이었는가? 아니다. 그것은 '자연적인' 죽음이었고, 원래의 참된 현실, 곧 모든 고통이 없는 최종 상태 안으로 받아들여진 사건이었다. "나의 하나님, 나의 하나님 어찌하여 나를 버리셨나이까?"(막 15:34)라는 예수의 마지막 외침은 이미 누가복음에서 긍정적으로 사용되고 있다. 이것은 "아버지 내 영혼을 아버지 손에 부탁하나이다"(시 31:5; 눅 23:46)라고 기록된 시편 말씀을 인용한 것이고, 요한복음에서는 "다 이루었다!"(19:30)라고 기록되어 있다.

물론 이 메시지가 아무런 어려움 없이 전달된 것은 아니다. 전설처럼 구체화되고 채색되었고, 상황에 따라 발전되었고('현현 사건'), 형태가 확장되었으며('승천'), 강조점도 이동했다('빈 무덤'). 그렇지만 그것은 근본적으로 단순하게 설명하기를 원했다. 그것은 초기에—신약성서의 편지와 사도행전에 포함되어 있는—"그를/예수를 죽은 자 가운데서 일으키신 하나님"[2]이나 "하나님은 그를 죽은 자들 가운데서(어두운 죽음의 나라, 스올Sheol에서) 일으키셨다"[3]라는 짧은 문장 속에서 전달되었다. 이 신앙은 나중에 빈 무덤 이야기를 통해 설화 형태로 확장되었다. 그렇지만 장소와 시간, 사람과 사건의 흐름에 불일치와 모순이 있음에도 불구하고 초기 기독교의 다양한 증인들, 곧 베드로와 바울과 야고보, 편지와 복음서와 사도행전은 다음과 같은 사실에서 일치한다. **십자가에서 죽은 예수는 하나님 곁에 영원히 살아 있다. 그는 우리의 의무이고 소망이다!**[4] 신약성서 공동체에 속한 유대인과 이방인 출신 기독교인들은 죽임을 당한 자가 죽음 가운데 머물러 있지 않고 살아났고, 그를 믿고 따르는 자들은 그처럼 생명을 얻을 것이라는 확신에 사로잡혔다. 한 사람의 새롭고 영원한 생명은 모든 사람에게 도전과 참된 소망이 되었다!

물론 예수의 죽음과 함께 모든 것이 끝난 것이 아니며, 그 자신이 죽음 가운데 머물러 있지 않고 하나님의 영원한 생명 안으로 들어갔다는 것은 처음부터 증명된 역사적 사실은 아니었다. 신약성서 전체에서 '눈으로 본 증인들'이 없고, 부활을 직접 설명하는 내용도 없다. 부활은 이미 항상—물론 근거가 있는—**신앙의 확신**이었다. 그러나 하나님이 친히 죽은 자를 일으키셨다는 생각은—부활은 오직 이런 의미로만 설명되어야 한다—처음부터 비유대적인 사상이었고, 유대인의 신앙 경험에서 비슷한 사례를 찾을 수 없는 기적이었는가? '부활' 사건은 도대체 무엇을 의미하는가? 여기서 유대교와 기독교가 나누어지는가?

결코 그렇지 않다! 부버 자서전의 저자이며 시카고 대학교 교수인 아더 코헨Arthur Cohen(1928~1986)은 유대교 부활 신앙의 변천사를 다음과 같이 설명한다. "죽은 자들의 부활 신앙(테키야트 하메팀teḥiyyat hametim)은 고전적 유대교의 분명한 교리다. 이 교리는 모세스 마이모니데스가 입증하고 수립했고, 하스다이 크레스카스Hasdai Crescas가 (유대교의 기본 원리와는 다르게) '참된 신앙'으로 다루었으며, 요셉 알보Joseph Albo가 골치 아픈 연역演繹의 분야로 되돌렸고, 중심적인 이론에서는 거의 상실되었으며, 중세의 논쟁 후에는 차단되었다. 비록 랍비 종말론의 필수적인 교리로 여겨졌던 부활 교리가 다른 신앙 교리 가운데서 영향력을 잃어버렸지만, 부활은 전통적인 예배에서 항상 긍정되었다. 18개 기도문(셰모네 에스레Shemoneh Esreh)의 두 번째 축복에 나오고 아미다Amidah(서서 드리는 기도)에서 반복적으로 언급되는 부활은 다음과 같이 믿음을 강화한다. 하나님은 티끌 가운데 있는 사람들을 신뢰하기를 중지하지 아니하시고, 자신의 자비로써 죽은 자들을 일으키시며, 그들의 육체를 회복시키시고, 그들에게 영원한 생명을 주신다."[5]

하나님이 죽은 자를 일으키신다는 '부활' 신앙은 완전히, 그리고 철저히 유대교적인 것이다. "야웨여, 죽은 자를 살리시는 당신을 찬양하나이다"(이것은 두 번째 축복의 문구와 비슷하고, 장례식의 문구와도 비슷하다). 단지 예수의 부활을 말하는 이런 고백의 **내용**만이 유대교적인 것이 아니다. **양식**도 유대교적인 것이다. "그를 죽은 자들 가운데서 일으키신 하나님." 이것은 자주 사용된 유대교의 신앙고백 "하늘과 땅을 만드신 하나님" 또는 "너희를 이집트에서 이끌어내신 하나님"과 비슷하다.

그러나 우리는 다시 질문하게 된다. 부활 신앙이 유독 예수와 결합된 이유는 무엇인가? 사람들이 바로 그 절망적인 종말에 그 어떤 희망을 연결할 수 있었던 이유는 무엇인가? 어떻게 사람들은 하나님의 심판을 받은 자를 하나님의 메시아로 선포할 수 있었을까? 어떻게 사람들은 치욕스런 십자가 형틀을 구원의 표지로 선언할 수 있었을까? 어떻게 사람들은 예수 운동의 명백한 실패를 놀라운 부활의 시작으로 만들 수 있었을까?

여기서 우리는 다음과 같은 점을 분명히 알아야 한다. 증언에 따르면 예수의 첫 제자들은 부활절에 새롭게 깨닫게 된 신앙의 근거로 이스라엘의 하나님과 예수 자신을 선포했다! 그들은 하나님과 높이 들린 주主에 대한 **경험**을 증거로 내세웠다. 영적인 경험, 황홀, 환상, 의식 확장, '신비적' 체험에 관한 우리의 지식은 그러한 사건들 뒤에 숨겨져 있는 사실을 끝까지 설명하기에는 여전히 제한적이다. 그러나 분명히 우리는 그러한 체험을 환상이라고 간단히 얕볼 수도 없지만,[6] 초자연주의적인 틀로 그것을 위로부터나 밖으로부터 일어난 하나님의 개입이라고 설명할 수도 없다. 어쩌면 그것은 외부적 현실이 아니라 내면적 현실에서 일어난 환상적인 사건일지도 모른다. 그러나 제자들의 '주관적'이고 심리적인 활동과 하나님의 '객관적인' 행위는 서로를 배제하지 않는다. 왜냐하면 하나님은 인간의 마음을 통해서도 활동하기 때문이다. 물론 그들이 보고 들었다는 것은 중립적이고 객관적인 인식에 근거한 것이 아니라, 신앙적이고 의심을 배제하지 않는 신뢰에 근거한다. 그것은 **신앙의 경험**이다. 그것은 특히 이스라엘 예언자들의 **소명 경험**과 비교될 수 있다. 이제 사도들도 부름을 받았다고 느꼈고, 선포하기 시작했으며, 복음을 위해 자신의 생명을 바치기 시작했다.

지금까지 고대 세계에서 다른 부활 증언도 존재한다는 점을 사람들은 자주 언급했다. 필로스트라토스Pilostratos가 보고했듯이, 특히 티아나의 아폴로니우스Apollonius of Tyana가 죽은 다음에 나타났다는 이야기가 자주 소개되었다.[7] 그러나 우리는 그것이 예수의 부활과 다르다는 점에 주목해야 한다. 아폴로니우스의 부활 경험으로 인생 전체를 변화시키는 확신을 얻은 사람이 지금까지 있었는가? 그 사람은 하나님이 자신에게 결정적으로 말하고 행동했다는 확신을 얻었는가? 생애 중에 극적이고 종말론적인 전환을 기대했던 예수가 그와 같은 극적인 사건을 위해 그의 제자들을 얼마나 준비시켰는지 우리는 알지 못한다. 복음서가 보고하고 있듯이, 그의 죽음과 부활 예언은 분명히 나중에야 비로소 지금의 형태로 표현된 것이다.

다만 확실한 것은 임박한 하나님의 나라를 기대했던 제자들이 그 기대가 이제 성취되었다고 생각했다는 사실이다. 물론 그들은 새로운 생명으로 깨어난 예수의 부활의 빛 안에서 그렇게 생각했다. 부활은 종말론적인 구원의 시작으로 이해되었다. 그리고 그런 생각은 그 당시 '유대인의 생각에 잘 들어맞는' 생각이었다. 우리가 알고 있듯이, 다니엘서와 묵시문학에서 죽은 자들의 부활이나 적어도 의로운 자들의 보편적인 부활에 대한 신앙이 처음 생겨난 이후에 단지 예수를 따르던 유대인들만이 아니라 많은 유대인들도 확실히 그 당시에 죽은 자들의 부활을 기대했다. 그런데 초기 공동체는 많은 유대인이 미래에 모든 사람에게 일어나기를 기대했던 사건이 이 한 사람에게서 이미 앞당겨 일어났다고 생각했다. **예수의 부활**은 **죽은 자들의 보편적인 부활의 시작**이었고, 새로운 시대의 시작이었다. 이 모든 생각은 그 당시 유대인들의 신앙에 이미 뿌리를 넓게 펴고 있었던 것이다.

지금 살아 있는 소수의 유대인 신학자들 중의 한 사람인 핀카스 라피데(1997년에 사망 – 옮긴이)도 "부활"을 진정한 "유대인의 신앙 체험"으로 다시 새롭게 회복하려고 용기를 발휘했다.[8] 그가 다음과 같이 강조한 것은 옳다. "부활은 … 참으로 현실적이고 효력 있는 사건 범주에 속한다. 비록 우리는 사건의 정확한 속성을 완전히 이해할 수는 없지만, 우리가 역사적 사건이라고 부를 수 있는 것이 확실히 일어났다. 왜냐하면 그 결과가 역사적이었기 때문이다." 물론 여기서 라피데는 부활이 "역사의 사건"인지, 아니면 단지 "주관적인 근거를 가진 신앙"인지를 매우 분명히 알지 못한다. 내가 좀 더 정확히 말한다면, 제자들은 부활이 역사적(역사적인 수단으로 파악할 수 있는) 사건이라고 믿었다. 그러나 하나님이 죽은 예수를 영원한 생명으로 일으킨 사건은 관찰할 수 있고 예상할 수 있는 역사적 사건이 아니며, 더욱이 생물학적인 사건도 아니다. 반면에 그 사건은 현실적인 사건이다. 이것은 무엇을 의미하는가? 비평적인 자료 사용은 도움을 줄 수 있다. 왜냐하면 그것은 모든 신화적인 발전 가운데서 부활 신앙의 결정적인 요소를 밝혀낼 수 있기 때문이다. 그는 살아 있다. 여기서 "살아 있다"라는 말은 무엇을 의미하는가?

이와 관련된 연구는 다음과 같은 사실을 아주 분명히 제시한다. 핀카스 라피데가 예언자가 죽은 자를 되살린 구약성서의 세 가지 사건과 비교한 후에 말했듯이, 신약성서의 가장 오래된 증언은 예수의 부활을 **이 땅의 생명으로 되살아난 것**으로 이해하지 않는다. 그렇다. 묵시문학적·유대교적인 기대의 지평에서 볼 때, 그것은 분명히 처형을 당하고 장사된 나사렛 예수가 **하나님에 의해 하나님 곁으로 높이 들린** 사건이다. 예수는 자신이 '압바', '아버지'라고 불렀던 그 하나님 곁으로 높이 들렸다. 그것은 그리스인들이 생각하듯이 단지 '영혼'의 불멸을 의미하는 것이 아니라, 인격 전체가 하나님과 함께 새로운 생명을 얻게 되었다는 것을 뜻한다. 왜냐하면 유대교에서 인간은 항상 정신적·육체적 단일체로 생각되었기 때문이다. 물론 부활한 예수가 그의 제자들과 신체적으로 접촉했다고 보고하는 누가와 요한의 전설적인 설명은 후기에 비로소 형성된 것이다. 그렇다면 부활은—오늘을 위해 생각해본다면—무엇을 의미하는가?

- 부활은 **현세의 시공간적인 생명으로 되돌아온 사건을 의미하지 않는다.** 죽음은 취소된 것(시체의 소생)이 아니라, 결정적으로 극복되었다. 부활은 완전히 다른, 허무하지 않은, 영원한 '하늘의' 생명 안으로 들어가는 사건이다.
- 부활은 **현세의 시공간적인 생명이 지속된다는 것을 의미하지 않는다.** 죽음 '후에'라는 말 자체가 이미 잘못되었다. 영원은 '전-후'를 통해 규정되

지 않는다. 부활은 오히려 공간과 시간의 차원을 안으로 뛰어넘어, 하나님의 보이지 않고 파악할 수 없는 영역(='하늘') 안에서 누리는 새로운 생명을 의미한다.

- **부활은 긍정적으로** 다음과 같은 것을 의미한다. 예수는 허무 속으로 죽은 것이 아니라, 죽음 안에서, 그리고 죽음으로부터 파악할 수 없는, 포괄적인, 최후와 최초의 현실 속으로 들어갔고, 우리가 하나님의 이름으로 지칭하는 가장 현실적인 현실에 의해 받아들여졌다. 인간이 그의 종말, 곧 그의 인생의 종착역에 도달할 때, 무엇이 그를 기다리고 있는가? 허무가 아니라 모든 것, 곧 하나님이 기다린다. 믿는 자는 다음과 같은 사실을 안다. 죽음은 하나님을 향해 나아가는 통로이고 하나님의 은밀한 품속으로 들어가는 것이다. 죽음은 모든 표상을 뛰어넘고 그 어떤 사람도 보지 못한, 우리의 노력과 이해와 생각과 환상을 벗어나는 바로 그런 영역 안으로 들어가는 것이다!

따라서 우리는 예수의 부활을 기독교인의 관점에서 개선장군처럼 유대교에 대한 승리로 이해해야 하는가? 그런 이해는 분명히 종종 벌어졌다. 그리고 기독교 신학자로서 홀로코스트의 관점에서 기독교인의 위험한 견해를 수정하기 위해 헌신하고 큰 업적을 남긴 로이A. Roy와 알리스 에카르트Alice L. Eckardt는 예수 부활 신앙을 모든 기독교인이 품은 반유대주의의 뿌리로 생각한다. 그들은 부활 신앙을 통해 "기독교가 유대교와 유대 민족에 대한 자신의 **우월주의**와 승리주의를 역사적 · 신학적으로 정당화했다"고 여긴다.[9]

분명히 예수의 부활이 기독교 신앙의 포기할 수 없는 본질에 속한다는 점을 두 신학자도 알고 있다. 그러나 우리가 보았듯이, 부활이 근본주의적으로 오해되어서도 안 된다. 이미 바울도 부활한 자가 십자가에 못 박힌 자이고, 그 누구도 자랑할 이유가 없다는 사실을 고린도의 승리주의적인 기독교인들에게 상기시킨다. 만약 부활이 성서의 의미에 맞게 이해된다면, 부활은 분명히 유대인을 비판하는 메시지가 아니라 유대인을 위한 메시지로도 이해될 수 있다. 그것은 쓰러뜨리려는 비유대인의 진리가 아니라 소망을 주려는 유대인의 진리다. 부활은 유대인을 뛰어넘는 것이 아니라 유대인을 보존한다. 단지 높이 들린 주가 부활을 통해 유대인 나사렛 예수와 동일한 존재임이 드러났을 뿐만 아니라, 부활한 주가 모든 인간이 내려야 할 위대한 결단으로 초대하기 때문이다. 모든 인간이 초대되었다.

왜냐하면 유대교인이든 기독교인이든 믿지 않는 사람이든, 모든 사람이 여기서 거대한 마지막 선택 앞에 서 있기 때문이다. 죽음은 허무 속으로 들어가는 것인가 아니면 궁극적인 현실 안으로 들어가는 것인가? 부활을 신앙한다는 것은 인생의 궁극적인 무의미를 받아들이는 것이 아니라, **하나님 안으로 죽는다**는 사실을 신뢰한다는 뜻이다. 따라서 죽음과 부활은 매우 밀접한 관계를 맺고 있다. 부활은 죽음과 함께, 죽음 안에서, 죽음으로부터 일어난다. 예수의 부활에 관해 말한다면, 그것은 바울 이전에 존재한 초기의 찬송에서 매우 분명히 강조되었다. 여기서 예수의 높이 들림은 이미 십자가 사건에서 일어나는 것으로 여겨진다("… 죽기까지 복종하셨으니, 곧 십자가에 죽으심이라. 이러므로 하나님이 그를 지극히 높여 모든 이름 위에 뛰어난 이름을 주사…"[10]). 특히 요한복음도 마찬가지로 기술한다. 여기서 예수가 "높이 들린다는 것"은 그가 "영광스러운 존재로 변한다는 것"을 의미하지만, 그와 동시에 그가 십자가에서 높이 들린다는 것도 의미한다. 이 두 가지는 아버지에게 되돌아간다는 것을 뜻한다. 그렇지만 부활을 신앙한다는 것은 근본적으로 철저하게 신앙한다는 말이다. 다시 말하면 부활을 신앙한다는 것은 그 어떤 종교적인 명물을 믿는다는 뜻이 아니라, 행동의 주체인 하나님 그 자신을 믿는다는 의미다. 그렇기 때문에 두 번째 성찰 과정이 필요한데, 이것도 유대교인에게 비유대교적인 성찰처럼 비칠 필요는 없다.

2. 이스라엘의 하나님에 대한 철저한 신앙

하나님 안으로 죽는다는 것은 결코 저절로 이해되는 것이 아니다. 그것은 자연적인 발전도 아니고, 무조건 성취해야 할 인간 본성의 욕망도 아니다. 죽음과 부활은—필연적인 것은 아니지만—시간적이고 본질적인 차이를 지니고 있다는 사실을 우리는 알아야 한다. 아마도 역사적이기보다는 상징적이었을 "삼일 만에 부활했다"라는 진술이 강조하고 있듯이, '사흘'을 달력 속의 날짜가 아니라 구원의 날짜로 이해해야 한다. **죽음**은 **인간의 일**이고 **새로운 생명**은 오직 **하나님의 일**이다. 인간은 하나님 자신에 의해 파악될 수 없고 이해될 수 없는 궁극적인 현실 속으로 수용되고 소환되고 귀향되고, 최종적으로 용납되고 구조된다. 이러한 일은 죽음 안에서, 또는 더 낫게 말한다면, 자기 자신의 사건인 죽음으로부터 일어나는 것이고, 하나님의 행위와 신실에 근거해 있다. 첫 번째 창조에서 그랬듯이, 부활은 존재하지 않는 것을 존재하게 하는 창조자의 은밀하고 표상할 수 없는 새로운 행위다. 그렇기 때문에 하나님이 그를 믿는 자에게 완전히, 그리고 철저히 현실적인 존재이듯이, 부활은—자연법칙을 거스르는 초자연적인 '개입'이 아니라—현실적인 사건이다.

유대교적으로 이해하든 기독교적으로 이해하든, 부활 신앙은 하나님 신앙에 추가된 신앙이 아니라 하나님에 대한 철저한 신앙이다. 하나님에 대한 신앙은 도중에 발걸음을 멈추는 것이 아니라 마지막 지점까지 시종일관 길을 걷는 신앙이다. 그것은 인간이 엄격하게 합리적으로 증명할 수는 없지만, 태초의 하나님이 종말의 하나님이기도 하고, 세상과 인간의 창조자인 하나님이 또한 그 완성자이기도 하다는 것을 매우 **이성적인 신뢰** 속에서 믿는 신앙이다.

따라서 부활 신앙을 단지 실존을 내면화하거나 사회를 변화시키는 것이라고 해석해서는 안 되고, 창조자 하나님에 대한 철저한 신앙이라고 해석해야 한다. 부활은 **창조자 하나님이 죽음을 실제로 극복했다**는 것을 뜻한다. 하나님을 믿는 자는 그의 모든 것을 하나님에게 맡기며, 자신의 마지막 일도, 죽음의 극복도 하나님에게 위임한다. 마지막은 새로운 시작이다! 이것은 논리적이지 않은가? 사도신경을 통해 '전능한 창조자 하나님'을 고백하기 시작하는 사람은 '영생'에 대한 신앙 속에서 평안하게 고백을 마쳐도 좋다. 왜냐하면 하나님은 알파와 오메가이기 때문이다! 다시 말하면 존재하지 않는 것을 존재하게 하는 전능한 창조자는 죽음을 생명으로 변화시킬 수 있다.[11]

오직 이러한 관점으로만 **예수의 메시아성**에 대한 질문도 비로소 대답될 수 있다. 나는 이미 다음과 같이 설명했다. 우리의 모든 지식에 따르면 예수는 메시아 칭호를 스스로 내세우지 않았고, 백성들이 자신을 메시아로 여기고 섬기는 것도 자주 거절했다.[12] 그렇지만 부활의 관점에서 볼 때, 예수를 메시아라고 부르는 칭호는 이제 깊은 의미와 진정한 신뢰성을 얻게 되었다. 나는 기독교 신학자로서 이를 아무리 강조해도 지나치지 않다. 자신들의 신앙 전승에 근거하여 부활 신앙에서 일정한 결론을 이끌어낸 사람들은 바로 예수를 따르던 유대인 추종자들이었다. 유대인의 묵시문학적 개념('인자', '메시아', '심판자')과 표상(에녹의 승천)은 하나님에게 높이 들린 자의 '계시'(아포칼립시스*apokalypsis*)와 그의 재림에 대한 희망을 표현하도록 도움을 주었다.

부활한 자는 지금 어디에 있는가? 매우 긴박한 이런 질문에 대한 대답을 최초의 기독교인들은 시편 110장 1편에서 찾았다. "너는 나의 우편에 앉아라…." 하나님의 우편에 높이 들린 자는 이제 **하나님이 의롭다고 인정한 자**로 간주될 수 있었다! 비록 그는 사람들 사이에서는 분명히 실패했지만 하나님에게는 의롭다는 인정을 받았다. 하나님은 자신에게 버림받은 자를 자신과 동일시했다! 부활은 유대인 추종자들에게 다음과 같은 것을 의미했다. 하나님은 자신의 일과 사람의 일을 위해 생명을 바친 그의 편을 들어주었다. 하나님은 그를 인정했고, 그를 심판했던 예루살렘의 종교 지도자들과 그를 처형한 로마의 군사력을 용인하지 않았다. 하나님은 예수의 선포와 그의 행위와 그의 운명을 허용했다.

그러나 이것은 '모든 가치의 재평가', 특히 모든 고난의 재평가를 의미한다. 유대인의 전통적인 메시아 칭호와 **종래의 메시아 기대는 내용적으로** 기독교인의 메시아 기대로 **바뀌었다.** 종말에 오리라고 기대되는 대리자와 구원자를 일컫는 칭호인 메시아는—우리가 보았듯이—많은 것을 뜻할 수 있었다. 매우 널리 퍼졌던 정치적이고 유대교적-민족적이었던 관점에서, 그리고 후기에는 종종 인자라는 묵시문학적인 개념과 결합되었던 관점에서 '하나님의 메시아'는 종말의 힘 있는 전쟁 용사와 백성을 해방할 왕적인 존재를 의미했다. 그러나 예수의 운명을 통해 메시아 칭호는 이제 완전히 새로운 해석을 얻게 되었다. 그것은 이제 힘없고 무능하며, 오해와 박해를 받고 배신을 당하며, 결국에는 고난을 당하고 죽게 될 메시아를 의미했다. 십자가에 붙였던 명패 '유대인의 왕'과 마찬가지로 이것은 유대인의 일반적인 메시아 이해와 충돌하는 위험한 생각이었다. 이렇게 완전히 변형된 의미에서 메시아 칭호(그리스어로는 그리스도라고 불린다)는 신약성서에 따라서 오늘날까지 기독교에서 나사렛 예수를 지칭하는 가장 흔한 이름이 되고 있다. 여기서 우리는 기독교인과 유대교인의 대화에 결정적으로 중요한 신학적 전환점에 이르게 되었다.

3. 신앙의 결단

비록 예수의 선포와 실천과 자기이해, 유대인 예수의 특징, 유대인-기독교인들의 초기 공동체의 신앙에 대한 질문이 역사에서 논쟁되어왔지만, 이러한 질문은 여전히 역사 연구의 영역 안에 머물러 있다. 이 영역에서 우리는 가능성이 높거나 낮은 결론을 내려야 하며, 개연성이 있다거나 없다는 결론을 내려야 한다. 그렇지만 바로 이 자리에 다른 차원이 등장한다. 그것은 현실적인 차원이지만, 역사적으로는 통제할 수 없는 하나님 자신의 차원이다. 기독교인은 이 자리에서 다른 그 누구도 강요할 수 없는 자신의 이성을 신뢰하고, 자신의 신앙으로 결단해야 한다. 여기서 우리는 가능성이 높거나 낮은 결론을 내리지 않으며, 개연성이 있다거나 없다는 결론을 내리지 않는다. 여기서 우리는 오직 긍정이나 부정만을 말해야 한다. 이것은 그 누구도 강요할 수 없지만, 많은 사람이 초대하는 신앙의 결단이다. 그것은 하나님 자신, 창조와 출애굽의 하나님, 예언자들과 이스라엘의 현자들의 하나님은 단지 예언자들과 현자들을 통해 말했을 뿐만 아니라, 마지막에는 십자가에 못 박힌 나사렛 예수를 통해서도 결정적으로 말하고 행동했고, 그를 통해 자신을 계시했다는 신앙이다.

물론 유대교인과 기독교인은 다음과 같은 점에 원칙적으로 다시 견해가 일치되었다. 한 사람의 부활은 아직 전체의 완성이 아니다. 기독교인은 유대교인의 다음과 같은 생각을 반박해서는 안 될 것이다. 그리스도 사건이 일어난 이후에도 세상은 아직 완전히 바뀌지 않았다. 세상의 불행은 너무나 크다! **종말의 구원과 완성은 기독교인들에게도 이루어지지 않았다.** '재림'(파루시아*parousia*)은—유대교인과 기독교인에게도!—아직 이루어지지 않았다. 하나님의 나라는 온 세상에, 모든 것을 새롭게 하는 가운데서 장차 올 것이다. 그렇기 때문에 예수는 〈주기도문〉에서 당신의 나라가 "임하게 하소서"라고 말했던 것이다.

그러나 다른 한편으로는 이미 예수를 따랐던 유대인들은 다음과 같은 신앙적 확신을 했다. 우리는 다가올 나라로부터 모든 것을 기대할 필요가 없다. 예수 자신 안에서, 그의 해방하는 말씀과 치유하는 행위 안에서 다가올 나라의 능력이 이미 지금 드러났고, 다가올 세상의 구원을 위한 표징이 세워졌으며, '구원의 시작', '최초의 구원'이 이미 일어났다. 비록 예수와 그의 첫 번째 추종자들이 '착각했더라도', '현재적 종말론'의 이런 상황은 미래를 위한 통찰을 열어주었다. 유대인과 기독교인은 그것이 미래에 완성될 것을 함께 기대했다. 그러나 기독교인에게 이미 왔던 자는 단지 선포자일 뿐만 아니라 말과 행위를 통해 하나님 나라를 보증한 사람이다. 기독교인에게 그는 메시아, 곧 그리스도다. 이미 그 당시에 예수를 따랐던 유대인들이 그리스어로 '그리스도인'이라고 불릴 수 있었던 결정적인 근거가 바로 여기에 있다.

유대교의 위대한 신학자 프란츠 로젠츠바이크Franz Rosenzweig가 언젠가 말했듯이, 예수가 메시아였는지 여부는 메시아가 올 때에 유대교인에게 드러날 것이다. 이 말은 유대교인과 기독교인의 대화에서 자주 인용되었다. 기독교인은 이 말을 대충 다음과 같이 이해할 수 있다. 메시아가 올 때, 그는—기독교인들이 확신하듯이—다름이 아니라 바로 십자가에 못 박히고 부활한 나사렛 예수일 것이다. 하나님에 의해 이미 새로운 생명을 얻고 의롭다고 인정된 그는 만물을 위한 궁극적인 구원의 희망이다.

4. 유대교인과 기독교인의 공통점

그렇지만 우리는—앞에서 언급한 신앙의 결단으로—단지 기독교인과 유대교인의 팽팽한 관계만이 아니라 양자의 비극적인 소외疎外 역사를 말하기 전에[13] 유대교인과 기독교인에게 항상 공통적이었던 요소를 회상해야 한다. 그러나 가톨릭교회든 개신교회든 교회일치운동이든, 오늘날 유대교인과 기독교인의 관계에서 이러한 공통점에서 출발하지 않는 교회 문서는 다행히 전혀 없다. 그리고 이러한 공통점은 교회일치를 위한 미래의 대화에서 중요하다.

다음과 같은 사실은 분명히 **기독교의 유대교적 토대**다.

1. 예수의 어머니(미리암Miriam)는 유대인이었다. 또한 예수는 매우 명백하게 한 유대인 가정에서 유대인으로 성장했다. 다시 말하면, 공개적으로 등장할 때까지 그는 갈릴리의 나사렛에서 성장했다.

2. 사람들이 붙여준 그의 이름은 매우 유대적이었다(히브리어 '예수아Yeshua'는 '여호수아Yehoshua'의 후대 형태로 "야웨는 도움이다"를 의미한다). 그가 알고 읽었던 거룩한 책, 그가 다녔던 예배, 그가 참여했던 축제, 그가 드렸던 기도는 바로 유대적이었다.

3. 그는 유대인 가운데서 유대인을 위해 활동했다. 그의 선포는 전체 유대인을 향한 것이었다. 그의 주변에 몰려든 남녀 제자들과 그를 따랐던 모든 사람이 유대인 공동체에서 나왔다.

4. 그가 붙잡히고 사형당한 후에, 그리고 처음의 제자들이 흩어진 뒤에 하나님이 그를 일으켰다는 신앙 속에서 다시 모인 최초의 교회도 아람어를 말하는 유대인들로 구성되었다. 그 교회는 자신을 유대교 내의 한 단체로 이해했다.

그리고 잔인한 충돌의 역사에도 불구하고 예수와 그를 따랐던 추종자들이 유대인이었기 때문에 다음과 같은 **공통점이 오늘날까지 유지되고 있다**.

- 한 분 **하나님**, 더 정확히 말하면 아브라함과 이삭과 야곱의 **하나님**에 대한 신앙. 인간은 하나님을 창조자, 세상과 역사를 유지하고 완성하는 분

으로 신앙해도 좋다.

- 거룩한 **책**(테나크 또는 '옛' 증언)의 모음. 이것은 공통 신앙과 수많은 공통 가치와 사고구조의 원천이다.
- **하나님 예배**. 이 예배에서 많은 요소들(찬양), 많은 기본 특징들(기도, 강독)과 내용적·종교적 요소들이 이루어졌다.
- 특히 십계명이 제시하고 있는 공의와 하나님 사랑과 이웃 사랑의 **윤리**.
- 그의 백성과 함께한 하나님의 지속적인 역사歷史에 대한 신앙과 하나님과의 완전한 연합 속에서 이루어지는 신앙의 **완성**.

그러나 예수를 따랐던 유대인들과 그 밖의 다른 유대인들이 **처음에는 공유했지만, 나중에는**—매우 복잡한 역사 속에서—**포기했던** 것들은 의식 속에 매우 적게 남아 있다. 이것은 예수를 따랐던 유대인들에게도 먼저 적용되는 사항이다.

— 할례를 실행하는 것[14]

— 안식일을 거룩하게 지키는 것[15]

— 유대인 축제를 거행하는 것[16]

— 율법이 제시하는 정결 규정을 준행하는 것[17]

— 성전 파괴 때까지 성전 예배에도 참여하는 것.[18] 이 예배에서 "셰마 이스라엘"("들으라, 이스라엘아!"), 곧 한 분 유일하신 하나님에 대한 신앙고백이 울려 퍼졌고, 여기서 '셰모네 에스레Shemoneh Esreh', 곧 18개의 청원 기도와 다른 기도가 드려졌다.

예수를 자신들의 메시아로 믿고 따랐던 이 유대인들은 단지 예루살렘과 팔레스타인에만 머물러 있지 않고 나중에는 방방곡곡을 다니며 선교했고, 그리스와 소아시아와 시리아와 이집트에도 거주했다. 그렇기 때문에 최근

에 제임스 찰스워스가 다시 상기시킨 내용들은 결코 놀랍지 않다.[19]

— 최초의 교회는 단지 자발적인 개인 기도들만이 아니라 고정된 **제의적인 기도**도 대체로 수용했다.

— 신약성서 안에는 시편 외에도 특히 유대교에서 기원한 **찬송들**이 수용되고 개정되거나, 유대인 전통의 영향 아래 새롭게 형성되었다.

— 심지어 4세기까지 단지 (아마도 오리겐과 히에로니무스에게 끼친) 유대교적 **주석**의 영향만이 아니라 유대교적 **제의**의 영향도 관찰할 수 있다. 그리고 크리소스톰이 증언하듯이, 콘스탄티노플에서는 기독교인들이 개별적으로 여전히 회당 예배에 참석하고 있었다.

실제로 기독교인으로서 오늘날 회당 예배에 참석하거나 유대교의 큰 축제에 참여한 사람들은 시편으로 시작되는 성서 강독에서 친숙한 찬양에 이르기까지 그곳에서 일어나는 모든 것을 보고 기뻐할 것이다. 그렇다면 우리가 순수한 마음으로 함께 기도할 수 없는 이유가 있는가? 다시 말하면, 모든 차이점에도 불구하고 우리는 미래에 새로운 사귐을 완전히 배제할 이유가 있는가?

IV. 소외의 역사

우리가 살펴보았듯이, 예배에서 유대교와 기독교의 공통점은 특히 두드러진다. 많은 기도가 애초부터 동일했거나 적어도 서로 간에 수용될 수 있었기 때문에 오늘날 연합 예배가 가능해졌고, 종종 연합 예배가 드려진다. 이것은 진정한 일치를 보여주는 아름다운 표지이다. 물론 유대교의 관점에서 볼 때, 아직까지 간단한 호혜관계도 생겨나지 않았다. 비록 기독교 예배가 매우 많은 유대교적 요소를 포함하고 있지만, 기독교인은 유대교 예배에 참여할 수 있는 반면 유대교인은 독특한 기독교 예배에 쉽게 참여하지 못한다. 그 이유는 무엇인가? 유대교인들이 기독교 예배에서 오늘날까지 **근본적인 차이**를 확인하기 때문이다. 그것은 독특한 기독교 예배에서 이제 중심에 놓여 있는 한 유대인의 이름이다! 유대교인은 매우 오래되고 매우 중요한 전통에 근거하여 예배 중에 이 이름을 부르거나 찬송하지 않는 것이 더 좋다고 생각한다.

1. 기독교인과 유대교인을 처음부터 갈라놓은 것

예수를 따랐던 유대인(우리는 그들을 '유대인-기독교인'이라고 부른다)과 이미 일찍부터 다른 특징을 보였던 나머지 유대인의 차이점을 간과하는 것은 잘못일 것이다. 하버드 대학교의 주석자 헬무트 쾨스터Helmut Koester는 차이점을 다음과 같이 요약했다.[1]

— 성령을 소유한 자의 열광적 의식意識: 방언과 예언과 치유의 기적을 일으키는 자들에게 하나님의 영이 부어짐(실례: 사도들의 활동 초기에 일어난 성령 강림 사건).

— 임박한 묵시적 종말을 바라보며 만든 잠정적인 구조들: 열두 사람의 무리. 그들은 사도나 공동체의 지도자로 이해되기보다는 종말론적인 이스라엘의 열두 지파의 대표자로 이해되었다(두 번째 성전이 파괴된 후에 복음서와 사도행전을 썼던 누가에게서 비로소 열두 사람은 '열두 사도들'이 되었다. 그들은 모든 교회를 위해 일종의 예루살렘 최고 장로가 되었다).

— 종말론적 세례: 이것은 세례 요한에게서 물려받았지만, 그리스도에게 자신을 전적으로 맡기고 성령을 받기 위해 이제는 '예수의 이름으로' 베풀어진다.

— 종말론적 공동식사: 예수 자신이 이미 그의 제자들과 함께 식사를 했듯이, 이제 그것은 다시 올 '주'를 회상하고 기다리기 위해 '주의 만찬'으로 거행된다. 아람어 '마란Maran'(주)에서 "마란 아타Maran atha"("주여, 속히 오소서") 기도가 생겨났다.

이로써 유대교인과 기독교인 간의 **갈등의 중심에는** 처음부터 **나사렛 사람의 이름**이 있었다는 사실이 분명해졌다. 공식적인 유대교는 그를 거짓 메시아로 강력하게 거부했지만, 초기 유대인 공동체는 그를 진정한 메시아로 받아들였다. 그 이유는 무엇인가? 우리가 이미 말했듯이, 남녀 유대인들이 예수 처형의 충격을 받은 뒤에 유대교의 부활 희망의 지평 안에서 다양한 방식(환상을 보고, 음성을 듣고)으로 성령을 경험했기 때문이다. 그들은 이러한 경험을 자신들이 만들어낸 해석으로 간주하지 않고, 하나님이 주신 계시로 여겼다. 고난과 멸시를 받은 그가 하나님 자신에 의해 높이 들려졌고, 이제는 '하나님 우편' 영광의 자리에서 세상을 다스린다. 그렇기 때문에 그는 이제 다가오는 하나님 나라의 희망을 보여주는 증인이고, 길을 인도하는 사람이며, 구원을 가져오는 분이다. 그는 곧바로 유대인의 가능한 모든 칭호로 불리게 되었다.

따라서 몇 세기를 통해 논쟁의 근거가 되었던 것을 우리가 오늘날 은폐하거나 배제하는 것은 경솔한 짓이 될 것이며, 유대교인과 기독교인의 상호이해에 도움이 되지 않을 것이다. 한 분 하나님에 대한 신앙과 하나의 구원 역사, 거룩한 책, 예배, 윤리, 도래할 종말과 같은 모든 공통점에도 **신학적인 근본 차이**가 처음부터 뚜렷이 드러났다. 그것은 신앙과 희망이 이 예수에게 집중되었다는 것이다. 그리고 그것은 유대교인의 신앙 중심을 위해 다음과 같은 결과를 낳았다.

- 여기서 언약의 표현이었던 (곧장 흩어진) 백성과 (곧장 잃어버린) 땅의 **중심 비중**은 점점 더 줄어들었고, **예수**가 언약의 보증으로서 중심에 놓이게 되었다. 예수는 '메시아'나 '주'('인자', '다윗의 아들', 또는 다른 칭호)로서 기다림의 대상이 되었고, 한 분 하나님 자신의 대리자로 점점 더 분명하게 신앙의 중심에 놓이게 되었다. 그래서 초대 교회의 가장 오래된 신앙고백의 하나는 "예수는 주이시다"라고 말한다.
- 한 분 하나님에 대한 굳건한 신앙에도 불구하고 **신앙의 중심은 새롭게 규정되었다**. 하나님 나라의 도래를 선포한 예수의 이름은 하나님 나라의 표징이 되었다. 그래서 하나님에 대한 신앙은 기독론적으로 구체화되었고 인격화되었다. 한 분 하나님 외에 두 번째 하나님은 존재할 수 없고, 유일한 하나님에 대한 신앙은 두 분 하나님에 대한 신앙으로 변할 수 없다. 그러나 이스라엘의 한 분 하나님은 그의 마지막 예언자, 그가 보내신 자, 메시아와 그리스도를 통해 새롭게 이해되었고, 그리스도 자신도 하나님의 형상과 말씀과 아들로 새롭게 이해되었다.

우리는 질문하게 된다. 이 새로운 예수 운동은 단지 유대교 내부에 일어난 패러다임 전환, 곧 시대의 제약 아래 생겨난 확신과 가치와 행동방식의 변화에 불과한 것인가? 우리는 그 당시에 전개된 다양한 흐름을 더 분명하게 살펴보아야 한다. 상황은 우리가 오랫동안 당연히 여겼던 것보다 훨씬 더 복잡하다.

2. 헬레니즘을 선호한 유대인-기독교인

수십 년 동안 루돌프 불트만과 종교사학파의 주장에 따라서 우리는 (49년 무렵에 열렸던 '사도회의' 때까지) 초기 기독교의 역사를 **세 가지 교회 도식**으로 설명할 수 있다고 생각했다. 많은 유대인 학자들도 마찬가지로 생각했다. 아람어를 말하는 예루살렘의 초기 기독교 공동체는 기독교를 지향하는 유대인이나 '유대인-기독교인'으로 구성되어 있었다. 그들의 신앙과 실천은 대체로 여전히 유대교의 틀(성전과 토라에 충실함) 안에 머물러 있었다. 이 교회는 예루살렘과 팔레스타인 밖에서 '이방인-기독교인'으로 구성되었던, 그리스어를 말하는 교회로 대체되었다. 이 교회는 기독교를 헬레니즘 혼합주의와 섞었고, 기독교를 근본적으로 "완전히 새로운 종교"로 만들었다. 그 다음에는 바울에 의해 설립된, 이방인-기독교인으로 구성된 교회가 있다. 이러한 도식에서 초기 기독교 공동체는 여전히 "유대교 내에 존재한, 완전히 종말론적인 소종파"로 나타난다.[2]

그러나 이러한 도식은 1960년대, 70년대 이래 주도적인 주석가들에 의해 결정적으로 수정되었다.[3] 이미 팔레스타인에서 **'유대교와 헬레니즘'이 밀접하게 결합되었다는 사실**(마르틴 헹엘[4])이 증명되었다. 이런 결합은 예수의 추종자들과 초기 기독교 공동체에 이르기까지 영향을 끼쳤다. 우리는 질문하게 된다. 예루살렘과 안디옥에서 어떤 일이 일어났는가?[5]

이미 잘 알려져 있었지만 역사적으로 충분히 분석되지 못한 현상은 다음과 같다. 예수를 따랐던 예루살렘 교회는 예수의 죽음 이후에 단지 아람어를 말하는 유대인들만이 아니라 적지 않은, **그리스어를 말하고 헬레니즘을 선호하는 유대인들**로도 구성되었을 것이다. 여하튼 사도행전 6장 1절에 보고되고 있는, 과부를 매일 돌보는 문제와 관련된 갈등은 이미 초기 기독교 공동체에서 '헬라인들'과 '히브리인들' 간에 심각한 분리가 일어났음을 보여주는 듯하다.[6] 두 유대인-기독교인 집단이 자신의 회당과 자신의 가정 교회를 꾸려가고 있었고, 예배 중에 히브리어나 심지어는 그리스어로 성서를 읽었다는 사실은 갈등을 분명히 보여주는 사례다. 그리스어를 모국어로 사용한 유대인-기독교인들은—그들은 사회문화적으로 헬레니즘을 선호한 디아스포라-유대교의 도시적 환경에서 자라났다. 왜냐하면 그들은 교육을 받았고, 정신적으로도 활동적이었기 때문이다—역시 사도행전에서 보고되고 있는 스데반 집단(완전히 그리스어적인 이름을 지닌 '일곱 사람들')의 지도를 받고 있었던 것 같다. 그들은 아마도 '히브리인'을 대표하는 사도 집단(이스라엘의 열두 지파를 대표하는 '열두 사람들')과 나란히 비교적 독립적이었던 것 같다. 이것은 다음과 같은 사실을 동시에 의미한다. 누가의 사도행전이 한 세대 후에 보고하듯이, 이 '일곱 사람들'은 단순히 '열두 사람들' 아래서 가난한 이들을 돌보던 사람들이 아니었다. 우리는 그들을 오히려 "독립적인 교회 집단의 지도자들"로 보아야 할 것이다. 그들은 이미 그 당시에 예루살렘에서 선교 활동을 열심히 하고 있었다.[7]

이제 결정적인 점은 이것이다. 예수가 죽자마자 곧바로—아마도 32~34년 무렵, 사도 바울 이전에!—초기 기독교 공동체는 **회당의 지도층들과 충돌하게** 되었다. 물론 일차적으로 율법과 성전에 충실하고, 아람어를 쓰던 유대인-기독교인들 때문에 일어난 것이 아니라, 디아스포라 출신이었고 그래서 율법 비판과 성전 비판에 더 개방적이었던 활동적이고 헬레니즘을 선호한 유대인-기독교인들 때문에 일어났다. 여하튼 사도행전은 예수 이름으로 일어난, 이른바 성전과 율법 모독과 관련된 충돌을 보고한다.[8] 충돌의 절정은 스데반의 체포[9]와 투석 처형[10]과 예루살렘에서 온 헬레니즘을 선호한 유대인-기독교인들(아람어를 사용한 유대인-기독교인들이 아니다. '사도들'은 아직 예루살렘에 머물러 있었다!)의 추방을 통해 절정에 이른다.[11] 잘 알려져 있듯이 헬레니즘을 선호한 유대인-기독교인들은 유대와 사마리아에서 선교 활동을 시작했지만, 페니키아와 키프리스와 안디옥에서도 선교 활동을 계속했다. 예루살렘에서 북동 방향으로 300Km 떨어져 있고 오론테스Orontes 강변에 위치한 **안디옥**은 특별한 의미를 지니게 되었다. 그렇지만 안디옥은 그 당시에 로마와 알렉산드리아 다음으로 로마 제국에서 세 번째로 중요한 도시였으며, 그 당시 로마 제국의 행정구역이었던 시리아와 길리기아의 수도였다.[12] 우리는 다음과 같은 점에서 출발해야 한다. 한편으로는 서로를 분리하는 언어장벽으로 인해, 다른 한편으로는 "독립적인 예배 공동체"[13]로 인해 "'헬레니즘을 선호한 유대인-기독교인들'이—디아스포라 유대교의 문화 전통이라는 특별한 전제의 토대 위에서—특별한 모습을 지닌 집단으로 발전할 수 있는 제도적인 전제가 주어졌다."[14]

안디옥 교회는 아마도 30년대 중반에 예루살렘에서 추방된 사람들이 설립했을 것이다. 따라서 안디옥 교회는 처음에 단지 헬레니즘을 선호한 이방인-기독교인들로만 구성된 것은 아니었다. 그들의 혼합주의적 성향은 초기 기독교 공동체의 선포로부터 완전히 새롭고 신비적·제의적인 종교를 만들어냈다. 안디옥 교회는 처음에는 **율법에서 자유롭지는 않았지만 율법에 비판적이었던, 그리스어를 말하던 유대인-기독교인들**로 구성된 교회로 간주되어야 한다. 안디옥 교회는 이 도시에서—(2만 명에서 4만 명에 이르는 유대인이 살았던) 큰 도시였기 때문에—처음에는 "오직 유대인들"만을 선교하려고 시도했다.[15] 그러나 그들에게 거부를 당하자, 안디옥 교회는 생각을 바꾸

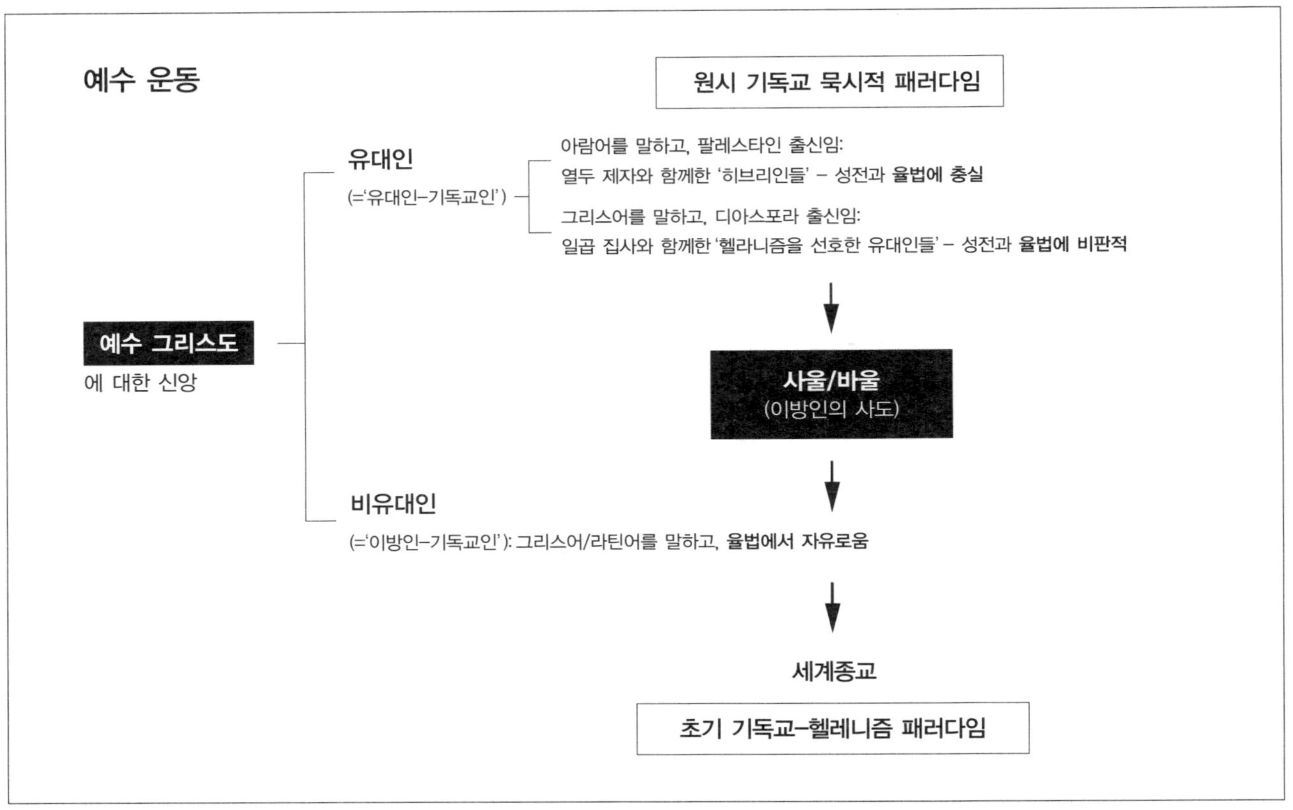
예수 운동
원시 기독교 묵시적 패러다임
유대인
(='유대인-기독교인')
아람어를 말하고, 팔레스타인 출신임:
열두 제자와 함께한 '히브리인들' – 성전과 율법에 충실
그리스어를 말하고, 디아스포라 출신임:
일곱 집사와 함께한 '헬라니즘을 선호한 유대인들' – 성전과 율법에 비판적
예수 그리스도
에 대한 신앙
사울/바울
(이방인의 사도)
비유대인
(='이방인-기독교인'): 그리스어/라틴어를 말하고, 율법에서 자유로움
세계종교
초기 기독교-헬레니즘 패러다임

어 "그리스인들에게도 주 예수의 복음을 전파하려는" 노력을 점점 더 강하게 기울였다.[16] 다시 말하면, 독립성을 계속 유지하고 율법에 비판적이었던 헬레니즘을 선호한 유대인-기독교인들 외에도 율법에서 자유로운 이방인-기독교인들이 안디옥에 서서히 등장하게 되었고, 그들은 48년 이후에 비로소 헬레니즘을 선호한 유대인-기독교인들과 분리되었다.[17]

3. 기독교인과 유대인은 어떻게 분리되었는가?

포로기 이후 유대교의 **신정**神政 **패러다임**(P III)을 묘사할 때, 나는 팔레스타인 유대교가 그 당시에 **율법과 성전**에 얼마나 강하게 고정되어 있었는지를 자세하게 설명했다. "'율법과 성전을 위한 열심'은 헤롯 시대와 기원후 70년 사이의 팔레스타인에서 유대교적 경건의 견고한 특징이었다. … 율법 수여자 모세에 관한 한, 팔레스타인 유대교 내부에서 토라와 성전을 자유롭게 비판할 수 있는 자유로운 공간은 존재하지 않았다"(마르틴 헹엘).[18] 유대교 내부의 **토라 비판과 성전 비판**이 지도층 사람들의 크고 작은 저항에 부딪치게 될 수밖에 없었던 이유를 이것으로 설명할 수 있다. 특히 사람들이 종교적 선동가로 처형된 갈릴리의 방랑 설교자를 비판의 근거로 삼을 때, 그들의 저항은 더욱 거셌다.

예수가 스스로 반反율법적인 태도를 취하지는 않았지만, 개별적인 사안에서는 율법과 성전에 매우 비판적으로 행동했다는 사실을 우리는 이미 살펴보았다. 예수의 죽음 이후에 그의 추종자들의 모든 운동은 그의 견해를 따랐다. 물론 그것은 매우 다양한 방식으로 일어났다. 아람어를 말하던 유대인-기독교인들의 교회는 분명히 예수 자신처럼 본질적으로 토라와 성전에 충실하려고 애썼지만—마르틴 헹엘에 따르면—"성령의 독특하고 역동적이고 창조적인 영향 아래 예수의 메시지의 종말론적이고 토라 비판적인 의도를 계속 확산했던" 사람들은 바로 "헬레니즘을 선호한 유대인-기독교인들"이었다는 사실은 이해가 된다. "성령 체험과 임박한 종말에 대한 확신을 통해 새롭게 해석된 예수의 말씀은 토라와 제의에 대한 강력한 전통적인 충성을 무너뜨릴 수 있는 힘을 제공했다. 따라서 거룩한 문서들은 일차적으로 율법과 613개의 명령과 금령의 관점으로 이해된 것이 아니라, 예수를 지시하는 예언적인 약속으로 이해되었다."[19]

다르게 말하면, 신정 패러다임은 실제로 하나님으로 높이 들린 주 예수의 영 안에서 헬레니즘을 선호한 유대인-기독교인들에 의해 점차적으로 무력하게 되었다. 그리고 공식으로 유대교와 **충돌한 주요 원인**은 여기에 있었던 것 같다. 만약 유대인-기독교인들이 단지 성전과 율법의 영적인 이해만을 추구했다면 아마도 그렇게 큰 분쟁은 일어나지 않았을 것이다. 예수를 메시아로 선포하는 것만은 사람들이 허용할 수 있었을 것이다. 그러나 **토라와 예언자를 오직 예수**로부터, 그리고 예수를 향해 **해석해야** 한다는 결론은 전혀 수용할 수 없었다. 예수가 실제로 토라 위에 존재한다거나 예수가 토라를 대신하며, 예수가 유일한 구원이라는 결론도 마찬가지였다. 이런 엄청난 주장에 토라와 성전에 충실한 유대교 지도층은 격렬하게 반응했고, 필요한 경우에는 폭력적인 **조치**로 대응했다.

거꾸로 토라에 대한 기독론적·성령론적인 해석은 스스로 반유대교적 경향을 갈수록 많이 띠게 되었다. 사람들은 히브리 성서에서 단지 메시아만이 아니라 그의 적대자도 '예언하는' 본문을 발견했다! 그래서 초기 기독교 문서에는 다음과 같은 내용이 들어 있다. 높이 들리고 주로서 통치하고 성령 안에서 현존하는 예수 그리스도에 대한 초대 교회의 집중적인 관심은 그를 거부하는 회당을 점점 더 강하게 공격하는 결과를 낳았다. 단지 특정한 유대교의 지도층만이 아니라 유대인 집단, 곧 '바리새인들과 서기관들'을 향한 공격도 점점 더 거세게 일어났고 마침내는 전체 '유대인들'에 대한 공격이 총체적으로 일어났다. 그래서 우리는 고통스러운 질문을 던질 수밖에 없다. 이미 신약성서 자체 안에 유대인 적대감, 반유대주의가 들어 있고, 심지어는 반셈족주의의 근거도 들어 있지 않은가?

4. 신약성서에 나오는 반유대주의

고대 세계에서 그러하듯이, 신약성서에도 인종적 반유대인주의antisemitism는 전혀 존재하지 않는다. 우리가 이미 들었듯이 그것은 19세기의 작품이다. 그렇지만 나중에 끔찍한 결과를 초래한 반유대주의anti-Judaism가 이미 신약성서에 존재한다는 사실을 결코 부정해서는 안 된다. 물론 결정적인 질문은 **신약성서에 나오는 반유대주의를 어떻게 평가해야 하는가**다.

— 수백 년 동안 기독교 신학자들은 초대 교회가 옳았고 회당의 부당한 박해를 받았다는 사실을 세상 사람들에게 설득하는 데 전혀 어려움이 없었다.

— 오늘날 유대교인의 출판물과 기독교인의 출판물에서 근대의 반유대주의에 대한 분명한 반응은 압도적으로 대립적인 경향을 보인다. 즉 초대 교회가 처음부터 부당했고, 유대인 체제의 적대적인 반응은 폄하되었다는 것이다.

만약 우리가 양쪽의 주장을 가급적 아무런 편견이 없이 알기를 원한다면, 우리는 다음과 같이—우리의 주장은 곧 입증될 것이다—단정할 수밖에 없다. **소외의 과정은 상호적이었다!** 이미 일찍부터 사람들은 완전히 갈라섰다. 그리고 신약성서에서 증가하는 '유대인' 배척은 회당의 철저한 '나사렛 사람' 배척과 함께 나란히 벌어졌다. 다르게 말하면, 전통적인 유대교는 작지만 급속히 성장하는 교회를 사건의 과정 속에서 낡아빠질 묵시적·메시아적 소종파로 여기고 교회를 배척했다. 거꾸로 초대 교회는 회당을 예수가 이미 뛰어넘은 성전과 율법의 종교로 여기고 회당을 점점 더 강하게 비판했다. 여기서 개별적인 주장과 그에 대한 반응, 행동과 반응이 무엇이었는지를 말끔하게 재구성하기는 어려울 것이다.

가톨릭 신학자 로즈메리 류터Rosemary Ruether는 반유대주의의 뿌리에 관한 그의 글 《신앙과 형제살인》에서 "교회와 회당은 리브가 배 속의 두 형제처럼 태어났다"고 말한다. "동생은 형의 발꿈치를 붙잡고 적법한 상속자라고 주장했다. 2세기에서 5세기까지 신학을 연구했던 교회와, 같은 기간에 구전 토라를 탈무드로 편찬했던 유대교, 이 둘은 히브리인의 민족적 신앙이 민족 이후의 미래를 향해 나아가는 길을 묻는 질문에 비슷하지만 배타적인 대답을 제시한다."[20]

그 결과로 서로 경쟁하며 합의할 수 없는 두 가지 성서 해석이 나오게 되었다. 히브리 성서에 대한 **기독론적 해석이 반유대적 해석을 초래했다**는 사실을 기독교인들은 솔직히 인정해야 한다. 신약성서를 읽는 사람은 보충 교육을 받지 않아도 다음과 같은 것을 인식할 수 있을 것이다.

— 정당성을 강요받은 초대 교회는 자신을 거부하는 공식적 유대교를 점점 더 이탈하고 배교한 이스라엘로 평가했다.

— 제사장들과 서기관들은 무지할 뿐만 아니라 "눈먼 지도자"라고, 특히 "악당의 무리", "회칠한 무덤"이라고, 그리고 이보다 더 심하게 조롱을 당했다.[21]

— 사람들은 유대 민족 전체를 "악하고 불충성한 족속"으로 생각하기 시작했다.[22]

— 유대인-기독교인 마태가 쓴 복음서에서 두 번째 성전이 파괴된 후에 지배적인 집단이 되었던 바리새인은 "외식하는 자"로, 완전한 율법주의와 형

식주의의 대변자로 혹평을 받았다.[23]

— 예수의 죽음을 말할 때, 사람들은 로마인의 책임은 가급적 완화하는 대신에 유대인에게 더 큰 책임을 지웠다.[24]

— '유대인the Jews'이라는 용어는 신약성서에서 단순한 묘사를 위해 사용되기보다는 점점 더 부정적인 의미를 갖게 되었다. 그리고 '유대인의Jewish'라는 단어는 초대 교회에서 그 자체로 항상 기피되었다.

— 마지막으로 과거의 예언자들의 운명을 예로 들면서, 유대인들이 처음부터 살인 의도를 품었고, 그들의 운명은 그들의 잘못 때문에 주어진 것이라고 사람들은 말했다. 나중에 가장 비극적인 결과를 초래했지만 역사적 근거가 전혀 없는 가장 고약한 문장은 다음과 같은 것이다. "온 백성이 (빌라도 앞에서) 외쳤다. '그 피를 우리와 우리 자손에게 돌리소서.'"[25]

5. 기독교인의 파문

이러한 반유대주의는 타당하지 않다. 그러나 우리는 반유대주의를 시대적인 상황 안에서 보아야 한다. 이 말은 반유대주의를 약화하거나 경시해야 한다는 뜻이 아니다. 그렇지만 다음과 같은 사실을 기억하는 것은 중요하다. 나중에 기독교는 유대인을 공격하게 되었지만, 그 당시의 기독교는 그렇게 할 만큼 힘 있는 국가교회가 아니었다. 힘 있는 다수의 유대인 앞에서 초대교회는 비교적 작은 반대 집단 때문에 불안을 느낀 지도층의 폭력적인 억압에 맞서 자신의 생존권을 지키려 때때로 투쟁해야 했던, 작고 무력한 집단이었다. 우리가 숨겨서는 안 될 세 가지 역사적 사건이 있다.

1) **스데반 사건**: 확실히 사도행전의 스데반 연설은 누가의 작품이고,[26] 스

데반과 그의 동료들의 견해를 역사적으로 재구성하기 위해 무비판적으로 이용해서는 안 된다. 스데반이 이스라엘의 배교와 예언자 살해를 말했던 내용은 누가가 편집한 것이다. 그러나 여기서 역사적 핵심은 보존되어야 한다. 예수의 입장에서 모세를 비판한 내용과 성전과 율법이 일시적인 것이라는 주장은 쉽사리 신성모독으로 고발될 수 있었다. 물론 스데반이 선교를 위해 상세하게 설교할 수 있었던 산헤드린 공의회에서 어떤 공식적인 재판을 받았는지는 불확실하다. 그렇지만 확실한 점은 스데반 사건이 불행하게 끝났다는 사실이다. 다시 말하면 범죄자를 돌로 때려죽이는 유대인 최고의 '사형제도' 방식으로 스데반 사건은 종결되었다.[27]

2) **사울 사건**: 논쟁이 많은 사도 바울의 신학 입장을 우리가 어떻게 말하든, 헬레니즘을 선호한 디아스포라 유대인이었고 바리새파 학도였던 다소 출신 사울의 사건은 유대교 지도층이 특정한 유대인-기독교인들을 막무가내로 취급했다는 사실을 스데반 사건보다 더 분명하게 보여준다. 사도행전은 이 디아스포라 유대인에 관해 다음과 같이 보고한다. "사울이 교회를 잔멸한새 각 집에 들어가 남녀를 끌어다가 옥에 넘기니라."[28] 이 성서 구절에서 사울은 특히 예수의 율법 비판을 계승하고 헬레니즘을 선호한 (다메섹이나 예루살렘의) 유대인-기독교인들의 박해자로 모습을 드러냈다. 바울이 빌립보에 보낸 편지에서 자신에 관해 고백한 내용은 이 보고의 진정성을 분명히 보여준다. "나는 팔일 만에 할례를 받고 이스라엘 족속이요 베냐민 지파요 히브리인 중에 히브리인이요 율법으로는 바리새인이요 열심으로는 교회를 박해하고 율법의 의로는 흠이 없는 자라."[29]

율법을 엄격하게 준수하는 바리새인으로 "조상의 전통에 대하여 더욱 열심이 있었"[30]던 바울은 하나님과 율법을 위한 자신의 진정한 열심이 율법에 대한 문제제기로 도전을 받게 되었다고 생각했다. 갈라디아서에 기록되어 있듯이, 광분한 그는 "심히" 적극적으로 교회를 박해하기로, 아니 교회를 "멸하"기로 결심했다.[31] 율법의 저주 아래 십자가에 못 박힌 메시아의 주장과 함께 모든 유대인에게 주어진 스캔들 때문에 바울은 교회를 더욱 더 열심히 박해했다.[32] 유대인의 기독교인 박해는 이렇게 시작되었다.

그러나 바울은 인생의 위대한 전환을 경험한 전형적인 인물이기도 하다. 기독교를 박해하던 자가 그리스도를 선포하는 자로 바뀐 것이다. 물론 우리가 이 전환을 역사적으로나 심리학적으로 나중에 설명하는 것은 매우 어려운 일이다. 여하튼 바울 자신은 이 급진적인 전환을 인간적인 교훈이나 새로운 자기이해, 영웅적인 노력이나 자발적인 회개의 결과로 생각하지 않았다. 오히려 그는 살아 있는 그리스도 경험, 십자가에 못 박혔다가 부활한 자의 '계시'('봄seeing')로 인해 이러한 전환이 일어났다고 여겼다. 우리가 어떻게 해석하든, 바울은 이 사건을 아름답게 묘사하지 않았다.[33] 그는 이 사건을 개인적인 회개로 이해하기보다는 사도로, 이방인의 선교사로 파송된 사건으로 이해했다.[34] 만약 우리가 이사야와 예레미야, 에스겔과 같은 히브리 예언자들의 소명 사건의 진정한 핵심을 의심하지 않는다면, 바리새인 사울의 소명 사건의 진정한 핵심도 처음부터 의심해서는 안 된다.

여하튼 예전에 기독교인들을 박해한 자가 이제는 선교 여행 중에 유대인 지도층에게 멸시와 박해, 감금과 징벌을 받아야 하는 처지가 되었다. 사도행전은 이런 이야기로 가득 채워져 있고, 여기서도 바울은 그러한 보고의 진정성을 스스로 설명한다. 특히 고린도후서에서 바울은 자신을 이렇게 변호한다. "내가 수고를 넘치도록 하고 옥에 갇히기도 더 많이 하고 매도 수없이 맞고 여러 번 죽을 뻔하였으니 유대인들에게 사십에서 하나 감한 매를 다섯 번 맞았으며 세 번 태장으로 맞고 한 번 돌로 맞고 세 번 파선하고 일 주야를 깊은 바다에서 지냈으며 여러 번 여행하면서 강의 위험과 강도의 위험과 동족의 위험과 이방인의 위험과 시내의 위험과 광야의 위험과 바다의 위험과 거짓 형제 중의 위험을 당했다."[35] 그럼에도 그는 일평생 유대인으로 그의 민족을 위한 하나님의 약속을 강하게 붙잡고 있었다. 이에 관해 우리는 더 많은 것을 알게 될 것이다.

3) 요한 공동체 사건: 100년경에 기록된 요한복음이 가장 날카로운 반유대적인 문장을 담고 있다는 사실은 의심할 여지가 없다. '유대인들'은 단지 적대적인 집단의 전형이 되었을 뿐만 아니라(유대교 내의 집단조차도 언어적으로 구분되지 않는다), 세상 속에 있는 악과 어두움과 의도적으로 완전히 동일시되었다. 그리고 그에 맞서 기독교인들의 공동체는 새로운 시대의 새롭고 내면화된, 영적인 공동체로 등장한다. 토라 대신에 이제는 예수가 "길이요 진리요 생명"이다. 오직 그를 통해서만 우리는 아버지에게 갈 수 있다.[36] 또한 예수는 로마인에 의해 정치적 선동가로 죽임을 당한 것이 아니라, 유대인 지도자들에 의해 종교적 신성모독 범죄 때문에 죽임을 당했다.

우리는 요한복음의 종교사적·정치적·사회적 배경에도 주목해야 한다. 최근의 연구를 살펴본다면 요한 공동체도 처음에는 유대인-기독교인들로 구성되었던 것 같다. 그러나 이 공동체는 후기의 한 시점에 유대인 지도층과 충돌하게 되었던 듯하다. 이 시기에 요한 공동체는—어떤 영향을 받았는지는 잘 몰라도—자신의 매우 높은 기독론(예수는 아브라함 이전부터 이미 존재한 천상적인 하나님의 아들이다)과 역시 매우 높은 성례전 이해("나는 생명의 떡이다"[37])에 도달했다. 유대인 지도층은 이것을 확실히 신성모독으로 여겼을 것이다. 요한복음도 예수가 율법(안식일)과 충돌했다고 말하는 공관복음서와는 정반대로 이러한 비난을 분명히 보여준다. "유대인들이 이로 말미암아 더욱 예수를 죽이고자 하니 이는 안식일을 범할 뿐만 아니라 하나님을 자기의 친아버지라 하여 자기를 하나님과 동등으로 삼으심이러라."[38]

결과는 이 집단에도 심각하게 나타났다. 왜냐하면 유대교 회당이 요한의 모든 형태의 유대인-기독교인 공동체를 유대인의 신앙 단체에서 분명히 배척했기 때문이다. 아마도 요한 공동체에게 신성모독 범죄 혐의를 씌웠을 것이다. "유대인들이 대답하되 선한 일로 말미암아 우리가 너를 돌로 치려는 것이 아니라 신성모독으로 인함이니 네가 사람이 되어 자칭 하나님이라 함이로라."[39] 여기서 예수에게 주어진 것 같은 비난은 요한 공동체가 당한 거부를 반영한다.[40]

그렇지만 요한복음이 기독교인에 대한 공식적인 '파문'이 이미 실행되고 있던 시기에 기록되었다면, 요한복음도 시대사적인 전체 지평 앞에서 바라보아야 한다. 70년의 재앙 이후에 바리새파 집단이 (야파Jaffa 부근의) 도시 야브네Jabneh에서 유대교 정통주의를 새롭게 설립했고, 유대교의 기본적인 규정과 법령을 새로 만들기 위해 애썼다는 사실을 우리는 이미 들었다. 신정 패러다임은 이제 토대가 되지 못했다. 성전의 조직은 기능을 상실했다. 사두개파 지도층은 해체되거나 흩어졌다. 젤롯파 사람들은 로마인과 절망적인 투쟁에 말려들었다(마사다Masada!). 바리새인들은 폐쇄된 집단으로 유일하게 살아남았다. 그들은 이제 '일종의 규범적 유대교'(P IV)로 **성전이 없는 새로운 랍비 패러다임**을 형성하고, 다른 유대교 집단과 노선을 '배제하려고' 시도했다.

바리새파의 랍비들은 야브네와 그곳의 학교에서 (처음에는 랍비 요하난 벤 자카이Johanan ben Zakkai의 지도 아래, 그 다음에는 랍비 가말리엘Gamaliel 2세의 지도 아래) 이미 결정된 노선에서 아무도 벗어나지 못하도록 강하게 통제하기 시작했다. 비극적인 문서인 유명한 "**이교도 파문**"은 오직 이런 맥락에서 제대로 이해될 수 있다. 이 문서는—성전이 파괴된 지 20~30년이 지난 대략 90~100년 사이에—이른바 야브네 '회의council'에서 가말리엘의 명령에 따라 작성되었다. 그것은 열두 번째 축복 기도서로서 그 당시에 18

개의 청원 기도서 안에 삽입되었다. 그것은 유대교의 순수한 기도서로 매일 세 번 낭독되었고, 예배의 구성요소가 되었다. 이미 그 당시에 이교도들만이 아니라 아마도 유대인-기독교들도 이 기도서를 낭독했던 것 같다. 이른 시기에 작성된 기도서는 이렇게 말한다. "배교자들에게는 소망이 없게 하시고 거만한 왕국은 우리 시대에 속히 사라지게 하소서. 그리고 나사렛 사람들('노스림nosrim')과 이교도들('미님minim')은 순식간에 사라지고 생명책에서 제외되며, 의인들과 함께 기록되지 않게 하소서. 거만한 자들을 낮추시는 주님, 당신을 찬양하나이다."[41]

쉐퍼P. Schäfer가 지적했듯이, 단지 유대인-기독교인들만이 아니라 "적대적인 지도층 사람들과 다양한 이교도 집단들"[42]도 파문의 대상이 되었다. 그러나 엘보겐I. Elbogen의 말대로 그것을 "두 종교의 완전한 분리를 위한 수단"[43]으로 이해하는 것은 분명히 지나친 주장일 것이다. 그러나—예배가 시작될 때마다 언급된—이러한 파문은 실제로 유대인-기독교인을 회당에서 축출하는 결과를 낳았다.

여기서 주목해야 할 사실이 있다. 이러한 회당 축출은 그 당시에 순전히 "종교적인 조치"보다 더 큰 결과를 초래했다. 이교도로 낙인을 찍는 것과 신앙 공동체에서 축출하는 것은 특히 당사자의 삶을 송두리째 변화시키는 사회적·경제적 결과로 이어졌다. "오래된 관계는 완전히 파괴되고, 모든 개인적이고 공동체적인 교제는 단절되며, 모든 도움은 사라진다"(벵스트K. Wengst).[44] 이런 방식으로 요한 공동체가 **공포 분위기**로 둘러싸일 수밖에 없었다는 것은 이해할 만하다. 눈먼 자로 태어난 사람의 부모는 "유대인을 두려워했기 때문에"[45] 예수가 기적의 치료자임을 인정할 수 없었다. "이스라엘의 지도자들 가운데서" 많은 사람이 예수에 대한 자신의 신앙을 감히 공개적으로 고백할 수 없었다. "회당에서 출교를 당할까 두려워했기 때문이다."[46] 바리새인이었던 니고데모는 밤에 예수에게 가는 것이 낫다고 생각했고, 아

리마대 요셉도 "유대인이 두려워" 단지 "예수의 은밀한 제자"로만 남아 있었다.[47]

요약하자면 다음과 같은 사실은 논란의 여지가 전혀 없을 것이다. 유대교인의 **기독교인 축출**은 기독교인의 **유대교인 박해**보다 먼저 일어났다. 신약성서는 두 가지 사건, 곧 유대교인 박해와 반유대교적인 공격을 동시에 반영하고 있다![48] 그러나 유감스럽게도 덧붙여야 할 점은 **공격**이 점점 더 심각해졌다는 사실이다. 그리고 공격은 다시금 양쪽에서 일어났다. 지금까지 소문으로 내려오는 후대의 유대교 문서는 예수가 로마 군인 요셉 판데라Joseph Pandera와 젊은 처녀 미리암 사이에서 사생아로 태어났고, 그가 돌로 처형된 것은 하나님의 이름으로 마술을 행했기 때문이라고 주장한다. 중세 시대에 이르기까지 중상적이고 전설과 역사 날조에 근거한 '톨레도 예수Toledot Jeshu'(예수의 세대/역사)가 증가했다. 기독교인은 자기 나름대로 유대인이 어차피 '그리스도의 살인자', 아니 '하나님의 살인자'였다는 비난을 점점 더 널리 퍼뜨렸다. 물론 이런 주장은 거꾸로 신약성서를 기괴하게 날조한 것이었고 최악의 결과를 초래했다. 그러나 우리는—반유대주의에서 시작하여 반셈족주의에 이르기까지 오래된 역사의 맥락 안에서—그에 관한 충격적인 이야기를 충분히 들었다. 여기서 우리의 관심을 끄는 질문이 있다. 유대인으로 구성된 공동체가 이방인으로 구성된 공동체로 분명히 점점 더 변해가는 시점에서 이 둘의 차이점은 어떤 것이었는가?

V. 최초의 기독교 패러다임 전환: 유대인 기독교에서 이방인 기독교로

서두에서 우리가 던진 질문에 이제 이렇게 대답할 수 있다. 새로운 예수 운동은 유대교 내에서 패러다임 전환을 초래했을 뿐만 아니라, 시간이 지날수록 또 하나의 경쟁적인 종교로 변해갔다. 그러나 오직 다음과 같은 사실을 해명할 때에만 이 과정을 이해할 수 있다. **초기의 기독교 내에서 매우 일찍부터 최초의 패러다임 전환이 일어났다. 유대인 기독교**(일부는 아람어를 말하고, 일부는 그리스어를 말하는 공동체)가 **오직 그리스어**(또는 나중에는 라틴어)**를 말하는 이방인 기독교로 바뀐 것이다.**

1. 논쟁의 대상, 바울

여기서 이제 우리는 무엇보다도 **사도 바울**을 고려해보아야 한다. 그는 박해자에서 예수의 제자로 바뀌는 인격적인 전환을 경험하고, 마침내는 초기 기독교와 고대 세계의 역사에서 결정적인 변화를 이끌어낸 인물이었다.[1] 바로 여기서 우리는 유대교인과 기독교인의 대화에서 아마도 가장 까다로운 지점에 도달했다.[2] 왜냐하면 실제로 많은 유대인이 다소 출신 유대인 바울을 나사렛 출신 유대인 예수보다 더 단호하게 배척했기 때문이다. 우리가 이미 들었듯이, 적지 않은 유대인들, 특히 교육을 받은 유대인들이 예언자와 같은 인물 나사렛 예수를 동정적으로 받아들였다. 그러나 바울을 대하는 유대인들의 태도는 어떠했는가? 핀카스 라피데는 "1900년 동안 유대교인은 바울에 관해 온갖 주장을 되풀이했다"며 유대교인들이 바라보는 바울을 다음과 같이 기술한다. "바울이 토라를 80번 인용한 것은 순전히 토라를 폐기하기 위해서였다. 바울의 편지는 자주 모순적인 주장을 담고 있다. 바울이 비유대교적인 질병인 원죄原罪를 고안해낸 것은 반유대교적인 치료제, 곧 속죄의 죽음인 인간의 희생을 통해 원죄를 치유하기 위해서였다. 더욱이 고린도전서(9:22)에서 그가 말하고 있듯이, 바울은 몇 사람을 구원하기 위해 모든 사람에게 모든 것이 되었다. 또한 바울은 선교를 위해 원칙을 포기할 각오가 되어 있었다. 바울은 예수의 신앙을 예수에 대한 신앙으로 변조했다. 하나님의 은혜가 없이는 구원을 받을 수 없다는 사실을 증명하기 위해 바울은 인간이 선하다고 말하는 창세기의 낙관론을 인간이 날 때부터 매우 악하고 매우 약하다고 주장하는 헬라주의자들의 비관론으로 바꾸어버렸다."[3]

"바울과 기독교의 발명"이라는 부제가 붙은 **히암 마코비**Hyam Maccoby가 최근에 쓴 바울 관련 책 《신화를 만드는 자》는 유감스럽게도 학문적인 근거가 없고 논쟁적인 경향을 띠고 있는 설명의 대표적인 사례다.[4] 이것과는 정반대로 콜롬비아 대학교의 유대인 종교사가 **알란 세갈**Alan Segal이 최근에 쓴 바울 연구서 《개종자 바울》은 기독교인 독자에게도 학문적으로 인상적인 작품이다. 여기서 그는 두 가지, 곧 "바리새인 바울의 사도직과 배교"[5]를 강조하기를 원한다. 예수 시대의 유대교에서 형성된 것으로 볼 수 없는 탈무드나 미쉬나의 여러 문헌과는 달리 바울의 문서는 (요세푸스의 문서를 제외하고) "1세기에 한 바리새인이 남겨놓은 유일한 개인적 문서"다. 선입견 때문에 바울을 경시해왔던 지금까지 유대인의 연구 관행과는 정반대로 바로 이 문서는 "1세기의 유대교 연구의 주요 자료로 취급되어야 할 것이다."[6] 세갈이 자세한 역사적·심리학적인 분석의 결과로 강조했듯이, 여기서 "바울의 회심 경험의 진정성"[7]은 진지하게 논의되어야 한다. 유대교 내부에서 일어난 패러다임 전환보다 더 큰 사건으로 강조되어야 할 것은 바로 **바리새인 사울이 바리새인 신앙에서 예수 그리스도 신앙으로 회심한 사건**(환상을 통해 매우 생생하게 경험한 사건)이다.

우리는 여기서 두 가지를 전제해야 한다.

1. 바울이 개인적으로 그리스도 신앙으로 회심하기 오래전부터 예수를 따른 유대인 제자들은 부활을 경험하고, 하나님에게 높이 들린 예수의 빛 안에서 한 분 하나님을 새롭게 이해하기 시작했다. 그들의 하나님 신앙은 점점 더 메시아적 기독론으로 기울어지고 구체화되었다.

2. 그리스도 신앙으로 회심한 유대인 바울은 이스라엘의 메시아를 유대인과 이방인을 포함한 온 세상의 메시아로 이해했다. 그렇지만 바울도 유대교의 한-하나님-신앙을 기독교의 두-하나님-신앙으로 대체하려는 생각은 전혀 하지 않았다. 오히려 바울도 하나님의 영을 통해 높이 들린 예수가 항상 한 분 하나님 아버지 아래 있다고 여겼다. 예수는 한 분 하나님의 메시아이고 그리스도이며, 형상이고 아들이다. 그의 그리스도 중심주의는 하나님 중심주의에 근거해 있고, 그 안에서 정점에 도달한다. 즉 "하나님이 그리스도를 통해"—"예수 그리스도를 통해 하나님에게"이다.[8] 마지막에는 "하나님이(호 테오스 *ho theos*) 만유의 주로서 만유 안에 계신다."[9]

다르게 말하면 예수 신앙이 교회의 그리스도 신앙으로 결정적으로 전환하게 된 책임은 바울에게 있지 않다. 유대인의 특정한 집단이 이미 도래한 메시아 예수가 없이는 이스라엘의 하나님을 신앙할 수 없다고 확신한 이래 전환의 '책임'은 부활한 예수에 대한 경험에 있다. 그러나 그 당시에도 강력히 선교를 추진하고 있었던 **유대교**가 보편적인 유일신론에도 불구하고 보편적인 종교가 되지 못하고, **기독교가 보편적인 인류의 종교**가 된 것은 바울의 공헌이었다.

사도 바울의 세계사적인 의미는 바로 여기에 있다. 가는 곳마다 유대인에게 먼저 복음을 설교했지만 대부분 그들에게 배척을 당한 바울은 유대인이 아닌 사람도 유대인의 하나님을 믿을 수 있는 길을 터놓았고, 이로써 그는 기독교에서 최초로 패러다임 전환(유대인 기독교에서 헬레니즘을 선호한 이방인 기독교로의 전환)을 이룩했다. 바울은 어느 정도까지 전환을 이룩했는가? **이방인**이 먼저 **할례**와 그들에게 생소한 유대교의 정결 명령, 할라카의 음식 규정과 안식일 규정('율법의 행위')을 수용하지 **않고도, 이스라엘의 보편적인 하나님을 믿을 수 있는 길을 열어주기 위해** 예루살렘 교회의 지도자들에게 대항하여 투쟁할 정도까지 바울은 패러다임 전환을 이룩했다.[10] 다르게 말하면, 이방인은 먼저 유대인이 되지 않고도 기독교인이 될 수 있다! 이러한 근본적 결단이 서방 세계(단지 서방 세계만이 아니지만) 전체에 미친 결과를 간과할 수 없다.

— 유대인-헬라주의자의 이방인 선교와는 정반대로 (바울 이전에, 그리고 바울과 나란히 수행되었던) 이방인 선교는 오직 바울을 통해서만 결정적인 성공을 거두었다.

— 팔레스타인 유대인과 헬레니즘을 선호한 유대인으로 구성된 교회가 유대인과 이방인으로 구성된 교회가 된 것은 오직 바울 때문이었다.

— 작은 유대인의 '소종파'가 마침내 '세계종교'로 발전하게 된 것은 오직 바울 때문이었다. 기독교를 통해 동방과 서방은 알렉산더 대왕이 이루었던 통합보다 더 큰 통합을 이루게 되었다.

— 만약 바울이 없었더라면 보편적인(가톨릭적인) 교회도 존재하지 않았을 것이고, 그리스-라틴 교부들의 신학도 존재할 수 없었을 것이며, 기독교적 헬레니즘 문화도 존재할 수 없었을 것이고, 콘스탄티누스의 전환도 일어나지 않았을 것이다.

오늘날 핀카스 라피데와 같은 유대교 신학자도 사도 바울의 세계사적인 역할을 강조한다. "나에게 바울은 무엇보다도 신앙의 영웅이다. 그의 비극적인 실패는—그의 주님과 구원자의 실패처럼—그가 죽은 뒤에야 비로소 세계사의 가장 위대한 선교적 성공으로 칭송되었다. 유대교에서, 영지주의와 이방 제의에서, 그리고 예루살렘에 있는 자신의 어머니 교회에서 세 번이나 배척을 받았던 이 세계적 인간은 범지구적인 통합주의자가 되기로 결단했다. 그 덕분에 바울은 이스라엘 대신에 '이방의 빛'(사 49:6)이 되어야 할 예언자적 사명을 완수했다. 이사야가 예언한 대로 히브리 성서를 가장 먼 섬까지 가져간 것은 유대교가 아니라 기독교였다는 프란츠 로젠츠바이크의 설명은 옳다."[11]

그러나 아직도 의문이 남아 있다. 바울은 예수를 오해하지 않았는가? 그래서 바울은 기독교의 진정한 창립자가 되지 않았는가?

2. 공명하는 변형

바울을 통해, 그리고 그의 지속적인 종교적·신학적 활동과 선교적·교회 정치적 활동을 통해 초대 교회에서 실제로 결정적인 것이 바뀌었다는 사실은 이미 매우 분명해졌다. 그렇지만 더 자세하게 살펴보면 우리는 바울의 자기 확신을 보게 된다. 그의 확신은 예수와 대립하는 가운데서 일어난 것이 아니라 **예수를 따르는 가운데서** 일어났다. 바울은 예루살렘과 다른 곳에서 예수를 직접 보았던 증인들과 접촉함으로써 예수에 관해 분명히 많은 말을 들었다. 그가 들었던 말은 대부분 단편적으로 기록되었던 그의 편지가 알려주는 내용보다 더 많다.[12] 왜냐하면 예수를 결정적으로 죽음으로 몰아갔던 율법과의 갈등은 율법을 완전하게 지켰던 바리새인 바울과 교회와의 갈등으로 이어졌기 때문이다. 박해자 바리새인에서 그리스도의 사도로 회심한 바울은 자신이 주장한 율법 이론을 통해 예수의 선포와 행동을 계승해 나갔다.

물론 그것은 급진적인 계승이었다. 그렇다면 유대인 예수의 선포와 유대인 바울의 선포 사이에 무엇이 존재하는가? 그것은 바로 **예수의 처형**이다.

율법을 열렬히 숭배했던 사울은 그것을 이미 듣고 있었고, 율법 비판자였던 바울은 그것에서 확신을 얻었다. 예수의 처형은 정치적 혁명 때문이 아니라 (바울은 선동가 가설을 완전히 불합리한 것으로 여긴다) 율법을 문제시했기 때문에 일어난 것이다. 십자가에 못 박혔다가 부활한 예수를 환상 속에서 경험함으로써 바울은 이 처형의 의미를 깨닫게 되었다. 십자가에 못 박힌 메시아를 신앙하는 것이 유대인에게는 얼마나 무리한 행동이고, 십자가에 못 박힌 영웅이나 하나님의 아들을 믿는 것이 이방인에게도 얼마나 무리한 행위인지를 바울은 후대의 교회보다 더 잘 알고 있었다. 바울이 십자가에 못 박힌 예수를 믿게 된 것은 오직 그가 살아 있는 자임을 입증했기 때문이다.

만약 바울이 역사적 예수가 가져오고 살고 죽을 때까지 실천했던 모든 것이 십자가의 죽음 안에 압축되어 있다고 여겼다면, 만약 그가 삶과 죽음을 걸고 전파했던 기독교인의 메시지, 그의 '복음'을 요약하고 집약하여 **십자가에 관한 말씀**이라고 불렀다면,[13] 그가 전파했던 복음은 '십자가'라는 말이 아니라 오직 십자가였다. 그가 전파했던 복음은 십자가에 **관한** 말씀이었다. 다시 말하면 바울은 하나님이 십자가에 못 박힌 자를 의롭다고 인정했고, 그의 영을 통해 그를 살렸으며, 그를 자신에게로 들어 올렸다는 사실을 선포하기를 원했다. 따라서 '십자가에 관한 말씀'은 동시에 십자가에 못 박힌 자의 **부활**을 믿는 것을 의미한다!

바울 신학은 십자가에 못 박혔다가 부활한 이에게서 깊은 열정과 비판적인 날카로움을 동시에 얻게 되었다. 이로써 바울 신학은 다른 사람들의 신학과는 두드러진 차이를 보이게 되었다. 바울은 이러한 중심으로부터—물론 바울에게도 이것이 전부는 아니다—하나님과 인간을 바라보았고, 모든 상황과 문제를 다루었다. 바울은 할례와 유대교의 관습과 안식일과 달력을 구원에 결정적이라고 생각했던 소아시아 갈라디아 지역의 보수적인 도덕주의자 유대인-기독교인을 책망했을 뿐만 아니라,[14] 새롭게 얻은 종교적 자유를 "육체적인 것으로" 오해하고 악용한 헬레니즘 항구도시 고린도의 진보적인 열광주의자도 질책했다.[15] 이러한 중심으로부터 사도 바울은 예수가 실제로 행했고 때로는 암시하기만 했던 것을 신학적으로 설명할 수 있었다. 그리하여 그는 **최초의 '기독교 신학자'**가 되었다. 특히 성서 본문을 주석하고 때로는 이를 매우 자유롭게 적용할 때, 바울은 단지 랍비에게 배운 방법만이 아니라(예루살렘에서 바울은 유명한 가말리엘 1세의 제자였을 것이다) 주변 헬레니즘 세계의 다양한 개념과 표상도(로마 시민 바울의 고향 다소는 헬레니즘 교육의 중심지였다) 자유롭게 이용했다. 그렇기 때문에 그 당시에 아직도 입으로 전달된 예수 전승을 접하다 바울의 편지를 읽게 된 사람들에게—유대인이든 기독교인이든—예수의 복음이 처음에는 오히려 생소하게 느껴졌다. 왜냐하면 예수의 복음이 완전히 다른 관점과 범주와 표상 안에서 변형되었고, 완전히 다른 패러다임 안으로 끼워 맞춰졌기 때문이다.

그럼에도 더 자세히 살펴보면 우리는 바울에게서 다음과 같은 사실을 인식하게 된다. 항상 겸손하면서도 당당한 '복음 전파자'로, 바로 이방인을 위한 예수 그리스도의 '사도'로 자칭한 바울은 그가 자신의 편지에서 드러낸 우연히 받아들인 '주님의 말씀'이 보여주는 것보다 훨씬 더 많은 예수의 복음을 보존하고 있었다. 그렇다. **예수의 복음의 '본질'**이 패러다임 전환을 통해 바울의 복음 안으로 **공명하며 변형되었다.**

— 바울도 **도래하는 하나님 나라에 대한 기대**에 여전히 강하게 사로잡혀 있었다. 그러나 예수가 도래할 하나님 나라를 바라보았다면, 바울은 그와 동시에 이제는 예수의 죽음과 부활을 통해 이미 도래한 하나님 나라를 바라보았다. 이제 예수 그리스도라는 이름이 이미 하나님 나라를 나타내고 있다.

— 바울도 (성적으로 유전되는 원죄에서 출발하지 않고!) 의롭고 경건하

고 율법에 신실하지만 그래도 구원을 잃어버린 인간의 실제적인 **범죄**에서 출발했다. 그러나 성서와 랍비와 헬레니즘의 문헌을 이용함으로써, 그리고 구약성서와 신약성서의 모형인 아담과 그리스도를 서로 대조함으로써 바울은 이런 인식을 신학적으로 전개해나갔다

— 바울도 **위기**에 빠진 인간을 보았고, 그에게 **신앙**을 촉구하고 **회개**를 요구했다. 그러나 바울은 하나님 나라의 복음을 그리스도 십자가에 관한 말씀으로 집약했다. 그리스도의 십자가는 걸림돌로서 하나님 앞에서 '자기를 자랑하는' 유대인과 그리스인을 위기 속으로 몰아간다. 바울은 한편으로는 (아마도 갈라디아서에서) 유대인-기독교인의 율법주의적인 율법 순종을 비판했고, 다른 한편으로는 (아마도 고린도전서에서) 이방인-기독교인의 지나친 지혜의 사변도 비판했다.

— 바울도 자신의 활동을 위해 **하나님**을 내세운다. 그러나 그는 예수의 십자가와 부활의 빛 안에서 그렇게 한다. 십자가와 부활을 통해 하나님, 곧 죽은 자들의 하나님이 아니라 산 자들의 하나님이 결정적인 활동을 개시했다. 예수의 죽음과 부활 이후에 예수의 함축적이고 실제적인 기독론은 이미 바울 이전부터, 그리고 바울을 통해 명시적이고 분명한 기독론으로 바뀌었다.

— 바울도 실천적으로 율법의 경계선을 넘어서 가난한 자들과 잃어버린 자들, 억압받는 자들, 소외된 자들, 율법이 없는 자들, 율법을 범한 자들에게 다가갔고, 말과 행위를 통해 일종의 **보편주의**를 주장했다. 그러나 이스라엘에 관한 예수의 원칙적인 보편주의와 이방인에 관한 예수의 실제적이고 잠재적인 보편주의는 십자가에 못 박혔다가 부활한 자의 빛 안에서 **이스라엘과 이방 세계**에 대한 직접적인 보편주의로 바뀌었다. 이러한 보편주의를 바탕으로 바울은 이방인 가운데서 복음이 선포되어야 한다고 주장했다.

— 바울도 죄인이 오직 은혜로만 용서를 받을 수 있다고 주장했다. 죄인

의 무죄 방면, **죄인을 의롭다고 인정하는 것**은 율법의 행위 때문에 일어나는 것이 아니라(성전의 바리새인에 관한 예수의 비유를 보라), 은혜롭고 자비로운 하나님에 대한 무조건적인 신뢰(신앙) 때문에 일어난다. 그러나 율법의 행위(할례와 다른 제의적 행위)가 없이도 죄인이 의롭다고 인정을 받을 수 있다는 바울의 메시지는 예수의 십자가 죽음을 전제한다. 메시아는 율법과 질서의 수호자들에 의해 율법의 이름으로 범죄자와 저주를 받은 자로서 처형되었지만, 부활한 자로서 율법에 맞서 살리는 하나님에 의해 의롭다고 인정을 받았다. 그렇기 때문에 율법의 부정적인 측면이 이제는 분명하게 드러났다.

— 바울도 **하나님 사랑과 이웃 사랑**을 율법의 실제적인 완성으로 선포했고, 하나님에 대한 무조건적인 복종을 통해, 그리고 이웃과 원수를 위한 이타적인 삶을 통해 사랑을 매우 철저하게 실천했다. 그러나 바울은 하나님과 예수 자신의 사랑이 예수의 죽음 안에서 가장 깊이 계시되었음을 깨달았다. 이러한 계시는 인간의 하나님 사랑과 이웃 사랑의 근거가 되어야 한다.

이로써 이제 다음과 같은 사실이 분명해졌다. 높은 감성과 강한 수사학, 많은 논쟁적인 표현에도 불구하고 바울은 증오의 사람이 아니라 사랑의 사람이었고, 진정한 '복음 전도자'였다. 그는 새로운 종교를 고안하지 않았다. 그는 새로운 체계를 만들지 않았고, 새로운 '신앙의 본질'을 발명하지 않았다. 그는 유대인으로서—물론 완전히 새로운 패러다임 안에서—그 자신의 말에 따르면 단번에 영원히 세워졌다는 토대, 곧 예수 그리스도 위에 모든 것을 세웠다.[16] 그리스도는 바울 선포의 원천과 내용이자 비판적인 규범이었다. 예수의 죽음과 부활 후에 근본적으로 변화된 상황의 빛 안에서 바울은 다른 것이 아니라 동일한 것, 곧 **예수의 일**을 대변했다. 예수의 일은 **하나님의 일**과 **인간의 일** 외에 다른 것이 아니다. 죽음과 부활에 의해 확증된 그것은 짧게 요약되어 **예수 그리스도의 일**이라고 이해되었다.[17] 바울에 따르면 살아 있는 존재로 경험된 이 예수 그리스도는 새로운 자유의 원천과 기준이고, 기독교의 확고한 중심과 규범이다.

마지막으로 바울의 선포는—예수 그리스도의 빛 안에서!—**매우 심원한 하나님 이해**를 제공한다! 개신교의 유명한 바울 연구가 **에른스트 케제만**Ernst Käsemann이 최근에 핀카스 라피데에게 준 답변이 말해주듯이, 바울 이후 유대인과 기독교인은 서로 다른 방법으로 이를 위해 씨름하고 있다. 만약 우리가 광야 유랑에서부터 예언자들과 쿰란 공동체의 시기를 거쳐 현재까지 이스라엘의 역사를 고찰해본다면, 이스라엘 백성은 거짓 예배를 배척해야 할 필요성을 항상 느껴왔다. 히브리 성서는 그런 내용으로 가득하다. 이방인들이 하나님을 잘못 이해했을 뿐만 아니라 하나님의 백성들도 하나님을 잘못 이해했다. 그리고 이 백성은 흥미진진하고 비극적인 긴장과 갈등을 항상 거듭 경험했고, 참된 하나님과 올바르고 완전한 예배를 위해 배교자들과 반역자들과 항상 거듭 투쟁했다. 그리고 예수도 이를 위해 최종적으로, 그리고 가장 치열하게 투쟁했다. "어디서 언제 어떻게, 하늘에 숨어 계신 하나님을 이 땅에서 올바르게 인식하고 적절하게 예배할 수 있는가? 유대인 바울도 이스라엘의 이러한 질문에서 출발했고, 하나님 신앙을 기독론 위에 세움으로써 그에 대한 대답을 주었다. … 오늘날 우리는 양쪽에서 나사렛의 랍비를 때로는 선생으로, 때로는 예언자로, 때로는 형제로 존경할 것이다. 모든 시대에 경건한 자들과 도덕주의자들, 율법에 신실한 자들과 규범에 매여 있는 자들에게 소동을 일으키시고, 타락하고 잃어버린 세상을 자신의 피조물로 축복하시는 하나님의 뜻의 형상, 불경건한 자들을 찾고 계시는 하나님의 얼굴은 바울에게 오직 십자가에 못 박힌 그리스도일 따름이다. 사도 바울의 모든 신학은 이것에서 이해되어야 하고, 이것에서 이해될 수 있다."[18]

따라서 바울은 예수의 선포와 행위, 죽음의 운명 속에서 분명히 드러난 것을 철저히 설명하려고 애썼다. 그 이상도 그 이하도 아니었다. 그리하여 그는 이스라엘을 넘어서 그 당시 모든 세계의 사람들에게 복음을 이해시키려고 했다. 그리고 그는 스승의 뒤를 이어서 자신의 전 생애를 온전히 바친 뒤에 네로 황제 치하의 로마에서 (대략 66년에) 신앙의 증인으로서 폭력적인 죽음을 맞이했다. 보존되어 있는 몇 개의 편지로 예수 이후에 모든 시대를 통틀어 기독교에 항상 거듭 새로운 충격을 준 사람은 바울 외에는 없다. 유대인도 이제는 이 사실을 이해할 수 있을 것이다. 바울처럼 우리도 기독교 안에서—자명하지는 않지만—진정한 그리스도를 다시 발견하고 따라가기 위해 최선을 다해야 한다. 유대교, 고대의 세계 종교, 현대의 인본주의와 구분되는 **기독교의 '본질'**은 바로 이 **예수 그리스도 자신**이라는 사실이 이제는 분명해졌다. 그는 바로 십자가에 못 박힌 자로서, 부활하고 높이 들리고 활동하고 있는 많은 신들이나 신격화된 종교 창시자들과 다르고 세계사에 등장하는 황제들이나 천재들, 왕들이나 영웅들과도 다르다.

예수가 이스라엘의 메시아로 대부분의 이스라엘 백성에게 한때 배척을 당한 이후로 기독교가 단지 **유대교 내부의 또 하나의 패러다임**일 뿐만 아니라, 마침내는 참으로 **포기될 수 없는 유대교적 토양에서 자라난 다른 종교**라는 사실이 이로써 충분히 해명되었을 것이라고 생각한다. 기독교 내의 최초의 패러다임 전환, 곧 유대인 기독교가 이방인 기독교로 바뀐 상황을 더 자세히 살펴본다면 그 결과가 분명히 드러날 것이다.

3. 보편적인 세계종교

성서와 율법, 백성에 대한 철저히 새로운 이해는 패러다임 전환의 결과다. 이것은 헬레니즘을 선호한 최초의 유대인-기독교인을 통해 준비되었고 바울이 기초를 놓았으며, 기독교가 보편적인 세계종교가 되는 전제가 되었다. 달라진 점을 간단히 요약하기로 하자.

첫째, 성서 이해가 달라졌다. 예수를 거부한 유대인 집단은 거룩한 문서에 대한 전통적인 해석을 당연히 고수했고, 메시아라고 불린 바르 코크바Bar Kokhba의 주도 아래 일어난 로마인에 대한 마지막 봉기의 결과로 메시아 희망이 결국 흔들릴 때까지 메시아의 도래를 기대했다.

그러나 예수를 따랐던 유대인들, 곧 아람어나 그리스어를 사용한 모든 **유대인-기독교인**은 이제 성서를 다른 방식으로, 이른바 회고의 방식으로 읽기 시작했다. 예수 사건을 맹목적인 우연이나 하나님의 전횡의 결과로 돌릴 수는 없었다. 정반대로 과거를 회고함으로써 그들은—제2이사야가 감명 깊게 묘사한 "고난 받는 하나님의 종"이라는 인물에 이르기까지—예언자들의 많은 '약속'을 '올바로' 이해하는 법을 배웠다. 그래서 그들은 유대인의 거룩한 문서에서 이미 형성된 해석과 칭호('메시아', '주님', '다윗의 자손', '인자', '하나님의 아들')를 이제 예수에게 적용할 수 있었다. 예컨대 예수를 따랐던 유대인은 그 당시에 쿰란 공동체와 다른 사람들이 종말론적으로 메시아 시대와 관련시켰던 다윗 후손의 영원한 통치에 관한 나단의 예언을 (다윗 가문의 모든 족보에 따라서) 이제 예수와 관련시켰다. "나는 그에게 아버지가 되고 그는 내게 아들이 되리라."[19] 이제 예수는 유대교의 방식대로 '하나님의 아들'로 이해되었다.

그렇지만 헬레니즘을 선호한 **이방인-기독교인들**은 비유대교적인 상황에서 유대교의 전형적인 칭호(특히 '다윗의 자손'이나 '인자')를 이해하기 힘들었다. 그렇기 때문에 그리스어나 라틴어로 기록된 기독교인의 고전적 신앙고백에서는 이러한 칭호가 나오지 않는다. 그러나 '하나님의 아들'이라는 칭호는 전혀 그렇지 않았다. 헬레니즘을 선호한 이방인-기독교인들은 히브리 성서에서 드물게 이스라엘의 왕과 백성 전체를 위해 사용되었던 '하나님의 아들'이라는 칭호를 매우 좋아했다. 왜냐하면 이 칭호는 황제와 다른 영웅에게도 사용되었기 때문이다. 그들이 매우 선호했던 이 칭호는 점점 더 그리스적·헬라적·자연적으로 이해되었고, 유대교 기원에서 갈수록 멀어졌다. 바로 여기서 교회의 거시적 패러다임 전환의 맥락 안에서 신학의 미시적 패러다임 전환이 일어났는데, 이것은 중대한 결과를 초래했다. 여하튼 유대교인의 관점으로 볼 때 기독교인들은—요한복음에서 볼 수 있듯이—나사렛 예수를 점점 더 하나님과 동일시하고, 그래서 유일한 하나님에 대한 신앙을 위태롭게 만드는 것처럼 비쳐졌다.

둘째, 율법 이해도 달라졌다. 우리는 이에 관해 더 많이 듣게 될 것이다. 기원후 2세기에 신정神政 패러다임이 랍비 패러다임으로 바뀐 이후에 사람들은 일상생활에서 할라카halakhah(토라의 율법 부분)와 계명(미츠보트mizvot)을 매우 정확히 지키고 편찬하는 것을 점점 더 중요하게 생각했다. 회당과 토라 학교에서 바리새인 집단의 사람들은 단지 토라만이 아니라 미쉬나와 탈무드, 조상들의 전승, '구두' 전승, 곧 모든 율법, 모든 할라카도 엄격하게 지킬 것을 더 많이 요구했다.

그러나 예수를 따랐던 유대인, 곧 **유대인-기독교인들**은 제의적이고 의식적인 계명보다는 윤리적인 계명을 더 중요하게 생각했다. 특히 디아스포라 출신으로 헬레니즘을 선호한 유대인-기독교인들은 예수의 정신 안에서 토라의 중심적·윤리적 설명에 초점을 맞춰 가르치기 시작했다. 그들의 이상은 율법적으로 의롭게 되는 것이 아니라, 산상설교의 정신 안에서 구체적이고 철저하게 표현된 가장 탁월한 계명인 사랑을 실천하는 것이었다.

이방인-기독교인들은 마침내 유대교의 제의와 율법을 더는 지켜야 할 필요가 없다고 생각했다. 실천적 측면에서 그들은 할례를 더는 강요하지 않았고, 제의적인 할라카를 지킬 것을 더는 강제하지 않았다. 기독교인이 되기 위해 그들은 먼저 유대인이 될 필요가 없었다. 이제 기독교인의 정체성과 하나님과의 일치를 나타내는 표시는 할례가 아니라 신앙과 세례가 되었다. 할례는 유대인에게는 정체성의 표시였지만 그리스인과 로마인에게는 혐오감을 주는 것이다. 이제 구원을 결정하는 것은 율법 준수가 아니라 그리스도를 믿고 따르는 것이다.

셋째, 하나님의 백성 이해가 달라졌다. 물론 유대교는 유대교 밖에도 구원이 있다고 생각한다. 의로운 이방인도 그의 의로운 행위 때문에 영원한 구원에 이를 수 있다(유대교가 주장하는 구원의 보편성은 이미 첫 번째 장에서 설명했다). 그러나 그와 동시에 유대교인은 하나님의 백성에 속하는 것과 이스라엘 민족에 속하는 것이 동일한 것이라고 주장한다(유대 민족의 배타주의). 유대 민족은 개별 유대인보다 앞선다. 특히 국가의 독립성을 상실한 후(기원후 70년)부터 유대인은 선택된 민족의 내면적·정신적인 통일성을 강조했다.[20] 유대인은 어머니를 통해 선택된 이 민족 안으로 태어나거나, 진정한 개종을 통해 이 민족의 일원이 될 수 있다.

비록 그리스어를 쓰는 유대인-기독교인은 성전과 율법을 아람어를 쓰는 유대인-기독교인보다는 덜 중요하게 생각했지만, **유대인-기독교인**들은 여전히 이스라엘 민족에 완전히 속해 있다고 느꼈다.

그러나 처음부터 선택된 민족에 속해 있지 않았지만, 기독교인이 되기 위해 할례를 받을 필요가 없는 **이방인-기독교인**들이 이제 점점 늘어났다. 그래서 하나님의 백성 개념도 당연히 새롭게 해석되어야 했다. 하나님의 백성이 되는 결정적인 조건은 이제 혈통이 아니라 예수 그리스도에 대한 신앙이다. 이를 위해 처음에는 유대교적인 입회예식이었던 세례가 시행되었지만, 세례는 이제 예수 그리스도의 이름으로 시행되었다. 대다수 유대인들이 그리스도를 믿는 것을 거부했기 때문에 "새 언약", "아브라함의 참된 자녀들의 새로운 하나님의 백성" 사상이 곳곳에서 강조되었다. 그리고 유대-로마 전쟁과 성전의 파괴로 예루살렘 교회가 피신한 뒤에는 성전에서 함께 예배를 드리는 것이 불가능해졌고, 서로가 완전히 흩어져 살아갈 수밖에 없었다.[21] 그 이후부터 지적인 논쟁은 마침내—결국에는 쓸데없고 지루할 때까지—성서의 약속이 예수 안에서 성취되었는지 여부를 증명하려고 문헌을 끝없이 제시하는 싸움으로 좁혀졌다.

이 폭넓은 유산 상속의 과정, 특히 '하나님의 백성'이라는 개념을 새로운 내용으로 채우는 과정은 1500년의 역사 속에서 일찍부터 유대교인과 기독교인의 관계가 심하게 손상된 이유를 다른 어떤 것보다 더 잘 이해할 수 있게 해준다. 그러나 양자의 관계가 항상 이런 상황으로 머물러야 하겠는가? 오늘날 유대교 쪽에서 다음과 같은 점을 강조하고 있는 것은 희망의 징조다. 즉 기독교와 유대교 두 종교 중에 그 어떤 것도 오늘날 다른 것이 없이는 완전히 이해될 수 없다는 것이다. 이 둘은 **"리브가의 쌍둥이"**처럼 서로 속해 있다. 이러한 제목 아래 유대교 학자 **알란 세갈**은 의도적으로 다음과 같이 말했다. "창세기 25장 23절에 나오는 리브가의 쌍둥이 야곱과 에서에 관한 예언은 유대교와 기독교에서 (예컨대 미드라쉬 랍바와 롬 9:6-13에서) 하나님의 은혜를 경쟁적으로 요구하기 위해 이용되었다. 유대교와 기독교는 자신을 아브라함과 이삭에게 주어진 약속의 상속자로 생각한다. 그리고 이들은 실제로 두 번째 연방 이스라엘 국가-민족에서 태어난 형제와 같은 쌍둥이다. 형제들이 자주 그러하듯이 이들도 가족의 유산을 지키려고 다른 길을 선택했을 뿐만 아니라, 심지어 서로 대립하는 길을 선택했다. 이러한 차이가 매우 중요하기 때문에 오직 소수의 사람들만이 그들의 공통적인 근거를 평가하고, 그것으로부터 차이의 근거를 평가할 수 있었다. 비록 그들이 쌍둥이지만 누가 형이고 누가 동생인지를 판단하기란 어렵다. 왜냐하면 장자의 권리는 그들을 분리하는 문제 중 하나이기 때문이다. 이 둘은 이제 자신이 장자의 권리를 지닌 동생 야곱이라고 주장한다. 랍비 유대교는 자신이 이스라엘의 전승을 보존해왔다고 주장한다. 이스라엘은 야곱이 하나님과 싸운 뒤에 얻게 된 새로운 이름이었다. 기독교는 자신이 이스라엘 예언자들의 의도를 보존하고 있는 새로운 이스라엘이라고 주장한다. 두 종교의 상당한 유사성 때문에, 그리고 많은 차이점에도 불구하고 두 주장은 사실이다. 덧붙인다면 그 어떤 종교도 다른 종교와 분리된 상태에서 완전히 이해될 수 없다. 다른 종교에게 진리를 보여주려면, 각자 증언이 필요하다."[22]

물론 모든 종교의 독특성을 진지하게 여기는 것도 필요하다. 기독교의 독특성이 예수 그리스도를 '하나님의 아들'이라고 고백하는 것이라면, 유대교의 독특성은 오직 이스라엘만이 '하나님의 백성'이라고 믿는 것이다. 하나님의 백성(땅)·하나님의 아들(메시아)·하나님의 말씀(성서), 이 세 가지 핵심개념은—우리가 이 책의 서두에서 이미 보았듯이—셈족에서 기원한 예언자 종교(유대교와 기독교와 이슬람교)의 통일성과 차이점을 설명한다. 통일성은 동일한 하나님에 대한 신앙에 근거한다. 그리고 차이점은 그 하나님 신앙을 새롭게 보는 법을 가르치는, 서로 다른 중심적인 구원 사건 신앙에 근거한다. 그렇기 때문에 수백 년 동안 매우 은밀하게 서로를 적대시해온 예언자 종교의 싸움은 올바른 하나님 이해에 관한 서로 다른 날카로운 주장 속에서 항상 정점에 도달했다. 그래서 이 싸움은 항상 경멸과 억압과 연결되었다. 두 종교가 배타성과 공격성과 비관용을 항상 거듭 '강하게 드러낸' 것은 아마도 유일신론 때문일 것이다.

기독교의 입장에서는 고대 교회의 공의회가 정의한 하나님의 아들과 성육신, 삼위일체에 관한 기독론적 주장이 유대교와의 대화를 항상 부담스럽게 만든다. 만약 우리가 기독교 신학자로서 진지하게 유대교의 대화 상대자가 되기를 원한다면, 바로 이 이론적 주장과 관련하여 유대교가 제기하는 질문을 회피할 수 없을 것이다. 그렇기 때문에 이 큰 단락의 마지막에서—어려움을 충분히 알고 있지만—이 과제를 다루어보려고 한다. 그러나 기독교의 어려운 교리를 대화에 어떻게 '포함시킬' 수 있는지에 대해 나는 독자들에게 정보를 정직하게 제공할 의무가 있다고 믿는다. 물론 이를 통해 나는 기독교 신앙의 정체성을 여전히 지켜나가겠지만, 종교 간의 대화와 일치를 위해 최대한 열린 자세를 보일 것이다.

VI. 유대교의 빛 안에서 이루어진 기독교의 자기비판

다비드 플루서가 주장하듯이, 유대교인과 기독교인이 서로를 가장 쉽게 만나고 서로에게 배울 수 있는 영역은 기독론이 아니라 바로 예수의 가르침이다. 복음서의 예수에 관심을 기울이는 기독교 내의 많은 흐름을 잘 알고 있는 그는 다음과 같이 덧붙였다. "비록 이런 설명은 유익하고 기독교인의 신앙을 강화할 수 있겠지만, 많은 기독교인에게 이러한 설명은 기독교의 중요한 경험과 관심을 직접 불러일으키지 못한다. '역사적', 유대적 예수에 관한 지식은 단지 그들의 신앙의 핵심, 곧 기독교의 초역사적인 드라마를 위한 피할 수 없는 테두리에 불과하다."[1] 여기서 플루서가 말하는 기독교의 초역사적 드라마란 하나님 곁에 선재하는 그리스도, 그의 성육신과 십자가의 속죄 죽음, 그의 부활, 그의 아버지에게로의 귀환과 재림을 의미한다.

특히 그리스도의 선재와 성육신과 삼위일체는 '기독교의 중심교리'로 여겨진다. 고트홀트 에프라임 레싱Gotthold Ephraim Lessing이 '예수의 종교'와 '기독교인의 종교'를 구분하고, 마르틴 부버도 '예수의 신앙'과 '예수에 대한 신앙'을 구분하며, 많은 유대인이 "예수의 신앙은 우리를 하나가 되게 하지만, 예수에 대한 신앙은 우리를 갈라놓는다"라는 구호로 대화를 시작한 이후부터 우리는 기독교 교의학의 이러한 질문을 회피할 수 없다.

1. 기독교의 자기비판

그러나 다른 예언자적인 종교와 함께 믿음직스럽게 평화의 길로 나아가려면, 기독교인의 철저한 자기비판이—물론 신약성서에 근거하여—반드시 수반되어야 한다. 이러한 자기비판의 기쁜 징조를 우리는 교회 안에서도 발견할 수 있다.

우리는 1980년에 개최된 독일 가톨릭 주교회의의 주장을 기억한다. "'하나님과 본질적으로 동일한 아들'과 같은 기독교의 특별한 신앙 명제를 유대교인은 철저히 비유대교적인 것으로 생각한다. 왜냐하면 그것은 엄격한 유일신론과 완전히 모순되기 때문이다." 이미 1974년에 발표된 공의회 선언 〈우리의 입장 제4항*nostra aetate* no. 4〉[2]을 마무리하기 위해 작성된 지침서는 바로 성육신의 문제를 이해하려고 노력했다. "유대교인들은 하나님의 초월성이라는 지고하고 순수한 개념에 영향을 받아왔기 때문에 성육신의 신비를 이해하기 어렵다고 느낀다. 이와 마찬가지로 그들(가톨릭교인들)은 유대교인들의 정신적인 어려움을 이해하려고 노력할 것이다." 그리고 최근의 개신교 문서 〈루터교와 유대교의 만남을 위한 유럽선언〉(1990)[3]은 다음과 같이 강조했다. 기독교인과 유대교인의 관계는 "우리가 공동으로 지니고 있는 거룩한 구약성서에서 전승되어온 유일한 하나님과 그분의 언약의 신실성에 대한 증언에" 기초해 있다.[4] 물론 이 문서는 삼위일체 신앙 문제는 다루지 않았지만, 다음과 같은 원칙적인 요구를 제시했다. "우리의 만남을 위한 필수적인 전제는 기독교인들이 유대교인들의 증언에 귀를 기울이고, 그들의 신앙과 삶의 경험을 배우며, 이를 통해 성서적 전승의 새로운 측면을 인정하려는 마음가짐을 가지는 것이다."[5]

바로 이런 점에서 우리는 예컨대 '기독교적 유대교 신학' 같은 목표를 추구하는 모든 노력을 강력히 후원할 수 있다. 유대교 전통을 가장 잘 아는 기독교 학자 **클레멘스 토마**Clemens Thoma는 "교회를 위한 유대교의 근원적 역할, 모순적 역할과 동반적 역할을 진지하게 인정하고 해석하려고"[6] 노력한다. 이 신학은 교회에게 "교회비판적 신학을 의미한다. 왜냐하면 그것은 기독교에 들어 있는 유대교 유산과 유대교에 살아 있는 기독교 유산을 교회에게 상기시키고, 어제와 오늘도 피상적이고 당황스럽고 혼란스러운 사건이 일어나는 것은 이런 유산을 존중하지 않은 결과임을 지적하기 때문이다."[7]

기독교인이 삼위일체론을 위해 사용하는 하나님 안의 **구분**(세 위격이지만, 한 본성)을 유대교인과 무슬림은 전혀 이해할 수 없었다는 사실은 이제 비밀이 아니다. 그들은 질문한다. 만약 우리가 하나의 신성, 하나의 신적인 본성을 인정하면서 그와 동시에 영원 전부터 둘째 위격이 존재한다고 인정하고, 심지어 하나님 안에 세 위격이 존재한다고 인정한다면, 아브라함이 대변하고 모세와 예수가 단호히 고수한 한-하나님-신앙은 도대체 왜 포기하지 않는가?

수 세기 동안 그러했듯이, 이렇게 질문하는 유대교인이 단순히 "무지하다"거나 "완고하다"고 가정하는 것은 기독교인이 자신의 문제를 간과한다는 꼴이 된다.[8] 왜냐하면 늦어도 계몽주의 시대 이래, 그리고 역사비판적인 교리사 서술을 추종한 역사비판적인 주석이 시작된 이래 비판적 기독교인들도 이러한 질문을 던졌기 때문이다. 유대교인과 무슬림만이 아니라 비판적인 기독교인들도 역사 속에서 하나님을 설명하기 위해 사용했던, 시리아어와 그리스어와 라틴어에서 생겨난 개념들이 오늘날에는 문제를 해명하기보다는 오히려 잘못된 방향으로 인도한다는 사실을 알고 있다. 고전적인 삼위일체론에서 표현되고 있듯이, 기독교 신론은 엄청나게 복잡해졌다. 그것은 세 가지 본성과 위격과 실체, 두 가지 과정이나 기원, 그리고 네 가지 관계를 복잡하게 설명하는 개념의 유희다. 아우구스티누스 이래 기독교 신학자들은 바울이나 요한에게는 아주 단순했던 모든 것을 고도의 변증법을 통해 설명하려고 수백 쪽의 분량을 사용했다.

이미 유대교인들은 기독교 신학자들이 듣기 싫어하고 대답하기 원치 않는 질문을 항상 던져왔다. 한 분 하나님을 바라볼 때, 변증법적이고 신학적인 모든 인위적 개념은 무엇을 위해 필요한가? 무슨 목적으로, 그리고 무슨 권리로 절대로 한 분이고 유일한 하나님 안에 본성과 위격을 구분하는가?

신약성서에서도 하나님은 이렇거나 저런 분이 아니라, 절대적으로 유일한 존재가 아닌가? 하나님 안에 아버지와 아들과 성령을 실제로 구분하면서, 하나님의 실제적인 단일성을 폐기하지 않는 이유가 무엇인가? 다르게 말하면, '아버지' 하나님과 하나님의 '본성'을 논리적으로 구분하면서, 실제로는 하나의 참된 토대를 주장하는 이유가 무엇인가? 이것은 신약성서의 메시지인가? 단일성과 유일성의 개념을 단지 흐릴 뿐이거나 폐기할 수도 있는 것을 단일성과 유일성에 덧붙이는 이유는 도대체 무엇인가?

이런 맥락에서 유대교의 대화 상대자가 당연히 알기를 원하는 것이 있다. 기독교에서 교리의 복잡한 발전이 일어난 이유는 무엇인가? 그렇지만 유대교를 다루는 이 책에서 나는 **기독교 교리의 역사**, 곧 신약성서 시대 이후부터 형이상학적인 아들 신분, 성육신과 삼위일체 이론이 형성되었던 과정을 자세히 설명하고 싶지는 **않다**. 이 책 다음에 나올 기독교에 대한 연구에서 나는 기독교 교리의 발전을 헬레니즘-고대 교회 패러다임의 맥락에서 평가할 것이다. 여기서 나는—이전의 저서[9]와 우리 연구소가 새로이 수집한 자료[10]에 근거하여—유대교인들이 최소한 '기독교의 중심교리'를 처음부터 완전히 불합리하고 신성모독적인 것으로 생각하지 않도록 신약성서에서, 기독교의 원래의 메시지에서 '기독교의 중심교리'가 발전한 과정을 짧게나마 설명하고 싶다. 중요한 것은 다른 종교의 형제자매들과의 대화에서 잘못된 대립 구도를 만들지 않는 것이다.

그리고 여기서 기독교인이 유독 유일신 신앙의 수호자인 유대교인에게만 "철저히 비유대교적인 것", 곧 "엄격한 유일신론과 완전히 모순되는 것"을 요구하는 것은 불합리한 일이 될 것이다. 기독교인도 자신의 유대인 스승에게 유일한 하나님에 대한 신앙을 물려받지 않았는가? 오직 기독교인이 자신의 유대교적인 기원을 되돌아볼 때, '유대인의 영혼'을 잘 '이해할' 수 있을 것이고, '유대인의 증언'을 효과적으로 경청할 수 있을 것이다. 그래서 우리는 클레멘스 토마처럼 '기독교적 유대교 신학'을 다른 방식으로 정의하게 된다. "이것은 예수 그리스도와 그의 최초의 제자들 그리고 복음서 기자들이 유대인이었고 유대교적 환경에서 살았다는 사실이 기독교에게 어떤 의미를 주는지를 보여주고 설명하려는 기독교 신학의 시도다."[11]

그렇기 때문에 우리는—신학의 중심에서 유대교인과 기독교인의 더 나은 상호 이해를 위해 잠시 고민하면서—하나님의 아들 신분, 성육신과 삼위일체론을 유대교의 원래적인 기원으로부터 자기비판적으로 새롭게 생각해보기를 원한다. 그래서 다음과 같을 질문을 먼저 던지고 싶다.

2. 하나님에게 한 아들이 있다는 말은 무슨 뜻인가?

종종 유대교인조차도, 물론 무슬림도과 기독교인도 자주 다음과 같은 사실을 잘 알지 못한다. **유대교**에서 히브리 성서의 '아버지'라는 단어는 하나님을 지칭하기 위해 사용되었고,[12] 하나님의 '아들'이라는 단어는 인간과 이스라엘 백성[13]을 지칭하기 위해 사용되었다. 이스라엘 백성은 "하나님의 자녀들"[14] 또는 "살아 계신 하나님의 아들"[15]이라고 칭해졌고, 특히 이스라엘의 왕은 하나님의 "아들"[16]이라고 칭해졌다.

이제 우리는 질문하게 된다. 유대인 **나사렛 예수**는 자신을 하나님의 아들이라고 칭했는가? 여기서 먼저 기억해야 할 것이 있다. 유대교가 대개 그랬듯이 나사렛 예수 자신도 분명히 공식적인 언어와 교리에 고정되어 있지 않았다. 단지 공관복음서만을 읽어보아도 우리는 이 사실을 확인할 수 있다. 예수는 그리스 철학자나 신비주의자처럼 심원한 사변을 전개하지 않았고, 랍비처럼 학자들의 할라카적인 결의론도 주장하지 않았다. 일반적으로 이해되고 알아듣기 쉬운 격언, 짧은 이야기, 모든 사람이 알고 있고 꾸미지 않은 일상적인 비유를 통해 그가 자신의 선포의 중심에 둔 것은 자기 자신의 인격이나 역할, 지위가 아니라 하나님이었다. "**하나님**의 나라가 오게 하시고, **하나님**의 이름이 거룩히 여김을 받게 하시며, **하나님**의 뜻이 이루어지게 하소서." 인간은 자신의 이웃을 섬김으로써 하나님의 뜻을 이루어야 한다. 예수는 알지 못하는 비밀스런 계시나 심원한 우의적 해석을 말하지 않았다. 예수는 참된 신앙, 정통적인 신앙고백, 할라카의 준수 여부를 아무에게도 묻지 않았다. 예수가 기대한 것은 이론적인 반성이 아니라 긴급한 실천적 결단이었다. 예수는 자신을 뒤따르고 사랑을 철저히 실천할 것을 기대했다.

하나님에 관한 예수의 이러한 선포는 분명히 유대교인들에게 처음부터 수용될 수 없는 것은 아니었다. 여하튼 그것은 '철저히 비유대교적인' 것이 아니었다. 그러나 하나님의 나라를 선포한 예수가 하나님의 아들이라고 칭해지고, 많은 사람에게서 심지어 하나님이라고 칭해지고 있다는 사실을 우리는 유대교인들에게 어떻게 이해시켜야 하는가? 이런 상황에서 다음과 같은 사실은 놀라운 일인가? 예수는 후대의 신학이 말하는 방식으로 말하지 않았다. 그리고 예수는 위대한 '비밀', 곧 "하나님이 한 분이고 한 본성이지만 세 위격 안에 있고, 나는 인간의 두 번째 본성을 취한 하나님의 두 번째 위격이다"라고 선포하지 않았다.

그렇지만 거꾸로 다음과 같은 건설적인 질문이 떠오른다. 신약성서는 예수 자신이 하나님과 어떤 관계를 맺고 있다고 말하는가? 이것은 **원래** 기독론적인 (그리고 애초부터 삼위일체론적인) 질문이다.

자료에 따르면 다음과 같은 세 가지 사실은 의심할 여지가 없다.

— 예수는 궁극적으로 설명할 수 없는 하나님 경험, 하나님의 현존, 하나님 확신으로, 자신의 아버지인 하나님과의 일치로부터 말하고 기도했고, 싸우고 고난을 받았다.

— 그러나 예수는 자신을 위해 하나님의 아들이라는 칭호를 사용하지 않았다(오늘날 유대교와 기독교 두 진영의 역사비평적 주석은 모두 이 점에 일치한다).

— 그렇지만 **그의 주장은 실제로 한 예언자의 주장을 넘어섰다**(유대교인과 기독교인의 논쟁은 여기서 시작된다). 왜냐하면 예수는 지배적인 가르침과 실천, 지배자들의 가르침과 실천에 맞설 정도로 자신을 위해 하나님의 권위를 주장했기 때문이다. 여기 예수 안에서—사람들은 이를 긍정적으로나 부정적으로 평가했다—실제로 '모세보다 큰 자', 예언자들보다 큰 자가 등장했다. 실제로 그는 절대화된 성전과 율법, 공허한 전통과 규정에 문제를 제기했고 깨끗하고 더러운 것, 의롭고 불의한 것의 구분을 비판했다. 그리고 예수는 단지 '과거'와 '미래'만을 위해서가 아니라 (종말의 지평 안에서) '오늘'과 '지금'을 위해 이 모든 것을 선포했다.

그의 치욕스러운 죽음에도 불구하고 예수 운동이 일어났고, 사람들은 예수를 하나님의 아들로 믿는 일이 벌어졌다. 이것을 우리는 어떻게 설명할 수 있는가? 그가 죽은 **이후에**, 다시 말하면 부활 경험에 근거하여 예수가 하나님의 영원한 생명 안으로 받아들여졌고, 하나님을 통해 자신의 '아버지' 하나님에게 '높이 올려졌다'는 사실을 사람들이 믿게 되었을 때, **신앙 공동체가 '아들'이나 '하나님의 아들'이라는 칭호를 예수를 가리켜 사용하기 시작했다**. 그 이유는 무엇인가? 아마도 오늘날의 유대교인들도 이를 충분히 알 수 있을 것이다.

— 첫째, 하나님을 거리낌 없이 자신의 '아버지'라고 불렀던 예수가 자신을 따르는 추종자들에게 분명히 '아들'이라고 불리게 된 것은 그를 따랐던 유대인들에게 사실적인 근거와 내적인 논리가 있었다. 이 하나님에 대한 선포는 분명히 예수의 위격과 긴밀하게 연결되어 있었다. 그들은 이 '아버지'를

그의 '아들'이 없이 모실 수 없었다. 이스라엘의 왕이 아니라 메시아인 그가 하나님의 아들이었다.

— 둘째, 유대교인들은 하나님에게 높이 들린 것을 이스라엘 왕의 대관식과 비슷하게 생각할 수 있었다. 유대교 전통에 따르면 이스라엘 왕은 즉위하는 그 순간에 '하나님의 아들'로 임명되었다. 이처럼 십자가에 못 박혔던 자는 그의 부활과 높이 들림을 통해 하나님의 아들로 임명되었다. 시편 2편은 "너는 내 아들이라 오늘 내가 너를 낳았도다"[17]라는 문장과 함께 왕이 임명되는 의식을 전해준다. 여기서 '낳았다'는 말은 '높이 들렸다'는 말과 동의어다. 신약성서는 그리스인들이 신의 아들의 속성으로 여긴 육체적·성적인 (또는 육체를 넘어서는) 출생에 관해서는 전혀 언급하지 않는다!

그렇기 때문에 로마서 서문에 나오는 (아마도 이미 바울 이전에 형성된) 가장 오래된 신앙고백 중의 하나는 다음과 같이 말한다. 예수 그리스도는 "죽은 자들 가운데서 부활한 후에 능력으로 하나님의 아들로 인정되었다." 그래서 사도행전에도 이 제왕시편(2편)이 수용되었고, 예수에게 적용될 수 있었다. "그가(하나님이) 나에게(시 2:7에서는 왕에게, 기름 부음을 받은 자에게, 그러나 행 13:33에서는 예수에게) 말했다. '너는 내 아들이라 오늘 내가 너를 낳았도다.'" 왜 이 모든 일이 일어날 수 있는가? 신약성서도 여기서 유대인처럼 생각했기 때문이다. 너는 왕으로 "태어났고", 기름 부음을 받은 자(=메시아, 그리스도)로 "태어났고", 대리자와 아들로 "태어났다." 사도행전에서 "오늘"은 분명히 성탄절이 아니라 부활절을 의미하며, '성육신' 축제가 아니라 예수의 부활과 승천 축제를 의미한다. 같은 의미에서 신약성서는 예수가 하나님의 '아들'임을 증명하기 위해 시편 110편 1절에 나오는 제사장적인 왕을 하나님에게 높이 들린 예수에게 적용했다.[18] "여호와께서 내 주에게 말씀하시기를… 너는 내 오른쪽에 앉아 있어라 하셨도다." 신약성서에서 높이 들린 예수와 하나님 자신의 "통치의 교제"(마르틴 헹엘)에 관한 히브리 성서의 이 문장보다 더 자주 인용된 문장은 없다.

그렇다면 무엇이 본래 유대교적인 것이며, 신약성서에서 하나님의 아들은 무엇을 의미하는가? 그것은 분명히 혈통을 의미하는 것이 아니라, **히브리 성서적·구약성서적 의미**에서 법적인 자리와 권력의 자리에 임명되었다는 것을 뜻한다. 유대인이 오늘날까지 자주 생각하고 있고 정당하게 비판하듯이, 이것은 하나님의 육체적인 아들을 의미하는 것이 아니라 히브리 성서의 완전한 의미에 따라서 하나님이 예수를 **선택하고 그에게 전권을 위임했다는 것**을 뜻한다. 유대교의 한-하나님-신앙은 이러한 하나님 아들 이해를 원칙적으로 비판할 수 없다. 초대 유대인-기독교인 공동체도 이런 신앙을 철저히 대변하고 있었다. 오늘날 유대교적 유일신론도 이를 원칙적으로 전혀 비판하고 있지 않는 듯하다.

그러나 상황은 여기서 멈추지 않았다. 유대인 나사렛 예수에 관한 유대교인과 기독교인 간의 근원적 논쟁은 그 후에 새로운 국면에 접어들었다. 이방인 **기독교-헬레니즘 패러다임** 속에서 기독교인들이 하나님의 아들 예수를 교리적으로 하나님 자신과 완전히 동등한 존재로 믿게 되었고, 그를 공식적으로 예배하게 된 것이다. 325년에 개최된 니케아 공의회는 예수 그리스도를 "아버지와 본질적으로 동일한 존재"로 정의함으로써 헬라 사상의 범주 안에서 기독론을 교리로 만들었고, 4세기 말에는 새로운 니케아 신조가 "하나님이 세 위격 안에 존재한다"고 고백함으로써 삼위일체론을 개념적으로 풀이했다. 유대교인은 (그리고 350년 후에는 무슬림도) 이를 첫 번째 계명("한 분 하나님 외에는 다른 신을 두지 말라")에 대한 명백한 위반으로 생각했다. 아람어를 말하던 예루살렘의 유대인-기독교인 공동체는 이런 교리를 이해할 수 있었는가?

동방으로 넘어갔던 **유대인-기독교인들**은 **이미 1세기 이후부터** 서방 헬레니즘의 사변과 로마 제국의 조직에 대항하는 **교정자의 역할을 전혀 수행하지 못했다.** 예루살렘이 완전히 파괴되고(135) 팔레스타인에서 추방된 이후에 유대 민족은 적어도 서방에서는 별로 중요하지 않은 집단으로 추락했다. 그러나 오랫동안 박해를 받아왔던 이방인 교회는 3세기에 점점 더 강해졌고, 4세기 초기에는 콘스탄티누스 황제의 전환과 함께 강력한 제국교회로 부상했다. 그러자 이방인 교회는 매우 쉽게 자신을 이스라엘의 약속을 물려받은, 유일하게 적법한 하나님의 백성으로 생각하게 되었다. 그러나 어려운 기독론의 문제에서 상호이해의 길을 터놓기 위해 한 가지 질문을 간단히 던져보려고 한다. 이 질문은 두 번째 책 《그리스도교》*에서 교리사의 관점으로 자세히 다룰 예정이다.

3. 성육신이 의미하는 것은 무엇인가?

유대교에서도 **하나님의 말씀**은 하나님과 인간의 중보자로 여겨진다. 근대 최초의 유대교 조직신학자 카우프만 콜러Kaufmann Kohler도 이미 하나님의 창조적인 말씀을 통한 세계 창조를 다음과 같은 설명했다. "말씀은 … 세계 정신과 보이는 세계질서의 중재자로 활동했고 지금도 활동하고 있는, 최초로 창조된 심부름꾼으로 … 등장한다. 까마득한 옛날에 인간과 이스라엘에게 가르침의 전달자로서 하나님을 계시할 때, 하나님의 말씀은 보이는 창조세계의 영역에서 하나님을 계시할 때보다 더 의미심장하게 영적·윤리적 세계질서의 중보자가 되었다. 따라서 **말씀**(히브리어: 마아마르ma-amar, 아람

* 한스 큉의 《그리스도교》(*Das Christentum*, 1994)는 2014년에 분도출판사에서 이종한의 번역으로 출간됐다. 또한 3부작 중 마지막 책인 《이슬람》(*Der Islam*, 2004)은 2012년 시와진실에서 손성현의 번역으로 출간됐다.

어: 메므라Memra, 그리스어: 로고스Logos)은 가장 오래된 하가다에서 오랫동안 셰키나Shekinah(하나님의 임재)로 일컬어졌을 뿐만 아니라, 하나님의 계시의 매개자나 중보자라고도 불렸다."[19]

그러나 특히 그리스도가 육신이 된 말씀이라고 선포된 이후로 유대교 신학에서 이런 생각은 퇴조하고 말았다. 콜러에 따르면 "알렉산드리아의 필로 이래 헬라 철학자들은 플라톤과 스토아 철학의 영향 아래 하나님의 말씀에, 또는 '최초로 창조된 하나님의 아들'인 로고스에 위격적인 성격을 부여했다. 그리하여 말씀은 일종의 하나님의 대리자로 높여졌고, 그때부터 하나님의 경쟁자로까지 점점 더 격상되었다. 이런 일은 교회 쪽에서 일어났는데, 그리스도 안에서 육신이 된 말씀이 하나님의 대리자로까지 높여진 것은 단지 작은 진전에 불과했다."[20]

유대교 또한 무한한 하나님이 인간에게 매우 가까이 존재할 수 있고, 인간도 무한한 하나님에게 가까이 존재할 수 있다고 생각했다. 지고한 하나님은 인간을 굽어살피고, 하강하여 인간과 함께하며, 인간과 동행할 수 있다. 이사야서는 "내가 높고 거룩한 곳에 있으며 또한 통회하고 마음이 겸손한 자와 함께 있다"고 말한다.[21] 그렇지만 이스라엘의 하나님은 가장 어두운 시간에도 그의 백성에게 은혜롭고 자비로운 **이스라엘의** 하나님인가? "우리 하나님 여호와께서 우리가 그에게 기도할 때마다 우리에게 가까이 하심과 같이 그 신이 가까이 함을 얻은 큰 나라가 어디 있느냐?"[22]

그러나 비록 하나님과 인간이 서로에게 매우 가까이 존재하더라도, 하나님과 인간은 항상 **구분되어** 존재한다. 그렇기 때문에 인간 역사의 한 시기에 하나님이 인간이 되었다는 주장을 유대교인은 오늘날까지 신성모독으로 여긴다. 많은 유대교인들이 이런 주장에 동의할 수 없는 것은 하나님의 성육신 이론이 하나님의 백성에게 매우 '악한 열매'를 가져왔기 때문이다. 그러나 클레멘스 토마가 올바르게 지적했듯이, "만약 어떤 한 이론이 하나님의 백성인 유대인과 그들이 증언한 시나이 계시를 거부하거나 경멸한다면, 그 이론은 진실하고 현실적인 것이 될 수 없다고 유대인은 생각한다."[23] 유대교인이 성육신 이론을 반대하는 진정한 이유는 다음과 같다. 성육신과 함께—이미 광야에서 이스라엘 백성이 금송아지를 경배했듯이—창조된 것, 인간적인 것과 하나님을 "혼합하고 연결하고 병렬하는" 신성모독의 행위가 일어났다. 그리고 실제로 기독교인에게 이런 질문을 제기해야 한다. 인간 예수를 하나님처럼 예배함으로써 이와 비슷한 행위가 일어나지 않았는가?

아니다. 기독교인은 이러한 '혼합'을 주장하지 않으며, '하나님의 경쟁자'를 내세우지도 않는다. 그러나 내가 이미 지적했듯이 기독교가 헬레니즘 사상을 지닌 세계로 확산되면서, 그리고 기독교에서 최초로 묵시적-유대인 기독교 패러다임이 헬레니즘-이방인 기독교 패러다임으로 전환함으로써 예수는 하나님의 아들로서 **아버지와 동일한 존재**로 점점 더 높여졌다. 그 결과로 신학적인 어려움이 한층 커졌다. 왜냐하면 매우 복잡한 교리의 역사 속에서 아버지와 아들의 관계를 헬라적·자연적 범주로 정의하려고 시도하면 할수록, 하나님의 아들과 하나님을 구분하면서 동시에 둘의 일치를 설명하기가 더욱 어려워지기 때문이다.

아버지와 아들과 성령과의 관계는 시간이 흐를수록 더욱더 '신비한 이론'이 되었다. 여기서 단일單一과 다수多數의 모순은—정확히 본다면—**단지 말을 통해서만**, 단지 항상 새로운 개념의 구분(특히 본성과 위격)을 통해서만 극복되는 것 같다. 하나님은 한 본성이지만 세 위격 속에 있는가? 예수 그리스도는 하나의 신적인 위격과 두 가지 본성, 곧 신적인 본성과 인간적인 본성을 지니고 있는가? 이러한 신학적 구분 때문에 (이스라엘의) 하나님과 기름부음 받은 자와 메시아, 그리스도와 유대인 예수에 관한 복음을 유대인에게, 그리고 나중에는 무슬림에게도 확신 있게 전파하는 것이 점점 더

불가능하게 되었다는 사실은 전혀 놀랍지 않다. 따라서 유대교인이 (그리고 무슬림이) 회심하여 예수 그리스도를 신앙하는 일은 전혀 일어나지 않았다. 기독교 제국 안에서 유대교인은 종종 예수의 이름을 부르지 않으려고 안간힘을 썼다.

여기서 우리는 유대교인과 대화하다가 막다른 골목에 도달하지 않았는가? 반드시 그런 것은 아니다. 만약 우리가 교리의 역사에서 신약성서로 되돌아간다면, 하나님 안에서 세 위격이 한 신적인 본성과 어떤 관계를 맺고 있는지, 또는 그리스도 안에서 두 본성이 한 위격 안에서 어떤 관계를 맺고 있는지를 묻는 것은 결정적인 질문이 아니다. 오직 우리가 헬라적·자연적 범주에서 생각하려고 시도할 경우에만 이런 질문이 어느 정도 불가피할 뿐이다. 신약성서의 언어로 우리는 다음과 같이 물을 수 있다. 하나님과 예수, 아버지와 아들(과 성령)의 일치를 어떻게 생각해야 하고, 어떻게 고민해야 하는가? 하나님의 단일성과 유일성은 예수 그리스도의 위격의 동일성처럼 여전히 보존되어야 하는가?

신약성서는 하나님의 아들 "**파송**"[24]이나—하나님 아버지의 성육신이 아니라—하나님 말씀의 "성육신"[25]을 말한다! 우리는 이를 어떻게 이해해야 하는가? 많은 유대교인 신학자들처럼 카우프만 콜러가 생각하듯이, 이로 인해 이미 유대교와의 모든 대화의 길이 파괴되었는가? 칼-요셉 쿠셀Karl-Joseph Kuschel은 '선재先在 기독론'을 다룬 자신의 위대한 연구에서 다음과 같이 설득력 있는 주장을 내놓았다. 하나님의 아들 **파송**에 관한 **바울의 설명**은 신화적으로 이해된 천상의 존재로서 그리스도의 선재를 전제하는 것이 아니라, 오히려 예언자 전승의 맥락에서 매우 유대교적으로 이해될 수 있다. 다시 말하면, "(예언자 전승에서 기원한) '파송'이라는 은유는 예수의 위격과 활동이 역사 안에서 나오는 것이 아니라 완전히 하나님의 주도권에서 비롯한다는 확신을 표현한다."[26] 그는 가톨릭 주석가들의 주장에 힘입어 다음과 같이 말한다. 우리는 "바울의 서신에서 아들의 선재나 아버지와 아들의 본질적 동일성을 말하는 그 어떤 본문도 발견하지 못한다. 반면에 본질의 동일성을 받아들이는 것은 예수가 아버지의 형상이라는 생각과 모순된다."[27]

요한복음에 관해서도 비슷하게 말할 수 있다. 유대교 쪽에서 종종 이의를 제기하듯이, 이 복음서에는 "그리스도의 초역사적 드라마"가 언급되지 않는다.[28] 후기에 기록된 네 번째 복음서는 이렇게 말한다. "영생은 곧 유일하신 참 하나님과 그가 보내신 자 예수 그리스도를 아는 것이니이다."[29] 또는 "내가 내 아버지 곧 너희 아버지, 내 하나님 곧 너희 하나님께로 올라간다."[30] 여기서 하나님과 예수 그리스도는 분명히 구분되어 있다. 이 복음서도 유대교적인 뿌리에서 벗어난 사변적·형이상학적 기독론을 포함하고 있는 것이 아니라, 유대인 기독교의 세계와 연결된 파송과 계시의 기독론을 포함하고 있다. 물론 여기서는 비신화적으로 이해된 선재론이 강한 의미를 얻고 있다. "요한은 선재하는 그리스도의 형이상학적 본질과 존재에 대해 질문하지 않는다. 요한은 성육신 이전에 하나의 신적인 본성과 연결된, 선재하는 두 신적인 위격이 존재했다는 깨달음을 주지 않는다. 이런 표상 도식은 요한에게 생소한 것이다. '하나님 안의 출생'의 표상도 역시 그에게 생소한 것이다. '나와 아버지는 하나다.' '이 말은 하나님 안의 본질 관계에 관한 그 어떤 교리적·사변적 주장과는 전혀 상관이 없다.'"[31] 요한이 적극적으로 말하려 했던 것은 무엇인가? "전면에 나오는 것은 고백적 설명이다. 인간 나사렛 예수는 위격 안에 있는 하나님의 말씀이다. 그는 바로 죽을 인간으로서 하나님의 말씀이다. 그러나 그는 오직 자신의 말로 하나님의 말씀을, 자신의 실천으로 하나님의 행위를, 자신의 방법으로 하나님의 역사를, 자신의 십자가로 하나님의 고난을 기꺼이 신뢰하는 자들을 위해서만 하나님의 말씀이다."[32]

그렇지만 하나님 아들이 "**인간이 되었다**"는 말을 무슨 뜻인가? 분명히 이런 범주는 유대교인의 사고에서 생소하며 헬레니즘 세계에서 기원한다. 그렇지만 이것도 유대교적 맥락에서 올바로 이해될 수 있다. 만약 우리가 기독교인으로서 여기서 예수의 수태나 탄생의 '수치적 정확성'이나 '신비'에 집중한다면 모든 것이 잘못된다.[33] 유대인 예수의 역사적 맥락에서 그리스의 표상모델 '성육신'이 확실히 뿌리를 내렸다고 보아야 한다. 그렇다면 이미 지적했듯이, 성육신은 오직 **예수의 전체 생애와 죽음과 새로운 생명**으로부터만 올바로 이해된다. 왜냐하면 인간 예수는 자신의 **모든** 말과 선포 속에서, 그의 모든 행동과 운명 속에서, 그의 모든 인격 속에서 바로 하나님의 '경쟁자'로 활동한 것이 아니라, 하나님의 말씀과 뜻을 전파하고 실증하고 계시했기 때문이다. 그래서 우리는 다음과 같이 말할 수 있다. 이 인간 안에서 하나님의 말씀과 뜻이 인간의 형태를 취했다. 유대교적 맥락에서도 우리는 다음과 같이 말할 수 있다. 그는 인간의 형태 안에서 하나님의 '말씀'과 '뜻', '아들'이다. 요한의 증언에 따르면 인간 예수 안에서 말씀과 행위, 가르침과 생활, 존재와 행위는 완전히 하나가 되었다. 여기서 중요한 것은 예수와 하나님의 합일이다. 그러나 기독론을 확립한 공의회에 따르면 이것은 '혼합'과 '결합'이 아니라—신약성서에 따른—인식과 의지와 행동의 합일이다. 줄여서 말한다면, 이것은 예수를 통한 하나님의 계시의 합일이다.

4. 삼위일체 - 극복하기 어려운 장애물인가?

만약 **유대교 전통**이 유대교 신앙의 근본 진리를 언제나 흔들림 없이 붙들고 왔다면, 그것은 "셰마, 이스라엘"이다. "이스라엘아 들으라 우리 하나님 여호와는 오직 유일한 여호와시다!"[34] 이것은 수백 년 동안 항상 거듭 새롭게 해석되고 설명되었다. 예컨대 다른 유대인 조직신학자 **루이스 야콥스** Louis

Jacobs는 이렇게 설명한다.[35] 하나님의 단일성과 유일성에 대한 이 고백은 단지 모든 이원론만이 아니라 모든 삼위일체론도 엄격하게 거부한다는 것을 의미한다. 물론 중세기에 유대교 비판가들은 카발라주의자들이 삼위일체론에 기우는 경향을 지닌다고 비난했지만, 카발라주의자들은 이런 비난을 항상 강력히 거부했다. 유대교 순교자들은 삼위일체 신앙을 받아들이기보다는 차라리 생명을 바치기를 원했다.

그 후에 유대교인은 그 사이 기독교를 위협하는 세력이 된 **이슬람**의 엄격한 유일신론을 통해 매우 큰 용기를 얻게 되었다. 그리스도 신앙에 대한 이슬람의 승리는 유대교인에게도 기독교인의 세 하나님에 대한 아브라함의 한 하나님의 승리로 여겨졌다. 중세에 특히 스페인에서 전개되었던 논쟁에서 삼위일체론은 양쪽 진영에서 매우 중요한 역할을 했다. 여기서 기독교 진영의 사람들은 직접 신약성서로 논증하기보다는 종종 문제가 많고 거부되기 쉬운 유추로 논증했다.

거꾸로 지식이 많은 유대교인들도 **기독교**의 고전적 **전통**이 적어도 원칙적으로는 **하나님의 단일성**을 항상 고수해왔다는 사실을 당연히 알았고, 지금도 알고 있다. 기독교의 보편적인 이해에 따르면 아버지와 아들과 성령에 관한 발언이 어떠한 경우에도 (예컨대 인도의 브라만Brahman과 시바Shiva, 비슈누Vishnu 또는 이집트의 오시리스Osiris와 이시스Isis, 호루스Horus처럼) 두-하나님-이론이나 세-하나님-이론으로 변질되어서는 안 된다. 예수에게, 그리고 모든 시대의 기독교인들에게도 하나님은 언제나 유일한 존재였다. 게다가 히브리 성서를 철저히 따르자면 하나님 외에 다른 신은 영원히 존재하지 않는다! 늘 다시 번성하는 신학적 사변에도 불구하고—신약성서에 따르면—유일신론과 다신론 사이에 세 번째 신론이 존재할 수 없다. 1세기에 일어난 비정통적인 운동(군주론, 양태론)이 종종 주장했지만, 신약성서에 따르면 하나님과 예수 사이에 단순한 동일성도 존재하지 않는다. 아들은 아버지 하나님이 아니다. 거꾸로 아버지 하나님은 아들이 아니다. '아들'은 단지 하나님의 한 가지 이름(양태)이 아니다.

초월적인 하나님은 내재하지 않는가? 그렇다. 이것은 신성모독이 아니다. 이것은 전혀 비유대교적인 사상이 아니다. 유대교도 하나님의 오심과 낮춤을 알고 있다. 이것은 하나님의 참된 본질을 제거하지 않고 오히려 입증한다. 과거에도 계셨고 지금도 계시며 미래에도 계실 하나님의 현존과 임재와 활동은 랍비 유대교에서도 '**셰키나**Shekinah'를 통해 표현되고 있다. 그것은 단지 하나님의 '내주'만이 아니라 이 땅의 사람들 가운데서 나타나는 하나님의 '영광'('카보드kabod')과 '광채'('호드hod')도 의미한다. 그리고 하나님의 특별한 현존이 단지 지성소와 언약의 장막과 성전 안에서만 지속되지 않으며, 하나님이—심지어 유배지에 이르기까지—백성의 무리 가운데서도 내주할 수 있다고 이미 랍비들도 분명하게 말했다. "임-마누-엘Im-manu-el": "하나님이 우리와 함께 계신다!"

하나님의 현존, 셰키나가 성전 대신에 인간 개인에게도 나타나고, 그래서 하나님의 숨겨진 '영광'이 이를 신뢰하며 기다리는 자에게 나타날 수 없는 까닭이 있는가? 이 말은 유일한 하나님 안에서 일종의 분리와 분열과 혼란이 일어난다는 뜻이 아니다. 그러나 한 인간 안에서 유일한 하나님의 셰키나(현존)와 내주, 계시가 경험될 수 있다. 물론 이런 경험은 오직 신앙을 통해서만 일어날 수 있다. '육신' 안에 숨겨진 하나님의 지혜(로고스)는 오직 신앙하는 자에게만 계시된다. 요한복음의 서문은 "말씀이 육신이 되어 우리 가운데 거하시매 우리가 그의 영광을 보니 아버지의 독생자의 영광이요 은혜와 진리가 충만하더라"[36]라고 말한다. 바울의 전승도 "그 안에는 신성의 모든 충만이 육체로 거하시고"[37]라고 말한다.

2천 년 동안 기독교와 모든 교회가 공동으로 고백하는 다음과 같은 말은 오직 유대교적 지평에서만 올바로 이해될 수 있다. 단순히 거룩한 책이나 율법이 기독교에서 신앙의 근거와 중심이 아니다. 유대교와 이슬람교에서도 그러하듯이, 신앙의 근거와 중심은 **하나님 자신**('하나님 중심주의')이다. 그러나 하나님은—이미 최초의 유대인-기독교인들이 경험했다시피—**예수 그리스도**의 역사적 **인격** 속에서 자신을 드러냈고, 자신을 궁극적으로 계시했다(따라서 '하나님 중심주의'는 '그리스도 중심주의'를 통해 구체적으로 드러난다). 그리고—책이나 율법이 아니라—이 인격을 신뢰하는 것이야말로 기독교인의 하나님 이해와 인간 이해의 결정적인 척도가 되어야 한다.

나는 이로써 우리 기독교인이 우리의 대화 상대자인 유대교인(과 또한 무슬림)에게 무리한 요구를 하고 있다는 사실을 알고 있다. 내 견해만이 옳다고 주장하기보다는 하나님에 대한 신앙이 더욱 깊어질 수 있도록 이 시점에서 대화가 계속 진행되기를 원한다. 왜냐하면 다음과 같은 한 가지 사실은 유대교 대화 상대자도 처음부터 공통적 토대로 인정해야 하기 때문이다. 4세기의 새로운 니케아 신학 이후로 사람들이 생각해왔듯이, 신약성서에 따르면 **일치의 원리는** 하나님의 '본성'을 공유하고 있는 여러 실체가 아니라, **한 분 하나님**(**그** 하나님 ***ho*** *theos* = 그 아버지)이다. 그에게서 모든 것이 나오고 그에게로 모든 것이 돌아간다. 신약성서는 하나님 자신과 그의 가장 내적인 본성을 형이상학적·존재론적으로 설명하지 않으며, 정태적이고 스스로 존재하며 우리에게 자신을 계시하시는 삼위일체 하나님의 내적인 본질을 설명하지 않는다. 신약성서는 이 세상에서 예수 그리스도를 통해 이루어지는 **하나님의 계시** 방식을 구원론적·기독론적으로 설명한다. 신약성서는 하나님이 역사 속에서 어떻게 역동적·보편적으로 활동하는지를 설명하며, 하나님이 인간에게, 그리고 인간이 하나님에게 어떤 관계를 맺고 있는지 설명한다. 그렇다면 우리는 다음과 같이 질문하게 된다. 신약성서의 이런 전제 아래서 유대교적 지평 앞에서—모든 기독교 신학을 위한 시험 사례로—아버지와 아들과 성령에 대한 신앙이 유대교와 이슬람교와의 대화를 위해 어떻게 이해될 수 있고, 어떻게 설명되어야 하는가? 나의 책 《그리스도교》에서 설명할 내용을 여기서 간단히 요약해보겠다.

- 하나님 아버지를 믿는다는 것은 신약성서에 따르면 한 분 하나님을 믿는다는 것을 의미한다. 유대교와 기독교, 이슬람교는 한 분 하나님에 대한 이런 신앙을 공유한다.
- 성령을 믿는다는 것은 인간과 세상 안에서 일어나는 하나님의 활동적인 능력을 믿는다는 것을 의미한다. 유대교인과 기독교인, 무슬림은 하나님의 영에 대한 이런 신앙도 공유할 수 있다.
- 하나님의 아들을 믿는다는 것은 인간 나사렛 예수 안에서 일어난 한 분 하나님의 계시를 믿는다는 것을 의미한다. 세 예언자 종교는 이 결정적인 차이점을 두고 계속 대화해야 할 것이다.

5. 하나님은 자신의 아들을 희생시켜야 했는가?

기독교인들과 특히 기독교 신학자들은 예수의 죽음을 매우 자명하게 속죄의 죽음이며 하나님의 가장 높은 사랑으로 여긴다. "하나님이 세상을 이처럼 사랑하사 독생자를 주셨으니 이는 그를 믿는 자마다 멸망하지 않고 영생을 얻게 하려 하심이라."[38] 사람들은 이를 위해 다시금 요한복음의 이 문장을 즐거이 인용하지만, 깊은 성찰 끝에 인용한 것은 아니다.

전적으로 **유대교 전통** 위에 서 있는 핀카스 라피데Pinchas Lapide도 이에 대해 매우 비판적으로 말한다. "하나님이 자기 자신의 피조물과 화해하려고 인간의 희생을 요구하고, 하나님이 세계의 주로서 피 흘리는 희생이 없이는 그 어떤 인간도 의롭게 할 수 없다는 것은 유대교인에게 이해되지 않을 뿐만 아니라 성서와 모순된다."[39] 인간을 희생 제물로 바치는 것은 하나님이 혐오스럽게 생각하는 일이다. 그래서 그는 다음과 같이 질문한다. "자신의 아들의 가학적인 죽음의 고통에 동의할 수 있고, 심지어 순전히 이교적인 십자가 형틀의 고문을 받아들이기 위해 이런 참을 수 없는 고통을 야기하는 … 하나님은 어떠한 하나님인가? 바울이 주장하듯이 그것은 대리적인 속죄 행위인가? … 아우구스티누스가 설명하듯이 그것은 로마의 관습에 따라서 하나님의 진노를 누그러뜨리기 위한 행위인가? 오리겐이 해석했듯이 하나님과 사탄 사이에 일종의 거래를 함으로써 사탄에게 몸값을 지불한 행위인가? 또는 캔터베리의 안셀름이 자신의 만족이론에서 증명하려고 시도했듯이 그것은 봉건 시대의 보상과 채무 변제 행위인가?"[40]

우리는 **기독교 전통**의 관점에서 이에 대해 무엇이라고 말해야 하는가? 부분적으로는 이미 신약성서에 근거를 두고 있는 몇 가지 전통적 이론들은 여기서 **수정되어야** 한다. 본질적인 것을 말해보기로 하자. 예수의 죽음은 사람들에 의해 야기되었다. 부활절의 환희 속에서 예수의 죽음을 하나님의 결정과 구원의 뜻으로 해석함으로써 그것을 하나님의 행위로 만들어서는 안 된다. 하나님은 자신이 허용한 일이 일어나기를 분명히 원하지 않았고, 계산 끝에 그런 일을 주도하지도 않았다. 신약성서의 하나님은 바로 '구약성서'의 하나님과 동일한 분이다. 인간을 희생 제물로 바치는 것은 하나님에게 혐오스러운 것이다. 구약성서에서 하나님이 이삭의 희생을 거부한 것은 신약성서에서 자신의 아들에게서 그런 희생을 잔인하게 수행하기 위해서가 아니었다.

그러나 유대교인들의 이의 제기 때문에 기독교 신학이 이 문제를 다루었다는 인상을 피하려고 내가 이미 몇 년 전에 신약성서의 주석에 근거하여 이 문제에 대해 말했던 내용을 인용하고 싶다. "바로 **속죄 희생** 개념이 적어도 대중적인 생각에서는 종종 불쾌한 오해를 일으킨다는 사실을 부인할 수 있는가? 하나님은 오직 자신의 아들의 피를 통해서만 자신의 진노를 누그러뜨릴 수 있을 정도로 잔인하고 가학적인가? 무고한 자가 죄인을 위해 속죄양이 되고 죄인 대신에 매를 맞는 역할을 수행해야 하는가?"[41] 이 질문에 대한 대답으로 나는 다음과 같이 말했다.

1. 신약성서에 따르면 예수를 따랐던 최초의 유대인 제자들은 매우 어려운 문제에 직면했다. 예수의 고통스럽고 역겹고 **치욕적인 죽음**은—예수가 새로운 생명으로 부활하여 하나님 곁에 있다는 신앙의 빛 안에서—**어떻게** 이해되어야 하는가? 만약 그것이 불행한 사건이라면, 그것은 하나님과 무슨 관계에 있는가? 만약 그것이 구원의 사건이라면, 그 죽음이 일어난 이유는 무엇인가? 우리가 신약성서에서 보게 되는 것은 이 죽음을, 그리고 특히 모든 인간을 위한, '우리를 위한' 그의 죽음의 영속적인 의미와 긍정적인 결과를 이해해보려는 최초의 시도들이다. 공관복음서에서 속죄 희생의 표상은 기껏해야 주변적인 역할을 하고 있을 따름이다.

2. 신약성서와 교부들의 문헌에는 **예수의 죽음에 대한 절대적이고 규범적인 해석 모델**은 없다. 그 대신에 다양하고 다층적이고 중첩되는 해석들이 나온다. 법률적인 해석(예수의 죽음은 죄인을 의롭다고 선언하는 사건이다)도 있고, 제의적인 해석(대리, 희생 제물, 거룩하게 하는 것)도 있으며, 경제적인 해석(죗값의 지불)도 있고, 마지막으로는 심지어 군사적인 해석(악한 세력들과의 투쟁)도 있다.

3. **예수 자신**은 이로 인해 매우 **다양한 모습**으로 설명되었지만, 자신의 운명에 관해서는 최종적으로 동일한 변증법을 통해 설명되었다. 예수는 선생이었지만 비난을 받았다. 예언자였지만 인정을 받지 못했다. 증인이었지만

배신을 당했다. 심판자였지만 심판을 받았다. 대제사장이었지만 자기 자신을 희생 제물로 바쳤다. 왕이었지만 가시 면류관을 썼다. 승리자였지만 십자가에 못 박혔다.

4. 따라서 십자가 사건의 **결과도 다양하게 설명되었다**. 그것은 모범, 구원, 해방, 사죄, 정화, 성화, 화해, 칭의 사건이다.

우리는 다음과 같이 질문하게 된다. 예수 죽음의 구원 의미를 다양하게 설명하는 **모든** 개념과 표상이 **오늘날도 여전히 동일하게 이해되지 않는다**는 사실은 참으로 놀라운 일인가? 그 당시의 많은 사상 모델은 우리에게 생소한 것이 되었다. 어떤 모델은 곧바로 잘못 인도할 수도 있다.[42]

이제 신약성서에서 간과할 수 없는 점은 **예수 죽음**이 **인간의 행위**로 이해되고 있다는 사실이다. 유대인과 이방인은 모두 예수의 죽음에 책임이 있다. 그렇지만 역시 간과할 수 없는 점은 예수의 십자가 죽음이 하나님 자신과도 관계가 있다는 사실이다. 비록 하나님이 예수의 죽음을 원하거나 직접 주도하지 않았지만, 자신의 '유일한 아들'이 죽임을 당하는 것을 적어도 허용했다.

신약성서의 여러 본문이 예수의 십자가 죽음이 바로 **하나님의 행위**였고, 하나님이 허용했을 뿐만 아니라 소원하고 주도한 죽음이었으며, 참으로 죄를 제거하는 사건이었다고 말하는데, 이런 생각이 어떻게 가능한가? 신약성서의 이 두 번째 주장을 비판적으로 연구한 라이프치히 대학교의 주석가 베르너 포글러Werner Vogler는 다음과 같은 결론에 도달했다. 예수의 십자가 죽음은 "오직 인간의 행위였다. 그렇지만 예수의 고난과 죽음 속에서도 하나님이 자신의 영원한 구원 의지를 실현했다는 것을 부활은 깨닫게 했다."[43] 초대 교회도 이렇게 말했다. "만약 부활이 하나님이 저지하지 못한 자신의 아들의 죽음에 대한 후기의 교정 작업 이상의 것이라면, 예수의 죽음은 결코 재앙이 아니라 하나님의 구원 의지와 일치하는 사건이었다. 그렇다면 예수의 십자가 죽음은 하나님을 거부한 인간의 자의적인 행위가 아니다. 처음에는 매우 기이하게 보였던 이 사건은 하나님의 뜻에 따른 것이었다."[44] 그러나 이와 관련된 신약성서 본문에 대한 오해가 "이미 매우 오래되었고", 그래서 교회도 (예컨대 교회의 많은 찬송에서) 자신과 "자신의 신앙 역사의 한 부분"을 분리했다는 사실을 포글러도 알고 있었다. 교회가 "기본적인 선별작업"을 할 필요를 느꼈다는 말이다.[45]

실제로 불가피한 '기본적인 선별작업'은 특히 캔터베리의 안셀름의 만족이론 때문에 일어났을 것이다. 여기서 사람들은 의문스러운 '그리스도의 초역사적 드라마'를 말해야 했다. 이러한 '봉건시대적인' 구원론은 오직 중세에 번성했던 법학의 배경 위에서만 이해될 수 있다. 안셀름의 이론은 근거가 확실하고 허점이 없어 보이는 증명방식을 통해 성육신의 필연성과 특히 십자가 죽음을 통한 구원의 필연성을 합리적으로 설명하기에 유용한 듯이 보였다. 만약 우리가 신약성서에서 잣대를 가져온다면, 이미 토마스 아퀴나스가 논리적인 강요가 있다고 비판한 이 만족이론은 더는 우리의 이론이 될 수 없다. 성금요일 밤이나 부활 주일에 이 세상이 존재론적으로 변화된다는 다른 이론도 역시 우리의 이론이 될 수 없다. 성서와 시대에 맞게 이해해본다면, 예수 그리스도가 가져온 구원은 신뢰하는 신앙 속에서, 그리고 예수 그리스도처럼 사랑을 실천함으로써 우리 자신이 실제로 변화될 수 있다는 것을 의미한다.

신론과 기독론과 구원론의 난해한 문제에 관한 대화의 길에서 이 책이 기독교인과 유대교인이 (그리고 무슬림도) 걸어가야 할 방향을 지시하는 것으로 우리는 만족해야 한다. 물론 유대교인과 무슬림 대화 상대자들이 나의 견해를 이해하고 수용하기가 매우 어려울 것이다. 잘못된 토론을 피하려면 기독교인은 다음과 같은 사실을 분명히 말해야 한다. **기독교인의 척도**는 수백 년 후에 형성된 교회의 삼위일체론과 성육신 이론, 만족이론이 아니라

(만약 그렇지 않았다면 초기의 기독교인들은 기독교인이 아니었을 것이다!) 유일한 하나님에 대한 신앙이고, 하나님의 거룩한 영의 힘을 신뢰하는 가운데서 예수 그리스도를 실천적으로 따르는 것이다. 유대교인(과 무슬림) 형제자매들과의 대화 가운데서 활동하는 이 성령은 자신이 원하는 **곳에서** 활동하고, **자신이** 가려는 곳으로 우리를 인도한다고 나는 확신한다.

물론 이제는 유대교의 빛 안에서 이루어진 기독교의 자기비판이 이처럼 분명히 밝혀야 할 뒷면도 가지고 있지는 않은지 질문하게 된다. 만약 유대인 예수의 관점에서 기독론을 수정할 필요가 있다면, 이 동일한 유대인 예수가 자신의 메시지를 통해 유대인들이 고수하려는 많은 유대교적 · 전통적인 견해에도 도전장을 던지지 않겠는가? 나는 단지 몇 가지 고무적인 제안을 하려고 한다. 여기서 신학과 정치는 결코 분리될 수 없을 것이다.

VII. 유대교는 산상설교의 빛 안에서 자기를 비판하는가?

비록 신약성서의 **산상설교**가 위협의 소식이 아니라 매우 분명히 기쁜 소식이지만, 유대교인들에게 산상설교를 그들을 비추어보는 거울로 제공하는 것은 모험이라는 것을 나는 잘 알고 있다. 기독교인들만이 아니라 비기독교인들, 예컨대 프랑스 혁명의 자코뱅 당원들, 러시아 혁명의 정신에서 생겨난 사회주의자들(칼 카우츠키), 모든 종류의 도덕주의자들, 그들 가운데서 레오 톨스토이와 알베르트 슈바이처, 마하트마 간디와 같은 위대한 인물들이 산상설교를 증언해왔다. 이와 동시에 다음과 같은 말도 덧붙여야 한다. 오랜 역사 속에서 기독교인들이—특히 유대인들을 향해서—얼마나 자주 산상설교를 스스로 배신해왔는가?

물론 기형적인 오용의 역사에도 불구하고 이 소식은 결코 거부되지 않았다. 오히려 정반대다. 최초의 유대인 제자들이 받아들인 복음, 곧 나사렛 출신 유대인이 선포한 복음은 매우 절박한 것임이 드러났다. 여기서 우리가 본문비평과 문학비평의 문제를 다룰 필요는 없다. 나사렛 예수가 마태복음이 우리에게 전해주는 내용을 문자 그대로 '설교하기' 위해 어떤 '산'에 실제로 올라가지 않았다는 것은 오늘날 주석의 공통적 결론이다. 이미 누가복음의 병행구절은 '산'이 아니라 '평지'라고 말한다. 두 복음서 저자 마태와 누가가 수집하고 편집한 이 본문은 주로 어록자료 Q에서 기원한 짤막한 격언과 격언 모음으로 이루어져 있다. 여기서 나사렛 예수의 설교가 독특한 형태를 띠고 나타난다. 이 독특한 모습이 오늘날 우리가 산상설교의 개별 문장과 히브리 성서 또는 랍비 문헌들 간에 존재하는 많은 유사점을 지적한다고 희석되는 것은 아니다. 바로 이런 점에서 예수의 선포는 분명히 유일하다. 여기서 예수의 말은 서로 떨어져 있지 않고, 함께 합쳐져 있고 응집되어 있다. 그것은 말하자면 인격화되었다. 동시에 예수의 가르침은 그의 삶과 행동, 그의 전체 운명과 일체를 이루고 있다.

이런 맥락에서 나는 다음과 같은 질문을 제기하게 된다. 만약 우리가 우리의 신앙 공동체에게 산상설교를 항상 우리 자신을 비판하는 근거로 삼아왔다면, 유대인 예수의 매우 독자적인 이 설교를 그 자신의 민족에게도 들려줄 수 있지 않겠는가? 물론 기독교인들은 스스로 의롭다고 주장하거나 교만해서는 안 될 것이다. 그리고 만약 기독교인의 신앙 공동체가 이웃을 용서하고 자신의 권리와 힘을 포기하라고 말하는 산상설교의 도전을 통해 자신을 항상 비판적으로 점검해야 한다면, 유대 민족이나 다른 어떤 민족에게 이런 도전을 전해주지 않는 것은 부적절한 일이 될 것이다. 나는 여기서 다음과 같은 점을 전제한다. 잘 알다시피 산상설교는 단지 개인적이고 가족적인 관계를 위해 주어진 순전히 개인적인 메시지가 아니라 정치적인 함의를 지닌 메시지다. 산상설교는 물론 사회질서와 국가의 헌법, 국가의 권력과 법질서, 경찰과 군대를 무용화하지는 않는다. 그러나 산상설교는 뿌리로부터, 다시 말하면, '마음'의 전향이라는 자신의 목표를 통해 이 모든 것을 철저하게 상대화한다.

1. 용서할 용의가 있는가?

인간들 사이에서 죄를 용서하는 것은 '자연스럽지' 않고 당연한 일도 아니다. 이미 홀로코스트를 다루는 곳에서 나는 죄의 영속화에 반대하고 죄의 (망각이 아니라) 용서를 지지했다. 오직 그렇게 함으로써만 이스라엘과 독일, 유대교인과 기독교인 사이에 화해가 이루어질 수 있기 때문이다. 그러나 개인적으로나 공개적으로 엄청난 죄를 **망각하는 것에 반대하고** 그와 동시에 죄를 **용서하는 것을 지지한다**고 말할 때마다 나는 유대교 쪽에서 다음과 같은 두 가지 대답을 주로 듣게 되었다.

— 하나님을 신앙하는 자는 다음과 같이 말한다. 용서는 우리의 일이 아니라 **하나님의 일**이다. 오직 하나님만이 이 죄를 용서할 수 있다.

— 하나님을 신앙하지 않는 자는 다음과 같이 항의한다. 살아 있는 자가 아니라 **오직 희생자** 자신만이 죄를 용서할 수 있다. 그러나 희생자는 더는 살아 있지 않기 때문에 죄인들은 죄책감을 떠안고 살아야 한다.

이 두 가지 대답에 따르면 인간과 인간, 민족과 민족 사이에서 용서는 불가능하고, 영원한 죄책감을 감당할 도리밖에 없다. 이런 방식이라면 독일인이 유대인에게 지은 죄는 결코 끝나지 않는다. 이 세대에서도 다음 세대에서도 계속된다. 바로 이러한 근거로 베긴 총리는 독일에게 이스라엘에 대한 무조건적 지원을 요청하려고 했다. 이에 대해 어떻게 대답해야 하는가?

— 오직 **죽은 사람들**만이 죄를 용서할 수 있다는 말은 '다음 세대'와 '그 다음 세대'와 '계속 이어지는 세대'에게 부채를 무한정 지우기를 원하는 사람들에게 설득력이 없어 보인다. 그렇지만 홀로코스트에서 살아남은 사람들과 그 후손들도 희생자들 대신에 죄의 자백과 물질적인 보상을 기꺼이 받아들인다. 그렇다면 후손들이 희생자들 대신에 가해자들을 용서할 수 없는 이유는 무엇인가? 예컨대 가족들 사이의 평화를 위해 자녀들은 희생당한 부모들이 겪었던 고통을 용서할 수 있지 않겠는가?

— 오직 **하나님**만이 죄를 용서할 수 있다는 말은 유대교 전통과 맞지 않는다. 물론 히브리 성서는 인간에 대한 인간의 용서를 요구하지 않는다. 그러나 최소한 탈무드에는 그런 요구가 곳곳에 들어 있다.[1] 그렇다. 기원전 2세기에 기록된 (그래서 정경에 속하지 않는) 예수 시락서의 그리스어 번역본에서 우리는 다음과 같은 글을 읽게 된다. "마지막을 생각하라, 적대감을 끊어라. … 가장 고귀한 분의 언약을 생각하라, 그리고 죄를 용서하라."[2]

그렇지만 주의할 점이 있다. 기독교인들은 서로에게, 그리고 다른 사람들에게 얼마나 자주 죄를 용서하지 않았는가? 그리고 수백 년 동안 '기독교 국가들' 사이에서 사람들이 얼마나 자주 용서보다는 보복에 호소하고, 그 결과로 다른 백성들의 마음을 완고하게 만들고, 반복적으로 증오감을 부추기고, 마침내는 다시 전쟁을 일으켜야 했는가? 수백 년 동안 상대방에 대한 '보복' 사상에 지배되어온 독일과 프랑스 간의 화해할 수 없는 '오랜 적대감'이 이를 보여준다. 그 결과로 큰 전쟁이 세 차례 일어났고, 유대인 희생자 600만 명보다 훨씬 더 많은 사람들이 희생되었다![3]

나는 질문한다. 이러한 상황에서 특별히 예수의 메시지가 **유대교인과 기독교인을 위해 하나의 도전**이 될 수 없겠는가? 왜냐하면 성서의 변두리가 아니라 완전히 그 중심에서 예수는 다음과 같이 요구하기 때문이다. 형제와 화해하지 않고는 하나님과도 화해할 수 없다! 하나님의 용서는 인간 상호간의 용서와 결합되어 있다! 그래서 주기도문에서 하나님 나라의 도래와 하나님의 뜻의 성취를 위한 기도 다음에 "우리가 우리에게 죄 지은 자를 사하여준 것 같이 우리의 죄를 사하여주시옵고"라는 기도가 나온다.[4] 하나님의 큰 용서를 받은 인간이 이웃에게 작은 용서를 거부해서는 안 된다. 인간은 용서를 확산해야 한다! 이것이 신하의 엄청난 빚을 탕감해준 너그러운 왕에 관한 비유의 의미다. 예수는 신하의 행동방식을 매우 날카롭게 비판한다. 왜냐하면 큰 빚을 탕감 받은 그가 자신에게 적은 빚을 지고 있던 자를 감옥에 넣었기 때문이다.[5]

이것은 이 메시지가 오늘까지 우리에게 도전하는 요소다. 예수는 **무한히 용서할 것**을 요구한다. 일곱 번만이 아니라 일흔일곱 번까지, 아니 항상 거듭, 무한히 용서하라는 말이다.[6] 모든 사람에게 예외가 없다. 예수는 십자가에 매달려 죽는 순간에도 용서를 빌었다. "아버지, 저들을 사하여 주옵소서. 자기들이 하는 것을 알지 못함이니이다."[7] 이런 맥락에서 "비판하지 말라"는 예수의 말에 특별히 주목하게 된다.[8] 다른 사람이 나의 비판 아래 있는 것이 아니라, 모든 사람이 궁극적으로 하나님의 심판 아래 있다. 예수의 이 말은 오직 하나님만이 용서할 수 있다는 뜻이 아니라, 오직 하나님만이 심판해야 한다는 뜻이다. 인간은 서로 용서해야 한다.

많은 유대인은 이러한 윤리가 비현실적이고 부자연스러운 것이라고 항의할 것이다. 정말로 그러한가? 여기서 우리는 처음부터 오해해서는 안 된다. 예수의 용서 요구는 법적으로 해석되어서는 안 된다. 일흔일곱 번까지는 용서해야 하지만, 일흔여덟 번부터는 용서해서는 안 된다는 원리에 따라 **새로운 법**이 제정된 것이 **아니다.** 다시 말하면 우리는 예수의 요구를 단숨에 국가의 법으로 만들 수는 없다. 그렇다고 인간의 심판이 무력해지는 것은 아니다. **그러나** 예수는 인간 개개인에게—상황에 따라서는 국가의 대표자에게도—너그럽고 따듯한 마음을 품으라고 **윤리적으로 호소**한다. 완전히 특별한 상황에서는 법을 무력하게 만들고, 용서하고 항상 거듭 용서하라고 요구한다.

많은 고난을 겪은 유럽에서 샤를 드골Charles de Gaulle, 콘라트 아데나워Konrad Adenauer, 모리스 쉬망Maurice Schumann, 장 모네Jean Monnet, 알치데 데 가스페리Alcide de Gasperi와 같이 능력 있는 국가 지도자들이 재앙의 한복판에서 등장한 것은 행운이었다. 그들은 유럽을 브뤼셀 중심으로 기능적으로 조직했을 뿐만 아니라, 정치적·윤리적·종교적 동기로부터 새로운 영감을 주고 유럽을 변화시키기를 원했다. 그래서 그들은 **새로운 시작**을 가능하게 했고, **진정한 상호이해**를 이끌어냈다. 그 결과로 오랜 적대감이 사라졌고, 오늘날 유럽 국가들 사이에서, 특히 프랑스와 독일 사이에 새로운 전쟁이 벌어질 수 있다는 생각이 전혀 일어날 수 없게 만들었다. 드골과 아데나워는 프랑스의 왕이 대관식을 거행한 랑스 대성당에서 감동적인 화해 축제를 개최함으로써 상호간의 용서가 종교적인 근거를 가질 수 있다는 사실을 보여주었다.

이것이 기독교적인 행사였다는 점은 의심의 여지가 없다. 그렇기 때문에 이것이 비유대교적인 행사였다는 말인가? '보복'을 '유대인 고유의 사상'이라고 선포한 랍비이자 이스라엘 국회의원 메이르 가하네Meïr Kahane는 유대인 국가의 몇몇 극단주의자에게 영웅 대접을 받았지만, 그와 동시에 암살자의 희생자가 되기도 했다. 여기서 자주 인용되었고 특히 유감스럽게도 '기독교인'의 정치에서도 매우 흔히 실천되었던, "눈에는 눈으로, 이에는 이로" 보복하라는 성서의 본문은 무슨 뜻인가? 이 문장이 원래 최대한 보복하라는 뜻이 아니라, 손상의 한계선을 설정하라는 의미에서 주어진 말이었다는 것을 학자들은 알고 있다. '하나의' 눈 이상으로 보복하지 말고, '하나의' 이빨 이상으로 보복하지 말라는 뜻이다.

이것은 유대교인의 깊은 신앙과 완전히 일치한다. 이것은 시편에 표현되어 있고, 기독교인이 유대교인에게서 배운 교훈이다. "여호와여 내가 깊은 곳에서 주께 부르짖었나이다. 주여 내 소리를 들으시며 나의 부르짖는 소리에 귀를 기울이소서. 여호와여 주께서 죄악을 지켜보실진대 주여 누가 서리이까. 그러나 사유하심이 주께 있음은 주를 경외하게 하심이니이다."[9] 그렇다. 독일인이든 스위스인이든, 미국인이든 이스라엘인이든, 누가 거기에 설 수 있겠는가?

"그러나 사유赦宥하심이 주께 있음"으로 우리의 죄는 "계산되지 않아야" 하며 "용서를 받아야" 한다. 그리고 하나님이 인간에게 선사하는 이 용서, 이 관용, 이 자비는 바로 예수의 요구다. 용서는 인간에 의해 계속 실천되어야 한다. "내가 너를 불쌍히 여김과 같이 너도 네 동료를 불쌍히 여김이 마땅하지 아니하냐?"라고 왕은 뻔뻔한 신하에게 대답했다.[10] 물론 인간은 어마어마한 물질로 보상을 한 뒤에도 용서를 요구할 수 없다. 인간은 단지 용서를 간청할 수 있을 뿐이다! 용서는 하나의 선물이고 은혜다. 따라서 내 질문은 자명해진다. 독일인과 이스라엘인, 기독교인과 유대교인이 서로 간에 건설적인 협력을 위한 든든한 토대를 쌓으려면—망각이나 미화, 억압, 변명, 합리화 없이—역사적·정치적·신학적인 관점에서 용서를 깊이 생각해보고, 자유롭고 공개적이고 이성적으로 대화해야 좋지 않겠는가?

이에 덧붙여 현재와 직접 관련되어 있고 미래와도 연결되어 있는 사안을 생각해보기로 하자. 홀로코스트가 일어난 지 50년이 지난 바로 지금 미국에는 많은 작은 홀로코스트 추모관 외에도(1990년에 약 3백만 달러의 경비로 20m 높이에 달하는, 청동으로 만든 '600만 개의 팔'이 마이애미 해변에 완전히 새롭게 세워졌다) 워싱턴과 뉴욕, 로스앤젤레스의 기증을 받은 중심 지역에 세 개의 새로운 **홀로코스트 박물관**이 세워지고 있다. 총경비가 1억 달러 이하로 소요된 곳은 없었다. 서서히 사라져가는 홀로코스트 세대가 홀로코스트에 대한 기억을 생생하게 간직하기를 원하고, 오늘날 정체성을 발견하는 일에서 홀로코스트가 아브라함과 이삭과 야곱의 하나님에 대한 신앙보다 더 중요하다고 미국의 많은 유대인들이 생각하는 것을 우리는 이해해야 한다. 그리고 홀로코스트의 망각을 저지하는 투쟁이 매우 정당하다는 것도 의심할 여지가 없다.

그렇지만 미국의 많은 유대인들은 다음과 같이 질문한다. 홀로코스트 박물관이 왜 미국에, 그리고 바로 이 시점에 설립되는가? 이것은 자신의 실수를 변명하기 위한 수단인가, 아니면 오랫동안 구상해온 정치적 행동인가? 한편 유대인 600만 명 외에도 다른 민족(슬라브인, 보헤미아 집시 등) 가운데서 살해된 희생자 500만 명을 기억하는 것을 많은 유대인들이 반대하는 이유는 무엇인가? 그리고 1905년에 투르크인에 의해 잔인하게 학살된 (기독교인) 아르메니아인 약 2백만 명을 위한 기념행사가 미국에서 1990년 4

월 24일에 거행되었을 때, 미국의 이스라엘 대사관과 다른 지역의 유대인들은 왜 저항했는가? 고난의 독점화가 다른 민족에게 행해졌던 고난을 매우 쉽게 망각하게 하지 않는가? 그리고 만약 뉴욕에 사는 무슬림 60만 명가량이 팔레스타인에서 추방된 사람들을 위해, 그리고 이스라엘의 점령 정치로 희생된 팔레스타인 사람 1천여 명을 위해 공공의 땅에 박물관을 지어달라고 요구했다면, 사람들은 무엇이라고 말하겠는가?

나는 이를 판단할 권리가 없지만, 다음과 같이 솔직히 고백해도 좋을 것이다. 상상할 수 없는 공포에 대한 기억을 인위적으로 화려하게 복원하기보다는—공동의 기억과 기도와 대화를 위해—이제는 **평화와 화해의 성전**을 짓는 것이 홀로코스트에 대한 필수적인 기억에 더 적절하고 희생자들에게 더 잘 어울리며 반유대주의 극복에도 더 효과적이었을 것이다. 만약 그랬다면 우리는 살인적이었던 과거를 되돌아보고 새로운 시작을 생생하게 전망할 수도 있었을 것이다. 예컨대 텍사스 휴스턴의 유명한 초교파적 예배당과 같은 '이해의 성전'(종교적인 상호이해를 위해 유대교인과 기독교인, 무슬림과 다른 종교인으로 구성된 세계적 기구의 이름)을 지었어야 한다. 이 예배당은 여성 기독교인 도미니크 드 메닐Dominique de Menil이 설립했고, 유대인 화가 마크 로스코Mark Rothko가 검정색과 회색으로 신비스럽고 웅장하게 장식했다.

구체적이고 적극적인 화해의 실례가 있다. 특히 매우 감동적인 실례로 우리는 **알베르트 프리틀란더**Albert Friedlander를 들 수 있다. 그는 독일에서 태어난 랍비로서 런던의 레오 백Leo Baeck 연구소 소장이다. 그는 독일을 떠난 지 거의 정확히 50년 후인 1988년에 오랜 기간의 연구를 위해 예루살렘에 체류하기를 선택하지 않고, 비록 그의 런던 교회가 불쾌하게 여겼지만 저명한 객원교수이자 연설가, 대화 상대자로서 독일에 체류하기를 선택했다. 물론 그는 그 어떤 것도 잊지 않았다(그는 1940년에 나치를 피해 도망가던 그의 처삼촌을 붙잡았던 스위스 국경 경찰들을 잊지 않았다. 그 경찰들은 처삼촌을 잘 돌봐준 뒤에 국경 너머로 되돌려 보냈고, 그래서 그는 아우슈비츠에서 최후를 맞게 되었다). 그가 독일에 체류하기를 선택한 것은 망각하기 위해서가 아니라 화해를 추구하기 위해서였고, 어두운 밤이 지나고 새벽이 서서히 밝아올 때 "지평선의 하얀 줄", "금색 줄무늬"를 보기 위해서였다. 그것은 "인간들 사이에서도, 화해의 영역에서도" 일어날 수 있을 것이다.[11] "나는 화해의 방향을 향해 내적인 여행을 시작하려고 독일로 가기를 원했다. 화해 자체는 미래에 놓여 있다. 왜냐하면 나는 독일인과 독일의 내적인 길을 결정할 수 없기 때문이다."[12]

그러나 이미 지금도 이 세계에는 유대교인과 기독교인 사이에서, 그리고 유대인과 독일인 사이에서 적극적으로 화해를 추구하고 실천하는 수많은 유대인이 있다. 한 사람을 대표적으로 소개하면, 테레지엔슈타트에서 살해당한 유명한 독일인 랍비 레오폴트 루카스Leopold Lucas 박사의 아들 **프란츠 루카스**Fanz Lucas (런던) 총영사는 민족들의 화해를 위해 튀빙엔 대학교에 5만 마르크의 상금을 기부했고, 이 상금은 매년 인문학자들에게 지급되고 있다.[13] 이런 구체적인 화해 자세에서 우리가 고려해야 할 또 다른 민감한 사항도 언급해야겠다.

2. 권리와 힘을 포기할 수 있는가?

이스라엘 국가 건립의 문제점과 동일한 땅을 둘러싸고 두 민족이 전개하는 투쟁에 관해 우리는 들어왔다. 권리와 힘의 포기는 어렵고, '자연스러운' 일도 아니다. 내가 (예컨대 예루살렘의) 특정한 정치적 입장이나 특정한 지역(특히 요단르 강 동쪽)을 포기하는 것이 가능한지를 유대인들에게 질문했을 때 다음과 같은 대답을 자주 들었다. "이 모든 것은 우리의 선한 권리다. 우리는 이를 포기할 수 없다. 그리고 우리는 이제는 마침내 이 권리를 주장할 힘을 갖게 되었다. 평화를 위한 땅인가? 정반대다. 지금까지 그래왔듯이, 우리는 우리의 힘을 확대할 것이다. 왜냐하면 땅 전체가 우리의 것이기 때문이다. 우리의 이런 요구를 거부하지 않고 오직 존중할 때에만 비로소 평화가 존재하게 될 것이다."

그러나 여기서 주의할 점이 있다. 우리 기독교인들은 다른 사람을 얼마나 자주 불법적으로 다루었고, 그들을 얼마나 자주 억압하고 착취했는가! 그리고 지난 수십 년 동안 '기독교 국가', 특히 (폴란드인 6백만 명을 죽인) 독일과 (오늘날의 폴란드 영토에서 수백 년 동안 살아온 독일인 7백만 명 이상을 추방한[14]) 폴란드는 동일한 영토(슐레지엔, 브란덴부르크 동쪽, 폼메른, 동프로이센의 남쪽)에 대한 권리를 얼마나 오랫동안 주장해왔는가! 특정한 '추방 정책'에 순응하지 않으려고 하는 모든 사람은 독일에서 '포기의 정치가'라고 조롱을 받았다.

유대인 나사렛 예수의 메시지는 여기서도 **유대교인과 기독교인** 모두에게 **도전**을 의미한다. 왜냐하면 히브리 성서 곳곳에서 그러하듯이, 예수는 단지 생각과 말과 행동에서 부정적이고 악한 것을 포기하기를 요구했을 뿐만 아니라, 더 나아가 긍정적인 것, 곧 권리와 힘도 포기하기를 요구했기 때문이다. 물론 다른 사람에게서 강요되었을 때만이 아니라 주어진 상황에서 자발적으로 해야 한다. 나는 이것이 이 메시지가 오늘까지 우리에게 도전하는 요소라고 생각한다. 예수는 **대가를 바라지 않는 자발적인 포기**를 주장한다. 이것은 구체적으로 다음과 같은 것을 의미한다.

— 다른 사람을 위해 권리를 포기하는 것: 당신에게 10리를 가자고 강요하는 사람과 함께 20리를 가는 것.[15]

— 자신의 희생을 무릅쓰고 힘을 포기하는 것: 당신의 속옷을 빼앗은 사

람에게 겉옷도 주는 것.[16]

— 보복을 포기하는 것: 오른쪽 뺨을 치는 사람에게 왼쪽 뺨도 내미는 것.[17]

몇몇 유대인은 기꺼이 용서하기보다는 이 부분에서 항의할 것이다. 왜냐하면 이러한 포기의 윤리는 비현실적이고 사람들에게 지나친 부담을 주기 때문이다. 바로 그들, 곧 유대인들은 나치 시대에 거의 모든 저항을 포기한 채 비싼 희생을 치러야 했다. 그렇지만 여기서도 앞에서 말한 것보다 더 강조해야 할 것이 있다. 예수의 요구를 문자적으로 따라야 할 **절대적 율법**으로 오해해서는 **안 된다**. 그것은 언제나 윤리적인 호소일 따름이다. 예수가 한 말은, 왼쪽 뺨을 맞았을 때에는 보복해서는 안 되지만 복부를 맞았을 때에는 보복해도 좋다는 뜻이 아니다. 산상설교는 명령된 것과 금지된 것을 정확하게 규정하는 율법조항이 아니다. 보복을 포기하라는 말은 처음부터 모든 저항을 포기하라는 뜻이 아니다. 항상 두려움이 없었던 예수 자신도 재판관에게 뺨을 맞았을 때, 결코 다른 뺨을 내밀지 않고 반항했다. 따라서 포기는 약함과 혼동되지 않아야 한다.

그렇다. 예수는 그 자체로 의미를 지닐 수도 있는 도덕적 공로나 심지어는 금욕적인 공로를 요구하지 않았다. 오히려 예수의 요구는 여기서도—어떤 경우에든 이웃을 위해—하나님의 뜻을 철저히 성취하기 위한 **도전적인 실례**고 **대담한 호소**다. 모든 포기는 단지 새롭고 적극적인 평화 실천의 반대 측면일 따름이다.

이러한 기본 태도가 정치적으로 어떻게 구체적인 효과를 발휘할 수 있는지는 바로 '**독일 문제**'를 통해 설명할 수 있다. 수십 년 동안 서독과 동유럽 국가의 관계가 차단되었다. 왜냐하면 스탈린이 폴란드 국경을 억지로 서쪽으로 옮겼고, 독일은 새로운 국경을 인정하는 것을 원하지 않았기 때문이다.

우리가 이미 들었듯이, 제2차 바티칸 공의회가 끝나갈 무렵(1965)에 폴란드 주교들은 독일의 주교들에게 다음과 같이 선언했다. "우리는 용서를 허용하고, 용서를 구한다." 독일 개신교가 독일과 폴란드 사이에서도 화해가 필요하다는 각서를 발표했을 때, 독일 쪽에서 굳어진 전선前線이 비로소 움직이기 시작했다. 그러나 이러한 화해는 특정한 영역에 대한 포기가 없이는 실현될 수 없었다.

권리 포기와 힘 포기의 정신에서 생겨난 이 '각서'를 통해 독일에서 새로운 정신적 풍조가 형성되었는데, 이로 인해 정부는 구체적인 정치를 더 쉽게 펴나갈 수 있게 되었다. 만약 이러한 정신적인 변화와 교회의 지원이 없었더라면—독일인 1,200만 명가량이 추방되었기 때문에[18]—브란트-셸Brandt-Scheel 정부가 1970/1971년에 서독과 소련 간의 협정과 서독과 폴란드 간의 협정을 종결할 수 없었을 것이다. 이 협정은 원칙적으로 '독일 문제'를 바깥쪽(오데르-나이세Oder-Neisse 국경선)으로 조정했기 때문에 콜Kohl/겐셔Genscher 정부도 1989년의 통일 이후에 현재의 상태*Status quo*를 최종적으로 인정했다.

다르게 말한다면, 이런 특별한 역사적 상황에서 독일 정부는 보복을 추구하지 않았고, 자신의 권리를 주장하지 않았으며, 힘을 사용하지 않았다. 비록 오랫동안 우왕좌왕했지만 독일 정부는 권리와 힘을 사용하는 것을 포기했다. 만약 (아마도 양쪽이) 권리를 포기하지 않는다면, 제2차 세계대전 이후에 세계를 늘 불안하게 했던 **'팔레스타인 문제'**도 '독일 문제'처럼 해결되는 것이 가능하겠는가? 그러나 지난 몇 년 동안 이스라엘의 지배 정당인 리쿠드 연합당의 정치인들에게 우리가 가장 자주 들어왔던 말은 오직 **'보복'**('보복 조치', '보복 타격')이라는 말이었다. 이 말은 학교 폐쇄와 주택 파괴, 공중 폭격에 이르는 모든 가능한 조치를 의미한다. 이에 관해 아직도 해야 할 말이 있다. 걸프전쟁 때에 보복을 매우 선호했던 정치가들과 군인들의 즉각적인 공격이 저지되고, 다행히도 적은 양의 스커드 미사일이 텔 아비브에 떨어진 이후에 이스라엘의 보복 공격이 저지된 것은 오직 미국의 영향력 때문이었다. 계획되고 실행된 대부분의 '보복 조치'는 히브리 성서가 허용한 '탈리온 법*isus talionis*'('눈에는 눈으로')을 넘어선 것이었다. 우리가 들은 바와 같이 이것은 단지 적절한 '보복'만을 허용하며 과잉 반응을 허용하지는 않는다.

독일에서 논쟁의 대상이 되었던 한 가지 실례를 소개하겠다. 뒤셀도르프 시가 〈차이트Die Zeit〉지의 편집장 **마리온 카운테스 된호프**Marion Countess Dönhoff에게 하인리히-하이네 상賞을 수여할 때, 그녀는 '두 가지 기준'을 용감하게 지적했다. 하나는 자국 군인의 죽음에 대한 이스라엘의 과민 반응이고, 다른 하나는 매주 실행되는 팔레스타인의 총살에 대한 무관심이다. "최근에 두 살배기 여자 아이와 15세 소년이 이스라엘 친구에게 저항하거나 도덕적인 분노를 표현하지 않았는데도 사살되었다. 그러나 같은 주간에 한 이스라엘 군인이 살해되었을 때, 이에 대한 보복으로 한 마을 114가구가 마치 지진을 당한 것처럼 폐허가 되었고, 800명의 사람들이 피신했으며, 농가의 우물이 다이너마이트로 폭파되었다."[19] 그러자 독일의 유대인최고위원회 의장 **하인츠 갈린스키**Heinz Galinski는 "이와 같은 감성의 결핍에 대한" 유대인최고위원회의 "놀라움"을 대변인이 공개적으로 표현하게 했다. 그러자 카운테스 편집장은 이렇게 대답했다. "나는 감성이 결핍된 사람이 누구였는지 알지 못한다. 돌을 던지는 아이들에게 총기로 전쟁을 수행하는 자들인가, 아니면 이를 기록하는 자인가? 인류에 대한 범죄를 침묵으로 덮어버린다고 감성이 마침내 드러나는 것은 아니다. 이스라엘이 지금 처해 있는 비극적인 상황을 소개하는 것은 어렵지 않다. 그러나 그들이 오직 무기만을 의지하고, 강대국의 보장을 끌어올 수 있는 협상을 거부하는 한 폭력의 악순환은 끊이지 않을 것이다."

이에 관해 할 말이 더 있다. 만약 우리가 이와 같은 특별한 역사적 상황에서 평화와 인류를 위해 몇 가지 권리와 무력 사용을 기꺼이 포기하지 않는다면, 폭력의 악순환이 멈추고 고통스러운 팔레스타인 문제가 해결될 수 있겠는가? 여기서도 평화적인 해결을 위해 **대안 정치**가 요구되지 않는가? 체코슬로바키아의 새 대통령 바츨라프 하벨Vaclav Havel(재임 1993~2003 - 옮긴이)과 같은 품격을 지닌 정치가들이 이스라엘에도 존재할 수 없는가? 그는 전쟁 동안 자신의 나라에서 일어난 나치 범죄에 대해서는 사과를 받지 못했지만, 전쟁 후에 3백만 명의 독일인을 추방했던 것을 자신의 나라를 대표해 사과했다. 그는 두 진영이 지닌 복수와 증오와 불안의 정신에 맞서 매우 적극적으로 투쟁했다.

그렇지만 이제 우리는 유대교 내부의 문제점을 다시 직접 다뤄보기로 하자. 우리는 지금까지 과거의 패러다임을 살펴보았고, 그리고 현재의 도전을 직면해보았다. 이제는 다음과 같은 물음이 떠오른다. 오늘날 세 번째 천년의 문턱에서 유대교는 어디에 서 있는가? 이것은 이 책의 핵심 질문이다. 그렇지만 이제는 더 정확히 물어보자. 현존하는 근대의 정체성 위기를 어떻게 극복할 수 있는가? 유대교는 근본적으로 어떤 종교적 선택을 해야 하는가? 그리고 결정적인 문제 가운데서 기독교의 유대교적인 기원에 대한 성찰이 단지 기독교인만이 아니라 유대교인에게도 도움을 줄 수 있겠는가? 이어지는 3장은 근대를 넘어서 미래에 속한 근대 이후(포스트모던)로 들어가는 길을 우리에게 열어줄 것이다.

3장
근대의 극복

이미 20세기로 넘어가던 시기에 한 가지 사실은 분명해졌다. 자신의 세계에 새로운 시대가 다가올 때 유대인의 반응은 매우 다양하게 나타났다. 이미 이런 이유 때문에 '세계적 유대교'는 존재하지 않았고, 아돌프 히틀러에 이르기까지 유대인 증오와 유대인 망상에 현혹되었던 많은 사람이 생각했던 '세계적 유대교의 음모'도 존재하지 않았다. 그 당시에나 지금도 유대교를 하나의 집단으로 이해하고 다양성을 간과하는 것보다 더 잘못된 생각은 없을 것이다. 다양한 노선들과 집단들, 분파들이 격렬하게 대립하고 있다. 더 포괄적이고 더 객관적으로 말한다면, 오늘날의 유대교 안에도 **경쟁적인 패러다임의 다양성**이 존재한다는 사실을 간과해서는 안 된다. 그래서 우리는 첫 번째 장의 마지막에서 다음과 같이 확인했다. 기독교와 이슬람교에서도 드러나듯이, 오늘날의 유대교에서도 어느 정도는 변형되었지만 전통적인 패러다임들이 계속 살아 있다. 우리가 앞서 살펴보았듯이 이미 20세기 초기에도 미국에 세 가지 유대교 '종파', 곧 '정통주의파'와 '보수주의파'와 '개혁주의파'가 생겨났다.[1] 이들은 자신의 율법 실천, 조직과 교육 기관과 회당을 가지고 있으며, 모두 자율적인 길을 가고 있다. 이러한 노선들은 어떻게 발전했으며, 이들은 미래를 어떻게 전망하고 있는가?

I. 정체성 위기를 벗어나는 길

제2차 세계대전과 이스라엘 국가 설립 이후에 모든 세계, 특히 미국에 있는 유대인에게 분명한 영향을 주었던 많은 요인이 있었다. 그것들은 특히 미국 유대교의 상황을 안정시켰다. 오늘날 이스라엘에 유대인이 330만 명 살고 있다면, 미국에는 570만 명 살고 있다. 다양한 이주자들과 이스라엘 국가 설립에 관해 보고했으니, 이제 우리는 우리의 시선을 특히 미국으로 돌려야 한다. 왜냐하면 그곳에는 전체 유대교 역사에서 가장 클 뿐만 아니라 가장 활동적인 디아스포라 공동체가 존재하기 때문이다.

1. 위기와 개혁

첫째, 이미 제2차 세계대전 동안에, 그리고 그 후에 미국의 유대인 공동체는 점점 커져간 **사회적 번영과 정치적 영향력**의 결과로 개별 집단 간의 차이에도 불구하고 사회적으로 과거보다 더 동일한 공동체('중간계층')로 성장했다. 독일 출신 유대인과 동유럽 출신 유대인의 차이도 대체로 무의미해졌다. 사회주의는 루스벨트 대통령의 '뉴딜 정책'의 결과로 이미 후퇴했고, 민주적인 정당에 흡수되었다. 그리고 제2차 세계대전 이후에 미국의 유대인은 소수민족의 학살 위기를 의식하지 않았다.

둘째, 1950년대와 60년대에는 종교적 개혁이 분명하게 일어났다. 이제는 유대인 거주 지역에 살지 않고—도시 외곽으로 이동한 후에—기독교인의 주변에 흩어져 살아가던 많은 유대인에게서 종교적 개혁은 무엇보다도 종교적·사회적 '고향'과 이와 일치하는 자녀 교육에 대한 상승된 욕구로 생겨난 것이었다. '유대 민족'은 이제 '유대교' 앞에서 퇴조했다. 다시 말하면, 유대인은 단지 세속 문화와 유사 민족감정을 통해서만 자신을 규정하기보다는 일차적으로 종교를 통해 자신을 규정했다. 미국 도시 전역에서 이제 회당이 다시 건축되었고, 공동생활에 대한 참여가 매우 활발해졌으며, 종교적 학교 제도와 그와 일치하는 종교 교육이 체계적으로 확장되었고, 유대교 문학과 신학에도 관심이 커져갔다. 유대교는 이제—개신교와 가톨릭교회 다음으로—세 번째로 큰 '종교 공동체'가 되었다. 유명한 책 《개신교·가톨릭·유대교: 미국 종교 공동체 연구》[2]를 쓴 윌 헐버그Will Herberg(1906년 뉴욕 출생)는 '청년공산주의연맹'에서 활동하기 시작하여, 1930년대에는 공산당 서적을 편집했고, 1940년대와 50년대에는 유대교 문학가이자 신학자로 활동했다.[3]

셋째, 1967년에 일어난 이스라엘의 6일 전쟁은 정치적·심리적으로 결정적인 결과를 낳았다. 이스라엘 국가가 얼마나 쉽게 수렁에 빠져들 수 있고, 새로운 홀로코스트가 얼마나 쉽게 일어날 수 있는지 단번에 분명해졌다. 지금까지 종종 행복감에 빠졌던 유대인들이 다시 냉정해졌고, (미국 정부와 대중만이 아니라 교회와 기독교 단체에게도) 또다시 버림을 받은 외톨이가 되었다는 감정이 일어났다. 그 결과는 다음과 같이 나타났다. 예전에 반시온주의적이었던 유대인들도 이제는 자신을 **이스라엘 국가와 동일시했다**. 그리고 과거에 유례가 없던 엄청난 돈이 모아졌다. 유대교의 정체성에 대한 감각이 더 깊어졌고, 유대인의 공동 운명에 대한 참여가 더 활발해졌다. 따라서 유대교 전체가—물론 (그 당시에 평화협정의 순간을 놓친) 이스라엘 국가는 아니지만—위기에서 강력히 벗어났다.

넷째, 1990년 초기에 유대교는 미국 사회에서 확실하게 자리를 잡았다. "미국은 우리나라이다. 우리는 미국에 속해 있다." 이것은 과거에는 매우 자주 학대와 박해를 받았지만 지금은 잘살고 있고 예전보다 더 많은 영향력을 발휘하게 된 소수자들이 종종 인용하는 문장이다. 그들은 과거에는 그들에게 폐쇄적이었던 경제 단체에도 들어가게 되었다. 매우 당연하게 유대인들은 이제 바로 문화적 영역(문학, 극장, 영화, TV, 예술, 음악)에서 자신의 다른 점을 선명히 드러내고 강조한다. 예컨대 이스라엘 국가의 문제가 쟁점으로 떠오를 때, 그들은 모든 영역에서—지역적·국가적·국제적 영역에서—수많은 기관과 언론 단체와 공적인 영향력과 로비스트들의 도움으로 자신들의 정치적인 목적을 거리낌 없이 수행한다.

찰스 실버만Charles Silberman이 미국 유대인의 성공을 다룬 그의 책《어떤 사람들》[4]에서 표현하고 있듯이, 20세기의 마지막 10년에는 유대인의 낙관적인 자기 평가가 기본적인 정서가 된 것 같다. 펠드먼A. J. Feldman이 이미 1937년에 출간한《미국의 유대인》을 다룬 연구서 개정판(1979)이 다음과 같이 설명한 것도 우연이 아닌 것 같다 "**미국의 유대인**! 그는 유대인이자 미국인으로서 존경스럽고 유익하게 살아감으로써 조상의 지리학적인 기원에도 불구하고 미국 사회에서 자신의 자리를 차지하고 있고, 존엄과 부과 자긍심을 지니고 자신의 자리를 영유하고 있는 미국 속의 유대인이다. 국가를 열렬히 사랑하고, 놀라운 발전을 이룩하고, 관대하게 기부하고, 고상하게 공격하고, 문화를 창조하고, 사회적으로 생각하고, 진보적이고, 기질이 같고 축복을 받은 미국 땅에 뿌리를 내린 **세계** 유대교의 최상의 창조적 노력과 정신적 실험 정신으로 형성된 매우 포용적인 인물. 그가 **미국의 유대인**이다!"[5] 그러나 1980년대 이래 미국의 많은 유대인을 미국 유대교의 연속성과 정체성에 대한 두려움으로 이끌었던 두 가지 사안 탓에 이러한 낙관론은 희미해졌다.

2. 연속성과 정체성에 대한 불안

유대교의 수많은 출판물에서, 그리고 1980년대에 이루어진 많은 토론회에서 매우 성공적이었던 미국 유대교의 미래를 어둡게 만드는 두 가지 문제가 항상, 그리고 거듭 토론되었다.

1) **연속성**에 대한 불안: 이것은 (비록 연구 결과가 제출되었지만) 유대인이 미국 사회에 점점 더 통합되어갈수록 술과 마약과 에이즈 중독자들도 분명히 증가했다는 것을 의미하는 것이 아니다. 이것은 오히려 일반적인 사회적·인구통계적인 발전을 의미한다. 많은 유대인이 비유대교적인 환경에 차츰 동화되어가고 유대인의 **출생 비율**이 감소하며, 독신 가정과 특히 **다른 종교를 믿는 사람과의 결혼**이 매우 가파르게 증가하는 것은 두려움의 원인으로 작용한다. 4분의 1에서 3분의 1의 유대인이 다른 종교인과 결혼하는 것으로 추정된다. 유대교를 믿지 않던 파트너가 유대교로 개종하든('inter-marriage') 그렇지 않든('mixted-marriage'), 미국의 유대교에서 그들은 'out-marriage'(족외혼)라고 불린다.

인구통계적인 자료와 그와 관련된 미래 진단의 해석을 둘러싸고 전개되는 유대교 내부의 논쟁에 내가 끼어들 필요는 없다.[6] 그러나 1937년에 미국의 전체 인구 중에서 유대인이 3.7%를 차지했지만, 1984/85년에는—소련과 이스라엘, 이란에서 이주해온 사람들이 있었는데도—겨우 2.5%를 차지했다는 사실은 많은 유대인을 놀라게 했다. 그렇지만 이른바 외적이고 인구통계적인 유대교의 위기만이 아니라 유대교의 본질 자체와 관련된 내적인 위기도 존재한다.

2) **정체성**에 대한 불안: 1980년대 이래 물질적인 번영과 함께 유대교의

다양한 종파들 상호간에 종교적 편협성도 현저히 늘어났고, 그 탓에 엄청난 대립과 갈등이 일어났다. 여기서 모든 종파는 다른 종파에게 책임을 돌렸다. 그렇다면 누가 잘못했는가?

— 미국과 이스라엘에 있는 **정통적** 유대교인가? 정통적 유대교는 비정통적 회당의 정당성을 실제로 거부했다. 그래서 보수적이거나 개혁적인 랍비가 진행한 결혼과 이혼과 개종의 유효성이 모조리 의심을 받게 되었다.

— **보수적** 유대교인가? 1983년에 유대교적 전통과는 정반대로 여성이 랍비로 임명되자 정통주의자들은 크게 분노했다.

— **개혁적** 유대교인가? 심지어 (여성 랍비 임명을 넘어서) 부계를 이은 유대인 혈통도 인정되었다. 비유대인 어머니와 유대인 아버지의 자녀도 유대인으로 간주되었다. 정통주의자와 보수주의자는 언제나 이를 강하게 거부한다.

그러면 누가 옳은가? 모든 참여자의 의견에 따르면 이것은 바로 유대교의 정체성과 관련된 질문이다. 유대인은 누구인가? 참으로 유대교다운 회당은 어떤 회당인가? 이와 동시에 두려운 점은 이러한 갈등이 결코 회복될 수 없는 유대교 **분열**로 이어질 수 있다는 사실이다. 이런 상황이 얼마나 심각한지는 다음과 같은 사실이 보여준다. 1986년에 서로 다른 종파의 지도자들이 프린스턴에서 "2000년에는 하나의 유대 민족이 존재할 수 있을까?"라는 주제 아래 회의를 개최했다. 과연 미래는 어떻게 될 것인가?

유대인들의 이런 논쟁이 특히 이스라엘 국가에서 유대교 내부의 공동생활에 수많은 영향을 끼쳤다는 것은 의심할 여지가 없다. 그것은 유대교와 다른 종교의 관계, 특히 유대교와 기독교의 관계에도 영향을 주었다. 이런 논쟁은 결국 미국 유대인 가운데 상당히 많은 사람이 스스로 종교 활동을 포기하게 만들었다. 다양한 종교적 견해를 다루기 전에 우리는 먼저 유대교를 믿지 않거나 최소한 실천하지 않는 사람들의 주장을 짧게나마 논의해야 한다.

3. 종교 없는 유대인

어느 교회에도 소속되어 있지 않다고 느끼는 사람들(교회가 없는 기독교인들)이 기독교에 많이 있듯이, 유대교에도 어느 회당에도 속해 있지 않은 사람들(회당이 없는 유대교인들)이 많이 있다. 이처럼 '가입하지 않은 사람들'의 이유는 다양하다.

— 첫째, 그들은 **세속적**, 더 정확히 말해서, 이기적이고 경제적일 수 있다(회당의 중요한 일을 위해 경제적인 희생을 해야 할 이유가 있는가? 교회세금은 왜 바쳐야 하는가?).

— 둘째, 그들은 완전히 **종교적**일 수 있다. 왜냐하면 그들은 자신을 회당의 (혹은 교회와 그 대표자들의) 종교적 · 정치적 · 경제적인 행동과 동일시할 수 없기 때문이다. 따라서 활동하지 않는 유대교인들(기독교인들)을—종교 통계에서도 드러나듯이!—결코 거짓 종교인이나 무신론자 또는 불가지론자로 간주해서는 안 된다.

— 셋째, 그들은 참으로 **반종교적**일 수 있다. 왜냐하면 그들은 종교를 ('아편', '억압', '원한', '퇴행'으로 여겨서) 반대하거나, 적어도 종교적 이유로 홀로코스트의 재앙을 감수할 수 없기 때문이다.

전형적으로 근대적인 많은 유대인이 이미 생애 중에 겪은 사건들로 인해 종교를 완전히 등지고 있다는 사실은 의문의 여지가 없다. 그들은 무신론자나 불가지론자, 잠재적인 불가지론자가 된다. 이러한 유대인들이 볼 때, 이것은 이미 과거 한 세기 동안에도 독실한 신앙인으로 머물러 있는 것과—펠릭스 멘델스존-바르톨디와 하인리히 하이네, 벤야민 디스라엘리와 같은 유명한 선구자들을 본받아—기독교인이 되는 것보다는 훨씬 덜 나쁜 일이었다. 세 가지 노선(정통적 · 보수적 · 개혁적 노선)에 속한 회당이 제2차 세계대전 이전에 미국의 유대인들 가운데서 왜 소수小數에 불과했는지 이로써 설명된다. 단지 4분의 1 또는 3분의 1의 유대인만이 회당에 속해 있었다.

앞에서 지적했듯이 이런 상황은 제2차 세계대전 이후에 변하기 시작했다. 그렇지만 1947년에도 회당 방문자들은 개신교회와 가톨릭교회의 방문자들에 비해 분명히 적었다. 그래서 지금도 여전히 (통계적으로 정확히 파악할 수 없는) 많은 유대인은 자신이 유대인임을 인정하지만 유대인의 종교('유대교')와 유대교적 신앙은 부정하고 있다. 이미 과거 한 세기 동안에도 **철저히 동화 노선**을 걸어온 **세속적 유대인들**이 많았다(마르크스와 프로이트 사이에도 얼마나 많은가!). 이 사실을 우리는 이미 알고 있다. 이러한 유대인들은 외형적·내면적으로 게토에서 벗어나와 근대에 완전히 적응했다. 그들은 자신의 관점에서 완전히 무의미하다고 보이는 유대교의 제의적 율법과 외형적으로 차별하는 모든 것을 지키기를 거부했다. 그들은 **종교가 없는 근대적 패러다임**을 대표한다.

그렇지만 이와 같은 비종교적 유대인이 처음부터 아무것도 믿지 않거나 아무것도 의지하지 않으려는 '허무주의자'는 아니다. 그들 중에 많은 사람들이 **인본주의자**거나 **도덕주의자**거나 **사회주의자**다. 그들은 윤리적 목적을 철저히 추구하고 윤리적 기준을 적용하며, 실천적으로는 인본주의적이거나 도덕적이거나 사회적인 사업을 위해—유대인 고유의 성격이나 보편적으로 인간적인 성격을 띤 사업을 위해—힘껏 헌신하고 있다. 그리고 바로 유대교에서 (특히 미국에서) 이런 의미에서 인간적이거나 도덕적이거나 사회적인 존재이기를 원하지만 그래도 종교적인 존재가 될 수 없는 수많은 유대인이 존재한다는 사실은 의문의 여지가 없다.

물론 지금도 인간적이고 도덕적이고 사회적인 존재가 되려는 유대인들도 많다. 왜냐하면 바로 그들은 종교적이기 **때문이다**. 그렇다. 그들은 종교적이기 **때문에** 자신들이 **무조건** 인간적이고 도덕적이고 사회적이어야 하는 이유를 설명할 수 있다고 생각한다. 이러한 유대교적 종교성의 관점에서 우리는 여기서 하나의 유대교적 신학을 실례로 들 수 있다. 이 신학은 제2차 세계대전 이후에 미국에서—하나님을 믿지 않는 사람들도 고려하여—다른 그 어떤 신학보다 신학적 인간학과 윤리학을 더 분명히 전개했다. 이 신학은 아브라함 요수아 헤셸이라는 이름과 연결되어 있다.

4. 종교적 유대인: 아브라함 헤셸

아브라함 요수아 헤셸Abraham Joshua Heschel은 매우 창조적인 사람이었다. 왜냐하면 그는—곧 우리가 알게 될 많은 다른 유대인 신학자들처럼—**두 세계의 시민**이었기 때문이었다. 그는 1907년 바르샤바에서 태어났고,[7] 1972년에 뉴욕에서 사망했다. 그는 폴란드 유대인으로서 이미 출생 때부터 감정적으로 채색된 하시디즘의 활기찬 신앙을 가지게 되었다. 그와 동시에 그는—탈무드와 카발라를 통해 전통적인 교육을 받은 뒤에—베를린 신학대학교에서 유대교 학문을 위해 평생 동안 건실한 학문적 교육을 받은 많은 유대교 신학자 중의 한 사람이었다. 헤셸이 출판한 첫 번째 저서는 독일어로 집필되었다. 그의 박사논문은 예언자에 대한 현상학적 연구(1936)[8]와 중세의 위대한 조직신학자 마이모니데스의 전기(1935)[9]였다. 이 두 저서는 미래에 그가 어떤 저서를 쓰게 될지를 보여주었다. 1937년에 그는 프랑크푸르트의 자유로운 유대인 대학에서 마르틴 부버의 추천에 따라서 그의 후임자가 되었다.

그러나 만약 그가 이미 1년 후에 (먼저 나치에 의해 바르샤바로 추방되었다가) 런던을 거쳐 북아메리카로 이주하지 않았더라면, 이 신학자는 지금 우리가 알고 있는 그런 신학자가 되지 않았을 것이다. 1940년부터 그는 개혁적 유대교의 가장 선도적인 교육기관이었던 신시네티 히브리 유니온 대학교에서 가르쳤고, 1945년부터는 죽을 때까지 보수적 유대교의 '본부'였던 뉴욕 유대인 신학대학교에서 유대교 윤리와 신비주의를 가르쳤다. 탁월한 문장가였던 그는 그의 중요한 저서를 영어로 썼지만, 히브리어와 이디시어와 폴란드어로도 출판했다. 그가 한편으로는 유대교의 고전 문헌을 집중적으로 연구하고, 더 나아가 탈무드와 카발라와 하시디즘을 연구했다면, 다른 한편으로는 미국에서 고전적인 통찰을 현대인의 질문에 적용하려고 시도했던 일종의 동시대적 신학을 탁월하게 수행했다.

아브라함 헤셀은 모든 궁극적인 질문은 해결되었다고 주장한 **근본주의자들**과 그런 문제는 무의미하다고 주장한 **실증주의자들** 사이에서 자신의 길을 추구했다. 서유럽의 정신에 매우 친숙했던 그는 특히 근대에 이르러 많은 유대인이 **종교적인 현실에서 매우 소외되어** 살아간다는 사실에 직면하게 되었다. 그러나 헤셀은 이러한 소외 과정이 단지 인간의 지적인 곤경의 결과만이 아니며, 단지 종교적 전통주의의 잘못만도 아니라고 생각했다. 물론 그는 종교적 전통주의를 매우 비판했다. 이러한 소외 과정은 근대인의 실패와 관련되어 있다. 근대인은 인간의 이성이 오직 제한적으로만 파악할 수밖에 없는 종교적 현실성의 차원을 수용하지 못하며, 하나님과 인간의 만남이 일어나는 그런 차원을 이해하지 못하고 있다.

이러한 상황에 직면하여 그는 이미 1951년에 최초의 체계적인 저서《종교철학》을 출간했다. 그가 입증하려고 시도하듯이, 이 저서는 "**인간은 혼자가 아니다**"라는 사실을 밝히기 위해 하나님 문제와 윤리(삶의 문제)에 집중하고 있다. 그의 종교철학은 참으로 경건한 인간을 설명하는 부분에서 정점에 도달한다.[10]

5년 후에 헤셀은 다시 한 번 그의 핵심 조직신학 저서를 새롭게 썼다.《인간을 찾으시는 하나님》이라는 제목 아래 이 책은 **유대교의 철학**을 주장한다.[11] 이 책으로 지금까지 출판된 그의 수많은 다른 책들을 이해할 수 있다.

이 책은 다음과 같이 말한다.

— 이것은 **철학**이다. 왜냐하면 이것은 (헤셀의 이해에 따르면) 신학처럼 기술적記述的인 것과 규범적인 것, 교리와 해결책으로 시작하는 것이 아니라, 비판적인 새로운 자기 평가에 도달하기 위해 질문을 던지고 문제를 제기하며, 종교의 자기 설명과 자기 연구로 시작하기 때문이다. 또한 철학은 신앙의 내용과 신앙의 조항에 집중하기보다는 신앙의 실천과 신앙의 행위에 집중한다. 신앙의 실천과 신앙의 행위는 심층적으로 연구되어야 하기 때문에 헤셀은 이를 "심층신학"이라고 불렀다.

— 이것은 **유대교** 철학이다. 여기서 유대교는 비판적 연구의 대상이 아니라 그 주체다. 철학에서 플라톤이나 칸트의 통찰이 그러하듯이, 유대교는 이념의 원천이다. 따라서 헤셀에 따르면 유대교는 단지 감정이나 경험일 뿐만 아니라 현실이고, 사건과 이론과 의무와 함께 진행되는 역사 속의 드라마다. 우리는 이를 이해해야 한다.

헤셀은 근대적인 유대인과 근대적인 인간의 상황을 다음과 같은 전형적인 문장으로 묘사한다. "성서는 다음과 같은 궁극의 질문에 대한 대답이다. **하나님은 우리에게 무엇을 요구하시는가?** 그러나 이 질문은 세상에서 사라져버렸다. 사람들은 하나님을 신비의 베일 뒤에 존재하는 가장 막연한 실체로 묘사한다. 그의 음성은 우리의 정신과 마음과 영혼에 생소한 것이 되어버렸다. 우리는 하나님의 '나'를 듣지 않고, 우리 각자의 '나'를 듣는 법을 배웠다. 우리 시대의 인간은 자랑스럽게 이렇게 말한다. 동물적인 것은 내게 전혀 생소하지 않지만 모든 신적인 것은 내게 생소하다고 이것이 오늘날의 삶에서 성서가 처한 상황이다. 성서는 탁월한 대답이다. 그러나 우리는 질문을 더는 알지 못한다. 만약 우리가 질문을 다시 발견하지 않는다면 우리가 성서를 이해할 가망이 전혀 없다."[12] 그러나 현대인은 하나님을 어떻게 재발견해야 하는가?

아브라함 헤셸은 주로 개별적인 주제를 중심으로 사고하기 때문에 논증에서 논증으로 나아가기보다는 대답의 핵심을 도리어 은폐한다. 그렇지만 분명한 점은 그가 하나님을 추구하는 '**세 가지 방법**', 세 가지 '**하나님 성찰의 출발점**'을 원칙적으로 알고 있다는 사실이다. 이것들은 그의 저서의 세 주제(하나님 · 계시 · 응답)와 일치한다.[13]

— 첫 번째 방법은 "세상 안에서, 사물 안에서 하나님의 현존을 감지하는" 것이다.

— 두 번째 방법은 "성서 안에서 하나님의 현존을 인식하는" 것이다.

— 세 번째 방법은 "거룩한 행위(=계명) 안에서 하나님의 현존을 느끼는" 것이다.

첫 번째 방법: 근대 유럽에서 이미 인간의 현존과 세상의 현존과 함께 주어진 종교적 차원이 억압되고 은폐되었기 때문에 인간은 자신에게 근본적으로 부자연스러운 의심에서 해방되어야 한다. 인간은 "신비에 대한 느낌"을 되찾아야 한다. 참으로 인간은 다음과 같은 자명한 사실에 대해 **철저히 놀라는** 법을 배워야 한다. '그 어떤 것이 존재하며, 아무것도 아닌 것은 없다. 이미 인간 자신의 본질은 신비를 내포한다. 신성을 잃어버린 자연도 여전히 힘과 아름다움과 고상함을 발산한다.' 그렇지만 그것은 최종적인 것이 아니다. 놀랍게도 인간은 자기 자신에게 진실하고 하나님의 현실, **세상 속의 하나님 경험**을 향해 마음을 여는 법을 다시금 배울 수 있다. 헤셸은 본질을 파고드는 사고 과정을 통해 그 어떤 것을 증명하기보다는 단지 현존하는 것을 지시하기를 원한다. 그는 인간이 원래 볼 수 있는 것을 드러내기를 바란다. 하나님의 현실을 다시 새롭게 경험할 수 있도록 그는 인간의 상황을 해명하려고 하며, 피조물과 자연의 모든 아름다움과 잠정적 성격을 해석하려고 한다.

세상 안에서, 사물 안에서 하나님을 경험하는 첫 번째 방법은 **성서의 계시 안에서 하나님을 경험하는 두 번째** 방법으로 인도한다. 놀라움을 새롭게 배운 인간은 성서의 계시 안에서 하나님을 늘 다시 경험하게 된다. 헤셸에 따르면 하나님은 영구한 "존재론적 전제"고, 우리 존재의 토대며, 현실 전체의 전제다. 그러나 만약 인간이 놀라움 속에서 이와 같은 전제를 의식하게 된다면, 그는 성서의 메시지와 그 도전을 다시 새롭게 이해할 수도 있게 된다. 물론 우리는 자연 안에서도 하나님의 현존을 경험하지만 '음성'을 듣지는 못한다. 그러나 성서 안에서 우리는 하나님을 매우 구체적으로 알게 되고 그의 말씀을 듣게 된다. 여기서 하나님과 인간은 직접 만나게 되고, 여기서 인간이 느끼는 놀라움에 대한 대답이 주어진다.

그러나 만약 인간이 성서의 계시에 귀를 기울인다면, 그는 다음과 같은 사실을 알게 된다. 인간은 단지—어느 정도까지는 자신의 행위를 통해—하나님을 꾸준히 찾아야 할 뿐만 아니라, 이미 오랫동안 **인간을 찾고 계셨던** 하나님을 여기서 만나게 된다. "하나님은 인간을 찾고 계신다." 여기서 헤셸은 관점의 결정적인 전환을 묘사하고 있다. 이 신학자는 새로운 글을 쓸 때마다 이런 전환을 실현하기를 원한다. 관점은 말하자면 아래에서 위로, 내재성에서 초월성으로, 인간에게서 하나님에게로 전환된다. "마치 하나님이 역사 안으로 들어오시지 않은 듯이, 우리가 하나님을 기다리는 것은 옳지 않다. 하나님을 찾을 때, 이제는 시나이 시대에 살고 있지 않은 현대인은 하나님이 참으로 인간을 찾아오셨다는 사실을 배워야 한다. 그는 예언자들의 세계를 잊으면 안 되며, 하나님이 인간을 기다리신다는 사실을 잊어서는 안 된다."[14]

"… 예언자들의 세계를 잊지 말라." 헤셸은 **예언자들**을 통해 하나님의 계시가 인간에게 구체적으로 어떻게 일어났는지를 설명한다. 다른 유대교 신학자들과는 달리 그는 유대교가 항상 예언자들의 종교였음을 분명히 밝힌다. 왜냐하면 헤셸에 따르면 계시 자체가 성서에서 경험적인 개념으로 설명된 것이 아니라, 선언적이고 예시적인 언어로 선포되었기 때문이다. 예언자들의 경험은 역사적으로나 심리적으로 재구성될 수 없다. 오직 확실한 점은 예언자가 나와 너의 만남의 지평 위에 있기보다는 하나님과의 예언자적인 '공共-감感'의 관계 안에 있다는 사실이다. 이것은 어떤 감정이나 황홀경을 의미하는 것이 아니라, 하나님 말씀 자체에 완전히 열려 있고 그것을 받아들일 자세가 완전히 갖추어져 있다는 것을 뜻한다. 예언자는 단지 하나님을 만날 뿐만 아니라 하나님에게서, 그리고 하나님에 관해 그 어떤 것도 경험한다. 그는 하나님을 단지 당신(Thou)으로서만 경험하는 것이 아니라, 매우 강력하기에 자신에게 힘을 주는 현실로 경험한다. 그는 단지 하나님을 경험하고 나중에 말씀을 기록할 뿐만 아니라 말씀을 듣고 기억하고 정확히 전달하며, 그에게 그리고 그를 통해 사람들에게 주어진 요구를 정확히 전달한다. 공감은 투사投射의 반대다. 공감은 하나님을 향해 마음을 완전히 여는 것이고, 하나님을 완전한 받아들이는 것이다.

여기서 실제로 결정적으로 중요한 것은 계시 사건의 심리적 또는 역사적 증명도 아니고(헤셸은 역사적·비평적 질문에 관심이 없었다), "성서의 객관적 계시 성격"을 고집하는 교리적 고정과 삭막한 문자 신앙도 아니다.[15] 헤셸에 따르면 계시는 독백이나 받아쓰기도 아니다. 계시는 언약의 토대 위에서 하나님과 인간의 생생한 긴장 관계 안에서 일어난다. "성서의 모든 말이 하나님에게서 기원했다고 주장하는 것은 잘못이다. 바로 왕의 모독적인 말, 고라의 선동적인 말, 에브론의 핑계, 미디안 진영 군인의 말은 인간의 정신에서 나온 말이다. 하나님이 예언자에게 오셨을 때에 예언자가 하나님에게 한 말은 하나님이 예언자에게 오셨을 때에 하나님이 그에게 하신 말씀과 똑같이 거룩하다고 여겨졌다. 따라서 성서는 하나님의 말씀 이상의 것을 포함하고 있다. 그것은 하나님의 말씀과 인간의 말이고, 계시와 대답에 관한 보고이며, 하나님과 인간 사이에 체결된 언약의 긴장감 넘치는 드라마다. 성서를 정경으로 확정한 것과 성서를 보존한 것은 이스라엘의 업적이었다."[16]

세 번째 방법: 인간의 '대답', **계명의 실천**, 율법 행위의 실천을 통해 하나님을 경험하는 방법은 종결된다. 왜냐하면 그것은 하나님에게 인도하는 길이기 때문이다. 하나님은 철학적으로 추상화한 것도 아니고 심리적으로 투사한 것도 아니다. 하나님은 자신의 피조물에 대해 열정적인 관심을 보이는 생생하고 역동적인 실재다. 따라서 헤셸은 신칸트주의자 헤르만 코헨 Hermann Cohen이 선전한 '이성의 종교'보다 본질적으로 더 큰 유대교를 대변한다. 또한 마르틴 부버는 나와 위대한 당신(하나님)의 관계를 최종적으로는 매우 개인주의적으로 이해했지만, 헤셸은 유대교를 단지 그러한 관계로만 축소하지도 않는다. 헤셸의 유대교는 함께 실천하는 유대교며, 믿는 자들이 서로 교제하는 유대교다. 이런 실천은 이스라엘 국가의 상황 안에서 실현될 수 있지만, 이에 대해 헤셸은 비교적 유보적인 자세를 취한다. 그리고 이런 실천은 특별한 사회적 참여를 강하게 요구하는 디아스포라 유대교의 상황 안에서도 실현될 수 있다. 그래서 헤셸이 나중에 바로 유대인으로서 흑인의 시민권을 지지하고 베트남 전쟁을 반대하고 소련에 있는 유대인을 지원한 것은 우연한 일이 아니다.

그리고 그는 이 모든 일을 진정한 유대교의 정신 자체로 실행하기를 원했다! 그렇다면 '**유대교의 정신**'이란 무엇인가? 무엇이 유대인을 유대인답게 만드는가? 그의 위대한 저서 《인간을 찾으시는 하나님》의 결론에서 헤셸은 이런 질문을 또다시 분명히 던지고, 이 질문에 대해—우리가 방금 들었듯이—이념적으로 진보적인 '미국의 유대인'을 묘사한 펠드먼과는 전혀 다르게 대답한다. 헤셸에 따르면 '유대인의 정신'이란 세속적인 미국 사회에 적응하는 정신이 아니라 특히 위대한 예언자들이 구체적으로 보여준 정신, 곧 참된 하나님을 이 사회의 많은 현세적이고 거짓된 '우상들'과 혼동하는 것에 맞서는 **저항의 정신**이다. 그러나 이런 저항은 종교적인 일에서도, 율법 신앙의 일에서도 실천될 수 있다. "토라의 율법 자체는 결코 절대적인 실체가 아니다. 그 어떤 것도 신격화될 수 없다. 권력과 지혜도, 영웅과 제도도 신격화될 수 없다. 만약 우리가 이러한 모든 것에 매우 탁월하고 고상한 신적인 속성을 부여한다면, 그것을 구체적으로 드러낸 이념과 우리가 부여한 하나님의 개념을 왜곡하게 된다."[17] **유대인을 유대인답게 하는 정체성**은 바로 다음과 같이 이루어진다. "유대인이라는 것은 거짓 하나님을 물리친다는 것을 의미한다. 다시 말하면 그것은 모든 유한한 상황에서 하나님의 무한한 개입을 느낄 수 있다는 것을 의미하고, 하나님이 숨어 계실 때에 그의 현존을 증언하는 것, 그리고 세상이 구원을 받지 못했다는 사실을 기억하는 것을 뜻한다. 우리는 하나님의 질문에 대답하기 위해 살아간다. 우리의 길은 순례자의 길이거나 아니면 도피의 길이다. 우리는 세속적 승리의 유혹에서 벗어나기 위해, 히스테리와 기만적인 명예에서 자유롭기 위해, 완전히 비근대적으로 보이는 대가를 치르더라도 외형적인 가식에 절대로 굴복하지 않기 위해 선택되었다."[18]

이 모든 것은 시대에 부응하면서 동시에 성서에도 부응하려고 시도한 인상 깊은 유대인의 신학이다! 그렇지만 '미국의 부버'가 매우 이성적으로 근대의 종교적 인간과 나눈 광범위한 대화는 다음과 같은 질문을 다시 불러일으킨다. 이런 질문도 역시 세 가지 방향에서 제기된다.

5. 다시 던지는 질문

세상의 현실을 넘어서 하나님에게 도달하는 **첫 번째** 방법에 관해 말한다면, 헤셸의 신학이 근대 인간 상황과 근대적 학문, 근대 인간학과 철학에 착안한 것은 옳다. 그러나 이 유대교 신학자는 질문과 대답의 대립 구조 속에 너무 성급하게 빠지지 않았는가? 마치 '세속적' 인간학에서는 아무런 대답이 없고, 유대교 신학에 자기비판적인 질문이 전혀 존재하지 않는 듯이. 인간학과 신학이 그렇게 단순하게 질문의 세계와 대답의 세계로 분리될 수 있는가? 비록 헤셸이 근대 인간학을 진지하게 받아들이긴 했지만, 그것이 단지 처음부터 고정되어 있는 그의 신학적 인간학을 위한 옷걸이 역할만을 하지 않았는지 의심이 든다. 그는 철학적 인간학의 정당성과 진리 요소에 대한 질문과는 전혀 논쟁하지 않으며, **근대적 종교비판과 논쟁하기를** 회피한다. 자신의 '존재론적' 전제에 대한 철저한 질문은 억압되었다. "하나님이 없는 인간은 의미가 없다"[19]와 같은 문장은 일반화의 경향을 드러내고, 회의적인 동시대 사람들이 자기이해 속에서 끝까지 말하기도 전에 신학적인 말을 던지는 신학적인 무례함도 내비친다.[20]

성서적 계시를 넘어서 하나님에게 도달하는 **두 번째** 방법에 관해 말한다면, 헤셸이 교리적 근본주의와 삭막한 문자 신앙에 비판적인 거리를 두는 것은 옳다. 그러나 마치 거의 300년 동안 역사적·비평적 성서연구(스피노자, 라이마루스, 레싱, 벨하우젠)가 전혀 존재하지 않은 듯이, 우리가 **역사적 성서비평의 질문**을 아무렇게나 무시할 수 있는가? 헤셸은 성서와 밀접하게 접촉하고 인간의 실존적 고통과 희망을 감지하는 가운데서 하나님의 계시 속에서 하나님의 생생한 현실성을 깨닫게 해주려고 노력했다. 그럼에도 만약 헤셸이 단지 토라만이 아니라 할라카의 모든 전통도 무비판적으로 수용했다면, 역사적 비평을 무시한 대가를 결국 치르지 않겠는가? "예언자들의 영감과 지혜자의 해석은 똑같이 중요하다. … 성서학자는 예언자의 상속인이다."[21] 이런 문장은 유대교 내부의 문제, 곧 전승이 성서를 지배하는 것을 태연하게 넘겨버리지 않는가? 그렇지만 우리는 예언자의 정신으로 이에 저항해야 하지 않는가? 만약 성서학자, 곧 랍비가 예언자가 되었다면, 누가 이러한 '예언자'에게 예언자처럼 저항할 수 있겠는가? 이것은 예언자의 유산을 랍비에게 넘겨주고, 그래서 예언자의 탁월한 권리를 그의 유산에서 제거한다는 것을 의미하지 않는가? 예언자는 살아 계신 하나님의 이름으로 모든 전통에 저항할 권리가 있었고, 하나님의 현실을 인간이 만든 전통과 해석, 제도와 계급과 바꾸는 행위에 저항할 권리가 있었다.

하나님에게 도달하는 **세 번째** 방법(율법 행위의 실천)에 관해 말한다면, 헤셀이 유대교를 '율법주의 종교'로 예단하고 협소화하고 왜곡하는 행위에서 해방하려고 노력한 것은 옳다. 그러나 헤셀이 "율법과 내면성, 사랑과 두려움, 이해와 복종, 기쁨과 훈육"의 양극단을 해명하려고 노력했음에도[22] 여기서도 그가 신학적으로 책임 있는 **율법 실천의 비판**에 대한 질문을 차단한다는 비판을 초래하지 않았는가? 비록 그는 "현대의 유대인이 … 정적인 순종의 길을 하나님의 뜻의 신비로 나아가는 길로 받아들일 수 없다"는 사실을 인식했지만,[23] 만약 그가 결국 모든 계명을 수용하고 그것에 정신적 의미를 부여한다면, 그가 율법 실천에 생소한 현대의 유대인을 참으로 진지하게 생각했다고 말할 수 있는가? "계명은 하나의 의미를 가지고 있다고 말해서는 안 되고, 오히려 계명은 항상 새로운 의미를 내뿜는 샘으로 인도한다고 말해야 한다."[24] 이와 같은 문장은 헤셀이 율법을 비판적으로 해석하기를 원하기보다는 율법의 영적인 의미를 너무 높이 평가한다는 사실을 추론하게 만들지 않는가? 그러나 무의미하게 보이는 율법이 현대의 유대인을 실제로 영적인 '샘'으로 인도할 수 있겠는가? 우리가 이러한 질문에서 인간의 이성을 배제할 수 있는가? 만약 우리가 현대의 유대인이 비판적으로 질문한 모든 계명에 관해 정보를 제공한다면, 질문하고 비판하는 그를 도울 수 있는가? "따라서 여기서 우리는 계명을 합리적 의미에 따라서 평가해서는 안 된다. 아마도 우리는 계명에 근거하여 합리적 의미를 발견했을 것이다. 종교는 순수 이성의 한계선 안에서 발견되는 것이 아니라, 그 너머에서 찾을 수 있다. 종교의 임무는 이성과 경쟁하거나 이성의 원천으로서 사변적 이념에 봉사하는 것이 아니라, 이성이 거의 도울 수 없는 곳에서 우리를 돕는 것이다."[25] 우리가 현대의 정신을 외면하지 않은 채, 이성과 종교를 그렇게 대립시킬 수 있겠는가?

의문은 끊임없이 일어난다. 그리고 아브라함 요수아 헤셀의 위대한 체계적인 저서가 우리에게 만들어준 길을 따르다 보니, 지금 우리는 현대 유대인 철학의 문제 속으로 이미 깊이 들어와버렸다. 우리는 이것을 신학이라고 불러도 무방하다. 우리는 이제 다음과 같이 근본적인 질문을 던지게 된다. 모든 유대인에게 의무적으로 주어진 신조와 보편적인 교리적 권위가 전혀 없다면, 오늘날 유대인에게 다양한 기본적인 **종교적** 선택은 어떤 형태가 될까?

II. 미래의 기본적인 종교적 선택은 무엇인가?

과거에 대한 논쟁은 미래에 대한 논쟁이기도 하다. 여기서 분명한 점은 유대교의 세 분파에 속한 사람들이 원래의 유대교를 대변한다고 주장하지만, 그들 모두가 끊임없이 변하는 시대적 상황에 어쩔 수 없이 (피상적이거나 온건하거나 급진적으로) 적응해왔다는 사실이다. 바로 미국에서 그들은 유대인이면서 동시에 미국인이 되기를 원한다. 여기서 유대교의 작은 집단('유대교적 인본주의', '유대교적 과학', '흑인 유대교')은 간접적으로만 언급할 것이다. 우리가 집중해야 할 질문은 다음과 같다. 이미 내가 이 책 제1부의 마지막에서 역사적 현상으로 다루었던 유대교의 3대 노선은 어떻게 발전했는가? 우리가 여기서 계속 다루어야 할 문제는 다음과 같다. 정통주의, 보수주의, 개혁적 유대교는 미래를 위해 어떤 정신적·종교적 선택을 하는가? 미리 앞당겨 말한다면, 특히 독일에서 먼저 형성되었다가 그 다음에는 미국에서 발전했던 세 집단은 모두 변화를 겪고 있다. 비록 세 집단은 각기 극단적으로 나뉘어 변화하고 있지만, 미래에는 한 가지로 수렴할 가능성을 배제할 수 없다.

1. 고전적 정통주의: 삼손 히르쉬

19세기에 개혁적 유대교와 구분하려고 널리 사용되었던 '정통주의'라는 단어는 1795년에 유대교와 관련하여 비로소 처음 사용되었다. 이것은 **'율법에 대한 충실', '토라에 대한 충실'**과 동의어다. 언제나 '기록된 토라'를 하나님의 감동을 받은 말씀으로 여기고 '구전된 토라'를 그에 대한 해석으로 여기는 모든 유대교인은 지금까지 유대교 정통주의에 속한다. 이 두 가지는 유

대교 율법인 할라카의 원천이고, 정통주의는 구체적인 일상생활에서 이 원천에 따라 이루어져야 한다.[1]

거시적 패러다임에 대한 우리의 역사 분석이 보여주고 있듯이, 고전적 정통주의는 바로 근대가 시작되면서부터 철저히 전통주의적이었던 정통주의가 단호하게 대변하고 방어한 **랍비-회당 패러다임**의 후속 결과다. 우리가 지금까지 들었던 내용에 따르면 그 특징은 분명히 다음과 같다. 그 당시 유럽에서 외형적 장벽이 무너지고 종교적인 참여가 분명하게 퇴조하자, 토라를 엄격히 신앙하던 사람들은 일 년의 모든 날을 위한, 그리고 특히 안식일을 위한 수많은 율법 규정과 율법 해석을 통해 유대인의 정신 둘레에 내적인 장벽을 더 높이 쌓아올렸다. 여기서 민족성과 종교성은 지금까지 하나로 여겨지고 있다. 그러나 종교는 전통이며, 회당은 (과거의 로마 가톨릭교회와 비슷하게) 대부분 폐쇄된 문과 창문이 달려 있는 요새다. 물론 그것은 (기독교적으로 설명하면) '자신의 밖에는 구원이 없다'고 주장하는, 매우 배타적인 구원 기관은 아니다.

그렇다면 장벽 밖에 있는 현대인들은 어떠한가? 정통주의자들은 우선 그들을 원칙적으로 무시하며, 현대의 서구인들이 도덕적인 일에서 여러모로 실패했다고 선언한다. 제2차 바티칸 공의회 이전의 로마 가톨릭 신자들과 그 이후의 몇몇 사람과도 비슷하게, 그리고 여러 나라에 흩어져 살아가는 많은 무슬림과도 유사하게 정통주의 유대교인들은 개혁과 계몽에는 아랑곳하지 않고, (교통과 통신과 지불 수단 등) 단지 외형적으로만 적응한 채 지금까지—포로기 이후의 신정 패러다임과 반근대주의적 요소로 축적된—**중세 종교 패러다임**을 강조해왔다. 로마 가톨릭 신자들이 오랫동안 그랬듯이, 그들도 신앙을 위험에 빠뜨리지 않으려고 자녀들에게 '더 확실한' 직업을 선택하기를 권한다. 그들은 경영학이나 법학과 의학은 권하지만, 인문과학이나 사회과학은 권하지 않으며, 특히 역사, 유대인의 역사는 권하지 않는다.

그렇다면 유대교의 개혁은 전혀 필요하지 않다는 말인가? 필요하기도 하고 필요하지 않기도 하다. 오늘날까지 잘 알려져 있는 독일 신新정통주의의 수장인 **삼손 라파엘 히르쉬**Samson Raphael Hirsch(1803~1888) 같은 사람은 이미 19세기에 모든 분파적 경향에 맞서 유대교의 **개혁**이 철저히 **필요하다**고 열렬히 주장했다.[2] 그러나 개혁주의자들이 요구하듯이, 개혁은 학문적 비판과 신앙의 변화와 많은 전통적 율법을 포기함으로써 일어나는 것이 아니다. 오히려 개혁은 **보수적**이다. 다시 말하면 개혁은 하나님의 진리가 들어 있는 영원하고 불변하고 오류가 없는 성서와 탈무드의 계시에 대한 숙고를 통해 이루어진다. 자연의 법칙처럼 불변하는 하나님의 율법은 우선 문자적인 의미를 통해 이해되어야 한다. 그리고 율법의 진정한 종교적 의미는—여기서 카발라의 영향이 수용되었다—그때그때마다 나타나는 상징적 내용 속에서 분명해진다.

그렇다면 성서비판은 어떠한가? 히르쉬는 이에 관해 전혀 논쟁하지 않는다. 만약 토라의 모든 율법으로 안내하는 문장, 곧 "하나님이 모세에게 말씀하셨다"라는 문장이 진실하다면, 이 토라는 아무 조건이나 반대가 없이도 수용될 수 있고, 모든 시대와 상황에서 실천될 수 있다. 또한 많은 정통주의자들은 오늘날까지 양자택일을 매우 강조한다. 그들은 "기록된 모든 것을 받아들여라. 그렇지 않으려면 유대인이기를 포기하는 것이 더 낫다"고 말한다. 토라와 할라카를 대하는 이런 태도는 오류가 없는 성서 말씀을 대하는 개신교 근본주의자들의 태도와 비슷하거나, 오류가 없는 교황의 발언을 대하는 가톨릭 전통주의자들의 태도와 닮았다.

정통적 유대교인들은 오늘날 상대적으로 적은 수를 이루면서 유럽과 미국의 많은 도시에 흩어져 살고 있다. 특히 이스라엘 땅에는 단지 소수의 정통주의자들만이 살고 있다(이곳에서 실제로 실천하는 정통주의자들은 유대인 인구의 5%도 되지 못한다). 그렇지만 중요한 점은 **예루살렘**에서 그들이 유대인 인구의 대략 3분의 1에 해당하는 33만 명의 구성원을 거느리고 있고, 정부를 구성할 때에 그들은 상당한 정치적 영향력을 발휘하는 위치에 있다는 사실이다. 물론 이상적인 국가와 정부의 형태를 소원해온 많은 정통주의자들은 오랫동안 세속적인 이스라엘 국가를 반대하는 반시온주의적 성향을 지니고 있었다. 그러나 오늘날 대다수의 정통주의 추종자들은 종교적 확신을 지닌 시온주의자들에 속한다. 이것은 단지 정통주의의 틀 안에서도 변화와 개혁이 가능하다는 사실을 가리키는 한 가지 징후에 불과하다.

다른 분파들처럼 정통주의도 오늘날 **단일 집단이 아니다**. 오히려 그것은 할라카를 독자적으로 해석하는 독립적인 회당들의 연합체와 같다. 이 회당들은 모두 자신의 방식대로 자신의 위기를 극복하려고 애쓴다. 왜냐하면 이는 20세기 중에 미국에서 동유럽의 정통주의가 이미 두 번째 세대로 이어지면서 대부분의 구성원을 잃어버렸기 때문이다.[3] 그렇다. 첫 번째 이민자들의 가장 오래된 정통주의는 이미 20세기 초기에 광범위한 곳에서 사라졌다. 이주자들의 많은 자녀들은 결혼이나 개종을 통해 기독교인이 되었다. 다른 사람들은—특히 서유럽에서 건너온 사람들은—나중에 보수적인 유대교에 흡수되었다.

덧붙이자면, 정통적 회당과 계속 접촉하고 회당(특히 강하게 발전된 그 학교제도)을 물질적으로 후하게 지원하는 많은 유대인들은 자신들의 신앙을 전혀 실천하지 않지만, 재정적 후원을 통해 양심적으로 선하게 살려고 노력하고 있다. 그래서 6일 전쟁 이후에 비종교적인 유대인들이 이스라엘의 문제를 위해 스스로 모은 상당한 양의 자금이—미국과 이스라엘에 있는—정통주의자들의 통장으로 들어왔다. 많은 세속적 유대인들은 다음과 같은 일을 규칙으로 여긴다. 만약 사람들이 유대교를 위해 돈을 기부한다면, 유대교는 '올바른'(=정통적인Orthodox) 유대인을 얻게 된 셈이 된다. 그래서 최근에 동유럽에서 이주한 하시디즘 유대교인의 다양한 집단들(예컨대 루바비치 하시딤Lubavich Hasidim)은 현대적 수단을 통해 선교 활동을 펼칠 수 있었다. 비록 그들이 그들의 주관적 정서 때문에 다른 유대교 분파들에게 언짢은 대우를 받지만, 그들의 활동은 어느 정도 성공을 거두었다.

그러나 근대를 전혀 두려워하지 않을 뿐만 아니라 정통주의와 근대의 공생을 소원하는 정통적인 유대교인들은 이런 '전통적 정통주의자들'과 구분되어야 한다. 그들은 세속적인 교육과 동시대의 문화를 완전히 긍정한다. 부분적으로는 계몽된 정통주의자로 자칭하는 그들은 두 세계의 가장 선한 요소들을 순수하게 종합하려고 애쓴다. 예컨대 예시바Yeshiva 대학교의 초대 총장 버나드 레벨Bernard Revel도 유대교가 오직 이런 방식으로 깊어지고 풍부해질 수 있다는 확신 속에서 이런 종합을 장려해오고 있다. 그리고 이 근대적이고 계몽된 정통주의는 나름대로 이미 주목할 만한 근대적 전통을 소유하고 있다.[4]

2. 계몽된 정통주의: 요셉 솔로베이치크

정통주의는 오늘날 특히 미국에 계속 살아 있다. 오랫동안 분명히 쇠퇴할 것으로 보였던 정통주의가 1970년대와 80년대에 수적으로 증가했을 뿐만 아니라, 미국의 대중 속에서 강력하게 등장했다는 사실은 놀랍다. 그 이유는 무엇인가? 제2차 세계대전 이후에 홀로코스트에서 살아남아 미국에 이주한 많은 사람들이 무서운 경험을 한 후에 유대인 생활 형태를 무조건 보존하기를 원했다는 것이 유일한 이유인가? 아니면 혁명적인 1960년대와 70년대를 이어 80년대에 거의 전 세계에서 보수적인 '반발backlash'과 같은 현상이 발생한 것이 그 이유인가? 아니면 많은 유대인이 서방의 자유분방한 문명을 비도덕적이고 혐오스러운 것으로 느끼고, 엄청나게 빨리 일어나는 사회 변화(가치 변화!)에 직면하여 율법 준수를 통해 서방의 문명과 필요한 거리를 유지할 수 있고, 도덕적 안정과 세계관적 확신을 가질 수 있다고 약속한 것이 그 이유인가?

이 모든 것은 분명히 서로 연관되어 있다. 그러나 이것만으로는 설명이 충분하지 않다. 작은 종파처럼 폐쇄적이지 않고 다른 새로운 시대를 향해 자신을 개방한 근대적이고 **계몽된 정통주의**도 그 이유 중의 하나다. 이러한 정통주의는 고전적이고 할라카적인 유대교(예컨대 제의적 침례)를 미국의 문화(예컨대 스포츠)와 연결함으로써 미국의 많은 젊은 유대인에게도 진정한 삶의 대안을, 아니 새로운 생활 방식을 제공했다.

예컨대 뉴욕의 정통주의적 예시바 대학교는 하나의 문헌을 널리 보급했다. 이 문헌은 단지 할라카에 대한 밀교적密敎的 해석만을 다루지 않고, 일상의 결핍과 기대 속에 있는 비정통적 유대인에게도 말을 건다. 이런 '계몽된 정통주의'의 확실한 지도자로는 랍비 **요셉 솔로베이치크** Joseph Soloveitchik(1903~1993)를 들 수 있다. 그는 유명한 랍비 가문 출신의 예시바 대학교 교수로 (헤셸이 동유럽 출신으로 베를린에서 철학박사 학위를 받은 것처럼) 탈무드와 현대 철학이라는 두 세계를 이미 그의 인격 안에서 통합할 줄을 알았다.[5] 그의 신학은 일종의 '할라카 신학'이다. 왜냐하면 하가다의 이야기가 아니라 일차적으로 할라카의 율법 규정이 유대인의 생활 형태와 도덕을 결정하기 때문이다. 그것은 '할라카적 인간'과 그의 지혜와 세계관과 창조적 능력에 관한 이념이다.

랍비 솔로베이치크는 일상생활과 현대 철학과 유대교 전통을 상당히 인용하면서 **'할라카적 인간(이슈 하-할라카** ish ha-halakah)**의 이념'**을 풍부한 표현을 통해, 그렇지만 집중적으로 소개한다. 선험적으로 주어진 관념적 세계에서 출발하는 수학자와 비슷하게 "할라카적 인간은 고정된 형상과 견고한 원리의 도움으로 세상을" 바라본다. "계명과 율법의 한 덩어리는 생활로 인도하는 좁은 길을 따라서 인간을 인도한다."[6] 여기서 할라카적 인간이 "종교적인 인간"과는 달리 우선 관심을 기울이는 것은 초월의 현실이 아니라 경험적 현실(여기와 지금)이다. 할라카적 인간의 이념은 바로 "현실을 할라카의 멍에 아래 두는" 이념이다.[7] 분명히 그도 "죽음에 대한 두려움"을 가지고 있다.[8] 비록 그는 영원한 생명을 믿지만, "더 높은 세상을 통해서가 아니라 세상 그 자체를 통해, 경험적 세계를 할라카의 이념적 규범에 적응시킴으로써 세상을 구원하려고" 애쓴다.[9] 그렇기 때문에 할라카적 인간의 이념은 "초월을 어두운 죽음의 골짜기 아래, 다시 말하면 우리의 세상 안으로 옮겨놓기를 강력히 요구하며, 초월을 살아 있는 땅으로 바꾸어놓기를 강력히 요구한다."[10]

그렇다면 이 유대인 종교철학자에게 **할라카**는 어떤 역할을 하는가? 대답은 다음과 같다. 그것은 "개인의 유동적인 경험을 고정된 원리와 보편적 규범으로 구체화한 것"이다. "할라카는 우리 종교 의식의 객관적 도구다."[11] 그렇기 때문에 솔로베이치크는 할라카를 역사적·발생학적으로 해석하거나 "구성하는 것"을 결코 고려하지 않았다. 그는 모든 종류의 "사회학적·심리학적 발생학"을 날카롭게 반박했다.[12] 오히려 그는 할라카를 현상학적·실존주의적으로 "구성하려고" 했다. "전통적인 신앙 진리와 근대 종교적 경험의 일치를 연구하려면, 회고적 연구 방법, 곧 객관적인 종교적 상징으로부터 주관적인 강물로 거슬러 올라가는 운동이 적용되어야 한다." 왜냐하면 "객관적인 나침판이 없이는 목표하는 항구가 불확실하기 때문이다."[13] 솔로베이치크에 따르면 이 객관적인 나침판은, 대부분의 유대교 철학자들이 생각하듯이, 그리스 철학과 아랍 철학에서 중심 개념을 취한 중세의 유대교 철학이 아니라, 현대 철학의 도움을 받아 전체 맥락에서 모형론적으로 설명되어야 하는 할라카다.

그렇다면 이 체계적인 전체 맥락은 어떻게 나타나는가? 특히 헤겔의 변증법을 배운 그는 인간을 우선 개인으로 보며, 그리고 (이미 성서의 창조기사가 말하고 있듯이) 인간을 완전히 모순된 존재로 생각한다. 인간은 무한한 가능성과 제한된 능력 사이에, 자기 자신에 대한 동시적인 긍정과 부정 사이에, 자유와 필연 사이에, 두려움과 희망 사이에, 하나님 경외와 하나님 사랑 사이에 놓여 있는 존재다. 그러나 이 정통적 랍비는 기독교의 원죄 비관주의를 전혀 인정하지 않으며 오히려 현실주의적인 인간의 자기 평가를 촉진하기를 원한다. 만약 인간이 정신적으로 자기 자신과 자신을 압박하는 시대 조류의 주인이 된다면, 이 모순된 상황은—이 상황 안에서는 소외 경험도 창조성의 원천이 될 수 있다—인간 스스로 극복할 수 있다. 그러나 이러한 일은 (기독교에서처럼) 하나님의 그 어떤 구원 행위나 구원자를 통해 발생하는 것이 아니라, 시나이 산에서 하나님이 선사하신 토라를 통해 발생한다. 토라는 하나님의 뜻의 표현이다.

다르게 말하면, 삶의 모든 영역의 구체적인 일상 속에서 인간을 견고하게 인도하는 할라카와 일치하는 생활을 통해 인간 실존의 모순적 성향을 필수불가결한 균형으로 이끌 수 있다. 솔로베이치크의 생각에 따르면 (시나이 산이 하나님의 하강 흔적을 거의 보여주지 못하듯이) 할라카 자체도 거룩한 것이 아니다. 모리야 산이 제물을 준비한 아브라함이 올라감으로써 하나님에게 거룩하게 바쳐졌듯이, 할라카는 인간의 헌신을 통해 거룩해져야 한다. 율법 준수를 통해 유대인은 '할라카의 인간'이 되며, 하나님의 언약 공동체 안으로 받아들여진다. 그래서 그는—물론 평생 동안 능동성과 수동성, 헌신과 철회, 책임과 단념의 긴장 속에 있지만—자신의 목표를 달성할 수 있다. 다시 말하면 그는 하나님에게 가까이 다가갈 수 있다.

따라서 이 현대적 정통주의 신학자에 따르면 "유대교의 철학적 세계관을 생산할 수 있는 오직 하나의 원천만이 있다. 그것은 객관적 질서, 곧 할라카다."[14] 그래서 솔로베이치크는 **"할라카적 정신"**[15]에 관한 두 번째 결론적 논문을 다음과 같은 문장으로 끝맺는다. "할라카의 원천에서 힘을 얻은 새로운 세계관은 공식화되기를 기대한다."

그리고 위대한 연설가이기도 한 솔로베이치크가 제시한 이 할라카 신학을 통해 많은 정통적 유대교인이 자기 자신을 재인식할 수 있다는 사실을 우리는 국외자이면서도 이해할 수 있을 것이다. 심지어 비유대교인들도 여기서 전개된 '할라카적 인간'에 관한 인간학적·윤리적인 개념을 공유할 수 있을 것이다. 그렇지만 여기서 우리는 다시 질문하게 된다. 물론 솔로베이치크가 인간학과 신학을 종합한 결론을 지금까지 책으로 출판하지 않았기 때문에 구체적으로 질문하기는 어렵다. 그래도 유대교인과 기독교인은 새로운 질문을 함께 제기할 수 있다.

3. 계시와 율법에 대한 새로운 질문

솔로베이치크는 히르쉬처럼 성서와 탈무드의 말씀이 오류가 없는 하나님의 말씀이라고 그렇게 단순하게 근본주의적으로 말하지 않는다. 그러나 그의 할라카 이해도 정적이다. 그래서 다음과 같은 질문이 떠오른다. 할라카는 모든 심리적·사회적인 발전과는 무관하게 유효한 피타고라스의 원리처럼 참으로 '객관적 질서'인가? 수학자와 물리학자가 자신의 '학문'의 **역사**에 별로 관심을 기울일 필요가 없듯이, 신학자도 자신의 '학문'의 **역사**에 무관심해도 좋은가? 만약 솔로베이치크의 주장대로 모든 철학이 계속 발전되어가고 있다는 헤겔의 이해가 자명한 진리가 되었다면, 이미 우리가 설명한 오래되고 복잡한 전통의 역사를 바라볼 때, 현상학적·실존주의적인 연구방법을 위해 할라카 자체의 역사적 발전을 무시하는 것이 설득력이 있는가? 이러한 연구 방법은 정통적·중세적 해석이 오랫동안 간단히 증명해온 것이다.

더욱이 솔로베이치크의 비판을 받은, 합리적인 계명과 전통적 계명을 구분한 중세기 최초의 위대한 체계적 철학자 가온Gaon 사아디아Saadia(10세기)와 바키야Bachya(11세기), 그리고 합리적인 종합에 전념한 마이모니데스(12세기)가, 비록 역사적 발전을 깊이 고려하지는 않았지만 문제를 의식하고 해결하는 일에서 아마도 훨씬 더 진보하지 않았는가? 솔로베이치크가 사아디아를 비판하면서 요구하듯이, 우리는 일종의 상징적 설명(회개와 전향을 위한 촉구)을 위해 양의 뿔(경고나 축제의 시작을 알리는 유목 시대의 유물)을 불 수 있는 역사적인 동기를 무시해야 하는가? 상징적·모형론적인 설명이 (예컨대 안식일과 정결 규정, 식사 규정과 관련된) 할라카의 모든 실제적인 어려움을 제거해줄 수 있는가? 대다수의 유대인은 바로 이런 어려움 때문에 할라카의 정통적 길을 벗어나지 않는가?

교부들과 20세기의 그들의 추종자들도 상징적·모형론적 주석으로 성서의 실제적인 어려움을 해결했다고 생각했다. 그러나 많은 가톨릭 교리학자들이 인간학적 또는 모형론적 재해석을 통해 이해하기 어려운 전통적 교리를 체계적으로 '이해할 수' 있게 하려고 시도했듯이, 결정적으로 중요한 역사적·신학적인 비평 대신에 특정한 계명이나 교리를 더 높은 인간학적 이성 안으로 끌어올리는 것이 오늘날에도 여전히 설득력이 있는가? 만약 할라카의 규정들이 이미 더는 '하나님의 계명'이 아니라면, 오늘날 사람들이 비합리적이라고 생각하고 그리고 현대인에게 결코 요구할 수 없는 규정들(예컨대 여성의 제한된 권리와 관련된 규정)이 할라카 안에도 들어 있지 않은가? 그렇다면 인간의 자율自律을 성취한다는 신율神律이 인간의 이성을 억압하는 타율他律로 변하지 않는가? 이와 같은, 그리고 이와 비슷한 질문에 대해—유감스럽게도 솔로베이치크는 거부하지만—유대교 신학자와 기독교 신학자는 오늘도 서로 토론해야 할 것이다.

그러나 정통주의 안에도 자료 선택과 해석 방법에 따라, '이론'과 '실천'에서 **폭넓은 신학적 선택의 분파들**이 존재한다는 사실을 이제 우리는 정통주의자에게 듣게 되었다. 예컨대 이스라엘의 바르 일란Bar Ilan 대학교의 정통주의적 총장, 랍비 에마누엘 랙만Emanuel Rackman은 이에 관해 더 정확한 정보를 준다.[16] 구체적으로 이것은 특히 두 가지 복합적 요소와 관련되어 있다.

첫째, 계시와 신앙에 관해 말한다면, **모든** 정통주의자는 **토라** 안에서 인간에게 드러난 하나님의 계시를 인식한다. **그러나,**

— 어떤 사람들은 하나님이 그 당시에 모세에게 이 계시를 한 단어 한 단어 불러주었기 때문에 (성서의 진술에 따르면 세상의 나이가 대략 5,000년이 될 때까지) 오늘날에도 성서를 한 단어 한 단어 신앙으로 받아들여야 한다고 생각한다.

— 다른 사람들은 계시의 방법이 분명하게 고정되어 있지 않고 항상 해석이 필요하기 때문에, 지구의 나이와 인간의 기원과 같은 것들은 자연과학이 연구하도록 허용해야 한다고 생각한다.

— 또 다른 사람들, 특히 자연과학자들은 개인적인 생활에서는 전통적인 신앙 이해를 굳게 붙들고 있지만, 연구하고 가르치는 일에서는 자연과학적 방법과 결과를 따르는 경향이 있다. 이 두 가지의 모순은 무시되거나 배제된다.

계시의 **다른 원천**에 관해서도 이와 비슷한 견해가 존재한다.

— 어떤 사람들은 단지 오경만이 아니라 성서의 다른 책도 한 단어 한 단어 성령에 의해 기록되었다고 생각한다. 다른 사람들은 성서를 해석할 때에 성서 각 권의 다양한 저자들과 다양한 형성 시기와 다양한 문학적 양식을 매우 진지하게 여긴다.

— 어떤 사람들은 단지 토라만이 아니라 모든 거룩한 문서, 미쉬나와 탈무드의 모든 문장도 완전하다고 주장한다. 또 다른 사람들은 미쉬나와 탈무드와 중세 유대교 철학을 근거로 오직 모세 오경의 다섯 책만을 완전하다고 생각한다.

둘째, 율법과 율법 실천에 관해 말한다면, **모든** 정통주의자는 할라카의 원초적인 토대가 되는 토라의 율법 부분이 하나님 뜻의 표현이라고 생각한다. **그러나,**

— 어떤 사람들은 이 율법이 영원하고 절대로 변할 수 없다고 생각한다.

— 다른 사람들은 바로 입으로 전달된 토라의 도움을 받아 영원하지 않고 변하기 쉬운 율법도 받아들인다. 그들에게 어떤 율법(예컨대 피의 보복이나 왕의 지명과 관련된 율법)은 절대적인 명령이 아니라 그저 권고에 불과한 것이다.

여기서 단지 신학의 질문만이 아니라 **정치의 질문**도 중요하다. 다시 말하면 정통주의는 특히 자신이 이스라엘 국가에서 유일하게 인정을 받은 유대교의 형태라는 사실을 통해 미국에서 자신의 자의식을 키우고 있다. 그렇지만 바로 여기서 다른 유대인들은 질문한다. 미국의 모든 세 가지 노선의 랍비들이 (최근에는 개혁주의와 보수주의 유대교에 속해 있는 여자 랍비들도) 매우 당연하게 결혼하고 이혼하고 개종하는 것을 허락하는 것이 타당한 일인가? 그렇지만 이것은 이스라엘 국가에서—이미 오스만 제국 시절에 주어진 권한에 근거하여—오직 정통주의자들에게만 허락되지 않았는가? 모든 공적인 노력과 개인적인 관계와 미국 유대교의 재정적 후원도 지금까지 아무것도 달성하지 못했다. 보수적 유대교와 개혁적인 랍비들과 총회도 이스라엘에서 공식적으로 인정을 받지 못했다. 물론 그들은 이 땅에 존재하지만, 정통주의자들과 비견될 만한 법적인 지위는 갖지 못하고 있다.

결과적으로 **유대교**는 양극화되고, 실제로 **분열되었다**. 이에 대한 상당한 책임은 유대교 노선 가운데서 가장 너그럽지 못하고 공격적인 정통주의가 지고 있다. 이미 보고했듯이 실천의 문제에서 엄청난 어려움이 발생했다. 극단적 정통주의 유대교인들은 (극단적 정통주의 기독교인들과 극단적 정통주의 무슬림들과 완전히 비슷하게) 중세기의 신앙적 열광주의에 사로잡혀 있고, 토라를 핑계 삼아서 비신앙인들과 이방인들과 싸우기보다는 전통에서 벗어난 자신들의 신앙 동료들과 싸우고 있다. 그들은 공공의 적들에게서 엄격히 멀어지고 그들과의 모든 협력도 거부할 것을 명령한다. 그렇기 때문에 이미 고대에 이방인들 가운데서도 그랬듯이, 지금은 심지어 유대인들 가운데서도 그런 종류의 유대교에 대한 증오심이 조장되고 있다. 정통주의 이해에 따라 (예컨대 스포츠나 자동차 운행을 통해) 안식일을 방해하거나 (예컨대 광고를 통해) 선한 풍습을 해치는 자들을 향한 폭력 행위조차 정당화된다. 그러나 상황에 따라서는 (이스라엘에서 일어나는 떠들썩한 소동에서 볼 수 있듯이[17]) 극단적 정통주의자들과 그들의 제도에 대한 폭력이 행사될 수 있다는 사실은 반성해야 할 문제다. 극단적 정통주의자들도 시민전쟁을 일으키지는 못했다.

시간이 흐르다 보면 그들은 관용의 길을 발견할 수 있고, 또 발견해야 하지 않겠는가? 대부분의 정통주의자들의 개인 생활에서도 조상들이 죄로 여겼던 것(세속적 교육, 현대의 공동체 생활, 현대 음악)이 이미 오래전부터 더는 혐오스럽지 않은 것으로 변했다. 이미 오래전부터 미국의 많은 정통주의 회당에서는 차단과 격리 조치가 예전만큼 그렇게 철저하게 일어나지 않는다. 그리고 계몽된 정통주의자들은 토라를 근거로 삼아서, 그리고 할라카를 위반하지 않고도 관용을 철저히 실천하고 다른 유대인 집단에게 이해심을 보여주며, 적어도 사회적 영역만이 아니라 종교적 영역에서도—단지 개인들만이 아니라 단체들 사이에서도—함께 협력할 수 있다는 사실을 보여주지 않았는가? 이스라엘 국가에서도 모든 종교적 강요가 중단되어야 한다는 것을 사람들이 합의해야 하지 않겠는가? 당사자들이 부지기수이기 때문에 모든 유대인이 서로 대화하는 것이 불가능한가? 예컨대 유대인의 가족법 위에 드리워져 있는 고통스러운 문제가 함께 해결될 수 있고, 특히 여성의 지위가 개선될 수 있지 않겠는가?

여기서 정통주의자들도 할라카를 해석하는 과정에서 역사적·심리적·사회적·철학적 관점을 진지하게 여김으로써 상호이해를 촉구하고 있고, 미래로 나아가는 길을 가리켜 보이려고 노력하고 있다. 비록 그들이 개혁적 유대교를 좋아하지는 않지만, 이 유대교가 많은 사안에서 미래로 나아가는 길을 제시해왔다는 사실을 학식이 풍부한 정통주의자들은 인정해야 할 것이다. 미래로 나아가는 이러한 길에서 율법 문제가 완전하고 철저히 중심 자리를 차지한다는 사실은 수긍할 만한 일이며, 그 결과에 우리는 계속 관심을 기울여야 한다. 그러나 여기서 우리는 정통주의를 반대하는 견해를 먼저 살펴보기로 하자.

4. 합리주의적 개혁적 유대교: 아브라함 가이거

제1부에서 나는 개혁적 유대교의 역사를 간략하게 설명했다. 개혁적 유대인들은 유대교를 율법적·제의적인 것으로 이해하기보다는 **예언적·윤리적 종교**로 이해하기를 원했고, 종교적·정치적 보편주의를 지향함으로써 19세기에 (16세기의 개신교의 개혁과 비슷한) 근본적인 개혁을 일으켰다. 이 개혁적 유대교는 이론과 실천에서 혁명적이고 역사적으로 생각한다.

삼손 라파엘 히르쉬의 반대편에 서 있는 인물은 그의 학업 동료였고 친구였던 **아브라함 가이거**Abraham Geiger(1810~1874)다.[18] 가이거는 독일 개혁유대교의 가장 유명한 대변자고 유대교 학문의 다양한 공동 설립자다. 가이거는 오직 학문과 역사적인 비판을 통해서만 종교적인 개혁과 유대교 신학과 유대교 전반의 갱신이 이루어질 수 있다고 굳게 확신했다. 그에 따르면 유대교의 참된 본질은 잘 알려져 있다시피 제의 준수를 강조하기보다는 거룩하신 하나님에 대한 신앙을 강조한 예언자들의 종교에서 형성되었다. 이 하나님은 실천적으로 그 어떤 (민족적) 한계선에 의해서도 제한될 수 없는 정의와 자비와 인간 사랑을 통해 입증될 수 있다.

이러한 노선에서 결정적인 것은 예전 시대처럼 민족과 민족 소속성이 아니라 이제는—이것은 완전히 세속적인 자들과는 다르게—종교적 헌신과 종교적 고백과 깨어 있는 종교적 실천이다(예컨대 이미 마이모니데스는 많은 제의 규정의 의학적·병리학적 근거를 제시했다). 그러므로 이 개혁 운동은 유대교를 우선 다른 민족들과 구분된 한 민족으로, **민족 공동체**로 이해하지 **않고, 오히려**—지금까지 그들이 손님으로 살아온 국가들에 대한 충성심 속에서—모든 민족 가운데서 살아가고 있는 **종교 공동체**로, **신앙 공동체**로 이해한다. 유대교의 발전이서 드러나듯이 유대교의 독특한 요소는 예언자 전통의 윤리적 유일신론이다!

따라서 우리는 모든 제의적·민족적 요소가 없는 이러한 종교를 오직 보편적인 **이성의 종교**라고 설명할 수밖에 없다. 그러나 이것을 종교철학과 혼동해서는 안 된다. 만약 그것이 특히 하나의 하나님 이념과 그로부터 귀결되는 메시아적 윤리를 중시한다면, 여기서 이성에 반하는 것은 무엇이란 말인가? 물론 두 요소는 순수한 철학을 넘어서지만 그래도 비이성적인 것은 아니다. 그렇기 때문에 **헤르만 코헨**Hermann Cohen(1842~1918)과 같은 철학자도 유대교적인 이성의 종교를 확신 있게 대변할 수 있었다. 그는 성가대 지위자의 아들로 마르부르크 신칸트주의 학파의 설립자였다. 그는 사람들의 주장과는 다르게 유대교에서 벗어나지 않았고, 오히려 그의 생애 말엽에는 대학 강사로서 이성적 유대교를 위해 헌신했다. 그의 사후에 출판된 책 《유대교의 원천에서 흘러나온 이성적 종교》[19]는 그가 남긴 유산이기도 하다. 이 책에서 그는 학문과 윤리를 교육과 교양과 함께—완전히 고전적 개혁적 유대교의 노선 위에서—다시 중요하게 다루었다.

정통주의가 본질적으로 중세 이전의 상태를 보존하려고 애썼다면, 개혁적 유대교는 놀라운 **종교적·문화적 개혁**을 이룩했다. 그것은 유대교의 율법과 교육, 언어, 제의, 회당 건축, 생활 형태 전반을 개혁했다. 우리가 살펴보았듯이 그것은 기독교에서처럼 계몽의 전제가 아니라, (유럽과 북아메리카에서도 이미 일어난) 계몽의 결과였다. 세속화에도 불구하고 근대가 예술과 음악에 이르기까지 여전히 유대교-기독교적 전통의 영향을 받았다는 사실을 깨달은 개혁적 유대교인들은 나름대로 **근대와 유대교의 생생한 종합**을 추구했다. 비록 그들은 근대 패러다임 안에서 살았지만 유대교의 '본질'로서 한 분 하나님에 대한 신앙과 예언자의 윤리를 고수했다. 이 개혁적 유대교의 위대한 공헌은—여하튼 거룩한 땅을 우선적으로 고려하지 않은 채—유대교의 의식과 교육에서 하나님의 언약과 인류 종교의 **보편적** 차원을 더 많이 표현했다는 사실에 있다.

그러나 다음과 같은 반론이 필연적으로 제기된다. 유대교를 단순히 하나님 이념과 윤리에 대한 헌신으로 환원할 수 있는가? 삶은 논리보다 더 깊고, 인간 영혼의 어떤 깊이는 제의를 통해 더 잘 달성할 수 있지 않는가? 인간은 근본적으로 체험과 감동, 감정과 전통을 욕망하지 않는가? 여기서 개혁적인 유대교인들도 대체로 부족함을 느끼고 있다. 그리고 정통주의 유대교가 바뀌어왔듯이 원래 계몽주의와 합리주의에서 영향을 받은 반전통적이고 반민족적인 개혁적 유대교도 이미 1920년대 이후부터 확실히 변해왔다. 특히 미국에서는 근대 이후(포스트모던)의 발전이 시작되었다. 물론 갈등이 없었다면 발전은 일어날 수 없었다.

5. 전통과 개혁의 갈등: 루이스 야콥스

변화의 원인은 다음과 같다. 한편으로는 제2차 세계대전 이후에 독일인의 이민을 멈추게 한 패러다임 전환의 상황에서 이제 매우 '미국적으로 변한' 개혁자들이 독일에서 일어난 근대적 합리주의를 기피하는 현상이 생겨났다. 다른 한편으로는 미국과 유럽에서 반유대주의가 위협적으로 증가했다. 세 번째 원인으로 동유럽 유대교가 미국에서 수적으로 매우 압도적인 세력이 되었다.[20] 바로 독일어를 말하는 미국의 유대인들(의사, 변호사, 사업가)은 매일 그들을 항상 고객으로 받아들였다. 왜냐하면 이러한 사회적 상승과 함께 동유럽 유대인들의 젊은 세대가 대부분 정통주의를 기피하고 보수적이거나 개혁적인 유대교로 돌아섰기 때문이다. 이미 1930년대에 개혁적 회당의 절반이 그 당시의 '정통주의자들'로 구성되었다. 그들의 문제였던 시온주의, 이디시어/히브리어, 유대인의 전통적 유산은 진지하게 받아들여져야 했다.

1933년에 독일 국가사회주의가 권력을 쟁취하고 유럽 유대인들에게 재앙적인 결과를 초래한 것은 미국의 유대인에게도 영향을 끼쳤다. 개혁운동의 낙관적 발전은 갑자기 제동이 걸렸다. 내면에 점점 더 몰두하게 된 사람들은 이제 자신의 종교성의 새로운 근거를 추구했다. 1937년에 미국 콜럼버스 주와 오하이오 주의 개혁적인 랍비들은 '개혁적 유대교의 지도 원리'를 결정했다. 비록 그 당시 피츠버거 선언(1885)의 노선 위에서 이루어졌지만, 종교의 발전 원리는 여전히 인정을 받고 있다. "계시는 하나의 연속적인 과정으로 그 어떤 특정 집단이나 시간에 제한되지 않는다." 더욱이 이 콜럼버

스 강령에서는 완전히 새로운 강조점도 주어졌다.[21]

1. **토라**에 관해 말한다면, "어떤 율법은 그로 인해 야기된 조건들이 사라짐으로써 이제 구속력을 상실"했다는 사실은 항상 확인되었다. 그러나 다음과 같은 사실도 동시에 선포되었다. "토라는 영원한 영적인 이념의 보화로 언제나 이스라엘의 생명의 원천이다." 물론 식사 계명과 제사장의 정결과 의복을 위한 명령은 항상 시대의 제약을 받은 것으로 간주되었지만, 사람들은 이제 '계명'의 도움으로 종교적 의무를 긍정적으로 표현하려고 철저히 노력하고 있다.

2. 이스라엘을 **민족과 땅**으로 볼 때, 전 세계에 흩어져 살아가는 이스라엘은 공통적인 역사의 유대를 통해, 특히 공통적인 신앙의 유산을 통해 결합되어 있다는 사실은 항상 확인되었다. 그러나 다음과 같은 사실도 동시에 선포되었다. "회상과 희망을 통해 거룩하게 된 땅, 팔레스타인의 회복 속에서 우리는 우리의 많은 형제들을 위해 새롭게 된 삶의 약속을 바라본다. 유대인의 고향인 팔레스타인을 재건할 때, 우리는 그 땅을 단지 억압받고 있는 사람들을 위한 피난처로 만들 뿐만 아니라 유대인의 문화와 영적인 생활을 위한 중심지로 만들려고 노력함으로써 모든 유대인이 서로를 도와줄 의무를 지고 있다는 사실을 인정한다."

3. **예배**에 관해 말한다면, 얼마 뒤에 전통적 상징들, 관습과 음악(순수한 유대교적 합창, 합창 지휘자)이 다시 도입되어야 한다고 결정되었다. 그래서 토요일 아침예배보다 훨씬 더 많은 대중적 호응을 얻은 (촛불점화 예식과 함께 시작되는) 금요일 저녁예배가 도입되었다. 1940년에는 이런 의미에서 개정된 《연합기도서》가 출간되었다(여기에는 안식일sabbath에 포도주 잔을 위한 기도문 키두쉬Kiddush가 다시 나온다). 이제는 개혁적 유대교도 **히브리어 공부**를 철저히 요구하고 있다. 그리고 개혁적 유대교에서 랍비와 교사 교육을 위한 권한을 떠맡은 (신시네티와 나중에는 뉴욕의) 히브리 유니

온 대학교는 이스라엘에 분교를 열었다. 오늘날 미국에는 개혁적 유대교의 추종자들이 약 130만 명에 달한다.

그렇지만 정통주의에 질문을 제기했듯이, **개혁적 유대교의 견해에도 질문**을 제기하게 된다. 개혁적 유대교가 대부분의 경우에 (예전의 문화적 개신교가 그랬듯이) 부르주아적인 중산계층의 특정 이념에 지나치게 순응하지 않았는가? 자연과학과 심리치료, 자유로운 정치와 항상 조화를 이루며 살아가는 것이 종교에게 가장 중요한가? 반유대주의를 향한 투쟁만으로 정체성이 충분히 형성될 수 있는가? 그것이 유대교 신앙을 대체할 수 있는가? 이스라엘 국가에 헌신하는 것이 예언자들이 정의에 헌신한 것과 비교될 수 있는가? 바로 예언자들은 동시대의 이스라엘을 항상 비판하지도 않았는가? 그리고 자유로운 종교는 시대정신을 비판하지도, 충돌과 저항도 전혀 하지 않는 종교인가? 이것이 참으로 유대교적인 종교가 될 수 있는가? 그리고 참으로 유대교적인 종교는 율법적이고 할라카적인 종교가 아닌가? 그러나 개혁적 유대교는 바로 이 율법적이고 할라카적인 전통과 어떤 관계를 맺고 있는가?

기독교와 이슬람교에서 그랬듯이, 전통과 개혁의 문제는 유대교에서도 많은 사람에게 삶의 숙명이 되었다. 미국에서 주목을 받았던 한 가지 떠들썩한 사건은 유명한 할라카 학자 랍비(나중에는 하버드 신학대학교의 초빙교수) **루이즈 야콥스**Louis Jacobs(1920년 맨체스터 출생)의 사건이었다. 그는 런던에서 랍비로, 그리고 그곳의 유대교 대학교에서 강사로 성공적으로 일했지만, 런던에 있는 영국 히브리연합회 대표 랍비가 두 차례 거부함으로써 강사와 랍비로서 활동할 수 있는 길이 마침내 막히고 말았다.[22]

제2차 세계대전 이후에 **영국 유대교**는 정통주의 노선과 자유주의 노선으로 점점 더 분열되었다. 정통주의 노선은 원래 스페인과 포르투갈에서 온 사람들로 구성되었고, 중앙유럽과 헝가리와 폴란드에서 온 피난민들로 인해 더 강력해졌다. 자유주의 노선은 회당과 레오 백 대학교의 새로운 설립을 통해 자신이 능력을 과시했다. 1956년에 그들은 함께 영국의 유대인 재허용 300주년 축하식을 '화려하게' 거행했다. 그러나 6년 후에 랍비 야콥스가 엄격한 정통주의자 이시도르 엡스타인Isidore Epstein의 후계자로 유대인 대학교의 학장으로 선택되려고 하자[23] 분쟁이 일어났다. 그렇다면 비난의 내용이 무엇이었는가? 그는 토라의 한 부분이 하나님에게서 나왔다는 것을 부인했고, 신적인 것과 신적이지 않은 것의 선택을 인간의 이성에 맡기기를 원했다. 논쟁이 매우 격렬해졌고, 그 결과로 랍비 야콥스를 지지하고 스승의 허락도 받지 않고 그에게 설교를 시킨 지역회당의 지도부는 런던 중앙회당의 지도부에 의해 해임되었다. 그러자 야콥스의 추종자들은 그를 자신들이 설립한 유대교신학연구협회의 소장으로 추대했고, 나중(1964)에는 그를 위해 심지어 자신들의 회당을 건설했다.

그러나 이 '이단자'가 최고의 랍비 교육을 받은, 날카로운 분석력과 뜨거운 종교적 열정을 지닌 선생이었고, 율법적이고 윤리적이며 신비적이고 철학적인 소리를 듣고 종합할 수 있는 능력을 지녔다는 사실은 야콥스의 가장 강력한 적대자들도 부정할 수 없었다. **정통적 실천**을 엄격히 고수한 그는 카발라와 하시디즘을 다룬 수많은 연구논문을 출간했고, 유대교의 기도서 책 한 권과 유대교의 축제 욤 기푸르Yom Kippur(화해 축제)와 로쉬 하샤나Rosh Hashanah(유대교의 신년 축제) 입문서도 출간했다. 그 밖에도 그는 탈무드의 논리학과 방법론에 대한 연구논문을 출간했고, 마지막으로는 히브리어로 된 중요한 저서들을 영어로 번역했다. 그렇다면 그의 적대자들이 그와 화해할 수 없었던 이유는 무엇이었을까? 무엇보다도 다음과 같은 사실 때문이다. 이 랍비는 (대륙에서 지난 200년 동안 발전되어온) **근대의 역사적 · 비평적 방법**의 가장 중요한 결과를 영국 유대교에 소개했고, 오경이 하나님의 영감을 받았다는 것을 부인했으며, 성서와 탈무드가 형성되는 과정에서 생겨난 역사적 발전을 진지하게 수용하려고 시도했다. 이것은 랍비 솔로베이치크와 같이 매우 계몽된 정통주의자들도 처음부터 배제했던 방법이었다.

그런데 랍비 야콥스에게서 긍정적인 점은 무엇인가? 모세 마이모니데스의 고전적 신앙고백을 분석한 그는 이미 서문의 첫 문장에서 이렇게 말했다. "이 책은 근대의 유대인이 무엇을 믿을 수 있는지를 논의하려는 시도다."[24] 다르게 표현하면 다음과 같다. 비록 이 랍비는 유대교의 신앙을 값싼 방법으로 "매력적으로" 만들기를 원하지 않았지만, 자신의 주장을 "전통적 유대교 안의 근대주의"의 한 가지 견해라고 설명했다.[25] 그는 많은 지성적인 유대교인들도 자신들의 신앙이 깊어지기를 갈망하고 있다는 사실에 나름대로 직면했다. 아마도 그들은 유대교를 구속력이 없는 한 가지 '삶의 방식' 이상으로, 바로 참된 종교로 이해했을 것이다. 만약 우주에 관한 현대의 사실들(예컨대 진화, 지구와 인류의 나이)이 옛 신앙고백의 주장과 충돌한다면, '지성적인' 사람들은 유대교의 고전적 신앙고백을 어떻게 믿는가? 과거에 사람들이 이성과 계시의 갈등을 해결해온 방식으로, 우리는 '지성의 희생'을 요구해야 하는가?

참으로 여기서 중요한 것은 부수적 내용이 아니다. 왜냐하면 야콥스에 따르면 마이모니데스의 신앙고백의 여덟 번째 조항에서처럼 갈등이 그렇게 심각한 곳은 어디에도 없기 때문이다. 그는 다음과 같이 말한다. 토라는 신적인 기원을 갖는다! 이 원리를 단순하게 포기하는 것은 유대교를 종교로서 포기하는 것을 의미한다. 중세에 코르도바 출신의 위대한 현자가 요구했듯이, 이 원리를 단순히 고집하는 것은 유대교를 근본주의와 반계몽주의에 영원히 고정시키는 것을 뜻한다. 그렇다면 무엇을 해야 하는가? 이미 야콥스가 여기서 제안한, 그리고 마이모니데스의 열세 번째 조항과 무관하게 곧바로 발전해온 새로운 해석이 필요하다.

1843년에 퓌르트Fürth에서 태어나서 1926년에 뉴욕에서 사망한 유명한 유대인 조직신학자 **카우프만 콜러**Kaufmann Kohler가 유일하게 시도했듯이, 10년 후에는 루이스 야콥스도 확실한 역사적 토대 위에서 **유대교 신학의 중심 주제를 조직신학적으로 해설한 책** 《유대교 신학》[26]을 용감하게 펴냈다. 야콥스처럼 콜러도 정통주의(히르쉬의 신정통주의)에서 영향을 받으며 자랐지만, 독일에서는 그의 성서비판적인 견해 때문에 랍비 직책을 얻지 못했다. 그래서 그는 미국으로 이주한 후에 디트로이트와 뉴욕에서 개혁적 랍비로 활동했고, 1903년에는 마침내 개혁적 유대교의 중심 교육도시 신시네티의 히브리 유니온 대학교의 총장이 되었다. 이러한 지위에서 그는 《역사적 토대에서 본 유대교 조직신학 개요》를 썼다. 이 책은 1910년에 독일어로, 1918년에 영어로 출판되었다.[27] 이제 콜러의 이론은 여러 점에서 낡은 이론이 되었고, 많은 유대교 신학자가 다양한 주제를 다루고 있다. 그러나 그 어떤 사람도 새로운 역사비판적이고 체계적인 설명을 감히 시도하지 못했다. 그러므로 야콥스의 저서는 '근대의 유대인'을 위해 이런 역할을 수행하려고 시도했다. 신론과 창조론에서 인간론, 윤리의 주제, 하나님의 백성, 이스라엘 국가, 메시아적 희망, 죽음 이후의 생명의 문제에 이르기까지 모든 신학적 주제가 역사적으로 이해된 성서적·랍비적·근대적 전통의 토대 위에서 종합적으로 다루어졌다.

야콥스의 조직신학에서도 **계시**와 토라와 할라카의 주제에서 약점이 있다는 것은 자명한 사실이다. 토라 전체(오경과 그 밖의 성서와 랍비적 현자들의 구전 토라)를 영원히 유효한 하나님의 축자적인 (그리고 축자적으로 따라야 할) 계시로 이해하는 정통주의의 정적인 계시 이해와는 정반대로 야콥스는 최근의 모든 성서 연구와 함께 다음과 같은 것을 인정한다. 토라도—그리고 이미 오경도—오랜 역사를 통과해왔다. 물론 1937년의 '콜럼버스 강령'이 인정했듯이, 이 역사에서 이념이나 명제적 진리가 "점진적으로 계시된 것"은 아니다. 이 역사는 **하나님 만남**의 역사다. 인간은 성서 안에서 자기 자신의 말로 이 역사에 관한 **보고서**(기록)를 남겼다. 따라서 예컨대 창세기 이야기는 언약에 관해, 이스라엘을 발견하신 하나님에 관해, 그리고 하나님을 발견하고 하나님을 인류에게 소개한 이스라엘에 관해 한목소리로 말하고 있다. 그리고 창세기 이야기에 해당하는 것은 성서의 다른 책에도 해당한다. "이 모든 것은 하나님을 만나려는 백성의 강력한 시도를 기록한 보고서다. 그리고 신앙인은 이를 성공적인 시도라고 선언한다. 따라서 다양한 설명은 그 자체로서 계시가 아니라, 계시의 부산물이다."[28] 그래서 오늘날의 신앙인은 이제 성서 말씀을 예언자가 직접 불러주거나 심지어 하나님 자신이 직접 불러주신 말씀으로 받아들일 필요가 없다. 그렇지만 그는 그 속에서 하나님의 뜻과 의지를 발견할 수 있다. "따라서 계시를 하나님 자신의 드러내심으로 이해할 수 있다."[29]

그렇지만 이러한 계시 이해에도 결과가 따른다. 그것은 실천을 위해, 더 자세히 말하면 이러한 실천을 이끌어야 할 **명령**을 위해 무엇을 의미하는가? 야콥스에 따르면 이러한 계시 이해는 성서 안의 다양한 명령을 **구분할** 수 있게 한다. 현재의 문제에 직면할 때, 오늘날의 인식 상황에서 세 가지 범주의 명령을 구분할 수 있다.

— **중요한 명령**: 식사 규정, 안식일, 욤 키푸르(화해 축제)와 다른 축제, 기도 망토와 허리끈.

— **중요하지 않은 명령**: 면도 금지, 면이나 모직과 아마로 짠 옷을 입는 것을 금지하는 명령.

— **해로운 명령**: 여인의 권한을 제한하는 것, 특히 이혼하거나 근친상간의 관계에서 태어난 자녀, 결혼이 금지된 자녀의 권리를 제한하는 것.

역사가 발전하는 과정에서 역사의 전선前線이 얼마나 다시 후퇴했는지는 랍비 루이스 야콥스의 사건을 통해 분명히 드러났다고 생각한다. 정통주의의 품에서 자라났고 자신의 견해를 (자신의 의미대로) 항상 철저히 정통적이라고 표현했던 그는, 우리가 이미 들었듯이 '전통적 유대교 안에 있는 근대주의자'로 개혁적인 유대교를 대변한다. 그의 견해는 정통주의와 개혁적 유대교 양측에 질문을 던진다. 그러나 그 질문은 그에게 매우 가까운 보수적 유대교로도 향한다. 이제 우리는 이를 다루어보기로 하자.

6. 중도파 보수주의: 자카리아스 프랑켈

20세기 초엽 이래 근대를 완전히 거부한 정통적인 사람들과 근대에 너무 잘 적응하는 개혁적인 사람들을 반대하는 **보수적 유대교의 중도파**가 미국에도 존재했다.[30] 나는 제1부에서 이에 관해서도 언급했다. 중도파는 '발전'과 '진보'를 원칙적으로 인정하고 정신적으로 **근대와 공존하려고** 애썼지만, 근대의 유혹에는 굴복하지 않으려고 했다. 그렇기 때문에 중도파는 보존과 역사와 전통을 실제적으로 강조했다.

따라서 우측의 히르쉬와 좌측의 가이거와 나란히 세 번째 '선구적 인물'인 독일의 랍비 학자 **자카리아스 프랑켈**Zacharias Frankel(1801~1875)도 소개해야 한다.[31] 미국에서 많은 보수주의자들은 프랑켈의 브레슬라우Breslau 학파의 '실증적·역사적 유대교'를 자신의 토대로 삼는다. 프랑켈은 정통주의의 무감동적 자세에 반대하고 개혁적 유대교의 해체적 경향에 반대하며, 전통과 역사적 학문을 결합하려고 시도한 그 당시 잘 알려진 중도파의 지도자였다. 그렇다면 그는 어떻게 하려고 했는가? 유대교 교리 안에 발전 가능성이 이미 충분히 포함되어 있다고 프랑켈은 대답했다! 전통을 파괴하지 않고도 근대를 향한 개방이 가능하다. "성서에 대한 역사적·비평적 해석을 충분히 받아들여도, 더 높은 성서비평"을 통해 성서를 억누르지 않을 수 있다. 다시 말하면 근본주의를 주장해서도 안 되지만 유대교 정신의 형태라고 할 수 있는 율법을 무시해서도 안 된다. 안식일과 식사 규정이 역사적으로 어떻게 설명되어왔든 실천적으로는 그것을 소박하게 지켜야 한다. 율법은 최종적으로 그 자체 안에 하나의 의미를 지니고 있다.

그렇지만 중재적인 이 보수주의도 자카리아스 프랑켈의 노선 위에서, 특히 역시 잘 알려져 있는 **솔로몬 쉐히터**Solomon Schechter[32]의 노선 위에서 발전의 압박을 받아 상당히 변화해왔다.[33] 쉐히터는 객관적 학문성과 깊은 경건, 전통과 개혁을 모범적으로 결합할 줄 알았고, 성서가 아니라 전체 이스라엘(팔레스타인과 디아스포라의 '보편적 이스라엘') 민족의 경험을 유대교 권위의 원천으로 여겼다. 보수적 유대교의 중심인 미국의 뉴욕 유대교 신학교(1940년부터 1972년까지 루이스 핑켈슈타인Louis Finkelstein이 총장과 사무총장을 지냈다)는 지금 특히 동유럽에서 건너온 유대인들의 지도를 받고 있다. 여기서 일하는 교수들은 이론적으로는 진보를 향해 열려 있지만 실천적으로는 대부분 전통을 고수한다.

당연히 이런 진보적 태도는 대학의 랍비 학자들과 현실에서 살아가는 유대교 평신도들 간에 긴장을 유발한다. 왜냐하면 세상의 일상생활에서 랍비들과는 전혀 다른 것을 염려하는 많은 평신도들은 그들이 명령하는 엄격한 율법 해석을 따르기를 원하지만, 전혀 따를 수 없기 때문이다. 이러한 상황에서 유대교 평신도 단체(1913년에 설립된 미국회당연맹United Synagogue of America)과 랍비협회Rabbi Assembly(1919년에 설립된 랍비 총회) 사이에서 논쟁이 항상 일어나고 있다는 사실은 놀랍지 않다. 그러나 논쟁은 긍정적인 효과도 지닌다. 보수적 운동은 유대교 분파 최초로 젊은 남자들 성인식('바르 미츠바bar mitzvah')과 나란히 젊은 여자들 성인식('바트 미츠바bat mitzvah')도 도입했다. 그리고 집중적인 토론을 거쳐 안식일에 자동차를 타고 회당에 오는 것도 허용했다. 그렇지 않을 경우에는 도시 변두리에 사는 사람들이 예배에 참석하지 못한다는 사실을 깨달았기 때문이다. 그렇지만 사람들은 질문한다. 언제나 구성원이 사라지고 수입이 줄어들 때에만 비로소 변화해야 하는가?

분명히 우리는 보수적 중도파를 이렇게 단순하게 보아서는 안 된다. 만약 보수적인 사람들이 **과거의 보존**을 중요하게 생각하지 않는다면 보수적인 사람들은 당연히 보수적인 사람들이 아닐 것이다. 그리고 실제적으로,

— 보수적 유대교의 **장점**은 다음과 같은 점에 있다. 보수주의적 유대교는 집중적인 역사 연구를 통해 모든 노선의 유대인에게 역사적으로 완전히 새로운 인식을 제공했다. 정확한 본문, 셈족 언어학, 유대교 문화사를 위한 노력은 다음과 같은 질문을 위한 대답에 본질적으로 기여했다. 성서와 탈무드, 사아디아와 마이모니데스는 참으로 무엇을 말하는가?

— 그러나 보수적 유대교의 **약점**도 다음과 같은 사실에 있다. 그것은 지나칠 정도로 과거에 연연해 한다. 보수주의적 유대교는 완전히 변화된 사회적 조건 아래서 무엇을 믿고 무엇을 행해야 하는지를 묻는 긴급한 질문을 자주 무책임하게 무시한다.

여기서도 우리는 다시 **비판적 질문**을 던질 수밖에 없다. 유대교는 역사보다 더 큰 것이 아닌가? 과거를 지키려는 노력은 현재와 미래를 희생시켜야 하는가? 전통을 지키려는 노력은 성서를 희생시켜야 하는가? 역사와 율법을 지키려는 노력은 신학과 종교를 희생시켜야 하는가? 그렇다면 옛날과 지금의 우상들을 전복하셨던 한 분 하나님에 대한 신앙은 어디에 남아 있는가? 전통을 논박하기를 두려워하지 않았던 예언자들의 저항은 어디에 남아 있는가?

따라서 바로 보수적 유대교에서 새로운 운동이 일어난 것은 당연한 일이다. 이 운동은 이제 매우 분명하게 현재와 미래를 위한 유대교의 적합성을

중시하며, 그렇기 때문에 역사적 방향을 취하는 **복구 대신**에 미래를 지향하는 유대교의 **재건**을 요구한다.

7. 유대교의 재건: 모데카이 카플란

보수적인 운동 내부에는 랍비 **모데카이 카플란**Modecai Kaplan(1881~1983)이 있었다. 그는 이미 일찍부터 정통주의에서 벗어나, 변화와 진보, 현재와 미래를 향해 단호히 방향을 돌렸다.[34] 35년 동안 (보수적인 유대교 신학교 바로 옆에 위치한) 보수적인 교육 연구소의 소장이었던 그는 온전히 미국에서 성장한 가장 중요한 유대교 신학자가 되었다. 그의 경험은 랍비 야콥스의 경험과 유사했다. 정통적인 가정에서 자란 많은 학생들이 대학교와 교육 연구소로 들어왔다. 왜냐하면 이런 기관들은 유대교적 특성을 여전히 유지하고 있었고, 히브리어와 역사와 문학과 민족적인 희망을 위해 열심히 애쓰고 있었기 때문이다. 그러나 유감스럽게도 그들은 성서의 하나님, 곧 아브라함과 이삭과 야곱의 하나님에 대한 신앙에 너무 집착할 수 없었다.

그렇지만 카플란의 생각에 따르면 이것은 현대에 이르러 **미국 유대교**가 경험한 일반적인 **위기**의 한 가지 징조에 불과했다. 그는 이 위기를 18세기의 합리주의로 극복할 수 없고, 19세기의 자유주의로도 극복할 수 없다고 여겼다. 비유대교적인 환경으로 유대인의 정체성이 사라졌고, 유대교의 유산이 대수롭지 않게 치부되었다. 유대교의 가정에서 자라난 많은 사람이 영적인 침체와 정신적인 좌절을 경험했고, 자신들의 영적인 고향이 어디에 있는지를 알지 못했다. 우리는 다음과 같이 질문하게 된다. 개혁적 유대교에서 그러하듯이, 이러한 정체성 위기 속에서 신앙과 윤리의 보편적인 특징(한-하나님-신앙, 모든 인간의 형제 됨, 위대한 윤리적 이념인 정의)을 합리적으로 강조하는 것이 도움을 줄 수 있겠는가? 또는 신정통주의에서 보통 그러하듯이, 유대교의 유일무이한 초자연적 기원을 소박하게 믿고 긍정하는 것이 도움을 줄 수 있겠는가? 아니다. 만약 **유대교가 단지 하나의 종교만이 아니라** 종교 이상이라는 결정적인 사실을 생각하지 않는다면, 카플란에 따르면 이성과 계시는 도움을 줄 수 없다. 유대교는 종교 이상이란 말인가?

카플란은 그의 강연을 들은 솔로몬 쉐히터에게 새로운 교육 연구소에서 일해달라는 요청을 받았다. 젊은 랍비였던 카플란은 자신의 정통주의가 위기에 처한 상황에서 다음과 같은 명제를 주장했다. "유대교의 미래는 모든 유대교의 가르침과 실천 행위가 다음과 같은 원칙에 근거할 것을 요구한다. 유대교가 유대인을 위해 존재하는 것이지, 유대인이 유대교를 위해 존재하는 것이 아니다."[35] 바로 이 명제는 이스라엘 민족의 권위를 대변한 솔로몬 쉐히터의 마음에 들었다.

그리고 유대교의 예전과 설교만으로 인간에게 전혀 다가갈 수 없다고 깨달은 카플란은 1918년에 최초의 '유대교 센터' 또는 이웃을 위한 본부를 설립했다. 이것은 사회와 문화와 재활과 스포츠 센터 기능도 지닌 회당이었다. 그리고 1934년에—미국에서도 충격적인 반유대주의의 부상을 초래한 (달러의 가치가 대략 59.06% 하락한!) 경제 위기 한가운데서—카플란은 "**미국인-유대인의 삶의 재건**"을 위해 《**하나의 문명으로서 유대교**》라는 제목 아래 약 600쪽에 달하는 기획 저서를 출간했다.[36] 그의 주요 명제는 이렇다. "유대인의 본질은 다른 것으로서 유대인의 종교보다 훨씬 더 광범위한 것이다. 그것은 역사, 문학, 언어, 사회 조직, 백성의 반응, 행동 규범, 사회적이고 영적인 이념, 미학적 가치를 포괄하고 있다. 이 모든 것이 하나의 문명을 형성하고 있다."[37]

그것은 결정적인 것이었고, 매우 미국적인 해결책이었다. 카플란에 따르면 유대인은 단지 심리적인 유산만이 아니라 **사회적인 유산**, 곧 특징적인 관습과 이념과 표준과 행동 양식의 틀을 수용하는 법을 배워야 한다. 다시 말하면 이 모든 것은 '문명'을 의미하며, 독일어 'Kultur'라는 단어와 가장 잘 어울리는 개념이다. 그것은 "인간과 외적인 자연 사이에 존재하는 지식과 기술, 도구, 예술, 문학, 법률, 종교, 철학의 총괄이다."[38] 더 분명히 말한다면 유대인의 본질은 일차적으로는 사회문화로, 진화론적으로는 종교문화로 이해될 수 있다. 여기서 종교는 가장 중요하지만, 단지 많은 요소 중 하나일 따름이다.

따라서 카플란이 **민족**과 **땅**의 유기적인 연결을 강조하고 시온주의를 단호하게 선택한 것은 당연한 귀결이었다. 그리고 이제는 종교만으로는 유대인의 정체성을 결정할 수 없기 때문에 극단적인 경우에는 심지어 무신론자나 불가지론자도 좋은 유대인이 될 수 있다는 카플란의 주장도 당연한 귀결이었다! '유대교 재건'과 관련해서 카플란은 형이상학과 신학의 질문보다는 실용적인 유용성과 관련한 질문에 더 관심을 기울였다. 적응은 유대교의 본질적인 속성에서 나온 것인가? 적응은 유대인의 삶을 더 풍요롭게 하는가? 적응은 그 자체로 흥미로운가? 이것은 유대인의 색깔을 입힌 훌륭한 미국적 실용주의다.

그렇다면 **종교**는 어떠한가? 종교는 미래에 어떤 역할을 수행하게 될 것인가? 좌측의 보수주의를 대변하는 그는 다음과 같이 대답한다. 종교는 물론 과소평가되어서는 안 되지만, 과대평가되어서도 안 되는 실체다. 왜냐하면 유대인의 문화를 유대인의 종교와 동일시해서도 안 되지만, 문화와 종교를 분리할 수도 없기 때문이다. 카플란의 말을 인용한다면, "모든 문명 가운데서 유대인의 문명은 최종적으로 종교를 무시하도록 기여할 수 있다. … 만약 종교가 사라진다면 유대인의 문명은 공허한 껍데기가 될 것이다."[39] 그렇지만 유대인이 어떻게 살아야 할지를 결정하게 될 것은 많은 근대의 유대인에게 생소한 토라가 아니라 여기서도 종교적 문명이다. 그렇지만 카플란은 보수주의자들과 함께 다음과 같은 사실에 여전히 동의한다. 유대교의 근본은 유대 민족과 그의 전통이다. 그렇다면 유대인이 종교는 어떠한가? 그것은 이 민족의 의식의 표현이다. 따라서 유대인의 민족의식과 문화가 강하면 강할수록 연대도 더 강해질 것이며, 궁극적으로는 종교도 더 강해질 것이다.

다르게 말한다면, 카플란도 야콥스처럼 **모든 신앙적 주장과 율법의 실천을 새로운 시대 안으로 수용하지 않을** 자유를 선택한다. 물론 과거의 권위는 공동 발언의 권리를 지니고 있을 뿐, 거부권을 지니고 있는 것은 아니다. 왜냐하면 카플란은 하나님의 초자연적 계시를 믿지 않았고, 하나님이 민족을 선택하거나 율법에 권위를 부여했다는 것을 믿지 않기 때문이다. 그렇다면 성서는 무엇인가? 그는 성서를 인간의 책이라고 생각한다.[40] 그렇지만 카플란은—비록 정통주의가 그를 분명히 자유주의자와 자연주의자로 비난했지만—자신이 하나님을 믿는 자라는 사실을 한 번도 의심하게 만들지 않았다. 다만 그는 초자연적 전통주의와 그럴듯하게 여겨지는 비종교성(프로이트) 사이의 길을 걷기를 원한다. 그렇기 때문에 그는 하나님을 신인동형적으로 이해하지 말고—여기서 우리는 스피노자를 떠올리게 된다—우주 안에 존재하는 비인간적, 내재적·초월적인 구원의 힘으로 이해하기를 바란다. 매우 긍정적인 동기에 이끌린 카플란은 유대인의 전통적 실천을 현대인의 삶 속에서 여전히 경험될 수 있는 한 철저히 고수하되, 다만 낡은 근거는 새로운 근거로 바꾸기를 원한다. 유대인은 안식일과 축제, 식사 규정과 축복 기도문을 선한 양심으로 실천할 수 있어야 한다는 말이다.

따라서 이 신학의 목표는 현 시대와 현재의 지식 상태의 조명을 받아서 **유대교를 회복하는 것**이 아니라 **유대교를 '재건하는 것'**이다. 이것은 구체적으로 다음과 같이 나타나고 있다. 카플란도 유대인의 위대한 전통과 함께 예건대 유월절 축제를 기념한다. 그러나 그는 이 축제를 이제는 이집트 탈출과 약속이 땅 입주의 관점에서 이해하지 않고, 홀로코스트와 이스라엘 국가 재건의 관점에서 이해한다. 카플란은 유대교적 제의와 예식(안식일과 식사 규정, 축복 기도문)을 온 세상에서 유대인을 연결하는 끈으로 여기고, 이를 확신 있게 수용하고 실천한다. 물론 그는 이 모든 것을 하나님이 계시한 명령으로 이해하지 않고, 도움과 풍요와 기쁨을 제공할 수 있는 민족의 유용한 관습으로 이해한다.

완전히 이런 의미에서 그는 1935년에 재건주의자 잡지와 재건주의자 운동을 설립했다. 많은 사람들이 생각하듯이, 이 운동은 미국에서 자신의 랍비 대학과 자신의 조직을 거느리고 있는 **유대교의 네 번째 분파**가 되었다. 이 운동은 유대교를 하나의 종교적인 문화로 만들고, 이스라엘 땅을 세우며, 보편적인 자유와 정의와 평화를 촉진하는 것을 목표로 삼는다.[41] 거의 25년이 지난 뒤인 1957년에 카플란은 자신의 주요 저서의 증보판 서문에서 자신의 기본 의도를 또다시 밝혔다. 단지 사회심리학적인 문제를 위해, 단지 신학적 문제만을 위해 유대교를 설명하려는 의도를 완전히 배제한 채, (그의 적들이 비난했듯이) 종교적 무관심과 제의적인 태만을 촉진하려는 의도도 완전히 배제한 채, 그는 "다음과 같은 소원"을 표명했다. 그것은 "1) 유대인의 민족성을 인정하고, 2) 유대인의 종교를 다시 활성화하며, 3) 조직적 공동체의 그물망을 구성하고, 4) 이스라엘 국가를 튼튼하게 하며, 5) 유대인의 문화적 창조성을 촉진하고, 그리고 6) 모든 일에서 자유와 정의와 평화를 위해 일반 단체와 협력하는 것이다. 하나님이여, 우리 민족이 소명을 소중히 여기게 해 주소서."[42]

그렇지만 이처럼 감동적인 체계적 재건을 바라보는 유대교인들과 기독교인들은 **다시 비판적인 질문**을 던지게 된다. 모든 유대인을 동일한 율법 조문과 동일한 신앙 교리에 종속시키는 유일한 유대교적 종교 모델을 실현할 수 있다는 생각은 분명히 공상적인 생각이다. 그렇지만 유대교 신앙에는 모든 분파가 공유할 수 있는 '본질'이 전혀 존재하지 않는가? 유대인들 간에 창조적이고 사회적인 상호작용을 촉진하는 모든 것은 절대적으로 종교에 속해 있는 것인가? 유대인이 신앙하는 것은 완전히 대수롭지 않은 것인가? 인간을 위해, 그의 정신적 건강을 위해, 그리고 모든 유대인의 단결을 위해 종교가 유익하다는 사실만으로 충분한가? 인간이 최종적으로 붙잡고 있는 것은 무엇이든 상관이 없는가?

신학적으로 질문한다면, 우리가 하나님의 뜻의 표현인 토라를 포기할 수 있는가? 이것은 예컨대 루이스 야콥스가 카플란의 재건에 대해 던진 질문이기도 하다.[43] 그리고 우리는 하나님과의 언약을 인간적인 연대로 축소할 수 있는가? 우리는 단순히 하나님의 율법을 유대인 공동체, 곧 '민족'으로, 하나님의 명령을 민족의 관습으로 대체할 수 있는가? 서로 다른 역사적 단계에서 "유대인의 종교 연속성"을 보장하는 공통분모는 오직 "유대 민족의 연속적인 생존"인가?[44] 만약 유대교의 **규범이 실제적으로 통용되는** 사회 실천이어야 한다면, 우리가 논증의 순환에 빠지지 않겠는가? '민족'과 '민족의 소리'가 얼마나 문제가 많은 실체인지는 바로 1930년대에 독일이 보여주지 않았는가? 많은 사람이 유대교의 원칙과 불변적 요소를 전혀 알지 못한다거나 심지어는 그러한 것들이 존재하지 않는다고 주장하거나, 유대교의 본질에 대한 이러한 질문은 '전형적으로 기독교적인 것'라고 주장한다고 많은 유대인도 불평하지 않는가? 유대교에서도 가장 '핵심적인 것'에 관한 근본적인 합의가 필요하지 않은가? 그리고 비록 유대교에서 공통적 신조와 중심적 권위가 존재하지 않더라도, 도대체 무엇이 유대교 신앙의 중심이 될 수 있는지는 질문해야 하지 않겠는가?

다시 말한다면, 지금 벌어지는 과거 논쟁은 미래 논쟁이다. 지금까지 우리는 유대교의 세 분파의 기원과 변화를 간단히 알아보았고, 종교가 없는 유대인의 정체성도 진지하게 살펴보았다. 유대교 종파 간의 모든 선택의 내적인 문제점도 파헤쳐보았다. 미래를 바라볼 때 그 결과는 어떻게 나타날 것인가? 많은 유대인은 다음과 같은 말에 동의할 것이다. 지금까지 설명한 여섯 가지의 선택 가운데서 그 어떤 것도—고전적이거나 계몽된 정통주의, 합리적이거나 수정된 개혁적 유대교, 보수적이거나 재건적인 유대교도—완전한 만족을 주지 못하며, 히르쉬와 솔로베이치크로에서 가이거와 야콥스와 프랑켈과 쉐히터에 이르기까지 다양한 위대한 신학자들 가운데서 그 누구도 미래 유대교 입장을 대변한다고 말할 수 없다. 따라서 우리는 선택해야 한다. 하지만 우리는 무엇을 선택해야 하는가? 여기서 매우 근본적인 질문, 곧 본질을 겨냥하는 한 가지 질문이 제기된다.

8. 유대교는 자신의 '본질'을 잃어버렸는가?

하버드 대학교 교육학 교수 **나탄 글레이저**Nathan Glazer는 미국 유대교의 역사를 다룬 매우 유익하고 간결한 저서의 결론부에서 현재 유대교 내의 문제점에 대해 원칙적인 견해를 표명했는데, 그의 주장은 유대교인과 기독교인의 여러 토론에서도 많은 주목을 끌었다. "유대인의 종교에도 율법과 율법의 준수가 아닌 것이 많이 있다. 그렇지만 2,000년 넘게 발전해온 유대교의 본질은 완전한 삶의 모범이었다. 안식일과 축제의 엄격한 준수를 강조하면서 기도와 율법 준수를 매일 실천함으로써, 모든 유대인은 그들이 거룩한 백성이라는 사실을 기억한다. 유대교는 이러한 삶의 모범이었다."[45]

그러면 오늘날에는 어떠한가? 글레이저에 따르면 오늘날 이러한 삶의 모범은 오직 소수의 사람들을 통해서만 실천되고 있다. "여전히 오직 소수의 사람들만이 이것을 실천하고 있기 때문에 유대교의 특징은 변했다. 율법 준수는 이제 유대인 전체의 외형적인 삶의 형태가 아니라, 유대인의 삶에서 단지 다양한 흐름 중 하나의 이념적인 발판일 따름이다. 전체 유대 민족의 종교였던 유대교는 소수 유대인의 주장에 불과한 정통주의로 변했다. 이것은 유대인 역사의 연속성 안에서 단절을 초래했는데, 이러한 단절은 600만 유대인의 학살보다 더 진지하게 고려되어야 한다. 유대인의 역사는 대량 학살을 기억하고 있지만, (그리고 이를 대비하고 있지만)"[46] 그러나 율법의 포기는 알지 못했고, 이를 대비하지도 않았다. 이로써 우리 시대에 유대교의 '본질'이 실제로 포기되지 않았는가?

화학 교수이자 랍비 학자이고, 현재 이스라엘 국가의 가장 유명한 정신적 지도자 중의 한 사람인 **예샤야후 리보비츠**Yeshayahu Leibowitz의 최근의 미래 진단도 매우 비관적이다. 물론 그에게 "유대 민족은 … 인류의 역사 전체에서 가장 강하고 가장 끈질긴 현상"이다.[47] 그러나 그에 따르면 "현대의 정통주의는 … 유대교와 유대 민족의 실제적인 문제에 아무런 해답을 주지 못했다. 그것은 처음부터 이 문제를 전혀 이해하지 못했다. 만약 내가 이 주제에 관한 나의 견해를 요약해야 한다면 다음과 같이 말해야 할 것이다. 이스라엘에서든 디아스포라에서든, 유대 민족의 미래는 내게 참으로 분명하지 않다. 19세기에 시작된 내적인 위기를 극복할 수 있는 해결책이 실제로 존재하지 않을지도 모른다."[48]

예언자들의 땅 이스라엘에서 손해를 염려하지 않고 백성의 양심에 호소하는 사람들이 이슬람교에서보다, 그리고 기독교에서보다도 훨씬 더 많다는 사실에 나는 항상 당황하게 된다. 리보비츠에게 급진적인 질문은 다음과 같다. "유대 민족은 여전히 할라카적 관점으로 살아가고 있는가? '네투레이-카르타Neturei-Karta' 사람들(이스라엘 국가를 거부하는, 극단적으로 반시온주의적이고 지나치게 정통주의적인 유대인들의 작은 집단)은 오직 자신들만이 유대인이라고 말한다. 만약 우리가 '자유로운 사람들', 곧 율법의 명령을 지키지 않는 사람들도 유대인이라고 말한다면, 이것은 할라카에 매우 광범위한 결과를 가져오게 된다. 이것은 바로 이 유대 민족이—할라카는 이 민족을 위해 율법과 규정을 확정하기를 원한다—할라카가 말하고 있는 유대 민족이 아니라는 사실을 무시하는 종교적인 유대교의 무능함과 서툶을 드러낸다."[49]

물론 유대교의 실제 상황을 분석한 나탄 글레이저와 예샤야후 리보비츠의 주장이 매우 옳지만, 그들의 기본 문제에 관해 다른 관점도 허용되어야 한다. 나는 다음과 같이 질문한다. 유대교의 **'본질'**이 참으로 상실되고 말았는가?(글레이저). 유대 민족이 참으로 정지될 수 없는 "내적인 혼란과 붕괴와 해체의 과정"에 있는가?(리보비츠).[50] 두 가지 관점에서 나는 높은 존경을 받는 두 유대인 학자의 견해에 처음부터 동의하게 될 것이다.

— 의심할 여지도 없이 현대에 이르기까지 유대인이 널리 지켜온 **엄격한 율법 준수**는 오늘날 단지 (매우 자주 보고 들을 수 있는) 소수의 사람에게서만 완전히 실천되고 있다. 이미 현대적 정통주의도 분명한 적응을 피할 수 없게 되었다.

— 의심할 여지도 없이 **현대의 개혁적 유대교**도 지금까지 분명한 특징을 상실했다. 그래서 유대교 신앙의 본질과 불변적 요소는 인본주의적 · 도덕적 · 사회적 관심과 특히 정치적 관심 때문에 무시되고 경시되고 부정되고 있다.

그럼에도 나는 묻는다. 위기에 빠진 것은 정말로 글레이저가 생각한 것처럼 2,000년 넘게 유지해온 유대인의 종교와 유대 민족의 진정한 '본질'인가? 내 대답은 분명히 유대교에 **이중적인 위기**가 여전히 영향을 떨치고 있다는 것이다. 그것은 두 가지 획기적인 패러다임과 관련된 것이지, 유대교 신앙의 진정한 본질과 관련된 것은 아니다!

- 그것은 랍비-회당 패러다임(P IV), 할라카적 율법 종교의 위기다. 이 위기는 유대교의 미래에도 영향을 미칠 것이다.
- 그것은 근대의 동화 패러다임(P V)의 위기이기도 하다. 이 위기는 유대교의 존속에도 영향을 미칠 것이다.
- 그러나 이 모든 것은 직접적으로 유대교의 불변적인 '본질'과 관련된 것이 아니라, 단지 특정한 역사적 형태와 관련된 것이다.

우리의 패러다임 분석이 다음과 같은 사실을 밝혔다. 랍비 회당 패러다임은 두 번째 성전의 파괴 이후부터 비로소 완전히 발전했지만, 근대의 해방 패러다임은 제1, 2차 세계대전과 함께 랍비 회당 패러다임이 매우 의심스러운 패러다임이 되기 전에 계몽주의와 함께 비로소 등장했다. 이 **두 패러다임**이 지금 위기에 빠져 있다는 사실은 의심의 여지가 없다. 그렇지만 미래를 분명히 이해하기 위해—"현재의 도전"이라는 제목 아래 제2부를 마치고 제3부로 넘어가는 이 지점에서—우리는 지금의 이 두 극단적인 견해가 서로 토론하게 되기를 원한다. 물론 이것은 당연히 뜨거운 논쟁이 될 수밖에 없을 것이다. 정통주의의 우측에는 근본주의자들이 있고, (개혁적 유대교의 좌측에는) 세속주의자들이 있다.

9. 논쟁적 토론

특히 분명한 대립이 존재할 때, 진지하게 이루어지는 신학적 논쟁은 게으른 평화보다 훨씬 더 낫다. 하나의 극단적인 주장은 다른 하나의 극단적 주장을 비추는 거울과 같다. 양쪽이 서로에게 날카로운 이빨을 드러낼 경우에는 서로를 죽이려고 들 것이다. 비록 양쪽이 실제로 대화하기보다는 서로를 무시하고 많은 경우에는 서로를 적처럼 공격하지만, 그래도 우리는 두 견해의 대변자들 간에 전개되는 논쟁적 토론을 쉽게 상상할 수 있다. 한 번 들어보자.

근본주의자들: 너희 진보적인 '근대주의자들'은 근본적으로 더는 진정한 유대인이 아니다! 현대 세계에 너무 적응한 나머지 너희는 모든 종교적 본질을 낭비하고 있다. 너희는 수천 년 오래된 하나님 신앙과 이스라엘 민족의 선택이라는 종교적인 중심을 상실해버린 유대교를 대표한다.

세속주의자들: 그렇다면 너희는 거만한 경건주의자들인가? 너희는 근본적으로 더는 진정한 인간이 아니다! 너희의 신앙과 율법에 너무 집착한 나머지 너희는 세상과 사람들에게서 완전히 고립되었다. 너희는 현실을 망각하고 스스로 의롭다고 여기고 그래서 인간의 연민을 잃어버린 유대교를 대표한다.

근본주의자들: 그렇다면 참된 종교가 아니라 현대적인 대체 종교가 너희에게 활동하고 있다는 사실을 너희는 알아차리지 못하는가? 너희는 하나님을 믿기보다는 기껏해야 너희가 항상 이해하고 있는 이스라엘을 믿고 있다! 만약 너희가 모두 공통된 확신을 갖고 있다면, 너희는 오직 홀로코스트에 대해서만 집착한다. 마치 하나님과 그의 백성의 오랜 역사를 그렇게 축소할 수 있다는 듯이 말이다. 비록 성전이 새롭게 건축되어도 너희는 당연히 성전에 가지 않을 것이다. 그렇지만 너희는 홀로코스트를 기념하는 세속적인 장소로도 만족할 것이다. 거기서 너희는 다른 모든 것보다 더 중요한 날을 기념한다. 그것은 하나님과 화해하는 날(욤 키푸르Yom Kippur)이 아니라 인

간의 재앙의 날(쇼아Shoah)이다. 그리고 너희는 이날을 위해 진심으로 하나님을 예배할 필요를 느끼지 않는다!

세속주의자들: 너희는 정신적으로 우리 시대에 살고 있지 않고 중세기에 살고 있고, 대안 세계를 건설하고 있기 때문에 그렇게밖에 말하지 못한다! 너희는 단지 외형적으로만 하나님을 믿고 있다. 근본적으로 너희는 너희가 하나님으로 만든 율법을 믿고 있다. 만약 너희가 하나의 공통된 확신에 동의한다면, 그렇다면 그것은—모든 역사적 진보를 무시하는—너희의 명백한 율법주의다. 그래서 너희는 양손으로 날갯짓을 하면서 통곡의 벽 앞에서 기도하고, 그와 동시에 여인들을 멀리한다. 그래서 너희는 그렇게 열정적으로 욤 키푸르를 기념한다. 이날에 너희는 너희의 수많은 죄를 용서한다고 주장한다.

근본주의자들: 나는 너희의 근본악이 무엇인지를 분명히 알고 있다. 너희는 문서로 된 토라, 하나님의 말씀을 지키지 않으며, 구전 토라를 오래전에 포기했다. 이것이 너희의 원죄다. 그렇지만 너희는 너희를 유대인의 '역사'와 유대인의 국가와 동일시하기 때문에 좋은 유대인이라고 생각한다. 그렇다면 너희가 몇 천 년의 이스라엘 유대인의 역사를 현대의 시대로 얼마나 축소하고, 이를 만물의 척도로 만들고 있다는 사실을 너희는 알아차리지 못하는가? 너희는 하나님이 주신 명령을 따름으로써 하늘과 땅의 창조주와 역사의 주님을 섬기지 않고 하나님과 멀어진 현대를 섬기는 노예들이다.

세속주의자들: 그렇지 않다. 원죄는 바로 정반대다. 너희는 성서를 매우 자주 무시하고 완전히 전통에만 빠졌다. 그리고 너희는 기회가 있을 때마다 미쉬나와 탈무드를 인용할 수 있는 사람은 이미 좋은 유대인이라고 생각한다. 너희는 우리의 역사를 너희가 아직도 끝나지 않기를 소원하는 중세기로 축소하고 있다. 너희는 현재의 새로운 도전과 미래의 가능성을 받아들이기보다는 너희의 과거에 여전히 사로잡혀 있다.

따라서—내가 너무 과장했는가?—극단적인 주장의 경계선이 확정되었다. 이 논쟁에서 화해의 가능성이 존재하겠는가? 아마도 두 진영은 다음과 같은 사실을 전혀 깨닫지 못하고 있는 것 같다. 큰 논쟁을 야기하는 근대주의자들은 깊은 위기에 빠져 있고, 세계는 근대-후기 패러다임으로 접어들었다. 세계는 유대교에게도 새로운 결정을 요구할 것이고, 아마도 근대의 궁지에서 벗어나는 길을 열어줄 수 있을 것이다. 미래 유대교의 근본적인 문제점을 일일이 논의하기 전에 우리는 근대-후기 시대의 도래와 유대교에게 미치게 될 결과를 주목해보아야 한다. 그것은 삶의 갈등과 율법의 미래, 유대교인과 무슬림, 이스라엘 국가의 미래, 그리고 홀로코스트와 하나님 언설의 미래다.

제III부

미래의 가능성

1장 포스트모던 시대의 유대교

근대 세계는 유럽 중심의 세계였다. 이 세계는 17세기 중엽에 시작되어 19세기에 절정에 달했고, 제1차 세계대전에 이르러서는 치명적인 혼란을 경험했다. 아시아와 아메리카, 그리고 아프리카의 세계는 근대 유럽의 민족 국가들에게 지배되었다. 또한 이 근대 세계는 점점 더 **세속화되는** 세계였다. 발전하는 서구의 산업사회 속에서 종교는—자신의 잘못은 아니지만—공적인 영역에서 점차 추방되어 개인과 주관의 영역으로 밀려났다. 인간의 정신 영역에서도 종교성은 성性과 마찬가지로 억압되었다. 사회적 영역에서도 종교는 때로는 다양한 이유로 흔히 억압을 당했고, 심지어는 탄압을 당했다. 우리는 곳곳마다 오직 거대한 역사만을 살펴볼 수 있었지만, 그것은 마음대로 채워지고 부풀려졌다. 물론 세계 전체가 유럽의 학문과 기술화·산업화를 통해, 그리고 유감스럽게도 군사화를 통해 발전되었지만, 그와 동시에 점점 더 위태로워졌다는 것도 사실이다. 이 유럽의 근대는 유대인에게는 동화同化를 요구했지만, 그와 동시에 적어도 유럽에서는 동화의 실패를 초래했고, 마침내는 **홀로코스트**의 재앙을 초래했다. 우리는 홀로코스트에서 **근대의 심연과 종말**을 엿본다. 이러한 시기는 이제 유대교에서도 궁극적으로 극복된 것처럼 보인다. 그러나 이제는 무엇이 따라오는가? 후기-근대, 곧 **포스트-모던**에는 어떤 일이 일어나는가? 본질적인 발전의 경향은 무엇인가?

I. 포스트모던의 도래

만약 유대교가 포스트모던이라는 단계에 결정적으로 돌입했다만, 먼저 다음과 같은 질문에 대답해야 한다. 도대체 '포스트모던postmordern'이란 정확히 무엇인가? 어떤 의미에서 이 단어가 여기서 사용되는가? 나는 이 책에서 자세한 포스트모던 논의를 하지는 않을 것이다. 나는 이를 《세계윤리구상》[1]에서 설명했고, 《그리스도교》에서 더 자세히 설명할 생각이다. 유대교와 관련된 이 맥락에서는 간략한 요약만으로 충분하며, 그 다음에는 미래지향적인 문제를 제기하려고 한다.

1. 포스트모던이 뜻하는 것은 무엇인가?

우리 시대는 아직 아무런 이름도 없으며, (원래 '바로크'나 '로코코'처럼) 별칭도 없다. 그러나 제1, 2차 세계대전 이후에 형성되어온 우리 시대를 특징지으려면 적어도 **임시적인 이름**이 필요하다. 그래서 나는 '후기-근대' 또는 '포스트-모던'이란 개념을 선택한다. 내게 이것은 급진적 다원성을 지닌 정신적 상황을 표시하는 유행어가 아니라, 우리 시대를 근대와 구분하는 것을 규정하기 위한 **탐색어**를 뜻한다. 우리는 근대가 17세기 중엽에 시작해서 제

1차 세계대전과 더불어 깊은 위기에 빠졌으며, 제2차 세계대전과 홀로코스트에서 결정적인 종말을 맞이했다고 본다. 따라서 내게 '포스트-모던'은 근대의 위기 경험(그래서 포스트-**모던**)과 이론과 실천에서 새로운 종합을 위한 노력(그래서 **포스트**-모던)을 담고 있는 시대 개념이다. 왜냐하면 다양한 삶의 영역에서 위기 경험이 오래전부터 새로운 것을 추구하게 만들거나, 새로운 것이 이미 현실이 되어버렸기 때문이다. 큰 맥락을 짚어보고 분석한다면 다음과 같다.

— 지정학적으로 보면, **탈유럽중심적** 정황과 연관된다. 서로 경쟁하던 5개의 유럽 민족국가(영국, 프랑스, 오스트리아, 프로이센/독일, 러시아)가 세계를 통치하는 시대는 지나갔다. 오늘날 우리는 **상이한 세계 영역의 다자중심적 정황**에 직면해 있다. 북미, 러시아, 유럽공동체, 일본이 중심을 이루고 있고, 나중에는 아마도 중국과 인도도 중심이 될 것이다.

— 외교정치적으로 보면, **탈식민주의적**이고 **탈제국주의적** 세계를 예상해야 한다. 정확히 말하면, 이것은 (이상적인 경우에는) 국제적으로 공조하는 **참으로 연합된 국가들**을 뜻한다.

— 경제정치적으로 보면, **후기자본주의적**이고 **후기사회주의적** 경제가 발전되고 있다. 우리는 이것을 **생태-사회적 시장경제**라고 부르는 것이 옳을 것이다.

— 공공정치적으로 보면, 점차적으로 **후기산업**사회가 형성된다. 이것은 선진국에서 점차적으로 **서비스 사회**와 **통신 사회**가 될 것이다.

— 사회정치적으로 보면, 남녀의 관계에서 **탈가부장적 체계**의 특징이 드러난다. 가정과 직장, 그리고 공적인 영역에서 뚜렷하게 **남성과 여성의 동반자적 관계**가 점점 더 전개된다.

— 문화정치적으로 보면, **탈이념적** 문화를 향해 나아가게 된다. 미래적으로는 점점 더 **다원화되고 통전적인 문화**가 될 것이다.

— 종교정치적으로 보면, **탈종파적**이며 **범종교적** 세계가 두드러진다. 다시 말하면, **초종파적인 종교일치적 세계 공동체**가 느리고 힘겹게 발전하고 있다.

근대에서 포스트모던으로 패러다임이 전환됨으로써 (반드시 가치 상실은 아니지만) 윤리적·종교적 세계관의 강화를 의미하는 근본적인 **가치 변화**도 다음과 같이 일어난다.

— 윤리 없는 **학문**이 윤리적이고 책임적인 학문으로 변화된다.

— 인간을 통제하는 기술사회가 인간성에 기여하는 **기술공학**으로 변화된다.

— 환경을 파괴하는 **산업**이 자연과 조화되는 인간의 참된 관심과 필요를 촉진하는 산업으로 변화된다.

— 형식상 합법적인 **민주주의**가 자유와 정의가 화해하는 가운데 실제로 실행되는 민주주의로 변화된다.

그러나 만약 새로운 포스트모던적 정황이 **다종교적 세계사회**를 의미한다면, 근대의 진보 이념의 종말과 더불어 종교, 곧 **유대교**도 다시 새롭게 기회를 얻게 될 것이다. 만약 홀로코스트가 근대의 심연이고 종말이었다면, **이스라엘 국가의 형성**은 포스트모던의 **출발점**이고 **기원**이다. 유대교와 포스트모던 신학이 재앙(쇼아shoah)으로 여전히 부정적인 특징을 띠고 있듯이, 이것은 이제 유대 국가의 재탄생으로 긍정적인 특징을 띠게 된다. 제1, 2차 세계대전 이후의 이러한 세계정치적 정황의 변화는 홀로코스트 이후에 새롭게 형성된 이스라엘 국가만이 아니라 미국의 유대인 사회와 세계 도처에 있는 유대 공동체에 큰 의미를 주고 있다. 세계화와 다원화는 상반된 것이 아니다. 여러 장애물과 반동적 움직임 있지만 우리는 서서히 탈종파적이며 범종교적인 인간성을 지향해야 하며, 이러한 이상은 예전의 적대감과 새로운 긴장감이 상존하지만 서서히 종파를 초월한 다양한 세계 공동체를 형성하게 할 것이다.

이러한 다종교적 세계사회는 유대교에도 이익이다. 16세기 이래 유대교가 소수자들의 종교로, 경쟁하면서 서로 균형을 맞추던 교회의 부상浮上을 통해 이익을 얻었다면, 유대교는 세계종교 가운데서 가장 작은 종교로, 경쟁하는 거대 종교와의 상호소통을 통해 이익을 얻게 될 것이다. 물론 상이하고 평등한 종교들과 평화롭게 공존하려면 광신주의와 배타주의, 승리주의를 폐기해야 한다. 걸프전쟁은 다음과 같은 사실을 보여주었다. 세계 공동체는 종교를 위해—'알라의 이름'으로든 '하나님의 도움'으로든—투쟁하거나 정치적·사회적·종교적 갈등을 종교적으로 증폭시키는 것을 예전보다는 덜 하게 될 것이다.

2. 종교의 미래를 위한 기회

포스트모던은 종교를 위해 다음과 같은 의미를 지닌다. 만약 우리가 종교적이기를 원한다면, 오늘날 우리는—근대의 대다수 교회처럼—과학(갈릴레이!)과 기술과 산업과 민주주의(1789년!)를 더는 거부해서는 안 된다. 그러나 거꾸로 포스트모던은 종교 비판을 위해 다음과 같은 의미를 지닌다. 포이어바흐와 마르크스에서 니체와 프로이트에 이르기까지 근대의 성과에 힘입어 종교의 종말을 예언한 사람은 조롱을 받았다. 세계적으로 볼 때, **종교는 살아 있다.** 물론 종교는 문제가 있고 종교의 형태도 종종 비판을 받았지만 말이다! 종교적 기본 태도와 과학적 세계관과 정치적 참여는 더는 서로 모순되지 않는다.

그렇다면 포스트모던적 정황은 종교에 어떤 의미를 지니는가? 억압된 종교의 재활성화, 사라진 종교의 재생 그리고 전통에 붙잡힌 종교의 해방적 변형이 가능하다.

— 근대 패러다임에서 그러하듯이, 종교는 더는 무시되고 사사로운 일이 되고 억제되거나 심지어 추방되지 않는다.

— 중세 패러다임에서 그러하듯이, 종교는 절대화되고 과장되고 객관화되고 제도화되지 않는다.

— 포스트모던 패러다임에서 종교는 모든 세속성에도 불구하고 오히려 새로 진지하게 취급될 수 있다. 종교는 인간의 존재와 사회의 가장 깊은 차원으로서 이에 못지않게 중요한 경제적, 심리적, 법적, 사회적, 정치적, 미학적 차원과 함께 주목을 받게 된다.

그렇다. 포스트모던의 특징은 바로 다음과 같다고 할 수 있다. 종교는 근대 시대(구체제Ancien Régime)에서처럼 종종 인간의 억압에 남용되지 않는다. 만약 반동적·근본주의적인 태도나 심지어는 인종차별적·무력의존적 태도를 보이지 않는다면, 종교는 새롭고 인간적인 방식으로 **인간의 해방**에 헌신할 수 있다.

— 개인의 정체성과 심리적 성숙('직립 보행')을 고려할 때, 종교는 심리학적·심리치료학적으로 해방을 가져온다.

— 종교는 비인간적인 사회적 상황(남아프리카에서 남미에 이르기까지, 동유럽에서 필리핀에 이르기까지)의 비폭력적인 변화에 정치적·사회적 해방을 가져온다.

물론 예전의 억압적이고 퇴행적인 종교 형태는 여전히 남아 있다. 원래는 오직 개신교의 성서문자주의에만 사용되었던 근본주의라는 말이 이제는 모든 종교에서 통용되고 있다. 그렇기에 유대교도 모든 다른 종교와 마찬가지로 인간의 인간화와 자유의 촉진, 인권의 존중과 민주주의의 도래에 기여하는지 여부에 따라서 평가될 것이다. 왜냐하면 유대교도 여기서 기독교(그리고 이슬람교)처럼 언제나 매우 구체적으로 선택의 기로에 서 있기 때문이다.

- 종교는 권위적이고 독재적이고 수구적일 수 있다. 물론 기독교도 종종 그러했다. 그렇기에 유대교 또한 경우에 따라서는 두려움과 비관용, 불의와 좌절, 사회적 단절을 양산할 수 있고, 비도덕과 사회적 부정을 합법화하고 전쟁에 동기를 부여할 수 있다.
- 그러나 종교는 해방적이고 미래지향적이고 인간에게 친밀감을 줄 수도 있다. 기독교와 유대교는 이런 일을 해왔다. 종교는 삶에 대한 신뢰와 아량, 관용과 연대감, 창조성과 사회적 참여를 확장할 수 있으며, 정신적 갱신과 사회적 개혁과 세계 평화를 촉진할 수 있다.

이처럼 새로운 다자중심적이고 간間문화적이며 다종교적인 세계 정황에서 다음과 같은 사실은 자명하다. 종교가 점점 더 하나가 되고 노선 투쟁에 전력하지 않으면 않을수록 더욱 효과적이고 수월하게 이러한 목표에 함께 기여할 수 있을 것이다. 제2차 바티칸 공의회와 세계교회협의회는 잔존하는 어려움과 차이점에도 불구하고 지난 수십 년간 가톨릭과 개신교와 정교회의 기독교인과 교회를 매우 친밀하게 만들었다. 그렇다면 유대교는 어떠한가? 근대의 절정기에 태어나서 전혀 다른 세계와 시간에 예루살렘에서 숨을 거둔, 과도기의 위대한 유대인 마르틴 부버가 아마도 문제점을 더 잘 설명하고 더 쉽게 해결책을 보여줄 수 있을 것이다.

3. 종교의 해방적 변형: 마르틴 부버

전 생애에 걸쳐 출간한 저서 전체를 되돌아볼 때, 마르틴 부버[2]는 동시에 세 가지 삶을 살았다고 여겨진다. 그가 성취한 삶의 위대한 업적 하나하나는 평균적인 삶을 훨씬 뛰어넘는 것이었다.

— 첫째, 그는 1878년에 비엔나에서 태어났고, 렘베르크Lemberg에서 뛰어난 랍비였던 그의 조부 솔로몬 부버 집에서 어린 시절을 보냈으며, 새로운 세기가 시작될 때에 이미 동유럽의 하시딤 사상에 불멸의 업적을 쌓았다. 이것은 그의 '대화 원리' 발전에 적잖은 영향을 끼쳤다.

— 둘째, 부버는 비엔나 대학교와 취리히 대학교에서, 그리고 마지막으로는 베를린 대학교에서 (빌헬름 딜타이Wilhelm Dithey와 게오르크 지멜Georg Simmel에게서) 공부했고, 프랑크푸르트 대학교에서 1925년부터 강사로 활동했으며, 1930년부터 1933년까지는 유대교와 윤리 분과의 교수로 활동했고, 1920년대부터는 프란츠 로젠츠바이크Franz Rosenzweig와 함께 처음으로 히브리어 어감에 적합한 독일어 성서번역[3]을 수행했고, 의미심장한 성서 연구서 《하나님의 왕국》(1932), 《예언자들의 신앙》(1940), 《모세》(1945)를 남겼다.[4] 히브리 성서는 언제나 부버의 힘의 원천과 마지막 잣대였다.

— 셋째, 부버는 이미 1898년에 시온주의 운동에 가담했고, 이미 제3회 시오니스트총회(1899)에서 팔레스타인 내부의 선전보다는 교육을 더 강조했으며, **문화적 시온주의**를 점점 더 강력히 지원했고, 그래서 오직 정치적인 시온주의를 갈수록 거세게 반대했다. 그는 잡지(〈세계Die Welt〉, 나중에는 〈유대인Der Jude〉)의 편집장으로, 출판사(베를린의 Jüdischer Verlag)의 설립자로, 유대인 청년운동(바르 코크바Bar Kokhba)의 주창자로, 제1차 세계대전이 종결되던 시기에 동유럽의 유대인을 대상으로 하는 베를린의 유대인 민족위원회 공동 설립자로 출판과 민족 교육을 위해 쉼 없이 활동했다. 한

편 그는 시온주의자였지만 이미 일찍부터 아랍인을 위해서도 헌신했다. 하지만 큰 반향을 얻지는 못했다.

마르틴 부버는 제1차 세계대전이 그 시대의 사상가들에게 결정적인 전환점을 가져왔다는 사실의 증인이다. "그러나 이것은 제1차 세계대전 시기에 여러 사상가에게서 일어난 결정적인 변화다. 매우 다양한 의미와 영역에서 변화가 일어났다. 그러나 인간적 상황의 변화에서 기인한 근본적인 공통점은 명백하다."[5] 여기서 "결정적인 변화"가 의미하는 것은 무엇인가?

세계대전이 한창이던 1916년에 부버는 자신의 저명한 철학적 기본서《**나와 너***I and Thou*》의 초안을 작성하고 1919년에 저술해 1923년에 출판했다. 칼 바르트가 자신의《로마서 강해》를 구상하고 저술하고 고쳐 쓴 그 시기였다.《로마서 강해》는 개신교 신학을 뒤바꿔놓았고, 독일 개신교 신학에서 포스트모던의 시작과 같은 의미를 지니고 있다. 흥미롭게도 부버는 바르트처럼 성서적인 사고를 지향했다. 그러나 부버는 단순히 성서에서 출발하지 않고 철학적 반성을 하는 가운데 인간론에 철저히 집중했다. 그래서 부버는 나중에 바르트의 신학을 비판하기도 했다. 왜냐하면 부버에 따르면 바르트는 자신의《교회 교의학》의 신학적 인간론에서 야코비F. H. Jacobi와 같은 교회 밖의 신앙적 관념론자들과 루드비히 포이어바흐Ludwig Feuerbach와 같은 불신앙적 감각주의자들, 몇몇 신앙적인 유대인들에게 중요한 인식(예컨대 '당신'에 관한 인식)을 넘겨받았지만, 다른 한편으로는 "이러한 인간 이해가 기독론이 아닌 다른 토대 위에서 … 자라났다"는 사실을 "용인"할 수 없었기 때문이다.[6]

인간은 누구이며, 이 세계에서 어떻게 자신의 자리를 찾을 수 있는가? 이것이 부버의 근본 질문이다. 여기서 이 질문에 대답할 때, 부버는 인간 주체로부터 현실을 구성하기 시작한, 그리고 데카르트와 칸트와 헤겔과 영국 경험론과 함께 유럽의 근대를 본질적으로 형성한 관념철학의 시대가 끝났음을 이미 일찍부터 깨닫게 되었다. 이 세계에 대한 태도는 단순히 인간의 의식 안에서 이루어지는 것이 아니며, 이 시기에 곧 전개될 실존철학이 생각했듯이, 단지 일반적인 인간성, 곧 익명의 '그 누구'(하이데거)의 배경 앞에서 있는 인간의 현존재 안에서만 이루어지는 것도 아니다. 결코 그렇지 않다. 부버는 여기서 야코비, 루트비히 포이어바흐, 유진 로젠스톡Eugen Rosenstock, 페르디난트 에브너Ferdinand Ebner[7]의 통찰을 이용한다. 인간은 단순히 나-그것I-It의 관계가 아니라 나-너I-Thou의 관계 안에 있다. 철학의 출발점은 "주체성의 영역"이 아니라 "존재 사이"의 영역 안에서 찾아야 한다. 바로 이것이야말로 부버와 다른 사상가들에게 "제1차 세계대전의 시기에" 일어난 "결정적인 변화"였다.[8]

따라서 처음에 오는 것은 코기토*cogito*("나는 생각한다")가 아니라 렐라티오*relatio*(관계)다. 우리는 이것을 부버 철학의 출발점이라고 규정할 수 있다. 그는 단순히 인간이나 세계가 아니라 **인간과 세계 사이의 관계**에서 출발하기를 원한다. 부버에 따르면 모든 진정한 삶은 **만남**이다. 그러나 만남은—부버가 중요하게 생각하는 것으로—근본적으로 두 가지 방식으로 일어난다. 나와 그것의 만남으로, 그리고 나와 너의 만남으로 일어난다.

나-그것의 관계는 무엇을 의미하는가? 부버에게서 근원어 **나-그것**은 '경험', 대상, 객체(나무나 사람 같은)의 영역을 표시한다. 이것들이 없이는 인간은 당연히 살아갈 수 없지만, 이것들은 궁극적으로 인간에게 항상 낯선 것이다. 근대는 인간에게 이 세계를 점점 더 알고 이용할 수 있게 만들었지만, 유감스럽게도 그것과 관계를 맺는 자신의 능력을 번번이 대가로 지불해야 했다.

나-너의 관계는 이와는 정반대다. 따라서 근원어 **나-너**는 **"관계의 세계"**를 의미한다.[9] 이것은 세 가지 영역을 포함하고 있다. 그 영역은 삶과 자연의 관계, 삶과 인간의 관계, 삶과 정신적 존재의 관계로 나뉜다. 여기서 결정적인 것은 우선 너와의 관계를 통해 인간은 자기 자신이 된다는 사실이다. 나-너의 관계는 나-그것의 관계와는 반대로 상호성·개방성·직접성·현재성의 특징을 띤다. 여기서 바로 분명해지는 점은 이러한 근본 구조의 분석을 통해 인류학이 신학으로 옮겨가는 일이 여전히 드물다는 사실이다.

매우 난해하고 상당히 풍부한 언어로 저술된 대화 원리를 성찰함으로써 부버는 신학적인 정점에 오른다. 그의 책은 최종적으로 모든 나-너의 관계는 '영원한 당신eternal Thou'을 가리킨다는 확신에 도달한다. "관계의 연장선은 … 본질적으로 그것이 될 수 없는 영원한 당신 안에서 서로 교차한다."[10] 이 영원한 당신은 이론적 문장이나 형이상학적 사변을 통해서가 아니라 그와의 인격적인 관계를 통해 인식된다. 이 관계는 어디서나, 곧 인격 안에서, 동물과 자연 또는 예술품 안에서 발견될 수 있다.

그러므로 우리는 다음과 같은 주장을 이해할 수 있다. 부버에 따르면 계시는 영원한 당신과의 인격적인 만남 안에서 단지 그곳과 그때에만, 단지 시나이에서만 일어나는 것이 아니라, 여기서 그리고 지금, 내가 그것을 받아들이려고 마음을 열 때마다 언제 어디서나 일어난다. 물론 성서도 죽은 책이 아니라 인간과 하나님의 대화적인 만남을 생생하게 보고한 것이다. 율법 또한 하나님의 직접적인 계시가 아니지만 하나님의 계시에 인간이 응답한 것이다. 이것은 단지 근대적으로 동화된 유대교 이해가 아니라, **해방적으로 변형된 이해**다. 그러나 나중에 다시 살펴보겠지만 이것은 종교적 실천에 상당한 논란거리가 되는 결과를 낳는다.

하지만 이 모든 사실은 부버가 수많은 유대인에게 열광적으로 존경을 받은 이유(그가 죽기 2년 전에 예루살렘의 히브리 대학교 학생들은 그의 85회 생일을 거대한 횃불행진으로 축하했다)와 수많은 기독교인과 비신학자와 신학자에게서도 매우 유익하고 영감을 주는 사상가로 주목을 받고 있는 이유를 단지 암시할 따름이다. 만약 내가 그를 제1차 세계대전 무렵에 시작되었고—정확한 용어가 없어서—이제는 **포스트모던**이라고 불리는 시대의 정신적 선구자로, 진정한 정신적 **토대를 놓은 인물** 중 한 명으로 간주한다면 그의 위상을 올바로 규정한 것이다. 하이데거는 그의 실존철학적 결정주의에 근거하여 나치즘과 영도자 원리의 유혹을 받기 쉬웠지만, 그와는 달리 부버는 나폴레옹 현상을 성찰하면서 "너의 차원"을 인식하지 못한 저 영도자의 유형을 이미 다음과 같이 설명했다. "시대의 주主, 악마적인 너, 그 어떤 자도 너로 대할 수 없는 자, 그는 … 운명의 시대에 운명적으로 튀어나왔다. 그에게서 모든 것이 불타오르지만, 그 자신은 차가운 화염 속에 있다. 수천 가지의 관계가 그를 향해 가지만, 그에게서 나오는 관계는 전혀 없다. …"[11]

1933년에 부버는 유대인 성인교육을 위한 중급기관의 학장과 프랑크푸르트 유대인 교육원의 학장이 되었다. 히틀러가 "권력을 장악한" 바로 직후에 그는 공개적으로 "**히브리적 휴머니즘**"[12]이라는 포괄적인 개념을 제시했다. 이것은 부버 자신이 이미 제1차 세계대전 전날 밤에 발전시킨 개념이었고, 미래를 위한 그의 주요 개념이 되었다. 이미 1939년 취리히에서 열렸던 제16차 시오니스트총회에서 그는 30년 동안 국제 유대인 운동을 경험한 후에 "유대 팔레스타인의 현재 교육체계 속에서" 자신이 무엇을 "아쉬워하는지", 그리고 그가 무엇을 "원하는지"를 상세하게 말했다. 그것은 바로 "가장 현실적인 의미를 지니는 히브리적 휴머니즘"이다.[13] 민족의 활성화와 히브리어의 개선만으로는 충분하지 않다. 그와 동시에 일종의 정신적인 운동이 필요하다. 그것은 역사와 문학 안에서 "참된 가치와 거짓된 가치 사이를 구분하고", 성서의 거대한 원전인 전통에서 "질서와 판결을 끌어오는 인식과 요구다."[14] 이것은 완전히 민족주의적인 시온주의자들에게는 차라리 망각되어야 할 도발적인 계획이었다.

그렇지만 부버에게 순전히 형식적인 유대 민족의 '르네상스'는 '교만하고 불합리한 일'이며, '히브리인'이란 '히브리어를 사용하는 사람'과는 전혀 다른 뜻이다. 부버는 "옛 고향 땅에서 새롭게 시작된 공동체의 미래는 **규범적인 근본 능력의 재생**에 달려 있다"고 확신했다.[15] 이것은 중세적 복원이라는 낭만적 기획을 뜻하지 않는다. 성서로 되돌아간다는 것은 "이미 존재했던 것을 반복하거나 계속한다는 것"을 의미하는 것이 아니라, "진정한 현재 현상 속에서 그것을 새롭게 만든다는 것"을 뜻한다.[16] 따라서 "히브리적 인간"은 단순히 "성서적 인간"이 아니라, "무한정자無限定子의 입이 그에게 명령하는 것을 듣고 행하려는, **성서에 합당한 인간**"이다.[17] 그래서—예컨대 문자적인 성서 신앙이나 율법 신앙이 아니라는 점에서—부버는 이것을 "**성서적 휴머니즘**"[18]이라고 불렀다. 이것은 완전히 중세적·정통적인 계획도 아니지만, 자유주의적·근대적인 계획도 아니다. 덧붙여 말한다면 이것은 민족적인 유대교만이 아니라 정신적으로 갱신된 유대교를 위한 혁신적·포스트모던적 계획이다. 더욱이 이것은 매우 구체적인 계획인데, 나는 이제 세 가지 관점에서 이를 설명하려고 한다.

1. 부버의 개인적 패러다임은 주관적·독백적 원리에서 대화적 원리로 전환했다. 그렇기 때문에 부버는 이미 일찍부터 **개인주의와 집단주의를 넘어서려고** 했다. 이미 1940년대 초반에 서구의 많은 지식인이 파시즘과 나치즘이나 마르크스-레닌-스탈린주의를 신봉하고 있을 때, 부버는 개인주의 시대는 부활을 시도했지만 이미 지나가버렸고, 그와는 정반대로 집단주의는 "발전의 절정에" 도달했다고 기술했다. 또한 부버는 이런 상황에 대해 다음과 같이 응답했다. "관계를 해방하려면 이제 개인의 봉기 외에는 다른 해결책이 없다. 나는 진정한 인류 역사의 모든 과정이 더딜 뿐만 아니라, 지금까지 유례가 없었던 엄청난 불평이 지평선 위로 떠오르는 것을 목격한다. 지금까

지 그래왔듯이 사람들은 이제 단순히 다른 방향을 바라보며 특정한 지배적 경향에 저항하지 않고, 공동체 형성을 위한 위대한 시도를 확실하게 달성하려고 잘못된 실현에 저항하게 될 것이다."[19] 부버가 기대한 집단주의의 종말은 늦어도 1989년에는 일반적으로 인식되기에 이르렀다.

2. 아브라함 헤셸과는 달리 마르틴 부버는 **근대의 종교비판**과 논쟁했고, 단지 칸트와 헤겔, 하이데거와 셸러만이 아니라 포이어바흐와 마르크스, 니체도 자세히 연구했다. 그는 근대의 '하나님의 일식日蝕' 현상을 알았고, 영원한 당신과의 새로운 관계 가능성도 알고 있었다. 오늘날 걸프전쟁에서 다시(단지 일방적인 것은 아니지만) 훼손된 **하나님**이라는 **단어**의 엄청난 **남용을**—그러나 그 **대체 불가능성**도—지적한 사람은 부버 외에는 없다.

"물론 이것은 모든 인간의 언어 중에서 가장 부담스런 언어다. 어떤 언어도 이처럼 더렵혀지고 갈기갈기 찢겨지지 않았다. 그래서 나는 이것을 포기하지 않을 것이다. 인류는 이 단어 위에 자신의 고달픈 삶의 짐을 굴렸으며, 이를 바닥까지 짓눌렀다. 그것은 먼지 속에 놓이고, 그들의 모든 짐을 짊어지고 간다. 그러나 종교적으로 분열된 인류는 이 단어를 찢어버렸다. 또한 그들은 이 단어를 위해 살인도 했고 죽기도 했다. 그러나 그것은 그들 모두의 손자국과 피를 짊어지고 간다. 지고자至高者를 표시하기 위해 내가 과연 어디에서 이와 비슷한 단어를 발견할 수 있겠는가! 비록 내가 철학자들의 가장 내밀한 보물창고에서 가장 순수하고 반짝이는 개념을 취하더라도, 아마도 구속력이 없는 사상 한 조각만을 붙잡게 되지 않겠는가. 그것은 내가 의도했던 것, 곧 인류가 자신의 거대한 삶과 죽음으로 경배하고 무너뜨리기도 했던 바로 그것의 현존은 아니지 않겠는가. … 우리는 그를 경멸하는 자들도 존중해야 한다. 왜냐하면 그들도 불의와 어리석음에 저항하며, '하나님'이 부여하신 권한에 기꺼이 의존하기 때문이다. 그러나 우리는 이 단어를 포기할 필요가 없다. 물론 오해된 단어를 되살리려고 당분간 '궁극적인 일'

에 침묵하자는 제안은 얼마든지 이해된다. 그러나 그것이 **그렇게** 해결될 수 있는 것은 아니다. 우리는 '하나님'이란 단어를 완전히 세척할 수 없고, 온전하게 만들 수도 없다. 그러나 우리는 지금처럼 더렵혀지고 찢겨진 그 단어를 밑바닥에서 끌어올려 **매우 염려스러운** 시간 위에 우뚝 세울 수 있을 것이다."[20]

그렇다. 포스트모던 시대에도 **하나님을 대체할 단어는 없다**. 종교와 정치에서 지금처럼 단순하게 하나님을 언급하는 것은 단지 중세적 관행에 불과하다는 것을 의미할 수 있다. 하나님에 관해 더는 언급하지 않는 것이 전형적으로 '현대적인' 태도가 되었다. 어쩌면 하나님에 관해 신중하게 **새롭게** 언급하는 것, 곧 스피노자에서 부버에 이르기까지 그들의 자극을 수용함으로써 하나님이라는 단어를 해방적으로 변형하는 것이 오늘날 신학자와 철학자에게 중요할지도 모른다.

3. 일련의 군사적 대립에 맞서 마르틴 부버는 이미 일찍부터 **유대인과 아랍인의 평화로운 공존**을 위해 헌신했고, 심지어는 그 당시에 공동 국가를 세우려는 희망까지 품었다. 허무하게도 오늘날 공동 국가를 생각하는 사람은 아무도 없다. 그래서 부버가 이미 1921년에 시오니스트총회에서 해결책 한 가지를 제안했다는 사실을 기억할 필요가 있다. 유대 민족은 자신의 "소원"을 선포해야 한다는 것이다. 그 소원은 "아랍 민족과 평화와 형제애 안에서 살아가는 것이며, 공동의 고향 땅을 공화국으로 발전시키는 것이고, 그 안에서 두 민족이 자유로운 발전의 가능성을 가지게 되는 것이다."[21] 우리는 오늘날의 상황(걸프전쟁!)에서 이 일이 어떻게 가능할 수 있을지 깊이 생각해 보아야 한다.

물론 우리는 부버에게도 반문해야 하지 않겠는가? 히브리 대학교의 부버 동료 예샤야후 리보비츠Yeshayahu Leibowitz는 자신의 표현대로 "매서운 말"로 부버를 "비유대인을 위한 유대교 신학자"라고 질타했는데,[22] 이에 대해서는 유대교 측에서 답변해야 한다. 그러나 내가 보기에 부버의 매우 인격적인 나-너의 철학과 관련지어 볼 때 이러한 표현은 부적합하다. 여하튼 이스라엘 안에서 유대인과 유대인, 그리고 유대인과 아랍인의 인간적 공존이 문제될 때, (아리엘 샤론Ariel Sharon과 장군들 대신에) 마르틴 부버와 같은 사상가의 생각에 더 귀를 기울이는 게 좋지 않았을지 오늘날에는 몇몇 유대인들조차도 묻는다. 이스라엘 국가의 문제는 다시 자세하게 언급할 필요가 있을 것이다. 그리고 만약 부버의 관점이 "역사적 유대교와는 아무런 상관이 없는 토라와 계율('미츠보트Mizvot')의 유대교"라고 리보비츠가 비난한다면,[23] 나중에 우리가 율법에 대한 질문에 집중하여 다룰 때, 토라와 계율을 바라보는 부버의 관점을 정확하게 들어볼 기회를 가질 것이다. 그러나 그의 개별적인 생각을 사람들이 뭐라고 말하든, 독일 유대교의 존경받는 스승인 마르틴 부버는 모든 논란에도 불구하고 유대인과 기독교인에게 미래에도 중요한 것을 말해줄 수 있는 위대한 인물이다.

II. 포스트모던 시대의 유대교

만약 이제 포스트모던 시대에 유대교의 가능성을 질문한다면, 나는 점술사나 미래학자의 외투를 슬그머니 걸치지 않고 냉철한 분석을 계속하고 싶다. 우선 분명히 해야 할 점이 있다. 많은 유대인이 유럽의 근대가 도래한 이후에 진정한 유대교가 무엇인지 서로 간에 더는 일치점이 없다고 불만을 토로한다. 난처하지만 유대교에는 이런 논쟁점을 결론 내릴 수 있는 대표적이고 보편적인 기관이 전혀 없다.

유대교는 자신의 '본질'을 잃어버렸는가? 근대의 종말에 이렇게 극단적으로 물음이 제기되는데, 내 대답을 미리 밝히자면, 그렇지 않다. 완전히 착각하는 것이 아니라면 유대교는 포스트모던 시대에 자신의 '본질'을 새롭게 밝히려고 준비 중에 있다. 획기적인 전환에 직면하여 이를 위해 분석된 근본적인 선택(정통주의? 보수주의? 개혁주의?)을 인간과 국가, 하나님과 관련하여 새롭게 생각해보려고 한다. 우리가 이미 살펴보았듯이, 근대의 역사적인 잘못을 피하면서 완전한 거부와 완전한 혼합 사이에서 길을 발견하는 것이 무엇보다도 중요하다.

1. 완전한 거부와 완전한 혼합 사이에서

이러한 과제는 원칙적으로 단지 유대교에만이 아니라 기독교와 이슬람교에도 주어진다. 왜냐하면 3대 종교 가운데서 중세기에 사로잡혀 있는 반근대주의자들과 근본주의자들과 전통주의자들이 항상 거듭 요구하듯이, 포스트모던 시대에는 기독교와 이슬람교와 마찬가지로 유대교도 **사회적 통합과 문화적 적응**을 거부하기란 쉽지 않기 때문이다.

유대인들이 19, 20세기에 처음에는 독일과 프랑스와 영국에서, 그 다음에는 아메리카에서 근대 문화의 외적·내적인 가치를 수용하고, 의복과 언어와 교육을 주변 환경에 맞게 변화시키고, 유대인의 관습과 종교 예식을 근대의 미학적 요구에 맞추고, 근대 학문과 예술, 문학과 신문방송의 모든 분야에 참여한 것은 근본적인 잘못이 아니었다. 그런 점에서 나치 이전의 독일에서 유대인의 사회적 통합을 실패나 좌절로 이해해서는 안 된다.

그리고 대다수의 유대인들이 특히 독일에서, 그리고 또한 아메리카에서 (대부분은 대도시에서) 근대적 생활 방식에 적응하고 어떤 면에서는 유대인 아닌 시민들보다 먼저 그렇게 했다는 것도 근본적인 잘못은 아니다.[1] 여전히 20세기 말에도 가톨릭 교황은 폴란드의 지방도시 크라카우에서 근대적인 생활 조건에 아무런 이해도 없이 전 세계에서 요구하는 산아제한과 책임적인 피임에 반대하고 있지만, 이미 19세기 말엽에 폴란드의 포젠에서 브레슬라우와 베를린으로 이주한 유대인 수만 명은 다른 사람들보다 먼저 출산을 제한하고 자녀수를 줄였다. 그리고 교황이 중세 방식으로 교회와 예전과 신학에서 여성에게 공적이고 법적인 평등권을 허용하기를 점점 더 거부하지만, 유대인들이 이미 지난 세기에 여자 아이도 가급적 더 나은 학문적 교육을 받도록 노력하고 있다.

이로써 분명해졌다. 예전의 패러다임에 붙잡혀 있는 사람들은 종교와 그 대변자들을 불신하게 만든다. 종교적 전통주의는 유대교에도, 그리고 기독교와 이슬람교에도 아무런 도움을 주지 못하는 구호다. 이 구호는 변화된 세계를 망각하게 한다.

그렇지만 다른 극단적인 견해도 비판받아야 한다. 기독교와 이슬람교와 마찬가지로 유대교도 포스트모던 시대에 세속 사회에 **완전히 동화되고 세속 사회와 완전히 혼합**될 수 없을 것이다. 이것은 일치를 주장하는 근대의 사상가들이 3대 종교 모두에게 요구해왔고, 앞으로도 종종 요구할 것이다. 그들은 특수성을 제거하거나 균일화함으로써 자유와 일치와 평등을 이루려고 하였다.

그렇지만 기독교인들과 마찬가지로 많은 유대인이 19세기와 20세기에 먼저 독일에서, 그리고 그 다음에는 아메리카에서 고유한 생활 방식을 나타내는 많은 특징과 위대한 종교 전통과의 숱한 연결고리를 너무 경솔하게 포기해버린 것은 불운이 아니었는가? 이렇게 가족 전통과 가족 풍습은 '근대적 성과'에 희생되었다. 그들은 선한 시민으로서 경제적이고 문화적인 성공과 돈과 권력에 몰두하고, 종교적인 세계관 대신에 이제는 애국주의적인 세계관과 심지어는 민족주의적인 세계관에 헌신하고 있지 않은가? 시민의 필수적인 세 가지 표지인 재산과 교육과 국가가 종교를 대체할 수 있는가? 나치 국가가 독일에 사는 많은 유대인에게 국적(독일 국적)을 박탈했을 때, 그들은 종교적 실체를 상실하게 됨으로써 글자 그대로 그들의 '최후의 소유'도 빼앗길 수밖에 없지 않았는가? 홀로코스트와 이스라엘 국가는 포스트모던 유대교에도 여전히 중요하다. 그러나 홀로코스트에 집중함으로써 생존자들의 후손의 후손에게 유대인의 정체성을 가져다줄 수 있는가? 이스라엘 국가에 집중하는 것이 유대교적 신앙의 실체를 대신할 수 있는가?

유대인이 완전히 독일인이 되는 것과 마찬가지로 유대인이 완전히 미국인이 되는 것도 미래로 가는 올바른 길이 아닐 것이다. 단지 종교적인 전통주의만이 아니라 오직 경제적 · 문화적 · 국가적인 성공만을 추구하는 비종교적인 근대주의도 유대교에, 그리고 기독교와 이슬람교에도 미래적인 프로그램을 제공할 수 없다. 이러한 근대주의는 시간의 변화 안에서 유대교의 (그리고 기독교와 이슬람교의) '특수성'과 '실체', '본질'을 망각하게 한다.

그리고 나쁜 결과는 다음과 같은 것이다. 이로써 예전에 모든 유대인을 하나로 묶어주었던, 그리고—물론 모두는 절대로 아니지만—적어도 대다수가 긍정하던 필수적인 종교적 기본합의가 사라질 위험에 처하게 되었다. 문자적으로 이해된 할라카는 분명히 그러한 기본합의를 더는 제공하지 못한다. 그러나 이제 이런 질문이 제기된다. 새로운 도전을 맞닥뜨리면 어쩌면 새로운 기본합의가 이루어지지 않는가?

2. 새로운 기본합의는 가능한가?

미국계 유대인 **벤 할펀**Ben Halpern은 확실한 율법이나 제의, 언어적·문자적 전통 그리고 출애굽과 포로기와 구원의 신화도 모든 유대인을 함께 묶어주는 보편적인 가치가 아니라고 생각한다. 물론 유대교가 산산이 조각난 것도 아니다. 그의 추론은 이렇다. "유대인의 합의"의 토대는 오늘날 **신앙 공동체**라기보다는 오히려 **운명 공동체**다. "유대인은 항상 다른 모든 사람의 행위 결과에 말려 들어가기 때문에 모든 사람은 제각기 다른 사람들이 무엇을 원하는지 염려해야 한다."[2]

할펀의 미국 동료 **제이콥 뉴스너**Jacob Neusner는 그의 분석을 반대하지는 않는다. 그러나 유대교의 "기본적인 신화 구조"가 "중요한 측면에서 무너지지 않았다"는 사실에서 그는 유대인의 더 깊은 공통성을 찾아낸다.[3] 매우 세속적인 유대인들조차도 자신들의 집단적 삶이 지니는 사회학적 요소들을 인정할 뿐만 아니라, 심지어는 이를 매우 중요하게 여기고 그들의 자녀들에게 전달할 가치가 있는 것으로 보존할 것이다. "더욱이 대다수의 유대인은 그들이 세속적이든 종교적이든 언제나 **유대교의 고전적 신화의 양식**을 참작하면서 세계 안에서 일어나는 이런 사건들에 반응한다."[4] 예컨대 홀로코스트와 이스라엘 국가의 새로운 건립 과정에서 이러한 반응이 드러난다. 그들은 이런 사건들을 예언자들의 선포의 성취로, 죽음과 부활로, 시온으로의 회귀로 이해한다. 다시 말하면 그들은 이런 사건들을 창조와 계시와 구원의 상징 안에서 해석한다.

"유대교의 고전적 신화의 양식"이란 무엇인가? (종교학이 매우 다양하게 정의하려고 시도함에도, 또는 바로 그렇기 때문에) 다양한 의미를 지닌 '신화'의 개념은 언제나 비현실인 것, 참되지 않은 것으로 이해된다. 그래서 나는 차라리—줄곧 지켜져 왔고 항상 다시 흔들리곤 했지만—**유대인의 신앙**의 원형 또는 구조를 더 명확히 다루고 싶다. 아마도 뉴스너는 이에 동의할 것이다. 왜냐하면 그는 스스로 이렇게 이의를 제기하기 때문이다. "신화의 연속성처럼 보이는 것, 곧 고난과 회개, 불행과 구출의 옛 원형의 빛 안에서 사건을 해석하려는 지속적인 노력"은 실제로는 쉽사리 "감상적인 것"이 될 수 있다. "신화적 존재는 어디서 끝나며 시민적 항수는 어디서 시작하는가?"[5]

사실 여기서는 구별이 필요하다. 본질적인 것을 뚜렷하게 드러내는 일은 불가피하다. 분명히 "고대의 신앙심"이 "유일한 참된 신앙심"은 아니다. 분명히 "근대성"이 "참된 종교성의 가능성"을 배제하지는 않는다. 또한 "그들 자신과 옛 종교 전통의 고전적 표현 사이의 간격을 알고 있지만, 그럼에도 자신들의 종교적 경험의 진정성과 실제성을 확신하는 근대인의 자기이해"가 존재한다. 만약 이 모든 것을 진지하게 받아들인다면, 뉴스너처럼 우리는 유대교를 위해 다음과 같이 말하지 않을 수 없다. "그렇기에 종교성은 지속된다!"[6] 단지 나는—홀로코스트와 이스라엘 국가의 건립 이후에—완전한 거부와 완전한 혼합을 넘어서 이 유대교적 종교성을 **포스트모던** 종교성으로 이해하고 싶다. 그렇지만 항상 **유대교적** 종교성으로 머물기를 원하는 한, 포스트모던 종교성은 신앙의 확실한 '고전적' 상수常數를 결코 포기할 수 없다.

포스트모던으로 가는 유대교?

근대 세계에서 유대교의 딜레마

근본주의적 정통주의 ← → **급진적 세속주의**

종교적으로 고립된 유대교:
세계 연관성이 없는 종교적 실체

중세적인 대체 세계:
법률주의, **율법**인 토라에 고정됨

상징적 성소: 통곡의 벽,
가장 거룩한 날: 속죄일(욤 키푸르Yom Kippur)

미쉬나와 탈무드를 통한 유대인의 정체성:
이스라엘-유대의 역사를
중세 패러다임으로 축소함

결과
중세적 게토:
기독교화된 세계 안에서 격리된 이스라엘

종교적으로 공허한 유대교:
종교적 실체가 없는 세계 연관성

근대적 대체 종교:
이스라엘 중심주의, **홀로코스트**의 역사에 고정됨

상징적 성소: 야드 바셈(Jad Waschem),
가장 거룩한 날: 재앙(쇼아Shoah)의 날

유대인의 **역사와 국가**를 통한 유대인의 정체성:
이스라엘-유대의 역사를
근대 패러다임으로 축소함

결과
근대적 진공 상태:
근대세계 안에서 용해된 이스라엘

↓

포스트모던 유대교?

종교적으로 해방된 유대교: 세계 연관성을 지닌 종교적 실체

근원적이고 유대적인 종교:
이스라엘 하나님 야웨와 그의 백성 이스라엘

항구적인 연결고리:
이집트 해방과 **시나이 산 계시**

한 분 하나님에 대한 새로워진 **신앙**과 그분의 **선택**을 통한 유대인의 정체성:
포스트모던 패러다임 안에서 축소되지 않은 유대-예언자적 역사의식

결과: **포스트모던적 해방**
오늘날의 민족과 종교 세계와의 소통

3. 유대교의 포기할 수 없는 상수

이미 이 책의 제1부에서 상세하게 분석한 결과로 다음과 같은 사실이 완전히 명백해졌다. 랍비-회당 패러다임도, 그리고 근대의 동화同化 패러다임도 유대교의 본질과 단순히 동일시될 수 없다. 히브리 성서가 증언하는 유대교의 근원적 중심은 모든 역사적 비평에도 불구하고 의심할 여지가 없으며, 모든 시대적 변화와 패러다임 전환에도 불구하고 그대로 유지되고 있다. 그것은 **한 분 하나님**과 한 **백성 이스라엘**이다. 이 두 가지 초점을 중심으로 이른바 모든 타원형적인 증언이 맴돌고 있는데, 그것은 바로 히브리 성서의 증언과 최종적으로는 미쉬나와 탈무드, 중세 유대교의 증언이다. 따라서 이스라엘 신앙의 중심 요소와 주요 이념은 하나님이 선택한 **백성**이며, 이것은 하나님이 약속한 **땅**을 포함한다.

하나님과 맺은 이스라엘의 이 특별한 관계는 모든 자료에 시종일관 증언되며, 나중에 '**언약**'('베리트berit')이라는 단어로 분명하게 표현된다. 한 분 하나님과 맺은 이 백성의 특별한 언약은 하나님의 계명, '계율'에 대한 의무를 부여한다. 언약은 바탕에 놓여 있는 것이고, 의무와 계명은 그 뒤를 따른다. 주목해야 할 점이 있다. 이스라엘이 그의 하나님과 맺은 관계는 처음부터 유대 민족의 **고유성**의 바탕이 되었고, 그 다음에는 수천 년의 오랜 역사 속에서 그 **연속성**의 바탕이 되었으며, 최종적으로는 다양한 민족과 언어과 문화에도 불구하고 유대 민족의 **정체성**의 바탕이 되었다.

따라서 유대교의 '본질'을 묻는 질문은 근대에서 포스트모던으로 변화된 시대 조건 아래서 새롭게 제기된다. **목표**는 완전한 동화와 혼합이 아니라 유대교의 **참된 해방**이어야 하지 않겠는가? 하나님이 이 백성과 맺은 언약이 무시되고 망각되는 곳에서도, 완전히 변화된 세계 정치의 조건 아래서도, 유대교는 모든 패러다임 전환을 관통하며 수천 년 동안 이어진 유대인의 역사에 여전히 깊은 영향을 끼쳤던 언약의 현실을 기억해야 하지 않겠는가? 그 당시에 근대의 동화 패러다임 속에서 다음과 같은 체념 투의 말이 유대인 사이에 유포되었다. "만약 당신이 유대인임을 망각했다면, 다른 사람들이 당신에게 그 사실을 알려줄 것이다." 이것은 포스트모던의 해방 패러다임에서 겸손하면서도 자신감이 넘치는 말로 바뀔 수 있다. "만약 당신이 유대인임을 잊지 않았다면, 다른 사람들에게 그 사실을 알려도 무방하다."

그렇다면 **포스트모던적 해방**의 목표에 이르는 **길**은 무엇인가? 근대적 선택에 관해 말하자면, 포스트모던으로 가는 길은 엄격하게 전통을 중시하는 정통주의와 뿌리에서 완전히 떨어져나가고 속이 텅 빈 자유주의적 유대교 사이에서 추구되어야 할 것이다. 그리고 우리가 이미 들었듯이 유대교 내의 많은 종파들이 이런 길을 찾으려고 애쓰고 있다. 그러나 그 길은 단순히 '보수적인' 길은 아니다. 물론 유대교 신앙의 **상수**는 근대 계몽주의와 세속화 과정의 압력 때문에 흔들리고 억압되거나 망각되었다. 만약 모든 것이 착각이 아니라면, 이러한 과도기에 유대교 내의 다양한 집단 사이에 격렬한 논쟁이 벌어졌는데도, 그리고 부분적으로는 그 때문에 유대교 신앙의 상수는 유대교의 세 가지 방향에서 다시 더 뚜렷하게 드러난다.

- 근대에는 사람들이 특히 새로운 세속화 시대의 요구('시대의 소리*vox temporis*')를 보았다면, 포스트모던 시대에는 사람들이 성서의 **하나님 신앙**('하나님의 음성*vox Dei*')의 중심적 의미를 다시 새롭게 인식한다.
- 근대에는 사람들이 단지 유대교의 하나님 신앙의 일반적·인간적인 의미('보편성')만을 너무 일방적으로 강조했다면, 포스트모던 시대에는 사람들이 **유대 민족**이라는 뿌리('특수성')를 다시 새롭게 인식한다.
- 근대에는 사람들이 유대인의 하나님 신앙의 인류사적 차원('디아스포라')을 우선 강조했다면, 포스트모던 시대에는 사람들이 유대인의 **땅**

('고향 땅')과의 관련성을 다시 새롭게 본다.

물론 우리는 셀 수 없이 다양한 변화에도 주목해야 한다. 그러나 오직 포기할 수 없는 이 상수를 다시 새롭게 보편적 의식으로 끌어올릴 때, 우리는 새로운 정체성, 새로워진 자의식, 유대교의 진정한 해방에 도달할 수 있다. 그렇지만 그 어떤 획일성을 추구하는 것은 당연히 완전한 환상이 될 것이다.

4. 일원화 모델이 없는 미래

근대는 원래 보편적 이성과 일반적인 인간 본성에 의존하여 자유와 평등과 박애의 통일적 개념을 관철하려 시도했지만, 계몽의 변증법을 거쳐 가면서 기독교와 이슬람교만이 아니라 유대교까지 위협하는 맹목적 다원주의에 빠져들었다. 그 어떤 보편타당한 진리도, 보편적으로 지켜야 할 윤리도, 어디서나 존경받아야 할 인권도 인정하지 않는 이런 맹목적 다원주의에 단호히 대항하기 위해 우리는 특히 항구적인 종교적 상수를 확산해야 한다.

그렇다고 우리는 근대적 통일성이나, 더욱이 중세적 통일성과 같은 통일적 표상을 다시 관철해서는 안 된다. 우리가 살펴보았듯이, 포스트모던 상황은 일종의 사회적 **다원주의**에서 영향을 받았다. 우리는 이를 종교적으로 이중적인 관점에서 볼 수 있다.

— 외부를 향한 다원주의: 오늘날의 다자중심적, 교차문화적, 다종교적인 포스트모던 세계 지평을 고려한다.

— 내부를 향한 다원주의: 근대 이래 유대교 내부에 주어진 노선과 학파와 당파의 다양성을 고려한다.

1) **외부를 향한 다원주의**가 유대교에 의미하는 것은 하나님의 백성과 땅이다. 이 둘은 분명 항구적인 유대교적 본질의 상수다. 그렇지만 유대교 신앙의 이 중심은 (이 책의 제1부에서 이미 언급했듯이) 히브리 성서의 배타적인 지평이 아니라 보편적인 지평 앞에서 새롭게 숙고되어야 한다.

— 하나님은 하늘과 땅의 창조주고, 모든 인간과 모든 인종과 모든 민족의 창조주다.

— 첫 번째 인간은 첫 번째 유대인이 아니라 '아담', 곧 '사람'이다.

— 첫 번째 언약은 홍수 이후에 노아와 체결했고, 따라서 모든 인류와 언약을 체결했다.

— 족장들과 체결한 첫 번째 언약도 결코 다른 민족과의 충돌을 의미하지 않았다. 아브라함 안에서 이 땅의 모든 민족이 축복을 받을 것이다.

— 요셉 이야기(창세기 37~50장에 자세히 기록된 이야기)는 이집트인들도 참된 한 분 하나님을 알고 있다는 사실을 당연한 듯이 전제한다.

— 이스라엘의 예언자들(특히 아모스와 요나, 제2이사야)은 다른 민족도 염두에 두고 있다.

— 유대인의 지혜서(잠언과 욥기, 전도서)는 고대 동방의 모든 지혜처럼 보편적인 하나님 개념을 전제한다. 지혜자의 하나님은 세계의 창조주와 질서의 보증자이고, 바로 그런 분으로 모든 종교의 모든 사람에게 다가간다.

— 인내자의 원형인 욥도 아담이나 노아처럼 이스라엘인이 아니었다.

2) **내부를 향한 다원주의**는 유대교에 다음과 같은 것을 의미한다. 유대교 내부의 다양한 노선이나 당파 모두를 위해 합의를 도출할 수 있는 길을 추구해야 한다. 예컨대 랍비 도브 마모어Dov Marmour는 영국 유대교의 경험을 회상하면서, 현존하는 유대교의 세 가지 기본 노선을 위해 합의를 끌어내려고 애썼다.

— 한편으로는 "정통주의가 시도했듯이, 전통을 강조하는 사람들에게" 열린 자세를 보여야 한다. "그렇지만 근본주의적인 주장과 율법주의적인 극단은 배제해야 한다."

— 다른 한편으로는 "비유대적 세계의 영향력에" 열린 자세를 보여야 한다. "그렇지만 유대교의 많은 자유주의 집단에서 드러났듯이, 일종의 중앙집권주의에 빠져서는 안 된다."

— 중도의 길을 가야 하지만, 어중간한 길을 가서는 안 된다. 이 중도적 견해는 "유대인 교육에 열렬히 참여하고, 시온주의의 힘과 그를 위해 노력하는 이스라엘 국가의 힘을 완전히 인정하지만, 유대인의 생각에서 세상을 배제하려고 애쓰지는 않는다. 그리고 종교적 체험에 대한 갈망에 주목하지만, 하시딤의 극단에 빠져들지는 않는다."[7]

따라서 중도의 길은 순응과 저항, 보편성과 특수성, 디아스포라와 고향땅의 긴장 속에 있다. 많은 유대인이 생각하듯이, 이것이 포스트모던 유대교의 토대가 되어야 할 것이다. 3천 년 전부터 유대교 신앙에서 결정적인 것과 중심적인 것은—모든 시대와 패러다임을 관통해온—언약, 곧 자신의 백성과 맺은 하나님의 관계다. 이것은 특정한 땅과 맺는 관계를 포함하고 있다. 그렇지만 이러한 신앙은 개인주의적으로나 민족주의적으로 협소하게 제한되는 것이 아니라, 인류 전체의 생존과 행복에 대한 책임을 느끼는 유대 민족의 공동체 안에서 이루어진다.

따라서 **포스트모던 패러다임 속에 있는 유대교**도 다양한 경향과 신조와 교파를 끌어안을 것이다. 그렇지만 이들은 상호 배타적으로 행동해서는 안 되며, 의견을 수렴하며 서로 소통해야 할 것이다. 요약해보면,

• 포스트모던 유대교는 세속주의적이고 동화된 유대교(P V) 또는 근본

주의적이고 반동적인 유대교(P IV)가 아니라, 종교적으로 진정하게 **해방된** 유대교(P VI)일 것이다.

- 그것은 종교적으로 공허하거나 고립되지 않고, 유대교의 항구적인 종교적 '실체'를 변하는 세계에 항상 새롭게 관련시킬 것이다. 유대교의 종교적 **중심**('본질')은 **유대인의 원래적 종교의 중심**과 같은 것, 곧 이스라엘의 하나님 야웨와 그의 백성 이스라엘이다. 역사 속의 근본적인 연결고리는 이집트 해방과 시나이 산 율법 계시이며, 한 마디로 말하면, 언약이다.

매우 원칙적인 이런 서술에서—아마도 많은 것들이 일반적이고 추상적이겠지만—이제 몇 가지 원칙적인 **질문**이 떠오른다. 이를 통해 우리는 유대교의 가장 구체적이고 실제적인 몇 가지 문제에 도달하게 된다. 따라서 유대교의 미래를 위해 할애한 제3부에서는 이 문제를 다룰 것이다. 또한 제3부는 기독교와도 관련된 지면이 될 것이다.

포스트모던 시대에 던지는 유대교에 대한 질문

유대교의 다양한 분파들에게 가장 현실적인 포스트모던 시대의 목표는 무엇인가?

- 근대적 삶의 세속화에 직면하여—율법주의적인 협소화가 없어도—**유대 민족** 안에 정착할 수 있겠는가?
- 근대의 무역사성과 뿌리 박탈에 직면하여—민족주의적인 공격성이 없어도—**유대 땅**과 결합될 수 있겠는가?

• 근대의 불가지론에 직면하여—전통주의적인 경직성이 없어도—**하나님의 생생한 현실성**을 신앙할 수 있겠는가?

더 나은 미래를 바라보며, 우리는 **세 가지 문제**에 관심을 기울이려고 한다.

1. 율법주의가 없어도, 유대 민족 안에 정착할 수 있는 방법은 무엇인가? 계명, 곧 **모든** 계명을 지키는 것은 유대인의 포기할 수 없는 정체성이 아닌가? 토라 이해의 문제, 구체적으로 삶의 갈등과 **율법 이해의 미래**에 대한 질문이 새롭게 제기된다.

2. 민족주의가 없어도, 유대 땅과 결합될 수 있는 방법은 무엇인가? 이 하나의 땅을 위해 모든 열정을 다해 투쟁해야 하지 않는가? 땅 약속의 문제, 구체적으로 유대인과 무슬림의 관계와 **이스라엘 국가의 미래**에 대한 질문을 논의해야 한다.

3. 전통주의가 없어도, 하나님의 생생한 현실성을 신앙할 수 있는 방법은 무엇인? 이스라엘의 신앙은 조상들의 전통으로서 철저히 이어져 내려온 것이 아닌가? 하나님 이해의 문제, 구체적으로 **홀로코스트와 하나님 언설의 미래**에 대한 질문을 다루어야 한다.

2장
삶의 갈등과 율법의 미래

이 책에서 나는 율법의 문제점을 여러 차례 언급했다. 이제 우리는 그 문제를 근본적으로 성찰할 때가 왔다. 유대인에게 주어지는 까다로운 종교적 질문은 이것이다. "너는 **율법**과 어떤 관계를 맺고 있는가?" 문제는 토라('명령') 그 자체가 아니고, 토라와 탈무드의 하가다 부분('이야기')도 아니며, **할라카** 부분이다. 심지어 비유대인들에게도 많은 갈등을 조장한 율법이 문제다. 우리가 이미 살펴보았듯이[1] 율법이 특히 평신도들에게 문제가 되지만, 랍비들이 더는 해석자와 심판자의 권한을 실제로 가지고 있지 못하는 정통주의에서는 개혁적 유대교나 보수적 유대교와도 전혀 다른 질문이 제기된다. 그렇다면 어쩌란 말인가? 딜레마에서 벗어날 수 있는 길이 여기서도 존재하는가? 미래를 향한 길이 존재하는가?

I. 율법의 이중적 특성

우선 근본적인 질문이 제기된다. 율법은 완전히, 그리고 오롯이 선한 것인가? 유대교인들이 율법과 할라카로, 다시 말하면 모든 계명을 고통스럽게 지키면서도 일상적인 세상에서 행복할 수 있다는 사실을 **기독교인**들은 상상하기 무척 어려울 것이다.[2] 율법은 어느 경우에든 자유의 결핍과 굴종, 타인의 지배를 의미하지 않는가? 그렇다면 예수는 율법을 어떻게 보았는가? 그는 율법에서 자유롭게 하고 복음을 가져오지 않았는가? 그러나 사태는 그렇게 단순하지 않다! 무엇보다 유대교 자신의 관점에서 단순하지 않다.

1. 율법은 자유롭게 한다: 다비드 하르트만

여하튼 정통적이거나 보수적 **유대교인**은 계명의 준수를 억압이 아니라 인간의 위대한 가능성으로, 항상 새롭게 주어지는 **기회**로 경험한다는 사실을 기독교인은 알아야 한다. 최근에 이러한 노선에 공감한 대표적 인물은 정통주의 이스라엘의 랍비 **다비드 하르트만**David Hartman이다. 그는 예루살렘에서 진보적인 유대교 연구를 위한 샬롬 하르트만 연구소 소장이며, 요셉 솔로베이치크와 예샤야후 리보비츠의 전통에 서 있지만, 동시에 이를 수정하고 있다. 그의 책 《살아 있는 언약: 전통적 유대교 안의 혁신 정신》[3]을 나는 여기서 본보기로 들 것이다. 이 책에서 저자는 세계 개방적이며 대화할 자세를 갖춘 하나님 이해와 인간 이해를 열렬히 옹호하며, 신앙하지 않는 사람들과 의례를 실천하지 않는 사람들에 대한 이해심을 보여준다.

랍비적, '할라카적' 이해를 따라서 공동체는 하나님의 계명을 수용한다. 공동체가 강요를 받아야 하기 때문이 아니라, "공동체가 하나님을 사랑하고,

계명 안에서 제시된 생명의 길을 감사하며 받아들이기 때문이다."[4] 랍비들에게 시나이 산의 하나님은 권위적인 독재자가 아니라, "토라를 이해하고 실천하는 방법을 학생이 스스로 생각하고 그에 대한 지적인 책임을 지도록 독려하는 스승"에 비교될 수 있다.[5] 달리 표현하면, 하나님은 논란의 여지가 없는 계명을 공표했지만 그것을 해석하고 적용하는 일도 인간의 지적인 자유에 맡겼다. 비록 인간은 율법에 속박되어 있지만, 인간이 창조성을 발휘할 수 있는 커다란 자유공간이 주어졌다. 따라서 바로 랍비 사상은 인간의 자율성과 주도권을 최대한 강조한다. 자기주장과 복종, 불안과 저항, 낯섦과 친숙함의 매혹적인 긴장은 이제 하나님과 인간의 관계를 뚜렷이 드러낸다.

기독교 신학자는 전통과 **더불어** 혁신을, 연속성과 **더불어** 갱신을, 사고와 행위의 분명한 기준과 **더불어** 과정과 적용의 현대적 유연성을 강조하는 유대교 신학에 존경을 표현할 것이다. 유대교 신학은 유대 백성과 맺은 하나님의 언약이 지속되고, 그래서 계명을 계속 성취할 수 있게 한다는 견해에 근거해 있다. 기독교인은 이런 견해를 결코 부정할 수 없다. 하르트만에 따르면 새로운 이스라엘의 핵심 의미는 바로 "계명으로 움직이는 세상의 완전한 실현"[6]이라는 현실에 놓여 있다!

랍비 하르트만에게서도 근본적인 것은 언약이다. "**살아 있는 언약**", 이것은 하르트만에 따르면 유대교 신앙의 중심이며, 미츠보트Mizvot(계명)의 세계와 할라카halakhah(율법)도 이로부터 정돈되어야 한다. 하르트만이 마침내 솔로베이치크가 주장한 "할라카적 인간"의 위대한 이상理想을 비판적으로 거부한 가장 깊은 근거도 여기에 놓여 있다. 하나님의 계명과 인간의 이성이 충돌할 때, 솔로베이치크가 절대적 순종과 이성의 굴복을 지지했다면, 하르트만은—마이모니데스의 중세 전통을 수용하면서—**이성과의 조화**를 지지했다. 하나님을 향한 열정적인 사랑이 곧바로 인간적 합리성의 굴복이나 윤리적 감성의 희생을 요구하는 것은 아니다. 하르트만의 말을 그대로 인용해보자. "마이모니데스는 말한다. 만약 철학적 견해가 성서의 문자적 의미와 충돌한다면, 철학적 주장이 실제로 증명되었는지를 우리는 물어야 한다. 만약 그렇지 않다면 우리는 성서가 문자적으로 말하는 것을 수용해야 한다. 그러나 만약 그것이 증명되었다면 우리는 성서를 상징적으로 다시 해석해야 한다. 다시 말하면 마이모니데스는 토라가 널리 퍼진 몇 가지 철학적 견해를 의문시한다는 사실을 인정한다. 그러나 토라가 우리 인간의 이성적 능력을 희생하기를 요구한다고 그는 생각할 수 없었다. 이와 비슷하게 토라가 이미 수용되고 통용되는 몇 가지 행동의 틀을 의문시한다는 사실을 나도 인정한다. 그러나 그것이 무엇이 선이고 무엇이 공평한 것인지에 대한 우리의 판단력을 희생하기를 요구한다고 나는 생각할 수 없다. 언약은 공동체가 인간 세계의 이러한 상황을 위해 행동하고 책임을 받아들이도록 초대한다. 만약 공동체의 이성적이거나 도덕적인 능력이 언약이 요구하는 참여의 행동 안에서 부정된다면, 역사 속에서 완전한 책임을 질 것을 요구하는 이런 초대는 비웃음거리가 될 것이다."[7] 이것이 친인간적이고 친생명적이며 세계 개방적인 언약 신학이기를 원한다는 사실은 의심의 여지가 없다.

만약 우리가 이처럼 분명히 하나님 사랑과 인간 사랑, 자유, 창조성, 배움의 자세, 도덕적 의무, 기도와 사귐을 지지한다면, 이에 설득되지 않을 이유가 무엇인가? 바로 기독교인들이 유대인 형제와 자매와 더불어 공동 축제를 여는 일에 동의하지 않을 이유가 있겠는가? 그렇다면 여기서 무엇이 유대인과 기독교인을 갈라놓는가? 만약 우리가 분명히 바로 **율법을 통해** 하나님과 인간을 위해 **자유롭게** 된다면, 바울이나 루터처럼 율법과 복음을 **대립시키는** 것은 케케묵은 관점이 아니겠는가? 따라서 율법은 진정한 해방을 가져오지 않는가?

그렇지만 나는 자문해본다. 이러한 율법 신학이 단지 기독교인만이 아니라 수많은 유대인이 겪는 율법에 기인한 곤란함을 현실적으로 제거하는가?

랍비 전통 안에 있는 이런 신학이 현대 유대인들의 가장 긴급한 질문에 대답을 주는가? 그들은 이스라엘과 아메리카와 유럽에서 근대 문화의 한가운데서 살아가고 있고, 본질적인 삭제가 없이는 유대 전통을 도저히 수용할 수 없는 사람들이 아닌가? 우리는 다른 유대인들의 목소리에도 귀를 기울여야 한다.

2. 율법은 부담스럽게 한다: 실제 생활의 어려움

많은 현대의 유대인들이 하르트만이 준 것과 같은 대답을 수용할 수 없는 이유는 무엇일까? 그러한 대답이 그들의 일상에서 지나치게 이론적이고, 지나치게 추상적이며, 신학적으로 지나치게 끼워 맞춘 것처럼 보이기 때문이다. 오늘날의 실천적인 삶에서 그들은 "계명으로 움직이는 세상의 완전한 실현"을 도저히 해방으로 느낄 수 없기 때문이다. 그들은 이를 부담으로, 아니 **인간의 근대적 자율성에 모순**되는 것으로 느낀다.

오늘날 많은 유대인들, 특히 예루살렘과 정통적이고 보수적인 다른 모든 환경에 있는 사람들이 매우 강하게 느끼는 문제를 우리는 완전히, 그리고 최대한 진지하게 받아들여야 한다. 그리고 주목해야 할 점이 있다. 비록 근대적 상황에서 질문이 조금 바뀌었지만, 나사렛 예수의 시대의 오래된 질문과 마찬가지로 오늘날의 질문도 여전히 늘 동일한 것이다.

— **정결 규정**은 많은 사람에게 짐이 된다. 유대인 정결 음식 규정은 이스라엘의 모든 공적인 기관에서, 심지어는 군대와 감옥 안에서도 유효하다.

— **금식 규정**도 적지 않은 사람에게 짐이 된다. 고대 율법에 따라서 7년마다 수확과 소비가 금지된다. 그렇기 때문에 사람들은 엄청난 경제적·재정적 어려움이 발생하지만 7년마다 이를 지키되, 자신의 경제에는 손해를 끼

치지 않으려고 노력한다.

— **안식일**과 관련된 계명은 아마도 대부분의 사람에게 짐이 될 것이다. 모든 사람이 안식일을 거룩하게 지켜야 한다는 계명은 실제로 여전히 가장 중요한 계명과 같은 것으로서 많은 유대인들에게도 율법으로 궁지에 몰리는 가장 중요한 문제다. 왜냐하면 안식일은 성서적으로 보면 하나님과 이스라엘 사이에 맺은 언약의 표지이기 때문이다. 안식일은 의례적 계명으로는 유일하게 십계명에 포함되어 있다. 안식일을 범하는 것은 성서에서는 가장 막중한 위법 행위로, 사형에 상응하는 범죄로 여겨진다! 따라서 정통적 해석에 따르면 안식일 계명을 조금이라도 어겨서는 안 된다. 불을 피우는 것이 금지되기 때문에 전기 스위치를 켜는 것도 금지된다. 천막을 치는 것이 금지되기 때문에 우산을 펼치는 것도 금지된다.

그러나 **일상 생활의 현실**은 기록된 율법과는 달라 보인다. 물론 이스라엘 국가에서도 다수의 사람들이 안식일을 노동하지 않는 공휴일로 존중하지만, 오직 소수의 사람만이 할라카를 오롯이 실천하고 있다! 그렇기 때문에 비록 하찮게 보이더라도, 이스라엘에서 유대인들이 전통적인 정통 가르침에 스스로 제기하는 질문을 묵살해서는 안 된다.

— "안식일에 차를 몰아서 안 되는 이유는 무엇이며, 회당에 갈 때에조차 그러면 안 되는 까닭은 무엇인가? 안식일에 불을 밝히거나 가스레인지에 불을 켜거나 냉장고 문을 여는 것이 왜 금지된 노동이란 말인가?

— "내가 원하든 시간에 원하는 것을 먹어서는 안 되는 이유는 무엇이며, 철저한 엄격주의자들이 내 접시를 지켜보는 것을 막아야 하는 이유는 무엇인가? 중세의 길로 인도하는 종교적인 독재를 요람에서 무덤까지 수용해야 하는가?"

— "여성을 동등한 존재로 여겨서는 안 되는 이유는 무엇인가? 유대인 남성들처럼 '당신은 나를 여성으로 창조하시지 않으셨나이다'라고 날마다 창

조주를 찬양해야 한다는 말인가?"

우리 기독교인들도 마찬가지로 문제의 심각성을 이해하려면 자신의 의로움을 내세우지 말고 (왜냐하면 율법주의적인 로마 가톨릭교에서도 이와 비슷한 문제가 있었고, 지금도 있기 때문이다!) 유대인의 이런 목소리를 들어야 한다. 그래서 예컨대 언론인 **헨리 촐러**Henri Zoller는 동시대의 많은 유대인을 대변하면서 비판을 가했다.[8] 그는 이미 1948년에 베를린에서 예루살렘으로 이주했고, 역설적이게도 바로 그 유대인 국가에서 이러한 종교적 강요를 받으며 자신의 유대교와 양심의 갈등을 겪었다.

그러나 이러한 어려움, 예컨대 안식일에 여행을 하거나 전기를 사용하는 문제는 **학문적인 연구**에도 널리 소개되었다. 대다수의 정통 랍비들보다 이런 보수주의자들이 오늘날의 어려움을 더 깊이 이해하고 있다.[9] 그러나 만약 안식일에 불을 켜고 전화를 걸고 냉장고와 라디오와 텔레비전을 사용하는 것은 허용되지만, 요리하고 빵을 굽고 전기면도기와 세탁기와 전기다리미를 사용하는 것은 허용되지 않는다면, 오늘날 유대인들은 만족하겠는가?[10]

중세 유대교 패러다임으로 복귀하려는 방향으로 점점 더 큰 종교적·정치적 압력을 가하는 현상을 비판하는 것이 오늘날 이스라엘인 가운데서도 널리 퍼져 있다는 사실은 의심할 여지가 없다. 다시 촐러에 따르면 "종교성은 점점 더 공격적인 정통주의에 결정적으로 좌우된다. 종교적 강요는 개인의 시민권을 위협한다. 이와는 정반대로 게토에서 걸프 만灣으로 서서히 전진해온 우리 개방적인 유대인들은, 랍비 기관들이 중세의 가톨릭교회가 소유했던 것과 같은 특권을 요구하는 반동적인 사회로 되돌아가기를 원하지 않는다." 그리고 만약 촐러가 동화와 반유대주의에 대한 반응으로 "막스 브로드Max Brod가 말했던 '새로운 유대교, 곧 영혼의 가장 깊은 곳에서 일어나는 유대교의 갱신'을 믿는다면", 바로 그렇기 때문에 그는 모든 시민이 자신이 옳다고 생각하는 대로 자신의 신앙을 실천하도록 허용하는 양심의 자유를 믿고 싶어 한다. 촐러는 이렇게 말한다. "이와는 정반대로 마치 회당이 가장 먼저 창조되고 그 다음에 세계가 그 주변에 창조된 듯이, 성서의 시대에 공표된 것이 1986년의 이스라엘의 삶을 결정해야 한다는 주장을 나는 받아들이기 어렵다."[11]

"중세의 가톨릭교회가 소유했던 것과 같은 특권을 랍비 기관들이 요구하는 반동적인 사회로 되돌아가야 하는가?" 여기서 율법과 율법주의의 문제가 단지 유대교 내부의 문제만이 아니라 동시에 기독교의 문제이기도 하고, 더 정확히 말하면, 로마 가톨릭교회의 문제이기도 하다는 사실이 분명해진다.

3. 무오성 교리에 사로잡혔는가?

착각하지 말자. 유대교든 기독교든 이슬람교든, 하나님과 인간의 관계를 실현하려고 먼저 율법에 관심을 기울이는 모든 종교는 이를 믿는 사람을 비슷한 문제 속으로 빠뜨린다. 다시 말하면, 이런 율법이 로마 가톨릭교회와 같이 특히 (하나님, 그리스도, 교회, 마리아, 교황 등에 관한) **교리-법**이나 **'교의'**를 강조하든, 아니면 랍비 유대교에서와 같이 (안식일, 식사와 정결 명령에 관한) **의례-법**이나 **'계명'**을 강조하든, 새로운 세대는 항상 다음과 같은 질문에 봉착하게 된다. 대다수의 신앙인들이 시대에 더는 적합하지 않다고 생각하는 과거의 율법과 교리나 계명과 충돌하게 될 때, 우리는 어떻게 해야 하는가?

모든 율법을 문자적으로, 또는 글자 그대로 받아들이는—지금 바티칸이나 (테헤란은 두말할 것도 없고) 예루살렘의 고위 랍비들이 대변하는—**실**

증주의적 율법 해석에서는 대답이 비교적 단순하다. "율법은 하나님에게서 나온다. 사람이 이를 변화시켜서는 안 된다!" 율법이 어떻게 발생했고 어떻게 변화되어왔는지, 율법이 오늘날 어떤 의미를 지니고 있는지, 율법의 의미를 어떻게 더 잘 보존할 수 있는지, 이런 모든 질문은 부적절한 질문이다. 로마 가톨릭의 교리실증주의가 (공의회와 교황의 교리 선언 중에서 가톨릭 교회 전통의 표현이라고 여겨서 일방적으로 골라냈기 때문에 문제가 많은) '공의회 문서와 교리 선집Denzinger'[12]를 가톨릭 신학의 시작과 마지막으로 여기듯이, 랍비의 계명실증주의는 현존하는 할라카를 공의와 정의의 시작과 마지막으로 여긴다. 여기에 포함되지 않은 것은 "가톨릭교회답지 않은 것으로" 또는 "유대교답지 않은 것으로" ("이슬람교답지 않은 것으로도") 치부된다. 전혀 다른 원천에서 생겨난 교리와 계명도, 그 복잡한 역사도, 그리고 마침내는 현재의 결정적인 상황과 이끌어가야 할 더 나은 미래도 여기서는 무시되고 만다. "새야, 먹어라. 아니면 죽어라." 앞에 놓여 있는 모이를 싫어하는 새는 굶어죽어야 한다. 마치 오늘날 세속적 상황에서 유대교나 가톨릭의 (또한 이슬람교의) 중세기와는 달리 "모이를 먹을 수 있는 곳"이 그다지 많지 않은 듯이 행동한다.

그렇지만 다음과 같이 항의할 수도 있을 것이다. 위대한 **할라카주의자들**, 곧 탈무드 이후 유대교의 율법 교사들(그들의 관대함과 인간성은 존경의 대상이 되고 있다)은 성서 이후에 형성된 다양하고 유연한 할라카가 돌처럼 굳어지지 않도록, 그리고 할라카를 항상 새롭게 실천할 수 있도록 예리한 통찰력을 발휘하지 않았는가? 이와 유사하게 위대한 **스콜라주의자들**, 곧 기독교의 교부 이후의 교의학자들(그리스 철학과 아랍 철학을 재해석하고 이를 체계화한 그들의 능력은 오늘날에도 여전히 경탄을 받는다)은 또다시 변화된 시대에 성서 이후의 교리와 가르침을 이해시키고 믿게 하려고 엄청난 작품을 창작하지 않았는가?

분명히 우리는 모세 마이모니데스와 토마스 아퀴나스와 같은 인물을 비난할 수 없을 것이다. 왜냐하면 중세 패러다임 발전의 정점에서 서 있었던 그들은 그때까지는 역사비평적 방법을 인식하고 적용하지 못했기 때문이다. 할라카주의자나 스콜라주의자에게 (개신교 종교개혁자들에게도 그러했듯이) **성서의 무오성**은 자명한 전제였다. 그러나 랍비나 스콜라 학자가 해석한 성서의 무오성은 탈무드를 해석하는 랍비의 무오성이나 공의회 주교와 교황의 원칙적인 무오성을 의미했다. 그들은 신앙과 윤리에 관한 일에서 유일하고 결정적인 심판자이기를 요구한다.

그렇지만 바로 이 실제적이거나 명백한 무오성 요구, 이 신앙 법령의 불변성(개정 불가능성)은 오늘날 유대교인과 기독교인에게 (그리고 무슬림에게도) 매우 큰 어려움을 준다.[13] 우리는 계몽주의의 후손이다! 기독교 중세 패러다임과 종교개혁 패러다임의 위기에서 자라난 계몽주의는 **결정적이고 비판적인 질문**, 곧 모든 현실의 **역사성**에 대한 질문을 제기했다. 그것은 참으로 항상 그러한가? 스콜라주의자들의 거대한 교리적 건축물과 할라카주의자들의 율법적 건축물은 어떻게 생겨났으며, 어떻게 발전되어왔는가? 더 근본적인 질문은 이런 것이다. 그들이 의존하고 있는 성서 자체, 곧 기록된 계시(토라, 신약성서)와 그와 동등하게 여겨진 구전口傳 질서(탈무드, 교회의 전통)는 어떻게 발전되어왔는가?

우리는 이를 더는 외면할 수 없게 되었다. 근대적 연구는 성서, 곧 오경과 복음서도 **역사**를 통해 변해왔다는 사실을 대부분의 유대인 율법학자들과 기독교 교의학자들에게 마침내 확신시킬 수 있었다. 다시 말하면, 다양한 자료에서 만들어진 성서도 **인간이 편집했고**, 그래서 **하나님이 직접 전달하거나** 심지어는 최대한 글자 그대로 불러준 것이 아니다. 분명하게 말하면 토라와 복음서는 실제로는 **인간의 말**이다. 물론 그것은 인간적인 방식으로 **하나**

님의 계시를 증언하기를 원하며, 그래서 간접적으로 하나님의 말씀이다. 그러나 성서에, 그리고 그 뒤를 따른 랍비들의 전통이나 교회의 전통, 모든 개별적 교리와 계명이 무오하다고 말해서는 안 된다. 실수할 수 없고 속이거나 속을 수도 없는 하나님만이 무오하다. 비교적 전통적인 오늘날의 유대인 학자들과 기독교 학자들도 오경이 적어도 부분적으로는 모세 이후에 기록된 책이고—세부적으로 어떻게 설명하든—성서에서 (바로 법률 내용에 관해서도) 다양한 자료들이 사용되었다는 사실을 다행히 더는 부인하지 않는다. 그러나 이로써 모든 율법과 계율은 영원히 유효하고 결코 변경될 수 없다는 견해는 무너지고 말았다. 이제 우리는 어떻게 해야 하는가?

4. 임시방편: 재해석 또는 단순한 무시

그렇다면 우리는 모든 논쟁적인 교리나 계명을 어떻게 다루어야 하는가? 기독교 스콜라주의자들과 마찬가지로 적지 않은 유대교 할라카주의자들에게도 해결책은 **재해석**이었다. 실제로 아주 최근까지도 각양각색의 할라카주의자들과 스콜라주의자들은 형식적인 정통주의에 근거하여 교리나 계명을 문자 그대로 유지해야 한다고 생각했지만, 자신들이 원하는 의미가 생길 때까지 그 내용을 오랫동안 해석하는 일에 능통했다. 법률가들과 신학자들의 이런 고도의 형식적인 변증법은 놀라울 정도이지만, 그들이 본문을 난폭하게 다루는 것은 갈등을 야기한다.

왜냐하면 오래된 문구를 고수하면서 동시에 그 내용과는 멀어짐으로써 그들은 문장의 원래 의미를 빼버리고, 문장을 정반대로 만들어버리기 때문이다.[14] 이는 지적으로 정직하지 못하다는 인상을 준다. 예컨대 1442년 플로렌츠 공의회 이래 로마 가톨릭교회에는 '무오한' 교리가 존재해왔다. "교회

밖에는 구원이 없다." 이 교리는—유대인이든 이방인이든, 이단자들이든 분파주의자들이든—죽기 전까지 로마 가톨릭교회로 되돌아오지 않는 사람들을 분명히 배제하고 저주한다.[15] 그러나 제2차 바티칸 공의회 이래 똑같은 교회가, 다른 신앙을 지닌 사람들과 심지어는 선한 양심을 지닌 불신자들도 하나님의 은혜로 영원한 구원에 도달할 수 있다는 견해를 옳다고 선언했다.[16] 그러나 우리가 보고 있듯이, 플로렌츠 공의회와 제2차 바티칸 공의회의 분명한 모순도 가톨릭교회의 공식적인 교리 담당자*magisterium*들로 하여금 오래된 문구를 포기하게 만들지는 못했다.

랍비 유대교의 율법 명령도 이와 유사하다. 안식일에 사방이 둘러싸인 사적인 영역에서 공개적인 영역으로 어떤 물건을 옮기거나 공개적인 영역에서 4엘ell(약 2m) 이상 멀리 옮기는 것은 금지되어 있다.[17] 그러나 안식일-에루브Sabbath-Eruv(='연결', '혼합')[18]을 통해 사람들은 도움을 받고 있다. 수많은 가옥과 마을이나 한 도시 전체가 법률적인 제도를 통해 사방이 둘러싸인 영역으로 인정을 받게 되면 즐겁게 그들의 일을 할 수도 있다(이와 비슷하게 안식일에 요리하고 불을 켤 수 있도록 이틀을 "연결한다").

그러나 이런 재해석이 항상 필요한 것은 아니다. 왜냐하면 유대교나 기독교에서 법이 이론상으로는 여전히 유지되지만, 실제로는 거의 지켜지지 않는 경우가 확연히 눈에 띄기 때문이다. 해결책은 은근한 **무시**에 있다. 이것은 놀랍게도 두 영역에서 공통적으로 까다로운 **피임** 문제와 관련된다. 정통 유대교나 로마 가톨릭은 피임을 공식적으로 부정하지만, 개혁적 유대교나 성공회와 개신교는 피임을 도덕적으로 허용한다. 물론 로마 가톨릭처럼 정통 유대교에서도 압도적인 다수의 신앙인들은 공식적인 가르침을 개인적으로 실천하기를 거부한다. 북아메리카에서는 단지 정통적인 유대교 가정만이 아니라 정통적인 랍비들 또한 특이하게도 자녀를 적게 낳는다. 단지 그들이 다른 사람들보다 "더 절제하면서" 살아가기 때문만은 아니다. 가톨릭교회에서도 교황 바오로 6세의 교서 〈인간의 생명*Humanae Vitae*〉(1968)이 실행될 수 없었다는 사실은 비밀이 아니다(30세 이하 북아메리카 가톨릭 신자 90% 이상이 오늘날 이 공식적인 교리를 거부한다).

물론 피임과 가족계획을 둘러싼 갈등은 예루살렘의 고위 랍비공회와 로마 교황의 강압적인 훈령도 침범할 수 없는 매우 개인적인 영역 안에서 일어난다. 그러나 법적으로 간섭하는 다른 사례도 있다. 예컨대 결혼과 이혼 문제와 같은 영역에서 그러하다. 정통적 유대교는 오늘날까지 결혼에 관한 시민법적인 규정을 인정하지 않는다. 정통 가톨릭도 이 문제에 수천 년 동안 해결책을 거부해왔다. 그래서 교황 바오로 6세는 국민투표를 통해 이탈리아에서 국가의 이혼법 제정을 수용해야 한다는 압력을 받아야 했다. 그러나 시민법에 따른 결혼이 예나 지금이나 허락되지 않는 이스라엘 국가에서 유대교는 해결될 가능성이 없어 보이는, 전혀 다른 문제에 여전히 직면해 있다.

5. 갈등은 해결할 수 없는가: 맘제르 사례

유대교의 율법에는 (예언자 에스겔의 주장과는 달리) 부모의 죄를 자녀들이 대신 감당해야 하는 유일한 사례가 있다. 그것은 오늘날 갈수록 더 자주 논쟁되는 **맘제르**Mamser(복수: 맘제림Mamserim)이다. 이 단어는 어원적으로 '치욕'에서 나왔고, 오늘날에는 대개 '사생아'(루터: 창녀의 자식)라고 번역된다.[19] 맘제르란 무엇인가? 맘제르는 모든 불법적인 아이를 뜻하는 것이 아니라, 근친상간을 통해 태어났거나 이혼한 부모에게서 태어난 유대인 아이를 일컫는다. 성서에는 단지 두 번 언급된다.[20] 가톨릭 교회법은 오늘날 이들을 더는 차별하지 않는다. 그러나 랍비의 율법에서 그들은 처음부터 처벌을 당한다. 그들과 그들의 후손들(!)은—가정과 결혼의 순결성을 지킨다는 핑계 아래—일평생 결혼할 수 없게 된다. 신명기 23장 2절에 따르면 맘제르와 10대에 이르는 후손들까지 (실제로는 시간의 제한이 없이) 영원한 하나님의 회중에 들어가지 못한다. 다시 말하면 그들은 유대인 남자나 여자와 결혼할 수 없다! 단지 다른 맘제르(또는 이방인으로서 유대교로 개종한 여성)와는 결혼이 허용된다. 그리고 맘제르의 자녀들은 영원히 맘제르이고 오직 그들끼리만 결혼할 수 있다. 언제까지? 메시아가 와서 그들을 부정不淨에서 해방할 때까지 지속된다.

의심의 여지도 없이 끔찍하게도 자녀들이 부모의 죄를 오늘날까지 갚고 있다. 다른 곳과 마찬가지로 (신문 보도에 따르면) 예루살렘의 고위 랍비공회에 수백 명의 맘제르가 등록되어 있고, 그들은 모두 유대인과 결혼할 수 없다. 이스라엘에도 시민법에 따른 결혼이 없기 때문에 맘제르가 합법적으로 결혼하기는 매우 어렵다. 그러나 이스라엘에서는 혼인법 때문에 분열이 일어나고, '치욕'의 지속적인 확장 때문에 결혼할 수 없는 '결혼 부적격자들'이라는 고유한 계급이 생겨날 위험을 많은 사람이 느끼고 있다. 미국에서 정통적 랍비들조차 의심스러운 경우에는 정확한 조사를 포기하라고 조언하고, 자주 거주지를 옮기는 것이 차라리 더 낫다고 조언하는 것도 바로 이 때문이다.

많은 유대인이 이러한 법률을 불의하고 비도덕적이라고 여기며, 법률 변경을 시급히 요구한다는 사실은 이해할 만하다. 과거에 추천되고 실행되었던 해결책(비유대인과의 잡혼)은 홀로코스트 재앙 이후에 점점 더 문젯거리로 간주되지만, 그래도 유대교는 오늘날 사람이 줄어드는 현상을 점점 더 되돌릴 수 없게 되었다.[21] 법률의 변경과 관련하여 미쉬나의 유명한 구절이 자주 인용된다. "주님이 행동하실 시간입니다. 왜냐하면 그들이 당신의 율법을 범했기 때문입니다." 랍비 나탄은 시편의 이 말씀을 다음과 같이 해석한다. "율법을 어겨라. 왜냐하면 주님이 행동하실 시간이기 때문이다."[22] 그러나 다른 사람들은 이의를 제기한다. 하나님의 계명이 차별적이고 비윤리적이어야 하는가? 이렇게 괴상한 물건이 어디에 있는가!

할라카주의자들은 수백 년 동안 다양한 해석을 시도해왔다. 그리고 최근에는 정통적 랍비들도 현재의 문제를 다시 해결해보려고 시도했다. 그중에서 우리에게 이미 알려져 있는 런던의 랍비 루이스 야콥스Louis Jacobs는 자신의 책《생명나무》에서 많은 학자들과 함께 "유대교 율법의 다양성과 유연성, 창조성"을 연구하고, 맘제르 문제를 부록에 실었다.[23] 그렇지만 율법과 윤리의 갈등은 변화가 일어나지 않는 한 해결책이 없어 보인다. 야콥스는 주장한다. "만약 지금 실천되고 있는 할라카가 합리적인 사람들이 유대교 자체의 수치라고 여기는 일종의 불의로 인도한다면, 법률 변경이 반드시 필요하다고 솔직히 고백해야 한다."[24] 이것은 단지 순전히 사적인 문제에 불과한가?

결코 그렇지 않다. 이스라엘 국가에서 공개적으로 1980년대에도 열정적으로 논의되었던 것은 **랑거**Langer 가족의 사례다. 남편이 나치에게 살해되었다고 생각했던 아이의 엄마가 재혼해서 얻은 이스라엘 가족의 두 아이에 관한 이야기다. 그러나 첫 번째 남편이 되돌아왔기 때문에 남편이 죽었다는 추측은 잘못된 것이었다. 따라서 첫 번째 결혼이 법적으로 해결된 것이 아니었기에 두 번째 결혼은 유효하지 않고 부정한 것으로 간주되었다. 두 번째 결혼에서 얻은 아들과 딸은 그날 밤에 맘제르가 되어 10대 후손에 이르기까지 결혼할 수 없게 되었다. 그들은 랍비 공회에 혼인 신고를 했지만 그 즉시 거절을 당했다. 이러한 결정에 대한 공적인 격론 속에서 정통적 유대인들은 해석의 전권을 사용하여 랍비 공회에 법적인 해결책을 찾도록 요구했다. 아슈케나지 고위 랍비였던 슐로모 고렌Shlomo Goren은 마침내 첫 번째 결혼을 그 어떤 특수한 이유로 무효화했고, 두 번째 결혼이 유효하다고 선언했다. 그는 개인적으로 랑거 가족 자녀들의 주례자가 되었다.

그렇지만 이스라엘과 아메리카에서 극단적인 전통주의자들의 극렬한 항의가 계속되었다. 심지어는 고위 랍비 자체의 권위에도 반론이 제기되었다. 왜냐하면 그는 분명히 불신자들과 비실천자들의 항의 때문에 할라카의 가장 엄숙하고 명백한 규정 중의 하나를 구린내 나는 타협을 통해 희생시켰기 때문이다. 여기서는 엄마의 선한 의지도 아이들의 시민권도 결정적인 것이 아니었다. 모든 유대인 신자가 원래부터 반드시 알았어야 하는, 오직 명백한 하나님의 율법만이 결정적인 것이었다! 유대교인과 기독교인(그리고 무슬림)이 제기할 아주 근본적인 질문이 여기서 제기된다. 도대체 하나님의 율법은 무엇인가? 하나님의 율법, 하나님의 계명은 누구를 위해 존재하는가? 하나님을 위해 존재하는가 아니면 인간을 위해 존재하는가?

II. 율법은 하나님을 위해 존재하는가?

사람들은 탈무드 시대 이후부터 토라에 613개의 계명이—그 가운데 365개는 금령이다—있다고 말한다. 더욱이 1987년에는 이스라엘에서 매우 유명한 학자 중의 한 사람도 전통적인 랍비의 견해를 지지했다.

1. 계명은 누구를 위해 존재하는가: 예샤야후 리보비츠

예루살렘 대학교의 생화학 교수 **예샤야후 리보비츠**Yeshayahu Leibowitz는 리가에서 태어났다. 그는 이미 1924년에 베를린 대학교에서 박사학위를 받았고, 10년 후에는 바젤 대학교에서 의학박사 학위를 받았으며, 1934년부터는 예루살렘에서, 그리고 1970년에 은퇴한 후에도 학술 서적 외에 종교적이고 현실적 · 정치적인 출판물을 통해 계속 두각을 나타냈다.[1] 그는 **계명이 인간을 위해 존재하는 것이 아니라 하나님을 위해 존재한다**고 매우 분명하게 거듭 밝혔다. 계명('미츠보트mizvot')은—유대인에게는 "생명의 길"로서—목적을 위한 수단이 아니라 그 자체로 목적이다. 만약 우리가 계명을 하나님의 이타적인 봉사의 표현으로 생각하지 않는다면, "실제로 대부분의 계명은 도구적이거나 실용적인 가치가 없으며, 마치 계명이 세속적이거나 영적인 욕구를 채우도록 인간을 도와주는 듯이 이해되어서는 안 된다."[2]

심지어 리보비츠는 이렇게 말하기도 한다. "만약 계명이 하나님을 위한 봉사이고 인간을 위한 봉사가 아니라면, 계명은 인간의 필요에 맞춰 이해되거나 인간의 필요에 따라 조정되어서는 안 된다. 계명이 인간의 필요 때무에 존재한다는 모든 주장은—비록 지적이고 윤리적이고, 사회적이거나 민족적이더라도—근본적으로 계명의 종교적 의미를 제거해버린다."[3] 따라서 계명을 그렇게 이용하는 사람은 "하나님을 섬기는 것이 아니라, 하나님의 토라를 인간의 복리를 위해, 그리고 인간의 필요를 충족시키는 수단으로 이용한다."[4]

그렇다면 **안식일**은 누구를 위해 존재하는가? 그것은 바로 **인간**의 휴식을 위해 존재하지 않는가? 그의 대답에 따르면 인간의 휴식은 노동조합장이 염려할 일이다. 그것은 하나님의 계명과는 아무런 상관도 없다. "하나님의 임재는 이런 역할을 하시기 위해 시나이 산에 내려오지 않았다."[5] 물론 리보비츠의 말대로 만약 안식일이 사회적이거나 국가적인 의미를 지닌다면, 안식일은 전혀 무의미할 것이다. "만약 안식일이 거룩함을 의미하지 않는다면—거룩함은 인본주의적이고 인간중심적인 의미가 전혀 없는 개념이다—안식일은 완전히 무의미하다."[6]

대부분의 유대인이 계명에 대한 이런 엄격한 이해를 따르지 못한다는 사실을 리보비츠도 당연히 알고 있다. 또한 "자연을 통해 주어지지 않은 멍에, 곧 토라와 계명의 멍에를 받아들이지 않는다면, 우리는 자연의 사슬에서 자유로울 수 없다"[7]는 주장도 유대인을 전혀 설득하지 못할 것이다. 그러나—예컨대 미하엘 샤샤르Michael Shashar와 장시간 대화하는 가운데서—리보비츠는 이제 계명에 관해 다음과 같이 거꾸로 말할 수 있는 기회를 잡았다. 유대교는 오늘날 "위기" 상황에 있지만, 그 위기는 "아마도 자신의 마지막 위기"일지 모른다. 그 위기는 "이스라엘이 건국되기 100년 전부터 시작되었다."[8] 그가 한 말은 구체적으로 다음과 같은 것을 의미한다. 유대교는 오늘날 거대한 "메타-할라카적meta-halakhic 문제"에 직면해 있다. 이 문제는 대부분의 유대인이 자신을 더는 "토라의 백성"으로 간주하지 않는다는 사실 때문에 생겨난 것이다.[9] 그러므로 유대인은 대부분 포스트-할라카 상황에 살고 있다.

리보비츠의 유대교 내부 상황 분석은 냉혹하고도 날카롭다. "우리가 알고 있듯이 할라카는 토라의 백성이 아닌 유대 백성의 현실은 결코 받아들이지 않는다. 그러나 이것이야말로 19세기가 시작될 때부터 우리 백성이 직면하게 된 현실이다. 따라서 할라카의 빛에서 국가에 관한 일반적인 문제를 거론하거나—내가 강조할 필요도 없지만—이를 결정하는 것은 불가능하다. 그 어떤 정치적 문제도, 그 어떤 경제체제의 문제도, 그리고 그 어떤 전쟁과 평화의 문제도 할라카에 근거하여 논의하거나 결정할 수 없다. 왜냐하면 할라카의 출발점은 토라의 백성인 유대 백성이기 때문이다. 할라카는 그들의 국가적·사회적인 행동 방식을 이끌어간다. 이와는 정반대로 할라카의 사유 세계에서 토라의 백성이 아닌 유대 백성은 불가능하다. 예컨대 점령된 지역의 문제를 놓고, 토라의 권위를 인정하지 않는 이스라엘 국가가 토라의 뜻에 맞게 어떻게 행동해야 하는지를 묻는 질문은 이해될 수 없고, 불합리하다. 이런 상황을 우리는 무엇과 비교할 수 있는가? 식사 규정을 따르지 않는 도축자가 랍비에게 와서, 돼지를 잡으려는데 식사 규정에 맞는 칼이 어떤 것인지 묻는 것과 같다."[10]

실제로 이것이 오늘날 유대교의 보편적인 상황이라는 사실을 그 누구도 진지하게 부인하지 못할 것이다. 많은 유대인이 완전히 세속적으로 살아가거나, 아니면 동화同化와 인종적 확신 사이에서 타협하는 것으로 만족한다. 다른 유대인들은 몇 권으로 된 '유대교 목록Jewish Catalog'에서 지켜야 할 몇 가지 유대교 율법과 윤리 가운데 그들에게 어울리는 것을 자유롭게 선택함으로써 다른 방식으로 유대인의 정체성을 적극적으로 지키려고 애쓴다. 하지만 만약 엄격한 계명 이해와 현대인의 자유 이해가 명백히 충돌한다면, 이러한 '자율적인' 결정과 개인적인 책임은 얼마나 어려운 일인가!

그러나 리보비츠가 생각한 것처럼 우리는 전부全部가 아니면 전무全無를 선택해야 하는가? 유대 백성을 '토라와 할라카의 멍에' 아래로 되돌아오라고 요구하거나, 이 유대 백성에게 비관적인 미래 전망을 제시해야 하는가? 유대교를 토라와 할라카와 무조건 동일시해야 하는가? 유대인의 순수한 유산으로 율법과 자유를 일치시킬 수 있는 성서적이고 신학적인 중도 노선이 존재하는가? 바로 이것은 이스라엘에서 살아가는 수많은 사람만이 아니라 미국에서 살아가는 다수의 유대인도 함께 지고가야 할 문제다.

2. 실험 – 여성의 지위: 유디트 플라스코프

미래의 율법 이해의 문제에서 결정적인 실험은 수많은 유대인 여성과 남성에게 할라카에 규정되어 있는 여성의 지위와 역할에 관한 것이다. 이것은 여성이 예컨대 이혼을 요구하지 못한다는 사실에서부터 시작된다. 오직 남편만이 이혼을 요구할 수 있다. 이런 율법은 경우에 따라서는 받아들일 수 없는 결과를 초래한다. 비록 남편이 행방불명이거나 그녀를 떠나도, 결혼한 여성은 자기 남편에게 매여 있다. 이러한 여성을 히브리어로 '아구나agunah'(복수형 '아구노스agunoth')라고 부른다. 여성운동가들과 변호사들은 이런 아구나의 수가 이스라엘에서 8천 명에서 1만 명에 이른다고 추정한다.

이스라엘의 공적인 삶에서도 여성들은 국외자局外者로서 희망 없이 살아가고 있다. 오늘날 국회의원 120명 가운데서 단 7명만이 여성이다. 물론 여성들도 국방의 의무를 수행하지만 단 한 명의 여성도 총리나 부총리의 자리에 앉지 못했다. 여성들은 수많은 불만을 제기한다. 여성들은 특히 오직 남성 랍비가 재판하는 법정에서 불이익을 당할 때 불만이 터진다. 정통적 랍비는 가끔 남편에게 이혼 동의서를 얻어낼 때까지 곤경에 처한 여인을 10년이나 20년 동안 기다리게 한다. 2천 년이나 오래 묵은 이혼 법률이 여전히 지배하고 있으며, 이 법은 오늘날 여성들에게 실제로 족쇄 같이 작용한다.[11]

평등한 존엄과 권리보다는 가부장 전통이 지배한다.

그렇지만 '여성의 문제'를 오직 유대교의 문제로만 생각하는 것은 완전히 잘못일 것이다. 모든 세계종교가 여성에게 평등한 권리를 인정하는 문제로 매우 어려움을 겪고 있다. 기독교에서는 (비록 결혼한 주교는 인정하지 않지만) 결혼한 사제를 인정하는 동방정교회와 나란히 로마 가톨릭교회도 교회 공동체의 본래 전통과는 정반대로 여성을 열등한 지위에 두고 있다. 예컨대 예식 집전을 보조하는 직책과 부제와 사제의 서품을 여성에게는 금지하며, 피임과 이혼에 대해서도 부정적인 태도를 취한다.

물론 최근에 가톨릭교회는 지역 교회 차원에서 모든 공적인 장애물에도 불구하고 여성 해방 문제에서 진보하고 있다. 유대교도 마찬가지다. 수백 년 전과는 달리 정통적 유대교 가정에서도 여성은 이제 충분한 교육과 훈련을 받고 있다. 그럼에도 많은 분야에서 여전히 평등이 완전히 실현되지 않고 있다. 비록 이미 성서의 첫 번째 장이[12] 인간은 남자와 여자로 하나님의 형상을 따라 창조되었다고 말하지만, 정통적인 유대교의 남성은 매일 아침 기도회에서 자신이 여성으로 창조되지 않은 사실을 하나님에게 감사하고 있다. 이 본문은 그 어떤 변증으로도 재해석될 수 없기 때문에 보수적이고 개혁적인 유대교 기도서는 이 본문을 아예 빼버리거나 최소한 개정해버렸다. 기독교와 마찬가지로 유대교에서도 공적인 예배에서는 여성의 활동적인 참여가 점차 제한되고 있다는 사실에 주목해야 한다. 여성은 오늘날 더는 토라를 낭독하지 못하며, 공적인 예배를 위해 필요한 정족수(히브리어로 '민얀Minjan')에서 제외된다(정통주의 이해에 따르면 공적인 예배를 드릴 때 적어도 남성 열 명이 필요하다). 정통주의 회당에서는 오늘날에도 남성과 여성의 공간 분리가 시행되고 있다.

결과는 단지 유대인 여성들이 자발적으로 '통곡의 벽' 앞에서 저항 행동을 보인 것으로 끝이 아니었다. 더 중요하고 마침내는 더 바람직한 것은 유대인 여성신학자들이 스스로 유대교의 가부장적 유산을 비판하고 자신의 **유대교 여성신학**을 만들어내기 시작했다는 사실이다. 주요 대표자는 뉴욕 맨해튼 대학교의 미국인 여교수 유디트 플라스코프Judith Plaskow다. 그녀는 최근에 펴낸 책《시나이 산에 다시 서기》에서 '여성주의 관점'으로 유대교의 비전을 제시했다. 이 책이 분명히 많은 보수적인 유대인 남성에게 불쾌감을 주었겠지만, 이 책을 결코 무시해서는 안 된다.[13] 유디트 플라스코프는 기독교 여성주의 해석학을 수용하여[14] **유대교 신학과 역사의 가부장적인 특성**을 빠짐없이, 그리고 철저히 살펴보았다. "토라와 이스라엘과 하나님에 관한 유대교의 중심 범주들은 모두 남성 관점에서 형성되었다. 토라는 남성들이 받아들인 계시이며, 이스라엘의 역사는 그들 관점에서 이야기되었고, 율법은 그들의 필요에 따라 전개되었다. 이스라엘은 남자들의 집단, 곧 야곱의 아들들이다. 야곱은 딸을 한 명 두었지만, 그의 아들들만 열두 부족이 되었다."[15]

그렇다면 대안은 무엇인가? 유대교 여성신학의 연구는 '기억'과 함께 시작되어야 한다. 왜냐하면 유대인의 삶은 한때 '유대인의 기억'에 뿌리를 내리고 있었기 때문이다. "단지 유대교의 가부장적인 특성만이 아니라 전통의 변화를 위한 수단도 유대교의 과거에 근거하고 있다. 여성주의자들은 우리가 어디서 왔는지를 이해하지 않고는 유대교 내에서 일어나는 여성의 주변화를 이해할 수 없다."[16] 그러나 유대인 여성들이 알아야 할 사실이 있다. 시나이 산에서 하나님이 자기 백성과 언약을 체결할 때, 그들도 함께 있었다! 유대인 여성들은 유대교의 중심적인 이 근본 경험에서 제외되어서는 안 된다. 그러나 이미 출애굽 이야기에서 이런 일이 벌어지는 것처럼 생각된다. 왜냐하면 거기서 "셋째 날을 준비하라! 여인을 가까이 하지 말라!"[17]고 말하고 있기 때문이다. 이것은 마치 모세가 백성의 공동체를 순전히 남성들의 공동체로만 여기고 있는 것처럼 들린다! (또 그렇게 이해되었다.) 그렇다면 유독 유대인 역사의 가장 중요한 순간에는 여성들이 보이지 않았는가?[18] 그렇다면—급진적인 유대인 여성주의자들이 질문한 대로—여성들은 "언약을 전혀 받지 못했는가? 여성들은 유대인이 아닌가?" 유디트 플라스코프는 여기서 "토라 안에 있는 불의"를 발견한다. "당연히 우리도 시나이 산에 있었다. 그렇다면 마치 우리가 거기에 없었던 듯이, 본문이 어떻게 그렇게 설명할 수 있는가?"[19]

플라스코프가 **할라카를 다룰 경우에도 철저한 태도**를 요구한 것은 이러한 자의식에서 출발한 것으로 이해할 수 있다. "할라카는 하나님이 시나이 산에서 모세에게 주신 것이기 때문에 세부적인 사항에 이르기까지 거룩하다는 견해는 여성주의의 **'의심의 해석학'**을 통해 도전받고 있다. 의심의 해석학은 율법을 인간의 창조물로 간주하며, 율법이 전제하고 있고 율법이 만드는 사회 질서의 빛에서 율법을 비판적으로 검토한다. 할라카는 깊은 종교 경험에 대한 대답일 수는 있지만, 종교 율법 자체가 신적인 것은 아니다. 그것은 가부장 문화에서 남성들을 통해 형성된 것이다. 할라카는 철저히 남성중심적이다. 그것은 가부장 질서에 집중하고 이를 지원한다. 율법의 우대를 받는 자들은 율법을 하나님이 주신 것으로 보겠지만, 국외자로 취급되는 여성들, 다른 사람들은 다르게 알고 있다. … 여성주의적 유대교의 한 부분을 이루는 할라카는 모두가 실제 그대로의 할라카와는 매우 다르게 보일 수밖에 없다. 단지 세부적인 사항에서만 다른 것이 아니라, 근본적인 바탕에서 차이가 난다."[20]

따라서 유대교 여성신학은 **새로운 공동체**를 목표로 삼는다. 이 공동체는 공적인 예배나 토라 연구에서 여성을 배제할 필요를 느끼지 않으며, 여성을 가부장이 지배하는 가족 안의 한 자리에 도로 앉히지도 않는다. "이스라엘에 관한 새로운 여성주의적 정의定義의 핵심 문제는 여성이 공동체 안에서 다른 자리에 위치해 있다는 것이다. 유대교는 많은 여성들을 랍비와 교사와 공동체의 의장 자리에 앉힐 수 있다. 유대교는 어떤 율법은 무시하거나 변경할 수 있고, 주변 상황에 맞게 조정할 수 있다. 유대교는 자신의 자기 이해를 근본적으로 바꾸지 않으면서, 일어나는 모순과 긴장과 함께 살아갈 수 있다. 만약 우리 자신의 역사와 영성, 우리의 기본 생각과 경험을 지니고 있는 여성들이 우리의 다름을 통해 변화되기를 원하는 공동체 안에서 평등을 주장한다면, 만약 우리의 회상이 유대인의 기억의 한 부분이 되고 우리의 현존이 현재를 변화시킬 것을 요구한다면, 그렇다면 우리는 철저하고 변혁적인 요구를 제시한다. 그렇기에 우리는 '다름'이 계급으로 변하거나 무시되지 않고 참으로 존경을 받는 유대인 공동체를 만드는 어려운 시도에 착수한다. 그렇기에 우리는 유일하게 참된 평등을 위해 투쟁하기 시작한다."[21]

율법과 자유의 문제는 여기서 다시 급진적인 형태로 언급되었다. 그렇지만 유디트 플라스코프는 다른 여성주의자들과는 달리 토라를 배척하지 않고 토라를 바탕으로 활동하기를 원하며, "자유로운 유대인 남성과" 협력하기를 기대한다.[22] 그렇다면 유대교의 유산에는 율법과 자유가 화해할 가능성은 있는가? 이제 리보비츠와 플라스코프 외에 세 번째 목소리를 들어보도록 하자.

3. 율법과 자유는 하나가 될 수 있는가: 유진 보로비츠

1962년부터 뉴욕 히브리 유니온 대학교와 유대교 연구소에서 교육과 유대교 사상을 가르치는 교수로 활동하고 있는 뉴욕의 랍비 유진 보로비츠 Eugene Borowitz는 미국 개혁적 유대교를 대변하는 지도적 인물 중 한 사람이지만, 정통적 견해와 보수적 견해도 이해하고 있다는 점에서 두드러진다. 그는 《근대 유대교 사상의 선택 가능성》이라는 저서에서 다른 사람들보다 더 명확하게 역사적·조직신학적 관점에서 오늘날의 유대인을 위한 선택을 분석하고 평가한다.[23] 유쾌한 객관성과 공정성을 지닌 이 '게릴라 지침서partisan guide'는 책의 마지막 부분에서 율법에 직면해 있는 인간의 자유와 자율성을 분명하게, 그리고 자기비판적으로 옹호한다. 왜냐하면 보로비츠는 "자유로운 유대인의 사유의 십자가"는 결국 "개인의 자율성"이고, 이것이 "근대성의 기본 공리"라는 것을 알고 있기 때문이다.[24] 그러나 보로비츠는 인간의 자기규정과 유대인의 율법 사이에 다리를 놓으려고 이제 나름대로 어떤 시도를 했을까?

보로비츠도 플라스코프와 마찬가지로 인간의 자율성과 학문에 무비판적이었던 19세기의 자유주의로 되돌아가기를 원하지 않는다. 리보비츠가 유대교의 핵심 개념을 바탕으로 '계명'과 관련하여 쓴 바로 그 두꺼운 책에서 보로비츠는 "자유"의 개념을 다룬다.[25] 여기서 그는 다음과 같이 설명한다. 인간의 자율성은 칸트나 헤르만 코헨처럼 단순히 자신을 주도한다고 여겨지는 인간의 이성에서 도출될 수 없다. 근대의 개인주의의 위험을 볼 때, 자율성은 오히려 하나님과의 인격적인 관계에서, 그리고 자신의 백성과 맺은 하나님의 언약에서 이해되어야 한다. 따라서 유대인은 "하나님이 이스라엘 백성과 그 구성원들에게 요구하시는 것을 결정할 수 있는 개인적인 권리를 지닌" 주체다.[26]

그렇기에 유진 보로비츠가 자신의 태도를 **포스트모던**이라고 분명히 지칭한 것은 놀라운 일이 아니다. 왜냐하면 그는 근대의 진보적 낙관주의에 동조하지 않았고, 과학과 기술을 단지 제한적으로 신뢰했으며, 자신의 유대교적 전통을 완전히 포기하기보다는 결정적으로 변화시키려고 했기 때문이다. 그는 유대교의 율법이 동시대의 윤리와 충돌하는 사례를 든다. 그는 이스라엘 국가에서 열정적으로 논의되고 특히 **안식일 계명**과 관련된 의미심장한 사례를 인용한다. 한 유대인이 교통사고로 크게 다친 비유대인을 도우려고 했지만, 정통적 유대인은 자신의 집에서 응급차를 부르기 위해 전화를 거는 것을 거절했다. 그 이유는 무엇이었을까? 안식일이었기 때문이다! 물론 만약 생사가 걸린 문제라면 안식일 계명은 어길 수 있다. 그러나 그 피해자가 이방인이 아니라 유대인이어야만 한다는 조건이 붙어 있다.

달리 말하면, 보로비츠도 리보비츠와 플라스코프와 같은 예상에서 출발한다. "압도적으로 다수의 근대적 유대인은 (특정 정파의 예법이나 제도적인 소속감에도 불구하고) 자기 자신을 본질적으로 자기-입법자로 이해한다." 그의 확신에 따르면 이것은 오늘날 "'할라카적' 시스템을 완전히 포기하는 전례가 없는 현상이고, 이런 현상은 아마도 거의 되돌릴 수 없을 것이다."[27] 그러나 리보비츠와는 다르게, 그리고 플라스코프와 비슷하게 보로비츠는 즉각 덧붙여 말한다. "유대인이 고수하는 근본적인 관계는 언약이다."[28]

아마도 여성이든 남성이든 다른 유대교 신학자들도 율법 문제의 해결을 다음과 같이 전망할 것이다.

— (예컨대 정통주의에서 그러하듯이) 개인적인 자율성을 인정하지 않고 전근대적으로 토라 순종을 인정하는 것은 아마도 유대교 내부의 심각한 정체성의 위기를 극복하기에는 전혀 적합하지 않을 것이다. 이제 우리는 율법에 대한 맹목적인 굴종으로 되돌아갈 수 없다. 종교적이거나 국가적인 법에 맹종하는 것은 역사를 겪으면서 인간에게 엄청난 재난을 초래했기 때문에 양심의 결단과 경우에 따라서는 양심의 저항도 필요할 것이다.

— 그와 동시에 유대교의 유산을 인정하지 않고 근대적 인간의 자율성을 인정하는 것도 마찬가지로 정체성 위기의 해결에 아무런 기여를 하지 못할 것이다. 만약 인간의 자율성이 인간을 자신의 형상대로 창조하고 인간과 언약을 맺은 하나님을 믿는 신앙 안에 정초하지 않는다면, 인간이 자율성은 최종적으로 근거를 상실하고 말 것이다.

— 그러므로 인간의 자율성과 자신의 백성과 맺은 하나님의 언약에 대한 인간의 의무는 함께 생각되어야 한다. 물론 유대교의 위대한 언약 전승에서 인간의 자유에 대한 근대적·주관주의적 이해는 이끌어낼 수 없지만, 인간의 자유에 대한 포스트모던적·인격적 이해는 이끌어낼 수 있다.

그렇지만 이것은 구체적인 결단에 무슨 의미를 부여하는가? 우리는 상황에 따라 매번 결단해야 하는가? 보로비츠은 다음과 같이 생각한다. "유대교의 의무를 이렇게 인격주의적으로 접근하는 것은 종종 유대교의 고전적 가르침의 지속적인 가치를 인정하게 만들고, 그래서 단순하게 순종하게 만든다. 그러나 어쩌면 이러한 접근은 오랜 실천을 수정하거나 포기하게 만들거나, 지속되어온 오랜 관계의 현실에 적합한 새로운 형태를 만들 수도 있다."[29] 달리 표현한다면, 가급적 문자대로 율법을 준수하는 것은 더는 유대인의 정체성의 증거와 잣대가 될 수 없고, 오히려 하나님의 뜻에 대한 생생한, 그리고 상황을 함께 고려한 응답이 유대인의 정체성의 증거와 잣대가 될 수 있다. 자신의 백성과 맺은 하나님의 언약을 지키는 오늘날의 의무는 유대교의 고전적인 신앙을 단순히 반복하는 것이 되어서는 안 된다.

개인적인 결단과 경우에 따라 이루어지는 개인적인 반대는 보로비츠가 스스로 루이스 야콥스에게 이의를 제기했던 핵심 쟁점이기도 하다. 다른 경우에는 보로비츠와 야콥스의 견해가 완전히 일치했다. 따라서 "언약의 포스트모던적 인정"은—근대적 해방 이후에—"유대 전통이 예전에 요구했거나 엄격하게 강요했던 것을 양심적으로 부정할 권리를 반드시 포함하고 있다."[30] 그러나 여기서 우리는 이제 미래의 율법 이해를 위한 결정적인 전환점에 도달했으며, 내가 이미 언급했던 포스트모던 패러다임 내용을 다시 떠올려야 한다.

4. 바탕에 남아 있는 언약

단지 유대교 내부의 대화만이 아니라 유대교인과 기독교인 사이의 대화에서도 많은 것이 "**유대교인이 고수하는 근본적인 관계는 언약이다!**"라는 문장에 합의할 수 있는지 여부에 달렸다.

여하튼 역사적 분석은 이 문장을 결정적으로 증명한다. 우리는 이미 역사를 다뤘던 단락에서 이를 살펴보았다. 이미 백성이 됨과 동시에—'베리트 berit'라는 단어가 아니라 하나님과의 관계의 근본 실재인—**언약**은 의미심장한 것이었다. 국가가 형성될 때 언약은 다윗과 솔로몬의 왕국에서 하나의 역할을 담당했다. 왕국이 분열될 때에도 그것은 중요한 의미를 지니고 있었다. 두 왕국이 정복되고 백성들이 포로로 잡혀가는 충격을 극복할 수 있었던 것도 언약 덕이었다. 언약은 회복과 재건에도 영향을 미친 근본적인 언어였고, 예루살렘이 로마에게 정복되고 두 번째 성전이 파괴된 이후에도 언약은 세계 도처에 흩어진 유대인들에게 종교적 확신의 중심이 되었다. 유대인들이 흩어짐의 불행 속에서도 하나님, 곧 주님 자신과 항상 결합될 수 있었던 것은 바로 언약 때문이었다. 언약을 통해 그들은 선택되었고, 그 결과로 토라를 지켜야 할 의무를 받았다. 결론적으로 말하면, 국가 이전 시대의 부족 패러다임(P I)이든 왕조 시대의 왕국 패러다임(P II)이든, 포로기 이후 유대교의 신정 패러다임(P III)이든 중세 유대교의 랍비-회당 정통주의 패러다임(P IV)이든, 유대교 신앙의 중심은 항상 동일했다. "야웨는 이스라엘의 하나님이시고, 이스라엘은 그의 백성이다."[31]

공식적인 유대교와 기독교의 외부에서 형성되어 과학과 기술, 산업과 민주주의의 세계를 선도한 근대 패러다임(P V)에 직면하여 기독교와 유대교의 '본질'을 보존하는 것이 점점 더 어려워 보였다. 그러나 특히 홀로코스트(하나님이 없는 근대의 심연)와 이스라엘 국가의 재건(유대교의 새로운 시기의 시작)은 자신의 백성과 맺은 하나님의 언약을 깊이 생각하게 만들었다. 그리고 사람들은 이제 자문하게 된다. **포스트모던** 패러다임(P VI) 안에서 유대교의 '본질'은 이제 어떻게 형성될 것인가?

이에 대한 답변은 바로—이미 설명했던—3천 년 이상 이어온 유대교의 발전과 다섯 개의 시대적 패러다임 전환의 토대 위에서 분명하게 주어진다. 언약과는 달리 '**할라카적 체계**'**는 일차적**이 **아니라 부차적**이다. 모든 시대를 관통하는 가운데서 유대교의 정체성을 형성한 결정적인 힘은 할라카가 아니라 언약에서 나왔다. 거꾸로 말한다면, 만약 오늘날 유례가 없이 할라카적 체계가 많은 유대인에게 "완전히 버림을 받고 있다면", 그리고 만약 이러한 발전을 메타-할라카적 상황이나 포스트-할라카의 상황으로 결코 되돌릴 수 없다면, 유대교의 본질이 불가피하게 사라져버린 것이 아니라 기껏해야 그 어떤 역사적 형태가 사라졌다고 말해야 한다.

우리의 역사 분석도 이런 결론을 보여준다. 할라카적 체계는 포로기 이후 시대(P III)에 비로소 이러한 형태로 생겨났고, 랍비-회당 시대(P IV)에 완전히 발전했다. 다시 말하면 회당이 성전을 대신하게 되었고, 성서가 제단을 대신하게 되었으며, 미쉬나와 탈무드의 전승이 토라 자체와 동일한 권위를 지니게 되었다. 그러나 이 모든 것은 이제 분명히 근대(P V)에 위기에 빠졌다. 당연히 극단적 정통주의도 유대교 신앙 자체를 간단히 파괴할 수 있는 이런 질문의 결과를 과소평가해서는 안 된다. 그렇다면 할라카 이후의 시대일 뿐만 아니라 근대 이후의 시대이기도 한 이 시대에 매우 파괴적인 이런 질문을—논박하거나 의심하거나 제한하지 말고—유대교 안에서 다시 새롭게 논의하는 것이 바람직하지 않겠는가?

5. 미래에는 어떤 율법 이해가 가능한가: 유대교인과 기독교인을 위한 질문

율법 문제에 건설적인 신학적 해법을 제시한 유대교 내의 증인들이 단지 우리 시대에만 있었던 것은 아니다. 이미 1920년대, 곧 두 세계대전 사이에 두 명의 중요한 유대인 사상가가 있었다. 한 사람은 **마르틴 부버**Martin Buber고, 다른 한 사람은 종교철학자이자 교육학자, 성서 번역가 **프란츠 로젠츠바이크**Franz Rosenzweig(1886~1929)다.[32] 문화적 취향을 지닌, 그리고 정치적으로는 자유로운 모든 근대적·세속적 시온주의자들에 맞서 그들은 **유대인의 실존 근거**가 하나님과 맺은 백성의 **언약**이라는 점에 일치했다. 언약의 중심에는 하나님과의 생동적이고 인격적인 관계가 놓여 있다. 다시 말하면 언약의 중심은 제1차 세계대전 이전의 유대교 자유주의자들의 주장대로 '윤리적 유일신론'에 관한 보편적 인간의 이념이 아니며, 중세 정통주의자들의 주장대로 할라카, 곧 유대의 종교 율법도 아니다. 오히려 **율법**은 단지 언약의 **결과**일 따름이다. 율법은 목적이 아니라 **수단**이다. 우리가 부버에게서 이미 들었듯이, 하나님 자신이 모든 이런 개별 규칙을 만드신 것은 아니다. 오히려 하나님을 믿는 신앙에 사로잡혀 인간의 자유를 노예화하지 않으려고 인간이 이를 만들었다.

로젠츠바이크는 자신의 많은 친구들과 친척들처럼 기독교로 개종할 생각도 오랫동안 품었지만, 1913년 속죄일(욤 키푸르Yom Kippur)에 오래 예배를 드린 이후에는 결정적으로 유대교인으로 남아 있기로 단호히 결단했다. 1919년에 그는 프랑크푸르트에서 '자유로운 유대인 학교'를 공동으로 설립했고, 1921년에는 자신의 주요 저서 《구원의 별》[33]을 출간했다. 로젠츠바이크는 모든 윤리를 넘어서 유대교의 전통적인 율법을 준수하는 것이 반드시 필요하다고 생각했다. 그는 이스라엘 백성의 거룩한 생활 형태인 율법을 신실하게 지키는 것을 중요하게 여겼다. 물론 근대적 인간과 그의 자율성을 인정하는 것도 중요하다. 왜냐하면 인간은 그런 능력을 지니고 있기 때문이다. 유대인과 비유대인을 분리해서는 안 된다. 그러나 그는 이 둘을 구분하기를 원했다.[34]

부버는 그와 달랐다.[35] 그는 옛 시대의 율법을 오늘날의 유대인이 지켜야 할 보편적인 의무로 만들 수 없다고 생각했다. 하나님의 계시는 율법 수여가 아니다. 인간의 '나I'와 하나님의 영원한 '당신Thou' 사이에 인간이 만든 율법이 들어와서는 안 된다. 오직 영원한 당신만이 명령하시고 금지하신다. 율법의 이런저런 규정들이 포함될 수도 있을 것이다. 그러나 철저히 인격적으로 나에게 의무를 부여하는 최상의 규범은 원칙적으로 전통적인 율법이 아니라 하나님의 뜻이어야 한다. 이런 점에서 유대인에게 율법은, 로젠츠바이크가 원했듯이 보편적인 것 아니라 인격적인 것이다.

《유대교 강연》 안에 한데 묶어 출간한 부버의 초기 강연은 프라하의 바르코크바 협회Bar Kokhba Association에서 이루어졌다. 청중 가운데는 자신의 소설《소송*The Trial*》에서 주인공인 신부로 하여금 '율법 앞에서'라는 제목 아래 수수께끼와 같은 우화를 말하게 한 프란츠 카프카Franz Kafka도 있었다. 그렇지만 유대교 내부에서 이런 논쟁이 어떻게 계속 이어지든, 기독교인도 여기서 입장을 취해야 한다는 도전을 받게 된다. 유대인 대화 상대를 서로 갈라놓기 위해서도 아니고, 더 유식한 사람으로 '모든 문제의 해결'을 강요하기 위해서도 아니다. 기독교인은 자신의 신앙 원천에서부터 율법 문제에 깊이 휘말려들었기 때문이다. 최초의 기독교인들은 모세의 율법을 여전히 지켜야 한다고 느꼈던 유대인들이었다. 유대인 나사렛 예수가 온 것도 율법을 청산하거나 폐기하려는 게 아니었다. 바로 그도 하나님의 뜻을 율법 성취의 근거와 규범으로 만들었다.

그렇기 때문에 만약 우리가 부버와 로젠츠바이크가 대변하는 유대교 내의 두 가지 기본 주장을 기독교의 원래적인 견해와 비교해본다면, 유대인과 기독교인의 소통이 수월해질 수도 있을 것이다. 만약에 우리가 그렇게 한다면, 놀라운 나란한 평행선이 갑자기 떠오른다.

— 유대교 율법에 대한 **로젠츠바이크**의 긍정적 견해는 옛날에 예수를 뒤따르던 **유대인들**의 태도와 매우 일치하는 듯이 보인다. 그들은 매우 독특하게 율법에 집중했고, 때로는 다른 사람들(특히 헬레니즘을 선호하는 유대인들)을 비판하기도 했다. 그렇지만 그들은 원칙적으로 유대교의 율법에 따라서 살기를 원했으며 안식일과 다른 여러 계명도 준수했다.

— 그러나 유대교 율법에 대한 **부버**의 부정적 견해는 예수를 따랐던 **이방인**의 태도와 매우 가까운 듯이 보인다. 그들은 윤리적 명령을 넘어서는 전통적인 율법을 준수하기를 거부했고, 하나님이 행하기를 원하시는 것, 곧 하나님의 뜻을 우선 지키기를 원했다.

그럼에도 중요한 점을 지적한다면, 유대인이든 이방인이든 예수를 따랐던 **두 부류**의 사람들은 그 당시에 서로 다른 상황에서 자신들의 관점을 뒷받침하려고 나사렛 예수와 율법에 대한 그의 태도를 내세웠다. "그는 율법 아래 있었다"고 유대인-기독교인은 말했다. 그렇지만 유대인-기독교인이었던 바울은 그의 편지 갈라디아서에서 이방인-기독교인을 위해 "율법 아래 있는 자들을 구원하기 위해"[36]라는 말을 덧붙였다. 이러한 생각을 계속 따라가기 전에 유대교인과 기독교인의 공통 요소를 확인하는 것도 좋을 것이다. 만약 두 부류의 사람이 비록 다른 방식이지만 노아와 아브라함과 그 후손들과 맺은 하나님의 언약을 내세운다면, 그들 사이에서도 윤리와 율법에 관한 근본 합의가 가능하지 않겠는가?

유대교인과 기독교인에게 던지는 질문

유대교인과 기독교인은 다음과 같은 점에 일치한다. 하나님의 형상을 따라 지음 받은 하나님의 언약의 유일한 상대자인 인간에게는 혼돈스러운 자율성과 개인주의적인 방종주의가 허락되지 않는다. **하나님의 윤리적 계명**, 십계명과 그 모든 함의는 **오늘날의 인간에게도 의무를 부여한다**. 그렇지만 질문이 제기된다.

✝ 유대교인이 인간의 보편적인 윤리를 넘어서 그의 백성과의 사귐 안에, 곧 **유대교인의 전통** 안에 뿌리를 두기를 원한다는 사실을 기독교인도 인정할 수 있지 않겠는가? 유대교인의 전통은 아마도 공통된 특징을 지닌 유대인의 생활 방식으로 다시금 인도할 것이다. 유대인의 공통된 '생활 방식'은 축일이나 평일에 가정과 예배와 일상 생활에서 특정한 형식, 예식과 관습을 통해 형성된다.

바로 그렇기 때문에 하나님의 언약 상대자인 인간에게 경건한 비굴함과 맹목적인 율법 순종도 강요되어서는 안 된다. **하나님의 윤리적 계명은 단순히 할라카적 체계와 동일한 것이 아니다**. 할라카적 체계는 오랜 역사의 과정에서 형성되었고, 여러 곳에서 다시금 존속해왔다. 그래서 질문은 제기된다.

🕎 만약 유대교인이 개인적 책임 속에서 율법을 자신의 것으로 삼을 수 있다면, 그도 율법 체계를 지켜야 하지 않겠는가? 유대교인이 아닌 다른 사람들이 토라에서 흘러나오는 의무를 다르게 이해하고 있고, 기독교인이 유대교인의 특별한 길을 매우 존중하지만 히브리 성서의 **보편적인 지평**에도 항상 주목하고 있다는 사실을 모든 유대교인은 이해해야 하지 않겠는가?

틀림없이 나는 고난에 익숙한 기독교인으로서 율법에 관한 유대교 내의 전통적인 문제를 잘 이해할 수 있기 때문에 모든 논쟁을 바라보며 다음과 같이 자문해본다. "2천 년 전의 다른 유대인, 곧 나사렛 출신 스승은 이 모든 것에 대해 과연 뭐라고 말했을까?" 만약 오늘날 유대교에서 '양심적인 반대'가 가능하다면, 이러한 질문에서 그 당시의 '위대한 반대자'를 생각해보는 것도 도움이 될 수 있지 않겠는가? 아마도 유대교가—유대교와 기독교도—그의 원래 음성에 아직도 거의 귀를 닫고 있지는 않은가?

III. 율법은 인간을 위해 존재한다

1. 최상의 규범은 무엇인가?

"오늘날 예수를 어떻게 보아야 하는가?"[1]를 다룬 긴 단락에서 나는 바리새주의와 특히 율법에 대한 예수의 태도를 파악하기 위해 필요한 모든 내용을 설명했다. 여기서는 단지 원칙적인 점만을 기억해보기로 하자. 나사렛 출신의 위대한 반대자가 그 당시에 등장한 이유는 바로 하나님의 율법을 원칙적으로 사용하려는 것이 아니라 '성취하려'는 것이었다. 그런 점에서 그 당시에 그를 따랐지만 적어도 원칙적으로는 유대교의 율법을 고수하려고 했던 **유대인들**이 그들의 스승을 내세운 것은 매우 옳은 일이었다. 예수 자신은 유대인 중의 유대인으로 율법을 철저히 지키면서 살았다. 무엇보다도 그는 반율법주의자가 아니었다. 그렇지만 하늘과 땅이 사라지기 전에는 제의적 율법의 일점일획도 사라지지 않는다고 말하는 보수적인 마태의 말[2]은 오늘날의 대부분의 주석가들에 따르면 예수의 진정한 말이 아니라, 제의적 율법에 대해 비판적인 유대인-헬레니즘 공동체에 맞서, 또는 바로 제의적 율법을 거부하는 이방인-기독교 공동체에 맞서 율법을 고수한 유대인-기독교 공동체가 만든 것이다. 산상설교의 해석원리로 역시 진지하게 여겨야 할 마태의 첨가문도 주목할 필요가 있다. 예수의 제자들의 "의가 서기관과 바리새인보다 더 나아야"[3] 한다.[4] 이 말은 예수가 분명히 반도덕주의자도 아니지만, 율법을 신봉한 바리새인도 명백히 아니었다는 사실을 또다시 분명히 알려준다. 예수는 무엇을 원했는가?

다음과 같은 점도 기억해야 한다. 예수는 특히 실제 생활에서 특히 한 가지를 매우 강조했다. 최상의 규범은 **사랑**이다. 바로 이것은 사도행전의 초기 공동체도—물론 이상화되고 미화된 형태로—스스로 보고하고 있는 내용이다. 율법 교사가 예수에게 최고의 계명이 무엇인지 물어보고, "모든 번제물과 기타 제물보다 나은" 하나님 사랑과 이웃 사랑이라고 "지혜 있게" 대답했을 때, 예수는 분명히 그를 칭찬했고 "네가 하나님의 나라에서 멀지 않도다"[5]라고 대답했다.

다음과 같은 사실 또한 간과해서는 안 된다. 예수는 심지어 유대인-기독교인의 견해가 반영된 마태복음서에서도 자신의 뚜렷한 특징을 드러내고 있으며, (결혼과 가정의 보호, 진실함과 비폭력, 원수 사랑에 관한) 이른바 6개의 반명제 또는 '더 높은 명제'에서 그 당시의 특정한 율법 해석을 매우 단호히 거부했다. 이혼과 용서에 관해서는 랍비 유대교의 해석을 거부했고, 원수 증오에 관해서는 쿰란 유대교의 해석을 거부했다. 다가오는 하나님의 나라 앞에서 인간은 근본적으로 변화해야 한다. 단지 통제할 수 있는 외형만이 아니라 **통제할 수 없는 내면**인 인간의 **마음**도 변화해야 한다.

— 분노하고 살인하지 말고, 화해해야 한다.

— 간음하지 말고, 자신을 이겨야 한다.

— 이혼하지 말고, 신실해야 한다.

— 복수하고 보복하지 말고, 폭력을 포기해야 한다.

— 원수를 미워하지 말고, 사랑해야 한다.[6]

물론 나사렛 출신의 스승이 율법이나 율법 교사를 원칙적으로 반대한 것은 아니다. 그렇지만 비록 중요하게 보이지 않을 수도 있겠지만 여기서 작은 차이점이 드러난다. 결정적으로 다른 상황에서는 율법을 파괴할 수 있다. 예컨대 '더 중요한 것', 즉 '더 나은 의'를 보여주기 위해서는 그렇게 할 수 있다. 나사렛 출신 랍비는 계명의 준수를 비난하지 않았다. 그러나 그 모든 것을 대담하게 하나님 사랑과 인간 사랑의 주요 계명 아래 둠으로써[7] 그는 토라와는 달리 계명을 결정적으로 상대화했다. **인간의 이익을 위해 상대화한**

것이다.

나중에 예수를 따랐던, 그리고 팔레스타인 밖의 완전히 다른 헬레니즘 세계 안에서 살았던 **이방인들**은 바로 이 사실을 근거로 내세울 수 있었고, 율법 때문에 십자가에 못 박혔던 예수를 바라보았던 바울처럼 이로부터 철저한 결론을 이끌어냈다. 왜냐하면 다음과 같은 것은 확실한 사실이었기 때문이다. 예수는 자신을 따르는 사람들에게 랍비들의 오래된 율법 질서를 지킬 것을 명령하지 않았고, 매우 사소한 사안에 이르기까지 삶의 모든 영역을 결정하는 새로운 할라카를 주지도 않았다. 그 대신에 그는 해방을 가져오는 단순한 호소와 비유를 통해, 그리고 그와 동시에 도발적인 치유 활동을 통해 개개인이 하나님의 뜻에 순종하고 이웃을 사랑하기를 호소했다. 하나님의 뜻은 분명히 삶 전체를 포괄한다. 그렇지만 하나님의 뜻은 인간, 곧 이웃의 행복을 목표로 한다.

우리가 살펴보았듯이 이 점은 그 어느 것보다 유대교인의 신앙 중심인 **안식일 계명**에서 가장 두드러지게 드러난다. 유대교인들의 이해에 따르면 생명이 매우 위태로운 경우에는 안식일에도 도움을 줄 수 있다. 이것은 랍비 시메온 벤 메나샤Simeon ben Menasya가 기원후 180년에 아마도 더 오래된 구절을 근거로 삼아 주장한 것이다. "안식일이 너희에게 맡겨진 것이지 너희가 안식일에 맡겨진 것은 아니다."[8] 그렇지만 예수는 더 근본적이다. 그는 안식일과 토라를 문자 그대로 따를 것을 요구하지 않고 이웃에 대한 폭넓은 사랑을 요구했다. 예수는 가장 거룩한 안식일 계명도 이웃 사랑의 뒷전으로 밀어놓았다. **안식일은 인간을 위해 존재한다**. 단지 생명이 위태롭거나 공격이나 침략을 받았거나 전쟁이 일어났을 때에만 그렇거나, 단지 유대인에게만 그런 것이 아니라, **언제 어디서나** 인간을 위해 존재한다. 인간이 안식일을 위해 존재하는 것이 아니다.[9] 이로써 안식일 계명은—항상 유효한 것으로—분명히 '새로운 방향'을 갖게 되었다. "인간이 안식일에 맡겨져서는 안 되며, 안식일의 노예가 되어서는 안 된다"(그닐카J. Gnilka).[10] 그렇기 때문에 선을 행하지 않는 것은 악을 행하는 것과 동일하다.[11] 달리 말하면, 예수 자신이 마태복음에서 아주 분명히 말하듯이, "그러므로 안식일에 선을 행하는 것이 옳다!"[12]

단지 안식일 계명만이 아니라 이보다 덜 중요한 모든 **계명도 인간을 위해 존재한다**. 사랑은 모든 계명을 감싸고 있다. 그리고 거창한 말을 많이 하지 말고(예수 자신도 사랑이라는 단어를 거의 사용하지 않았다), 비록 이웃이 유대인이 아니라 사마리아인(또는 아랍인)이라도, 자신이 곧바로 도움이 필요한 이웃을 향해 사랑을 매우 구체적으로 실천해야 한다.[13] 그렇다면 이것의 모든 영향은 오늘날 어떤 의미를 지니는가? 추측해서 질문한다면, 당시의 랍비는 오늘날의 정통적 랍비에게 무슨 말을 하겠는가?

2. 당시의 랍비와 오늘날의 랍비

당시의 랍비는 오늘날의 랍비에게 아마도 이렇게 물어볼 것이다. 당신은 살아 있는 언약을 율법의 근거라고 잘 말했다. 그렇지만 당신은 율법에, 율법적 성격에 결국 어떤 의미를 부여하는가? 토라와 할라카, 기록된 율법과 구전된 율법, 이 둘은 동일하게 계시된 것인가? 그렇기 때문에 이 둘은 불변하고, 오류가 없고 개정될 수 없으며, 무오하고 완전해 개선될 수 없는가? 그렇다면 우리가 경전과 전통에 채워져 있는 모든 것을 인간의 마지막 단어에 이르기까지—하나님과 시나이 산 계시를 내세우면서—실현해야 하는가? 모든 명령은 참으로 하나님이 불러주신 것을 직접 받아쓴 하나님의 법인가, 아니면 인간이 증언하고 만든 하나님의 법인가? 그렇지만 의례 규정과 윤리 규정, 음식 규정은 모두 동일한 권위를 지니고 있는 것이 아닌가? 그러나 랍비들은 주요 계명과 부수 계명을 구분한다. 그렇지만 가치의 층위, '진리의 위계질서', 본질적인 것에 대한 집중, 율법의 중심이 있지 않은가? 그렇더라도 모든 것이 똑같은 가치를 지닌 하나님의 뜻이 아닌가? 인간에 대한 하나님의 계획은 원래부터 **그런** 것이었는가? 당시의 랍비는 오늘날의 랍비에게 대체로 이렇게 말할지도 모른다.

그리고 오늘날의 랍비는 당시의 랍비에게 아마 이렇게 대답할 것이다. 우리 가운데서 최소한 극단적인 정통주의가 아닌 사람들은 오늘날 율법을 다양하게 상대화한다. 예컨대 사람을 구하기 위해 안식일 계명을 상대화하며, 인간의 건강이 위태로워질 경우에는 속죄일의 금식도 상대화한다. 토라의 어떤 금령들은 '피조물의 존엄'에 대한 관심 속에서 무시되어도 좋다고 탈무드는 분명히 주장한다. 우리의 율법 전승에서 모든 개별 계명은 단지 언약을 확증하고 하나님의 이름을 거룩하게 지키며, 하나님을 증언하기 위한 방편에 불과하다. 살아가다 보면 오직 우리 안에 들어 있는 하나님의 사랑과 다른 사람들에 대한 우리의 의무만이 개별 계명의 실행을 결정할 수 있는 상황이 있다.

내가 생각하기로는 당시의 랍비가 오늘날의 랍비에게 바로 이렇게 대답할 것이다. "네가 하나님의 나라에서 멀지 않도다."[14] 그렇지만 그는 그와 동시에 계속 전진하라고 독려할 것이다. 여기서 사랑이란 무엇인가? 사랑이란 **사람을 위해 존재하는 하나님의 율법**을 사람을 위해 **상대화하고 초월할** 수도 있는 능력이 아니겠는가? 사랑이란 이미 당시의 랍비가 지배적인 율법 해석을 넘어서 선포하고 실천했던, 바로 그 전염성이 강한 자유가 아니겠는가? 율법을 장악한 손으로 하나님을 조종하고 지배하려고 했던 모든 사람에게 나사렛 예수가 훼방꾼이었듯이, 사랑이란 모든 종교 체제나 종교 기관에게 분명히 위험한 근본적인 태도가 아니겠는가?

그렇다. 오늘날의 랍비가 간과해서는 안 될 것이 있다. 나사렛 예수는 당시에 새로운 포도주를 헌 자루에 담으려고 하지 않았다. 만약 그가 그렇게 했더라면, 그는 아무런 충격도 주지 못했을 것이다. 만약 철저히 예언자적 전통에 서 있었던 그가 오직—모세의 권위를 인정하는 다른 예언자들처럼—율법의 참된 준수만을 외쳤더라면, 만약 그가 당대의 랍비들처럼 오직 올바른 예배를 드리고, 계명 사랑을 장려하며, 개별적 사례를 분석하고, 어떤 상황에서는 한 계명을 다른 계명보다 더 중시하기만을 요구했더라면, 왜 그런 충돌이 일어났겠는가?

그렇지 않았다. 나사렛 예수는 이미 토라 자체가 "나그네"[15]를 향해 요구하는 사랑을 철두철미하게 실천했다. 그는 무한히 용서했고 지위를 막론하고 섬겼으며, 아무런 대가도 바라지 않고 권리와 권력과 힘을 포기했다. 십계명을 긍정적인 의미에서 '이웃' 사랑으로 고양高揚하려는 의도로 그는 만약 필요하다면 지배적인 가르침, 지배자들의 가르침, 전통, 조상들의 구전, '할라카'를 무시해버렸고, 그로 인해 유대 지도층을 격분하게 만들었다.

따라서 당시나 오늘날의 사람들은 이렇게 질문한다. 이 랍비는 참으로 진정 자유롭고, 진정 인간적이지 않은가? 따라서 안식일이 사람을 위해 있고 인간이 안식일을 위해 있지 않다고 그가 선포했을 때, 인간을 하나님 계명의 척도로 삼은 셈이 아닌가? 또한 그는 모든 행동에서 인간 사랑과 이웃 사랑, 원수 사랑을 강조함으로써 이방인과 비이방인, 유대인과 사마리아인/아랍인 사이에 존재하는 자연법을 더는 인정하지 않으려고 한 것이 아닌가? 특히 그가 율법에 충실한 자들에게 맞서 도발적으로 종종 율법을 파괴한 자들의 편에 섰고, 심지어는 그들에게 처벌보다는 용서를 약속했을 때, 그는 민족과 혈통과 율법과 도덕의 의미를 상대화하지 않았는가? 그와 율법과 성전 수호자들과의 갈등이 죽음에 이르기까지 격렬해졌고, 다른 랍비들이 아니라 바로 이 한 유대인이 죽음의 운명을 맛보고 새로운 역사를 만들었다.

다시 말하면 그는 단지 제자들을 모았을 뿐 아니라 복음을 선포하고 공동체를 만들었으며, 더욱이 그의 선포와 태도와 운명을 통해 세계사적인 운동을 야기했고, 그래서 세계의 흐름과 유대교의 위상을 근본적으로 바꾸어놓았다. 이것은 우연이었는가?

이로써 종교적 자기이해의 **근본 질문**이 제기된 셈이다. 이것은 오늘날 **종교의 율법적 성격을 대변하는 자들에게** 반드시 제기해야 하는 질문이다. 이것은 단지 유대교 정통주의들만이 아니라 이슬람교 근본주의자들에게, 그리고 특히 유대교 율법에서 벗어나서 새로운 교회 율법을 세우기를 요구하는 전통주의적 로마 가톨릭과 개신교 경건주의자들에게도 참으로 난해한 질문이다. 십자가에서 처형된 유대인 나사렛 예수 앞에서 우리는 결정적인 질문을 던지게 된다. 하나님의 뜻은—할라카든 교회법이든, 아니면 샤리아 Shari'a(이슬람 법)든—율법의 정확한 준수를 통해 드러나는가, 아니면 모든 율법보다 더 높은 것, 곧 사랑을 원하시는 하나님의 뜻의 실행을 통해 드러나는가? 유대인 바울의 사례에서 이 문제는 다시 가장 예리하게 드러난다. 우리가 들은 바로는 바울 때문에 기독교와 유대교가 이미 일찍부터 서로 갈라졌다고 한다. 그렇다면 바로 여기서도 비판적·자기비판적인 새로운 인식이 요구되지 않겠는가?

3. 바울은 율법을 거부했는가?

바울의 율법 논쟁이 단지 당대 유대인만의 문제가 아니라 오늘날 유대인의 문제와도 관련되어 있다는 사실은 한때 유대교 정통주의와 대결했던 모든 사람이 주목하는 주제가 되었다. 자신을 "율법의 의로는 흠이 없는 자"[16] 라고 불렀던 바울이 개인적으로 어느 정도까지 율법과 충돌했다고 보아야 하는지는 바울 연구에서 다른 여러 질문들처럼 논쟁이 분분하다. 그러나 의심할 여지도 없이 그의 서신들은—오늘날의 유대인에게도 매우 큰 의미를 주는—바리새파적인 율법의 구조를 반영하고 있다. 이것은 많은 기독교인 해석자들보다 많은 유대인 해석자들이 더 잘 이해하고 있는 사실이다.

샬롬 벤-코린 Shalom Ben-Chorin은 "율법으로 인한 괴로움" 때문에 바울이라는 인물에 특별히 친밀감을 느끼게 되었다고 말한다. 오직 "자신의 삶을 이스라엘의 율법 아래 두고, 랍비 전통의 관습과 규정을 지키고 실천하려고" 애쓰는 사람만이 바울을 올바로 이해할 수 있다. 그리고 벤-코린은 이렇게 덧붙인다. "비록 나는 정통주의자들이 해석하는 율법을 받아들이려고 노력했지만 만족감을 느끼지 못했고, 바울이 하나님 앞에서 얻는 의義라고 불렀던 그 평화를 누리지 못했다."[17] 코린의 이 말은 그가 율법을 열심히 지키려고 노력했지만 율법 앞에서 실패했다는 것을 의미한다. "오늘날 예루살렘에서 우리는 디아스포라에서 생겨난 열광주의적인 예시바Yeshiva 학파 안에서 이런 유형을 보게 된다. 물론 이런 유형은 이제 다소가 아니라 뉴욕이나 런던에서 나온다. 안식일에 평화롭게 운전하는 사람을 반대하는 시위를 하다가 자동차와 운전자에게 돌을 던지는 열광주의자들 가운데서 외국에서 탈무드를 공부한 학생들을 우리는 매우 자주 보게 된다. 그들은 아마도 뉴욕이나 런던에서는 안식일의 형식적인 모독에 대해 이런 방식으로 반응하지 않을 것이다. 그러나 예루살렘에서 그들은 150% 토라 유대인들이라고 자신들을 정당화한다. 우리는 다소에서 태어난 젊은 사울을 바로 이와 똑같이 상상해야 한다. 유대교에서 자신보다 더 완전하게 행동한 사람은 거의 없고, 율법을 열심히 지켰으며, 이단자가 돌에 맞아 처형되는 것을 보고 기뻐했다고 그는 스스로 강조한다(이 모든 것이 얼마나 비슷하고, 얼마나 현실적인가!). 그러나 율법과 할라카와 계율을 통해 혹독하게 훈련을 받았지만, 그것으로 하나님과 참으로 가까워졌다는 경험은 얻지 못했고, 그로 인해 실패와 죄책감에서 벗어나지 못했다는 사실이 무엇을 의미하는지를 오늘날 우리는 이해해야 한다. … 다양한 계명들과 규정들은 인간을 수렁 속으로 이끌어가지 않는가?"[18]

이 모든 점에 비추어볼 때 우리는 다음과 같이 질문하지 않을 수 없게 된다. 바울이 유대교의 율법을 결정적으로 폐기하고 그 종말을 알린 것은 옳은 일이 아니었는가? 기독교인들의 주석에서 이것은 오래전에 이미 끝난 문제였다. 그리고 사람들은 특히 독일인의 안경을 쓰고, 특히 루터에게 영감을 얻고 불트만의 《신약성서 신학》에서 감동을 받은 체계적인 주석의 안경을 쓰고 바울을 읽었다. 그 결과로 다음과 같은 확신이 굳어졌다.

— 바울에게는 예수 그리스도의 죽음과 부활과 함께 유대교의 율법이 단번에 영원히 제거되었다. 율법이 아니라 이제는 복음이 지배한다.

— 기독교인에게 유대교의 율법은 의미가 없고, 오직 예수 그리스도에 대한 신앙만이 결정적인 것이다. 율법이 아니라 이제는 신앙이 유효하다.

— 유대교 율법과 함께 유대교도 마침내 일종의 골동품이 되었다. 옛날의 하나님의 백성 대신에 이제는 하나님의 새로운 백성, 곧 교회가 시작되었다.

예컨대 **한스 휘브너**Hans Hübner는 루터적인 주석을 대변하고 있고, 오늘날까지도 여전히 개신교회의 바울 전문가로 알려져 있다. 그는 '바울 신학적 특징'에 특히 관심을 갖게 되었고, 이미 루터가 그랬던 것처럼 균형이 잡혀 있는 로마서(바울이 로마 교회에 보낸 편지)[19]를 논쟁적 · 반율법적인 (유대교화한 갈라디아의 경쟁적 선교사들에게 도전을 받은) 갈라디아서[20]의 관점에서 해석한다. 그에 따르면 이스라엘은 토라를 "왜곡했다."[21] 그의 견해를 따르자면, 바울은 갈라디아서에서 다음과 같이 분명히 말했다고 한다.

— "그리스도를 믿는 자는 더는 '율법 아래' **있어서는 안 된다.**"

— 율법 아래 살아가는 것과 유대교인으로 살아가는 것은 "기독교인들에게 완전히 불가능하다!"

— "기독교인이 된다는 것은 원칙적으로 유대교인이 되어서는 안 된다는 것으로 정의된다."[22]

우리는 다음과 같이 질문한다. 이런 표현은 루터교회의 바울 주석이 노골적으로, 또는 은근히 반유대적이라는 의심을 낳지 않는가? 여기서 바울의 친유대적인 발언은 감춰지거나 재해석되거나 제거되지 않았는가? 그리고 유대인-기독교인을 바라보면서 우리는 질문한다. 그렇다면 할례와 식사 규정과 안식일 계명과 함께 유대교의 율법을 준수하는 유대인-기독교인의 가능성을 바울은 실제로 선택할 수 없었는가? 한스 휘브너는 바울이 갈라디아서에서 "유대인-기독교인들에게 자신이 유대인이라는 것을 부인하지 말도록 요구했다"고 인정했다. 그러나 이와 동시에 휘브너는 이런 주장을 바울에게서 나타나는 "분명한 불균형"으로 여기고 무시한다. 그러나 이처럼 매우 대립적인 루터식의 '복음과 율법'의 구조에 들어맞지 않는 부분에서 바울을 비판하는 주석을 그대로 놓아두어도 좋겠는가? 우리는 율법의 유효성 논쟁을 살펴볼 수밖에 없다. 오늘날 이 논쟁은 다른 그 어떤 논쟁보다 더 극단적으로 사람들을 갈라놓는다. 이로 인해 유대교인의 바울 주석과 기독교인의 바울 주석이 극단적으로 갈라지고, 기독교인들 사이에서도 바울 주석은 극명하게 엇갈린다. 그리고 비록 연구 상황이 매우 혼란스럽지만, 나는 논쟁의 결과를 최대한 분명히 설명할 것이다. 여기서 나는 최근에 인위적으로 만들어진 국가적 대립 구도에 개의치 않을 것이다.[23]

4. 율법은 폐기되었는가?

먼저 다음과 같은 질문을 미리 던져본다. 이 질문에서 확실하고 분명한 결론을 내리는 못하게 하는 **어려움**은 정확히 무엇인가? 다음과 같은 것이다.

1. 철두철미하게 **예언자와 같은 인물**인 바울은 (그를 비판하는 대부분의 사람도 인정하듯이) 대체로 논리적 일관성을 지닌 신학자이지만, 이스라엘의 예언자들처럼 완결되고 모순이 없는 신앙 체계를 남겨준 체계적인 신학자는 아니었다. 그는 세상과 동떨어져 사는 학자로 추상적이고 신학적인 율법과 신앙의 문제를 전개한 것이 아니다. 그는 선교사로 (그리고 천막을 짜는 사람으로 자신의 생계를 직접 해결하면서) 부단히 활동하는 가운데서 바리새파 신앙에서 그리스도 신앙으로 개종했던 자신의 과거를 성찰했고, 유대인-기독교인 공동체와 특히 이방인-기독교인 공동체에게 그리스도 신앙이 어떤 의미를 주는지를 성찰했다.

2. 바울의 신학적인 글은 대개가 상황의 여건에 따라서 그때그때마다 기록한 **편지들**이다. 이 편지들은 (특히 독일 주석가들이 말하듯이) 갈라디아서에서 로마서까지 발전된 신학을 보여주거나, (특히 앵글로색슨 주석가들이 말하듯이) 서로 갈등하고 충돌하는 다양한 상황과 질문에 대해 일관된 기독론을 중심으로 대답을 주려고 시도한다.[24] 자신의 신학을 요약한 로마서에서 바울은 자신의 견해를 스스로 수정했을 가능성이 있다.

3. 바울은 그리스어로 쓴 자신의 편지에서 히브리어 단어인 '토라Torah'를 사용하지 않았고(히브리어를 외국어로 사용하지도 않았다), 히브리어 성서의 그리스어 번역본(70인역본) 이후로 '토라'라는 단어의 대체어로 쓰였던 그리스어 '**노모스***nomos*(율법)'를 사용했다. 그러나 이것은 바울이 편지의 특정 구절에서 '노모스'를 넓은 의미로 사용했는지, 아니면 좁은 의미로 사용했는지를 전혀 알 수 없게 만드는 단점을 안고 있다. **넓은** 의미에서 그것은 토라/가르침/명령으로 모세 오경을 의미한다. 그러나 **좁은** 의미에서 그것은 할라카/율법을 의미한다(비록 '할라카'는 그 당시에 아직 법전으로 편찬되지 않았던 랍비들의 종교적 율법이었지만, 그것은 이미 토라에 근거해 있었고,

지금은 점차적으로 생활 전체를 관통하는 율법으로 이해되고 있다).

바울의 율법 이해를 해석하는 것은 매우 어려운 일이지만, 바울 주석가들 간에는 **일치점**도 분명히 있다. 대부분의 주석가들은 다음과 같은 주장에 동의할 것이다.

— 바리새파 유대인이었던 바울의 생애 중에 일어난 근본적인 변화는 토라 연구를 통해 일어난 것이 아니라, 그가 개인적으로 체험한 부활한 그리스도의 환상을 통해 일어났다. 그 이후로 바울은 그리스도를 이스라엘과 세상의 메시아로 선포한다.[25]

— 자신의 선포가 유대인들에게 거부를 당하자, 바울은 예수 안에서 결정적으로 드러난 이스라엘의 하나님에 관한 복음을 **이방인들**에게도 **선포하는 것**을 자신의 고유한 임무라고 여겼다.[26]

— 바울은 **이방인들**에게 그리스도의 복음을 믿기를 요구했지만, **유대교의 종교적 율법에 굴복할 것**을 요구하지는 않았다. 왜냐하면 미래의 구원을 결정하는 것은 율법의 행함이 아니라 이 믿음이기 때문이다. 이 점에서 유대인들이 더 유리한 것은 아니다.

— '국외자들'을 향한 사도의 이런 개방성은—비록 전승의 연속성은 종종 의심을 받았지만, 내용적 연속성의 표시로—**예수의 길**을 따른 것이었다. 엄청난 궁핍과 박해를 겪고 결혼을 포기하고 겸손하게 섬김으로써—물론 이보다 더 많은 고난도 열거할 수 있다—바울은 예수를 따랐다.[27] 그가 그리스도를 따르려고 철저히 애썼다는 사실을 부정할 수 없다.

그렇다면 주석가들 사이에서 특히 **논쟁이 되는 질문**은 무엇인가? 그것은 바울이 '율법'을 매번 어떻게 이해했는지에 관련한 질문이다. 그러나 전제해야 할 점이 있다. 대단히 복잡하고 모순되는 연구 문헌을 낳은 모든 문제(기독론과 구원론, 인간론과 교회론을 포함하는 문제)를 여기서 율법과의 연관성으로 다루는 것은 주제넘은 일이 될 것이다. 여기서 나는 오직 율법의 의미만을 집중적으로 다루어야 하겠지만, 오늘날 유대교인과 기독교인 사이에 전개되는 대화에도 관심을 기울일 것이다. 여기서 바울 자신을 위해 주목해야 할 점이 있다. 그의 율법 이해는 (예컨대 죄와 속죄, 율법과 복음, 행위와 신앙 또는 죄와 은혜에 관한) 객관적·이론적인 가르침에서 시작된 것이 아니며, 율법을 지키려던 중에 경험한 개인적인 양심의 고통에 대한 자서전적·심리학적 성찰에서 시작된 것도 아니다. 오히려 그것은 자신의 그리스도 체험과 이방인의 사도로 부름을 받은 사건에서 시작되었다.

따라서 논쟁적인 질문은 다음과 같다. 바울은 **유대교의 율법이 계속 유효하다**고 주장했는가? 율법은 여전히 유효한가 아니면 폐기되었는가? 구체적으로 말한다면,

— 바울의 말대로 율법에 열성적이었던 유대인들이 율법을 실제로 왜곡했는가?

— 그리스도를 따랐던 유대인들이 유대교의 율법을 실제로 따를 필요를 느끼지 않았는가? 다시 말하면, 이방인-기독교와 나란히 유대인-기독교가 존재할 수 있는 정당한 가능성은 존재하지 않았는가?

— 유대교가 올바르지 못한 것은 예수를 메시아로 인정하지 않을 뿐만 아니라, 율법을 여전히 준수하고 있기 때문인가?

5. 토라는 계속 유효하다

만약 우리가 전통적인 구조, 곧 기독교적인 구조('율법과 복음')나 유대교적인 구조('율법의 폐기')를 가급적 무시하면서 율법에 관한 바울의 수많은

본문을 읽는다면, **첫째**, 다음과 같은 점은 부인될 수 없다. 바울에게 자명한 전제는 이렇다. '율법'이 **토라**를 의미하는 한, 율법은 언제나 **하나님의 율법**, 곧 하나님 뜻의 표현을 의미한다. 바울은 다음과 같이 분명히 강조한다. "율법은 거룩하고 계명도 거룩하고 의롭고 선하다."[28] 율법은 사람을 "생명에 이르게 한다."[29] 율법은 "지식과 진리의 모본"[30]이고 "신령하다."[31] "율법을 세우는 것"[32]은 이스라엘의 특권에 속한다. 여기서 '율법'은 분명히 사람이 순종해야 할 하나님의 요구로, 모세 오경인 토라를 가리킨다.[33]

둘째, 자주 간과된 점이 있다. 비록 **이방인들**은 기록된 율법을 지니고 있지 않지만 그들도 하나님의 요구에 종속된다. 왜냐하면 토라의 윤리적 요구, 특히 십계명을 이방인들도 알아들을 수 있기 때문이다.[34] 그들에게는 율법이 요구하는 행위가 마음 안에 기록되어 있고, 그것은 양심으로 증언되고 있다.[35] 따라서 이방인과 유대인은 차별하시지 않는[36] 한 분 하나님에게 그들의 행위에 따라 심판을 받는다.[37] 왜냐하면—신앙인의 실패가 언제나 가능하고, 값싼 은혜가 없듯이—"하나님 앞에서는 율법을 듣는 자가 의인이 아니요 오직 율법을 행하는 자라야 (최후 심판에서!) 의롭다 하심을 얻기"[38] 때문이다.

셋째, 이로부터 결론이 나온다. 바울에 따르면 하나님의 거룩한 율법, 곧 모세의 토라는 그리스도 사건 이후에도 결코 폐기된 것이 아니라, "믿음의 법"[39]으로 여전히 유효하다. 바울의 분명한 표현에 따르면 그것은 "**제거되는 것**"**이 아니라** ("전혀 그렇지 않다!") 믿음을 통해 "올바로 유지되고", "**굳게 세워진다.**"[40] 하나님의 백성을 위해 열정적으로 변호했던 유대인 바울이 하나님의 거룩한 율법을 거부할 수 있었단 말인가? 아니다. 그 어디서도 바울은 모세의 율법인 토라와 기독교인이 이제 새롭게 세우고 성취해야 할 율법을 원칙적으로 구분하지 않았다. 그 어디서도 바울은 유대인에게 토라를 더는 지키지 말 것을 요구하지 않았다. 바울은 자신이 자랑스럽게 생각했던 자신의 유대인 신분을 결코 포기하지 않았다. 유대인-기독교인과 이방인-기독교인에게 그는 "하나님의 계명을 지킬 것"을 권고했다.[41]

넷째, 그러나 생각해야 할 것이 있다. 바울에 따르면 예수의 죽음 이후에는 토라가 **두 얼굴**, 곧 **이중적 기능**을 지니게 되었다는 점은 간과될 수 없다. 물론 토라 자체는 변하지 않았다. 그렇지만 사람들이 토라와 어떤 관계를 맺는지에 따라서 토라는 다른 결과를 낳는다.[42]

— 부정적으로 보면, 토라는 인간의 욕망을 자극해서 범죄에 이르게 할 수 있다. "율법으로 말미암지 않고는 내가 죄를 알지 못했으니 곧 율법이 '탐내지 말라' 하지 아니하였더라면 내가 탐심을 알지 못했으리라."[43] 따라서 율법은 인간이 죄인임을 폭로한다.[44] 율법은 인간을 죄 아래 가두어두고, 그래서 죄를 인식하게 한다.[45] 그런 점에서 율법은 심판과 죽음에 이르게 하고, **유죄를 선고하며**, 범죄하고 구원을 잃은 인간의 입을 다물게 하는 **대적자**다.

— 긍정적으로 보면, 이와 동시에 토라는 인간이 하나님 자신을 통해 의롭게 될 필요가 있다는 사실을 보여준다. 물론 율법의 행함을 통해서가 아니라(다시 말하면 인간을 항상 다시 좌절시키는 수많은 도덕과 의례적 계명을 성취함으로써가 아니라), 오직 하나님을 신뢰하는 신앙을 통해서만 그런 일은 가능하다. 자신의 고향을 버리고 자신의 아들까지 희생시키려고 할 정도로 위대한 신앙을 지닌 아브라함은 율법의 규정 없이 이 모든 것을 행했다. 그는 신앙의 모범이고, 신앙으로 하나님 앞에서 의롭게 되는 자의 모범이다.[46] 이처럼 율법은 기독교인에게도 기능을 한다. 율법은 그리스도를 믿는 모든 자에게 하나님 앞에서 참된 의로움을 가져오는 그리스도의 증인이다. 바울에 따르면 이미 "율법과 선지자들에게 증언을 받은 것이다."[47] 이런 점에서 율법은 '생명'으로 인도하며, 믿는 자들의 **증인**이자 **동지**다.

이로부터 다음과 같은 점을 이해할 수 있다. **다섯째**, 바울에 따르면 **예수 그리스도**는 토라를 대체하는 것이 아니라, 토라를 해명해준다. 그리스도는—'텔로스télos'[48]라는 단어가 종종 그렇게 번역되듯이—구원의 길로서 토라의 '마지막'이 아니라, 일차적으로 토라의 **'목표'**와 **'완성'**이다. 물론 그리스도는 십자가에서 저주를 짊어졌다. 그러나 그는 바로 그렇게 함으로써 율법의 심판을 완성했다.[49] 그렇기 때문에 바울은 심지어, 단지 장난삼아서 과장하는 것이 아니라 참으로 솔직하게[50] "믿음의 법"[51]을, 그리고 "생명의 성령의 법"[52]을 말할 수 있었다. 다시 말하면 그리스도에 대한 새로운 믿음과 그리스도의 영을 통해 모세의 토라는 신앙과 성령의 토라로 변한다. 믿음으로 살아가는 기독교인도 유대교인처럼 "계명을 지킬" 수 있고, 또 지켜야 한다![53] 따라서 "믿음으로 산다는 것"은 그리스도의 영의 능력 안에서 "율법을 성취한다는 것"을 의미한다.

이로부터 다음과 같은 점도 이해할 수 있다. **여섯째**, 바울이 반박하는 것은 율법 그 자체, 곧 모세의 토라가 아니라 율법의 **행위**, 곧 율법을 통한 **의로움**이다. 그의 구호는 (마치 믿음이 자의적이고 임의적이며, 실천적인 결과를 낳지 않는 듯이) "율법이 없이" 믿음으로 의로워진다는 것이 아니라, "율법의 행위가 없이" 믿음으로 의로워진다는 것이다. 바울에게서 서로 대립하는 것은 믿음과 율법이 아니라 믿음과 행위다. 항상 동일한 것은 다음과 같다. 인간은 그가 행하는 것으로는 하나님 앞에서 의롭게 되지 못한다. 하나님이 친히 인간을 의롭게 하시며, 인간에게는 오직 믿음, 곧 무조건적인 신뢰만을 기대하신다. 왜냐하면 유대인도 이방인처럼 "율법의 행위로는 그의 앞에 의롭다 하심을 얻을 육체가 없"기[54] 때문이다. 만약 우리가 하나님 앞에서 율법을 통해 스스로 의롭게 되려고 노력한다면, 그것은 "죽게 하는 직분"이며, "정죄의 직분"일 것이다.[55] 왜냐하면 "율법 조문은 죽이는 것"이기 때문이다.[56]

일곱째, 그렇다면 예수 그리스도에 대한 믿음에 근거하여 우리는 "그리스도께서 우리를 자유롭게 하려고 **자유**를 주셨다"[57]는 말이 무슨 뜻인지를 이해할 수 있다. 자유란 단순히 토라와 그 윤리적 요구에서 벗어나는 것이 아니라 율법의 행위에서 벗어나는 것이다. 자유란 "너희가 부르심을 입은"[58] 자유를 뜻하며, "그리스도 예수 안에서 우리가 가진"[59] 자유를 뜻한다. 그런 점에서 이제 그리스도를 믿는 자는 "더는 법 아래 있지 아니하고 은혜 아래"[60] 있다.

그러나 '율법의 행위'가 의미하는 것은 무엇인가? 바울이 열정적으로 선포하는 이 자유가 실천적으로 의미하는 것은 무엇인가? 유대인과 이방인으로 구성된 새로운 기독교인 공동체는 어떻게 행동해야 하는가?

6. 할라카에서 자유롭다

이로써 분명해졌다. 만약 우리가 바울의 율법 이해를 설득력 있고 논리정연하게 해석하려면, 바울의 그리스도 체험과 그가 이방인의 사도로 부름을 받은 사건에서 출발해야 할 것이다. 왜냐하면 랍비들이 토라를 결정적으로 **할라카**(토라에서 율법에 해당하는 부분과 그 전통)로 해석한다면, 바울은 이제 토라를 그가 받은 **그리스도의 계시**로 해석하기 때문이다.[61] 이제 유대인 바울에게 이 그리스도의 계시는 이방인과 유대인에게도 토라의 기능을 새롭게 규정하는 새로운 **내용적 시금석**이다. 이스라엘의 신앙에서 출애굽 경험이 항상 근본적이었듯이, 이제 바울에게 근본적인 것은—비록 바울의 유대인 적대자들이 함께 경험하기는 어렵겠지만—새로운 부활의 체험과 (이와 연결된) 영의 체험, 그리고 거기서 비롯된 **그리스도 신앙**이다. 그러나 그리스도 신앙은 분명히 언약을 지키는 신실함 그 이상이다. 그것은 철저히 새로운 방향 설정과 헌신을 의미한다.

이로부터 토라에 제기되는 질문은 무엇인가? 대답은 우리가 이미 들어왔듯이 오직 다음과 같을 수밖에 없다. 만약 히브리어의 핵심 단어 토라(가르침)와 할라카(율법)를 위해 그리스어로 오직 한 단어('노모스*nomos*')만을 사용했던 바울이—우리에게는 이중적으로—'율법'에서 벗어나는 자유를 말했다면, 그가 **원칙적으로 토라를 거부하려고** 그렇게 말한 것은 아니다. 아브라함의 실례로 볼 수 있듯이 토라는 믿음으로 의롭게 되는 길을 가르치며, 토라의 윤리적 계명은 이방인에게도 유효하다. 그러나 바울은 실제로(이 후기의 용어를 사용하지 않았지만) **할라카를 거부한다**. 왜냐하면 할라카는 일반적인 윤리적 요구를 제기하기보다는 **'율법의 행위'**를 요구하기 때문이다. 다시 말하면 할라카는 문맥에서 볼 때 이방인에게 부과해서는 안 될 **유대교의 의례적 율법**(할례와 정결 규정, 식사 규정, 안식일 규정, 축일 규정)의 **실천**을 요구한다.[62]

다시 말하면 일반적으로 하나님의 가르침이나 명령을 의미하는 토라가 그 근본 의미를 상실한 것은 아니다. 근본 의미를 상실한 것은 윤리적인 의미를 지니는 토라가 아니라, 좁은 의미를 지니는 토라, 곧 의례적인 의미를 지니는 할라카다. 이러한 의례-할라카를 바울은 이방인-기독교인들에게는 부정하고 유대인-기독교인들에게는 상대화한다. 왜냐하면 할라카를 이제 살리는 영에 따라서 이해해야 하며 죽이는 문자에 따라서 이해해서는 안 되기 때문이다.[63]

그렇다면 이제 기독교인의 실천적인 삶에서 이것이 의미하는 것은 무엇인가? 이것은 이방인-기독교인과 유대인-기독교인에게 서로 다른 의미를 지닌다.

— 바울은 **이방인 출신** 기독교인들에게 단지 자신이 자명하게 지켰던 **토라의 윤리적 계명**만을 부과했으며(바울은 이것을 어원적으로 구분하지 않았고 이론적으로 발전시키지도 않았다), 할라카 안에서 유대인의 모든 삶에

매우 폭넓게 전개되어 있던 제의적·의례적 계명, 곧 **유대인의 생활 방식**은 부과하지 않았다.

— **유대인 출신** 기독교인들은 할라카를 지킬 수는 있지만, 무조건 그래야 하는 것은 아니다. 왜냐하면 구원의 결정적인 조건은 이제부터 '율법의 행위'가 아니라 예수 그리스도에 대한 믿음이기 때문이다. '율법의 행위' 자체는 문자를 따라서가 아니라 영을 따라서 이해되어야 한다. 바울은 이것을 **성령 안에서 살아가는 삶**이라고 부른다.[64]

이것은 **할라카의 의례적 계명**을 위해 구체적으로 어떤 의미가 있는가? 조직적으로 쓴 것이 아니라 특정한 상황과 질문에 맞춰 쓴 바울의 편지에서 우리는 다음과 같은 그의 대답을 들을 수 있다.

— 유대인-기독교인들에게는 **할례**가 의미가 있지만 그것이 구원의 조건이 되지는 못한다. 이미 아브라함에게 가장 중요했던 것은 할례가 아니라 신뢰하는 믿음이었다.[65] 그렇기에 한때 이방인이었던 기독교인들에게는 육체의 할례가 필요하지 않다. 육체의 할례는 '영적인' 할례인 신앙으로 대체되었다.[66]

— 유대인-기독교인들은 **축일**, 특히 안식일을 계속 지킬 수 있다. 그러나 이방인-기독교인들이 유대교의 축일을 지켜야 할 의무는 없다.[67]

— **음식 계명**의 준수는 선택의 자유에 맡겨져 있다. 유대인 출신 기독교인들은 자신의 지역에서 이를 널리 지킬 것이다. 그러나 이방인 출신 기독교인들에게 이것을 부과해서는 안 된다. 그러나 어떤 경우에든 이로 인해 공동체가 분열해서는 안 된다.[68] 식탁 교제 질문, 곧 함께 먹어야 하는지 말아야 하는지에 대한 질문은 어디서나 그렇듯이 사회생활에서 매우 실천적이고 상징적인 의미를 지니고 있다. 기독교인들에게 이것은 예수를 기억하면서 함께 기념했던 만찬에 관한 질문이다. 그렇기 때문에 "유대인에게는 유대인이, 헬라인에게는 헬라인"[69]이 되려고 했던 바울은 유대인-기독교인

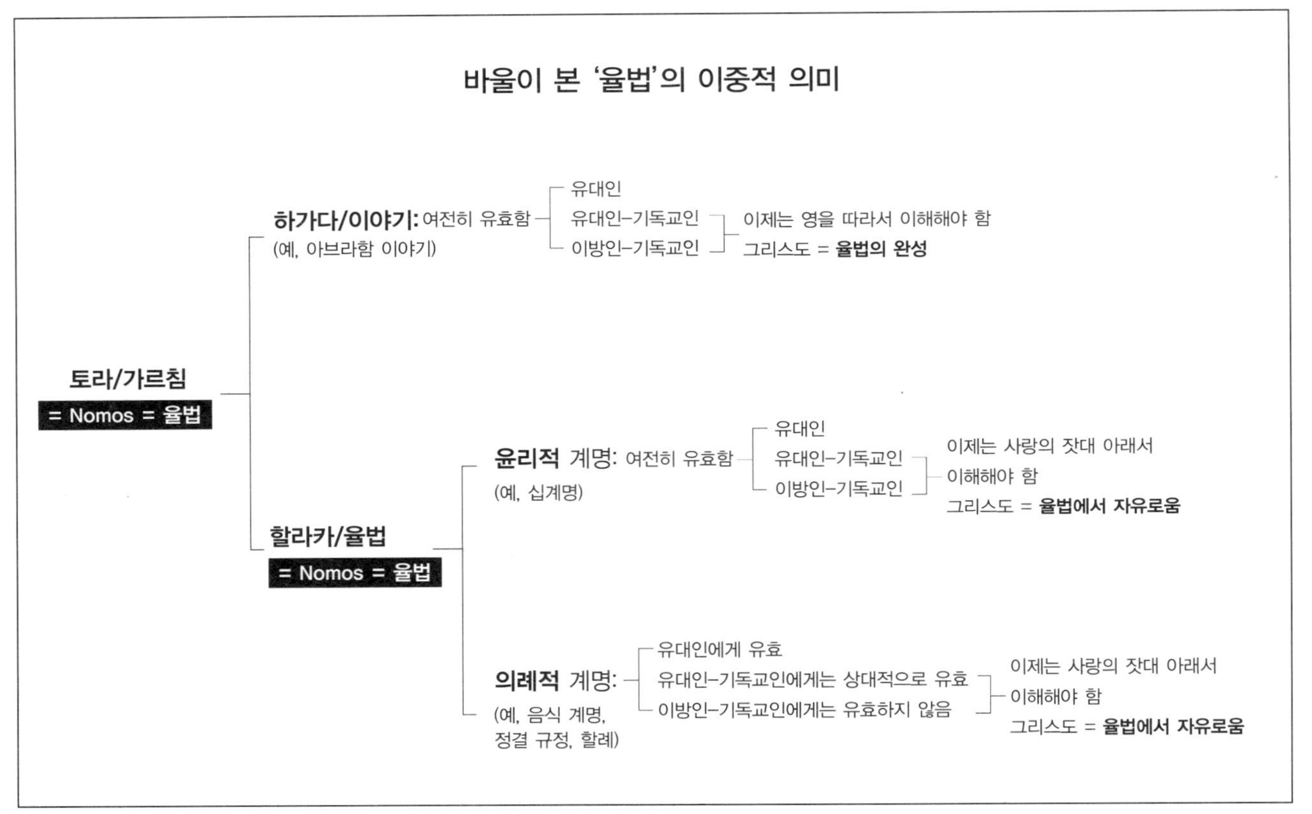
바울이 본 '율법'의 이중적 의미
토라/가르침
= Nomos = 율법
하가다/이야기: 여전히 유효함
(예, 아브라함 이야기)
유대인
유대인-기독교인
이방인-기독교인
이제는 영을 따라서 이해해야 함
그리스도 = 율법의 완성
할라카/율법
= Nomos = 율법
윤리적 계명: 여전히 유효함
(예, 십계명)
유대인
유대인-기독교인
이방인-기독교인
이제는 사랑의 잣대 아래서
이해해야 함
그리스도 = 율법에서 자유로움
의례적 계명:
(예, 음식 계명,
정결 규정, 할례)
유대인에게 유효
유대인-기독교인에게는 상대적으로 유효
이방인-기독교인에게는 유효하지 않음
이제는 사랑의 잣대 아래서
이해해야 함
그리스도 = 율법에서 자유로움

들과 함께 식사할 경우에는 음식 규정을 지켰지만, 이방인-기독교인들과 함께 식사할 경우에는 지키지 않았다.

그렇지만 이방인 선교를 담당한 바울과 유대인 선교를 담당한 베드로 사이에서 (예루살렘 사도회의에서 결정되었듯이) 바로 이 마지막 관점에 관한 매우 유명한 **논쟁**이 **안디옥 교회**에서 일어났다.[70]

— 이방인 선교에 개방적이었던 **베드로**는 바울처럼 안디옥에서 이방인-기독교인들과 함께 식탁 교제를 나눴다. 그러나 예루살렘에서 온, 율법에 충실한 야고보의 추종자들과 마주치자 그는 이를 포기하고 이제 정결한 음식을 요구했다. 유대인-기독교인으로 머물러 있기를 원했던 사람들은 '순수한' 유대인-기독교인들과 '부정한' 이방인-기독교인들 사이에서 식탁 교제가 불가능하고, 그래서 성만찬 교제도 불가능하다고 일관되게 생각했다. 그러나 그들은 예수의 율법 비판과 그의 죽음의 결과로 일어난 율법의 상대화를 충분히 진지하게 고려했는가?

— 바로 여기서 (그리고 이에 관해 말하는 갈라디아서에서는 의도하지는 않았지만 그런 경향을 지닌 설명에서) 이방인-기독교인의 자유를 열정적으로 변호했던 **바울**이 "베드로를 얼굴을 맞대고 비난했다!"[71] 그의 관점에서는 다음과 같은 점도 이해가 된다. 그는 식탁 교제와 성만찬 교제를 거부한 베드로를 심하게 비난할 수밖에 없었다. 왜냐하면 베드로의 그런 행위는 예수 그리스도의 공동체 안에서 실현된—바울이 보기에는 매우 중요한—유대인과 이방인의 화해를 파괴할 수도 있었기 때문이다. 비록 그가 자신이 유대인이라는 사실을 결코 부인한 적이 없고, 유대인-기독교인들에게 할라카를 따르는 삶을 금지하기보다는 고유한 영역을 위해 찬성했지만, 유대인의 방식을 따르는 이러한 삶이 이방인-기독교인들과 분리되어서는 안 된다. 유대인과 이방인으로 구성된 공동체의 일치를 위해 바울은 유대인-기독교

인들이 모세의 토라를 거부할 것이 아니라, 이 경우에는 (일반적인 것은 아니지만!) 의례 규정에 따라 식탁 교제를 금지하는 할라카를 거부하기를 기대했다. 할라카는 문자에 따라 해석될 것이 아니라 영에 따라 해석되어야 한다. 왜냐하면 그리스도가 주신 자유는 바로 이런 목적으로 주어진 자유이기 때문이다.[72] 유대인-기독교인들의 근본도 그리스도에 대한 믿음이어야 한다.

여기서 간과할 수 없는 점은 율법을 비판하는 **바울의 태도가 율법을 비판한 예수의 태도를 반영하고** 있다는 사실이다. 예수도 바울처럼 어떤 경우에는 "하나님의 계명"을 인정했지만, 할라카, 곧 "인간의 전통"이나 "조상들의 전통"[73]을 적용하는 것은 거부했고, 제의적·의례적 정결(손 씻음)보다는 마음의 분명한 윤리적 정결을 요구했다.[74] 그러나 자주 주장되었듯이, 바울의 이러한 결정과 함께 디아스포라 교회의 유대인-기독교인들에게 운명의 주사위가 실제로 이미 던져진 것이며, 그래서 유대인-기독교인의 교회와 이방인-기독교인의 교회가 성급히 갈라지도록 미리 계획되었던 것은 아닌가? 이것은 비극으로 끝나는 불가피한 충돌이었는가? 그렇지만 이제는 예수의 정신 안에서 서로 소통하는 것이 가능해졌고, 소통은 반드시 필요한 것이 아니었는가?

그러나 바울과 이방인-기독교인들이 이렇게 그럴 듯한 이유로 율법에서, 다시 말하면 할라카에서 자유롭기를 요구했을 때, 예나 지금이나 많은 유대인들과 유대인-기독교인들은 거꾸로 질문하게 된다. 바울이 말한 이런 자유는 방종으로, 쾌락과 방탕으로 인도하지 않는가?

7. 율법의 완성, 사랑

이런 위험성을 예견한 바울은 다음과 같이 분명히 말한다. **할라카, 곧 율법에서 자유로움**은 길들여지지 않은 주관적인 방종을 의미하는 것이 아니다. 율법에서 자유로움을 "육체의 기회로 삼아서는 안 된다."[75] 왜냐하면 율법에서 자유롭게 된 이방인-기독교인들에게 물론 할라카의 제의적 · 의례적 계명은 유효하지 않지만—결정적으로 새로운 기본태도 안에서—토라의 윤리적 요구는 여전히 유효하기 때문이다. 어떤 경우에든 "하나님의 선하시고 기뻐하시고 온전하신 뜻이 무엇인지를 분별"[76]해야 한다.

예수 그리스도를 믿는 자는 세속적인 세상에서 하나님의 뜻을 성취할 권리와 의무가 있다. 그는 세상의 물질을 송두리째 포기할 필요는 없다. 단지 그는 자기 자신을 물질에 내맡겨서는 안 된다. 믿는 자들은 오직 하나님에게만 자신을 내던져야 하고, 자신을 바쳐야 한다. 다시 말하면 그는 세상을 떠날 필요가 없고, 세상에 빠져버려서도 안 된다. 이 세상의 사물에 외적이고 공간적 거리를 유지할 것이 아니라, 내적이고 인격적 거리를 유지해야 한다.

율법에서 자유로워진 자들에게 바울은 다음과 같은 위대한 말을 던진다. "모든 것이 내게 가하다."[77] 그렇지만 그와 동시에 "내가 무엇에든지 얽매이지 아니하리라."[78] 세상에는 "스스로 속된 것이 없다."[79] 그러나 나는 세상에서 그 어떤 것 때문에 나의 자유를 잃을 수 있고, 우상의 지배를 받을 수 있다. 물론 여전히 "모든 것이 내게 가하다." 그러나 다른 말도 맞다. "다 유익한 것은 아니니다."[80]

마지막으로 동시에 주목해야 할 것이 있다. 내게 허락되었고 유익한 것도 이웃에게는 해가 될 수도 있다. 그렇다면 어떻게 해야 하는가? 물론 여전히 "모든 것이 가하다." 그러나 그와 동시에 "모든 것이 덕을 세우는 것은 아니다." 그렇기 때문에 "누구든지 자기의 유익을 구하지 말고 남의 유익을 구하라!"[81] 따라서 그리스도를 따르는 인간의 자유는 언제나 다시 포기의 자유가 되며, 특히 지배에 대한 포기가 된다. "내가 모든 사람에게 자유로우나 스스로 모든 사람의 종이 되었다."[82] 여기서 믿는 자들의 자유가 부인되는 것이 아니라 도리어 최대한 요구되고 있다.

실제 생활에서 이것은 다음과 같은 것을 의미한다. 진정한 자유는 무분별한 것이 아니다. "너희의 자유가 약한 자들에게 걸려 넘어지게 하는 것이 되지 않도록 조심하라."[83] 한 사람이 다른 사람을 섬겨야 하지만 그렇다고 자신의 자유를 포기해서는 안 된다.[84] "사람들의 종이 되지 말라."[85] 최종적으로 믿는 자들은 다른 사람들의 의견과 판단, 전통과 가치기준에 얽매이지 않는다. "어찌하여 내 자유가 다른 사람의 양심에 말미암아 판단을 받아야 하는가?"[86] 선과 악을 판단할 수 있는 내 자신의 양심이 나를 묶는다.[87]

여기서 자율과 의무, 힘과 포기, 자립과 섬김, 지배와 예속이 역설적으로 결합된다. 기독교인의 이러한 자유가 비기독교인에게는 하나의 수수께끼처럼 비칠 수도 있다. 그러나 기독교인에게 이러한 수수께끼는 **이러한 자유의 핵심**, 곧 **사랑**을 통해 해결된다. 사랑은 성령의 첫 번째 열매다. 신앙이 활동하는 사랑 안에서[88] 할례자와 비할례자의 구분은 사라졌고, 주인은 종이 되고 종은 주인이 되며, 자율은 의무가 되고 의무는 자율이 된다.[89] 이런 정신 안에서 식탁 교제의 문제를 해결할 수 있었고, 유대인-기독교인의 교회와 이방인-기독교인의 교회의 분열도 방지할 수 있지 않았겠는가?

바울에 따르면 다른 사람을 위한 개방성, 다른 사람을 위해 존재함, 자기를 잃은 사랑은 자유의 최상적 실현이다. "형제들아 너희가 자유를 위하여 부름을 입었으나 그러나 그 자유로 육체의 기회로 삼지 말고 오직 사랑으로 서로 종 노릇 하라! 온 율법은 '네 이웃 사랑하기를 네 자신 같이 하라' 하신

이 한 **말씀**에서 이루어졌다."[90] 하나님 자신이 율법을 통해 무엇을 요구하시든, 그것은 사랑을 목표로 삼는다. **사랑**은 인간의 상호성을 통해 **토라를 완성한다.** "피차 사랑의 빚 외에는 아무에게든지 아무 빚도 지지 말라 남을 사랑하는 자는 율법을 다 이루었느니라. '간음하지 말라, 살인하지 말라, 도둑질하지 말라, 탐내지 말라' 한 것과 그 외에 다른 계명이 있을지라도 '네 이웃을 네 자신과 같이 사랑하라' 하신 그 말씀 가운데 다 들어 있다. 사랑은 이웃에게 악을 행하지 아니하나니 그러므로 사랑은 율법의 완성이니라."[91] 따라서 '그리스도의 율법'은 사랑의 자유와 다르지 않다. "너희가 짐을 서로 지라 그리하여 그리스도의 법을 성취하리라."[92] 하나님에게 매여 있고, 바로 그처럼 이웃에게 매여 있는 자는 진정한 자유를 위해 자유롭게 되었다.

IV. 하나님 백성의 미래

그렇지만 여기서 중요한 것은 단지 개인만이 아니다. 중요한 것은 백성이다. 그리고 다음과 같은 질문은 여전히 열려 있다. 이제 바울의 말대로 이스라엘, 즉 그의 백성은 어떤 처지에 놓여 있는가? 우리는 이 질문에 지적으로 엄격하고 정직한 태도를 취하되 거짓된 조화를 만들어내서는 안 된다. 이제 우리는 초기 기독교가 이스라엘 민족과 맺었던 관계를 보여주는 대표적인 구절인 로마서 9-11장을 살펴보려고 한다. 이 부분은 바울 신학의 부록이 아니라 본질이다.

1. 여전히 유효한 약속

신약성서 전체에서 예수를 그리스도로 고백하는 유대인 바울처럼 하나님 백성의 운명을 집중적이고 건설적으로 논쟁한 사람은 결코 없다. 율법-복음의 모델도, 우화적이고 유형론적인 모델도, 그리고 약속-성취의 모델도 바울 사상의 풍요로움을 완전히 담아내지는 못한다.

질문은 다음과 같다. 예수의 죽음과 부활 이후에 이스라엘은 하나님의 백성으로 자신의 특별한 위치를 잃어버리고 말았는가? 바울은 실제로 그의 유언이 되어버린 로마 교회에 보낸 자신의 편지에서 결코 그렇지 않다고 말한다. 하나님은 이스라엘의 '불성실함'에도 자신의 신실하심을 거두지 않으신다.[1] 기독교인들은—바로 여기서 바울은 유대인이 치른 대가를 바라보는 기독교인들의 '자만'에 대해 경고한다—다음과 같은 사실을 결코 잊어서는 안 된다. 하나님의 백성 이스라엘의 선택은 여전히 유효하고, 포기될 수 없으며, 철회될 수 없다. 비록 그리스도 이후에는 하나님의 약속의 유효성을 다른 빛 아래에서 보아야 하지만 하나님은 자신의 약속을 바꾸지 않으셨다. 유대인들은 **여전히 하나님에게 선택된 백성, 곧 그가 사랑하시는 자들이다.**[2] 왜냐하면 바울에 따르면 동일한 혈통에서 나온 그의 "형제들"인[3] 유대인들은 예나 지금이나 다음과 같은 것을 소유하고 있기 때문이다.

— '자녀 신분': 이미 이집트에서 이스라엘 민족은 하나님의 '맏아들'로 임명되었음.

— '영광': 자신의 백성 곁에 머무시는 하나님의 임재(셰키나Shekinah)의 영광.

— '언약 체결': 항상 위협받고 갱신되는, 자신의 백성과 맺으신 하나님의 언약.

— '율법 수여': 하나님이 자신의 백성에게 언약의 표시로 주신 삶의 선한 질서.

— '예배': 제사장과 같은 백성의 진정한 하나님 예배.

— '약속들': 하나님의 은혜와 구원에 관한 영속적인 약속들.

— '조상들': 하나의 진정한 신앙 공동체에 속했던 과거의 조상들.

— '메시아': 이스라엘의 육체와 혈통에서 태어났고, 우선은 이방인이 아니라 이스라엘 민족에게 속해 있는 예수 그리스도.[4]

기독교인들은 이런 것들을 망각해도 좋은가? 비록 유대인들이 예수가 메시아라는 사실을 거부하더라도 이 모든 것은 유대인에게 그대로 남아 있다. 물론 바울은 이런 거부를 "큰 근심"과 "그치지 않는 고통"으로 메웠다.[5] 바울은 기독교를 유대교에서 떼어놓은 사람이 아니다(이런 일은 그가 죽고 두 번째 성전이 파괴된 이후에 일어났다). 바울은 유대인으로서 자신의 바리새인 신분을 포기했지만, **기독교인으로서 자신의 유대교를 결코 포기하지 않았다.** 사람들이 그에 관해 뭐라고 말하든, 항상 공격과 오해와 폄하를 받았던 그는 자신을 율법을 범한 자, 배교한 자, 거짓 교사로 여기지 않았다. 유대인으로서 기독교인이자 사도였던 그는 단지 새롭고 더 자유롭고 더 포괄적인 정신으로, 다시 말하면 이미 과거에도 늘 다시 새롭고 예기치 않게 활동하시던 하나님의 빛 안에서 자신의 유대교를 완성했을 따름이다(그래서 그는 자신의 배후에 토라가 있다고 생각했다).

바울의 예언자적인 그리스도 경험 안에서 실증되었듯이, 그렇기 때문에 바울이 자신의 메시지로 선포했듯이, 이제 나사렛 예수 안에서 결정적으로 새로운 방식으로 자신의 백성에게 활동하셨던 이 하나님, 곧 예수 그리스도의 하나님은 아브라함의 하나님, 이삭의 하나님, 야곱의 하나님과 결코 다른 분이 아니다. 이 하나님의 오래되고 새로운 메시지가 먼저 이스라엘에 전달되었다. 기독교인들의 공동체는 아브라함 안에서 선택된 이스라엘 백성 안으로 단지 접붙였을 따름이다. 이스라엘을 위한 하나의 나뉘지 않은 계획은 신약성서 안에서도 계속 이어진다. **두 개의 모순되는 하나님의 계획**, 곧 토라는 유대인을 위해 주어져야 하고 복음은 기독교인을 위해 주어져야 한다는 계획은 **없다**. 왜냐하면 바울이 그리스도의 계시에서 알게 되었듯이, 토라는 그리스도를 지시하고 그리스도는 토라를 완성하기 때문이다.

그러나 이런 근거로 교회가 **'유대인 선교'**를 수행할 수는 없다. 바울도 이를 요구하지 않았다. 그 이유는 무엇인가? 복음의 일, 하나님의 일이 유대인에게 생소한 것으로 전달되어서는 안 되기 때문이다. 유대인이 지금까지 예컨대 이방인처럼 완전히 잘못 믿었다는 말인가? 그들은 이미 교회가 있기 이전부터 참된 한 분 하나님을 믿지 않았는가? 그들은 교회 이전에—그리고 교회를 통하지 않고서도—이미 참된 한 분 하나님의 메시지를 전해 듣지 않았던가? 참으로 유대인은 말씀을 처음으로 들었던 자이고, 어린 교회는 유대교에서 태어났다.

그러나 유대인의 대다수가 예수 그리스도의 복음을 거부하지 않았던가?

바울에 따르면 이 사실도 역시 부인해서는 안 된다. 대부분의 유대인이 **복음을 거부했다.** 바울은 로마서에서 유대인이 아니라 기독교인들의 공동체에게 말한다. 그리고 이런 상황을 진지하게 받아들인 바울은 (완전히 예언자들의 어법으로) 이스라엘의 '혼미'와 '완고', '완악'과 '무감각', '버려짐'에 관해 말하기를 주저하지 않는다. 우리는 자신의 백성을 향한 바울의 집요한 아픔으로 이를 이해해야 한다! 그러나 백성이 실패했다고 "하나님의 말씀이 폐하여진 것은 아니다."[6]

물론 바울에 따르면 이 사실이 유대인에게 복음을 항상 다시 증언하고 선포하지 않아도 된다는 핑계거리가 되지는 않는다. 그러므로 다음과 같은 사실은 오늘날에도 타당하다. 자신의 유대인 형제들과 자매들에게도 그 누구보다 더 열심히 그리스도를 전파했던 바울 신학이 이스라엘과 세상의 메시아인 예수의 해방적인 메시지를 약화하거나 심지어는 소홀히 여기는 구실이 될 수는 없다. 기독교인이 개인적으로 유대인에게 **그리스도를 증언하는 것**은 힘 있는 교회가 조직적이고 체계적으로 유대인에게 선교하는 것과는 다르다.

물론 오늘날에는 유대교도 이런 개인적인 증언을 허용해야 할 것이다. 영국의 유대인 기자 엠마 클라인Emma Klein이 "유대교인과 기독교인이 공통적으로 지닌 오해, 곧 유대교는 선교하는 종교가 아니라는 오해"를 최근에 자주 반박한 것은 옳은 일이었다. 물론 이 모든 것은 우리가 '선교'를 어떻게 이해하는가에 달려 있다. 그리고 선교를 원시적인 의미로, 예컨대 소책자를 나눠주거나 짜증스럽게 집을 방문하거나 선동적인 텔레비전 설교의 형태로 이해해서는 안 될 것이다. 올바르게 이해하자면, 선교란 사람들이 자유롭게 받아들일 수 있는 메시지와 비전의 선포라고 할 수 있다. 이런 일은 이미 고대에서 일어났다. 그 당시에 유대교는 자신의 유일신론과 윤리, 의례와 공동체 정신 때문에 수많은 사람에게 매력적으로 여겨졌고, 기독교 시대에 이르기까지 유대교로 개종하는 사람들이 있었다. 이런 일은 중세 초기에도 일어났고 오늘날에도 또다시 일어날 수 있다.[7] 기독교 신학자들조차 이런 사실을 반박할 수 없을 것이다. 만약 기독교인으로 자신의 신앙을 고백하지도 않고 다른 사람들에게도 요구하지 않는 사람은 아마도 '다원주의자'일 것이다.

그러나 우리가 알고 있듯이 사도 바울은 모든 것이 똑같고 옳다고 여기는 현대적인 다원주의자가 전혀 아니다. 그는 예수 그리스도의 죽음과 부활을 통해 제정된 "**새 언약**"에 관해 말한다.[8] 이러한 표현은 기독교인이 만든 것이 아니라 히브리 성서의 예언자 전승을 환기시킨다. 예언자 예레미야는 하나님이 "이스라엘 가문과 유다 가문과 새 언약을 세울 것"이라고 이미 말했다. 이 새 언약은 조상들의 손을 잡고 그들을 이집트 땅에서 데리고 나오던 때에 "조상들과 맺은 언약"과는 다른 것이다.[9] 그리스도를 통해 가능하게 된 '새 언약'에 관한 이러한 언급을 진지하게 받아들여야 한다. 그렇지만 나중에 등장한 기독교인의 불행한 대체이론이 주장했듯이, 옛 언약을 단순히 쓸모가 없거나 극복된 것으로 선언할 이유는 없다. 왜냐하면 새 언약을 언급한 것이 바울 선포의 토대이기는 하지만 그것이 구원에 관한 기독교인의 교만을 정당화하지는 않기 때문이다.[10] 그와 동시에 바울은 옛 '언약의 질서'가 예나 지금이나 계속 유효하다고 생각했다. 오직 한 분 하나님과 하나의 구원 계획만이 있을 따름이다.

그렇지만 바울은—바로 오늘날의 우리처럼—대부분의 이스라엘 백성이 예수를 메시아로 인정하기를 거부했다는 사실에 직면했다. 이로 인해 이스라엘의 내부에서조차 분열이 생겨났다. 왜냐하면 오직 "거룩한 남은 자들",[11] 곧 유대인-기독교인들만이 예수를 이스라엘의 메시아로 인정했기 때문이다. 바울은 다음과 같은 사실을 분명히 알고 있었다. "이스라엘에서 난 그들이 모두 이스라엘이 아니다."[12] 쉽게 말하자면, 모세의 율법 이전에 아브라함과 조상들에게 주어진 한 분 하나님의 약속, 곧 이스라엘의 특권을 모든 이스라엘인들이 당당히 내세울 수 있는 구원의 자명한 소유물로 간주해서는 안 된다. 이미 예전의 시대에도 근본적으로 그랬듯이, 지금도 육신의 이스라엘과 약속의 이스라엘, 선택된 이스라엘과 선택되지 않은 이스라엘을 다시 매우 절박하게 구분해야 한다.[13] 우리는 이를 어떻게 이해해야 하겠는가? 바울에 따르면 여기서 순수하게 인간적인 결단의 차원은 극복된다. 여기서는 하나님의 주권적인 자유와 헤아릴 수 없는 은혜가 활동한다.[14] 하나님이 이스마엘보다 이삭을, 에서보다 야곱을 더 사랑하신 사실에서 이미 드러났듯이 이것은 인간이 측량할 수 없는 것이고, 참으로 걸림돌과 같은 것이다.

그렇다면 하나님은 자신이 선택하신 백성의 완악함을 보고서 자신의 주권적인 자유와 헤아릴 수 없는 은혜 안에서 무슨 일을 하시는가? 대답은 이렇다. 하나님은 선택되지 못한 백성, 곧 이방인을 선택된 백성으로 만드는 자유를 취하신다.[15] 그렇다. 바울은 완전히 부정적으로 이스라엘의 버림받음에 관심을 기울이기보다는 철저히 긍정적으로 이방인의 선택에 관심을 기울인다. 이스라엘의 완악함은 이방인의 선택을 통해 균형을 이루게 된다! 그렇지만 바울의 주장에 따르면 비록 하나님은 '남은 자들'은 제외하고 이스라엘을 완악하고 귀먹고 어둡게 하셨지만, 이스라엘을 궁극적으로 저주하거나 결정적으로 버리시지 않았다. 하나님은 자신의 구원 계획에서 이스라엘을 외면하시지 않았다. 하나님은—그분의 정의의 심판은 그분의 은혜의 심판이기 때문에—항상 이스라엘과 함께 그 어떤 일을 계획하신다!

양쪽에게 불확실한 이런 상황에서 교만은 완전히 헛된 것이다!

— **유대인의 교만이나 유대인-기독교인의 교만**은 헛되다. 혈통이나 그 어떤 율법 행위도, 할례도 결정적인 것이 아니다. 하나님의 백성이 될 수 있는

것은 예수 그리스도에 대한 믿음 때문이다.

— **이방인-기독교인의 교만**도 헛되다. 이방인은 하나님이 선사하신 유대인의 장점을 지니고 있지 않다. 하나님 백성이 될 수 있는 유일한 자격은 예수 그리스도를 믿는 것이다. 따라서 이방인-기독교인은 이스라엘 앞에서 교만하거나 이스라엘에게 적대감을 보일 아무런 이유도 없다. 유대인을 향한 (그리고 아마도 유대인-기독교인을 향한!) 기독교인의 모든 주장과 멸시, 모든 조롱과 교만, 모든 분노, 짧게 말하면 모든 반유대주의는 비꼬인 자기기만이다!

바울은 나무의 비유를 사용했다. 비록 어떤 가지들은 부러졌고 단지 남은 몇 개의 가지만이 믿게 된 이스라엘을 대표하지만, 그렇다고 이스라엘이 완전히 베어진 것은 아니다. 이 나무에 이방인-기독교인들이 "접붙여졌기" 때문에 그들도 이제는 이스라엘 백성과 동일한 뿌리에서 생명을 얻고 있다. 바울이 아무런 공로도 없이 하나님의 백성이 된 이방인-기독교인들에게 다음과 같이 말한 이유는 바로 여기에 있다. "또한 가지 얼마가 꺾이었는데 돌감람나무인 네가 그들 중에 접붙임이 되어 참감람나무 뿌리의 진액을 함께 받는 자 되었은즉 그 가지들을 향하여 자랑하지 말라. 자랑할지라도 네가 뿌리를 보전하는 것이 아니요 뿌리가 너를 보전하는 것이니라!"[16]

마지막 질문이 하나 남았다. 바울에 따르면 이스라엘은 앞으로 어떻게 되는가? 더 정확히 질문한다면, 이스라엘의 구원은 어떻게 되며, 모든 사람의 구원은 어떻게 되는가?

2. 이스라엘에 무슨 일이 일어날까?

바울이 예수 그리스도에 대한 믿음을 통한 구원을 강조한 후에 믿지 않는 자들은 구원받지 못한다고 분명하게 말해주기를 사람들은 기대했을 수도 있다. 그러나 자신의 선포가 이방인에게는 큰 열매를 거두었지만 유대인에게는 별로 열매를 거두지 못한 바울은 그렇게 하지 않았다. 로마서의 이 세 장章에는 기독교인이나 유대인 개인의 운명이 전혀 언급되어 있지 않다. 따라서 종교개혁자들이 개인의 '예정'에 관해 논쟁할 때에 바울의 설명을 오해한 셈이다. 바울의 관심은 백성에게 있다.

그러나 이 장들에서 바울은 이스라엘 백성이 구원에서 제외된다고 말하지 않는다. 정반대다. 예언자처럼 말하는 바울은 이 질문에서 종말의 '비밀'을 알고 있다. 마지막에는 "온 이스라엘이 구원을 받게 될 것이다."[17] 따라서 바울은 이스라엘의 완고는 한시적이고 이스라엘의 혼미는 일시적이며, 이스라엘의 실패는 궁극적이지 않다는 사실을 확신했다. 이런 일은 구원을 받은 "이방인의 수가 충만히 들어오기"까지 일어난다. 이스라엘의 부분적인 완고 때문에 하나님의 자유로운 은혜를 통해 "이방인의 충만한 수"의 구원이 뒤따르듯이, 이로부터 다시 하나님의 동일한 은혜를 통해 "온 이스라엘"의 구원, 곧 이스라엘 전체의 구원이 뒤따른다.[18]

그러나 구체적으로 "온 이스라엘"에게 어떤 일이 일어날 것인가? "온 이스라엘이 구원을 받으리라"는 말이 구체적으로 의미하는 것은 무엇인가? 구원이 정확히 어떻게 일어날 것인지 바울은 언급하지 않는다. 유대인이 구원을 얻기 전에 먼저 그리스도와 교회로 반드시 돌아올 것이라는 뜻인가? 예컨대 그리스도인들의 '집단적인 선교'를 통해 유대인이 먼저 개종한다는 뜻이고, 그리스도의 출현 이전에 '집단적인 개종'이 일어난다는 뜻인가? 결코 그렇지 않다. 오늘날 주석가들은 종파를 초월하여, 여기서 바울의 결정적인 문장을 엄격하게 종말론적·기독론적으로 해석해야 한다는 사실에서 출발한다.[19] 이 문장의 완전한 의미는 다음과 같다. "온 이스라엘이 구원을 받으리라. 기록된 바 구원자가 시온에서 오사 야곱에게 경건하지 않은 것을 돌이키게 하시겠고 내가 그들의 죄를 없이 할 때에 그들에게 이루어질 내 언약이 이것이라 함과 같으니라."[20] 이 말이 의미하는 것은 무엇인가?

바울의 기대는 바로 이것이다. "이방인의 충만한 수"가 채워질 때, 모든 이방인이 그리스도를 고백하게 될 때, 이스라엘의 믿지 않는 남은 자들에게 하나님의 새로운 창조가 일어날 것이다. 물론 이것은 시온에서 다시 오시는 그리스도를 통해 일어날 것이다. 바울은 임박한 종말론적 기대의 지평 앞에서, 그리고 가급적 많은 사람을 그리스도에게 인도하려는 열심 속에서 말하고 있다. 그러나 그는 **유대인이 개종에 앞서 해야 할 일**은 언급하지 **않으며**, 오히려 **그리스도를 통해 유대인에게 일어날 하나님의 행위**를 말하고 있다. 바로 이러한 이유로도 교회의 유대인 선교는 불필요하다. 따라서 참된 믿음을 향한 이스라엘의 '회심' 문제를 교회가 독단적으로 다루어서는 안 된다. 교회는 이 문제를 자신 있게 하나님의 은혜에 맡겨야 하며, 종말에 "시온에서 오실 구원자"로 나타날 그리스도에게 맡겨야 한다.[21]

왜냐하면 바울은 한 가지 사실을 깊이 확신하기 때문이다. 여기서 바울은 랍비들의 견해에 동의한다. 하나님의 길은 측량할 수 없다! 심지어 바울은 모든 기독교인과 유대인이 마침내 구원을 받게 될 것이라고 확신하기에 이른다(나중에 기독교는 이 문장에 대해 매우 큰 관심을 보였다). "하나님이 모든 사람을 순종하지 아니하는 가운데 가두어 두심은 모든 사람에게 긍휼을 베풀려 하심이로다."[22] 그래서 바울은 히브리 성서의 말씀을 인용하여 유대인과 기독교인에 관한 자신의 상세한 설명을 하나님의 지혜에 대한 찬양으로 끝맺는다. "깊도다 하나님의 지혜와 지식의 풍성함이여! 그의 판단은 헤아리지 못할 것이며 그의 길은 찾지 못할 것이로다. 누가 주의 마음을 알았느냐 누가 그의 모사가 되었느냐?"[23] 여기서 바울은 한 분이요 유일하신 하나님에 대한 고백으로 마지막 글을 끝낸다. 그는 이 고백을 결코 배신하기를 원하지 않았고, 항상 거듭 확인했다. "이는 만물이 주에게서 나오고 주로 말미암고 주에게로 돌아감이라. 그에게 영광이 세세에 있을지어다. 아멘."[24]

3. 이스라엘과 교회의 관계에 관한 결론

그러나 이제는 이미 거의 2천 년이 지났다. 바울과 그의 많은 동시대 유대인이 기대했던 그리스도의 재림은 이루어지지 않았다. 우리가 들어왔듯이, 유대인과 기독교인 관계의 오랜 역사는 때때로 끔찍했고, 바울이 로마서 9~11장에서 설명했던 이스라엘 관련 위대한 진술을 자주 배신했다. 이방인 교회가 많은 신자를 모았을 때, 마치 자신이 이스라엘을 대신하고 이스라엘을 무용하게 만들어버린 듯이 유대인의 희생 위에서 얼마나 자주 자신을 '자랑했으며', 얼마나 자주 자신의 탁월성을 과시했는가! 그러나 자신의 유대교를 어떤 경우에도 포기하지 않으려고 했던 유대인 바울은 이 모든 것을 원하지 않았다.

오늘날에 와서야 비로소 전환이 일어났다. 홀로코스트와 이스라엘 국가 건립 이후에, 제2차 바티칸 공의회 이후에, 세계교회협의회와 다른 많은 교회 단체의 선언 이후에 이스라엘과 교회의 공생의 새로운 시대가 시작되었다. 앞에서 설명한 내용에서 두 가지 결론을 이끌어내고 싶다.

1. 하나님의 새로운 백성인 교회가 그 어떤 형태로든 **하나님의 옛 백성을 부인하며 말하거나 행동하는 것은 불가능하게** 되었다. 바울의 관점에서 보더라도 참된 한 분 하나님을 부인하는 확실한 증거는 그분의 선택된 백성을

부인하는 것이다. 예수 그리스도와 교회의 하나님은 이스라엘의 하나님과 다른 분이 결코 아니다. 이스라엘 백성은 언제나 살아 계신 하나님의 현실성의 증인이었으며, 지난 2천 년 동안 종종 기독교보다 더 훌륭한 증인이었다. 특히 홀로코스트에서 많은 유대인들은 죽은 자들을 살리시는 하나님에 대한 희망, 곧 "모든 희망에 맞서는 희망"[25]을 보존함으로써 살아 계신 하나님의 현실성을 독특하게 증언했다. 그렇다면 이 모든 역사적 경험 이후에도 기독교와 유대교가 바울의 범주(믿음과 행위, 영과 문자, 영과 육체)들을 주저 없이 공유할 수 있겠는가?

2. 하나님의 새로운 백성인 교회가 하나님의 옛 백성과 어떤 방식으로든 이해하려는 대화에 참여하는 것이 반드시 필요하다는 사실이 입증되었다. 바울의 관점에서 보더라도 이러한 대화는 닫혀 있지 않고 열려 있다. 오늘날 우리는 2천 년의 발전을 전혀 예견할 수 없었던 바울의 견해에 단순히 머물러 있을 필요가 없다. 이스라엘과 교회의 공통 토대는 다행히 그동안 다시 드러났다. 그것은 바로 양자를 인도하시는 한 분 동일한 하나님이다. 이스라엘처럼 교회도 유랑하는 하나님의 백성이기를 원한다. 교회는 항상 다시 새롭게 노예 상태에서 탈출하고, 항상 다시 새롭게 이 시대의 광야를 지나가며, 항상 다시 새롭게 메시아 왕국에 들어가고, 항상 다시 멀어지는 목표에 이르기 위해 길을 떠난다.

이러한 공동의 유랑 속에서 예수 그리스도의 교회에게는 오직 한 가지만이 허용되었다. 교회는 단지 수동적으로만 안락하게 "관용하거나" "선교하지" 말고, "시기하게 하여야" 한다.[26] 바울에 따르면 교회는 자신이 경험한 "구원"[27]을 이스라엘이 시기하도록 만들어서 자신을 본받도록 이스라엘을 자극해야 한다. 그러나 2천 년이 지나서 구원을 독점하고 있다고 착각한 교회가 유대인들에게 주로 재앙만을 가져다주는 이유는 무엇인가? 기독교인으로서 최고로 겸손한 대답은 오직 다음과 같을 수밖에 없다. 교회의 모

든 실존은 자신이 얻은 구원을 보여주는 진정한 표지가 되어야 한다! 그런데 교회는 과연 그러한가? 교회는 자신의 모든 실존을 통해 **메시아적** 성취를 증언해야 한다! 그런데 교회는 그렇게 하고 있는가? 교회는 자신의 모든 실존을 통해 종종 하나님과 동떨어져 있는 세상에서 **드러나신** 하나님, **성취된** 말씀, **계시된** 정의, **사로잡힌** 은혜, **동터온** 하나님의 나라를 증언하기 위해 이스라엘과 열심히 경쟁해야 한다. 그러나 실제로 존재하는 교회는 참으로 복음을 믿고 회개하고, 복음을 받아들이고, 자신의 메시아와 연합하기를 촉구하는 부름이 되고 있는가? 교회냐 아니면 이스라엘이냐의 결단은 여기에—이론적인 논쟁이 아니라 실존적인 대화에, 구속력 없는 언쟁이 아니라 참여하는 경쟁에—있다! 요약하자면, 교회는 지금까지 살아온 모든 생활을 통해 **구원의 현실성**을 증언해야 한다.

오늘날 교회의 영역에서 이스라엘 백성을 대하는 새로운 자세가 존재한다는 것은 다행한 일이다. **1973년에 개최된 프랑스의 주교대회**는 〈목회 회람〉에서 "유대교를 대하는 기독교인의 자세"라는 강령을 발표했다. 이것은 로마와 제네바, 그리고 독일 주교들의 견해를 분명히 뛰어넘었기 때문에 주목을 끌었다. 프랑스의 주교들은 바울 신학, 특히 로마서를 수용하여 다음과 같이 주장했다. "이스라엘과 교회는 서로를 보완하는 두 개의 기관이 아니다. 이스라엘과 교회의 영속적인 양립兩立은 아직 성취되지 않은 하나님의 계획을 보여주는 표징이다. 따라서 유대교인과 기독교인은 서로를 바라보며 자신에게 질문을 던지는 상태에 놓여 있거나, 바울의 말처럼 일치를 지향하면서 서로를 향해 '시기하는' 상태에 놓여 있다(롬 11:13; 신 32:21 참조). 예수의 말씀과 바울의 가르침은 마침내 이루어야 할 인류의 일치인 이스라엘과 민족의 일치가 성취될 때에 유대 백성이 수행하게 될 역할을 증언하고 있다. 따라서 오늘날 유대교가 시도하는 일치 노력은 하나님의 구원 계획과 무관할 수 없다. 그리고 이런 노력은 일치를 이루려는 기독교인들의 노력과도—비록 이 두 가지 계획으로 안내하는 길은 매우 다르더라도—무관할 수 없다. 비록 유대교인과 기독교인이 서로 다른 길을 걸으며 자신들의 소명을 완수하더라도, 역사는 그들의 길이 항상 교차한다는 사실을 우리에게 보여주고 있지 않은가? 메시아의 시대가 그들의 공통된 관심 대상이 아닌가? 그렇다면 그들은 결국 상호 인정과 상호 이해의 길로 나아가기를, 그리고 그들의 오랜 적개심을 버리고 약동하는 희망 속에서 온 세상을 위한 약속이 되실 아버지를 향해 나아가길 소원해야 한다."[28]

교회는 항상 한 가지 사실에 주목해야 한다. 만약 교회가 이러한 말씀을 따르지 않는다면, **유대인이 던지는 반문에** 놀라서는 안 된다. 샬롬 벤-코린의 말을 다시 들어보자. "구약성서의 메시지가 단지 신약성서 안에서만 성취된 것이 아니라 역사 안에서—우리와 우리 조상들이 경험한 역사 안에서—성취되지 않았는지를 우리는 성서의 관점에서 질문해보아야 한다. 나의 기독교인 독자들이여, 우리는 이를 부정하는 뜻으로 머리를 흔들어야 한다. 그렇다. 여기에는 왕국도 없고, 평화와 구원도 없다. '말쿠트 샤다이 malkuth shadday' 곧 하나님의 나라가 동터올 그날은 여전히 멀거나 훨씬 가까운 미래에 있다(그 누구도 유대교인**과** 기독교인의 믿음으로 그날을 확정할 수 없다)."[29]

물론 기독교인들도 세상의 **궁극적이고 분명한 구원, 곧 하나님 나라가 아직 오지 않았다**는 사실을 확신하고 있다. 교회도 이스라엘과 함께 '아직 오지 않음'을 주장하며, 미래에 하나님 나라가 도래하기를 이스라엘과 함께 기도한다. 다만 이 '아직 오지 않음'은 결정적인 '그래도 이미 왔음'을 전제한다. 교회는—이스라엘과는 달리, 그러나 우선은 이스라엘을 위해—예수 그리스도 안에서 이미 일어난 세상의 은밀한 구원을 믿기 때문에—이스라엘과 함께, 그리고 결국에는 이스라엘을 위해—세상의 분명하고 궁극적인 구원을 희망한다.

그런데 그 사이에는 어떤 일이 일어나는가? 공동의 기다림이라는 이런 기본적인 견해에서 보면, 오늘날 서로를 분리시키는 것, 예컨대 안식일이나 일요일을 어떻게 다루어야 할 것인지를 말하는 게 이제는 더 쉬울 듯하다. 여기서 실천적이고 이론적인 접근을 검증하기 위해 우리는 이를 하나의 실례로 선택하려고 한다. 매우 현실적인 이런 질문에서 시작해서—율법의 문제점을 실례로 들고, 이를 폭넓게 설명하기 위해—이 장章의 결론에서는 인간의 길과 율법에 관해 짤막하게 언급하려고 한다.

4. 오늘날 안식일과 일요일을 어떻게 다루어야 하는가?

성서의 안식일 계명은 다음과 같이 말한다. "엿새 동안은 힘써 네 모든 일을 행할 것이나 제 칠일은 너의 하나님 여호와의 안식일인즉 … 아무 일도 하지 말라."[30] 창조주 하나님에게 구별되어 드려진 제7일은 인간과 동물에게 쉬는 날이어야 하며, 가난한 자들과 약한 자들에게는 특히 그러하다. 오늘날 예루살렘에서는—그리고 텔 아비브에서는 여전히 훨씬 더 엄격하게—안식일이 지켜지고 있다. 버스와 다른 대중 교통수단은 다니지 못하며, 커피숍과 레스토랑도 문을 닫는다. 영화 상영이나 연극 공연도 없다.

몹시 분주하고 현대적인 독일에서 살았던 **레아 플라이쉬만**Lea Fleischmann과 같은 유대인 여성이 오랫동안 이런 생활에 익숙해진 뒤에 예루살렘으로 돌아가서, "성찰의 날이요, 주님의 날이요, 가족의 날이다!"라고 외치며 〈안식일 찬가〉를 부른다는 사실을 우리는 이해할 수 있는가? 그렇다. 만약 이런 날이 지구 곳곳에서 지켜진다면 어떻게 되겠는가? "한번 생각해보자. 한 주일에 하루는 차가 다니지 않고 비행기가 뜨지 않으며, 전화기가 울리지 않고 텔레비전이 켜지지 않으며, 기계 작동하는 소음도 없다. 한 주일에 한 날은 공기도 오염되지 않고 강물도 더렵혀지지 않으며, 고요가 지배하고 영혼은 쉼을 얻을 것이다. 한 주일에 하루는 에너지가 덜 소모되고 자연이 보호될 것이다."[31] 이것은 아름다운 꿈이라고 사람들은 말할 것이다. 분명히 그러하다. 그러나 더 정확히 살펴보고 충분히 고려할 필요가 있는 것이다.

오늘날 대부분의 비정통주의적 유대인은 유대인의 삶의 가장 오래된 제도 중 하나이고 이집트 탈출을 회상케 하는 안식일을 반대하기보다는 오히려 찬성한다. 그러나 오늘날 기독교에서 일요일(주일)을 지키는 문제로 심각한 논쟁이 일어나듯이, 유대교에서도 안식일을 꾸려나가는 문제로 심각한 논쟁이 일어난다. 여기서도 경제적·정치적·종교적 관심이 함께 뒤섞여 사회 전체를 위험에 빠뜨릴 수 있는 폭발물로 변하고 있다.

기독교의 일요일에 관한 한,[32] 이것은 의심할 나위도 없이 **유대교의 안식일과는 기원이 다르다.** 일요일은 부활절 이야기에서 "주의 첫 날"[33]이나 "주(예수)의 날"[34]로 나오며, 이날은 이미 일찍부터 "떡을 떼기"[35] 위해 공동체가 정기적으로 모이는 날이었다. 이 '주의 날'은 ('주의 만찬'과 함께)—라틴어로 '디에스 도미니카*dies dominica*'로 표기되었고, 라틴계 언어에서는 '도메니카domenica', '도밍고domingo', '디망쉐dimanche'로 표기되었다—첫 번째 천년 동안에는 분명히 안식일이나 '기독교인의 안식일'로 이해되거나 기념되지 않았다. '존탁Sonntag'나 '선데이Sunday'(라틴어로는 '디에스 솔리스*dies solis*')는 이교적인 로마 전통에서 유래한 것이다. 이 전통은 기원전 1세기 이래 일곱 날을 한 주일로 결정했고, 일곱 날의 이름을 위해 일곱 행성의 이름을 사용했다. 321년에는 콘스탄티누스 황제가, 불행을 가져온다고 생각했기 때문에 많은 사람이 활동하지 않았던 토성Saturn의 날(토요일) 대신에 (많은 사람이 숭상하던) 태양의 날을 재판이 없는 날로 선포했다. 그 이후의 황제들은 (노예들도 예배할 수 있도록) '노예 노동'(오페라 세르빌리아*opera servilia*)을 금지했고, 게르만 민족의 왕들은 모든 힘든 노동('노예 노동'으로 여겨)을 전면 금지했다. 따라서 기독교인의 편에서 볼 때, 일하지 않는 '주의 날'은 비교적 후기에 나타난 것이다.

그러나 첫 번째 천년 동안 일요일이 노동 제한과 연결됨으로써 기독교의 **일요일은 실제로 유대교의 안식일을 뒤따르게** 되었다. 까마득히 오래된 유대교의 이 안식일은 할례와 음식 규정과 함께 이미 고대 세계에서 '유대인'의 모습을 항상 각인해왔다. 그러나 이것은 기독교 세계에서도 (기독교의 전파와 함께 세계 곳곳에서) 일곱 번째 날마다 사람들이 휴일과 축제일을 지킨 것이 이스라엘 백성과 '한 주일의 일곱 번째 날'의 축제, '안식의 날Sabbath', 하나님에게 바쳐진 안식일 덕분임을 의미한다. 이날은 아무리 칭송해도 부족한, 인류를 위한 축복이다. 독일어 '잠스탁Samstag'(토요일)은 여전히 '사바트탁Sabbattag'(안식일)을 기억나게 한다.

따라서 유대인이었던 기독교인들은 여전히 오랫동안 두 날을 동시에 축하해왔다. 4세기에 편집된 법률과 의례에 관한 교회 규정은 안식일과 일요일을 휴일로 지킬 것을 명령하고 있다. 안식일은 '창조*creatio*'의 날로 축하하고, 주의 날은 '부활*resurrectio*'의 날로 축하해야 한다는 것이었다.[36] 4세기 이래 동방교회는 창조의 날인 토요일을 예배와 함께 축하했고, 서방교회는 금식 때문에 토요일을 비판했다. 교부들은 안식일과 일요일을 자매라고 불렀다.[37] 에티오피아의 기독교인(원래는 유대인-기독교인?)은 오늘날까지 안식일을 일요일과 함께 지키고 있다. 결론적으로 말한다면, 유대교인과 기독교인이 함께 살아가는 세상에서 닷새 동안 일하고 이틀 동안 쉬는 한 주간을 신학적으로 비판할 수 없을 것이다.

비록 한 달(月)과 한 해(年)처럼 천문학적인 근거는 없지만, **한 주간**(週)도 역시 우리의 문화사文化史의 지속적이고 인간적인 시간 질서가 되었다.

정치적 혁명도 이를 바꾸지 못했다. 한 주간을 유대교인의 휴일(토요일)과 함께 구성하든, 기독교인의 휴일(일요일)과 함께 구성하든, 무슬림의 휴일(금요일)과 함께 구성하든, 종교적인 근거를 가진 휴일을 거부하며 '데카드 decade'(10일 주기)를 주장하던 프랑스 혁명도, 아무런 목적 없이 출퇴근 시간을 자유롭게 선택하여 5일을 한 주간으로 삼았던 러시아 혁명도 그렇게 하지 못했다. 산업혁명 시기에 노동운동과 노동조합은 산업화 시대의 전면적인 목적 달성에 맞서 일하지 않는 일요일을 힘겹게 쟁취했다. 이로써 **한 주간의 휴일**은 **인간의 생체 리듬의 척도**가 되었다. 오늘날에는 휴일이 심지어 '바이오리듬'의 이름으로 방어되기도 한다.

그러나 '후기 산업 시대'의 변화된 경제적 조건은 이제 **안식일과 일요일**을 매우 심각하게 **위협한다**. 이에 대해 유대교인과 기독교인은 어떤 태도를 취해야 하는가?

1) 우리는 경제적·기술적인 목적만을 생각하는 사람들이 유대교인과 기독교인의 거룩한 휴일을 집단적으로 공격하는 시대에 살고 있다. 성능은 탁월하지만 최대한으로 활용되지 않는 값비싼 기계들과 새롭고 지속적인 생산 방법과 점증하는 세계적인 경쟁 압력을 바라볼 때, 종교적인 휴일은 이익과 경쟁력의 손실을 의미한다. 시간은 돈이고, 시간은 계산되고 경제수치로 환원되어야 한다는 것이 경제학적 시간 이해다. 그렇다면 기술적 강요와 경제적 필요에 따라서 안식일이나 일요일을 희생시키는 것이 논리적이지 않겠는가? 따라서 안식일이나 일요일을 (모두가 자유롭게 선택한 자유 시간이 있는) 일하는 날로 바꾸는 것이 논리적이지 아니겠는가? 대답은 이렇다. 안식일에 대한 모든 공격에 열렬히 저항하는 경건한 유대교인들의 주장에 우리는 기독교인으로서 원칙적으로 동의해야 한다. 안식일이든 일요일이든, 우리는 **공동의 휴일을 보존해야 한다.**

안식일과 일요일은 당연히 연간 수익이란 의미에서는 전혀 '이익이 되지' 않았다. 머슴이나 하녀를 하루 종일 쉬게 하는 것은 좀 더 이익이 되었을 것이다. 그러나 이 공동의 축일은 여러 가지 측면에서 인류에게 도움이 되었다. 근대의 기술적 강요와 경제적 필요에 관한 한, 이것은 항상 우리의 원래적 가치와 결정에 근거해서 생겨난다. 더욱이 우리는 다음과 같은 역설을 보게 된다. 시간을 절약해주는 기술로 시간이 더 많아질수록 우리에게 시간은 더 부족해진다. 왜냐하면 시간이 더 소중해질수록 우리는 시간을 더 많이 이용하고 싶기 때문이다. 따라서 모든 영역에서 상당한 시간을 얻어도 시간 부족은 더 심해지고, 약속 시간의 압박을 불평하게 되며, 그 결과로 신경증과 스트레스, 탈진이 발생하게 된다. '시간에 얽매여' 이렇게 시간을 이용하는 것이 실제로 이익이 되겠는가?

정신적 요구를 지닌 인간은 학대받는 가축 이상의 존재고, 참으로 생산과정의 톱니바퀴 이상의 존재다. 인간은 하나님 앞에서 자신을 존중하며 인간의 가치를 발견한다. 가톨릭 주석가 요셉 블랑크Josef Blank는 이른 나이에 죽기 직전에 이를 다음과 같이 설명했다. "만약 우리가 휴일의 의미를 올바로 이해하기를 원한다면, 인간적이고 심리학적인 이런 시간 이해에 주목해야 한다. 우리는 이를 '여가생활을 위해 쉬는 날' 정도로 마음대로 대체할 수 없다. 이에 대한 대가는 대략 다음과 같을 것이다. 생태학적 균형이 이미 무너진 이후에 우리 사회의 인간적인 균형도 이런 식으로 깊이 흔들려버렸고, 예기치 못한 결과가 따라왔다! 그렇다면 우리는 도대체 무엇을 잃어버렸는가? 답변은 상당히 단순하다. 우리의 공동 시간을 잃어버렸다. 우리 사회의 공동 시간을 잃어버렸고, 가정에서 공동 시간을 잃어버렸다. 더 깊이 생각해본다면, 모든 문화적 행사와 심지어는 스포츠와 관련된 행사도 이러한 공동 시간의 전제 위에 놓여 있음을 알게 된다."[38] 그렇다. 만약 공동 시간이 없다면, 가정은 더욱 찢겨지고 공동체는 더욱 파괴되며 사회는 더욱 익명화된다.

2) 우리는 요구 사항이 변하고 노동 시간이 단축되며 자유 시간이 연장되는 시대에 살고 있다. 그렇다면 이른바 유대교적·정통적 율법, 중세적·로마의 율법, 또는 청교도적·개신교적 율법 안에서 안식일(또는 일요일)을 견고한 금기禁忌로, 엄격한 율법으로, 문화적이거나 종교적 기념물로 취급하는 것이 바람직한가? 공동의 휴일이—만약 이를 반드시 지켜야 한다면—단지 '일하지 않는 날'이나 게으른 날만이 되어서도 안 되지만, 다른 한편으로 규정에 완전히 얽매이는 날이 되어서도 안 된다. 예수의 말씀과 자유로운 실천을 따르려고 애쓰는 우리 기독교인은 안식일과 관련해서 랍비가 만든 결의론決疑論을 거부하고 이성적이고 인간친화적인 해결책을 지지하는 오늘날의 유대교인을 결코 반박할 수 없다. 기독교인과 유대교인은 노동의 강요에서 해방되는 날을 재율법화해서는 안 된다. 안식일이든 일요일이든, 우리는 **공동의 휴일을 부담스러운 날로 만들어서는** 안 된다.

인간이 기계나 컴퓨터 장치와 생산을 위해 존재하는 것이 아니라면, 우리가 들었듯이 인간이 안식일을 위해 존재하는 것이 아니며 거꾸로 안식일이(물론 일요일도) 인간을 위해 존재한다. 원래의 사회적·인간적 의미가 다시 중심에 놓인다. 다시 말하면 휴일은 부담이나 강요가 아니라 도움과 기쁨이다.

3) 엄격한 중세적 정통주의와 현대의 지나친 적응 사이의 딜레마에서 어떤 해결책이 존재하는가? 만약 존재한다면 그것은 (유대교의 종교적 정체성에서 중요한) 안식일과 (기독교의 종교적 정체성에서 덜 중요하지 않은) 일요일의 결정적인 내용을 보존하는 것이다. 다시 말하면 신체적·정신적으로 숨을 쉴 수 있도록 **일상에서 벗어나는 것**이다. 한편으로는 완전한 방종과 시간적 방향 상실을 저지해야 하고, 모든 국가와 그 입법보다 더 오래된 종교적 근거를 가진 휴일을 보호해야 하며, 새로운 전환기에도 이를 보존해

야 한다. 다른 한편으로는 축제일의 문화에 새로운 힘을 불어넣고, 유대교와 기독교에서 위기에 빠진 예배와 휴일의 혁신을 요구하는 새로운 사회적 조건을 간과해서는 안 된다. 현대의 유행을 따르려는 것이 아니며, 더 많은 사람을 회당으로 (또는 교회로) 불러들이려는 것도 아니다. 세상과 종교의 영역에서 **공동의** 휴일과 축제일이 필요한 사람들(특히 가정과 모든 다른 공동체)의 행복을 위해서다. 따라서 (유대교 전통처럼) 휴무休務를 더 강조하든, (가톨릭 전통처럼) 공동체의 예배를 더 강조하든, 아니면 (개신교 전통처럼) 하나님의 말씀을 연구하는 것을 더 강조하든, 중요한 것은 일상에서 벗어나는 일이다. 휴무와 예배, 하나님의 말씀 연구는 동일한 것을 지향한다.

만약 우리가 종교적인 의미를 지닌 휴일과 성찰의 날의 본질을 생각해본다면, 안식일 예배를 금요일 저녁으로 옮길 수도 있고, 주일 예배를 토요일 저녁으로 옮길 수도 있다(밤샘 축제는 이미 중세 초기에 축제의 전야제로 옮겨졌다). 거꾸로 많은 유대인 개혁 공동체들은 최소한 잠깐 동안 안식일 축제를 일요일로 옮긴 적이 있다. '5일제 근무' 시대에 정확한 날짜보다 더 중요하게 생각되는 점이 있다. 여가산업과 대중매체, 스포츠가 예배의 상당히 강력한 '경쟁자'가 된 포스트모던 시대에 덜 지루하고 더 생동적이고 더 자발적인 안식일 예식이 필요하듯이, 더 흥미롭고 더 친근한 일요일 예식도 필요하다.[39]

여하튼—1년 내내 하루 종일 24시간 365일 동안 생산을 멈추지 않는—컨베이어벨트와 같은 인류는 미래의 이상理想이 될 수 없다. 어느 날이든 그저 하루를 휴식하는 것은 삶의 질을 갖춘 의미 있는 삶을 위해 충분하지 않다. 노동이 삶의 의미는 아니다. 그러나 자유 시간 때문에 받는 스트레스와 함께 휴일의 실망을 낳는 자유 시간도 삶의 의미는 아니다. 공동체 생활의 구심점이 절실히 필요하고, 현대의 분주한 생활을 집단적으로 중지해야 할 필요가 있으며, 상품의 강요에서 함께 벗어날 필요가 있고, 휴식의 오아시스와 내면적 성찰과 영적인 심호흡을 할 필요가 있다. 다시 말하면 법적으로 보호를 받는 "휴무와 정신적 고양을 위한 날"이 필요하다(독일헌법 제140항). 인간 삶의 궁극적 깊이와 궁극적 의미인 하나님을 위해 자유로운 날이 필요하다.

3장 유대인과 무슬림 그리고 이스라엘 국가의 미래

I. 위대한 이상

"그렇다. 우리는 국가를 구성하기에 충분한 힘을 길러야 하며, 실로 모범적인 국가를 만들어야 한다. 우리는 이에 필요한 모든 인간적이고 실질적인 수단을 갖추고 있다." 1896년에 유대인 국가 창립의 아버지 테오도르 헤르츨은 자신의 계획서에 이렇게 썼다.[1] 이스라엘 국가의 미래는 지독한 어려움에 직면하여 국가 건립에 매우 중요한 인간적인 의도를 유지하고, 더 나아가 이를 다시 더 잘 실현할 것인지에 달려 있다.

1. 유대인 국가 – 패러다임 전환의 신호

비록 최근에 유대인의 역사가 갈등을 겪고 있지만, 20세기 말에 그 누구도 간과할 수 없는 것이 있다. 홀로코스트의 끔직한 재난을 겪은 뒤에 **이스라엘 국가의 재건은 기원후 70년에 로마인이 예루살렘과 두 번째 성전을 파괴한 이래** 유대인의 역사에서 **가장 중요한 사건**이다. 팔레스타인에 유대인의 국가가 다시금 존재할 수 있기까지는 거의 1,900년이 흘렀다. 나는 이러한 신생국가 설립의 역사를 아주 간략하게 언급했다. 이것이 지니는 의미는 무엇인가? 이것을 우리 시대의 종교 상황 분석의 맥락에서 어떻게 해석해야 하는가?

유대인의 국가의 재건은 다시 모든 것을 바꾸어놓게 될 유대교 내의 획기적인 패러다임 전환을 알리는 분명한 신호다. 유대교에서도—근대적 동화와 근대적 반유대주의와 함께 홀로코스트의 절대적인 심연을 경험한 이후에—**포스트모던 시대가 시작되었다!** 경건한 유대인에게는 지금도 남아 있는 분명한 영속성이 있다. 그것도 동일한 **민족**이 동일한 **땅**과 결부되어 있는 동일한 **언약**을 지금도 항상 기억하고 있다는 사실이다.[2]

그러나 바로 생명을 위협하는 홀로코스트의 위기에서 이제는 확신과 가치, 근본 태도가 완전히 **새로운 패러다임**으로 넘어가고 있고, 전환되고 있다. 새로운 거시 패러다임은 다음과 같다.

- 유대인의 삶의 중심이 유럽에서 처음의 '약속의 땅'으로 옮겨졌다.
- 이스라엘 백성은 다시 국가적 조직과 정치적 결정권을 보존하고 있다.
- 디아스포라 유대교도 온통 새로운 정신적 방향을 경험하고 있다.

새로운 정신적 방향을 경험한다고? 그렇다. 기독교인도 간과할 수 없는 사실이 있다. 죽었다고 믿었던 이 민족이 자신의 국가 형태로 다시 일어나자, 유대인을 영원한 형벌을 받고 흩어진 자(아하스베르Ahasver: '영원한 유대인')로 보았던 (제2차 바티칸 공의회까지도 지배했던) **반유대적인 기독교**

신학과 이데올로기는 궁극적으로 흔들리게 되었다. 그렇다. 유대 민족은 끝장나지 않았고, 성서에 기록된 땅의 약속은 분명히 폐기되지 않았다! 정반대다. 시온주의자가 아닌 사람들도 반드시 고백하듯이, 이스라엘 국가는 홀로코스트 속에서 완전히 멸망하기까지 저주를 받았던 민족에게서 무기력과 좌절감과 절망감을 제거해버렸다. 이스라엘 국가는 자신의 민족에게 위엄과 자존감, 저항력과 방어 자세, 그리고 대등한 힘을 되돌려주었다. 농업과 이주 정책(키부츠kibbutz와 모샤브moshav 운동), 스포츠와 자기 방어의 영역에서 특히 성공적이었던 새로운 이스라엘 국가는, 유대인은 일하기를 싫어하고 비겁하며 돈 욕심이 많다는 혐오스러운 고정관념과 모욕적인 비방을 멋지게 반박했다. '유대인'이라는 단어와 연결되는 생각은 이제 더는 토라의 의미를 곱씹는 랍비가 아니라 마카비 가문의 투사들과 현대의 개척자들이다. 유대 민족에게 새로운 세계 시대가 밝아왔다는 사실에는 의문의 여지가 없다.

그렇지만 더 많은 것을 말할 수 있다. 신앙하는 유대인에게서 이스라엘이 다시 태어났다는 사실은 이 시대에 당연히 초월의 흔적으로도, 구체적으로 말하면 하나님의 신실함과 은혜의 표징으로도 이해될 수 있지 않겠는가? 유대인이 살아 계시고 공의로우신 하나님을 믿는 것이 오랫동안 얼마나 어려웠던가! 유대인 부모들이 자신의 자녀들에게 유대인이 된다는 것이 저주가 아니라 축복이라고 가르치는 게 오랫동안 얼마나 어려웠던가? 그러나 이제는 특히 교육과 보건 분야에서 이스라엘 국가가 이룩한 감동적인 업적을 볼 때, 유대인의 긍정적 측면을 보여주는 것이 얼마나 훨씬 더 쉬운가? 역사 속에서 매우 쓰라린 시련을 겪은 하나님 신앙과 백성과 땅을 위한 하나님의 약속에 대한 신앙이, 역사 자체를 통해 가장 영광스럽게 증명되지 않았는가? 많은 유대인들, 특히 신앙적인 유대인들에게 말이다! 그렇다면 기독교인들은 이스라엘 국가를 어떻게 보고 있는가?

2. 이스라엘 – 종교적 실체인가, 정치적 실체인가?

먼저 제한적으로 언급할 것이 있다. 이스라엘 국가에 대한 권한은—정체성 확인이든 비판이든—우선 유대인에게 주어져 있다. 유대교를 대했던 자신의 불명예스러운 태도를 기억하고 있고 더욱이 홀로코스트를 목격한 기독교인들은 이스라엘 국가에 원칙적인 동정심을 보여야 한다. 그렇지만 유대교와 기독교 대화의 맥락에서 다음과 같은 질문이 불가피하게 제기된다. 기독교인은 기독교인으로서 이스라엘 국가와 정치에 어떤 태도를 취해야 하는가? 이스라엘 국가에 거주하는 인구는 450만 명보다 조금 많다(그 주위에는 아랍인 1억 명이 마주보고 있다). 이스라엘은 끊임없이 위협감을 느끼고 있다. 물론 교회의 반유대주의 때문이 아니라, 이제는 (오랫동안 소비에트 진영에게 지지를 받아온) 아랍 세계 때문이다. 건국 이래 이스라엘 국가는 초강대국 아래서 불화의 원인이 되었고, 네 차례의 전쟁 이후에도 여전히 불안하게 살아가고 있다. 걸프전쟁(1991)은 온 세계에 이런 상황을 다시 생생하게 보여주었다. 이스라엘은 '종교적으로' 판단하는 것이 아니라 오직 '국제법의 보편적인 원칙'에 따라서만 '생존'을 판단해야 할 다른 국가들과 마찬가지로 하나의 국가인가? 유대교와 기독교의 관계를 다룬 1985년의 바티칸 문서[3]도 여전히 전제하듯이, 기독교인에게 이스라엘 국가는 (그리고 이스라엘을 외교적으로 인정하는 것은) 순전히 정치적 질문인가?

유대인과 기독교인의 대화에서 유대인은 종종 이스라엘 국가를 유대인과 기독교인의 의사소통이 진지하게 여겨지는지를 보여주는 식별 표지와 암호로 삼았는데, 이것은 부당한 일이 아니다. 그렇지만 바로 여기서 우리는 정확하게 구분해야 한다.

우선 다음과 같은 사실을 반박할 수 없다. 오늘날의 이스라엘 국가는 헌법상 종교적 실체가 아니라 **정치적 실체**다! 이스라엘 국가는 스스로 거룩하고 신정적神政的이며 심지어는 마지막 시대의 나라가 되기를 원하는 것이 아니라—이스라엘에서 항상 강조되듯이—근동에서 유일하게 헌법에 따라서, 그리고 법치국가로서 다수 정당의 의회 민주주의 형태로 조직된 현대적이고 세속적이며 관용적인 사회가 되기를 원한다. 유대 민족은 추방을 당한 기간에도 3천 년이 넘도록 이 땅과 분명한 관계를 맺어왔다. 따라서 **이스라엘 국가의 생존권**은 인정되어야 한다. 이스라엘은—점령 지역을 제외한다면—바로 자유롭고 민주적인 국가로 **완전한 외교적 인정**을 받을 자격이 있다. 종종 독재자들을 인정하고 그들에게 굽실거렸던 바티칸도 이를 인정하며, 거의 모든 팔레스타인 사람을 대변하는 유일 세력인 팔레스타인 해방기구PLO도 이를 분명히 인정한다. 만약 팔레스타인 해방기구가 분명하고 확고하게 이스라엘을 인정하지 않는다면, 근동의 평화와 자신의 백성을 위한 긍정적인 정치적 해결은 처음부터 불가능하다.

이와 동시에 두 번째로 주목해야 할 사실이 있다. 이스라엘은 사실상 **단순히 유대인의 국가가 아니다**. 왜냐하면 우선 유대인이 아닌 이스라엘 국민들도 있기 때문이다. 종종 위조된 통계와 달리[4] 팔레스타인에는 제1차 세계대전 이전에 이미 유대인 8만 5천 명 외에도 그 당시에 아랍인이 대략 60만 명 거주하고 있었다는 사실을 인정해야 한다.[5] 이스라엘 국가가 건립될 때, 다른 민족에 속한 수많은 사람(아랍인들)과 다른 종교를 믿는 수많은 사람(무슬림, 드루즈교인, 기독교인, 유대인-기독교인)이 이 국가에 살고 있었다. 1989년에—점령 지역을 제외하면—전체 인구의 14%는 무슬림이었고, 2%는 기독교인이었다.

이것을 거꾸로 해도 사실은 바뀌지 않는다. **모든 유대인이 이스라엘 국가의 시민인 것은 아니다**. 잘 알다시피 유대교는 유대인 국가보다 더 크고 광범위하며, 유대인 국가와 항상 연결되어 있는 것이 아니다. 비록 이스라엘 국가의 확실한 생존을 긍정하고 국가 건립의 배경이 되는 유대인이 겪은 고난의 역사를 이해하더라도, 또한 동시대의 유대교를 위한 이스라엘 국가의 독특한 의미를 인정하더라도, 유대교와 시온주의를 단순히 동일시해서는 안 된다. 정확히 말한다면 이스라엘 국가는 종교로서 유대인의 국가가 아니라, 유대 민족으로서 유대인의 국가다. 왜냐하면 유대인 대부분은 예나 지금이나 이스라엘 국가 안에 살기를 원하지 않기 때문이다. 지금까지 항상 그랬고 미래에도 마찬가지겠지만 시온주의자가 아닌 유대인이 존재한다. 다르게 말하면 인종적·민족적인 것과 윤리적·종교적인 것이 분명히 완전히 분리될 수는 없지만, 하나가 다른 하나에 환원되어서는 안 된다. 이스라엘 국가와 유대교는 결코 동일하지 않다. 물론 이 둘은 서로 뗄 수 없는 관계를 맺고 있다.

그렇기 때문에 질문에 대한 대답은 다음과 같을 수밖에 없다. 오늘날의 이스라엘 국가는 **정치적 실체**이지만 자신의 전통 전체로 본다면 **종교적 차원**도 지니고 있다! 1985년에 발표된 바티칸 문서와는 달리 이미 그보다 10년 앞서 독일 개신교회는 "정치적 실체"인 이스라엘 국가가 "동시에 선택받은 백성의 역사 테두리 안에 있다"고 말했다.[6] 여기서 생각할 점들은 다음과 같다.

— 이미 '이스라엘'이라는 이름은 ('팔레스타인'과는 달리) 이스라엘이라고 불렸던 선택된 조상 야곱에게서 기원한 것이다.

— 이로써 건국 선언문은 새로운 국가를 분명히 유대교의 성서적 전통 안으로 세운다.

— 바로 그렇기 때문에 이 국가는 조상의 땅에서 이 백성의 생존을 보증하고 보장하는 것을 자신의 과제로 삼는다.

— 따라서 이스라엘 국가는 선택된 백성의 역사와 연속성을 이룬다. 히브

리 성서에서 약속의 내용은 물론 국가가 아니라 '땅'이다. 만약 많은 신앙인들이 이 땅의 약속을 확고히 붙들고 있지 않았다면 정치적 시온주의는 생각될 수도 없다.

— 이스라엘의 공식 언어는 (현대화된) 성서의 언어다. (이스라엘에서 거의 국민 스포츠와 같은) 이스라엘의 역사 서술과 고고학은 이 언어의 흔적을 따르고 있다.

— 법정 휴일은 안식일이고, 법정 공휴일은 부림절Purim과 유월절, 칠칠절(오순절)과 율법의 기쁨 축제일(심하트 토라Simhat Torah)과 같은 유대교의 절기다.

— 유대교의 음식 규정을 군대와 국가기관, 공공기관에서 지켜야 한다(실제로는 대부분의 식당과 관광 시설에서도 지켜야 한다).

— 창조의 해부터 계산하는 옛 히브리 달력은 모든 공적인 문서에 등장한다(1991년은 5751/52년에 해당한다*).

그러나 역사적인 관점과 종교적 관점은 구분되어야 한다. 오랫동안 모든 사람이 전자도 긍정하고 후자도 인정한 것은 아니었다. 간과할 수 없는 **역사적 사실**은 유대 백성은 계속 생존할 것이라는 사실이다. 신앙인이나 비신앙인나 이를 반박할 수 없다. 그렇지만 이 백성 안에서 하나님의 특별한 역사가 지속된다는 **신앙의 확신**은 비록 사라지지는 않겠지만 모든 사람이 공유하고 있는 것은 아니다. 신앙적인 기독교인의 관점에서 보더라도, 우리가 이미 살펴보았듯이, 자신의 백성과 맺은 하나님의 **언약**은 분명히 폐기되지 않고 늘 보존되어왔다! 하나님의 **백성**이 원래 약속된 **땅**에 다시 살고 있다! 따라서 다시 일어난 유대인의 국가는 유대인과 기독교인에게 **하나님**이 살아

* 유대력으로 창조의 기념일은 율리우스 태양력을 따라 기원전 3761년 10월 6일이다. 2015년은 유대력으로 5775/76년에 해당한다.

활동하신다는 사실을 보여주는 실제적인 상징이다. 왜냐하면 신앙적인 유대인과 마찬가지로 신앙적인 기독교인에게도 순전히 세속적인 세계사는 존재할 수 없기 때문이다. 그 이유는 무엇인가? 신앙인들에게 온 세계의 역사만이 아니라 매우 특별히 이스라엘의 역사를 안으로부터 다스리시고 이끄시는 분은 숨어 계신 하나님 자신이 아닌가!

다시 일어난 유대인의 국가는 하나님의 활동을 보여주는 실질적인 상징이다. 국가가 건립된 지 50년이 지난 지금도 이스라엘 국가는 여전히 그러한가? 미래에 대한 염려는 여기서 생겨나기 시작한다.

3. 종교다원주의인가, 유대인 국가 안의 국가종교인가?

국가 건립 이래, 특히 시온주자들의 이주가 시작된 이래 **종교**는 **중심 문제**가 되었다.

첫째, 종교는 이스라엘이 무슬림과 기독교인과 맺는 관계에서 중심 문제다. 그런 점에서 사회적이고 종교법적인 국가 형성은 유대인과 비유대인 사이에서 논쟁 대상이며, 이 문제는 종교 간의 상호소통을 요구한다. 따라서 이스라엘 국가가 다양한 종교의 성지聖地에 자유롭게 드나들고 예배할 권리를 보장하고, 성지를 손상하거나 모독하는 행위를 무겁게 처벌한다는 사실은 인정되어야 한다(1967년에 공포된 성지보호법). 그러나 유대인 국가에 거주하는 무슬림과 기독교인의 평등한 시민권에 관한 질문이 절박하게 제기되고 있다.

둘째, 종교는 유대인 자신에게, 특히 이스라엘 사람들 상호 간의 관계에서 중심 문제다. 정통주의 (그리고 하시딤을 신봉하는) 유대인들은 이미 19세기에 팔레스타인으로 이주해왔지만, 시온주의자들은 20세기 초기에 다시 이주하기 시작했다. 팔레스타인으로 이주한 압도적인 다수의 유대인은 사회주의자들과 세속주의자들이었고, 부분적으로는 심지어 노골적으로 반종교적인 사람들도 있었다. 종교정치학적으로 볼 때, (대체로 하시딤을 신봉하는) 정통주의자들은 처음부터 종교법적으로 독점적 지위를 실제로 차지하고 있었다. 이 사실은 투르크 제국에서 내적인 자율성을 지니고 있던 여러 인종 집단에게 매우 다양한 법적인 영역에 이르기까지 영향을 끼치게 되었다. 만약 시온주의가 정통주의자들을 자기편으로 끌어들이려고 했다면, 이 사실을 고려했어야 한다. 더욱이 이미 일찍부터 종교적 시온주의 운동('미즈라히Mizrachi')이 존재했다. 이 운동은 시온주의자들의 이민 활동을 예언자적 · 메시아적 희망과 결부시켰고, 제1차 세계대전 이후부터는 자신의 노동자 진영과 키부츠kibbutz 운동을 통해 점점 더 영향력을 발휘했다. 그리고 1920, 30년대에 이주한 중산층 유대인들은 개인적으로는 대부분 정통주의자들이었다. 그들은 유대인의 전통적 가치와 실천이 없는 새로운 이스라엘을 전혀 상상할 수 없었다. 종교적인 유대인들에게는 아슈케나지Ashkenazi(독일과 폴란드에 살았던 유대인들) 고위 랍비들 가운데서 인정을 받은 우두머리가 있었다. 비종교인들을 매우 관용적으로 대했던 아브라함 이삭 쿡Abraham Isaac Kook이 1935년에 사망하기까지 우두머리로 있는 한, 유대교 내의 분쟁은 한계선을 넘어가지 않았다.

오늘날 개혁적 유대교와 보수적 유대교를 정통주의와 세속주의에 대한 진정한 대안으로 보고 있는 종교다원주의를 지지하는 현대적인 경향 외에도, 비록 수적으로는 적지만 종교적으로나 정치적으로 열쇠를 쥐고 있는 정통주의를 지지하는 강력한 반대 경향도 있다. 정통주의 유대인들은 새로운 유대인 공동체의 치명적인 세속화를 막을 뿐만 아니라 선교를 통해 세속화된 유대인들을 종교 생활로 유도하려고 모든 수단을 통해 그들의 제도적 권력 기반을 확장하기 위해 노골적으로 애쓴다. 이로 인해 특히 국가 건립과 함께 국회 조직이 설립된 이래 충돌이 계속 일어나고 있다.

여기서 우리는 비전을 지닌 국가 건립자의 말을 회상해보아야 하지 않겠는가? 테오도르 헤르츨Theodor Herzl은 자신의 강령적인 문서에서 "그래서 우리는 마침내 일종의 신정 체제를 갖게 되는가?"라고 물었고, 이 질문에 분명히 "아니다!"라고 대답했다. "신앙은 우리를 하나되게 하고, 학문은 우리를 자유롭게 한다. 따라서 우리는 성직자들의 신정 체제가 결코 출현할 수 없게 할 것이다. 우리가 우리의 군대를 병영 안에 붙잡아놓듯이, 우리는 그들이 신정 체제를 그들의 성전 안에 붙잡아놓는 것을 보게 될 것이다. 우리는 멋진 역할을 수행하는 군인들과 성직자들을 존경해야 한다. 그들은 존경을 요구하고 있고, 존경 받을 가치가 있다. 그러나 그들은 자신들을 우대하는 국가에 결코 간섭해서는 안 된다. 왜냐하면 그들은 외적·내적인 어려움을 야기할 것이기 때문이다."[7] 이런 질문을 던졌을 때에도 테오도르 헤르츨의 주장은 옳았다.

왜냐하면 영향력이 점점 더 커지는 군인들 외에도 바로 성직자들이 새로운 국가 이스라엘에서 어느 정도까지 발언해야 하는지는 유대교의 **종교적 율법** 할라카의 질문에서 드러나기 때문이다. 우리는 이를 자세히 논의했다. '율법'이라는 주제를 건드리는 자는 종교적으로나 정치적으로 폭탄과 같은 문제를 건드리는 것과 같다. 우리가 살펴보았듯이 유대교 내에서 다양한 노선들이 이 문제로 갈라지고 싸우고 있다. 이스라엘과 관련지어 말한다면 이것은 다음과 같은 것을 의미한다. 오늘날 이스라엘에서는 '율법'을 지지하거나 반대하기 위한 진정한 **'문화투쟁'**이 전개되고 있다. 이 투쟁은 언어 공격과 정치적 계략을 넘어서 폭력적인 행위로까지 이어진다.[8]

정통주의 랍비 다비드 하르트만David Hartman은 이스라엘에서 일어나는 유대인 사이의 갈등을 인상 깊게 묘사했다. "유대인들은 사방에서 집으로 돌아왔다. … 그렇지만 집에 돌아와 보니, 우리가 원래부터 분열되어 있다는 사실을 발견하게 되었다. 우리는 심지어 다음과 같이 반문하게 된다. 우리는 참으로 한 가족이었던가? 유대인이 유대인을 만나고, 우리가 우리를 참으로 이해할 수 있는지를 묻는 그 순간에 '우리는 하나다!'라는 구호는 의심스럽게 들린다. 이스라엘에서 가장 진지한 질문은 '지속적인 논쟁이 시민전쟁으로 이어질 수도 있지 않겠는가?'라는 것이다. 종교적인 유대인과 세속적인 유대인의 양극화는 커져간다. 여러 신문이 지적하듯이, 가장 큰 문제는 안전이 아니라 안식일에 하이파Haifa의 도시철도를 운행해야 하는지, 또는 금요일에 페타 티크바Petah Tikvah 영화관에서 영화를 상영해야 하는지 여부다. 영화관의 개방에 맞서 폭력적인 불법 시위를 벌였다가 감옥에 갇힌 도시의 고위 랍비는 하나님의 이름으로 말하기 때문에 자신이 국가의 법보다 우월하다고 주장한다. 경찰관 4백 명은 안식일에 자신의 아이들과 시간을 보낼 수 없다. 유대인들이 서로 싸우지 않도록 말리는 일에 관여해야 하기 때문이다. 유배 생활에서 풀려나기를 오랫동안 기도한 후에 집에 돌아온 형제들 사이에서 일어난 종교적 논쟁 때문에 분노와 냉소와 격렬한 대립이 발생하고 있다."[9]

그런데 이스라엘 사회를 끊임없이 긴장 속으로 몰아가는 이런 지속적인 상황 악화가 발생하는 이유는 무엇인가? 종교적으로 극단적인 정통주의자들이 이스라엘에서 공적인 삶과 사적인 삶을 할라카의 규범 아래 완전히 종속시키려고 점점 더 큰 압력을 행사하기 때문이다. 그리고 그들은 적잖은 성공을 거두었다. 전체주의적인 주장을 펴는 이런 정통주의자들은 사적인 영역과 공적인 영역, 개인과 사회의 분리를 전혀 알지 못한다. 그들은 인간의 **모든 삶**이 그들이 이해하는 하나님의 뜻 아래 놓여 있다고 주장한다.

그런데 이미 세속적·다원적 성향을 띤 이스라엘 국가가 건립될 당시에

—시온주의자들이 이주하기 전과 이주하는 동안 정통주의자들이 이미 주도권을 잡고 있었기 때문에—최초의 (사회주의적!) 총리 다비드 벤-구리온이 종교적 영역에서 **정통적·종교적 정당을 정치적으로 승인하기**에 이르렀다는 사실을 우리는 잊어서는 안 된다. 1947년 6월 19일에 안식일과 식사에 관한 법률이 제정되었고, 결혼과 이혼 예식도—위임 시기 이후에 랍비들과 정당 정치인들로 구성되는 고위 랍비공회의 감독 아래—오직 정통주의 랍비들만이 주례할 수 있게 되었다. 따라서 선출된 고위 랍비들은, 많은 사람들의 분노를 야기했지만 이스라엘에서 가장 높은 종교 법관들이다. 왜냐하면 이스라엘에서 법적인 권한은 분배되어 있고, 개인의 신분의 권리도(결혼과 이혼에 관한 사항도) 국가 법정이 아니라 종교 법정이 관할하기 때문이다. 심지어 국가의 최고 법원도 구체적인 사건의 경우에는 종교 판결에 의뢰해야 하며 스스로 결정할 수 없다.

정통주의 정당들은 1947/48년에도 여전히 힘이 없었고, 40년이 지나서도 선거에서 여전히 15% 이상의 표를 얻지 못하고 있다. 그렇지만 이스라엘 의회의 권력은 나눠져 있기 때문에 정통주의 정당들은 이런 상황에서도 사회주의 노동당과 보수적인 리쿠드 연합 사이에서 결정적인 역할을 충분히 수행할 수 있었다! 따라서 이스라엘 국가가—과거에 가톨릭의 국가종교의 토대 위에서 권위적이고 가톨릭적인 국가들(이탈리아, 스페인, 포르투갈, 아일랜드, 라틴아메리카)도 그랬듯이—이스라엘 국가에게 강요되던 유대교 종교법에 근거하여 **시민의 결혼과 이혼**을 초기부터 허용하지 않았던 것은 이 정통주의 집단들 때문이었다. 다른 여러 사례에서도—이슬람 법전을 가지고 있는 많은 이슬람교 국가들과 비슷하게—이미 국가가 건립될 당시에 **할라카의 규정**은 **실제로 국가의 법**이 되었다. 종교적 다원주의인가, 아니면 유일한 국가종교인가? 이것은 여기서 양자택일의 문제다. 따라서 이스라엘 국가에게 다음과 같은 질문은 근본적인 것이다.

4. 도대체 누가 유대인인가?

우리가 살펴보았듯이, 단지 윤리적이고 종교적인 요인을 고려해야 하는 유대인의 정체성에 관한 이론적 정의定義만이 논쟁거리가 되는 것은 아니다. 국가 건립 이후 곧바로 결의된 '귀환법歸還法'에 따라서 **모든 유대인에게** 자동적으로 주어진 **이스라엘의 시민권에 관한** 매우 실제적인 **질문**이 미래의 논쟁거리가 될 것이다. 논쟁은 구체적으로 다음과 같은 질문에서 나온다. 정통주의 유대교가 아니라 보수적이거나 개혁적인 유대교로 개종한 사람들은 어떻게 되는가? 이런 개종자들도 실질적으로, 그리고 법적으로 유대인인가? 1987년까지도 그 당시에 극단적인 정통주의였던 내무장관은 이 질문에 부정적으로 대답했고, 할라카의 규정에 따라 개종할 것을 엄격하게 요구했다. 그리고 이스라엘의 고등법원이 이에 이의를 제기하자 장관은 자신의 종교 신념을 포기하고 법원의 명령을 따르기보다는 퇴진을 선택했다.

메나헴 베긴Menachem Begin(1977) 아래 민족적·보수적 리쿠드 당이 정권을 잡으면서부터 **종교적 정통주의자들**은—정당과 정통주의 고위 랍비들도—국가의 법률 제정에 강한 압력을 행사하면서 호텔과 대중 교통수단, 항공사 엘 알El Al과 많은 스포츠 행사에 단호한 제한조치를 취했다. 이러한 금지와 명령은 특히 식사 규정과 안식일 준수에 적용되었다. 우리가 들었듯이 대부분의 이스라엘 사람들은 현대의 모든 업무 강요에 맞서 먼 옛날부터 거룩하게 여겨온 휴일을 철저히 지키려고 노력한다. 그렇지만 안식일에는 39가지 노동을 금지하고, 그 가운데서 2천 걸음 이상 걷는 것을 금기로 여기는 정통주의자들의 방식처럼 그들이 안식일을 무조건 지키려고 하는 것은 아니다. 많은 유대인들이 셰마 이스라엘을 낭송하고 유대인의 특정한 풍습을 따르지만, 그들이 이를 하나님의 계명으로 확신하기 때문이 아니라 유대인으로서 자신들의 차별성과 고유성을 표현하기를 원하기 때문이다. 그렇지만 정통주의의 영향은 커져가며, 노동당 연합이 정권을 잃고 난 뒤에는 사회주의 노동당 당수인 (예전에 총리와 외무부 장관을 지냈던) 시몬 페레스Shimon Peres조차도 토라와 탈무드의 교훈으로 개인교육을 받는 것을 중요하게 생각했다.

그렇다면 미래의 유대교는 어떻게 될까? 어쩌면 정통주의와 민족주의를 따르거나, 심지어는 군국주의를 따를까? 작가들이 최근에 경고의 목소리를 내고 있다. 이스라엘 국가 안에 거주하는 유대인의 삶을 긍정적으로, 때로는 낭만적으로 묘사하고 칭송하는 그 어떤 종류의 문학도 존재하지 않는다. 독립전쟁 이후부터 1950년대 후반까지 이스라엘의 문학이 산문과 서정시에서 이념적이고 사회적인 방향을 강하게 띠고 있었지만, 1960년대 이후부터는 오히려 개인의 정체성과 개인의 세계에 더욱 집중하고 있다. 그러나 1980년대 이래 경고하는 다른 문학 장르가 나타났다. 그것은 파괴적인 비판이 아니라 잘못된 길을 경고하는 것으로 이해되기를 원하는 사회비판적인 희곡작품들이다. 사람들은 근본주의적이고 군국주의적인 국가를 두려워한다! 예컨대 1987년에 공연된 《마지막 세속적 유대인》이라는 작품은 정통주의 비판을 음악적 풍자에 담아, 유대인의 신정 체제를 미래의 이스라엘로 여기는 사상을 무대 위에서 조롱했고, 그래서 검열에 걸려 곧바로 곤경을 겪었다. 한 명의 이스라엘인이 미국으로 이민을 가려고 애쓰는 내용을 담고 있는 《애국자》(1986)라는 작품도 이와 비슷하게 잘못된 애국주의를 경고한다. 요르단 강 서안 지구의 점령이 이스라엘의 젊은 병사들에게 미치는 영향을 묘사한 《에브라임이 군대로 돌아오다》(1985)라는 작품은 군국주의에 대한 경고를 담고 있다. 마지막으로 《팔레스타인 여인》(1985)과 《예루살렘 신드롬》(1987)은 인티파다Intifada(팔레스타인 사람들의 반이스라엘 저항운동) 이전에 이미 이스라엘과 팔레스타인의 갈등을 주제로 날카롭게 그려냈다. 이 두 작품은 많은 상영작을 남긴 이스라엘 작가 요수아 소볼Joshua Sobol

의 작품이다.

여기서도 다음과 같은 질문은 불가피하다. 유대교에서든 기독교에서든, 사람들이 미래에 현대 세계에서 정통주의적인 중세로 도피하겠는가? 이에 대해 많은 유대인들(과 기독교인들)은 의심하고 있으며, 캐나다에 거주하는 유대인 버나드 아비샤이Bernard Avishai가 썼듯이, "시온주의의 비극" 때문에 괴로워하고 있다.[10] 그는 오랫동안 이스라엘에 살았지만 항상 다시 캐나다로 되돌아가곤 했다. 우리는 이미 유대교 내부에서 일어나는 할라카, 곧 종교 율법을 둘러싼 논쟁을 충분히 살펴보았다. 따라서 "하나님의 백성으로서 이스라엘과 땅"이라고 하는 근본 상수에 관해서는 기본 합의를 이끌어낼 수는 있지만, 유대인의 정체성의 근본이 되는 이러한 근본 상수에 비해 나중에 생겨난 할라카의 실천 관련 질문은 부차적인 질문이라고 주장하고 싶다.[11]

따라서 다음과 같은 질문이 제기된다. 만약 아무리 예견해보아도 완전한 세속화도 새로운 성역화도 결국 실현될 수 없다면, 무엇이 긍정적인 해결책이 되겠는가? 회당과 국가를 더 철저하게 분리하는 것이 해결책이 되겠는가? (아랍 시민과 무슬림 시민, 기독교 시민의) 종교 자유와 종교 평화를 위한 보증으로서 종교적으로 중립적인 국가가 존재하는 것이 가능하겠는가? 세파르디Sephardi(스페인과 포르투갈에서 이주한 유대인들)과 동방 출신의 유대인들이 아슈케나지Ashkenazi(유럽에서 이주한 유대인들)의 지도층을 향해 품고 있는 오늘날의 긴장감과 깊은 보복심을 누가 알고 있는가?

오래된 논쟁적 질문은 바로 현실적인 전제 아래서 새로운 비중을 얻게 된다. 그렇다면 도대체 누가 유대인인가? 원칙적으로 먼저 확인해야 할 것이 있다. 누가 이스라엘 국가의 시민인지는 이스라엘 국가가 결정할 수 있다. 그러나 누가 유대인인지는—유대인도 말하듯이—국가가 결정할 수 없다.

유대인이 아닌 사람(무슬림, 기독교인)도 이스라엘의 시민일 수 있다. 그러나 거꾸로 이스라엘의 시민이 아닌 사람도 유대인일 수 있다. 따라서 실제적인 입법의 관점이 아니라 **유대인의 위대한, 그러나 새롭게 성찰된 전통**의 관점에서 누가 유대인인지를 규정해야 한다. 물론 여기서 두 가지 관점을 다시 구분해야 한다.

- **민족적** 의미(유대 민족에 속한다는 의미)에서 유대인 어머니의 모든 자녀나—오늘날 개혁적 유대교에서 정당하게 덧붙였듯이—유대인 아버지의 모든 자녀는 유대인이다. 그러므로 신앙인이든 불신앙이든, 회당에 속해 있든 그렇지 않든, 원하든 원하지 않든, 이러한 의미에서 유대인은 자신의 혈통에 따라 유대인의 운명 공동체에 소속된다.
- **종교적** 의미(유대교에 속한다는 의미)에서 아브라함과 이삭과 야곱의 한 분 하나님과 그분의 백성의 선택을 믿고 땅의 약속에 참여하는 모든 사람은 유대인이다. 이런 의미에서 회당에 속해 있든 그렇지 않든, 정통주의든 보수주의든 개혁주의든, 태어날 때부터든 개종에 의해서든, 유대인은 자신의 믿음을 통해 유대인의 신앙 공동체에 소속된다.

첫 번째 부분을 분석한 결론은 다음과 같다. 3천 년 동안—패러다임 전환과 새로운 시대를 관통하는—유대교 신앙의 결정적이고 중심적인 요소는 언약, 곧 자신의 백성과 관계를 맺는 하나님의 관계다. 이 백성은 특정한 땅과 관계를 맺어왔다. 유대교의 **근대적 위기**는 민족적 의미의 유대인과 종교적 의미의 유대인이 처음부터 동일하지 않다는 사실에 있다. 과거에는 타고난 유대인은 믿음의 유대인이기도 하였다. 그리고 유대교의 **포스트모던적 가능성**은 민족적 의미의 유대인과 종교적 의미의 유대인이 유대교의 전통, 곧 하나님의 언약과 그분의 윤리적 계명에 대한 미래지향적 새로운 성찰을 통해 다시금 새롭게 발견된다는 사실에 있다. 물론 여기서 윤리적 계명은 유대교 중세기에 비로소 완전히 형성되었고 근대에 이르기까지 생존해온 할라카의 체계와 단순히 일치하지 않는다.

유대인의 정체성을 이렇게 설명했지만, 또 다른 운명적인 질문이 제기된다. 그것은 민족의 경계가 아니라 땅의 경계에 대한 질문이다.

II. 비극적 충돌

여기서 나는 설명하기 매우 민감한 지점에 다시 도달했다. 많은 가톨릭 신자들이 교회 관련 책에서 즉각 교황에 관한 구절을 찾아서 읽을거리로 삼거나 그 구절을 이어가듯이, 많은 유대인들은 유대교 관련 책에서 이스라엘 국가와 그 **경계**에 관한 부분을 먼저 찾게 된다. 저자는 '우리 편'인가, 아니면 '반대 편'인가? 사람들은 가톨릭교회나 유대교를 여전히 긍정적으로 설명할 수 있다. 하지만 만약 그가 바로 이 한 부분에서 독자와는 다른 견해를 밝힌다면, 그는 종종 낙인이 찍히거나 심지어 추방되기도 한다.

그러나 나는 이 부분에서도 지적으로 정직해야 하고, 모든 측면에서 공정하고 최대한 정의로워야 한다고 생각한다. 내가 제2부에서 자세하게 설명했던 이스라엘 국가의 발생사가 이미 이런 태도를 강력하게 요구한다. 홀로코스트에 이르기까지 긴 교회사의 과정에서 기독교가 유대교에 저지른 잘못을 거듭 자세하게 보고했으니, 이제 나는 이스라엘이 아랍인들이나 팔레스타인 사람들에게 저지른 잘못도 역시 개방적이고 솔직하게 보고하려고 한다. 모든 잘못을 평준화하거나 비교할 수 없는 것을 서로 비교하려는 의도도 아니고, 유대교가 아랍인들에게 저지른 잘못을 지적함으로써 기독교가 유대교에 저지른 잘못을 희석하려는 책략도 아니다. 다수의 이스라엘인들이 소원하는 이스라엘과 팔레스타인 간의 평화와 유대교·기독교·이슬람교 간의 소통이 이루어지기를 간절히 소원하는 마음이 가득하기 때문이다. 걸프전쟁 이후로 이런 태도는 예전보다 더 시급히 요구된다. 걸프전쟁 이후로—최근 텔 아비브 대학교 전략연구소의 연구에 따르면—이제는 이스라엘인의 58%가 (한 해 전에는 50%, 5년 전에는 46%였지만) 점령 지역을 반환하는 것을 지지한다.[1] 만약 국민에게 직접 물어본다면, 지금의 정부가 널리 퍼뜨리는 것과는 다른 모습이 나온다. 나는 바로 이 점에서 출발하기를

원하며, 이 다수의 이스라엘 사람들의 소원을 따르기를 바란다.[2]

1. 땅을 둘러싼 두 민족의 투쟁 – 혜안은 없는가?

'민족'과 '땅'은 유대인에게, 특히 이스라엘인에게 원칙적으로 하나라는 사실은 여전히 잘 알려져 있다. 그렇지만 유대인이 이 땅에 새로 정착하고 유대인의 국가를 건설한 이후부터 이곳에는 이제 **두 민족**이 마주보고 있다는 사실은 너무나 분명하다. 유대인과 아랍-팔레스타인 사람, 이 두 민족은 3천 년 전부터, 또는 지난 몇 천 년 동안 **그들에게,** 그리고 오직 그들에게만 **이 땅이 합법적으로 속해** 있다는 뿌리 깊은 **의식을** 지니고 있다. 유대인은 특히 기원전 1000년 이후에 설립된 다윗-솔로몬 왕국을 근거로 끌어들이고, 팔레스타인 사람들은 기원후 636년에 아랍인들이 그 땅을 정복한 사실을 근거로 끌어들인다. 따라서 영국의 역사학자 제임스 파커스James Parkers가 자신의 책 '팔레스타인 민족들의 역사'의 제목으로 《누구의 땅인가?》라는 질문을 선택한 것은 옳았다.[3]

이 두 민족이 생사를 걸고 투쟁할 수밖에 없는 정치적 가능성이 존재해 왔다.[4] 이미 1947/48년에 두 정당은 그들 자신의 국가, 곧 유대인의 국가와 아랍인의 국가를 건립할 수 있었다. 이로써 그들은 서로를 인정하고 정치적·경제적으로 협력할 의무를 지게 되었다. 그런데 그 당시에—뜻하지 않게 벤-구리온에게 반대하며—**국가 건립을 거부한 아랍인들**이 있었다. 그들은 유대인들이 국가를 건립한 바로 직후에 허약한 유대인의 국가를 다시 파괴할 수 있을 것이라는 기만적인 희망에 사로잡혔다. 불안감과 비참한 전투로 인해 수십만 명이 물려받은 거주지를 떠난 것은 (그리고 추방된 것도) 전쟁의 뜻하지 않은 부수적 결과였다.[5] 최근의 역사 연구에 따라서 우리는 다음과 같이 제한 없이 질문할 수 있다. 처음 20년 동안 일어난 충돌의 주된 책임이 아랍인들에게 있지 않은가? 이 기간 동안 평화롭게 살기보다는 세 번이나 전쟁을 일으킨 것은 오직 그들의 잘못이 아닌가? 여하튼 사람들이 이런 생각을 하게 된 것은 1969년 이래 야시르 아라파트의 알 파타Al Fatah 해방운동의 지휘를 받아온 팔레스타인 해방기구PLO가 1964년에 조직되었기 때문이다.

한 가지 분명한 사실은 1967년 **6일 전쟁 이후에** 시나리오가 결정적으로 바뀌었다는 것이다. 여기서 일어나기 시작한 위험한 발전을 저 유명한 유대인 지식인처럼 그렇게 일찍이, 그렇게 결정적으로 감지한 사람은 이스라엘에서 전혀 없었다. 그는 이미 40년 전부터 확신 있는 시온주의자로 이스라엘에 거주하고 있었다. 그는 이스라엘 민족에 대한 비유대인들(고임Goyim)의 지배에 싫증을 느껴왔다. 그는 독립전쟁에 동참했으며, 최근까지도 항상 비판적인 발언을 해왔다. 왜냐하면 그는 지금과는 다른 이스라엘, 곧 평화를 사랑하고 모든 측면에서 존중을 받는 이스라엘을 열망해왔기 때문이다. 그는 우리에게 이미 매우 잘 알려진 자연과학자이자 유대교 연구가이고 예루살렘 히브리 대학교 교수인 **예샤야후 리보비츠**Yeshayahu Leibowitz다. 그는 냉철하게 다음과 같이 주장했다. "6일 전쟁은 이스라엘 국가의 역사적 재앙이었다."[6] 그 이유는 무엇인가? 근동 지역 **평화 부재의 주된 책임**은 그 이후부터는 분명히 **이스라엘**에 있기 때문이다. "협상과 분할에 대비하지 못한 자는 실제로 우리 자신이다. 이스라엘은 과거에도, 그리고 지금도 평화를 원하기보다는 오직 점령 지역 지배를 유지하는 일에만 관심을 쏟고 있다. … 그러나 결국 우리의 완고함이 속죄일Yom Kippur 전쟁을 초래했다."[7]

두 번째 단계에서 이스라엘 국가의 재개된 격변의 발전은 미래에 대한 전망을 도리어 어둡게 만들고 있다.[8] 1974년에 팔레스타인 해방기구는 아랍 국가들에게 팔레스타인 민족의 유일한 합법적 대표기구로 인정을 받았으며, 단지 아랍연맹의 정회원만이 아니라 유엔에서 참관인의 지위도 얻었다. 그 본부는 1982년에 레바논에서 추방된 이후로 튀니스에 자리 잡고 있다. 많은 이스라엘 사람들이 정권에 비판적인 견해를 펼쳤지만, 팔레스타인 지역의 점령으로 이스라엘의 정치·경제·군사 영역과 국제적인 명성에 점점 더 **파멸적인 결과**가 초래되었다. 적지 않은 이스라엘 사람들(심지어 이주해온 소비에트 유대인들)은 다시 이주를 하게 되었고, 예샤야후 리보비츠는 예언자처럼 단호하게 이를 폭로했다. 그가 물었듯이 아랍 지역을 지속적으로 점령하는 것에 대한 보상은 도대체 무엇인가?

— **팔레스타인 민족에게 폭력 지배**를 행사하고 유지하는 것: 이스라엘 국가의 초기 20년 동안에 사람들은 "국가가 유대인의 결정적인 투쟁이 전개될 수 있는 투기장이 되기를 희망했다. 그러나 1967년 이래 이스라엘이 폭력 지배의 한 가지 수단이라는 사실이 결정적으로 드러났다."[9]

— 팔레스타인 민족의 **생존권 부정**: 특히 골다 메이어Golda Meir(1956~65년 외무부 장관, 1969~74년 총리)[10]가 이스라엘의 입법부에서 "팔레스타인 민족은 없다!"고 선언하자 항의가 빗발처럼 쏟아졌다. "전 세계에, 그리고 심지어 이스라엘에도 유대 민족의 존재를 부정하는 역사학자들과 사회학자들, 다른 지성인들이 넘쳐나지 않는가! 여하튼 '팔레스타인 민족은 없다'는 구호가 무엇을 의미하는지 우리는 매우 잘 알고 있다. 이것은 인종 학살이다! 팔레스타인 민족을 신체적으로 말살한다는 말이 아니라, 국가적이고 정치적인 일치를 말살한다는 말이다."[11]

— **이스라엘 정보부의 지배**: 이미 1967년에 우리는 다음과 같이 예견할 수 있었다. "정보부, 쉰 베트Shin Bet(이스라엘의 안전기획부), 그리고 비밀경찰이 이스라엘 국가의 중심기구가 되었다. 만약 사람들이 다른 민족에 대한 유대인의 폭력 지배를 유지하기를 원한다면, 쉰 베트를 정치적 현실의 중심

으로 삼는 것 외에는 다른 선택이 없다."[12]

— **군사력 남용**: "군대에 징집된 18세 소년은 이스라엘 국가의 방어를 위해 소집된 것이 아니라, 아랍의 도시과 마을의 주민을 위협하기 위해 거리로 파견되었다. 젊은이들 가운데서 민감한 자들은 이를 매우 잘 느끼고 있다."[13]

— **국제적 명성의 상실**: "국가 건립 이후 첫 시기에 광범위한 영역에서 흔히 볼 수 있듯이, 세계는 오늘날 이스라엘 국가에 존경과 가치를 더는 보내지 않으며, 심지어는 솔직한 공감도 표하지 않는다."[14]

— **내적 신뢰의 상실**: "비록 유대인들 가운데서 가장 사악한 자들에게는 그렇지 않지만, 대부분의 유대인에게조차 이스라엘 국가가 점점 더 낯선 국가가 되어간다는 사실이 훨씬 더 결정적이다. 왜냐하면 오늘날 상황에서 이스라엘 국가는 유대인에게 전혀 영광스러운 존재가 아니기 때문이다. … 이스라엘 국가는 유대인과 유대교의 실존적 문제를 위한 자신의 의미를 점점 더 상실하고 있다."[15]

마이모니데스를 숭상하지만 그의 견해를 따르지 않는 많은 사람들조차도 위대한 이스라엘 사람으로 칭송하는 리보비츠가 지적하듯이, 이런 상황은 바로 이스라엘 안에서도 종종 참을 수 없는 것으로 받아들여진다. 큰 칭송을 받았던 점령 지역 내의 경제 성장(국민 총생산, 전기 시설, 해외 무역, 생활수준)도 이 문제를 보지 못하게 할 수는 없다. 고삐 풀린 신자본주의와 군비를 위해 상당히 소모되는 경제 때문에 시온주의의 원래 이상이 상실되었다는 사실에 많은 이스라엘 사람들은 탄식한다. 이러한 경제 성장을 이룬 것은 건축업과 농업, 서비스업에서 특히 팔레스타인 사람들을 값싼 노동력으로 활용했기 때문이다. 이러한 불행한 발전 때문에 이스라엘 국가의 공적인 정책에 대한 내 자신의 견해도—여전히 동정심을 느끼고 있지만—바뀌

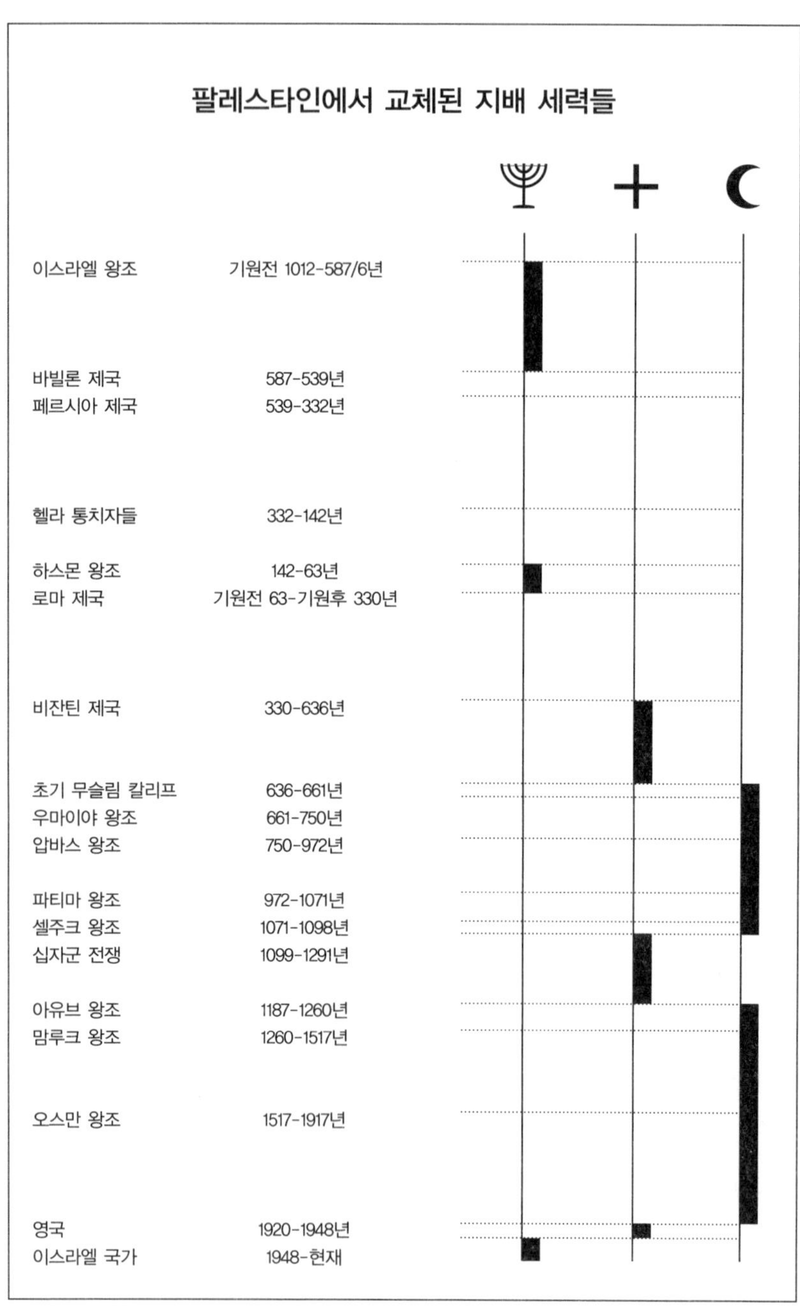

팔레스타인에서 교체된 지배 세력들
이스라엘 왕조 기원전 1012-587/6년
바빌론 제국 587-539년
페르시아 제국 539-332년
헬라 통치자들 332-142년
하스몬 왕조 142-63년
로마 제국 기원전 63-기원후 330년
비잔틴 제국 330-636년
초기 무슬림 칼리프 636-661년
우마이야 왕조 661-750년
압바스 왕조 750-972년
파티마 왕조 972-1071년
셀주크 왕조 1071-1098년
십자군 전쟁 1099-1291년
아유브 왕조 1187-1260년
맘루크 왕조 1260-1517년
오스만 왕조 1517-1917년
영국 1920-1948년
이스라엘 국가 1948-현재

었다는 사실을 나는 공개적으로 고백한다. 이스라엘 정부의 정책을 거의 무제한 긍정했던 나는 이제 비판적인 태도로 돌아섰다. 나는 이스라엘 생존권의 무조건적 인정은 팔레스타인 사람들의 국가 건설과 그들의 민족적 자결권을 진지하게 수용하는 것과 연결되어 있다고 생각한다. 그렇다면 이스라엘 국민은 점점 더 첨예화되는 이런 상황을 어떻게 견디고 있는가?

2. 버티기, 물러서기, 억누르기?

이스라엘 사회는 팔레스타인 사람들과의 관계에 대한 결정적인 질문에서 현저하게 양극단으로 나뉜다. 우리는 이스라엘 사람의 과반수가 오늘날 점령 지역을 다시 포기할 용의가 있다고 듣고 있다. 그러나 지난 국회의원 선거 결과에 따르면 리쿠드 당과 종교 정당들이 대변하는 이스라엘 국민의 대략 절반은 점령 정책의 폭력성을 분명히 전혀 비판하지 않았다. 군사적 이유에서든 종교적 이유든, '**세 가지 반대**'가 여전히 존재한다. "팔레스타인 해방기구와 대화하는 것에 대한 반대, 1967년에 그어진 경계선으로 물러서는 것에 대한 반대, 팔레스타인 국가에 대한 반대"다. '**버티기, 눌러앉기, 전략적으로 행동하기**', 이것은 최근에 미국의 외무부 장관 제임스 베커와의 협상에 이르기까지 유지되어온 근본 입장이다. 이런 태도는 끈질긴 저지("모든 것은 아랍인의 잘못이다!")를 그럴듯한 친절한 협력("우리는 그 어떤 가능성도 배제하지 않는다!")과 연결하려고 시도한다. 우리는 결국 누가 오랫동안 숨을 참는지를 보게 될 것이다.

이 문제에서 좌파 정치 진영에 속한 작은 정당이나 운동('피스 나우Peace now', '마팜Mapam', '라츠Ratz')은 점령 지역에서 철수하지 않고서는 누릴 수 없는 평화를 분명하고 공개적으로 지지한다. 그들의 구호는 "평화의 땅!"이다. 이것은 걸프전쟁 이후에 기쁘게도 미국 대통령 조지 부시가—그 전에 이미 소련과 유럽 공동체도—수용했던 요구다.

그러나 사람들은 다음과 같이 질문하게 된다. 30~40%의 중도적 집단, 특히 사회민주주의 정당 진영에 속한 사람들이 현재 상황을 염려하고 그것에 좌절감을 느끼는 이유는 무엇인가? 그 상황을 바꾸려고 결정적인 시도를 하지 않는 이유는 무엇인가? '**더 꼼꼼하게 살펴보지 않기**', 이것은 대개는 팔레스타인 사람들과 생생한 관계를 전혀 맺지 않고 살아온 중립 지대의 사람들의 어정쩡한 태도다. 히브리 대학교의 범죄학 교수 스탠리 코헨Stanley Cohen의 연구에 따르면[16] 이 수동적인 사람들은 특히 자유주의적인 유럽 유대인의 후손들로 구성되어 있고, 철저히 "이성적이고 점잖은 시온주의"를 양심적으로 대변한다. 이스라엘의 팔레스타인 점령 정책이 얼마나 잔인한지 모를 리 없을 텐데 그들은 엄연한 현실을 받아들이지 않는다. 그 이유는 무엇인가? 아마도 많은 정보가 단숨에 "은폐되었기" 때문일 것이다. 아마도 위험한 정보는 "의식의 어두운 구멍" 속으로 빠져 들어갔거나 변형되어 다른 것과 대체되었을 것이다. 그 결과는 자기기만과 "생존에 필요한 거짓말"이다. 만약 그렇게 하지 않으면 마치 자신의 이념 세계가 붕괴될 것처럼 말이다. 코헨에 따르면 최근의 유대교 역사도 이런 일과 관련되어 있다. 많은 이스라엘인이 자신을 희생자로 보는 것보다 가해자로 보는 것을 꺼린다. 왜냐하면 그들은 홀로코스트 때문에 유대인의 국가가 항상 도덕적으로 옳다는 확신 속에서 살아가기 때문이다. 따라서 그들은 자신의 땅에서 자신의 군대가 저지른 불의한 행동을 자동적으로 변형시킨다. 군대가 계속 참기 어려운 도발을 받았다거나, 예컨대 세파르디Sephardi(스페인과 포르투갈에서 이주해온 유대인들)와 아랍 지역에서 이주해온 유대인들이 저지른 개별 사례라는 것이다. 코헨의 추론에 따르면 많은 이스라엘 사람이 진정한 문제를 상당히 억누르고 있다.

배후에 놓여 있는 문제점은 다음과 같은 것이다. 홀로코스트를 문제가 많은 정책을 정당화하는 데 이용해도 좋은가? 비록 불편하지만, 여기서 우리는 유대인의 경고의 말을 매우 진지하게 받아들여야 한다. **생존자들의 홀로코스트 트라우마**가 오늘날 모든 악을 일반적으로는 아랍인들에 투사하고 특별하게는 팔레스타인 사람들에게 투사하는 **사후에 태어난 자들의 홀로코스트 증후군**이 되어서는 **안 된다**. 여기서는 홀로코스트를 도구화하는 두 가지 중요한 관점을 강조하는 두 가지 목소리만을 소개하기로 하자.

— 미국의 유대인 신학자 **마르크 엘리스**Marc Ellis는 다음과 같은 사실을 환기했다. 오늘날 군사적으로 강력해진 홀로코스트 이후의 유대교를 군사적으로 연약했던 유럽의 홀로코스트 이전의 유대교와 비교해서는 안 된다. 만약 현재의 정책을 계속 밀고나간다면, 이스라엘 국가는 세계의 정치 상황이 근본적으로 바뀌게 될 그날에 홀로코스트를 두려워해야 할 것이다. 두려운 것은 이스라엘 국가의 종말이지, 유대인 홀로코스트 신학자들이 늘 말해왔듯이, 유대 민족의 종말은 아닐 것이다.[17] 실제로 다수의 유대인들은 언제나 이스라엘 밖에서 살고 있다. 많은 나라에서 그들이 절대적으로 동등한 대우를 받고 있으며, 위협을 받지 않고 존중을 받으면서 살고 있다는 사실은 주목할 만하다. 다른 사람들처럼 소수의 사람들은 종종 적대시되기도 하지만, 그와 동시에 소수자를 돌보는 매우 발전한 정치문화를 통해 충분히 보호를 받고도 있다.[18]

— **미하엘 볼프존**Michael Wolffsohn 교수는 이스라엘 정치학자이자 시대를 연구하는 역사가로 오늘날 이스라엘에서 살아 움직이는 과거가, 다양한 전조 가운데서 단지 유대인만이 아니라 아랍인에게도 얼마나 중요한지를 분명히 밝혔다. 유대인들에게 홀로코스트 증후군은 단지 독일과만 관련된 것은 아니다. 물론 독일은 홀로코스트를 상징한다. 그러나 홀로코스트는 다시 "오늘날 이스라엘에서 살아 움직이는 과거를 보여주는 보편적인 표지"다. 이

것은 말하자면 "인식의 안경"과 같은 것이다. 이를 쓰고 있는 사람들은 이를 통해, 그리고 이와 함께 그들의 주위를 보게 된다. 따라서 홀로코스트 증후군은 모든 경우에 "정치적 논점"으로 기능한다. "예컨대 팔레스타인 해방기구는 종종 나치와 동일시되고, 1956년과 1967년에 주장되거나 실제로 새로운 홀로코스트를 원했던 나세르Nasser와도 동일시된다. 현재에 살아 움직이는 과거는 현재를 통해 더욱 강화된다."[19]

그렇다면 팔레스타인 사람들의 처지는 어떠한가? 1948년의 전쟁 때문에 팔레스타인 사람 85만 명가량이 거주하던 지역에서 도피하고 추방되었고, 그들의 귀환은 저지되었다. 그들에게 이스라엘 국가는 땅을 강탈한 후에 설립된 '십자군 국가'로 여겨진다. 볼프존이 경고조로 언급했듯이, 이스라엘 사람들에게 멸시와 추방과 박해를 받았던 사람들에게도—이제는 물론 이스라엘 사람들에 대한—홀로코스트 트라우마가 생겨날 수 있다. "팔레스타인 안에서, 그리고 그 주위에서 살아가는 **아랍인들**에게 1947/48년의 사건은 일종의 홀로코스트 트라우마이기도 하며, 그 파장은 정치적으로 의미심장한 것이 되었다. 베이루트 학살(1982년 9월 16~17일)이 그런 사건일 것이다. 팔레스타인 아랍인의 정치심리학에서 보면, 1948/49년과 1967년과 1982년에 데이르 야신Deir Yassin에서 일어난 학살과 팔레스타인 아랍인들의 집단 도피(다른 사람들은 이를 추방이라고 부른다)는 분명히 이스라엘의 유대인에게 아우슈비츠와 동일한 비중을 지닌다." 물론 여기서 우리는 역사적인 차이를 고려해야 하며, 볼프존도 이를 고려한다. 그러나 그에게 "실제적 차원의 비교 가능성, 곧 무장하지 않은 강제수용소 거주자들과 적어도 부분적으로는 무장했던 시민들의 차이는 중요한 것은 아니었다." 그가 중요하게 생각한 것은 "'객관적으로 역사학적인 진실'(이런 것이 존재하는가?)이 아니라 집단적·주관적으로 느꼈던 역사의 진실이다."[20] 그리고 바로 추방되었던 사람들이 오늘날 도처에서 자신들의 아직 남아 있는 과거의 재산을 애도해야 하는 추방된 사람들을 이해할 수 없다는 말인가?

그리고 팔레스타인 사람들과 특히 (모든 위기를 놀라울 정도로 강인하게 극복했지만, 약속과 연합에서는 믿음을 주지 못했던) 그들의 지도자 아라파트도 근동의 불안한 정세에 적잖게 기여했다는 사실을 간과할 수 없다. 그렇지만 특히 점령 지역에서 전략적으로 추진된 정착 활동에는 팔레스타인 사람들이 늘 방어적이다. 이 활동의 장기적 영향은 깊게 고민해야 한다. 미하엘 볼프존은 이를 다음과 같이 설명한다. "요르단 서쪽 땅을 '유대화하려는' 노력은 역설적으로 유대인의 본질을 약화하거나 심지어는 폐기해버리는 유대인 국가의 '탈유대화'로 귀결될 수밖에 없다. 거대한 매는 거대한 비둘기가 꿈꾸던 목표를 뜻밖에 성취한다. 그것은 오직 유대인만의 공동체가 아니라 **두 민족으로 구성되는** 국가, 곧 유대인-아랍인의 국가다. 그렇지 않으면 **민주주의의 폐지**라는 **하나의 대안만**이 있을 뿐이다."[21] 이제 우리는 결정적인 지점에 이르렀다.

3. 민주사회인가, 민족 안보국가인가?

이처럼 난감한 상황에 직면하여 그래도 많은 시민이 건설적인 비판을 위해 용기를 내고 있다는 사실은 예언자들의 땅에서 살아가는 이스라엘 국민을 존경스럽게 만든다. 사람들은 실제로 이스라엘을 도덕적인 유대인의 '모범 국가'로 말하는 것을 멈췄다. 비판적인 이스라엘 사람들은 자주 비꼬는 말투로 이렇게 말한다. "이스라엘 국가는 대다수의 불가지론적인 백성이 살고 있고, 부분적으로는 신정 체제적인 법률을 제정하고 전체주의적인 점령 정책을 펴나가는 서구적 민주국가"라고.

제1부와 제2부에서 했던 분석에 근거하여 우리는 역사적으로 더 정확히 말해야 할 것이다. 이스라엘 국가에는 다양한 패러다임이 공존하기 때문에 국가의 상황은 매우 모순적이고 서로 충돌할 가능성이 크다. **다양한 획기적 패러다임의 요인들**은 다음과 같다.

- 국가의 영토 주장, 성서에 근거한 경계선, 수도 예루살렘을 통해 다윗 왕국 패러다임(P II)이 존재한다.
- 독자적인 종교적 사법권을 통해 포로기 이후의 신정 패러다임(P III)이 살아 있다.
- 개인과 가정의 권리에 대한 고위 랍비들의 영향을 통해 중세 랍비 패러다임(P IV)이 계속 살아 있다.
- 근대적인 의회주의, 근대적인 행정과 군대, 경찰, 학문, 노동조합을 통해 근대 패러다임(P V)이 뚜렷이 나타난다.

그렇지만 중대한 질문은 이것이다. 어떤 요인이 결국 결정적인 요인이 될 것인가? 이스라엘 국가의 미래를 또다시 날카롭게 질문해보자.

— 개인적이고 공적인 삶을 결국 종교법에 종속시킴으로써 근본주의적인 국가와 할라카를 보편적으로 유효한 규범으로 삼을 것인가?

— 아니면 국가와 사회를 완전히 세속화함으로써 다원주의적 국가와 서구적 특징을 띠는 자유롭고 사회적인 민주주의를 모범으로 삼을 것인가?

— 아니면 시간이 흘러가면서 국내에서 일어나는 아랍인의 강력한 저항에 직면하여 심지어는 정치적·군사적인 독재국가가 출현할 것인가? (1991년에 일어난 걸프전쟁 기간 동안과 그 이후에 점령 지역의 사람들 170만 명에게 한 주간 동안 통행금지 조치를 내린 '비상사태'는 하나의 전조다.) 유대인과 아랍인을 인종적으로 차별하는, 민주주의를 위장한 군사적·파쇼적

인—아마도 근본주의적일지도 모를—체제가 들어설 것인가?

설문조사에서 드러났듯이, 종교 전통에 속한 사람들보다는 비종교적 시민들이 민주주의와 관용을 더 높이 지지한다는 사실은 깊이 생각할 가치가 있다. 이스라엘에서 **비민주적인 발전**이 실제로는 대단히 많이 일어났기 때문에 오늘날 사람은 유대인 국가에 대한 염려를 더는 비밀에 붙일 수 없게 되었다. 이스라엘 사람들의 위장적인 어법(오직 다른 사람들만이 '살인자들'이다!)과 공식적인 미화(결국 오직 '테러 방지'만이 가장 중요하다)에도 특히 점점 더 많은 미국의 신문들은 (친이스라엘적인 〈뉴욕타임스〉도) 이스라엘의 상황을 비판적으로 논평하고 있다. 그러나 가장 최근에는 지금까지 공명정대하고 자유로웠던 〈예루살렘포스트〉지가 보수적 단체에게 완전히 팔려나갔다. 그 결과로 기사의 대부분이 삭제되었고, 이 신문도 보수적·종교적인 현 정부의 공식적인 방향을 따르고 말았다. 몇 가지 사실은 예로 들어보자.

— 1985년 이래 이곳으로 이주한 사람보다 더 많은 유대인이 자신의 국가를 떠났다(이제는 단지 구소련에서 온 거대한 집단 이주 행렬만이 수치를 바꾸고 있다).

— 국가 건립 이래 공식적으로 이스라엘의 평등한 시민이 된 (70만 명을 넘는) 아랍인조차도 정부의 정책을 통해 갈수록 주변부로 내몰리고 고립되고 있다. 그들은 요즈음 혁명적인 팔레스타인 사람들과 자신들을 동일시한다.

— 종교적 정통주의를 신봉하는 반동적인 작은 세 집단이 통일노동당과 리쿠드 진영(우익정당과 노동당 사이에 시민적·자유적 정당은 없다)의 거대한 양대 정당과 이스라엘 국가의 운명을 실제로 결정한다. 그들 중의 하나('아구다트Agudat Israel' = '이스라엘 연합')는 심지어 이스라엘에 전혀 살아

본 적도 없는 뉴욕의 루바비치Lubavich 랍비에게 원격조종을 받는다. 더욱이 이스라엘의 정통주의 정치가가 전혀 아닌 많은 사람도 그곳을 성지로 참배한다. 이 모든 집단은 정부 공무원들을 그들의 협력자로 만들고, 토라 학교와 할라카 고백서를 위해 많은 돈을 그들에게서 받는다.

— 이스라엘의 극우 정치가들은 팔레스타인 전역에 대한 이스라엘의 군사 지배를 이미 당연한 것으로 생각하는 젊은이들 가운데서 이미 오래전부터 추종자들이 늘어나고 있다는 사실을 알고 있다. 그리고 설문조사에 따르면 이미 많은 사람이 이데올로기적 · 정치적 통일을 위해 민주주의를 희생할 용의가 있다. 예컨대 시온주의를 추종하는 공격적인 유대인방어연맹Jewish Defense League의 창시자인 뉴욕 랍비 메이르 가하네Meïr Kahane를 언급할 수 있다. 그는 1971년 이래 이스라엘에 살았고, 1984년부터 이스라엘의 국회의원까지 지내다가 마침내는 이스라엘 땅을 떠나야 했다. 그의 인종차별적 이념과 모든 아랍인을 이스라엘에서 추방해야 한다는 제안 때문에 많은 이스라엘 사람들은 그를 '유대인 나치'로 혐오하고 있다. 그러는 동안 1990년 11월에 뉴욕에서 일어난 가하네의 끔찍한 죽음은 폭력을 심는 자는 폭력을 거둔다는 것을 경고하는 표시였다.[22]

— 추방 이데올로기의 옹호자 중 한 명이 걸프전쟁이 벌어지는 가운데 과시하듯 장관직에 임명되었고, 많은 이스라엘 사람들은 그 사실에 경악했다.

여하튼 점령 정책의 끔찍한 도덕적 결과들은 많은 이스라엘 사람들에게 점점 더 분명히 드러나고 있다. 유대인 문제에 대한 교황 피우스 12세와 독일교회 감독들의 침묵을 매우 공개적으로 비판해온 사람들이라면 팔레스타인 문제에 대한 이스라엘 사람들의 행동에도 침묵해서는 안 된다. 비록 침묵이 훨씬 더 편안할 수도 있겠지만 말이다.

4. 인권과 평화의 위험

점점 더 많은 이스라엘의 아랍인들과 "양심적 유대인들"(그들은 이스라엘에서 자신들을 이렇게 부른다[23])은 인종 차별과 일반적인 **인권 침해**를, 군사 정권과 (다른 이스라엘인들과는 반대로 무기 허가증이 필요하지 않은) 극단적인 주민들로 구성된 무장단체의 잔인한 행위를, 그리고 검열과 위협적인 비밀 국가경찰(쉰 베트Shin bet)을 광범위하게 조사할 것을 요구한다. 믿을 만한 보도에 따르면 그들의 고문 방법은 심지어 전깃줄을 성기에 집어넣기까지 한다.[24] 군사 지휘관의 단순한 의심만으로도 팔레스타인 사람들은 투옥된다. 그래서 사람들은 질문한다. 국가의 목적이 테러라는 수단을 거룩하게 만드는가? 국가를 위해서라면 테러리즘도 영웅주의로 바뀌는가?

점령 지역의 상황은 우리를 우울하게 만든다. 매우 많은 유대인 의사들이 있지만 그들은 팔레스타인 사람을 돕지 않는다. 법률가도 돕지 않는다. 판사는 판결을 내리지 않는다. 방어 부대는 살인하고 고문한다. 한때 박해를 당하던 자들이 이제는 박해하는 자로 변했다. 이것은 참으로 이스라엘과 팔레스타인의 비극이다. 다양한 수상 경력이 있는 이스라엘의 작가이자 라디오 편집자 **다비드 그로스만**David Grossmann보다 이를 인상 깊게 묘사한 사람은 없을 것이다. 그는 난민 수용소와 아랍인 거주지, 이스라엘 법정과 저임금으로 일하는 팔레스타인 노동자들의 공장들 방문했고, 이스라엘 군대를 인터뷰했다. 그가 이 모든 것을 사실적으로 기록해 히브리어로 출판한 책은 이스라엘에서 베스트셀러가 되었다.[25] 이 책에서 저자는 비인도적인 범죄가 이스라엘의 군사 법정에서 대부분 처벌되지 않았고, 이에 대해 이스라엘의 미디어는 아무 일도 일어나지 않았다는 듯이 그저 사무적인 언어로만 보도했다고 기술한다. 이 모든 일이 이스라엘 친구들을 특히 침울하게 만드는 것으로, 나치 정권의 민족주의와 인종차별주의의 결과로 세워진 나라에서 일어나고 있다. 마치 국제법이 팔레스타인 민족에게는 적용되지 않는다는 듯이, 셈족 사람들(팔레스타인 사람들)에 대항하여 일어난 셈족 사람들의 새로운 종류의 반셈족주의antisemitism다.

국내 정치의 부정적인 전개에 발맞추어 무시하지 못할 **군사적 공격**이 밖을 향하고 있다. 두 번의 선제공격에서는 이스라엘이 여전히 동정을 받았다. 걸프전쟁(1991) 기간에 이라크의 독재자 사담 후세인이 이스라엘을 향해 미사일을 발사했을 때도 세계 곳곳마다 유대인 국가를 향한 동정심이 사라지지 않았다. 그 당시에 이스라엘 정부는 충고를 잘 받아들여 (오직 정치적·전략적 이유라지만) 독자적으로 군사 행동을 하지 않고, 특히 (결과적으로 성공을 거둔) 연합군의 반격에 맡겼다.

그럼에도 수많은 **지나친 군사적 보복 공격**, 예컨대 팔레스타인과 레바논 남쪽 마을을 향한 지속적인 공중 폭격을 우리는 간과할 수 없다. 그것은 심지어 걸프 지역에서 전투가 끝난 직후에 일어난 일이었다. 히브리 성서가 말하듯이 "눈에는 눈으로, 이에는 이로" (제한적으로) 갚기보다는 사람들은 흔히 양쪽 눈과 모든 이를 겨눈다. 더구나 걸프전쟁이 1982/83년에 일어난 이스라엘의 불행한 **레바논** 침략과 점령을 일어나지 않은 일로 돌이킬 수는 없다. 수백 명이 희생되었다. 오늘날까지도 이스라엘은 레바논 지역을 통제하고 있다. 여기서 이스라엘 국가는 자신의 역사에서 처음으로 매우 분명하게 **공격 전쟁**을 수행했다! '기독교 민병대'가 이스라엘 군대의 보호 아래 사브라Sabra와 차틸라Chatila의 난민 수용소에 있던 팔레스타인 사람들 수백 명에게 저지른 학살은 미국의 중재로 종료되었다. 이 모든 일로 이스라엘은 군사적·정치적·경제적·도덕적으로 자신에게 가장 큰 손해를 입혔고, 그와 동시에 레바논에서 기독교인 지배력의 몰락을 막기보다는 (그렇게 의도했지만) 오히려 더욱 촉진했다. 승리자는 시리아였다!

그러나 이스라엘에서도 레바논 침공에 즈음하여 **피스 나우**Peace Now **운동**에 참여한 수만 명이 처음으로 전쟁에 반대하는 시위를 벌였다. 예전에 이스라엘 국방부 장관이었던 사람조차도 베긴 정부에게 '바르 코크바Bar-Kokhba 증후군'(재앙을 영웅적 행위로 미화하는 것)을 경고했으며[26] 특히 리쿠드 진영이 정권을 넘겨받은 이래 "이스라엘의 운명을 좌우하는 결단"에 관해 비판적으로 논쟁했다.[27] 텔 아비브 대학교 법학부 학장 암논 루빈스타인Amnon Rubinstein은 6일 전쟁에서 비롯된 비극적인 이스라엘 묵시운동을 비판하면서 동일한 견해를 밝혔다. 이 운동은 이스라엘을 현실주의적인 정책을 실시한 강력하고 책임 있는 근대 국가로 여기기보다는 "항상 박해를 받아온 유대인들"의 후계자로 보았다.[28]

그렇다. '극한 상황의 심리'가 공격성을 정당화할 수는 없다. 최고의 전쟁 도발자이자 레바논 침공의 주요 책임자인 **아리엘 샤론**Ariel Sharon이 곧이어 이스라엘 주택건설부 장관(!)*에 임명된 것을 우리는 어떻게 이해해야 하는가? 그는—이스라엘 정부가 1967년에 무슬림의 옛 마을 지역을 인정해주었음에도—부대 경호원의 보호를 받는 가운데 아랍인의 옛 예루살렘 지역 한복판에서 세 번째 주택을 서슴없이 탈취했고, 그 다음에는 (정부에게 은밀하게 재정 지원을 받아) 예루살렘 기독교인 거주지 한복판에 있던 기독교 정교회의 성요한 호스피스St. John Hospice를 점령했다. 이런 행위는 그 후에 이어진 비슷한 행동의 전조前兆였다. 그는 지금도 아랍인 지역에서 모든 수단을 동원하여 이스라엘의 거대한 정착촌을 강력히 추진하고 있다. 전쟁을 계속 수행한다는 사실을 보여주기 위해서다. 워싱턴의 공무원들이 그와 아무런 관계도 맺지 않으려고 한다는 사실은 놀랍지 않다.

---

* 아리엘 샤론은 이스라엘의 레바논 침공 당시(1982년 6월) 국방부 장관이었으며, 그 후 1984년부터 주택건설부 장관에 임명됐다.

이스라엘과 미국, 특히 그 군대와 비밀 정보부는 지금까지 매우 긴밀하게 협력해왔다. 그러나 미국의 유대인들과 이스라엘 사람들조차도 오늘날 이스라엘의 **몰염치한 거래**를 비난하고 있다. 예컨대 (하이파 대학교의 유대인 교수 벤야민 베이트-할라미Benjamin Beit-Hallahmi가 수많은 자료를 통해 알려준 대로[29]) 미국(이스라엘의 보호국!)에서 간첩 행위를 한 것, (레이건 대통령의 회고록에 따르면 이스라엘이 꾸민) 이란 콘트라Iran Contra 사건에 이스라엘이 연루된 것, 미국의 납세자를 대가로 이스라엘 공군이 다시 일으킨 거대한 뇌물 사건, 이스라엘 국가가 (그리고 모든 계급에 속한 이스라엘의 예전의 수많은 장교들을 포함한) 남아공에서 칠레와 엘살바도르에 이르기까지 독재자들과 군사 기관들과 함께, 소모사Somoza · 뒤발리에Duvalier · 피노체트Pinoshet · 마르코스Marcos · 모보투Mobutu 정권과 함께 경제적 · 군사적으로 긴밀한 관계를 맺은 것 등이 있다. 물론 경찰 교육과 경찰 무장, 핵무기 개발도 바로 이런 일과 연결되었다.

미국 정부 안에서도 사람들은 질문하기 시작했다. 이런 상황에서도 이스라엘은 여전히 **미국의 전략적 동반자**인가? 사람들은 걸프전쟁에도 불구하고, 또는 바로 걸프전쟁 때문에 중도적 견지에서 이를 회의적으로 바라보아야 한다. 비록 국회가 미국의 유대인 기관들의 강력한 영향 때문에, 그리고 미국의 펜타곤(국방부)이 집중적인 군사 협력 때문에 이스라엘을 여전히 강력히 지원했지만, 걸프전쟁은 이스라엘의 팔레스타인 정책이 세계의 정치에 얼마나 위험한 영향을 끼치는지를 보여주었다. 이라크의 독재자는 해결되지 못한 팔레스타인 문제를 힘들지 않게 이스라엘 공격을 위한 핑계거리로 만들 수 있었고, 아랍 군중을 온통 열광시킬 수 있었다! 그렇다. 점점 더 억압적이고 밖을 향해 공격적인 모습을 보이는 이스라엘 국가는 미국에게 (동-서 갈등도 이미 청산된 지금에는) 골치 아픈 '전략적 자산'이 되었을지도 모른다. 다른 한편으로는 단지 사우디아라비아인들과 그들의 석유만이 아니라 이집트인들과 아랍연맹에 속해 있는 다른 국가의 사람들도 전략적으로 예전보다 훨씬 더 중요하게 되었으며, 지금 그들은 미국에 충성하면서 지원을 받고 있다.

5. 아랍인의 딜레마: 이스라엘은 비유대적인가, 비민주적인가?

1966년부터 1974년까지 이스라엘의 외무부 장관을 지냈던 **압바 에반**Abba Eban의 생각은 옳았다. 뛰어난 통찰력을 지닌 그는 다음과 같은 논지로 팔레스타인 해방기구와 대화하려고 애썼다. "이스라엘과 팔레스타인의 협상에는 현상 유지라는 위험한 확신과 비교될 수 있는 어떤 위험도 없다. 현상을 유지하는 것은 우리의 평화 비전을 어둡게 하고 경제를 약화하며, 관광산업을 해치고 이미지를 훼손하며, 국제적인 우정의 토대를 갉아먹고 국가를 분열시키며, 유대인 디아스포라를 고통스럽게 만들고 우리의 가장 소중한 유대적 · 민주적 가치를 땅에 묻어버린다."[30]

그렇지만 많은 미국인 유대인들에게도 걱정을 끼치는 다른 이유도 있다. 그동안에 이뤄진 팔레스타인의 '인구 변동의 폭탄'이 이스라엘 자체 안에 점점 더 민족을 시험하는 문제가 되고 있다. 장기적으로 보았을 때, 미래는 어떻게 될 것인가? **유대인의 민족 국가**가 될 것인가, **아니면 유대인과 아랍인으로 구성된 두 민족 국가**가 될 것인가? 다음의 사실은 의심의 여지가 없다. 이스라엘 국가는 1967년의 전쟁 이후부터 점령 정책을 통해 스스로 곤경 속으로 뛰어들었다. 예루살렘과 '유대와 사마리아'(사람들은 이제 서요르단이라는 말보다는 '유대와 사마리아'라는 성서적 개념을 사용한다. 우리가 알고 있듯이, 사마리아는 수백 년 동안 '유대'와 극과 극이었다)의 주거지와 가자 지구(팔레스타인 사람 170만 명의 거주지)에 정착을 천천히 추진하다가, 므나헴 베긴의 리쿠드 정권 이후로는 정착을 매우 강력하게 추진함으로써 이스라엘 국가는 곤경을 더 악화시켰다. 예전에 테러리스트의 우두머리였던 베긴은 1967년에 불가피하게 민족적 일치를 이룬 정권을 통해 비로소 정치적으로 품위를 갖춘 인물이 되었다. 왜냐하면 정부의 공식적인 정책이 예전에는 이스라엘 국가의 영토 안에서 팔레스타인 사람을 정치적 주체로 인정하기를 손쉽게 거부해왔지만, 오늘날에는 (점령 지역을 포함해서) 지금의 실제적인 국가 경계선 안에 소수민족 아랍인들이 거의 40%에 이른다는 사실을 국내와 국외에서도 부정할 수 없게 되었기 때문이다. 걸프전쟁 이전과 걸프전쟁 기간, 걸프전쟁 이후에도 일시적으로 경계선('녹색선green line')을 그음으로써 이스라엘 군사 당국은 점령 지역인 '유대와 사마리아'가 이스라엘 국가에 속하지 않는다는 사실을 만천하에 분명히 알렸다.

분명히 이스라엘의 유대인과 아랍인 간의 세력 관계를 남아프리카의 백인과 흑인 간의 세력 관계와 비교할 수 없다(만약 이스라엘 주변에 아랍인 1억 명이 살고 있다는 사실에 주목한다면 그럴 수 없다). 그렇지만 이렇게 확장된 '거대한 이스라엘'의 딜레마는 다른 딜레마와 비슷하다. 아랍 인구의 출생률이 2배 이상 높기 때문에 2000년도의 공식적인 예측에 따르면 유대인 약 450만 명과 아랍인 200만 명 이상이 서로 대립하게 될 것이다. 1985년 이래 '거대한 이스라엘'에는 4세 이하의 아랍인 아이들(37만 명)이 유대인 아이들(36만 5천 명)보다 처음으로 더 많아졌다. 이제 유대인이 다수를 차지하는 곳은 거대 도시와 '군사 기지'뿐이다. 다소간 차이가 나지만 모든 예측에 따르면 아랍인들의 출생률이 2배나 높기 때문에 머잖아 주민의 거의 절반이 아랍인들로 채워지게 될 것이다. 2000년에는 42~46%에 달할 것이다.[31] 이와 비슷한 변화가 레바논에서도 일어나고 있다.

아랍인들이 맹렬하게 비판했지만, 이스라엘은 모든 수단을 동원하여 **소련에 살고 있던 유대인들**의 이주를 강력히 추진했다(1989년: 1만 3천 명;

1990년: 21만 명). 전혀 종교적이지 않았던 많은 사람들은, 아마도 실제로는 유대인이 아니었던 많은 사람들도 차라리 미국으로 가기를 원했다. 그러나 이와 같은 이주는 매우 상반된 결과를 낳았다. 한편으로는 특히—1990년 5월까지 도착한 이주민의 10%가 지금까지 정착한—아랍의 동-예루살렘의 상황이 날카로워졌다. 다른 한편으로는 이스라엘의 실업률이 늘어나고(1991년에는 11%였지만 18%로 상승할 위험도 있었다), 국가의 부채가 상당히 늘어남으로써(이미 1989년에 300억 6천만 달러에 도달했다) 경제정책이 주된 문제가 되었다. 새로운 집 3만 채를 짓는 일에만 1992년까지 약 12억 달러가 소요되었다.[32] 농부들은 그렇게 하지 못했지만, 6천 명 이상의 의사들은—소련은 분명히 매우 아쉬워했을 것이지만—1년 안에 이스라엘에 정착했다. 이 땅은 스위스 다음으로 세계에서 의사의 인구밀도가 가장 높은 곳이 되었다(인구 450만 명에 의사가 1만 2천 명). 최근에는 이주를 원하는 소련 유대인들의 거의 절반이 이스라엘의 악화된 상황 때문에 소련에 그대로 머물러 있거나, 다른 나라에 (독일에라도!) 이주하기를 원한다. 1991년 5월에 발표된 이스라엘 은행의 보도에 따르면, 만약 노동시장의 상황이 바뀌지 않는다면 소련에서 이주해온 유대인 20만 명이 이듬해에 이스라엘을 다시 떠나기를 원한다고 한다.

그렇다면 이러한 상황에서 이스라엘의 미래는 어떻게 되겠는가? 유대인의 국가는 자신의 실천적인 정책 때문에 **양자택일** 앞에 서 있다.

— 만약 철저히 **민주적인** 태도를 취한다면 이스라엘은 **비유대적인** 국가가 될 위험에 빠질 것이다. 왜냐하면 법에 따라서 아랍의 거대한 소수자들은 유대인 혈통을 지닌 시민들에게 주어지는 것과 똑같은 권리를 확실히 갖게 될 것이기 때문이다. 그 결과는 두 민족의 국가, 곧 유대인과 아랍인의 국가일 것이다. 그러나 우리가 들었듯이, 예전에 좌파사회주의 집단과 함께,

그리고 오랫동안 히브리 대학교의 총장이었던 유다 마그네스Judah Magnes와 함께, 특히 마르틴 부버가 대변했던 자기 자신을 지양하는 시온주의를 오늘날 대부분의 이스라엘 사람들은 배제하고 있는가!?

— 만약 **유대적인** 국가로 머물러 있게 된다면 이스라엘 국가는 **비민주적인** 국가가 될 위험에 빠질 것이다. 왜냐하면 변함없는 정책에 따라서 이 땅은 점점 더 거대한 내적인 긴장에 빠져들게 될 것이기 때문이다. 유대인들의 작은 집단들과 주민들이 동시에 급진적으로 변할 뿐만 아니라 아마도 군대까지 급진적으로 변할 때, 아랍 소수자들도 계속 급진적으로 변할 것이다. 전자는 분노 때문에, 후자는 절망 때문에 살인도 저지를 수 있다. 이미 지금도 점령 지역은 여전히 계엄령과 계엄 상태 아래서 지배되고 있다. 그렇다면 민주주의는 독재체제로 뒤집어질 것인가!?

유감스럽지만 두 번째 가능성은 머잖은 미래에 이스라엘과 미국에서 우익보수 세력이 놀랍도록 강력해지고, 널리 확산되는 과거로의 도피가 (그리고 '애국적 고고학'으로의 도피도) 놀랍도록 강력해진 다음에 나타날 가능성이 더 크다. 그러나 거대 이스라엘에게는 거대한 레바논의 비극이 진지한 경고가 될 수 있지 않겠는가? 이미 1920년대에 레바논에서는 너무나 거대한 무슬림 주민들이 기독교인 지배층들의 통치를 받는 비극이 일어났다(그렇지만 17세기에는 무슬림이 레바논을 정복한 이래 레바논의 기독교인들이 무슬림의 지배 아래서 고통스럽게 살았다).

6. 인티파다와 팔레스타인 국가

신중한 이스라엘 사람들을 불안하게 하는 것은 무엇인가? 이스라엘의 모든 억압 조치는 자신의 땅이 점령되는 것은 결코 용납하지 않겠다는 팔레스타인 백성의 결심을 더 굳게 만들었을 따름이다. 이스라엘이 공식적으로 전혀 움직이지 않고 끝없이 미루고 계속 앉아만 있었기 때문에 (동유럽과 유사하게) 팔레스타인 해방기구가 유발하거나 예견하지 못한 결정적인 전환이 이미 일어났다. **팔레스타인 백성이 직접 적극적인 저항**에 나선 것이다. 그들은 과거의 수동적인 태도를 포기하고, 자신의 일을 자신의 손에 쥐었다. 팔레스타인의 (다수가 새로운 중산층 출신인) 젊은 세대들이 요르단 강 서안 지구의 유화적이고 부유한 귀족층 사람들 대신에 앞장을 서게 되었다. 이로 인해 이스라엘 사회는 매우 당황하게 되었고 극단적으로 분열되었다. 한편의 사람들은—이스라엘 철학자 아비샤이 마르갈리트Avishai Margalit를 따라서—"아랍인을 악마에게!"라고 즐겨 외치지만, 다른 편의 사람들은 (말하기보다는 침묵하면서) "점령 지역을 악마에게!"라고 즐겨 외친다.[33]

이미 1987년 12월 9일 이래 팔레스타인 주민들은 점령 지역에서 오래 지속되어온 이스라엘의 억압에 저항하며 일어섰다. '**인티파다**Intifada'(문자적으로는 '뿌리치다', '민중봉기'를 의미한다)[34]는 이스라엘의 많은 사람들에게 어둡고 불길한 표징이다. 유대인과 이스라엘 국가가 스스로 증명했듯이, 여기서 인티파다란 자신의 목표를 대부분 달성한 해방운동과 자유운동을 의미한다. 그렇지만 역할이 바뀌었다. 오늘날 팔레스타인 사람들은 돌을 던지던 **다윗**의 역할을 하고, 이스라엘은 탱크로 무장했지만 무기력한 **골리앗**의 역할을 한다. 팔레스타인 주민들은 무기와 조직화된 군중이 아니라 돌(가끔은 화염병)과 대부분 젊은이들과 어린이들로 구성된 작은 집단의 영웅적인 행위를 통해 이스라엘의 점령군들을 자극한다. 이스라엘 군인들은 잘 조직되어 있고, 심지어는 이빨까지 무장하고 있으며, 종종 잔인하게 공격한다. 그러므로 팔레스타인 주민들이 (탁 트인 야전에 익숙해 있는) 이스라엘 군인들의 이런 행동을 실제로는 저지하지 못한다.

사담 후세인이 이스라엘의 도시에 스커드 미사일을 발사한 사건에 대해

(다행히도 희생자와 가옥 파손은 적었지만) 세계인들이 분개한 것은 정당하다. 그렇지만 팔레스타인 사람들은—사담 후세인 쪽에서는 절망과 이해타산, 맹목이 섞여 있었지만—이 사건을 항상 다르게 보고 있다. 그들은 장시간의 법정 폐점 시각, 외출 금지와 시위 금지, 단수와 단전, 그리고 폐교를 넘어 수백 채의 가옥 파괴와 집단적인 체포, 팔레스타인 지도급 인사의 추방과 강제수용소에 이르기까지 이스라엘 점령 지역에서 벌어지는 일상적인 **억압 조치들**을 지적한다. 걸프전쟁 기간에 팔레스타인 사람들은 외출 금지 조치 아래 마치 거대한 감옥에 갇힌 것처럼 비인간적인 조건 아래서 살았다. 이스라엘은 점령 지역을 조직적으로 봉쇄함으로써 세계의 매스컴들에게 이 사실을 숨기려고 시도했지만, 낱낱이 알려지고 말았다.[35] 이것과 유사한 것으로 예전의 남아프리카 인종차별 정책이 떠오른다.

점점 더 극단적으로 행동하고 서로를 향해 증오와 분노와 적개심을 나날이 키워감으로써 인티파다는 단순히 돌을 던지고 칼로 찌르는 행동에서 시작해서 폭탄을 설치하기까지 위협 수위를 더욱 높여갈 것이다. 권력을 장악한 예전의 유대인 '테러리스트들'이 팔레스타인 국가를 목표로 삼고 유대인의 선례를 따라 전략과 전술을 꾸준히 구사하고 있는 팔레스타인 '테러리스트들'과의 협상을 거부하는 것은 전혀 바람직하지 않다. 최근에는 적잖은 사람들이 예루살렘의 운명을 심각하게 염려하고 있다. 그곳에서는 수많은 유대인들도, 계속 증가하고 아랍인의 동이스라엘에 정착하는 극단적 정통주의자들의 공동체에 분개하고 있다. 이런 공동체에 소속된 사람들의 수는 33만 명으로 이미 예루살렘에 사는 유대인 주민의 3분의 1을 차지한다. 여하튼 많은 사람들이 아랍인의 테러와 이스라엘의 보복 테러가 증가할 가능성이 농후하다고 생각하며, 심지어는 '성지' 안에서도 유대인·기독교인·무슬림 간의 긴장이 더 날카로워질 것이라고 우려한다. 이에 관해서도 몇 가지

조짐만을 열거해보자.

— 종교적인 근거를 내세워 점령된 아랍인 지역과 그들의 기반 시설(전기와 수도, 거리, 시장, 노동청)과 그들의 토지 자산을 강제로 병합한 것에 대해 많은 국가들에서, 심지어는 미국에서도 점차로 반대 여론이 커져가고 있다. 이미 점령 지역 토지의 50% 이상이 공공 목적이나 군사 목적, 경작 목적이라는 명분 아래 간단히 몰수되었다.

— 이러한 상황에서 (안전에 대한 이스라엘의 정당한 관심과 특히 골란고원 지역의 분명한 경계선 수정을 고려하는 가운데서) 점점 더 많은 사람들이 단지 행정의 자율만이 아니라 정치적 자기결정, 곧 점령 지역에 대한 팔레스타인의 주권도 요구하고 있다. '유대와 사마리아'는 이제는 이스라엘 국가나 로마의 영토가 아니라, 거기에서 살고 있는 팔레스타인 사람들의 고향이다.

1987년 말에 팔레스타인 사람 170만 명가량(동예루살렘에서는 1만 4천 명)이 점령 지역에서 저항을 전개한 이래 1990년 가을까지 1천 명 이상이 이스라엘 군인들과 매우 잔인한 유대인 주민들에게 살해를 당했다. 그 가운데서 100명 이상이 16세 이하이며, 300명 이상이 16세와 25세 사이이다. 그렇다면 이스라엘 사람들은 어떠했는가? 약 50명이 희생되었다.[36] 이것은 점령군 측에서 비교가 안 될 정도로 치명적인 살상 무기를 사용했다는 명백한 증거다. 그러나 불안 때문에 병원을 전혀 찾아가지 못한 팔레스타인 측의 부상자들 수는 수만 명에 이른다. 공식적으로 주장되었듯이, 이미 오래전부터 단지 정당방위만을 위해 총을 쏜 것이 아니다.

좌절하고 아라파트에게 또다시 미혹되었던 팔레스타인 사람들이 걸프전쟁 기간에 '해방자' 사담 후세인에게 보여준 불행한 동정심은 그 사이에 상황이 얼마나 폭발적이었는지를 보여주었다. 특히 1990년 10월 8일에 **예루살렘 성전 산**에서 일어난 **학살**이 이를 증명해주었다. 작은 규모의 급진적인 유대인 집단('성전 산의 신실한 자들')이 알-아크사Al-Aksa 모스크의 자리에 세 번째 성전의 주춧돌을 놓겠다고 공언하며 행진할 때, 이에 저항하던 팔레스타인 청년들이 성전 광장의 서쪽 난간에서 (이유를 분명히 말하지도 않고) 공격해온 이스라엘 병사들에게 돌을 던지고, 통곡의 벽 아래서 기도하던 유대인들에게 (단지 우회적으로만) 돌을 던지는 사건이 발생했다. 유대인 측에서는 죽은 사람이 없었고 다친 사람도 없었다. 그러나 이스라엘 경찰은 잔인하게 학살함으로써 돌을 던진 행위에 보복했다. 팔레스타인 사람 중에서 20여 명이 죽었고, 150여 명이 부상을 당했다.[37]

복수와 보복이 건설적인 외교 정책을 대신할 수 있는가? 그래서 근동에 언젠가 평화가 실현될 수 있겠는가? 이미 1955년에 그 당시의 외교부 장관이었던 모세 샤렛Moshe Sharret은 일기장에 다음과 같이 썼다. "30년 동안 우리는 분노의 충동에 재갈을 물렸고, 복수가 절대적으로 부정적인 충동임을 볼 수 있도록 대중을 교육했다. 이와는 정반대로 오늘날 우리는 실용적인 고민 끝에 보복의 원리를 지지하고 있다. … 우리는 이런 본능에 매어놓은 정신적이고 도덕적인 재갈을 풀어버렸고, 그래서 보복을 도덕적인 덕목으로 여길 정도로 멀리 와버렸다."[38] 평화 실현의 과정과 주거 정책, 팔레스타인의 저항에 대한 대응 문제에서 **이츠하크 샤미르**Itzhak Shamir(1914년 폴란드 출생)의 우익보수주의-정통주의 연합정부처럼 비타협적이고 거칠게 행동한 이스라엘 정부는 여태껏 없었다. 통치 강령에서 그는 점령 지역을 포함한 "이스라엘의 전 지역에 대한 유대인의 영원한 권리"를 선포했고 유대인 정착지의 확대를 선언했다. 그렇지만 이 모든 것은 이스라엘의 친구들 가운데서도 오히려 초라한 결과를 가져왔고, 이스라엘 자체 안에서도 당혹감과 죄의식을 줄이기보다는 오히려 더 강하게 일으켰다. 다시 물어보자. 증오와 복수심과 보복으로 이스라엘과 근동에 언젠가 평화를 달성할 수 있겠는가? 내가 제2부의 다른 맥락에서—두 민족 간에도 반드시 필요한—용서와 화해와 공유의 가능성을 공연히 환기시킨 것은 아니다.

예기치 않게 생겨난 팔레스타인 백성의 인티파다는 요르단과 PLO에게 **모든 전략을 바꿀 것**을 강력히 촉구했다.

— 1988년 7월 31일에 요르단 국왕 후세인 2세는 요르단과 요르단 강 서안 지구를 법률적 · 행정적으로 분리한다고 선언했다.

— 1988년 11월 15일에 열린 팔레스타인 민족회의는 (1947년의 유엔 결의안 제181항에 근거하여) 알제Algier에서 점령 지역 서요르단과 가자 지구와 예루살렘 구시가지를 아우르는 팔레스타인 독립국가(팔레스타인 국가)를 선포했다. 이와 동시에 PLO의 대다수는 극단적인 단체에 맞서 이스라엘 국가의 생존권을 인정하는 유엔 결의안 제242항과 제338항을 수용했다.

— 따라서 가장 중요한 점은 **팔레스타인 국가가 유대인 국가를 대신하는 것이 아니라 유대인 국가와 나란히 존재한다**는 사실이다.

유대인의 역사와 홀로코스트를 통해 생겨난 이스라엘 사람들의 안전 불안을 모든 사람은 이해할 것이다. 그러나 여기서 주목해야 할 것은 이스라엘의 방어가 아니라 공격이다. 근동의 평화에 가장 큰 걸림돌이 되는 것은 점령 지역에 **이스라엘인들이 정착**하는 것이다. 이것은 1977년 이래 리쿠드 정권의 공격적인 정착 정책이었다. 이로 인해 팔레스타인 사람들은 매우 격분했고, 이스라엘과 세계의 여론도 분열되었다. 왜냐하면 정착의 주요 목적이 농업을 위한 개간 활동이 아니라(예컨대 네게브 사막의 새로운 도시에도 소련에서 이주한 유대인들 가운데서 오직 소수의 사람들만이 들어간다) 대부분 군사 전략적으로 계획된 것으로 도시 근교를 출퇴근하는 사람들을 위한 택지 건설이었기 때문이다. 철조망과 탐조등으로 보호된 주거지와 요새 건물, 전략적으로 놓인 도로를 갖추고 있는 불법적인 '**방어 마을**'은 아랍인의 도시와 마을을 서로 떼어놓고 둘러싸고 있다. 그리고 이런 일은 오늘날까지 계속 이어지고 있다. 비록 이스라엘 정부는 소련 유대인의 이민을 가능케 한 소련에게, 그리고 소련 유대인의 '정착'을 위해 매년 4억 달러를 지원하겠다는 미국에게 점령 지역과 예루살렘 동쪽에 정착을 계획하지 않겠다고 약속했지만, 속임수를 쓰고 거짓 수치를 둘러대며 비밀리에 정착을 계속 추진하고 있다. 미국 외무장관 제임스 베이커James Baker의 평화 노력에 저항하려는 목적으로 1991년 4월에도 이스라엘 정부는 캠핑카와 임시 주택을 새로운 무기로 이용하려고 도발적으로 정착을 계속 추진했다. 걸프전쟁 이후 두 달 동안에는 요르단 강 서안 지구의 아랍인 마을에서 생활에 필수적인 땅 3천 헥타르 이상이 공식적인 압류를 통해 몰수되었다. 4천여 헥타르는 군대가 압류하는 방식으로 징발되었다. 이제 최근의 보도에 따르면 국무총리와 주택건설부 장관을 역임한 샤론은 심지어 "점령 지역에 발표될 가장 거대한 정착촌 건설안"도 계획했다. 다음 2년 동안에 1만 4천 개의 새로운 주택을 건설함으로써 점령 지역에 유대인 주민들을 9만 명으로 50% 이상 늘리고, 그래서 그 땅의 주인이 누구인지를 실질적으로 결정하겠다는 목적이다.[39]

미국은 무엇을 했는가? 미국은 이스라엘의 매년 군사예산의 55억 달러 가운데서 거의 40억 달러를 이미 지원했다!* 1991년 봄에는 미국 대통령 부시가 팔레스타인 문제를 해결하기 위한 정책을 발표했다. 이스라엘 비평가의 견해에 따르면 미국이 이처럼 분명하고 철저하고 긴급한 행동을 동반하는 정책 하나를 발표할 때, 이에 고무된 이스라엘 정부는 매우 오랫동안 받아들인 견디기 어려운 상황을 위해 매우 지체된 정치적 결정을 내릴 수 있다고 한다.

---

* 미국은 이스라엘이 서안 지구와 가자 지구를 점령한 이래 지금까지(2015년) 이스라엘에 총 1,200억 달러 이상을 지원했다.

조지 부시가 평화 정책에 가담한 결과로 1992년의 대통령 선거에서 패배했는가? 결코 그렇지 않다. 왜냐하면 다행스럽게도 유대인 디아스포라가 오늘날 미국에서 다시 더욱 자립적인 존재가 되었고, 그래서 사람들이 '**유대인 디아스포라의 재해방**'을 말하게 되었기 때문이다. 따라서 미국과 다른 곳에 있는 이스라엘의 진정한 친구들은 기회주의와 비겁함과 나태함 속에서 이어지는 비극을 침울하게, 그리고 어쩔 수 없이 바라보지만은 않는다. 유대인들이 그 당시에 영국의 위탁통치에 맞서 그랬듯이, 오늘날 아랍인들도 이스라엘의 군사력에 맞서 자결권을 가지고 있다는 생각이 많은 사람들 가운데서 점점 더 커지고 있다. 팔레스타인 백성이 팔레스타인의 '고향'에 대한 권리를 스스로 소유하고 있지 않다는 말인가? 종교적으로 생각하면, 여기서 훨씬 더 근본적인 질문이 여전히 일어난다.

7. 하나님 신앙을 민족 신앙으로 바꿀 것인가?

홀로코스트 이후에 그 어떤 끔찍하고 '터무니없는' 일이 발생할 수 있는지 정보에 밝은 유대인들은 점점 더 분명히 깨닫는다. 만약—이미 핵폭탄을 보유하고 있는—유대인들이 수세에 몰린다면, 새로운 인종 학살이 일어날 때에 그들은 희생자가 아니라 가해자가 될 수도 있다. 자기비판적인 이스라엘 사람들은 걸프 위기가 벌어지기 이미 오래전부터 이런 가능성을 생각하고 있었다. 미국에서 태어나 이스라엘에 살고 있는 텔 아비브 대학교의 심리학자 **이스라엘 챠르니**Israel Charny는 《우리는 어떻게 터무니없는 일을 저지를 수 있는가?》와 《인종 학살 이해와 방지를 위하여》[40]라는 제목의 두 권의 책에서 이러한 문제점을 용감하게 지적했다.

그러나 이라크나 쿠웨이트 사태와는 완전히 다르게 이 책들에서 저자는 단지 정치적인 질문만이 아니라 이스라엘의 친구들이 가장 심각하게 제기하는 진지한 종교적 질문도 제기한다. 국가 건립 이후 반세기가 지난 지금 상황에서 헤르츨이 제안한 '모범 국가' 가운데 어떤 것이 아직 남아 있으며, 이스라엘이 '열방의 빛'이 되어야 한다는 벤-구리온의 이상 중에 무엇이 아직 건재한가? 비록 우리가 민주주의 국가의 매우 평범한 잣대로만 재어보아도, 이스라엘은 미래에 평화의 섬이 되기보다는 민족주의와 억압의 요새가 되지 않겠는가?

그렇지만 여기서 중요한 것은 단지 이스라엘 민주주의의 신뢰성만이 아니다. **유대인 신앙의 신뢰성**도 역시 중요하다. 왜냐하면 사람들은 다음과 같이 질문하기 때문이다. 십계명에서 이웃의 생명과 재산도 존중하기를 요구하는 신앙, 곧 아브라함과 이삭과 야곱의 **한 분 하나님을 믿는 신앙**은—종교적인 유대인이나 비종교적인 유대인에게도—(유럽에서 들어온) **민족을 믿는 신앙**으로 대체되어도 좋은가? 단지 25~30%의 유대인만이 자신을 '종교적인 유대인이라' 부른다. 그런데 많은 '비종교인들'에게 '종교'는 아마도 그들이 거부한 종교적 정통주의를 의미할 것이다. 그럼에도 불구하고 질문이 제기된다. 한 분 하나님과 나란히 다른 신을 인정하지 않았던, 3천 년 이상 이어온 유대인의 유일신론의 자리에 이제는 이스라엘의 하나님 대신에 이스라엘 백성과 그의 땅을 예배의 대상으로 숭앙하는 이스라엘주의가 등장해야 한다는 말인가? 유럽의 민족들에게 수많은 불행을 안겨주었던 민족주의의 우상들이 이스라엘 백성에게 구원을 가져다줄 것이라는 말인가?

여하튼 이스라엘의 존속과 행복을 간절히 소원하는 이스라엘 국가의 친구들은 이 나라가 장차 어떻게 될지 궁금해 한다. 유대인 신학자 **마르크 엘리스**Marc Ellis는 "이스라엘 국가를 비非절대화하는 것"을 "유대인 신학의 본질적인 과제"로 여기며, 우리가 자주 이스라엘 국가의 원수라고 생각해온 자들을 향한 "유대인의 신학적 회개"를 촉구한다. 결국 군사적 패배를 배제

할 수 있는 유일한 길은 "힘이 있을 때에 평화를 체결하는 것"이다.[41]

상황의 심각성에 관해 **예샤야후 리보비츠**의 애원을 또다시 인용하자. "만약 우리가 우리 자신이 가고 있는 길로 계속 나아간다면, 그 길은 이스라엘 국가의 몰락으로 인도할 것이다. 여러 세대를 거칠 필요도 없이 몇 년 후면 몰락의 길로 접어들 것이다. 만약 카하나Kahana, 라풀Raful, 드루크만Druckmann, 샤론Sharon과 같은 우파-민족적 정당의 대표자들이 권력을 잡게 되면, 곧바로 이스라엘은 나와 같은 사람들에게 내부적으로 강제수용소를 가진 국가가 될 것이다. 외부적으로는 모로코에서 쿠웨이트에 이르기까지 아랍 세계 전체와 생사를 거는 전쟁 속으로 말려들 것이다. 이것은 가까운 미래를 위한 전망이다."[42] 그리고 그는 미국의 지원을 이렇게 전망한다. "매우 어리석은 고집을 계속 부리는 한, 그리고 미국의 지원이 영원히 지속될 것이라고 생각하는 한, 이스라엘 국가는 당연히 평화에 전혀 관심을 기울이지 않을 것이다. 그렇기 때문에 이스라엘은 미국의 도움을 영원히 믿었던 월남처럼 망하게 될 것이다."[43]

특히 유대인에게 책임감을 느끼고 있는 기독교인들은 이것이 어디까지나 **악몽**일 따름이고, 지금의 위기가 극복될 것임을 리보비츠와 함께 희망한다. 대부분의 팔레스타인 사람들도—대부분의 이스라엘 사람들처럼—**정의로운 해결과 평화를** 대단히 **열망한다**. 만약 그렇지 않다면 언뜻 절망적으로 보이는 이런 상황에서 모든 것이 참으로 지금 그대로 머물러 있어야 하는가? 비록 걸프전쟁으로 그들이 모든 것을 부정적으로 경험했지만, 그래도 진정한 한 분 하나님을 믿는 신앙에서 이성을 되찾아야 하지 않겠으며, 마음의 긴장을 풀고 다음과 같은 토대 위에서 이루지 못한 민족 간의 합의를 다시 발견해야 하지 않겠는가?

• 군대는 인정해도, 군대를 추앙하는 군국주의는 인정할 수 없다.

- 민족은 인정해도, 종교의 대체물이 되는 민족주의는 인정할 수 없다.
- 국가는 인정해도, 국가에 수많은 사람의 생명을 바치는 국가 우상화는 인정할 수 없다.

내가 여기서 하나의 땅을 둘러싸고 일어나는 두 민족 간의 비극적 충돌을 설명한 내용이 곧바로 불필요한 것이 되기를 바란다. 걸프전쟁 이후에 대부분의 아랍 민족들도 근동의 평화로운 새 질서에 관심을 가졌을 것이다. 그러나 이 모든 문제를 해결할 수 있는 현실적인 방법과 더욱이 현실적인 평화 비전이 있는가?

III. 평화로 가는 길

그렇다면 성지를 두고 전개하는 끊임없는 싸움은 언제 해결되고, 전쟁은 언제 종결되며, 비극은 언제 사라지겠는가? 유대인의 국가는 역사적으로 늦게 세워졌기 때문에 걸프전쟁으로 인해 세계의 상황이 다시 최고로 날카로워진 이후부터 미래를 향해 개방하기보다는 과거에 강하게 고착될 위험에 분명히 빠졌다.

— 신정 체제의 요소를 수용하는 **중세** 정통주의 패러다임에 고착될 수도 있을 것이다. (예루살렘에서처럼 그렇게 강한 종교적 이유로 주민의 생활을 제한하는 국가는 바티칸 외에는 서구에 없다.)

— 이미 극복된 세속주의자들의 **근대** 패러다임에 고착될 수도 있을 것이다. 이 패러다임은 종종 민족주의에 지배되거나, 심지어는 인종차별주의에 지배되기도 한다. 이로 인해 이스라엘 사회는 종교적인 유대인과 비종교적인 유대인으로 분열될 위험에 처하게 된다.

이런 점에서 이스라엘 국가는 **포스트모던**의 도전을 억제할 위험에 처한 특정한 이슬람 국가들과 놀랍게도 닮았다. 포스트모던은 모든 낡거나 새로운 정치적·윤리적·종교적 대립에도 민족적인 목표보다는 국제적인 목표를 지향할 것이다. 이것은 공격적인 적대감보다는 민족들 간의 평화를 촉진하고, 광신주의보다는 평화로운 공존을 조장하며, 다양한 종교들 간의 상생을 재촉한다. 여기서 무엇을 해야 하는가? 민족적 신화와 환상이 아니라 **생존을 위해 현실주의와 실용주의**가 요구된다. 미래에 관한 정치적·신학적인 전망은 여기서 도움을 줄 것이다.

1. 승산 없는 극단적 태도

한 가지는 분명하다. 그 어떤 쪽도 다른 쪽에게 조건을 간단히 요구할 수는 없다. 따라서 책임자들 간의 협상은 불가피하다. '전부가 아니면 전무'라는 태도는 지금까지 오직 피와 눈물만을 초래했을 따름이다. 물론 양측에는 강경파들이 있다. 한편에서는 공격과 테러를 주장하는 이스라엘 사람들이 있다. 예컨대 종교적·민족주의적인 '구시 에무님Gush Emunim'('믿는 자들의 진영')은 대부분 유럽과 아메리카 출신이다. 그들은 이스라엘의 팽창주의를 주도하는 세력으로 점령 지역 정착지의 대략 4분의 1을 세웠다. 그들은 모두 이미 인종차별주의자 랍비 카하네가 죽기 전에 "아랍인을 죽이자!"라고 외쳤고, "아랍인들은 나가라!"고 선동했다. 다른 한편에서는 열광적으로 테러를 행하는 팔레스타인 사람들이 있다. 특히 근본주의적인 비밀 투쟁단체 '하마스Hamas'는 팔레스타인의 절망적인 상황 때문에 점점 더 많은 사람들을 끌어들이고 있다. 양측은 모두 북아일랜드의 개신교인들과 레바논의 기독교적 팔랑헤Falange 당원, 스페인의 바스크인Basques, 그리고 인도의 시크교도Sikhs와 스리랑카의 타밀족Tamils에 주목함으로써 정치적·종교적 비타협주의는 양측에게 오로지 무한한 고통만을 가져올 것이라는 사실을 깨달아야 한다.

양측의 선동자들('매')의 **극단적 태도**가 **성공할 가망이 없다**는 사실은 분명해졌다.

— 많은 **이스라엘인들**은 **거대 이스라엘**의 지지자들이다. 그들은 지정학적이거나 종교적 이유를 들면서, 군대와 특수경찰과 유대인 방어시설을 갖춘 거주지의 도움을 받아서 (그리고 긴급한 경우에는 심지어 '주민 이송', 국외 추방, 유배와 이주를 통해) 점령 지역 통제를 영원히 유지하기를 원한다. 그러나 아랍인 주민의 수가 증가할 뿐만 아니라 인티파다를 통해서도 성장한

아랍인들의 자의식으로 팔레스타인 사람들과 아랍 국가들이 걸프전쟁 이후에는 예전처럼 점령을 더는 감내하지 않을 것이라는 사실이 분명해졌다. 실제로 40년 동안 전쟁을 치른 이스라엘인들이 또다시 40년 동안, 또는 그보다 더 오래 전쟁을 치르기를 원하는가?

— 많은 **아랍인들**은 **거대 팔레스타인**의 추종자들이다. 그들은 정치적 이유를 들면서, 그리고 테러의 도움을 받아서 거대한 국가를 강제로 세우고, 이스라엘 국가를 파괴하며, 모든 유대인을 가급적 '바다 속으로' 몰아내기를 원한다. 많은 팔레스타인 사람들에게는 1968년의 〈헌장〉이 여전히 유효하다. 이 헌장은 "팔레스타인에서 시온주의를 제거하는 것"을 겨냥하고, 1947년의 팔레스타인 분할과 이스라엘 국가 건설을 "완전히 불법적인 것"으로 선언하며, "밸푸어 선언"과 이에 근거한 모든 조치를 "아무것도 아닌 것"으로 간주한다. 이 헌장은 유대인들이 그들 자신의 나라가 있는 민족이 아니라, "그들이 속해 있는 국가의 시민"이라고 주장한다. 그렇다면 (아라파트를 포함해서) 팔레스타인 사람들은 잘못된 행동과 걸프전쟁에서 명백히 패배한 사실로 아무것도 배우지 못했는가?

1990년대가 시작되면서 다음과 같은 사실은 분명해졌을 것이다. 타협이 없는 양측의 주장은 서로를 가로막고 상상할 수 없는 유혈사태를 거듭 유발하는 비극적인 환상이다. 양측 모두에게 미래는 없다. 그들과는 정반대로 양측의 합리적인 사람들이 (군사적 해결보다는) 정치적 해결에 도달하기 위해 무조건 **현실적인 목표**를 추진해야 한다. 걸프 지역에 위기가 감돌 때, 예루살렘에서 이루어진 대화는 나에게 다음과 같은 확신을 주었다. 팔레스타인 해방기구의 새로운 방향 설정, 곧 이미 1988/89년에 이루어진 이스라엘의 생존 인정과 '두 국가 규정' 수용은 분명히 적어도 이 땅에서는 여전히 팔레스타인 지도자들의 기본적 신념이었다.

걸프전쟁 동안에, 수십 년 동안 좌절했고 잘못된 길로 이끄는 지도자들을 만났던 팔레스타인 사람들은 피범벅이 된 독재자를 열렬히 지지했다. 왜냐하면 오직 그만이 미국인들(과 이스라엘 사람들)에게 용감히 대항하는 아랍의 유일한 지도자였기 때문이다. 그러나 걸프전쟁이 끝난 지금에는 그들의 태도에 대한 근본적인 해명이 절실히 필요하다. 그들이 사담 후세인을 열광적으로 지지했기 때문에 평화를 원하지 않는 이스라엘 사람들의 태도가 상당히 견고해졌고 강력해졌다. 그들 때문에 평화를 원하는 사람들이 조롱을 당했고 실망했다. 팔레스타인 사람들의 태도를 새롭게 결정하는 것이—경우에 따라서 잘못된 결정에는 개개인들도 결과를 감수해야 할 것이다—매우 시급하다. 팔레스타인 해방기구의 예전의 결의가 여전히 유효한가, 아니면 그들은 이스라엘의 생존권을 마침내 결정적으로 인정하기를 원하는가?

이스라엘의 고위 정치인들과 팔레스타인 해방기구의 밀사들 사이에 비밀 대화가 이미 여러 차례 진행되었다. 기본적인 소통이 불가능하지 않다는 사실은 걸프전쟁의 위기가 닥치기 바로 직전에 **파이살 후세이니**Faisal Husseini와 **야엘 다얀**Yael Dayan이 모범적으로 보여주었다. 파이살 후세이니는 1948년 전쟁에서 팔레스타인의 상급 지휘관이었던 압둘 카데르 후세이니Abdul Kader Husseini의 아들로 오늘날 요르단 강 서안 지구 팔레스타인의 총지휘관이다. 그리고 야엘 다얀은 저명한 국무총리요 국방장관이었던 모세 다얀Moshe Dayan의 아들이고, 오늘날 이스라엘 노동당 중앙의회 정회원이다. 그들은 다음과 같이 주장했다. "비록 우리가 여러 문제에서 합의에 도달하지는 못했지만, 우리의 궁극적인 목적을 통해서는 하나가 되었다. 그것은 '평화를 주고 바꾸어야 할 땅'이라는 원칙에 근거하여 협상한 합의였다. 이 합의는 이스라엘과 팔레스타인에게 자립과 안전을 가져다줄 것이다. 평화는 양측에게 고통스러운 타협을 요구한다."[1] 그렇다. 평화협정으로 패배자는 전혀 존재하지 않을 것이고, 오직 승리자만이 존재할 것이다.

그렇지만 결정적인 질문이 남아 있다. 이러한 타협이 **어떻게** 실현될 수 있겠는가? 이미 1947년에 수립된 유엔의 분할계획안은 유대인과 팔레스타인 국가를 예비해놓았고, 1967년에는 양측에 폭력사용 금지(결의안 제242항)를 요구했고, 1973년에는 이스라엘에 대한 인정(결의안 제338항)도 요구했다. 1989/90년 이래—걸프전쟁으로 인해 강화되었듯이—유엔 총회와 미국과 소련, 유럽 공동체와 아랍의 많은 국가들이 국제적이거나 지역적인 평화회의를 지지하고 있다. 그러나 특히 우익보수적이고 종교정통주의적인 이스라엘 정부는 이를 거부하고 있다. 왜냐하면 팔레스타인 해방기구를 협상 대상으로 수용하지 않고, 점령 지역을 무조건 고수하려고 하기 때문이다.

수구적인 리쿠드 정부는 **미국**에서 힘 있는 친親이스라엘 로비 단체(특히 미국인 이스라엘 공공사업위원회American Israel Public Affairs Committee, AIPAC)의 지원을 받고 있다.[2] 이 단체는 이스라엘을 향한 모든 비판을 억누르려고 하며, 심지어 국회의원 선거에도 개입해 무비판적으로 찬성했던 사람들에게는 재정적으로 보상하고, 비판적으로 질의한 사람들에게는 압력을 행사한다. 모든 팔레스타인의 관심사는 무시하는 완전히 일방적인 정책 때문에 AIPAC가 이미 중요한 노동조합들과 흑인 단체들, 페미니스트 단체들과 기독교 단체들에게서도 멀어졌다는 사실을 이런 로비스트들은 분명 느끼지 못하며, 미국의 외교정책에 매우 강한 영향을 미치는 유대인의 악취 나는 활동 때문에 새로운 반유대주의의 위험도 느끼지 못한다.

나훔 골드만Nahum Goldmann과 아르투르 헤르츠버그Arthur Hertzberg를 비롯한 미국의 지도적인 시온주의자들은 AIPAC를 공개적으로 비판했고, 지금도 계속 비판하고 있다. 그들은 유대인 단체들 가운데서 겨우 절반만이 조직화되어 있는 미국 유대인들의 대다수를 가급적 대변하려고 노력한다. 그리고 유럽유대인회의European Jewish Congress도 1989년 9월 이래 이스라엘 국가에 대해 차별화된 태도를 취한다. 이를 우리는 '비판적 연대'라고 표현할 수 있다. 그리고 미국의 거대한 유대인 조직체인 미국유대인회의American Jewish Congress와 미국히브리회중연합Union of American Hebrew Congregation(미국의 개혁적 유대인 130만 명으로 구성된 8백 개의 공동체 조직)도 최근에 평화회의를 요구하고 있다. 이미 1985년에 이 기관의 보고서는 미국의 "유대인 삶의 자기 게토화 경향"을 한탄했다. "이러한 흐름과 결합해 '원-이슈One-issue' 조직과 정신을 발전시키려는 경향이 있다. 그리고 이러한 흐름과 결합해, 이스라엘이나 미국과 관련된 문제를 '유대인의 토론' 방식으로 푸는 것을 제한하거나, 이 새로운 시대의 복잡성을 볼 때에 반드시 필요한 이러한 토론 방식을 확대하려는 과정에 기여하지 않으려는 경향도 있다."[3]

그렇다면 **이스라엘** 내부의 상황은 어떠한가? 우리가 살펴보았듯이 이스라엘 사회는 철저히 분열되어 있다. 그리고 거대한 정치 세력들 가운데서 오직 사회주의노동당IAP만이 최소한 원칙적으로는 평화회의를 지지했다. 이로 인해 이 정당은 리투드와의 단절을 감수해야 했지만, 필요한 정직성과 철두철미함은 포기하지 않았다. 이스라엘 사람들은 지금도 여전히 '약자의 수사법'을 즐겨 사용함으로써 자신을 항상 '패자'요 '희생자'라고 세상 앞에 소개한다. 그러나 이것은 정보를 알고 있고 편견이 없는 동시대인들에게는 전혀 설득력이 없다. 왜냐하면 이 작은 나라는 군인 54만 명의 최신형 무기로 무장하고 최고로 훈련받은 거대 군대를 거느리고 있고, 탱크 약 3,800대와 비행기 682대, 대포와 미사일 수천 기를 보유하고 있기 때문이다. 이와는 정반대로 팔레스타인 해방기구에는 고작 8천 명 정도의 병사가 여러 곳에 흩어져 있고, 탱크와 비행기도 없으며, 몇 개의 대포는 있지만 미사일은 없다. 단지 다수의 수류탄과 유탄 투척기, 화염병과 돌을 가지고 있을 뿐이다.[4] 여기서 누가 약자이고 패자이며, 누가 희생자인가?

2. 평화를 위한 땅인가?

걸프전쟁 이후에 이스라엘 국가 설립 이래 한 번도 없었던 기회, 곧 이스라엘 사람들과 아랍 사람들이 한 자리에 모일 수 있는 기회가 생겼다. 공격적이고 혁명적인 범汎아랍주의라는 말은 품위를 깎아내리는 말인 것 같다. 비록 소련이 이스라엘과의 대화를 방해했지만, 이러한 방해도 미국과의 건설적인 협력을 꺾지 못했다. 비록 이스라엘 국가(그리고 사우디아라비아와 시리아와 같은 국가)가 (세계 정치에서 흔치 않은) 감사한 마음 때문에 협상에 나오는 경우는 없다고 하더라도, 미국은 이스라엘을 미사일 공격에 효과적으로 보호하고 있기 때문에 이스라엘에게 평화 정책으로 전환할 것을 강요할 수 있는 수단을 나름대로 지니고 있다. **효과적인 평화협상**을 통해 근동에도 이제는 마침내 **새로운 평화질서**가 실현되어야 한다고 지금 세계의 모든 민족이 한 목소리를 내고 있다.

그렇다. 유럽처럼 근동도 세계 긴장의 화약고로 머물러 있을 필요가 없다. '불구대천의 원수' 프랑스와 독일 사이에 그러하듯이, '불구대천의 원수' 이스라엘 국가와 아랍 국가들 사이에도 평화가 가능하다. 그러나 프랑스인과 독일인 사이에서 그러하듯이, 이스라엘 사람과 팔레스타인 사람 사이에 이성적인 대화와 구체적인 협약과 정확한 협의가 필요하다. 구체적으로 미국이 인도하고 준비하여 여러 참석자들 사이에 대화가 이루어진 이후에, 유엔이나 미국 또는 소련이나 유럽 공동체의 보호막 아래서 적어도 한 번은 **지역적이거나 국제적인 평화회의**가 소집되어야 한다. 거기에는 팔레스타인 외에도, 가능하다면 이스라엘의 직·간접적인 모든 이웃인 이집트와 사우디아라비아, 요르단과 시리아, 레바논도 참석해야 할 것이다.

이스라엘과 팔레스타인도 분명히 보았던 **걸프전쟁**은 **근동의 전략적이고 정치적인 사고를 단번에 바꾸어놓았다.**

— 아랍의 특정 국가에 대한 미국의 (예전에는 적대적이었던) 관계가 바뀌었다.

— 이스라엘 국가에 대한 미국의 (예전에는 일방적이었던) 관계가 바뀌었다.

— 쿠웨이트와 팔레스타인 지역 점령에 대한 유엔 안전보장이사회의 (지금은 통일된) 정책이 바뀌었다.

— 팔레스타인과 요르단의 극단주의자들이 약화된 것처럼 보인다.

— 이스라엘의 강경파들이 영토를 양도하고 평화를 실현하라는 미국과 유럽 공동체와 유엔의 압력을 받고 있다.

1991년에 근동에서 우리에게 필요한 것은 1946년에 유럽에서 우리에게 필요했던 바로 그것이다. 예전의 원수들 사이에 화해가 이루어지고, 서로가 경제적 · 생태적 · 정치적으로 얽혔기 때문에 모두가 평화와 안정을 유지하는 것을 자신의 관심사로 생각하게 되었다. 이것은 숱한 난관이 놓여 있지만 이제 다음과 같은 사실을 의미한다. 유대인의 국가에 운명의 시간이 다가왔다. 이와 함께 아랍 국가들과의 직접적인 협상을 항상 요구했지만 (바로 여기서는 우선적인 권한을 가진 팔레스타인 해방기구와의) 효과적인 평화협상을 교묘하게 효과적으로 저지해왔던 정부에도 운명의 시간이 다가왔다. 그러나 이 운명의 시간을 집요한 방해나 미국과 유엔에 대한 일방적인 요구를 통해 극복할 수 있는 것이 아니며, 더욱이—평화를 조정하지 못할 경우에는—승산이 없는 새로운 무장을 통해서가 아니라 오직 건설적이고 미래지향적인 협상 전략을 통해서만 극복할 수 있다.

여하튼 이스라엘과 이집트가 지미 카터 2세의 중재로 캠프 데이비드 협약을 맺었듯이, 열강과 세계 여론이 함께 노력하는 가운데서 건전한 압력을 통해 **정치적인 해결책**을 모색해야 한다. 이러한 해결책은—(내가 특히 더 상세히 설명하고 싶은, 예루살렘을 위한 특별한 규정과 함께) 1967년의 유엔 안전보장이사회 결의안 제242항과 1980년의 결의안 제465항에 근거하여—**적법한 소유자에게 점령 지역을 반환하는 것**을 포함해야 할 것이다(특히 요르단 강 서안 지구와 가자 지구도 포함해야 한다. 1947년에 유엔이 팔레스타인 사람들에게 약속한 땅의 42.9%가 아니라 23%만이 반환되었다).

그렇다면 이것이 어떻게 지금의 미국 대통령 조지 부시도 요구했던 "평화를 위한 땅!"이란 말인가? 이러한 전형적인 표현은 이스라엘 밖에서도 널리 수용되었다. 그러나—여기서 우리는 이스라엘 사람들을 이해해야 한다—이것은 너무나 단순하다. 왜냐하면 실제적이고 온전한 의미를 갖는 평화는 단지 평화조약만이 아니라 그보다 훨씬 더 많은 것을 포함하기 때문이다. '평화를 위한 땅'이 현실적으로 이해되려면, 그것은 아래와 같이 구체화되어야 한다.

— 아랍 국가들과 온전한 **외교 관계**를 맺는, 그리고 경제적 · 정치적이고 정신적 · 문화적인 지평에서 정상화되는 땅.

— 무장 통제와 안전 보장, 구체적인 실현과 검증의 가능성을 통해 **안전**이 확보된 땅.

— **돈**을 위한 땅. 이스라엘은 소련 유대인의 숙소를 건설하는 데, 그리고 국가의 엄청난 적자를 매우는 데 긴급한 재정 지원을 필요로 한다.

— **통행할 수 있는 경계**를 위한 땅. 이스라엘 사람들이 '유대와 사마리아'에 자유롭고 안전하게 다닐 수 있고, 거꾸로 팔레스타인 사람들도 1948년이나 1967년 이전의 자신들의 옛 고향에 자유롭게 다닐 수 있어야 한다. 여기서 독일에서처럼 아랍인에게 보상금도 지급할 수도 있을 것이다.

그러나 이와 동시에 해결책은 **주요 참여자들이 수용할** 수 있어야 한다. 누가 매번 협상 대표단에 속할지는 (특히 팔레스타인 측에서) 협상 대상이 스스로 결정할 수 있어야 한다. 그래야만 그들이 진정한 대표자가 될 수 있다. 베르사유 방식의 조약은 근동에 평화를 가져다주지 못한다. 브뤼셀 방식의 해결책에는, 흔히 말하듯이 오직 승자만이 있고 패자는 없다. 이미 설명했듯이 이것은 다음과 같은 점을 포함한다.

- 모든 이웃 국가들이 **이스라엘** 국가를 외교적으로 완전히 인정하고, 그와 동시에 (시나이에서처럼) 열강들이나 유엔이 안전한 (예컨대 골란 고원 지역으로 의미 있게 조정된) 경계선을 보장해야 한다.
- **시리아**가 제기하는 (골란) 영토의 정당한 반환 요구와 **요르단** 왕국에 대한 정당한 관심을 고려해야 한다. 요르단 왕국은 아랍과 이스라엘의 충돌 때문에 오래전부터 인구 변동과 경제적이고 재정적인 무거운 짐을 짊어져야 했다.
- **팔레스타인 민족**이 (제2차 세계대전 이후에 4개국의 보호 아래 놓인 오스트리아처럼) 자신의 시민권과 정치적 자결권과 (초기에는 군사적으로 제한을 받았지만) 국가적 독립을 온전히 발휘함으로써 자신의 권리를 실현할 수 있어야 한다. 따라서 **팔레스타인 주권국가**를 설립해야 한다. 아마도 과도기에는 국제적인 보호기구인 유엔 아래 두거나, 이스라엘과 아랍이 함께 관리할 수 있을 것이다.

그러나 팔레스타인 주권국가는 스스로 생존할 수 있을까? 이런 질문은 적절하다. 그러나 팔레스타인 사람들도 생각하듯이, 팔레스타인 국가의 주권은 한편으로는 이스라엘과의, 그리고 다른 한편으로는 요르단과의 학문적 · 기술적 · 경제적 **협력**을 배제하지 않고, 어쩌면 심지어 **연합**까지도 포함할 수 있을 것이다.[5] 그렇다. 이미 1947년의 유엔 분할정책도 경제 통합을 전제했다.

이스라엘과 요르단과 팔레스타인의 동맹의 **실례**로 오늘날에는 특히 **베네룩스 3국**을 들 수 있을 것이다. 여러모로 다양한 세 국가 벨기에와 네덜란드와 룩셈부르크는 **관세와 경제 통합**(50년간 지속되는 국가조약)에 합의했다. 이것은 물품과 자본과 노동자 교류의 거의 완전한 자유화 외에도 무역정책과 농업정책의 일치화와 통화정책과 구조정책과 경기정책의 조정을 계획하고 있다(정치 기구: 장관회의, 국회자문회의, 경제위원회, 사회위원회, 사회법원). 우리는 다음과 같은 것을 상상할 수 있다.

— 만약 이런 **팔레스타인 국가**가 이스라엘의 학문과 기술과 경제의 지원을 받는다면 얼마나 많은 이익을 얻을 수 있겠는가?

— 만약 **이스라엘 국가**도 (엄청난 군비 투자 대신에) 파산한 국가 재정과 위기에 처한 경제상황에 투자하여 대규모로 수출할 수도 있다면 얼마나 많은 이익을 얻을 수 있겠는가?

— 만약 지하자원이 부족하고 난민 문제와 걸프 위기로 곤궁해진 **요르단**이 팔레스타인과 이스라엘과 협력할 수 있다면 얼마나 많은 이익을 얻을 수 있겠는가?

— 만약 연합이 전제된다면, 팔레스타인 영역에 유대인 **정착촌**이 존재하고, 거꾸로 이스라엘 영역에도 팔레스타인 사람 정착촌이 존재해서는 안 될 이유가 무엇이겠는가?

만약 이스라엘 국가의 평화를 위해 지금의 기회를 활용하지 못한다면, 이것은 역사적으로 엄청난 비극이 될 것이다. 그렇지만 이미 이사야와 예레미야와 같은 이스라엘의 옛 예언자들이 열강의 잘못된 정책을 얼마나 자주 경고해왔던가! 그렇다. 오직 팔레스타인 문제의 건설적인 해결을 통해서만 이스라엘 국가 자신이 예언자처럼 **1948년의 독립선언문에서 지키겠다고 약속한 것이** 실현될 수 있다. 그 선언은 다음과 같았다. "이스라엘 국가는 유대인들의 이주와 유배지에 있는 유대인들의 모임에 열린 자세를 보일 것이다.

이스라엘 국가는 **모든** 주민의 복지를 위해 이 땅의 개발에 헌신할 것이다. 이스라엘 국가는 이스라엘 예언자들의 비전인 자유와 정의와 평화의 토대 위에 세워질 것이다. 이스라엘 국가는 종교와 인종과 성별을 차별하지 않고 모든 시민에게 사회적이고 정치적인 평등권을 보장할 것이다. 이스라엘 국가는 신앙의 자유와 양심의 자유, 언어와 교육과 문화의 자유를 보장할 것이고, 성스러운 지역을 보호할 것이며, 유엔 헌장의 기본원칙을 충실히 따를 것이다."

그렇지만 단지 종교적인 소수정당만이 아니라 지금의 이스라엘 정부도 실제로는 다음과 같은 이의를 제기한다. 이스라엘은 하나님의 계시를 통해 보증된 주장, 곧 '성서에 기록된 이스라엘' 전체가 자신의 땅이라고 주장하지 않았는가?

3. 국경선의 성서적 근거는 무엇인가?

우리는 '자연적인' 경계선을 주장할 수 있듯이, '초자연적으로' 설정된 경계선도 주장할 수 있다. 지도로 정치를 할 수 있듯이 신학으로도 정치를 할 수 있다. 그러나 질문은 이것이다. 우리는 성서를 근거로 삼아서 분명한 **정치적 경계선**을 오늘 여기서 확정해도 좋으며, **매우 분명한 영토적 주장**을 해도 좋은가? 이러한 질문은 단지 아랍인만이 아니라 이스라엘인에게도 제기된다. "하나님이 약속하신", 하나님이 단번에 영원히 보장하신 경계선을 주장하려고 히브리 성서의 특정한 본문을 끌어들이고, 그것을 완전히 바뀐 상황에 문자적으로 적용하는 것이 가능한가?

그렇다. 사람들은 이런 성서 본문을 늘 다시 끌어온다. 예컨대 창세기를 끌어온다. "그 날에 여호와께서 아브람과 더불어 언약을 세워 이르시되 내가 이 땅을 애굽 강에서부터 그 큰 강 유브라데까지 네 자손에게 주노라."[6] 또는 모세가 이스라엘 백성에게 주님의 교훈을 건네준 신명기를 끌어온다. "방향을 돌려 행진하여 아모리 족속의 산지로 가고 그 근방 곳곳으로 가고 아라바와 산지와 평지와 네겝과 해변과 가나안 족속의 땅과 레바논과 큰 강 유브라데까지 가라. 내가 너희의 조상 아브라함과 이삭과 야곱에게 맹세하여 그들과 그들의 후손에게 주리라 한 땅이 너희 앞에 있으니 들어가서 그 땅을 차지할지니라."[7] 나중에 같은 책은 심지어 이렇게 말한다. "너희의 발바닥으로 밟는 곳은 다 너희의 소유가 되리니 너희의 경계는 곧 광야에서부터 레바논까지와 유브라데 강에서부터 서해까지라."[8] 이런 본문을 실제적인 상황에 직접 끼워 맞추는 것은 상당한 정치적 파괴력을 지닌다고 사람들은 오랫동안 말하지 않았던가?

규범성에 대한 질문이 시급하게 제기된다. 무엇이 유효하다는 말인가? 역사적인 현실인가 아니면 오래된 성서 본문인가? 역사적으로 형성된 경계선인가 아니면 성서가 약속하는 경계선인가? 정치적 신학이 정치적 지형(예컨대 요르단 국경)을 압도함으로써—시편에 나오듯이—이스라엘의 미래의 메시아-왕이 바다에서 바다까지, 유프라테스 강에서 지구의 끝까지 이르는 왕국을 통치하게 될 것이라고 말할 수 있는가?[9]

우리의 패러다임 분석을 살펴보는 것이 여기서도 설명에 도움을 줄 것이다. 우리가 보았듯이, 유대 민족도 자신의 역사 속에서 혁명적인 패러다임 전환을 경험했다. **국가가 있든 없든** 유대 민족은 존재했고, **이런저런 국경을 가지고** 살아왔다. 그리고 가설을 말한다면, 다시 국가가 있든 없든, 국경이 이렇든 저렇든 유대 민족은 살아갈 수 있다. 정치적인 짐을 지고 있는 종교적 근본주의에게는 이렇게 되물어야 한다. 성서의 다른 구절이 아니라 바로 이런 '구절들'을 끌어오는 이유는 무엇인가?

시대착오적으로 어떤 성서 구절을 직접 현재에 적용하고 심지어는 그 구절을 특정한 (군사적인) 정책의 잣대로 삼는 것을 역사적 발전은 금지하지 않는가? 마치 성서가 약속한 것이 선택된 백성을 위한 안전한 **고향**이 아니라 근대의 독립적인 유대인 **국가**인 것 같다! 마치 성서도 부분적으로는 이런 고향의 경계선을 훨씬 더 좁게 긋지 않은 것 같다![10] 마치 오늘날—'이집트의 강에서 유프라테스까지'—요르단을 포함하는 거대 이스라엘을 만들 수 있는 것 같다! 마치 이스라엘의 경계선이 지난 수천 년 동안 매우 분명했던 것 같다! 마치 무슬림 (그리고 기독교인) 아랍인들이 거주하는 서요르단이 단순히 역사적으로 항상 유대인의 땅이었던 것 같다! 마치 대략 1,200년 동안 정착하며 살았던 오늘날의 아랍인-무슬림 주민들이 합법적인 주거권을 지니고 있지 않고, 심지어는 추방되어도 좋다는 것 같다! 마치 이스라엘의 유대인 주민의 3분의 2가 (세파딤 유대인으로서) 아랍 땅에서 출생하지 않았다는 것 같다! 간단히 묻고 싶다. 경계선의 문제에서 무엇이 **하나님의 계시**고, 무엇이 **민족 이데올로기**인가?

이미 3천 년 전에 아랍의 베두인이 정착하며 살았던 자율적인 쿠웨이트에 대한 사담 후세인의 주장과 요르단과의 방어전쟁 중에 빼앗았던 서요르단에 대한 이스라엘의 주장 사이에는 의심할 나위도 없이 중요한 차이가 있다. 그러나 만약 지중해에서 요르단에 이르기까지, 그리고 경우에 따라서는 요르단 너머까지 이르는 '거대 이스라엘'을 정당화하기 위해 '성서의 이스라엘'을 근거로 내세우고, 실제로는 다윗과 솔로몬의 왕국을 근거로 내세운다면, 이와 동시에 느부갓네살의 바빌론 제국, 바그다드의 칼리프들과 꾸란을 근거로 내세우는 메소포타미아의 독재자들의 주장을 어떻게 완전히 미친 짓이라고 거부할 수 있겠는가? 이탈리아 민족주의자들이 제1, 2차 세계대전 중에 그렇게 했듯이, 만약 자신의 영토 주장을 위해 '영토병합운동', 곧 '해방되지 못한 땅terre irredente'의 악령을 불러낸다면 이것은 위험한 놀이가 아닌가? 그렇다. 오늘날 특히 팔레스타인의 아랍인들은 (이라크 북쪽의 쿠르드 사람들도!) '해방되지 못하고' 노예가 되었으며, 학대와 배반을 당하고 있다고 느낀다. 더욱이 유대인은 '팔레스타인 사람'이라는 이름과 민족적 특성을 부인하려고 한다. 단지 그들이 하나의 민족과 하나의 국가를 만들 수 없었고, 그렇게 해서도 안 되기 때문이다. 팔레스타인의 새로운 정착지를 위해 유대인들은 항상 밸푸어 선언의 첫 번째 조항을 근거로 내세우는데, 그렇다면 밸푸어 선언의 두 번째 조항은 어디로 갔는가?

예전의 이스라엘 집권 노동당이 아랍인 지역을 공격을 막는 완충지역과 미래의 평화협상을 위한 보증으로 여겼다면, 지금의 리쿠드 정권은 이 지역을 성서 시대부터 거룩하게 여겨온 지역으로, 한 치도 포기해서는 안 될 유대인의 영원한 소유물로 주장하고 있다. 그러나 이 두 주장 사이에는 참으로 차이가 있다. 저명한 유대인 학자요 오하이오 신시내티 히브리 유니온 대학교의 교수인 **야콥 페투초브스키**Jakob Petuchowski가 정치적인 정통주의자들의 매우 **선별적인 성서 사용**을 비판한 것은 타당하다. "만약 친親이스라엘 옹호자들이 성서 종교에서 '땅'의 중요성을 지적한다면 먼저 다음과 같이 질문해야 할 것이다. 이 옹호자들은 참으로 유대교를 성서 시대로 되돌리기를 원하는가? 다시 말하면, 그들은 동물 제사를 다시 도입하고, 노예제도를 공식적으로 용납하고, 제의적 율법을 위반한 사람들에게 사형을 집행하고, 신정국가를 설립하기를 원하는가? 혹시 이런 주장은 성서 종교를 위해 맥락과는 완전히 분리된 '땅'의 역할을 강조하는 것이 아닌가? 마치 유대교가 그 계속적인 발전 과정에서 마침내는 '땅'과 무관하게 되기까지 다양한 발전 단계를 밟아오지 않은 듯이 말이다."[11] 이 질문은 내가 이 책의 여러 곳에서 분명히 밝혔던 것, 곧 신앙의 항구적인 본질과 교체되는 패러다임 간의 매우 본질적인 차이점에 주목하고 있다. 유대인의 신앙을 ('일본주의Japanism'와 비슷하게) 종교적인 본질이 없는 민족주의적인 '이스라엘주의'로 대체해버린, 완전히 세속화한 유대인들에게 다음과 같이 날카로운 질문을 던질 수밖에 없다. 이제는 성서를 믿지 않는 민족이 '성서의 땅'에 대한 자신의 주장을 여전히 정당화할 수 있는가?

기독교인들에게는 다른 질문이 주어진다. **기독교인들의 불의**, 곧 과거에 (특히 독일적) '기독교인들'이 유대인들에게 저질렀던 불의에 이제는 팔레스타인의 아랍인들이 **값을 치러야 하겠는가**? 그렇게 때문에 편견과 증오와 열광주의를 제거하기 위해, (진정한 포스트모던 패러다임 안에서) 종교적인 소통을 위해, 상호간 신뢰의 구축을 위해, 지속적인 정치적 해결을 위해 특히 기독교인들은—이스라엘과 점령 지역의 많은 아랍인들은 기독교인들이다—일방적인 입장을 취하기보다는 양측과의 관계를 이용해야 할 이유가 있다. 그런데 테오도르 헤르츨이 약속한 것은 무엇이었는가? "신앙을 고백하거나 신앙하지 않거나 모든 사람은, 자신의 민족 안에서 그러하듯이 자유롭고 제한을 받지 않는다. 더욱이 다른 신앙인들, 다른 민족들이 우리 가운데서 살아가고 있다면, 우리는 그들에게 명예로운 보호와 법적인 평등을 보장할 것이다."[12]

그러나 이제 기독교인들에 관해 말하자면, 기독교인들은 장차 이스라엘 국가에 어떤 태도를 취해야 하는가? 이스라엘 국가가 종교적 차원을 지닌 정치적 실체라는 사실을 설명한 제2부의 관점으로 나는 다음과 같이 전망한다.

4. 기독교인의 비판적 연대

기독교인과 교회는 실제적인 정책을 펼 때마다 이스라엘 국가에 대해 장차 어떤 태도를 취해야 하는가? 이스라엘은 과거와 같이 더는 허약하고 사방으로 포위된 국가가 아니라, 마지막 수단으로 핵무기를 손에 쥐고 있는, 근동에서 가장 강한 군사력을 보유한 국가다. 미래를 위해 요구되는 자세는 다음과 같다.

1) **외교적으로 거리를 둔 채, 이스라엘 국가를 무시해서는 안 된다.** 사람들이 정치적이고 신학적으로 어떻게 생각하든, 이 국가는 지정학적 현실로 자리하고 있다! 또한 유대교는 단지 종교이기만 한 게 아니라 민족이기도 하다. (수많은 국가의 건국과 마찬가지로) 이스라엘의 건국 과정에서 (아랍인들에게)—그 어떤 불의가 행했든, 역사와 정의, 동정과 인간성은—아랍인들과 바티칸도 이스라엘 국가를 **외교적으로 인정**할 것을 요구한다. 이러한 인정은 단지 '암묵적'일 뿐만 아니라, 다른 곳에서 그랬던 것처럼 평화로운 협력의 토대로 당연히 공식적이어야 한다. 로마 교황청이 역사 속에서 수백 년 동안 유대인을 박해하고 홀로코스트에 관해 완전히 잘못된 태도를 취해왔기 때문에 특별한 책임을 져야 한다고 나는 여러 차례 강조해왔다.

그러나 이를 넘어서—로마 가톨릭교회와 특히 그리스 정교회, 아르메니아 개신교와 독일 개신교를 포함하여—모든 **교회는 팔레스타인 땅에 대한 주권을 신학적으로 정당화할 수 없다**는 사실을 지금보다 더 분명히 말해야 할 것이다. 당연히 성지는 수백 년 동안 소유해온 사람들의 소유물이 되어야 한다. 따라서 이스라엘 국가가 성지의 보호를 단지 법적으로 보장할 뿐만 아니라 이를 효과적으로 실천하고 있다는 사실은 칭찬할 일이다. 그렇지만 바로 그렇기 때문에 우리는 다음과 같이 말할 수 있다. 기독교인이나 교회는 특정한 장소에 대한 개인적이고 공적인 권리를 신학적으로 유사-국가의 영토권으로 너무 부풀려서는 안 된다. 마치 예수가 자신의 제자들이 성서의 땅을 공동으로 상속받기를 원하는 듯이 말이다. 내가 제1부에서 지적했듯이, 본질적으로 '약속의 땅'에 여전히 매여 있는 유대교와는 정반대로 기독교는 자신의 본질적으로 예수 그리스도의 인격에 매여 있고 그 어떤 특정한 땅에 매여 있지 않다. 앞으로 우리가 보게 되겠지만, 이것은 거룩한 도시 예루살렘에도 적용된다. 그렇지만 이스라엘 국가를 대하는 기독교인의 태도는 다른 측면의 문제점을 안고 있다.

2) 이스라엘 국가의 정치를 **무비판적으로 수용해서는 안 된다**. 비록 이스라엘 국가가 유대교에게 큰 의미를 띠고 있더라도, 홀로코스트 이후의 매우 큰 죄책감 때문에 이스라엘 국가의 실제적인—가끔은 매우 의문스러운—정치를 (종종 단순히 정당 정치도) 완전히 수용해서는 안 된다. 나는 이미 다음과 같은 점을 지적했다. 죄가 없고 '의로운' 종교가 존재하지 않듯이, 죄가 없고 '의로운' 국가도 없다! 특히 이스라엘에서는 '모범 국가'를 꿈꿨던 헤르츨의 원래의 이상과 그 이후의 실현 사이의 간격이 현저히 벌어졌으며, 이데올로기와 현실 사이의 간격도 멀어졌다! 세계의 수많은 국가들의 경우도 다르지 않지만 이스라엘의 경우에는 높은 요구가 특히 주목을 받는다. 이스라엘에 대한 원칙적인 동정에도 불구하고 이스라엘 정부의 정책을 비판하는 사람은, 기독교인이든 무슬림이든 또는 유대인이든, 처음부터 '이스라엘의 적'이 아니다! 그는 기회주의적인 아첨꾼들과는 정반대로 이스라엘의 **솔직한 친구**일 수 있다. 나 또한 분명히 그렇게 남아 있을 것이다! 그러나 미국의 유대인과 유럽의 기독교인이 "이스라엘 사람들보다 더 이스라엘 사람들 같이" 될 필요는 없다. 우리가 보았듯이, 반갑게도 많은 용감한 이스라엘 사람들(예컨대 피스 나우Peace Now 운동 외에도 명망이 높고 예전에 이스라엘 외무부 장관을 지냈던 압바 에반Abba Eban)과 지도적인 미국의 유대인들(1968년에 세계시오니스트연맹의 의장을 지낸 나훔 골드만의 뒤를 이은 아루투르 헤르츠버그Arthur Hertzberg와 미국유대인회의)은 오늘날 이스라

엘 정부의 아랍 정책을 공개적으로 비판한다. 이스라엘 국가의 안녕을 걱정하기 때문이다.

3) 그보다는 이스라엘 국가와 **기독교인의 비판적인 연대**가 요구된다. 팔레스타인 사람들의 문제와 유대교인·기독교인·무슬림의 거룩한 도시 예루살렘 때문에 권리와 권리가 분명히 대립하고 있는 근동의 갈등에서 특히 기독교인은 처음부터 한쪽이나 다른 쪽을 비판해서는 안 된다.[13] 팔레스타인의 유대인 지역에서 유대인과 팔레스타인 사람은 모두 엄청난 고통을 받고 있다. 그렇지만 양쪽이 모두 잘못을 범했고 폭력을 행사했으며 테러를 허용했다. 그러나 그와 동시에 두 민족이 모두 오늘날의 정치적 미궁에서 빠져나올 방법에 관해 폭넓은 의견을 가지고 있으며, 많은 전쟁을 치르고 걸프전쟁의 모든 파괴를 목격한 이후에는 오직 생존의 위협이 없이 살아갈 수 있기만을 갈망하는 선한 의지와 평화 사랑도 지니고 있다. 따라서 기독교인은 **유대인과 팔레스타인 아랍인의 의로운 요구를 조정**하는 견고한 다리를 놓는 것 이상의 역할을 미래에 수행해야 하며, 어느 한쪽에게 갈등의 대가를 부과해서는 안 될 것이다.[14]

따라서 보수적인 가톨릭 집단에서 항상 그러하듯이, 마치 자신의 백성에 주어진 한 분 하나님의 영원한 약속이 없다는 듯이 이스라엘 국가를 종교적으로 무시하는 것은 미래의 기독교인에게 불가능해질 것이다! 마치 이스라엘 국가 안에서 예언자들의 예언이 (숲을 가꾸는 일, 수도 시설을 갖추는 일, 순례자와 여행자의 숫자에 이르기까지) 문자적으로 성취되었다는 듯이, 묵시적인 열광주의자들은 아직도 이스라엘 국가를 곧장 종말의 표징으로 보려고 한다! 종교적이고 정치적으로 보수적인 개신교 근본주의자들은 이것을 자주 선전해왔다. 근본주의자들은 이 땅의 임박한 묵시적 종말 직전에 그리스도의 재림과 함께 유대인이 개종하기를 은근히 기대한다. 그들이 이스라엘의 좋은 친구들이라니…!

그렇지만 비록 신앙적 유대인들도 유대인의 세속 국가 안에서 '메시아적 표징'과 '우리 구원의 시작'과 같은 그런 것을 보기를 거절하더라도, 그들은 현실적인 평화의 비전을 그리는 것을 회피할 수 없을 것이다. 오늘날의 명백한 문제 앞에서 미래의 목표를 감추려고 하지 않는 한, 이것은 생존을 위해 중요하다.

바로 유대교의 위대한 종교적 전통 안에도 서로 대립하는 모든 사람을 화해시키는 길을 보여줄 가능성이 존재한다. **다비드 하르트만**David Hartmann과 같은 한 정통주의 랍비는 성서와 탈무드와 마이모니데스에 근거하여 이 길을 구체적으로 **이방인 사랑**이라고 설명했다. "이스라엘 안에서 이루어지는 경험의 다양성, 기독교인이든 무슬림이든 팔레스타인 사람이든, 동일한 존엄성을 지닌 다른 사람들의 현존은 그 어떤 인격이나 사귐도 모든 영적인 가능성을 소진하지 못한다는 중요한 경험적 사실을 유대인의 영적 의식에 되돌려준다. 성서는 사랑의 두 가지 중요한 개념을 강조한다. 하나는 이웃 사랑과 관련되어 있고, 다른 하나는 이방인 사랑과 관련되어 있다. 이웃 사랑 안에서 우리는 공동 가치를 공유하고 친근하고 공동체적인 연대성을 공유하는 사람을 만난다. 자신처럼 홀로 있는 이웃이 사랑을 표현할 때, 이 사랑은 자기 자신을 확장하고 자신의 공동체적인 연대를 확장한다. 이방인 사랑에서 우리는 자신의 범주로는 결코 정의할 수 없는 다른 사람, 상이한 사람을 만난다. 이러한 맥락에서 성서는 종종 전체주의 체제 아래서 겪었던 우리 자신의 역사적 고난을 자주 기억하게 한다. 이런 체제 아래서 우리는 그 어떤 존엄성도 지니지 못했다. 왜냐하면 우리는 통치자들의 가치관의 틀에 맞지 않았기 때문이다. 우리의 몫은 학대를 당한 삶이었다. 거기서는 차이가 존중되기보다는 오히려 공포와 멸시의 원천이 되었다. 성서가 말하듯이, 이 이집트 경험은 우리가 다른 사람들과 어떻게 공감하고, 다른 사람으로 인해 우리가 어떻게 위협을 느끼지 않게 되는지를 우리에게 확실히 가르친다. 너는 이방인을 사랑해라. 왜냐하면 너희도 이집트 땅에서는 이방인이었기 때문이다!"[15] 만약 이런 생각이 이스라엘 사람과 팔레스타인 사람의 소통의 기반이 된다면, 그것은 매우 큰 의미를 지닐 것이다.

IV. 현실-유토피아적 평화 비전

"화평을 찾아 따를지어다!" 시편의 구절이다.[1] 유대인 집단에서 전개된 공포의 환상은 이제 **평화의 비전**으로 교체되어야 한다. 인티파다와 걸프전쟁 이래 더 분명해진 사실은 다음과 같다. 좌절당한 수많은 이스라엘 군인과 학대당한 수많은 팔레스타인 해방군, 그리고 관련되어 있거나 그렇지 않은 수많은 유대인과 아랍인이 이런 끔찍한 상황에서 평화를 갈망하고 있다. 이 땅에 필요한 것은 더는 '영웅'이 아니다. 군사 장벽의 해소를 통해 변화된 세상에서 삶을 계속 꾸려가려면 좋은 사업가들, 기술자들, 모든 방면의 전문가들이 필요하다. 무기산업과 무기가 아니라 고도로 발달한 평화경제가 필요하다! 만약 팔레스타인 사람들이 아니라면—높은 수준의 이스라엘 군대도 인티파다를 감당하지 못할 것이다—도대체 누가 경제적 발전을 위해 이스라엘의 평화와 안전을 보장할 수 있겠는가?

1. 이스라엘은 어떻게 될 것인가?

과거에 사람들은 레바논을 **'근동의 스위스'**라고 불렀다. 그러나 기독교인의 잘못 때문에, 그 다음에는 팔레스타인 사람들의 잘못 때문에, 그 다음에는 이스라엘 집단들과 최종적으로는 다른 무슬림 집단들의 잘못 때문에 근동에서 일어난 가장 긴 시민전쟁에서 15만 명이 죽었다. 그래서 레바논이 최소한 일시적으로 이런 역할을 하지 못하게 되었다는 사실은 비극이다. 문화적 다양성과 경제적 번영은 파괴와 무정부 상태 속에서 무너져 내렸다. 이스라엘 국가는—진정한 평화를 이루기를 원한다면—과거의 레바논과 비슷하게 (지배하는 역할이 아니라) 중재하는 역할을 해야 하지 않겠는가?

오늘날 매우 불가능하고 환상적이고 유토피아적으로 보이는 것이 몇 년 후에는 현실이 될 수 있을 것이다.

이스라엘인의 자의식과 자긍심은 수십 년 동안에 결정적으로 커졌다. 새로운 팔레스타인 국가와 요르단과의 동맹의 틀 안에서 이스라엘 국가는 무기가 우뚝 솟아 있는 군대와 최고로 무장한 전쟁 민족에서 평화로운 **교량국가**와 **평화의 민족**으로 바뀔 수 있다. 이것은 과거에 (허약함에도 불구하고) 군사적 확장과 '안정된 경계선'을 목표로 삼았던 스위스 동맹이 사방으로 용병을 보냈지만, 승전과 패전 끝에 마침내 평화의 섬이 된 것과 비슷하다. 심지어 유럽에서 두 번의 전쟁이 일어나던 동안에도 스위스는 평화의 섬이었다! 물론 이 섬은 다양한 문화와 민족이 많은 위기를 겪는 동안에 평화롭게, 그리고 모두에게 유익하게 공존하는 법을 배워야 했다.

잠깐이라도 생각해보자. 만약 이스라엘과 같이 매우 발전한 이런 나라가 **평화로운 협력**을 위해 헌신한다면, 전체 근동 지역, 곧 이집트와 시리아, 요르단, 이라크, 사우디아라비아 등 국경을 맞대고 있는 모든 국가에게 그것은 무엇을 의미하겠는가? 이스라엘은 주민들('책의 민족')에게 높은 수준의 교육을 제공하고 있고, 높은 수준의 차별화된 교육기관(7개의 대학)을 소유하고 있다. 이스라엘은 광범위한 보건 체제(수많은 병원과 굉장히 많은 의사, 근동 최고의 의학연구)을 갖추고 있고, 높은 수준의 사회봉사 기관도 운영하고 있다. 이스라엘은 특히 특출한 경제적 능력과 기술 능력, 혁신 능력이 있다. 만약 이런 나라가 이웃과 협력하고 주고받는 관계를 맺기로 결심한다면, 그것은 무엇을 의미하겠는가? 독일이 프랑스와 동유럽과 소련과의 유혈 전쟁을 치르며 완전히 지쳐버린 뒤에 평화를 위해 힘썼듯이, 만약 이스라엘이 자신의 군사적인 힘을 평화 활동을 위해 전환한다면 얼마나 많은 일을 할 수 있겠는가?

이스라엘은 이러한 중재 활동을 할 완전한 태세를 갖추고 있을 것이다.

오늘날 단일민족으로 구성된 서구의 국가는 이미 존재하지 않는다. 단지 다양하고 거대한 인구 집단들이 공존하고 있는 국가만이 존재할 따름이다. 이 집단들은 하나의 국가 안에서 언어적·역사적·문화적인 정체성을 유지해왔다. 이스라엘은 교육과 문화와 삶의 양식이 다양한 유대인 공동체를 포괄하고 있는 **다문화 국가**다. 유대인 공동체들은 (아랍 국가를 포함하여) 다양한 국가의 생활 관습 속에서 자라났고, 유대인들은 이런 국가들 안에서 수백 년 동안 뿔뿔이 흩어져 살면서 적응해왔다. 이스라엘은 일치를 추구하지만 획일화를 추구하지는 않는다. 이스라엘은 이미 정착했거나 새롭게 이주해온 독일과 프랑스의 유대인들(아슈케나지Ashkenasy), 스페인과 포르투갈의 유대인들(세파르디Sephardi), 동양의 유대인들로 이루어져 있다. 이미 지금 이스라엘은 다양한 출신과 문화적 전통에 속한 사람들을 하나로 묶고 서방과 동방과 남방의 문화적 요소를 통합할 수 있는 사회다. 종교는 하나이지만, 이미 지금 두 가지 학교 체제와 두 가지 라디오 프로그램이 있다. 하나는 유대적인 학교 체제(수업 언어: 히브리어)이고, 다른 하나는 아랍-드루즈Arab-Druze적인 학교 체제(수업 언어: 아랍어)다. 이런 학교 체계는 이미 지금 유대교인과 기독교인과 무슬림을 위해 서로 다른 세 가지 종교교육 형태를 지니고 있다.

그렇다. 400년 전의 스위스 동맹처럼 평화로운 이 나라가—기독교와 이슬람교가 공유하고 있는 자신의 위대한 **보편적·윤리적·종교적 유산**에 근거하여—근동에서 서로 간에 다리를 잇는 나라가 된다면, 그것은 무엇을 의미하겠는가? 모든 사람이 이득을 얻게 될 것이다. 비현실적인 생각인가? 이스라엘의 국장國章에는 이 책 표지도 장식하고 있는 메노라Menorah가 새겨져 있다. 거기에는 유대인의 정체성과 역사의 상징으로 두 개의 올리브 가지가 둘러싸고 있는 일곱 개의 조그만 촛대가 있다. 그것은 평화를 향한 유대인의 갈망을 표현하고 있다고 사람들은 말한다. **유럽**의 국가들, 곧 독일과 프랑스와 독일과 폴란드, 그리고 미국과 소련이 평화와 협력을 추구하고 실현한 이 시대에 **근동**의 위기 지역에서도 이스라엘 사람들과 팔레스타인 사람들, 곧 유대인과 아랍인을 위해 평화로운 미래를 준비하는 것이 가능하지 않겠는가? 자신의 영토에서 수십 년 동안 불안과 불화가 일어났으니 이제는 시간이 촉박하다!

그렇지만 여기서 가장 어려운 질문이 떠오른다. 양쪽, 곧 유대교인과 무슬림과 기독교인이 거룩하게 여기는, 그리고 세속적인 유대인조차도 중요하게 여기는 도시 예루살렘을 위해서는 어떤 해결책을 찾아야 하겠는가?[2]

2. 예루살렘은 어떻게 될 것인가?

예루살렘을 위한 현실적인 해결책이 없다면 팔레스타인 문제의 해결책도 없다. 예루살렘(히브리어로 '예루샬라임Yerushalayim')은 어원적으로 '샬롬shalom'('평화')이라는 단어를 그 이름에 담고 있다. 그렇지만 그곳은 항상 다시금 불화와 전쟁의 도시가 되었다.

예루살렘은 (해발 약 800m, 요르단에서 단지 35Km 떨어진) 유대 땅의 언덕에 위치해 있고, 주민 40만 명이 살고 있는 거대한 근대 도시이며, 그와 동시에 지구상에서 가장 오랫동안 끊임없이 사람들이 거주했던 도시 중의 하나다. 참으로 예루살렘은 세계 도시이지만, 공업도시는 아니다. 기도처와 회당, 교회, 모스크가 2,500곳(모두 세금을 내지 않는다), 그리고 역사적 기념물 1,000개(유지하려면 비용이 매우 많이 든다)를 가진 도시다. 이 모든 것은 문화적으로 이처럼 부요한 도시 예루살렘이 재정적으로 가난한 이유를 설명해준다. 그러나 '통곡의 벽', 기념비적인 정부청사와 기념관, 그리고 옛 도시를 둘러싸고 있는 이스라엘의 위성도시들 근처에 있는 새로운 유대인 주거지와 비교해볼 때, 아랍인 주민들이 유별나게 불리한 대우를 받고 있는 까닭은 설명해주지 못한다. 그래도 이스라엘의 관리 아래 아랍 주민이 7만에서 15만 명으로 증가했다는 사실은 이스라엘 측에서 생각할 여지를 남긴다. 그렇지만 아랍 측에서 사람들이 비통하게 대답하듯이, 이런 일은 환상적인 출생률이나 이주 때문이 아니라 요르단 강 서안 지구 전체의 20% 이상이 불법적으로 예루살렘의 도시 구역으로 편입되었기 때문이다. 잘 알려져 있듯이, 이스라엘 국가는 그곳 전체를 (점령된 지역이 아니라) 이스라엘과 통합된 부분으로 여기고 있다.

이 모든 것에도 불구하고 예루살렘의 본질적인 문제는 일차적으로 사회적 영역이 아니라 종교정치적 영역에 놓여 있다. 이 도시는 누구에게 속해 있는가? 이 질문에 역사적으로는 대답하기 어렵다. 왜냐하면 예루살렘에서 최근에 이루어진 발굴 결과는—건축물에 이르기까지—유대 민족의 역사를 반영하기보다는 수백 년 동안 이곳을 다스렸던 **다양한 통치자들**(가나안, 유대인, 신바빌론 제국, 페르시아, 셀류쿠스 왕조-헬라, 유대-마카비 왕조, 로마, 기독교-비잔틴 제국, 이슬람-칼리프 왕조, 중세 기독교, 투르크 이슬람, 영국의 통치자들, 그리고 이제는 다시금 유대인의 통치자들)의 역사를 더 많이 반영하기 때문이다. 예컨대 성전 산의 남쪽 산비탈에서 이루어진 이스라엘 발굴단Israel Exploration Society의 발굴은 기원전 10세기 솔로몬 시대부터 비잔틴 시대 기독교의 잔재를 거쳐 기원후 8세기 칼리프의 궁전에 이르기까지 많은 주거지의 지층을 드러내고 있다. 다윗 도성의 지역에서는 심지어 다윗 이전의 가나안-여부스Canaan-Jubus 족의 잔재도 발견된다.

박식한 시사평론가 페터 숄-라투어Peter Scholl-Latour는 다음과 같이 논평했다. "성지를 둘러싼 피 흘리는 갈등은 애석하게도 정치적 합리성의 계명에 속해 있는 것이 아니라, 태고의 신화의 힘에 압도당하고 있다."[3] 그렇다.

예루살렘

3대 세계종교의 거룩한 도시
멜기세덱과 아브라함이 만난 장소
아브라함이 자기 아들을 묶은 장소
다윗의 도시(기원전 1000년경)
솔로몬 성전의 도시

예루샬라임 – 이스라엘의 도시	히에로솔리마 – 기독교인의 도시	알-꾸드스 – 무슬림의 도시
성전 산: 하나님의 은혜로운 현존의 장소	골고다와 부활교회: 예수 그리스도의 고난과 죽음과 부활의 장소	거룩한 바위: 예언자 무함마드가 하늘로 승천한 장소(632: '미라드쉬')
70/135년 이후: 성전과 도시 파괴에 대한 슬픔과 비탄의 장소	30년 이후: 초기 공동체의 고향	683년 이후 이슬람교의 소유: 691년 바위 돔 건립과 아크사 모스크 – 메카와 메디나 다음으로 세 번째 중요한 순례지
11/12세기: 십자군 행렬의 결과로 유대인 박해	십자군 행렬 1099년: 유대인과 동방의 기독교인, 무슬림 학살	기독교인 박해 1099년: 부활교회 파괴
19세기: 강화된 유대인의 재귀환, 유대의 고위 랍비 공회 설립	19세기: 성공회와 프로이센 개신교회의 설립과 라틴어를 사용하는 정교회 설립(1847).	19세기: 투르크 개혁과 이집트의 강력한 힘 때문에 이루어진 도시 개발
1917년: 밸푸어 선언으로 '팔레스타인에 민족적 고향' 약속	1920년: 영국의 신탁통치 지역	1918년: 오스만 제국의 붕괴와 무슬림 정치적 최고 권력의 종말
1948년: 이스라엘 국가의 설립, 도시의 분할 1967년: 이스라엘인의 옛 도시와 도시의 동쪽 정복	1964년: 교황 바오로 6세와 콘스탄티노플 총대주교 아테나고라스의 만남	1948년 이후: 5번의 유대-아랍 전쟁, 시의 분할과 상실.
약속의 도시: 유대인의 열망의 목표. 모든 흩어짐의 종말과 메시아적 완성의 장소	약속의 도시: '지상의 예루살렘'은 '천상의 예루살렘'의 모형, 그리스도 재림의 장소	약속의 도시: 최후심판의 장소와 낙원의 문이 열리는 장소

도시 예루살렘의 세계사적 운명은 그것이 **3대 아브라함 종교 모두**에게 똑같이 **거룩한** 도시라는 사실이다. 아브라함 때문에 3대 종교 모두에게 그러하다! 소르본 대학교의 자크 마둘Jacques Madaule은 "예루살렘이 중점이라기보다는 쟁점인 참된 '종교 지형도'가 있다"고 하며 덧붙여 말한다. "이 도시는 아브라함에게 거슬러 올라가는 세 종교에게 일종의 공통적인 지평선이다."[4] 더욱이 모든 종교의 고유한 특징으로서 예루살렘에 대한 '거룩한' 애착도 여전히 존재한다. 유대교인에게는 **다윗** 왕이 중요하다. 그는 이 도시를 거대한 왕국의 중심으로 삼았다. 기독교인에게는 나사렛 **예수**가 중요하다. 사람들은 그의 죽음과 부활을 이곳에서 기념한다. 무슬림에게는 예언자 **무함마드**가 중요하다. 사람들은 그가 여기서 하늘로 승천했다고 믿는다(이것은 특히 이슬람교의 신비문학에서 중요하다). 예루살렘의 가시적인 건축학적 표시들은—바위 돔에서부터 지금도 존재하는 옛 도시의 거대한 성벽에 이르기까지—최종적으로 무슬림에게서 유래한 것이고, 유대교인이나 기독교인에게서 유래한 것이 아니다.

거룩한 도시가 세 종교 모두에게 여전히 '거룩한' 도시인지는 서로 다른 종교 사이에서 아마도 논쟁거리일 것이다. 무슬림도 예루살렘을 '거룩한 곳'이라는 뜻의 '알 꾸드스al-Quds'라고 부른다. 그러면 결정적인 질문은 다음과 같다. **그렇다면 거룩한 도시는 세 종교 중에서 어디에 속해 있는가?** 세 종교 모두가 길거나 짧은 기간 동안에 이 도시를 점령했고, 모든 종교가 이 도시가 자신에게 지니는 특별한 의미를 입증할 수 있다. 그렇기 때문에 근본적으로 세 종교 모두가 이 거룩한 도시가 자신에게 속해 있다는 사실을 어느 정도 분명하게, 또는 적어도 타당하게 알고 있다.

오늘날 예루살렘은 **실제적으로 유대인의 통치** 아래, 곧 이스라엘 국가의 통치 아래 놓여 있다. 이스라엘 국가는 1948년에 독립전쟁을 통해 서예루살렘을 점령했고, 그 당시에 아랍 주민들 3만~6만 명을 추방했으며(물론 아랍

지역의 옛 유대인 마을도 파괴되었다), 1967년의 6일 전쟁 중에는 동예루살렘도 점령하고 손쉽게 병합했다. 1980년에 리쿠드 정부는 국회의 '기본법'에 따라서 예루살렘을 이스라엘의 "분리될 수 없는 수도"로 일방적으로 선언했다.

그러나 **법적인 상황**은 어떠한가? 국제법상으로 보면 **이스라엘은 예루살렘에 대한 그 어떤 주권**도 가지고 있지 않다는 사실을 이스라엘 사람들도 결코 간과할 수 없다. 따라서 외국의 모든 대사관도 텔 아비브에서 예루살렘으로 이전하는 것을 거부했다. 국제사회 앞에서 이스라엘 국가의 합법성은 (예루살렘을 국제적인 지역으로 인정하는) 1947년의 유엔 분할결의안에 근거해 있다. 따라서 이스라엘 국가는 1967년의 6일 전쟁 이후에 안전보장이사회의 결의안 제242항에 따라서 자신의 주둔군을 점령 지역에서 철수하라는 요구를 받았다. 아랍인의 안전을 보장하는 대신에 이스라엘을 국가로 인정하고 존중하려는 의도였다. 유엔은 1980년 3월 1일의 안전보장이사회 결의안 제465항에서도 미국의 승인 아래 다음과 같이 선언했다. "예루살렘과 그에 딸린 부분을 포함해서 1967년 이후에 이스라엘이 점령한 지역의 물리적인 성격과 인구의 구성, 제도적인 구조나 상태를 변경하려고 취했던 모든 조치는 아무런 법적인 효력이 없다."

물론 이스라엘 정부와 국회는, 나중에 사담 후세인도 그랬듯이 유엔 결의안과 세계의 의견을 거의 신경 쓰지 않아도 된다고 생각했다. 그들은 예루살렘 전체를 이스라엘의 수도로 엄숙하게 선언했던 '기본법'을 결의했다. 그렇지만 스스로 확정한 '합법성'에는 (모든 당사자와 국제사회가 함께 지키는) 국제법적인 '정당성'이 결여되어 있다. 미국조차도 이러한 결정에 동의하지 않았고, 텔 아비브 대사관을 그대로 두었다. 1990년에 부시 대통령은 동예루살렘의 아랍인들에게 국제평화회의에 참여할 것을 분명히 요구함으로써 동예루살렘의 실제적인 병합의 불법성을 바라보는 미국의 견해를 확인했다. 그래서 샤미르 총리는 공개적으로 분노를 터뜨렸다. 또 다른 유엔의 근동 결의안이 팔레스타인 사람들을 추방한 이스라엘을 비난했을 때, 샤미르는 이 유엔 결의안이 예전의 반이스라엘 결의안과 비슷하게 문서 보관소의 먼지에 파묻히게 될 것이라고 공언했다. 국제사회를 향한 그의 오만한 태도는 많은 유대인의 마음도 아프게 만들었다. 걸프전쟁이 끝났으니, 이제는 미국이 최종적인 해결책을 찾기 위해 유엔 국가들과 함께 자신이 보호하는 근동 국가에게 어느 정도까지 필요한 압력을 배후에서 행사할 용의가 있는지 드러날 것이다.

유대인들이 살고 있는 서예루살렘에 팔레스타인 사람들이 그 어떤 환상도 품지 않는다면, 아랍인들이 살고 있는 동예루살렘의 상황은 언제나 논쟁의 중심에 있다. 이스라엘에 의해 **'통일된' 예루살렘**은 오늘의 일상적 현실에서는 **환상**일 뿐이다. 상황은 정반대다. 예루살렘은 오랫동안 폭풍 속에서도 조용한 섬이었지만, 인티파다 이래 예루살렘 구舊시가지는 이른 오후부터 곳곳마다 상점의 문을 닫는 죽은 도시가 되었다. 왜냐하면 1967년 이후 도시가 여러 구역으로 나뉘었기 때문이다. 이제 유대인들은 (그리고 미국인들도) 아랍인들의 예루살렘으로, 그리고 아랍인들은 유대인의 예루살렘으로 차를 몰고 가지 않는다. 성전 산에서 학살이 일어나고 팔레스타인 사람들과 이스라엘 사람들이 몇 차례 보복 살인을 감행한 이후부터 다른 집단에 대한 심각한 두려움이 생겨났고, 폭력 행위도 매우 일상적으로 발생한다. 그래서 이스라엘 택시 운전사들은 예루살렘의 아랍인 지역만이 아니라 심지어는 그 주변으로도 감히 운전하려고 하지 않는다. 돌멩이가 날아다닐 뿐만 아니라 암살이나 심지어는 대량 학살도 언제든지 재현될 수 있다.

입장이 여전히 굳어 있고 화해하지 않고 싸우려 든다. 이스라엘 정부에게 예루살렘은 점령된 영토의 일부가 아니라 이스라엘이 주권을 가진 수도다. 그러나 **팔레스타인 사람**도 예루살렘을—오랫동안 아랍인의 도시였다—**자**

신의 수도라고 주장한다. 그들은 예컨대 나블루스Nablus나 헤브론Hebron, 라말라Ramallah나 여리고Jericho가 팔레스타인의 수도가 될 수 있다고 전혀 생각하지 않는다. 그렇다면 이렇게 어려운 문제를 어떻게 해결해야 할까?

3. '평화의 도시'에 두 깃발이 휘날릴 수 없는가?

예루살렘에서 상호 소통을 위해 활동하는 이스라엘 사람들이 적지 않다. 특히 테디 콜렉Teddy Kollek*(1915년에 비엔나에서 태어났고 청소년 시절부터 시온주의자였다)은 예루살렘을 위해 활동했고, 지금도 활동하고 있다. 안와르 엘-사다트Anwar el-Sadat는 그를 한때 '최고의 세계시민'이라고 불렀다. 1965년 이래 예루살렘의 '시장'으로 항상 선출되고, 모든 불안과 모든 증오와 모든 폭력에 맞서 평화와 조화, 문화와 아름다움을 이 도시에 가져온 그보다 더 유명한 사람은 없다. 그러나 가장 최근에 일어난 유혈 사태를 보게 되면, 지칠 줄 모르는 활동에도 불구하고 그도 이 도시에서 비록 유대인과 아랍인 간의 우정은 고사하고 서로를 존중할 수 있게 만드는 일에도 실패한 듯이 보인다. 서로에 대한 불신은 상호 소통의 가장 큰 장애물이다. 그러나 나는 테디 콜렉이 포기하지 않을 것이라고 개인적으로 확신할 수 있었다. 그도 폭력과 유혈 사태를 끝장내기 위해 평화회담을 요구한다. "공존의 목적에 다시 도달하려면 우리는 아랍인을 위해 터널의 끝에 밝은 빛을 비추어야 한다. 우리가 진지하게 협상하기를 원하고 아랍인 150만 명 이상을 지배하는 것이 우리가 추구하는 목적이 아니라는 사실을 그들에게 알려주어

* 테디 콜렉(1911~2007). 예루살렘의 시장을 1965~1993년까지 28년간 역임했다. 현재 그를 기념하는 테디 파크와 테디 콜렉 운동장이 있을 정도로 예루살렘 시민들에게 사랑을 받았다.

야 한다."[5]

테디 콜렉은 예루살렘이 단지 한 조각의 땅만이 아니라 하나의 **종교적 상징**이라는 사실을 다른 사람보다 더 잘 알고 있다. 팔레스타인 사람도—과거의 유대인처럼—정치적 정체성을 찾고 있고, 자기존중을 요구하고 있으며, 자신의 국기國旗를 원한다. 그러나 종교적이고 민족적인 상징이 무조건 배타적이어야 하는가? 새로운 시대에 평화롭게 공존할 수 없는 이유가 있는가? 다행스럽게도 십자군 시대 이후의 기독교인들은 여기서 좋은 선례를 제시할 수 있을 것이다. 많은 탑과 건물에 달려 있는 십자가는 그 어떤 중요한 자리와 건물이 대개 수백 년 전부터 기독교의 소유물이었는지를 보여준다. 그렇지만 기독교인의 소유 주장과 유대교인과 무슬림의 소유 주장 사이에는 본질적인 차이가 있다. 왜 그러한가?

— **유대교인**은 성서의 약속과 과거 수백 년 동안 소유했다는 사실에 근거하여 수도로서 예루살렘을 요구한다.

— **무슬림**도 역시 종교적으로 연결되어 있고 나중에 수백 년 동안 소유했다는 사실에 근거하여 예루살렘을 요구한다.

— 그러나 **기독교인**은 예수의 활동 장소였던 예루살렘에 대한 주권을 종교적인 근거로 요구할 수 없고, 그렇게 해서도 안 된다. 예루살렘을 국제도시로 만드는 방법을 통해서도 그렇게 할 수 없다.[6]

나는 다음과 같은 사실을 다시금 지적한다. 기독교인이 성지와 **개인적**으로 연결되어 있는 것은 예수 그리스도의 인격 때문이며, **영토적**으로 팔레스타인 땅을 차지하고 있기 때문이 아니다. 산상설교의 세 번째 약속에 따르면 "온유한 자" 또는 "힘없는 자"는 "땅을 유업으로 받거나", "땅을 차지한다."[7] 그러나 이 약속은 바로 이 땅의 영토를 지시하는 것이 아니라 하늘나라를 지시한다. 그리고 이 나라는 바로 자신의 힘을 행사하려는 힘센 자들에게 주어지는 것이 아니라, 하나님 앞에서 자신의 무능함을 고백하는 '힘없는 자들'(히브리어로 '아나빔anawim')에게 주어지는 것이다. 산상설교의 이 세 번째 약속은 우리의 시간사적 맥락에서 "화평케 하는 자는 … 하나님의 아들(딸)이라 일컬음을 받을 것이다"[8]라고 말하는 일곱 번째 약속과 함께 보아야 한다. 따라서 기독교인은 자기 자신의 복음에 근거하여 **평화를 이루는 자**로 행동해야 한다. 기독교인은 예루살렘에 대한 주권 요구를 자발적으로 분명하게 공개적으로 포기해야 하고, 그 대신에 합의할 수 없을 것처럼 보이는 유대교인과 무슬림의 종교적인 주권 요구를 양측에게 요구할 만한 공정한 해결책을 통해 서로 조정할 수 있도록 도와주어야 한다.

평화를 위한 이러한 공정한 해결책이 무조건 마련되어야 하기 때문에, 나는 여기서 참으로 대담하게 보이는 몇 가지 생각을 소개하는 것이 유익하다고 생각한다. 다음과 같은 질문이—예루살렘을 위한 정치적·종교적 해결의 **첫 번째 요소**로—떠오른다. **예루살렘 위에 두 개의 국기**, 곧 다윗의 별이 있는 이스라엘의 국기와 반달이 있거나 없는 팔레스타인의 국기를 왜 걸 수 없단 말인가? 양측이 이렇게 완강하게 자신의 주장을 내세우고 있고, 다른 한편으로는 예루살렘의 새로운 분할이 경제적·정치적·사회적으로 양측 모두에게 얼토당토않은 일로 여겨진다면, 왜 이 상징적인 도시가 **이스라엘 국가와 팔레스타인 국가의 수도**가 될 수 없단 말인가? "분할될 수 없는" 수도는 묶어주지, 갈라놓지 않는다.[9]

현실적으로 생각하는 팔레스타인 사람들도 오늘날 이런 목표를 놓고 이성적으로 협상할 용의를 지니고 있다. 팔레스타인의 지도자들은 이를 다음과 같이 설명했다.

"만약 아랍의 도시에 대한 팔레스타인의 주권 행사와 이스라엘의 도시에 대한 이스라엘의 주권 행사가 서로 충돌하지 않는다는 사실을 이스라엘이 공식적으로 깨닫는다면, 그리고 바로 그때에 미래의 예루살렘을 위한 팔레스타인과 이스라엘의 비전은 실현될 것이다.

오늘날 도시의 미래를 위한 실천 방안을 연구할 수 있는 토대를 만들 필요가 있다. 그 누구도 마냥 참고 기다릴 수 없다. 왜냐하면 우리는 올바르고 더 나은 미래를 조성할 수 있게 공개적이고 실질적인 논의를 해야 할 필요가 시급하다고 느끼기 때문이다. 그리고 우리는 도시 행정의 본질과 서로 인접해 있는 두 수도의 두 공동기관의 본질도 생각해보아야 한다.

이와 마찬가지로 예루살렘 문제를 열려 있는 도시의 문제로 생각할 필요도 있다. 다양한 지역을 서로 갈라놓는 장벽은 제거되어야 하지만, 그래도 이스라엘의 권위와 통제 아래 '통합되어서는' 안 된다.

도시가 중심적이고 전략적인 위치에 자리 잡았기에, 팔레스타인 공동체와 이스라엘 공동체에 미치게 될 미래에 이루어질 협상의 지형학적·인구통계학적·경제학적인 결과를 논의할 필요가 있다.

도시에 자유롭게 들어가는 것도 예배와 순례에 대한 거룩한 권리와 함께 고려할 필요가 있다. 도시의 미학적·역사적 특성을 유지하는 것을 보장하기 위해 세 종교 공동체가 만족할 때까지 최대한 노력을 기울여야 한다.

중요한 주권 문제에 관한 한, 다양한 견해와 시나리오를 생각할 수 있다. 예컨대 '두 개의 독립 주권', '분리된 주권' 또는 '집단 주권'이 팔레스타인의 깃발이든 이스라엘의 깃발이든, 유엔의 깃발이든 적십자의 깃발이든, 또는 다른 깃발이든 매우 다양한 깃발 아래 활동할 수 있을 것이다."[10]

이러한 협상을 위한 역사적 실례가 있는가? 그렇다. 매우 상징적인 도시인 **로마**에도 **두 깃발**이 휘날린다. 이탈리아의 깃발과 바티칸의 깃발이다. 로마는 이탈리아의 수도이지만—교황의 '치외법권적' 거주지로—바티칸의 수도이기도 하다. 또한 바티칸은 국제법적으로 독립적인 주체('바티칸 시국 Stato della Città del Vaticano')로 이탈리아 정부가 파견하는 단체와는 별도로 외교 단체를 파견한다. 로마에서도 종교(바티칸) 측은 수십 년 동안 정치 문제에 관여하지 않았다. 교황은 거부 전략 탓에 스스로 고립되거나 차단되거나 거부된다고 생각할 때까지 "논 포수무스*Non possumus*"(우리는 할 수 없다)라고 말했다. 그렇다면 예루살렘에서도 **두 정부와 하나의 도시 행정**이 존재 못할 까닭이 있는가?

예루살렘의 미래 상황을 위한 **두 번째 요소**는 수도와 정부 청사가 서로 겹치지 않도록 거리를 두는 것이다. 국가의 통합을 위해 경제적으로나 정치적으로 가장 강력한 도시를 수도로 삼지 않는 것은 매우 흔한 일이었다. 취리히가 아니라 베른이, 암스테르담이 아니라 헤이그가, 시드니가 아니라 캔버라가, 리오가 아니라 브라질리아가, 뉴욕이 아니라 워싱턴이 수도다. 미국에서 워싱턴이 수도로 선택된 까닭은 워싱턴이 국가의 북부 지역과 남부 지역의 경계선에 놓여 있었기 때문이다. 물론 워싱턴이 정치적으로나 문화적으로 매우 다른 두 지역의 실제적인 수도가 된 것은 (경고로 삼을 일이다!) 무서운 시민전쟁을 치른 뒤였다. 이 도시는 콜롬비아특별구로서 국가의 어느 지역이 아니라 의회의 직접적인 관할 아래 있다. 그렇다면 수도와 정부 청사가 무조건 한곳에 있어야 하는 이유가 있는가? 독일이 통일되던 과정에서 사람들은 바로 이 문제를 놓고 논의했다. 구체제(앙시앵 레짐Ancien Régime)의 프랑스도 마침내는 베르사유에게 통치를 받게 되었다.

만약 예루살렘이 두 국가의 수도가 된다면, 이스라엘의 정부 청사가 텔아비브에 있어서는 안 될 이유가 무엇이며, 아랍의 정부 청사가 칼리프들이 다시 건설했고 오랫동안 무슬림 팔레스타인의 수도였던 라말라에 있어서는 안 될 이유가 무엇인가? 만약 이스라엘 정부가 예상했던 대로 예루살렘의 서쪽 신시가지에서 전혀 물러나지 않으려고 한다면, (유일하게) 상징적인 예루살렘 구시가지가 이스라엘**과** 팔레스타인의 (중립적인) **수도**가 되어서는 안 될 이유가 무엇인가? 다시 말하면, **이스라엘 정부의 중심지**는 유대인의 새 예루살렘에 두고, **팔레스타인 정부의 중심지**는 아랍의 새 예루살렘에 세울 수 있지 않는가? 두 정부의 중심지는 공동의 중립 지역이 아니라 자신의 국가 지역에 둘 수 있다. 구체적인 조건에 관해서는 협상해야 할 것이다. 만약 평화를 이루려는 윤리적 의지가 있다면 정치적 방안도 항상 있기 마련이다!

그러나 이스라엘의 중심지에 있는 옛 **성전 광장**, '**하람 에슈-셰리프**Haram esh-Sherif'(=싸움이 일어나서는 안 될 '숭고하고 거룩한 광장')의 문제는 어떻게 평화 해결책에 포함되어야 하는가? 다른 수많은 경우와 마찬가지로 바로 여기서도 종교적 차원을 진지하게 고려하지 않는 정치적 해결은 완전히 불가능하다. 그리고 종교·정치적인 해결은 결국 단지 발언과 조약만을 요구하는 것이 아니라, 모든 순수 이성을 넘어서 인간의 감정과 열정에 호소하는 행동과 상징도 요구한다. 성전이나 다른 거룩한 장소를 고려한다면, 여기서 우리는—예루살렘을 위한 정치적·종교적 해결책의 **세 번째 요소**로—이러한 방향을 향해 건설적인 자극을 주어야 한다.

4. 성전은 재건되어야 하는가?

단지 유대교인 수백만 명만이 아니라 무슬림과 기독교인 수억 명도 강하게, 그리고 **정서적으로도 예루살렘과 연결되어** 있다. 왜냐하면 이 도시는 그들의 신앙의 뿌리로 특별한 의미를 지니기 때문이다. 수백 년 동안 예루살렘 구시가지 안에 유대교인 구역과 무슬림 구역, 기독교인(아르메니아인과 그리스인) 구역이 아무런 까닭도 없이 존재하는 것이 아니다.

물론 **기독교인**에게 성전 산은 부차적인 의미를 지닌다. 물론 여기서 예수는 성전 지도자들과 대결했다. (그리고 복음서에 따르면 성전 꼭대기는 예수가 힘을 가지라는 시험을 받은 장소였다!) 그렇지만 기독교인에게 원래부터 '거룩한' 장소는 성전 구역 바깥에 있었다. 그것은 둥근 무덤 교회(라틴어로 '세풀크룸*Sepulcrum*')이거나, 중앙에 작은 무덤 예배당이 있는 부활교회(그리스어로 '아나스타시스*Anástasis*')와 바로 그 옆에 있는—이미 콘스탄티누스 바실리카 안으로 포함되었던—작은 골고다 예배당이다. 전승에 따르면 이 예배당은 예수가 십자가에 처형되었던 바위 위에 세워졌다.

대다수의 **유대교인들**에게는 헤롯이 건설한 웅장한 방어벽의 하나로 70년 이후에도 남아 있는 벽, 곧 '통곡의 벽'으로 알려진 성전의 서쪽 벽이 원래의 성전 자리보다 더 큰 의미를 지닌다. 종교적인 유대인과 비종교적인 유대인은 개인적·사적이거나 공적·민족적인 의례를 위해 여기에 모일 수 있다. 대부분의 사람들은—크고 작은 동물의 희생제사와 함께—성전의 재건을 생각하지 않는다. 6일 전쟁에서 동예루살렘을 정복한 후에 모세 다얀 장군도 조언을 잘 받아서, 이스라엘 깃발과 이스라엘의 주권을 의미하는 표지를 성전 산에 세우는 것을 금지했고 무슬림 지도자에게 열쇠를 되돌려주었다. 극단적 정통주의에서 극단적 자유주의에 이르기까지 다양한 노선에 속한 랍비 3백 명은 이를 칭찬했다. 그들은 그 당시에 성전 산에 올라갈 의사가 없다는 사실을 한 편지에서 밝혔다.

그렇지만 모든 종교와 국가에 광신자들이 있듯이, 유대교인 가운데서도 분명한 **성전 산 행동대원**들이 있다. 그들은 적절한 제사장 집단이 파괴된 성전을 재건하고 성전 예배를 회복하기를 바랐다. 그들은 성전을 위해 성서의 오래된 율법을 다시 새롭게 배우고 모형을 세우며 전시회를 개최한다. 수적으로는 의미가 없지만 특히 급진적인 집단, 곧 우리에게 이미 알려진 국가종교적 성향을 띠는 '성전 산의 신실한 자들'은 예루살렘의 게르숌 살로몬 Gershom Salomon의 지도 아래 성전 산을 샅샅이 밟고, 이를 정화한 다음에 여기에 세 번째 성전의 초석을 세우기를 원한다. 그러나 이스라엘의 최고 법정은 지금까지 이를 금지했다. 하지만 성전을 세우려는 다른 집단은 이미 잡지를 발간하고 있다. 그 잡지의 표지는 재건된 성전과 함께 예루살렘을 상공에서 바라보는 광경을 담고 있다. 심지어는 성전 자리에 세워진 무슬림의 바위 돔을 폭파하려고 계획하는 광적인 이스라엘인들도 있다. 만약 마침내 평화로운 해결을 모색하지 않는다면, 장차 이런 일이 일어나지 않는다고 예상할 수 있겠는가? 그 결과를 생각하면 오직 전율이 일어날 따름이다.

다음과 같은 물음이 자연스럽게 떠오른다. **성전은 본질적으로 유대교에 속해 있는가?** 유대교인을 위해 성전을 다시 세울 필요가 없지 않은가? 제1부에서 우리가 패러다임을 자세하게 분석한 결과에 따르면 대답을 짧게 요약할 수 있다. 성전과 사제는—이 둘은 본질적으로 하나로 연결되어 있다—땅 정착 패러다임(P I)에서는 아무런 역할을 수행하지 않는다. 다윗 왕이 성전을 세우지 않았고, 솔로몬 왕이 비로소—많은 사람들이 생각하듯이, 야웨의 뜻에 거슬러—성전을 세웠던 시대의 왕국 패러다임(P II)에서 성전은 단지 부차적인 역할만을 수행한다. 다시 말하면 히브리 성서의 설명에 따르면 이스라엘은 땅을 차지하기 전에 백성이 되었고, 예루살렘에 성전을 건설하기 훨씬 전에 땅을 점령했다. 수백 년 동안 야웨는 성전이 없어도, 또는 성전에 집중하지 않아도 적절히 경배될 수 있었다. 성전은 원래 바빌론 포로기 이후에 단지 몇 백 년 동안만 유대교의 신정 패러다임(P III)에서 지배적인 역할을 수행했다. 그것은 70년에 유대-로마 전쟁에서 불타버린 두 번째 성전이었다. 우리가 살펴보았듯이 나중에 성전은 회당으로, 사제는 랍비로, 사제 통치는 교권 통치로 대체되었다(P IV).

이 모든 것은 다음과 같은 결론에 이르게 한다. 이스라엘은 자신의 역사의 대부분을 성전 없이 살았다. 성전은—백성과 땅과는 달리—유대교의 본질에 속해 있는 것이 아니라, 단지 특정한 역사적 정황에 속해 있는 것이다. 이런 주장은 우리를 또 다른 생각으로 이끌어간다.

5. 바위 돔은 아브라함 종교의 일치성 표시인가?

무슬림에게 '하람 에슈 셰리프Haram esh-Sherif'는 그들이 자신의 눈동자처럼 보호하는, 메카와 메디나 다음으로 세상에서 세 번째로 거룩한 장소다. 어떤 전승(물론 꾸란에 나오지 않는 비교적 후대의 전승!)에 따르면 예언자 무함마드는 여기서 하늘로 올라갔기 때문에 오늘날도 여전히 그의 발자국을 확인할 수 있다고 한다. 따라서 무슬림은 성전 산을 '자신의' 성소로 만들었다. 광장의 중앙에 있는 '돔'은 오래전부터 여기에 우뚝 솟아 있는 거대하고 불규칙한 모양의 벌거숭이 바위 위에 세워져 있다. 그리고 성전 광장의 변두리에는 거의 바실리카 형태를 띠고 있고 '알-아크사al-Aksa'(=멀리 있음)라는 이름을 지닌 모스크가 있다. 멀리 있음이란 무슨 뜻인가? '멀리 있는', 다시 말하면 아랍의 지평선에 놓여 있는 예루살렘은 꾸란에서는 특이하게도 그 자신의 이름으로도, 그리고 낯선 이름으로도 언급되지 않는다. 그렇지만 무슬림의 일반적인 꾸란 주석가들에 따르면 꾸란 제17장 서두에 나오는 '밤의 여행'은 예루살렘을 가리킨다. "자신의 종(곧 무함마드)과 함께 밤에 거룩한 제의의 장소(메카)에서—그 주위를 우리가 축복했던—**먼 제의의 장소**로 여행하셔서, 그에게 우리에 관한 표징을 보여주신 분에게 영광을 돌려라!"[11] 그리고 사람들은 "먼 제의의 장소"를 예루살렘과 동일한 것으로 생각했다.

그렇다면 종교적 경배에 대한 무관심에서부터 공격적인 정복 욕망에 이르기까지 매우 복합적인 상황을 볼 때, 이 거룩한 곳, 이 바위 돔에서—무슬림만이 아니라 유대교인과 기독교인을 위해서도—그 어떤 '거룩한 것', 구원하는 것과 화해시키는 것이 나올 수 있겠는가? 아마도 한 무슬림 **안와르 엘-사다트**Anwar el-Sadat의 자극이 우리에게 도움을 줄 수 있을 것이다. 이스라엘과 이집트의 평화는 그의 노력의 결과였다. 그는 기독교인들조차 놀랄 정도로 평화를 위해 예루살렘 여행을 결심했고, 나중에 그 대가로 살해를 당했다. 그가 다음과 같이 제안했을 때 그는 자신이 말한 것이 무엇인지 알고 있었다. "세 아브라함 종교는 종교적 상징과 공동 성전을 필요로 한다. 이것은 세 종교가 모두 아브라함의 하나님을 예배한다는 사실을 보여주는 위대한 표시다. 다시 말하면, 이것은 그들이 모든 분열과 모든 적대감을 극복할 수 있는 공동 토대를 지니고 있다는 사실을 보여주는 위대한 표시다." 공동의 신앙에 근거해 있고 공동의 거룩한 장소 안에서 상징적으로 표현되는 평화는 사다트의 가장 위대한 이상이었다. 사다트에 따르면 이 거룩한 성전은 시나이 산 위에 세워져야 한다.

그렇지만 이런 성전이 머잖아 세워질 수도 없거니와 실현될 전망은 오늘날 전혀 없지 않은가? 그러나 국가 간 평화의 전제가 되는 종교 간 평화를 매우 중요하게 여긴다면, 바로 이런 제안은 깊이 생각해볼 만하다. 따라서 나는 여기서 자극적인 제안을 던지고 싶다. 이 제안이 오늘날 많은 사람에게는 매우 무모하게 여겨질 수도 있겠지만, 예루살렘 문제가 장차 완전히 해결되기를 바라는 사람들에게는—이것은 세 번째 요소다—깊이 생각해볼 만한 제안이 될 것이다. 왜냐하면 유대교인이든 기독교인이든 무슬림이든, 예루살렘에 가는 사람은 누구든지 아브라함의 한 분 하나님을 위한 성전이 이미 존재한다는 피할 수 없는 사실에 직면하게 되기 때문이다. 이것은 바로 예루살렘의 옛 성전 자리에 있는 유일무이한 성전, 곧 '바위 돔'(아랍어로 '쿠베트 알-사크라Kubbet al-Sakhra')이다. 이것은 바로 모스크가 아닌데도 종종 오마르 모스크Omar-Mosque라고 잘못 불리고 있다. 이것은 예루살렘을 스스로 정복하지 않았던 오마르에게 나중에야 비로소 귀속되었다. 바위 돔은 건축학적인 걸작이다. 이것은 헤지라Hejira* 72년에, 우리의 연대 계산에 따르면 691~692년 우마이야Umayyd 왕조의 압드 알-말리크Abd al-Malik가 통치하던 시절에 원래부터 가장 거룩하다고 여겨지는 장소에 건설되었다. 이 돔은 거듭해서 복원되었는데, 최종적으로는 1956~64년에 이집트와 요르단의 건축가들의 지휘 아래 복원되었다. 바위 돔은 이슬람의 건축물 가운데서 가장 오래되고 가장 아름다우며 가장 완전한 작품으로 여겨진다. 놀랍게도 이것은 이슬람 세계 그 어느 곳에서도 모방되지 않았다. 여러 측면에서 유일무이한 기념물이다.[12]

여기서 알아야 할 중요한 사실이 있다. 멀리서도 눈에 띄는 금으로 장식된 지붕으로 덮인 바위 돔에서 사람들은 예배를 드리지는 않는다. 왜냐하면 그 주변의 건물에서는 심지어 무슬림도 일상적인 엄격한 기도 규정을 실천하지 못하기 때문이다. 그러나 돔 안의 한가운데는—이미 언급했듯이—모리아 산의 거대한 벌거숭이 바위가 앉아 있다. 전승에 따르면 아브라함은 이 바위 위에서 아들 이삭을 희생 제물로 바치지 않도록 은혜를 입었다. 무슬림 전승에 따르면 여기서 첫 번째 인간이 창조되었다고 하며, 심지어는 세계 심판도 여기서 일어날 것이라고 한다. 따라서 이곳은 **무슬림**에게 아브라함의 하나님을 기억나게 하는 분명한 장소다. 이곳은 침묵 기도의 장소였지만 지금은 그렇지 않다. 왜냐하면 잘 알다시피 이슬람교에는 성전도 없고 희생 제의도 없으며, 사제와 성례전도 없기 때문이다. 로마인들이 거룩하지 않은 장소로 만들었고 비잔틴 기독교인들이 소홀히 여겼던 이 거룩한 장소

* 헤지라. 아랍어로는 히즈라(Hijra)로 표기하며 성천(聖遷)이란 뜻이다. 이슬람력 원년으로 기원후 622년에 무함마드가 신도들과 함께 메카에서 야스립(=메디나)으로 이주한 것을 기념한 것이다. 《한스 큉의 이슬람》(시와진실, 2012)에서 저자는 이슬람의 역사를 패러다임 전환의 개념으로 잘 간추려놓았다.

는 무슬림의 예배를 통해 다시 거룩한 장소가 되었다. 그러나 무슬림과 기독교인과 유대교인이 **여기서** 함께 기도할 수 있겠는가? 그들이 참으로 어디서든 **함께 기도**할 수 있는가?

6. 함께 기도할 수 있는가?

먼저 일반적이고 원칙적으로 고찰한다면, 유대교인과 기독교인과 무슬림이 함께 기도하는 문제는 다음과 같다. 만약 **기독교인과 유대교인**이 시편으로, 히브리 성서나 유대교 전통의 다른 기도문으로 함께 기도한다면, 잘 알다시피 어려움은 거의 없다. 기독교인으로서 이미 유대교의 예배에 참여했던 사람은 비록 예컨대 '토라'라는 개념을 많은 유대교인처럼 '영적인 율법'이라는 의미로 이해하더라도, 대개는 처음부터 끝까지 함께 기도할 수 있다는 사실을 알고 있다. 거꾸로 많은 유대교인이 기독교인의 예배에서 예컨대 주기도문으로 함께 기도하는 것도 극복할 수 없는 어려움을 겪지는 않을 것이다. 왜냐하면 주기도문의 본질적인 요소가 히브리 성서에서 형성되었기 때문이다.

이와 비슷하게 **무슬림과 함께** 꾸란의 아름다운 기도문 몇 가지로 기도하는 것도 기독교인과 유대교인에게 아무런 신학적인 어려움을 주지 않을 것이다. 꾸란도 아브라함과 예언자들, 예수와 무함마드에게 말씀하신 분이 동일한 하나님이라는 사실을 확고히 믿고 있다. 따라서 기독교인으로서 이미 한 번쯤 무슬림의 인상 깊은 공동 기도문으로 함께 기도한 사람은, 비록 하나님 앞에서만 머리를 숙이고 동일하게 예언자 무함마드를 신앙하지 않더라도, 아브라함의 하나님 앞에서 몸을 엎드리는 것이 그 자신에게도 매우 의미 있는 일이 될 수 있다는 사실을 알고 있다. 거꾸로, 시간이 흐를수록 미래의 아브라함 종교의 일치를 위해 점점 더 큰 의미를 지니는 디아스포라-이슬람교도 경우에 따라서는 유대교의 기도문이나 기독교의 기도문으로 자비로우신 한 분 하나님에게 함께 기도하려는 자세를 점점 더 많이 갖출 것이다. 이 모든 것은 다음과 같은 것을 의미한다. 세 예언자적 종교 안에서는 원칙적으로 공동 기도를 통해 한 분 동일한 하나님에게 기도하는 것이 가능하다.

그러나 이것은 예루살렘과 무슨 관계가 있는가? 근동에서 종교들과 민족들 사이에 평화가 이루어진 순간을 한번 가정해보자. **바위 돔은 기독교인에게도 기도의 장소**가 될 수 있겠는가? 수백 년간 기독교인들은 성전 광장을 오히려 회피해왔지만, 십자군 시절에는 바위 돔을 기독교인들의 교회(주의 성전)로 만들어 이를 템플 기사단에게 맡겼다. 최근에는 점점 더 많은 기독교인들도 이 돔을 방문하고 있으며, 무슬림들도 이 공간에서 기독교인들이 침묵으로 아브라함의 하나님에게 기도하는 것을 방해하지 않는다. 하나님의 유일성에 대한 신앙을 포기하지 않겠다는 권고를 의미하는 돔 내부의 꾸란 문장도 기독교인의 기도를 방해할 이유가 되지 않을 것이다. 이 문장 그 어디에도 무함마드의 승천은 특별히 언급되지 않는다. 비잔틴 양식의 기둥으로 세워진 팔각형의 하부 구조 위에 우아하고 얇게 금을 입힌 지붕과 비잔틴과 페르시아 양식의 엄청난 모자이크로 내부를 장식한 이 돔은 그렇지 않아도 기독교인들에게 로마-비잔틴 건축물을 강하게 떠올리게 한다. 예컨대 라테란 세례예배당, 라베나의 성 비탈레 세례예배당, 베들레헴의 예수탄생교회와 예루살렘에 원래부터 있던 무덤교회는 무슬림의 건축물인 바위 돔에서 착상을 얻었을 것이다. 그러나 낙원과 심판, 부활의 주제는 이미 유대교의 시기에 바위와 결부되어 있었고, 특히 모자이크에 새겨진 과일 나무와 보석들은 이를 상징한다. 이런 주제는 유대교인과 기독교인과 무슬림에게 공통적인 것이다.[13] 따라서 기독교인과 유대교인은 이 '돔'에서 낯선 사람이 되어야 할 까닭이 없다. 나 또한 걸프전쟁의 위기 중에 (성전 산에서 일어난 학살 직후에) 그곳에서 기도했다.

그러나 **유대교인**들의 태도는 어떠한가? 많은 정통주의자들은 성전 산에 올라가지 않는다. 오직 대제사장만이 속죄일에 들어갈 수 있는 지성소의 위치가 불분명하므로 그곳을 밟을 수 있다고 염려하기 때문이다. 그렇지만 유대교인으로서 할라카 때문에 주저하지 않는 사람은—새로운 평화의 상황 속에서—성전 산에 올라가서 바위 돔을 기도의 장소로 삼을 수 있을 것이다. 그렇게 하지 못할 이유가 무엇인가? 유대교인은 수백 년 동안 이곳에서 아브라함과 이삭과 야곱의 하나님에게 기도하지 않았는가? 비록 첫 번째 성전과 두 번째 성전의 지성소가 있던 자리에 세 번째 성전을 세울 수는 없겠지만, 유대교인의 기도를 통해 그곳을 다시 거룩하게 만들 수 있지 않겠는가? 건축 양식이 유대교인의 건축 양식이 아니고 유대교인이 건물을 세우지 않았다는 단 한 가지 이유 때문에 유대교인이 오늘날 그곳에서 기도하기를 꺼려하면 되겠는가? 회당도 여러 건축 양식을 따라 여러 건축자가 세우지 않았는가? 그렇다면 이스라엘 사람과 팔레스타인 사람, 유대인과 아랍인의 종교적·정치적 관계 설정에 따라서 이 거룩한 장소에서 무슬림과 기독교인과 유대교인이—조용히, 또는 미래에는 아마도 특별한 경우에는 함께—아브라함의 한 분 하나님, 곧 죽은 자가 아닌 살아 있는 자의 하나님에게 기도할 수 있다는 사실을 믿는 것이 완전히 터무니없는 일인가?

아시시에서 매우 다양한 세계종교의 지도자들이 할 수 있었던 공동 기도를, 영적으로 매우 가까운 유대교인과 기독교인과 무슬림이 예루살렘에서도 드릴 수 있을 것이다. 그러나 나는 아시시에서처럼 단지 번갈아가며 기도할 것이 아니라 공동으로 기도할 것을 기대해본다. 예를 들면 다음과 같이 말이다.

은밀한 중에 계시고 영원하시고 측량할 수 없으신 자비로우신 하나님,
오직 하나님 한 분밖에 없나이다.
주님은 위대하시고 찬양을 받기에 합당하나이다.
당신의 능력과 은혜로 만물을 붙드소서!

거짓이 없으시고 신실하시고 의로우시고 참되신 하나님,
당신의 충실한 종 아브라함을 선택하여 열방의 조상으로 삼으셨고
예언자들을 통해 말씀하셨나이다.
당신의 이름이 거룩하게 되시고 세계만방에서 찬양을 받으시며
사람이 사는 곳 어디서나 당신의 뜻이 이루어지게 하소서.

살아 계신 선하신 하나님 우리의 기도를 들으소서.
우리의 죄가 커졌나이다.
우리 아브라함의 자손들이 서로를 향해 저지른 전쟁과
우리의 적대감과 우리의 잘못된 행동을 용서하소서.
모든 고난에서 우리를 구원하시고 우리에게 평화를 주소서.

우리 운명의 주재자시여,
국가의 우두머리들과 지도자들에게 복을 내려주소서.
그들이 권력과 명예를 갈망하지 않게 하시며
복된 삶과 인간의 평화를 위해
책임 있게 행동하게 하소서.
우리의 종교 공동체들과 지도자들을 인도하셔서
그들이 평화의 소식을 선포할 뿐만 아니라
또한 그렇게 살게 하소서.

우리만 아니라 우리에게 속하지 않은 사람들에게도
당신의 은혜와 자비와 모든 선함을 허락하소서.
살아 있는 자들의 하나님,
당신의 영원한 영광에 이르는 옳은 길로 우리를 인도하소서.

이렇게 바위 돔이—지금은 종교 간의 비극적인 갈등의 시대적 표징이지만—아브라함 종교의 일치의 표시가 되고, 아브라함에게서 시작한 세 종교를 위한 **화해의 돔**이 될 것이다. 이 세 종교는 예루살렘에서 이미 무슬림 통치의 첫 번째 4세기 동안에 비교적 평화롭고 평등하게 함께 지내왔다(무슬림은 거기서 유대교인을 다시 받아들였고, 교회를 손상하지 않았으며, 수많은 기독교인과 특히 유대교인도 그곳을 순례했다). 중세기에 예루살렘이 이 땅의 중심으로 생각되었듯이, 많은 세계 지도가 예루살렘을 중심으로 그려졌듯이, 반짝이는 금빛 지붕을 가진 이 기도 장소는 세 종교가 결정적인 점에서는 분명히 다르지만, 한 분 하나님에 대한 신앙과 기도 속에서 함께 모일 수 있다는 사실을 전 세계를 위해 보여주는 중심적인 상징이 될 것이다. 이 모든 것은 결국 실천적인 협력을 가능하게 하는 소통의 표지가 될 것이다.[14] 그러나 주목할 점이 있다. 최악의 홀로코스트를 경험한 이후에 **하나님에 관한 발언**은 이미 완전히 불가능해졌기 때문에 많은 사람들은 이런 기도를 드릴 수가 없게 되었다. 신학은 충격적인 이 경험을 하나님에 대한 질문으로 무조건 진지하게 받아들여야 한다. 아우슈비츠 이후에도 우리는 여전히 하나님을 계속 입에 담을 수 있는가?

4장
홀로코스트와 하나님 담론의 미래

유대교에서조차도 홀로코스트에 관한 신학적 논의는 **주목할 만한 단계적 변화**를 거치면서—20년이 지난 뒤에야 비로소, 그러나 점점 더 격렬하게—이루어졌다.[1] 미국에서는 그 이유를 설명하려고 많은 추측을 짜냈다.

I. 유대인의 신학에서 드러난 홀로코스트

그렇다면 홀로코스트 논의가 이렇게 지체된 이유는 무엇인가?

— 단지 당혹감 때문만이 아니라, 1940년 이후에 큰 조직체들과 함께 유럽의 형제와 자매들의 운명에 완전히 침묵하고 행동하지 않았던 **미국 유대인들의 죄책감** 때문인가?

— **아이히만 소송**에서 폭로된 내용이나 '홀로-코스트'('완전한-희생')에 관한 **엘리 비젤**Elie Wiesel의 고무적인 문학작품, 특히 그의 책 《밤*Night*》 때문

인가? (그는 유대인 말살을 설명하려고 '홀로-코스트'라는 까다로운 종교 용어를 끌어왔다.)

— **민권 운동**이 일어났고, 흑인과 나중에는 인디오와 폴란드인이, 마침내는 유대인도 '민족성'을 강조했기 때문인가? 그들은 제2차 세계대전 이후에 종교적으로는 소수자였지만, 뜻밖에 부유해지고 문화적으로 영향력을 갖게 되었고, 자신감이 넘치는 새로운 자의식을 발전시켰다.

— 아니면 미국 정부가 계속 수동적 태도를 취하고 기독교 단체들도 침묵하고 있는 것을 목격한 사람들이 1967년 **6일 전쟁**의 위기 속에서 냉정한 자세를 보였기 때문인가? 아니면 이처럼 냉정한 자세에 대한 반작용으로 예전에는 대체로 전혀 수용되지 않았지만 이제는 엄청난 위협을 받고 있는 이스라엘 국가를 향한 열렬한 지지 때문인가?

— 마지막으로 같은 시기 동안에 높이 솟아오른 **하나님 죽음의 신학**(근대 사회에서 문화적 사건으로 여겨진 하나님의 죽음)의 파도 때문인가? 이 신학은 특히 랍비 리처드 루벤슈타인Richard Rubenstein의 저서 《아우슈비츠 이후》[2]를 통해 많은 유대인의 잠재적인 비종교성을 깨닫게 했고, 위협적인 무신론의 희미한 불빛 아래서 세계를 통치하는 한 분 하나님에 대한 신앙이 공허하게 보이도록 만들었다.

1. 홀로코스트에 고착돼야 하는가?

이 모든 것이 1960년대 후반에 홀로코스트 경험에 관심을 집중하게 만들었다는 사실을 누가 부인하려고 하겠는가? 이 사실은 분명하기 때문에 우리가 이를 길게 설명할 필요가 없다.[3] 이 세계의 악을 바라보면서, 정의롭고 선한 하나님을 변호하려는 **케케묵은 신정론 답변**은 이 고난 앞에서 완전히 무

너졌다. 인간의 자유를 위해 하나님이 악을 허용했다거나, 유대인이 죄 때문에 형벌을 받았다거나, 이승이나 저승에서 보상을 받게 된다거나, 다른 사람을 사랑하고 그를 구원하려고 고난을 받는다거나, 메시아와 하나님 나라의 도래를 통해 구원을 받게 될 것이라고 말하는, 선한 의도 속에 주장되는 이 모든 명제는 홀로코스트 사건의 극악무도한 성격을 제대로 설명하지 못한 것처럼 보인다.[4]

사람들은 솔직하게 묻는다. 하나님이 참으로 아돌프 히틀러와 그의 앞잡이 나치 친위대를 유용한 도구로 사용하면서, 그렇게 잔인한 방식으로 역사 안에서 활동한다는 말인가? 선하고 정의로운 하나님이 전혀 개입하지 않고 이 모든 것을 단지 허락하기만 했다는 말인가? 생각할 수도 없는 일이다! 물론 유대교 율법의 불이행에 대한 형벌로 홀로코스트를 내리는, 곧바로 간섭하는 전능자에 관한 이처럼 순진한 이념을 계몽된 유대인들도, 그리고 기독교 신학자들도 결코 대변하지 않았다! 그럼에도 질문은 여전히 존재한다.

지금까지 유대인 신학자들은 (그리고 기독교인 신학자들도) 한 가지 질문 주위를 맴돌고 있다. **홀로코스트 경험**은 미래의 하나님 담론에서도 '**중심적**'이어야 하는가 그렇지 않은가?[5]

이 질문에 신학적으로 대답하는 많은 **유대인 신학자들**에게 홀로코스트는 성서가 처음부터 끝까지 증언하는 **인간의 끔찍한 사악함**을 보여주는 또 다른 실례 그 이상도 그 이하도 아니다. 홀로코스트에서 일어난 사건은 유대인의 사고에 익숙한 많은 역사적 재앙들 중의 하나일 따름이다. 따라서 **야콥 노이스너**Jacob Neusner와 같은 신학자도 홀로코스트에서 특별한 결론을 이끌어내는 것을 거부한다. 노이스너는 분명히 이렇게 질문한다. "우리는 홀로코스트에서 어떤 결론을 끌어낼 수 있는가? 나는 어떤 결론도 이끌어낼 수 없다고 주장한다. 유대교 신학을 위한 결론도, 유대인의 공존의 삶을 위한 결론도 이끌어낼 수 없다. 이미 1933년 이전에 존재하지 않았던 어떤 결론도 이끌어낼 수 없다. 만약 유대인 신학자가 '아우슈비츠'를 전환점이라고 표현한다면, 그는 신앙인들에게 좋은 도움을 주지 못한 것이다. … 참으로 경건한 유대인들은 재앙에 늘 반응할 줄 알았다."[6] 그리고 노이스너는 정통주의 유대교 신학자 **미하엘 위쇼그로드**Michael Wyschogrod를 가리킨다. 그는 홀로코스트에 관해 이렇게 말했다. "이스라엘의 하나님은 구원하는 하나님이다. 비록 불신자의 눈에는 거짓처럼 보일지라도, 이것은 우리가 마땅히 선포해야 할 유일한 메시지다. 만약 홀로코스트가 이스라엘의 신앙에서 주변 현상이기를 중지하고, 지성소 안으로 들어가서 이스라엘이 듣는 가장 강한 소리가 된다면, 홀로코스트는 오직 이스라엘이 듣게 될 악마의 소리가 될 것이다. 홀로코스트에서는 어떤 구원도 얻을 수 없고, 흔들리는 유대교가 이를 통해 다시 부흥할 수도 없으며, 그 안에서 유대인의 존속의 근거도 발견할 수 없다. 만약 홀로코스트 이후에도 희망이 있다면, 바로 신앙인들에게 예언자들의 목소리가 히틀러보다 더 크게 들려오기 때문이고, 하나님의 약속이 화장터 너머로 들려와서 아우슈비츠의 소리를 잠잠하게 만들기 때문이다."[7]

기독교 신학자는 오직 그의 말에 동의할 수 있을 따름이다. 내가 이 책에서 이미 설명했듯이, **모든 홀로코스트 고착에 맞서** 다음과 같은 점을 강조해야 한다.

— 유대교의 본질과 정체성은 역사적 상황이 아니라 유대인의 종교로부터 설명해야 한다.

— 유대인의 오래된 고난의 역사를 홀로코스트로, 그 전제와 결과로 축소해서는 안 된다. 유대 민족의 최근 역사를 과거 역사와 단절해서는 안 된다.

— 홀로코스트가 세속적인 대체 종교가 되고, 홀로코스트 이론이 대체 신학이 되고, 재앙의 날이 대체 의례가 되며, 예루살렘에 있는 기념관 야드 바

셈Yad Vashem이 서양의 대체 성전이 되어서도 안 될 것이다.[8]

비록 이처럼 분명히 홀로코스트를 대체 종교로 만드는 것을 거부하고, 홀로코스트를 세속적으로 활용하는 것을 거부하더라도, 그래도 정반대의 질문이 제기된다. 홀로코스트를 신학적으로 유대인 역사의 평범한 재앙의 수준으로 평준화하는 것이 이 사건에 참으로 합당한가? 바로 이러한 견해는 홀로코스트를 역사적·신학적으로 너무 균등화하지 않는가?

2. 홀로코스트는 새로운 시나이인가?

예컨대 **에밀 파켄하임**Emil Fackenheim과 같은 다른 유대교 사상가에게 홀로코스트는 **질적으로 유일무이한 사건**이다. 오늘날 유대교는 이 사건의 빛 안에서 자신의 하나님, 인간성과 자기 자신을 새롭게 보아야 한다. 따라서 (리처드 루벤슈타인과는 달리) 하나님 신앙은 "거룩한 허무The Holy Nothingness" 때문에 포기되기보다는 오히려 새로운 형태로 인정된다.[9]

히틀러와 그의 앞잡이들이 뒤늦게 승리하지 않도록, 다시 말하면 나치의 소원대로 허무주의와 냉소주의가 유대인의 존엄성을 짓밟고 승리하지 않도록 이미 일찍부터 파켄하임은 자신의 유대교 형제들과 자매들에게 하나님 신앙을 굳게 붙들기를 당부했다. 세속적인 유대인과 종교적인 유대인에게 그는 다음과 같이 열정적으로 말했다. "유대인은 히틀러에게 사후 승리를 가져다줘서는 안 된다. 유대 민족이 사라지지 않는 한, 유대인으로 생존하는 것은 유대인에게 주어진 명령이다. 그들의 기억이 송두리째 사라지지 않는 한 아우슈비츠의 희생을 기억하는 것은 유대인에게 주어진 명령이다. 이 세상을 아우슈비츠의 세력에 넘겨주는 일에 일조하지 않으려면 유대인은 인간과 세계에 절망해서는 안 되며, 냉소주의나 세상 도피에서 탈출구를 찾아서는 안 된다. 마지막으로 유대인이 존재하기를 멈추지 않는 한 유대인은 이스라엘의 하나님에게 절망해서는 안 된다. 세속적인 유대인은 의지의 단순한 행위를 통해서는 신앙에 이를 수 없거니와, 이런 일을 하라는 명령도 받지 않았다. … 자신의 하나님을 신실하게 의지하는 종교적인 유대인은 어쩔 수 없이 세속적인 유대인과 새로운 관계를 맺고, 아마도 혁명적인 관계마저 맺어야 할지도 모른다. 그렇지만 하나의 가능성은 절대로, 도무지 생각해서는 안 된다. 유대인이 유대교를 파괴하려는 히틀러의 시도에 대해 그 스스로 이러한 파괴에 협력함으로써 대답할 수는 없다. 과거에 유대인이 생각할 수 없었던 죄는 우상 숭배였다. 오늘날 그런 죄는 히틀러가 저지른 일을 행함으로써 그에게 반응하는 것이다."[10]

다르게 말하면, 파켄하임은 신학을 온통 홀로코스트 이론으로 대체하는 것을 거부한다. 이런 일은 몇몇 유대교 신학자들에게 (그리고 기독교 신학자들에게도) 일어났다. 그는 원칙적으로 또는 실제적으로 하나님 자신이 아니라 홀로코스트가 신학과 종교의 중심이 될 수 있는 위험성을 다시 인식했다. 실제로 (모든 정치를 정당화하려고) 홀로코스트에 고착하고, 그와 함께 (미국이나 이스라엘, 그리고 다른 곳에서 '홀로코스트의 생존자'가 전혀 아닌 모든 유대인도) 독일에 고착하는 것은—종종 유사 종교로 변하는 이스라엘주의를 지지하게 되며—유대교를 공허하게 만들어버린다. 그렇기 때문에 파켄하임도 유대인의 신앙을 포괄적으로 설명하는 그의 최근의 저서 《유대교란 무엇인가?》에서 하나님을, 그리고 유대 백성과 맺은 하나님의 언약을 매우 단호하게 그의 신학의 중심으로 삼았다.[11]

나는 이를 역사 단계별로 자세히 설명했다. 도덕적 평준화와 역사적 상대화도, 그리고 신비로운 찬양과 비역사적인 절대화도 참으로 일회적인 이 재앙을 정당하게 다루지 못한다. 그러나 이것은 유대교의 종말이 아니라 유대인의 모든 패러다임의 종말, 동화同化의 종말을 의미한다. 유대인에게 홀로코스트는 항상 **엄청난 규모의 연속성 단절**이다. 그것은 항상 지금까지의 모든 고난의 역사를 훨씬 뛰어넘는 사건, 곧 이루 말할 수 없고 이론적으로 '이해할 수' 없는 유대인의 고난의 사건이다. 그것은 우리 시대에 근본적인 의미를 지니지만, 미래에는 포괄적인 의미를 지닌다. 만약 우리가 '아우슈비츠'를 새로운 계시 사건과 같은 것이라고 표현한다면, 만약 우리가 그것을 리처드 루벤슈타인이 말했던 "**유대인의 새로운 시나이**"로 끌어올린다면 집단학살에 너무 많은 명예를 안겨주는 셈이다. 마치 여기서 하나님의 명령보다는 인간의 파괴가 더 많이 '계시되지' 않았다는 듯이 말이다! 그렇다. 여기서 가치와 척도가 계시된 것이 아니라, 계시가 완전히 왜곡되고 은폐되었다. 따라서 그것의 반대 주장이 등장한다.

3. 홀로코스트는 근대의 반(反)시나이다

아우슈비츠는 계시의 장소가 아니라, 완전히 근대의 반시나이다. 이것은 새로운 시작이 아니라, 철저히 아우슈비츠를 일으킨 지난 시기의 종말, 곧 유럽적 근대의 종말이다. 나는 국가사회주의를 초래한 다양한 요소들을 여러 각도로 지적했다. 모든 사건을 한 가지 원인으로 설명하는 것은 역사형이상학적 구조처럼 매우 부적절하다. 그렇지만 1985년에 독일 국회에서 연설했던 사람은 신학자가 아니라 역사학자, 곧 독일에서 태어난 미국의 유대인 **프리츠 슈테른**Fritz Stern이었다. 그는 '독일 역사의 드라마'를 다룬 그의 책 《꿈과 망상》[12]에서 다음과 같이 밝혔다. 슬그머니 들어오다가 마침내 모든 것을 지배한 세속화, 19세기에 일어난 "하나님의 죽음"(프리드리히 니체)의 조용한 인정, 20세기에 절정에 이른 "세계의 탈주술화"(막스 베버)와 **세속적**

인 국가 신앙은 근대 유대인과 근대 독일인에게 다음과 같이 비극적인 결과를 낳았다.

— 이 세속적 대체 신앙으로 인해 **유대인들**은 그들 자신의 전통적인 정체성과 멀어지게 되었다. 히틀러가 그들에게서 독일적인 것, 곧 그들의 국적을 강탈했을 때, 그들은 다시금 도덕적으로 무능해졌고 자신을 방어할 힘을 완전히 잃어버리고 말았다.

— 조용한 세속화로 이미 일찍부터 **독일인들**은 공허하고 지루한 감정을 품게 되었다. 민족(백성, 국가)을 신적인 것과 동일시하고 기존 질서(대학, 예술)를 신적인 것과 동일시해도 이런 감정을 극복할 수 없었다. 특히 1918년에 이 신앙 대체물의 가치를 깎아내린 독일인들은 더 큰 대체 신앙을 열망하게 되었다. 이제 많은 사람들이 기적과 섭리, 신화와 신비, 권위에 관한 히틀러의 이상야릇한 연설을 믿게 되었고, 1933년 구원의 해에는 이른바 성령이 강림하는 새로운 오순절을 믿게 되었다. 일종의 유토피아적 천년 시대[13]의 오래된 암호인 '천년 왕국'이 가까이 다가왔다. 다른 도덕적·종교적 잣대를 지니고 저항하던 사람들은 소수였다.

독일의 파괴적 광신주의 시대에 독일의 정신을 대변했던 토마스 만은 미국으로 이주한 독일인들 가운데서도 이런 사건을 대수롭지 않게 해석하는 경향을 비판하면서, 다음과 같이 강조했다. 1933년에 광신적이고 불꽃 튀는 혁명, 곧 신앙과 환호성 속에서 영혼을 송두리째 바쳐버린 독일의 민족 운동이 일어났다. 그러나 이것은 이념도 없고 이념을 거부하는, 더 높고 더 선한 것과 품위 있는 것을 거부하는, 자유와 진리와 정의를 거부하는 독특한 혁명이었다. 요약하면 그것은 "비인간적인 것, 이성理性 이전의 것, 저승에 속한 것, 땅과 민족과 피와 과거와 죽음에 대한 음울한 신앙이 섞여 있는 … 허무주의의 혁명이었다."[14] 이러한 정신사적 이해에 대해 그 누구도 용서를 구해서는 안 된다. 정반대다. 여기서 **근대의 이상주의가 정반대의 허무주의로 급변했다는 사실**이 모두에게 분명히 드러났다.

아우슈비츠에서, 강제노동 수용소에서도, 그리고 이 세계의 수많은 수용소와 강요된 게토에서도 **프리드리히 니체**Friedrich Nietzsche[15]의 '광인狂人'의 예언이 성취되었다는 사실을 현대인들은 간과할 수 없다. 최상의 가치를 부정하고 따라서 하나님이 죽었다고 선언하는 자, 이 땅을 태양의 사슬에서 풀어버리고 바닷물을 완전히 삼키려는 자, 그는 서구 문명의 공허를 향해, 최상의 가치와 함께 모든 다른 가치도 깎아내리는 **허무주의**를 향해 가고 있다.[16] 비겁하게 자살하기 전에 민족을 저주하며 함께 몰락하려고 했던 히틀러의 국가사회주의 안에서 마침내 유럽의 이 허무주의는 자신의 비장한 파멸을 경험했고, 자신의 공허하고 흉측한 얼굴을 드러냈다. 천박함과 사악함이 얼마나 독특하게 섞여 있었는지는 아마 니체 자신도 예견하지 못했을 것이다.[17]

그러나 이렇게 성큼 다가선 위협적이고 억압적인 세계를 프라하의 유대인 **프란츠 카프카**Franz Kafka는 예감하고 있었다. 그는 나치의 테러를 직접 경험하지는 못했지만, 그의 사랑하는 여동생 오틀라Ottla는 강제수용소에서 살아나오지 못했다. 그는 자신의 작품에서 모든 언어 세계에서 분명히 알려진 **'카프카적인 세계**Kafkaesque World'('카프카적인'이라는 단어는 '부조리하고 암울한'이라는 뜻을 담고 있다 - 옮긴이)를 탄생시켰다. 그는 후기에 미궁에 빠진 현대 세계를 묘사했다. 그것은 이름 없는 세력과 극복할 수 없는 구조를 지닌, 그리고 기괴한 세계 전쟁과 착취 행위에 몰두하는 우리 시대를 의미하며, 마침내는 강제수용소와 노동수용소를 통해 카프카의 충격적인 환상마저 뛰어넘을 수 있었던 세계를 의미한다.

솔직히 말하기로 하자. 이 모든 것과 함께 매우 장엄하게 시작된 **근대 패러다임은 자신의 종말**을 맞이했다! 과거의 모든 패러다임 전환과는 완전히 다르다. 다시 말하면, 모든 과도기처럼 근대의 위기는 단지 인간의 신경과민과 불안, 두려움만이 아니라 지금까지 존재하지 않았던 하나님의 멀어짐, 아니 **'하나님의 어둠'**으로 뒤덮여 있다. 우리가 이미 들었듯이 카프카의 유대인 대화 상대자였던 마르틴 부버는 이것을 제1, 2차 세계대전 사이의 시간을 묘사하는 핵심 단어로 만들었다. "하늘 광채의 사라짐, 하나님의 어둠은 우리가 살고 있는 세계 시간의 특징이다."[18]

그렇다. 이성과 진보, 문화와 민족, 인종과 계급, 그리고 인간성과 같은 대체 신들에 대한 근대적 신앙은 한꺼번에 **붕괴되어버렸다**. 하나님은 인간의 투사인가? '하나님의 죽음'(원래는 자유의 호소) 주장과 함께 루트비히 포이어바흐의 투사 이론도 그 자신을 반박하며 되돌아왔다. 인간이 투사하는 모든 것은 그 자신의 죽음, 곧 '인간의 죽음'과 전혀 다른 것이 아니었다. 홀로코스트라는 깊은 수렁에서 **인간의 위대성에 대한 인간의 근대적 신앙**은 붕괴되어버렸다. 이 신앙은 유럽과 미국의 유대인들에게도 널리 퍼져 있었다. "우리는 인간의 선함을 믿었고, 심리치료가 내면의 상처를 치료하는 동안에 교육과 문화가 인간을 올바르게 이끌어주리라 믿었다"라고 유진 보로비츠 Eugene Borowitz는 말했다. "사회학의 지원을 받아, 우리는 정치를 통해 메시아가 올 것이라고 생각했다. 우리는 자기실현의 계명을 따랐고, 인류의 완전한 성취를 예견했다. 집에 앉아 있을 때나 길을 걸을 때나 잠자리에 눕거나 일어설 때에도 우리는 인간의 진보를 말했고, 새로운 프로젝트에 우리의 신앙을 걸었다. 우리는 인류가 하나님의 옛 보좌에 앉았다고 여겼다."[19]

다르게 말하면, **'근대의 변증법'**이 곳곳마다 지배했다. 1930~40년대에 불가지론적인 독일의 유대인 테오도르 아도르노Theodor Adorno와 막스 호르크하이머Max Horkheimer가 이를 날카롭게 분석했고, 자유로운 문화개신교와 시민사회를 비판한 초기의 기독교인들, 곧 바르트와 브루너, 고가르텐과 불트만과 틸리히, 야스퍼스와 비트겐슈타인, 토마스 만과 헤르만 헤세 등 많은 작가들과 예술가들도 제1차 세계대전 이후에 이를 분명하게 인식했다. 그렇다면 아우슈비츠 이후 50년이 지난 오늘날에 우리는 어떤 상황에 처해 있는가?

4. 결론: 허무주의의 극복

물론 여기서 근대가 철학과 자연과학, 기술과 산업, 민주주의를 통해 성취한 모든 긍정적인 결과물과 함께 무조건 비난을 받아서는 안 된다. 도대체 어떤 이성적인 인간이 근대에서 중세나 종교개혁 시기로 되돌아가려고 하겠는가? 그렇지만 홀로코스트는 다음과 같은 한 가지 사실을 입증했다. 매우 활발하게, 그리고 넘치는 희망이 속에서 시작된 근대가 완전한 세속화를 통해 모든 윤리적·도덕적 속박에서 벗어났을 때, 프랑스 혁명('공포정치 La terreur')을 통해서든, 러시아 혁명('강제노동수용소Gulag')을 통해서든, 국가사회주의자들의 '권력 장악'('강제수용소KZ')을 통해서든 근대는 항상 야만적인 모습으로 돌변할 수 있었다. 만약 종교가 없다면 문명은 종종 얄팍한 겉치레일 따름이다. 이 말은 종교의 이름으로 일어난 범죄(십자군 전쟁, 마녀사냥, 종교재판, 과거의 유대인 박해)를 대수롭지 않게 여기거나 비판해서는 안 된다는 뜻이 아니다. 이런 의미에서 우리는 뉴욕의 랍비 어빙 그린버그Irving Greenberg와 함께 홀로코스트를, 특히 근대의 문화를 위해 (그리고 유대교와 기독교를 위해서도) **"새로운 방향을 가리키는 사건"**[20]이라고 부를 수 있다.

더 날카롭게 말한다면, **신성이 없는 인간성은 야수성으로 변할 수 있다.** 나치즘은 과거지향적인 낭만적·신화적 이념에도 불구하고—최상의 근대적 조직과 관료, 선전술과 특히 군사력과 군대를 갖춘—외형적으로는 근대를 주창하고 기술에 열광한 운동이었다. 특히 나치즘은 다음과 같은 점에 주목하게 했다.

- 만약 윤리적 의무감이 없다면, 근대 과학은 선전술의 거짓말로 돌변할 수 있다.
- 만약 윤리적 의무감이 없다면, 근대 민주주의는 한 개인의 '지도자'와 그의 정당의 유혹과 테러를 통해 대중 지배로 끝날 수 있다.
- 만약 윤리적 의무감이 없다면, 기술은 수백만 명을 기술적으로 완벽하게 살인할 수 있다.
- 만약 윤리적 의무감이 없다면, 산업은 한 민족 전체를 거의 완벽하게 집단적으로 말살할 수 있다.

따라서 홀로코스트는 **모든** 근대 국가를 향한 경고다! 그 이유는 무엇인가? 히믈러와 하이드리히와 같은 '기술자'가 만들어낸 합리성과 기술, 산업화, 그리고 산업적으로 집단을 말살하는 매우 복잡한 조직은—비록 의심할 나위도 없이 독일인의 발명과 독일인의 철저한 왜곡이지만—세속적이고 무신론적인 **유럽의 근대**라는 노선을 완전히, 그리고 철저히 따랐기 때문이다. 로베스피에르의 단두대로부터 레닌의 집단 학살을 거쳐 히틀러의 가스실에 이르기까지 기술적으로 인간을 완벽하게 살상한 결과는 다음과 같이 나타났다. 유럽의 강대국들은 **모조리** 그 당시에 국가(인종, 계급)라는 하나님을 경배했고, 경우에 따라서 모든 것, 곧 자유와 정의와 예술과 종교와 수백만 인간의 목숨도 이런 하나님에게 바치지 않았던가? 그리고 그들은 모두 이런 하나님에게 군국주의와 제국주의, 인종차별주의, 그리고 개인 차원에서는 도덕적 상대주의와 냉담, 기본적인 인간성 상실이라는 '보상'을 받지 않았던가? 이런 현상은 예컨대 나치의 희생자들을 바라보는 독일 여성들 가운데서도 매우 널리 퍼져 있었다(여성주의자들의 이런 관점은 최근에 비로소 논의되었다).

두 차례의 세계대전과 강제노동수용소, 홀로코스트, 원자폭탄 투하 이후에 패러다임 전환이 일어났고, 다행히도 이미 상당히 진행되었다. 근대의 근대화만으로는 충분하지 않다. 근대가 근대 이후(포스트모던) 세계로 초월하는 가운데서 '지양될' 필요가 있다. 랍비 **어빙 그린버그**Irbing Greenberg의 말은 옳다. "우리에게 필요한 문화적 변화는 복잡하고 세밀한 과정이다. … 정신분석학에서 지식사회학에 이르기까지 모든 사람이 주장하듯이, 이성의 한계는 다시 규정되어야 한다. 이 과정은 근대적 범주의 독단주의를 파괴할 수 있고, 이성과 학문의 요구와 새로운 변증법적 관계를 맺는 것을 허용할 수 있다. 여기서 중요한 것은 단지 전통으로 되돌아가는 것이 아니다. 중요한 것은 근대 이후로 이동하는 것이다."[21] 나의 생각으로는 여기서—물론 유대교인과 기독교인에게—가장 일차적인 과제는 근대의 경험을 통해 정제된 근대 이후의 하나님 이해를 제시하는 것이다.

왜냐하면 여기서 우리는 거의 역설적인 현상을 확인해야 하기 때문이다. 말할 수 없는 충격의 수렁 속에서 많은 사람에게 **무종교의 갑옷**도 파괴되었다. 세속적인 유대인들도 아우슈비츠를 깊이 생각하던 중에 그들의 가려지고 억압된 종교성을 고백했고, 종교에 대한 그들의 부정적인 태도를 더는 고수할 수 없다고 고백했다. 포스트모던의 징후도 나타났다. 온갖 의심과 부담감에도 불구하고 적지 않은 유대인들이 문헌 연구와 예전, 신비주의나 사회 활동을 통해 이 세상에서 감춰져 있던 하나님의 신비를 감지하기 시작했다. "마음 깊은 곳에서 유대인의 정체성을 다시 발견함으로써 우리는 우리의 전통이 하나님이라고 부르던 존재와 새로운 관계를 맺고 있다는 사실을 스스로 알게 되었다. 우리가 홀로코스트에 주목함으로써 얻게 된 믿기 어려운 변증법적인 결과는 유대인 사회에서 분명히 소수자였던 사람들이 이제는 하나님과의 인격적 관계라는 차원을 탐구하려고 노력하고 있다는 사실이다. … 비록 그들이 단지 파편적인 신앙만을 가지고 있더라도, 이 공허한 시대에 사람들이 얻은 부분적인 신앙도 이미 큰 신앙이다"(유진 보로비츠E. Borowitz).[22] 이 '하나님과의 관계', 이 '신앙'을 나는 여기서 좀 더 강력하게 해명하고 싶다.

II. 아우슈비츠 이후의 하나님 이해

인간이 보여준 이 유일회적이고 야만적인 사건, 홀로코스트는 지금까지 전혀 도달하지 못한 심연 속에서 하나님을 향해 질문하게 만든다. 여기서도 무한히 많은 질문 때문에 끝없는 지평 속으로 들어가지 않기 위해 나는 이 책에서 지금까지 따라왔던 선을 계속 따르기를 원하며, 특히 유대인 대화 상대들과 논쟁하기를 바란다.[1] 그래서 나는 뉴욕의 사회과학연구소의 유대인 종교철학자 **한스 요나스**Hans Jonas가 대담하게 강연했던 "사변적 신학"[2]의 한 부분과 논쟁함으로써 이 문제를 다루고 싶다. 개인적 상황(나치에게 독일에서 추방되고, 아우슈비츠에서 어머니가 죽음)에 직면하여, 요나스는 1984년에 튀빙엔 대학에서 "아우슈비츠 이후의 하나님 개념"에 관해 감동적인 강연을 했다. 비록 내가 여기서 몇 가지 비판적인 생각을 제안하더라도, 내가 그보다 더 잘 알고 있다는 자만의 태도가 아니라 이 질문을 궁극적으로 해결할 수 없다는 곤혹스러운 어려움과 연대하는 가운데서 그렇게 할 것이다.

1. 고난 앞에서 하나님은 무능한가?

아우슈비츠 이후에도 여전히 우리는 하나님을 전능하고 선하고 이해할 수 있는 '역사의 주'라고 말할 수 있는가? 아니다. 요나스에 따르면 아우슈비츠 이후에는 전통적인 수식어와 전문 용어를 지닌 케케묵고 관습적인 이 하나님 표상을 생각하는 것은 불가능해졌다. 하나님의 전능과 선함과 이해 가능성은 서로 조화될 수 없다는 사실이 아우슈비츠 이후에는 이제 최종적으로 분명해졌다.[3] 만약 하나님이 전능하고 절대적으로 선하다면, 하나님이 아우슈비츠와 같이 매우 잔인한 일을 막지 못한 이유가 무엇인지 이해되지 않는다. 만약 하나님이 전능하고 이해될 수 있다면, 아우슈비츠는 하나님의 선함을 반박한다. 만약 하나님이 선하고 이해될 수 있다면, 아우슈비츠는 하나님의 무능을 증명한다. 요나스에 따르면 아우슈비츠 이후에 하나님은 전능과 선함, 이해 가능성이라는 세 가지 속성을 동시에 지닐 수 없다. 그렇다면 대안은 무엇인가?

— 하나님의 위엄에 관한 성서의 표상에 맞서 요나스는 **고난 받는 하나님**을 제시한다. "세상과 하나님의 관계는 **창조의 순간부터**, 그리고 분명히 인간 창조 때부터 하나님의 고난을 포함하고 있다."[4]

— 자신의 완전한 존재 안에서 영원토록 동일한 하나님에 맞서 요나스는 **되어가는 하나님**을 제시한다. 하나님의 영원은 "냉담하고 죽은 영원이 아니라 … 시간의 축적되어가는 결실과 함께 커져가는 영원이다."[5]

— 동떨어지고 격리되고 자신 안에 갇힌 하나님에 맞서 요나스는 **염려하는 하나님**을 제시한다. 하나님은 "자신이 염려하는 대상 안으로 개입하는 하나님", "위험에 노출된 하나님, 스스로 모험하는 하나님"이다.[6]

— 하나님의 전능에 맞서 요나스는 **하나님의 무능**을 제시한다. 하나님은 아우슈비츠에서, 그리고 다른 곳에서도 침묵하고 개입하지 않았던 하나님이다. "하나님이 그렇게 하기를 원하지 않았기 때문이 아니라, 그렇게 할 수 없었기 때문이다."[7] 달리 말하면 아우슈비츠 이후에도 요나스는 하나님의 선함과 이해 가능성을 확고히 붙잡지만, 하나님의 전능은 포기되어야 한다.

이 모든 생각이 단지 한스 요나스가 고안한 생각은 아니다. 정반대로 요나스는 우리가 제1부에서 이미 들었던 전통을 의식하고 있다. 그것은 유대교의 위대한 지성인 게르숌 숄렘Gershom Sholem이 20세기에 새롭게 드러낸 전통, 곧 **유대교 신비주의 카발라의 전통**이다.[8] 실제로 카발라 전통에는 16세기에 세계가 어떻게 생겨났는지에 관한 이삭 루리아Isaac Luria의 우주론적 사변이 있었다. 그것은—비록 나중에 거짓 메시아 샤베타이 츠비Shabbetai Zewi에 의해 부정되었지만—우리에게 이미 '사자獅子'('아리Ari')라고 알려진 것이다.[9] 루리아는 다음과 같이 대답한다. 하나님은 '모든 것'이기 때문에 세계는 오직 하나님의 자발적인 '후퇴', 하나님의 자기 철수·자기 제한을 통해 생겨난다. 카발라 전통에서 이것은 '침춤zimzum' 이론이며, 이와 유사한 사상은 하나님의 '자기 포기', '타자화', '자기 비하'에 관한 하시딤의 표상에서 분명히 나타난다.

'침춤' 개념은 카발라보다 더 오래된 것이다. 이것은 원래 하나님의 거룩한 임재가 성전이나 시나이 산의 지성소에 '집중되거나' '축소된다'는 것을 의미한다! 그러나 루리아는 이 개념을 단지 우주발생론으로 확장할 뿐만 아니라 내용적으로는 정반대로 해석한다. 세계가 자율적인 실존과 공간과 시간을 가질 수 있도록 **하나님은 이미 시간의 시초에 자신을 제한했다**. 숄렘에 따르면 "우주"는 "하나님의 수축 과정을 통해 만들어질 수 있었다."[10] 하나님은 "자신의 존재 안에 영역을 비웠고, 그로부터 물러나셨다. 그것은 일종의 신비한 원초적 공간이다. 창조와 계시가 일어날 때, 하나님은 거기서 빠져나올 수 있었다."[11] 여기서 창조는 신의 자기 전개 행위가 아니라 신의 자기 축소 행위로 이해된다! 하나님은 피조물을 통해 자신을 어느 정도 부정하며, "생성하는 세계에 자신을 내어준 뒤에는 아무것도 주지 않는다"[12]고 요나스도 말한다. 이제는 인간이 하나님에게 주어야 한다.

'아우슈비츠 이후의 하나님'을 다룬 요나스의 담론은 매우 진지한 것이었고—하나님을 피상적으로 부정하는 종교비판적인 자세와 하나님을 떠들썩하게 긍정하는 정통주의를 넘어서—'두려움과 떨림'을 가져다주었다. 그렇지만 이것은 유대교인과 기독교인에게 매우 만족스러운 대답인가? 우리는 이를 분명히 보아야 한다. 이 질문의 핵심은 유대교인과 기독교인 간의 종교적 논쟁에 있지 않다. 왜냐하면 한편으로는 많은 유대인들이 이 질문을 카발라주의자들과 다르게 생각하고, 다른 한편으로는 많은 기독교 신학자들도 이 카발라주의 '신비 이론'의 도움으로 하나님의 신비를 캐내려고 시도하고, 창조의 방식과 인간의 고난의 이유를 풀어보려고 도모하기 때문이다.[13]

그렇지만 고난의 문제는 끝 모를 정도로 깊다. 특히 스스로 초래하지 않았던 무고한 고난, 예컨대 도스토옙스키와 카뮈를 괴롭혔던 무고한 어린이의 개인적 고난과 세계사적 고난, 무의미한 자연재해의 고난, 수천 명을 죽게 한 거대한 지진과 인류가 겪는 비인간적인 비극, 특히 홀로코스트의 고난이 그러하다. 나는 이러한 질문을 놓고 이미 오래전부터 내 자신의 길을 찾아보려고 노력했지만,[14] 많은 경험 속에서 엄청난 고난과 상상할 수 없는 악을 바라볼 때마다 루리아나 야콥 뵈메Jakob Böhme처럼 영지주의 전통의 우주발생론적 사변(바실리데스Basilides; 위대한 로고스의 책!)을 따르기보다는 최종적으로 위대한 고전적 전통을 따르는 것이 더 낫다고 생각했다.[15] 창조에 관해 말할 경우에는 특히 그렇다.

2. 세계 창조는 하나님의 자기 제한인가?

창조의 전제로서 우리는 자신 밖으로, 그리고 자신 안에서 일어난 **무한한 하나님의 자기 제한과 자기 교환**을 받아들여야 하는가? 그렇지만 비록 자기 제한을 하나님의 전능의 표현으로 설명하더라도, 이것은 하나님과 인간을 지나치게 동일하게 묘사하는 (숄렘도 말했듯이, "거칠고" "격렬한"[16]) 표현인 듯하다. 자신 곁에 다른 것에게 존재를 부여하고 공간을 마련하고 시간을 주기 위해 하나님이 인간의 방식대로 스스로 오그라지고 작아져야 했다는 사실[17]은 하나님의 무한성과 영원성, 완전성을 박탈하는 것처럼 여겨진다. 이미 모세 마이모니데스도 하나님이 비밀스럽고 빛나는 그 어떤 물체를 지니고 있다는 생각을 거부했다. 유대인 카발라주의자들과 기독교인 신학자들이 하나님의 침춤 표상을 통해 단지 하나님이 창조하셨다는 **사실**만이 아니라 창조의 **방식**까지 알려고 할 때, 그들은 지나치게 신인동형동성론神人同形同性論에 빠져버리지는 않았는가? 하나님이 '더 작은 신*Deus minor*'으로, '오그라든 하나님'이 될 위험성은 없는가?

그래서 오늘날 유대교 신학이 카발라와 거리를 두고, 악 때문에서 제한되는 하나님 표상을 단호히 거부하는 것은 매우 정당한 일이다. 따라서 아주 해박한 유대인 조직신학자이자 탁월한 카발라 전문가인 **루이스 야콥스**Louis Jacobs[18]는 카발라에 대한 자신의 의심을 강하게 표현한다. "카발라주의자들처럼 하나님의 존재의 비밀을 드러내는 이 이론이 하나님의 직접적인 계시라고 믿는다는 점을 제외한다면, 우리는 카발라를 거대한 사변적 구상으로 보아야 한다. 유대인은 이것에 도움을 받아서 과거로부터 물려받은—신新플라톤적이고 영지주의적인—이념을 명상해왔다."[19] 물론 기독교 침춤 대변자들은 전혀 알려고 하지 않지만, 하나님의 열 가지 힘(속성, 능력, 현현)이 하나님의 신비로부터 창조물 안으로 쏟아져 내려온다고 주장하는 루리아의 매우 복잡한 창조론의 틀을 수용한 '침춤' 이론을 루이스 야콥스는 거부한다. "오직 매우 소수의 근대적 유대인만이 루리아의 이념을 계시된 진리로 받아들인다."[20] 일관되게, 그리고 매우 단호하게 유대인 신학자는 하나님의 단일성을 붙들고, 유대교 전통에 대한 모든 삼위일체론적 해석을 날카롭게 거부한다.[21] 이 점은 특히 세계의 악 때문에 하나님을 제한하는 이념에도 들어맞는다. "이처럼 제한된 하나님은 현실성을 전혀 소유하지 못한 존재로서 인간의 지나친 상상력의 발명품이라는 의심이 강하게 일어난다. 이러한 이유로, 그리고 명석한 변호에도 불구하고 유한한 하나님에 관한 밀교적·신비주적 이론은 단지 소수의 추종자만을 얻을 수 있었다. 인간을 위한 단순한 대안은 전통적으로 이해되어온 전능한 하나님에 대한 신앙이거나, 완전히, 그리고 철저히 무신론이다."[22]

미국의 유대교 정통주의를 이끌어가는 신학자 **요셉 솔로베이치크**Joseph Soloveitchik는 침춤에 관한 최근의 카발라적 해석을 더 단호히 거부한다. 왜냐하면 침춤은 "우주발생론에 관한 할라카의 질문과 전혀 무관하기" 때문이다. "(카발라적) 신비주의자들은 세계의 존재를 하나님의 명예에 대한—하나님이 저지하는—일종의 '모욕'으로 여긴다. 한때 생겨난 우주는 창조주의 무한성을 제한한다."[23] 이와는 반대로 솔로베이치크는 다음과 같이 주장한다. "세계의 창조는 하나님 이념에 아무런 '불명예'도 덧붙이지 않는다. 창조는 무한성을 제한하지 않는다. 정반대로 경험할 수 있는 현실의 영역에서 자신의 거룩한 현존(셰키나Shekinah)을 축소하고 자신을 제한하는 것은 하나님의 의지다."[24] 다시 말하면, 내가 기독교 신학을 위해 항상 주장했듯이, 전통적인 유대교 신학에서도 하나님은 모든 유한자 안에 존재하는 무한자로, 구체적인 것 안에 존재하는 초월자로, 세계의 경험적 현실 안에 존재하는 하나님으로 이해되어야 한다.[25]

이러한 상황 앞에서 나는 기독교 신학자로서 사변적인 유대교인이나 기독교인의 실험에 가담하기보다는 차라리 '**항상 더 큰 하나님***Deus semper maior*'에 대한 고전적인 신앙고백을 붙잡는 것이 더 낫다. 니콜라스 쿠자누스가 자신의 초기 저서 《가르침을 받은 무지에 관하여*De docta ignorantia*》에서 설명했듯이, 하나님은 가장 큰 존재로서 가장 작은 존재이며, 가장 작은 것과 가장 큰 것을 넘어서는 존재다. "부정신학의 견해에서 볼 때, 하나님 안에는 오직 무한밖에 없다."[26]

따라서 **'무로부터의'** 창조는 기독교의 고전적 전통에서도 하나님 이전이나 하나님과 나란히 존재하는 검은 무無가 아니고, 하나님이 창조 활동을 할 수 있기 위해 열어둬야 했던 자립적인 빈 공간도 아니다. '무로부터의' 창조는—이미 아우구스티누스가 강조했듯이, 공간과 시간과 함께—세계 전체가 다른 원인이 아니라 최초의 원인, 오직 하나님으로부터만 만들어졌다는 사실을 냉엄하게 표현한 것이다. 그러나 신인동형동성론적으로 사고하는 유대인이나 기독교인 신학자들의 견해와는 달리 유한한 것은 무한한 것을 처음부터 제한할 수 없다. 공간적 · 시간적으로 무한한 우주조차도—아인슈타인 이후에는 대부분의 자연과학자들이 우주를 유한하다고 여긴다—무한한 하나님을 모든 사물 **안에** 제한할 수 없다. 그 이유는 무엇인가? 하나님은 완전히 다르기 때문이다. 하나님은 그 무엇으로도 제한되지 않는 무한히 순수한 영이다. 그리고 사물과 사람, 세계는 바로 하나님과 **나란히** 또는 하나님 **아래** 존재하는 것이 **아니라**, 처음부터 무한한 존재인 하나님 **안에** 존재하기 때문이다. 창조주는 자신의 신적인 존재와 **나란히** 존재를 부여하고 공간과 시간을 허용하는 것이 아니라, 그 **안에서** 그렇게 한다.

따라서 하나님은 스스로를 수축하면서 동시에 숨을 멈추고 내뱉으면서 창조물을 발산할 필요가 없다. 하나님은 '창조' 중에 뒤로 물러가는 것이 아니라, 오히려 자신을 준다. 왜냐하면 하나님은 세계 안에서 유한하고 상대적인 존재의 방식대로 활동하시지 않기 때문이다. 하나님은 **유한자 안에서 무한자**로서, 그리고 상대자 **안에서** 절대자로서 활동한다. 하나님은 존재하는 자와 나란히 또는 그 위에 있는 '존재하는 자'가 아니라, 역동적인 **존재 자체**(토마스 아퀴나스)이다. 존재하는 모든 것은 존재 자체에 참여한다. 따라서 세계는 '참여'(플라톤)로 이해될 수 있다. 더 낫게 말한다면, 세계는 다수성 없는 다수이고 동일성 안에서 대립하는 **'하나님의 펼침** *explicatio Dei*'(쿠자누스)으로 이해될 수 있다. 그렇지만 세계가 하나님 때문에 사라지지거나,

거꾸로 하나님이 세상 안으로 해소되는 것은 아니다. 이것은 범신론이 아니라, 완전히 범-재-신론Pan-en-theism이다. 그렇지만 무한자는 위로부터, 또는 밖으로부터 세계 속으로 활동하지 않는다. 하나님은 역동적으로 가장 현실적인 현실로서 세계의 전개 과정에서 안으로부터 활동하며, 그와 동시에 세계의 전개 과정을 가능하게 하고 두루 다스리고 완성한다. 따라서 니콜라스 쿠자누스의 후기 저서(《다르지 않은 자》)에 따르면 하나님을 "중심의 중심, 목표의 목표, 표현의 표현, 존재의 존재, 비존재의 비존재"[27]로 이해할 수 있다. 다시 말하면 하나님은 세계사 **위에서** 활동하는 것이 아니라, 세계사 **안에서**, 인간과 사물 **안에서**, 그리고 그와 **함께**—그것들의 원래적 기원과 내용과 목표로서—활동한다. 하나님은 모든 것을 포괄하고 모든 것을 다스리는, 세계와 세계사의 무한한 **의미 근거**임과 동시에 내재적이고 초월적인, 만물의 처음과 마지막 현실이다. 그러나 이 현실은 오직 이성적인 신뢰를 통해서만 수용될 수 있는데, 이를 우리는 신앙이라고 부른다.

물론 이 세계의 무한한 고난을 목격할 때, 세계사와 특히 홀로코스트의 암울한 차원을 바라볼 때, 파악할 수 없는 하나님, '**항상** 더 큰 하나님'에 대한 이런 신앙고백이 '하나님 변호', 곧 '신정론'을 더 용이하게 해주는 것은 아니다. 우리 인간들이 질문하고 따져 묻고 저항하고 불평할 권리가 있다는 사실을 우리는 특히 성서의 욥에게서 배웠다. 그렇지만 오늘날 유대교인과 기독교인들 가운데서, 그리고 그들 사이에서 이루어지는 하나님과 고난을 주제로 한 대화에서 일어나는 수많은 오해와 모호함을 바라보면서, 나는 차이점에 관한 나의 견해를 제시하기 전에 먼저 이 질문에서 서로 일치하는 몇 가지 근본 요소를 분명히 알려주고 싶다.[28]

3. 무정하거나 동정해야 하는 하나님이 아니라 고난에 참여하는 하나님

확실히 아우슈비츠와 히로시마, 그리고 강제노동수용소 이후에 포스트모던 **하나님 이해**에 기독교인과 유대교인이 **일치하는 점**을 우리는 아무리 강조해도 부족하다.

- 유대교인과 기독교인은 **부정적인 구분**에서 상당히 일치한다. 유대교인과 기독교인은 세계에 무관심하고 참여하지 않으며, 비역사적이고 무정하며, 잔인하고 **동정하지 않는** 하나님을 똑같이 비판한다.
- 유대교인과 기독교인은 **긍정적인 수긍**에서도 상당히 일치한다. 유대교인과 기독교인은 은밀하게 현존하고 역사에 참으로 참여하며, 자비롭고 **고난에 참여하는 하나님**을 똑같이 믿는다.

이런 생각은 이미 히브리 성서를 관통하고 있으며, 신약성서의 자명한 토대이기도 하다.[29] 하나님을 이 세계의 사건에서 배제하고, 하나님을 이 세계의 사건에 무관심하게 만들고, 하나님을 관찰자의 자리에 세우는 하나님 이해를 특히 아우슈비츠 이후에는 어떻게 계속 주장할 수 있겠는가?

그렇지만 주의해야 할 점이 있다. 이와 동시에 하나님 자신을 본뜬 **형상을 만드는 것을 금지하는 구약성서의 명령**도 간단히 포기해서는 안 된다! 기독교인은 (그리스 철학의 전통은 두 말할 것도 없지만) 바로 하나님의 형상을 만들지 않는 유대교의 위대한 전통으로부터 조심하라는 경고를 받고 있다. 그 이유는 무엇인가? 바로 이 전통은 변화하는 인간의 경험들과 관련하여 하나님의 초월성을 과소평가하여 보잘것없이 만들고, 너무나 인간과 닮은 모습으로 평가절하하는 것에 대해 경고를 하고 있기 때문이다.

그렇다. 하나님은 하나님이기 때문에 **초월성을 포기해서는 안 된다**. 물론 **하나님의 전능**에 대한 비변증법적인 이해를 비판하는 것은 적절하다. 이런 하나님은 만물과 '동떨어져 있고', 만물과 접촉하지 않으며, 만물을 만들거나 만들 수 있는 '절대적인' 권력자다.

그러나 고난의 무의미를 설명하려고 하나님의 힘과 무능, 강함과 약함의 변증법으로 개념의 마술을 부리거나, 심지어 하나님의 무능을 하나님의 힘으로, 하나님의 어리석음을 하나님의 지혜로, 하나님의 거룩함을 하나님의 잘못으로 간단히 대체하는 것도 역시 단호한 비판을 받았다. 여기서 나는 성서의 하나님을 인식하지 못한다.

물론 만물을 **제왕처럼 통치하는** 신, 만물을 통제하는 **창조신**, 권위적인 최고신, 심지어 일종의 독재자에 대한 **비판**은 정당하다.

그러나 세계사 속에서 모든 섭리와 간섭을 포기해버린 일종의 힘없고 무기력하고 무능한 하나님도 적지 않은 비판을 받고 있다. 이것도 마찬가지로 분명히 성서의 하나님이 아니다.

분명히 플라톤의 표상, 곧 움직이지 않고 세계에 관여하지 않는 **무정한 하나님** 표상은 의심스럽다.

그러나 인간과 형태와 본성이 동일하고 어리석으며, 인간적으로 괴로워하고 심지어는 죽어가는 하나님도 역시 단호히 의심해야 한다. 이런 하나님은 아무것도 줄 수 없거니와, 심지어 인간은 이런 하나님을 동정하고 불쌍히 여겨야 한다! 이런 하나님은 함께 괴로워하는 하나님이 아니라, 도리어 **동정을 받아야 할** 하나님이다. 이런 하나님도 성서의 하나님이 아니다.

나는 다음과 같이 확신한다. 이렇게 위험하게 만들어진 환상적인 하나님으로는 인간 고난의 오랜 수수께끼를 풀 수 없으며, 아우슈비츠와 같이 기괴한 현실도 '극복할' 수 없다. 많은 무슬림이 하나님의 초월성을 많은 기독교인과 유대교인보다도 더 세심하게 인정하고, 이런 '아래로 내려온', '가련한' 하나님의 모습을 풍자하고 비판한 것은 일리가 있다. 따라서 기독교 신학자들이 하나님의 모습을 묘사하려고 종종 남용하는 기독론은 특히 비판을 받기 쉬우며, 무분별한 생각은 분별이 필요하다. 따라서 나는 아래와 같이 질문하게 된다.

4. 하나님은 십자가에 못 박혔는가?

기독교 신학자들은 제2차 세계대전 이후에 디트리히 본회퍼의 말을 인용하면서, 종종 "고난 받는 하나님"을 수용함으로써 고난의 문제를 극복하려고 했다. 하나님은 "이 세상에서 무력하고 약하다." 바로 이런 방식으로, 그리고 오직 이런 방식으로만 하나님은 우리 곁에 계시고, 우리를 도우신다. 오직 "고난 받는 하나님"만이 도울 수 있다.[30] 심지어 어떤 신학자들은 홀로코스트를 바라보면서, "600만 명이 겪은 말할 수 없는 고난은 고난 받는 하나님의 목소리이기도 하다"라는 결론을 이로부터 이끌어낸다.[31] 다른 신학자들은 변증법적으로 하나님과 하나님 사이에서 일어나는, 심지어 하나님이 하나님과 적대하며 전개되는 삼위일체 안의 고난의 역사에서 고난의 문제를 극복할 수 있다고 생각했다.

그렇지만 유대교와 기독교의 위대한 전통을 배우고 헤겔의 사고 모델의 문제점을 알게 된 우리는 성서보다는 헤겔에게 더 많은 영감을 받은 "고난 받는 하나님", "십자가에 못 박힌 하나님",[32] "하나님의 죽음"[33]에 관한 이런 사변을 거부하게 된다. 유대교인과 무슬림은 이런 사변을 거의 이해할 수 없었고, 오늘날 많은 기독교인도 이런 사변은 이해하기 어렵다. 이런 사변은 마치 기독론적 사변과 하나님 개념의 조작을 통해 인간과 인류와 홀로코스트의 엄청난 고난, 특히 무고하고 무의미한 고난을 '더 높은 맥락' 안으로 삽입한 듯하고, 이를 통해 고난을 극복하게 만드는 듯싶다! 유대교 신학은 이런 기독론적 사변과 무관하게 홀로코스트의 도전에 신학적으로 대답하려고 시도한다. 비록 그리스도 예수 안에서 하나님의 '인간성', 더 정확히 말하면, 하나님의 '인간 사랑*philanthropia*'[34]이 밝히 드러났지만, 기독교 신학자들도 이해할 수 없는 고난과 고통 때문에 초월성을 깎아내리거나, 하나님의 신성을 팔아넘겨서는 안 된다.

성서를 한번 살펴보아도, 우리는 사변적으로 용감한 이런 시도를 누그러뜨릴 수 있다. **구약성서**에 따르면 인간은 하나님이 자신의 호소와 간청을 듣고 계신다는 신뢰 속에서 항상 다시 하나님에게 부르짖는다. 그러나 그의 호소와 고난과 죽음이 단순히 하나님의 호소와 고난과 죽음이 되는 것은 아니다. 물론 히브리 성서는 신인동형동성론적으로 때로는 하나님이 인간의 모든 감정과 행동방식을 소유하고 계시는 듯이 말한다. 하나님은 자신의 백성의 태도에 진노하고 한탄하고 괴로워하지만, 또한 거듭 참고 자신의 진노를 멈추기도 한다. 그러나 그 어디에서도 하나님과 인간의 차이는 폐기되지 않으며, 인간의 고난과 고통이 단숨에 하나님의 고난과 고통이라고 설명되고 미화되지 않는다. 그 어디에서도 하나님의 신성神性이 비非신성으로, 하나님의 신실함이 신실하지 않음으로, 하나님의 신뢰성이 불신으로, 하나님의 자비로움이 인간적인 가련함으로 변하지 않는다. 구약성서에 따르면 인간은 실패해도 하나님은 실패하지 않는다. 인간이 죽어도 하나님은 그와 함께 죽지 않는다. 비록 자신의 백성에 대한 하나님의 '연민'이 신인동형동성론적으로 설명되지만, 바로 호세아 11장 9절이 "내가 하나님이요 사람이 아님이라. 네 가운데 있는 거룩한 자니라"라고 말하듯이, 구약성서는 하나님을 인간화하는 것에 반대한다.

신약성서도 다르지 않다. 하나님의 아들 예수는 자신의 깊은 고난 가운데서 하나님에게 버림받았다고 믿기 때문에 하나님에게, 그의 아버지에게 부르짖는다. 그러나 그 어디에서도 하나님이 하나님에게 부르짖지 않으며, 그 어디에서도 하나님 자신이 약하거나 무력하거나 고통을 당하거나 십자가에 못 박히지 않으며, 더욱이 하나님이 죽은 적은 없다. 만약 인간의 고난이 하나님의 고난과 매우 동일해지기 때문에 그것이 하나님의 고난이기도 하다면, 만약 인간의 부르짖음이 하나님의 부르짖음으로 변한다면, 인간의 범죄(나치 앞잡이들의 범죄)도 하나님 자신의 범죄로 변하는가?

그렇다. 기독교 신학자로서, 성서적으로 생각하는 신학자로서 나는 냉정하게 주장할 수밖에 없다. 바울에 따르면 **십자가의 말씀**인 복음은 오직 믿지 않는 자들에게만 약하고 어리석은 것이며, 믿는 자들에게는 하나님의 **능력**과 하나님의 **지혜**다.[35] 이것은 역설이지만 모순은 아니다. 그리고 이것은 유대교인과 기독교인의 대화에서도 중요하다. 예수 그리스도의 십자가 안에서—모든 신약성서는 히브리 성서의 노선 위에서 모든 영지주의적이고 카발라적 사변을 반대한다—**하나님** 자신, 전능한 하나님 아버지(데우스 파테르 옴니포텐스*Deus pater omnipotens*)가 십자가에 못 박힌 것이 **아니다**(물론 하나님의 거룩한 영이 십자가에 못 박힌 것도 아니다). 만약 그렇지 않다면 하나님에게 버림받아 십자가에 못 박힌 자가 어떻게 "나의 하나님, 나의 하나님"이라고 하나님에게 부르짖을 수 있겠는가?[36] 그렇다. 신약성서에 따르면 여기에는 "사변적인 성 금요일"[37]이 전혀 없으며, 하나님 자신의 "죽음의 곡예"(살토 모탈레salto mortale)도 없다. 교수형에 처한 소년에 관한 엘리 비젤의 유명한 아우슈비츠 이야기에 나오는 매혹적인 음성에도 불구하고[38] 십자가에 못 박힌 자는 바로 '하나님'이 아니라, 하나님의 '기름부음 받은 자', 그의 '그리스도', '사람의 아들'이다.

달리 말한다면, 십자가는 '고난 받는', '부르짖는 하나님'의 상징이나 '죽음의 고난 때문에 괴로워하는 하나님의 상징'이 아니라, 죽음의 고난을 받고 있는 인간의 상징이다. 십자가에서 죽은 자는 아버지 하나님 자신(호 데오스*ho theós*)이 아니라, 하나님의 '**메시아**'와 '**그리스도**', 하나님의 '**형상**'과 '**말씀**'과 '**아들**'이다. 하나님 자신이 아버지로서 고난을 받았다는 비성서적인 '성부수난설'을 교회가 이미 일찍이 잘못된 이론이라고 판단한 것은 올바른 일이었다! 만약 유대교 신학이 자신의 아들의 희생을 요구하는 피에 굶주린 하나님의 모습, 곧 가학적이고 잔인한 하나님의 모습에 저항한다면, 기독교 신학도 그에 못지않게 피학적이고 고통을 참는 하나님 이해에 강력히 저항하기를 바란다. 여기서 약한 하나님은 영원히 고난을 받지는 않겠지만, 부활하기 위해 고난과 죽음을 통해 철저한 고통을 받아야 하는 셈이 된다.

나는 모든 하나님 사변 앞에서 다음과 같이 질문하게 된다. 만약 하나님까지 인간이 겪는 고난의 상황으로 곧바로 끌어들인다면 실제로 무슨 변화가 일어나는가? 내가 언젠가 들었던 칼 라너Karl Rahner의 말대로 만약 하나님도 곤경에 처하게 된다면 인간의 상황은 더 나아지는가?[39] 이것은 비성서적인 신인동형동성론이 아닌가? 그렇지만 우리의 모든 기본 명제는 바로 신약성서에서 출발해야 한다. 그리스도의 십자가의 어리석음과 무능에서 '드러난' 것은 무능하고 어리석고 약하고 십자가에 못 박힌 하나님이 아니다. 만약 하나님 자신이 참으로 십자가에서 죽었다면 누가 이 죽은 하나님을 새로운 생명으로 깨워야 하는가? 이 질문은 대답될 수 없다! 단지 논리적인 필연성을 따르는 헤겔의 변증법적 체계 안에서만 죽은 하나님은 변증법적 반전을 통해 스스로 되살아난다. 이것은 완전히 사변적인 해결이다. 그러나 신약성서도 그렇게 말하는가? 신약성서를 보면 하나님의 자기 구원에 대한 모든 생각은 잘못이다!

신학자로서 우리는 솔직해지기로 하자. 그 자체로 보면 십자가는 그 어떤 비밀도 스며들지 않았던 분명한 실패였다. 그것은 하나님의 보냄을 받은 자가 인간과 하나님에게 버림을 받은 전대미문의 사건이었다. 이런 점에서 우리는 철학자 한스 블루멘베르크Hans Blumenberg의 견해에 동의해야 한다. 그는 하나님에게 버림받았다고 소리치는 예수의 부르짖음에서 자신의 활동에 실패한 '하나님의 좌절', 그의 '자기 지양'을 읽어내기를 원한다. 만약 우리가 오직 예수의 십자가 죽음에만 집중한다면 블루멘베르크의 견해를 실제로 반박할 수 없을 것이다. 그러나 해석을 위해 그가 참고했던 요한 세바스티안 바흐의 〈마태 수난곡〉은 복음서 자체와 마찬가지로 부활과 구원의 확신, 하나님과 인간 사이의 '평화 체결'로 끝을 맺는다.[40] 오직 다시 살아난 예수의 부활의 빛 안에서만 나중에 하나님의 명백한 부재 속에서 하나님의 현존을 믿음으로 받아들이게 된다. 이것을 하나님이 스스로 부활했다는 의미로 사변적으로 이해해서는 안 된다. 왜냐하면 다시 신약성서 전체를 보면, 하나님이 아니라 오직 그의 **아들** 예수만이 새로운 생명으로 부활했다고 선포하기 때문이다. 그렇다면 부활의 주체는 누구인가? 당연히 하나님 자신이다. 하나님은 살아 있는 자들의 하나님이요, 죽은 자들의 하나님이 아닌 자, 곧 '**아버지**'다. "분명히 그는—바울이 분명히 하나님이 아니라 '그리스도', 하나님의 아들을 말했듯이—약함 속에서 십자가에 못 박혔지만, 하나님(=아버지)의 능력으로 살아 계신다."[41]

그렇다. 오직 이렇게 하나님의 영원한 생명 안으로 아들을 받아들임으로써 하나님은 가장 고통스러운 순간에도, 버림받고 죽어가는 순간에도 그 외아들과 (그와 함께 그의 모든 아들들과 딸들과도) 연대하며 가까이 계신다는 사실을 믿는 자들에게 입증한다. 하나님은 우리의 고통과 함께 연대하고, (죄로 인한 고통이든 무고한 고통이든) 우리의 고난에 참여하며, 우리의 불행과 모든 불의를 함께 겪고, 은밀한 가운데서 **함께 괴로워하지만**, 궁극적으로는 무한히 **선하고 능력 있는** 하나님이다.

이것은 내가 하나님과 고난의 질문에 관해 성서를 바탕으로 말할 수 있고 또 말해도 좋은 최대한의 언급이다. 이런 신앙적 확신에서 우리는 아우슈비츠 이후에도 하나님을 말할 수 있는가? 여기서 신정론 문제, 곧 하나님을 옳다고 말하고 하나님을 변호하는 문제는 전혀 다른 극단으로 치닫지 않는가?

5. 신정론 문제에 대한 대답

만약 우리가 수십 년 전부터—근대의 고트프리트 빌헬름 라이프니츠에서 한스 요나스에 이르기까지—신정론의 모든 시도를 다시 살펴본다면, 분명히 곧장 이렇게 말할 것이다. "**신정론 문제에 이론적인 대답은 없다!**" 신앙인의 기본자세로 우리는 여기서 오직 한 가지만은 말할 수 있다.

- **만약** 하나님이 존재한다면 하나님은 아우슈비츠에도 계셨다! 다양한 종교와 종파에 속한 신앙인들이 이 죽음의 공장에서도 확고히 믿었다. 이 모든 고난에도 불구하고 하나님은 살아 계신다.
- 그러나 이와 동시에 신앙인들은 다음과 같은 물음에는 답이 없다는 것을 시인해야 한다. "하나님이 아우슈비츠를 미리 막지 않고 **어떻게** 아우슈비츠에 계실 수 있는가?"

모든 경건한 변증론에도 불구하고 우리는 냉철하게 인정해야 한다. 여기서 신학자로서 하나님 자신의 비밀 배후로 들어가려는 자는 기껏해야 자기 자신의 신학적 논리, 자기 자신의 신학적 발명품을 발견할 따름이다. **어떻게** 선하고 공의롭고 능력 있는—만약 이 모든 속성이 **하나님**에 관한 것이라면 우리는 이를 궁극적으로, 그리고 완전히 포기할 수 없다—하나님이 그가 창조하신 이 세상에서 이토록 크고(엄청나게 크고) 작은(여기서 '작다'는 것은 무엇을 뜻하는가?) 무수한 고난이 일어나도록 허용하실 수 있었는지, 어떻게 하나님이 아우슈비츠가 생겨날 수 있도록 '바라보고' 계실 수 있었는지, 어떻게 하나님이 가스가 흘러나와 화로에 불이 붙은 것을 '지켜보고' 계실 수 있었는지 히브리 성서도 신약성서도 우리에게 설명하지 않는다.

그렇다면 나는 간단히 다음과 같은 고전적인 신학 문장으로 나를 위로함으로써 홀로코스트의 모든 고난을 잊어야 하는가? "하나님은 고난을 '원하지' 않지만, 고난이 일어나지 않기를 원하지도 않는다. 하나님은 고난이 일어나는 것을 단지 '허용할' 따름이다." 이로써 모든 수수께끼가 풀리는가? 아니다. 예나 지금이나 풀리지 않았다. 그렇다면 다시 묻고 싶다. 그 어떤 새로운 인식을 근거로, 그 어떤 자신의 경험을 근거로 하필 우리가 인간의 원초적인 이 문제를 세상 밖으로 날려 보내야 하는가? 홀로코스트가 무조건 필요했던 것은 아니다. 때때로 우리는 직업상의 실패나 질병, 상실이나 배신, 한 사람의 죽음만으로도 쉽사리 절망에 빠지게 된다. 미국의 랍비 해럴드 쿠슈너Harold Kushner에게도 그런 일이 일어났다. 왜냐하면 그는 비극적인 질병으로 아이를 잃었기 때문이다. 그는 《선한 사람들에게 나쁜 일이 일어날 때》라는 제목으로 나중에 베스트셀러가 된 자신의 책을 썼다.[42] 그가 제안한 해결책은 하나님의 **전능**을 제거해야 한다는 것이었다. "나쁜 사람들에게 선한 일이 일어날 때"라고 생각할 때마다 다른 사람들은 적지 않은 유혹을 느끼게 되며, 하나님의 **선함**과 **의로움**을 차라리 부정하고 싶어 한다. 그러나 이런 두 가지 해결책은 궁지에서 벗어날 수 있는 비결이 아니다. 왜냐하면 전능을 빼앗긴 하나님은 하나님이기를 중지하기 때문이고, 하나님이 선하고 의롭지 않고 잔인하고 제멋대로 행동한다는 생각은 도무지 받아들일 수 없기 때문이다.

좋든 나쁘든 우리는 다음과 같은 사실에 만족해야 한다. 이런 성급한 부정도, 굉장히 사변적인 긍정도 문제를 해결하지 못한다. 신학적 회의의 옷을 입고 오든, 철학적 형이상학의 옷을 입고 오든, 관념론적 역사철학이나 삼위일체론적 사변의 옷을 입고 오든, 이것은 얼마나 건방진 인간의 정신인가! 따라서 우리는 이런 신정론에 대한 에피쿠로스와 베일, 포이어바흐 또는 니체의 반박이 하나님 모독이라기보다는 오히려 인간과 특히 신학자의 오만을 조롱하는 것으로 이해하는 법을 배울 것이다. 나는 이 벼랑 지점에서 이런 어려운 질문에 **침묵하는 신학**이 더 낫다고 생각한다. "만약 내가 하나님을 안다면 내가 하나님일 것이다"라고 유대인의 오래된 속담은 말한다. 온갖 고난의 현장에서 하나님을 위한 최종적인 변호를 차라리 포기하는 많은 유대인 신학자들은 간단한 성서 본문만을 인용한다. 하나님의 불 때문에 아론의 두 아들이 죽었을 때 아론은 다음과 같이 행동했다고 성서는 전한다. "아론은 잠잠했다."[43]

인류의 위대한 영적인 인물들 가운데서 그 누구도—아우구스티누스와 토마스 아퀴나스도, 칼뱅과 라이프니츠와 헤겔도—원초적인 문제를 해결하지 못했다. 사람들이 파리에서 하나님을 보좌에서 끌어내리고 그 자리에 이성이라는 여신을 앉히려고 생각하자, 임마누엘 칸트는 1791년에 〈신정론의 모든 철학적 시도의 실패에 관해〉라는 글을 썼다. 그러나 거꾸로 질문한다면, **무신론**이 해결책인가? 무신론은 아우슈비츠에서 자신이 맡긴 것을 보았는가? 아우슈비츠는 오롯이 무신론의 토대인가? 아우슈비츠는 아마도 무신론의 결과와 종말인가? 무신론이 세상을 더 잘 설명해주는가? 세상은 아름답고 슬픈 것인가? 불신앙이 현 세상을 설명해주는가? 불신앙은 무고한 고난, 파악할 수 없는 고난, 무의미한 고난을 당한 사람을 위로할 수 있는가? 마치 모든 불신앙적인 이성도 이런 고난 앞에서 자신의 한계를 모른다는 듯이 말이다! 그렇다. 신학을 거부하는 사람도 여기서 신학자보다 더 나은 것은 아니다.

우리가 이미 소개한 자전적인 아우슈비츠 저서를 남긴 유대인 문학가 **엘리 비젤**은 그의 방대한 희곡과 산문을 통해 사변신학으로도, 신학 거부로도 우리가 '아우슈비츠' 문제를 적절하게 해결할 수 없다는 사실을 보여주었다. 우리가 아우슈비츠 이후에도 '하나님에 관해' 말할 수 있는지를 묻는 질문에 그는 예리하게 답변했다. "우리가 하나님에 **관해** 말할 수 있다고 나는 믿지 않는다. 우리는—카프카가 말했듯이—오직 하나님**에게** 말할 수 있을 뿐이다. 중요한 것은 누가 말하는지에 달려 있다. 내가 시도하는 일은 하나님**에게** 말하는 것이다. 내가 하나님과 **대립하며** 말할 때조차도 나는 하나님**에게** 말한다. 내가 하나님에게 화를 낼 때조차도 나는 하나님에게 나의 화를 보여주려고 시도한다. 그러나 바로 이것은 하나님에 대한 신앙고백이지 하나님 부정은 아니다." 그렇다면 아우슈비츠 이후에도 여전히 신학이 존재할 수 있는가? 비젤의 대답은 이렇다. "나는 개인적으로 그렇다고 믿지 않는다. 아우슈비츠 이후에는 신학이 존재할 수 없으며, 더욱이 아우슈비츠에 **관한** 신학은 전혀 존재할 수 없다. 우리가 무엇을 하든, 우리는 길을 잃어버렸다. 우리가 무엇을 말하든, 그것은 부적합하다. 우리는 그 사건을 결코 하나님과 **함께** 이해할 수 없다. 우리는 그 사건을 하나님 **없이는** 이해할 수 없다. 신학이 하나님에 관한 설명이라고? 내가 누구이기에 하나님을 설명하는가? 소수의 사람들은 하나님에 관해 말하려고 시도한다. 나는 그들이 실패하리라고 확신한다. 그럼에도 … 그것을 시도하는 것은 그들의 권리다. 아우슈비츠 이후에는 모든 것이 시도일 따름이다."[44] 그렇다면 만약 신학적인 시도를 할 권리가 있다면, 무엇이 남아 있는가?

6. 무의미한 고난을 이론적으로 이해하기보다는 신뢰하며 견디기

우리는 냉정하게 인정할 수밖에 없다. 만약 신학적인 이론도, 신학을 반대하는 '이론'도 고난을 설명하지 못한다면 다른 기본자세가 요구된다. 수십 년 동안 성장해온 내 생각은 다음과 같다(지금까지 나는 이보다 더 설득력 있는 대안을 발견하지 못했다). 엄청나고 무고한 고난, **의미 없는 고난**은—개인적이든 집단적이든—**이론적으로 이해될 수 없고, 오직 실천적으로 견딜 수 있을 따름이다.** 기독교인과 유대교인에게 신정론의 문제에는 오직 **실천적인 대답**만이 존재할 따름이다. 어떤 대답인가? 유대교인과 기독교인은 문제에서 서로 다르지만 공통적인 전통을 지시할 수 있다.

극심한 고난 속에서 **유대교인**과 기독교인은 **욥**이라는 인물에 주목했다. 여기서 우리는 두 가지를 인식할 수 있다. 하나님은 인간에게 궁극적으로 파악될 수 없지만, 포기하고 좌절하기보다는 이 파악될 수 없는 하나님을 끈질기게, **무조건 신뢰할 수** 있는 가능성이 인간에게 주어져 있다. 하나님이 고난에 맞서는 인간의 **저항**도 존중하고, 마침내는 그를 고난에서 구원하는 창조자로서 자신을 드러낸다는 사실을 우리는 욥으로부터 신뢰할 수 있다.

기독교인은—왜 유대교인도 그렇지 않겠는가?—극심한 고난 속에서 (최종적으로는 욥이라는 허구적인 인물을 넘어서) 고통당하며 죽어가는 "하나님의 종",[45] **나사렛 출신의 고통스러운 남자**라는 참으로 역사적인 인물을 떠올리게 된다. 넘겨지고 채찍을 맞고 조롱을 당하고 십자가에서 서서히 죽어간 그의 경험은 홀로코스트 희생자들의 끔찍한 세 가지 경험(수잔 샤피로 Susan Shapiro[46])을 미리 맛본 것이었다. 이것은 모든 인간에게 버림받고 심지어는 인간성마저 빼앗기고 하나님에게도 버림받을 수 있는 경험으로서 모든 고난을 관통한다.

역사학자 마르틴 길베르트Martin Gilbert는 자신의 논문 〈홀로코스트〉에서

16세 소년 츠비 미카로프스키Zvi Michalowski의 이야기를 전해준다. "1941년 9월 27일에 그 소년은 3천 명 이상의 리투아니아 유대인들과 함께 살해될 예정이었다. 총알이 다른 사람들을 쓰러뜨리기 바로 직전에 그는 구덩이에 떨어졌다. 그날 밤에 그는 공동묘혈을 벗어나와 가장 가까운 마을로 도망쳤다. 그에게 문을 열어준 한 농부는 벌거벗고 피범벅이 된 그를 보고 이렇게 말했다. '유대인아, 네가 들어가야 할 무덤으로 돌아가라!' 절망한 츠비 미카로프스키는 마침내 나이든 한 과부에게 애원했다. '나는 너의 주, 예수, 그리스도다. 나는 십자가에서 내려왔다. 나를 보아라. 무고한 자의 피와 상처와 고난을 보아라! 들어가게 해달라!' 츠비의 기억에 따르면 그 과부는 그의 발 앞에 엎드려 절하고 3일 동안 그를 숨겨주었다. 그 뒤에 그 소년은 숲으로 갔다. 거기서 그는 게릴라가 되어 전쟁에서 살아남았다."[47]

예수의 죽음은 의미가 있었는가? 하나님과 사람에게 버림받은 그 죽음을 온갖 인간적 형태의 이론을 통해 사변적으로 해결하거나 미화해서는 안 된다. 그 이유는 무엇인가? 오직 나중에, 다시 말하면 예수가 하나님에 의해, 그리고 하나님과 함께 새로운 생명으로 일으켜 세워졌다는 신앙을 통해서만 **이 무의미하고 하나님에게 버림받은 죽음에 '의미'**가 부여되기 때문이다. 십자가에 못 박혔다가 하나님의 영원한 생명으로 일으켜 세워진 자가 무의미한 고난 중에도 희망과 신뢰를 유지하고, 무의미하고 하나님에게 버림받은 죽음 속에서도 의미를 신뢰하며, 자신을 위해 이러한 삶 속에서 **끝까지 견디고 버티도록** 초대하는 것은 오직 이러한 신앙 때문이다. 물론 마지막에 세 딸을 되돌려 받은 욥의 이야기처럼 우리가 이 땅에서 해피엔딩을 기대하는 것은 아니다. 그보다는 매우 급진적으로 (필요하다면 비참한 종말까지 견디는) 무의미한 고난 속에서도 하나의 의미를 인정할 것을 제안한다. 그 의미는 숨겨져 있기 때문에 인간이 스스로 발견할 수 없다. 그러나 하나님과 인간에게 버림을 받았지만 의롭다고 인정을 받은 자의 빛 안에서 그 의미는 주어질 수 있다. 고난과 희망은 성서에서 뗄 수 없이 하나로 결합되어 있다![48] 따라서 우리는 모든 고난에도 불구하고 변덕스럽고 무정한 독재자 하나님이 아니라 구원하는 사랑의 하나님으로 자신을 입증하고 행동하는 하나님을 희망해야 한다.

따라서 고난을 하찮게 여기거나 고난의 의미를 재해석하거나 미화하지 않고, 또는 스토아주의자들 같이 무정하고 냉정하게 고난을 수용하지 않고, 우리는 고난당한 하나님의 종 예수에게서 다음과 같은 사실을 인식할 수 있으며, 가끔은 희망이 거의 좌절되어도 저항과 기도 중에 다음과 같은 사실을 고백할 수 있다.

— 고난이 무의미해 보일 때에도 하나님은 여전히 숨어서 현존하신다.

— 하나님은 모든 고난**에서** 우리를 보호하시지는 않지만, 모든 고난 **중에** 우리를 보호하신다.

— 따라서 우리는 가능하다면 언제나 고난 중에 연대성을 증명하고, 고난을 함께 짊어지도록 노력해야 한다.

— 우리는 고난을 단지 감당할 뿐만 아니라, 가능하다면 언제나 고난과 싸워야 한다. 개인의 고난과 관련해서만이 아니라 고난을 야기하는 구조와 상황과도 싸워야 한다.

과연 이것이 고난을 잊지 않고 극복하도록 도와주는 실제적인 대답인지는 각자가 자기 자신을 위해 결정해야 한다. 아우슈비츠 안에서도 수많은 **유대인**과 여러 **기독교인**이 끔찍한 고난에도 불구하고 숨어서 현존하는 하나님을 믿고, 함께 고난을 받을 뿐만 아니라 불쌍히 여기는 하나님을 신앙했다는 사실에 나는 놀랐고, 용기를 얻었다. **아우슈비츠의 지옥 속에서도** 그들은 신뢰했고—자주 간과되지만—그들은 스스로 **기도했다!** 강제수용소에서 몰래 탈무드를 낭독하고 축일을 지켰을 뿐만 아니라 죽음 앞에서도 하나님을 신뢰하며 기도했다는 많은 감동적인 증거들이 그동안에 수집되었다.[49] 랍비 **츠비 히르쉬 마이셀**Zvi Hirsch Meisel의 보고에 따르면 그가 유대교의 새해 첫날(로슈 하샤나Rosh Hashanah)에 사형선고를 받은 소년 1,400명의 요청에 따라 생명의 위험을 무릅쓰고 비밀리에 마지막 나팔을 불고 나서 그곳을 떠날 때, 한 소년이 이렇게 외쳤다. "선생님은 '비록 날카로운 칼이 한 사내의 허리띠에 놓여 있더라도, 그는 하나님의 자비 때문에 좌절해서는 안 된다'고 우리에게 말하면서, 우리의 정신을 강하게 하셨다. 나는 너희에게 말한다. 우리는 상황이 나아지리라고 희망할 수 있다. 그러나 우리는 상황이 나빠질 것을 대비해야 한다. 하나님을 위해 마지막 순간에 셰마 이스라엘을 진심으로 부를 것을 잊지 말자."[50] 이렇게 수많은 유대인이 (그리고 여러 기독교인도) 강제수용소에서 자신의 고난을 감수하고, 숨어 있는 하나님에게 호소하며, 가능하다면 다른 사람들의 편에 서 주는 것이 의미가 있다고 믿었다. 아우슈비츠 **이후에** 기도하는 것은 쉬운 일이 아니었지만, 그렇다고 무의미한 일이 된 것은 아니다. 사람들은 심지어 아우슈비츠 **안에서도** 기도했다. 그렇기 때문에 기도는 무의미한 일이 아니다. 그렇다. 어떤 경우에도 기도는 헛되지 않다.

7. 제3의 길

그렇다면 아우슈비츠에서 사람들은, 유대인이든 기독교인이든—약하고 어리석고 갇혀 있고 무력하고 죽은 하나님에게 애원했는가? 전혀 그렇지 않다! 만약 그들이 기도했다면, 비록 부재하며 숨어 계시지만 살아 계시고 참여하시는 하나님을 향해 소리쳤고, 하나님의 능력과 선하심을 신뢰했을 것이며, 인간의 모든 폭력과 악함을 넘어서 어두운 구름에 완전히 덮여 있는 태양을 향해 기도했을 것이다. 어떤 유대인이 바르샤바 게토 지역의 벽에 새긴 글처럼 말이다.

"비록 비치지 않아도, 나는 태양을 믿는다.
비록 느끼지 못해도, 나는 사랑을 믿는다.
비록 보지 못해도, 나는 하나님을 믿는다."

그렇다. 무능한 하나님이 아니라 함께 고난 받는 하나님, 사랑과 강함과 선함과 자비의 하나님이 희생자들에게 처참한 폭력에 저항하도록 힘을 주셨다. 따라서 죽음의 수용소에서 자비로운 하나님을 신앙한다는 것은 하나님 그 자신을 갇힌 **자로**, 희생**자로**, 죽은 **자로** 증언한다는 뜻이 아니다. 그것은 하나님 그 자신을 갇힌 자를 **위해**, 희생자를 **위해**, 그리고 죽은 자를 **위해** 살아 계신 하나님으로 신앙하는 것이다. 그 어떤 경우에도 하나님은 분명히 희생자들의 편에 서 계시며, 사형 집행자들의 편에 서 계시지 않는다. 유대인과 기독교인은 다 같이 미래의 하나님을 신앙한다. 하나님은 정의로 권리를 잃어버린 자들에게 권리를 회복해주시고, 그래서 힘없는 자들에게 자신의 힘을 보여주실 것이다. 하나님은 살아 있는 자들의 하나님이지 죽은 자들의 하나님이 아니다!

요약하기로 하자. 하나님이 "왜 개입하지 않는지", 그리고 "왜 막지 않았는지"를 묻는 구체적인 질문을 나는 이런 답변으로 이론적으로 해결하지 못했다. 왜냐하면 나는 이 문제를 해결할 수 없기 때문이다. 그러나 나는 이 질문을 상대화하려고 시도했다. 엄청나게 부정적인 현실 앞에서 기독교인들과 유대교인들에게 제공된 신학적인 해결책은 하나의 **중간의 길**이라고 나는 생각한다. 한편으로는 아우슈비츠에서 하나님을 부인하는 가장 강력한 증거를 발견하며 아무것도 설명하지 못하는 자들의 하나님 **부재**가 있다. 다른 한편으로는 아우슈비츠를 삼위일체론적 사변으로 재해석하고 이를 하나님 안의 고난 변증법으로 들어 올렸지만, 고난의 최종적 원인을 역시 설명하지 못하는 자들의 하나님 **신앙**이 있다. 중간에 있는 이 겸손한 길은 **흔들리지 않는 하나님 신뢰의 길, 모든 고난에도 불구하고 비합리적인 것이 아니라 완전히 이성적인 하나님 신뢰의 길**이다. 이 길은 끝없는 절망의 어둠에도, 그리고 바로 그 속에서도 여전히 빛이신 하나님을 신앙하는 길이다. 무신론자는 아우슈비츠가 있기 때문에 도저히 하나님을 생각할 수 없다고 말한다. 그러나 유대교인이든 기독교인이든, 신앙인은 오직 하나님이 계시기 때문에 아우슈비츠도 생각할 수 있다고 말한다.

미국의 정통주의 신학자 미하엘 위쇼그로드Michael Wyschogrod도 유대인 신학의 관점에서 마찬가지로 생각한다. "그렇기 때문에 유대인의 신앙은 처음부터 하나님이 인간이 이해할 수 없는 일을 하실 수 있다는 신앙이다. 우리 시대에 이 신앙은 하나님이 아우슈비츠에도 불구하고 이스라엘과 세상을 구원하시리라는 자신의 약속을 성취하실 것이라는 신앙을 포함한다. 이것이 어떻게 가능한지 나는 이해할 수 있는가? 아니다. 홀로코스트에서 죽은 사람들에게 언젠가 하나님이 어떻게 보상할 수 있을지 나는 참으로 이해하지 못한다. 그러나 아브라함과 함께 나는 하나님이 그렇게 하시리라 믿는다. 이런 신앙이 불쾌한가? 이런 신앙이 살해된 사람들의 고통을 너무 쉽게 처리해버리는가? 어떤 관점에서 본다면, 그렇다. 그러나 이것은 완전히 인간의 관점에서 보는 것이다. 그러나 하나님은 그렇게 하실 수 있고, 또 그렇게 하실 것이다. 하나님은 인간의 가능성에 매여 계신 분이 아니다. 하나님은 우리의 구원을 약속하셨고, 하나님은 우리를 구원하실 것이다."[51]

나는 유대인과 기독교인이 앞으로 이에 관해 더 많은 대화를 해야 할 것이라고 생각한다. 그렇지만 나의 생각은 바로 사도 바울의 생각과 같은 것이다. "만일 하나님이 우리를 위하시면 누가 우리를 대적하리요? … 내가 확신하노니 사망이나 생명이나 천사들이나 권세자들이나 현재 일이나 장래 일이나 능력이나 높음이나 깊음이나 다른 아무 피조물이라도 우리를 우리 주 그리스도 예수 안에 있는 하나님의 사랑에서 끊을 수 없으리라."[52] 이 문장은 마치 찬송가처럼 들리지만 바울이 자신의 고난 경험을 깊이 드러낸 것이다. 오늘날 아우슈비츠, 히로시마, 수용소 군도에 관해서도 바울은 그렇게 기록할 수 있었을 것이다.

그렇지만 불가지론적인 유대인 철학자 막스 호르크하이머Max Horkheimer가 '전적 타자'에게 간절히 기대했던 희망은 종말에야 비로소 드러날 것이다. "살인자들이 무고한 희생자들 위에서 승리의 노래를 부르지 못하게 하소서."[53] 신약성서의 마지막 문장이 예언자들의 신앙을 따라서 종말을 희망의 증거로 기록한 내용에 우리의 유대인 형제자매들도 동의할 수 있을 것이다. "하나님이 그들과 함께 계시리니 … 모든 눈물을 그 눈에서 닦아 주시니 다시는 사망이 없고 애통하는 것이나 곡하는 것이나 아픈 것이 다시 있지 아니하리니 처음 것들이 다 지나갔음이러라."[54]

에필로그

새로운 세계 윤리가 없다면, 새로운 세계 질서도 없다

우리는 격동하는 시대에 살고 있다. 빠르게 지나간 지난 몇 년 사이에 요란한 사건들 때문에 세계사의 장면이 바뀌게 되었다. 소비에트 체제가 무너졌고 독일이 통일되었으며, 동구권 국가들이 민주화되었고 걸프전쟁 등이 일어났다. 예전의 '바르샤바 조약'과 동독의 엄청난 경제적 곤경에도 불구하고 전체적으로 보면 더 나은 변화가 일어났다. 오랫동안 지속되지는 않았지만, 걸프전쟁이 주변 세계와 주변 민족들(쿠르드족)에게 안겨준 끔찍한 결과에도 불구하고 전체적으로 본다면 단지 걸프 지역만이 아니라 팔레스타인에도 평화의 전망이 보였다. 이스라엘의 가장 위험한 적들이—이스라엘이 개입하지 않고도—패배하고 말았다.

정치적 발전을 진단하고 예측하는 것이 얼마나 어려운지는 이 모든 발전도 그대로 보여준다. 진단을 위해 다음과 같이 질문해본다. 걸프전쟁 이전에, 걸프전쟁 동안, 그리고 걸프전쟁 이후에 당신은 군사적 개입을 어떻게 생각했는가? 많은 세부 평가에서 모두가 잘못했다. 정부도 장군도 정보기관도 잘못했다. 편견을 버리고 주요 언론에 주목했더라면 더 쉽게 빼낼 수 있었던 그런 정보를 얻으려고 수십억 달러를 낭비한 소련만이 잘못할 것이 아니다. 2만 명의 요원을 거느리고 있는 미국정보부CIA도 선입견에 사로잡혀서, 30년 동안 소련 경제의 규모와 성장에 관해 (이라크 군대의 힘에 관해서도) 미국의 대통령들에게 잘못된 정보를 주었다. 냉전의 종말 이후에 여러모로 쓸모없고 통제할 수 없는 정보기관의 무장 해제도 시급하다. 그러나 더 시급한 것은 전략방위구상SDI과 같은 터무니없는 계획을 포기하는 것이다. 이를 위한—기술적인 기본 전제 외에도—재정(6년 동안 209억 달러가 소요되고, 1200억 달러가 추가로 소요된다)도 없지만, 그에 상응하는 적('악의 왕국')도 없다. 많은 저항에도 불구하고 모루로아Moruroa 환초環礁에서 계속 이루어지는 프랑스의 핵실험과 독일의 새로운 무기 판매계획도 마찬가지다. 이와는 정반대로 민간인 보호를 위해 마침내 이루어진 미군의 개입(예컨대 쿠르드족을 위해 약 8,000명, 방글라데시에 12,000명의 병력이 투입되었다)이나 동유럽 국가들의 재건을 위한 독일의 원조(걸프전쟁의 공동부담을 위해 200만 마르크를 원조할 뿐만 아니라, 소련과 위성국가들을 위해서도 850억 마르크를 원조했다)는 북반구와 남반구 간의 엄청난 문제를 해결하기 위해서 확대되어도 좋은 새로운 사고의 희망찬 신호가 아닌가?

정치적으로 매우 자세하게 판단하지는 않았지만, 여기서 나는 '세계 윤리, 종교 평화, 종교 대화'라는 세 가지 요청이 분명히 더욱 더 시급해졌다고 생각한다. 이 세 가지 요청은 내가 《세계윤리구상*Projekt Weltethos*》(1990)에서 발전시켰던 것이고, 이 책에서도 아주 냉철한 근본적 확신이 되고 있다. 더욱이—도덕군자와 이른바 신학의 대가로서가 아니라, 걸프전쟁 이후의 정치적 상황을 냉정하게 분석하려는 뜻에서—유대교와 기독교와 이슬람교에게 중요한 몇 가지 짤막한 평가를 덧붙이려고 한다. 그러나 유대교는 내가 필요하다고 생각하는 내용을 이미 수백 쪽에 걸쳐 기술했다. 여기서 나는 세 종교 모두와 관련되어 있는 현실적이고 정치적인 문제를 말해보려고 한다.

포스트모던 세계 질서를 위한 세 번째 기회

더 분명히 되돌아본다면, 과학과 기술, 산업화와 민주화의 대단한 성공을 가져온 근대 세계는 이미 제1차 세계대전 중에 철저한 위기에 빠졌다. 1919년에 노벨평화상을 수상한, 그 당시에 미국 대통령이었던 우드로 윌슨 Woodrow Wilson은 14개 조항 속에서 1918년 이후에 새로운 세계 질서가 어떠해야 하는지 설명했다. 그러나 기회는 지나가고 말았다. '베르사유'는 유럽 열강의 옛 오래된 패권 경쟁과 보복 사고가 계속되고 있었다는 사실을 가리키는 상징적 단어가 되었다. 윌슨의 제안에 따라서 1920년에 설립된 '국제연맹'은 유감스럽게도 태어나자마자 죽어버렸다. 유럽과 세계는 이를 위해 비싼 대가를 지불했다. 그것은 바로 파시즘과 나치즘, 공산주의와 일본 군국주의였고 그 다음에는 제2차 세계대전과 홀로코스트, 수용소 군도와 히로시마였다. 세계가 질서를 찾기보다는 전대미문의 혼란을 겪었다!

1945년 이후에는 새로운 세계 질서를 위한 기회가 또다시 생겼고, 이제는 설립된 '국제연합'이 이를 도울 것이다. 그렇지만 이 새로운 시도도 양면적인 것이었다. 미국 대통령 트루먼에게 관대한 경제적 지원을 받은 옛 유럽은 비록 매우 잠정적이었지만 그래도 기능을 발휘하는 유럽 공동체로 함께 뭉쳤다. 그러나 동유럽과 다른 곳에서 더 나은 질서를 방해하고 안으로는 전제주의를 통해, 그리고 밖으로는 패권주의를 통해 자신의 무덤을 팠던 나라는 특히 스탈린적 소련이었다. 세계가 질서를 찾기보다는 분열되었다! 특히 라틴아메리카와 아프리카에 부정적인 영향을 끼친 고삐 풀린 자본주의 외에 이제는 사회주의가 등장했다. 사회주의는 엘버에서 블라디보스톡에 이르기까지—더 나빠질 수 없을 정도로—전례가 없는 인간 노예화와 자연 착취를 초래했다.

이제—1989년에 마르크스적 사회주의가 붕괴하고 장벽이 해체된 후에—'**근대-이후(포스트모던)' 세계 질서의 세 번째 기회**가 찾아왔다. 정치적으로 본다면 이것은 민주주의 국가를 전제한다. 경제적으로 본다면 이것은 사회적이고 생태학적인 목표를 지닌 시장경제를 전제한다. 비록 오랫동안 실현되지는 못했지만, 이것은 적어도 원칙적으로는 워싱턴과 브뤼셀에서, 그리고 이제는 모스크바에서도 인정되고 있다. 그렇지만 동유럽에서부터 검은 아프리카와 남아메리카, 그리고 태평양 지역에 이르기까지 매력적인 선례가 된 유럽 공동체에서 선명히 드러나듯이, 민족들 간의 새로운 관계가 없이는 이러한 세계 질서도 생겨나지 않는다.

물론 세계의 이 모든 수많은 문제가—여기에는 매우 종종 모든 종교도 한몫을 담당한다—동시에 해결될 수는 없다. 발칸 반도(세르비아, 슬로베니아, 크로아티아)와 중앙아메리카(과테말라, 엘살바도르)와 남아메리카(콜롬비아, 페루), 중앙아시아와 남아시아(아프가니스탄, 카슈미르, 펀자브, 티베트, 스리랑카)와 극동아시아(버마, 필리핀, 캄보디아), 그리고 아프리카의 대다수 국가(특히 리베리아와 수단)에서 일어나는 지역적 **위기**를 생각해 보라. 몇몇 나라들, 예컨대 남아프리카와 앙골라, 에티오피아와 아이티, 엘살바도르와 네팔 사람들은 민주주의와 내부의 평화와 사회 개혁을 위해 다른 어느 나라보다 더 결연하게 노력하고 있다. 이것은 중요하다. 그러나 새로운 세계 질서가 형성되려면 개별 국가를 넘어서 세계 전체에 영향을 끼쳐온 몇 가지 상습적인 위기가 최종적으로 해소되어야 한다. 왜냐하면 걸프전쟁 이후에도 국제연합의 의사일정의 최상단에는 **팔레스타인 문제**가 올라가 있기 때문이다. 이 문제는 40년 이상 국제 관계를 어지럽혔고, 처음부터 걸프 문제와도 연결되어 있었다.

평화를 위한 땅!

유럽의 비극적인 분열을 초래했던 독일의 분단이 극복되었듯이, 근동('중동') 지역에 평화의 질서를 실현하려면 이제 팔레스타인 문제도 해결되어야 한다. 이것은 이 책의 핵심적인 관심사이기도 하다.

— 만약 마침내 널리 인정을 받게 된 유대인의 국가 이스라엘이 안전과 평화 속에서 살아갈 수 있고, 군사적인 방어 임무에 매진하기보다는 모든 영토에서 시민들의 건설사업에 매진할 수 있다면, 이것은 세계 곳곳의 **유대인들**에게 얼마나 큰 자유와 기쁨을 가져다주겠는가!

— 만약 **아랍 세계**가 팔레스타인 국가를 설립한 후에 매우 감정적이고 현실과는 거리가 먼 정치적 언어를 멈추고, (막강한 군대를 건설하기보다는) 사회 개혁과 경제적·정치적으로 강력한 민주주의를 건설하는 일에 집중할 수 있다면, 이것은 아랍 세계에도 얼마나 큰 자유와 미래의 새로운 기회를 가져다주겠는가!

— 마지막으로 만약 **세계의 모든 공동체**가 근동에 계속 집중하기보다는 다른 중요한 분쟁 지역, 특히 남반구 국가들의 분쟁 지역에 집중할 수 있다면, 이것은 세계의 모든 공동체에 얼마나 의미가 있는 일이겠는가!

이 모든 것은 이스라엘 국가에 대단한 기회다. 유엔과 소련과 유럽 공동체와 함께 미국 정부도 팔레스타인 문제를 위한 해결책으로 이제는 **'평화를 위한 땅!'**이라는 원칙을 인정한다. 그러나 샤미르가 집권하고 있는 지금의 이스라엘 정부는 가능한 한 모든 핑계와 법률적인 궤변 아래 예나 지금이나 이를 완강하게 거부하고 있다. 이스라엘 정부는 평화 대화의 참여자인 유엔을 조직적으로 배제하려고 노력하며, 안전보장이사회의 결의를 모든 국가가 지켜야 할 잣대로 인정하지 않으려고 한다. 그렇지만 지정학적인 근거도, 그리고 성서적인 근거도 뻔뻔스러운 새로운 '땅 점령'의 확고한 이유가 되지 못한다고 나는 이미 설명했다. 물론 소수의 이스라엘 사람들은 요르단이 (그 자체로서는 다윗의 나라에도 속해 있는) '팔레스타인 사람들의 국가'라고 생각하며, 남아 있는 팔레스타인 사람 170만 명이 요르단으로 다시 이주하거나 망명해야 한다고 주장한다. 그렇지만 전체주의 체제 방식을 지니는 이러한 해결책은 다수의 이스라엘 사람들도, 미국과 유럽 공동체나 소련도 받아들이지 못할 것이다. 과거에 영국의 고위 랍비였던 제이코보비츠Jakobovits 경처럼 유대교의 신중한 정신적 지도자들은 이제 그들의 목소리를 높이고 있으며, 이스라엘이 "아랍인 150만 명을 영원히 지배할 수는 없을 것"이라고 경고하고 있다. 이것은 30년 이상 "다수의" 목소리였다. 팔레스타인 사람들은 "영원히 부정될 수 없는 갈망!"(《The Tablet》, 1991년 6월 15일)을 품고 있을 것이다! 따라서 점령 지역을 철수하든지, 아니면 조만간 전쟁을 계속 수행하든지, 오직 이 두 가지 선택만이 남아 있다. 이집트와는 달리 지금까지 점령 지역에서 철수한다는 통보를 받지 못한 아랍 국가들은 아직도 이스라엘과 전쟁하는 상태에 있으며, 이제는 전쟁을 다시 준비하고 있다.

그러나 외부의 정치적 압력이 없이도 이런 해결책을 마련할 수 있겠는가? 오늘날 대다수의 사람들이 폭넓게 조사한 대로 이 일은 그 누구보다도 이스라엘 사람들에게 더 많은 도움이 될 것이다. 그렇지만 부시 대통령이 걸프전쟁 직후에 근동 지역 순방을 위한 적절한 시간을 놓쳐버린 이후에 미국의 어정쩡한 태도는 지금까지 한편으로는 성미 급한 사람들에게, 다른 한편으로는 보수적인 사람들에게 이용당하기만 했다. 미국 외무부 장관 베이커가 네 차례의 여행을 통해 지나치게 소심하게 펼쳤던 비밀 외교는 (비록 소련 외무부 장관의 지원을 받았지만) 절차 문제로 절망적인 혼란에 빠졌고, 점령 지역에서 이루어진 이스라엘의 도발적인 새로운 정착(공식 집계에 따르면 서안의 가자 지구에 105,000명이 정착했는데 이것은 1991년 초기보다 10% 이상 증가한 것이다) 때문에 웃음거리가 되고 말았다. 그 이후부터 이제는 워싱턴에서도 다른 전략을 구상하고 있다. 만약 이스라엘이 아랍-이스라엘 갈등에 대한 미국의 해결책을 거부하면, 58%(상반된 의견은 30%)의 미국인들은 이스라엘의 힘과 안전을 대체로 "최우선 과제"로 생각하기를 거부한다(《Time》, 1991년 6월 3일). 사람들이 단지 개인의 사교적인 편지만을 보내고, 이스라엘 정부가 비밀스럽게 팔레스타인 사람을 실제로 거부하는 것을 허용한다면, 어떤 조치를 취해야 하는가?

미국과 이스라엘의 관계를 일시적으로는 힘들게 했지만, 이스라엘에서 평화를 원하는 다수의 사람들에게 용기를 가져다줄 강대국의 대담한 행동 없이는 어떤 해결도 생각할 수 없다. 이 장면을 지켜본 미국의 많은 사람들도 다음과 같은 것이 필수적이라고 생각한다.

— 두 강대국은 (유럽 공동체와 유엔의 참관 아래) 이스라엘과 관련 아랍 국가들의 문제를 다루기 위한 **평화회의**를 소집해야 한다.

— 의도와 목적과 규칙과 (날짜와 전체 회의와 부분 회의와 관련된) 일정을—비록 협상이 진행되지 않더라도—**분명히 제시해야** 한다.

— **참여하지 않는 나라들에게는** 강대국과 유럽 공동체가 군사적 · 재정적 · 경제적 지원을 철회해야 한다.

— 1945년 이후에 트루먼 대통령과 1979년에 카터 대통령이 (카이로와 예루살렘으로 여행하고 캠프 데이비드Camp David 회의에 초대받음으로써) 개인적으로 매우 열심히 참여했듯이, 지금의 **미국 대통령 부시**도 자신의 직책과 이스라엘이 의존하고 있는 미국의 고유한 특권을 사용해야 할 것이다.

— 이와 동시에 관련 국가들의 **공개적인 의견**을 적극적으로 활용해야 하

며, 그래서 평화적인 해결의 거대한 장점이 인식되고, 이를 위해 유감스럽지만 필수적인 양보도 이루어져야 한다. 배타적으로 비밀 외교를 할 것이 아니라 국민들에게 호소해야 한다.

그 결과로 **이스라엘**에서 새로운 다수가 생겨나고, 새로운 정부가 구성될 수도 있을 것이다. 여하튼 부시 대통령과 베이커 외무부 장관이 제안한 이런 평화회의에서 발생할 엄청난 이익을 철저히 인식하고 있는 사람들도 많다. 따라서 예전의 이스라엘 외무부 장관이었고 미국의 대사였던 압바 에반Abba Eban은 이렇게 썼다. "평화회의가 가져올 장점은 아랍 국가들과의 협상, 팔레스타인의 다수를 대변하는 사람들과의 대화, 평화 과정에서 이루어질 미국과의 긴밀한 협력, 유럽 공동체에서 얻게 될 새로운 위상과 소련과의 외교적 관계를 포함할 것이다. 모든 결과는 이스라엘의 경제적 성장으로 나타날 것이며, 소련과 에티오피아에서 이주민들이 우연찮게 도착함으로써 발생했던 문제들은 이를 통해 해결될 수 있을 것이다"(〈International Herald Tribune〉, 1991년 6월 14일). 에반은 샤미르와는 정반대로 유엔 참관인들의 상징적인 참여를 반대하지 않았다.

위태로운 선거 일정, 이스라엘의 강력한 로비, 거대한 무기산업도 평화를 위한 미국의 노력을 방해할 수 없다는 사실은 여전히 희망을 준다. 만약 평화를 위한 이런 노력이 조만간 성공하지 못한다면, 전 세계를 위협했던 근동의 위기가 또다시 발생할 것이다. 그렇지 않다면, 이스라엘 외에도 모로코와 파키스탄 사이에 있는, 이스라엘이 적으로 생각하는 17개 아랍 국가 중 한 국가가 핵폭탄을 소유하도록 세계가 기다려야 하는가? 오늘날의 새로운 군비 확충은 모든 측면에서 불길한 느낌을 일으킨다.

걸프전쟁에서 배울 수 있는 점

근동의 새로운 세계 질서를 위해 걸프전쟁에서 몇 가지 배울 점이 있다.

1. 전 세계의 생존을 위해 중요한 지역에 대한 결정적인 권력을 인종 학살자와 광기로 가득한 독재자에게 허용할 수는 없다. 스탈린(핀란드에서)과 히틀러(유럽 전체에서)는 **평화를 결코 책임질 수 없다**는 사실을 입증했다. 국내에서 난폭한 테러를 저지르고 이웃나라 이란을 상대로 10년 동안 약 1백만 명의 목숨을 앗아간 전쟁을 일으킨 한 남자에게는 반기를 들어야 한다. 인질극으로, 독가스와 석유 오염으로 덤비는 사람, 다른 나라 이스라엘을 '첨단' 무기로 전멸시키겠다고 위협하는 사람은 협상 상대자가 아니다. 그에게는 한계를 그어야 한다.

2. 그러나 **전쟁**은 **미연에 회피할 수 없는 것이 아니었다**. 1) 미국의 외교 정책은 (CIA를 포함해서) 위기의 현장에서 분명히 실패했다. 미국의 이라크 대사는 쿠웨이트 침공 바로 직전에 사담 후세인과의 대화에서 미국의 단호한 대응을 경고하지 않았으며, 모든 사안을 아랍인 내부의 일로 치부해버렸다. 2) 팔레스타인 문제에 대한 예전의 해결책은 기한이 지나가버렸다. 사람들은 그 대신에 걸프 위기와 팔레스타인 위기의 연관성을 부인했다. 그러나 이것은 잘 알다시피 아랍과 이스라엘/미국 간의 갈등의 주요 근거다. 3) 사람들은 경제 조치의 영향을 더 오랫동안 기다려야 했고, 이것을 이라크 국가 원수의 퇴임 요구와 결부시킬 수 있어야 했다. 그 대신에 온 국민은 두려움 속에서 대가를 치렀고, 독재자는 그의 패거리들과 함께 권력을 유지했다.

3. 그러나 평화를 최고의 선으로 여기고 이를 위해 모든 것을 희생해야 하는 절대적인 평화주의는 무책임하다. 유엔성명서 제51항에 따르면 **합법적인 자기방어**는 산상수훈을 통해서도 반박되지 않는다. 폭력 포기의 요구를 문자적으로, 근본주의적으로 적용해서는 안 된다. 평화주의는 평화 보존

을 위해 충분하지 못하다. 게으른 평화가 아니라 정의의 작품인 평화가 요구된다. 이것은 경우에 따라서는 공격받은 자를 보호하고 공격하는 자를 무장 해제하는 것을 의미한다. 여기서는 결과에 개의치 않는 '심정의 윤리'가 아니라, 모든 결과를 최대한 끌어안는 **'심정의 윤리와 책임의 윤리'**가 요구된다. '평화를 위해 싸우는 자들'에게는 이렇게 말해야 한다. 이성이 없는 도덕적 심정은 파국적인 결과를 가져올 수 있다!

4. 물론 거꾸로도 말할 수 있다. **도덕이 없는 효율 정치는 범죄로 인도할 경향이 있다!** 여기서 바로 걸프전쟁은 다음과 같은 사실을 보여주었다. 누가 이 전쟁의 책임자였는지를 묻는 질문에 대한 답변은 사담 후세인을 지목함으로써 얻을 수 있는 것은 아니다. 그렇지 않다. **양심적인 연구**는 바로 전쟁 이후에 더 많은 단체를 참여시켜야 한다. 적을 악마로 취급함으로써 종종 책임을 벗어버릴 수는 있다. 하지만 단순히 흑과 백, 불량배와 무고한 자, 선과 악, 하나님과 사탄만이 존재하는 것이 아니다. 왜냐하면 지역을 넘어서 모든 국가(중국과 소련, 특히 서방 세계)가 이라크에게 구애했고, 돈과 기술과 전략가를 통해 이라크의 군비 확장을 도왔기 때문이다. 미국의 호의적인 인내와 원조 아래, 특히 프랑스와 영국과 이탈리아와 유감스럽게도—범죄를 저지르는 회사의 운영을 무책임하게 눈감아준—독일도 책임이 있다. 상임이사회의 5개 영구회원국이 이 지역에 80%에 달하는 무기를 제공했다.

5. 특히 20세기에 **전쟁은 '거룩하지' 않고, '정당하지' 않고, '깨끗하지' 않다.** '야웨의 전쟁'과 '십자군 전쟁'의 시대는 다행히도 이미 오래전에 지나갔다. 전쟁에 찬동하는 '지하드jihad'(지하드란 '거룩한 전쟁'이 아니라 일차적으로 신의 일을 위한 도덕적인 '노력'을 의미한다)도 역시 궁극적으로는 지나간 일이 될 것이다. 1991년 2월 15~17일에 파키스탄의 라호르에서 서로 만나, 사담 후세인과 '지하드'를 앞세워 '불신앙인들'과 '위선자들'(남쪽 걸프 만의 아랍인들)과 싸웠던 이슬람의 성배 수호자들은 하나님의 일을 한 것이 아니

다. 미국의 대통령도 마찬가지다. 그는 십자군 방식으로 전쟁과 승리의 축하를 위해 하나님의 이름을 거론했고, 자신의 '아이들'을 위해서 눈물을 흘렸으며, 쿠르드족과 시아파 사람들에게 봉기를 요구했지만, 바로 그 후에는 (사담 후세인에 이익이 되도록) 그들을 냉정하게 차버렸다. 고도의 기술공학을 통해 승리를 거두는 최근의 전쟁은 주요 범죄자를 제거하기보다는 인명의 끝없는 희생을 초래했고, 한 나라의 기반시설을 모조리 파괴했으며, 수백만 명에 달하는 난민의 물결과 거대한 생태학적 손상을 가져왔다. 이런 군사적·재정적·생태학적·사회적·도덕적인 결과를 보고서, 전쟁을 옹호한 많은 사람들도 전쟁이 참으로 바람직한지를 나중에 질문하게 된다. 만약 전쟁의 승리자가 근동의 '새로운 세계 질서'에서 적어도 하나의 은메달이라도 받았더라면, 2등을 차지한 적들 위에 올라선 그의 화려한 군사행진도 맥 빠진 느낌을 덜 받았을 것이다.

6. **전쟁은 국가의 내부 문제도 해결하지 못한다.** 밖으로 강하게 보이는 사람은 속으로는 허약할 수 있다. 바로 최첨단 무기의 지나친 확충은 왜 강대국도 (소련처럼) 서서히 경제적 파산에 빠져들거나 (미국처럼) 엄청난 국가적 손실과 천문학적인 외채를 전혀 해결하지 못하는지를 보여주는 중요한 이유일 것이다. 잘 알다시피, 지금 미국이 축하하는 전쟁은 사우디아라비아와 독일, 일본에게 재정적 지원을 받아야 했다. 허약한 기반시설(도로, 다리)의 시급한 건설과 정체된 산업의 발전은 미국에서도 소홀히 여겨지며, 초등 과정과 중등 과정을 맡고 있는 공립학교의 낡아빠진 시스템은 기초교육의 부실을 초래한다. 그렇지만 '민첩한 폭탄'이 투자 활동을 대신하지 못하며, '패트리어트' 미사일도 일본의 자동차 산업이나 컴퓨터 산업에 대항할 수 있는 좋은 무기가 아니다. '지능적인 무기체계'가 지능적인 사회를 창조하지 못한다. 내가 캘리포니아에서 들었던 승리의 환호성도 평화의 문제를 해결하지 못한다. 걸프전쟁에서 미국 병사 378명이 죽었다. 그렇지만 (1990년

한 해 동안) 거의 23,000명이 미국 안에서 살해되었다. 그렇다. 승리한 걸프 전쟁도 조직적·비조직적인 범죄와 점점 커져가는 대중적 빈곤을 잊게 하지 못하며, (20년 전부터 시작된) 인구의 80%에 해당하는 가정의 수입 정체, 증가하는 문맹률, 부족한 의료체계(미국인 3,700만 명이 의료보험이 없다), 흑인의 게토와 마약 중독을 잊어버리게 하지 못한다. 새로운 질서를 위한 외교정책 프로그램이 국내 정치적 의제와 국내의 새로운 질서를 위한 단호한 행동을 대신하지 못한다. 여기에—국내 정치에—우리 시대의 더 격렬한 전선이 놓여 있다. 미국에서는 여느 때나 다름없이 거의 700억 달러에 이르는 엄청난 연구 기금과 발전 기금의 3분의 2가 (일본에서는 고작 5%가) 군대를 위해 사용된다면, 자동차 산업과 철강 산업과 새로운 산업분야에서도 침체가 나타나고 있다는 사실에 우리는 놀랄 필요가 없다. 그러나 오직 군사 강대국일 뿐인 미국은 결국 산업 강대국(일본, 유럽 공동체)과 경쟁할 수 없다. 승리의 축제 이후에 이제는 미국의 경제적·사회적 문제가 이와 유사한 힘과 비견되는 수단을 통해 해결되기를 미국인의 절대 다수는 바란다. 여기서 우리가 고려해야 할 점이 많다.

요청 1: 세계 윤리 없이, 세계의 생존도 없다

만약 우리가 걸프전쟁에서 이렇게 교훈을 이끌어낸다면, 새롭고 **더 나은 세계 질서는**—분명한 조건 아래서는—단지 유럽만이 아니라 근동에서도, 세계의 다른 많은 위험 지역에서도 **가능하다**는 사실을 확신해도 무방할 것이다. 더 나은 세계 질서란 낙원과 같은 상태를 예감한다는 뜻도 아니고, 경제적 경쟁과 사회적 긴장과 윤리적·국가적 충돌이 일어나지 않는 이상적 상태를 뜻하는 것도 아니다. 완전한 세상은 존재한 적도 없거니와, 이 세상에서는 결코 존재하지도 않을 것이다. 더 나은 세계 질서란 경제적으로 비교적 안정된 상태와 보장된 평화를 뜻한다. 유럽 국가들은 수백 년 동안 경제적·정치적 경쟁과 전쟁의 갈등을 겪은 뒤에 이런 질서에 도달했다. 그러나 이런 질서를 어떻게 실현할 수 있는가? 이런 질서는 **어떤 토대 위에서** 가능한가?

새롭고 더 나은 세계 질서는 다음과 같은 토대 위에서는 실현될 수 **없다**.

— 종종 지나칠 정도로 정부만을 바라보고 백성을 바라보지 않는, 그리고 지역의 평화와 안정성을 거의 보증할 수 없는 공격적인 외교만으로는 불가능하다.

— 단순히 (추방이나 전쟁을 거부하는) 정치적 행동을 대신할 수 없는 인도적 지원(생필품, 의약품)만으로는 불가능하다.

— 무엇보다도 대부분 긍정적 결과보다는 부정적 결과를 더 많이 초래하는 군사적 간섭만으로는 불가능하다.

— 국가의 무제한적인 주권에 의존하고, 민족과 인간의 권리(인권)보다는 국가의 권리를 더 중시하는 '국제법'만으로는 불가능하다.

바로 걸프전쟁이 보여주었듯이, **국제법**은 지금까지의 최소한의 형식으로는 충분하지 못하며, 윤리적 동기와 지지와 보완을 필요로 한다. 만약 폭군이 민족(쿠르드족) 전체를 살해하거나 추방하려고 한다면, 우리는 단순히 유엔성명서, 국가 주권의 신성불가침한 원리, 영토 보존과 내정 간섭 금지의 원리에만 의존할 수 없다. 그보다는 유엔의 국제법이 윤리적 관점에서 변화됨으로써 인권선언이 국가에 단지 '권고'만 할 것이 아니라 보편적으로 구속력이 있는 권리가 되어야 하며, 인류에 대한 주목할 만한 범죄(인종 학살)의 경우에는 법적으로 보장된 정당한 국제사회의 간섭을 위해 국가의 내정 불간섭의 원리가 포기되어야 한다. 여하튼 지극히 당연한 일이지만, 생생한 언론 보도로 통해 경각심을 갖게 된 세계 시민의 도덕적 양심은 미국 대통령에게 냉정하고 실천적인 정책을 바꾸도록 압박하고 있다. 모든 냉소적인 사람에게 다음과 같은 사실을 보여주어야 한다. 세계의 양심을 흔들어 깨우고 도덕에 호소하고 인간의 존엄성과 인권에 호소하는 것은 오늘날에도 여전히 무언가를 변화시킬 수 있다! 따라서 도덕이 '국가의 이성'이나 '현실적 정치'에 항상 희생당할 때에도 저항은 의미가 있다. 도덕은 모든 국제적인 자위권이나 국가적인 자위권에 맞서 국제법을 시급히 개선하기를 촉구해야 한다.

따라서 새로운 세계 질서는 궁극적으로 오직 **다음과 토대 위에서만 가능하다.**

— 더 많은 공동의 비전과 이상과 가치와 목표와 잣대의 토대 위에서 가능하다.

— 민족과 그 지도자들의 강력한 국제적 책임감의 토대 위에서 가능하다

— 온 인류와 국가와 그 권력자들을 위한 구속력 있고 결속력 있는, 문화와 종교를 포괄하는 새로운 윤리의 토대 위에서 가능하다. '세계 윤리 구상'의 첫 번째 명제는 바로 이를 의미한다. **새로운 세계 윤리가 없다면, 새로운 세계 질서도 없다!**

법이 아니라 오직 에토스만이 세계 정치의 '이중 잣대'와 '이중 담화'에 저항할 수 있다. 세계 윤리가 없는 세계 정치는 세계 혼란으로 끝난다. 그러나 **새로운 세계 윤리는 나눠질 수 없다!** 구체적으로 말하면 그것은 다음과 같다.

— 쿠웨이트의 폭력을 일종의 도덕적인 도전이라고 설명하면서, 쿠르드족과 시아파의 고통은 순전히 권력 정치의 관점 아래 다룰 수는 없다. 그리고 쿠웨이트 사람을 희생자로 보면서, 팔레스타인 사람을 무시할 수는 없다. 그리고 쿠웨이트의 자유와 민주주의를 위해서는 투쟁하면서, 나중에 중

세적 · 봉건적인 에미르 정권과 보복 재판이 되살아나는 것을 받아들일 수는 없다.

— 기술공학적 기반시설을 파괴함으로써 모든 국민을 처벌하면서—특히 이라크 남부의 시아파가 두려워서—바그다드의 학살자를 지역 전체를 위한 '질서 요소'로 이용할 수는 없다. 그 대신에 나치의 지도자들처럼 그에게도 책임을 묻고, 이라크 연방국가 안에서 쿠르드족은 북부 지역에, 시아파는 남부 지역에 자치 지역을 가질 수 있도록 보장해주어야 한다.

— 새로운 평화질서를 지지하지 않으면서, 동시에 아메리카 대륙의 더 가난한 나라들이 다시 (안전과 억제를 핑계로 삼아) 무기를 구입하려고 미국 의회에 수십억 달러의 부채를 요구할 수는 없다.

— 근동을 위해 (ABC-무기의) 군비 축소를 제안하면서, 동시에 사우디와 이스라엘에 수십억 달러 이상의 (재래식) 무기를 운송할 수는 없다(이스라엘과 근동의 국가들은 국민총생산의 25%를 무기 구입에 낭비하고 있다).

— 유대 민족에게는 고향과 생존의 권리와 국가를 보장하면서, 팔레스타인 민족에게는 이를 허용하지 않을 순 없다.

— 걸프 만에 미군 55만 명을 보내 유엔 결의안을 신속하게 이행하면서, 팔레스타인 문제에 관한 유엔 결의안을 계속 '허공에' 매달아놓고, 분명히 평화를 거부하는 정부의 변명만을 늘어놓게 할 수는 없다.

— 소련 유대인 25,000명과 에티오피아 유대인 14,000명은 해방하면서, 팔레스타인 사람들은 더욱 억압하고 그들의 땅을 빼앗을 수는 없다.

우리는 속지 말아야 한다. 윤리를 외면하는 정치는, 적어도 오랫동안 관찰한다면, 좋은 정치가 아니다. 부도덕한 '현실적 정치'는 현실을 중시하는 정치가 아니다. 헤겔이 생각했듯이, 비록 세계가 항상 세계 심판의 역사는 아니지만, 이 세계의 민족들은—식민주의와 제국주의 시대였든, 나치즘이나 공산주의 시대였든—수십 년이나 수백 년 후에 그들이 저지른 죄에 대해 종종 비싼 대가를 지불하게 된다.

요청 2: 종교 평화 없이, 세계 평화도 없다

걸프전쟁 이후에 근동 지역의 평화를 위해 새로운 기회가 열리게 되었다.

1. 걸프전쟁은 **종교 전쟁**이 아니었다. 비록 기독교인과 무슬림이 참여했지만, 그것은 기독교와 이슬람교 간의 전쟁이 아니었다. 그리고 유대교인과 무슬림 사이에는 타고난 적대감이 없으며, 20세기까지는 비교적 평화롭게 공존했다. 사담 후세인을 향한 정당한 분노는 이슬람교를 공격적이고 전투적이며 인간을 혐오하는 종교라고 싸잡아 비난할 이유가 되지 않는다.

2. 그러나 민족들 간의 갈등에는 분명히 **종교적 차원도** 함께 작동한다. 종교는 갈등을 강화할 수도 있지만 갈등을 완화할 수도 있다. 종교는 전쟁을 선동하고 연장시킬 수도 있지만 전쟁을 방지하고 줄일 수도 있다. 비록 최근의 전쟁이 종교 전쟁은 아니었지만, 그것은—양측에서—종교에서 정당성을 얻고 부분적으로는 종교에서 영감과 지원을 받은 전쟁이었다.

3. 이 전쟁으로 종교 자체가 비종교적인 것들에 의해 얼마나 쉽게 **오용**될 수 있는지 다시 분명해졌다. 사담 후세인과 같은 전쟁 범죄자는 세련된 방식으로 이슬람의 대중에게서 인기를 얻을 수 있었다. 그는 이스라엘 문제를 끄집어냈고, 미국과 서방 세계에 맞서 적극적으로 저항했으며, 사우디인과 유대인에게 이슬람교 성지(메카와 메디나, 예루살렘)의 '해방'을 촉구했고, 부유한 아랍 국가와 가난한 아랍 국가의 사회적 균형을 촉구했다. 사회적이고 종교적인 색깔을 띤 이 모든 요구는—모든 선동에도 불구하고—우리가 알고 있듯이, 종교적 확신이 전혀 없는 한 남자에 의해 제시된 것이다.

4. 그러나 폴란드와 구동독, 체코슬로바키아와 남아프리카공화국과 필리

핀에서 일어난 평화로운 혁명은 종교가 **평화 창조**에 기여할 수 있다는 사실을 보여주었다. 따라서 다음과 같은 질문이 시급하게 제기된다. 만약 수십 년 동안 서방 세계와 아랍 세계의 관계를 악화했던 팔레스타인 문제를 마침내 진지하게 받아들였더라면, 만약 세계 평화를 지키고 팔레스타인 문제 해결을 위해 기독교인과 유대교인과 무슬림 간의 종교 대화가 계속 이루어졌더라면, 걸프전쟁을 막을 수도 있었을 것이라고 믿는 것은 환상인가? 만약 위대한 종교 지도자들이 전쟁을 부추기는 일을 멈추고, 그 대신에 더 넓은 기반 위에서 민족 간의 화해와 평화를 촉진하기를 시작한다면, 이것은 수억 명의 사람에게 무엇을 의미하겠는가?

5. 그렇지만 새로운 세계 질서와 세계 평화를 위해 **신앙인과 비신앙인의 거대한 동맹**이 필요하다.

— 이것은 유럽과 세계를 **복고적으로 '재복음화하자'**는 말이 아니다. 이런 움직임은—예컨대 동유럽에서—실제로 (성도덕과 혼인법 제정, 교권 회복에 집중하는) 중세의 '가톨릭을 다시 불러들이는' 결과를 낳았다.

— 물론 이것은 **계속 '세속화하자'**는 말도 아니다. 예컨대 서유럽에서 세속화는 하나님을 부인하는 세속주의로 치달았는데, 이런 세속화는 인간에게서 삶의 모든 의미지평과 모든 도덕적 잣대와 모든 정신적 고향을 실제로 박탈해버렸다.

6. 오히려 유럽과 세계의 **영적인 갱신**이 요구된다. 만약 종교가 모든 교리의 차이에도 불구하고 자신들의 전통에서 **인간성의 공동 윤리**를 함께 끌어오기 시작한다면, 종교는 특별한 기여를 할 수 있을 것이다. 이러한 윤리는 '고안'될 필요가 없다. 이것은 종교 전통 속에, 예컨대 히브리 성서의 십계명에, 신약성서와 꾸란의 핵심 본문에, 그리고 (인도와 중국에서 기원한) 다른 종교의 위대한 계시문서 속에 이미 깊이 뿌리를 내리고 있다. 우리에게 필요한 것은 우선 더 엄격한 법률과 범죄자에 대한 더 신속한 처벌이 아니다.

물론 (불법적 무기 수출에 반대하여) 이런 것도 지금까지는 필요했다. 그러나 우리가 획득한 윤리적 결과와 이상을 더 깊이 숙고할 필요가 있다. 도덕이 없는 법이 무슨 소용이 있는가? 만약 국가를 초월하는 법체계를 지키겠다는 인간의 도덕적 의지가 미리 존재하지 않다면, 그것은 무슨 소용이 있는가? 국가의 이익 외에는 그 어떤 가치도 추구하지 않는 외교가 무슨 도움이 되겠는가? 진실함과 공정함, 관대함은 이제 법으로 규정할 수 없다. 참으로 우리에게 필요한 것은 편견이 없는 자기 성찰이고, 경제와 학문과 정부와 정치와 외교의 책임을 지고 있는 모든 사람이 윤리적으로 더 강력히 결속하는 것이다. 중요한 것은 단지 기술공학적·체계적인 질문만이 아니라 철저한 윤리적 질문이다.

7. 지금은 카드가 다시 섞였다. 예상했던 대로 전쟁보다는 평화를 얻는 것이 더 어렵다. 상당히 공격적인 감정이 마치 제2차 세계대전 때처럼 높이 치솟고 있다. 그러나 모든 면에서 냉정한 태도가—승리자들에게도—이미 자라나고 있다. 단지 미국인의 13%만이 오늘날에도 여전히 이라크 전쟁이 매우 성공적이었다고 생각한다. 32%는 어느 정도 성공적이었다고 생각하며, 46%는 부분적으로만 성공적이었다고 생각한다. 7%는 전혀 그렇지 않다고 생각한다(〈Time〉, 1991년 6월 3일). 개인과 마찬가지로 인류도 매우 비참한 경험을 통해서만 배우는 것 같다. 제2차 세계대전 이후의 유럽에서처럼 지금 근동에서도 새로운 평화 질서에 도달할 정도로 우리 모두가 충분히 성숙하지 않았는가? 그리고 모두가 무의미한 군비 경쟁과 평화를 위협하는 무기 거래를 거부하면서, 폭력이 없는 세계 문화를 이루어야 하지 않겠는가? 우리가 이미 경험했던 평화는 만들어질 수 있다. 여태까지 매우 소극적이었던 종교와 그 대표자들은 이제 적극적으로 활동해야 하며, 정치인들의 과제를 덜어주어야 한다.

요청 3: 종교 대화 없이, 종교 평화도 없다

나는 유대교를 다룬 이 책에서 민감한 문제를—이스라엘 국가와 팔레스타인 문제를—상세하게 설명했다. 이제 나는 이 책과 같은 연구 과제로 다음에 나올 두 권의 책의 주제를 미리 맛보는 차원에서 기독교와 이슬람교의 문제를 간단히 살펴보려고 한다.

1) 재복음화는 재가톨릭화인가?

종교 간의 모든 대화의 전제는 종교의 **자기비판**이고, **기독교**의 자기비판이기도 하다. 오직 그럴 때에만 우리는 신뢰를 얻을 수 있다. 바로 공식적인 로마 가톨릭 측에서는 지금까지 이러한 자기비판이 전혀 없었다. 오늘날 기독교에서는 사람들이 이슬람교의 (부분적으로는 유대교의) 광신적인 근본주의를 불평하지만, '근본주의'라는 단어가 성서의 문자에 집착함으로써 자신의 안정을 추구하고 다른 사람들을 배척하려는 개신교에서 나왔다는 사실을 거의 생각하지 않는다. 그러나 가톨릭교회에도 근본주의의 변형이 있다. 왜냐하면 오늘날의 교회 지도자들은—개신교인과 정교회 신자와 유대교인을 무시하거나 배제하는 (주변적 존재로 취급하는) 가운데서—가톨릭 신앙을 바로 교회의 최종적인 전통과 동일시하고 재복음화와 재가톨릭화를 동일시하며, 그렇게 함으로써 가톨릭 신자들에게 중세 교회와 사회의 패러다임으로 다시 되돌아가도록 강요하기 때문이다.

이미 《세계윤리구상》에서 나는 반근대적인 (그리고 반종교개혁적이고 반정교회적인) **폴란드의 '재再가톨릭화'**의 위험성을 경고했다. 폴란드는 지금까지 다른 나라들에게도 교황의 감추어진 '재再복음화'의 모델이었다. 왜냐하면 그동안 그곳의 가톨릭교회는—설문조사에 따르면—(가장 사랑을 받는 곳이 아니라) 가장 강력한 기관이 되었고, 정부나 대통령, 국회와 군대와 독립노동조합보다도 더 힘 있는 기관이 되었기 때문이다. 오늘날 폴란드 사람들 74%는 교회의 정치적 역할이 너무 크다고 생각한다. 그렇지만 교회는—특히 재선을 걱정하는 국회의원에게—이런 힘을 행사함으로써 중세의 모습을 매우 열심히 복원하기 시작했다. 그래서 가톨릭교회는 단지 정교회와 개신교 신자와 유대인만이 아니라 (예컨대 예전의 총리 타데우시 마초비에츠키Tadeusz Mazowiecki와 같은) 개방적인 가톨릭 신자에게도 불평을 들어야 했다.

— 폴란드 학교에서는 국회의 회피 아래 교육학적으로 전혀 준비가 되어 있지 않은 성직자들에게 종교교육이 맡겨졌다.

— 비록 폴란드 사람들 59%가 적어도 제한적으로는 임신중절의 합법화를 찬송하지만, (낙태한 여인과 의사를 2년 동안 감금하는) 세계에서 가장 엄격한 낙태금지법이 도입됨으로써 성폭행을 당했을 때에나 태아의 유전적 손상이나 산모가 질병을 앓을 때에도 (오직 생명이 위험할 경우에는 예외이지만) 낙태가 엄격하게 금지된다.

— (매년 놀라운 낙태율에도 불구하고) 피임약에 대한 국가 보조금도 폐지되었기 때문에 많은 여성이 세 배나 비싼 피임약도 더 이상 구입할 수 없게 될 것이다.

— 그리고 사람들은 이혼과 포르노와 더 많은 것을 금지하는 새로운 법을 예상한다.

— 가장 높은 계급의 군목들에게는 장군의 지위가 부여되었고, 중요한 공적인 의식이 집행될 경우에는 일반적으로 교회의 성직자들도 참석하게 되었다.

— 많은 주교들이 국가와 교회의 분리를 헌법조항에서 삭제할 것을 요구

한다.

— (예컨대 낙태법에 관해 국민투표를 요구하는) 자유로운 사상가들에게 심리적 테러가 여러 지방에서 일어나며, 선거와 정치가에게 교회의 영향력이 계속 커지고 있다.

"교회, 모든 것 위의 교회?" 이렇게 벽면에 기록된 글을 사람들은 읽을 수 있다. 누가 쓴 것일까? 그들은 폴란드의 메시아-교황의 독재가 다스리는 성직자 중심의 국가를 두려워하는 사람들이다. 그러나 민주적 전환 이후에 교회가 정치적으로 힘없는 자유의 피난처이기를 포기하고 너무나 빨리 독재 권력의 요새로 변했기 때문에 교회의 신뢰성도 덩달아 급격하게 (1990년에는 83%였지만, 1991년 4월에는 58%로) 떨어졌다. 폴란드 사회의 광범위한 양극화는 위협적이다. 이런 과정은 1991년 6월에 이루어진 교황의 방문을 통해 촉진되었다. 이 기간에 카롤 보이티와Karol Wojtyla(요한 바오로 2세의 본명 - 옮긴이)는 주먹을 불끈 쥔 십자군의 교황처럼 자신의 고향을 방문했고, 국회의 자유로운 낙태법 제정의 권리를 반박했으며(그래서 모든 민주주의자들이 분노했다), 태아의 낙태를 홀로코스트와 비교했을 뿐 아니라(그래서 유대인들이 분노했다), 마지막으로는—예전의 걸프전쟁 때에는 실천적으로 완전한 평화주의를 인정했던 그가—군인 수천 명과 함께 국가정치적인 영웅주의를 찬양했으며, 이제는 '합법적인 방어 권리'를 인정했다. 이와는 정반대로 교황은 진정한 의회민주주의 건설에 관해서는 한 마디도 하지 않았다.

교황을 특히 화나게 했던 것은 그의 방문 전날에 폴란드 전역에서 실시된 설문조사였다. 거기서 그는 이 설문조사를 통해 분명히 알게 되었지만, 폴란드 미디어는 이에 관해 실제로 침묵했고, 서구의 언론매체도 이를 거의 알지 못했다. 이 설문조사는 공산주의 이후에 폴란드에 어떤 새로운 전선이 형성되고 있는지를 극명하게 보여주었다. 피임 방법에 관해서 가톨릭교회가 시민들에게 교회의 가르침에 복종할 것을 요구할 권리가 있느냐라는 질문에 81%가 "결코 그렇지 않다"거나 "아마도 그렇지 않다"라고 대답했다. 이와 비슷하게 낙태에 관해서는 71%의 사람들이, 혼전 관계나 혼외 관계에 관해서는 61%의 사람들이, 이혼에 관해서는 63%의 사람들이 부정적으로 대답했다. 낙태에 관해서는 심지어 폴란드에 살고 있는 62%의 사람들이 "아마도 그렇지 않다"거나 "결코 그렇지 않다"라고 대답했다. 이런 숫자는 50만 명 이상이 거주하는 도시, 예컨대 로츠와 바르샤바, 크라카우에서도 81%까지 올라갔다. 폴란드의 교회 지도자들은 논란이 되는 질문에서 다수의 지지를 전혀 얻지 못한다. 분명히 그들은 '시대정신'에 간단히 물러서지 않을 것이고, 사회적 관용을 침묵 속에서 참고 있지 않을 것이다. 그러나 그들은 특히 성도덕에 관한 그들의 엄격하고 무차별적인 가르침을 다시 생각해야 한다는 충고를 잘 들었을 것이다. 만약 그렇지 않았다면, 그들은 이 나라의 진정한 영적인 갱신을 위해 시급하게 필요한 신뢰성을 잃을 위험에 빠지게 될 것이다. 이런 질문에서 사람들에게 외면을 당하는 자는 생활에 중요한 다른 질문에서 그들의 추종을 받는 것을 기대할 수 없다.

이제 교황은 자신의 최근의 사회 회칙 〈백주년*Centesimus Annus*〉(1991년 5월)에서 오늘날의 사회적 불행에 관해 **온 세계**를 깨우치려고 한다. 그와 동시에 그는 남미 해방신학의 대변자들의 입을 막으려고 종교재판소를 열기도 한다. 그는 동구권의 마르크스 체제의 붕괴를 만족스럽게 생각하며, 자본주의의 과잉과 특히 제3세계에서 일어나는 배제와 착취의 모든 형태를 정당하게 비판한다. 그러나 '유물론적이고 소비지향적인' 서구에 대한, 아무런 희생도 치르지 않는 싸구려 비판과 시세에 의존하여 동유럽의 영토를 되찾는 일은 여전히 진정한 영적인 갱신이 아니다.

제3세계에 관해 말한다면, **피임을 반대하는** (그리고 최근에는 에이즈 퇴치를 위한 콘돔 사용도 반대하는) 범세계적인 홍보운동을 지속적으로 전개하는 교회의 교리부서는 전 세계의 셀 수 없이 많은 어린이의 비참함과 굶주림과 죽어감에 공동 책임을 지고 있는 셈이다. 루터와 갈릴레이와 다윈의 시대 이후의 많은 그의 전임자들처럼 이 교황도—신앙과 도덕에 관한 무오성 교리에 눈이 멀어서—여기서 자신이 오류에 빠져 있다는 사실을 알려고 하지 않는다. 따라서 그는 남아메리카와 아프리카와 남반구의 다른 나라들의 통제되지 않는 인구 폭발과 어린이들의 비참함에 가장 큰 책임을 져야 할 사람들 중 한 명이 되고 있다. 자신을 비판할 능력이 없는 그는 낙태와 피임을 동시에 반대하는 것이 모순이라는 사실을 알려고 하지 않는다. 그렇지만 바로 피임을 통해 실제로 너무 높은 낙태 횟수를 가장 효과적으로 낮출 수 있을 것이다. 폴란드에서는 낙태 횟수가—1년에 60만 건으로—유럽에서 가장 많다. 왜냐하면 교황과 교회의 지도자들이 일제히 피임을 반대함으로써 모든 형태의 피임도구가 부족하게 되었고, 그 결과로 낙태가 산아제한의 주된 방법이 되어버렸기 때문이다.

그렇지만 특히 제3세계의 수백만 명의 사람에게는 인간의 존엄한 삶이 처음부터 가능하지 않다. 이런 현실에서 지금의 교황이 칭송하는 그의 반민주주의적인 전임자 레오 13세가 1백 년 전에 모조리 정죄한 인간의 권리(생각의 자유, 표현의 자유, 교육의 자유, 종교의 자유)를 이제 되찾는 일은 별로 도움이 안 된다는 사실을 교황은 이해하려고 하지 않는다. 이미 인류의 3분의 2를 차지하는, 산업화하지 못한 가난한 제3세계의 인구가 급속하게 증가하기 때문에 인간을 위한 필수적인 투자도 이를 전혀 따라잡지 못한다. 바로 그래서 제3세계에서는 인간의 존엄한 삶이 불가능하다. 그리스도가 탄생할 즈음에 이 지구에는 대략 2억 명이 살고 있었다. 아메리카 대륙이 발견되던 시절에는 5억 명이, 18세기 중엽에는 7억 명이 살았다. 산업혁명과 함께 인구는 이미 1830년 무렵에 10억 명에 달했고, 1925년에는 두 배가 되어 20억 명이, 그리고 1975년에는 다시금 두 배가 되어 40억 명이 되었다. 1991년 5월에 나온 유엔의 인구분포 연간보고서에 따르면 54억의 인구가 지구에 살고 있다. 20세기 말에는 거의 64억 명에 달하고, 2025년에는 이미 85억 명이 될 것이다. 피임을 금지한 교황 바오로 6세의 불행한 회칙 〈인간의 생명*Humanae Vitae*〉(1968) 이후로 인구는 35억 명에서 54억 명으로 늘어났다. 요한 바오로 2세는 이로부터 아무것도 배우지 못했다. 그는 자신의 회칙 〈백주년〉에서 인류의 이 근본 문제에 그냥 침묵하고 말았다.

이미 오늘날에 수많은 사람이 기본 식량과 물과 에너지, 주택과 일자리, 의료보험이 없이 살아가고 있고, 엄청나게 늘어나는 대도시와 빈민가(슬럼)로 인해 환경은 점점 더 파괴되고 있다. 그렇다면 산아제한을 위한 강제 조치는 추천될 수 없겠지만, 모든 합법적인 정치적 수단과 보완적인 사회적 조치들(여성의 지위!)을 통해 가족계획이 추진되어야 한다. 종교보다 더 효과적으로 이런 일을 지원해줄 수 있는 것은 없다. 왜냐하면 바로 이른바 제3세계 국가에서 종교는 종종 거대한 정치적 홍보운동보다 더 강하게 인간의 머리와 마음을 움직이기 때문이다. 만약 종교 지도자들의 지원이 없다면, 이 나라의 사람들은 수백 년 동안 종교로 인해 강화된 그들의 도덕적인 태도를 바꾸지 않을 것이다.

2) 재이슬람화?

그렇지만 단지 유대교와 기독교에게만 **자기비판**이 요구되어야 하는 것은 아니다. **이슬람교**도 마찬가지다. 자신의 중세 시대로 되돌아가려는 전통주의적인 이슬람교는 진기하게도 자신의 중세 시대로 되돌아가려는 로마 가톨릭처럼 여러모로 유사한 질문을 받고 있다. **출산 규정**은 한 가지 실례일 따름이다. 예컨대 전통주의적인 파키스탄에서는 인구가 9천만 명에서 1억 4천 내지 1억 5천 명으로 늘어났는데, 이것은 엄청난 정치적·사회적·경제적·생태학적 결과를 가져오고 있다. 1991년 5월에 모든 것을 초토화한 파도가 덮쳤던 방글라데시는 바로 지난 25년 동안 신생아의 수가 2배로 증가한 나라에 어떤 재앙이 닥쳐올지를 보여주는 전형적인 실례가 되었다. 전체 인구가 너무 많아졌고, 가난은 끝이 없으며, 주거지도 비참할 정도로 모자란다. 그래서 제방이 전혀 없거나 너무 가파르고, 육지가 해수면보다 낮아지고 있으며, 홍수를 막을 방법이 없다. 거의 20만 명이 죽었다.

그렇지만 인구 폭발을 제외하더라도 많은 이슬람교 국가들은 엄청난 문제를 안고 있다. 바로 아랍 국가들 안에서도 꾸란의 정의 요구와 모순되는 현상이 여전히 존재하지 않는가? 그것은 **부와 가난의 사회적 불균형**, 곧 매우 부유한 산유국들(사우디아라비아와 쿠웨이트, 에미리트)과 가난한 국가들(이집트와 요르단) 간의 참기 어려운 불균형이다. 사담 후세인이 군비를 강화하고 이란과 무의미한 전쟁을 치른 뒤에 부채가 너무 늘어나자, 석유가 풍부하고 잘사는 이라크가 자기보다는 작지만 훨씬 더 잘사는 이웃 나라를 침략했는데, 그가 나중에 허풍을 떨며 침략을 정당화한 근거도 바로 이런 사회적 불균형이 아니었는가? 만약 아랍 국가들이 윤리적 동기를 띤 사회 정책을 통해 이미 오래전부터 사회 대립을 제거했더라면 많은 긴장을 처음부터 방지할 수 있지 않았겠는가? 후진성과 빈곤, 불행과 민주주의 부재는—이슬람 국가와 가톨릭 국가에서—종교와도 관련되어 있지 않은가? 그렇지만 꾸란은 (성서처럼) 개인적인 영역과 사회적인 영역에서 사회 정의를 끈질기게 요구하고 있지 않은가?

서구의 세속화가 초래한, 부분적으로는 처참한 결과를 바라볼 때, 많은 무슬림이 자신들의 나라의 **근대화**는 철저히 인정하면서도 세속화는 종교적 적대감과 무신론과 동일시하여 엄격하게 부인하는 이유와, 그들이 세속화를 바로 이슬람과 인류의 최고의 원수로 싸잡아 간주하는 이유를 우리는 이해할 수 있다. 그렇지만 결정적인 질문은 이것이다. 그렇다면 정신적 자유와 사상의 자유, 표현의 자유, 종교의 자유, 결사의 자유의 확실한 잣대를 인정하지 않고도, 우리는 근대를—근대적 학문, 근대적 기술, 근대적 산업을—소유할 수 있는가? 만약 이슬람 국가들이 이러한 '시민적 자유'을 보장하지 않는다면, 만약 그들이 관용과 인간의 존엄성과 인권 존중을 실현하지 않고, 민주주의를 이름에 걸맞게 세우지 않는다면, 그들은—유교의 윤리에 깊은 영향을 받은 동아시아와 남아시아와는 전혀 다르게—근대적 발전을 이루지 못한 채 오랫동안 절뚝거릴 것이다.

따라서 전쟁이 끝났으니, 많은 이슬람교 국가에서 이제는 민주화(예컨대 '자유로워졌다가' 또다시 독재자가 통치하는 쿠웨이트에서와 같이 최소한 입헌군주제를 도입하는 것)와 더 나은 인권 실현이 예전보다 훨씬 시급하지 않은가? 독립적인 사고와 자유로운 사회 교류가 없이도 그들은 신속한 근대-이후의 발전을 따라잡을 수 있겠는가? 지금 걸프전쟁 이후에 사우디아라비아에서 대학교수와 신학자 수백 명이 파드Fahd 국왕에게 청원서를 제출했다는 사실은 다행스러운 변화의 표시다. 이 청원서는 (청렴하고 능력 있는 전문가들로 구성된, 완전히 독립된 자문단의 도움을 받아) 더 나은 인권 보호와 부패의 종식, 부의 올바른 분배와 더 넓은 민주적 표현을 요구한다.

그렇기 때문에 (근대-후기적인 것이 아니라) 반근대적인 '재이슬람화'는 (근대-후기적인 것이 아니라) 반근대적인 '재복음화'와 마찬가지로 다음과 같은 질문을 받게 된다.

— 내부적으로 재이슬람화의 과정은 이슬람 세계 곳곳에서 다시금 **'이슬람적 질서'**('니잠 알-이슬람Nizam ul-Islam')와 이슬람적 공동체('움마Umma')

를 갱신하려고 한다. 이것은 폴란드의 교회법과 비슷하게 이제는 모든 이슬람 국가에게 이슬람의 거룩한 법(샤리아shari'ah)을 다시금 강요하겠다는 뜻인가? 이것은 성직자 중심의 가톨릭 국가와 비슷하게 종교의 자유와 인권을 기껏해야 제한적으로만 보장하고 다른 종교에게는 오직 열등한 위상만을 허용하는 독재적인 이슬람 국가('다르 알-이슬람Dar ul-Islam')를 건립하겠다는 뜻인가?

— 외부적으로 재이슬람화 과정은 이슬람 세계도 뛰어넘으려고 하며, '**이슬람교의 선교**'('다와Da'wah' = 초대, 권유)를 위해 노골적으로 팽창주의적 성격을 띠려고 한다. 이것은 예전의 기독교적·식민주의적 선교와 같이—다른 사람들을 모두 배제하고—유일하게 올바른 진리를 소유하고 있다는 신앙에서 출발하겠다는 뜻인가? 만약 한 종교가 자신을 실제로 유일한 구원의 종교로 여기고 돈과 정치권력을 통해 자신의 의도를 관철하려고 한다면, 사람들은 다시 새로운 칸막이를 세우지 않겠는가? 어차피 이것은 실패할 것이 분명한 사업이 아닌가?

3) 토대 연구

삼부작三部作 중에서 다음에 나올 기독교와 이슬람교에 관한 두 권의 책에서 나는 이 모든 문제도 역시 세 개의 거대한 사고 흐름으로 다루어보기를 희망한다. 먼저 오늘날에도 여전히 영향이 끼치고 있는 기독교와 이슬람교의 **과거**의 패러다임을 분석하고, 그 다음에는 기독교와 이슬람교에 대한 **현재**의 도전을 분석하며, 마지막으로는 **미래**의 가능성을 설명할 것이다. 이 모든 것은 세 아브라함 종교의 좁은 틀(문제의 맥락) 속에서 이루어질 것이다. 따라서 세 예언자 종교에 다음과 같이 근본적인 질문이 날카롭게 제기된다. 미래를 위한 책임을 지고 있는 국제 정치는 어떻게 흘러갈 것인가? 그리고 이 문제를 해결하기 위해 종교의 대표자들이 지고 있는 특별한 책임은 무엇인가?

종교학적·신학적인 **토대 연구**도 종교 간의 모든 대화를 위한 전제가 된다. 바로 걸프전쟁은 이런 문헌들이 다시 인기를 끌게 만들었다. 이 문헌들은 이슬람교를—아랍 문화의 토대가 된 오래된 이 위대한 종교를—처음부터 이단으로 규정했고, 폭력의 종교라고 낙인을 찍었으며, 마치 '화염과 칼로' 모든 사람을 이슬람교로 개종시키려는 것처럼 기독교인들을 불안하게 만들었다. 이런 방식으로 무슬림은 점점 더 근본주의로 내몰렸다. 서방 국가의 신학적 과제는 종교학과의 공동 연구를 통해 모든 젊은 신학자가 다른 위대한 종교의 기본 관점을 친숙하게 터득함으로써 차이점과 일치점을 일반적인 교육 내용으로 만드는 과제일 것이다. 오직 이렇게 함으로써만 우리는 세계의 국제적·다문화적·다종교적인 상황을 바라보면서 교회나 사회에서 활동할 수 있다. 다른 종교와의 대화와 정보 교환을 위해 폭넓은 여지를 마련하지 않는 종교교육은 오늘날에도 여전히 책임을 지는 교육이 아니다. 오늘날 비기독교적인 신앙인들(독일에서는 특히 유대교인과 무슬림)에게도 환대를 베풀지 않는 기독교인의 공동체는 신뢰를 얻을 수 없다.

4) 세계 상황 변화를 위한 종교의 기여

다음과 같은 방법을 통해 종교는 자신의 진정한 과제를 더 잘 인식할 뿐만 아니라, 세계 상황의 변화에도 근본적으로 기여할 수 있게 된다.

— **세계 평화 촉진**을 위한 기여: 무기 사업을 중단하지 않는 이유는 무엇인가? 매우 많은 부채를 안고 있는 미국이 계속 무장하고 있는 이유는 무엇인가? 이라크에게 승리한 후에도 계속 사우디아라비아와 걸프 국가들에게 수십억 달러의 무기를 판매하고 있는 이유는 무엇인가? 지금 근동에서 가

장 강한 군사 국가인 이스라엘에 여전히 많은 무기(비행기, 미사일)를 공짜로 보내고 있는 이유는 무엇인가? 근동을 핵폭탄과 생화학 무기가 없을 뿐만 아니라 다시 무장하지 않는 지역으로 만들지 않는 이유는 무엇인가? 물론 이를 위한 전제로 팔레스타인 문제가 해결되어야 할 것이다. 종교 대표자들은 이 세계의 전략적이고 안보 정책적인 문제를 해결하지 못한다. 그러나 만약 그들이 한목소리만을 낸다면—모든 군비 제한 정책의 전제로—소통과 신뢰와 평화의 정신을 발견하도록 도울 수 있을 것이다.

— **가난 극복**을 위한 기여: 종교 대표자들은 백성의 고통을 통치자의 의지보다 더 진지하게 고려해야 한다는 사실을 단호하게 대변할 수 있고, 그렇게 해야 한다. 동서 간의 갈등이 종결되고, 아프리카(예컨대 앙골라와 에티오피아)나 인도차이나(캄보디아)에 양측의 군사 원조가 폐기된 이래 이런 전망은 훨씬 더 밝아졌다. 더 나아가 종교 지도자들은 세계은행과 국제통화기금의 계획, 곧 돈을 빌려줄 경우에는 해당 국가의 군사 지출 비용을 감안한다는 계획을 내부에서 지원해야 한다. 보건이나 교육보다는 군대를 위해 더 많은 돈을 지출하는 개발도상국은 미래에 빈손으로 살게 될 것이다. 유엔의 보고에 따르면 가장 가난하고 원조해달라고 가장 크게 외치는 검은 아프리카와 남아시아에서 몇몇 정부는 교육과 보건보다는 무기를 위해 2~3배가 넘는 돈을 지출하고 있다. 돈이 가난 극복에 더 효과적으로 사용되고 있는지 공적인 지출을 검증해야 한다. 만약 제3세계의 군비 지출을 (연간 7.5% 늘리는 대신에) 간단히 동결한다면, 유엔 발전프로그램에 따라서 가장 시급한 인간적 필요와 발전에 150억 달러를 투자할 길이 열릴 것이다. 제3세계는 서구보다 2~3배가 많은 높은 군비 지출 증가율을 보이고 있다(1960년에는 240억 달러였지만 1987년에는 1,730억 달러였다). 사치스럽고 비효율적인 정부 프로그램의 제거와 부패와 자금 유출 방지를 통해 350억을 절감할 수 있을 것이다.

— **인종 갈등 극복**을 위한 기여: 인종 갈등은 민족의 역사에 깊이 뿌리를 내리고 있고, 민주화가 진척되고 더 많은 자유가 획득될 때마다 자연스럽게 되살아나고 있다. 인종 갈등을 새로운 국가 설립이나 경계 설정을 통해서는 영구히 극복할 수 없지만, 언어와 교육과 의료와 특히 더 안전한 생활 기반과 관련되어 있는 정치적·경제적·문화적 자율을 통해 극복할 수 있다. 바로 **모든** 사람을 평등하게 여기는, 아브라함에게서 기원한 종교를 믿는 사람들보다 더 효과적으로 윤리적인 편견과 적개심을 비판하고 상호 소통을 위해 일할 수 있는 이가 누구이겠는가?

— **자기 영토 내의 종교 자유**를 위한 기여: 거대 종교는 다른 종교의 자유도 반드시 배려해야 한다. 다른 종교의 자유를 존중하지 않는 종교는 스스로 존중받을 자격이 없다. 종교와 그 대표자들은 증오와 적개심을 조장하는 이념과 그런 이념의 신봉자들을 반대해야 한다. 권력이 정의와 이성을 지배할 때마다 종교는 저항해야 한다. 그렇다. 오늘날 선교는 식민주의·제국주의적 방식으로 이루어져서는 안 되고—유대교인이든 기독교인이든 무슬림이든—자신의 신앙을 자유롭게 증언하는 방식으로 이루어져야 한다.

근동의 평화를 위한 전제

만약 아랍의 종교 단체들이 세계 정치를 위해 활동하지 못한다면 근동에는 평화가 찾아오지 않을 것이고, 걸프 지역의 문제도 해결되지 않을 것이다. 그렇다면 우리는 이 모든 지역에서 경건한 광신자들을 어떻게 달래야 하는가? 긍정적으로 표현하면 다음과 같다.

• **유대교인**과 **기독교인**은 **히브리 성서**와 **신약성서**에 근거하여 이 땅에서

마지막 식민지가 되지 않으려는 아랍 민족과 이슬람 민족의 존엄성을 위해 함께 헌신해야 한다.

- **무슬림**과 **기독교인**은 **꾸란**과 **신약성서**에 근거하여 20세기의 마지막에 다른 민족보다 더 많은 고난을 당하고 거의 말살될 뻔했던 유대 민족의 생존권을 위해 함께 헌신해야 한다.
- **유대교인**과 **무슬림**은 **히브리 성서**와 **꾸란**에 근거하여 근동과 중동의 몇몇 나라에서 위협받고 있는 기독교인들 공동체의 자유를 위해 함께 헌신해야 한다.
- 그리고 세 종교는 **인도**와 **중국** 또는 **일본**의 전통에 속해 있는 다른 민족들과도 당연히 협력하는 가운데서 평화와 정의와 자유를 위해, 인간의 존엄성을 위해, 인권을 위해, 그리고 창조의 보존을 위해 함께 헌신해야 한다.

특히 종교는 자신의 고유한 프로그램을 생각해야 할 것이다. 여기서 '**평화**'라는 단어는—히브리 성서에서는 '**샬롬**shalom'으로, 꾸란에서는 '**살람**salam'으로, 신약성서에서는 '**에이레네**eirene'로 나온다—매우 큰 역할을 한다.

— "화평을 찾아 따를지어다!" 이 말씀을 우리는 시편(34:14)에서 들었다. 그리고 예언자 이사야의 평화 비전은 이렇게 말한다. "칼을 쳐서 보습을 만들고 … 이 나라와 저 나라가 다시는 칼을 들고 서로 치지 아니하며 다시는 전쟁연습을 하지 아니하리라"(사 2:4).

— "화평케 하는 자는 복이 있나니 그들이 하나님의 아들이라 일컬음을 받을 것임이요"라고 산상수훈(마 5:9)은 말한다. 그리고 사도 바울은 "아무에게도 악을 악으로 갚지 말라!"(롬 12:17)고 말한다.

— 믿지 않는 원수에 맞서 싸울 것을 요구하는 꾸란도 다음과 같이 요구한다. "만약 그들(적들)이 평화를 원한다면 너도 그에게 가까이 가서 하나

님을 신뢰하라"(꾸란 8:61). "만약 그들(믿지 않는 자들)이 너희를 멀리하고 너희와 싸우지 않고 너희에게 평화를 구한다면, 하나님은 너희가 그들과 싸울 것을 허락하지 아니하신다"(꾸란 4:90)

미래를 위한 나의 소원은 다음과 같다. 종교적 소통에 기여하지 않는 회당이나 교회나 모스크도 결코 존재해서는 안 될 것이다. 모든 회당과 교회와 모스크는 평화를 위해 단지 기도할 뿐만 아니라, 적극적으로 노력하고 일할 것이다. 이를 위해 우리 모두에게는 비전이 필요하고, 상상력과 용기와 지칠 줄 모르는 과감한 행동이 필요하다.

책을 옮기며

이데올로기 충돌이 서서히 약해진 틈새로 바야흐로 종교 간의 충돌이 날로 더 거세게 분출하고 있다. 미국의 쌍둥이 빌딩의 붕괴는 기독교 국가와 이슬람 세력의 충돌이 빚은 참혹한 한 가지 결과였다. 이를 빌미로 미국은 또다시 중동과 아시아의 화약고 속으로 뛰어들었고, 그 결과는 점진적인 평화와 안정이 아니라 점증하는 분쟁과 보복 폭력으로 이어지고 있다. 아시아권에서도 이슬람교가 점점 더 세력을 확장해가는 추세를 보이며, 그 결과로 여러 곳에서 갈등과 폭력이 증가하고 있다. 중동에서는 종교 간의 충돌이 여전히 멈추지 않고 있다. 팔레스타인과 이스라엘 간의 충돌, 이슬람교 종파들 간의 충돌, IS를 비롯한 극단적인 이슬람 단체들의 야만적인 폭력이 연이어 자행되고 있다.

이런 상황을 냉철하게 바라보고 날로 악화되어가는 세계를 예견하며 매우 아파한 한스 큉은 피를 토하듯이 외쳤다. "세계 윤리가 없이는 세계 생존도 없다. 종교 평화가 없이는 세계 평화도 없다. 종교 대화가 없이는 종교 평화도 없다." 그의 애절한 호소는 단지 기도와 호소로만 그치지 않고, 갈등의 종교적 뿌리인 서양의 3대 종교에 관한 야심찬 저술로 연결되었다. 그 결과로 《유대교》(1991)와 《그리스도교》(1994)와 《이슬람》(2004)이 잇따라 발간되었다.

한국어로 번역된 《그리스도교》(2002)를 필자는 성경 다음으로 소중하게 여기게 되었고, 신학생들에게는 지금도 이를 필독서로 강력히 추천하고 있다. 2000년을 이어온 기독교의 신학과 역사를 이렇게 일목요연하게, 이렇게 탁월하게 요약하고 설명하는 책은 과거에도 그렇지만, 앞으로도 나오기 어려울 것이다. 2012년에 한국어로 번역된 《이슬람》도 많은 독자들의 관심을 사로잡았을 것이다. 이 책도 다른 책의 추종을 불허하는 이슬람 연구서로서 길이 애독될 것이다. 이제 가장 장구한 역사를 다룬 나머지 한 권의 책 《유대교》까지 출간함으로써 세계 3대 종교에 관한 한스 큉의 위대한 저작의 번역이 드디어 완결하기에 이르렀다. 매우 늦은 감도 없지 않지만, 그나마 다행스럽고 경사스러운 일이 아닐 수 없다. 다른 책도 마찬가지지만 이 책도 감탄과 감사를 넘어서 찬탄과 칭송을 받을 만하다. 질적·양적으로 다른 유대교 연구서적을 한숨에 압도할 만큼 야심적인 대작이 아닐 수 없다.

부족한 내가 이 책을 감히 번역하리라고는 전혀 상상조차 하지 못했다. 다른 책의 저술에 매달리고 있었기 때문이지만, 이 책의 존재와 가치를 거의 인식하지 못했기 때문이다. 《이슬람》을 번역한 손성현 박사의 부탁에 따라서 《Karl Barth》(전기) 번역을 감수한 나를 그가 《유대교》 번역 작업에 끌어들일 줄은 결코 몰랐다. 그의 소개로 《이슬람》을 출간하신 '시와진실' 출판사 최두환 사장(박사)님을 만나게 되었고, 그의 간절한 부탁에 따라 선뜻 번역에 나서게 되었다. 마땅한 번역자를 찾지 못해 망설이던 끝에 나는 만만한 제자를 강요하다시피하며 번역 작업에 동참시켰다.

지금까지 필자는 많은 독일서 서적을 번역했지만, 이 책의 번역은 나에게 가장 무겁고 벅찬 멍에를 지고 가야 하는 힘든 과정이었다. 그러나 이 멍에를 즐거이 졌기 때문에 온갖 장애물을 가뿐히 넘을 수 있었고, 조금 지체되었지만 번역을 무사히 마칠 수 있었다. 제1부는 내가 번역했고, 제2부는 이응봉 박사가, 그리고 제3부는 박영식 박사가 번역했다. 서로가 부족한 부분을 채워주었고, 적절히 교정도 해주었다. 그러나 가장 앞부분을 번역한 자로서, 그리고 번역을 전적으로 책임진 자로서 나는 뒷부분의 번역에 대해서도 책임을 감당해야 했다. 용어와 개념과 문장의 통일성을 기하기 위해, 특히 오역을 바로잡고 한글의 정확성을 도모하기 위해, 그리고 문장을 부드럽게 다듬기 위해 필자는 뒷부분을 원문과 꼼꼼히 대조하고 다듬어야 했다. 마지막 교정자로 참여한 조영균 님의 세심한 도움도 적지 않았다.

한스 큉의 저서는 지금도 꾸준히 애독되고 있다. 그의 모든 책이 베스트셀러가 아니면 스테디셀러이지만, 특히 세계 3대 종교에 관한 그의 삼부작은 시대와 배경을 초월하여 수많은 독자들의 사랑과 갈채를 받을 것이라고 확신한다. 비록 그는 가톨릭 신학자이지만, 그의 시야는 단지 가톨릭교회에만 제한되어 있지 않고 기독교 세계 전체를 아우르며, 그의 사유의 너비와 깊이는 마치 어머니의 품처럼 이 땅의 모든 사람을 넉넉히 품고 있다.

저자의 인사말을 받기 위해 보낸 이메일이 무심하게 되돌아왔고, 독일 튀빙엔에까지 가서 시도한 전화 통화도 응답이 되지 않았다. 그가 깊은 노환 속에서 투병 중이라고 듣고 있다. 마음이 매우 아프지만, 경외감이 절로 우러나온다. 아마도 이 삼부작을 위해 그가 생명의 마지막 불꽃까지 활활 태우신 듯하다. 마치 종교 평화와 세계 평화의 제단에 바쳐진 거룩한 희생제물, 아니 화해 제물을 보는 듯하다. 탁월한 지성과 뜨거운 감성과 위대한 실천력을 겸비한 그를 우리가 이 시대에 만날 수 있게 된 것은 참으로 놀라운 행운이 아닐 수 없다. 모쪼록 그가 건강을 다시 회복하여 못 다한 말을 다시 할 수 있기를 간절히 기원한다.

끝으로 이 책의 번역에 기꺼이 참여한 이응봉 박사와 박영식 박사에게 진심으로 감사한다. 특히 양서를 꾸준히 펴내시는 최두환 대표님께 깊은 존경과 감사의 뜻을 표한다. 이 책을 기쁘게 받아보고 이 책의 매력에 푹 빠지게 될 독자들을 미리 생각하니, 2년 동안 힘겹게 걸어온 번역의 발걸음이 순식간에 벅차고 기쁜 춤사위로 바뀐다. 과거와 현재와 미래로 신명나게 넘나들면서, 유대인(유대교)의 찬란한 성공과 비참한 실패를 옹골차게 해설하고 있는 이 책 속에서 독자들은 놀라운 지혜와 희망의 용기를 얻을 것이라고 굳게 확신한다.

2015년 11월 15일
부천 성주산 아래 연구실에서
옮긴이를 대표하여 이신건

사전류

Bibellexikon, ed. H. Haag, Zürich 1968.

Contemporary Jewish Religious Thought. Original Essays on Critical Concepts, Movements, and Beliefs, ed. A. A. Cohen & P. Mendes-Flohr, New York 1987.

Dictionnaire des Religions, ed. P. Poupard, Paris [2]1985.

Die Religion in Geschichte und Gegenwart. Handwörterbuch für Theologie und Religionswissenschaft, ed. K. Galling (6 vols.), Tübingen [3]1957ff.

Encyclopaedia Judaica, ed. C. Roth & G. Wigoder (17 vols.), Jerusalem ohne Jahresangabe.

Enzyklopaedie des Islam. Geographisches, ethnographisches und biographisches Wörterbuch der muhammedanischen Völker, ed. M. T. Houtsma et al. (5 vols.), Leiden 1913-1938.

Jüdisches Lexikon. Ein enzyklopädisches Handbuch des jüdischen Wissens in vier Bänden, founded by G. Herlitz & B. Kirschner (9 vols.), Frankfurt [2]1987.

Lexikon der jüdisch-christlichen Begegnung, ed. J. J. Petruchowski & C. Thoma, Freiburg 1989.

Lexikon der Religionen, ed. H. Waldenfels, Freiburg 1987.

Lexikon für Theologie und Kirche, ed. J. Höfer & K. Rahner (10 vols.), Freiburg 1957ff.

Reallexikon für Antike und Christentum. Sachwörterbuch zur Auseinandersetzung des Christentums mit der Antiken Welt, ed. T. Klausner (14 vols.), Stuttgart 1950ff.

The Encyclopaedia of Islam. New Edition, ed. H. A. R. Gibb et al. (6 vols.), Leiden 1960-1990.

The Encyclopedia of Religion, ed. M. Eliade (16 vols.), New York 1987.

Theologische Realenzyklopädie, ed. G. Krause & G. Müller (17 vols.), Berlin 1977ff.

Theologisches Wörterbuch zum Neuen Testament, ed. G. Kittel (10 vols.), Stuttgart 1933ff.

Wörterbuch des Christentums, ed. V. Drehsen, H. Häring & K.-J. Kuschel, Gütersloh 1988.

약어표

성서 주석

AB	The Anchor Bible, New York.
ATD	Das Alte Testament Deutsch, Göttingen.
BK	Biblischer Kommentar Altes Testament, Neukirchen.
CNEB	Cambridge Bible Commentary on the New English Bible, Cambridge.
EKK	Evangelisch-Katholischer Kommentar zum Neuen Testament, Neukirchen.
HbAT	Handbuch zum Alten Testament, Tübingen.
HbNT	Handbuch zum Neuen Testament, Tübingen.
HThK	Herders Theologischer Kommentar zum Neuen Testament, Freiburg.
IB	The Interpreter's Bible, New York, Nashville.
KAT	Kommentar zum Alten Testament, Leipzig, Gütersloh.
KEK	Kritisch-Exegetischer Kommentar über das Neue Testament, Göttingen.
NBC	Nelson's Bible Commentary, Edinburgh.
NCB	New Clarendon Bible, Oxford.
NCeB	The New Century Bible, London.
NTD	Das Neue Testament Deutsch, Göttingen.
ÖTK	Ökumenischer Taschenbuchkommentar zum Neuen Testament, Gütersloh.
OTL	Old Testament Library, London.
ThHK	Theologischer Handkommentar zum Neuen Testament, Berlin.
WBC	World Biblical Commentary, Waco/Texas.

저자의 책

CR *Christentum und Chinesische Religion* (mit **J.Ching**), München 1988.

CS *Christ Sein*, München 1974.

EG *Existiert Gott? Antwort auf die Gottesfrage der Neuzeit*, München 1978.

EL *Ewiges Leben?*, München [2]1982.

Ki *Die Kirche*, Freiburg 1967; München 1977.

PW *Projekt Weltethos*, München 1990.

ThA *Theologie im Aufbruch. Eine ökumenische Grundlegung*, München 1987.

WR *Christentum und Weltreligionen. Hinführung zum Dialog mit Islam, Hinduismus und Buddhismus* (mit **J. van Ess**, **H. von Stietencron**, **H. Bechert**), München 1984.

주

제I부 여전히 현존하는 과거

1장 기원

1장 I. 아브라함 – 3대 세계종교의 조상

1 워렌(C. Warren, 1868), 슈텔린(E. Stellin) / 바칭어(C. Watzinger, 1907-1909)와 가르스탕(J. Garstang, 1930-1936)의 첫 번째 발굴에 따르면 1952-1956년에 이루어진 연구는 케넌(K. M. Kenyon)의 지도 아래 영국인 · 미국인 탐험대에 의해 수행되었다. 그녀는 또한 연구 보고서(*Excavation at Jericho*, Bd. I-II, London 1960/65)의 발행인이기도 하다.

2 **D. Diringer**, *Writing*, New York 1962. J. Friedrich, *Geschichte der Schrift. Unter besonderer Berücksichtigung ihre geistigen Entwicklung*, Heidelberg 1966. **M. Cohen**, *La grande invention de l'Ecriture et son invention*, Bd. I-II I, Paris 1958. **I. J. Gelb**, *A Study of Writing. The Foundations of Grammatology*, Chicago 1952, 독어판: *Von der Keilschrift zum Alphabet*, Stuttgart 1958. **C. H. Gordon**, *Forgotten Scripts*, New York [2]1982 참조.

3 공업은 알렉산더 대제와 더불어 오직 그리스어로 보존된 마카비서(마카비전서 1:4)에서만 비로소 등장한다. 히브리서 성서의 시선에는 중국이 전혀 들어 있지 않다.

4 로마는 나중에야 비로소(마카비전서 1:10) 성서에서 처음으로 언급된다.

5 출 1장 참조.

6 창 1-11장 참조.

7 창 12-50장 참조.

8 이스라엘의 역사에 관해서는 **J. Wellhausen**, **A. Schlatter**, **E. Schürer**, **R. Kittel**, **T. H. Robinso - W. O. E. Oesterley** 외에 참조할 최근의 연구: **W. F. Albright**, *From the Stone Age to Christianity. Monotheism and the Historical Process*, Baltimore 1940, [2]1946; 독어판: *Von der Steinzeit zum Christentum. Monotheismus und geschichtliches Werden*, Bern 1949; **같은 저자**, *The Biblical Period from Abraham to Ezra*, New York 1963. **M. Noth**, *Geschichte Israels*, Göttingen 1950, [6]1966. **M. A. Beek**, *Geschiedenis van Israel von Abraham tot Bar-Kochba*, Zeist 1957; 독어판: *Geschichte Israels von Abraham bis Bar Kochba*, Stuttgart 1961. **J. Bright**, *A History of Israel*, Philadelphia 1959; 독어판: *Geschichte Israels*, Düsseldorf 1961. **M. Metzger**, *Grundriß der Geschichte Israels*, Neukirchen 1963, [6]1983. **B. Netanyahu** u.a. (Hrsg.), *The World History of the Jewish People. First Series: Ancient Time*, Bd. I-VIII, Tel-Aviv/

London 1964-1977. **E. L. Ehrlich**, *Geschichte Israels von den Anfängen bis zur Zerstörung des Tempels* (70 n. Chr.), Berlin [2]1970. **R. de Vaux**, *Histoire ancienne d'Israel*, Bd. I-II, Paris 1971-1973. **H. J. Gunneweg**, *Geschichte Israels bis Bar Kochba*, Stuttgart 1972. [4]1982. **S. Herrmann**, *Geschichte Israels in alttestamentlicher Zeit*, München 1973. **H. H. Ben-Sasson** (Hrsg.), *History of the Jewish People*, Cambridge 1976. **G. Fohrer**, *Geschichte Israels. Von den Anfängen bis zur Gegenwart*, Heidelberg [3]1982. **J. H. Hayes - J. M. Miller** (Hrsg.), *Israelite and Judaean History*, Philadelphia 1977. **H. Donner**, *Geschichte des Volkes Israel und seiner Nachbarn in Grundzügen*, Bd. I-II, Göttingen 1984. **M. Grant**, *A History of Ancient Israel*, London 1984. **M. Claus**, *Geschichte Israels. Von der Frühzeit bis zur Zerstörung Jerusalems (587 v. Chr.)*, München 1986. **J. H. Hayes - J. M. Miller**, *A History of Ancient Israel and Judah*, Philadelphia 1986. - Eine Überprüfung der berühmten Abhandlung von **Max Weber**, *Das antike Judentum* (*Gesammelte Aufsätze zur Religionssoziologie*, Bd. III, Tübingen 1920). 최근의 연구결과를 가지고 연구한 책은 다음과 같다. **I. M. Zeitlin**, *Ancient Judaism. Biblical Criticism from Max Weber to the present*, Cambridge 1984.

(포로기 이후의) 유대교의 역사를 강조한 책들은 다음과 같다. **H. Graetz**, *Geschichte der Juden von den ältesten Zeiten bis zur Gegenwart*, Bd. I-XI, Leipzig 1853-1875, [5]1902-1909. **S. Dubnow**, *Weltgeschichte des jüdischen Volkes*, Bd. I-X, Berlin 1925-1929. **S. W. Baron**, *A Social and Religious History of the Jews*, Bd. I-III, New York 1937, [2]1952-1969; 독어판: *Geschichte des jüdischen Volkes*, Bd. I-III, München 1978-1980. **J. Maier**, *Geschichte der jüdischen Religion. Von der Zeit Alexander des Großen bis zur Aufklärung mit einem Ausblick auf das 19./20. Jahrhundert*, Berlin 1972; **같은 저자**, *Das Judentum. Von der biblischen Zeit bis zur Moderne*, München [2]1973. **A. Bein**, *Die Judenfrage. Biographie eines Weltproblems*, Bd. I-II, Stuttgart 1980. **P. Sigal**, *The Emergence of Contemporary Judaism*, Bd. I-III, Pittsburgh 1977-1984; **같은 저자**, *Judentum*, Stuttgart 1986. **P. Johnson**, *A History of the Jews*, New York 1987.

유대교 문헌의 역사에 관한 책: **M. Waxman**, *A History of Jewish Literature*, Neuauflage Bd. I-V, New York 1960(기원전 400년 성서 정경의 종결과 함께 시작하고, 기원후 190년에 끝난다). **I. Zinberg**, *A History of Jewish Literature*, Bd. I-XII, Cleveland - New York 1972-1978(스페인-아랍 시대와 함께 시작하고, 최고의 정점에서 하스칼라와 함께 끝난다).

9 창 17:1-5, 7-8, 11. 베스터만(C. Westermann)에 의해 번역되고, 가장 포괄적으로 주석되었다. **C. Westermann**, Bd. I/2, 1981 (BK); 영어판: *Genesis 12-36*, Minneapotis-London 1985.

10 창 17:15-21 참조.

11 아브라함(또는 이브라힘)에 관해서는 다음의 책 속에 있는 논문 참조. *Bibellexikon* (**A. van den Born**). *Dictionnaire des Religions* (**H. Cazelles, E. Cothenet, K. Hruby, G Harpigny**). *Die Religion in Geschichte und Gegenwart* (**A. Weiser**). *Encyclopedia Judaica* (**I. M. Ta-Shma, D. Kadosh, S. D Goitein, J. Dan, H. Rosenau**). *Encyclopaedia*

of Islam (R. Paret). *Jüdisches Lexikon* (A. Spanier, A. Kristianpoller, A. Sandler). *Lexikon der jüdisch-christlichen Begegnung* (J. J. Petuchowski, C. Thoma). *Lexikon der Religionen* (F.-L. Hossfeld / B. Schumacher, G. Riße). *Lexikon fr 1 heologie und Kirche* (V. Hamp, J. Schmid). *Lexikon religiöser Grundbegriffe* (P. Nave Levinson, G. Evers, S. Balic). *Reallexikon für Antike und Christentum* (T. Klauser). *The Encyclopedia of Religion* (J. van Seters). *Theologische Realenzyklopdie* (R. Martin-Achard, K. Berger, R. P. Schmitz, J. Hjärpe). *Theologisches Wörterbuch zum Neuen Testament* (J. Jeremias). *Wörterbuch des Christentums* (J. Ebach). - H. Donner, 앞의 책, Bd. I, S. 72-84 참조.

아브라함에 관한 대화를 위해 중요한 출판물로는 다음과 같은 것들이 있다. W. Groß, *Glaubensgehorsam als Wagnis der Freiheit. Wir sind Abraham*, Mainz 1980. R. Martin-Achard, *Actualité d'Abraham*, Neuchâtel 1969. Y. Moubarac, *Abraham dans le Coran. L'histoire d'Abraham dans le Coran et la naissance de l'Islam*, Paris 1958. W. Zuidema (Hrsg.), *Isaak wird wieder geopfert. Die Bindung Isaaks als Symbol des Leidens Israels. Versuche einer Deutung*, Neukirchen 1987.

이런 맥락에서 다음의 책은 특별히 도움을 준다. F. E. Peters, *Children of Abraham. Judaism - Christianity - Islam*, Princeton 1982. 저자가 다음과 같은 일곱 주제를 통해 아브라함을 믿는 세 종교의 구조를 비교한 것은 유익하고, 정보가 풍부하다. 즉 그 주제들은 성서 이해, 모든 '주축 시대'의 이해(유대교가 말하는 포로기 경험, 기독교가 말하는 예수의 출현, 이슬람교가 말하는 무함마드의 출현), 친교와 성직계급, 율법, 성서와 전통의 관계, 예전과 금욕주의와 신비주의, 그리고 신학이다. 우리는 이 책에서 이 많은 주제들을 다루고 있다. 만약 우리가 유대교와 기독교와 이슬람교에 관한 삼부작을 펴내는 과정에서 세 종교의 질문들을 다루려고 한다면 다른 사람들의 주장에 귀를 기울여야 한다.

12 창세기에 관해서는 H. Gunkel, J. Skinner, O. Procksch의 고전적인 저서들 외에도 다음과 같은 학자들이 쓴 최근의 주석들을 보라. B. Jacob, Berlin 1934. W. Zimmerli, 1943 (ZBK; nur Gen 1-11). H. Junker, Würzburg 1949. J. Chaine, Paris 1951. G. von Rad, 1953 (ATD). R. de Vaux, Paris 1956. G. Aalders, Kampen 1933-1936. F. Michaeli, Neuchâtel 1960. U. Cassuto, Bd. I-II, Jerusalem 1961. J. de Fraine, Roermond 1963. J. Morgenstern. New York 1965. A. van Selms, Bd. I-II, Nijkerk 1967, [3]1979. W. G. Plaut, in: *The Torah*, New York 1974. E. A. Speiser, 1981 (AB). C. Westermann, 1981 (BK). 베스터만은 창세기 주석의 연구사에 관한 좋은 개관을 제공한다. C. Westermann, *Genesis 1- 11*, Darmstadt [3]1985; **같은 저자**, *Genesis 12-50*, Darmstadt [2]1987.

13 많은 성서 이야기들이 전설의 특징을 지닌다는 사실은 먼저 H. Gunkel과 H. Gressmann에 의해 밝혀졌고, 나중에는 A. Alt, M. Noth와 다른 많은 독일 구약성서학자들에 의해 광범위하게 밝혀졌다. 이것은 역사적으로 종종 부정적인 결과를 낳았다. 이에 맞서 많은 미국인들 특히 W. F. Albright를 중심으로 삼은 단체에 속한 미국인들은 고고학 연구 결과를 더 강력히 고려할 것을 요구했다. 그들의 저서들은 다음과 같다. W. F. Albright,

The Archaeology of Palestine, Harmondsworth/England 1949, Gloucester/Mass. 1971; 독어판: *Archologie in Palstina*, Einsiedeln 1962. **A. Parrot**, *Bibel und Archäologie*, Bd. I-V, Zürich 1955-1961. **G. E. Wright**, *Biblical Archaeology*, Philadelphia 1957; 독어판: *Biblische Archäologie*, Göttingen 1958. **J. B. Pritchard**, *Archaeology and the Old Testament*, Princeton 1958; 독어판: *Die Archologie und das Alte Testament, Wiesbaden* 1961. **K. M. Kenyon**, *Archaeology in the Holy Land*, London [4]1979; 독어판: *Archäologie im Heiligen Land*, Neukirchen [2]1973(여기서는 여리고에서 행해진 Keynon의 발굴에 관한 좋은 안내와 내용이 제공된다). **V. Fritz**, *Einführung in die biblische Archäologie*, Darmstadt 1985.

14 **G. W. Coats**, *Genesis, with an Introduction to Narrative Literature*, Grand Rapids 1983; **같은 저자** (Hrsg.), *Saga, Legend, Tale, Novella, Fable: Narrative Forms in Old Testament Literature*, Sheffield 1985를 참조하라.

15 **H. Haag**, *Das Land der Bibel. Gestalt - Geschichte - Erforschung*, Stuttgart 1989, S. 50-63 참조.

16 창 11장 참조.

17 우르 기원은 창 11:28, 31; 15:7 참조. 하란 기원은 창 11:31; 24:4, 10; 27:43 참조.

18 창 12:6-9.

19 창 23:4.

20 창 23:19 이하 참조.

21 창 14:13.

22 '히브리인'/'아피루'에 관해서는 G. E. Mendenhall의 이해를 뒷받침하는 **M. Weippert**, *Die Landnahme der israelitischen Stämme*, Göttingen 1967, S. 66-102. **O. Loretz**, *Habiru - Hebräer. Eine sozio-linguistische Studie über die Herkunft des Gentiliziums c ibrî vom Appellativum habiru*, Berlin 1984을 참조하라.

23 족보에 관해서는 **C. Westermann**, *Genesis*, Bd. I/1 S. 8, 24 참조.

24 창 25:1, 6 참조.

25 창 21:2 이하 참조.

26 창 16:15 참조.

27 창 25:12-18 참조. 그 밖에 **E. A. Knauf**. *Ismael, Untersuchungen zur Geschichte Palästinas und Nordarabiens im 1. Jahrtausend vor Christus*, Wiesbaden 1985도 참조하라. "'이스마엘'은 네푸드(Nefud)로부터 비옥한 반달(半月) 지방에 이르기까지 북아라비아에 살았던 원 베두인족 연맹이었다"(S. 113). **H. Donner**, 앞의 책, Bd. I, S. 58도 참조하라.

28 창 25:1-4 참조.

29 **R. de. Vaux**, *Histoire ancienne d'Israel*, Bd. I, Paris 1971, S. 261 참조.

30 **C. Westermann**, 앞의 책, Bd. I/1, S. 319 이하 참조.

31 레 12:3 참조.

32 창 15:6 참조.

33 창 22:1-12 참조.

34 **H. Küng**, PW, Kap. C III 참조.

35 창 26:24 참조.

36 사 41:8 참조.

37 시락서 44:19-23 참조.

38 다음의 문헌 참조: **P. Riessler**, *Altjüdisches Schrifttum auerßhalb der Bibel*, Freiburg 1928, [5]1984. **J. H. Charlesworth** (Hrsg.), *The Old Testament Pseudepigrapha*, Vol. I, *Apocalyptic Literature and Testaments*, New York 1983, S. 681-705, übersetzt und eingeleitet von R. Rubinkiewicz.

39 다음의 문헌 참조: **P. Riessler**, 앞의 책, **J. H. Charlesworth**, 앞의 책, S. 871-902, übersetzt und eingeleitet von E. P. Sanders.

40 창 12:12 이하 참조.

41 창 21:4 참조.

42 창 25:6 참조.

43 시락서 44:19.

44 창 26:5 참조.

45 Talmudtraktat Yoma: b Yom 28b 참조.

46 창세기 베레시트 랍바 14:6에 대해 신화적인 미드라쉬는 그렇게 말한다. 여기서 아브라함은 건물의 대들보에 비유된다. "그는 식당을 지으려는 한 사람과 같다. 그는 하나의 강력한 대들보를 소유하고 있다. 그는 이 대들보를 어디에 끼워넣는가? 식당의 중심에 맞춰 대들보를 끼워넣지 않는가? 그는 참으로 앞 대들보와 뒤 대들보를 지니고 있다고 한다. 그렇다면 경배를 돌릴 거룩하신 분은 어찌하여 세대들 한가운데 아브라함을 창조하셨는가? 그가 이전과 이후의 세대들을 떠받치기 위해서다."

47 사 41:8; 렘 33:26.

48 시 47:10.

49 창 12:1-3.

50 막 12:26; 눅 19:9 참조.

51 눅 16:19-31 참조.

52 약 2:23 참조.

53 마 3:7-10; 눅 3:7-9 참조.

54 마 3:9 참조.

55 마 8:11 이하 참조.

56 롬 4:9-12; 9:6-8; 갈 3:6-29 참조.

57 롬 2:29 참조.

58 롬 4:1-25 참조.

59 갈 4:21-30 참조.

60 꾸란 2:125; 3:97; 22:26-31 참조. 물론 아브라함이 남쪽을 향해 멀리 여행했다는 것을 뒷받침하는 역사적인 증거는 없다. **W. Montgomery Watt – A. T. Welch, Der Islam.** Bd. I, *Mohammed und die Frühzeit - Islamisches Recht-Religiöses Leben*, Stuttgart 1980, S. 122-124를 참조하라. 특히 다음의 저서들은 아브라함과 이스마엘에 대한 무함마드의 견해의 발전에 관한 큰 토론을 야기했다. **A. Geiger**, *Was hat Mohammed aus dem Judenthume aufgenommen*, Leipzig [2]1902; **C. Snouck Hurgronje**, *Het Mekkaansche Feest*, Leiden 1880. 그 밖에도 **R. Paret**, 앞의 책, Bd. III, S. 980 이하를 참조하라.

61 꾸란 4:125 참조.

62 꾸란 3:67 참조.

63 꾸란 6:74-81; 21:55-67 참조.

64 꾸란 2:124; 37:102-106 참조.

65 **P. Antes**는 "유대교와 기독교와 이슬람교에 나타난 아브라함"에 관한 그의 정확한 논문을 이러한 올바른 질문과 함께 끝맺는다. in: **같은 저자** u.a., *Christen und Juden. Ein notwendiger Dialog*, Hannover 1988, S. 11-15, 특히 S. 15.

66 마 1:1-17와 눅 3:23-34은 예수 그리스도가 아브라함의 후손이라는 사실을 특별히 분명히 말한다.

67 행 3:13 참조.

68 갈 5:6 참조.

69 요 8:39 참조.

70 약 1:22-25 참조.

71 **H. Strack – P. Billerbeck**, *Kommentar zum Neuen Testament aus Talmud und Midrasch*, Bd. III, München 1926, S. 186-201 참조. 여기에 많은 견해들이 수집되었다.

72 **J. J. Petuchowski**, 앞의 책, Sp. 4 참조.

73 **D. Flusser**, Christianity, in: A. A. Cohen – P. Mendes-Flohr (Hrsg.), *Contemporary Jewish Religious Thought. Original Essays on Critical Concepts, Movements, and Beliefs*, Jerusalem 1972, Neuausgabe New York 1988. 이 신학 저서는 이제부터 모든 사전과 마찬가지로 약어(略語)로 인용된다.

74 **K. Rudolph**, Juden – Christen – Muslime. Zum Verhlätnis der drei monotheistischen Religionen in religionswissenschaftlicher Sicht, in: *Judaica* 44 (1988), S. 214-232, 특히 S. 223.

75 유대교인과 기독교인과 무슬림 간의 '삼중대화'는 다음의 책을 참조하라. **I. May baum**, *Happiness outside the State: Judaism, Christianity, Islam – Three Ways to God*, Stocksfield 1980. **F. E. Peters**, *Children of Abraham: Judaism/Christianity/Islam*, Princeton 1982. **M. Stöhr** (Hrsg.), *Abrahams Kinder: Juden - Christen - Moslems*, Frankfurt 1983. **W. Strolz**, *Heilswege der Weltreligionen*, Bd. I: *Christliche Begegnung mit Judentum und Islam*, Freiburg 1984. **J. Falaturi** u.a. (Hrsg.), *Drei Wege zu dem einen Gott. Glaubenserfahrung in den monotheistischen Religionen*, Freiburg 1976.

76 **Vaticanum II**, Erklärung über das Verhältnis der Kirche zu den nichtchristlichen Religionen "*Nostra aetate*" Art. 4.

77 앞의 책, Art. 3.

1장 II. 시작의 문제

1 **M. Noth**, *Die Welt des Alten Testaments. Einführung in die Grenzgebiete der alttestamentlichen Wissenschaft*, Berlin [3]1957 참조.

2 이스라엘이 종교사적 주변세계와 얼마나 긴밀히 얽혀 있었는지에 관해서는 **J. B. Pritchard**, *Ancient Near Eastern Texts relating to the Old Testament*, 1950; [3]1969. **W. Beyerlin** (Hrsg.), *Religionsgeschichtliches Textbuch zum Alten Testament*, Göttingen 1975를 참조하라.

3 출 5-15장 참조.

4 출 7-11장 참조.

5 출 12장 참조.

6 Text bei **J. B. Pritchard**, 앞의 책, S. 378; Text und Abbildung bei **G. E. Wright**, *Biblical Archeology*, Philadelphia 1957, S. 71. 또한 **W. Ahlström**, *Who Were the Israelites?*, Winona Lake 1986, 알스트룀에 따르면 비문에 나오는 '이스라엘'은 단지 팔레스타인 중부 산악 지역을 지칭하는 영토 이름이다(이로부터 나중에 비로소 민족의 이름이 되었고, 나중에는 종교적·제의적인 이름이 되었다가, 마침내 이데올로기로 좁혀진 하나의 개념이 되었다). **E. Otto**는 바로 이 비문에 나오는 "이스라엘"이 "한정사 '민족'과 결합되었다"고 주장한다. in: *Theologische Revue* 85 (1989), S. 8.

7 출 2:1-10 참조.

8 Text bei **H. J. Beyerlin**, 앞의 책, S. 123f.

9 토마스 만에 관해서는 **W. Jens – H. Küng**, *Anwälte der Menschlichkeit. Thomas Mann - Hermann Hesse - Heinrich Böll*, München 1989 안에 들어 있는 나의 논문 참조. 지그문트 프로이트에 관해서는 **H. Küng**, *Freud und die Zukunft der Religion*, München 1987 참조.

10 **H. J. Kraus**, *Geschichte der historisch-kritischen Erforschung des Alten Testaments von der Reformation bis zur Gegenwart*, Neukirchen 1956 참조.

11 **O. Eißfeldt**의 (1,100쪽에 달하는) 기념비적인 *Einleitung in das AT*, Tübingen [2]1956도 오직 제한적으로만 영향을 줄 수 있다. **V. Fritz, J, W. Rogerson, B. J. Diebner, O. Merk** im Artikel "Bibelwissenschaft", in: *Theologische Realenzyklopädie*, Berlin/New York 1980, Bd. VI, S. 316-409은 오늘날 성서학이 얼마나 복잡하고 문자로 개관할 수 없을 정도가 되었는지를 보여준다. 히브리 성서에 대해서도 마찬가지다. **N. K. Gottwald**, *The Hebrew Bible. A Socio-literary Introduction*, Philadelphia 1985.

12 이미 일찍부터 **오경**에서 하나님을 의미하는 두 히브리어('야웨'와 '엘', 복수로는 '엘로힘')가 다양하게 사용된다는 사실을 관찰한 사람들은 프랑스 계몽주의 시대가 되어서야 비로소 한편으로는 야웨 문서와 다른 한편으로는 엘로힘 문서가 서로 합해져서 하나가 되었다는 사실을 발견했다.

개신교에서 가톨릭 신앙으로 개종한 유명한 프랑스인 의사이자 루드비히 15세의 외과의였던 **J. Astruc**는 하나님의 이름 야웨와 엘로힘의 용법을 처음으로 체계적으로 연구했고, 그래서 비판적인 오경 연구의 기초를 놓았다(1753). **G. Eichhorn**은 나중에 두 자료의 특징과 내용을 더 정확히 밝혀냈다(1799). 그리고 더 많은 긴 논쟁 후에 19세기에 이르러 **N H. Hupfeld**는 오경 안에 들어 있는 네 개의 저자를 알 수 없는 자료, 곧 J문서(야웨이스트)와 E문서(엘로히스트)와 P문서(특히 제의와 사제들을 위한 사제 문서)와 D문서(신명기)를 구분할 수 있게 되었다(1853). **J. Wellhausen**은 자신의 저서 *Die Composition des Hexateuch und der historischen Bücher des alten Testamentes* (Berlin 1865; [4]1963)에서 자료-이론에 전형적인 형태를 부여했다. **W. M. L. de Wette**가 (이미 1805년에) 신명기의 연대를 기원전 7세기의 요시아 왕의 시대(대하 22장)로 확정한 것은 분명히 더 오래된 J문서와 E문서의 연대를 확정할 수 있는 토대를 마련했다. (P문서의 연대는 율리우스 벨하우젠 이래 대개 기원전 6세기 바빌론 포로기 시대로 확정되었다.) 그렇지만 자료 연구는 나중에 여러 번 수정되었고, 전승 연구를 통해 보완되었다. 이것은 오늘까지 인정되고 있다. 특히 **H. Gunkel**은 창세기와 다른 성서에 관한 자신의 주석에서, 그리고 **H. Gressmann**도 자신의 저서 *Mose und seine Zeit. Ein Kommentar zu den Mose-Sagen* (Göttingen 1913)에서 문서로 확정되기 전에 형성된 전승들을 집중적으로 연구했고, 이스라엘의 사회적 상황 안에서 그 '삶의 자리'를 해명하려고 시도했다.

13 **W. Keller**, *Und die Bibel hat doch recht. Forscher beweisen die historische Wahrheit*, Düsseldorf 1955.

14 **N. K. Gottwald**, 앞의 책, S. 608.

15 출 20:2-4; 신 5:6-8 참조.

16 **Y. Kaufmann**, *The Religion of Israel. From Its Beginnings to the Babylonian Exile* (aus dem Hebräischen übersetzte und gekürzte Ausgabe von M. Greenberg), Chicago 1960, S. 60.

17 앞의 책, S. 121.

18 **구약성서의 역사적·비판적 연구**에 관한 몇 가지 표준적인 연구서들은 다음과 같다. **A. Alt**, *Kleine Schriften zur Geschichte des Volkes Israel*, Bd. I-II, München 1953(이 중에서 특히 중요한 연구논문들은 다음과 같다. Die Landnahme der Israeliten in Palästina, 1925; Der Gott der Väter, 1929; Die Staatenbildung der Israeliten in Palästina, 1930; Die Ursprünge des israelitischen Rechts, 1934). **M. Noth**, *Die Welt des Alten Testaments. Einführung in die Grenzgebiete der alttestamentlichen Wissenschaft*, Berlin [3]1957; **같은 저자**, *Überlieferungsgeschichtedes Pentateuch*, Stuttgart 1948; **같은 저자**, 1948; **같은 저자**, *Gesammelte Studien zum Alten Testament*, Bd. I-II, München 1957-

1969(여기서는 특히 오경 속의 율법에 관한 논문(1940) Bd. I, S. 11-141 참조). **G. von Rad**: 신명기에 관한, 역대기에 관한, 육경과 그의 창세기 주석에 관한 글들 외에 특히 그의 *Theologie des Alten Testaments*, Bd. I-II (München 1957-1960) 참조. **O. Eißfeldt**: 그의 구약성서 입문과 그의 육경 대조연구 외에 특히 *Die ältesten Traditionen Israels. Ein kritischer Bericht über C. A. Simpson's 'The Early Traditions of Israel* (Berlin 1950)과 간단한 종합적 연구인 *Die Genesis der Genesis* (Tübingen 1958) 참조.

19 **N. K. Gottwald**, 앞의 책, S. 6-34, 612-665는 풍부한 문학적 암시를 바탕으로 오늘날의 성서학적 방법론에 관한 포괄적인 전망을 제공한다.

20 **M. Smith**, *Palestinian Parties and Politics that Shaped the Old Testament*, New York 1971, 특히 S. 15-56 참조.

21 **O. Keel** (Hrsg.), *Monotheismus im alten Israel und seiner Umwelt*, Fribourg 1980 (vom Hrsg.: Gedanken zur Beschäftigung mit dem Monotheismus, S. 11-30; 특히 S. 21).

22 **B. Lang** (Hrsg.), *Der einzige Gott. Die Geburt des biblischen Monotheismus*, München 1981, 특히 S. 47-83; **A. de Pury**, *Exclusivism and Integration in the Faith of Ancient Israel. Is Monotheism Compatible with a "Convival" Religion?* 참조. 1987년 2월 12-15일 코르도바에서 열린 '아브라함 심포지엄'(제네바의 'The Cultures Dialogue Institute'가 조직함)을 위해 원고로 인쇄되었다.

23 사 2:8, 18; 10:10; 19:3.

24 렘 2:11; 5:7.

25 렘 2:5; 10:8; 14:22.

26 사 45:21.

27 신 6:4를 따랐다.

28 **H. Haag**, *Abschied vom Teufel*, Zürich 1969; **같은 저자**, *Teufelsglaube. Mit Beiträgen von K. Eiliger, B. Lang und M. Limbeck*, Tübingen 1974, Teil II: Dämonen und Satan im Alten Testament, S. 141-269 참조.

29 사 63:7-64:11 참조.

30 창 1:27 참조.

31 매우 복잡한 이 문제에 관해서는 **E. S. Gerstenberger**, *Jahwe - ein patriarchaler Gott? Traditionelles Gottesbild und feministische Theologie*, Stuttgart 1988 참조.

32 **K. Jaspers**, *Die großen Philosophen*, Bd. I, München 1957, S. 68 참조.

33 **H. Rencken**, Art. Adam, in: Bibellexikon.

34 창 1:26-28 참조.

35 창 14:18-20 참조.

36 시 110:4 참조.

37 히 5:1-7, 28 참조.

38 창 9:9-11.

39 창 9:6.

40 **A. Lichtenstein**, *The Seven Laws of Noah*, Nwe York 1981 참조.

41 **J. J. Petuchowski**, Art. Noachidische Gebote, in: *Lexikon der jüdisch-christlichen Begegnung*; **D. Novak**, *The Image of the Non-Jew in Judaism. An Historical and Constructive Study of the Noahide Laws*, New York 1983 참조.

2장 중심

2장 I. 중심 요소

1 출 6:6-7.

2 출 1-15 참조.

3 **출애굽기**에 관해서는 H. Holzinger, B. Baentsch und G. Beer - K. Galling의 오래된 주석 외에도 다음의 학자들의 주석을 참조하라. **J. C. Rylaarsdam**, 1952 (IB). **M. Noth**, 1958 (ATD). **G. te Stroete**, Roermond 1966. **U. Cassuto**, Jerusalem 1967. **J. P. Hyatt**, 1971 (NCeB). **R. E. Clements**, 1972 (CNEB). **B. S. Childs**, 1974 (OTL). **W. H. Schmidt**, 1974 (BK). **F. C. Fensham**, Nijkerk [2]1977. **W. G. Plaut**, in: *The Torah*, New York 1981.

4 출 6:14-20 참조.

5 창 35:22-26 참조.

6 야웨-이름과 출애굽기 3장 14절에 관한 최근의 문헌 개관을 위해서는 **W. H. Schmidt**, *Exodus-Kommentar*, 1988 (BK) S. 169-171 참조.

7 출 3:14. 이 고전적인 본문에 관한 토론에 대해서는 **W. H. Schmidt**, 앞의 책, S. 171-179 참조.

8 호 13:4.

9 여기서, 그리고 앞으로도 전개될 핵심 개념, 예컨대 민족과 언약과 땅과 같은 개념에 관해서는 다음과 같은 대표적인 구약성서 신학에 나오는 관련 부분을 참조하라. **W. Eichrodt**, *Theologie des Alten Testaments*, Bd. I-III, Stuttgart 1933-1939. **L. Köhler**, *Theologie des Alten Testaments*, Tübingen 1936. **O. Procksch**, *Theologie des Alten Testaments*, Gütersloh 1949. **E. Jacob**, *Theologie de l'Ancien Testament*, Neuchätel 1955. **T. C. Vriezen**, *Theologie des Alten Testaments in Grundzügen*, Wageningen 1956. **G. v. Rad**, *Theologie des Alten Testaments*, Bd. I-II, München 1957-1960. **G. Fohrer**, *Theologische Grundstrukturen des Alten Testaments*, Berlin 1972. **W. Zimmerli**, *Grundriß der Alttestamentlichen Theologie*, Stuttgart 1972. **J. L. McKenzie**, *A Theology of the Old Testament*, New York 1974. **C. Westermann**, *Theologie des Alten Testaments in Grundzügen*, Göttingen 1978.

10 출 19:5-6

11 출 19:10-21, 21 참조.

12 출 24장 참조.

13 **H. Gese**, Bemerkungen zur Sinaitradition (1967), in: **같은 저자**, *Vom Sinai zum Zion*, München 1974, S. 31-48: **H. Donner**, *Geschichte des Volkes Israel und seiner Nachbarn in Grundzügen*, Bd. I, Göttingen 1984, S. 97-11 5 참조. **W. H. Schmidt**, *Exodus, Sinai und Mose. Erwägungen zu Exodus 1-19 und 24*, Darmstadt 1983은 (특히 독일어로 이루어진) 토론에 관한 개관을 제공한다.

14 이에 관해서는 **L. Perlitt**, *Bundestheologie im Alten Testament*, Neukirchen 1969 참조: "신명기의 언약신학은 처음에 율법책이 아니라 '주요 계명'을 통해 촉진되었다." 이스라엘은 "스스로 이처럼 광범위한 다른 신학적 개념을 만들어내지 않았다. '언약'을 통해 이스라엘은 가장 첨예한 윤리적 요구를 표현할 수 있었고, 무조건적인 종교적 결단을 강요할 수 있었으며, 자신의 잘못을 인식할 수 있게 했다. 그러나 '언약'을 통해 이스라엘은 희망을 불러일으킬 수도 있었고, 야웨의 신실을 간청할 수도 있었다"(S. 284). 그렇지만 이러한 언약신학은 하나의 이른바 '언약 조항'에 고착되어서는 안 된다. 이에 관해서는 **D. J. McCarthy**, *Treaty and Covenant*, Rom 1963; 독어판: *Der Gottesbund im Alten Testament. Ein Bericht über die Forschung der letzten Jahre*, Stuttgart 1966을 참조하라.

15 창 15장 참조.

16 창 17:19. 21; 24:7; 26:1-5 참조.

17 창 28:3-4 참조.

18 신 26:16-19 참조.

19 출 20-23장 참조.

20 **A. Alt**, Die Ursprünge des israelitischen Rechts (1934), in: **같은 저자**, *Kleine Schriften zur Geschichte des Volkes Israel*, Bd. I, München 1953, S. 278-332. 참조.

21 **M. Noth**, Die Gesetze im Pentateuch. Ihre Voraussetzungen und ihr Sinn (1940), in: **같은 저자**, *Gesammelte Studien zum Alten Testament*, Bd. I, München 1957, S. 9-141 참조.

22 **G. von Rad**, *Theologie des Alten Testaments*, Bd. I, München 1958, S. 193.

23 **N. K. Gottwald**, *The Hebrew Bible. A Socio-Literary Introduction*, Philadelphia 1985, S. 209.

24 **G. Fohrer**, *Geschichte der israelistischen Religion*, Berlin 1969, S. 74.

25 수 1:1-4.

26 **F. Stummer - H. Haag**, Art. Palästina, in: *Bibellexikon* 참조.

27 이미 '선조들'에게 땅이 약속되었다는 사실에 관해서는 창 12:1-3, 7; 13:14-17; 15:7, 18-21; 28:13-15 참조.

28 **M. Sharon** (Hrsg.), *The Holy Land in History ans Thought*, Leiden 1988 참조.

29 수 1:4 참조.

30 창 9:9-16 참조.

31 창 25:12-18 참조.

32 창 17:20 참조.

1 출 1:11-14; 4:29 참조.

2 출 3-4장 참조.

3 출 2:15-22; 출 18장 참조.

4 J. Wach, *Sociology of Religion*, Chicago [5]1950; 독어판: *Religionssoziologie*, Tübingen 1951. 바흐는 다음과 같이 종교적 지도자의 유형들을 구분한다. 종교 창설자, 개혁자, 예언자, 선견자, 마술사, 점쟁이, 성자, 사제, '종교적인' 자.

5 H. Donner, *Geschichte des Volkes Israel und seiner Nachbarn in Grundzügen*, Bd. I, Göttingen 1984, S. 107-115. 초기의 종교 역사와 성서 해석학 연구는 다음 책들을 참조: P. Volz, *Mose. Ein Beitrag zur Untersuchung über die Ursprünge der israelitischen Religion*, Tübingen 1907. H. Gressmann, *Mose und seine Zeit. Ein Kommentar zu den Mose-Sagen*, Göttingen 1913. E. Sellin, *Mose und seine Bedeutung für die israelitisch-jüdische Religionsgeschichte*, Leipzig 1922는 최근의 연구 동향을 보여준다.

6 M. Noth, *Überlieferungsgeschichte des Pentateuch*, Stuttgart 1948, S. 172-191 참조.

7 모세에 관해서는 다음의 책을 참조하라. *Bibellexikon* (H. Cazelles). *Encyclopaedia Judaica* (I. Abrahams, M. Greenberg, D. Winston, L. Jacobs, A. Rothkoff, D. Kadosh, H. Z. Hirschberg, B. Bayer). *Enzyklopaedie des Islam* (B. Heller). *Jüdisches Lexikon* (A. Kristianpoller, N. M. Soloweitschik). *Lexikon der jüdisch-christlichen Begegnung* (J. J. Petuchowski - C. Thoma). *Lexikon der Religionen* (F.-L. Hossfeld - C. Frevel). *Lexikon für Theologie und Kirche* (J. Schmid). *Religion in Geschichte und Gegenwart* (E. Osswald). *Theologisches Wörterbuch zum Neuen Testament* (J. Jeremias). *Wörterbuch des Christentums* (R. Liwak).

모세에 관한 대화를 위해서는 다음의 중요한 논문 단행본을 참조하라. M. Buber, *Moses* (1944), in: *Werke*, München 1964, Bd. II, S. 9-230. H. Cazelles u. a., *Moïse. L'Homme de l'Alliance*, Paris 1955. L. Ginzberg, *The Legends of the Jews*, Bd. I-II, Philadelphia 1909-1910. A. Néher, *Moise et la vocation juive*, Paris 1956; 독어판: *Moses in Selbstzeugnissen und Bilddokumenten*, Hamburg 1964. H. Schmid, *Die Gestalt des Mose. Probleme alttestamentlicher Forschung unter Berücksichtigung der Pentateuchkrise*, Darmstadt 1986.

8 출 4:16; 34:29-35 참조.

9 출 3-4장 참조.

10 F. Heiler, *Das Gebet. Eine religionsgeschichtliche und religionspsychologische Untersuchung*, München [5]1969, S. 255.

11 민 12:8.

12 신 18:15.

13 P. Riessler, *Altjüdisches Schrifttum außerhalb der Bibel*, Freiburg 1928, [5]1984, S. 138-

155.

14 앞의 책, S. 485-495.

15 왕하 14:6 참조.

16 막 7:9-10 참조.

17 눅 16:29-31 참조.

18 마 2장 참조.

19 요 6:25-34 참조.

20 눅 24:25-27 참조.

21 꾸란 20:10-98 참조.

22 꾸란 7:104-158; 20:10-98; 26:10-68; 28:4-43 참조.

23 **R. Smend**, *Die Mitte des Alten Testaments*, Zürich 1970 참조. 루돌프 스멘트의 짤막한, 그러나 역사적으로 W. M. L. de Wette(1813)와 현대 성서신학의 기초를 놓은 Wilhelm Vatke(1835)로부터 시작하여 Julius Wellhausen(1880)을 거쳐 Martin Buber(1932), Walther Eichrodt(1933-39)와 Gerhard von Rad(1957-60)에 이르기까지 탁월하게 제시된 두 기획 논문은 역사의 관점에서 내 자신의 견해를 분명하게 표현하도록 도움을 주었다(백성의 선택과 함께 한때 주어진 땅에 대한 약속을 일반적으로 무시하는 것은 비판해야 한다).

24 이미 **J. Wellhausen**(*Israelitische und jüdische Geschichte*, Berlin 1894, [9]1958)에게도 "야웨는 이스라엘의 하나님이고, 이스라엘은 야웨의 백성이다"라는 문장은 이스라엘 종교의 짤막한 총체적 개념이었다. "야웨는 이스라엘의 하나님이고, 이스라엘은 야웨의 백성이다. 이것은 그 후에 오는 정치적·종교적 역사의 시작과 불변적 원칙이다. … 모든 시대에 이스라엘의 공동 의식이 바탕이 된 것은 다음과 같은 신앙이었다. 야웨는 이스라엘의 하나님이고, 이스라엘은 야웨의 백성이다"(S. 23, 28).

25 두 가지 축을 통해 설명하는 방식은 내용적으로 많은 다른 저자들에게서도 발견된다. **G. Fohrer**는 하나님과 백성의 생생한 관계를 표현하기 위해 하나님의 통치와 하나님의 친교에 관해 말한다. 구약성서의 중심을 다룬 더 많은 논의에 관해서는 **H. Graf Reventlow**, *Hauptprobleme der alttestamentlichen Theologie im 20. Jahrhundert*, Darmstadt 1982, Kap. IV: Die "Mitte" des Alten Testaments를 참조하라.

26 **T. S. Kuhn**, *The Structure of Scientific Revolutions*, Chicago 1962; 독어판: *Die Struktur wissenschaftlicher Revolutionen*, Frankfurt [2]1976, S. 186.

27 **H. Küng**, ThA Kap. B II-IV. C I; PW Teil C 참조.

3장 역사

3장 I. 국가 이전 시대의 부족 패러다임

1 **T. S. Kuhn**, *The Structure of Scientific Revolutions*, Chicago 1962; 독어판: *Die Struktur wissenschaftlicher Revolutionen*, Frankfurt [2]1976, S. 186.

2 **H. Küng**, TA Kap. B II-IV. C I, 4; "패러다임 전환은 진보를 의미하는가?" 참조.

3 **R. de Vaux**, Histoire ancienne d'Israël, Bd. I, Paris 1971, S. 443; 땅의 점령에 관해서는 S. 487-614를 참조하라.

4 다음과 같은 책들은 최근의 논쟁에 관한 좋은 개관을 제공한다. **M. L. Chaney**, Ancient Palestinian Peasant Movements and the Formation of Premonarchic Israel, in: *Palestine in Transition. The Emergence of Ancient Israel*, hrsg. v. D. N. Freedman u. D. Graf, Sheffield 1983, S. 39-90. **R. B. Coote - K. W. Whitelam**, *The Emergence of Early Israel in Historical Perspective*, Sheffield 1987. 내가 1987년 가을에 휴스턴/텍사스의 라이스 대학교에 방문교수로 머물 동안에 개인적으로 대화를 나누고 가치 있는 정보를 제공해준 구약학자 **Don C. Benjamin**에게 감사한다.

5 E. F. Albright와 G. E. Wright의 저서 외에도 **J. Bright**, *Geschichte Israels*, 1 Aufl., Philadelphia 1959와 **H. Rowley**, *From Joseph to Josua, Biblical Traditions in the Light of Archaeology*, London 1950을 참조하라.

6 **A. Alt**, Die Landnahme der Israeliten in Palästina (1925), in: **같은 저자**, *Kleine Schriften zur Geschichte des Volkes Israel*, Bd. I, München 1953, [4]1968, S. 89-125; **같은 저자**, Erwägungen über die Landnahme der Israeliten in Palästina (1939), in: 앞의 책, S. 126-175. **M. Noth**, *Geschichte Israels*, Göttingen 1950, [6]1966. **M. Weippert**, *Die Landnahme der israelitischen Stämme in der neuerenwissenschaftlichen Diskussion. Ein kritischer Bericht*, Göttingen 1967. 비평에 대해서는 **C. H. J. de Geus**, *The Tribes of Israel. An Investigation into Some of the Presuppositions of Martin Noth's Amphictyony Hypothesis*, Assen 1976. 고고학적인 확인에 관해서는 **Y. Aharoni**, *The Archaeology of the Land of Israel. From the Prehistoric Beginnings to the End of the First Temple Period*, Philadelphia 1982.

7 **G. E. Mendenhall**, The Hebrew Conquest of Palestine, in: *The Biblical Archaeologist* 25 (1962), S. 66-87; **같은 저자**, *The Tenth Generation. The Origins of the Biblical Tradition*, Baltimore 1973; **같은 저자**, Ancient Israels Hyphenated History, in: D. N. Freedman - D. Graf (Hrsg.), 앞의 책, S. 91-103.

8 **N. K. Gottwald**, *The Tribes of Yahweh: a Sociology of the Religion of Liberated Israel 1250-1050*, New York 1979 참조.

9 특히 M. Weippert의 주장에 동의한 **M. L. Chaney**와 특히 **N. K. Gottwald**, *The Hebrew Bible*, Philadelphia 1985, S. 272-276 참조.

10 **I. Finkeistein**, *The Archaeology of the Israelite Settlement*, Jerusalem 1988, S. 306-314; 352-356. 정복 모델에 대한 비판에 관해서는 S. 295-302를 참조하라.

11 **I. Finkeistein**: "이스라엘 정착민들의 기원은 최종적으로 중기 청동기 시대 말기에서 찾아야 한다. 그때에 산지 마을들의 연결망은 깨어졌고, 백성 집단들은 정착하며 농사를 짓던 이 체제에서 떨어져나갔다. 그들은 언덕 마을을 포함한 변두리 지역에서 특히 활동적이었다. 그리고 그들의 존재는 후기 청동기 시대의 자료들에서 증명된다. 정치적·경제적 환경의 변화는 그들을 다시 정착하게 만들었다. 재정착은 기원전 13세기 말엽에 시작되었고, 초기 철기 시대에도 계속되었다"(앞의 책, S. 353).

12 앞의 책, S. 353. 멘델홀의 이론에 대한 **A. J. Hauser**의 비판과 그 이후에 나온 논문들에 관해서는 *Journal for the Study of the Old Testament* Nr. 7, 1978을 참조하라.

13 앞의 책, S. 273f.

14 **J. M. Miller**와 **J. H. Hayes**가 출판한 새로운 책 *History of Ancient Israel and Judah* (Philadelphia 1986)는 초기 이스라엘의 역사를 재구성하려는 시도를 완전히 포기한다. 그리고 **J. A. Soggin**도 (그는 미국에서 전개된 최근의 토론을 알지 못했다) 신뢰할 만한 이스라엘의 역사 서술은 다윗의 국가 건설과 함께 비로소 시작되었다고 생각한다: *Storia d'Israele, dalle origini alla rivolta di Bar-Kochba 150 d.C.*, Brescia 1985; 영어판: *A History of Israel. From the Beginnings to the Bar Kochba Revolt, AD 135*, London 1984.

15 **M. Claus**, *Geschichte Israels*는 지난 20년 동안 격렬하게 논쟁된 내용을 1986년에도 여전히 알지 못한다. **J. Bright**(3. Aufl., 1981)와 **H. Donner**, *Geschichte des Volkes Israel und seiner Nachbarn in Grundzügen*, Bd. I, Göttingen 1984는 다르다.

16 **H. Donner**, 앞의 책, S. 127.

17 **N. K. Gottwald**, *The Hebrew Bible*, S. 143f. 참조

18 삿 5장 참조.

19 삿 5:7.

20 삿 5:3.

21 **J. Wellhausen**, *Israelitische und jüdische Geschichte*, Berlin 1894, [9]1958, S. 23; 참조 S. 28.

22 **M. Buber**, Königtum Gottes (1932), in: *Werke*, Bd. II, München 1964, S. 485-723.

23 이에 관한 폰 라트의 비판은 부버를 설득력 있게 반박하지 못한 듯이 보인다. **G. v. Rad**, *Theologisches Wörterbuch zum Neuen Testament*, Art. Basileus, *Werke*, Bd. II, S. 514-519 참조.

24 **L. Perlitt**, *Bundestheologie im Alten Testament*, Neukirchen 1969 참조.

25 **W. Eichrodt**, *Theologie des Alten Testaments*, Bd. I-III, Stuttgart 1933-1939 참조.

26 **H. Haag**, *Das Land der Bibel. Gestalt - Geschichte - Erforschung*, Stuttgart 1989, S. 63-72 참조.

27 삿 5:11, 13 참조.

28 N. K. Gottwald, *The Hebrew Bible*, S. 285 참조.

3장 II. 왕조 시대의 왕국 패러다임

1 삿 8:22 이하.

2 **R. B. Coote - K. W. Whitelam**, *The Emergence of Early Israel in Historical Perspective*, Sheffield 1987, S. 139-166은 구약성서에서 강조되고 있는 블레셋 사람들로 인한 외적인 위협을 완전히 간과하면서 이를 일방적으로 연속적인 발전이라고 설명한다. 고고학, 비교 민속학, 인류학에서 나온 모델들과 자료들을 성서 본문들과 연결하는 **F. S. Frick**, *The Formation of the State in Ancient Israel. A Survey of Models and Theories*, Sheffield 1985는 더 신중하게 생각하는 것 같다. **H. Donner, A. D. H. Mayes, B. Oded, J. A. Soggin**, in: *Israelite and Judaean History*, hrsg. v. J. H. Hayes und J. M. Miller, Philadelphia 1977. **B. Halpern**, *The Constitution of the Monarchy in Israel*, Chico 1981. **A. D. H. Mayes**, *The Story of Israel between Settlement and Exile. A Redactional Study of the Deuteronomistic History*, London 1983 참조.

3 신 17:14-20. **M. Noth**, *Überlieferungsgeschichtliche Studien* (Deut, und Chr.), Bd. I, Tübingen [2]1957. **M. Weinfeld**, *Deuteronomy and the Deuteronomic School*, Oxford 1972. **R. D. Nelson**, *The Double Redaction of the Deuteronomistic History*, Sheffield 1981 참조.

4 삿 8:22 이하; 9:8-15. **A. D. H. Mayes**, The Period of the Judges and the Rise of the Monarchy, in: *Israelite and Judaean History*, S. 285-331 참조.

5 삼상 8; 10:17-27; 11:12-14.

6 삼상 8-12장에서 이 둘은 합성되었다.

7 **G. Fohrer**, *Geschichte Israels. Von den Anfängen bis zur Gegenwart*, Heidelberg [3]1982, S. 86f. **D. M. Gunn**, *The Fate of King Saul. An Interpretation of a Biblical Story*, Sheffield 1980 참조.

8 삼상 31:4 참조.

9 다윗과 그의 지속적인 의미에 관해서는 다음 문헌 속의 논문을 참조하라. *Bibellexikon* (**A. van den Born**). *Die Religion in Geschichte und Gegenwart* (**R. Bach**). *Encyclopaedia Judaica* (**B. Oded, I. M. Ta-Shma, L. I. Rabinowitz, G. Sholem, D. Flusser, H. Z. Hirschberg, A. Goldberg, B. Narkiss, B. Bayer**). *Jüdisches Lexikon* (**H. Fuchs, A. Sandler**). *Lexikon für Theologie und Kirche* (**M. Rehm**). *Reallexikon für Antike und Christentum* (**J. Daniélou**). *The Encyclopedia of Religion* (**J. van Seters**). *Theologische Realenzyklopädie* (**L. A. Sinclair, C. Thoma**). *Wörterbuch des Christentums* (**U. Rüterswörden**). 유대교인과 기독교인과 무슬림의 '삼중대화'에서 다윗은 지금까지 예컨대 아브라함과 모세보다 훨씬 덜 주목을 받아왔다. 여기서는 '다윗'이라는 단어가 종종 실종된다.

10 **G. von Rad**, Der Anfang der Geschichtsschreibung im Alten Israel (1944), in: *Gesammelte Studien zum Alten Testament*, München 1958, S. 148-188, 특히 S. 175 이하 참조.

11 **다윗 이야기**는 삼상 16장에서 시작하여 왕상 2:12에서 끝난다. 이미 두 역대기에서 다윗을 강하게 이상화하는 경향이 나타난다. 기본적인 주석적 논문: **A. Alt**, Die Staatenbildung der Israeliten in Palästina (1930); Das Großreich Davids (1950), in: *Kleine Schriften zur Geschichte des Volkes Israel*, Bd. II, München 1953, S. 1-75. 여기서 이용된 이스라엘의 역사 속의 일치하는 본문(1장 I)과 특히 다음의 문헌을 참조하라. **G. Fohrer**, S. 91-104. **H. Donner**, Bd. I, S. 169-215. **J. A. Soggin**, *Storia d'Israele, dalle origini alla rivolta di Bar-Kochba 150 d.C.*, Brescia 1985; 영어판: *A History of Israel. From the Beginnings to the Bar Kochba Revolt, AD 135*, London 1984, S. 41-68. **D. M. Gunn**, *The Story of King David. Genre and Interpretation*, Sheffield 1978. 사무엘상, 사무엘하에 관한 최근의 주석으로는 **H. W. Hertzberg**, 1956, ^{2}1960 (ATD). **H. J. Stoebe**, Bd. I, 1973 (KAT). **P. K. McCarter**, 1980/1984 (AB)를 참조하라. 다윗-솔로몬 왕궁에 관한 더 많은 문헌에 관해서는 **N. K. Gottwald**, *The Hebrew Bible. A Socio-Literary Introduction*, Philadelphia 1985, S. 635-640을 참조하라.

12 삼하 1:19-27 참조.

13 삼하 5:5 참조.

14 삼하 5:6-9 참조.

15 삼하 5:7 참조.

16 전설로 덮여 있는 삼하 6장을 읽어보라.

17 **J. A. Soggin**, 앞의 책, S. 55.

18 **G. Fohrer**, *Geschichte der israelitischen Religion*, Berlin 1969 참조.

19 삼하 3:10; 17:11; 24:15 참조.

20 삼하 24:9; 대상 22:2 참조.

21 수 1:4. 왕상 5:1, 4; 대하 9:26 참조.

22 삼하 7:16 참조

23 대상 10-29 참조.

24 느 3:16 참조.

25 행 2:29 참조.

26 **C.Thoma**, *Theologische Realenzyklopädie*, Bd III, S. 384

27 앞의 책, S. 384-387 참조.

28 시 1; 19; 119편 참조.

29 룻 4:17, 20-22; 삼상 22:3-4 참조.

30 막 2:23-28 참조.

31 마 2:1-12. **F. Hahn**, *Christologische Hoheitstitel. Ihre Geschichte im frühen Christentum*, Göttingen 1962, ^{3}1966, S. 242-279. **C. Burger**, *Jesus als Davidssohn. Eine traditionsgeschichtliche Untersuchung*, Göttingen 1970 참조.

32 눅 2:4-11 참조.
33 마 1:1-17 참조.
34 눅 3:23-38 참조.
35 막 10:47 이하 참조.
36 시 2편 참조.
37 행 13:33 참조.
38 꾸란 5:78 참조.
39 꾸란 2:251 참조.
40 꾸란 17:55; **Rudi Paret**은 이와 일치하는 꾸란 4:16 이하에 대한 자신의 주석에서 다음과 같이 말한다. "단어 **자부르**(zabur)는 히브리어 **미즈모르**(mizmor), 에티오피아어 **마즈무르**(mazmur), 시편과 아랍어 **자부르**(zabur) 글자의 합성어로 (남아라비아에서 들어온 것으로) 설명할 수 있다."
41 왕상 1장 참조.
42 **솔로몬**에 관해서는 **A. Alt**, Israels Gaue unter Salomo (1913); Die Weisheit Salomos (1951), in: **같은 저자**, 앞의 책, S. 76-99와 이 책에서 이용된 이스라엘 역사의 해당 부분(1장 I)과 특히 **G. Fohrer**, S. 104-119. **H. Donner**, Bd. I, S. 215-232. **J. A. Soggin**, 앞의 책, S. 69-85을 참조하라. 당연히 열왕기상에 대한 주석들도 참조하라. 가장 최근의 주석으로는 **M. Noth**(1-16장, 그는 엘리아 이야기 주석을 위한 선행 작업을 포기했다), 1968 (BK). **J. Gray**, 1964 (OTL). **E. Würthwein**, 1977 (ATD)을 보라.
43 왕상 1장 참조.
44 왕상 5:12 참조.
45 왕상 3:4-15 참조.
46 **G. Fohrer**, *Geschichte Israels*, S. 120f. 참조.
47 왕상 5:9-14 참조.
48 왕상 5:15-9:25 참조.
49 왕상 9:26-10:29 참조.
50 왕상 11장 참조.
51 왕상 3:16-28 참조.
52 이에 관해서는 특히 **E. Würthwein**의 주석을 참조하라.
53 **Y. M. Grintz**와 **Y. Yadin**의 논문. Tempel, *Encyclopaedia Judaica*와 **S. Krauss**, **J. P. Kohn**, **A. Kristianpoller**의 논문. Tempel, *Jüdischen Lexikons*는 첫 번째 성전의 역사와 구조와 제의에 관한 해박한 의견을 제공한다.
54 왕상 8:12 이하 참조.
55 왕상 12장 참조.
56 **H. H. Rowley**, *Prophecy and Religion in Ancient China and Israel*, London 1956 참조.
57 **H. Küng**, CR Kap. II,2 참조
58 로울리(Rowley)는 그의 책의 끝부분(S. 125 이하)에서 이 점을 스스로 인정한다.

59 출 15:20 이하 참조.

60 삿 4장 이하 참조.

61 왕하 22:14-20 참조.

62 사 8:3 참조.

63 **예언자**에 관해서는 구약성서의 신학(1장 I 참조) 외에도 다음과 같은 사전에 나온 논문들을 참조하라. *Bibellexikon* (P. van Imschoot / H. Haag, J. Kürzinger). *Dictionnaire de Religions* (J. Jomier, L. Monboulou, E. Cothenet). *Die Religion in Geschichte und Gegenwart* (G. Mensching, R. Meyer, J. Fichtner, A. Jepsen, P. Vielhauer, E. Fascher). *Encyclopaedia Judaica* (S. M. Paul, L. I. Rabinowitz, R. Lerner, W. S. Wurzburger). *Enzyklopaedie des Islam* (J. Horovitz). *Jüdisches Lexikon* (M. Wiener). *Lexikon der jüdischchristlichen Begegnung* (C. Thoina). *Lexikon der Religionen* (F.-L. Hossfeld / E. Reuter, A. Schimmel). *Lexikon für Theologie und Kirche* (G. Lanczkowski, H. Gross, J. Schmid, K. Rahner). *Lexikon religiöser Grundbegriffe* (D. Vetter, R. Glei, S. Balic). *The Encyclopedia of Religion* (G. T. Sheppard / W. E. Herbrechtsmeier, R. R. Wilson). *Theologisches Handwörterbuch zum Alten Testament* (J. Jeremias). *Theologisches Wörterbuch zum Neuen Testament* (H. Krämer). *Wörterbuch des Christentums* (R. Liwak).

예언자들에 관한 대화를 위해 중요한 최근의 저서들은 다음과 같다. **M. Buber**, *Der Glaube der Propheten*, in: *Werke*, Bd. II, München 1964, S. 231-484. **K. Koch**, *Die Propheten*, Bd. I-II, Stuttgart 1978-1980. **A. Néher**, *L'essence du prophetisme*, Paris 1955. **C. Westermann**, Art. Propheten, in: *Biblisch-historisches Wörterbuch*, Göttingen 1960, Sp. 1496-1512. **G. Fohrer**, *Geschichte der israelitischen Religion*, S. 222-312; **같은 저자**, *Theologische Grundstrukturen des Alten Testaments*, Berlin 1972, S. 71-86. **R. R. Wilson**, *Prophecy and Society in Ancient Israel*, Philadelphia 1980. **J. Blenkinsopp**, *A History of Prophecy in Israel*, Philadelphia 1983. **D. L. Peterson** (Hrsg.), *Prophecy in Israel. Search for an Identity*, Philadelphia 1987. **J. F. A. Sawyer**, *Prophecy and the Prophets of the Old Testament*, Oxford 1987. **H. W. Wolf**, *Studien zur Prophetie. Probleme und Erträge*, München 1987. **J. Barton**, *Oracles of God. Perceptions of Ancient Prophecy in Israel after the Exile*, London 1986.

64 사 6장 참조.

65 렘 1:4-10 참조.

66 겔 1:1-3:15 참조.

67 **H. v. Stietencron**, in: **H. Küng**, WR Kap. B 1,1 참조.

68 **J. Ching**, in: **H. Küng**, CR Kap. II,1 참조.

69 이에 관해서는 1장 II에서 이미 소개한 **B. Lang, M. Smith, A. de. Pury**의 문헌 참조.

70 왕상 19:10, 14 참조.

71 사 2:4. 미 4:1-3 참조.

72 호 9:7; 렘 29:26; 왕하 9:11 참조.
73 C. Thoma, Art. Prophet, in: *Lexikon der jüdisch-christlichen Begegnung* 참조.
74 Talmudtraktat Berachot: y Ber 1,4 (3 b).
75 F. Rahman, *Prophecy in Islam. Philosophy and Orthodoxy*, London 1958 참조.
76 왕하 17:1-6 참조.
77 왕하 17:24-34 참조.
78 왕하 22-23장은 이 개혁에 대해 말하고 있다.
79 H. Donner, 앞의 책, Bd. II, S. 368 이하; J. A. Soggin, 앞의 책, S. 232 이하 참조.
80 M. Noth, *Überlieferungsgeschichtliche Studien*, Bd. I, Tübingen [2]1957은 신명기 사가의 역사 기술에 관한 고전적 저술이다. H. D. Preuß, *Deuteronomium*, Darmstadt 1982는 신명기 연구에 관한 포괄적인 정보를 제공한다.
81 이 책이 발견된 것은 '경건한 속임수'였다는 사실은 늘 또다시 주장되었지만, 그럴 가능성은 거의 없다. 이에 관해서는 최근에 나온 H. Spieckermann, *Juda unter Assur*, Göttingen 1982, S. 156 이하를 참조하라.
82 신 12:5.
83 왕하 24:14 참조.
84 왕하 25:4-7 참조.
85 렘 52:11 참조.

3장 III. 포로기 이후 유대교의 신정(神政) 패러다임

1 레 26장 참조.
2 시 137편 참조.
3 겔 1:1 참조. **바빌론 포로생활**에 관해서는 1장 I에서 설명한 이스라엘의 역사 외에도(H. H. Ben-Sasson, H. Donner, G. Fohrer, N. K. Gottwald가 특히 중요하다) 다음과 같은 최근의 저서들을 참조하라. W. Eichrodt, *Krisis der Gemeinschaft in Israel*, Basel 1953. E. Janssen, *Juda in der Exilszeit. Ein Beitrag zur Frage der Entstehung des Judentums*, Göttingen 1956. C. F. Whitley, *The Exilic Age*, London 1957. P. R. Ackroyd, *Exile and Restoration. A Study of Hebrew Thought of the Sixth Century BC*, London 1968; **같은 저자**, *Israel under Babylon and Persia*, Oxford 1970. R. W. Klein, *Israel in Exile. A Theological Interpretation*, Philadelphia 1979. J. D. Newsome, Jr., *By the Waters of Babylon. An Introduction to the History and Theology of the Exile*, Edinburgh 1979. J. A. Soggin, *Storia d'Israele, dalle origini alla rivolta di Bar-Kochba 1 50 d.C.*, Brescia 1985; 영어판: *A History of Israel. From the Beginnings to the Bar Kochba Revolt, AD 135*, London 1984.
4 시 137편 참조.

5 겔 37:1-14 참조.

6 G. Fohrer, *Geschichte der israelitischen Religion*, Berlin 1969, S. 331 이하 참조.

7 '신명기 저자들'이 다른 성서 작품들에게 끼친 영향에 관해서는 논의되고 있다. 앞장에서 설명한 M. Noth와 H. D. Preuß의 문헌을 참조하라.

8 페르시아 왕국 속의 유다 역사에 관해서는 이스라엘의 역사 외에 다음과 같은 최근의 저서들을 참조하라. **K. Galling**, *Die Krise der Aufklärung in Israel*, Mainz 1952; **같은 저자**, *Studien zur Geschichte Israels im persischen Zeitalter*, Tübingen 1964. **C. C. Torrey**, *The Chronicler's History of Israel. Chronicles-Ezra-Nehemiah Restored to Its Original Form*, New Haven 1954. **O. Plöger**, *Theokratie und Eschatologie*, Neukirchen 1959. **S. Mowinckel**, *Studien zu dem Buche Ezra-Nehemia*, Bd. I-III, Oslo 1964-1965. **H. C. M. Vogt**, *Studie zur nachexilischen Gemeinde in Esra-Nehemia*, Werl 1966. **J. D. Purvis**, *The Samaritan Pentateuch and the Origin of the Samaritan Sect*, Cambridge 1968. **R. S. Foster**, *The Restoration of Israel. A Study in Exile and Return*, London 1970. **K.-M. Beyse**, *Serubbabel und die Königserwartungen der Propheten Haggai und Sacharja. Eine historische und traditionsgeschichtliche Untersuchung*, Stuttgart 1972. **R. J. Coggins**, *Samaritans and Jews. The Origins of Samaritanism Reconsidered*, Atlanta 1975. **M. Avi-Yonah - Z. Baras** (Hrsg.), *Society and Religio in the Second Temple Period* (The World History of the Jewish People. First Series: Ancient Time, Bd. VIII), Jerusalem/London 1977. **S. Safrai**, *Das jüdische Volk im Zeitalter des Zweiten Tempels*, Neukirchen 1978. **W. D. Davies - L. Finkeistein** (Hrsg.), *The Cambridge History of Judaism*, Bd. I: *Introduction. The Persian Period*, Cambridge 1984.

9 사 41:2 참조.

10 사 44:28 참조.

11 사 45:1 참조.

12 아람어로 된 원래 내용은 스 6:3-5 참조.

13 스 1:1-4.

14 H. Donner, 앞의 책, Bd. II, S. 409-412에 따르면 귀환 허락은 역대기의 저자에 의해 나중에 (4/3세기에) 추가되었다고 한다.

15 H. Haag, *Das Land der Bibel. Gestalt - Geschichte - Erforschung*, Stuttgart 1989, S. 93 이하.

16 에스라 2장에 따르면 42,360명의 재산가들과 7,300명이 넘는 종들이 귀환했다(고향에 남아 있던 사람들도 포함되었는가?). 그들의 귀향은 20년대가 되어서 비로소 일어났다. H. Donner, 앞의 책, Bd. II, S. 409-412.

17 학 1:2-4.

18 슥 4:9.

19 학 2:23.

20 슥 4:1-6, 10, 14.

21 두 번째 성전의 역사, 구조와 제의에 관한 포괄적인 의견을 제공하는 논문: **B. Porten, Y. M. Grintz, M. Avi-Yonah, S. Safrai** im Art. Tempel der *Encyclopaedia Judaica*. **S. Krauss, J. P. Kohn, A. Kristianpoller** im Art. Tempel des *Jüdischen Lexikons*도 참조하라.

22 스 6:15-18 참조.

23 말 3:1 참조.

24 느 5:14 참조.

25 **A. van Hoonacker**, *Néhémie et Esdras. Nouvelle hypothèse sur la Chronologie de l'epoque de la restauration*, Louvain 1890.

26 스 7:12, 21 참조.

27 느 8-10장 참조.

28 **U. Kellermann**, Erwägungen zum Esra-Gesetz, in: *Zeitschrift für die Alttestamentliche Wissenschaft* 80 (1968), S. 373-385 참조.

29 레 17-26장 참조.

30 **G. Fohrer**, *Geschichte der israelitischen Religion*, S. 321.

31 앞의 책, S. 321 이하.

32 앞의 책, S. 322.

33 스 7-10장 참조.

34 느 1-7장; 10-13장 참조.

35 **G. Fohrer**, *Geschichte der israelitischen Religion*, S. 369.

36 마카비후서 6:2 참조.

37 **J. A. Soggin**, 앞의 책, S. 278.

38 **H. Donner**, 앞의 책, Bd. II, S. 433-439: "Das dunkle Jahrhundert" 참조.

39 역대기상과 역대기하, 에스라, 느헤미야 참조.

40 **N. K. Gottwald**, *The Hebrew Bible. A Socio-Literary Introduction*, Philadelphia 1985, 11장(Gesetz und Propheten)과 12장(Schriften)은 복잡한 편집사의 과정과 문학비평의 과정을 수준 높게 설명한다.

41 **I. Elbogen**, *Der jüdische Gottesdienst in seiner geschichtlichen Entwicklung*, Frankfurt 1913, [3]1931.

42 **J. Heinemann**, *Prayer in the Talmud. Forms and Patterns*, Berlin 1977, S.15.

43 **J. Neusner**, *The Way of Torah. An Introduction to Judaism*, Belmont [3]1979, S. 53.

44 **J. H. Charlesworth**, A Prolegomenon to a New Study of the Jewish Background of the Hymns and Prayers in the New Testament, in: *Journal of Jewish Studies* XXXIII (1982), S. 272.

45 사 56-66장 참조.

46 슥 9-14장 참조.

47 시 74:9.

48 Talmudtraktat Yoma: b Yom 9 b 참조. **R. Then**은 자신의 박사논문 "*Gibt es denn keinen*

mehr unter den Propheten? Zum Fortgang der alttestamentlichen Prophetie in frühjüdischer Zeit", Frankfurt 1990에서 예언자에 대한 계속적인 관심과 다윗을 향한 역투사 등을 통해 초기 유대교에 진정한 예언이 존재했음을 입증한다.

49 요 6:14; 7:40, 52; 행 3:22; 7:37 참조.

50 고전 12:28 참조.

51 고전 14:1-3 참조.

52 롬 12:6 참조.

53 고전 14장 참조.

54 엡 4:11 이하 참조.

55 **A. Schimmel**, Art. Prophet, in: *Lexikon der Religionen*.

56 렘 18:18 참조.

57 **M. Hengel**, *Judentum und Hellenismus. Studien zu ihrer Begegnung unter besonderer Berücksichtigung Palästinas bis zur Mitte des 2. Jh.s v. Chr.*, Tübingen 1969, [2]1973, S. 234 참조.

58 최근의 연구 상황에 대한 좋은 개관을 위해서는 **K.-J. Kuschel**, *Geboren vor aller Zeit? Der Streit um Christi Ursprung*, München 1990 참조.

59 **헬레니즘 시대의 유다 역사**는 이스라엘의 역사(1장 I) 외에도 다음의 문헌을 참조하라. **W. O. E. Oesterley**, *The Jews and Judaism during the Greek Period: The Background of Christianity*, London 1941. **V. Tcherikover**, *Hellenistic Civilization and the Jews*, Philadelphia 1959. **S. Zeitlin**, *The Rise and Fall of the Judaean State. A Political, Social and Religious History of the Second Commonwealth*, Bd. I-II, Philadelphia 1962-1967. **D. S. Russel**, *The Jews from Alexander to Herod*, Oxford 1967. **M. Hengel**, 앞의 책; **같은 저자**, *Juden, Griechen und Barbaren. Aspekte der Hellenisierung des Judentums in vorchristlicher Zeit*, Stuttgart 1976. **H. Temporini - W. Haase** (Hrsg.), *Aufstieg und Niedergang der römischen Welt. Geschichte und Kultur Roms im Spiegel der neueren Forschung*, Teil II, Bd. 21.1-2: *Religion (Hellenistisches Judentum in römischer Zeit: Philon und Josephus)*, Berlin 1983-1984.

60 튀빙엔 대학의 신약학자 **마르틴 헹엘**은 단지 외형적으로 세계의 곳곳마다 실제로 확산된 '세계종교'(=디아스포라 종교)의 가능성만을 지적하지 않고, 내적으로 순전히 보편적인 세계종교의 가능성도 분명히 지적한다. "유대교는 헬레니즘 시대에 대략 기원전 2세기 후반부터 —마카비 시대의 성공은 이런 관점에서도 그 자의식을 높였다—디아스포라의 급속한 확산과 부분적으로는 활동적이었던 선교를 통해 **세계종교**가 될 수 있는 길로 접어들고 있었다. 물론 바리새주의에서 볼 수 있듯이, 세심하고 열정적으로 토라 문자에 집착하려는 경향은 이를 분명히 반대하고 있었다. 그리스어를 쓰던 유대교에서도 여기서는 근본적으로 오직 제한적으로만 율법에 대한 더 큰 자유가 존재했다. 우의적 해석은 문자의 의미를 폐기하지 않는다. 필로에게서도 구체적인 계명과 금령은 무조건 인정되었다"(*Judentum und Hellenismus*, S. 568 이하).

61 H. Donner, 앞의 책, Bd. II, S. 439.

62 단 11:31; 12:11 참조.

63 마카비 시대에 관해서는 이스라엘의 역사(1장 I) 외에도 다음과 같은 최근의 문헌들을 참조하라. **W. W. Buehler**, *The Pre-Herodian Civil War and Social Debate. Jewish Society in the Period 76-40 B.C. and the Social Factors Contributing to the Rise of the Pharisees and the Saducees*, Basel 1974. **W. R. Farmer**, *Maccabees, Zealots, and Josephus. An Inquiry into Jewish Nationalism in the Greco-Roman Period*, New York 1956. **O. Plöger**, *Aus der Spätzeit des Alten Testaments. Studien*, Göttingen 1971.

64 **Josephus Flavius**, *Antiquitates* 13, 380 이하; **같은 저자**, *De bello judaico* I, 97 이하 참조.

65 **M. Stern**, The Period of the Second Temple, in: H. H. Ben-Sasson, 앞의 책, Kap. 14 이하는 이러한 경향성을 보인다. **Zeitlin**, 앞의 책, Bd. I은 이에 반해 현실적으로 설명한다.

66 **N. K. Gottwald**, 앞의 책, S. 448.

67 로마 제국 시절의 유다의 역사에 관해서는 이스라엘의 역사(1장 I) 외에도 다음과 같은 문헌들을 참조하라. **E. Schürer**, *Geschichte des jüdischen Volkes im Zeitalter Jesu Christi*, Bd. I-III, Leipzig [4]1901-1909; 영어개정판: hrsg. v. M. Goodman, F. Millar, G. Vermes: *The History of the Jewish People in the Age of Jesus Christ (175 B.C. - A.D. 135)*, Bd. I-III, Edinburgh 1973-1987. **J. Jeremias**, *Jerusalem zur Zeit Jesu. Kulturgeschichtliche Untersuchungen zur neutestamentlichen Zeitgeschichte*, Göttingen 1923, [2]1958. **M. Hengel**, *Die Zeloten. Untersuchungen zur jüdischen Freiheitsbewegung in der Zeit von Herodes I. bis 70 n. Chr.*, Leiden 1961. **P. Prigent**, *La fin de Jérusalem*, Neuchätel 1969. **H. Kreissig**, *Die sozialen Zusammenhänge des judäischen Krieges. Klassen und Klassenkampf im Palästina des 1. Jahrhunderts v. u. Z.*, Berlin 1970. **D. M. Rhoads**, *Israel in Revolution: 6-74 C.E. A Political History Based on the Writings of Josephus*, Philadelphia 1976.

68 **G. Fohrer**, *Geschichte Israels*, Heidelberg 1979, S. 296 이하.

69 **헤롯**에 관해서는 이스라엘의 역사(1장 I) 외에도 특히 **E. Schürer**의 책을 참조하라. 이 책은 요세푸스에게서 발견되는 정보들을 간단히, 객관적으로 요약한다. 탈무드와 정통주의 관점에서 헤롯을 단죄하는 Heinrich Grätz(1906-1908), 로마 국가의 관점에서 유대인에 반대하며 헤롯을 변호하는 Hugo Willrich(1929), '이방인 찬탈자 헤롯'에 반대하여 일방적으로 하스몬 가문을 변호하는 Joseph Klausner(1949-1951)의 헤롯 묘사와는 반대로 유대인 역사가 **Abraham Schalit**는 히브리어로 쓴 그의 책 *König Herodes. Der Mann und sein Werk*(Berlin 1969)를 통해—그는 독어판을 위해 이 책의 내용을 보완하고 확장했다(이제는 거의 900쪽에 달한다)—Walter Ottos(1913)의 노선 위에서 헤롯을 비판적·포괄적으로 정당하게 다루려고 시도한다. 영어로 나온 최근의 전기에 관해서는 **S. Sandmel**, *Herodes. Profile of a Tyrant*, Philadelphia 1967; 독어판: *Herodes. Bildnis eines Tyrannen*, Stuttgart 1968. **M. Grant**, *Herod the Great*, London 1971을 참조하라.

70 **J. Jeremias**가 쓴 앞의 책은 예루살렘의 경제적·사회적·종교적 상황을 해박하게 설명한다.

71 묵시문학에 관해서는 다음의 문헌들을 참조하라. **O. Plöger**, *Theokratie und Eschatologie*, Neukirchen 1959. **C. Rowland**, *The Open Heaven. A Study of Apocalyptic in Judaism and Early Christianity*, New York 1982. **D. Hellholm** (Hrsg.), *Apocalypticism in the Mediterranean World and the Near East: Proceedings of the International Colloquium on Apocalypticism (Uppsala, August 12-17, 1979)*, Tübingen 1983. **G. W. E. Nickelsburg - M. E. Stone**, *Faith and Piety in Early Judaism. Texts and Documents*, Philadelphia 1983. **J. J. Collins**, *The Apocalyptic Imagination. An Introduction to the Jewish Matrix of Christianity*, New York 1984. **M. Goodman**, *The Ruling Class of Judaea. The Origins of the Jewish Revolt Against Rome, AD 66-70*, Cambridge 1987. **P. D. Hanson**, *Old Testament Apocalyptic*, Nashville 1987.

72 **E. Zenger**, Jesus von Nazareth und die messianische Hoffnung des alttestamentlichen Israel, in: W. Kasper (Hrsg.), *Christologische Schwerpunkte*, Düsseldorf 1980, S. 37-78, 특히 S. 70.

73 단 12:3 참조.

74 그리스도 이전에 형성된 본문으로서 '다윗의 아들'이라는 인물을 '메시아'라는 인물과 결합하는 본문은 위서(僞書)에 속한 솔로몬의 시편 17편(17:21-46)에 나온다. 그러나 여기서 묘사된 인물은 하나님을 모르는 통치자들을 쓰러뜨리고 예루살렘에서 이방 백성들을 몰아낼 이 땅의 해방자다. 이런 표상에는 다윗의 아들 예수와 공통되는 특징이 매우 적다. 그리스도 이전과 신약성서 시대에 일어난 인자 표상과 메시아 표상의 발전에 관해서는 **K.-J. Kuschel**, 앞의 책, S. 262-310을 참조하라.

75 유대인 봉기의 전(前)-역사에 관해서는 특히 **M. Hengel**, *Die Zeloten*을 참조하라.

76 **D. M. Rhoads**가 쓴 앞의 책은 전쟁의 원인을 정확하게 분석하고 있다.

77 대략 150년 전(1838)에 비로소 미국의 학자 스미스(E. Smith)와 로빈슨(E. Robinson)은 사해 서쪽에 있는, 그리고 아랍 사람들이 '에스-세데'(es-Seddeh)라고 부르는 폐허가 마사다 요새임을 확인했다. 1963-65년에 야딘(Yigael Yadin)이 이끌었던 거대한 국제적 탐험대는 이듬해에 요세푸스의 기록에 의존하여 거대한 요새의 모습과 기능을 복구했다. 이에 관해서는 **Y. Yadin**, *Masada, Herod's Fortress and the Zealots' Last Stand*, London 1966; 독어판: *Masada. Der letzte Kampf um die Festung des Herodes*, Hamburg 1967을 참조하라.

78 **P. Prigent**는 앞에서 소개한 그의 책에서 두 번의 유대-로마 전쟁을 다룬다.

79 **Y. Yadin**, *Bar-Kokhba - The Rediscovery of the Legendary Hero of the Last Jewish Revolt against Imperial Rome*, London 1971; 독어판: *Bar Kochba, Archäologen auf den Spuren des letzten Fürsten von Israel*, Hamburg 1971 참조.

3장 IV. 중세 랍비-회당 패러다임

1 **F. Hahn**, *Christologische Hoheitstitel. Ihre Geschichte im frühen Christentum*, Göttingen 1963, [3]1966, S. 75 이하 참조.

2 **F. Hüttenmeister - G. Reeg**, *Die antiken Synagogen in Israel*, Bd. I-II, Wiesbaden 1977 참조.

3 조상들의 잠언 1:2.

4 **J. Neusner**, Varieties of Judaism in the Formative Age, in: A. Green (Hrsg.), *Jewish Spirituality. From the Bible through the Middle Ages*, New York 1987, S. 171-197; 특히 S. 172, 171.

5 **I. Elbogen**, *Der jüdische Gottesdienst in seiner geschichtlichen Entwicklung*, Frankfurt [3]1931 참조.

6 이에 관해서는 특히 **S. Safrai**, in: H. H. Ben-Sasson (Hrsg.), *A History of the Jewish People*, Cambridge 1976, S. 373-382을 참조하라.

7 **J. Neusner**, 앞의 책, S. 172.

8 미쉬나와 탈무드 시기의 유대교에 관해서는 **J. Maier**, *Das Judentum. Von der biblischen Zeit bis zur Moderne*, München [2]1973, S. 287-379. **S. Safrai**, 앞의 책, S. 305-382. **G. Alon**, *Jews, Judaism and the Classical World. Studies in Jewish History in the Times of the Second Temple and Talmud*, Jerusalem 1977. **H. Temporini - W. Haase** (Hrsg.), *Aufstieg und Niedergang der römischen Welt. Geschichte und Kultur Roms im Spiegel der neueren Forschung*, Teil II, Bd. IXX/1-2: *Religion (Judentum: Allgemeines, Palästinisches Judentum)*, Berlin 1979. **G. Stemberger**, *Geschichte der jüdischen Literatur. Eine Einführung*, München 1977; **같은 저자**, *Das klassische Judentum. Kultur und Geschichte der rabbinischen Zeit (70 n. Chr. bis 1040 n.Chr.)*, München 1979; **같은 저자**, *Epochen der jüdischen Literatur*, München 1982를 참조하라. 랍비 **J. Winter**와 기독교인 유대학자 **A. Wünsche**가 편집한 다음의 책은 부록으로 더 유용하다. *Die jüdische Literatur seit Abschluß des Kanons. Eine prosaische und poetische Anthologie mit biographischen und litterargeschichtlichen Einleitungen*, Bd. I-II, Trier 1894, Nachdruck 1964. **G. Karpeles**, *Geschichte der jüdischen Literatur*, Bd. I-II, Berlin 1886, Nachdruck 1963은 대중적인 책이다. 영어로 된 책으로 유대교 문헌에 관한 여러 권을 묶은 두 개의 탁월한 전집을 참조하라. **M. Waxman**, *A History of Jewish Literature*, Neuauflage Bd. I-V, New York 1960과 **I. Zinberg**, *A History of Jewish Literature*, Bd. I-XII, Cleveland - New York 1972-1978. 그렇지만 탈무드-랍비 문헌에 대한 지도적인 연구자 **제이콥 뉴스너**(Jacob Neusner)는 미쉬나와 탈무드에 관한 모든 연구를 하나의 새로운 기초 위에 세웠다. 그의 책 *A History of the Jews in Babylonia* (Bd. I-V, Leiden 1965-1970)와 *A History of the Mishnaic Law of Purities* (Bd. I-XXII, Leiden 1974-1977)는 기본적인 내용을 담고 있다. *Judaism. The Evidence of the Mishnah*

(Chicago 1981)에서 그는 미쉬나에 대한 체계적 설명을 시도한다. 더 참조할 책은 다음과 같다. *The Formation of the Babylonien Talmud. Studies in the Achievements of Late Nineteenth and Twentieth Century Historical and Literary-Critical Research*, Leiden 1970; *Torah: From Scroll to Symbol in Formative Judaism*, Philadelphia 1985; *Ancient Judaism and Modern Category-Formation. "Judaism", "Midrash", "Messianism", and Canon in the Past Quarter-Century*, Lanham 1986; *The Religious Study of Judaism*, Bd. I-II, Lanham 1986; *The Wonder-working Lawyers of Talmudic Babylonia: The Theory and Practice of Judaism in its Formative Age*, Lanham 1987; *Why no Gospels in Talmudic Judaism?*, Atlanta 1988; *Wrong Ways and Right Ways in the Study of Formative Judaism. Critical Method and Literature, History, and the History of Religion*, Atlanta 1988; *Medium and Message in Judaism*. First Series, Atlanta 1989. 리히텐베르거는 뉴스너의 다양한 논문을 독일어로 번역하고 편집했다. **H. Lichtenberger**, *Das pharisäische und talmudische Judentum. Neue Wege zu seinem Verständnis*, Tübingen 1984.

9 *Jüdisches Lexikon* (Art. Talmud: **B. Kirschner**)과 *Encyclopaedia Judaica* (**E. E. Urbach**)에 들어 있는 논문들을 참조하라 .

10 **G. Stemberger**, *Der Talmud. Einführung - Texte - Erläuterungen*, München 1982, [2]1987, S. 37. **R. Mayer**, *Der Talmud*, München [5]1980도 중요한 문장을 잘 골라냈다.

11 *Jüdisches Lexikon* (**J. Krengel**)과 *Encyclopaedia Judaica* (**E. Berkovits**, **B. Bayer**)에 들어 있는 논문들을 참조하라.

12 **게마라**(Gemara)는 탈무드에 들어 있는 미쉬나의 주석이다(미쉬나 + 게마라 = 탈무드). 그러나 게마라 외에도 이것과 대체로 내용이 일치하는 **토세프타**(Tosephta)의 모음도 있다. **미드라심**(Midrashim: 성서주석)과 **타르굼스**(Targums: 아람어 대중언어로 설명된 성서 번역서)에는 더 많은 전승들이 존재한다.

13 **G. Stemberger**, 앞의 책, S. 46. 매우 복잡한 발전 때문에 우리는 랍비 운동과 교훈 전승의 단계에 주목해야 한다.

1~2세기 타나이 사람들(아람어 'tanna'im' = '반복하는 자', '가르치는 자'에서 유래함): 구두 전승의 대가들. 그들의 작품은 미쉬나 = 할라카 = 구속력 있는 법 또는 종교적 율법이다.

3~5세기 아모라 사람들(히브리어 'amar' = '말하는 자'에서 유래함): 타나이 사람들의 가르침을 해석한 사람들. 그들의 작품은 '게마라'(= 미쉬나의 '가르침', '보완')이고, 이것은 미쉬나와 함께 (팔레스타인과 바빌론) 탈무드가 된다.

6~7세기 사보라 사람들(히브리어 'sabar' = '생각하다'에서 유래함): 그들은 (오직 바빌론에서) 바빌론 탈무드를 정리하고 대폭 수정했다. 이 탈무드는 팔레스타인 탈무드보다 더 많은 하가다 자료를 포함한다.

7~11세기 게오님 또는 가온(히브리어 'gaon' = '고상한'에서 유래함): 탈무드를 가르치고 그 기초 위에서 종교적 율법을 결정한 탈무드 학교의 지도자들.

14 **L. Goldschmidt**, *Der babylonische Talmud*, hebräisch und deutsch, Bd. I-IX, Leipzig

1933-1935; **같은 저자**, *Der babylonische Talmud*, Bd. I-XII, Berlin 1930-1936. 영어판: **I. Epstein** (Hrsg.), *The Babylonian Talmud*, Bd. I-XXXV, London 1948-1952. **J. Neusner**, *The Talmud of Babylonia. An American Translation*, Chico/Calif. 1984 ff.

이에 더하여 **H. L. Strack**, *Einleitung in den Talmud* (1887; [5]1921부터 바뀐 제목: *Einleitung in Talmud und Midrasch*, Nachdruck 1962, 7 개정신판. **H. L. Strack - G. Stemberger**, *Einleitung in Talmud und Midrasch*, München 1982). **B. M. Bokser**, An Annotated Bibliographical Guide to the Study of the Palestinian Talmud, in: H. Temporini - W. Haase, 앞의 책, Bd. 19.2, S. 139-256. **D. Goodblatt**, The Babylonian Talmud, in: 앞의 책, S. 257-336. **G. Stemberger**, Der Talmud; **같은 저자**, *Midrasch. Vom Umgang der Rabbinen mit der Bibel. Einführung - Texte - Erläuterungen*, München 1989. **E. E. Urbach**, *The Sages. Their Concepts and Beliefs*, hebräische Ausgabe, Jerusalem 1969, 영어판 Jerusalem 1975, 개정신판 Cambridge/Mass. - London 1987은 탈무드 신학에 관한 체계적인 대작(하나님, 인간, 세계, 율법과 이스라엘 민족에 관한 랍비들의 관점)이다. **J. Neusner**, *From Literature to Theology in Formative Judaism: Three Preliminary Studies*, Atlanta 1989 참조. **A. Cohen**, *Everyman's Talmud* (1932), 재발간 New York 1975는 늘 새롭게 나오는 대중적인 체계적 문집이다.

Dictionnaire des Religions (**K. Hruby**), *Die Religion in Geschichte und Gegenwart* (**R. L. Dietrich**), *Encyclopaedia Judaica* (**B. Bayer**, **E. Berkovits**), *Jüdisches Lexikon* (**B. Kirschner**, **J. Krengel**), *Lexikon der jüdisch-christlichen Begegnung* (**J. J. Petuchowski**), *Lexikon für Theologie und Kirche* (**K. Schubert**), *The Encyclopedia of Religion* (**R. Goldenberg**)에 들어 있는 논문도 참조하라.

15 **H. Denzinger**, *Enchiridion Symbolorum*, Freiburg [31]1960, Nr. 783.

16 **중세 유대교 역사**는 다음의 문헌을 참조하라. **H. H. Ben-Sasson**, 앞의 책, S. 383-723. **I. Elbogen**, *Geschichte der Juden in Deutschland*, Berlin 1935. **J. Maier**, 앞의 책, S. 381-601. **I. Husik**, *A History of Medieval Jewish Philosophy*, New York 1916. **I. R. Marcus**, *The Jew in the Medieval World. A Source Book. 315-1791*, Westport/Conn. [2]1975. **Y. H. Yeru-shalmi** u. a., *Bibliographical Essays in Medieval Jewish Studies*, New York 1976. **L. Sievers**, *Juden in Deutschland. Die Geschichte einer 2000-jährigen Tragödie*, Hamburg 1977. **H. Greive**, *Die Juden. Grundzüge ihrer Geschichte im mittelalterlichen und neuzeitlichen Europa*, Darmstadt 1980. **I. Twersky**, *Studies in Jewish Law and Philosophy*, New York 1982. **H. Simon - M. Simon**, *Geschichte der jüdischen Philosophie*, München 1984. **A. Green**, 앞의 책.

17 **필로** 연구의 최근 상황 개관을 위해서는 **W. Haase** (Hrsg.), *Aufstieg und Niedergang der römischen Welt. Geschichte und Kultur Roms im Spiegel der neueren Forschung*, Teil II, Bd. XXI/1 (*Hellenistisches Judentum in römischer Zeit: Philon und Josephus*), Berlin 1984을 참조하라. 여기서 특히 **E. Hilgert**, Bibliographie Philonienne 1935-1981과 **P. Borgen**, Philo of Alexandria Critical and Synthetical Survey of Research since World

War II를 참조하라. 유대인의 관점에서 연구한 É. Bréhier, I. Heinemann, W. Völker, H. A. Wolfson의 기본 저서들 외에도 최근의 종합적인 설명을 제시한 **D. Winston**, Philo and the Contemplative Life, in: A. Green, 앞의 책, S. 198-231과 **Y. Amir**, Art. Philo Judaeus, in: *Encyclopaedia Judaica*를 참조하라. 그들은 물론 필로가 왜 하나의 에피소드가 되었고 앞으로도 그럴 것인지에 대해서는 다루지 않았다. 9세기가 되어서야 비로소 **Karäer**는 신인동형동성론적 하나님 표상을 반대하는 자신의 논문에서 필로의 견해를 다시 받아들였기 때문에 반대자 **가온 사아자**(Gaon Saadja)는 이 철학적 · 신학적 문제를 다루어야 했다.

18 **R. Goldenberg**, Art. Talmud, in: *Encyclopedia of Religion*, Bd. XIV, S. 256-260; **같은 저자**, Law and Spirit in Talmudic Religion, in: A. Green, 앞의 책, S. 232-252 참조.

19 **S. W. Baron**, *A Social and Religious History of the Jews*, 18-bändige Neuauflage, New York 1952-1983, Bd. I, S. 167-171 참조.

20 이미 5세기에 아랍에는 대략 50년 동안 유대인-아랍인 왕궁 힘야르가 있었다. **S. Safari**, 앞의 책, S. 458 이하.

21 **R. Goldenberg**, Art. Talmud, S. 259.

22 **Concilium Florentinum**, Decretum pro Jacobitis, in: H. Denzinger, *Enchiridion Symbolorum*, Freiburg [31]1960, Nr. 714.

23 **A. F. Segal**, *Rebeccas Children. Judaism and Christianity in the Roman World*, Cambridge/Mass. 1986, 특히 S. 163-181은 이 점을 매우 분명히 역설한다.

24 **반유대주의**에 관해서는 다음의 사전들 속의 논문을 참조하라. *Dictionnaire des Religions* (**P.. Pierrard**). *Die Religion in Geschichte und Gegenwart* (**W. Holsten**). *Encyclopaedia Judaica* (**B. Eliav**). *Jüdisches Lexikon* (**F. Goldmann, S. Kaznelson, B. Kirschner, J. Kreppei, W. Levinger, J. Meisl, A. Tänzer, A. Zweig**). *Lexikon der jüdisch-christlichen Begegnung* (**C. Thoma**). *Lexikon der Religionen* (**K.-H. Minz**). *Lexikon für Theologie und Kirche* (**K. Thieme**). *Reallexikon für Antike und Christentum* (**J. Leipoldt**). *The Encyclopedia of Religion* (**A. Davies**). *Theologische Realenzyklopädie* (**G. B., T. C. de Kruijf, W. P. Eckert, N. R. M. de Lange, G. Müller, C. Thoma, E. Weinzierl**). *Wörterbuch des Christentums* (**P. Maser**).

반유대주의에 관한 종교 간의 대화는 다음의 중요한 논문들을 참조하라. **L. Goppelt**, *Christentum und Judentum im ersten und zweiten Jahrhundert. Ein Aufriß der Urgeschichte der Kirche*, Gütersloh 1954. **L. Poliakov**, *Histoire de l'antisemitisme*, Bd. I-IV, Paris 1955-1977; 독어판: *Geschichte des Antisemitismus*, Bd. I-VIII, Worms 1977-1988. **J. Isaac**, *Genese de l'antisemitisme. Essai historique*, Paris 1956. **H. Andics**, *Der ewige Jude. Ursachen und Geschichte des Antisemitismus*, Wien 1965. **E. H. Flannery**, *The Anguish of the Jews. Twenty-Three Centuries of Antisemitism*, New York 1965. **M. Stern** (Hrsg.), *Greek and Latin Authors on Jews and Judaism*, Bd. I-II, Jerusalem 1974- 1980. **C. Klein**, *Theologie und Anti-Judaismus. Eine Studie zur deutschen theologischen Literatur der Gegenwart*, München 1975. **H. Jansen**,

Christelijke Theologie na Auschwitz, Bd. I: *Theologische en kerkelijke wortels van het antisemitisme*, Den Haag 1981. **K. H. Rengstorf - S. v. Kortzfleisch** (Hrsg.), *Kirche und Synagoge. Handbuch zur Geschichte von Christen und Juden. Darstellung und Quellen*, Bd. I-II, Stuttgart 1968-1970, München 1988. **B. Blumenkranz**, Die Entwicklung im Westen zwischen 200 und 1200, S. 84-135; **B. Kötting**, Die Entwicklung im Osten bis Justinian, S. 136-174; **W. Cramer**, Die Entwicklung im Bereich der orientalischen Kirchen, S. 175-209. **H. Greive**, *Geschichte des modernen Antisemitismus in Deutschland*, Darmstadt 1983. **D. Berger** (Hrsg.), *History and Hate: The Dimensions of Anti-Semitism*, Philadelphia 1986. **E. Endres**, *Die gelbe Farbe. Die Entwicklung der Judenfeindschaft aus dem Christentum*, München 1989.

25 **J. N. Sevenster**, *The Roots of Pagan Anti-Semitism in the Ancient World*, Leiden 1975, 특히 S. 89-144 참조.

26 **Josephus Flavius**, Contra Apionem, I, 26-31 (27-287).

27 **J. N. Sevenster**, 앞의 책, S. 118.

28 앞의 책, S. 90 인용.

29 먼저 가부장 세금(399년)이 금지되었고, 가부장의 특권이 폐기되었다(415년). 아마도 가부장 가족의 소멸이 직접적인 원인이 되었을 것이다. **G. Stemberger**, *Juden und Christen im Heiligen Land. Palästina unter Konstantin und Theodosius*, München 1987, S. 208-213 참조.

30 **J. Maier**, 앞의 책, S. 582.

31 앞의 책, S. 238. "바리새인들과 랍비들이 걸었던 중도 노선은 기원후 66-70의 재앙 속에서 미래를 결정하는 노선으로 입증되었을 뿐만 아니라, 19세기 계몽주의 시대에 이르기까지 그때마다의 상황에 따라서 미개척 분야를 개척해나갈 수 있게 한 토대가 되었다. 이에 대해 실망한 사람들이 다시 이 노선으로 되돌아가려고 애쓰고 있다." S. 435 참조.

32 **P. Johnson**은 그의 책 *A History of the Jews* (New York 1987)에서 유대교의 "자치를 위한 유일한 방식", 곧 "교권통치"(Kathedokratie)라는 제목 아래 학자들의 의미에 관해, 그들의 학교와 대가족, 그들의 다양성과 보편적 성공에 관해, 민족주의와 신비주의(카발라) 사이의 다양한 경향들에 관해, 그리고 그들의 중요한 대표자들에 관해, 나하마니데스 외에도 당연히 특히 마이모니데스에 관해서도 유익한 글(S. 169-232; S. 149-168)을 썼다.

33 **N. R. M. de Lange**, Artikel Antisemitismus IV, in: *Theologische Realenzyklopädie*, Bd. 3, S. 128-137 참조.

34 앞의 책, S. 128.

35 **J. W. Parkes**, Jews and Christians in the Constandnian Empire, in: C. W. Dugmore - C. Duggan (Hrsg.), *Studies in Church History*, Bd. I, London 1964, S. 69-79, 특히 S. 71.

36 이에 관해서는 **H. Schreckenberg**, *Die christlichen Adversus-Judaeos-Texte und ihr literarisches und historisches Umfeld (1-11. Jh.)*, Frankfurt 1982. **A. L. Williams**, *Adversus Judaeos. A Bird's-Eye View of Christian Apologiae until the Renaissance*,

Cambridge 1935. **S. G. Wilson** (Hrsg.), *Anti-Judaism in Early Christianity*, Bd. II: *Separation and Polemic*, Waterloo 1986을 참조하라.

37 **Meliton von Sardes**, zit. in: K. H. Rengstorf – S. v. Kortzfleisch, 앞의 책, Bd. I, S. 73.

38 **G. Stemberger**, *Juden und Christen*, S. 46.

39 **크리소스톰**의 9개의 반유대주의적 설교에 관해서는 *Patrologia Graeca*, Bd. 48, S. 843-942 – 반유대주의 운동에 대항하는 무기고를 참조하라.

40 **N. A. Stillman**, *The Jews of Arab Lands. A History and Source Book*, Philadelphia 1979. **S. D. Goitein**, *Jews and Arabs. Their Contacts through the Ages*, New York 1955. **B. Lewis**, *The Jews of Islam*, Princeton 1984. **A. Cohen**, *Jewish Life under Islam. Jerusalem in the Sixteenth Century*, Cambridge/Mass. 1984. **B. Ye'or**, *Le Dhimmi. Profil de l'opprime en Orient et en Afrique du Nord depuis la conquete arabe*, Paris 1980; 영어신판: *The Dhimmi. Jews and Christians under Islam*, London 1985.

41 **H. H. Ben-Sasson**, 앞의 책, S. 403 참조.

42 아랍의 정복 시기부터 스페인에서 추방된 시기(638-1492)까지의 유대교의 정치적 환경과 내적인 조직에 관해서는 **J. Meier**, 앞의 책, S. 383-434을 참조하라.

43 **A. Sandler, J. Guttmann, M. W. Rapaport, L. Lewin**의 논문, Maimonides des *Jüdischen Lexikons*, **L. I. Rabinowitz, J. I. Dienstag, A. Hyman, S. Muntner**의 논문, Maimonides der *Encyclopaedia Judaica*에서 **마이모니데스**(약어로 라밤)은 율법주의자이자 철학자, 의사로 묘사된다. **S. W. Baron**, Moses Maimonides, in: S. Noveck (Hrsg.), *Große Gestalten des Judentums*, Bd. I, Zürich 1972, S. 103-130 참조.

44 미쉬나 산헤드린 11,1. 이에 관해서는 **I. Elbogen**, *Der jüdische Gottesdienst*, S. 88을 참조하라. **S. Ben-Chorin**, *Jüdischer Glaube. Strukturen einer Theologie des Judentums anhand des Maimonidischen Credo. Tübinger Vorlesungen*, Tübingen 1975는 우리 시대를 위해 마이모니데스의 신조를 해설하려고 시도한다.

45 유대교의 사회적·종교적 역사 연구를 위해 다음과 같은 책은 결정적인 자극을 주었다. 고대 이스라엘의 역사를 위해서는 **M. Weber**, *Gesammelte Aufsätze zur Religionssoziologie*, Bd. III: Das antike Judentum, Tübingen 1920, [4]1966을 참조하고, 현대 유대교 역사를 위해서는 **W. Sombart**, *Die Juden und das Wirtschaftsleben*, Leipzig 1911을 참조하라. **S. W. Baron**은 종종 인용된 자신의 기념비적인 저서 *A Social and Religious History of the Jews*를 위해 베버와 좀바르트에게 자극을 받았다.

46 이제는 독일어로도 번역되었다. *Geschichte des jüdischen Volkes*, Bd. I-III, München 1978-1980.

47 **H. H. Ben-Sasson**, 앞의 책, S. 385 이하 참조.

48 이런 위험은 근본적으로 모든 반유대주의의 역사의 사례에서 나타난다. 예컨대 **Hellmut Andics**, *Der Ewige Jude*를 들 수 있다. 여기서 변증법적 유물론의 정신 속에서 서술된 각 장은 다음과 같은 제목을 달고 있다. 표기된 자들, 선택된 자들, 배척당한 자들, 파문당한 자들, 무력한 자들, 해방된 자들, 공포의 대상들, 찢겨진 자들, 죽임당한 자들, 저주당한 자들,

엄격한 자들.

49 **S. W. Baron**, *A Social and Religious History of the Jews*, Bd. II, S. 31.

50 **B. Blumenkranz**, *Juifs et chrétiens dans le monde occidental 430-1096*, Paris 1960.

51 **P. Riesenberg**, Jews in the Structure of Western Institutions, in: *Judaism* 28 (1979), S. 402-415.

52 **S. M. Blumenfield**, Raschi, in: S. Noveck, 앞의 책, S. 131-150 참조.

53 **P. Johnson**, 앞의 책, S. 233-310 (Part IV: Getto) 참조.

54 **P. Riesenberg**, 앞의 책, S. 415.

55 **D. Biale**, *Power and Powerlessness in Jewish History*, New York 1986 참조.

56 **W. P. Eckert**, Hoch- und Spätmittelalter, in: K. H. Rengstorf - S. v. Kortzfleisch, 앞의 책, Bd. I, S. 210-272 참조.

57 **A. H. Cutler - H. E. Cutler**, *The Jew as Ally of the Muslim. Medieval Roots of Anti-Semitism*, Notre Dame 1986 참조.

58 '완고하고' 그렇기 때문에 '구원받지 못한' 유대인들, '죄의 노예들'은 법률적·사회적으로도 '노예들'로서, 다시 말하면 기독교인 통치자들의 소유물로 취급되어야 한다. 이로 인해 유대인들은 즉결 재판을 받아야 했고, 세금도 곧바로 바쳐야 했다.

59 **R. Chazan**, *European Jewry and the First Crusade*, Berkeley 1987; **같은 저자**, *Daggers of Faith: Thirteenth-Century Christian Missionizing and Jewish Response*, Berkeley 1989 참조. 1096년에 첫 번째 폭력이 일어났을 때, 기독교인들은 대개 유대인들의 편에 섰기 때문에 유대인들은 그들의 이웃 기독교인들에게 도망할 수 있었다. Chazan이 펴낸 전집 *Church, State, and Jew in the Middle Ages*, West Orange / N. J. 1980도 참조하라.

60 **J. Cohen**, *The Friars and the Jews. The Evolution of Medieval Anti-Judaism*, Ithaca 1982.

61 역사적 상황에 관해서는 **H. J. Schoeps**, *Jüdisch-christliches Religionsgespräch in 19 Jahrhunderten. Geschichte einer theologischen Auseinandersetzung*, Berlin 1937. **E. I. J. Rosenthal**, Jüdische Antwort, in: K. H. Rengstorf - S. v. Kortzfleisch, 앞의 책, Bd. I, S. 307-362을 참조하라.

62 **H. Maccoby** (Hrsg.), *Judaism on Trial. Jewish-Christian Disputations in the Middle Ages*, London 1982 참조.

63 **P. Johnson**, 앞의 책, S. 222 참조.

64 **J. Maier**, *Jesus von Nazareth in der talmudischen* Überlieferung, Darmstadt 1978, S. 273 이하.

65 **J. J. Petuchowski**, Artikel "Polemik" und "Disputationen" in *Lexikon der jüdisch-christlichen Begegnung* 참조.

66 나는 나의 책 《교회》(1967)에서 "교회와 유대인들"이라는 소제목 아래 이러한 반유대적 편견들을 이미 다룬 적이 있었다. **E. Eliav**의 논문 Anti-Semitism, in *Encyclopaedia Judaica*는 지금도 통용되고 있는 편견들을 유익한 그림 자료와 함께 잘 보여주고 있다.

67 **J. Maier**, *Das Judentum*, S. 577-601는 중세 유대인들의 직업 활동에 관한 폭넓은 설명을 통해 기독교인 편에서 이러한 비난을 설득력 있게 반박한다.

68 출 22:24; 레 25:35-37; 신 23:20 이하 참조.

69 수난극에 관해서는 **S. Schaller** u. a., *Passionsspiele heute? Notwendigkeit und Möglichkeiten*, Meitingen 1973; **R. Pesch**, "Sein Blut komme über uns und unsere Kinder". Ein Nachwort, in: *Das Oberammergauer Passionsspiel 1990*. Textbuch, hrsg. v. der Gemeinde Oberammergau, Oberammergau 1990, S. 111-115를 참조하라.

70 유대교의 역사에서 이와 일치하는 부분들(특히 **S. W. Baron, H. H. Ben-Sasson, P. Johnson**) 외에도 다음과 같은 책을 참조하라. **Z. Ankori**, *Karaites in Byzantium. The Formative Years, 970-1100*, New York 1959. **P. Birnbaum** (Hrsg.), *Karaite Studies*, New York 1971(이 책에는 가온 사아디아의 반카리파 논문 두 개가 포함되어 있다). **J. Mann**, *The Collected Articles*, Bd. III *Karaitic and Genizah Studies*, Gedera 1971. **L. Nemoy** (Hrsg.), *Karaite Anthology. Excerpts from the Early Literature*, New Haven 1952. **J. J. Petuchowski**, *The Theology of Haham David Nieto. An 18th Century Defense of Jewish Tradition*, New York [2]1970; **같은 저자**, Artikel Karäer, in: *Lexikon der jüdisch-christlichen Begegnung*. Eine gut dokumentierte Zusammenfassung von Geschichte und Lehre der Karaitenbieten: **J. E. Heller - L. Nemoy**, Art. Karaites, in: *Encyclopaedia Judaica*, Bd. 10, Sp. 761-782.

71 **J. E. Heller - L. Nemoy**, 앞의 책, Sp. 765.

72 **Saadja Fajjumi**, *Emunot we-Deot oder Glaubenslehre und Philosophie*, hrsg. v. J. Fürst, Leipzig 1845 참조. **S. Rosenblatt**, *Saadia Gaon. The Book of Beliefs and Opinions*, New Haven 1989는 아랍어와 히브리어에서 영어로 번역된 최근의 책이다. 이에 관해서는 **T. Weiss-Rosmarin**, Der Gaon Saadia, in: S. Noveck, 앞의 책, S. 63-80을 참조하라.

3장 V. 근대의 동화(同化) 패러다임

1 **카발라**에 관해서는 특히 **G. Scholem**, *Major Trends in Jewish Mysticism*, London 1955; 독어판: *Die jüdische Mystik in ihren Hauptströmungen*, Frankfurt [3]1988; **같은 저자**, *Judaica*, Bd. I-III, Frankfurt 1963-1970. **I. Twersky - B. Septimus** (Hrsg.), Jewish Thought in the Seventeenth Century, Cambridge/Mass. 1987. **A. Steinsaltz**, *La Rose aux Treize Petales*, Paris 1989을 참조하라.

2 **M. Idel**, Art. Mysticism, in: *Contemporary Jewish Religious Thought*; **같은 저자**, *Kabbalah. New Perspectives*, New Haven 1988 참조.

3 겔 1:15-28 참조. 본문은 **P. Schäfer** (Hrsg.), *Synopse zur Hekhalot-Literatur*, Tübingen 1981에 있으며, 이에 대한 해석을 위해서는 **G. Scholem**, *Jewish Gnosticism, Merkabah Mysticism, and Talmudic Tradition*, New York 1960, **J. Dan**, The Religious Experience

of the 'Merkavah', in: A. Green (Hrsg.), *Jewish Spirituality. From the Bible through the Middle Ages*, New York 1987, S. 289-307을 참조하라.

4 이 시대의 중요한 카발라주의자들: 나르본 출신 아브라함 벤 이삭, 그의 손자 아브라함 벤 다비드, 그의 아들 맹인 이삭, 유명한 모세 벤 나흐만(나흐마니데스)을 우두머리로 삼는 게로나의 카발라주의자들.

5 **L. Fine** (Hrsg.), *Safed Spirituality. Rules of Mystical Piety, The Beginning of Wisdom*, New York 1984 참조.

6 역사적 하시디즘에 관해서는 특히 다음의 책을 참조하라. **G. Scholem**, *Major Trends in Jewish Mysticism*, London 1955; **같은 저자**, *The Messianic Idea in Judaism and Other Essays on Jewish Spirituality*, New York 1971. **S. Dubnow**, *Geschichte des Chassidismus*, Bd. I-II, Berlin 1931. **H. M. Rabinowicz**, *The World of Hasidism*, London 1970. **K. E. Grözinger**, Artikel Chasidismus, osteuropäischer, in: *Theologische Realenzyklopädie*.

7 **L. N. Newman**, Der Baalschemtow, in: S. Noveck (Hrsg.), *Große Gestalten des Judentums*, Bd. I, Zürich 1972, S. 177-204 참조.

8 **M. Buber**, Schriften zum Chassidismus, in: *Werke*, Bd. III, München 1963; **같은 저자**, *The Origin and Meaning of Hasidism*, hrsg. und übersetzt von M. Friedman, New York 1960 참조.

9 **G. Scholem**, Martin Bubers Deutung des Chasidismus, in 그의 연구 모음집: *Judaica*, Bd. I, S. 165-206 참조.

10 **J. Reuchlin**, *De rudimentis hebraicis libri* III, Pforzheim 1506, Faksimile-Neudruck Hildesheim 1974. **W. Maurer**, Reuchlin und das Judentum, in: *Theologische Literaturzeitung* 77 (1952), Sp. 535-544. **W. P. Eckert**, Humanismus und christliche Kabbala, in: K. H. Rengstorf - S. v. Kortzfleisch (Hrsg.), *Kirche und Synagoge. Handbuch der Geschichte von Christen und Juden. Darstellung mit Quellen*, Bd. I, Stuttgart 1968, München 1988, S. 272-306.

11 **J. Reuchlin**, *De verbo mirifico* (1494); *De arte cabalistica* (1517), Faksimile-Neudruck in einem Band, Stuttgart 1964.

12 논쟁의 부대 효과는 휴머니스트들이 익명으로 출판한 *Epistolae obscurorum virorum* (《눈먼 남자들의 편지》)이었다. 그것은 로이힐린을 반대한 쾰른의 도미니코 수도사들을 겨냥한 책이었고, 교회의 여러 상황에 대한 냉철한 비판을 통해 종교개혁의 길을 터놓았다. 지금까지 출판된 로이힐린의 카발라 연구를 위해서는 **G. Scholem**, *Judaica*, Bd III, S 247-263을 참조하라.

13 **W. Maurer**, 앞의 책, Sp. 542, **I. Elbogen**, *Geschichte der Juden in Deutschland*, Berlin 1935, S. 104 이하 참조

14 유대교에 대한 루터의 견해는 다음의 책을 참조하라. **R. Lewin**, *Luthers Stellung zu den Juden. Ein Beitrag zur Geschichte der Juden in Deutschland während des*

Reformationszeitalters, Berlin 1911. **E. Mills**, *Martin Luther and the Jews. A Refutation to his Book, "The Jews and Their Lies"*, Wien 1968. **J. Brosseder**, *Luthers Stellung zu den Juden im Spiegel seiner Interpreten. Interpretation und Rezeption von Luthers Schriften und Äußerungen zum Judentum im 19. und 20. Jahrhundert vor allem im deutschsprachigen Raum*, München 1972. **G. Müller**, Art. Antisemitismus (VI. 16. und 17. Jahrhundert), in: *Theologische Realenzyklopädie*. **W. Maurer**, Die Zeit der Reformation, in: K. H. Rengstorf - S. v. Kortzfleisch, 앞의 책, Bd. I, S. 363-452. **C. B. Sucher**, *Luthers Stellung zu den Juden. Eine Interpretation aus germanistischer Sicht*, Nieuwkoop 1977. **H. A. Oberman**, *Wurzeln des Antisemitismus. Christenangst und Judenplage im Zeitalter von Humanismus und Reformation*, Berlin 1981. **W. Bienert**, *Martin Luther und die Juden. Ein Quellenbuch mit zeitgenössischen Illustrationen, mit Einführungen und Erläuterungen*, Frankfurt 1982. **H. Kremers** (Hrsg.), *Die Juden und Martin Luther - Martin Luther und die Juden. Geschichte, Wirkungsgeschichte, Herausforderung*, Neukirchen 1985.

15 **M. Luther**, Daß Jesus Christus ein geborener Jude sei (1523), in: *Werke. Kritische Gesamtausgabe* (이후로 약어 WA), Bd. 11, Weimar 1900, S. 307-336 참조.

16 앞의 책, S. 315.

17 앞의 책, S. 336.

18 개혁주의 역사학자 오버만이 루터 신학에서 묵시적 지평과 강한 악마 신앙이 존재하고 있었음을 항상 거듭 강조한 것은 옳다. **H. A. Oberman**, *Die Reformation. Von Wittenberg bis Genf*, Göttingen 1986, S. 162-207.

19 **M. Luther**, Wider die Sabbather (1538), in: WA Bd. 50, S. 309-337.

20 **M. Luther**, Von den Juden und ihren Lügen (1543), in: WA Bd. 53, S. 412- 552. 그 밖의 두 개의 반유대교적 문서는 다음과 같다. "Vom Sehern Hamphoras und vom Geschlecht Christi" (1543), in: WA Bd. 53, S. 573- 618, "Von den letzten Worten Davids", in: WA Bd. 54, S. 28-100.

21 **M. Luther**, Von den Juden und ihren Lügen, S. 526.

22 **W. Maurer**, 앞의 책, Bd. I, S. 447.

23 **C. B. Sucher**, 앞의 책, Vorbemerkung.

24 교황의 역사에 관한 권위 있는 독일어 책(**F. X. Seppelt**, 개정 **G. Schwaiger**, *Geschichte der Päpste*, Bd. V, München [2]1959, S. 70-90, 119-175)은 "가톨릭교회를 개혁한 위대한 교황들"(바오로 4세, 피우스 5세, 그레고리 13세)의 수많은 반유대적 활동에 관해서는 (로마의 게토에 관해 겨우 7줄에 걸쳐 언급하고 있다는 사실을 제외한다면) 완전히 침묵한다. **L. von Pastor**, *Geschichte der Päpste seit dem Ausgang des Mittelalters*: z. B. über Gregor XIII. in Bd. IX, Freiburg [11]1958, S. 223-226, 비록 모호하고 인색하지만, 적어도 짤막하게 그에 관해 설명한다.

25 1581년 7월 10일에 발표된 교서 "*Antiqua Judaeorum improbitas*"는 다른 문서로 다시

출판되었다. **W. P. Ekkert**, Katholizismus zwischen 1580 und 1848 (Stellung der Juden im Kirchenstaat), in: K. H. Rengstorf - S. v. Kortzfleisch, 앞의 책, Bd. II, S. 222- 243, 275 이하.

26 **W. Philipp**, Spätbarock und frühe Aufklärung. Das Zeitalter des Philosemitismus, in: K. H. Rengstorf - S. v. Kortzfleisch, 앞의 책, Bd. II, S. 23-86 참조.

27 **M. Schmid**, Judentum und Christentum im Pietismus des 17./18. Jahrhunderts, in: K. H. Rengstorf - S. v. Kortzfleisch, 앞의 책, Bd. II, S. 87-128 참조.

28 **현대** 세계에서, 특히 **독일**에서 유대교가 어떤 의미를 지니고 있는지를 알려면 우리가 이미 알고 있는 유대교의 역사에 관한 총서들 외에도 다음과 같은 책을 참조하라. **H. H. Ben-Sasson** und **J. Maier - W. Kampmann**, *Deutsche und Juden. Studien zur Geschichte des deutschen Judentums*, Heidelberg 1963. **H. Greive**, *Die Juden. Grundzüge ihrer Geschichte im mittelalterlichen und neuzeitlichen Europa*, Darmstadt 1980. **P. R. Mendes-Flohr - J. Reinharz** (Hrsg.), *The Jew in the Modern World. A Documentary History*, New York 1980. **J. Bab**, *Leben und Tod des deutschen Judentums*, Berlin 1988. **F. Stern**, *Dreams and Delusions. The Drama of German History*, New York 1987; 독어판: *Der Traum vom Frieden und die Versuchung der Macht. Deutsche Geschichte im 20. Jahrhundert*, Berlin 1988. **A. J. Edelheit - H. Edelheit**, *The Jewish World in Modern Times. A Selected, Annotated Bibliography*, Boulder/Co. 1988. **N. T. Gidal**, *Die Juden in Deutschland von der Römerzeit bis zur Weimarer Republik*, Gütersloh 1988. **M.-R. Hayoun**, *Le judai'sme moderne*, Paris 1989. **H.-M. Kirn**, *Das Bild vom Juden im Deutschland des frühen 16. Jahrhunderts, dargestellt an den Schriften des Johann Pfefferkorns*, Tübingen 1989. **F. Battenberg**, *Das europäische Zeitalter der Juden. Zur Entwicklung einer Minderheit in der nichtjüdischen Umwelt Europas*, Bd. I-II, Darmstadt 1990, 특별히 Bd. II: *Von 1650 bis 1945*.

29 **W. Sombart**, *Die Juden und das Wirtschaftsleben*, Berlin 1911은 첫 반세기의 가장 중요한 독일의 민족 경제에 관해 설명하는 (막스 베버에게 영감을 받은) 선구적인 책이다. 이 책은 특히 "경제생활을 위한 유대교의 의미"(S. 225-295)를 배경으로 삼아서 "자본주의를 위한 유대인들의 객관적 적합성"(S. 198-224)을 연구한다. **H. Schnee**, *Die Hoffinanz und der moderne Staat. Geschichte und System der Hoffaktoren an deutschen Fürstenhöfen im Zeitalter des Absolutismus*, Bd. I-V, Berlin 1953은 근대 국가를 위한 (예컨대 암쉘 오펜하이머에게서 바론 에드몽 드 로트쉴트에 이르기까지 처음부터 마지막까지 합스부르크 가문을 위한) 유대인들의 궁전 재정의 결정적인 기여를 입증한다.

30 진지한 유대인 역사가들(**S. E. Morison**, **S. W. Baron**, **J. L. Blau**)에 따르면 크리스토퍼 콜럼버스가 유대인의 후손이라는 것은 증명되지 않았다. 그러나 유대인들이나 유대인-기독교인들(그 가운데는 선박 의사도 있었다)이 첫 번째 아메리카 탐험에 참여했다는 사실을 부인할 수 없다.

31 **M. U. Schappes** (Hrsg.), *A Documentary History of the Jews in the United States 1654-1875*, New York [3]1971 참조.

32 미국 유대인의 역사는 **L. Blau**, *Modern Varieties of Judaism*, London 1966; 같은 저자, *Judaism in America. From curiosity to third faith*, Chicago 1976. **J. L. Blau - S. W. Baron** (Hrsg.), *The Jews of the United States 1790-1840. A Documentary History*, Bd. I-III, New York 1963. **N. Glazer**, *American Judaism*, Chicago 1952, [2]1972. **M. Rischin**, *An Inventory of American Jewish History*, Cambridge/Mass. 1954를 참조하라.

33 **J. Moltmann**, "Was wär' ein Gott, der nur von außen stieße?" Über die neue Bedeutung eines alten Ketzers: Giordano Bruno (1548-1600), in: H. Häring - K.-J. Kuschel (Hrsg.), *Gegenentwürfe. 24 Lebensläufe für eine andere Theologie*, München 1988, S. 157-168은 브루노를 신학적으로 올바로 평가하고 있다.

34 **P. de Mendelssohn**, Saß Baruch Spinoza jemals vor Rembrandts Staffelei? Mutmaßungen über die Verbindung zwischen dem bankrotten Maler und dem verdammten Ketzer von Amsterdam, in: *Frankfurter Allgemeine Zeitung*, vom 26. Februar 1977 참조.

35 **Chronicon Spinozanum**, Bd. I-V, Den Haag 1921-1927. **N. Altwicker** (Hrsg.), *Texte zur Geschichte des Spinozismus*, Darmstadt 1971 (문헌목록 1924-1968과 함께). Von **N. Altwicker** - basierend auf den grundlegenden Interpretationen von H. A. Wolfson, K. Jaspers, K. Löwith, W. Cramer und M. Gueroult 참조. 좋은 요약적 설명에 관해서는 Baruch Spinoza, in: *Die Großen der Weltgeschichte*, Bd. VI, hrsg. von K. Fassmann, Zürich 1975, S. 32-47을 참조하라.

36 **Y. Yovel**, *Spinoza and Other Heretics. The Marrano of Reason*, Princeton 1989 참조.

37 앞의 책, S. 200.

38 **B. de Spinoza**, I ractatus theologico-politicus, "Hamburg"(실제로는 Amsterdam) 1670; 독어판: Theologisch-politischer Traktat, in: *Werke* (lat.-deutsch), Bd. I, hrsg. von G. Gawlick und F. Niewöhner, Darmstadt 1979 참조.

39 **R. Simon**, Histoire critique du Vieux Testament, Paris 1678; 새로운 서문과 함께, Amsterdam 1685 참조. 그 다음에는 《신약성서 비평적 역사》(1689), 《신약성서 번역의 비평적 역사》(1690), 《신약성서의 가장 중요한 주석가들의 비평적 역사》(1693)가 나왔다. 모두 암스테르담에서 출판되었다.

40 **B. de Spinoza**, *Ethica ordine geometrico demonstrata*, ohne Ort 1677; 독어판: Die Ethik mit geometrischer Methode begründet, in: *Werke* (lat.-deutsch), Bd. II, hrsg. v. K. Blumenstock, Darmstadt 1967, S. 84- 562 참조.

41 **H. Küng**, EG Kap. G II, 2: "신은 주사위 놀이를 하는가? 알베르트 아인슈타인"은 아인슈타인이 양자물리학을 거부한 것은 그가 스피노자를 추종했기 때문이라는 사실을 입증한다.

42 이와 같은 하나님 이해는 스피노자에게서 시작하여 피히테와 헤겔을 거쳐 테이야르 드 샤르댕과 알프레드 화이트헤드에 이르기까지 발전되었다. **H. Küng**, EG Teil B: "하나님에 대한 새로운 이해", 특히 "잠정 결론" II: 실재하고 역사적 하나님에 대한 가설을 참조하라.

43 **J. Toland**, *Reason for Naturalizing the Jews in Great Britain and Irland, On the same foot with all other Nations*, London 1714; 독어판: *Gründe für die Einbürgerung der*

Juden in Großbritanien und Irland, Stuttgart 1965 참조.

44 **A. Hertzberg**, *The French Enlightenment and the Jews*, New York 1968. **K. H. Rengstorf**, Der Kampf um die Emanzipation, in: K. FL Rengstorf - S. v. Kortzfleisch, 앞의 책, Bd. II, S. 129-176 참조.

45 **Montesquieu**, *De l'esprit des lois*, 1748 개정판: G. Truc Bd. I-II, Paris 1949, livre XXV, chap. 13.

46 **Voltaire**, *Dialogues et anecdotes philosophiques*, hrsg. v. R. Naves, Paris 1939, S. 143f. 볼테르의 《철학사전》(*Dictionnaire Philosophiques*, Basel 1764, Art. Juifs)에도 이와 비슷하게 경멸적인 표현이 나온다.

47 **W. Jens - H. Küng**, *Dichtung und Religion*, München 1985, S. 81-119 참조.

48 **G. E. Lessing**, Nathan der Weise I V/7, in: *Werke*, Bd. I, München 1982 참조.

49 **H. Knobloch**, *Herr Moses in Berlin. Auf den Spuren eines Menschenfreundes*, Berlin 1979, [3]1981은 모세스 멘델스존 관련 유익한 문헌이다.

50 **M. Mendelssohn**, Jerusalem oder über religiöse Macht und Judentum (1783), in: *Gesammelte Schriften Jubiläumsausgabe*, Bd. 8, Stuttgart 1983, S. 99-204 참조.

51 **J. Maier**는 자신의 위대한 저서 *Das Judentum. Von der biblischen Zeit bis zur Moderne* (München [2]1973)에서 유대교에서 일어난 계몽의 과정에 관해서도 잘 설명하고 있다. 그리고 *Jüdisches Lexikon* (**J. Meisl**)과 *Encyclopaedia Judaica* (**A. Shochat - Y. Slutsky**) 안에 들어 있는 논문도 참조하라.

52 **G. F. W. Hegel**, *Theologische Jugendschriften*, hrsg. v. H. Nohl, Tübingen 1907, S. 243-260. **H. Küng**, *Menschwerdung Gottes. Eine Einführung in Hegels theologisches Denken als Prolegomena zu einer künftigen Christologie*, Freiburg 1970, Tb-Ausgabe München 1989, Kap. III, 2: Fremder Gott und entfremdeter Mensch; Kap. VII, 4: Christus in der Religion 참조.

53 **F. Schleiermacher**, *Über die Religion. Reden an die Gebildeten unter ihren Verächtern*, Berlin 1799, S. 286-288 참조.

54 **F. Goldmann**, Artikel Taufjudentum, in: *Jüdisches Lexikon*은 세례를 받은 유대인들의 목록을 인상 깊게 보여준다. **S. Hensel**, *Die Familie Mendelssohn, 1729-1847. Nach Briefen und Tagebüchern*, Bd. I-III, Berlin 1879 참조. 아름다운 사진과 글을 묶은 **E. Kleßmann**, *Die Mendelssohns. Bilder aus einer deutschen Familie*, Zürich 1990을 참조하라.

55 **M. Wyschogrod**, Verbunden für alle Zeit: die jüdische und die deutsche Geschichte, in: *Deutsches Allgemeines Sonntagsblatt*, vom 23. Oktober 1988 참조.

56 **K. H. Rengstorf**, Der Kampf um die Emanzipation; R. Lill, Der Heilige Stuhl und die Juden, 둘 모두 in: K. H. Rengstorf - S. v. Kortzfleisch, 앞의 책, Bd. II, S. 222-279, 358-369 참조.

57 유대인의 성공과 교회의 반유대인 조처로 점철된 폴란드와 러시아 유대인의 매우 변덕스러운 역사에 관해서는 **J. Meisl**, *Geschichte der Juden in Polen und Rußland*, Bd. I-III,

Berlin 1921-1925, Bd. I: *Von den ältesten Zeiten bis zu den Kosakenaufständen in der Mitte des 17. Jahrhunderts*를 참조하라.

58 **J. Maier**, 앞의 책, S. 670 이하.

59 이스라엘의 여성 역사학자 볼코브는 이 과정을 탁월하게 분석했다. **S. Volkov**, *Jüdisches Leben und Antisemitismus im 19. und 20. Jahrhundert. Zehn Essays*, München 1990, S. 110-145.

60 **Leopold Zunz**(예전 역사)와 **Moritz Steinschneider**(자료 총서) 외에도 특히 **Abraham Geiger**(학문적 유대교 신학과 유대교 신학 잡지의 설립자)와 **Zacharias Frankel**(미쉬나와 탈무드 연구가)과 **Heinrich Graetz**(이미 언급한《유대교의 역사》발행)을 참조하라. 우리는 이들을 곧 다룰 것이다. 비록 유대교 학문의 대변자들은 독일에 집중되어 있지만, 다른 곳에서도 찾아볼 수 있다. 프랑스에는 **Salomo Munk**가 있고, 이탈리아에는 **Samuel David Luzzatto**가 있다. **M. Steinschneider**, *Die arabische Literatur der Juden. Ein Beitrag zur Literaturgeschichte der Araber, großenteils aus handschriftlichen Quellen*, Frankfurt 1902는 비록 별로 언급되지는 않았지만, 유대교와 이슬람교 사이의 노선에서 저술된 방대한 작품이다. 이미 일찍이 슈타인슈나이더는 *Die hebräischen Übersetzungen des Mittelalters und die Juden als Dolmetscher*, Berlin 1893을 출간했다.

61 **N. Glazer**, 앞의 책, S. 42에 나오는 영어 본문 참조.

62 **S. L. Gilman**, *Jewish Self-Hatred, Anti-Semitism and the Hidden Language of the Jews*, Baltimore 1986 참조.

63 **S. Schechter**에 관해서는 3장을 더 참조하라.

64 **N. Glazer**, 앞의 책, S. 84 이하에 나오는 수를 참조하라.

제II부 현재의 도전

1장 홀로코스트에서 이스라엘 국가로

1장 I. 사라지지 않을 과거

1 희생자의 수에 대한 학문적 검증은 **A. Suzmann - D. Diamond**, Der Mord an sechs Millionen Juden. Die Wahrheit ist unteilbar, in: *Aus Politik und Zeitgeschichte. Beilage zur Wochenzeitung "Das Parlament"(Bonn)*, B 30, 1978, S. 4-21. **G. Wellers**, Die Zahl der Opfer der "Endlösung" und der Korherr-Bericht, in: 앞의 책, S. 22-39를 참조하라. 10년간의 연구 작업에서 뮌헨의 역사연구소 연구팀은 이 수를 다음의 결과로 검증했다. 확인된 가장

적은 수는 529만 명이다. 그러나 학살된 유대인의 실제 수는—이미 아이히만이 언급한 대로—600만 명이 훨씬 넘을 것이다. **W. Benz** (Hrsg.), *Dimension des Völkermords. Die Zahl der jüdischen Opfer des Nationalsozialismus*, Oldenburg 1991 참조. 폴란드에서는 적어도 270만 명, 소련에서는 210만 명, 헝가리에서는 55만 명, 루마니아에서는 21만 1천 명, 그리고 그 당시의 독일 제국에서는 16만 명의 유대인이 학살되었다. 유대인 학살에서 단지 적은 수의 살인자들만이 활동했을 뿐만 아니라, 인종 학살은 군사력과 행정을 통해 다양한 도움을 받았다.

2 **A. Mitscherlich - M. Mitscherlich**, *Die Unfähigkeit zu trauern. Grundlagen kollektiven Verhaltens*, München 1977. **J. Müller-Hohagen**, *Verleugnet, verdrängt, verschwiegen. Die seelischen Auswirkungen der Nazizeit*, München 1988 참조.

3 그 당시 제3제국 전당대회가 열리고 인종법 개정이 이루어진 도시 뉘른베르크는 퓌어트와 에어랑엔, 슈바바흐와 함께 400개 이상의 다양한 행사 중에서 이른바 "제국 수정의 밤"(Reichskristallnacht)을 회고하면서 책임 억압의 문제를 다루려고 시도했다는 사실을 존중했다. **J. Wollenberg** (Hrsg.), Die Erfahrungsberichte und Analysen에서 "Niemand war dabei und keiner hat's gewußt". *Die deutsche Öffentlichkeit und die Judenfolgung 1933-1945*, München 1989 참조.

4 **역사적** 관점에서 **나치의 유대인 박해**에 관한 기본적인 문헌은 die monumentale Faksimile-Dokumentation(영어로 번역됨) von **J. Mendelsohn** (Hrsg.), *The Holocaust. Selected Documents*, New York 1982, Bd. I-XVIII이다. 예컨대 제10권에는 유대인 문제의 '최종 해결책'에 관한 악명 높은 반제-의정서(Wannsee-Protocol)가 있다. 220여 개의 핵심 문서를 입수한 **P. Longerich**는 국가사회주의자들의 유대인 학살의 전모와 유럽 전역에 걸친 학살 과정의 체계를 설명하려고 시도했다: *Die Ermordung der europäischen Juden. Eine umfassende Dokumentation des Holocaust 1941-1945*, München 1989. 중요한 책. **H. Arendt**, *Eichmann in Jerusalem. Ein Bericht von der Banalität des Bösen*, München 1964. **U. D. Adam**, *Judenpolitik im Dritten Reich*, Düsseldorf 1972. **A. Adler-Rudel**, *Jüdische Selbsthilfe unter dem Naziregime 1933-1939. Im Spiegel der Berichte der Reichsvertretung der Juden in Deutschland*, Tübingen 1974. **L. S. Dawidowicz**, *The War against the Jews 1933-1945*, New York 1975; 독어판: *Der Krieg gegen die Juden 1933-1945*, München 1979. **Y. Bauer**, *A History of the Holocaust*, London 1978. **G. Hausner**, *Die Vernichtung der Juden. Das größte Verbrechen der Geschichte*, München 1979. **Y. Bauer - N. Rotenstreich** (Hrsg.), *The Holocaust as Historical Experience. Essays and a Discussion*, New York 1981. **R. Hilberg**, The Destruction of European Jews (1961); 독어판: *Die Vernichtung der europäischen Juden. Die Gesamtgeschichte des Holocaust*, Berlin 1982. **H.-U. Thamer**, *Verführung und Gewalt. Deutschland 1933-1945*, Berlin 1986. 문서가 언급하지 않는 내용은 생존한 소수 사람들의 기억을 통해 알려졌다. 예컨대 **Ruth Elias**의 감동적인 생존보고를 들 수 있다. 그녀는 아우슈비츠 수용소에서 아이를 낳고, 수용소 의사 Dr. Mengele로 인해 아이를 잃었다.

R. Elias, *Die Hoffnung erhielt mich am Leben. Mein Weg von Theresienstadt und Auschwitz nach Israel*, München 1988. **I. Kershaw**, *The Nazi Dictatorship. Problems and Perspectives of Interpretation*, London 1985는 국가사회주의의 기원과 본질에 대한 다양한 설명 모델을 개관하는 책이다; 독어판: *Der NS-Staat. Geschichtsinterpretationen und Kontroversen im Überblick*, Reinbek 1988. 100명 이상의 학자의 공동연구를 통해 만들어진 방대한 《홀로코스트 백과사전》(Tel Aviv/New York 1990)은 1992년에 독일어로—hrsg. von J. H. Schoeps und E. Jäckel—개정되어 나왔다. 1988년 7월 10~13일에 옥스퍼드에서 열렸고 7월 15일에는 런던에서 열린, 홀로코스트에 관한 국제대회 '미래를 위한 기억'은 특히 다음과 같은 두 가지 주제를 포함하고 있다: "홀로코스트 기간 동안과 그 이후의 유대인과 기독교인"과 "그 당시 세계에 끼친 홀로코스트의 영향". **Y. Bauer**는 이에 관해 모두 3,002쪽에 달하는 3권의 책을 출판했다: *Remembering for the Future. Working Papers and Addenda*, Bd. I-III, Oxford 1989.

5 **P. Hoffmann**, *Widerstand - Staatsstreich - Attentat. Der Kampf der Opposition gegen Hitler*, München 1969, [3]1979는 1930년대와 40년대에 일어난 **히틀러에 대한 저항적 투쟁**을 (그리고 마지막에는 그 패배를) 다룬 저서 중 학문적으로 표준 책이다.

6 **F. Fischer**, *Griff nach der Weltmacht. Die Kreigszielpolitik des kaiserlichen Deutschland 1914/18*, Düsseldorf 1961, 1971 참조. "독일은 자신의 군사적 우세를 신뢰하는 가운데서 오스트리아-세르비아 전쟁을 원하고 수행했다. 그리고 독일은 1914년에 러시아와 프랑스와의 갈등에 의식적으로 뛰어들었다. 그렇기 때문에 독일 제국의 지도부는 세계 전쟁의 발발에 대한 역사적 책임의 상당한 부분을 짊어졌다"(S. 104). 이에 관해서는 최근의 연구 **R. J. W. Evans** and **H. Pogge von Strandmann** (Hrsg.), *The Coming of the First World War*, Oxford 1988을 참조하라. "모든 분명한 증거에 따르면 전쟁을 밀고나간 것은 주로 독일이었다. 만약 독일이 세력을 확장하려고 시도하지 않았다면, 1914년에 대부분의 전쟁은 시작되지 않았을 것이다(S. 121). **I. Geiss**, *Der lange Weg in die Katastrophe. Die Vorgeschichte des Ersten Weltkriegs 1815-1914*, München 1990는 세계사적 종합을 시도한다. 교회와 신학자들이 이념적인 지지를 보냈음을 밝히고 있는 유익한 책은 **K. Hammer**, *Deutsche Kriegstheologie 1870-1918*, München 1974.

7 **역사가 논쟁**에 관해서는 "'*Historiker-Streit'. Die Dokumentation der Kontroverse um die Einzigartigkeit der nationalsozialistischen Judenvernichtung*", des Piper-Verlags, München 1987 (=*Piper-Dokumentation*)을 참조하라.

8 **J. Habermas**, in: *Piper-Dokumentation*, S. 62.

9 **E. Nolte**, in: *Piper-Dokumentation*, S. 14.

10 앞의 책, S. 14.

11 앞의 책, S. 15.

12 **S. Haffner**, *Anmerkungen zu Hitler*, München 1978을 참조.

13 앞의 책, S. 124.

14 **H. Senfft**, *Kein Abschied von Hitler. Ein Blick hinter die Fassaden des "Historiker-*

streits", Hamburg 1990는 (특히 "Frankfurter Allgemeinen Zeitung"의 수정주의적 역사 정책에 관해) 유익하고 비판적인 회고를 제공한다.

15 **P. Longerich**, 앞의 책, S. 65-102는 해석과 함께 '최종 해결책'의 준비와 조직 관련 중요한 문서다. 여기에는 '인식과 무감정'의 문제를 다룬 중요한 문서도 들어 있다. S. 427-452.

16 **H.-U. Thamer**, S. 696-710은 끔직스러운 유대인 말살 사건을 요약하고 있다. 대량 학살은 히틀러의 등 뒤에서 히믈러의 주먹으로부터 시작되었다는 영국 역사가 어빙의 명제는 오늘날 반박되었다. **I. Irving**, *Hitler und seine Feldherren*, Frankfurt 1975.

17 **E. Jäckel**, in: *Piper-Dokumentation*, S. 118.

18 이런 일은—이스라엘의 의사방해 조치와 터키 정부의 위협에 맞서—텔 아비브 국제대회에서 일어났다. 여기에는 H. Fein, L. Kuper, R. G. Hovannisian과 같은 인종 학살 연구의 탁월한 전문가들이 참여했고, **Israel W. Charny**가 사회를 맡았다. 그가 출간한 국제대회 문서: *Toward the Understanding and Prevention of Genocide. Proceedings of the International Conference on the Holocaust and Genocide*, Tel Aviv 1982, Boulder/Colorado 1984. **Alfred Grosser**는 다른 집단 학살과—프랑스 혁명 시대의 테러, 오스만 제국 투르크인에 의한 아르메니아인 학살, 볼셰비키의 대학살, 베트남과 캄보디아에서 쿠르드인에 대한 대학살과—세심하고 구체적으로 비교했다. 그 자신도 유대인이었고, 1990년 베를린에서 나치 희생자를 위한 기념식에서 그의 역사적 결백성과 인간적 관용 때문에 독일 유대인의 조소를 받았다. *Le crime et la mémoire*, Paris 1989; 독어판: *Ermordung der Menschheit. Der Genozid im Gedächtnis der Völker*, München 1989.

19 **A. Solschenizyn**, *Der Archipel Gulag. 1918-1956. Versuch einer künstlerischen Bewältigung*, Bd. I-III, Bern 1974-1976 참조. 앞에서 언급한 집단학살 회의에서 **L. H. Leaters**는 1,500만 명의 소련 농부가 살해되었다고 말했다(S. 60-66).

20 스탈린의 통치 영역이 베를린과 바이마르에 이르기까지 확장될 수 있게 한 책임은—독일의 '서방의 수호자들'과 영원한 보수주의자들에게 말해야 한다—오직 히틀러와 그의 부하들에게 있다. 다음과 같은 점은 의문의 여지가 없다. "인간을 통째로 이해하고 대중을 자기희생으로 유혹하고 노예화하는 '전체주의' 체제는 본질적인 이념적인 차이에도 불구하고 국가사회주의와 공산주의 **양자**에게 동일했다. 이미 일찍이 **한나 아렌트**는 반유대주의와 제국주의의 맥락 안에서 국가사회주의와 스탈린주의를 유사한 통치 형태로 분석했다: *The Origins of Totalitarianism*, New York 1951; 독어판: *Elemente und Ursprünge totaler Herrschaft* (1955), TB-Ausgabe München 1986. 그렇기 때문에 '전체주의'라는 단어를 (반공산주의적으로) 터부시하고 그와 동시에 (국가사회주의를 끌어들이고, 종종 자본주의도 끌어들이기 위해) 이탈리아어 '파시즈모'(Fascismo)를 부풀리려고 시도하는 정치적 관심에 의해 강요되는 '좌파적인' 개념 정치는 문제를 숨기고 흐려왔다. 본 대학 역사가 **K. D. Bracher**의 다음과 같은 주장은 옳다. "전체주의 개념이 거부됨과 동시에 우파 독재와 좌파 독재의 억압 체제도 은폐되었다. 그리고 이 단어의 사용은 반공적이라는 혐의를 받게 되었고, 일반적인 파시즘 이론과 함께 나치의 인종 이념과 인종 정책의 중심적인 의미도 동시에 과소평가되었다"(S. 113).

21 나치즘과 볼셰비키는 여전히 근본적으로 다르다. 그리고 만약 홀로코스트의 독특한 성격을 무시하고 슬쩍 간과해버린다면, 모든 역사적 비교는 무책임하게 될 것이다. 역사가 **코카**(빌레펠트)는 이를 다음과 같이 표현한다. "산업화가 매우 잘 이루어졌고 조직화도 비교적 잘 이루어졌던 히틀러 제국에서 자행된 관료주의적이고 무감각하고 완벽한 집단 학살의 체제와 낙후된 스탈린 제국에서 자행된 농민전쟁의 폭동, 집단적인 '인종 제거', 노예 노동과 굶주림 사이에는 질적인 차이가 존재한다"(S. 134). 어떤 역사가들이 히틀러의 독일을 캄보디아의 폴포트 통치와 헝가리의 이디 아민스 통치와 비교하기보다는 동시대의 프랑스와 영국과 비교한 것은 분명히 잘한 일이고, 야만적인 혼란의 일회성을 인식하기 위해 독일의 위대한 문화적 전통 자체, 곧 더러 인용된 독일의 관념주의와 독일의 철학, 문학, 예술, 음악, 신학을 척도로 삼은 것은 더 잘할 일이다.

22 **E. Jäckel**, **J. Kocka**, **C. Meier**, **H.** und **W. Mommsen**: *Piper-Dokumentation*에 수록된 그들의 논문을 참조하라. 튀빙엔 역사가 **D. Langewiesche**가 놀테의 명제를 비판한 것도 결정적인 것이다. Der "Historikerstreit" und die "Historisierung" des Nationalsozialismus, in: K. Oesterle - S. Schiele (Hrsg.), *Historikerstreit und politische Bildung*, Stuttgart 1989, S. 20-41.

23 **S. Volkov**, *Jüdisches Leben und Antisemitismus im 19. und 20. Jahrhundert. Zehn Essays*, München 1990 참조. 이미 빌헬름 제국에서도 적응을 위해 착수된 독일 국민의 중앙협회와 독일시오니즘연맹의 토론회에서 이러한 적대적 태도가 드러났다. 같은 시기의 독일 쪽 견해는 **D. Bering**, *Der Name als Stigma. Antisemitismus im deutschen Alltag 1812-1933*, Stuttgart 1987. **W. Jochmann**, *Gesellschaftskrise und Judenfeindschaft in Deutschland 1870-1945*, Hamburg 1988을 참조하라.

24 나치가 비극적으로 발전을 파괴하기 이전의 독일 유대인의 역사에서 유대계 독일인과 비유대계 독일인 간의 유익한 공존의 단계가 존재했다는 사실을 밝힌 최근의 연구논문이 독일에서도 나왔다. **Julius H. Schoeps**가 설립한 두이스부르크 대학교의 독일인-유대인의 역사를 위한 '솔로몬 루드비히 슈타인하임 연구소'(B. I, *Menora. Jahrbuch für deutsche Geschichte 1990*, München 1990 참조)는 독일인-유대인의 공동체 안에서 연결점과 연결선을 파악하고 나치가 파괴한 연속선을 보여주려고 시도했다.

25 **S. Volkov**, 앞의 책, S. 9.65 이하.

26 **J. A. Gobineau**, *L'essai sur l'inégalité des races humaines*, Paris 1853-55; 독어판: *Versuch über die Ungleichheit der Menschenracen*, hrsg. v. L. Schemann, Stuttgart 1898-1901.

27 **M. Zimmermann**, *Wilhelm Marr. The Patriarch of Anti-Semitism*, New York 1986을 참조.

28 **I. Elbogen**, *Geschichte der Juden in Deutschland*, Berlin 1935, S. 313 참조.

29 **S. Volkov**, 앞의 책, S. 35f, 54-75 참조.

30 **T. Mann**, Deuschland und die Deutschen (1945), in: *Reden und Aufsätze*, Bd. III, Frankfurt 1960, 1143, 1136. **P. Reichel**, Hoffen auf den starken Mann. "Ich fühle euch, und

ihr fühlt mich!" - Erfolg und Verfall des Führer-Mythos, in: Die Zeit vom 12. Mai 1989. **J. C. Fest**, Hitler. Eine Biographie, Frankfurt 1973 참조. 여기서 "중간 고찰: 거대한 두려움"(S. 129-151)은 중요하다: 공산주의 혁명에 대한 두려움, 서방에 대한 증오, 계몽주의, 합리주의, 민주주의, 유대교; "중세와 현대의 유일한 혼합"으로서 나치주의. … "현대의 기술적 수단의 모든 무기의 도움을 받아 매우 계획적이고 냉혈적이고 현실적인 사업으로 시도되었던 히틀러의 권력 장악은 옷가지 소품 장식과 상징을 동반했다: 짚으로 만든 지붕과 세습 농민계급, 민속 무용, 하지(夏至) 축제와 어금꺾쇠 십자가 기장의 표지 안에서 세계 정복이 시도되었다"(S. 147).

31 1,000쪽을 넘는 저작 *Juden im deutschen Kulturbereich*, hrsg. v. **S. Kaznelson**, Berlin 1935; 개정증보판 1959는 문학과 예술에서 다양한 학문과 사회복지와 스포츠에 이르기까지 독일 유대인들이 이룩한 문화적 업적을 인상적으로 보여준다(여기서 유대교학에 관해 매우 풍부한 정보를 제공하는 I. Meisl의 논문도 참조하라). 그러나 **S. Volkov**는 유대인의 학문적 성공의 사회적 원인에 관한 연구에서 다음과 같은 사실을 밝힌다. 대부분의 비범한 유대인 학자들은 종종 특히 창조적인 업적을 쌓은 학문의 주변 분야로 이동했고, 제도적인 교수직과는 다르게 전문화를 가능케 한 종속적인 학문의 위치로 옮겨갔다: "편견에도 **불구하고**, 그리고 편견 **때문에** 역설적으로, 그리고 최종적으로는 운명적인 … 비범한 업적들"(S. 162). **H. J. Schultz** (Hrsg.), *Es ist ein Weinen in der Welt*, Stuttgart 1990는 "우리 시대의 독일 유대인을 위한 헌정작품"으로 유대인들이 독일 문화권의 가장 중요한 사상운동에 권위 있게 참여했다는 사실을 보여준다. 여기서 다루어진 사람들은 S. Freud, G. Mahler, W. Rathenau, E. Lasker-Schüler, R. Luxemburg, G. Landauer, M. Reinhardt, A. Schönberg, M. Buber, L. Meitner, A. Einstein, F. Kafka, E. Bloch, W. Benjamin, M. Horkheimer, A. Freud, E. Fromm, A. Seghers, M. Sperber, H. Arendt이다. 당대의 군사적·전체주의적 경향을 매우 날카롭게 분석한 유대인 여성 철학자들의 중요한 역할은 종종 간과되고 있다. **R. Wimmer**는 요약한 단행본을 그들에게 헌정했다. *Vier jüdische Philosophinnen. Rosa Luxemburg, Simone Weil, Edith Stein, Hannah Arendt*, Tübingen 1990.

32 학문적 연구에서 특히 논란이 된, 국가사회주의 안에서 **공업**이 수행한 역할에 관해서는 과거의 동독(DDR)에서 이루어진 이전의 연구(W. Bleyer, D. Eichholtz와 1965년의 갈색 자료집) 외에도 서독에서 이루어진 연구(W. A. Boelcke, M. Broszat, W. Fischer, L. P. Lochner, D. Petzina, R. Wagenführ)와 미국에서 이루어진 연구(B. H. Klein, A. Schweitzer)와 (대기업과 히틀러의 상승에 관해) D. Stegman과 H. A. Turner가 전개한 논쟁과 (바이마르 공화국의 쇠퇴에 관해) D. Abraham과 U. Nocken이 전개한 논쟁들 외에도 최근에 출판된 단행본, 특히 **E. Czichon**, *Wer verhalf Hitler zur Macht? Zum Anteil der deutschen Industrie an der Zerstörung der Weimarer Republik*, Köln [4]1976. **R. Neebe**, *Großindustrie, Staat und NSDAP 1930-1933. Paul Silverberg und der Reichsverband der Deutschen Industrie in der Krise der Weimarer Republik*, Göttingen 1981. **H.-E. Volkmann**, *Wirtschaft im Dritten Reich. Eine Bibliographie*, Bd. I: 1933-39, München

1980; Bd. II: 1939-45, Koblenz 1984를 참조하라. 몇몇 중요한 기업, 예컨대 IG-Farben의 역할에 관해서는 **J. Borkin**, The Crime and Punishment of I. G. Farben, New York 1978; 독어판: *Die unheilige Allianz der I. G. Fraben. Eine Interessengemeinschaft im Dritten Reich*, Frankfurt 1979. **U. S. Group Control Council - Finance Division**, *Ermittlungen gegen die I. G. Frabenindustrie AG, September 1945. Übersetzt und bearbeitet von der Dokumentationsstelle zur NS-Sozialpolitik Hamburg*, Nördlingen 1986. **P. Hayes**, *Industry and Ideology. I. G. Fraben in the Nazi Era*, Cambridge 1987을 참조하라. 다이믈러-벤츠에 관해서는 **H. Pohl - S. Habeth - B. Brüninghaus**, *Die Daimler-Benz AG in den Jahren 1933-1945. Eine Dokumentation*, Stuttgart 1986을 참조하라. 이에 대해 비판적인 책으로는 *Das Daimler-Benz-Buch. Ein Rüstungskonzern im "Tausendjährigen Reich". Schriften der Hamburger Stiftung für Sozialgeschichte des 20. Jahrhunderts*, Bd. III, Nördlingen 1987. **K. H. Roth - M. Schmid**, *Die Daimler-Benz AG 1916-1918. Schlüsseldokumente zur Konzerngeschichte. Schriften der Hamburger Stiftung für Sozialgeschichte*, Bd. V, Nördlingen 1987이 있다.

33 **법학**의 역할은 이제 모든 설명이 서로 연관되어 나타난다. **L. Gruchman**, *Justiz im Dritten Reich 1933-1940. Anpassung und Unterwerfung in der Ära Gürtner*, München 1988. **I. Staff** (Hrsg.), *Justiz im Dritten Reich. Eine Dokumentation*, Frankfurt 1964, 증보 2판 1978은 매우 유익한 개관을 제공한다. **J. Friedrich**, *Freispruch für die Nazi-Justiz. Die Urteile gegen NS-Richter seit 1948. Eine Dokumentation*, Reinbek 1983은 독일 전쟁 이후에 법정이 살인 행위와 살상과 민족 살상까지도 얼마나 숨기고 인정하고 보상하려고 시도했는지를 보여준다. 실제적으로 모든 나치 재판관들은 처벌을 받지 않고 풀려났다. **H. Senfft**의 논쟁서 *Richter und andere Bürger. 150 Jahre politische Justiz und neudeutsche Herrschaftspublizistik*, Nördlingen 1988 참조. 특히 센프트의 조사에 따르면 '제3제국'의 재판관들은 1945년 이후에 사형 선고를 받은 3만 명을 단지 27년 2개월 동안만 구금시키고 방면했다고 한다. **I. Müller**, *Furchtbare Juristen. Die unbewältigte Versagenheit unserer Justiz*, München 1987. **B. Diestelkamp - M. Stolleis** (Hrsg.), *Justizalltag im Dritten Reich*, Frankfurt 1988. **R. Dreier - W. Sellert** (Hrsg.), *Recht und Justiz im "Driteen Reich"*, Frankfurt 1989 참조.

34 **의학**의 역할, 특히 수십만의 정신질환자와 신체장애자를 희생시킨 나치 의학, '인종개량학'과 안락사를 다룬 가장 음울한 내용에 관해서는 **E. Klee**, *"Euthanasie" im NS-Staat. Die "Vernichtung lebensunwerten Lebens"*, Frankfurt 1983; **같은 저자** (Hrsg.), *Dokumente zur "Euthanasie"*, Frankfurt 1983; **같은 저자**, *Was sie taten - Was sie wurden. Ärzte, Juristen und andere Beteiligte am Kranken - oder Judenmord*, Frankfurt 1986. **P. Weingart** u. a., *Rasse, Blut und Gene. Geschichte der Eugenik und Rassenhygiene in Deutschland*, Frankfurt 1988. **R. N. Proctor**, *Racial Hygiene. Medicine under the Nazis*, Cambridge/Mass. 1988. **R. J. Lifton**, *The Nazi Doctors. Medical Killing and the Psychology of Genozid*, New York 1986; 독어판: *Ärzte im Dritten Reich*, Stuttgart

1989을 참조하라.

35 **언론**의 역할을 다룬 연구는 아직 빈약하다. **O. Köhler**, Schreibmaschinen-Täter. Journalisten im Dritten Reich und danach: eine vergessene Vergangenheit, eine unwillkommene Debatte, in: *Die Zeit*, vom 15. Januar 1988 참조.

36 **군대**의 역할은 **E. Klee - W. Dreßen - V. Rieß**, *"Schöne Zeiten". Judenmord aus der Sicht der Täter und Gaffer*, Frankfurt 1988. **A. J. Mayer**, *Why Did the Heavens Not Darken. The "Final Solution" in History*, New York 1988; 독어판: *Der Krieg als Kreuzzug. Das Deutsche Reich, Hitlers Wehrmacht und die "Endlösung"*, Reinbek 1989. **E. Klee - W. Dreßen** (Hrsg.), *"Gott mit uns". Der deutsche Vernichtungskrieg im Osten 1939-1945*, Frankfurt 1989를 참조하라. 단지 나치 친위대만이 아니라 군인들이 소련인과 유대인을 박해하고 제거하는 전쟁에 얼마나 열렬히 참여했는지 이런 책을 통해 밝혀졌다.

37 **대학교**의 역할은 다행히 이미 1960년대 중반에 세 대학(튀빙엔, 베를린, 뮌헨 대학교)의 강의 시리즈를 담고 있는 책을 통해 밝혀졌다: **A. Flitner** (Hrsg.), *Deutsches Geistsleben und Nationalsozialismus*, Tübingen 1965. *Nationalsozialismus und die deutsche Universität. Veröffentlichung der Freien Universität Berlin*, Berlin 1966. **H. Kuhn** u. a., *Die deutsche Universität im Dritten Reich*, München 1966. 최근에도 제3제국의 모든 학문 분야를 위해, 그리고 개별 대학과 학과와 교수를 위해, 그리고 마지막으로는 괴팅엔 대학을 위해 분명히 점점 더 까다로워진 이 문제가 다루어졌다. **H. Becker** u. a., (Hrsg.), *Die Universität Göttingen unter dem Nationaslsozialismus. Das verdrängte Kapitel ihrer 250 jährigen Geschichte*, München 1987 참조.

38 최근의 연구는 독일의 몇몇 하이데거 숭배자들과 이른바 프랑스 '포스트모던주의자들'이 인식하지 못했던 다음과 같은 결론을 내렸다: **마르틴 하이데거**의 나치즘 참여는 사람들이 인식하고 있었던 것보다 훨씬 더 진지하고 지속적인 것이었다. 베를린에 살고 있는 칠레인이 쓴 책은 세부적인 주장에서는 반박되었지만, 매우 인정을 받았다. 이 책을 통해 최근에 논쟁이 일어났다. **V. Farías**, *Heidegger et le nazisme*, Lagrasse 1987; 독어판 *Heidegger und der Nationalsozialismus*는 특히 언어적으로 개선되었고, 위르겐 하버마스의 인사말과 함께 1989년에 프랑크푸르트에서 출판되었다. 역사적으로 정확한 책은 **H. Ott**, *Martin Heidegger. Unterwegs zu seiner Biographie*, Frankfurt 1988. 하이데거에 대한 다양한 견해는 **B. Martin** (Hrsg.), *Martin Heidegger und das "Dritte Reich". Ein Kompendium*, Darmstadt 1989를 참조하라. 여기에는 1933년(특히 총장 연설문)과 1945년(탈나치화)에 만들어진 매우 중요한 문서들이 들어 있다.

39 **C. Schmitt**, *Staat, Bewegung, Volk. Die Dreigliederung der politischen Einheit*, Hamburg 1933과 **H. Senfft**, 앞의 책, S. 159-161 참조(이 책은 슈미트의 기회주의와 반유대주의도 다루고 있다). **K. Sontheimer**, Der Macht näher als dem Recht. Zum Tode Carl Schmitts, in: *Die Zeit*, von 19. April 1985. **B. Rüthers**, *Carl Schmitt im Dritten Reich. Wissenschaft als Zeitgeist-Verstärkung?*, München 1989.

40 **W. Laqueur**, *The Terrible Secret*, London 1980; 독어판: *Was niemand wissen wollte. Die Unterdrückung der Nachrichten über Hitlers "Endlösung"*, Frankfurt 1981, S. 249. 이 책은 중립국과 연합군과 독일에게 점령된 유럽의 유대들인과 세계 유대교의 정보 상태에 관한 광범위한 이해도 제공한다.

41 **C.-E. Bärsch**, *Erlösung und Vernichtung. Dr. phil. Joseph Goebbels. Zur Psyche und Ideologie eines jungen Nationalsozialisten 1923-27*, München 1987 참조. 가톨릭교회에서 교육을 받았고(물론 예수회에서 교육을 받지는 않았다!) 항상 가톨릭 교인이었던(죽을 때까지 교회를 탈퇴하지 않았다!) 괴벨스는 이미 1929년에 그리스도가 유대인이 아닐 수 있다고 확신했다. "유대인은 인간의 옷을 입은 거짓말쟁이다. 그리스도 안에서 유대인은 처음으로 역사 앞에서 영원한 진리를 십자가에 못 박았다. 이것은 이후 수백 년 동안 여러 차례 반복되었고, 오늘날에도 다시 반복되고 있다. 희생의 이념은 그리스도 안에서 최초로 명백한 형태를 취했다. 희생은 사회주의의 본질에 속한다. 희생이란 다른 사람을 위해 자기 자신을 내어주는 것이다. 그러나 유대인은 희생을 전혀 이해하지 못 한다" (S. 126 인용). **R. G. Reuth**는 피퍼 출판사에 독점적으로 제공한 괴벨스의 1914~1925년 유품에 근거하여 그의 전기를 썼다. *Goebbels*, München 1990. 유대인 정책에서 괴벨스가 주도적인 역할을 했다는 사실이 여기서 다시 밝혀졌다.

42 이것을 나는 이미 1965년에—여러 출판사에서 나온 제2차 바티칸 공의회의 총서에서—공개적으로 말했고, 이로 인해 나는 독일 가톨릭 주교회의 의장인 추기경 **율리우스 되프너**에게 처음으로 공식적인 질책을 받았다. 내가 추기경에게 이미 나의 책 *Die Kirche* (1967)를 쓰려고 이미 마무리했던 부분 "Die Kirche und die Juden"을 보냈을 때, 그는 아무런 답장도 보내지 않았다.

43 **J. C. Fest**, 앞의 책 참조.

44 **E. Jäckel**, *Hitlers Weltanschauung*, Stuttgart 1969, ²1981 참조.

45 **같은 저자**, *Hitlers Herrschaft. Vollzug einer Weltanschauung*, Stuttgart 1986.

46 **H.-U. Thamer**, *Verführung und Gewalt. Deutschland 1933-1945*, Berlin 1986.

47 **E. Jäckel**, *Hitlers Herrschaft*, S. 89.

48 **H.-U. Thamer**, 앞의 책, S. 88.

49 **E. Jäckel**, *Hitlers Weltanschauung*, S. 55 인용.

50 **A. Hiltler**, *Mein Kampf*, München 1939, S. 4 참조.

51 **F. Heer**, *Der Glaube des Adolf Hilter. Anatomie einer politischen Religiosität*, München 1968 참조.

52 **W. Daim**, *Der Mann, der Hitler die Ideen gab. Die sektiererischen Grundlagen des Nationalsozialismus*, Wien 1957, ²1985 참조.

53 **F. Heer**, 앞의 책, S. 272.

54 〈가톨릭 신문〉에 따르면 오직 예전의 비엔나(Wien) 대주교 **프란츠 쾨니히** 추기경만이—그는 추기경 **테오도르 인니처**의 후임자로 1938년 3월 18일에 오스트리아 주교단의 항복 선언서에 한 개의 편지와 손으로 쓴 '하일 히틀러'를 첨부했다—최근 사건에 근거하여

1987년 9월 26일 성 퓔텐 성당에서 가톨릭교회가 행동할 때, 잘못을 솔직히 고백했다. "되돌아보면서, 우리는 기독교인으로서 실패와 특히 그 당시 교회의 책임자들의 실수에 대한 '우리의 범죄'(*nostra culpa*)도 분명히 말해야 한다."

55 **H. Krätzl**, Vergiftete Brunnen. Antwort auf Proteste von Gläbigen, in: *Publik-Forum*, vom 11. März 1988.

1장 II. 죄책의 억압

1 이것은 1988년 11월 4일에 발행된 〈Die Zeit〉지가 "지역의회의 영웅 행위"에 관해 보고한 내용이다.

2 **L. van Dick** (Hrsg.), *Lehreropposition im NS-Staat. Biographische Berichte über den "aufrechten Gang"*, Neuausgabe Frankfurt 1990은 사람들이 학교에서도 무조건 순응할 필요가 없었다는 사실을 13명의 생애를 통해 보여준다.

3 다음에 나오는 수는 1988년 11월 4일에 발행된 〈Die Zeit〉가 "Man wollte an die Vermögen heran"이란 제목 아래 보고한 내용에 들어 있다. "제국 수정의 밤"에 관해서는 **R. Thalmann - E. Feinermann**, *La Nuit de Cristal*, Paris 1972; 독어판: *Die Kristallnacht*, Frankfurt 1987. **H.-J. Döscher**, *"Reichskristallnacht". Die Novemberpogrome 1938*, Frankfurt 1988; **같은 저자** (Hrsg.), *"Reichskristallnacht". Die Novemberpogrome 1938 im Spiegel auserwählter Quellen*, Bonn 1988. **W. H. Pehle** (Hrsg.), *Der Judenpogrom 1938. Vom der "Reichskristallnacht" zum Völkermord*, Frankfurt 1988을 참조하라.

4 **교회와 국가사회주의의 관계**, 특히 1933~1945년의 교회 상황을 다룬 독일 주교들의 기록에 관해서는 Bd. I-VI, B. Stasiewski - L. Volk (Hrsg.), Mainz 1968-1985을 참조하라. **G. Denzler - V. Fabricius**, *Die Kirchen im Dritten Reich. Christen und Nazis Hand in Hand?*, Bd. I: Darstellung, Bd. II: Dokumente(= Denzler-Fabricius), Frankfurt 1984는 매우 중요한 자료와 함께 분명한 개요를 제공한다. **R. Rendtorff - H. H. Henrix** (Hrsg.), *Die Kirchen und das Judentum. Dokumente von 1945 bis 1985*, Paderborn 1988(= Rendtorff-Henrix)도 중요한 자료를 모은 것이다. 영어권에서 출판된 책으로는 **H. Croner** (Hrsg.), *More Stepping Stones to Jewish-Christian Relations. An Unabridged Collection of Christian Documents 1975-1983*, New York 1985가 있다. **E. Röhm - J. Thierfelder**, *Juden, Christen, Deutsche*, 1933-1945, Bd. I: 1933-1935, Stuttgart 1990은 4권으로 구성된 책으로 풍부한 실례를 통해 유대인과 기독교인의 역사를 총체적으로 설명하고 있다. 그 밖에도 다음과 같은 단행본들을 참조하라: **G. C. Zahn**, *German Catholics and Hitler's Wars*, New York; 독어판: *Die deutschen Katholiken und Hitler's Kriegs*, Graz 1965. **G. Lewy**, *The Catholic Church and Nazi-Germany*, New York 1964; 독어판: *Die katholische Kirche und das Dritte Reich*, München 1965. **L. Siegele-Wenschkewitz**, *Nationalsozialismus und Kirchen. Religionspolitik von Partei und Staat bis 1935*,

Düsseldorf 1974; 같은 저자, *Neutestamentliche Wissenschaft vor der Judenfrage. Gerhard Kittels theologische Arbeit im Wandel deutscher Geschichte*, München 1980. **K. Scholder**, *Die Kirchen und das Dritte Reich*, Bd. I: *Vorgeschichte und Zeit der Illusionen 1918-34*, Berlin 1977; Bd. II: *Das Jahr der Ernüchterung 1934. Barmen und Rom*, Berlin 1985. **G. Denzler**, *Widerstand oder Anpassung? Katholische Kirche und Drittes Reich*, München 1984. **J. Fischel - S. Pinsker** (Hrsg.), *The Churches' Response to the Holocaust* (*Holocaust Studies Annual*, Bd. II), Greenwood 1986. **O. D. Kulka - P. R. Mendes-Flohr** (Hrsg.), *Judaism and Christianity under the Impact of National Socialism*, Jerusalem 1987. **R. P. Ericksen**, *Theologen unter Hitler. Das Bündnis zwischen evangelischer Dogmatik und Nationalsozialismus*, München 1988 (über G. Kittel, P. Althaus, E. Hirsch). **M. Greschat - J.-C. Kaiser** (Hrsg.), *Der Holocaust und die Protestanten. Analysen einer Verstrickung*, Frankfurt 1988. **E. Klee**, *"Die SA Jesu Christi". Die Kirchen im Banne Hitlers*, Frankfurt 1989. **K. Repgen - K. Gotto** (Hrsg.), *Die Katholiken und das Dritte Reiche*, 3. Auflage, Mainz 1990.

5 1933년 3월 28일의 총감독회의의 "통지" 참조, in: *Akten deutscher Bischöfe*, Bd. I, S. 30-32; Denzler-Fabricius, S. 42-44.

6 **H.-U. Thamer**, *Verführung und Gewalt. Deutschland 1933-1945*, Berlin 1986, S. 435.

7 Denzler-Fabricius, S. 255에서 인용.

8 1919년 9월 1일에 드레스덴에서 개최된 독일 개신교 교회의 날에 개신교 총회장 **R. Moeller**가 행한 인사말을 참조하라. in: Denzler-Fabricius, S. 13 이하.

9 **J. C. Kaiser - M. Greschat**, 앞의 책 (특히 H.-U. Thamer의 논문) 참조.

10 Denzler-Fabricius, S. 37 이하 인용.

11 Denzler-Fabricius, S. 76 인용.

12 조항 1, 앞의 책, S. 83.

13 조항 4, 위와 동일.

14 Denzler-Fabricius의 문서, S. 77-83 참조.

15 Denzler-Fabricius의 문서, S. 84-87 참조.

16 **K. Barth**, *Theologische Existenz heute!* 24./25. Juni 1933 참조; Denzler-Fabricius의 본문, S. 45-57.

17 총회는 다음과 같이 선언했다. "마치 우리가 예수 그리스도가 아니라 다른 주인에게 속해 있는 삶의 영역이 존재하는 듯이 가르치는 잘못된 이론을 우리는 거부한다"(앞의 책, S. 91).

18 **H. U. Stephan** (Hrsg.), *Das eine Wort für alle. Barmen 1934-1984. Eine Dokumentation*, Neukirchen 1986 참조.

19 **M. Greschat** (Hrsg.), *Zwischen Widerspruch und Widerstand. Texte zur Denkschrift der Bekennenden Kirche an Hitler* (1936), München 1987 참조.

20 **C.-R. Müller**, *Dietrich Bonhoeffers Kampf gegen die nationalsozialistische Verfolgung und Vernichtung der Juden. Bonhoeffers Haltung zur Judenfrage im Vergleich*

mit Stellungsnahmen aus der evangelischen Kirche und Kreisen des deutschen Widerstandes, München 1990 참조.

21 Rendtorff-Henrix의 문서, S. 528. **M. Greschat** (Hrsg.), *Im Zeichen der Schuld. 40 Jahre Stuttgarter Schuldbekenntnis. Eine Dokumentation*, Neukirchen 1985 참조.

22 Denzler-Fabricius의 문서, S. 256.

23 **F. Hermle**, *Evangelische Kirche und Judentum - Stationen nach 1945*, Göttingen 1990이 이를 보여준다. 초교파적 피난민 위원회 사무총장 **아돌프 프로덴베르크**(Adolf Freudenberg)는 교회 지도부의 모든 저항에 맞서 유대인 문제를 신학적으로 다루었던 중심적인 인물이 되었다. 1950년 4월에 나온 독일복음주의교회(EKD)의 "유대인 문제에 관한 발언" 내용은 Rendtroff-Henrix, S. 548 이하에 들어 있다.

24 그 밖에도 역사가 **C. Vollnhals**의 방대한 자료모음집, *Entnazifizierung und Selbstreinigung im Urteil der evangelischen Kirche. Dokumente und Reflexionen 1945-1949*, München 1989를 참조하라; **같은 저자**, *Evangelische Kirche und Entnazifizierung 1945-1949. Die Last der nationalsozialistischen Vergangenheit*, München 1989.

25 **Friedrich Heer**, *Der Glaube des Adolf Hitler. Anatomie einer politischen Religiosität*, München 1968, Kap. 26-31은 모든 시대사적 작품 속에서 다루어진 파첼리의 인격, 정치와 교회사적 위치를 독일과 나치즘과 히틀러와의 연관성 속에서 매우 분명히 분석한다.

26 Denzler-Fabricius의 문서, S. 61-74 참조.

27 1800년 이후의 협약 참조. 이에 관해서는 **L. Schöppe**이 수집하고 편집한 Dokumente, Bd. 35, *Frankfurt* 1964, S. 29-35, 특히 S. 33 참조.

28 **K. Adam**, Deutsches Volkstum und katholisches Christentum, in: *Theologische Quartalschrift* 114 (1933), S. 40-63, 특히 S. 41, 58-61.

29 **같은 저자**, Jesus, der Christus und wir Deutsche, in: *Wissenschaft und Weisheit. Vierteljahresschrift für systematische franziskanische Philosophie und Theologie in der Gegenwart* 10 (1933), S. 40-63. "마리아가 그녀의 신적인 아들에게 전달해준 종(種)의 상태 안에, 유전자 안에 세대의 전개를 감시하시는 하나님의 신비로운 인도하심 덕분에 모든 인류가 관리해야 할 가장 선하고 가장 고상한 기질과 능력이 살아 있었다는 것은 나에게 개인적으로 감격적인 생각이다. 이런 견해는 마리아가 '원죄가 없이', 다시 말하면 원죄의 계승이 없이 완전한 순결과 아름다움 속에서 가장 고상한 기질과 능력 속에서 수태했다는 사실에 근거해 있다. 우리는 마치 예수 안에서 그의 모든 장점에도 불구하고 '유대인의 혈통'을 인식했다고 말하지만, 이것은 모든 악의적인 질문과 비난을 가톨릭의 관점에서 완전히 빗나간 질문으로 만드는 마리아의 무염시태 교리다. 왜냐하면 예수의 어머니 마리아가 우리가 순수한 유대인 혈통에서 비난하는 모든 더러운 기질과 능력과는 그 어떤 육체적이거나 도덕적인 관계를 맺지 않았다는 사실을 이것이 우리에게 증언하기 때문이다. 그녀는 하나님의 은혜의 기적을 통해 이러한 유대인의 유전적인 기질을 초월하는, 유대인을 넘어서는 인물이었다"(S. 90 이하).

30 **C. Falconi**, *Il silenzio di Pio XII.*, Milano 1965 참조.

31 Denzler-Fabricius의 문서, S. 104-150 참조.

32 이 교서의 초안을 작성한 이들은 세 명의 예수회 회원이었다(J. La Farge/미국, G. Gundlach/독일, P. Desbuquois/프랑스). 그들은 모두 엄청난 반유대적 편견을 증언한다. 그러자 폴란드 예수회 사무장 **블라디미르 레도코프스키**(Wladimir Ledochowski)는 이 교서의 출판을 주저했다. 왜냐하면 그는 히틀러를 볼셰비즘에 대항하는 동지로 여겼기 때문이었다. **J. H. Nota**, Edith Stein und der Entwurf für eine Enzyklika gegen Rassismus und Antisemitismus, in: *Freiburger Rundbrief* 26 (1974), S. 35-41 참조. 에디트 스타인은 이미 1933년도에 피우스 11세에게 보낸 한 봉인된 편지에서 개인적으로 유대인 문제에 관한 교서를 급히 요청했지만, 아무런 결과를 얻지 못했다.

33 **C. Falconi**, 앞의 책, Teil III. Tendenziös(수에 관한 설명은 논란이 있다). **V. Dedijer**, *Jasenovac - das jogoslawische Auschwitz und der Vatikan*, hrsg. von G. Niemietz, Freiburg 1988 참조.

34 바로 이 시기에 유대인 지역에서 외교적인 차원의 구조 조치가 논란거리가 되었다는 것은 헝가리 시온주의 운동의 대표 의장 **레최 루돌프 카츠너**(Rözsö Rudolf Kaszner)의 사건이 보여준다. 1944년 4월 이래 독일의 강제수용소에서 일어난 사건에 관한 믿을 만한 정보들에도 불구하고 헝가리 유대인들은 아무런 경고도 받지 못했을 뿐만 아니라, 독일 지도부와의 비밀 협상에 근거하여("물질을 위한 피")—특히 아이히만과의 개인적인 협상에 근거하여—단지 유대인 몇 천 명만이 피신할 수 있었다. 그래서 1953년에 카츠너는 이스라엘에서 독일인과 협력한 죄로 기소되어 1955년에 판결을 받았지만, 1958년에 복권되었다. 같은 해에 그는 길거리에서 사살되었다. 이에 관해서는 **R. L. Braham**, What Did They Know and When?, in: *The Holocaust as Historical Experience. Essays and a Discussion*, hrsg. v. Y. Bauer und N. Rotenstreich, New York 1981, 109-131. **Y. Marton**, Art. Kasztner, Rezsö Rudolf, in: *Encyclopaedia Judaica*을 참조하라.

35 **P. Longerich** (Hrsg.), *Die Ermordung der europäischen Juden. Eine umfassende Dokumentation des Holocaust 1941-1945*, München 1989, S. 445 인용.

36 **E. von Weizsäcker**, Telegramme an das Auswärtige Amt von 17./28. Okt. 1943; **P. Longerich**, 같은 책, S. 445 이하 인용.

37 데 가스페리스(de Gasperis)의 딸과 비서 **Maria Romana Catti-de Gasperi**, *De Gasperi, uomo solo*, Milano 1964, S. 317-339, 특히 S. 335 참조(그는 수상의 30주년 결혼기념 행사와 그의 둘째 딸 루치아의 '영원한' 수도회 선서식에서 교황의 알현을 거부했다).

38 **J. F. Morley**, *Vatican Diplomacy and the Jews during the Holocaust 1939-1949*, New York 1980.

39 앞의 책, S. 209.

40 **P. I. Murphy**, "*La Popessa*", New York 1983, 특히 S. 59-170, 192-215 참조.

41 피우스 12세와 교황청의 견해에 관해서는 "Das vatikanische Labyrinth", in: **N. Goldmann**, *Le paradoxe juif. Conversations avec Léon Abramovicz*, Paris 1976; 독어판: *Das*

jüdische Paradox. Zionismus und Judentum nach Hitler, Köln 1978, S. 243-261을 참조하라(유감스럽게도—적어도 독어판에서—P. Robert Leiber와 예수회 사무장 J. B. Janssens의 이름이 잘못 표기되었고, Pasqualina 수녀가 Angelina 수녀로, 교황청 대학 Gregorian이 Georgia로 잘못 표기되었다).

42 **J. Kaiser**, Die Bühne als publizistische Anstalt?, in: *Süddeutsche Zeitung*, vom 25. April 1988.

43 제2차 세계대전 발발 50주년인 1989년 8월 27일에 **요한 바오로 2세**가 보낸 사도 서신을 참조하라.

44 **A. Momigliano**, Independent People, in: *The New York Review of Books*, vom 8. Oktober 1987.

45 이에 관해서는 1970년 3월 26일의 바티칸 미사에서 교황 **바오로 6세**가 지시한, 유대인을 위한 새로운 성금요일 기도문을 참조하라. in: Rendtorff-Henrix, S. 56-60.

46 Rendtorff-Henrix, S. 39-44에 나오는 공의회 문서 "*Nostra aetate*" Nr. 4 참조. 전체에 관해서는 **K.-J. Kuschel**, Ökumenischer Konsens über das Judentums?, in: *Christlich-jüdisches Forum. Mitteilungsblatt der christlich-jüdischen Arbeitsgemeinschaft in der Schweiz*, hrsg. v. E. L. Ehrlich, Nr. 53, Basel 1981, S. 17-33을 참조하라.

47 전체 **독일 주교들**의 활동은 특히 바이에른 가톨릭 대학교가 펴낸 시대사위원회의 출판물을 참조하라. 이것은 두 가지 시리즈로—자료와 연구—이미 80권 이상을 포함하고 있다. 우리의 주제를 위해 특히 중요한 것은 이 단원의 서두에서 이미 인용했던, 1933~1945년의 교회의 상황을 기록한 독일 주교들의 문서(6권)다.

48 내가 알기로는, 이 단어는 본 대학교 가톨릭 역사가 **K. Repgen**이 처음으로 썼다. 그는 1933~1945년에 R. Morsey와 함께 교회의 상황에 관한 독일 주교들의 문서를 편집한 학자다. 이것에 관해서는 **K. Repgen - K. Gotto**, 앞의 책도 참조하라.

49 **K. Scholder**, 위의 책, Bd. I, S. 300-321 참조. K. D. Bracher에 따르면 K. Scholder는 (1950년대의 협정 과정에 대한 한 평가서에서) 가톨릭 시대사 위원회의 출판 대표자 K. Repgen, R. Morsey, L. Volk와는 정반대로 '제국 협정'에 관한 바티칸-독일 간의 협상 개시와 1933년 3월에 발표된 히틀러 전권법률에 대한 가톨릭 중앙당의 동의 사이에는 직접적인 상관성이 있다는 사실을 확신 있게 입증했다. 이미 소개한 책 외에도 K. O. von Aretin과 G. Besier가 사후에 편집한 Scholder의 전체 논문집, *Die Kirchen zwischen Republik und Gewaltherrschaft*, Berlin 1988, S. 171-203 안에 들어 있는 **K. Scholder**, Altes und Neues zur Vorgeschichte des Reichskonkordats. Erwiderung auf Konrad Repgen을 참조하라.

50 **K. Scholder**, Altes und Neues, S. 194.

51 **같은 저자**, *Die Kirchen*, Bd. I, S. 321.

52 **G. Lewy**, 앞의 책, S. 267-283 참조.

53 **H. Hürten**, *Verfolgung, Widerstand und Zeugnis. Kirche im Nationalsozialismus. Fragen eines Historikers*, Mainz 1987 참조.

54 **J. Köhler**, *Haben die deutschen Bischöfe während der nationalsozialistischen*

Herrschaft Widerstand geleistet? Der deutsche Katholizismus zwischen Widerspruch und nationaler Loyalität, Unveröff. Manuskript, 22 인용. 이 장 전체를 위한 가치 있는 보충과 수정을 위해 나는 튀빙엔 대학교 가톨릭 신학부 교회사 교수 **요아힘 쾰러**의 도움을 받았다.

55 **S. Rahner** u. a., *"Treu deutsch sind wir - wir sind auch treu katholisch." Kardinal von Galen und das Dritte Reich*, Münster 1987 참조.

56 1937년 10월 17일에 나온 프라이징 회고록의 본문 in: *Akten deutscher Bischöfe*, Bd. IV, S. 356-361; Denzler-Fabricius, S. 161-166.

57 **D. R. Bauer - A. P. Kustermann** (Hrsg.), *Gelegen oder ungelegen - Zeugnis für die Wahrheit. Zur Vertreibung des Rottenburg Bischofs J. B. Sproll im Sommer 1938*, Rottenburg 1989; 여기서 **J. Köhler**는 스프롤이 이미 1920년대에 평화운동에 얼마나 적극적으로 활동했는지를 보여주고 있다(S. 17-55).

58 **E. Enders**, *Edith Stein. Christliche Philosophin und jüdische Märtyrerin*, München 1987(최근의 전기)에서도 아무런 대답이 없다.

59 **G. Denzler**, *Widerstand oder Anpassung?*은 주교회의 의장 아돌프 베르트람 추기경에 관해 보고한다. 그는 '총통'의 마지막 생일날인 1945년 4월 20일(!)에도 매우 친절하게 축하의 말을 건넸고, 심지어는—10일이 지나 그가 비겁하게 자살한 후에도—(비록 열리지는 않았지만) '추도미사'를 생각했다. 그리고 덴츨러는 나치를 지지한 프라이부르크의 주교들(콘라트 그뢰버는 그의 성당의 전체 성직자들과 함께 친위대 회원이었다)과 오스나브뤼크의 주교들(빌헬름 베르닝은 프러시아 추밀원의 의원이었다)과 베네딕트 교단의 수도원 원장들과 동조자들, 신학교수들과 성직자들에 관해, 마지막으로 (1929년 무솔리니와의 협정 이후에 로마 가톨릭 사제들이 대부분 그러했던 것처럼) 진심으로 파쇼주의자가 되었던 베를린의 굴종적인 교황 대사 오르젠기오에 관해 보고한다.

60 Rendtroff-Henrix의 문서, S. 260-280 참조.

61 1975년 11월 22일의 서독 주교단 총회의 결의문. "Unsere Hoffnung. Ein Bekenntnis zum Glauben in dieser Zeit", in: Rendtroff-Henrix, S. 245.

62 "Stagnation"(정체)이라는 제목이 붙여진 *Herder-Korrespondenz* 45 (1991), S. 7 이하의 보고서를 참조하라.

63 이 사람이 유대인일 수 있다는 점은 폴란드인-유대인 의사이자 선생, 교육자이자 개혁적인 교육학자였던 **야누츠 코르착**(Janusz Korczak)의 실례를 통해 드러난다. 이전에 모든 탈출 제안을 거절한 그는 1942년 8월에 바르샤바 유대인 거주지에서 유대인 고아원에서 자라난 '자신의' 자녀 200명과 함께 트레블린카로 옮겨갔다. **B. J. Lifton**, *The King of Children. A Biography of Janusz Korczak*, New York 1988; 독어판: *Der König der Kinder. Das Leben von Janusz Korczak*, Stuttgart 1990 참조.

64 **A. Smolar**, Unschuld und Tabu (폴란드 원본, in: *Aneks* Nr. 41-42, London 1986), in: *Babylon. Beiträge zur jüdischen Gegenwart* 2 (1987) Heft 2, S. 40-71, 66 인용. 이 폴란드 작가는 복잡한 폴란드인과 유대인의 관계를 모든 측면에서 공정하게 설명하기 위해

애썼다. 이 논문을 참조하게 된 것은 **헬가 히르쉬**(Helga Hirsch/바르샤바)의 덕분이었다.

65 **W. Bartoszewski**, *Uns eint vergossenes Blut. Juden und Polen in der Zeit der "Endlösung"*, Frankfurt 1987. **W. Bartoszewski - Z. Lewin** (Hrsg.), *Ri ghteous among Nations. How Poles helped the Jews 1939-1945*, London 1969 참조. 강한 변증적 색깔을 띠고 있는 폴란드의 문헌과는 정반대로 **Y. Gutman - S. Krakowski**, *Unequal Victims. Poles and Jews During World War Two*, New York 1986은 다음과 같이 주장한다. 나치 정부 아래 있던 폴란드 백성의 상황은 유대인의 운명과 결코 비교될 수 없다. 물론 폴란드인들도 추방과 강제노동과 나치의 박해를 상당히 받았지만, 유대인들은 "처음부터 엄청난 박해와 테러의 대상이었다." 유대인들은 박해와 약탈을 당하고 게토 안으로 갇혔고, 마지막에는 조직적인 멸절의 대상이 되었다. 폴란드 쪽의 도움은—소수의 예외를 뺀다면—전혀 없었다. 단지 나치의 점령 아래서 상황이 전반적으로 어려웠기 때문만이 아니라, 폴란드 백성의 다양한 계층의 "주관적인 견해와 다양한 정치 세력과 교회의 태도 때문이었다. 이들은 전쟁 이후에 다시 반유대인 운동과 소수인종 박해를 주도했다. Z. Zielinski에 대한 **S. Krakowski**의 논평 참조, in: O. D. Kulka - P. R. Mendes - Flohr, 앞의 책, S. 395-399. 이에 관해서는 **B. Vago - G. L. Mosse**가 편집한 자료 모음 *Jews and Non-Jews in Eastern Europa 1918-1945*, New York 1975. **G. Rhode** (Hrsg.), *Juden in Ostmitteleuropa. Von der Emanzipation bis zum Ersten Weltkrieg*, Marburg 1989를 참조하라.

66 **A. Smolar**, 앞의 책, S. 56 참조.

67 **J. H. Schoeps**, Unbequeme Erinnerungen. Polen und Juden in der Zeit der "Endlösung", in: *Die Zeit*, vom 9. Oktober 1987. 독일의 문제점은 **같은 저자**, *Leiden zu Deutschland. Vom antisemitischen Wahn und der Last der Erinnerung*, München 1990을 참조하라. 폴란드 출신의 미국인 역사가 **R. Modras**, The Catholic Church in Poland and Antisemitism, 1933-1939: Responses to Violence at the Universities and in the Streets, in: Y. Bauer u. a. (Hrsg.), *Remembering for the Future. Working Papers and Addenda*, Bd. I, Oxford 1989, S. 183-196 참조.

68 **M. Nierzabitowska - T. Tomaszewski**, *Die letzten Juden in Polen*, Schaffhausen 1987.

69 이에 관해서는 프린스턴 대학교 동양학자 **B. Lewis**, *Trebit sie ins Meer. Die Geschichte des Antisemitismus*, Berlin 1987, S. 28을 참조하라.

70 **M. Checinski**, The Kielce Pogrom: Some Unanswered Questions, in: *Soviet Jewish Affairs* 5, Nr.1 (1975), S. 57-72에서 저자는 상황을 더 자세하게 연구하고, 마침내 다음과 같은 판단을 내리게 되었다. "소수인종 학대는 폴란드에서 억압 조치를 강화하기 위한 구실이었고, 자유로운 서방 세계에서 소련에게, 그리고 '폴란드 백성의 반유대인 성향'으로 폴란드 유대인 중에서 박해를 받은 남은 사람들의 변호자로 나선 후원자들에게 지원을 얻기 위한 것이었다. … 폴란드에서 유대인을 제거하는 것은 맹목적으로 국수주의적이고 반유대적이었던 폴란드인들의 환영을 받았다는 사실은 아마도 이 단체의 지원을 얻기를 원하는 소련인의 계산 속에 큰 역할을 했을 것이다. 지하에 숨어 있던 폴란드 반-공산주의자들과 망명자 단체들과

가톨릭 지도층들은 이 소수인종 학대에서 바르샤바 정부의 허약의 징후를 보았고, 그리고 유대인의 폴란드 탈출을 분명히 환영했다"(S. 71).

71 이후부터는 **T. Mechtenberg**, Zum jüdisch-polnischen Verhältnis, in: *Orientierung* 52 (1988), S. 117-119, 124-127, 140-142의 자세한 보고를 참조하라.

72 **J. Blonski**, Biedni Polacy ... (Die armen Polen schauen auf das Getto), in: *Tygodnik Powszechny*, vom 11. Janunar 1987, *Orientierung* 52 (1988), S. 140 이하 참조.

73 *Tygodnik Powszechny*, vom 8. Februar 1987, 앞의 책, S. 141 참조.

74 아우슈비츠에 다른 민족들과 마찬가지로 유대 '민족'에게도 큰 '전시실'이 할당되었다(이탈리아 전시실에는 실제적으로 모든 구체적인 자료가 빠져 있다). 박물관 소장 **K. Smolen**, *Auschwitz 1940-1945. Ein Gang durch das Museum*, Katowice 1981; **같은 저자** (다른 사람과 함께), *Ausgewählte Probleme aus der Geschichte des KL Auschwitz*, Auschwitz [3]1988 참조. 바르샤바 역사박물관에는 바르샤바 게토에서 일어난 저항이 폴란드인의 저항으로 소개되었고, 유대인의 저항으로는 전혀 소개되지 않았다. 1943년에는 거기서 한 달 동안 유대인 5만 6천 명이 살해되거나 강제로 후송되었다. **D. Dambrowska**, Art. Warsaw, in: *Encyclopaedia Judaica* 참조. 유대인의 보편적인 저항은 **F. Kroh**, *David kämpft. Vom jüdischen Widerstand gegen Hitler*, Reinbek 1988을 참조하라.

75 *Herder-Korrespondenz* 45 (1991), S. 97 참조.

76 **A. A. Häsler**, *Das Boot ist voll. Die Schweiz und die Flüchtlinge 1933-1945*, Zürich 1967, [2]1968 참조.

77 1933~1945년에는 특히 다음과 같이 잘 알려진 인물들이 스위스에 잠시 머물거나, 항상 도피해 있었다. Fritz Adler, Albert Bassermann, Maria Becker, Ernst Bloch, Bert Brecht, Alfred Döblin, Käthe Dorsch, Walter Fabian, Therese Giehse, Stefan Hermlin, Paul Hindemith, Alfred Kerr, E. L. Kirchner, Arthur Koestler, Oskar Kokoschka, Emil Ludwig, Thomas Mann, Hans Mayer, Robert Musil, Max Ophüls, Rudolf Pannwitz, Wolfgang Pauli, Hermann Rauschning, Erich Maria Remarque, Wilhelm Röpke, Hermann Scherchen, Ignazio Silone, Margarete Susman, Kurt Tucholski, Bruno Walter, Jakob Wassermann, Carl Zuckmayer. **A. A. Häsler**, 앞의 책, S. 339에 나오는 스위스 연방경찰청의 정보를 참조하라.

78 앞의 책, S. 338 참조.

79 **Evangelischer Pressedienst**. *EPD*, November 1988 참조.

80 **F. Gesteiger**, "Tödliches Schweigen am Genfer See". Warum das Internationale Rote Kreuz im Oktober 1942 die Welt nicht über den Holocaust aufklärte, in: *Die Zeit*, vom 23. September 1988 참조. 또한 **H. Lichtenstein**, *Angepaßt und treu ergeben. Das Rote Kreuz im "Dritten Reich"*, Köln 1988. **J.-C. Favez**, *Das Internationale Rote Kreuz und das Dritte Reich. War der Holocaust aufzuhalten?*, München 1989 참조.

81 **S. Klarsfeld**, *Vichy-Auschwitz. Die Zusammenarbeit der deutschen und französischen Behörden bei der "Endlösung der Judenfrage" in Frankreich*, Nördlingen 1989 참조.

82 **A. Grosser**, *Le crime et la mémoire*, Paris 1989; 독어판: *Ermordung der Menschheit.*

Der Genozid im Gedächtnis der Völker, München 1989, S. 149-207 참조.

83 **D. S. Wyman**, *The Abandonment of the Jews. America and the Holocaust, 1941-1945*, New York 1984; 독어판: *Das unerwünschte Volk. Amerika und die Vernichtung der europäischen Juden*, Ismaning 1986 참조. **M. Gilbert**, *Auschwitz and the Allies*, London 1981; 독어판: *Auschwitz und die Alliierten*, München 1982는 더 넓은 상황을 다루고 있다.

84 **R. Modras**, Father Coughlin and the Jews. A Broadcast Remembered, in: *America*, vom 11. März 1989 참조.

85 **D. S. Wyman**, *Das unerwünschte Volk*, S. 431.

86 **Y. Bauer**, *American Jewry and the Holocaust. The American Jewish Joint Distribution Committee, 1939-1945*, Detroit 1981 참조.

87 **C. Genizi**, *American Apathy. The Plight of Christian Refugees from Nazism*, Ramat-Gan/Israel 1983 참조.

88 **M. Wolffsohn**, *Ewige Schuld? 40 Jahre deutsch-jüdisch-israelische Beziehungen*, München 1988, 51 이하. **볼프존**은 그의 새로운 책 *Keine Angst vor Deutschland!*, Erlangen 1990에서 매우 부적절한 공격에 맞서, 특히 독일 유대인 신앙 동료들의 편에서 자신을 방어한다.

89 **M. Buber**, Das echte Gespräch und die Möglichkeiten des Friedens, in: *Freidenspreis des Deutschen Buchhandels. Reden und Würdigungen 1951-1960*, hrsg. v. Börsenverein des Deutschen Buchhandels e.V., Frankfurt 1961, S. 67-74, 특히 67 이하.

90 *Time*-Magazin, vom 11. Februar 1991 참조.

91 **M. Wolffsohn**, *Keine Angst vor Deutschen!*, Erlangen 1990, S. 184 참조. 여기서 전쟁 이후에 독일에서 과거가 어느 정도까지 다루어졌는지를 보여주는 단락(특히 S. 96-148)을 참조하라. 이에 관해서는 **M. Brumlik** u. a. (Hrsg.), *Jüdisches Leben in Deutschland seit 1945*, Frankfurt 1986. **J. Wetzel**, *Jüdisches Leben in München 1945-1951. Durchgangsstation oder Wiederaufbau?*, München 1987. **R. Ostow**, *Jüdisches Leben in der DDR*, Frankfurt 1988도 참조하라.

1장 III. 이스라엘로의 복귀

1 시 137:1.

2 시온주의의 전(前)역사와 역사는 **N. M. Gelber - H. H. Schachtel - R. Weltsch**, Art. Zionismus (II. Geschichte), in: *Jüdisches Lexikon*. **J. Katz - S. Ettinger - A. Hertzberg**, Art. Zionismus (Forerunners, Hibbat Zion, Ideological Evolution), in: *Encyclopaedia Judaica*를 참조하라. 단행본으로는 **J. u. D. Kimche**, *The Secret Roads - The "Illegal" Migration of a People 1938-1948*, London 1954; 독어판: *Des Zornes und des Herzens*

wegen. Die illegale Wanderung eines Volkes, Berlin 1956. **C. Sykes**, *Crossroads to Israel*, London 1965; 독어판: *Kreuzwege nach Israel. Die Vorgeschichte des jüdischen Staates*, München 1967. **Y. Bauer**, *From Diplomacy to Resistance. A History of Jewish Palestine 1939-1945*, Philadelphia 1970. **W. Laqueur**, *A History of Zionism*, London 1972; 독어판: *Der Weg zum Staat Israel. Geschichte des Zionismus*, Wien 1975. **N. Goldmann**, *Lè paradoxe juif. Conversation avec Léon Abramowicz*, Paris 1976; 독어판: *Das jüdische Paradox. Zionismus und Judentum nach Hitler*, Köln 1978. **H. M. Sachar**, *A History of Israel*, Bd. I: *From the Rise of Zionism to Our Time*, New York 1976; Bd. II: *From the Aftermath of the Yom Kippur War*, New York 1987. **G. Luft**, *Heimkehr ins Unbekannte. Eine Darstellung der Einwanderung von Juden aus Deutschland nach Palästina vom Aufstieg Hitlers zur Macht bis zum Ausbruch des Zweiten Weltkriegs, 1933-1939*, Wuppertal 1977. **M. Stöhr** (Hrsg.), *Zionismus. Beiträge zur Diskussion*, München 1980. **A. L. Avneri**, *The Claim of Dispossession. Jewish Land-Settlement and the Arabs 1878-1948*, New York 1982. **M. Krupp**, *Zionismus und Staat Israel. Ein geschichtlicher Abriß*, Gütersloh 1983. **J. H. Schoeps** (Hrsg.), *Zionismus. Texte zu seiner Entwicklung*, Wiesbaden [2]1983. **J. Peters**, *From Time Immemorial. The Origins of the Arab-Jewish Conflict Over Palestine*, New York 1984. **Y. Eloni**, *Zionismus in Deutschland. Von den Anfängen bis 1914*, Gerlingen 1987을 참조하라.

3 특히 **W. Laqueur**, 앞의 책과 **H. M. Sachar**, 앞의 책, Bd. I은 다양한 '이주'의 흐름을 밝혀주었다.

4 **N. M. Gelber**, Art, Pinsker, Jehuda Löb (Leon), in: *Jüdisches Lexikon*. **I. Klausner**, Art, Pinsker, Leon, in: *Encyclopaedia Judaica* 참조.

5 **L. Pinsker**, *"Autoemanzipation!". Ein Mahnruf an seine Stammesgenossen von einem russischen Juden*, Berlin 1882 참조.

6 앞의 책, S. 9.

7 앞의 책, S. 35.

8 **A. Friedemann**, Art. Herzl, Theodor, in: *Jüdisches Lexikon*. **A. Bein**, Art. Herzl, Theodor, in: *Encyclopaedia Judaica* 참조.

9 **T. Herzl**, *Der Judenstaat. Versuch einer modernen Lösung der Judenfrage*, Leipzig-Wien 1986 참조. 이것은 5권으로 된 헤르츨의 시온주의적인 총서의 특별 판으로 1936년 베를린에서 출판된 11판을 인용했다. 이 책은 80개의 다양한 판형과 18개의 언어로 출판되었다.

10 앞의 책, S. 14.

11 앞의 책, S. 8.

12 이스라엘의 키부츠 운동에서 독일 청년운동의 이념이 어느 정도 실현되었는지는 1934년에 독일의 젊은 유대인들이 설립한 키부츠 하소레아(Kibbuz Hasorea)에 관한 구체적인 문서들이 보여주고 있다. **W. B. Godenschweger - F. Vilmar**, *Die rettende Kraft der Utopie.*

Deutsche Juden gründen den Kibbuz Hasorea, Frankfurt 1990.

13 **N. M. Gelber**, Art. Weizmann, Chajim, in: *Jüdisches Lexikon*. **A. Eban**, Art. Weizmann, Chaim, in: *Encyclopaedia Judaica*를 참조. 또한 **C. Weizmann**, *Trial and Error*, New York 1950; 독어판: *Memorien. Das Werden des Staates Israel*, Hamburg 1951. 이에 관해서는 엄청난 원래의 자료를 포함하고 있는 문서 *The Letters and Papers of Chaim Weizmann*, hrsg. von B. Litvinoff, Series A (Letters) Bd. I-XXIII; Series B (Papers) Bd. I-II, Oxford-New Brunswick-Jerusalem 1968-1983을 참조하라.

14 그 설명의 원문이 이렇다: "His Majesty's Government view with favour the establishment in Palestine of a national home for the Jewish people, and will use their best endeavours to facilitate the achievement of this object..." (복사본 인용, in: *Encyclopaedia Judaica*, Bd. IV, Sp. 131)

15 이 설명은 다음과 같이 계속 이어진다: "... it being clearly understood that nothing shall be done which may prejudice the civil and religious rights of existing non-Jewish communities in Palestine, or the rights and political status enjoyed by Jews in any other country"(위의 책).

16 **S. Flapan**, *The Birth of Israel*, New York 1987; 독어판: *Die Geburt Israels. Mythos und Wirklichkeit*, München 1988 참조.

17 **R. Weltsch**, 앞의 책 참조.

18 **A. Hertzberg**, 앞의 책 참조.

19 **Y. Slutsky**, Art. Ben-Gurion, David, in: *Encyclopaedia Judaica*. **D. Ben-Gurion**, *Israel. Die Geschichte eines Staates*, Frankfurt 1973 참조. **이스라엘 국가**에 관해서는 특히 **A. Eban**, *Dies ist mein Volk*, Zürich 1970; **같은 저자**, *My Country. The Story of Modern Israel* (1972); 독어판: *Mein Land. Das moderne Israel*, Zürich 1973. **D. M. Zohar**, *Political Parties in Israel. The Evolution of Israeli Democracy*, New York 1974. **M. Wolffsohn**, *Politik in Israel. Entwicklung und Struktur des politischen Systems*, Opladen 1983; **같은 저자**, *Israel. Grundwissen-Länderkunde. Politik-Gesellschaft-Wirtschaft*, Opladen [2]1987. **T. Segev**, 1949. *The First Israelis*, New York 1986을 참조하라. 940개의 항목을 포괄하는 이스라엘 국가에 관한 설명은—역사, 법률, 민족, 이민, 정부, 재판, 군사, 경제, 종교, 교육, 학문, 문화—논문, Art. Israel, in: *Encyclopaedia Judaica*에 들어 있다. 이에 관해서는 이 책의 첫 장에서 종종 인용한 유대 민족의 역사나 유대교에 관한 저작 **H. H. Ben-Sasson** (여기서 **S. Ettinger**의 논문), **P. Johnson**과 **J. Maier**를 참조하라.

20 V. Jabotinsky에 관해서는 **J. B. Schechtman**의 논문, in: *Encyclopaedia Judaica*를 참조하라.

21 그러나 팔레스타인 민족의 존재를 부인하려고 노력했던 이스라엘 리쿠드 정부의 공식적인 선전은 '폭력과 위협정책'을 원칙적으로 오직 쌍방의 관점에서만 바라본다. 예컨대 '외교부의 정보부서'가 대답한, 그리고 여행 안내서로 보급한 책 *Facts about Israel*, Jerusalem 1985; 독어판: *Israel von A-Z*, Stuttgart 1986을 참조하라. 이와 비슷한 책 **M. Comay**, *Zionism,*

Israel and the Palestinian Arabs, Jerusalem 1983; 독어판: *Der Zionismus. Entstehung, Fakten, Hintergründe*, Neuhausen 1985을 참조하라.

22 콜럼비아 대학교에서 영어를 가르치는 팔레스타인 미국인 교수이고 팔레스타인 민족의회의 회원인 **E. W. Said**, *The Question of Palestine*, New York 1980은 팔레스타인 사람들의 고통스런 경험을 보여준다.

23 **H. Baumgarten**, *Befreiung in den Staat. Geschichte der palästinensischen Nationalbewegung*, Frankfurt 1991의 포괄적인 설명을 참조하라.

24 **M. Begin**, *The Revolt. Story of the Irgun*, Tel Aviv 1964 참조.

25 **N. Goldmann**, *Memories*, London 1970; 독어판: *Staatsmann ohne Staat*, Köln 1970; 2권으로 증보된 신판: *Mein Leben als deutscher Jude*, München 1980; *Mein Leben. USA - Europa - Israel*, München 1981을 참조하라.

26 **S. Flapan**, 앞의 책, S. 14.

27 앞의 책, S. 15.

28 앞의 책.

29 앞의 책, S. 17.

30 첫 번째의 네 차례 전쟁과 이에 상응하는 평화의 노력에 관해서는 **S. D. Bailey**, *Four Arab-Israeli Wars and the Peace Process*, London 1990을 참조하라.

31 **S. Flapan**, 앞의 책, S. 10.

2장. 유대교인과 기독교인의 논쟁

2장 I. 오늘날 유대교-기독교 대화 속의 예수

1 **Die Deutschen Bischöfe**, *Erklärung über das Verhältnis der Kirche zum Judentum*, vom 28. April 1980(Die deutschen katholischen Bischöfe..., der *katholischen Kirche*가 옳을 것이다), in: *Die Kirchen und das Judentum. Dokumente von 1945 bis 1985*, hrsg. von R. Rendtorff - H. H. Henrix, Paderborn/München 1988, S. 260-280 참조.

2 앞의 책, S. 261.

3 **H. Küng**, CS Hauptteil B: "차이"(Die Unterscheidung) 참조.

4 **A. v. Harnack**, *Das Wesen des Christentums*, Leipzig 1900 참조.

5 **L. Baeck**, Harnack's Vorlesungen über das Wesen des Christentums, in: *Monatsschrift für Geschichte und Wissenschaft des Judentums 45* (1901), S. 97-120, 118 인용.

6 폭넓은 방향을 제시하는 책 **G. Lindeskog**, *Die Jesusfrage im neuzeitlichen Judentum. Ein Beitrag zur Geschichte der Leben-Jesu-Forschung*, Uppsala 1938, 특히 S. 94-126을 참조하라.

7 J. Salvador, *Jésus Christ et sa doctrine. Historie de la naissance de l'eglise, de son organisation et de ses progrès pendant le premier siècle*, Bd. I-II, Paris 1838 참조.

8 S. Hirsch, *Das System der religiösen Anschauungen der Juden und sein Verhältnis zum Heidentum, Christentum und zur absoluten Philosophie*, Leipzig 1842 참조.

9 A. Geiger, *Das Judentum und seine Geschichte*, Bd. I-III, Breslau 1864-1871 참조.

10 H. Graetz, *Geschichte der Juden. Von den ältesten Zeiten bis zur Gegenwart*, Bd. I-XI, Leipzig 1853-1875, ^{2}1902-1909 참조.

11 J. Klausner, *Jesus of Nazareth. His Life Times, and Teaching*(원래 히브리어로는 1922년에, 영어로는 1925년에 출판됨); 독어판: *Jesus von Nazareth. Seine Zeit, sein Leben und seine Lehre*, Berlin ^{3}1952 참조.

12 앞의 책, S. 520.

13 C. G. Montefiore, *The Synoptic Gospels*, London 1909, ^{2}1927 참조.

14 S. Ben-Chorin, *Bruder Jesus. Der Nazarener in jüdischer Sicht*, München 1967, S. 42 인용.

15 P. Lapide, *Ist das nicht Josephs Sohn? Jesus im heutigen Judentum*, Stuttgart/München 1976, S. 42.

16 H. Küng - P. Lapide, *Jesus im Widerstreit. Ein jüdisch-christlicher Dialog*, Stuttgart 1976, S. 19.

17 M. Buber, *Zwei Glaubensweisen*, Zürich 1950, S. 11.

18 S. Ben-Chorin, *Bruder Jesus. Der Nazarener in jüdischer Sicht*, München 1967, S. 12.

19 앞의 책,

20 Die Deutsche Bischöfe, 앞의 책, S. 275.

21 막 10:18.

22 Die Deutsche Bischöfe, 앞의 책, S. 275.

23 H. Küng - P. Lapide, *Jesus im Widerstreit*, 앞의 책, S. 21.

24 앞의 책.

25 앞의 책.

26 이 장과 다음 장을 위해 여기서 이 짧은 요약문장 속에서 반복할 수 없는 관련 문헌에 대한 더 정확한 설명은 나의 책 CS에 들어 있다.

27 W. Vogler, *Jüdische Jesusinterpretationen in christlicher Sicht*, Weimar 1988 참조.

28 S. Sandmel, *A Jewish Understanding of the New Testament*, Cincinatti 1988 참조.

29 A. Schweitzer, *Von Reimarus zu Wrede. Eine Geschichte der Leben-Jesu-Forschung*, Tübingen, 1906 참조.

30 R. Bultmann, *Jesus*, Tübingen 1926 참조.

31 S. Sandmel, 앞의 책, S. 33.

32 W. Vogler, 앞의 책, S. 84-88에 나오는 다양한 요약을 참조하라. 그 결과는 CS Kap C I-IV에 있는 나의 결과와 일치한다. W. G. Kümmel, *Dreißig Jahre Jesus-Forschung (1950-*

1980), Königstein 1985는 새로운 예수 연구에 관한 좋은 개관을 제공한다.

33 **H. Küng**, CS Kap C II, 2: "기적?"(Wunder?) 참조.

34 CS Kap C IV, 1: "결단"(Die Entstehung) 참조.

35 **J. H. Charlesworth**, From Barren Mazes to Gentle Rapping. The Emergence of Jesus Resarch, in: *The Princeton Seminary Bulletin* 7 (1986) Nr. 3, S. 221-230, 특히 225 인용. 성서에 대한 문헌학적 연구가 특히 독일인의 연구를 통해 강조된 후에 성서 고고학은 특히 미국, 영국과 프랑스 연구에 의해 추진되었다. 올브라이트 학파와 라그랑(Lagrange)이 설립한 성서신학교와 영국 고고학 신학교가 이를 대표한다. 여기서 적지 않는 복음서의 설명(특히 개연성이 적다고 생각되는 요한복음의 설명)이 놀랍게 입증되고 있다. 특히 예수의 심판 장소(그리스어로 리토스트로톤*Lithostroton*, 아람어로 가바타Gabbata)와 십자가 처형 장소(골고다)가 그렇다. 도시의 서쪽 성벽 밖에서 이루어진 최근의 발굴에 따르면 처형 장소는 확실히 오늘날 무덤교회의 영토 안에 있었다. **J. H. Charlesworth**, *Jesus within Judaism. New Light from Exciting Archaelogical Discoveries*, New York 1988, S. 103-130이 제공하는 고고학적 연구에 대한 개관을 참조하라.

36 **F. F. Bruce**, *The Hard Sayings of Jesus*, Illinois 1983 참조.

37 **E. P. Sanders**, *Jesus and Judaism*, Philadelphia 1985 참조.

38 **G. Cornfeld** (Hrsg.), *The Historical Jesus. A Scholarly View of the Man and his World*, New York 1982 참조.

39 **D. Flusser**, *Jesus im Selbstzeugnissen und Bilddokumenten*, Reinbeck 1968; **같은 저자**, *Last Days of Jesus in Jerusalem - A Current Study of the Easter Week*, Tel Aviv 1980; 독어판: *Die letzten Tage Jesu in Jerusalem. Das Passionsgeschehen aus jüdischer Sicht. Bericht über neueste Forschungsergebnisse*, Stuttgart 1982; **같은 저자**, *Entdeckungen im Neuen Testament*, Bd. 1: *Jesusworte und ihre Überlieferung*, hrsg. v. M. Majer, Neukirchen 1987; **같은 저자**, *Judaism and the Origins of Christianity*, Jerusalem 1988; **같은 저자**, *Das Christentum - eine jüdische Religion*, München 1990 참조.

40 **G. Vermes**, *The Gospel of Jesus the Jew. The Riddell Memorial Lectures*, Newcastle 1981 참조.

41 **E. P. Sanders**, *Jesus and Judaism*, Philadelphia 1985는 이러한 방향을 대변하지만 지금까지 전혀 철저히 토론되지 않았다. 이 책이 전통적·개신교적인 체계에 갇혀 많은 앵글로색슨 주석가들을 해방시켜준 것은 옳았지만, 지금은 분명히 전혀 다른 방향으로 너무 나갔다. 자세한 비판을 나는 주석가들에게 맡겨야 하지만 원칙적인 몇 가지 생각을 억누를 수 없다.

"예수가 자기 자신을 위해 주장한 것은 왕의 칭호를 주장한 것과 **같은 의미**를 가진다"고 샌더스는 생각한다. 물론 샌더스는 "직접적인 유일한 증거는 … 당나귀를 타고 예루살렘에 들어간 상징적인 몸짓"이며, "몇 사람들은 완전히 이성적으로 이 사건의 진성성을 깊이 숙고했다"(S. 322)고 즉시 인정해야 했다. 여기서 샌더스의 해석학적 원칙의 편협성도 드러난다. 우리가 '사실'에서, 예수의 행위에서 먼저 출발해야지, 그의 말씀에서 출발해서는 안 된다는 것이다. 따라서 예수의 선포는 (예언자들의 선포와는 완전히 다르게) 처음부터 부수적인 위치로 밀려난다. 샌더스에 따르면 산상설교는 특히 "마태 또는 마태 이전의 저자나 편집자"의 작품이다(S. 323). 그러므로 예수의 자기이해와 선포를 위해 산상설교는 실제로 무의미해진다.

그리고 예수가 자신의 선포에서 결코 회피할 수 없었던 할라카와의 논쟁은 어떠한가? 이 해석자는 "안식일, 음식과 정결에 대한 예수의 거부는 전승의 바탕에 들어 있지 않다"고 주장한다. 물론 그는 이러한 논쟁이 "복음서에서 두드러지게 나타난다"(S. 325)고 인정해야 했다. 이러한 논쟁도 본질적으로는 후대 공동체의 작품이라는 것이다. 샌더스에 따르면 예수의 선포에서 가장 확실한 것은 예수가 "유대인의 회복 종말론과 공유하고 있는 모든 것, 곧 이스라엘이 다시 세워질 것이라는 기대다"(S. 323).

"자유롭고 근대적이고 세속적인 개신교인으로서 … 낮은 기독론과 사회적 복음이 지배하는 공동체에서 성장했다"고 말하는 샌더스는 이런 방식으로 두 가지를 주장했다. 한편으로 그는 묵시주의자인 예수를 대수롭지 않게 여겼고, 다른 한편으로 그는 그 당시의 유대교와의 모든 논쟁을 초기 기독교 공동체(그리고 당연히 바울)의 것으로 돌렸다. 이러한 방식으로 그가 예수를 바리새인들과 대립한 사람으로 보기보다는 오히려 그들과 "일치한" 사람으로 본 것은(S. 337) 놀라운 일이 아니다. 미국의 랍비 **H. Falk**, *Jesus the Pharisee. A New Look at the Jewishness of Jesus*, New York 1985는 전적으로 샴마이 학파와 대립한 힐렐 학파의 노선 위에서 예수를 바라본다.

42 독일에서 나온 최근의 예수전 **J. Gnilka**, *Jesus von Nazaret. Botschaft und Geschichte*, Freiburg 1990은 샌더스를 전혀 언급하지 않는데 아마도 언어 장벽 때문일 것이다.

43 **J. Maier**, Gewundene Wege der Rezeption. Zur neueren jüdischen Jesusforschung, in: *Herder-Korrespondenz* 30 (1976), S. 313-319 참조. "유대인의 혈통이 이미 원칙적으로 깊은 통찰을 보증하고 유대교주의적인 지식을 대치한다는 사실에서 출발하는 기독교인 집단의 기대의 지평 외에도 정치적·심리적인 동기도 하나의 역할을 수행한다. 과거의 그림자는 분명히 정상적인 평가와 반응을 억제하며, 내용에 대해 불쾌감을 느끼고 불평이 억압될 경우에는 과시적인 찬성을 강요한다"(S. 318).

44 여기서 나는 Albert Schweitzer - Bultmann - Käsemann - Fuchs - Bornkamm - Kümmel - Eduard Schweizer로 이어지는 (독일의) 고전적인 해석의 노선이 원칙적으로 옳다고 주장하지 않는다. 이런 해석의 노선은 예컨대 내가 *Christ sein*에서 예수를 설명할 때에 결정적인 권위를 발휘했다. 중요한 것은 본질(Sache)인데, 앞에서 언급한 독일의 주석가들과 앵글로색슨 주석가들도 이를 대변하고 있음을 나는 생각한다. 따라서 초기 유대교의 탁월한 전문가 **J. H. Charlesworth**는 예수가 유대교의 회복 종말론의 일반적인 틀 안에 서 있었다는 샌더스의 주장을 "지나친, 그리고 많은 문제를 안고 있는 주장"으로 간주한다. 찰스워스는 규범적인 유대교의 유일한 유형('언약 율법주의*Bundesnomismus*')을 수용하기를 단호히 거부한다(*Journal of the American Academy of Religion* 55 [1987], S. 622-624 안의 서평을 참조하라). 다음과 같은 찰스워스의 주장은 옳다. "예수는 예루살렘에 토대를 둔

정결과 분리의 엄격한 규범에 분명히 분노했다. 성전에서의 예수의 행동은 널리 퍼진 이런 관심과 잘 어울릴 것이다. 성전은 부패하고 권위주의적인 제사장들로 인해 더러워졌다. 성전은 정화되어야 했다"(찰스워스는 최근에 이스라엘의 예루살렘에서 발굴된 돌그릇을 샌더스에게 상기시켰는데, 이 돌그릇은 성전 안에서 지켜야 할 엄격한 정결 규정을 지시하고 있다).

45 D. Flusser, *Das Christentum - eine jüdische Religion*, München 1990 참조.

46 B. J. Lee, *The Galilean Jewishness of Jesus, Retrieving the Jewish Origins of Christiantity*, Bd. I, New York 1988. 가톨릭 수사인 리(Lee)는 역사적 근거 위에서 예수의 유대교의 갈릴리적 기원을 연구해야 한다고 주장했다. 이것은 정당하고 매우 유익한 시도였다. 그러나 그는 그의 첫 번째 책의 마지막에서 인식을 유도하는 그의 관심을 다음과 같이 표현했다. "나는 한 명의 기독교인으로 내 자신의 유대교적 정체성을 곰곰이 생각해야 한다." 이것은 우선 "손실"이었지만, "한 명의 선한 유대교적인 기독교인"으로서 이것은 그에게 "이익"이었다(S. 140). 많은 유대인들도 이러한 유대교적 정체성을 지나친 알랑거림으로 느끼지 않겠는가? 그렇지만 저자는 계속해서 주장한다. "그리고 여기서 우리는 나사렛 예수의 의미를 더 많이 해석하는 … 20세기의 미국인들이다. 비록 우리는 우리가 해석하는 사건에 늘 머물러 있지만, 우리의 자유로운 구성은 본질적인 구성요소다"(위의 책). 리(Lee)의 '자유로운 구성'은 완전히, 그리고 철저히 샌더스를 추종한 것이라는 사실은 놀랍지 않다(S. 141-144 참조).

47 J. Klausner, 앞의 책, S. 513.

48 K. Barth, *Die Kirchliche Dogmatik*, Bd. I/1, Zollikon-Zürich 1932, § 8-12; Bd. I/2, § 13-15 참조: "Die Fleischwerdung des Wortes". 이것은 바르트가 전개한 기독론(Bd. IV/1-4: 화해론)에 유대인-기독교인의 대화를 위해 가치 있는 자료들이 들어 있다는 사실을 당연히 배제하지 않는다.

49 K.-J. Kuschel, *Goboren vor aller Zeit? Der Streit um Christi Ursprung*, München 1990은 오늘날 유대인-기독교인의 대화에서도 어려운 그리스도의 선재성(先在性) 문제가 어떻게 언급될 수 있었는지를 보여준다. 특히 결론 부분을 참조하라.

50 J. Moltmann, *Der Weg Jesu Christi. Christologie in messianischen Dimensionen*, München 1989, S. 19.

51 앞의 책.

52 앞의 책, S. 45-55.

53 앞의 책, S. 72.

54 앞의 책; 같은 저자, *Trinität und Reich Gottes. Zur Gotteslehre*, München 1980 참조.

55 같은 저자, *Der Weg Jesu Christi*, 91.

56 F.-W. Marquardt, *Das christliche Bekenntnis zu Jesus, dem Juden. Eine Christologie*, Bd. I, München 1990. 1991년에 출판된 제2권(Bd. II)도 이런 관점을 주제로 다루지 않는다. 마르카르트의 기독론의 공헌은 그가 이스라엘 민족의 맥락 안에서 기독론을 전개하려고 노력한다는 점이다. 이러한 출발점이 '기독교적인 신앙'에서 벗어나게 한다는 비난에 맞서

그가 자신을 방어한 것은 옳다. 그는 다음과 같은 증언으로 비판에 응답한다. "그가 자신을 여전히 기독교인이라고 고백하고 이를 위한 근거를 추구할 수 있게 된 것이 이스라엘의 하나님에게 얼마나 감사한 일인가"(Bd. II, S. 445).

57 **P. M. van Buren**, *A Theology of the Jewish-Christian Reality*, Bd. I-III, New York 1980-1988을 참조. 개별 책들의 제목은 다음과 같다. Bd. I: *Discerning the Way*; Bd. II: *A Christian Theology of the People Israel*; Bd. III: *Christ in Context*. **L. Volken**, *Jesus der Jude und das jüdische im Christentum*, Düsseldorf 1983. 가톨릭 신학자인 그는 '유대인 예수'의 관점에서 '칼케돈의 그리스도'에게 다가가려고 시도한다.

58 다음 장에 나올 유대교적 맥락으로 전개된 기독론에 관해서는 **H. Küng**, CS Hauptteil C를 참조하라. **E. B. Borowitz**, *Contemporary Christologies. A Jewish Response*, New York 1980은 내 책 *Christ Sein*(1974)의 기독론에 대해 입장을 취하지 않는다. 역사적인 기원에서 이루어진 유대인-기독교인의 대화는 **L. Boadt** u. a. (Hrsg.), *Biblical Studies. Meetings Ground of Jews and Christians*, New York 1980. **H. Flothkötter** - **B. Nacke** (Hrsg.), *Das Judentum - eine Wurzel des Christlichen. Neue Perspektiven des Miteinanders*, Würzburg 1990을 참조하라.

2장 II. 예수는 누구였는가?

1 **D. Flusser**, Art. Christianity, in: *Contemporary Jewish Religious Thought*. 최근의 역사적 예수와 신약성서의 기독론 문헌은: **G. Bornkamm**, *Jesus von Nazareth*, Stuttgart 1956. **O. Cullmann**, *Die Christologie des* NT, Tübingen 1957. **N. Perrin**, *Rediscovering the Teaching of Jesus*, New York 1967. **E. Schweizer**, *Jesus Christus in vielfältigen Zeugnissen des NT*, Gütersloh 1968, [5]1976. **H. Braun**, *Jesus. Der Mann aus Nazareth und seine Zeit*, Stuttgart 1969. **C. H. Dodd**, *The Founder of Christianity*, New York 1970. **J. Gnilka**, *Jesus nach frühen Zeugnissen des Glaubens*, München 1970; **같은 저자**, Zur Christologie des NT, in: W. Kasper (Hrsg.), *Christologische Schwerpunkte*, Düsseldorf 1980, S. 79-91. **F. Hahn**, *Christologische Hoheitstitel. Ihre Geschichte im frühen Christentum*, Göttingen 1974. **C. F. D. Moule**, *The Origin of Christology*, Cambridge 1977. **J. D. G. Dunn**, *Christology in the Making. A New Testament Inquiry into the Origins of the Doctrine of the Incarnation*, Philadelphia 1980. **C. Feneberg** - **W. Feneberg**, *Das Leben Jesu im Evangelium*, Freiburg 1980. **J. Riches**, *Jesus and the Transformation of Judaism*, London 1980. **G. O'Collins**, *Interpreting Jesus*, London 1983. **P. Pokorny**, *Die Entstehung der Christologie. Voraussetzungen einer Theologie des Neuen Testaments*, Berlin 1984. **E. P. Sanders**, *Jesus and Judaism*, Philadelphia 1985. **L. Swidler**, *Yeshua: A Model for Moderns*, Kansas 1988 참조.

H. J. Leroy, *Jesus. Überlieferung und Deutung*, Darmstadt 1978, S. 1-48. **W. G.**

Kümmel, *Dreißig Jahre Jesusforschung (1950-1980)*, Königstein 1985. **F. Mußner**, Rückfrage nach Jesus. Bericht über neue Wege und Methoden, in: *Theologische Berichte*, Bd. XIII (Methoden der Evangelienexegese), hrsg. v. J. Pfammatter - F. Furger, Zürich 1985, S. 165-182는 연구의 개관을 제공한다.

2 **J. Klausner**, *Jesus of Nazareth. His Life, Times, and Teaching*(원본은 히브리어로 1922년에 출판되었고, 영어로는 1925년에 출판되었다); 독어판: *Jesus von Nazareth. Seine Zeit, sein Leben und seine Lehre*, Berlin ³1952, S. 299.

3 **R. Eisler**, *Jesous basileus ou basileusas. Die messianische Unabhängigkeitsbewegung vom Auftreten Johannes des Täufers bis zum Untergang Jakobs des Gerechten nach der neuerschlossenen Eroberung von Jerusalem des Flavius Josephus und den christlichen Quellen*, Bd. I-II, Heidelberg 1929-30 참조. **P. Winter**, *On the Trail of Jesus*, Berlin 1961, ²1974. **W. Fricke**, *Standrechtliche gekreuzigt. Person und Prozeß des Jesus aus Galiläa*, Reinbek 1988; 영어판: *The Court-Martial of Jesus. A Christian Defends the Jews against the Charge of Deicide*, New York 1990은 이러한 노선 위에서 예수의 재판을 설명한다.

4 **J. Carmichael**, *The Death of Jesus*, New York 1962, ²1982; 독어판: *Leben und Tod des Jesus von Nazareth*, München ³1968 참조.

5 **S. G. F. Brandon**, *Jesus and the Zealots*, Manchester 1967; **같은 저자**, *The Trial of Jesus of Nazareth*, London 1968.

6 **P. Lapide**, *Der Rabbi von Nazaret. Wandlungen des jüdischen Jesusbildes*, Trier 1974 참조: "메시아적 혁명가"(S. 38); 실패에 직면하여 예수는 "성전을 장악하기 위해(S. 39) 전투적인 노선 안에서 분명한 방향 전환"(S. 34)을 하게 되었다. 1989년 여름학기에 라피데는 "오늘의 기독교인과 유대인: 대화로의 안내"라는 주제 아래 튀빙엔 대학에서 나와 대화하면 강의한 후에 이런 주장을 완화했다. **Lapide**, *Jesus - ein gekreuzigter Pharisäer?*, Gütersloh 1990 참조: 여기서 예수는 "삼중적인 비폭력적 반역자"다(S. 120, 109-121 참조).

7 눅 22:35-38 참조.

8 눅 22:51 참조.

9 마 26:52.

10 막 11:15-19 병행구절 참조. **G. Theißen**, Die Tempelweissagung Jesu. Prophetie im Spannungsfeld von Stadt und Land, in: *Theißen, Studien zur Soziologie des Urchristentums*, Tübingen 1979. ³1989, S. 142-159 참조.

11 예수 재판 과정에서 성전이 어떤 역할을 수행했다는 사실을—막 13:1 이하, 14:58 이하, 15:29; 마 27:39 이하; 요 2:18-22 참조—**E. P. Sanders**가 강조한 것은 옳다(S. 61-76 참조). 그러나 전체 복음서와 바울과 사도행전은 두 번째 요인, 곧 율법 논쟁이 생사를 건 논쟁으로 이끌었다(막 3:6 등 참조)는 사실을 보여준다. 스데반 고발 증언(행 6:13 이하)도 참조하라. "이 사람이 이 거룩한 곳과 율법을 거슬러 말하기를 마지 아니하는도다. 그의 말에 이 나사렛 예수가 이곳을 헐고 또 모세가 우리에게 전하여 준 규례를 고치겠다 함을 우리가 들었노라."

12 막 12:17.

13 **W. Vogler**, *Jüdische Jesusinterpretationen in christlicher Sicht*, Weimar 1988, S. 48 참조.

14 **H.-J. Schoeps**, Jesus, in: **같은 저자**, *Gottheit und Menschheit. Die großen Religionsstifter und ihre Lehren*, Darmstadt 1954, S. 56.

15 **A. Schweitzer**, *Von Reimarus zu Wrede. Eine Geschichte der Leben-Jesu-Forschung*, Tübingen 1906 참조.

16 **바리새인**에 관해서는 다양한 백과사전 속의 논문, 신약성서 시대사에 관한 저서와 공관복음서와 바울의 편지에 대한 주석서 외에도 풍부한 유대교 문헌 가운데서는 특히 **I. Abrahams**, *Studies in Pharisaism and the Gospels*, Cambridge 1917. **L. Finkelstein**, *The Pharisees. The Sociological Background of their Faith*, Bd. I-II, Philadelphia 1946. **J. Neusner**, *The Rabbinic Traditions about the Pharisees before 70*, Bd. I-III, Leiden 1971을 참조하라. 예컨대 **F. Mußner**, *Traktat über die Juden*, München 1979; **F. Mußner**, *Die Kraft der Wurzel. Judentum – Jesus – Kirche*, Freiburg 1987. **F. Dexinger**, **C. Thoma**, **R. Mayer**, Die Pharisäer, in: *Bibel und Kirche* 35 (1980), S. 113-129는 "바리새인에 대한 기독교인의 새로운 학습 과정"(F. Mußner)을 대변한다.

17 **Die Deutsche Bischöfe**, Erklärung über das Verhältnis der Kirche zum Judentum vom 28. April 1980, in: *Die Kirchen und das Judentum. Dokumente von 1945-1985*, hrsg. von R. Rendtorff und H. H. Henrix, Paderborn 1988 (= Rendtorff-Henrix), S. 276.

18 출 19:6.

19 **C. Thoma**, Der Pharisäismus, in: J. Maier – J. Schreiner (Hrsg.), *Literatur und Religion des Frühjudentums*, Würzburg 1973, S. 254-272; **같은 저자**, Spiritualität der Pharisäer, in: *Bibel und Kirche* 35 (1980), S. 117-122. **J. Gnilka**, *Das Evangelium nach Markus*, Bd. I, Zürich 1978, S. 107-109 참조.

20 최근의 캐나다 사회학자 **I. M. Zeitlin**, *Jesus and the Judaism of His Time*, Oxford 1988, 특히 S. 73-84를 참조하라. 여기서 그는 더 급진적인 마가보다는 마태를 선호한다. 마가는 자기 나름대로 예수의 견해를 보여주기보다는 후기의 이방인-기독교인 공동체의 입장을 보여준다는 것이다.

21 마 5:17 참조.

22 **P. Lapide**, *Die Bergpredigt – Utopie oder Programm*, Mainz 1982.

23 **F. Mußner**, *Traktat*, S. 281.

24 무스너는 jEx 84 이하; jBer IX,7; jPeah VIII,8; jHag II,7; jSot III,4를 지시한다.

25 Talmudtraktat bSota 22 b (무스너의 번역과 해석).

26 마 23:4.

27 눅 18:9-14 참조.

28 눅 18:13.

29 **C. Thoma**, *Spiritualität der Pharisäer*, S. 118.

30 지난 수십 년 동안 유명한 주석가들이 출판한 학문적인 주석서와 여러 권으로 된 공관복음서 주석서에서 우리는 이 모든 논쟁적인 질문에 대한 흥미로운 자세한 설명을 상당히 발견한다. 그래서 나는 **J. Gnilka, W. H. Kelber, R. Pesch, W. Schmithals**의 마가복음 주석서를 이용했고, **J. Gnilka, U. Luz**의 마태복음 주석서를 이용했으며, **Bovon, J. A. Fitzmyer, G. Schneider, H. Schührmann**의 누가복음 주석서를 이용했다.

물론 조직신학자들은 세부적인 사항에서는 불확실성 때문에, 그리고 전체적인 사항에서는 가설 선호 때문에 자주 당황하게 된다. 베른 대학교의 주석가 루츠(**U. Luz**, Markusforschung in der Sackgasse?, in: *Theologische Literaturzeitung* 105 (1980), S. 641-655)가 최근의 새로운 마가복음 주석서를 비교한 결과로 이끌어낸 경고를 우리는 매우 진지하게 받아들여야 한다.

1. "가설 선호는 한계가 있다. … 만약 각기 50%의 개연성이 있는 세 가지 가설의 결합이 마지막 결과를 위해서는 세 번째 등급의 가설, 곧 겨우 10%가 넘는 가설을 만들어낸다는 사실을 생각한다면, 우리는 조심해야 하고, 우리가 알고 있는 것이 참으로 얼마나 적은지를 자주, 그리고 더 분명히 말해야 한다."

2. "전승사적 재구성의 적합성에 대한 증가하는 의심은 … 유감스럽지만 피할 수 없는 주관적인 추정판단을 한 단계 뛰어넘어서, 통일이나 긴장이나 모순이나 일관성이 존재하는 곳으로 인도하는, 그리고 최소한 전승사적 가설들 간의 소통을 가능하게 하는 전승사적 방법론의 한 가지 시도다."

3. "오늘날 연구의 전승사적인 밀림 안에서 … 중요한 두 가지 요청이 있다". 그것은 "단순성의 요청"과 "전승사적 연속성"의 요청이다. "내가 생각하기에는 그 어떤 역사적 사건이 계속 언급되는 것이 그 어떤 역사적인 사건이 고안되는 것보다 선험적으로 개연성이 더 크다. 내가 생각하기에는 처음부터 예수 이야기가 있었다는 것이 한 사람이 70년 후에 그것을 꾸며내는 것보다 개연성이 더 크다"(S. 653f.).

31 이에 대한 개관을 위해서는 **W. Vogler**, *Jüdische Jesusinterpretationen*, S. 107-112을 참조하라.

32 **H.-J. Schoeps**, *Jesus und das jüdische Gesetz, in seinen Studien zur unbekannten Religions- und Geistesgeschichte*, Göttingen 1963, S. 41-63, 특히 46 이하 인용.

33 마 5:18 이하.

34 막 2:7

35 마 12:41; 눅 11:32.

36 마 12:42; 눅 11:31.

37 **P. Lapide**, *Jesus – ein gekreuzigter Pharisäer?*, Gütersloh 1990. 라피데는 "예수 외에도 다른 자유로운 바리새인이 십자가에 못 박혔는지"를 묻는 질문에 다음과 같이 대답할 수 있다고 생각했다. "본디오 빌라도 통치 아래 바리새인 수천 명과 자유로운 사람들, 덜 자유로운 사람들과 젤롯 당원들이 로마 군병들에 의해 십자가에 못 박혔다"(S. 25). 이 질문에 대한 대답으로 나는 내가 이미 우리의 대화강연에서 설명했던 것만을 말할 수 있다. 여기서 일종의 혼동과 삽입이 일어났다. 증명될 수 있는 수는 다음과 같다: 대략 기원전

100년에 800명의 폭동적인 바리새인들이 **유대 왕**과 대제사장 알렉산더 안네우스에 의해 십자가에 못 박혔다. 그 가운데서 8천 명의 다른 사람들은 피신했다(**Josephus Flavius**, *De bello judaico*, I, 96-103/ *Antiquitates*, XIII, S. 380-383 - 이것은 유대인 통치자가 자기 백성에게 십자가 처형을 실행한 가장 최초의 증거다). 나중에 그리스도가 탄생하기 전에 헤롯 대왕의 통치 원년에 모험적인 음모를 꾸민 뒤에 황제와 그들의 왕에게 충성 맹세를 거부했던 바리새인 6천 명은 사형을 받지 않고 벌금형을 받았다. 헤롯은 단지 몇 명의 지도자들과 그들 가족들 중의 반역자들만을 처형했다(*Antiquitates*, XVII, S. 41-45). 마지막으로 총독 푸블리우스 퀸스틸리우스 바루스(Publius Quinctilius Varus) 통치 아래서 대략 기원전 6-4년에 유대인 폭도 2천 명이 십자가에 못 박혔다(*De bello judaico*, II, S. 75). 여기서는 바리새인들이 언급되지 않고 있다. 본디오 빌라도에 관해 우리가 알고 있는 점은 그가 예루살렘의 로마군의 깃발 때문에 가이사랴에서 항의하던 유대인들을 보호했고, 단지 특별한 경우에만—눅 13:1에 나오는 제단에서 살해된 갈릴리 사람들을—죽게 했다는 사실이다.

38 막 14:43 참조.

39 요 18:12 참조.

40 **A. Strobel**, *Die Stunde der Wahrheit. Untersuchungen zum Strafverfahren gegen Jesus*, Tübingen 1980 참조.

41 **J. Blinzler**, *Der Prozeß Jesu. Das jüdische und das römische Gerichtsverfahren gegen Jesus Christus auf Grund der ältesten Zeugnisse dargestellt und beurteilt*, 3. stark erweiterte Auflage, Regensburg 1960 참조.

42 **A. Strobel**, 앞의 책, S. 139.

43 **Y. Yadin** (Hrsg.), *Megillat Hamikdasch*, Bd. I-III, Jerusalem 1977 참조.

44 **O. Betz**, *Jesus, der Messias Israels. Aufsätze zur biblischen Theologie*, hrsg. v. M. Hengel, Bd. I, Tübingen 1987, S. 59-74 참조.

45 소송과 관련된 다양한 질문에 관해서는 **K. Kertelge** (Hrsg.), *Der Prozeß gegen Jesus. Historische Rückfrage und theologische Deutung*, Freiburg 1988(특히 J. Gnilka와 K. Müller의 논문)을 참조하라.

46 **A. Strobel**, 앞의 책, S. 116 이하. **J. Gnilka**, *Jesus von Nazaret. Botschaft und Geschichte*, Freiburg 1990, S. 291-318도 참조하라.

47 Konzilserklärung "über das Verhältnis der Kirche zu dem nichtchristlichen Religionen '*nostra aetate*'", Nr. 4, in: Rendtorff-Henrix, S. 43.

2장 III. 예수를 메시아로 믿다

1 **부활**의 문제점에 관해서는 앞장에서 소개한 예수 전기와 기독론 외에 **H. Merklein**, Die Auferweckung Jesu und die Anfänge der Christologie, in: *Zeitschrift für neutestamen-*

tliche Wissenschaft 72 (1981), S. 1-26; **H. W. Bartsch**, Inhalt und Funktion des urchristlichen Osterglaubens, mit einer Bibliographie zum Thema "Auferstehung Jesu Christi" 1862-1959 (in Auswahl) und 1960-1974 v. **H. Rumpelts** sowie 1975-1980 von **T. Pola**, in: *Aufstieg und Niedergang der römischen Welt*, hrsg. v. W. Haase, Bd. 25.1, Berlin 1982, S. 794-890을 참조하라. **P. Hoffmann**, Art. Auferweckung Jesu, in: *Neues Bibel-Lexikon*, Zürich 1989, S. 202-215는 가장 최근의 견해에서 성서 자료에 대한 짤막한 분석을 제공한다. 그 밖에도 **P. Hoffmann**이 편집한 총서를 참조하라. *Zur neutestamentlichen Überlieferung von der Auferstehung Jesu*, Darmstadt 1988.

2 롬 4:24; 8:11; 고후 4:14; 갈 1:1; 행 13:33 참조.

3 롬 10:9; 고전 6:14; 15:15; 행 2:32; 13:34 참조.

4 매우 간단하고, 아마도 예루살렘 공동체에서 형성된 듯한, 그리고 35~45년 사이에 바울이 "넘겨받은", 그리고 고린도 교인들에게 "전달된" 고전 15:5-8(갈 1:16; 살전 4:14 참조)의 짤막한 신앙고백은 다음과 같이 말한다. 부활하신 분은 (하나님을 통해) "보이셨고"(그리스어 수동태 형태 "오프테*ophte*"), "드러나셨고", "자신을 보이셨고", "나타나셨고", "자신을 드러내셨다"(많은 증인들은 아직도 살아 있다).

5 **A. A. Cohen**, Resurrection of the Dead, in: *Contemporary Jewish Religious Thought*, S. 807-813, 807 인용함.

6 **H. Küng**, CS Kap. C V: Das neue Leben에 나오는 "부활의 경험"과 "부활의 소식"에 대한 자세한 분석을 참조하라.

7 **Flavius Philostratos**, *Das Leben des Apollonius von Tyana*, VIII, 31 참조.

8 **P. Lapide**, *Auferstehung. Ein jüdisches Glaubenserlebnis*, Stuttgart 1977 참조.

9 **A. L. Eckhardt - A. R. Eckhardt**, *Long Night's Journey into Day. A Revised Retrospective on the Holocaust*, Detroit 1982, S. 139.

10 빌 2:8 이하.

11 **H. Küng**, CS Kap. C V,1: Der Anfang(여기서 '전설? 신앙의 형성').

12 유대교의 메시아 사상에 관해서는 **J. Neusner** u. a. (Hrsg.), *Judaisms and Their Messiahs at the Turn of the Christian Era*, Cambridge 1987을 참조하라.

13 앞에서 언급한 **A. A. Cohen**, *The Myth of the Judeo-Christian Tradition and Other Dissenting Essays*, New York 1971에서 수백 년 동안 지속된 "유대교적-기독교적 전통"에 관한 적대감 때문에 그가 하나의 "신화"를 언급한 것은 옳다. 그가 지난 수십 년간의 긍정적인 자료를 증거로 삼아 "유대교적-기독교적 인본주의"를 주창했다는 사실은 희망적으로 들린다(S. 189-223). 그렇지만 내가 생각하기에는 이것은 처음부터 주어진 유대인과 기독교인의 공통성 안에서 다시 하나의 토대를 갖게 된다.

14 행 15:1; 갈 5:2 이하 참조.

15 마 24:20 참조.

16 골 2:16 참조.

17 갈 2:12 이하; 행 21:20-26 참조.

18 마 5:23; 행 2:46; 3:1 참조.

19 **J. H. Charlesworth**, A Prolegomenon to a New Study of the Jewish Background of the Hymns and Prayers in the New Testament, in: *Journal of Jewish Studies* 23 (1982) Nr. 1-2, S. 265-285 참조.

2장 IV. 소외의 역사

1 **H. Köster**, *Einführung in das Neue Testament im Rahmen der Religionsgeschichte und Kulturgeschichte der hellenistischen und römischen Zeit*, Berlin 1980, S. 520 참조.

2 **R. Bultmann**, Theologie des Neuen Testaments, Tübingen [3]1958, S. 45.

3 이에 대한 연구사에 관해서는 **H. R. Balz**, *Methodische Probleme der neutestamentlichen Christologie*, Neukirchen 1967을 참조하라.

4 **M. Hengel**, *Judentum und Hellenismus. Studien zu ihrer Begegnung unter bes. Berücksichtigung Palästinas bis zur Mitte des 2. Jahrhunderts v. Chr.*, Tübingen 1969 참조.

5 **초기 기독교의 역사**에 관해서는 **H. Conzelmann**, *Geschichte des Urchristentums*, Göttingen [2]1971. **H. Köster - J. M. Robinson**, *Entwicklungslinien durch die Welt des frühen Christentums*, Tübingen 1971. **P. Vielhauer**, *Geschichte der urchristlichen Literatur*, Berlin 1975. **H. M. Schenke - K. M. Fischer**, *Einleitung in die Schriften des NT*, Bd. I-II, Gütersloh 1978-1979. **G. Dautzenberg - H. Merklein - K. Müller** (Hrsg.), *Zur Geschichte des Urchristentums*, Freiburg 1979. **H. Goldstein** (Hrsg.), *Gottesverächter und Menschenfeinde? Juden zwischen Jesus und frühchristlicher Kirche*, Düsseldorf 1979. **H. Köster**, *Einführung in das Neue Testament*. **H. Kraft**, *Die Entstehung des Christentums*, Darmstadt 1981. **W. Schneemelcher**, *Das Urchristentum*, Stuttgart 1981. **W. Grundmann**, *Die frühe Christenheit und ihre Schriften*, Stuttgart 1983. **N. A. Beck**, *Mature Christianity. The Recognition and Repudiation of Anti-Jewish Polemic of the New Testament*, London 1985. **K. M. Fischer**, *Das Urchristentum*, Berlin 1985. **H. Jansen**, *Christelijke Theologie na Auschwitz*, Teil 2: *Nieuwtestamentische wortels van het antisemitisme*, Bd. 1, Den Haag 1985. **A. F. Segal**, *Rebecca's Children. Judaism and Christianity in the Roman World*, Cambridge/Mass. 1986, **J. Becker** u.a., *Die Anfänge des Christentums. Alte Welt und neue Hoffnung*, Stuttgart 1987. **J. Neusner**, *Judentum in frühchristliche Zeit*, Stuttgart 1988. **L. Schenke**, *Die Urgemeinde. Geschichtliche und theologische Entwicklung*, Stuttgart 1990. **D. Stegmann**, *Jüdische Wurzeln des Christentums. Grundstrukturen des alttestamentlichen und nachtestamentlichen Glaubens bis zur Zeit Jesu*, Essen 1990을 참조하라.

6 행 6:1 참조.

7 **M. Hengel**, Christologie und neutestamentliche Chronologie. Zu einer Aporie in der Geschichte des Urchristentums, in: *Neues Testament und Geschichte. Festschrift Oskar Cullmann*, zum 70. Geburtstag, hrsg.v. H. Baltensweiler und B. Reicke, Zürich 1972, 43-67; **같은 저자**, Zwischen Jesus und Paulus. Die "Hellenisten", die "Sieben" und Stephanus (Apg 6:1-15; 7:54-8:3), in: ZThK 72 (1975), S. 151-206.

8 행 6:11-14 참조.

9 행 6:12 참조.

10 행 7:54-60 참조.

11 행 8:1 참조.

12 행 11:19 이하.

13 **M. Hengel**, Zur urchristlichen Geschichtsschreibung, S. 65.

14 **K. Löning**, in: **J. Becker** u.a., *Die Anfänge des Christentums*, S. 83.

15 행 11:19.

16 행 11:20.

17 **R. E. Brown - J. P. Meier**, *Antioch and Rome. New Testament Cradles of Catholic Christianity*, New York 1983 참조.

18 **M. Hengel**, Zwischen Jesus und Paulus, S. 198.

19 앞의 책, S. 199.

20 **R. Ruether**, *Faith and Fratricide. The Theological Roots of Anti-Semitism*, New York 1974, S. 62. 그 후에도 이 여성 신학자는 기독교의 반유대주의를 철저하게 근절하려는 매우 정당한 노력 속에서 너무 일방적으로 회당의 편에서 발전을 고찰했다. 신약성서를 다룬 2장을 참조하라.

21 마태가 23장에서 작성한 문장 "너희들에게 화가 있을지어다"는 특히 심한 조롱이다.

22 마 13:39; 16:4 참조.

23 가장 오래된 복음서에서는 '외식하는 자'라는 단어가 오직 한 번 사용되었지만(막 7:6), 나중에 기록된 마태복음에서는 13번, 그리고 특히 '서기관들과 바리새인들'에 향해 사용되었다! 모든 질문에 관해서는 **H. J. Becker**, *Auf der Kathedra des Mose. Rabbinisch-theologisches Denken und antirabbinische Polemik in Mt 23,1-12*, Berlin 1990을 참조하라.

24 특히 요한복음에는 분명히 그러하다.

25 마 27:25. 이 단어의 영향사는 **R. Kampling**, *Das Blut Christi und die Juden. Mt 27:25 bei den lateinischsprachigen christlichen Autoren bis zu Leo dem Großen*, Münster 1984를 참조하라.

26 행 7:2-53 참조.

27 행 7:59 참조.

28 행 8:3

29 빌 3:5 이하 참조.

30 갈 1:13 이하.

31 갈 1:13 이하.

32 고전 1:17-31; 갈 3:1-14 참조.

33 **H. Küng**, CS Kap. C V,1: "신앙의 근원"(Entstehung des Glaubens) 참조.

34 고전 9:1; 15:8-10; 갈 1:15 이하; 빌 3:4-11 참조. 또한 J. Blank, *Paulus und Jesus. Eine theologische Grundlegung*, München 1968, Kap. 4: Die Berufung des Paulus als offenbarungshafter Grund seines Christusverhältnisses, seines Apostolats und seiner Theologie.

35 고후 11:23-26.

36 요 14:6 참조.

37 요 6:35; 요 6:22-59 참조.

38 요 5:18.

39 요 10:33.

40 **K.-J. Kuschel**, *Geboren vor aller Zeit? Der Streit um Christi Ursprung*, München 1990은 대체로 최근의 연구를 요약하고 있다.

41 카이로의 게니자(Genizah)에서 쉐히터가 출판한 문서, **P. Schäfer**, *Studien zur Geschichte und Theologie des rabbinischen Judentums*, Leiden 1978, S. 48 인용.

42 앞의 책, S. 51.

43 **I. Elbogen**, *Der jüdische Gottesdienst in seiner geschichtlichen Entwicklung*, Frankfurt [3]1931, 36.

44 **K. Wengst**, *Bedrängte Gemeinde und verherrlichter Christus. Der historische Ort des Johannes-Evangeliums als Schlüssel zu seiner Interpretation*, Neukirchen 1981. **R. Brown**, *The Community of the Beloved Disciple. The Life, Loves and Hates of an Individual Church in New Testament Times*, New York 1979 참조.

45 요 9:22.

46 요 12:42.

47 요 19:38.

48 물론 다른 종교를 '폐기하고' 악마로 취급하려는 의도는—가나안과 에돔과 아말렉 사람들과 교류할 때—이미 히브리 성서에서 발견된다. 유대인 종교학자 **J. D. Revenson**, Is There a Counterpart in the Hebrew Bible to New Testament Antisemitism?, in: *Journal of Ecumenical Studies* 22 (1985), S. 242-260이 이를 지적한다.

2장 V. 최초의 기독교 패러다임 전환: 유대인 기독교에서 이방인 기독교로

1 **바울 연구**는 **K. H. Rengstorf**, *Das Paulusbild in der neueren deutschen Forschung*, Darmstadt 1964에 수집된 **R. Bultmann**, **K. Holl**, **H. Lietzmann**, **A. Oepke**, **R. Reitzenstein**,

A. Schlatter, **A. Schweitzer**의 중요한 논문을 참조하라. 실제로 간과될 수 없는 연구 상황에 관해서는 **R. Rigaux**, *St. Paul et ses lettres. État de la question*, Paris, 1962; 독어판: *Paulus und seine Briefe. Der Stand der Forschung*, München 1964의 **연구 보고**를 참조하라; **H. Hübner**, Paulusforschung seit 1945. Ein kritischer Literaturbericht, in: *Aufstieg und Niedergang der Römischen Welt. Geschichte und Kultur Roms im Spiegel der neueren Forschung*, hrsg. v. W. Haase und H. Temporini, Bd. II. 25.4, Berlin 1987, S. 2649-2840(여기서 바울 서신 관련 최근의 해석 경향에 관한 상세한 논문들을 참조하라); **O. Merk**, Paulus-Forschung 1936-1985, in: *Theologische Rundschau* 53 (1988), S. 1-81. 사도 바울의 생애와 저작을 위한 안내서로는 최근의 비평적 연구 논문들 가운데서 신약성서 개론 외에 특히 다음과 같은 문헌을 참조하라. **M. Dibelius**, *Paulus*, 2. Aufl. hrsg. v. G. Kümmel, Berlin 1956. **P. Seidensticker**, *Paulus, der verfolgte Apostel Jesu Christi*, Stuttgart 1965. **G. Bornkamm**, *Paulus*, Stuttgart 1969. **E. Käsemann**, *Paulinische Perspektiven*, Tübingen 1969. **O. Kuss**, *Paulus. Die Rolle des Apostels in der theologischen Entwicklung der Urkirche*, Regensburg 1971. **K. Stendahl**, *Der Jude Paulus und wir Heiden. Anfragen an das abendländische Christentum*, München 1976. **F. F. Bruce**, *Paul, Apostle of the Free Spirit*, Exeter 1977. **E. P. Sanders**, *Paul and Palestinian Judaism*, Philadelphia 1977; **같은 저자**, Paul, Oxford 1991. **J. C. Beker**, *Paul the Apostle. The Triumph of God in Life and Thought*, Edinburgh 1980. **K. H. Schelke**, *Paulus. Leben - Briefe - Theologie*, Darmstadt 1981. **G. Lüdemann**, *Paulus und das Judentum*, Bd. I-II, München 1983. **W. A. Meeks**, *The First Urban Christians. The Social World of the Apostle Paul*, New Haven 1983. **H. Räisänen**, *Paul and the Law*, Tübingen 1983. **G. Theißen**, *Psychologische Aspekte paulinischer Theologie*, Göttingen 1983. **F. Watson**, *Paul, Judaism and the Gentiles. A Sociological Approach*, Cambridge 1986. **J. Becker**, *Paulus. Der Apostel der Völker*, Tübingen 1989.

2 **유대교 쪽에서 본, 그리고 유대교인과 기독교인 사이의 대화에서 이해된 바울**에 관해서는 다음과 같은 최근의 문헌을 참조하라. **S. Sandmel**, *The Genius of Paul. A Study in History*, New York 1958. **H.-J. Schoeps**, *Paulus. Die Theologie des Apostels Paulus im Lichte der jüdischen Religionsgeschichte*, Tübingen 1959. **S. Ben-Chorin**, *Paulus. Der Völkerapostel in jüdischer Sicht*, München 1970. **M. Barth** u. a., *Paulus - Apostat oder Apostel? Jüdische und christliche Antworten*, Regensburg 1977. **F. Mußner**, *Traktat über die Juden*, München 1979. **P. Lapide - P. Stuhlmacher**, *Paulus - Rabbi und Apostel. Ein jüdisch-christlicher Dialog*, Stuttgart 1981. **P. von der Osten-Sacken**, *Grundzüge einer Theologie im christlich-jüdischen Gespräch*, München 1982; **같은 저자**, *Evangelium und Tora. Aufsätze zu Paulus*, München 1987. **F.-W. Marquardt**, *Die Gegenwart des Auferstandenen bei seinem Volk Israel. Ein dogmatisches Experiment*, München 1983. **E. Biser** u.a., *Paulus - Wegbereiter des Christentums. Zur Aktualität des Völkerapostels in ökumenischer Sicht*, München 1984. **L. Swidler - L. J.**

Eron - G. Sloyan - L. Dean, *Bursting the Bonds? A Jewish-Christian Dialogue on Jesus und Paul*, New York 1990. 유대교 쪽에서 새로운 방법론적 출발점을 바탕으로 연구한 A. F. Segal, *Paul the Conwert. The Apostolate and Apostasy of Saul the Pharisee*, New Haven 1990을 참조하라.

3 P. Lapide - P. Stuhlmacher, 앞의 책, S. 58 이하.

4 H. Maccoby, *The Mythmaker. Paul and the Invention of Christianity*, New York 1986 참조.

5 A. F. Segal, 위의 책 참조.

6 앞의 책, XI.

7 앞의 책, XIII.

8 이에 관해서는 W. Thüsing, *Per Christum in Deum. Studien zum Verhältnis von Christozentrik und Theozentrik in den paulinischen Hauptbriefen*, Münster 1965을 참조하라.

9 고전 15:28.

10 주석가들이 일반적으로 인정하듯이, 율법이 없는 이방인-기독교인의 공동체를 정당화하는 것은 바울의 율법 비판의 사회학적 배경이다. F. Watson는 한 걸음 더 나아가 그의 박사 논문에서 바울에게서—내 생각에는 설득력이 없지만 (예컨대 예루살렘 공동체를 위한 구제헌금)—하나의 소종파적인 견해를 입증하려고 시도한다. 그러나 G. Lüdemann, *Paulus, der Heidenapostel*, Bd. II: *Antipaulinismus im frühen Christentum*, Göttingen 1983은 70년 전후에 유대인-기독교인의 공동체에서 바울을 향한 반대가 얼마나 강했는지를 보여준다.

11 P. Lapide, Missionar ohne Beispiel. Paulus - Rabbi, Ketzer und Apostel, in: *Süddeutsche Zeitung* von 6./7./8. Juni 1983.

12 바울은 자신의 진정한 편지 가운데서 최소한 20개 본문에서 자신이 복음서의 예수 전승에 의존하고 있음을 밝힌다.

13 고전 1:18 참조.

14 갈라디아서 참조.

15 고린도전후서 참조.

16 고전 3:11 참조.

17 빌 2:21: "그들이 다 자기 일을 구하고 그리스도 예수의 일을 구하지 아니하되…"; 고전 7:32-34: "주의 일" 참조.

18 E. Käsemann, Wo sich die Wege trennen, in: *Deutsches Allgemeines Sonntagsblatt* vom 13. April 1990.

19 삼하 7:4.

20 J. Neusner는 바울과 초기 기독교인들에게서 일어난 발전을 지적하면서—70~300년과 300~600년에 단지 유대교만이 아니라 기독교에서도—이스라엘의 개념이 두 종교의 변화와 함께 변화되었다는 사실을 입증했다. *Judaism and its social metaphors. Israel in*

the history of Jewish thought, Cambridge 1989.

21 이러한 발전에 관해서는 **L. H. Schiffman**, *Who was a Jew? Rabbinic and Halakhic Perspectives on the Jewish Christian Schism*, Hoboken N. J. 1985을 참조하라.

22 **A. F. Segal**, *Rebecca's Children. Judaism and Christianity in the Roman World*, Cambridge/Mass. 1986, S. 179.

2장 VI. 유대교의 빛 안에서 이루어진 기독교의 자기비판

1 **D. Flusser**, Christiantiy, in: *Contemporary Jewish Religious Thought*, S. 63 참조.

2 Richtlinien und Hinweise für die Durchführung der Konzilserklärung "*Nostra Aetate*", Artikel 4 vom 1. Dezember 1974, hrsg. von der Vatikanischen Kommission für die religiösen Beziehungen zum Judentum, in: R. Rendtorff - H. H. Henrix (Hrsg.), *Die Kirchen und das Judentum. Dokumente von 1945 bis 1985*, Paderborn 1988, S. 48-53, 49인용.

3 "Erklärung zur Begegnung zwischen lutherischen Christen und Juden", verabschiedet auf der Jahrestagung der Lutherischen Europäischen Kommission Kirche und Judentum (LEKKJ), Driebergen/Niederlande am 8. Mai 1990 참조.

4 앞의 책, § I,2.

5 앞의 책, § III,2.

6 **C. Thoma**, *Christliche Theologie des Judentums*, Aschaffenburg 1978, S. 43.

7 앞의 책, S. 43.

8 이에 대한 유대교의 견해는 **S. E. Rosenberg**, *The Christian Problem. A Jewish View*, New York 1986을 참조하라.

9 **H. Küng**, CS, 특히 C; **같은 저자**, EG Kap. G III; **같은 저자**, WR Kap. A IV,3. B IV,2. C I,2; **같은 저자**, CR Kap. II,2 참조.

10 **K.-J. Kuschel**의 선재-기독론에 대한 포괄적인 연구 *Geboren vor aller Zeit? Der Streit um Christi Ursprung*, München 1990을 참조하라.

11 **C. Thoma**, 앞의 책, S. 43.

12 예컨대, 신 32:6, 18; 렘 3:4; 사 64:8; 말 2:10 참조.

13 예컨대, 출 4:22 이하; 호 11:1; 렘 31:9 참조.

14 예컨대, 신 14:1 참조.

15 예컨대, 호 1:10 참조.

16 예컨대, 삼하 7:14; 시 2:7; 89:7 이하 참조.

17 시 2:7.

18 막 12:36; 마 22:44; 눅 20:42; 행 2:34; 히 1:13 참조. 그 이외에 종종 예수 시대에 볼 수 있었던 갈릴리의 열광주의자와 기적 행위자 **카니나 벤 도사**(Chanina ben Dosa)의 사례가 언급된다.

그는 랍비들에 의해 (심지어는 위대한 랍비인 요하난 벤 자카이Jochanan ben Zakkai에 의해) 하나님의 특별한 아들이라고 불렸다. 왜냐하면 그가 하나님과 매우 특별하고 친밀한 관계를 맺고 있었기 때문이다(그도 예수처럼 하나님을 '압바'라고 불렀다).

19 **K. Kohler**, *Grundriß einer systematischen Theologie des Judentums auf geschichtlicher Grundlage*, Leipzig 1910, S. 148 이하.

20 앞의 책, S. 149 참조. 1918년에 미국에서 출판된 이 책의 증보판 32장에서 이런 생각은 더 넓게 표명되었다.

21 사 57:15.

22 신 4:7.

23 **C. Thoma**, *Theologische Beziehungen zwischen Christentum und Judentum*, Darmstadt [2]1989, 112. **J. T. Pawlikowski**, *Christ in the Light of Jewish-Christian Dialogue*, New York 1982. 파블리코프스키는 바로 성육신 기독론이 유대인과 기독교인을 점점 더 갈라놓았다고 분명히 주장한다.

24 갈 4:4; 롬 8:3 참조.

25 요 1장 참조.

26 **K.-J. Kuschel**, 앞의 책, S. 393 참조.

27 앞의 책, 390을 참조. 쿠셀이 가져온 인용문은 **B. v. Iersel**, Sohn Gottes im Neuen Testament, in: *Concilium* 18 (1982), S. 190에서 나온 것이다.

28 **D. Flusser**, 앞의 책, S. 64 참조.

29 요 17:3.

30 요 20:17.

31 **K.-J. Koschel**은 최근의 가톨릭과 개신교 주석의 자료를 설득력 있게 요약하고 있다: 앞의 책, S. 502. 코쉘이 가져온 인용문은 **H. Strathmann**, *Das Evangelium nach Johannes*, Göttingen 1951, S. 170에서 나온 것이다.

32 **K.-J. Koschel**, 앞의 책, S. 502.

33 동정녀 탄생의 문제점에 관해서는 **H. Küng**, CS Kap. C VI.3을 참조하라.

34 신 6:4.

35 **L. Jacobs**, *Principles of the Jewish Faith. An Analytical Study*, London 1964, S. 95-117에 들어 있는 유대인의 주석에 대한 포괄적인 개관을 참조하라.

36 요 1:14.

37 골 2:9.

38 요 3:16.

39 **P. Lapide**, *Warum kommt er nicht? Jüdische Evangelienauslegung*, Gütersloh 1988, S. 59.

40 앞의 책, S. 59.

41 **H. Küng**, CS (1974!), S. 414.

42 앞의 책, Kap. C. VI.2: "죽음의 해석"(Deutung des Todes) 참조.

43 **W. Vogler**, Jesu Tod – Gottes Tat? Bemerkungen zur frühchristlichen Interpretation des Todes Jesu, in: *Theologische Literaturzeitung* 113 (1988), Sp. 481–492, 특히 488 인용.

44 **G. Friedrich**, *Die Verkündigung des Todes Jesu im Neuen Testament*, Neukirchen 1982, S. 30 이하.

45 **W. Vogler**, 앞의 책, S. 489.

2장 VII. 유대교는 산상설교의 빛 안에서 자기를 비판하는가?

1 **A. Unterman**, Art. Forgiveness (In Talmud and Jewish Thought), in: *Encyclopaedia Judaica* 참조.

2 시락서 28:6 이하.

3 **G. Willmann**, *Kriegsgräber in Europa. Ein Gedenkbuch*, München 1980, 317 참조. 제1차 세계대전에서 대략 9,737,000명이 희생되었다.

4 마 6:12; 눅 11:4 참조.

5 마 18:21–35 참조.

6 마 18:22; 눅 17:4 참조.

7 눅 23:34 참조.

8 마 7:1 병행구.

9 시 130:1, 3 이하 참조.

10 눅 7:47.

11 **A. H. Friedlander**, *Ein Streifen Gold. Auf Wegen der Versöhnung*, München 1989, S. 168. 새로운 서문이 붙여진 영어 번역서는 다음과 같은 제목으로 출판되었다. *A Thread of Gold. Journeys towards Reconciliation*, London 1990,

12 앞의 책, S. 14.

13 미국에서 일어난 감명 깊은 화해 작업의 또 다른 증거는 **Edith Eva Eger**, La Jolla/Califonia, USA) 여사다. 나는 그녀를 캘리포니아에서 만났고, 그녀는 아우슈비츠에서 16년 만에 살아 돌아왔다. 곤경에 처한 사람들을 심리치료를 통해 돕기 위해 그녀는 그 당시의 충격적인 경험을 긍정적으로 활용했다.

14 1977년 9월 3일의 "국회"(본) 참조.

15 마 18:23–35 참조.

16 눅 19:10 참조.

17 막 2:17 병행구 참조.

18 1977년 9월 3일의 "국회"(본) 참조.

19 이 본문과 다음에 나오는 본문은 1989년 1월 6일에 나온 〈Die Zeit〉에서 실린 것이다.

3장. 근대의 극복

3장 I. 정체성 위기를 벗어나는 길

1 최근의 미국 유대인의 역사는 다음과 같은 자료를 참조하라. **N. Glazer**, *American Judaism*, Chicago 1952, [2]1972. **M. Rischin**, *An Inventary of American Jewish History*, Cambridge/Mass. 1954. **J. L. Blau**, *Modern Varieties of Judaism*, New York 1966; 같은 저자, *Judaism in America. From Curiosity to Third Faith*, Chicago 1976. **A. W. Miller**, *God of Daniel S. In Search of the American Jew*, London 1969. **G. S. Rosenthal**, *Four Paths to One God. Today's Jew and His Religion*, New York 1973. **G. S. Liebman**, *Aspects of the Religious Behaviour of American Jews*, New York 1974. **W. W. Brickman**, *The Jewish Community in America. An Annotated and Classified Bibliographical Guide*, New York 1977. **M. L. Raphael**, *Profiles in American Judaism. The Reform, Conservative, Orthodox, and Reconstructionist Traditions in Historical Perspective*, San Francisco 1984.

2 **W. Herberg**, *Protestant - Catholic - Jew. An Essay in American Religious Sociology*, New York 1956 참조.

3 **W. Herberg**, *Judaism and Modern Man. An Interpretation of Jewish Religion*, New York 1951 참조.

4 **C. E. Silberman**, *A Certain People. American Jews and Their Lives Today*, New York 1985 참조. 1장은 "한 미국인의 성공 이야기"를 다루고, 2장은 "한 유대인의 성공 이야기"를 다룬다. 그리고 마지막 장 "미래에 관한 노트"에서 저자는 지도층에 속한 많은 유대인(특히 유대인 정치가들)이 오직 유대인들의 배타적인 관심, 특히 이스라엘 국가를 위한 지원에만 관심을 집중하는 것을 유대교의 주된 위험 요소로 본다.

5 **A. J. Feldman**, *The American Jew. A Study of Backgrounds*, New York 1937, Neuauflage 1979, S. 49.

6 *Encyclopaedia Judaica. Year Book 1986/87*, S. 389-391 참조.

7 **A. J. Heschel**에 관해서는 **F. A. Rothschild**, Art. Heschel, Abraham Joshua, in: *Encyclopaedia Judaica*; 같은 저자 (Hrsg.), *Between God and Man. An Interpretation of Judaism from the Writings of Abraham J. Heschel*, New York 1959를 참조하라.

8 **A. J. Heschel**, *Die Prophetie*, Krakau 1936 참조.

9 **A. J. Heschel**, *Maimonides. Eine Biographie*, Berlin 1935 참조.

10 **A. J. Heschel**, *Man is Not Alone: A Philosophy of Religion*, New York 1951 참조.

11 **A. J. Heschel**, *God in Search of Man: Philosophy of Judaism*, New York 1995; 독어판: *Gott sucht den Menschen. Eine Philosophie des Judentums*, Neukirchen 1980 (독어판 인용), S. 130 참조.

12 앞의 책.

13 앞의 책, S. 26.
14 앞의 책, S. 125.
15 앞의 책, S. 199.
16 앞의 책, S. 200.
17 앞의 책, S. 318 이하.
18 앞의 책, S. 319.
19 앞의 책, S. 131.
20 근대의 종교비판과의 비판적 · 자기비판적 논쟁 시도는 **H. Küng**, EG Teil C: "무신론의 도전"(Die Herausforderung des Atheismus)을 참조하라.
21 **A. J. Heschel**, *Gott sucht den Menschen*, S. 212.
22 앞의 책, S. 262.
23 앞의 책, S. 267.
24 앞의 책, S. 270.
25 앞의 책, S. 270.

3장 II. 미래의 종교적인 선택은 무엇인가?

1 **미국의 정통주의 유대교**에 관해서는 **I. Epstein**, *The Faith of Judaism. An Interpretation for our Time*, London 1954. **I. Herzog**, *Judaism: Law & Ethics*. Aufsätze von C. Herzog, London 1974. **C. S. Liebman**, Orthodoxy in American Jewish Life, in: *Aspects of the Religious Behaviour of American Jews*, New York 1974, S. 111-187. **W. B. Helmreich**, *The World of Yeshiva. An Intimate Portrait of Orthodox Jewry*, New York 1982. **R. P. Bulka** (Hrsg.), *Dimensions of Orthodox Judaism*, New York 1983을 참조하라. 정통주의 유대교의 **랍비 교육**에 관해서는 **Z. Charlop**, The Making of American Rabbis: Orthodox Rabbis, in: *Encyclopaedia Judaica. Yearbook 1983-85*, S. 84-90. **M. H. Danzger**, *Returning to Tradition. The Contemporary Revival of Orthodox Judaism*, New Haven 1989을 참조하라.
2 **삼손 라파엘 히르쉬**(Samson Paphael Hirsch)는 함부르크에서 태어나서 자신의 친구이자 나중에 적수가 된 아브라함 가이거와 함께 본에서 공부했다. 그는 11년 동안 올덴부르크 영주 지역의 랍비로, 5년 동안 모라비아의 랍비로, 그리고 마지막으로는 (1851년부터) 37년 동안 프랑크푸르트의 정통적인 '이스라엘 종교학회'의 랍비로 일했다. 1854~1870년에 그는 "가정과 공동체와 학교에서 유대인의 정신과 생활을 촉진하는 월간지" 〈Jeschurun〉의 편집장이었다. 하나의 개혁적 유대교를 위해 헌신한 히르쉬는 특히 그의 수많은 저서(토라 주석, 새로운 성서 번역…)을 통해 **독일 신정통주의의 수장**이 되었다. **M. Joseph**의 논문(*Jüdisches Lexikon*)과 S. Katz의 논문(*Encyclopaedia Judaica*)을 참조하라.
3 **C. S. Liebman**, 앞의 책, S. 117-120 참조.

4 이 세 분파, 특히 근대적 정통주의에 관해서는 **E. Rackman**, Modern Orthodoxy, in: *Encyclopaedia Judaica, Yearbook 1986-87*, S. 118-122을 참조하라.

5 **요셉 솔로베이치크**는 유명한 리투니아의 랍비 가문에서 출생했다. 그는 폴란드에서 태어났고 브레스트-리토프스크에서 탈무드 학자로 교육을 받았으며, 22세에 베를린 대학교에 왔다. 신칸트주의와 헤겔에게 큰 감동을 받은 그는 신칸트주의를 대변한 가장 유명한 유대인 헤르만 코헨의 인식론과 형이상학에 관한 박사논문으로 철학박사 학위를 취득했다. 1931년에 그는 토냐 레비트(Tonya Lewit)와 결혼했다. 그녀는 예나 대학교에서 박사학위를 받았고, 1967년에 사망할 때까지 남편의 신실한 조력자였다. 1932년에 두 사람은 미국으로 건너갔다. 솔로베이치크는 보스턴에서 정통적 공동체의 랍비가 되었고, 뉴잉글랜드 최초의 유대인 학교와 탈무드 학교의 설립자가 되었다. 그러나 1941년에 그는 그의 아버지를 따라 예시바 대학에서 탈무드 교수로 일했다. 여기서 그는 미국에서 교육을 받은 다수의 정통적 랍비들의 정신적인 멘토가 되었고, 미국의 정통적 랍비협회의 할라카위원회의 가장 영향력 있는 의장이 되었다. 1959년에 그는 이스라엘의 아슈케나시 고위 랍비가 되는 것을 거부했다. 솔로베이치크는 영어와 히브리어, 이디시어로 강의와 강연 활동을 했다. 그는 비교적 적은 수의 책을 출판했다. 그는 *The Halakhic Man* (New York 1983)에서, 그리고 이미 1944년에 저술되었지만 1986년에야 비로소 뉴욕에서 출판된 책 *The Halakhic Mind. An Essay on Jewish Tradition and Modern Thought*에서도 자신의 사상을 잘 소개했다. *Encyclopaedia Judaica*에 수록된 **A. Rothkoff**의 논문을 참조하라. 계몽된 정통주의에 관해서는 **Z. Kurzweil**, *The Modern Impulse of Traditional Judaism*, Hoboken 1985도 참조하라. 여기서 J. D. Soloveitchik, A. I. H. Kook, E. Berkovits에 관한 내용도 참조하라.

6 **J. D. Soloveitchik**, *The Halakhic Man*, S. 19.

7 앞의 책, S. 29.

8 앞의 책, S. 36.

9 앞의 책, S. 37 이하.

10 앞의 책, S. 40.

11 **같은 저자**, *The Halakhic Mind*, S. 85.

12 앞의 책, S. 88.

13 앞의 책, S. 90.

14 앞의 책, S. 101.

15 앞의 책, S. 102.

16 다음에 나오는 내용에 관해서는 **E. Rackman**, 앞의 책을 참조하라 그 자신의 정통주의적인 이해는 *One Man's Judaism* (Tel Aviv o. J)이라는 제목 아래 나왔다.

17 1985/86년에 30개가 넘는 버스 정류소가 '비윤리적인' 광고 때문에 정통주의자들에 의해 불살라졌고, 다른 많은 시설도 망가졌다. 그리고 1986년 7월에는 텔 아비브의 한 유대교 대학교에 강도가 침입하여—분명히 경고를 위해—기도서와 종교적인 예술품을 손상했다. 이스라엘 국가에서 세속적인 유대인들이 정통적인 유대교로 전향한 사실에 관해서는 J.

Aviad, *Return to Judaism. Religious Renewal in Israel*, Chicago 1983을 참고하라.

18 **아브라함 가이거**(Abraham Geiger)는 프랑크푸르트에서 태어났고, 비스바덴과 프랑크푸르트와 브레슬라우와 베를린에서 랍비로 활동했다. 비록 그는 성급한 개혁주의를 혐오했지만 그는 매우 적대적인 대우를 받았고, 사망하기 이전의 2년 동안 베를린 신학교의 유대교학 강사가 되었다(1872~1874). 성서와 미쉬나, 중세와 근대의 문헌에 대한 주석적·역사적·철학적·시학적인 문헌에 관한 다양한 학문 활동을 통해, 그리고 그 당시 1940년대의 중요한 랍비 회의에서 이루어진 그의 활동을 통해, 그리고 그의 잡지 "Wissenschaftliche Zeitschrift für jüdische Theologie"(6Bde. 1835-1847)와 "Jüdische Zeitschrift für Wissenschaft und Leben"(11 Bde. 1862-1875)을 통해 그는 **개혁적 유대교의 정신적인 지도자**가 되었다. 그의 저서의 특징은 예언 활동에서 정점에 달한 유대교를 진화론적으로 이해한 점에 있다. Urschrift und Übersetzungen der Bibel in ihrer Abhängigkeit von der inneren Entwicklung des Judentums"(Bresl며 1857. [2]1928). 그의 "유고"는 1875~1878년에 그의 아들 루드비히에 의해 5권으로 편집되었다. **M. Joseph**의 논문(*Jüdische Lexikon*)과 **J. S. Levinger**의 논문(*Encyclopaedia Judaica*)을 참조하라.

19 **헤르만 코헨**(Hermann Cohen)은 코스비히(안할트)에서 태어났고, 1876~1912년에 마부르크 대학교 교수를 지냈으며, 은퇴 후에는 유대교학을 가르치려고 베를린 신학대학으로 갔다. 거기서 그는 1918년에 사망할 때까지 종교철학을 가르쳤다. 그의 부인은 후송된 직후에 테레지엔슈타트 강제수용소에서 사망했다. 중요한 저서: *Die Religion der Vernunft aus dem Quellen des Judentums*, Frankfurt 1919; 1929년에 새롭게 증보된 *Jüdische Schriften*, Bd. I-III, Berlin 1924.

20 **미국의 개혁적 유대교**에 관해서는 **D. Philipson**, *The Reform Movement in Judaism*, 1907, 증보판 New York 1967. **G. W. Plaut**, *The Rise of Reform Judaism. A Sourcebook of its European Origins*, New York 1963; **같은 저자**, *The Growth of Reform Judaism. American and European Sources until 1948*, New York 1965. **A. J. Feldman**, *The American Reform Rabbi. A Profile of a Profession*, New York 1965. **J. L. Blau** (Hrsg.), *Reform Judaism: A Historical Perspective. Essays from the Yearbook of the Central Conference of American Rabbis*, New York 1973. **E. B. Borowitz**, *Reform Judaism Today*, Bd. I-III, New York 1977-78; **같은 저자**, *Liberal Judaism*, New York 1984를 참조하라. 개혁적 유대교의 **랍비 교육**에 관해서는 **A. Gottschalk**, The Making of American Rabbis: Reform Rabbis, in: *Encyclopaedia Judaica. Yearbook 1983-85*, S. 96-100. **M. A. Meyer**, *Response to Modernity. A History of the Reform Movement in Judaism*, New York 1988을 참조하라.

21 미국 랍비 중앙대회의 연보 XLVII(1937), S. 97 이하, **N. Glazer**, *American Judaism*, Chicago 1952, [2]1972, S. 103 이하 인용. '피츠버거 강령'(1885)과 '콜럼버스 강령'(1937)의 본문은 **G. W. Plaut**, *The Growth of Reform Judaism*, S. 33-34, 96-99에 들어 있다.

22 **루이스 야콥스**(Louis Jacobs)는 먼저 맨체스터와 런던의 랍비 학교에서 교육을 받았고, 그 후에는 런던 대학교에서도 교육을 받았다. 그 다음에 그는 맨체스터 회당에서 랍비로서 활동

했고, 1950년대에는 런던 웨스트엔드에서 활동했다. 그는 유대인 대학(1959~62)에서 보조 교사(튜터)로 활동한 후에 학장이 될 예정이었다. 1963년에 영국의 고위 랍비였던 이스라엘 브로디가 이를 저지했고, 그 이듬해에는 야콥스가 근대적인 뉴웨스트엔드 회당의 담당자로 임명되는 길을 막았다. 랍비 야콥스는 많은 책을 출판했다. 먼저 *We have Reason to Believe. Some Aspects of Jewish Theology Examined in the Light of Modern Thought* (London 1957)는 충격을 주었고, 그 다음에는 *Jewish Values* (London 1960)가 출판되었으며, 마지막으로는 *Principles of the Jewish Faith. An Analytical Study* (London 1964: 마이모니데스의 신앙고백에 대한 해설)가 출판되었다. *Encyclopaedia Judaica* 안의 서명이 없는 논문을 참조하라.

23 **I. Epstein**, *The Faith of Judaism. An Interpretation for Our Times*, London 1954 참조.

24 **L. Jacobs**, *Principles of the Jewish Faith*, VIII.

25 앞의 책, X.

26 **L. Jacobs**, *A Jewish Theology*, London 1973.

27 **K. Kohler**, *Grundriß einer systematischen Theologie des Judentums auf geschichtlicher Grundlage*, Leipzig 1910; 영어판: *Jewish Theology: Systematically and Historically Considered*, 1918; 개정판: New York 1968 참조. 이 책은 세 가지 중심 주제를 담고 있다: 하나님 · 인간 · 이스라엘과 하나님의 나라.

28 **L. Jacobs**, *A Jewish Theology*, S. 204.

29 앞의 책, S. 205.

30 **미국의 보수적 유대교**에 관해서는 **R. Gordis**, *Judaism for the Modern Age*, New York 1955; **같은 저자**, *Understanding Conservative Judaism*, New York 1978. **M. Waxman** (Hrsg.), *Tradition and Change. The Development of Conservative Judaism*, New York 1958. **M. Davis**, *The Emergence of Conservative Judaism. The Historical School in 19th Century America*, Philadelphia 1963. **S. Siegel** (Hrsg.), *Conservative Judaism and Jewish Law*, New York 1977. **H. Rosenblum**, *Conservative Judaism. A Contemporary History*, New York 1983을 참조하라. 보수적 유대교의 **랍비 교육**에 관해서는 **R. Hammer**, The Making of American Rabbis: Conservative Rabbis, in: *Encyclopaedia Judaica. Yearbook 1983-85*, S. 91-95을 참조하라.

31 **자카리아스 프랑켈**(Zacharias Frankel)은 먼저 드레스덴의 고위 랍비로서 일했고, 그 다음에는 1854년부터 사망할 때까지 다시 설립된 유대교 신학대학 학장과 가장 유명한 (그리고 1939년까지 존재했던!) 유대교 전문지 "Monatsschrift für Geschichte und Wissenschaft des Judentums"의 설립자로서 일했다. 그는 그 당시에 유대교 안의 거대한 논쟁 속에서 **보수적인 중도파**, 곧 역사적 · 실증주의적 학파('브레슬라우 학파')의 정신적 **지도자**였다. 그리고 그는 '유대교학'의 지도적인 대표자 아브라함 가이거와 (프랑크푸르트) 신정통주의의 우두머리 삼손 라파엘 히르쉬에게 비판을 받게 되었다. 프랑켈은 세 가지 측면에서 활동적이었다. 그는 유대인 해방('유대인 서약')을 위한 평가서와 논문을 통해 정치적으로 활동했고, 랍비 문헌(미쉬나와 예루살렘 탈무드 개론, 70인역에 대한 예비연구,

해석학과 재판증명과 혼인법)의 연구를 통해 역사적으로 활동했으며, 마지막으로는 그의 학생들을 통해, 그리고 랍비 교육에 끼친 지대한 영향을 통해 학문적·교육적으로 활동했다. **S. Gans**의 논문(*Jüdisches Lexikon*)과 **J. E. Heller**의 논문(*Encyclopaedia Judaica*)을 참조하라.

32 **솔로몬 쉐히터**(Solomon Schechter)는 1847년에 루마니아에서 태어났고, 1902년부터 그가 사망하던 1915년까지 뉴욕의 미국 유대교 신학대학의 학장으로 활동했다. 철저한 랍비 교육을 받은 후에 비엔나(Wien)에서 공부하고, 베를린 대학교에서 유대교학을 공부한 뒤에 그는 동료 클로드 몬테피오리(Claude G. Montefiore)의 튜터로 영국으로 건너갔다. 그곳에서 그는 1892년에 케임브리지 대학교에서 랍비 문헌을 위한 강사로 활동했다. 그는 테일러와 함께 알 푸스타트의 게니자(카이로)부터 십만 개가 넘는 자료를 케임브리지로 가져왔기 때문에 유명해졌다(Taylor-Schechter Collection). 그는 미국에서 탁월한 교수(L. Ginzberg, I. Friedlaender, I. Davidson, A. Marx, M. M. Kaplan)의 선택을 통해, 그리고 **미국** 회당의 조직을 통해 **미국의 보수적 유대교의 주요 설립자**와 영향력 있는 시온주의 촉진자가 되었다. 그의 중요한 저서는 다음과 같다. *Some Aspects of Rabbinic Theology*, London 1909; *Seminary Adresses and Other Papers*, Cincinnati 1915, 증보판 Westmead 1969; *Studies in Judaism. A Selection*, New York 1958(1896~1924년에 나온 쉐히터의 3권의 저서 *Studies in Judaism*에서 더 실제적인 소논문을 발췌함). **I. Elbogen**의 논문(*Jüdisches Lexikon*)과 **M. Ben-Horin**의 논문(*Encyclopaedia Judaica*)을 참조하라.

33 **J. Neusner**, Conservative Judaism in a Divided Community, in: *Conservative Judaism* 20 (1965-66), Nr.4, 1-19. **L. Ginzberg**, *Students, Scholars and Saints*, 1928, 증보판: New York 1960(여기에는 보수적 교육 전통의 가장 중요한 대표자들인 자카리아스 프랑켈, 솔로몬 쉐히터, 이스라엘 살란터, 이삭 히르쉬 바이스와 다비드 호프만의 논문이 들어 있다). **H. Parzen**, *Architects of Conservative Judaism*, New York 1964 참조.

34 **모데카이 메나헴 카플란**(Mordecai Menahem Kaplan)은 리투아니아에서 태어났지만 9세 때부터 미국에서 살았고, 1909~63년에 유대교 신학대학과 그곳의 교사 연구소에서 설교학과 종교철학을 가르쳤다. 그는 교사 연구소 소장으로서 **재건주의자 운동의 설립자**가 되었다. 유대교 백과사전(*Encyclopaedia Judaica*)에 들어 있는 **J. J. Cohen**의 논문을 참조하라.

35 **M. M. Kaplan**, *Judaism as a Civilization, Toward a Reconstruction of American-Jewish Life*, New York 1934, XII.

36 앞의 책.

37 앞의 책, S. 178.

38 앞의 책, S. 179.

39 앞의 책, S. 305 이하.

40 앞의 책, S. 311-331 참조. **같은 저자**, *Judaism without Supernaturalism. The Only Alternative to Orthodoxy and Secularism*, New York 1958; **같은 저자**, *Judaism in Transition*, New York 1936 참조.

41 **미국의 재건주의자 운동**에 관해서는 M. M. Kaplan의 저서 외에도 **H. L. Goldberg**, *Introdution to Reconstructionism*, New York 1957. **C. S. Liebman**, *Reconstructionism in American Jewish Life*, 앞의 책, S. 189-285을 참조하라. 재건주의자 운동의 **랍비 교육**에 관해서는 **R. T. Alpert**, The Making of American Rabbis: Reconstructionist Rabbis, in: *Encyclopaedia Judaica. Yearbook 1983-85*, S. 101-105을 참조하라.

42 **M. M. Kaplan**, *Judaism as a Civilization*, X.

43 **L. Jacobs**, *A Jewish Theology*, S. 223 이하 참조.

44 앞의 책, S. 350, 381 참조. **같은 저자**, *The Greater Judaism in the Making. A Study of the Modern Evolution of Judaism*, New York 1960 참조.

45 **N. Glazer**, 앞의 책, S. 133.

46 앞의 책, S. 133 이하.

47 **J. Leibowitz**(와 M. Shashar), *Al olam umlo'oh*, Jerusalem 1987; 독어판: *Gespräche über Gott und die Welt*, Frankfurt 1990, S. 86.

48 앞의 책.

49 앞의 책, S. 83.

50 앞의 책, S. 84.

제III부 미래의 가능성

1장 포스트모던 시대의 유대교

1장 I. 포스트모던의 도래

1 **H. Küng**, *Projekt Weltethos*, München 1990, 특히 S. 20-45, 91-96, 167-171을 참조하라.

2 부버의 생애에 관해서는 **S. H. Bergman**, Art. Buber, Martin, in: *Encyclopaedia Judaica*, Bd. 4, Sp. 1429-1432를 참조하라. 부버의 철학적·신학적 연구는 **M. Buber**, *Werke*, Bd. I-III, München 1962-1964에 나타난다. 그러나 유대교, 시온주의, 이스라엘 국가에 관한 부버의 중요한 연구는 그의 책, *Der Jude und sein Judentum. Gesammelte Aufsätze und Reden*, Köln 1963에 들어 있다.

3 **부버**와 **로젠츠바이크**의 성서번역은 네 권으로 출간되었다. *Die Fünf Bücher der Weisung; Bücher der Geschichte; Bücher der Kündung; Schriftwerke*, neubearbeitete Ausgabe Köln 1954-1962.

4 이 모든 논문은 **M. Buber**, *Werke*, Bd. II에 있다.

5 **M. Buber**, Zur Geschichte des dialogischen Prinzips, in: *Werke*, Bd. I, 291-305, 인용은 299.

6 앞의 책, S. 304.

7 앞의 책, S. 291-305 참조.

8 앞의 책, S. 299.

9 **M. Buber**, Ich und Du, in: *Werke*, Bd. I, S. 77-170, 81 인용.

10 앞의 책, S. 128.

11 앞의 책, S. 124.

12 **M. Buber**, Biblischer Humanismus, in: *Werke*, Bd. II, S. 1085-1092 참조.

13 앞의 책, S. 1087.

14 앞의 책.

15 앞의 책.

16 앞의 책, S. 1088.

17 앞의 책.

18 앞의 책, S. 1092.

19 **M. Buber**, Das Problem des Menschen, in: *Werke*, Bd. I, S. 307-407, 403 이하 인용.

20 **M. Buber**, Gottesfinsternis. Betrachtungen zur Beziehung zwischen Religion und Philosophie, in: *Werke*, Bd. I, S. 503-603, 509 이하.

21 인용은 **S. H. Bergman**, 앞의 책, S. 1430.

22 **J. Leibowitz(Michael Shashar와 공저)**, *Gespräche über Gott und die Welt*, Frankfurt 1990, S. 55 이하.

23 앞의 책.

1장 II. 포스트모던 시대의 유대교

1 나는 이미 여러 곳에서 인용된 **S. Volkov**의 연구를 참고한다.

2 **B. Halpern**, The Jewish Consensus, in: *Jewish Frontier*, September 1962; J. Neusner, *The Way of Torah. An Introduction to Judaism*, Belmont/Calif. [3]1979, S. 129 이하 인용.

3 **J. Neusner**, 앞의 책, S. 130 참조.

4 앞의 책.

5 앞의 책, S. 131 참조.

6 앞의 책, S. 131 이하.

7 이상의 내용은 **D. Marmour**, *Beyond Survival. Reflections on the Future of Judaism*, London 1982, S. 205 참조.

2장 삶의 갈등과 율법의 미래

2장 I. 율법의 이중적 특성

1 제2부 마지막 장에서 인용한, 유대교의 다양한 경향을 다룬 모든 책은 율법과 그 해석을 상세히 다루고 있다.

2 성서에서 시작해서 탈무드와 후기의 위대한 스승들의 저서에 이르기까지 유대교의 율법의 가장 중요한 원리가 어떻게 발전해나갔는지 집약적으로 개관하는 책들(거의 800쪽!)은 다음과 같다. **G. Horowitz**, *The Spirit of the Jewish Law. A Brief Account of Biblical and Rabbinical Jurisprudence. With a Special Note on Jewish Law and the State of Israel*, New York 1953. **D. W. Halivini**, *Midrash, Mishnah and Gemara. The Jewish Predilection for Justified Law*, Cambridge/Mass. 1986 참조(이 책은 절대적인 율법과 인과적 율법에 관한 알트의 구분을 절대적인 율법과 사법적인 결의론적 율법으로 대체하려고 한다); **E. N. Dorff - A. Rosett**, *A Living Tree. The Roots and Growth of Jewish Law*, Albany 1988. **P. H. Weisbard - D. Schonberg**, *Jewish Law. Bibliography of Sources and Scholarship in English*, Littleton/Co. 1989는 영어로 된 포괄적 저서 목록을 제공한다.

3 **D. Hartman**, *A Living Covenant. The Innovative Spirit in Traditional Judaism*, New York 1985.

4 앞의 책, S. 5.

5 앞의 책, S. 5 이하.

6 앞의 책, S. 281.

7 앞의 책, S. 98.

8 **H. Zoller**, Jude sein in Israel ist kein Zukerschlecken, in: *Der Spiegel*, Nr. 1, 1987 참조.

9 **M. Waxman** (Hrsg.), *Tradition and Change. The Development of Conservative Judaism*, New York 1958, S. 349-407 참조; **S. Siegel** (Hrsg.), *Conservative Judaism and Jewish Law*, New York 1977 참조.

10 **A. H. Neulander**, The Use of Electricity on the Sabbath, in: **M. Waxman**, 앞의 책, S. 401-407.

11 **H. Zoller**, 앞의 책.

12 **H. Denzinger**, *Enchiridion symbolorum, definitionum et declarationum de reubus fidei et morum* (1854), Freiburg [31]1960. 독일어 발췌본: **J. Neuner - H. Roos**, *Der Glaube der Kirche in den Urkunden der Lehrverkündigun* (1938), Regensburg [5]1958. 발췌본에 대한 비판은 **H. Küng**, Veröffentlichungen zum Konzil. Ein Überblick, in: *Theologische Quartalschrift* 143 (1963), S. 56-82.

13 **H. Küng**, *Unfehlbar? Eine Anfrage*, Zürich 1970; **같은 저자**, *Fehlbar. Eine Bilanz*, Zürich 1973 참조.

14 **H. Küng**, *Wahrhaftigkeit. Zur Zukunft der Kirche*, Freiburg 1968. Kap. B, VIII:

Manipulation der Wahrheit? 참조.

15 **H. Denzinger**, 앞의 책, Nr. 714 참조.

16 제2차 바티칸 공의회의 문서인 〈이방인의 빛〉(*Lumen Gentium*)(1965), 제16항 참조.

17 출 16:29; 렘 17:22 참조.

18 **Z. Kaplan**, Art. Eruv, in: Encyclopaedia Judaica; W. Lewy - S. Krauss, Art. Eruw, in: *Jüdischeds Lexikon* 참조.

19 **B. Z. Schereschewsky**, Art. Mamzer, *in: Encylopaedia Judaica*; **M. Cohn**, Art. Mamser, in: *Jüdisches Lexikon* 참조.

20 신 23:2; 슥 9:6 참조.

21 **D. Novak**, *Halakhah in a Theological Dimension*, Chico/Calif 1985, S. 27 이하 참조.

22 앞의 책, S. 28에서 인용.

23 **L. Jacobs**, *A Tree of Life. Diversity, Flexibility, and Creativity in Jewish Law*, Oxford 1984, Appendix B: 257-275 참조; **같은 저자**, *Theology in the Responsa*, London 1975 참조; **같은 저자**, *The Talmudic Argument. A Study in Talmudic Reasoning and Methodology*, London 1984.

24 **L. Jacobs**, *A Tree of Life*, S. 236.

2장 Ⅱ. 율법은 하나님을 위해 존재하는가?

1 **J. Leibowitz**, *The Faith of Maimonides*, New York 1987.

2 **J. Leibowitz**, Art. Commandments, in: *Contemporary Jewish Religious Thought*, S. 70.

3 앞의 글, S. 71.

4 앞의 글.

5 앞의 글.

6 앞의 글.

7 앞의 글, S. 75.

8 **J. Leibowitz** (mit **Michael Shashar**), *Gespräche über Gott und die Welt*, Frankfurt 1990, S. 105 이하.

9 앞의 책, S. 107, 110-116 참조.

10 앞의 책, S. 107.

11 **G. Frankel**, Israel's 2,000-Year-Old Divorce Laws Turn Ties That Bind Into Chains, in: *International Herald Tribune* (1989년 3월 14일) 참조.

12 창 1:27 참조.

13 **J. Plaskow**, *Standing Again at Sinai: Judaism from a Feminist Perspective*, San Francisco 1990 참조.

14 **E. Schüssler Fiorenza**, *In Memory of her. A Feminist Theological Reconstruction of*

Christian Origins, New York 1983 참조; 독어판: *Zu ihrem Gedächtnis … Eine feministisch-theologische Rekonstruktion der christlichen Ursprünge*, München 1988.

15 **J. Plaskow**, 앞의 책, S. 3.

16 앞의 책, S. 75.

17 출 19:15.

18 **J. Plaskow**, 앞의 책, S. 25.

19 앞의 책, S. 25, 27.

20 앞의 책, S. 71 이하.

21 앞의 책, S. 89 이하.

22 앞의 책, S. 71.

23 **E. B. Borowitz**, *Choices in Modern Jewish Thought. A Partisan Guide*, New York 1983과 *Liberal Judaism*, New York 1984 참조.

24 앞의 책, S. 243 이하.

25 **E. B. Borowitz**, Art. Freedom, in: *Contemporary Jewish Religious Thought*, S. 261-267.

26 앞의 글, S. 266.

27 **E. B. Borowitz**, *Choices in Modern Jewish Thought*, S. 281.

28 앞의 책.

29 **E. B. Borowitz**, *Freedom*, S. 266.

30 앞의 글, S. 268.

31 **S. Novak**, *Halakha in a Theological Dimension*, Chico/Calif 1985, 특히 S. 116-131은 최근에 할라카도 언약의 논리 안에서 어떻게 이해되어야 하는지를 분명히 설명하고 있다.

32 **프란츠 로젠츠바이크**(Franz Rosenzweig)는 유대교와 그다지 관련을 맺지 않았던 교양 있는 집안의 아들로 1905년부터 다양한 대학에서 철학과 역사, 고전 문헌학을 공부했다. 우선 기독교로 회심을 결심했지만, 1913년부터 그는 자신을 유대인으로 이해했고, 자신과 다른 사람을 위해 유대교를 새롭게 발견하기를 원한다고 선언했다. 기독교와 유대교를 다룬 여러 연구논문과 독일 관념론을 다룬 두 권의 저서를 발표한 이후에 1921년에는 그의 주요 저서 《구원의 별》(*Der Stern der Erlösung*)을 출간했다. 이것은 "새로운 사고"의 시도로 유대교와 기독교에 관한 철학적 신학을 요구한다. 제1차 세계대전 이후에 그는 유대교 지성인들(M. Buber, E. Strauss, E. Fromm 등)의 도움으로 '자유로운 유대인의 학당'(Freie Jüdische Lehrhaus)를 조직했다. 1922년부터 마비 증상 때문에 말하지도 못하고 집에 매여 있었던 그는 수많은 예배 찬송과 음악과 시집을 히브리어에서 독일어로 번역했다. 1924년부터 그는 마르틴 부버와 함께 성서도 번역했다. **S. S. Schwarzchild**, Art. Franz Rosenzweig, in: *Encyclopaedia Judaica* 참조; 성서 번역에 관해서는 **F. Rosenzweig**, Sprachdenken. Arbeitspapiere zur Verdeutschung der Schrift, in: **같은 저자**, *Gesammelte Schriften*, Bd. IV/2, Dordrecht 1984를 참조하라.

33 **F. Rosenzweig**, Der Stern der Erlösung (1921), in: **같은 저자**, *Gesammelte Schriften*, Bd. II, Den Haag 1976 참조.

34 **M. Buber**, *Reden übder das Judentum*, Frankfurt 1923에 대한 답변은 **로젠츠바이크**의 논문 Die Bauleute. Über das Gesetz. An Martin Buber (1923), in: *Kleinere Schriften*, Berlin 1937, S. 106-121을 참조하라.

35 부버는 로젠츠바이크의 논문 "Die Bauleute"에 대해 공개적으로 답변하고 싶지 않았다. 그러나 서신 교환을 통해 율법에 관한 대화가 이루어졌다. **F. Rosenzweig**, Briefe und Tagebücher, in: **같은 저자**, *Gesammelte Schriften*, Bd. I, Dordrecht 1979. **G. Bonola**, Franz Rosenzweig und Martin Buber, Die Auseinandersetzung über das Gesetz, in: W. Schmied-Kowarzik (Hrsg.), *Der Philosoph Franz Rosenzweig (1886-1929). Internationaler Kongreß. Kassel 1986*, Bd. I, Freiburg 1988, S. 225-238.

36 갈 4:4 이하.

2장 III. 율법은 인간을 위해 존재한다

1 제2부 2장 II 참조.

2 마 5:19.

3 마 5:20.

4 마가복음과 비교해볼 때, 그리스어를 매우 잘 쓰는 유대인-기독교인 마태는 (그가 사용했고, 역시 그리스어로 기록된 이방인-기독교인의) 복음을 분명히 매우 단호하게 율법에 묶어놓았지만, 70년의 재난 이후에 새롭게 형성된 랍비 유대교와는 아주 논쟁적으로 대립했다. 물론 마태복음에는 복종을 요구하는 새로운 모세가 등장하지 않는다. 그러나 자신의 가벼운 교훈을 짊어지라(마 11:25-30)고 초대하는 아버지의 계시자가 등장한다. 그는 원칙적으로 유대교의 의례적 율법보다는 사랑을 앞세운다. 이 복음서 기자도 "그의 율법 이해에서 예수의 추종자였고, 바리새인이 아니었다." "비록 그는 제의적 율법과 할례의 계명을 인정했지만, 그는 이것을 강조하지는 않았다. 율법에서 가장 중요한 것, 곧 사랑의 계명, 십계명, 도덕률(마 23:23)과 정결법, 안식일, 할례를 포함하고 있는 주변적인 의례적 율법의 구분은 마태의 후예들이 이방인을 위해 의례적 율법을 왜 포기할 수 있었는지를 설명해준다." **U. Luz**, *Das Evangelium nach Mattäus*, Bd. I, Zürich 1985, S. 68.

5 막 12:33-34.

6 마 5:21-48에 관해서는 U. Luz의 주석서 외에 **J. Gnilka**, *Das Matthäusevangelium*, Bd. I, Freiburg 1986도 참조하라.

7 이미 레 19:18는 모든 종교적, 윤리적 규정 가운데서 이웃 사랑도 거론한다.

8 랍비 이슈마엘(Rabbi Yischmael)의 Mekhilta, Traktat Schabbat I, S. 26, 43.

9 막 2:27.

10 **J. Gnilka**, *Das Evangelium nach Markus*, Zürich 1978, S. 123.

11 막 3:4.

12 마 12:12.

13 눅 10:25-37 참조.

14 막 12:34.

15 신 10:18 이하 참조.

16 빌 3:6.

17 **S. Ben-Chorin**, *Paulus. Der Völkerapostel in jüdischer Sicht*, München 1980, S. 11. 특히 루터는 (그리고 그와 함께 많은 가톨릭 수도승들, 사제들이나 평신도들도) 벤-코린의 생각과는 달리 (교회의!) 율법으로 인해 괴로워했다.

18 앞의 책, S. 57. **E. P. Sanders**, *Paul*, Oxford 1991 유대인 벤-코린과는 정반대로 비유대인이었던 샌더스는 바울의 율법 이해의 토대가 되었던 이 문제를 별로 민감하게 느끼지 않았다. 그는 로마서 7장에서 다루어지고 있는 문제를 "신경증 환자"의 문제라고 표현한다 (98쪽).

19 로마서를 폭넓게 개관하는 문헌: **J. D. G. Dunn**, Pau's Epistle to the Romans. An Analysis of Structure and Argument, in: *Aufstieg und Niedergang der Römischen Welt*, hrsg. von H. Temporini und W. Haase, Bd. II. 25.4, Berlin 1987, S. 2842-2890; 새로운 주석서: **E. Käsemann**, 1973 (HbNT). **C. E. B. Cranfield**, 1975/79 (International Critical Commentary). **H. Schlier**, 1977 (HThK). **U. Wilckens**, Bd. I-III, 1978-1982 (EKK). **J. D. G. Dunn**, Bd. I-II, 1988 (WBC). **W. Schmithals**, Gütersloh 1988. **P. Stuhlmacher**, 1989 (NTD); 새로운 연구: **G. Bornkamm**, Der Römerbrief als Testament des Paulus, in: **같은 저자**, *Glaube und Geschichte*, Bd. I I (Ges. Aufsätze 4), München 1971, S. 120-139. **W. G. Kümmel**, *Römer 7 und das Bild des Menschen im NT. Zwei Studien*, München 1974. **U. Wilckens**, Über Abfassungszweck und Aufbau des Römerbriefs, in: **같은 저자**, *Rechtfertigung als Freiheit*, Neukirchen 1974, S. 110-170. **W. Schmithals**, *Der Römerbrief als historisches Problem*, Gütersloh 1975. **H. Moxnes**, *Theology in Conflict. Studies in Paul's Understanding of God in Romans*, Leiden 1980. **F. Mußner**, Heil für Alle. Der Grundgedanke des Römerbriefs, in: *Kairos* 23 (1981), S. 207-214.

20 갈라디아서에 관해 폭넓은 이해를 주는 문헌: **K. H. Schelke**, *Paulus. Leben - Brief - Theologie*, Darmstadt 1981, S. 80 이하; 새로운 주석서: **H. Schlier**, 1949, 5. Aufl. 1971 (KEK). **F. Mußner**, 1977 (HThK). **D. Lührmann**, Zürich 1978. **H. D. Betz**, Philadelphia 1979 (Hermeneia); 독어판, München 1988. **U. Borse**, Regensburg 1984. **J. Becker**, 1985 (NTD). **W. Egger**, Würzburg 1985; 새로운 연구: **J. Eckert**, *Die urchristliche Verkündigung im Streit zwischen Paulus und seinen Gegnern nach dem Galaterbrief*, Regensburg 1971. **G. Howard**, *Crisis in Galatia. A Study in Early Christian Theology*, Cambridge 1979. **H. Feld**, Christus Diener der Sünde, Zum Ausgang des Streits zwischen Petrus und Paulus, in: ThQ 153 (1983), S. 119-131. **A. Suhl**, Der Galaterbrief-Situation und Argumentation, in: *Aufstieg und Niedergang der Römischen Welt*, Bd. II. 25.4, S. 3067-3134. **J. D. G. Dunn**, *Jesus, Paul and the Law. Studies in Mark and Galatians*, London 1990.

21 **H. Hübner**, *Das Gesetz bei Paulus. Ein Beitrag zum Werden der paulinischen Theo-*

logie, Göttingen 1978, [3]1982, S. 115 이하: "왜곡된 율법으로부터의 자유" 등.

22 **H. Hübner**, Rezension von E. P. Sanders, in: *Studien zum Neuen Testament und seiner Umwelt* 11, 1986, S. 241.

23 바울과 율법에 관해 한 단락도 포함하지 않는, 그리고 논쟁적인 갈라디아서와 나중에 신중하게 기록된 로마서 간의 차이점을 논쟁하지 않는 바울 연구서는 전혀 없다(바울 연구의 참고 문헌은 제2부 2장 V와 **G. Klein**, Art. Gesetz: Neues Testament, in: TRE을 참조하라). 물론 바울 신학은 단일한 교리체계가 아니다. 다른 상황에서 다른 시기에 다른 수신자들에게 보낸 사도 바울의 다른 서신들 안에는 그럴 듯하게 보이거나 실제적인 모순이 들어 있다. 그러나 그의 신학의 내적인 통일성을 (그리고 개연성이 강한 신학적 발전도) 간과해서는 안 된다. 그러나 **H. Räisänen**, *Paul and the Law* (Tübingen 1983, [2]1987)는 유감스럽게도 이를 간과한다. 제2판 서문에서도 뢰이쥐넨은 다음과 같이 주장한다. 바울이 해결할 수 없었던 주요 문제는 **하나님의** 섭리가 하나님이 그리스도 안에서 행하신 일을 통해 **폐기되어**버렸다는 사실이다(XXIV. 제1장 S. 264 참조). 우리가 보게 되겠지만, 이런 주장은 옳지 않다. 다른 한편으로 바울 자신도 자신의 가르침이 "율법을 실제로 성취하거나 '지지한다'"는 식으로 율법을 이해했다는 사실을 뢰이쥐넨도 인정할 수밖에 없었다(S. 265). 올바른 해석은, 저자가 누구이든 해석자가 부분적으로 스스로 만들어낸 모순 아래 저자를 세우기보다는 그의 핵심적인 확신으로부터 저자를 이해하려고 노력한다. 뢰이쥐넨에 대한 **H. Hübner**의 비판은 *Theologische Literaturzeitung* 110, 1985, S. 894-896을 참조하라.

24 **E. P. Sanders**, *Paul and Palestian Judaism. A Comparison of Patterns of Religion*, London 1977 참조; 독어판: *Paulus und das palästinische Judentum. Ein Vergleich zweier Religionsstrukturen*, Göttingen 1985; **같은 저자**, *Paul, the Law, and the Jewish People*, Philadelphia 1983; **같은 저자**, *Paul*, Oxford 1991.

25 **E. P. Sanders**가 자신의 저서에서 (인간의 타락과 함께 시작하는 신학적·조직적 설명과는 정반대로) 그리스도 경험을 사도 바울 신학의 실존적 출발점이라고 강조한 것은 분명히 옳다. 그러나 **J. C. Beker**, The New Testament View of Judaism, in: J. H. Charlesworth (Hrsg.), *Jews and Christians. Exploring the Past, Present, and Future*, New York 1990, S. 72가 올바로 비판했듯이, 이러한 그리스도 경험이 바울 회심에 관한 "하늘에서 떨어진 유성과 같은 해석"의 하나가 되어서는 안 된다. **같은 저자**, *Paul the Apostle. The Triumph of God in Life and Thought*, Edinburg 1980, 제11장 참조. 깊이 생각해야 할 점은 다음과 같다. 1. 모든 경건한 사람들처럼 흠잡을 데가 없는 바리새인과 율법에 열심이었던 사울 자신도 당연히 율법을 완전히 이중적으로 경험할 수 있었다. 2. 기독교인을 박해했던 사울은 그가 기독교인을 박해했던 이유를 알았을 것이다. 나사렛 예수의 율법 비판을 반영하고 있던 (특히 헬레니즘을 선호했던) 유대인-기독교인들의 율법 비판은 율법에 열심이었던 자를 분명히 화나게 했을 것이다. 비록 예수와 초기 공동체와 바울 사이에는 전승의 직접적인 연속성은 없었지만, 내용적인 연속성은 있었다.

26 갈 1:15 이하. **A. F. Segal**, *Paul the Convert. The Apostolate and Apostasy of Paul the Pharisee*, New Haven 1990, 제1-3장과 부록은 유대인 측에서 이를 매우 자세하게 설명하고

있다.

27 이에 관해서는 **A. J. M. Wedderburn** (Hrsg.), *Paul and Jesus. Collected Essays*, Sheffield 1989와 특히 C. Wolff의 논문들도 참조하라. **K.-J. Kuschel**, *Geboren vor aller Zeit. Der Streit um Christi Ursprung*, München 1990, S. 340-396은 바울에게 선재적 기독론이 없다는 점을 밝힌다.

28 롬 7:12. **E. P. Sanders**, *Paul* (1991), S. 92-95는 다르게 주장한다.

29 롬 7:10; 10:5; 갈 3:12 참조.

30 롬 2:20.

31 롬 7:14.

32 롬 9:4.

33 **E. P. Sanders**(*Paul and Palestinian Judaism*, S. 427; 독어판, S. 405)가 "**유대교는 필연적으로** 편협한 율법주의로, 이기적이고 자기기만적인 결의론으로, 그리고 교만과 하나님 불신의 혼합으로 기우는 경향성이 있다"고 말하는 유대교에 대한 기독교의 흔한 비난을 배척한 것은 옳다. **F. Mußner**, *Die Kraft der Wurzel. Judentum - Jesus - Kirche*, Freiburg 1987, S. 13-26도 이와 비슷하게 주장한다. 다만 샌더스는 "유대인 개개인이 그들의 종교를 오해하고 잘못 실천하거나 심지어는 남용했다"(앞의 책)는 사실도 진지하게 인정해야 했다. 다시 말하면 경건한 신앙에 대한 예수와 사도 바울의 비판은 그 당시 유대인의 실제적인 생활에서 충분한 근거를 찾을 수 있다. 그렇기 때문에 경건한 신앙을 비판하는 복음서와 바울 서신의 구절을 해석학적으로 제거하거나 해석을 통해 은폐할 필요는 없다. 예컨대 그 누가 중세 후기의 기독교를 단지 (행위를 통한 의로움을 비판하는) 신학적 문장에 따라서만 판단하기를 원하면서, 루터와 종교개혁자들의 비판은 무시하겠는가?

34 롬 2:1-3:20; 13:8-10; 갈 5:14 참조.

35 롬 2:14 이하 참조.

36 롬 2:11 참조.

37 롬 2:6; 고전 3:12-15 참조.

38 롬 2:13. 이에 대한 주석서로는 **P. Stuhlmacher**, 1989, Exkurs V: Das Endgericht nach den Werken, S. 44-46을 참조하라.

39 롬 3:27. **G. Friedrich**, Das Gesetz des Glaubens, in: *Theologische Zeitschrift* 10 (1954), S. 401-417은 처음으로 로마서 3장 27절의 율법을 모세의 율법으로 해석했다. **E. Lohse**, Ho nomos tou pneumatos tes zoes. Exegetische Anmerkungen zu Röm 8,2 (1973), in: **같은 저자**, *Die Vielfalt des Neuen Testaments*, Göttingen 1982, S. 128-136도 로마서 8장 2절을 이와 비슷하게 해석했다. 이 둘을 따랐던 학자들은 다음과 같다: **P. von der Osten-Sacken**, *Römer 8 als Beispiel paulinischer Soteriologie*, Göttingen 1975. **C. E. B. Cranfield**, *The Epistle to the Romans* I, Edinburgh 1975, S. 375 이하. **F. Hahn**, Das Gesetzesverständnis im Römer- und Galaterbrief, in: *Zeitschrift für neutestamentliche Wissenschaft* 67 (1976), S. 29-63, 특히 47-51. **H. Hübner**, *Das Gesetz bei Paulus*. **U. Wilkens**, *Der Brief an die Römer*, Bd. II, S. 122 이하.

40 롬 3:31 참조.

41 고전 7:19.

42 최근의 저자들 가운데서 **H. Räisänen**과 **E. P. Sanders**가 율법의 부정적 해석방식과 긍정적 해석방식을 단순히 나란히 놓고, 마치 사도 바울의 인격과 신학의 해결되지 않은 갈등이 그 안에 표현되어 있는 것처럼 생각했다면, **P. von der Osten-Sacken**, *Die Heiligkeit der Tora. Studien zum Gesetz bei Paulus*, München 1989, 특히 S. 9-59는, 앞으로 간단히 요약하겠지만 바울의 율법 이해의 변증법적 견해를 대변한다. 그는 '율법'을 철저히 모세의 토라로 이해한다. 예전에 출간된 책, **같은 저자**, *Grundzüge einer Theologie in christlich-jüdischem Gespräch*, München 1982; **같은 저자**, *Evangelium und Tora. Aufsätz zu Paulus*, München 1987도 참조하라. **L. Gaston**, *Paul and the Torah*, Vancouver 1987에서도 우리는 바울을 유대교와의 대립 관계 속에서 이해하기보다는 이 둘의 관계 속에서 이해하려는 전체적인 경향을 발견할 수 있다.

43 롬 7:7; 7:8-13 참조.

44 갈 3:22-24 참조.

45 롬 3:20; 4:15; 5:20 참조.

46 롬 4장 참조.

47 롬 3:21; 1:17 참조.

48 롬 10:4.

49 갈 3:13 참조.

50 H. Räisänen과 E. P. Sanders에 반대하는 학자들로는 **P. von der Osten-Sacken**과 여러 사람들이 있다. **R. Bring**, *Christus und das Gesetz. Die Bedeutung des Gesetzes des Alten Testaments nach Paulus und sein Glauben an Christus*, Leiden 1969. **M. Barth**, Das Volk Gottes. Juden und Christen in der Botschaft des Paulus, in: M. Barth u.a., *Paulus - Apostat oder Apostel? Jüdische und christliche Antworten*, Regensburg 1977, S. 45-134. **C. E. B. Cranfield**, *The Epistle to the Romans*, Bd. II, S. 515-520. 최근에 이런 해석은 '텔로스'(télos)에 대한 전체 해석사와 성서 안팎의 전체 어휘 영역을 연구한 다음의 논문을 통해 입증되었다. **R. Bardenas**, Christ the End of the Law. Romans 10,4, in: *Pauline Perspective*, Sheffield 1985, 특히 S. 38 이하: "its fulfilled telos"(150)를 참조하라.

51 롬 3:27.

52 롬 8:2.

53 고전 7:19.

54 롬 3:20; 갈 3:10 참조.

55 고후 3:7, 9.

56 고후 3:6.

57 갈 5:1.

58 갈 5:13.

59 갈 2:4.

60 롬 6:14; 7:5 이하 참조.

61 **P. von der Osten-Sacken**, *Die Heiligkeit der Tora*, S. 48 참조.

62 특히 유대인 학자 **A. F. Segal**은 M. Barth, J. G. Gager, J. D. G. Dunn과 같은 다수의 기독교 주석가들을 추종하면서, 바울이 여기서 문맥에 따라서 토라의 특별한 제의적('의례적') 계명(할라카)에 관해 말하고 있다는 사실을 강조했다. "비록 '율법의 행위'가 히브리어 '마아세이 하토라'(Ma'asei hatora)의 직역이지만, 바울은 토라가 아니라 유대인의 의례적 실천 관습을 가리키고 있다. … '율법의 행위'란 의례적인 토라, 곧 유대인을 이방인과 분리하는 이 특별한 명령을 의미한다"(앞의 책, S. 124). 많은 신약학자들이 생각하듯이, 이 모든 구절에서 바울은 신학적인 것을 말하기보다는 "기독교인 공동체 안에 이루어지는 유대인의 관습의 고유한 역할을 말하고 있을 것이다"(식사 계명, 축일, 정결과 할례).

63 고후 3:6 참조.

64 **A. F. Segal**이 L. Gaston, J. G. Gager와 K. Stendahl에 맞서 다음과 같이 해석한 것은 옳다. 바울은 이방인들에게 단지 유대인의 제의적 계명이 없이도 신앙을 통해 구원에 이르는 길을 열어주려고 했을 뿐만 아니라, 이를 넘어서 유대인들을 바라보며 율법 준수를 통해 구원을 얻을 수 있다는 점을 반박했다. 세갈에 따르면 "두 가지의 분리된 길에 관한 생각, 곧 이방인들은 기독교 안에서 구원을 얻고 유대인은 토라를 통해 구원을 얻는다는 생각"은 바울의 생각이 아니다(S. 130). 그러나 다른 한편으로 세갈은 바울의 주장이기도 한 제3의 입장을 충분히 생각해보았는가? 바울에 따르면 유대인-기독교인이 예수 그리스도의 영 안에서, 자유와 사랑의 영 안에서 율법을 성취할 때, 예수 그리스도에 대한 신앙은 율법 준수와 결합될 수 있다.

65 고전 7:19; 갈 6:15; 롬 4장 참조.

66 롬 2:29; 골 2:11은 바울 전통 안에서 그렇게 말한다.

67 갈 4:10 이하; 골 2:16 이하도 이와 비슷하게 말한다.

68 롬 14:1-6; 갈 2장 참조.

69 고전 9:19-23; 갈 3:28 참조.

70 갈 2장; 행 15:1-34 참조. **J. Eckert**의 앞의 책은 가장 잘 분석한다. 더 넓은 맥락에 관해서는 **W. A. Meeks - R. L. Wilken**, Jews and Christians in Antioch in the First Four Centuries of the *Common Era*, Missoula/Montana 1978을 참조하라.

71 갈 2:11.

72 갈 5:1 참조.

73 막 7:8; 7:4 참조.

74 막 7:1-23 참조.

75 갈 5:13.

76 롬 12:2; 빌 1:10 참조.

77 고전 6:12.

78 앞의 절.

79 롬 14:14.

80 고전 6:12.
81 고전 10:23 이하.
82 고전 9:19.
83 고전 8:9.
84 고전 9:19; 참조, 갈 5:13.
85 고전 7:23.
86 고전 10:29.
87 고전 8:7-12; 참조, 10:25-30.
88 갈 5:6 참조.
89 유대인의 종교사학자 **H.-J. Schoeps**는 바울의 율법 이해도 이런 의미에서 유대교 안에서 수용될 수 있었을 것이라고 분명히 말했다. in: *Paulus. Die Theologie des Apostels im Lichte der jüdischen Religionsgeschichte*, Tübingen 1959, 특히 S. 299-314 참조. 쉅스는 사도의 율법 비판을 "유대교 내부의 문제"로도 인식한다. "만약 율법이 오늘날 여기서 완전히 성취될 수 없다면, 이것은 아마도 하나님의 뜻이 율법 안에서 완전히 드러나지 않았다는 사실을 가리키고 있지 않는가? 모세의 율법을 문자 그대로 성취하는 것과 하나님의 뜻을 따르는 것은 아무런 단절도 없이 하나가 될 수 있는가?"(S. 299). 쉅스에 따르면 이런 의미에서 바울은 "전통이 그에게 제기하지 않았던" "결정적인 질문"을 던지고 있다(S. 300). 그렇기 때문에 쉅스에 따르면 "오늘날까지 이행되지 못한 랍비 사울의 사명이 유대교 안에" 있다.
90 갈 5:13 이하.
91 롬 13:8-10.
92 갈 6:2.

2장 IV. 하나님의 백성의 미래

1 롬 3:3.
2 출 4:22 참조.
3 롬 9:3 참조.
4 롬 9:4 이하. **F. Mußner**, *Traktat über die Juden*, München 1979, S. 88-175는 오늘날의 관점에서 '이스라엘의 위대한 신앙 유산'을 다음과 같이 설득력 있게 요약한다. 그는 다음의 요소들을 강조한다. 유일신론, 창조사상, 하나님의 '형상'인 인간, 하나님 앞의 근본자세, 언약, 메시아 이념, 미래의 발견, 정의로운 세계를 향한 갈망, 속죄와 대리, 양심과 십계명, 회상, 안식일, 죽은 자들의 부활.
5 롬 9:2 참조.
6 롬 9:6.
7 **E. Klein**, Making the Jewish voice heard, in: *The Times* vom 9. 4. 1991 참조.

8 고전 11:25; 고후 3:6("새 언약의 일꾼") 참조; 갈 4:21-31(두 아들).

9 렘 31:31 이하.

10 **J. T. Pawlikowski**, Judentum und Christentum, in: *Theologische Realenzyklopädie*, Bd. 17, S. 390-403은 다양한 언약 신학(하나의 언약인가 많은 언약인가?)에 관한 좋은 개관을 제공한다. 바울의 진정한 편지에 근거하여 우리는 이스라엘과 교회를 포괄하는 하나님의 **구원 계획**을, 옛 언약과 새 언약, 곧 **두 언약**을 언급하지 않을 수 없다. 그러나 이와 동시에 우리는 전통적인 대체 이론의 불행한 실수로 되돌아가서는 안 될 것이다.

11 롬 11:2-10 참조.

12 롬 9:6.

13 롬 9:8-13 참조.

14 롬 9:14-29 참조.

15 롬 9:22-26 참조.

16 롬 11:17 이하.

17 롬 11:26.

18 롬 11:25 이하 참조.

19 **M. Löhrer**, Gottes Gnadenhandeln als Erwählung des Menschen, in: *Mysterium Salutis. Grundriß heilsgeschichtlicher Dogmatik*, hrsg. von J. Feiner und M. Löhrer, Bd. IV, 2, Zürich 1973, S. 818-825. 다음과 같은 로마서 주석도 참조하라. **E. Käsemann**, S. 303 이하; **H. Schlier**, S. 340; **U. Wilkens**, Bd. II, S. 263-268; **P. Stuhlmacher**, S. 154-157.

20 롬 11:26 이하.

21 **M. Theobald**, Überfließende Gnade, 1982, in: F. Mußner, *Die Kraft der Wurzel*, S. 48-54의 견해에서 근거하여, 이스라엘이 '특별한 방법'으로 구원을 얻는다고 주장한 무스너의 명제를 둘러싼 논쟁도 참조하라. **F. Mußner**, *Traktat über die Juden*, S. 59-61 참조. **M. Theoblad**, Kirche und Israel nach Römer 9-11, in: *Kairos* 29 (1987), S. 1-22. 이 논문에서 테오블라트는 이스라엘에 관한 자신의 연구 결과를 계속 주장하고, 이를 해석학적으로 성찰한다.

22 롬 11:32.

23 롬 11:33-35.

24 롬 11:36.

25 롬 4:20 참조.

26 롬 11:11, 14: "parazeloun"

27 롬 11:11.

28 **Französische Bischofskonferenz**, "Die Haltung der Christen gegenüber dem Judentum. Pastorale Handreichungen" vom 16. April 1973, in: R. Rendtorff - H. H. Henrix (Hrsg.), *Die Kirchen und das Judentum. Dokumente von 1945 bis 1985*, Paderborn 1988, S. 149-156, 55 이하 인용.

29 **S. Ben-Chorin**, *Paulus. Der Völkerapostel in jüdischer Sicht*, München 1970, S. 142.

III부

30 출 20:9 이하. **안식일** 전반에 관해서는 *Encyclopaedia Judaica* 속의 안식일, 성서 속의 안식일(**M. Greenberg**), 외경과 랍비문학과 유대교 철학과 법전 속의 안식일(**L. Jacobs**), 카발라 속의 안식일(**E. Gottlieb**), 그리고 예술 속의 안식일(**A. Kanof**)을 참조하라.

31 **L. Fleischmann**, Lob des Schabbat. Ein Tag für die Natur, in: Die Zeit vom 6. April 1990: Der Sabbat als der Tag "der Besinnung, der Tag des Herrn, der Tag der Fammilie". 이스라엘에서 일어난 '안식일을 위한 전쟁'은 **T. Segev**. The First Israelis, New York 1986, 제8장을 참조하라.

32 **W. Rordorf**, *Der Sonntag. Geschichte des Ruhe-und Gottesdiensttages im ältesten Christentum*, Zürich 1962. 로르도르프가 다음과 같이 목차를 정한 것을 옳다. 제1장, 휴일(안식일의 문제, 휴일인 일요일), 제2장, 예배(근원, 일요일 축제의 가장 오래된 형태와 이름들). 일요일이나 일요일 안식에 관한 논문 Lexikon für Theologie und Kirche(**L. Koep**, **A. Stiegler**), Religion in Geschichte und Gegenwart(**E. Hertzsch**, **H. W. Surkau**)을 참조하라. *Encyclopaedia of Religion*에는 흥미롭게도 '태양'과 '태양 춤'을 다룬 긴 논문은 있지만, '일요일'을 다룬 논문은 없다.

33 마 28:1; 막 16:2.

34 행 1:10.

35 고전 16:2; 행 20:7.

36 Apostolische Konstitutionen VII, 33, in: *Didascalia et Constitutiones Apostolorum*, hrsg. v. F. X. Funk, Bd. I, Paderborn 1905, S. 539.

37 **W. Rordorf**, *Sabbat und Sonntag in der Alten Kirche*, Zürich 1972. 이 책은 안식일과 일요일 관련 그리스어와 라틴어로 된 교부들의 중요한 문헌을 독일어 번역과 함께 담고 있다.

38 **J. Blank**, Den Sonntag verkaufen?, in: *Zur Debatte*, November/Dezember 1989, S. 9.

39 1984년 첫 번째 대림절을 위한 "독일 주교회의와 독일교회협의회의 공동 말씀"은 오늘날 가톨릭교회 지도부의 중세적이고 세상과 격리된 모습과 교회연합운동의 부진을 드러낸다. 이것은 많은 기독교인들이 이미 오래전부터 실시해오던 성만찬 교제만이 아니라 교회일치를 위한 일요일 예배도 최대한 저해한다. 사람들은 예배에 덜 참석하는 것이 더 낫겠다는 인상을 받았다.

3장 유대인과 무슬림 그리고 이스라엘 국가의 미래

3장 I. 위대한 이상

1 **T. Herzl**, *Der Judenstaat Leipzig-Wien 1896*, Berlin [11]1936, S. 30.

2 **H. R. Greenstein**, *Judaism - an Eternal Covenant*, Philadelphia 1983. 이 책은 언약과

개혁적인 유대교, 보수적인 유대교, 정통주의 유대교, 그리고 '재건적인' 유대교에서 볼 수 있는 언약의 요소를 연구했다.

3 **Kommission für die religiösen Beziehungen zum Judentum**, Hinweise für eine richtige Darstellung von Juden und Judentum in der Predigt und in der Katechese der katholischen Kirche vom 24. Juni 1985, Art. 25, in: R. Rendtorff - H. H. Henrix (Hrsg.), *Die Kirchen und das Judentum. Dokumente von 1945 bis 1985*, Paderborn 1988, S. 102. 바티칸의 잘 알려진 견해에서 볼 때, 수많은 로마 가톨릭 문서가 이스라엘 국가에 관해 전혀 다루지 않거나 간단하게만 언급하고 있고, 그 다음에는 우선 정치적인 관점에서 견해를 표명하고 있다는 사실은 놀랍지 않다. **프랑스 주교회의** 성명서 "Die Haltung der Christen gegenüber dem Judentum. Pastorale Handreichungen" vom 16. April 1973, 제5장은 가장 광범위한 견해를 다시 표명한다. "주교회의는 단지 이스라엘 국가의 생존권('세계의 양심은 유대 민족이 … 민족들 가운데서 정치적으로 생존할 권리와 수단을 지니고 있다는 사실을 부인할 수 없다')을 강조할 뿐만 아니라, 자신의 종교적 자기 이해('기독교인들은 … 유대인들이 예루살렘을 중심으로 모인 것을 스스로 어떻게 해석하는지를 고려해야 한다')도 고려한다"(S. 154).

4 예컨대, **J. Peters**, *From Time Immemorial. The Origins of the Arab-Jewish Conflict over Palestine*, New York 1984, 특히 7-8장을 참조하라.

5 숫자는 **Yehoshua Porath**, israelischer Historiograph der palästinensischen Araber에서 나왔다.

6 **Rat der EKD**, Studie "Christen und Juden" vom Mai 1975, Art. III, 3, in: Rendtorff-Henrix, 앞의 책, S. 573.

7 **T. Herzl**, 앞의 책, S. 83.

8 **할라카**에 관해서는 **G. Horowitz**, *The Spirit of Jewish Law. A Brief Account of Biblical and Rabbinical Jurisprudence with a Special Note on Jewish Law and the State of Israel*, New York 1963을 참조하라. 이스라엘의 **법**에 관해서는 **A. Bin-Nun**, *Einführung in das Recht des Staates Israel*, Darmstadt 1983을 참조하라.

9 **D. Hartman**, *Pluralism Within the Judaic Tradition*, Jerusalem 1990, S. 9.

10 **B. Avishai**, *The Tragedy of Zionism. Revolution and Democracy in the Land of Israel*, New York 1985 참조.

11 **M. N. Kertzer**, *What is a Jew?(1953)*, New York [4]1978에서 미국인 랍비 케르처는 유대인의 정체성에 관한 이 모든 실천적 질문에 대답한다.

3장 II. 비극적 충돌

1 1991년 4월 30일 *International Herald Tribune* 참조.

2 최근까지 나는 제임스 베커 외무부 장관의 협상이 몇 가지 구체적인 결과를 가져오기를 희망

했고, '비극적 충돌'이라는 이 장의 몇 가지 내용을 이제는 불필요한 사안으로 여기고 삭제하기를 희망했다. 그렇지만 이런 비밀 협상은—이미 조지 슐츠 외무부 장관 아래서도 그랬듯이—다시 실패했다. 만약 이스라엘 정부가 영토를 평화와 교환할 것을 이미 선언했더라면 아랍 국가의 저항을 극복할 수 있었을 것이다. 현재의 이스라엘 정책이 초래한 비극적인 결과를 우리는 더 분명히 바라보아야 한다(부록도 참조하라).

3 **J. Parkes**, *Whose Land? A History of Palestine*, Harmondsworth/England [2]1970.

4 **F. Schreiber - M. Wolffsohn**, *Nahost. Geschichte und Struktur des Konflikts*, Opladen 1987은 제1차 세계대전 이래 극동에서 전개되어온 논쟁에 관해 좋은 개관을 제공한다.

5 **B. Morris**, *The Birth of the Palestinian Refugee Problem, 1947-1949*, Cambridge 1987은 사려 깊고 차별성 있는 분석을 제공한다. 결론은 다음과 같다. "팔레스타인의 피난민 문제는 전쟁 때문에 일어난 것이지 유대인이나 아랍인의 계획 때문이 아니다. 대체로 이것은 아랍인과 유대인의 공포의 부산물이며, 이스라엘과 아랍 간의 첫 번째 전쟁의 특징인 장기화된 비참한 싸움의 부산물이기도 하다. 작은 부분에서 이것은 유대인과 아랍인 군사령관들과 정치인들의 신중한 창작의 결과였다"(S. 286). 그러나 제2부(1장 III)에서 논평했던 "이스라엘의 탄생"(1987)에 관한 **S. Flapan**의 연구도 여기서 함께 고려해야 할 것이다.

6 **J. Leibowitz** (M. Shashar 공저), *Al olam umlo'oh*, Jerusalem 1987; 독어판: *Gespräch über Gott und die Welt*, Frankfurt 1990, S. 11.

7 앞의 책, S. 10 이하.

8 역사학자도 이를 증명한다. **H. S. Sachar**, *A History of Israel*, Bd. II: *From the Aftermath of the Yom Kippur War*, New York 1987 참조.

9 **J. Leibowitz**, 앞의 책, S. 15.

10 **G. Meir**, *My Life*, London 1975 참조; 독어판: *Mein Leben*, Hamburg 1975.

11 **J. Leibowitz**, 앞의 책, S. 16.

12 앞의 책, S. 11 이하.

13 앞의 책, S. 11.

14 앞의 책, S. 13.

15 앞의 책.

16 국민들의 다양한 주장과 코헨의 견해에 관해서는 다음의 유익한 보고서를 참조하라: **P. Rosenkranz**, "Zum Teufel mit den Arabern - oder mit den besetzten Gebieten?", in: *Vaterland* (Luzern) vom 21. April 1990. 다음에 나오는 내용은 이 책을 인용한 것이다.

17 **M. H. Ellis**, *Toward a Jewish Theology of Liberation. The Uprising and the Future*, New York [2]1989, S. 133 이하 참조.

18 **P. Lévy**, *Die jüdische Mitte - politische Aspekte*, Vortrag in Zürich vom 1. March 1990(원고).

19 **M. Wolffsohn**, *Israel. Grundwissen - Länderkunde. Politik - Gesellschaft - Wirtschaft*, Opladen [2]1987, S. 28.

20 앞의 책, S. 29 이하.

21 앞의 책, S. 24.

22 **R. I. Friedman**, *The False Prophet: Rabbi Meir Kahane, From FBI Information to Knesset Member* 참조. 카헤인의 살해에 즈음하여 프리드만은 다음과 같이 썼다. "카헤인주의(아랍과 자유로운 유대인과 서구 문명에 대한 증오)는 단지 이스라엘에만 제한적인 영향을 미친 것은 아니다. 참으로 카헤인의 어떤 이념은 뿌리를 내렸고, 존경을 받았다. … 이제는 그 어떤 예배도 카헤인 주변에서 발전될 것 같지 않다. … 그러나 이 랍비는 언젠가 이스라엘 사람과 미국의 유대인을 괴롭힐 증오와 폭력의 유산을 남길 것이다." **R. I. Friedman**, Kahane's Message of Hatred and Violence Will Fade, in: *International Herald Tribune* (1990. 11. 8).

23 여기서는 특히 예루살렘의 **이스라엘 샤하크**(Israel Shahak) 교수 아래 있는 이스라엘 인권위원회를 언급할 수 있다.

24 점령된 아랍 지역에 관한 국제 앰네스티의 보고서(London 1990)를 참조하라. Middle East Watch, in: *International Herald Tribune* (1990. 8. 1)도 참조하라. 이와는 정반대로 텔아비브 공항에서 여행을 떠날 때 제기된, 예전의 공산주의 국가에서도 체험하지 못했던 종교재판 방식의 곤란한 질문은 해롭지도 않지만, 효과도 없다.

25 **D. Grossmann**, *The Yellow Wind*, New York 1988; 독어판: *Der gelbe Wind. Die israelisch-palästinensische Tragödie*, München 1988.

26 **Y. Harkabi**, *The Bar Kokhba Syndrome. Risk and Realism in International Politics*, Chappaqua/New York 1983 참조.

27 **Y. Harkabi**, *Israel's Fateful Decisions*, London 1988.

28 **A. Rubinstein**, *The Zionist Dream Revisited. From Herzl to Gush Emunim and Back*, New York 1984.

29 **B. Beit-Hallahmi**, *The Israel Connection. Who Isreal Arms and Why*, New York 1987; 독어판: *Schmutzige Allianzen. Die geheimen Geschäfte Israels*, München 1988.

30 **A. Eban**. Israel: Talking to the PLO Doesn't Mean Approval, in: *International Herald Tribune* (1989. 7. 25).

31 이스라엘 중앙통계청의 보고, in: *New York Times* (1987 10. 19).

32 *Akuell '91. Das Lexikon der Gegenwart*, Dortmund 1990, S. 475에 나오는 수치 참조.

33 **P. Rosenkranz**, 앞의 책.

34 **A. Flores**, *Intifada. Aufstand der Palästinenser*, Berlin 1988, ^{2}1989.

35 최근 상황에 관한 중요한 정보를 나는 유대인 애국자 **펠리시아 랑거**(Felicia Langer)에게서 얻었다. 그녀는 1967년부터 이스라엘 법정에서 항상 팔레스타인 사람을 변호하던 변호사였지만, 위협을 받게 되고 아무것도 이룰 수 없게 되자 예루살렘에 있는 그녀의 사무실 문을 닫고, 계몽적인 활동을 계속하기 위해 튀빙엔으로 옮겨왔다. 1990년에 그녀는 자신의 인권운동 때문에 노벨상을 받았다. 그녀는 1979년부터 1988년까지 자신이 경험한 내용을 책을 썼다: *An Age of Stone*, London 1988; 독어판: *Die Zeit der Steine. Eine israelische Jüdin*

über den palästinensischen Widerstand, Bornheim-Merten 1990. **U. Avnery**, *My Friend, the Enemy*, London 1986; 독어판: *Mein Freund, der Feind*, Bonn 1988은 이 책에서 독일에서 태어난 이스라엘인 기자 에버너리는 평화를 원하는 이스라엘 사람들과 PLO 대표자들의 대화에 관해 보고하고 있다.

36 *International Herald Tribune* (1990. 10. 24).

37 만약 우리가 며칠 후에 성전 광장에서 일어난, 심지어는 성전 산 모스크의 안에서도 일어난 야만적인 총격이 남긴 핏자국과 탄환 자국을 보았다면, 그리고 몇 달 전에—팔레스타인 사람 7명이 텔 아비브 근처에서 정신적으로 문제가 있는 이스라엘인에게 살해되기 바로 직전에—탱크 부대의 장교에게 모든 팔레스타인 사람은 인간이 아니라 "원숭이"라는 말을 들었다면(베긴은 PLO를 "두 발 달린 동물"이라고도 말했다), 팔레스타인 사람들에 대한 보도되지 않은, 셀 수 없는 폭력의 과잉도 그렇게 놀랄 일이 아니다. 예루살렘 성전 산에서 일방적인 학살이 일어난 뒤에 이스라엘 총리 샤미르 측에서 어떤 사과의 말도 하지 않았다는 사실도 놀랍지 않다. 이것은 예루살렘을 위해, 그리고 이스라엘의 친밀한 동맹국인 미국의 매정한 태도를 위해 유엔 안전보장이사회가 만장일치로 결정한 조사위원회를 다시금 거칠게 거절한 행위였다. 이방인의 고난과 아픔에 무감정하고 이성의 모든 호소에 귀를 막는 정치는 이스라엘의 적을 감동시키지 못하고, 이스라엘의 친구들을 곤경에 빠뜨리고 만다. 그러나 매우 과시적인 이런 행동이 이스라엘 국가에게 더 큰 손해를 입히지 않겠는가?

38 **M. Scharett**, *Diaries*, 1955. 3. 31, S. 840; **S. Flapan**, *The Birth of Israel*, New York 1987 인용; 독어판: *Die Geburt Israels*, München 1988, S. 357.

39 *International Herald Tribune* (1991. 4. 6/7) 참조.

40 **I. W. Charny**, *How Can We Commit the Unthinkable? Genocide: the Human Cancer*, Boulder/Col. 1982; **같은 저자** (Hrsg.), *Toward the Understanding and Prevention of Genocide. Proceedings of the International Conference on the Holocaust and Genocide*, Tel Aviv 1982, Boulder/Col. 1984.

41 **M. H. Ellis**, 앞의 책, S. 132. 134, 제2판의 서문.

42 **J. Leibowitz**, 앞의 책, S. 21 이하.

43 앞의 책, S. 22.

3장 III. 평화로 가는 길

1 **F. Husseini - Y. Dayan**, "The Mideast Moderates Must Make a Stand", in: *International Herald Tribune* (1990. 6. 23/24).

2 **E. Tivnan**, *The Lobby. Jewish Political Power and American Foreign Policy*, New York 1987. "로비는 미국 정부와 미국 유대인 공동체의 최상위층에서 반대자들 사이에 두려움을 줄 정도로 매우 강력하다"(S. 12). 이처럼 최고의 정보를 담고 있는 이 책의 결론은 이렇다. "미국의 국내 정치적 용어로 표현하면, AIPAC는 유대인이 미국 시민으로서 최종적으로 도달할

지점의 상징이 되었다. 그들은 빠른 시간에 경영과 금융, 예술 방면에서 성공을 거두었고, 이제는 정계에서도 성공을 거두었다. 미국의 하원의원들과 상원의원들은 '유대인의 근육'을 두려워하고 키워갔다. 야망이 있는 소수의 미국인 정치인들은 유대인의 자금을 기대하지 않고는 고위 직책을 꿈도 꿀 수 없었다. 그리고 AIPAC의 이런 정책은 아메리카의 정치와 미국 정부의 정책에 영향을 끼친다."

3 앞의 책, S. 251 이하.

4 예전의 이스라엘 외무부 장관 **압바 에반**(Abba Eban)은 텔 아비브 전략연구소가 보고한 이 수치를 믿었고, 다른 아랍 강대국들이 PLO를 위해 군사적으로 다시 공격할 가능성이 없다고 여겼다. 그렇기 때문에 그는 이스라엘이 대화할 만큼 충분히 강하다고 생각한다. "이스라엘의 친구들은 이스라엘이 약하다는 잘못된 신화를 만들어서는 안 된다. 이스라엘은 이제 유엔 결의문 제242항과 '평화와 땅의 교환' 원칙을 수용하도록 전력을 기울여야 한다. 이스라엘은 이 길을 용감히 걸어갈 수 있을 만큼 충분히 강하다." **A. Eban**, "Stark genug zum Dialog. Israel sollte das Umdenken der PLO begrüßen", in: *Die Zeit* (1989. 1. 20).

5 요르단이 아랍협력협의회(ACC: 요르단, 이집트, 이라크, 북예멘)의 틀 안에서 원했듯이, 이것은 "지역 내부의, 그리고 지역 간의 더 큰 협력"도 배제하지 않는다. **Kronprinz Hassan**, "From Jordan, a New Bid to Free the Dove", in: *International Herald Tribune* (1990. 4. 28/29).

6 창 15:8.

7 신 1:7 이하.

8 신 11:24.

9 시 72:8 참조.

10 민 34:3-15; 겔 47:15-20.

11 **J. J. Petuchowski**, Drei Stadien im christlich-jüdischen Gespräch, in: *Orientierung* 49 (1985), S. 66.

12 **T. Herzl**, *Der Judenstaat*, Leipzig 1896, Berlin [11]1939, S. 83.

13 워싱턴의 미국유대인연합의 회장을 오랫동안 맡고 있는 **H. Bookbinder**와 미국-아랍인의 반인종차별주의협회의 창시자인 **J. G. Abourezk** 사이에 이루어진 대화를 수록한 *Through Different Eyes. Two Leading Americans - a Jew and an Arab - Debate U.S. Policy in the Middle East*, Bethesda/Maryland 1987을 참조하라.

14 팔레스타인 기독교인의 매우 건설적인 시각에 관해서는 **N. S. Ateek**, *Justice, and Only Justice. A Palestinian Theology of Liberation*, New York 1989를 참조하라. 이 책은 다음과 말로 끝을 맺는다. "팔레스타인 기독교인에 대한 도전과 모든 팔레스타인 사람과 이스라엘-팔레스타인 갈등 안에 있는 모든 사람에 대한 도전은 다음과 같은 것이다: 증오로 네 자신을 파괴하지 말라. 너의 내면적인 자유를 유지하라. 정의를 주장하고, 그것을 위해 힘쓰라. 그러면 그것이 네 것이 될 것이다"(S. 187). 나는 원고 작성을 마친 뒤에야 비로소 기독교 신학적 견해에서 이스라엘-팔레스타인 갈등에 관한 다른 책을 알게 되었다. **R. Radford Ruether - H. J. Ruether**, *The Wrath of Janah. The Crisis of Religious*

III부

Nationalism in the Israeli-Palestinian Conflict, San Francisco 1989.

15 **D. Hartman**, *Pluralism Within the Judaic Tradition*, Jerusalem 1990, S. 17 이하.

3장 IV. 현실-유토피아적 평화 비전

1 시 34:14.

2 마르크스주의 출신의 독일 유대인 문헌학자 **한스 마이어**(튀빙엔)는 특히 예루살렘에서 방문학기를 보내는 동안에 도전을 받아 자신의 자서전을 쓰기 시작했다: *Ein Deutscher auf Widerruf. Erinnerungen*, Bd. I-II, Frankfurt 1982/84.

3 **P. Scholl-Latour** (Hrsg.), *Knaur Weltspiegel '90. Die kompakte Information zum Zeitgeschehen*, München 1989, S. 30.

4 **J. Madaule**, *L'Universo dello Spirito. Gerusalemme. La città santa di tre religioni*, Mailand 1981; 독어판: *Jerusalem. Die heilige Stadt dreier Religionen*, Freiburg 1982, S. 105(일본인 Y. Zenyoji의 탁월한 사진들과 함께). **T. Kollek - M. Pearlman**, *Jerusalem - Sacred City of Mankind. A History of Forty Centurie*, London 1968; 독어 개정판: *Jerusalem. Heilige Stadt der Menschheit. Seine Geschichte in vier Jahrtausenden*, Frankfurt 1969. **A. Elon**, *Jerusalem. City of Mirrors*, Boston 1989; 독어판: *Jerusalem. Innenansichten einer Spiegelstadt*, Reinbek 1990.

5 **T. Kollek**, "Wir haben die Araber vernachlässigt", in: *Die Zeit* (1990. 11. 2).

6 **클레멘스 토마**(Clemens Thoma: 루체른) 때문에 나는 이 질문의 관점에 주목하게 되었다.

7 마 5:5.

8 마 5:9.

9 미국 외무부 장관 제임스 베이커의 평화 계획과 연결되었던 이런 해결책은 단지 아랍인의 예루살렘에서만이 아니라 유럽과 미국에서도 여러 차례 제시되었다. 조지타운 대학교(Washington D. C.)에서 국제법을 가르치는 교수요, 동시대 아랍인을 위한 센터의 회원으로 앞서 소개한 책 〈The Palestinians: New Directions〉의 편집자인 **허드슨**(M. C. Hudson)은 완전히 이런 노선 위에서 다음과 같이 썼다. "PLO와 점령 지역의 팔레스타인 지도자들이 보여준 새로운 유연성과 이스라엘 여론에서 나타나는 창조적인 사고를 감안한다면, 예루살렘이 통일된 자치도시로, 그리고 이스라엘과 팔레스타인 모두의 수도로 남는다는 공식을 발견하는 것은 협상가들의 위트를 넘어서는 일은 아닐 것이다." **M. C. Hudson**, "Jerusalem: Bush Returns the Spotlight to an Unsettlede Issue", in: *International Herald Tribune* (1990. 4. 3).

10 **M. Abdul Hadi - B. Sabella** (Palestinian Academic Society), *Jerusalem: Out of the Dark Tunnel*, S. 4 이하. 1990년 10월 26일의 원고.

11 **R. Paret**, *Der Koran*, Sure 17, 1 (Stuttgart 1979), 196. **A. T. Khoury**, *Der Koran*, Gütersloh 1987은 "거룩한 모스크에서 가장 멀리 있는 모스크"라고 번역했다(S. 211). **R. Paret**은 자신의

주석전집(Stuttgart 1971, [3]1980) 296쪽에서 자신의 꾸란 번역을 이렇게 설명했다. "멀리 있는 기도처"(알-마스지드 알-아크사al-masgid al-aqsa)는 예루살렘(또는 예루살렘 내부의 어떤 장소)을 의미한다. 무슬림의 전통에 따르면 인간의 창조는 여기서 일어났고, 심판도 여기서 이루어질 것이다. 이슬람교에서는 예루살렘의 이 산보다 더 거룩한 곳이 없다.

12 **M. Rosen-Ayalon**, *The early Islamic monuments of Al-Haram Al Sharif. An iconographic study*, Jerusalem 1989. **J. van Ess**, 'Abd al-Malik and the Dome of the Rock. Analysis of Some Texts, in: J. Raby (Hrsg.), *'Abd al-Malik's Jerusalem*, 그 다음에는 옥스포드에서 출판되었다(논문 끝에는 풍부한 문헌자료가 수록되어 있다). 이 책은 '바위돔'(영어식으로 음역하면 '꾸바트 알-사크라Qubbat al-Sakhra')을 바위에 있는 하나님의 보좌 위에 세워진 '장막'(아랍어로는 '꿉바qubba')로 해석하려고 시도하는 최근의 책이다.

13 앞의 책, S. 46-72.

14 유대교인과 기독교인의 공생 실천을 위해서는 특히 중요한 것이 교육 분야다. 이에 관해서는 **레오나르드 스위들러**(Leonard Swidler, 템플 대학교/필라델피아) 교수가 편집한 *Journal of Ecumenical Studies* 21 (1984) 제3권 특별판 "Jews and Judaism in Christian Education"을 참조하라. 이 학술지에는 유대교 · 기독교 · 이슬람교의 대화에 관한 정기적인 논문, 보고서, 서평들이 실린다. 이미 언급한 대화목록 외에도 다음의 책이 도움이 될 것이다: **R. Pfisterer**, *Von A bis Z. Quellen zu Fragen um Juden und Christen*, Neukirchen 1971, 개정증보판 1985. **J.J. Petuchowski** (Hrsg.), *When Jews and Christians Meet*, New York 1988. **D. Novak**, *Jewish-Christian Dialogue. A Jewish Justification*, New York 1989. **M. Saperstein**, *Moments of Crisis in Jewish-Christian Relations*, London 1989.

4장 홀로코스트와 하나님 담론의 미래

4장 I. 유대교 신학에서 드러난 홀로코스트

1 홀로코스트의 **역사**는 제2부 1장 I에서 소개한 문헌을 참조하라. **신학적 평가**는 특히 **F. H. Littell**, *The Crucifixion of the Jews*, New York 1975를 참조하라(프랭클린 리텔 교수는 홀로코스의 문제점을 심각하게 받아들여, 자신의 기자 활동을 통해 토론으로 이끈 공로가 있는 최초의 기독교 신학자들 중의 한 사람이다). **I. J. Rosenbaum**, *The Holocaust and Halakha*, New York 1976; **J. T. Pawlikowski**, *The Challenge of the Holocaust for Christian Theology*, New York 1978; **A. J. Peck** (Hrsg.), *Jews and Christians After the Holocaust*, Philadelphia 1982; **J. Kohn**, *Haschoah. Christlich-jüdische Verständigung nach Auschwitz*, München 1986; **G. B. Ginzel** (Hrsg.), *Auschwitz als Herausforderung für Juden und Christen*, Heidelberg 1980.

2 **R. L. Rubenstein**, *After Auschwitz. Radical Theology and Contemporary Judaism*,

Indianapolis 1966. 1988년에 루벤슈타인은 다른 저서에서 자신의 생각이 다음과 같이 바뀌었다고 고백했다: "《아우슈비츠 이후》를 쓸 때, 나는 언약과 선택 교리의 형벌적이고 배타적인 관점을 강조했다. 수십 년이 지난 뒤에 나는 그림의 다른 측면, 곧 언약과 같은 것에 대한 인간의 심오한 욕망과 그에 상응하는 기능을 인정하게 되었다." Covenant and Holocaust, in: Y. Bauer u. a. (Hrsg.), Remembering for the Future. Working Papers and Addenda, Bd. I, Oxford 1989, S. 662-671, 특히 666 인용.

3 신정론의 문제점에 관해서는 **H. Küng**, CS IV, 2; EG Kap. G III, 2을 참조하라.

4 홀로코스트 사건의 이러한 극악무도함을 설명하기 위해, 그리고 이 사건을 언어적으로 대수롭지 않게 여기려는 태도를 비판하기 위해 유대인 신학자 **A. A. Cohen**은 하나의 인상적인 변론에서 "전율"(tremendum)과 "행간의 휴지"(caesura)의 개념을 제안했다: *The Tremendum. A Theological Interpretation of the Holocaust*, New York 1981.

5 논의에 대한 개관은 **M. Brocke - H. Jochum** (Hrsg.), *Wolkensäule und Feuerschein. Jüdische Theologie des Holokaust*, München 1982 (I. Maybaum, I. Greenberg, M. Wyschograd 특별 기고). **E. B. Borowitz**, *Choices in Modern Jewish Thought. A Partisan Guide*, New York 1983, 제9장과 **E. Schüssler-Fiorenza**와 **D. Tracy**가 편집한 국제적인 신학학술지에 실린 글: "Der Holocaust als Kontinuitätsbruch", *Concilium* 20 (1984), Heft 5를 참조하라.

6 **J. Neusner**, Holocaust - Mythos und Identität, in: **M. Brocke - H. Jochum** (Hrsg.), 앞의 책, S. 195-212, 211 인용.

7 앞의 책, S. 207 이하 인용.

8 **M. Wolffson**, *Ewige Schuld? 40 Jahre deutsch-jüdisch-israelische Beziehungen*, München 1988, S. 65-71, 81은 이와 같은 위험을 알려준다.

9 **E. L. Fackenheim**, *To Mend the World. Foundations of Future Jewish Thought*, New York 1982. 물론 파켄하임은 단지 루벤슈타인을 비판할 뿐만 아니라 **E. Berkovitz**(*With God in Hell*, New York 1979)도 비판한다. 홀로코스트 이후에 베르코비츠의 신앙은 매우 흔들렸지만 그래도 바뀌지는 않았다(S. 309). **같은 저자**, Art. Holocaust, in: *Contemporary Jewish Religious Thought*, S. 399-408 참조.

10 **E. L. Fackenheim**, *God's Presence in History. Jewish Affirmations and Philosophical Reflections*, New York 1970, S. 84(파켄하임은 자신의 예전의 논문에서 이 문장을 인용한다: "Jewish Faith and the Holocaust", in: *Commentary*, 1967).

11 **E. L. Fackenheim**, *What is Judaism? An Interpretation for the Present Age*, New York 1987.

12 **F. Stern**, *Dreams and Delusions. The Drama of German History*, New York 1987; 독어판: *Der Traum vom Frieden und die Versuchung der Macht. Deutsche Geschichte im 20. Jahrhundert*, Berlin 1988.

13 계 20:1-6 참조.

14 **T. Mann**, Meine Zeit, in: *Gesammelte Werke*, Bd. XI, Frankfurt 1960, S. 315.

15 **F. Nietzsche**, Fröhliche Wissenschaft III, 125, in: *Werke in drei Bänden*, Bd. II, München 1955, S. 127.

16 니체의 허무주의의 문제점에 관해서는 **H. Küng**, EG D I, 3: Was ist Nihilismus; D II: Überwindung des Nihilismus를 참조하라.

17 이미 일찍부터 단치히의 나치주의자이며 단치히 의회의 의장이었던 **라우슈닝**(H. Rauschning)은 히틀러의 허무주의에 주목했다. 그는 1934년에 나치 정권의 지역 지도자와의 갈등 속에서 자신의 직책을 내려놓았고, 1936년 스위스로 이민을 갔다. 이에 관해서는 그의 책, *Die Revolution des Nihilismus. Kulisse und Wirklichkeit im Dritten Reich* (1934), *Gespräche mit Hitler* (1940) 참조; **T. Schieder**, *Hermann Rauschings "Gespräche mit Hitler" als Geschichtsquelle*, Opladen 1972을 참조하라.

18 **M. Buber**, *Werke*, Bd. I, München 1962, S. 520.

19 **E. B. Borowitz**, 앞의 책, S. 215.

20 **I. Greenberg**, Religious Values After the Holocaust: A Jewish View, in: A. J. Peck, 앞의 책, S. 63-86.

21 앞의 책, S. 73.

22 **E. B. Borowitz**, 앞의 책, S. 216 이하.

4장 II. 아우슈비츠 이후의 하나님 이해

1 아래에서 소개할 문헌 외에도 제2부 1장 I과 제3부 4장 I에서 소개한 문헌을 참조하라.

2 **H. Jonas**, *Der Gottesbegriff nach Auschwitz. Eine jüdische Stimme*, Tübingen 1984; Taschenbuchausgabe Frankfurt 1987, S. 7.

3 앞의 책, S. 37-42 참조.

4 앞의 책, S. 25 이하.

5 앞의 책, S. 30 이하.

6 앞의 책, S. 32 이하.

7 앞의 책 S. 41.

8 **G. Scholem**, *Die Jüdische Mystik in ihren Hauptströmungen*, Zürick 1957.

9 제1부 3장 IV, 1.

10 **G. Scholem**, 앞의 책, S. 286.

11 앞의 책.

12 **H. Jonas**, S. 47.

13 **J. Moltmann**, *Trinität und Reich Gottes. Zur Gotteslehre*, München 1980, 특히 IV, § 2.2: Gottes Selbstbeschränkung; **같은 저자**, *Gott in der Schöpfung. Ökologische Schöpfungslehre*, München 1985. 특히 IV, § 3; Schöpfung aus nichts; **E. Jüngel**, Gottes ursprüngliches Anfangen als schöpferische Selbstbegrenzung. Ein Beitrag zum Gespräch

mit Hans Jonas über den "Gottesbegriff nach Auschwitz", in: *Gottes Zukunft - Zukunft der Welt. Festschrift für Jürgen Moltmann zum 60. Geburtstag*, hrsg. von H. Deuser u. a., München 1986, S. 265-275.

14 **H. Küng**, *Menschwerdung Gottes. Eine Einführung in Hegels theologisches Denken als Prolegomena zu einer künftigen Christologie*, Freiburg 1970. TB-Ausgabe München 1989, 특히 VIII: Prolegomena zu einer künftigen Christologie와 Exkurse I-V를 참조하라.

15 **H. Küng**, CS, EG, CR III, 2.

16 **G. Scholem**, 앞의 책, S. 286.

17 **E. Jüngel**, 앞의 책, S. 268.

18 **L. Jacobs**, *A Jewish Theology*, London 1973.

19 앞의 책, S. 31.

20 앞의 책, S. 34.

21 앞의 책, S. 25-27.

22 앞의 책, S. 77. **루이스 야콥스**는 자신의 초기 저서 *Principles of the Jewish Faith. An Analytical Study* (London 1964)에서 단지 모든 가톨릭교와 이슬람교의 사상가들만이 아니라 영향력 있는 개신교와 유대교(와 특히 모든 중세적 유대교)의 신학자들도 "유한한 하나님"에 관한 이론을 거부한다는 사실을 지적했다. "그들이 근본적으로 거부하는 생각은, 마치 약간 찌그러진 원이 온전한 원이 아니듯이, 유한한 하나님은 온전한 하나님일 수 없다는 것이다"(S. 148). 헤겔과 화이트헤드 또는 테야르 샤르댕이 주장하는 생성되는 하나님에 대한 나의 비판적이고 건설적인 견해는 EG, B: "새로운 하나님 이해"(Das neue Gottesverständnis)에 수록되었다.

23 **J. B. Soloveitchik**, *Halakhic Man*, New York 1983, S. 49.

24 앞의 책, S. 52.

25 앞의 책, S. 48 참조.

26 **Nicolaus Cusanus**, *De docta ignorantia* (1440); 독어판: *Die belehrte Unwissenheit*, Hamburg 1964, 제1권 26장, S. 113.

27 **Nicolaus Cusanus**, *Directio speculantis seu de non aliud* (1462); 독어판: *Vom Nichtanderen*, Hamburg 1952, S. 87.

28 **J. B. Metz**, Theologie der Theodizee?, in: W. Oelmüller (Hrsg.), *Theodizee - Gott vor Gericht?*, München 1990, S. 103-118을 통해 나는 "고난 받는 하나님"이라는 표현에 대한 내 자신의 비판이 옳다고 확신하게 되었다. "나는 나의 거부하는 견해를 설명하고 싶다. 고난 받는 하나님에 관한 담론이 결국 인간의 고난과 인간의 무능력을 고상하게 배가하는 것이 어째서 아니라는 말인가? 하나님 안에 있는 고난이나 하나님과 하나님 사이의 고난에 관한 담론이 결국 고난을 영속화하는 것이 어째서 아니란 말인가? … 나는 우리에게 기독론이 고난 받는 하나님이나 하나님 안에 있는 고난을 말하기 위해 필요하거나, 기독론이 이를 정당화한다고 믿지 않는다"(S. 117).

29 이 점에서 나는 나의 튀빙엔 대학 동료이자 친구인 **위르겐 몰트만**과 **에버하르트 융엘**과 근본

적으로 일치한다. 이 둘은 고통과 죽음의 엄청난 부정성에 목도하면서, 하나님 이해를 심화하기 위해 놀라울 정도로 강한 노력을 기울였다.

30 **D. Bonhoeffer**, *Widerstand und Ergebung. Briefe und Aufzeichnungen aus der Haft*, hrsg. von E. Bethge, München 1961, S. 242.

31 **D. Tracy**, Religious Values after the Holocaust: A Catholic View, in: *Jews and Christians after the Holocaust*, hrsg. v. A. J. Peck, Philadelphia 1982, S. 87-107, 106 인용.

32 **J. Moltmann**, *Der gekreuzigte Gott. Das Kreuz Christi als Grund und Kritik christlicher Theologie*, München 1972, 특히 제VI장: Der "gekreuzigte Gott"을 참조하라. 이에 관해서는 **H. Küng**, Die Religionen als Frage an die Theologie des Kreuzes. Zur Kreuzestheologie J. Moltmanns, in: *Evangelische Theologie* 33 (1973), S. 401-423도 참조하라. **A. R. Eckardt**, J. Moltmann, the Jewish People, and the Holocaust, in: *Journal of the American Academy of Religion* 44 (1976), S. 675-691. 그러나 에카르트의 비판은 지나친 듯이 보인다. 특히 유대인에 대한 기독교 신학의 승리주의를 비판한다는 점에서 우리는 일치한다. 그러나 에카르트가 몰트만에게 그렇게 했듯이, 이것은 우리가 기독교의 고유한 특징을 드러내려는 모든 시도 자체를 노골적이거나 은밀한 승리주의라고 낙인찍어도 좋다는 뜻은 아니다.

33 **E. Jüngel**, *Gott als Geheimnis der Welt. Zur Begründung der Theologie des Gekreuzigten im Streit zwischen Theismus und Atheismus*, Tübingen 1977, 특히 § 13: Gottes Einheit mit der Vergänglichkeit als Grund der Denkbarkeit Gottes; § 22: Der gekreuzigte Jesus Christus als vestigium trinitaris를 참조하라; **같은 저자**, *Tod*, Stuttgart 1971, 특히 B V: Der Tod Jesu Christi - Der Tod als Passion Gottes를 참조하라.

34 딛 3:4.

35 고전 1:18-31 참조.

36 막 15:34.

37 무한자와 유한자의 통일성 안에 있는 절대자에 대한 철학적 이해를 통해 헤겔은 단지 (그 당시의) "실사적(實事的) 성 금요일"만이 아니라 참으로 "사변적 (역사적으로 영원한) 성 금요일을 … 그의 무신성의 완전한 진리와 엄격성 속에서 다시 복구했다"(*Erste Druckschriften*, herausgegeben von Lasson-Hoffmeister, Bd. I, S. 346). 본문 해석에 관해서는 **H. Küng**, *Menschwerdung Gottes*, Kap. IV: Der Tod Gottes을 참조하라.

38 **E. Wiesel**, Nacht, in: *Die Nacht zu begraben, Elischa. Trilogie*, München 1961, S. 9-153, 92-94.

39 **칼 라너**는 이런 생각을 공개적으로 표현했고, 특히 위르겐 몰트만도 비판했다: **P. Imhoff - H. Biallowons** (Hrsg.), *Karl Rahner im Gespräch*, Bd. I, München 1982, S. 245 이하. 이에 대한 **몰트만**의 최근의 견해는 *In der Geschichte des dreieinigen Gottes. Beiträge zur trinitarischen Theologie* (München 1991)를 참조하라. 하나님 고난에 관한 몰트만의 견해는 영지주의와 성부수난설과 쉘링의 사변론의 한 종류이라는 칼 라너의 비판에 맞서 몰트만은 자신을 지킬 수 없는 한 남자에 대한 심리학적인 비방(독신, 예수회 교육,

늙은이)을 통해 대답한다. 핵심은 이렇다: 함께 고난을 받는다는 뜻에서 당연히 하나님의 사랑의 능력과 고난의 능력을 부인해서는 안 된다(라너도 이를 인정한다). 몰트만이 곧바로 "십자가에 못 박힌 하나님"에 관해 말하고, 하나님 자신, 곧 아버지와 아들의 차이를 실제로 폐기해버리는 기독론에서 어려움이 생기기 시작한다. 내 자신의 관점은 다음과 같다: 십자가에 못 박히고 죽고 장사되고 부활한 그리스도 예수 안에서 계시되었듯이, 하나님은 고난 받을 수 없고 변하지 않는 하나님(라너의 전제)도 아니지만, 십자가에 못 박히고 죽고 장사된 하나님(몰트만의 결론)도 아니다. 하나님은 연민의 하나님, 함께 고난을 받는 하나님이다.

40 **H. Blumenberg**, *Matthäuspassion*, Frankfurt 1988 참조. 이에 관해서는 **E. Bieser**, Theologische Trauerarbeit. Zu Hans Blumenbergs "Matthäuspassion", in: *Theologische Revue 85* (1989), S. 441-452를 참조하라.

41 고후 13:4.

42 **H. S. Kuschner**, *Wenn Bad Things Happen to Good People*, New York 1981.

43 레 10:3. 하나님의 침묵, 곧 말씀 안에서 '보이는' 하나님의 측면과 대립되는 하나님의 보이지 않는 측면에 관한 조직신학은 유대교 측에서 발전되어 나왔다. **A. Néher**, *L'exil de la parole. Du silence biblique au silence d'Auschwitz*, Paris 1970; **같은 저자**, Art. "Silence", in: *Contemporary Jewish Religious Thought*, S. 873-885; 이에 관해 기독교 측에서는 **C. Duquoq**와 **C. Floristán**이 편집한 "Job und das Schweigen Gottes", *Concilium* 19 (1983), Heft 11을 참조하라.

44 **E. Wiesel**, Eine Quelle für die Hoffnung finden, Gespräch mit R. Boschert, in: *Süddeutsche Zeitung* vom 28/29. Oktober 1989. 엘리 비젤의 프로필과 저서에 관한 기본적인 전기 **R. McAfee Brown**, *Elie Wiesel. Messenger to all Humanity*, Notre Dame 1983; 독일어판: *Elie Wiesel. Zeuge für die Menschheit*, Freiburg 1990, 특히 제5장: Das Schweigen Gottes도 참조하라.

45 사 52:13-53:12 참조.

46 **S. Shapiro**, Vom Hören auf das Zeugnis totaler Verneinung, in: *Concilium* 20 (1984), S. 363.

47 개신교 신학자 Hans-Eckehard Bahr의 글 인용: "Das Grauen und die Hoffnung. Was wir von den Opfern lernen können - Gedanken zum Fest der Auferstehung", in: *Die Zeit* vom 28. März 1986.

48 **J. C. Becker**(프린스턴)의 성서신학적 연구는 최근에 이를 다시금 분명히 밝혔다. *Suffering and Hope. The Biblical Vision and the Human Predicament*, Philadelphia 1987.

49 **I. J. Rosenbaum**, *The Holocaust and Halakhah*, New York 1976.

50 앞의 책, S. 111.

51 **M. Wyschogrod**, Gott-ein Gott der Erlösung, in: **M. Brocke - H. Jochum** (Hrsg.), *Wolkensäule und Feuerschein. Jüdische Theologie des Holocaust*, München 1982, S. 178-194, 185 인용은 그린버그(I. Greenberg)에게 준 답변이다.

52 롬 8:31, 38 이하.

53 M. Horkheimer, *Die Sehnsucht nach dem ganz Anderen. Ein Interview mit Kommentar von H. Gumnior*, Hamburg 1970, S. 61 이하.

54 계 21:3 이하.

III부

인명 찾아보기

〔ㅎ〕

개념 및 유대 용어 찾아보기

〔ㅈ〕

지도와 도표 목록

질문 목록

지은이 한스 큉Hans Küng

1928년 스위스 수르제에서 태어났다. 로마 교황청 그레고리오 대학교에서 철학과 신학을 공부한 뒤 1954년 가톨릭 사제로 서품을 받았다. 파리의 소르본 대학교와 가톨릭 대학교에서 학업을 계속하여 1957년 신학박사 학위를 받은 뒤, 1959년까지 스위스 루체른에서 사목 활동을 하다가 1960년 독일 튀빙겐 대학교의 가톨릭 신학 교수가 되었다. 1962년 제2차 바티칸 공의회의 신학 자문위원으로 활동하기도 했으나, 1979년 가톨릭교회의 전통 교리에 대한 비판이 파문을 일으켜 바티칸으로부터 신학 교수직을 박탈당했으며 이 일은 국제적 논쟁을 불러 일으켰다. 그러나 이후 20년 동안 튀빙겐 대학의 '에큐메니칼 신학 교수'로 재직했으며 세계종교인평화회의 의장을 역임했고, 튀빙겐에 있는 세계윤리재단(Stiftung Weltethos)을 이끌고 있다. 지난 수십년 동안 그의 저술과 강연은 가톨릭 신학의 영역을 뛰어넘어 세계 신학계 전반에 큰 도전이었다. 우리말로 번역된 그의 저서로는《그리스도교》《왜 그리스도인인가?》《교회란 무엇인가?》《신은 존재하는가?》《문학과 종교》《중국 종교와 그리스도교》《세속 안에서의 자유》《세계 윤리 구상》《믿나이다》《한스 큉, 과학을 말하다》《그리스도교 여성사》《한스 큉의 이슬람》 등이 있다.

옮긴이

이신건

서울신학대학교 신학과와 연세연합신학대학원에서 공부하고 독일 튀빙엔 대학교에서 신학박사 학위를 받았다. 서울신학대학교 조직신학 교수로 재직하고 있다. 지은 책으로는《칼 바르트의 교회론》《조직신학입문》《어린이 신학》《인간의 본질과 운명》《종말론의 역사와 주제》《교회에 대한 오해와 이해》《예수의 정체와 의미》 등이 있고, 옮긴 책으로는《교의학》《칼 바르트의 정치신학》《고대교회와 동방교회》《칼 바르트의 신학묵상》(공역)《나를 따르라》《디트리히 본회퍼 묵상 52》《희망의 신학》《삼위일체와 하나님의 역사》《생명의 샘》《몰트만 자서전》(공역) 등이 있다.

이응봉

서울신학대학교 신학과와 동대학원에서 공부하고 독일 부퍼탈/베델 신학대학교에서 신학박사 학위를 받았다. 서울신학대학교 신약학 겸임교수로 재직하고 있다. 지은 책으로는《기초 헬라어》가 있고, 옮긴 책으로는《바울 신학》《하나님의 나라와 세상》 등이 있으며, "마가복음 처음과 끝의 상관관계", "마태의 선교이해", "살전 3:2에 대한 본문비평적 고찰", "갈 6:16절에 대한 언어적, 의미론적 고찰", "롬 7:7-25에 나타난 ego 이해" 등 다수의 논문을 썼다.

박영식

서울신학대학교 신학과와 연세대학교 대학원 신학과에서 공부하고 독일 빌레펠트 베텔 신학대학교에서 신학박사 학위를 받았다. 서울신학대학교 교양학부 교수로 재직하고 있다. 지은 책으로는《고난과 하나님의 전능》《그날 하나님은 어디 계셨는가?》《하느님, 당신은 누구십니까?》(공저)《교회에서 알려주지 않는 기독교 이야기》(공저) 등이 있고, 옮긴 책으로는《몰트만 자서전》(공역)이 있고, "창조와 삶의 신학", "기독교의 절대성과 종교사 신학", "하나님의 섭리와 인간의 자유", "나는 전능하신 하나님을 믿습니다" 등 다수의 논문을 썼다.

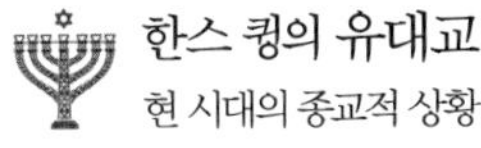

한스 큉의 유대교

현 시대의 종교적 상황

초판 1쇄 2015년 12월 15일
초판 3쇄 2017년 7월 25일

지은이 한스 큉
옮긴이 이신건·이응봉·박영식
펴낸이 최두환

펴낸곳 도서출판 시와진실
출판등록 1997년 6월 11일 제2-2389
주소 06912 서울 동작구 강남초등4길 14번 시와진실 601호
전화 02) 813-8388
팩스 02) 813-8377
이메일 ambros2013@naver.com
블로그 httn://blog.naver.com/ambros2013

ISBN 978-89-90890-50-4 93200
* 책값은 뒤표지에 있습니다.
* 잘못 만든 책은 사신 곳에서 바꿔드립니다.

이 도서의 국립중앙도서관 출판예정도서목록(CIP)은 서지정보유통지원시스템 홈페이지(http://seoji.nl.go.kr)와 국가자료공동목록시스템(http://www.nl.go.kr/kolisnet)에서 이용하실 수 있습니다.(CIP제어번호: CIP2015033680)

《한스 큉의 이슬람: 역사 · 현재 · 미래》
한스 큉 지음 | 손성현 옮김 | 2012년 9월 11일 | 1264쪽 양장판

한스 큉의 위대한 저작《이슬람》

한스 큉의 획기적인 저작《유대교》,《그리스도교》에 이어《이슬람》이 출간됨으로써
아브라함의 세 종교를 다룬 삼부작이 완성됐다.

"나는 이 책에서 엄청나게 극적이고 변화무쌍한 역사, 하나의 위대한 이야기를 들려주려고 한다. 그러나 나의 주된 관심은 과거가 아니라 현재다. 어떻게 이슬람은 현재의 이슬람이 되었는가? 그리고 이것은 미래를 염두에 둔 물음이기도 하다. 장차 이슬람은 어떻게 될 것인가?"

"종교 간 평화 없이 세계 평화 있을 수 없다." 현재 종교 간의 이해와 평화를 위해 가장 크게 힘쓰는 이 책의 저자 한스 큉의 말이다. 사실 세계 주요 종교 중 우리가 가장 잘 모르고, 심지어 가장 크게 오해하고 있는 종교가 바로 이슬람이라 할 수 있다. 세계 여러 종교의 '심층'을 꿰뚫어보는 혜안의 소유자 한스 큉이 이 책에서 밝혀주는 이슬람의 '심층'에 접하므로 이슬람에 대한 우리의 이해가 더욱 깊어지고, 나아가 한국에 종교 간의 평화가 증진되는 계기가 마련되기 빈다.

– 오강남 교수(캐나다 리자이나 대학교 명예교수/종교학)

한스 큉 박사의 방대한 저작《이슬람》. 세계 최고의 신학자가 쓴 최고의 저작이 최고의 번역자를 만나 우리 글로 출판된 것을 진실로 축하하며 기뻐하지 않을 수 없다. 한스 큉은 가톨릭 신학자로서 종교학 연구와 종교 대화에서도 이미 세계적 명성을 얻은 학자다. 이슬람에 대한 연구와 이해가 아직 일천한 한국에서 한스 큉의《이슬람》은 한국 교회와 종교계에 신선한 도전이 될 것이다.

– 채수일 목사(한신대학교 총장/선교 신학)

세계적인 초교파 신학자 한스 큉은 근대 이후 동시대 이슬람은 어떻게 변화해야 하는지 물으며, "근대 민주주의와 어떻게 어울릴 것인지, 삼권분립이 이뤄진 민주주의 체제 설립에는 어떤 구실을 할 것인지" 과제를 제시한다. 자신의 무지를 부끄러워할 줄 모르고 이슬람에게 '적대자 이미지'를 만들어내는 사람들에 대한 큉의 비판은 준엄하기 이를 데 없다. 또 이슬람 내부에 발 딛고 서서, '시대에 맞는 이슬람'을 요구하기도 한다.

– 한겨레신문(2012. 9. 22)

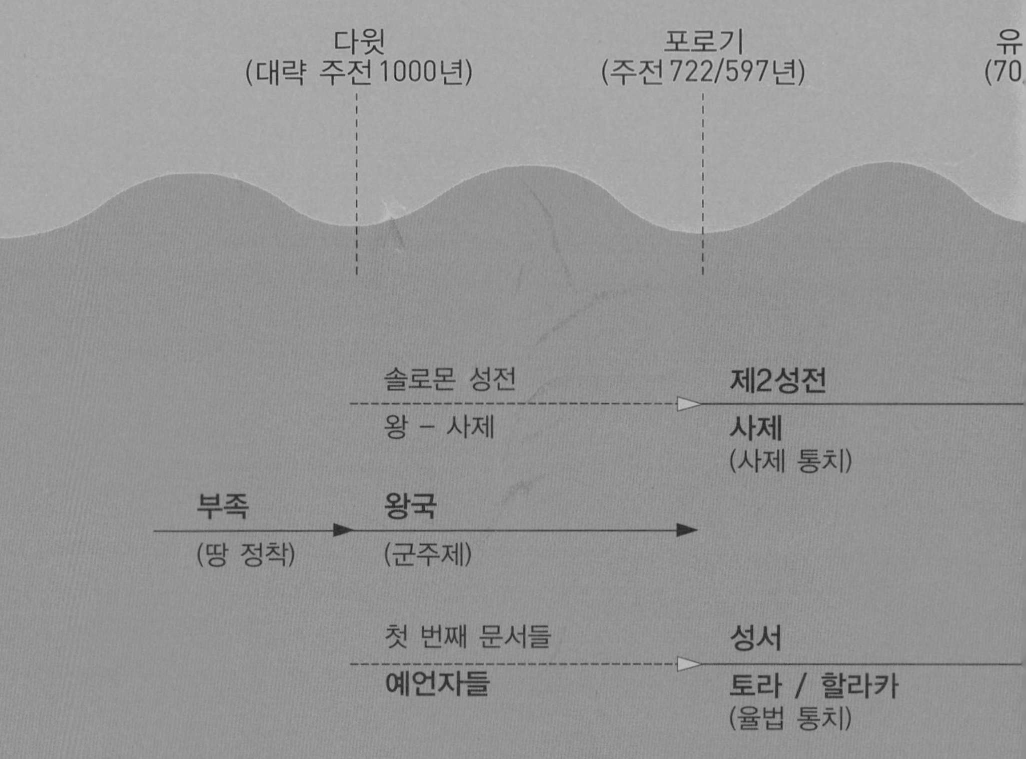

다양한 패러다임
다윗
(대략 주전 1000년)
포로기
(주전 722/597년)
유
(70
솔로몬 성전
왕 – 사제
제2성전
사제
(사제 통치)
부족
(땅 정착)
왕국
(군주제)
첫 번째 문서들
예언자들
성서
토라 / 할라카
(율법 통치)
야웨, 이스라엘의 하
(언약
국가 이전 시대의
부족 패러다임
왕조 시대의
왕국 패러다임
포로기 이후 유대교의
신정 패러다임